谨以本书献给《中华人民共和国国家赔偿法》
实施十五周年

国家赔偿法理论与实务

国家赔偿法理论与实务

THEORIES & PRACTICE OF
STATE COMPENSATION LAW

下 卷

江必新 梁凤云 梁清 著

中国社会科学出版社

目 录

基础理论编

第一章 国家赔偿责任界说 …… 3

第一节 国家赔偿责任的概念 / 3

　　一、比较法上国家赔偿责任的不同内涵 / 3

　　二、我国国家赔偿责任的概念 / 12

　　三、我国国家赔偿责任的特点 / 17

第二节 国家赔偿责任的性质 / 20

　　一、国家赔偿责任属于私法责任还是公法责任 / 20

　　二、国家赔偿责任属于代位责任还是自己责任 / 29

第三节 国家赔偿责任的功能和意义 / 38

　　一、国家赔偿责任的功能 / 38

　　二、设立国家赔偿责任的意义 / 48

第二章 国家赔偿责任的历史发展 …… 50

第一节 国家赔偿责任的发展阶段 / 51

　　一、完全否定阶段 / 51

　　二、相对肯定阶段 / 54

　　三、全面肯定阶段 / 55

　　四、继续发展阶段 / 58

第二节 大陆法系国家赔偿责任的历史发展 / 61

　　一、法国 / 61

二、德国 / 67

三、日本 / 73

第三节 英美法系国家赔偿责任的历史发展 / 79

一、英国 / 80

二、美国 / 85

第四节 我国国家赔偿责任的历史发展 / 91

一、新中国成立前的国家赔偿责任 / 91

二、新中国成立后的国家赔偿责任 / 93

三、我国台湾地区的国家赔偿制度 / 100

第三章 国家赔偿责任的理论基础 …………………… 104

第一节 国家赔偿责任的思想渊源 / 104

一、国家赔偿责任兴起较晚的原因 / 104

二、国家赔偿责任产生的思想渊源 / 105

第二节 国家赔偿责任理论的发展 / 107

一、人民主权学说 / 108

二、社会协作学说 / 109

三、法律拟制说 / 110

四、国库理论说 / 112

五、公共负担平等说 / 112

六、特别牺牲说 / 113

七、危险责任说 / 114

第三节 我国国家赔偿的基本原则和基本观念 / 116

一、我国国家赔偿法的基本原则 / 116

二、我国国家赔偿法的基本观念 / 118

第四章 国家赔偿的类型 …………………………… 120

第一节 立法赔偿 / 120

一、国外立法赔偿的理论与实务 / 120

二、对于我国应否规定立法赔偿的理论探讨 / 124

第二节　行政赔偿 / 127

一、应否将行政不作为造成的损害纳入行政赔偿的范围 / 127

二、应否将抽象行政行为造成的损害纳入行政赔偿的范围 / 131

三、应否将军事赔偿纳入行政赔偿范围 / 132

第三节　司法赔偿 / 135

一、比较法上的司法赔偿 / 136

二、我国的司法赔偿 / 137

第四节　公有公共设施致害赔偿 / 138

一、比较法上的公有公共设施致害赔偿 / 139

二、应否规定公有公共设施致害赔偿 / 142

第五章　国家补偿责任 …………………………………… 147

第一节　国家补偿责任概述 / 147

一、国家补偿责任的含义 / 147

二、国家补偿责任的特征 / 150

三、国家补偿责任的理论根据 / 153

四、国家补偿责任的类型 / 155

第二节　国家赔偿责任与国家补偿责任的比较 / 159

一、国家赔偿责任和国家补偿责任的区别 / 159

二、我国法上对于国家赔偿责任与国家补偿责任关系的处理 / 163

第六章　国家赔偿规范体系 …………………………………… 165

第一节　国家赔偿法概述 / 165

一、国家赔偿法的概念 / 165

二、国家赔偿法律关系 / 167

第二节　国家赔偿法的规范体系 / 169

一、国家赔偿法的立法体例 / 169

二、国家赔偿法的渊源 / 172

第三节　国家赔偿法的效力 / 179

一、国家赔偿法的对内效力 / 179

二、国家赔偿法的对外效力 / 182

第四节　国家赔偿法的作用与价值 / 184

一、国家赔偿法的一般作用 / 184

二、我国国家赔偿法的价值 / 186

构 成 要 件 编

第七章　国家赔偿责任构成要件的一般原理……193

第一节　国家赔偿责任构成要件概述 / 193

一、国家赔偿责任构成要件的概念 / 193

二、设定国家赔偿责任构成要件的目的 / 194

第二节　国家赔偿责任构成要件的基本结构 / 195

一、域外关于国家赔偿责任构成要件的基本结构或者要素的讨论 / 195

二、域外设定国家侵权赔偿责任构成要件的基本原则 / 197

三、我国国家赔偿法设定国家赔偿责任构成要件的基本思路 / 198

四、我国国家赔偿责任的构成要件 / 199

第八章　赔偿责任主体……204

第一节　赔偿责任主体概述 / 204

一、赔偿责任主体范围的概念及设定主件范围的意义 / 204

二、设定主体范围的原理 / 205

三、赔偿责任主体范围 / 206

第二节　我国国家赔偿责任主体的范围 / 214

一、有关设定主体范围的若干不同意见 / 214

二、我国《国家赔偿法》对主体范围的具体规定 / 215

第九章　行为范围及其设定……219

第一节　行为范围概述 / 219

一、设定行为范围的意义 / 219

二、设定行为范围的原理 / 220

三、公共权力的内涵与国家的特殊赔偿责任 / 221
　　四、我国有关国家承担赔偿责任的行为范围的宏观设定 / 224
第二节　特定的主权性行为与国家赔偿责任 / 226
　　一、立法职能行为与国家赔偿责任 / 226
　　二、司法职能行为与国家赔偿责任 / 249
　　三、特定的行政职能行为与国家赔偿 / 254
第三节　关于若干特殊领域的国家赔偿责任 / 257
　　一、公有公共设施的国家赔偿 / 257
　　二、军事行为 / 281
　　三、特定的公务行为与国家赔偿责任 / 288
第三节　职务行为及其认定 / 295
　　一、域外对"执行职务"内涵的限定 / 295
　　二、认定执行职务行为的标准 / 300
　　三、执行职务行为的主要方式 / 306

第十章　因果关系及其认定 …………………………………… 323

第一节　因果关系概述 / 323
　　一、哲学意义上的因果关系 / 324
　　二、法学意义上的因果关系 / 326
第二节　认定因果关系的一般理论 / 329
　　一、大陆法系的因果关系理论 / 329
　　二、英美法系的因果关系理论 / 336
第三节　国家赔偿法上对因果关系的认定 / 344
　　一、认定因果关系的一般规则 / 345
　　二、因果关系的推定 / 350
　　三、不作为情形中因果关系的认定 / 356

第十一章　可赔偿之损害 …………………………………… 362

第一节　损害概述 / 362
　　一、损害的界定 / 362

二、损害事实的结构 / 366

　　三、多重损害事实 / 369

第二节　可赔偿之损害的法律特征 / 371

　　一、损害的现实性和确定性 / 371

　　二、损害的特定性与法定性 / 374

　　三、损害的可计算性 / 377

第三节　损害的分类 / 380

　　一、学理上的分类 / 381

　　二、对人身权益的损害 / 383

　　三、对财产权益的损害 / 392

赔偿范围编

第十二章　行政赔偿的行为范围 …… 399

第一节　行政赔偿范围的规定模式 / 399

　　一、行政赔偿范围的规定模式 / 399

　　二、我国《国家赔偿法》关于行政赔偿范围的规定模式 / 404

第二节　侵犯公民人身权的行政赔偿范围 / 407

　　一、违法拘留或者违法采取限制人身自由的行政强制措施 / 407

　　二、非法拘禁或者以其他方法非法剥夺公民人身自由 / 410

　　三、以殴打、虐待等暴力行为或者唆使、放纵他人以殴打、虐待等暴力行为造成公民身体伤害或者死亡 / 412

　　四、违法使用武器、警械造成公民身体伤害或者伤亡 / 414

　　五、造成公民身体伤害或者死亡的其他违法行为 / 416

第三节　侵犯财产权的行政赔偿范围 / 417

　　一、违法实施罚款、吊销许可证和执照、责令停产停业、没收财物等行政处罚行为 / 417

　　二、违法对财产采取查封、扣押、冻结等行政强制措施的行为 / 420

　　三、违法征收、征用财产的行为 / 422

　　四、造成财产损害的其他违法行为 / 425

第四节　有待研究的若干行政赔偿范围问题 / 426

一、关于规定方式的问题 / 427

　　二、关于保护权利范围的问题 / 428

　　三、关于抽象行政行为的赔偿问题 / 430

　　四、关于自由裁量行为、显失公正（行政裁量严重不当）行为的赔偿问题 / 432

第十三章　刑事赔偿的行为范围 …………………………………… 436

第一节　刑事赔偿行为范围的立法模式 / 436

　　一、世界各个国家和地区关于刑事赔偿范围的立法模式 / 436

　　二、我国《国家赔偿法》关于刑事赔偿行为范围的立法模式 / 445

第一节　侵犯公民人身权的刑事赔偿范围 / 446

　　一、关于羁押赔偿的原则 / 446

　　二、违反刑事诉讼法的规定对公民采取拘留措施的，或者依照刑事诉讼法规定的条件和程序对公民采取拘留措施，但是拘留时间超过刑事诉讼法规定的时限，其后决定撤销案件、不起诉或者判决宣告无罪终止追究刑事责任 / 448

　　三、对公民采取逮捕措施后，决定撤销案件、不起诉或者判决宣告无罪终止追究刑事责任的 / 457

　　四、依照审判监督程序再审改判无罪，原判刑罚已经执行的 / 470

　　五、暴力行为致伤致死的认定 / 484

　　六、违法使用武器、警械造成公民身体伤害或者死亡 / 490

第二节　侵犯财产权的刑事赔偿范围 / 492

　　一、违法对财产采取查封、扣押、冻结、追缴等措施的 / 492

　　二、依照审判监督程序再审改判无罪，原判罚金、没收财产已经执行的 / 495

第十四章　非刑事司法赔偿的行为范围 …………………………… 498

第一节　有关妨害诉讼强制措施的赔偿 / 498

　　一、妨害诉讼强制措施的概念和适用范围 / 498

　　二、违法采取对妨害诉讼的措施的情形 / 501

第二节　有关诉讼保全措施的赔偿 / 503

一、诉讼保全的概念和适用条件 / 503

二、违法采取保全措施的情形 / 507

第三节　有关执行行为的赔偿 / 514

一、执行行为的概念和生效法律文书 / 514

二、执行判决、裁定或者其他生效法律文书错误的具体情形 / 516

三、其他非刑事司法侵权行为 / 522

第十五章　国家免责的行为范围 …………………………… 523

第一节　国家免责行为概述 / 523

一、国外有关国家免责条件的设定 / 523

二、设定免责范围的考虑因素 / 525

第二节　我国行政赔偿中免责范围 / 525

一、行政机关工作人员与行使职权无关的个人行为 / 526

二、公民、法人或者其他组织自己的行为致使损害发生的 / 526

三、法律规定的其他情形 / 528

四、行政赔偿免责范围的完善 / 528

第三节　刑事司法赔偿免责范围 / 529

一、因公民自己故意作虚假供述，或者伪造其他有罪证据被羁押或者被判处刑罚的 / 529

二、依照《刑法》第17条、第18条规定不负刑事责任的人被羁押的 / 532

三、属于《刑事诉讼法》第15条、第142条第2款规定不追究刑事责任的人被羁押的 / 533

四、行使国家侦查、检察、审判职权的机关以及看守所、监狱管理职权的机关的工作人员与行使职权无关的个人行为 / 535

五、公民自伤、自残等故意行为致使损害发生的 / 535

六、法律规定的其他情形 / 536

第四节　非刑事司法赔偿的免责范围 / 552

一、因申请人申请保全有错误造成损害的 / 553

二、因申请人提供的执行标的物有错误造成损害的 / 553

三、人民法院工作人员与行使职权无关的个人行为 / 553

四、属于《民事诉讼法》第214条规定情形的 / 553

五、被保全人、被执行人，或者人民法院依法指定的保管人员违法动用、隐匿、毁损、转移、变卖人民法院已经保全的财产的 / 553

六、因不可抗力造成损害后果的 / 554

七、依法不应由国家承担赔偿责任的其他情形 / 554

归 责 原 则 编

第十六章 归责原则概述·················· 557

第一节 归责原则的概念 / 557

一、归责的含义 / 557

二、归责原则的含义 / 558

第二节 归责原则的意义 / 560

第十七章 归责原则体系·················· 564

第一节 侵权法上的归责原则体系 / 565

一、侵权法上归责原则的演变 / 565

二、侵权法上归责原则体系 / 567

第二节 国家赔偿法上的归责原则体系 / 570

一、国外国家赔偿的归责原则体系 / 570

二、我国国家赔偿的归责原则体系 / 573

第十八章 国家赔偿归责原则·················· 579

第一节 国家赔偿归责原则概述 / 579

一、过错及违法责任原则 / 579

二、无过错责任的适用范围 / 585

三、严格责任与过错推定责任的适用范围 / 586

四、危险责任的适用范围 / 587

五、公平责任的适用范围 / 588

第二节 国家赔偿的一般归责原则：违法责任原则 / 590

一、不同法律制度中违法的概念 / 590

二、不同法律体系中违法与过错的关系 / 594

三、将违法作为独立的归责原则的可行性 / 597

四、我国国家赔偿法中违法概念的界定 / 599

第三节 国家赔偿的特殊归责原则：结果责任和过错责任 / 603

一、结果责任原则 / 603

二、过错责任原则 / 611

责任归属编

第十九章 国家责任与国家赔偿义务 ················· 625

第一节 国家责任与工作人员个人责任 / 625

一、侵权主体、赔偿责任主体、赔偿义务机关与赔偿审核机关 / 625

二、赔偿责任的若干归属方式 / 628

三、划分国家责任与公务员个人责任的方式 / 629

四、国家为工作人员承担责任的性质 / 631

第二节 国家赔偿义务机关 / 632

一、国家赔偿义务机关的基本类型 / 632

二、国家赔偿义务机关的设定 / 634

三、我国《国家赔偿法》有关赔偿义务机关的具体规定 / 638

第二十章 追偿权原理和具体行使 ················· 665

第一节 追偿权及其设定原理 / 665

一、追偿权的概念 / 665

二、追偿制度的性质与功能 / 666

三、行使追偿权的一般原则 / 670

四、适格被追偿人的设定 / 672

五、限制追偿权的若干方式 / 674

第二节 追偿权的具体行使 / 678

一、追偿条件 / 678

二、追偿金额的确定与缴纳 / 683

三、追究机关工作人员个人赔偿责任的几种模式 / 687

四、追偿程序 / 689

第二十一章　赔偿经费的来源和拨付 …………………… 704

第一节　赔偿的精神财富和物质财富 / 704

一、国家赔偿的精神财富 / 704

二、赔偿经费的筹措 / 705

三、我国有关赔偿经费的来源 / 707

第二节　赔偿经费的储备和拨付 / 713

一、赔偿经费的储备机关 / 714

二、超预算时的解决办法 / 715

三、国家赔偿经费的支出 / 715

方 式 标 准 编

第二十二章　国家赔偿的方式和标准概述 ………………… 723

第一节　国家赔偿的方式概述 / 723

一、国家赔偿方式的含义 / 724

二、国家赔偿方式的特征 / 726

三、国家赔偿方式与民事赔偿方式的关系 / 728

四、国家赔偿方式的一般类型 / 729

第二节　国家赔偿的标准概述 / 730

一、国家赔偿标准的含义 / 730

二、确定国家赔偿标准的原则 / 732

三、我国国家赔偿标准的选择 / 733

第三节　国家赔偿的计算方法概论 / 750

一、国家赔偿的计算方法与国家赔偿标准的关系 / 750

二、国家赔偿的计算方法的法律性质 / 751

三、国家赔偿的计算方法的事实性质 / 752

第二十三章　国家赔偿方式及其适用 ······ 754

第一节　国家赔偿方式的种类 / 754
一、金钱赔偿 / 755
二、恢复原状 / 757
三、返还财产 / 761
四、消除影响、恢复名誉 / 761
五、赔礼道歉 / 763

第二节　国家赔偿方式的适用体系 / 765
一、国家赔偿方式的选择原则 / 766
二、比较法上的国家赔偿方式的适用体系 / 767
三、国家赔偿方式的适用体系的类型 / 771
四、我国国家赔偿方式的适用体系 / 773

第三节　国家赔偿方式的适用 / 777
一、金钱赔偿的适用 / 778
二、返还财产的适用 / 781
三、恢复原状的适用 / 782
四、消除影响、恢复名誉的适用 / 784
五、赔礼道歉的适用 / 787

第二十四章　可赔偿损害范围的法律界定 ······ 788

第一节　可赔偿损害范围概述 / 788
一、可赔偿损害范围的概念 / 788
二、界定可赔偿损害范围的必要性 / 789
三、限定可赔偿损害范围的功能 / 790

第二节　限制可赔偿损害范围的若干角度和思路 / 792
一、仅赔偿积极损害抑或一并赔偿积极损害和消极损害 / 792
二、全额赔偿与限额赔偿 / 795
三、是否适用过错相抵 / 796
四、是否适用损益相抵 / 803
五、能否超出赔偿请求的范围确定赔偿金额 / 809

第三节　我国国家赔偿法对可赔偿范围的限定 / 809
　　一、积极损害与消极损害 / 810
　　二、全额赔偿与限额赔偿 / 812
　　三、其他原则对可赔偿损害范围的限制 / 815

第二十五章　人身损害赔偿及其标准 …………………………… 817
第一节　人身损害赔偿及其标准概述 / 817
　　一、人身损害赔偿之价值观 / 817
　　二、人身损害赔偿的权利范围 / 819
　　三、人身损害赔偿标准的选择 / 821
　　四、人身损害赔偿的计算方法 / 822
第二节　人身自由损害的赔偿标准 / 823
　　一、人身自由损害赔偿标准的比较法考察 / 824
　　二、我国人身自由损害的赔偿标准 / 826
　　三、计算人身自由损害赔偿金需要注意的问题 / 829
第三节　致人伤害的赔偿标准 / 831
　　一、致人伤害赔偿标准的比较法考察 / 831
　　二、一般人身伤害的赔偿标准 / 832
　　三、致人残疾的赔偿标准 / 835
第四节　致人死亡的赔偿标准 / 840
　　一、致人死亡赔偿标准的比较法考察 / 841
　　二、我国致人死亡的赔偿标准 / 843
　　三、死亡赔偿金的性质 / 847

第二十六章　财产损害赔偿及其标准 …………………………… 851
第一节　财产损害概述 / 851
　　一、财产损害的含义 / 851
　　二、财产损害的本质 / 853
　　三、财产损害的形式 / 854
第二节　财产损害赔偿标准 / 855

一、财产损害赔偿标准的比较法考察 / 856

二、与财产损害赔偿标准有关的参数 / 858

三、我国国家赔偿法上的财产损害赔偿标准 / 861

第三节 财产损害赔偿的计算 / 869

一、直接损失的计算 / 870

二、间接损失的计算 / 872

第二十七章 精神损害赔偿及其标准 874

第一节 精神损害赔偿制度的发展 / 874

一、精神损害赔偿制度的发展概况 / 875

二、国外国家赔偿法上精神损害赔偿制度的发展 / 877

三、我国国家赔偿法上精神损害赔偿制度的发展 / 880

第二节 精神损害赔偿概述 / 886

一、精神损害 / 886

二、精神损害赔偿 / 889

三、精神损害赔偿的范围 / 891

第三节 精神损害赔偿标准 / 896

一、确立精神损害赔偿标准的原则 / 896

二、计算精神损害赔偿数额的原则 / 898

三、精神损害赔偿金的具体计算规则 / 902

四、计算国家赔偿精神损害的参考因素 / 907

请 求 权 利 编

第二十八章 请求权及其行使 913

第一节 请求权概述 / 913

一、国家赔偿请求权的概念和意义 / 913

二、国家赔偿请求权的性质 / 917

第二节 请求权的行使及其保障 / 920

一、请求权的行使 / 920

二、请求权的保障 / 926

第二十九章　请求权人 ……………………………………… 929

第一节　请求权人概述 / 929
一、请求权人的概念和意义 / 929

二、规定请求权人的模式 / 932

第二节　请求权人的范围 / 934
一、受害人的范围 / 935

二、受害人死亡时的请求权人的范围 / 937

三、法人或者其他组织 / 959

四、法人或者其他组织终止后请求权人的范围 / 961

五、公务员与国家赔偿 / 967

六、代理人 / 973

第三节　外国人请求权人 / 979
一、关于外国人的赔偿请求权问题 / 980

二、我国《国家赔偿法》关于外国人和外国组织的请求权的规定 / 982

三、外国人请求国家赔偿的条件 / 984

第三十章　时效制度 ……………………………………… 988

第一节　时效制度概述 / 988
一、时效的概念和要素 / 988

二、时效的分类 / 990

三、时效的客体 / 991

四、时效的效力 / 995

五、时效的功能 / 999

第二节　消灭时效 / 1001
一、请求时效的概念和意义 / 1001

二、设定请求时效的原理和方法 / 1002

三、我国《国家赔偿法》关于请求时效的规定 / 1008

四、申请救济时效 / 1024

五、追偿时效 / 1026

第三节　取得时效 / 1027

一、取得时效制度的内涵和意义 / 1027

二、设定取得时效制度的基本方式 / 1028

三、我国国家赔偿制度中的取得时效制度 / 1029

赔偿程序编

第三十一章　前置程序 …………………………… 1035

第一节　前置程序概述 / 1035

一、前置程序的概念 / 1035

二、各国前置程序的形式 / 1036

第二节　申请赔偿程序 / 1040

一、行政赔偿申请程序 / 1041

二、刑事赔偿申请程序 / 1056

三、民事、行政诉讼中司法赔偿申请程序 / 1086

第三节　协商程序 / 1088

一、协商程序概述 / 1088

二、各个国家和地区关于协商程序的具体形式 / 1091

三、协商的启动程序 / 1094

四、协商的申请程序 / 1097

五、协商的进行程序 / 1098

六、协议的达成和协议未达成 / 1103

七、费用免除 / 1109

第四节　决定程序 / 1110

一、我国《国家赔偿法》规定的决定程序 / 1110

二、赔偿案件的审查意见 / 1116

三、赔偿决定的审核批准程序 / 1117

四、作出赔偿决定的程序要求 / 1118

五、赔偿决定的执行 / 1122

第三十二章　非诉讼救济机制　…………………………………… 1124

第一节　复议程序 / 1126

一、复议的概念和种类 / 1126

二、复议的主管、管辖和期限 / 1127

三、复议程序的提起 / 1133

四、复议的方式 / 1137

五、复议决定和不服复议决定的救济方式 / 1139

第二节　申诉程序 / 1143

一、申诉程序概述 / 1143

二、《国家赔偿法》规定的申诉程序 / 1144

第三十三章　国家赔偿诉讼程序　………………………………… 1149

第一节　国家赔偿诉讼程序概述 / 1149

一、国家赔偿诉讼主管的若干模式 / 1149

二、我国国家赔偿诉讼的立法和争论 / 1156

第二节　人民法院赔偿委员会决定程序 / 1161

一、人民法院赔偿委员会机构和决定程序 / 1161

二、关于人民法院赔偿委员会的诉讼性质 / 1173

三、人民法院赔偿委员会决定案件的管辖 / 1176

四、人民法院赔偿委员会决定程序的启动和进行 / 1177

五、国家赔偿听证程序 / 1183

六、人民法院赔偿委员会决定的执行 / 1190

七、人民法院赔偿委员会决定程序中救济程序 / 1192

八、关于设立国家赔偿审判庭的问题 / 1196

第三节　行政赔偿诉讼程序 / 1199

一、行政赔偿诉讼程序概述 / 1199

二、起诉和受理程序 / 1201

三、审理和判决程序 / 1205

附 录

中华人民共和国国家赔偿法 ………………………………… 1211

《中华人民共和国国家赔偿法》修正前后对照表 ……………… 1222

责任归属编

第十九章　国家责任与国家赔偿义务

第一节　国家责任与工作人员个人责任

国家赔偿法是确定国家责任的法律，确定国家责任就必须明确侵权主体、赔偿责任主体、赔偿义务机关与赔偿审核机关等概念。

一、侵权主体、赔偿责任主体、赔偿义务机关与赔偿审核机关

在国家赔偿法学中，侵权主体、赔偿主体和赔偿义务机关、国家赔偿审核或决定机关是既有联系又有区别的几个概念。

（一）侵权主体

侵权主体是指造成受害人损失的公务员或者国家机关。由于各个国家观念或学说不同，侵权主体实质上所指的对象也不相同，侵权主体或者指直接造成受害人损失的公务员，或者指造成受害人损失的公务员所属的机关，或指国家自身。一般来说，由于公务员的人格已经为国家机关吸收，国家是作为最终的责任主体存在，因此，侵权主体主要是指国家机关。

研究侵权主体的主要目的是：首先，明确国家的赔偿责任。如果侵权主体并非国家机关而是私人组织的，国家不承担责任。其次，明确赔偿义务机关。在一般情况下，根据"谁侵权，谁赔偿"的原则，侵权主体一般是作为赔偿义务机关。即便是从多个国家机关之中按照"责任后置"原则或者"最终责任"原则确定的赔偿义务机关，也是侵权主体之一。

（二）赔偿责任主体

在现代社会，国家机关工作人员执行职务行使公权力不法侵害公民、组织合法权益，为了确保受害人所受到的损害能够得到赔偿，一般以国家作为赔偿责任主体。赔偿责任主体在国家赔偿中通常指国家，即由国家承担赔偿责任。这是因为，所有国家赔偿范围内的损害都是由于行使公共权力而造成的，而所有的公共权力都产生于统治权或者主权，而统治权或主权仅国家得以享有。因此，因行使公共权力引起的损害应由国家承担赔偿责任，用一句通俗的话讲，即由国家拿钱对受害人进行赔偿。

当前，一些地方的"国家赔偿难"的一个重要原因是没有将"赔偿责任主体"和"赔偿义务机关"区别开来。由于修订前《国家赔偿法》上关于赔偿费用规定中要求"赔偿义务机关先行垫付"的缺陷、赔偿义务机关不仅要承担金钱给付义务，还要承担赔礼道歉、消除影响等赔偿义务，一些地方的国家机关和工作人员认为国家赔偿责任主体虽然应当是"国家"，而实际上最终赔偿的还是赔偿义务机关。尤其是近年来推行的"大财政"体制改革已经使得地方国家机关难以垫付相应的资金、有的国家机关认为承担赔偿义务就是"家丑外扬"等等。实际上，国家赔偿的责任主体是国家，最终的赔偿金由国家来承担，而非由赔偿义务机关来承担。

(三) 赔偿义务机关

由于国家是一个抽象的实体，为了行使公共权力，需要设立若干国家机关来代替其为意思表示，从而行使各类公共权力。而这些机关在行使公共权力的过程中所发生的侵权行为，原则上应由国家承担赔偿责任。然而，国家既然是一个抽象实体，其赔偿责任的承担也只能由国家机关代替，于是就出现了赔偿义务机关的概念。

赔偿义务机关是我国台湾地区的创造，其他国家和地区都没有这一概念，《国家赔偿法》在制定时吸收了我国台湾地区的这一创造。我国台湾地区的"国家赔偿法草案总说明"中说："国家设官分职，机关林立，公务员行使公权力之行为，一旦造成损害，应由何机关履行赔偿义务，被害人每难确知。本法乃明定径以该公务员所属机关或公共设施之设置或管理机关为赔偿义务机关。"有的学者认为，我国台湾地区采用这个概念的主要原因是：其一，我国台湾地区"国家赔偿法"采用的是协议前置原则，公民提起国家赔偿诉讼以前，应当先向有关机关提出书面赔偿请求，协议不能成立，才能提起诉讼，但在行政诉讼中附带请求赔偿的除外。其二，损害赔偿诉讼，我国台湾地区使用的是辩论原则，即当事人各方可就侵害事实是否存在以及赔偿方式和数额上的不同主张进行辩论，以便查明事实，作出判决。其三，我国台湾地区的"国家赔偿法"，对国家和机关之间的关系的处理原则是：国家责任，机关负责赔偿。换言之，就是国家掏钱，机关办理赔偿事宜。[①] 值得注意的是，这里的"赔偿义务机关"是仅仅具有形式意义的"义务机关"，而非实质上的责任主体。实质意义上的责任主体是国家。

赔偿义务机关是指赔偿请求人所针对的索赔对象，或者是对特定赔偿案件具体履行如与受害人协议、参与诉讼、给付赔偿费等义务的机关。它所回答的问题是：应当由谁直接向受害人为给付义务。可见，赔偿义务机关实际是代替国家履行赔偿义务的机关。显而易见，设定国家赔偿义务机关的优点在于：使赔偿主体由抽象的实体转变为具体的实体；使受害人易于找到索赔对象；为国家对各机关的考核提供依据。

（四）赔偿审核机关

为了使赔偿义务机关实事求是地、尽其最善地代行赔偿义务，防止国家赔偿中的舞弊行为（例如某些公职人员随意支付赔偿金），一些国家设立了专门的审核或者决定赔偿金额的机关，以监督制约赔偿义务机关正确履行赔偿义务，于是又出现了国家赔偿审核或决定机关。这一赔偿审核机关仅仅对赔偿决定等相关法律文书进行形式审查，而非实质审查，赔偿请求人只要持有相关生效法律文书即应当获得相应赔偿，如果对法律文书进行实质审查实际上是和赔偿义务机关发生了身份混淆，也对受害人获得赔偿人为地制造了障碍。

[①] 肖峋：《中华人民共和国国家赔偿法的理论和实用指南》，中国民主法制出版社1994年版，第196-197页。

可见，在国家赔偿法中，侵权主体、赔偿主体、赔偿义务机关、赔偿审核或决定机关是既有联系又有区别的几个概念。

二、赔偿责任的若干归属方式

当国家机关工作人员执行职务造成他人损害时，赔偿责任应当由谁承担或如何分担，无非有以下几种承担或分担方式，

（一）国家、国家机关、国家机关工作人员均不负任何责任，损失由受害人自负。在国家赔偿制度建立之前，封建国家一般都采取这种处理方式。

（二）全部由国家机关工作人员承担赔偿责任，国家及国家机关全部免责，简言之，国家免责、个人负责，在国家赔偿制度建立之前的资本主义社会通常采用这种处理方式。

（三）某些领域里的损害由国家负责赔偿，某些领域里的损害由工作人员自己负责赔偿。由国家进行赔偿的，对工作人员也没有追偿权。如在法国，公务过错造成的损害由国家赔偿；个人过错造成的损害由个人赔偿。

（四）原则上全部由国家机关工作人员自己负责赔偿，只是在工作人员无力赔偿时，国家才承担辅助或补充赔偿责任，采用这种方法的国家主要有墨西哥、危地马拉、芬兰以及瑞士的几个邦。

（五）工作人员有故意或重大过失时，由工作人员自己承担赔偿责任，工作人员只具有轻过失时，由国家进行赔偿。此外，匈牙利的法律规定，雇员只有在故意实施犯罪行为造成损害时才承担责任，对于非犯罪行为，由国家进行赔偿。

（六）不论国家是否承担赔偿责任，国家工作人员必须对受害者承担责任；如果国家不承担赔偿责任但支付了赔偿费，可以向国家工作人员行使追偿权。这种制度主要为英美法系等国家及荷兰采用。除了轻微过失案件以外，意大利和某些拉丁美洲国家也采用这种方法。

（七）国家工作人员不对受害者负责，但在某些案件中（例如工作人

员有重大过错时）国家可以对国家工作人员行使追偿权。联邦德国、日本、奥地利、瑞士、韩国、中国台湾均采用这种制度。

（八）原则上国家承担全部赔偿责任，只是在例外的情况下，国家工作人员才承担赔偿责任。英国和斯堪的纳维亚国家采用这一制度。例如，对于行政机关的雇佣人责任，一般适用法律上雇佣人对受雇人职务上的侵权行为负连带责任的原则。当法律直接授予中央政府或者地方政府中某个官员的独立权力时，由此产生的侵权行为由该官员独立承担责任。

从各国国家赔偿责任制度发展的总的趋势来看，现代国家赔偿制度建立之后，赔偿责任大都由国家承担，即绝大部分最终都归属于国家，但是，还没有一个国家完全在法律上抛弃追究国家工作人员个人责任的某些规定。原因主要在于：第一，在一定范围内保留国家工作人员的赔偿责任，对于增强国家工作人员的道德感和责任心，加强行政纪律，提高行政效率，减少赔偿事件的发生，都有十分显著的作用；第二，由于受各国的财力、物力、观念等方面的限制，各国国家赔偿制度的发展阶段也不尽一致，使各国追究机关工作人员的赔偿责任的范围、程度、条件等方面表现出较大差异。

三、划分国家责任与公务员个人责任的方式

划分国家责任与公务员个人责任的基本方式主要有以下几种：

（一）根据行为人过错的性质来划分

如果行为人的过错为"公务过错"，则赔偿责任由国家承担，如果行为人的过错为"个人过错"，则赔偿责任由公务员个人承担；如果"公务过错"和"个人过错"并存，则赔偿责任由国家和公务员个人共同承担，一方承担责任后，可以向另一方追偿。根据法国权限争议法庭的判决，公务员的本人过错是指可以和行政职务分离的过错，公务过错是指不能和行政职务分离的过错。如果公务过错与个人过错相重合（简称过错重合），则国家和雇员按照过错的比例大小分别承担责任。如果同一行为中既包含个人过错，又包含公务过错，而且这两种过错无法适当区分，国

家赔偿受害人损失后，雇员则要赔偿国家的全部损失。对于公务过错和个人过错并存的，最高行政法院通过昂盖特案件和勃蒙尼耶案的判决，确定了并合过错和并合责任，确定受到侵害的公民既可以起诉有过错的公务员，又可以起诉行政机关。

（二）根据侵权行为所侵犯的权利的性质来区分

在美国，根据1871年的《民权法》和1971年联邦最高法院作出的"毕恩斯判例"，如果政府官员的职务行为侵害了公民的宪法权利，如言论自由、新闻自由、宗教自由、人身自由、私生活保密、不受不应有的惩罚等，公民可以以侵权官员个人为被告提起赔偿诉讼。如果原告胜诉，被告官员个人负赔偿责任。至于联邦政府及其官员从事其他职务行为所引起的侵权责任，根据《联邦侵权赔偿法》规定，一律由联邦政府承担，官员个人不承担任何责任，政府也不能在某种条件下对官员个人行使追偿权。如果联邦官员作出一种职务行为，既是《联邦侵权赔偿法》上所规定的"错误行为"，同时又侵害公民的宪法权利，则原告既可以适用《联邦侵权赔偿法》提起联邦侵权赔偿诉讼，又可适用宪法提起宪法性诉讼，在这种情况下，联邦最高法院认为，应由原告选择诉讼。

（三）根据工作人员的过错程度来划分

意大利1957年1月10日的第3号总统令规定，雇员只是在故意或重大过失的情况下才对受害的第三者负责。在一般过失或轻微过失的情况下，雇员不直接对受害的第三者负责，而由国家直接负责，但工作人员在轻微过失的情况下也要对国家负责。在英国，雇员在赔偿受害人的损失后，如果雇员能证明国家对于受害方负共同责任以及国家赔偿是公平和平等的，雇员即可通过诉讼的方式向国家索赔。但是，如果雇员自身存在某种行政过错、监督缺陷或其他过失，这种请求就不能满足。在美国，尽管联邦没有制定这种规则，但雇员经常能够在赔偿受害人损失后向国家索赔。如果侵权不是故意或恶意实施的，很多州及其所属部门都对其雇员进行赔偿。在原联邦德国、瑞士、日本和奥地利，如果工作人员有故意或重大过失，国家在对受害人赔偿后，有权向该工作人员追偿部分或全部赔偿金。

四、国家为工作人员承担责任的性质

在国家承担全部或部分赔偿责任的情况下，国家为工作人员承担责任的性质是复杂的。从比较法的角度来观察，大体上有以下几种类型：

（一）国家承担辅助赔偿责任

在这种责任形式下，赔偿责任原则上由个人承担，国家只是在不能承担赔偿责任的情况下，给工作人员提供资助，帮助其承担赔偿责任。在英国，法律直接授予由地方政府任命的动物视察员以扣押病畜的权力。该视察员对执行授权法所产生的侵权行为独立承担责任，而地方政府不对该视察员的违法行为承担责任。但行政人员在单独负责时，行政机关出于恩惠，往往以种种方式来补偿行政人员所受的损失，以此来调动行政机关工作人员的工作积极性。根据墨西哥《民法典》第1828条的规定，只有在受害人不能从犯有错误的官员那里获得赔偿时，国家才承担赔偿责任。

（二）国家承担连带补偿责任

在这种责任形式下，赔偿责任原则上也由工作人员个人承担，但在工作人员个人无法承担赔偿费用时，由国家补充赔偿无法赔偿的部分。意大利、墨西哥采取这种责任形式。例如，根据意大利《宪法》第28条的规定，国家与公务员对受害人连带负责，受害人可以对两者中的任何一个提出赔偿请求。根据1957年1月10日第3号总统令，公务员只有在故意或者重大过错的情况下对第三人承担赔偿责任。

（三）国家承担风险责任或轻过失责任

在这种责任形式下，国家对工作人员因故意或重大过失而造成的损害不承担赔偿责任。这种损害全部由公务员个人承担，工作人员无力承担，国家也不负任何责任，只是对工作人员某些轻过失造成的损害承担赔偿责任。由于这种轻过失造成的损害在行政管理活动中难以完全避免，客观上具有一定的风险，因而由国家承担赔偿责任。

(四) 国家承担替代赔偿责任

在这种责任形式下，不论公务员个人的主客观情况，只要依照该国法律规定受害人在该种情况下有权取得赔偿，那么国家应当首先承担赔偿责任。国家在承担赔偿责任以后，依法再向公务员追偿赔偿费用之一部或全部。

第二节　国家赔偿义务机关

国家赔偿义务机关的设置反映了一国对于受害人合法权益救济的具体保障。也就是说，只有明确了赔偿义务机关，受害人的赔偿请求权才能真正得以通过程序予以保障。

一、国家赔偿义务机关的基本类型

无论侵权赔偿责任最终归属于国家，还是国家为工作人员承担替代赔偿责任，都有一个由哪一个机关代表国家向赔偿请求权人代为履行赔偿义务的问题。代表国家履行赔偿义务的机关即为赔偿义务机关。

从一些国家的立法例看，国家赔偿义务机关的设定在各国并不相同，现分述如下：

(一) 单一制国家赔偿义务机关

在一些国家，国家赔偿义务机关统一由一个部门充任，即是说，由一个机关统一代表国家为赔偿支付行为。大体又分为四种类型：

1. 赔偿义务机关为财政部门。如瑞士法律规定，向联邦请求赔偿，须向财政部申请，该部驳回其请求或者该部逾3个月不为决定时，始得向联邦法院提起赔偿诉讼。可见，财政部为联邦赔偿的赔偿义务机关。

2. 赔偿义务机关为法务部门。如韩国理论上赔偿主体为国家或地方自治团体。以国家为被告时，以法务部长官代表国家。法务部长官可就该部职员或各级检察厅检事中指派人员出庭应诉，也可以在征询该诉讼案件有关的行政机关首长意见后，指派该机关职员应诉，并受法务部长官的指挥。必要时，法务部长官还可以委托律师代为诉讼。在相当一段时间里，韩国实际上是由法务部为国家赔偿义务机关。

3. 赔偿义务机关为检察机关。如韩国虽以法务部长官为国家之代理人，但通常各级检察机关为实际上的赔偿义务机关，因为法务部长官对检察机关的授权是概括性的，而且中央政府预算所列国家赔偿经费一般都分配于各地方检察厅，可见，在大多数情况下，赔偿义务机关实际上为检察机关。

4. 赔偿义务机关为保险公司。即以投保的方式以保险机构作为赔偿义务机关。例如，在保加利亚，设立专门的国家保险局，国家保险局在对受害人赔偿损失后，可以作为受害人从侵权人那里获得他已经付出的赔偿金。

单一制国家赔偿义务机关具有两大优点：一是赔偿金由一个机关统一支付，标准比较统一，能防止国家财产的不当流失和赔偿金的任意支付；二是容易避免一些机关互相推诿、赔偿请求人索赔无门的情况。但是赔偿义务机关单一，不适应幅员辽阔的国家。

（二）多元制国家赔偿义务机关

绝大多数国家都采取多元制国家赔偿义务机关制，采取多元制赔偿义务机关通常要分设一般情况下的赔偿义务机关和特殊情况下的赔偿义务机关。

1. 一般情况下的赔偿义务机关。

在一般情况下的赔偿义务机关分两种类型：一是，赔偿义务机关为侵权行为公务员直接隶属的机关，或公有公共设施的设置或者管理机关。如日本的国家赔偿义务机关为对公务员有选任监督权，或设置、管理公共营造物之人；我国台湾地区的赔偿义务机关为公务员直接隶属的机关，或公有公共设施的设置或管理机关。美国、英国、法国、德国、奥地利、新加坡等国大体如此。二是，赔偿义务机关以执行职务的性质和归属为转移。例如，在奥地利，各邦行政首长间接执行联邦事务时所产生的损害，由联邦负赔偿责任，而不由联邦作为赔偿义务机关。

2. 特殊情况下的赔偿义务机关。

这里的特殊情况，主要指赔偿义务机关不明或有争议的情况，大体可分两种类型：一是，单一制的赔偿义务机关。英国和新加坡规定，在赔偿义务机关不明的情况下，均以检察长为被告。二是，多元制的赔偿义务机关，主要分为两种类型：第一种类型是，赔偿义务机关经裁撤或改组后的赔偿义务机关根据一些国家和地区的立法例，公务员所属机关如经裁撤或改组，或者与其他机关合并时，以承受其义务的机关为赔偿义务机关；如设置或管理公有公共设施的机关经裁撤或改组时，则以承受其义务或业务的机关为赔偿义务机关。如果没有承受其义务或业务的机关，则以其上级机关为赔偿义务机关。第二种类型是，赔偿义务机关不明或有争议时的赔偿义务机关由于承担赔偿责任意味着承担不利的法律后果，一些机关常常推诿其责任或不敢承担责任。为解决这种问题，一些国家和地区规定，在上述情况出现时，请求人可请求其共同的上级机关确定。如果在法定时间内，上级机关不为决定，则应以该上级机关为赔偿义务机关。如果上级机关不明，应由其再上级机关确定。

从以上分析可以看出：第一，赔偿义务有与侵权机关一致的，也有不一致的，但大多数国家都倾向于将侵权机关作为赔偿义务机关。因为这样既便于国家对这些机关进行考绩，又便于受害人申请。第二，赔偿义务机关有与预决机关一致的，也有不一致的。不一致的如美国、韩国等。美国联邦赔偿超过一定金额的，需经司法部长或其授权人的批准；韩国设有国家赔偿审议制度，国家赔偿需经审议会作出支给决定后，才能支给。一般说来，赔偿义务机关与预决机关为同一机关，这个问题在很大程度上取决于各国的财政体制。第三，从中央与地方看，赔偿义务机关有实行同一原则的，也有不实行同一原则的。一般说来，凡联邦制国家，中央和地方的赔偿义务机关不尽相同。而单一制国家，中央和地方的赔偿义务机关的确定原则则大体相似。

二、国家赔偿义务机关的设定

（一）确定赔偿义务机关应当考虑的几个因素

由谁来代表国家为国家赔偿的给付义务？这是设定国家赔偿制度所

必须考虑的问题。从国家赔偿原理和各国的立法司法实践来看，以下几个方面的情况是必须考虑的因素。

1. 一国的具体国情。

国家财政是一级管理还是分级管理，在分级管理情况下的中央和地方财政权的划分，都是确定赔偿义务机关时所必须考虑的因素。在一级管理的体制下，国家往往设立专门机构负责赔偿事宜。在分级管理的体制下，国家赔偿义务机关就很难由一个机关来作为赔偿义务机关；而在地方有独立财权的情况下，地方也应对国家赔偿承担相应的责任。

国家政权的组织形式与结构形式是一个国家国情的重要组成部分。是单一制还是联邦制，是君主制还是共和制，都是确定赔偿义务机关所必须考虑的因素。例如，在联邦制国家就不可能由一个机关来同时作为中央和地方的赔偿义务机关；在一些君主制国家，赔偿义务机关的范围往往存在一定限制等等。

一个国家幅员的大小也制约着赔偿义务机关的确定。例如，在幅员辽阔的国家，就需要考虑若干个或若干级别的机关为国家赔偿义务机关；而在幅员较小的国家，只要设立一个或者几个国家赔偿义务机关就已经能够满足国家赔偿实务的需要。

2. 请求权人的便利。

在一个民主和法治的国家，相对人的利益不仅是必须考虑的因素，而且是设定某项制度的出发点和归宿。因此，在确定赔偿义务机关的时候，一方面应考虑怎样才能使相对人的请求权得到落实，另一方面须考虑尽可能地减少请求权人为实现请求的必要耗费。一般情况下，许多国家采取了"谁侵权，谁赔偿"的原则，主要是因为侵权机关往往和受害人地理位置较近，且对于事实较为清楚，便于和受害人沟通等。这些都是为了受害人请求国家赔偿的便利。

3. 可能出现的弊端。

在确定赔偿与否或赔偿金额的数目的时候，可能出现的弊端来自两个方面：一是某些机关及其工作人员慷国家之慨，为了自己的私利或为了避免当被告而给付不应给付的赔偿金。如果设置的机关是和侵权机关及其工作人员没有任何关系，就可能导致赔偿标准过宽。二是某些机关及其工作人员为了避免追偿或者出于其他不正当的目的，而非法拒绝受害人的申请。如果设置的赔偿义务机关和自身的财政利益直接挂钩，就可能导致受害人索赔无门。如何有利于防止出现这些弊端，也是确定赔偿义务机关需要考虑的一个因素。

（二）国家赔偿立法中有关设定赔偿义务机关的不同方案

在国家赔偿立法中，关于国家赔偿义务机关的设定的不同意见主要表现在两个方面：一是一般情况下的赔偿义务机关；二是经过复议情况下的赔偿义务机关。

1. 如何设定因工作人员违法而引起赔偿的国家赔偿义务机关。

参与起草《国家赔偿法》的学者曾经提出以下几种方案：一是工作人员所属机关；二是统一以财政部门为赔偿义务机关；三是一律由政府为赔偿义务机关。

国家赔偿法选择了第一种方案。理由是：第一，由工作人员所属机关作为赔偿义务机关，能够明确地表明侵权机关对侵权行为所承担的责任。一个机关赔偿事件的多少或有无，就成为考核该机关工作质量的一个重要依据。这样，有利于促进各机关依法办事，增强这些机关的自我约束机制。第二，由工作人员所属机关作为赔偿义务机关，有利于赔偿争讼的顺利进行，不仅便于受害人请求赔偿，也便于法院调查核实事实，因为赔偿义务机关在一般情况下就是侵权机关。第三，由工作人员所属机关作为赔偿义务机关，可能出现因某些成见而不愿给付或者因某些原因而任意给付的情况，但可以通过设定一些制度加以防范和纠正。前者可通过赔偿诉讼解决，后者可通过有关部门的监督、审核解决。第四，由工作人员所属机关作为赔偿义务机关，还可能出现某一些机关造成公民或组织巨大损害，以致预算的全部赔偿费用都不足赔偿的情况。但在这种情况下，赔偿义务机关可以申请财政部门补充其不足部分。

赔偿义务机关必须是依法组成、具有对外独立行为意思表示的权限，并具有独立预算经费的机关。因此，机关内部的不具有独立预算经费的职能部门不能作为赔偿义务机关。另一方面，赔偿义务机关也不能无止境地上溯，一般情况下应是该工作人员的工资支付机关或其档案所在机关。

2. 如何设定经过复议程序的具体行政行为造成相对人损害时的赔偿义务机关。

在立法过程中有人主张，经复议的具体行政行为，复议机关决定维持的，由作出原具体行政行为的行政机关为赔偿义务机关；复议机关改变原决定的，复议机关是赔偿义务机关。另一种意见认为，经复议的行政行为，复议机关决定维持的，应由作出原具体行政行为的行政机关为赔偿义务机关，因为行政复议行为没有改变原机关的具体行政行为所确定的法律关系。

由于行政机关具有效力先定特权，复议原则上不停止原具体行政行为的执行。但是笼统地将复议机关确定为赔偿义务机关则值得研究，因为复议机关改变原具体行政行为不一定是对申请复议人作不利改变。复议机关可能撤销或部分撤销原机关的具体行政行为，可能将行政处罚由重变轻。在这种情况下，复议行为不仅与损害结果没有因果关系，而且是对侵害结果的一种补救。如果在这种情况下让复议机关充当赔偿义务机关，并承担侵权赔偿责任，不仅于理难说公平，而且与我国现存财政体制相悖。我国既然选定了财政经费由各级财政单独预算的体制，就不宜让毫无侵权之责的机关来充当赔偿义务机关。

应当特别指出的是，国家赔偿诉讼中的赔偿义务机关与行政诉讼的被告是不相同的。行政诉讼所要解决的中心问题是行政行为的合法性的问题，复议机关改变原具体行政行为，即意味着原行政行为无效，要对相对人的权益实施救济，必须以复议机关为被告，而赔偿诉讼所要解决的是赔偿责任的有无大小的问题，它要弄清的问题是谁造成了受害人的损害，造成了多少损害，应当由谁承担赔偿责任的问题，因此，实际侵权的机关是不可缺少的当事人。

三、我国《国家赔偿法》有关赔偿义务机关的具体规定

我国《国家赔偿法》第 7 条、第 8 条、第 21 条三个条文分别对行政赔偿义务机关以及刑事赔偿义务机关作了规定：

(一) 行政赔偿义务机关

所谓行政赔偿义务机关，也称为行政赔偿义务人，是指代替国家履行支付赔偿金等具体行政赔偿义务，参加赔偿案件解决的行政机关。《国家赔偿法》第 7、第 8 条是对行政赔偿义务机关的规定，规定了六种情形下的赔偿义务机关。其中第一种是一般情形下的赔偿义务机关，其余五种是特殊下的赔偿义务机关。

1. 一般情形下的赔偿义务机关。

一般情况下的赔偿义务机关为实施致害行为的行政机关工作人员所在的行政机关，这就是说，谁的工作人员造成损害，谁就是赔偿义务机关，除非该致害组织不是一个独立的行政机关。很多国家和地区的国家赔偿制度都确立了这一规则。例如，我国台湾地区"国家赔偿法"第 9 条第 1 款规定："依第 2 条第 2 项请求损害赔偿者，以该公务员所属机关为赔偿义务机关。"我国也采取了这一规定方式。《国家赔偿法》第 7 条第 1 款规定："行政机关工作人员行使行政职权侵犯公民、法人和其他组织的合法权益造成损害的，该行政机关为赔偿义务机关。"

行政机关行使行政职权造成损害的，不应当由该行政机关工作人员赔偿，而应当以其所属的行政机关为赔偿义务机关。这是因为：第一，行政机关工作人员行使行政职权是代表行政机关履行职责，应当看作是行政机关的行为，而不是工作人员个人的行为。第二，如果由行政机关工作人员对造成的损害履行赔偿义务，因个人财力有限，一方面不利于受害人得到及时的、合理的赔偿；另一方面，也不利于行政机关积极性的发挥。第三，由行政机关先履行赔偿义务，能够促使行政机关对其工作人员的执法情况进行监督和严格管理。[①] 值得注意的是，工作人员的行

---

① 胡康生主编：《〈中华人民共和国国家赔偿法〉释义》，法律出版社 1994 年版，第 27 页。

为必须是"行使职权"的行为才能由其所属的行政机关承担赔偿责任，如果其行为与"行使职权"无关的，则应当承担相应的民事、行政或者刑事责任。

我国《国家赔偿法》采取的是实施侵权行为的机关作为国家赔偿义务机关。主要理由是：第一，"谁侵权，谁赔偿"是一条古老的法律原则。行政机关及其代表行政机关行使职权的工作人员对公民、法人或者其他组织的权益造成损害的，就应当由实际责任者——行政机关赔偿，符合法律原则。第二，有利于保障请求权人的合法权益。一般而言，具体实施侵权行为的机关往往距离受害人较近，从而方便受害人请求国家赔偿。第三，有利于监督行政机关依法行使职权。如果由实施侵害的其他行政机关或者公权力机关负责赔偿，就疏远了损害和赔偿之间的关系，不利于提高行政机关及其工作人员依法行政的责任心。第四，有利于国家赔偿案件的处理。具体实施侵权行为的国家机关一般比较了解情况，便于调查取证和就近处理赔偿纠纷。如果单独设立另外一套专门机构承担赔偿责任，也不利于保障行政机关侵权损害的公民、法人或者其他组织取得国家赔偿的权利。

值得注意的是，这里的侵权机关，如果没有特殊规定的情况，侵权损害是以哪一级行政机关的名义或者哪一个行政机关实施的，该行政机关就是行政赔偿义务机关。例如，某县政府超越职权作出了征用土地200亩的决定。而根据《土地管理法》的规定，只有省级以上人民政府才能作出征收土地的决定。此时该县政府虽然行使的并非属于自己的法定职权，但是仍然属于"行使职权"，应当作为赔偿义务机关，本应当行使上述职权的省级以上人民政府不是赔偿义务机关。

2. 致害主体为两个以上的行政机关时的赔偿义务机关。

所谓共同赔偿义务机关是指两个以上行政机关共同行使职权造成损害的，应当共同承担连带责任的赔偿义务机关。许多国家都规定了这一做法。例如，德国《国家赔偿法》第10条规定："1. 多数公权力机关应当对义务损害负责时，应当由一个公权力机关先行对共同损害负责。该多数机关作为共同债务人对受害人负责。2. 除公权力机关以外的第三人也负赔偿义务时，准用本条第 1 款的规定。3. 多数赔偿义务人相互间的关系，根据情况特别是根据个人违反义务的严重程度以及共同造成损害的责任大小确定。"瑞士《联邦责任法》第 9 条第 2 项规定，如果数名公务员共同对损害承担过错，则他们向联邦承担的责任不适用债务法第 50 条的规定，而是仅只根据过错大小按相应份额承担责任。

根据《国家赔偿法》第 7 条第 2 款的规定，两个以上行政机关共同行使行政职权时侵犯公民、法人和其他组织的合法权益造成损害的，共同行使行政职权的行政机关为共同赔偿义务机关。共同赔偿义务机关应当注意以下三个问题：

（1）两个以上行政机关

值得注意的是，这里所说的"两个以上行政机关"，是指两个以上具有独立主体资格的行政机关，不包括同一行政机关内部的两个以上部门，也不包括同一机关内部具有从属关系的两个以上行政机构和组织。例如，某个局在行使职权中，由某处和某科共同实施某违法行为造成某个损害，赔偿义务机关只能是该局，而不由该局所属的处、科两个机构作为共同赔偿义务主体。例如，某县工商局、审计局、税务局共同作出对王某的扣押决定，造成王某损失，该县工商局、审计局、税务局三家应共同对王某的损害承担赔偿责任，王某可以向共同赔偿义务机关中的任何一个赔偿义务机关要求赔偿，该赔偿义务机关应当先予赔偿。再比如，某公安局的治安处和巡警大队联合查处市场违反治安管理处罚法的行为造成损害的，应当由某公安局作为赔偿义务机关，而非上述治安处和巡警大队作为共同赔偿义务机关。

（2）共同行使职权

所谓"共同行使职权"是指两个以上行政机关共同对同一事实共同实施同一职权行为，各自以自己的名义共同签署、共同署名行使职权。一般来说，按照法律的相关规定，行政机关之间的分工比较明确，其职责范围也并不相同，一般也不能共享权力。因此，共同行使职权的情形是一种特定的情形，这里的"共同行使"是一种外在形式，实际上各个行政机关仍然需要依据法律规定在自己的职权范围内作出行政行为。例如，不同行政职能的各个行政机关进行联合执法。某地对涉嫌黑网吧的地段进行整顿，由公安、文化、工商等几个行政机关联合执法。如果这些机关在行使职权过程中违法并且造成行政相对人损害的，共同行使职权的行政机关即为共同赔偿义务机关。在司法实践中，对于共同行使职权的情形，有两个需要讨论的问题：

一是两个以上的行政机关和非行政机关共同作出行为的，如何确定赔偿义务机关？司法实践中，如果一个行政机关和一个非行政机关共同作出行为的，诸如综合执法大队、城市管理监察大队等临时机构在特定的时间和范围行使行政职权，这些临时机构通常由若干行政机关组织成立，有的属于事业单位，有的属于经济组织，有的属于行政机构，是否确立共同赔偿义务机关？有一种观点认为，应当确立共同赔偿义务机关。理由是：第一，非行政机关虽然不是行政机关，但是此时也属于共同行使职权。即便法律没有规定其职权，该非行政机关亦属于《行政诉讼法》明确规定的"超越职权"而已，而对超越职权的行为，亦属于行使职权的行为，应当确立共同赔偿义务机关。第二，从救济受害人的角度出发，非行政机关与行政机关共同行使职权已经使其行为具备了职权行为的外形，将其纳入到国家赔偿范围，有利于救济受害人，也有利于督促有关机关依法行使职权，避免权力的滥用。至于国家承担了赔偿责任以后，完全可以向应当承担相应责任的组织追偿。[①] 我们认为，根据《国家赔偿法》的现有规定，这种情况下不构成共同赔偿义务机关。理由是：第一，《行政诉讼法》上关于超越职权的规定，针对的主要是行政机关之间的越权行为。主要包括以下几种情形：行政机关行使了不属于行政职权的权力；下级行政机关行使上级行政机关行政职权；不具有行政隶属关系的行政机关的行政越权；超越时间、空间管辖范围、方式、幅度作出行政

---

① 应松年、杨小军主编：《国家赔偿制度的完善》，国家行政学院出版社2008年版，第230页。

行为等。对于行政机关和非行政机关共同作出行为的，由于非行政机关不是行政机关，不能适用《行政诉讼法》中关于超越职权的规定。否则，任何社会组织都可能成为行政赔偿义务机关。第二，《国家赔偿法》规定得非常明确，即"两个以上行政机关共同行使行政职权"，排除了行政机关和非行政机关的共同行使职权的情形。当然，我们认为这一问题还可以通过两种途径加以解决：一是修订《国家赔偿法》，将行政机关和其他组织共同行使职权侵权的共同赔偿义务明确下来。二是在行政机关承担相应的赔偿义务之后，还可以向人民法院提起民事诉讼，要求其他组织分担相应的损害赔偿责任。

二是上下级行政机关共同行使职权的，如何确定赔偿义务机关？对于上下级之间是否存在"共同行使职权"的问题，学术界存在不同意见。第一种观点认为，参照《行政复议法实施条例》第13条关于"下级行政机关依照法律、法规、规章规定，经上级行政机关批准作出具体行政行为的，批准机关为被申请人"的规定，在这种情况下，不存在共同行使职权的问题，应当以批准机关为赔偿义务机关。第二种观点认为，如果下级机关请示上级机关后作出行政行为的，上级机关和下级机关应当作为共同赔偿义务机关。我们认为，上下级机关之间存在共同行使职权也是可能的。一些法律明确了上级和下级机关之间的职权分工，对于明确规定由上级或者下级行使的职权的，相互之间不能僭越。根据《民用爆炸物品管理条例》第19条的规定，县级以下厂矿企业和农村基层生产单位以及科研、文艺、医疗等单位需用爆破器材时，应当报经上级主管部门审查同意，向所在地县、市公安局申请领取《爆炸物品购买证》，凭证向指定的供应点购买。这就说明，只有县、市公安局才能发放爆炸物品许可证，如果省公安厅发放爆炸物品许可证就属于越权行为。[1] 因此，第一种观点是不准确的。对于第二种观点，我们认为也不完全准确。因为请示后批准的内部程序是一种比较常见的情况，如果请示后上级机关批

---

[1] 有关此观点的详细阐述还可参见江必新、梁凤云《行政诉讼法理论与实务》，北京大学出版社2009年版，第387页。

准就成为共同赔偿义务机关，就会干扰行政管理的正常程序。那么，如何认定经批准行为的赔偿义务机关呢？我们认为，可以借鉴《若干解释》第 19 条关于"当事人不服经上级行政机关批准的具体行政行为，向人民法院提起诉讼的，应当以在对外发生法律效力的文书上署名的机关为被告"的规定，观察对外发生法律效力文书上署名的机关，如果署名机关是上下级机关的，上下级机关应当作为共同赔偿义务机关；如果署名机关是上级机关或者下级机关的，上级机关或者下级机关作为赔偿义务机关。在司法实践中，如果上级机关和下级机关没有共同署名作出决定，而是以暴力行为造成损害的，如何处理？例如，上级公安机关工作人员和下级公安机关工作人员共同殴打违法嫌疑人员的，此时上级机关和下级机关构成共同赔偿义务机关。

（3）共同赔偿义务机关之间的连带责任

共同赔偿义务机关致害的，赔偿请求权人有权要求其中任何一个行政机关提出赔偿请求，该行政机关必须受理，不能推托不办。因为共同赔偿义务机关之间对受害人承担的是连带责任，由共同赔偿义务机关根据他们致害责任的大小协商解决。这一规则也为最高人民法院的司法解释所肯定。例如，最高人民法院《关于审理行政赔偿案件若干问题的规定》第 10 条规定，赔偿请求人因同一事实对两个以上行政机关提起行政赔偿诉讼的，可以向其中任何一个行政机关住所地的人民法院提起。共同赔偿义务机关的连带责任，避免了赔偿义务机关之间互相推诿，有利于受害人行使赔偿请求权利。[①]

3. 致害主体为法律、法规授权的组织时的赔偿义务机关。

所谓"法律法规授权的组织"是指根据法律、法规授权行使行政职权的非行政机关。这里的"组织"不仅包括企业、事业单位，还包括不具备行政主体资格的行政机构等。这类组织又被称为授权行政主体。授权行政主体的特点是：主体资格取得的法律依据是宪法、组织法以外的

[①] 胡康生主编：《〈中华人民共和国国家赔偿法〉释义》，法律出版社 1994 年版，第 27 页。

法律、法规；取得方式由法律法规概括规定或者作具体规定，但不能一揽子授权；取得资格的行政主体的行政职能一般比较明确、具体，范围比较明了；组织的成立和行政主体的法律资格的取得可能是同时取得的，也可能是先成立组织后取得行政主体资格；此时授权行政主体有时候还必须符合授权时限。授权机关可以是立法机关也可以是最高行政机关，必须以法律、法规的形式明确授予。授权决定的内容必须包括：授权人与被授权人、授权事项与授权范围、授权依据、授权期限等。例如，根据《铁路法》第3条第2款的规定，国家铁路运输企业行使法律、行政法规授予的行政管理职能。铁路运输企业因该法的授权即获得行政主体的资格。典型的授权组织是法律、法规、规章授予非行政机关行政管理权限。例如，学生诉高校颁发学位证的案件。

许多国家的《国家赔偿法》不仅规定了行政机关作为赔偿义务机关，还规定了授权行政主体。例如，德国《国家赔偿法》第12条规定："如行使公权力的不是公法法人，应由授予国家权力的公法法人承担责任。在法律无其他规定时，发生有过错的义务损害行为时，该公法法人有追偿请求权。第26条不受本条规定的影响。"波兰1956年的法律不仅规定了政府机关的赔偿义务机关地位，还规定公共团体或者国有经济组织的赔偿义务机关地位。1964年波兰《民法典》第420条规定："当国家法人组织的公务员造成损害时，这一法人组织应当代替国家承担赔偿责任。"根据该法典第33条的规定："法人组织包括：1. 国库；2. 国家工业及所属团体和国家银行；3. 国家组织中依法取得法人资格的其他团体；4. 合作组织及其所属团体；5. 农业社及其所属团体；6. 依法取得法人资格的其他社会组织。"

根据《国家赔偿法》第7条第3款的规定，法律、法规授权的组织在行使授予的行政权力时侵犯公民、法人和其他组织的合法权益的，被授权的组织为赔偿义务机关。非行政机关的组织行使行政职权必须有法律法规的授权，该组织在行使行政职权的过程中如果造成他人损害，被授权的组织为赔偿义务机关。值得注意的是，这里的"法律"是指全国人民代表大会及其常务委员会制定颁布的规范性法律文件;"法规"是指国务院制定的行政法规和省、自治区和直辖市,省、自治区、直辖市人民政府所在地,以及国务院批准的较大的市的人民代表大会及其常务委员会制定的地方性法规。

如果被授权的组织实施的侵权行为与法律、法规所授予的职权无关,那么国家就不应当对该行为所造成的损害承担赔偿责任,受害人应当根据《民法通则》的规定向该组织请求民事赔偿;应当追究刑事责任的,受害人可以提起刑事自诉。

4. 致害主体为受行政机关委托的组织或个人时的赔偿义务机关。

《国家赔偿法》第 7 条第 4 项规定了行政委托情况下的赔偿义务机关。所谓"行政委托"是指行政机关将其管辖权的一部分交由行政机关之外的组织或者个人,并以行政机关名义行使行政职能。广义上讲,行政机关之间的委托也应当包括在内。例如,《行政许可法》第 24 条第 1 款规定,行政机关在其法定职权范围内,依照法律、法规、规章的规定,可以委托其他行政机关实施行政许可。

行政委托一般具备以下特征:第一,受委托人一般是有管理公共事务职能的组织。我国的事业单位一般均承担一定的公共职能,所以受委托人是事业单位的情形也特别多。例如,《行政处罚法》第 19 条规定,受委托组织必须是依法成立的管理公共事务的事业组织。受委托人从事的委托行政事务是一种专业技术很强的公共职能,例如《家畜家禽防疫条例》规定,农牧部门及其畜禽防疫机构可以委托有条件的饲养户或饲养单位检疫,家禽出售者可持有被委托检疫的饲养户或检疫单位的检疫证明进入市场。在特殊的情况下,行政机关也可以委托个人行使行政权力。第二,受委托人必须具备相应的技术鉴定、技术检查的能力。这是受委托人必须具备的物质或技能要素。受委托人只有具备此项要素,才能较好地完成委托任务。实际上,正是由于受托人具备了这样的技术鉴定或技术检查的能力才得以成为行政机关委托其执行行政公务的重要原因。例如,《计量法》第 20 条规定,县级以上人民政府计量行政部门可以根据需要设置计量检定机构,或者授权其他单位的计量检定机构,执行强制检定和其他检定、测试任务。这里的"授权"实际上是"委托"而已。第三,受委托人必须具有熟悉有关法律、法规、规章和行政公务人员。这里受委托人必须具备的人员要素。受委托人是代行委托人的行政职能,这种职能的行使必须由受法律法规规范的人员来进行,这也是依法行政的要求。如果有关工作人员不熟悉有关法律法规规章,就很难保障受委托行政公务能准确、有效地执行。行政委托理论来源于民法上关于代理(委托)理论,受托人必须以委托人名义行使被委托权限内的行政职权,所产生的法律效果直接归属被委托人。

受委托的组织或者个人在行使受委托的行政权力时侵犯公民、法人或者其他组织合法权益的,由委托的行政机关作为赔偿义务机关,为许多国家和地区所采用。例如,瑞士《联邦责任法》第19条规定:"(一)如果一个接受联邦委托之公法任务,并且不属于联邦正式行政机构的组织或职员,在进行与该项任务有关的活动时违法地给第三人或给联邦造成损害,适用如下规定:a. 对于给第三人造成的损害,由该组织依照第3条至第6条向被害人承担责任。在该组织无能力偿付应当支付的补偿的情况下,由联邦向被害人承担未能偿付的数额。联邦和该组织相对于有过错的机构或职员的追偿依照第7条和第9条的规定执行。b. 对给联邦造成之损害,首先由该有过错之机构或职员、其次由该组织承担责任。第8条和第9条在此适用。(二)有关刑事法律责任,第13条及其后诸条相应适用。"我国台湾地区"国家赔偿法"第4条第1款规定:"受委托行使公权力之团体,其执行职务之人于行使公权力时,视同委托机关之公务员。受委托行使公权力之个人,于执行职务行使公权力时亦同。"

《国家赔偿法》第7条第4款规定,受行政机关委托的组织或者个人在行使受委托的行政权力时侵犯公民、法人和其他组织的合法权益造成损害的,委托的行政机关为赔偿义务机关。之所以这样规定,是因为根据行政委托关系,在行政机关委托被委托人为具体行政行为的情况下,被委托的组织或个人只能以委托机关的名义,而不能以自己的名义为具体行政行为，因而其法律后果应当由委托机关承担，例如村民委员会受乡政府的委托实施某种职权行为，造成村民的损害，该村民应以乡政府为赔偿义务机关而向其请求赔偿，而不能向村民委员会请求赔偿。

在掌握本款内容时应当注意两个问题：一是不管委托是否合法，都应以委托的行政机关为赔偿义务机关；二是如果受委托的组织或个人所实施的致害行为与委托的职权无关，则国家不能对该致害行为承担赔偿责任，因此，受害人只能向该组织或者个人提起民事侵权赔偿诉讼。

5. 赔偿义务机关被撤销情形下赔偿义务机关的确定。

各国根据行政管理的需要，在特定的情况下，有必要对行政机关进行撤销、合并、分立。特别是在机构改革的大背景下，撤销、合并、分立行政机关的现象也较为常见。但是，赔偿请求权人的请求权利不能因为行政机关的撤销、合并、分立而灭失。赔偿义务机关可以被撤销，赔偿义务不能因为赔偿义务机关的撤销而灭失。对于赔偿义务机关被撤销后，赔偿义务机关如何确定？

我国台湾地区的做法是，根据具体情况分别由承受业务机关或者上级机关作为赔偿义务机关。我国台湾地区"国家赔偿法"第9条第3款规定："前二项赔偿义务机关经裁撤或改组者，以承受其业务之机关为赔偿义务机关。无承受其业务之机关者，以其上级机关为赔偿义务机关。"第9条第4款规定："不能依前三项确定赔偿义务机关，或于赔偿义务机关有争议时，得请求其上级机关确定之。其上级机关自被请求之日起逾20日不为确定者，得径以该上级机关为赔偿义务机关。"《国家赔偿法施行细则》第3条规定："依本法第9条请求确定赔偿义务机关时，如其上级机关不能确定，应由其再上级机关确定之。"这一做法也为大陆地区所借鉴。

我国《国家赔偿法》第7条第5款规定，赔偿义务机关被撤销的，继续行使其职权的行政机关为赔偿义务机关。有继续行使其职权的行政机关的，撤销该赔偿义务机关的行政机关为赔偿义务机关。这里规定了两种情形：一是赔偿义务机关被撤销后有继续行使其职权的行政机关时的赔偿义务机关；二是赔偿义务机关被撤销后没有继续行使其职权的行政机关时的赔偿义务机关。第一种情形下的赔偿义务机关是继续行使其职权的行政机关，例如，某区物价局被撤销，其职权由工商行政管理局行使，而在撤销前，物价局的行为造成某公民的损害，该公民应以继续行使职权的工商行政管理局为赔偿义务机关而向其请求赔偿。第二种情形下的赔偿义务机关是撤销该赔偿义务机关的行政机关为赔偿义务机关。例如，某县开发区管理委员会在行使职权中造成某公司的财产损害，后开发区管理委员会被县政府撤销，也没有行政机关继续行使其职权，该公司应以县政府为赔偿义务机关，而向县政府请求赔偿。此外，还有一种情形是，如果某行政机关并非上级行政机关撤销而是人民代表大会或者其常务委员会撤销的，如何处理？如果按照《国家赔偿法》的上述规定，就应当由人民代表大会或者其常务委员会作为赔偿义务机关，这是不符合现行《国家赔偿法》的规定的。我们认为，在这种情况下，能够承受这一国家赔偿责任的只能是被撤销机关的上一级行政机关。因为上一级机关不仅要行使领导下级机关的职能，同时也应当承担下级机关违法导致的责任。

一般而言，由于行政管理的不间断性，对于行政机关撤销的，一般引起合并和分立，也就是业务的承继，而非机关和业务的完全消失。撤销也表现为合并和分立两种：一是合并。行政机关合并是指两个以上的行政机关合并为新的行政机关或者合并在一个或者数个行政机关之中的情形。行政机关合并主要包括两种情况：①两个以上的行政机关合并，并且成立新的行政机关，是为新设式合并。②两个以上的行政机关合并，并未成立新的行政机关，而是保留一个或者数个行政机关，是为吸收式合并。在这两种情况下，如果新的行政机关继续行使原行政机关的行政职权，新成立的行政机关作为赔偿义务机关；如果新的行政机关没有继续行使原行政机关的行政职权，新成立的行政机关不作为赔偿义务机关。当然，如果行使原行政机关行政职权的是其他行政机关，则由其他行政机关作为赔偿义务机关。如果没有行政机关行使原行政机关的职权，即不存在继续行使职权的行政机关,则应当以原行政机关所属的人民政府或者上一级行政机关为赔偿义务机关。二是分立。行政机关的分立是指一个行政机关分立为数个行政机关,保留其中一个或者不再保留原行政机关的情形。行政机关的分立主要包括两种情形:①原行政机关分立为两个以上的行政机关,分立后的行政机关仍然保留原行政机关的名称。是为吸收式分立。②原行政机关分立为两个以上的行政机关,原行政机关不再保留,视为新设式分立。在吸收式分立的情况下,保留原行政机关名称的行政机关属于继续行使职权的行政机关,应当为赔偿义务机关。在新设式分立的情况下,原行政机关的职权被分解,如果原行政机关的权力包括分解后的若干行政机关的职权,则若干行政机关应当为共同赔偿义务机关;如果原行政机关的权力只是由其中一个行政机关继承,则此行政机关为赔偿义务机关。

值得注意的还有两个问题:一是如果被撤销的机关是复议机关,则赔偿义务机关应当根据以下两种情况分别确定:如果复议决定维持原行政行为的,则应当由原行政机关作为赔偿义务机关;如果复议决定撤销或者变更原行政行为的,应由继续行使职权的行政机关作为赔偿义务机关;没有继续行使职权的行政机关,由决定撤销或者上级行政机关指定的行政机关作为赔偿义务机关。二是《国家赔偿法》第7条第5款的规定关于行政机关承继的规定虽然规定为行政机关,但是也适用于法律法规授权组织,不能狭义理解为将法律法规授权组织排除在外。

6. 经过复议情况下的赔偿义务机关。

行政复议是一种由行政机关解决行政争议的法律制度,是指个人或组织以国家行政机关的具体行政行为侵犯其合法权益为由,依法请求作出该行为的上一级机关或法律、法规规定的机关对该行为进行审查,以保障其合法权益,受理申请的上一级机关或法律法规规定的机关依照法定程序对该行政行为予以全面审查并作出决定的法律制度。

复议机关经过复议,可能维持原决定,可能撤销原决定,可能变更原决定,还可能撤销原决定后由原决定机关重新作出决定。行政机关的复议决定，可能表现为减轻当事人的损害（如撤销或撤销后要求原裁决机关从轻处理或由较重的处理直接变更为较轻的处理），也可能表现为加重当事人的损害（如撤销后要求原裁决机关从重处理，或者由较轻的处理直接变更为较重的处理等）。《国家赔偿法》第8条规定："经复议机关复议的，最初造成侵权行为的行政机关为赔偿义务机关，但复议机关的复议决定加重损害的，复议机关对加重的部分履行赔偿义务。"这一条的内容可以分解为以下几个内容：

（1）经复议机关复议的，复议机关没有加重损害的，最初造成侵权行为的行政机关为赔偿义务机关

如果复议机关的复议决定没有加重，当事人的损害，或者说，损害是原裁决机关所造成的，即令是复议机关维持了原决定，赔偿义务机关也只能是原裁决机关。"没有加重损害"包括三种情形：一是复议机关维持了原决定机关的决定，最初作出侵权损害行为的行政机关应当为赔偿义务机关。二是复议机关减轻了原决定的义务，例如减少处罚数额或者拘留天数等，此时，造成损害后果的仍然是原决定机关，最初作出侵权损害行为的行政机关应当为赔偿义务机关。三是在某些情况下，原机关不履行法定职责，给他人造成损害，复议机关履行了该职责，这时的赔偿义务机关则是原不作为机关，而不是原决定机关（原机关未作出任何决定）。正是考虑上述情况，该条使用了"最初造成侵权行为的行政机关"的概念，以涵盖因作为或不作为造成他人损害的不同情形。

有的学者提出，经过复议机关复议维持的，复议机关和最初作出侵权行为的行政机关为共同赔偿义务机关。理由是：第一，在理论上，复议维持也是对原行为的维持，是复议机关经过审查认为原行为是正确的、合法的，也就是对原行为内容认可，并在对原行为内容认可的基础上对原行为效力的维持。此时，该行为已经成为复议机关的行为和意思。其次，在实践中，将复议机关和原行政机关列为共同赔偿义务机关，有利于复议机关发挥复议监督的积极作用。目前，有的复议机关为了避免当赔偿义务机关，该纠正的不纠正，不该维持的也维持了，复议的积极作

用并没有充分发挥出来，复议的功能长期被弱化。将复议机关列为共同赔偿义务机关，可以促使复议机关真正发挥其监督审查的作用。[1] 我们认为，对于复议机关和原决定机关作为共同赔偿义务机关并非如此乐观。从刑事赔偿中的共同赔偿实施情况来看，由于共同赔偿义务机关中某一赔偿义务机关履行赔偿义务之后，再由其他共同赔偿义务机关承担赔偿责任几乎是不可能完成的任务。这里面既有观念上的问题，也有难以划分清楚责任大小的问题。可以想见，这一问题如果在具有上下级关系的行政机关和行政复议机关之间将会更为困难。因此，我们并不认为将原决定机关和复议机关列为共同赔偿义务机关有利于受害人权利保障。

（2）经复议机关复议的，复议机关加重损害的，复议机关对加重的部分履行赔偿义务

根据该条的规定，凡是复议机关的复议决定加重当事人的损害的，复议机关应当对加重的部分履行赔偿义务。这是因为，复议机关复议后改变原行政行为的内容，复议机关应当对其中的加重部分按照"谁侵害，谁负责"的原则承担赔偿责任。这就是说，在加重侵害的情况下，复议机关应与原处理机关为共同赔偿义务机关，对加重损害的部分，由复议机关承担赔偿责任，除去加重损害的部分，仍然由最初造成侵权损害行为的行政机关承担赔偿责任。这种情形下的共同赔偿是一种特殊类型的共同赔偿，原决定机关和行政复议机关之间的关系类似按份之债的关系。但是，如果损害完全由复议机关所造成，复议机关则应为独立的赔偿义务机关。根据《行政复议法》第28条和《行政复议法实施条例》第43条至第48条的规定关于行政复议决定的规定，赔偿义务机关可以根据以下规则确定：①对于行政复议机关决定维持违法的行政行为的，由最初造成侵权行为的行政机关为赔偿义务机关；②行政复议机关决定在一定期限内履行法定职责的，由最初不履行法定职责造成侵权行为的行政机关为赔偿义务机关；③决定撤销或者确认行政行为违法的，由最初造成

---

[1] 应松年、杨小军主编：《国家赔偿制度的完善》，国家行政学院出版社2007年版，第235－236页；杨小君：《国家赔偿法律问题研究》，北京大学出版社2005年版，第236页。

侵权行为的行政机关为赔偿义务机关；④行政复议机关的复议决定加重损害的，复议机关应当对加重的部分履行赔偿义务；⑤行政复议机关的复议决定减轻损害的，由最初造成侵权行为的行政机关为赔偿义务机关；⑥行政复议决定驳回行政复议申请的，如果加重了公民。法人或者其他组织合法权益的损害的，行政复议机关对加重的部分履行赔偿义务。

(二) 刑事赔偿义务机关

从世界范围来看，确定刑事赔偿义务机关主要有三种模式：第一种是"分散式"，即由原处分或者判决机关作为赔偿义务机关。例如，日本《刑事诉讼法典》第447条规定，对调查预审、检察机关和法院的公职人员由于不正当公务行为所造成的损害，相应的国家机关在法律特别规定的情况下和范围内承担财产责任。这种模式的特点是赔偿义务机关与侵权机关相一致，便于接受受害人的申请，也便于监督公权力机关的职权行为。第二种是"双轨式"，即由法院和政府司法机关分别受理赔偿请求。例如，德国《刑事追诉措施赔偿法》第9条规定："检察官终止刑事追诉程序后，由检察官所在地的初级法院对赔偿义务作出裁决"；第15条规定："刑事诉讼一审法院所在州有赔偿义务。"第三种是"单一式"，即由特定的国家机关统一受理。例如，捷克以主管中央机关为赔偿义务机关，对于因违法决定、羁押或者刑罚造成损害而提出的赔偿请求，必须由主管中央机关进行初步审查；对于在民事程序、刑事程序或者地方人民法院程序中作出决定所提出的赔偿请求，其中央主管机关是作出第一次决定的机关所在地的国家司法部。瑞士是以财政部作为赔偿义务机关。韩国则是以检察机关作为赔偿义务机关。此外，美国的一些州也设立了专门处理赔偿案件的机构，例如，威斯康星州的"救济无辜判罪委员会"、北达科他州的"错误拘禁救济局"等。在上述模式中，采取分散式的国家占了多数。

我国的刑事赔偿义务机关的确定原则是根据侦查机关、检察机关和审判机关之间相互制约、相互配合的关系，一般的刑事犯罪的定罪判刑需要经过侦查、逮捕、提起公诉和判决几个阶段，这几个阶段是相互衔接的，后一阶段是在前一阶段的基础上进行的。从侵权的责任看，也是相互关联的。比如，对于一个刑事案件的错判，从对犯罪嫌疑人的拘留、逮捕到判决的执行，公、检、法三家都有责任，那么，如何确定赔偿义务机关呢？有一种观点认为，在刑事诉讼活动中，最后将无罪的人判有罪是其结果，但是案件一开始就犯了错误，这个错误就是由错误拘留、错误逮捕、错误起诉等一系列错误造成的，应当由侦查机关、批准逮捕机关和审判机关作为共同赔偿义务机关，不承认三机关共同侵权的观点在理论上讲不通，在实践上也是有害的。① 大多数的学者则认为，如果都为共同赔偿义务机关，势必会导致赔偿义务复杂化，也增加了公、检、法的负担。因此，本着案件在刑事诉讼过程中的哪一个阶段终结，是哪一个机关最后作出的侵犯公民人身权的决定，该机关即为赔偿义务机关。这么规定，侵权责任明确，便于落实赔偿义务机关，也便于赔偿请求人行使赔偿请求权。② 对于刑事赔偿义务机关的这一确定原则，有的学者称之为主要责任原则。③ 还有的学者认为，从责任分担的角度来看，由于最后作出强制措施的机关承继先前的国家机关继续作出强制措施，这实际上是对先前强制措施的认可和继受，应当由最后的机关承担赔偿责任。因此也可以称之为"置后原则"。

也有的学者提出了"责任递进转嫁理论"，即，在诉讼过程中，错误的发生虽然根源于最初的司法机关及其工作人员的故意或者过失行为，但是，随着诉讼程序的递进，该错误在后继的司法机关并未得到纠正，而当事人因此所遭致的损害亦随之递增，那么在这种情况下，因该错误造成当事人损害所引起的法律责任应当一并转嫁到最后作出错误决定或者判决的机关。采用这种处理办法，方便受害人索赔是其出发点，同时，

---

① 罗明举：《贯彻实施国家赔偿法几个问题的探讨》，载《法学评论》1996年第1期。
② 胡康生主编：《〈中华人民共和国国家赔偿法〉释义》，法律出版社1994年版，第55页。
③ 该原则又称为"推定原则"，是指在刑事追诉的过程中，侦查机关、提起公诉机关和审判机关在各自的环节，都没有依法规范地履行职责，对侵权损害结果的发生都有责任，根据刑事诉讼的一般规律，后一程序对侵权行为的发生起到决定性的作用，应当负主要责任，为了便于赔偿案件的审理，应当由其主要作用的机关承担刑事赔偿责任。张雪林、向泽选、张长江、廖名宗：《刑事赔偿的原理与执法实务》，北京大学出版社2003年版，第77页。

从理论上来说，责任递进转嫁亦是合理的。因为，从法律的授权和规范上看，在诉讼程序中，后继的司法机关对前一机关的诉讼活动都有审查、审理和决定、判决的权力，如果后继司法机关能够真正切实地履行职权，一般是可以避免错误的延续和当事人损害扩大的。将责任转嫁至最后作出决定或者判决机关，是因为其履行职权不当。如此处理，将有利于各级司法机关的自我约束机制和责任感。① 即如果在再审程序中法院改判无罪，意味着在整个刑事诉讼过程中对被告的刑事拘留、逮捕、有罪判决以及刑罚的执行都是错误的，此时，不能要求受害人分别向侦查、检察、审判和监狱管理机关提出赔偿请求，而应当本着方便受害人提出赔偿请求、简化赔偿程序的原则，将作出原生效判决的人民法院确定为赔偿义务机关。该法院在赔偿范围上，不仅要对已经执行的刑罚予以赔偿，同时还要对在侦查、起诉阶段因错误拘留和错误逮捕所遭受的损害一并予以赔偿。

我国的刑事赔偿义务机关的确定问题由《国家赔偿法》第 21 条加以规定。该条对五种情形下的赔偿义务机关分别作出了规定。该条第一款对刑事赔偿义务机关作了概括规定，第二、三、四款分别就错拘、错捕及冤判情况下的赔偿义务机关作出规定。在一般情况下，行使国家侦查、检察、审判、监狱管理职权的机关及其工作人员在行使职权时侵犯公民、法人和其他组织的合法权益造成损害的，该机关为赔偿义务机关。可见，确定赔偿义务机关的基本原则仍然是"谁侵权，谁就是赔偿义务机关，谁的工作人员侵权，谁就是赔偿义务机关"。这里的"谁"，当然是指有独立机关法人资格或行政主体资格的国家机关。工作人员个人不能成为赔偿义务机关。《国家赔偿法》第 1 款和第 2 款反映的就是这一原则。在特殊的情况下，赔偿义务机关的确定则是采取了"责任置后"原则，例如《国家赔偿法》第 21 条第 3 款和第 4 款的规定。以下就本条的相关内容作一阐述：

---

① 房绍坤、丁乐超、苗生明：《国家赔偿法原理与实务》，北京大学出版社 1998 年版，第 226 页。

1. 对公民采取拘留措施，依照本法的规定应当给予国家赔偿的，作出拘留决定的机关为赔偿义务机关。

《国家赔偿法》第 17 条第二项所说的拘留是指刑事拘留。根据《刑事诉讼法》的规定，行使侦查活动中的刑事拘留权主要由公安机关行使，人民检察院、安全机关、军队保卫部门在一定条件下也有刑事拘留权。哪个机关作出刑事拘留决定，如果违法造成损害，哪个机关就是赔偿义务机关。

需要注意的有两个问题：一是在某些时候，公安机关的派出机构提请所隶属的局对某公民采取刑事拘留措施，这时赔偿义务机关应该是具有行政主体资格的局，而不应当是派出所。二是根据本条的规定，行使审判职权的机关如果"对公民采取拘留措施"，例如，人民法院对妨害诉讼活动的人采取司法拘留措施的，似乎亦应当以"作出拘留决定的机关为赔偿义务机关"。虽然确定赔偿义务机关为法院的结论正确，但是，本项中规定的拘留措施并不包括司法拘留措施。理由是，本节内容是关于刑事赔偿义务机关的确定，对于非刑事的司法赔偿义务机关的确定，应当按照"谁侵权，谁负责"的原则由人民法院承担。

2. 对公民采取逮捕措施后决定撤销案件、不起诉或者判决宣告无罪的，作出逮捕决定的机关为赔偿义务机关。

《国家赔偿法》在制定时，对于已经对公民采取逮捕措施后，谁为赔偿义务机关的问题产生了激烈的争论。有一种观点认为，对于已经采取逮捕措施的，应当按照逮捕的整个程序进行观察和判断，因为逮捕程序是拘留程序的延续，除了逮捕导致的人身权损害以外，还有对拘留导致的人身权损害；除了批准逮捕导致的人身权损害外，提请逮捕也应当承担错误逮捕的赔偿责任。因此，对于错误逮捕的，由提请逮捕的公安机关或者安全机关和批准逮捕的人民检察院为共同赔偿义务机关，承担连带责任；已由人民检察院提起公诉的或者由人民检察院自行决定逮捕的，人民检察院为赔偿义务机关；由人民法院决定逮捕的，人民法院为赔偿义务机关。这一观点为起草者所接受，并在《国家赔偿法（草案）》中予以规定①。经过讨论，比较一致的意见是，国家赔偿并非机关赔偿，也不是要追究哪一个机关的责任，最关键的是要保障受害人的合法权益。考虑到后续机关对前一程序中的行为具有监督和制约性，应当以后一行为的做出者为赔偿义务机关为宜。

根据宪法和有关法律的规定，中华人民共和国公民，非经人民法院决定或者人民检察院批准，不受逮捕。公安机关要求逮捕人犯的时候，由人民检察院批准。经人民法院决定或者人民检察院批准逮捕的人犯，由公安机关执行逮捕。《刑事诉讼法》第59条规定："逮捕犯罪嫌疑人、被告人，必须经过人民检察院批准或者人民法院决定，由公安机关执行。"根据《刑事诉讼法》第132条的规定，检察机关在执行侦查案件过程中，在符合法定逮捕条件时，也可自行作出逮捕决定，但仍然要由公安机关执行。可见，本条第三项所说的"作出逮捕决定的机关"，包括人民法院和人民检察院，并不包括作为执行机关和要求逮捕的公安机关。对于检察机关而言，检察机关不仅要对自行作出逮捕决定负责，而且还应当对其作出的批准逮捕决定负责。人民法院一般不作出逮捕决定，只有在自己直接受理的案件中，才根据审理案件的需要作出逮捕决定。根据《刑事诉讼法》第170条的规定，这类案件包括：告诉才处理的案件；被害人有证据证明的轻微刑事案件；被害人有证据证明对被告人侵犯自己人身、财产权利的行为应当依法追究刑事责任，而公安机关或者人民检察院不予追究被告人刑事责任的案件。

在司法实践中，由于逮捕和提起公诉的级别管辖存在差异，往往出现作出逮捕决定的检察院和提起公诉的检察院不是同一检察院的情况。如果上级检察机关决定逮捕的，后由下级检察院向同级人民法院提起公诉，或者下级检察机关认为不应当逮捕经请示上级检察机关，上级检察机关通知下级检察机关作出逮捕决定的，或者下级检察机关决定不予逮捕，公安机关不复提请上级检察机关复核的，上级检察机关经审查认为

---

① 胡康生：《关于〈中华人民共和国国家赔偿法（草案）的说明〉——在第八届全国人民代表大会常务委员会第四次会议上》。

应当逮捕，通知下级检察机关批准逮捕，下级检察机关作出逮捕决定，一审法院判决无罪的，应当由作出逮捕决定的检察机关，即出具逮捕决定法律文书的检察院为赔偿义务机关。据此，根据最高人民法院、最高人民检察院《关于刑事赔偿义务机关确定问题的通知》，人民检察院批准逮捕并提起公诉，一审人民法院判决无罪，或者人民检察院撤回起诉、作出不起诉决定或者撤销案件决定，依法应当赔偿的案件，批准逮捕与提起公诉的如果不是同一个人民检察院，赔偿义务机关为批准逮捕的人民检察院。

当然，如果公安机关在执行逮捕时抓错了人，公安机关是否可以是赔偿义务机关？如果逮捕决定没有错误，公安机关抓错人的，公安机关应当作为赔偿义务机关；如果逮捕决定有错误导致公安机关抓错人的，批准逮捕的机关应当作为赔偿义务机关。

3. 再审改判无罪的，作出原生效判决的人民法院为赔偿义务机关。

世界各国对于改判无罪的，一般规定向作出无罪判决的法院提出。例如，日本《刑事补偿法》第6条规定，补偿的请求，应向作出无罪判决的法院提出。

我国《国家赔偿法》第21条第3款是对冤判情况下赔偿义务机关的确定。某一公民如果被再审改判无罪，赔偿义务机关为作出原生效判决的人民法院。这里所讲的"生效判决"是指原来发生法律效力的判决。具体地说，包括已过法定期限没有上诉、抗诉的判决、经终审的判决、最高人民法院核准死刑判决和高级人民法院核准的死刑缓期二年执行的判决。在司法实践中，需要注意以下几个问题：

一是，如果再审改判无罪，如果一审法院作出错误的有罪判决，被告没有上诉，人民检察院也没有抗诉，判决生效后又在再审程序中被宣告无罪的，作出有罪判决的一审法院为赔偿义务机关固当无疑。但是，如果错误的生效判决经过了二审程序，应当如何确定赔偿义务机关呢？有一种观点认为，《国家赔偿法》对此规定得不够清楚，应当具体情况具体分析。理由是，如果二审法院简单地维持了一审法院的有罪判决，那么仍应当以一审法院为赔偿义务机关。如果二审法院改变了原一审法院的判决，则意味着原生效判决由两级法院共同作出，一审法院和二审法院应当作为共同赔偿义务机关，受害人可以选择其中的任何一个法院提出赔偿请求。①《国家赔偿法》对此规定是比较明确的，即只有作出原生效判决的人民法院才能作为赔偿义务机关。在上述情况下，二审法院无论是作出维持一审法院的判决还是改变了一审法院的判决，都是生效的判决。这一生效判决是在二审法院生效的，而非在一审法院生效。据此，最高人民法院《关于人民法院执行〈中华人民共和国国家赔偿法〉几个问题的解释》第5条："原一审人民法院作出判决后，被告人没有上诉，人民检察院没有抗诉，判决发生效力的，原一审人民法院为赔偿义务机关；被告人上诉或人民检察院抗诉，原二审人民法院维持一审判决或者对一审人民法院判决予以改判的，原二审人民法院为赔偿义务机关。"

二是，再审改判无罪的，由作出原生效判决的人民法院为赔偿义务机关。那么，作为赔偿义务机关的人民法院对哪些损害事实进行赔偿呢？有人认为，人民法院作为赔偿义务机关，根据"谁侵权，谁赔偿"的原则，应当仅仅就已经执行的刑罚给予赔偿，对于因拘留、逮捕导致的羁押不能进行赔偿。因为拘留、逮捕的羁押是由于侦查机关和批准逮捕、公诉机关的职权行为导致的，不应当由法院来赔偿。我们认为，在刑事赔偿中并不完全贯彻"谁侵权，谁赔偿"的原则，如果要贯彻这一原则，势必要把侦查机关和批准逮捕、公诉机关作为共同赔偿义务机关拉到程序里来。这既不符合《国家赔偿法》的规定，同时也不利于受害人申请国家赔偿。因此，原判决生效法院不仅要对已经执行的刑罚予以赔偿，而且还要根据受害人的请求，对其在侦查、起诉阶段因错误拘留、错误逮捕所遭受的人身权一并予以赔偿。同样的道理，受害人对因逮捕措施导致的损害，作出逮捕决定的机关不仅要赔偿逮捕期间的人身权损害，还要承担拘留期间的人身权损害。

---

① 皮纯协、冯军主编：《国家赔偿法释论》，中国法制出版社1994年版，第223页。

4. 二审改判无罪，以及二审发回重审后作无罪处理的，作出一审有罪判决的人民法院为赔偿义务机关。

这一规定是本次《国家赔偿法》修订的重要内容，也反映了责任置后原则。修订前的《国家赔偿法》第 19 条第 4 款规定，二审改判无罪的，作出一审判决的人民法院和作出逮捕决定的机关为共同赔偿义务机关。这么规定的理由主要是：第一，一审判决在事实上延长了被告的羁押时间，也就是说加重了损害，一审法院对于逮捕羁押期间的延长负有不可推卸的责任，因而应对加重的部分负责。[①] 第二，由于一审判决是不生效的判决，同时，也有一审法院虽作有罪判决，但认为不必逮捕，而逮捕是由检察院批准的情况，在这种情况下，损害在事实上是批准逮捕的检察机关所造成的。第三，在某些情况下，作出一审判决的机关和作出逮捕决定的机关都是一审人民法院，因而赔偿义务机关事实上是同一个主体。这种规定的本意是为了方便受害人行使赔偿请求权，也就是说，受害人可以向法院和检察院中的任何一个机关要求承担全部的国家赔偿责任，承担了全部赔偿金额的赔偿义务机关之后再行区分各自应当承担的赔偿责任。《国家赔偿法》规定的共同赔偿义务机关制度，其本意是在分清责任的情况下，督促国家机关依法行使职权。但是，在目前的情况下，却出现了种种弊端和缺陷。这些缺陷主要表现为以下几个方面：

首先，办理共同赔偿案件程序复杂，环节较多，不利于提高办案效率和保护公民、法人或者其他组织的合法权益。最高人民法院、最高人民检察院制定的《关于办理人民法院、人民检察院共同赔偿案件若干问题的解释》中规定了共同赔偿案件的办理程序：赔偿请求人因在起诉、审判阶段被错误羁押而申请赔偿的，可以向共同赔偿义务机关中的任何一个机关提出申请，先收到申请的机关为赔偿案件的办理机关。二审人民法院宣告无罪的赔偿案件，作为共同赔偿义务机关的人民法院和人民检察院各按应当赔偿金额的 1/2 承担赔偿责任。赔偿案件的办理机关收

[①] 胡康生主编：《〈中华人民共和国国家赔偿法〉释义》，法律出版社 1994 年版，第 56 页。

到赔偿申请后，应当将赔偿申请书副本送达另一赔偿义务机关。赔偿案件的办理机关负责审查有关法律文书证明材料后，提出决定赔偿或者不予赔偿的意见，并拟制共同赔偿决定书。决定赔偿的，同时开具共同赔偿金额分割单，并将上述材料送交另一赔偿义务机关认同。另一赔偿义务机关应当于15日内予以答复。认同的，应当在共同赔偿决定书上盖章并将应当承担的赔偿金额一并送交赔偿案件的办理机关，由该机关一次给付赔偿请求人。这一系列程序非常复杂，任何一个环节出现问题都可能导致无法作出共同赔偿决定。即便作出共同赔偿决定的，赔偿请求人要到两个部门要钱，两个部门分头再向财政部门核销，成本较高。

第二，由于《国家赔偿法》有关刑事赔偿制度规定不明确，赔偿义务机关较难作出共同决定。《国家赔偿法》虽然规定了共同赔偿义务的情形，但是在其赔偿范围中缺乏与之相对应的赔偿范围，在实践中，由于种种原因，往往一机关受理并提出赔偿意见后，另一机关不认同或者达不成一致的赔偿意见，共同赔偿的规定形同具文。特别是在《刑事诉讼法》修订之后，两个机关对于疑罪从无原则、错误拘留、错误逮捕的原则和标准存在较大分歧。上述司法解释还规定，共同赔偿义务机关作出赔偿决定后，赔偿请求人对赔偿数额有异议的，可以在收到决定之日起30日内向共同赔偿义务机关中人民法院的上一级人民法院赔偿委员会申请作出赔偿决定。共同赔偿义务机关应当在赔偿案件的办理机关收到赔偿申请之日起2个月内作出决定。逾期不能作出决定的，赔偿请求人可以向共同赔偿义务机关中人民法院的上一级人民法院赔偿委员会申请作出赔偿决定。这一规定的本意是保护受害人权益，不经复议程序直接进入上一级人民法院赔偿委员会处理。但是，此时如果检察院存在异议，产生抵触情绪的，也会直接影响赔偿决定的执行。

第三，对共同赔偿责任划分存在争议的，造成了执行难。最高人民法院、最高人民检察院对受害人在起诉、审判阶段的羁押赔偿责任的划分共同作出一个非常简单的规定，即作为赔偿义务机关的人民法院、人民检察院应当各自承担金额的1/2。但是，在司法实践中问题要更为复杂。有不少刑事案件的二审法院审理期限往往较长，个别案件严重超审限，造成受害人长期被羁押。这类案件人民法院和人民检察院均认为责任在对方，造成责任分歧，导致执行难。

鉴于共同赔偿存在的问题，本次《国家赔偿法》修订时，比较一致的意见是取消关于共同赔偿义务机关的规定。取消之后，由哪个机关作为赔偿义务机关，主要有两种意见：第一种意见是，一审判决有罪，二审改判无罪的，由提起公诉的机关为赔偿义务机关。理由是，如果不是检察机关提起公诉，自然不会导致法院错判。并且，法院只是审核检察机关提供的相应证据，错判的绝大多数原因都是由于证据问题引起的，应当由检察机关来作为赔偿义务机关。第二种意见是，一审判决有罪，二审改判无罪的，由作出一审判决的人民法院为赔偿义务机关。理由是，一审判决有罪，说明法院认可了检察院的证据和提起公诉的意见，法院作出有罪的错误判决尽管与检察院有很大关系，但根据责任置后的原则，应当由人民法院来作为赔偿义务机关。立法者采纳了第二种意见，即应当由人民法院来承担赔偿责任。最高人民法院也认为，这种修改虽然使人民法院承担了更多的义务，但是从减少赔偿请求人的诉讼成本，体现便民角度则是可行的。

最高人民法院起草的《国家赔偿法（人民法院建议稿）》中对于共同赔偿义务机关的意见主要有两条：一是，为了保障受害人能够及时地获得国家赔偿，对于多个机关侵权的问题，应当实行彻底的责任后置原则。如因公安机关的拘留、检察机关批捕、审判机关错判共同侵犯公民人身权的，应当以最后作出侵权决定的机关作为赔偿义务机关。《国家赔偿法》虽然没有如此规定，但是从《国家赔偿法》关于再审改判无罪由作出原生效判决的人民法院为赔偿义务机关的规定来看，基本上也是采用责任后置原则。二是，取消刑事赔偿中共同赔偿义务机关的规定。即，取消《国家赔偿法》规定的"二审改判无罪的，由作出一审判决的人民法院和作出逮捕决定的机关为赔偿义务机关。"实践证明，《国家赔偿法》对于上述共同赔偿义务机关的规定实际作用并不大，也容易增加权利人的诉累，且由于法院和检察院对于法律理解存在分歧常常难以达成一致，导致共同赔偿无法实现。同时，国家赔偿系由财政支付赔偿金，赔偿义务机关只是代替国家在具体个案中履行相应的赔偿义务。虽然这样修订增加了人民法院作为赔偿义务机关的概率，但是受害人赔偿迟迟不到位将会影响国家的形象，法院对于维护国家形象应当义不容辞。

但是，有的机关提出，取消共同赔偿义务机关之后，对于一审判决有罪，二审发回重审后，检察机关作出撤销案件决定的，也应当由作出一审判决的人民法院作为赔偿义务机关。绝大多数人认为应当由检察机关作为赔偿义务机关。理由是：第一，检察机关的撤销案件的决定是对错误逮捕的确认，错误逮捕的赔偿义务机关的确定已经为《国家赔偿法》所明确规定，应当由检察机关作为赔偿义务机关；第二，如果这类案件的赔偿义务机关都归为一审人民法院，那么检察机关在刑事诉讼中错误逮捕后，作出撤销案件决定的都由人民法院作为赔偿义务机关，检察机关将没有作为赔偿义务机关的案件。

正如前文所阐释的观念一样，《国家赔偿法》修订之后，对于赔偿义务机关的确定已经并非在追究哪一个机关存在错案责任的问题，而是要切实保障受害人的合法权益。如果二审发回重审后，检察机关撤销案件的，固然反映了检察机关确实存在错误，但是最重要的是表明此时案件已经不再存在，受害人在法律上已经无罪了。此时，受害人针对的索赔对象一是错误批捕、错误提起公诉的检察院，二是判决其有罪的一审法院，因为一审法院认可了检察院的公诉意见。这个问题又重新回到了原点，要不要追究检察院的错误批捕的行为？当然应当追究。但是，赔偿义务机关的确定是另外一个问题，根据"责任置后"原则，此时的赔偿义务机关是法院。

修订后的《国家赔偿法》规定："二审改判无罪，以及二审发回重审后作无罪处理的，作出一审有罪判决的人民法院为赔偿义务机关。"这一条分为两个内容：一是如果二审改判无罪，作出一审有罪判决的人民法院为赔偿义务机关。二是如果二审发回重审后作无罪处理的，作出一审有罪判决的人民法院为赔偿义务机关。这里的"无罪处理"包括：一审法院重审后判决无罪和人民检察院撤销案件等情形。

值得注意的是，《国家赔偿法》修订之后，有关刑事赔偿中的共同赔偿义务机关已经不存在。但是，刑事赔偿中仍然有共同赔偿义务机关的存在。之所以修订后的《国家赔偿法》取消了关于共同赔偿的规定，主要原因是无论是侦查中的拘留行为、批准逮捕的行为还是错判有罪的行为，其本质上是由于一系列连续的刑事诉讼行为导致了对受害人人身权的侵害。那么，如果行使侦查、检察、审判职权的机关在侵犯人身权的同时，还侵犯了财产权的，仍然有共同赔偿义务机关的可能。例如，公安机关在实施拘留行为的同时，还对被拘留人的财产进行了扣押，而后检察机关批准逮捕后，被一审法院宣告无罪的，如果仅仅将批准逮捕的检察机关列为赔偿义务机关，那么公安机关在侦查过程中实施的扣押行为就无法得到纠正，受害人的财产权益也就得不到保护，因此，此时应当将检察机关和公安机关列为共同赔偿义务机关。但是，根据修订前《国家赔偿法》第19条规定的"二审改判无罪的，作出一审判决的人民法院和作出逮捕决定的机关为共同赔偿义务机关"的规定制定的相关司法解释不能再适用。①

此外，对于司法机关工作人员违法行使职权造成损害的，该工作人员的所属机关为赔偿义务机关。这种情形适用于刑讯逼供、殴打、虐待

---

① 这些司法解释包括：最高人民法院《关于赵华申请刑事赔偿案的批复》（1998年9月2日，[1997]赔他字第13号）、最高人民法院《关于刑事诉讼的被告人一审被判有罪，二审发回重审后一审又改判无罪申请国家赔偿时赔偿义务机关如何确定的答复》（1998年9月2日，[1998]赔他字第5号）、最高人民法院《关于因错误逮捕申请国家赔偿赔偿义务机关应如何确定问题的批复》（1999年8月27日，[1999]赔他字第12号）、最高人民法院《关于王惠琴申请国家赔偿案的批复》（1999年8月27日，[1998]赔他字第18号）、最高人民法院《关于一审判决有罪二审发回重审一审退补后公诉机关作出不起诉决定赔偿义务机关应如何确定问题的答复》（1999年8月27日，[1999]赔他字第13号）、最高人民法院《关于王雄德申请国家赔偿案有关问题的批复》（2000年4月29日，[2000]赔他字第4号）、最高人民法院《关于付华良因错捕错判申请国家赔偿应否重新立案及如何确定赔偿义务机关问题一案的复函》（2008年9月9日，[2008]赔他字第8号）、最高人民法院《关于杨忠举、杨明学、杨小米等人申请国家赔偿一案的答复函》（[2006]赔他字第5号）、最高人民法院《关于韩永亮申请国家赔偿一案的复函》（[2007]赔他字第8号）、最高人民法院《关于韩冰申请刑事赔偿一案的复函》（2008年4月18日，[2005]赔他字第2号）。

等行为或者唆使、放纵他人以殴打、虐待等行为造成公民身体伤害或者死亡的；违法使用武器、警械造成公民身体伤害或者死亡的等。行使侦查、检察、审判等职权的机关违法对财产采取查封、扣押、冻结、追缴措施的，采取上述措施的机关为赔偿义务机关。人民法院在民事行政诉讼中错误采用对妨害诉讼的强制措施、保全措施或者执行生效法律文书错误造成损害的，作出上述行为的法院为赔偿义务机关。

第二十章　追偿权原理和具体行使

追偿权是和国家赔偿制度紧密相连的。在"国家豁免"理论和实践盛行的年代，官吏侵夺人民利益，被认为是完全的个人行为，与国家无关。国家既不负赔偿之责，也就无追偿之必要。只有真正建立了国家赔偿制度，国家才能对有过错的公务人员进行追偿。目前，世界各国的国家赔偿制度中都建立了追偿制度。

第一节　追偿权及其设定原理

一、追偿权的概念

在国家赔偿法中，追偿权（right of claim）具有多重含义：一方面，追偿权是一种权利，即：执行职务的公务员因故意或重大过失，非法侵害他人合法权益的，赔偿义务机关在赔偿受害人的损害后，可以要求该公务员偿还所赔金额的权利。另一方面，追偿权也是一种权力，它是基于管理与被管理关系产生的特别权力，也是一种监督管理的权力。此外，追偿权还是一种制度，也称追偿制度，即赔偿义务机关在赔偿受害人的损害后，可以要求有故意或重大过失的公务员偿还赔偿金额的制度。

追偿，仅从字面意义看，即从实际侵权主体处追回所赔金额。其含义与一般情况下的要求国家赔偿有很大不同：首先，追偿的主体一般为赔偿义务主体，对象则是对损害的造成有故意或重大过失的工作人员、受委托行使公务的人员；国家赔偿的启动者则是请求权人，对象是行使职权的国家机关。第二，追偿权只能在赔偿义务主体对受害人的损害赔偿后才能行使；请求国家赔偿的权利只要是在请求时效内行使均可。第三，追偿的程序与请求国家赔偿的程序不同。追偿的程序是一种内部的求偿程序，国家赔偿的程序则是外部的求偿程序。同样，追偿权作为国家赔偿法中的一项制度已成为大多数国家的立法例。国家赔偿所表现的是国家与受害人之间的赔偿与受赔偿的关系，即所谓外部关系，追偿权所表现的是赔偿义务机关与公务员之间偿还的关系，即内部关系；国家赔偿的目的在于保证受害人得到救济，而追偿权的目的在于对工作人员实施某种惩戒，但是，追偿权与国家赔偿直接相关。国家赔偿是追偿权存在和行使的前提，而追偿是弥补国家赔偿弊端的一种手段，二者在程序上也密切相连。

国家赔偿法上的追偿行为与民事追偿行为亦不相同，主要的区别是：第一，国家赔偿追偿行为中，追偿人与被追偿人是领导与被领导的关系，是不平等的特别权力关系；民事追偿行为则是平等民事主体之间的赔偿关系。第二，国家赔偿的追偿一般不是以诉讼程序而是以协商或者决定程序解决；民事追偿则是可以通过诉讼来解决。第三，国家赔偿的追偿是以惩戒为主要目的的，民事追偿行为则是以填平补齐为目的。第四，国家赔偿追偿是部分追偿或者全部追偿；民事追偿则一般是全部追偿。

二、追偿制度的性质与功能

（一）追偿制度的性质

归纳起来，学术界关于追偿权的性质主要有五种学说：

1. 自己责任说。

自己责任说认为，尽管工作人员的行为是机关的行为，责任应当由国家机关承担。国家机关对工作人员的行为承担赔偿责任是对自己的行为负责，而不是代替其工作人员承担责任，因为国家机关对其违反职务上的人员的行为应当负责任。同时，国家机关工作人员对于国家则有忠诚尽职、依法执行职务的职务义务，其违反职务义务而实施的侵权行为属于"债务不履行"，所以，作为赔偿义务机关的国家机关向公务员行使债务不履行损害赔偿请求权是理所当然的。这种追偿与合同法上的"债务不履行"的关系相类似。

也有一种看法,认为工作人员的侵权行为如果出于故意或重大过失,则不具有机关行为的性质,因而产生公务员的个人责任。从国家赔偿理论而言,公务员个人的责任实际上并非自己责任。

2. 代位责任说。

代位责任说源自于民法上的不当得利返还请求说。代位责任说认为,本来加害人员应当承担赔偿责任,但是为了使受害人能够充分、迅速地获得切实补救,于是先由国家机关代其工作人员先进行赔偿。国家机关赔偿之后,即可免除其工作人员的赔偿责任。但是,其工作人员未予赔偿实际上属于一种没有法律上的理由获得优惠和利益,致使国家机关受到损失,构成不当得利。所以,赔偿义务机关在代其支付赔偿费用后,当然可以向原来的负担人即加害人请求偿还赔偿金额。因此,这种追偿关系类似请求返还不当得利的关系。

代位责任说还有一种解释认为,国家机关工作人员实施侵权行为损害了公民、法人和其他组织的合法权益时,应当承担对受害人的损害赔偿义务,但是国家对该损害赔偿义务的履行是有利害关系的第三人,也有义务对该受害人进行损害赔偿,国家对受害人承担了赔偿责任以后,按照代为清偿的原理,就受害人对该工作人员的赔偿请求权,以自己名义代位行使。

3. 惩戒责任说。

惩戒责任说认为,国家对于国家机关工作人员、受委托的组织和个人的职务行为所产生的后果负责,并且不论执行职务的人员是否存在故意或者重大过失。但是,对于有故意或者重大过失的执行职务的人员,国家应当让其承担惩戒责任(例如行政处分)以及其他产生惩戒责任效果的责任。追偿虽然不属于行政处分,但是它的作用、产生条件、程序等与行政处分有相似之处,因而称为惩戒责任。

4. 民事责任说。

民事责任说认为,国家机关与其公务人员、受委托的组织或者个人在执行职务时应当尽到适当注意义务，因违反该义务（故意或者重大过失）而使国家利益受到损害时，无辜的民事侵权人可以向有责任的民事侵权人索取赔偿。因为从法律上讲，雇主和雇员都是共同的民事侵权人。[①] 因此，赔偿义务机关享有的追偿权是一种代位追偿权，公务人员、受委托的组织或者个人承担的是一种民事责任。

5. 行政法上的债权说。

行政法上的债权说认为，追偿应当诠释为源自于行政契约的行政法上的债权。[②] 即，追偿权不是私法上的债权，而是行政法上的公权力，但是它并非特别权力，而是一种源于行政契约的债权。国家公务员基于行政雇佣合同，被委托组织或者个人基于行政委托契约取得公权力主体名义从事公务的资格。如果国家机关在赔偿之后，对于故意或者重大过失的公务员具有行政法上的债权。

6. 独立责任说。

独立责任说认为，追偿产生独立的法律责任。追偿责任虽然附随于国家赔偿责任，但是并不是国家赔偿责任，而是公务人员的个人责任。这种个人责任既非行政赔偿，亦非行政处分，而是一种独立的责任。在这种责任中，公务人员的主观过错限于故意或者重大过失，损害事实是国家因赔偿他人受到的损失。因此，追偿制度应当成为一项独立的法律制度，追偿责任也应当成为一项独立的法律责任。

我们认为，国家对于公务活动的后果承担责任，而不问工作人员个人是否对加害行为有无故意或过失以及应否负责。但是，从追偿制度的内容看，可以这样说，追偿制度是在自己责任的基础上，充分考虑工作人员与公务绩效的关系而建立的，不能简单地归于某种学说。追偿制度对于工作人员来说也是一种责任，即工作人员在执行职务中因故意或重大过失侵害公民权利时，应当承担相应的责任，即偿还赔偿义务机关支付的赔偿金额。但是，工作人员违反刑事、行政法律的，还应依法承担

[①] 谢祥清：《对行政追偿几个问题的思考》，载《广西社会科学》2002年第3期。
[②] 张春莉：《论行政追偿的正当程序》，载《江苏社会科学》2004年第6期。

刑事责任或行政责任。

现代国家的国家侵权赔偿责任制度，大都是由国家或国家机关充当直接赔偿主体，然后向有故意或重大过失的工作人员追偿。这种制度的实质，是在国家机关、机关工作人员、被害人三者之间寻找一个合理的平衡点，这种制度既可以保护机关工作人员的积极性，又可以促使机关工作人员谨慎勤勉；既可以使受害人的损失得到充分赔偿，又使国家利益不至于被忽视；既可以着眼于追偿权行使的顺达和通常体现公务效率，又可以限制追偿权的滥用，切实保护工作人员的合法权益。

（二）追偿制度的功能

1. 督促工作人员的工作绩效。

督促工作人员的工作绩效是追偿制度的主要作用之所在。工作人员执行职务的行为所产生的后果都应由国家承担，工作人员不负个人责任。但是，由于工作人员都是自然人，其智力水平、个人品德、理解能力、专业知识程度、灵活性等各不相同，行使职权时所产生的后果也不尽相同。如果所有后果都无一例外地由国家承担，这将会因不考虑或不合理地考虑工作人员的各项"个人指标"而难以唤起工作人员的责任，影响公务绩效。所以，只有建立起完善的追偿制度，才能保证公务实效，抑制工作人员的个人因素在公务活动中的副作用，从而有效敦促机关工作人员达到应有的谨慎或勤勉，减少疏忽和懈怠，减少侵害相对一方合法权益的事件发生。

2. 对有故意或重大过失的工作人员予以惩罚。

由工作人员偿还赔偿金额，必然对工作人员的物质利益产生不利影响，这种不利影响是对工作人员的惩罚。但是，追偿制度并不是处罚制度，从物质利益的得失方面看，它是一种利益损失的补偿制度，其惩罚作用则是通过追偿制度间接起到的。国家机关承担了赔偿责任，这一事实已经表明工作人员是在行使职权、履行职务时的行为，而非个人的行为。即便是工作人员在故意的心理状态下也是如此，此间，国家机关存在过错，工作人员也存在一定的过错。但是终归是国家的赔偿责任。国家机关在承担赔偿责任以后，对其工作人员进行追偿，实际上是在赔偿纠纷解决之后进行的，这种对于工作人员的追偿行为具有相当的惩罚意义。此外，追偿的前提是国家机关已经履行了赔偿义务，此处的"履行了赔偿义务"不仅是指支付赔偿金，还包括了返还原物、恢复原状、赔礼道歉、消除影响等赔偿方式。在国家机关履行的非赔偿金支付义务的情形下，国家机关并非要求其工作人员向其"返还原物、恢复原状、赔礼道歉、消除影响"，而是要求其支付相应的追偿金。从这个意义上讲，国家机关的追偿并非代位追偿，而是具有相当的惩罚意义的。

3. 减少国家的财政负担和损失。

这个作用虽然不是处于重要地位，但仍然需要强调。追偿权是一种权力，而不是一种可以处分的权利，因为追偿有助于减少国家的财政负担和损失。因此，国家对于追偿权不得放弃，必须依法行使。例如，瑞士《联邦责任法》第7条规定："如果联邦已经支付赔偿，则联邦对因故意或者重大过失造成损害的公务员有追偿权，即使职务关系已经解除也不例外"。奥地利《国家赔偿法》第14条甚至规定："如果权利主体对某一成员的遗产或遗产继承人提出追偿请求，本章的规定同样适用。"这就是说，即便被追偿的公务员已经死亡，也同样继续追偿。

追偿权的行使，并不妨碍国家对于工作人员以其违反职务为由，追究其他责任。例如，公务员因重大疏忽，玩忽职守，致使他人权益受到损害，赔偿义务机关可以向其追偿；同时，有权机关还可以对该工作人员给予行政处分，构成犯罪的，应依法追究刑事责任。

三、行使追偿权的一般原则

行使追偿权的一般原则是指国家机关根据何种标准来对引起损害发生的工作人员行使追偿权。在当今世界上，绝大部分国家都规定了追偿制度。但所依据的原则不尽相同，归纳起来，有以下几种：

1. 过失追偿原则。

所谓过失追偿原则是指只要造成损害的工作人员具有一般过失，已经承担赔偿责任的国家机关即可向该工作人员行使追偿权。例如，瑞士《民法典》第429条规定，"（1）因违法的司法保护而受损害的，有权请求损害赔偿；损害严重的，亦得请求适当的抚慰金。（2）上述情形，州应承担责任。但对故意或过失造成损害的人应追究责任。"苏联劳动法采用的也是过失追偿原则。该法规定，如果损害是因为工作人员的一般过失所造成的，则机关可以扣除不超过工作人员的月平均工资三分之一的数额。俄罗斯《民法典》第407条规定："国家机构仅只在法律有特别规定的情况下，对其官员执行职务的不当行为所造成的损害负责。……国家机关有权在付给受害人的赔偿的范围内，从官员的工资中扣除。"此外，保加利亚也采取的是过失追偿原则。保加利亚1950年的《合同和债务法》第54条规定："为第三人造成的损害承担责任的人有权提出请求（诉讼）向第三人追偿所受损失。"可见，该法并没有设定过错程度要件。法院在一个判决中说，政府的雇员在完成指派的工作的过程中因过错造成损害时，政府所承担的责任只是补充性的或辅助性的，企业赔偿后即有权向雇员或工人追偿。

2. 重大过失追偿原则。

所谓重大过失追偿原则，是指只有在造成损害的工作人员具有故意或重大过失的情况下，国家机关才能对该工作人员行使追偿权。例如，奥地利《国家赔偿法》第3条规定，依本法为赔偿的官署，可以向故意或者重大过失行为所引起损害与赔偿的机关行使求偿权。再如日本《国家赔偿法》第1条第2款规定："前项情形，公务员有故意或重大过失时，国家或公共团体对该公务员有求偿权。"根据韩国《国家赔偿法》第2条第2款的规定，公务员执行职务，因故意或重大过失致他人发生损害时，国家或地方自治团体对之有求偿权。

3. 故意追偿原则。

所谓故意追偿原则，是指只有在造成损害的工作人员具有故意的情况下，国家机关才能对该工作人员行使追偿权。如我国台湾地区《警械使用条例》第10条规定："警察人员非遇第四条各款情形之一，而使用警刀、枪械或其他经核定之器械者，由该管长官惩戒之。其因而伤人或致死者，除加害之警察人员依刑法处罚外，被害人由各级政府先给予医药费或抚恤费。但出于故意之行为，各级政府向行为人追偿。"

4. 故意实施犯罪追偿原则。

如匈牙利曾一度适用这一原则，该国 1959 年《民法典》第 348 条第 1 款规定："如果损害是由雇员故意实施犯罪行为且承担共同责任。这一规则也适用于合作社成员在其工作权限内给第三人造成损害的情况。"最高法院在 1961 年的一项解释中说："雇员只有在故意实施犯罪行为而造成损害时才承担责任（与雇主承担共同责任）。"

四、适格被追偿人的设定

适格被追偿人所要解决的问题是：国家机关承担赔偿责任之后，应当向谁追偿。各个国家的国家赔偿法通常对被追偿人仅有原则性规定。例如，日本《国家赔偿法》第 1 条第 2 项规定："公务员有故意或重大过失时，国家或公共团体对该公务员有追偿权。"第 3 条第 3 项规定："已为损害赔偿者，在内部关系上，对于应该负损害赔偿责任者，有追偿权。"至于谁在内部关系上应负责任者，具体确定起来并非易事。一般说来，如果致害行为是由一个工作人员单独实施的，只要该工作人员具有可谴责性（通常每个国家都有自己的标准，如"有故意或重大过失"），则该工作人员就是被追偿人。但实际情况是，相当一部分致害行为是由若干个行为所造成的，或者诸个行为中可谴责性行为不止一个或难以辨别清楚，于是就产生了具体确定适格被追偿人的必要。

具体有以下几种情形：

1. 在执行职务中有一定过错的工作人员。

由于各个国家实行的追偿原则不尽相同，因而被追偿人的范围也不相同。在有的国家，只要工作人员具有过失，有关机关就可以追偿。有的国家规定，只要工作人员具有故意或重大过失，有关机关就可以追偿。

而在另一些国家，只有在工作人员的致害行为构成犯罪或者被行政处分时，有关机关才能行使追偿权。例如，捷克斯洛伐克《关于国家机关的决定或不当公务行为造成损害的责任的法律》第13条规定："如果参与作出违法决定的人在刑事诉讼或纪律处分程序被证明有过错的，国家机关或社会组织的中央机关根据第12条向国家赔偿后，有权向该人追偿。"还有一些国家，则根据不同的赔偿性质（例如行政赔偿和冤狱赔偿）分别确定追偿标准。总之，追偿的条件有宽有严。而追偿条件的宽严，在很大程度上取决于一个国家机关工作人员的工作状况以及工作人员在执行职务中的主要倾向。如果一个国家的工作人员执行职务的积极性较差，就不宜规定较严格的个人责任，追偿条件就会适当放宽；相反，如果一个国家的工作人员权力滥用现象比较严重，就应当设定较严格的个人责任，扩大追偿责任的适用范围。

2. 在执行职务中具有一定过错的受委托人。

根据委托制度的原理，受委托人根据委托人的委托而实施的行为，其后果应当由委托人承担。如果受委托人超出受委托的范围或者在实施委托的行为中具有一定程度的过错，则委托人在承担赔偿责任后，有权向委托人追偿。在这种情况下，受委托人即为被追偿人。当然，在有的国家，凡是受委托人超出委托范围而给他人造成损害的，均由委托人自己负责，委托人即国家机关不承担替代赔偿责任，在这种情况下，受委托人只能成为民事赔偿的被告，而不能成为被追偿人。从追偿制度发展趋势来看，只有当受委托人在实施致害行为时具有故意或重大过失时，受委托人才能成为被追偿人，即是说，如果仅有一般过失或轻微过失，受委托人则不能成为被追偿人。

应当特别指出的是，受委托人可能是自然人，也可能是组织。当应受追偿的受委托人是自然人时，则该自然人是被追偿人。如果应受追偿的受委托人是组织，则该组织是被追偿人。这里有一个问题需要探讨：当被追偿人是组织时，该组织被追偿后，还能否向具体实施侵害行为的个人进行再追偿？从理论上说是可以的。因为设定追偿的目的不仅在于减轻国家财政负担，而且在于督促个人向组织尽责。但是由于该组织在一般情况下不是国家机关，则该组织内部的追偿能否适用国家赔偿法中的追偿程序就成为一个需要研究的问题。在有些国家，可能会按照民事关系中的雇佣关系来处理；在另一些国家，则可能参照国家赔偿法中的追偿程序来处理。

3. 公共营造物的设置或管理有瑕疵，致他人发生损害时，对损害原因应负责任之人。

例如，日本《国家赔偿法》第 2 条规定，因道路、河川或其他公共营造物设置或管理有瑕疵，致他人产生损害时，国家或公共团体对受害人负赔偿责任。于前款情形，就损害原因有另外应负责者时，国家或公共团体对其有求偿权。第 3 条规定，于国家或公共团体依前两条规定负赔偿损害情形，如公务员的选任、监督者与公务员工资、津贴及其他费用的负担者相异时，或公共营造物的设置、管理者与公共营造物的设置、管理费用负担者相异时，费用负担者亦负损害赔偿责任。于此情形，作为内部关系，赔偿损害者对负损害赔偿责任者有求偿权。

五、限制追偿权的若干方式

国家为防止公务员滥用职权，而使公务员谨慎勤勉，通常以行使追偿权的方式使公务员个人承担相应的经济责任。但是，由于公务员个人的经济承受能力的有限性，也由于将所有损失都转嫁到公务员身上的不合理性，还由于对公务员工作积极性的考虑，对追偿权必须有所限制。从一些国家的立法和实践来看，这种限制通常采取以下几种方式：

（一）过错限定法

不少国家的国家赔偿法规定，在公务员有故意或重大过失的情况下，国家应当或有权行使追偿权。这就是说，如果损害是由于公务员个人的轻过失或无过失的情况下造成的，国家不得对公务员个人行使追偿权。大凡有追偿制度的国家，都直接或间接地采用这种限定方式。有的国家或地区规定，如果合议制（或委员会制）机关或经过合议的决定造成他人损害，公共权力机关对受害人承担赔偿责任以后，可以对参与决议的、投赞成票的人行使追偿权。这种限定方法在本质上也是一种过错限定法。

在采用过错限定法的国家中，也有宽严之分。有的规定追偿权的行使可以及于一般性过错。如匈牙利《民法典》第351条第2款规定，雇主对雇员的追偿请求应适用劳动法。而根据1967年通过的《劳动法典》第57条的规定，工人应对其违反基于劳动关系所生职责的有过错的侵权行为承担责任。这就是说，如果侵权行为是在国家行政范围内实施的，就会被认为是违反基于劳动关系产生的职责，而只要有关人员具有过错，而不论该过错系一般过错或重大过错，有关机关均可以行使追偿权。类似的还有俄罗斯，该国《民法典》第1069条、第1070条规定了国家赔偿责任，第1081条规定了对致害人的追偿权。民法的一般规则是，对他人所致损害负担了赔偿责任的人，有权向致害人追偿，法律另有规定的除外。俄罗斯联邦、俄罗斯联邦主体或地方自治组织在对其调查、预审、检察机关及法院的公职人员致人损害负赔偿责任时，如果法院已生效判决认定该公职人员有过错，有权向该公职人员追偿。有的国家规定对一般过失实行限额追偿，对故意或重大过失实行全额追偿。例如，苏联《劳动法典》规定，如果损害是因为雇员一般过失造成的，只能有限追偿，扣除不超过工人的月平均工资1/3的数额，而且扣除决定不受法院审查；如果损害是因为犯罪行为所致，或者是因为超出雇员职务义务范围以外行为所致，可以进行全部追偿，由人民法院初审，确定被诉雇员的过错程度。还有的国家规定，追偿仅限于直接侵权人有故意或重大过失的场合。

（二）法定原因限定法

法定原因限定法是指法律明确规定不得行使追偿权的特定情形。如奥地利《国家赔偿法》规定，执行职务的人员遵照上级机关的命令为一定行为造成损害的，有关国家机关或公共团体不得对之行使追偿权。但执行无管辖关系的上级机关命令，或在执行命令时违反刑法的规定，不在此限。我国台湾地区规定，如果公共权力机关指导或监督上有过失，或者公有公共设施瑕疵，适用过失相抵理论，限制追偿权的行使。

（三）抗辩理由限定法

一些国家通过设定抗辩理由的方式，限制追偿权的行使。例如，奥地利《国家赔偿法》第5条规定，如果有关机关或公共团体未及时行使抗辩权，如经及时提出即能免除或减轻赔偿责任的，则其赔偿后向执行职务的人员行使追偿权时，该工作人员可以以此为抗辩主张免责。保加利亚曾规定："被告（雇员或工人）在追偿诉讼中可以提出反对理由，证明未参加刑事诉讼或民事诉讼的其他人也对原告（即政府、企业）造成了损害，因此也应承担责任。"在这种情况下，被告（被追偿者）可以要求他人分担赔偿责任。在英国，行政人员不能主张服从上级命令而免除自己的责任，因为对于违法的命令行政人员没有服从的义务。如果上级官员由于指挥行为而直接参与下级官员违法行为之中，而下级人员可以此为抗辩理由，要求上级官员承担连带责任。

（四）情势限定法

一些国家通过赋予有关机关或团体以在某些情况下的酌处权的方式来消极地限定追偿权的行使。例如，奥地利《国家赔偿法》规定，如果有关机关或公共团体不发生任何效果，或无胜诉可能，或考虑执行职务人员的经济状况与责任的轻重程度，认为不宜行使追偿权，或其请求所需费用与追偿金额不成比例，联邦主管部门可以依法放弃行使追偿权。但是，赔偿金额在20000先令以上，主管部门应征得财政部的同意，如赔偿金额在100万先令以上，则应经国会完成立法手续。

（五）特定身份限定法

一些国家规定某些特定身份的人个人不承担任何赔偿责任。例如根据美国法的规定：执行司法职务的法官一般说享有绝对的豁免，即使他的行为是欺诈性的。这种豁免也适用于立法者。1982年联邦法院认为，美国总统在其职责范围内的行为是绝对豁免的，此外部长在具有真诚的动机的情况下也可以豁免。

（六）时效限定法

时效限定法意即有关机关或团体行使追偿权，应在法定期间内行使，超过法定期间而未行使追偿权，追偿权即自行消灭。例如，如奥地利《国家赔偿法》第6条第2款规定，偿还请求权自官署向被害人表示承认或自有损害赔偿义务判决确定时起6个月消灭时效。德国《国家赔偿法》第13条第4项规定，公权力机关基于第10条第3款、第8条第7句和第12条第2句而行使的请求权在发生后满3年消灭。瑞士《关于联邦及其机构成员和公务员的责任的瑞士联邦法》第21条规定，联邦对公务员的最长请求，时效为从认定或法院确定联邦的损害赔偿义务之期起1年；无论如何，从公务员为该损害行为之日起10年以后，时效消灭。我国台湾地区"国家赔偿法"规定，公共权力机关行使追偿权，应自支付赔偿费或回复原状之日起，超过2年时间不行使消灭。

（七）额度限定法

额度限定法即有关机关或团体行使追偿权，不能超过一定的额度。例如，前捷克《关于国家机关的决定或不当公务行为造成损害的责任法律》第15条规定，如果国家机关或承担义务的组织已不存在或者不能独立享有权利和义务，国家向个人追偿的，如该人参与作出决定的行为是其劳动关系或具有相同效果法律关系中义务的一部分，那么赔偿范围根据有关劳动关系的法律来确定。在其他情况下，个人的赔偿数额不得超过国家已经赔偿数额的1/6，最高不得超过1000捷克克朗，但是这一限制不适用于故意造成损害的情况。前匈牙利规定，有过错的侵权人每月必须付出平均收入的15%来补偿其雇主为损害所付的赔偿。但在确定雇员对损害承担的数额时，雇主可以根据过错程度、侵权性质、社会危害性及工作人员的地位，减少数额或完全放弃追偿。但故意造成损害的，必须承担责任。根据苏联有关法律的规定：如果损害是因为职员的一般过失造成的，只能有限追偿，扣除不超过该职员的月平均工资的三分之一的数额。但如果损害是因为犯罪行为所致，或者是因为超出了雇员职务义务范围以外的行为所致，可以进行全部追偿。我国台湾地区规定，追偿金额以支付赔偿的数额及支付日起的利息为限,公共权力机关的诉讼费用及律师费用,应列为行政管理费用,不能包括在求偿金额以内。

(八) 动机与方式限定法

根据美国的判例法,如果政府官员执行需要独立判断或裁量的职能,并且有真诚动机和合理方式,法院并不认为官员应当对他的行为所造成的伤害与损失负担责任。具体来说就是:如果政府官员知道或者本来应当知道他的职务内行为将侵犯原告人的宪法权利,或者他恶意地侵犯他人的宪法权利,那么他不能得到豁免特权的保护。在列支敦士登,则考察公务员是否存在"恶意侵害"和"重大疏忽"。在涉及刑事案件时,公务员可能因为国家追偿而承担赔偿责任。国家、行政区以及其他公法社团、组织和基金会等,应对所属人员依职权代表该机构非法侵害第三者的行为负责,但是在恶意侵害或者重大疏忽的情况下,实施侵害行为的公务员还应当与国家同时对受害人承担赔偿责任。

第二节 追偿权的具体行使

在我国,最早建立追偿制度的法律是《行政诉讼法》。《行政诉讼法》第68条第2款规定,行政机关赔偿损失后,应当责令有故意或者重大过失的行政机关工作人员承担部分或者全部赔偿费用。这就是我国的行政追偿制度。我国的《国家赔偿法》对各类案件的追偿作了统一规定。

一、追偿条件

我国《国家赔偿法》第16条规定:赔偿义务机关赔偿损失后,应当责令故意或重大过失的工作人员或者受委托的组织或者承担部分或全部赔偿费用。对有故意或者重大过失的责任人员,有关机关应当依法给予处分,构成犯罪的,应当依法追究刑事责任。第31条规定:"赔偿义务机关赔偿损失后,应当向有下列情形之一的工作人员追偿部分或者全部费用:(一)有本法第十七条第(四)、(五)项规定情形的;(二)在处理案件中有贪污受贿、徇私舞弊、枉法裁判行为的。对有前款规定情形的责任人员，有关机关应当依法给予行政处分；构成犯罪的，应当依法追究刑事责任。根据上述规定，国家机关责令所属工作人员承担部分或者全部赔偿费用，必须具备以下条件：

（一）受害人的损害必须是由该机关工作人员在执行职务中造成的

这是赔偿义务机关享有和行使追偿权的前提条件。这一条件包括以下两个方面的内容：一是该机关工作人员的行为是执行职务的行为；二是该机关工作人员执行职务的行为与损害之间具有相当因果关系。实践中，国家机关的一个行为通常由若干人共同完成，在这种情况下，应当注意判明哪些人的行为是导致行为违法的原因。如果有共同原因或混合原因存在，应当注意判明每一个机关工作人员的职务行为在导致行为违法过程中的地位和作用的大小。

（二）该工作人员在执行职务时存有致害故意或重大过失或具有法定情形

在侵权责任法理论上，通常把加害人的过错分为三级。一是故意（称为一级过错），即认识到其行为违法、违反义务并有致人损害之可能而立意为之者，而不论其主观上是希望还是有意放任结果发生。二是重大过失（称为二级过错），具有某种特定身份或执行某种专门业务的人，如果其行为不但没有达到其身份或职务所特别要求的注意标准，而且连一般应有的注意标准都没有达到，即违反了法律对一个公民的起码要求，就构成重大过失。三是一般过失（称为三级过错），特别身份或者专门业务人欠缺其职务要求的注意，或者一般人欠缺其通常应有的注意，均为一般过失。我国台湾学者还将过失分为抽象的过失、具体的过失和重大的过失三种形态。应当尽善良管理人之注意（即依交易上一般观念认为有相当知识经验及诚意之人应尽之注意）而欠缺者，为抽象之过失；应尽与处理自己事物为同一注意而欠缺者，为具体的过失；显然欠缺普通应有之注意者，为重大过失。[①] 法国行政法院通过判例确定了公务员一般

[①] 转引自张尚鷟主编，张树义副主编《走出低谷的中国行政法学——中国行政法学综述与评价》，中国政法大学出版社1991年版，第672页。

过错和重过错的区分标准：以某一具体情况下的中等程度的注意和勤奋为标准。欠缺中等程度的注意和勤奋为一般过错；超过一般标准的欠缺，以及明显而严重的欠缺，或故意行为为重过错。例如，消防队员在救火时，操作笨拙或者错误，在一定程度以内是一般过失；如果消防队员在此危急时刻，停止操作进行吃喝，属于重过错。①

作为国家赔偿制度中的追偿条件，只限于故意和重大过失两种过错和形式。我国《国家赔偿法》也以"有故意或者重大过失"作为追偿的必要条件，意即在国家机关赔偿损失后，对因机关工作人员一般过失以及正当防卫、意外事件等原因造成的损害不进行追偿。一些部门规章也对此进行了细化的规定。例如，公安部1999年6月11日颁布实施的《公安机关人民警察执法过错责任规定》第2条、第6条、第19条规定，公安机关人民警察在行使职务中，故意或者过失造成违反法律规定使用警械、武器，情节恶劣或造成严重后果的，有关公安机关要追究包括追偿在内的执法过错责任。

有的学者提出，我国《国家赔偿法》规定的追偿权包括行政追偿权和刑事追偿权，这两种追偿权的标准不一样。例如，《国家赔偿法》第16条针对行政追偿规定了"故意或者重大过失"标准，而《国家赔偿法》第24条规定的则是对于有刑讯逼供或者以殴打、虐待等行为或者唆使、放纵他人以殴打、虐待等行为造成公民身体伤害或者死亡的、违法使用武器、警械造成公民身体伤害或者死亡的、在处理案件中有贪污受贿、徇私舞弊、枉法裁判行为的才能实施追偿，实行的是列举主义标准。并且执行职务致害是以故意为标准，违法使用武器警械则是以过失为标准。② 我们认为，这种理解是不准确的。无论是行政赔偿、刑事赔偿还是非刑事司法赔偿，实行的均是"故意或者重大过失"标准，这一标准适用于行政赔偿范围的所有行为，也适用于刑事赔偿、非刑事司法赔偿的

---

① 王名扬：《法国行政法》，中国政法大学出版社1988年版，第724页。
② 闫越：《国家追偿权及其立法完善》，载《法制与社会发展》1998年第6期。

列举事项。对于属于故意还是重大过失必须通过具体的案件加以具体分析。不能认为某一类案件中只有故意而没有过失或者只有过失而没有故意。例如，对于非法使用武器、警械的情形，有的是处于故意的心理状态，有的则属于过失的心理状态。列举的可以追偿的行为范围不能作为追偿的标准。以下就这两种主观心理状态作一阐述：

1. 故意。

所谓故意，是指公务人员明知自己违法行使职权的行为会造成公民、法人或者其他组织合法权益的损害，却希望或者放任这种结果发生的心理态度。在这种心理状态下，该公务人员的主观恶性极大，往往不具备行使职权、履行职务的目的。

故意一般分为直接故意和间接故意。所谓直接故意是指公务人员明知自己违法行使职权的行为会造成公民、法人或者其他组织合法权益的损害，却希望或者追求这种结果的发生；所谓间接故意是指明知自己违法行使职权的行为会造成公民、法人或者其他组织合法权益的损害，却放任这种结果的发生。

2. 重大过失。

对于什么叫"重大过失"，学术界尚有不同意见。

第一种观点认为，所谓重大过失，就是一般人都能注意到并能避免发生的事情，行为人却没有注意，没有防止发生。如果行为人尽了一定的努力，但因知识欠缺，经验不足，能力有限而造成侵权，不能认为是重大过失。

第二种观点认为，所谓重大过失是指行政机关工作人员不但没有达到其职务所要求的特别标准，而且连一般人所应有的注意标准都没有达到。

第三种观点认为，所谓重大过失是指国家机关工作人员不仅违反了实体法规范，而且违反了程序法规范。

第四种观点认为，所谓重大过失是指一个行为极明显地不合法律并有损于他人，即使一个疏忽之人也能够加以避免。

第五种观点认为,所谓重大过失是指显然欠缺普通人应有的注意而产生的过失和已经预见但轻率认为能够避免而产生的过失。这种观点实际上是借鉴了刑法上关于过失的概念。

我们认为,过失是行为不法性的具体体现,因而也是判断不法性的依据或标志。因此,一方面,行为的不法与否必须借助过失的概念来确定。不能要求行为人对于一般的过失承担责任,这是因为由于公权力行为裁量空间的存在,公权力行为执行本身就存在着可能造成侵害的危险性。如果苛求公务人员时时皆尽高度之注意,事事皆毫无差错,实际上是束缚了公务人员的手脚,不利于公务行为的行使;但是,如果对其主观状态毫无限制,就可能导致公务人员挟无责之便利逞专制之威风。因此,有必要对其重大的、明显的过失行为进行适度限制,只有这样才能既保护公务人员恪尽职守、秉公执法的信心,同时监督其不超越职权、滥用公权力。

另一方面,行政人员有无过失须运用一定的法律标准来衡量。如果法律对国家机关工作人员执行职务所应当注意和能够注意的程度有较高要求时,如果行为没有达到这一较高要求,为一般过失;如果行为人不但没有达到法律对他的较高要求,并且连普通人应当注意和能够注意的程度也没有达到的,为重大过失。因此,判断行为人是否有重大过失,应当取决于两个因素:一是法律要求该工作人员在特定情形下的注意标准。工作人员违反法律规定的注意职责和注意义务,导致的危险和危害结果越大,其过失程度就越大。二是行为人自身的客观的注意程度。行为人有意识违反法律和自身组织者产生的过失比无意识产生的过失程度要大;在同等情况下,注意能力强的行为人比注意能力弱的过失程度大;行为人对损害后果的发生越容易预见或者越容易避免,其过失程度也越大。

在特定的极其危险的情况下,对于"法律规定的注意程度"应当严格解释,例如,公安机关的工作人员在闹市区执行抓捕任务,必须谨慎地使用武器,而公安机关人员却向聚集的人群开枪,只要该损害事实存在，即应当推定为重大过失，无需和普通人的过失相比较。只有将这两个因素结合起来考虑，才能对行政机关工作人员是否有重大过失作出合理判断。

（三）致害工作人员所在的国家机关或其他赔偿义务机关已经对请求权人履行了赔偿义务

追偿制度的实质就在于弥补因赔偿而给国家造成的损失，因此，只有当致害人员所在的国家机关或者其他赔偿义务机关已经对请求权人履行了赔偿义务之后，受害人的赔偿请求权归于消灭而其本身受到损害的情况下才能对其工作人员行使追偿权。在国家机关或者其他赔偿义务机关没有履行赔偿义务之前，追偿权尚未发生。如果国家机关经过审查认为损害后果不应当承担国家赔偿责任时，国家赔偿没有发生，此时不能对其工作人员进行追偿。

值得注意的是，"履行了赔偿义务"的含义是什么呢？修订前的《国家赔偿法》第14条和第24条均规定"赔偿损失后"，修订后的《国家赔偿法》第16条规定的是"赔偿义务机关赔偿损失后"，第31条规定的是"赔偿后"，这仅仅是立法措辞上的变动，含义没有任何改变。即无论是"赔偿后"还是"赔偿损失后"，均是"履行了赔偿义务"。有的学者认为，"履行了赔偿义务"仅仅指赔偿义务机关向受害人实际支付了赔偿费用，如果赔偿义务机关只是返还财产、恢复原状或者消除影响、恢复名誉、赔礼道歉，并没有实际支出赔偿费用，就不能行使追偿权。[①] 我们认为，如果在返还原物、恢复原状等过程中产生了一定的费用，则履行了赔偿义务，应包括返还原物、恢复原状等。

二、追偿金额的确定与缴纳

在追偿制度中所给付的对象均为金钱，由此引出追偿的范围以及金额的负担与缴纳等问题。

[①] 孙运利：《试论我国的行政追偿制度及其完善》，载《行政与法》2005年第6期。

（一）范围

追偿的范围或称追偿金额的范围，应以赔偿义务机关支付的损害赔偿金额为限，这里的追偿金额的范围包括了恢复原状、返还原物及其他赔偿方式所需的经费。

在把握追偿的范围问题上，要注意以下三点：第一，在国家赔偿事件处理过程中，除赔偿金外，赔偿义务机关可能还要支出其他费用，如办案经费、诉讼费用、律师费用等。这些费用属于赔偿义务机关的行政经费，由该机关自己负担而不应列入追偿范围。第二，在赔偿义务机关依申请给予赔偿的情况下，如果赔偿请求人在协商程序或者赔偿决定程序中放弃部分请求权的，赔偿义务机关对于应当支付而未支付的部分不能要求工作人员支付追偿费用。第三，如果赔偿义务机关虚报、冒领、骗取国家赔偿费用、挪用国家赔偿费用的或者有其他违反《国家赔偿法》规定的情形，应当按照《国家赔偿费用管理办法》承担相应的法律责任，对于这部分费用，不能向工作人员追偿。

（二）金额负担

1. 金额负担的概念和种类。

金额负担，是指被追偿的公务员所负担的赔偿金的份额，于工作人员不承担国家赔偿责任而只承担追偿中的责任，所以这里称之为金额的负担而不是金额的分担。

金额负担分为两种，一种是完全负担，即工作人员偿还赔偿义务机关支付的全部赔偿金额；另一种是部分负担，即工作人员只偿还一部分赔偿金额。

2. 确定金额负担的原则。

对于如何确定金额负担，学术界提出了很多原则。例如，有的学者认为，确定金额的原则应当包括：公正追偿原则；主客观相结合原则；公务保护原则；偿罚相结合原则等等。[1] 我们认为，确定金额负担应遵循

---

[1] 尹霞、吴春庚：《试论我国行政追偿标准》，载《行政与法》2005年第7期。

以下三项原则:

第一,负担大小与过错程度相适应。在被追偿人的故意或重大过失之中还可以区分出不同程度的过错。一般情况下,故意之中的直接故意比间接故意程度重些(在多数情况下并不区分这两种故意),故意又比重大过失重些。重大过失之中还可以作具体分析。工作人员负担金额的大小应当与过错程度相适应。过错较重,负担则应大一些;过错较轻,负担则应小一些。过错程度还可以根据实际造成的社会负面后果来判断,如果社会影响较大的,追偿数额应当相应加大。同时,对于多个被追偿人致害的,也要注意区分主要责任和次要责任。在赔偿金额范围内,主要责任者多承担责任,次要责任者少承担责任。例如,《海关行政赔偿办法》第 52 条规定,对责任人员实施追偿时,应当根据其责任大小和造成的损害程度确定追偿的金额。相当一部分省市区在制定辖区追偿标准时,是根据故意或者重大过失来确定的。例如,对于存在故意的工作人员,安徽的标准是追偿本人 18 个月的工资收入但不超过赔偿总数,甘肃、黑龙江的标准是追偿全部的赔偿费用,湖南的标准是 12 个月的工资收入等;对于存在重大过失的工作人员,安徽的标准是本人 12 个月的工资收入、甘肃的标准是追偿 3%—5% 的赔偿费用但最高不超过 5000 元、黑龙江的标准是追偿 50%—100%、湖南的标准是最高不超过本人 6 个月的工资收入。这些规定的追偿金额标准虽然存在不科学的情况,但基本上是按照过错程度来进行确定的。

第二,负担大小应考虑公务员的薪俸收入。工作人员的薪俸是其维持自身及家庭生计的基础。金额负担大小失之合理,则可能影响工作人员及其家属的生活,影响工作人员善尽职守。所以,金额负担应在工作人员除维持日常生计外,能够负担的范围内确定。例如,《海关行政赔偿办法》第 52 条、《工商行政机关行政赔偿办法》第 29 条、《民航行政机关行政赔偿规定》第 41 条规定,对责任人员实施追偿时,追偿的金额一般应当在其月基本工资的 1—10 倍之间,特殊情况下作相应调整。例如,重庆的追偿金额对于存在故意的，按照赔偿金额的50%—100%确定，但是不得超过月基本工资的24倍。还有的省份对于存在故意的，亦不以赔偿数额为上限，而是以一定工资收入为上限。例如，浙江对于故意的，追偿金额为1/5至全部赔偿费用，但是最高不得超过本人当年度工资收入。同时，应当尽可能地允许被追偿人分期支付，以便减轻其负担。

第三，负担大小应与赔偿金额的大小相适应。追偿金额应当与赔偿义务机关实际支付的赔偿金额紧密联系起来，追偿金额不得超过国家实际支付的赔偿金额。赔偿义务机关支付的赔偿金额比较大的，工作人员的金额负担可以大一些；反之，则可以小一些。当然，这一原则并不是绝对的。各地对于"故意"的追偿金额基本上是贯彻了这一原则，例如前述安徽省对于存在故意的，追偿费用为本人18个月工资收入，但是不得超过赔偿费用的总额。

（三）金额缴纳

金额缴纳可分为一次缴纳和分期缴纳，但应以分期缴纳为原则。工作人员同意一次缴纳的，可以一次缴纳。采用这一原则是考虑到分期缴纳可以便于工作人员在较长的时间内安排缴纳部分金额后的生计不至于一次为其增加过重负担，影响工作信心。但工作人员表示可以一次缴纳以卸去压力的，亦可一次缴纳。

金额缴纳特别是分期缴纳原则上应以工作人员薪俸收入扣缴为限，薪俸收入应当以薪金和津贴收入为限，社会保险、房屋补贴、公积金以及福利收入不能包括在内。追偿权人可以按月从其工资中扣除确定的金额。

追偿权人应当为工作人员保留基本的生活费用，酌情考虑被追偿人的家庭生活费用，应当保证被追偿人在支付追偿金后家庭人均收入不低于当地的最低生活保障费。对于工作人员具有需要赡养老人、治疗重病等特殊困难情形的，应当适当予以减免。

追偿权人不宜对其家庭财产强制执行，因为家庭财产的执行不但会影响其他家庭成员的权利，而且难以实现督促工作人员尽职的效果。

三、追究机关工作人员个人赔偿责任的几种模式

国家机关工作人员在执行职务中造成他人的损害，在任何一个国家都不可能长期并全部由工作人员自己负责，因为这种做法必然导致对工作人员积极性的挫伤并滋长因循苟且之风；也不可能全部由行政机关包揽一切赔偿，因为这种做法不仅增加国家财政负担，而且不利于培养机关工作人员谨慎勤勉的工作作风。于是都企图设定一些条件，让机关工作人员在一定的情况下承担赔偿金额的一部或全部。那么，采取什么样的程序来追究机关工作人员的个人赔偿责任呢？大体上有以下几种模式：

1. 由请求权人直接对机关工作人员提起赔偿诉讼。

这种模式以法国为代表。法国至19世纪70年代之后，建立了国家公务员的行政赔偿责任原则，其原则的核心是将行政上的赔偿责任区分为行政主体的赔偿责任和公务员本人的赔偿责任。即凡是具有"公务过错"的场合，由国家承担赔偿责任，可由请求权人在行政法院对国家机关提起赔偿诉讼；而在具有"个人过错的场合，由公务员个人承担赔偿责任，可由请求权人在普通法院对公务员个人提起赔偿诉讼适用一般民法规定"。

这种方法当然会产生这样一个问题：请求权人提起诉讼前，就必须准确地判断，某一损害是由"公务过错"所致，还是由"个人过错"所致。如果发生不同看法，又由谁来作出具有法律效力的判断？于是，法国设定了权限争议法庭裁决制度。当"公务过错"或"个人过错"不甚清楚，或者行政法院与普通法院相互推诿或相互主张管辖权时，提交权限争议法庭作出裁决。

这种方法经常产生的另一个问题是：如果某一个损害事实是由于"公务过错"和"个人过错"共同造成的，应当如何处理？是由行政法院管辖还是由普通法院管辖？法国解决这个问题的办法是：请求权人既可以以"公务过错"为由在行政法院对国家机关提起赔偿诉讼下要求国家赔偿损失，也可以以"个人过错"为由向普通法院对致害公务员提起赔偿诉讼。国家机关承担赔偿责任之后也有权向具有"个人过错"的公

务员追偿；公务员承担赔偿责任之后也有权向具有"公务过错"的国家机关要求补偿。

这种模式看起来直接、简单，但在那些"公务过错"与"个人过错"难以区分的情况下，程序就变得比较复杂，既不便利请求权人请求赔偿，也给法院增加了工作负担。

此外，玻利维亚《宪法》第15条规定了非法采取追捕、放逐、查封或者敲诈勒索等行为的公务员的个人赔偿责任。在未宣布戒严状态的情况下，对公民采取追捕、放逐或驱逐出国措施或下令执行这些措施的官员，以及查封印刷厂和其他表达思想的媒介和犯有敲诈勒索或其他滥用职权行为的国家官员，除对其提出有关的刑事诉讼外，还可提出民事诉讼；只要在民事诉讼中证实采取的这些措施或行动侵犯公民的宪法权利和保障，这些官员就应对造成的损害负赔偿责任。

2. 由请求权人直接对国家或国家机关提起赔偿诉讼，然后，通过其他程序向应负责任的工作人员追偿。

这种模式由德国、日本、奥地利等大多数国家所采用。这种模式的具体内容是：不管公务员在执行职务时有无过错或过错大小，一律先由国家机关承担赔偿责任，然后通过一定的程序向应当负责的工作人员进行追偿。这种模式的优点是：能够使受害人的损失得到及时弥补和全部赔偿，也减少了受害人辨认"公务过错"和"个人过错"的困难，同时也督促国家机关加强对工作人员的监督管理。但这种程序有加重国家赔偿负担的可能性，如不建立切实可行的追偿制度，追偿易流于形式。

追偿的程序大体有以下几种：

一是完全通过内部程序追偿。国家机关承担赔偿责任之后，由国家机关利用其与工作人员之间的特别权力关系进行追偿，如在每月工资中扣留，或者以停职、降薪等纪律处分为后盾强制工作人员缴纳赔偿金的一部或全部。

二是通过独立的诉讼程序追偿。国家机关承担赔偿责任之后，作出追偿决定，如果被追偿的工作人员不服或不履行义务，工作人员或国家机关可向法院提起追偿诉讼。

三是通过协商、诉讼程序追偿。国家机关承担赔偿责任之后，如果国家机关工作人员应当承担赔偿金额的一部或全部，国家机关应与其所隶属的工作人员协商解决，如未达成协议，或协议后反悔，国家机关可向法院提起追偿诉讼。如达成协议但不执行协议的，由国家机关申请特定机关（如法院）强制执行。

四是通过附带诉讼的方式追偿。在请求权人提起的、以国家机关为被告的诉讼过程中，如国家机关认为有关工作人员应当承担赔偿责任之全部或一部，可以提起追偿诉讼，法院可将该追偿诉讼连同业已进行的国家赔偿诉讼并案审理。

就上述四种追偿程序而言，追偿程序各有利弊。第一种程序简便，但有较多的局限性：一是相当一部分国家机关不能对其属员采取强制手段而迫使其履行全部赔偿义务；二是采取扣减工资的办法，追偿过程拖得太长；三是如果被追偿人对追偿决定持有异议，将不易解决。第二种和第三种程序克服了第一种程序的短处，但难免费时费力。相对来说第四种程序可兼前三种程序之长，又可补前三种程序之短。

3. 使工作人员成为国家赔偿诉讼的当事人，在同一诉讼中确定国家赔偿责任和工作人员的各自的责任。

这种模式以东欧一些国家为代表。在这种模式中，请求权人可以国家或国家机关为被告提起国家赔偿诉讼。法院如果认为有关的机关工作人员应当承担赔偿责任，则可以追加该工作人员为共同被告或第三人。请求权人也可以直接以国家或国家机关及机关工作人员为共同被告提起赔偿诉讼。法院在审理过程中，应当明确确认二者各自应当承担的赔偿责任。这种模式将赔偿程序和追偿程序纳入同一诉讼过程，具有便捷的优点，但如果工作人员经济条件困难，有可能使请求权人得到赔偿的时间拉长。

四、追偿程序

对于追偿权的认定与行使，赔偿义务机关应当审慎为之，切忌滥施。

如果随意扩大追偿权的范围，则将导致追偿权事件增加，易使公务员凄凄惶惶，遇事趔趄，难以充分发挥现代公务员的功能，但审慎节制并不等于一律免究，否则追偿制度的本来作用则难以发挥，形同虚设，亦违反立法原意。故实践中，需要深刻地理解法律的真正含义，权衡利弊，注重实效，正确、合理地认定和行使追偿权。

（一）追偿权人和被追偿人

1. 追偿权人。

一般说来，国家赔偿的义务机关就是追偿权人。在这一点上赔偿义务机关理论，可以完全适用于追偿权人的资格的确定。

对于追偿权人而言，实施追偿既是其权利也是其义务。从义务方面来讲，如果追偿权人怠于行使追偿权力，就要承担相应的法律责任。例如，《国家赔偿费用管理办法》第14条规定，国家机关未按照规定追偿国家赔偿费用的，由财政机关依法追缴被侵占的国家赔偿费用。此外，追偿权人的义务还有：在一定时间内行使追偿权的义务；追偿前通知被追偿人的义务；听取抗辩的义务；说明理由的义务等等。从权利方面来讲，追偿权人的权利主要有：在一定时间内进行追偿的权利；作出协议的权利；作出追偿决定的权利；对拒不支付追偿费用的人实施强制执行措施的权利；提请有关机关对被追偿人进行行政处分或者追究刑事责任的权利等等。

2. 被追偿人。

被追偿人是追偿针对的对象，因此，必须承担相应义务。这些义务包括：及时准确履行追偿决定的义务；参加协商或者决定程序的义务等等。被追偿人的权利则主要是程序上：申辩的权利；提出证据的权利；要求听证的权利；申诉的权利等等。被追偿人的类型比较复杂，主要包括以下情形：

（1）实施加害行为的人

被追偿人一般为实施加害行为的人。在一般情况下被追偿人应为在执行职务中或受委托行使公共权力时有故意或重大过失的工作人员或受委托人。在这种情况下,被追偿人多为自然人。但是,当受委托行使公共权力的是组织时,即使加害行为是由该组织内的具体工作人员实施的,由于追偿权人与该组织内部的成员之间并没有直接的委托与被委托的关系,被追偿人应当是该接受委托的组织。

在司法实践中,经常有加害人因赔偿事件而调离本单位、提前退休等事例。我们认为,对于这种情况赔偿义务机关仍然需要对加害人进行追偿,但是,应当具体情况具体分析,如果调离本单位、提前退休对于工作人员本人的经济利益、政治待遇造成严重影响的,该行为实际上类似于对他的处分。此时,在考虑对其的追偿金额时应当适当减少或者免除。如果调离本单位级别、待遇没有受到太大影响,已届退休年龄的,追偿金额应当根据一般规则进行处理。

(2) 共同行为人

有的损害后果系因数人的共同行为或数人的多项行为而发生。在这种情况下,该数人均可作为被追偿人。在追偿实务中,可以根据各个行为人在加害行为中的地位、作用、过错程度等因素,分别确定其追偿责任。当然,如果其中一个或者几个人既没有实施加害行为,对其他人的加害行为也没有制止或者默认的,则不应当成为被追偿人,可以由赔偿义务机关给予相应的行政处分。需要注意的是,追偿责任不是连带责任,赔偿义务机关不能向一个或一部分被追偿人追偿全部被追偿应偿还的赔偿金额,而只能分别向各个被追偿人追偿其应当承担的份额。

对于经过复议的案件,原决定机关和复议机关之间并非共同行为人,一般情况下,以作出决定的原机关的工作人员为被追偿人。如果复议机关加重其损害,且复议机关的工作人员存在故意或者重大过失的,复议机关的工作人员应为被追偿人。

(3) 独任制机关首长、合议制赞成者

如果独任制机关、合议制机关作出决定正确,实际执行人执行中存在故意或者重大过失导致执行错误的,实际执行人为被追偿人。

致害人为独任制机关首长的,被追偿人为该首长,固不待言。当然,在我国现行的行政管理机制下，追偿国家机关的首长，实非易事，因为独任制机关的首长一般很少直接执行公权力行为。有的学者认为，在这种情况下应当将独任制机关首长和具体执行的工作人员一起作为被追偿人。① 我们认为，如果独任制机关首长决定错误，执行人员无故意或者重大过失的，被追偿人应当为该首长。在司法实践中，由本单位追究本单位的首长，几乎不太可能，一般是通过上级机关给予相应的政纪处分来代替追究追偿责任。

如果合议制（委员会制）机关的行为造成损害，或经合议而决定的事项造成损害的，被追偿人应为参加合议所有个人。但是，对最终形成的决议表示反对的人不能作为被追偿人。这就是说，一般情况下，赔偿义务机关只能向赞同决议的合议者行使追偿权，而对于反对该决议者没有追偿权。当然，如果参加合议的赞成者投赞成票的主要原因是由于资料错误、认识错误的，亦可以在一定程度上减轻或者免除责任。典型的如，奥地利《国家赔偿法》第3条规定，合议制机关的决议及处分所造成的侵权行为，仅由投票章程该决议或处分的人负责，但是由于提供的资料不完全或者错误，以致对决议或者处分事项产生认识上的错误或者不明确，投票赞成的人不承担损害赔偿责任。但是有重大过失而未尽职务上的应有注意的，仍然要承担赔偿责任。

(4) 其他公权力机关

在有的国家，被追偿人不仅限于工作人员，而且还包括其他公权力机关。例如，德国《国家赔偿法》第8条规定，如应由一公权力机关负责的义务损害行为是由另一公权力机关的违法行为所产生，在无其他法律规定时，受到请求的公权力机关可向另一公权力机关实行追偿。本条特别适用于行政权力机关的措施。该措施的违法是全部或部分根据法律、法令、章程以及指示或其余的由其他官署或机构的必要协力所造成。第12条规定，如行使权力的不是公法法人，应由授予国家权力的公法法人

---

① 罗杰：《国家赔偿中的追偿制度立法及完善》，载《行政论坛》2000年第6期。

承担责任。在法律无其他规定时，该公法法人对侵害造成者有追偿权。

其他公权力机关作为被追偿人的情形还包括国家在承担赔偿责任以后，向有关违法的国家机关或者社会组织追偿。例如，捷克斯洛伐克《关于国家机关的决定或不当公务行为造成损害的责任的法律》第12条规定："1. 如果作出违法决定的国家机关能够独立享有权利和承担义务，国家在根据法律规定对违法决定造成的损害给予赔偿后，有权向该国家机关追偿。2. 如果违法决定是由社会组织所设机构作出的，国家有权向该组织的中央机构追偿。3. 如果违法决定是由数个机关作出的，这些机关有义务平均负担赔偿。"

（5）执行上级命令情形下的被追偿人

工作人员因执行机关首长或上级机关的命令产生损害的情况有两种：一是命令正确，而执行人因故意或重大过失造成损害，该工作人员自应为被追偿人；二是命令错误，工作人员执行错误命令而造成损害的，有无追偿人或谁作为被追偿人的问题则值得分析。

对于错误命令的执行问题，有四种学说：一是绝对执行说，即不管命令对错，下属都要执行，责任亦应上交；二是绝对不执行说，即错误自始无效，下属没有执行的义务，否则即应承担相应责任。三是相对执行说，即对于错误命令，一般应予执行，但普通人均可发现的错误而仍予执行的，执行人应承担责任。四是意见陈述说，即执行人对于错误命令应当执行，但应在执行前或执行中向机关首长或上级机关陈述自己的意见，否则，应承担责任。

上述四种学说中，似以相对执行说为妥，并为部分国家所接受。例如，在奥地利，公务员执行命令的，国家没有追偿权，但该命令明显无权限或者违背刑事法规，工作人员仍予执行者，不在此限。根据该国《国家赔偿法》第4条的规定，应执行上级机关命令所为自行为造成损害的，官署不得对其行使求偿权。奥地利《公职责任法》第4条规定，对于机关成员因遵循上级指示（委托、命令）所为之行为不得请求追偿。这是关于不得请求追偿的一般原则。同时，该国上述两部法律的第4条又规定,执行无管辖权的上级的指示,命令,或于执行命令时违反刑法上的规定的,不在此限。再比如,英国法院认为:第一,如果上级官吏由于指挥行为而直接参与下级官吏违法行为之中,应当和下级官吏一起负连带责任;第二,公务员不能主张服从上级命令而免除自己的责任,因为对违法的命令公务员没有服从的义务;第三,如果上级的命令不是明显违法时,服从上级命令可以免除或者最低限度地减轻责任。[①] 根据上述规定,因执行错误命令而产生追偿权的,被追偿人应为发布或者作出错误命令的人。但是,执行人对于普通人均能发现的明显错误的命令仍予执行的,执行命令的人则作为被追偿人。当然,学术界也有反对意见认为,对于上级命令是否"明显违法"、公务人员是否"明知",难以用一定的客观标准去衡量,如果要求执行命令的人都应当明知、理解或者发现命令的违法性,则作出命令者就没有理由不明知、不理解、不发现,因此,由于执行上级违法命令而引起的国家赔偿,执行命令的公务员不应当承担赔偿责任,国家不能对其行使追偿权,而应当向作出命令的"上级"追偿。[②]

我们认为,对于执行上级命令的行为应当注意根据法律的规定和案件的具体情况进行分析。对于上级的命令是较为笼统的命令,且下级工作人员具有一定的酌处权力的,如果下级工作人员认为上级的命令有错误的,可以向上级提出改变或者修正建议,但是下级工作人员具有对公权力行为事项进行酌处的权力,如果其工作人员存在故意或者过失的,国家应当将工作人员作为被追偿人。这一点也从公务员制度中反映出来。例如,根据《公务员法》第54条规定,公务员执行公务时,认为上级的决定或者命令有错误的,可以向上级提出改正或者撤销该决定或者命令的意见;上级不改变该决定或者命令,或者要求立即执行的,公务员应当执行该决定或者命令,执行的后果由上级负责,公务员不承担责任;但是,公务员执行明显违法的决定或者命令的,应当依法承担相应的责

[①] 王名扬:《英国行政法》,中国政法大学出版社1987年版,第242页。
[②] 皮纯协、冯军主编:《国家赔偿法释论》,中国法制出版社1996年版,第192页。

任。但是，如果上级的命令是一项严格的、羁束性较强的命令，下级工作人员没有或者只有较小的裁量权的，该命令实际上是必须执行的命令，如果导致国家赔偿的，上级应当作为被追偿人。例如，《人民警察法》第32条规定："人民警察必须执行上级的决定和命令"。这种情况主要发生在社会治安管理、紧急事态处理等领域。人民警察认为决定和命令有错误的，可以按照规定提出意见，但不得中止或者改变决定和命令的执行；提出的意见不被采纳时，必须服从决定和命令；执行决定和命令的后果由作出决定和命令的上级负责。

（6）赔偿义务机关

在特殊情形下，赔偿义务机关也可能成为被追偿人。例如，国务院《国家赔偿费用管理办法》第10条规定："财政机关审核行政赔偿的赔偿义务机关的申请时，发现该赔偿义务机关因故意或者有重大过失造成国家赔偿的，或者超出国家赔偿法规定的范围和标准赔偿的，可以提请本级政府责令该赔偿义务机关自行承担部分或者全部国家赔偿费用。"关于本条规定中财政机关的审核权限目前虽然存在争议。但是，财政机关要对"故意或者有重大过失"的赔偿义务机关"责令该赔偿义务机关自行承担部分或者全部国家费用"，其结果与赔偿义务机关履行赔偿义务之后再行追偿行为的结果无异，因此可以看作是一种广义上的、拟制的追偿。

（二）追偿时效

我国《国家赔偿法》没有规定追偿时效。在制定《国家赔偿法》过程中，试拟稿曾经规定追偿的时效为1年，自向请求人赔偿损失之日起计算。后来经过修改，删掉了这个规定，国家追偿权因此不发生消灭的问题。之所以没有规定追偿时效，主要原因是：第一，国家机关向存在故意或者重大过失的工作人员予以追偿，是国家的法定权力，这种权力不应当因时效的经过而消灭。第二，时效经过而未向有关工作人员追偿，实际上对于工作人员而言，只有益处没有坏处；反之，如果国家机关在一定时效期间内不进行追偿，损失的则是国家利益。第三，借鉴了《刑法》上的追诉时效制度。例如《刑法》第88条规定，在人民检察院、公安机关、国家安全机关立案侦查或者人民法院受理案件以后，逃避侦查或审判的，不受追诉期限的限制；被害人在追诉期限内提出控告，人民法院、人民检察院、公安机关应当立案而不予立案的，不受追诉期限的限制。可见，对于国家机关而言，如果不规定追诉或者追偿时效，实际上是国家机关可以在今后的任何时间对公务员进行追偿，国家机关在没有进行追诉或者追偿的期间内，被追诉人或者被追偿人实际上获得了时效利益。

当然，从另外一个角度而言，如果国家机关在承担了相应的赔偿责任以后，迟迟不启动追偿程序，也可能对工作人员的工作积极性产生消极影响。如果《国家赔偿法》明确规定追偿时效，既可以督促相关国家机关尽快履行追偿义务，保障国家权益，也可以尽快减轻工作人员的心理负担，稳定他们的情绪，保障工作的正常进行。

我们认为，为了和《国家赔偿法》规定的 2 年的请求时效相统一，同时借鉴我国台湾地区关于 2 年的追偿时效的规定，我国的追偿时效似以 2 年为宜。

（三）立案程序

我国《国家赔偿法》未对追偿的程序加以规定，有待各个法律作出具体规定，但客观上，追偿必须遵循一定程序。这里所说的程序，是指赔偿义务机关（即追偿权人）对于服从特别权力关系的被追偿人就追偿问题作出处理的程序。那么，追偿程序如何启动或者如何设定追偿的立案程序呢？

在追偿的启动程序的设置方面，一般认为，追偿只能在国家机关承担赔偿责任之后才能进行。亦有学者提出，为了保障公务员的知情权，应当将追偿程序提前至国家赔偿决定作出时。即在赔偿请求权人向赔偿义务机关提出赔偿请求后，在可能存在追偿的情况下，赔偿义务机关应当主动依职权调查侵权案件，并且作出是否向公务员追偿的初步决定。如果赔偿义务机关作出应当追偿的初步决定，就应当通知被追偿人参加赔偿程序，从而一并启动追偿程序。拒绝参加赔偿程序的被追偿人，以后对赔偿义务机关的追偿决定丧失异议权；赔偿义务机关未通知被追偿人参加赔偿程序的，则丧失追偿权，以后不得再行追偿。① 这种程序从保障被追偿人知情权和简化程序方面有一定的积极意义。但是，如果在国家赔偿责任是否成立还没有明确的情况下，将"被追偿人"纳入到程序当中，不仅法律地位存在疑问，而且在国家机关决定不予赔偿的情况下，实际上分散了公务员的注意力，浪费了公务员的工作时间和精力。

有的学者认为，追偿可以突破赔偿义务机关向被追偿人追偿的模式。例如，人民法院赔偿委员会在作出赔偿决定的同时，可以直接向负有直接责任的国家机关工作人员进行追偿。我们认为，这种做法不妥。主要理由是：其一，并非所有的赔偿案件都要经过人民法院赔偿委员会处理。其二，由人民法院直接对被追偿人进行追偿没有法律依据。当然，如果赔偿案件经过人民法院处理后，发现相关工作人员存在故意或者重大过失的，可以向赔偿义务机关发出司法建议，由赔偿义务机关进行追偿。

此外，还有的学者提出，为了保证追偿的实效性，防止追偿过于放纵或者过于严苛，应当实行职能分离制度，即在赔偿义务机关内部设立专门的追偿委员会，由该委员会专门负责追偿的建议，提出追偿建议时，应当将拟行使追偿权的理由（包括事实和法律根据）予以归纳，及时用书面形式通知被建议追偿的公务员或者组织，使其在适当的时间内做好辩护准备。② 我们认为，在赔偿义务机关内部增设专门负责追偿事务的部门，由于追偿案件极少，对于有限的行政资源来说是一个极大的浪费。因此，赔偿义务机关可以采取赋予现有专门机构负责本项事务即可，例如，在中级以上的人民法院可以由赔偿委员会负责，行政机关可以由相关的法制部门负责即可。

我们认为，追偿程序根据不同的赔偿程序、不同赔偿程序的阶段而有所不同。立案的程序主要有三种：一是赔偿义务机关在作出赔偿决定

---

① 张春莉：《论行政追偿的正当程序》，载《江苏社会科学》2004 年第 6 期。
② 刘劲钢、苏彦来：《行政追偿程序研究》，载《黑龙江省政法管理干部学院学报》2000 年第 1 期；李永明、钟燕妮：《人民法院的国家追偿权及其行使》，载《南昌大学学报》（人社版）2001 年第 4 期。

后，对赔偿请求权人进行赔偿之后，如果发现工作人员存在故意或者过失的情形的，应当提出追偿的初步意见。初步意见应当报经有关主管领导批准后，正式立案处理。二是赔偿义务机关的复议机关在审理赔偿复议案件过程中，如果发现应予追偿的情形的，应当向赔偿义务机关提出追偿意见。赔偿义务机关任务应当予以追偿时，即应予以立案。三是人民法院在审理或者审查赔偿案件过程中，如果发现应予追偿情形的，应当以司法建议的形式提出追偿意见。赔偿义务机关认为应当予以立案的，即应予立案。在立案程序中，立案机构仅仅对相关材料进行初步审查，只要能够初步确定工作人员存在故意或者重大过失的可能的，应当予以立案。

（四）协商与决定程序

一般说来，诉讼前的处理程序是各国国家赔偿法的通例。这样既充分发挥了赔偿义务机关自身在追偿中的作用，又体现了处理追偿事件的审慎态度。总体而言，追偿程序包括三个部分，即协议（协商）程序、决定程序和救济程序。

1. 协商程序。

由于追偿权的行使影响较为重大，且涉及公务员的切实利益和今后工作的积极性，需审慎为之。有的学者认为，国家赔偿义务机关与被追偿人之间不能进行协商。主要理由是：第一，从追偿权的性质上讲，追偿权并非民事权利，而是发生在国家机关内部的一种关系，国家机关与其工作人员不具有平等的地位，因此，双方没有协商的基础；第二，《国家赔偿法》规定的是赔偿义务机关应当责令有故意或者重大过失的工作人员承担部分或者全部赔偿费用。这里使用的是"责令"一词，说明赔偿义务机关有关单方作出决定，而不必与被追偿人协商。[①] 我们认为，这种理解是片面的。理由主要是：其一，修订后的《国家赔偿法》已经明确了赔偿程序中的协议程序，说明《国家赔偿法》并不排斥赔偿义务机

[①] 房绍坤、丁东超、苗生明：《国家赔偿法原理与实务》，北京大学出版社1998年版，第148页。

关与被追偿人之间进行协商。其二，国家赔偿义务机关在追偿中具有较大的自由裁量权，例如，对于故意、一般过失、重大过失的认定等，都具有相当大的裁量余地，存在协商的空间。其三，协商程序创造的和谐氛围，有利于体现对工作人员执行职务行为的正面回应，有利于工作人员避免今后工作的失误，同时也是对其故意或者重大过失行为的惩戒。其四，有利于保障被追偿人的合法权益。被追偿人通过参加协商程序，行使陈述和抗辩权，如果在协商程序中达成协议的，也有利于化解矛盾，消除被追偿人的抵触情绪，有利于重塑工作信心。正因为如此，不少国家或者地区在国家赔偿立法中或者在追偿实务中，多首先采取协议方法，由追偿权人与被追偿人进行协商，以议定偿还数额、给付方式及有关事项。我们认为，追偿程序不仅要设立协商程序，而且还应当设定为先行协商程序。

协议一经形成，对双方均有拘束力。对经协商未达成协议的，赔偿义务机关有权就追偿数额、偿还方式、期限及有关事项作出决定。被追偿人对决定不服的，可以寻求司法救济。例如，我国台湾地区"国家赔偿法施行细则"第41条规定："本法第2条第3项、第4条第2项所定之故意或重大过失，赔偿义务机关应审慎认定之。赔偿义务机关依本法第2条第3项、第3条第2项或第4条第2项规定行使求偿权时，应先与被求偿之个人或团体进行协商，并得酌情许其分期给付。前项协商如不成立，赔偿义务机关应依诉讼程序行使求偿。"

2. 决定程序。

（1）通知和质辩程序

赔偿义务机关在实际赔偿受害人的损失之后，应当按照法定的期限，通过书面或者口头的方式通知相关工作人员参加追偿处理程序。赔偿义务机关可以确定一个合理的期间，给予被追偿人发表自己意见或者抗辩的机会。赔偿义务机关可以就追偿金额、追偿方式等进行协商，并给予相关工作人员发表自己意见、提供证据的机会。如果工作人员不愿意进行协商或者协商不成的，赔偿义务机关应当及时作出决定。赔偿义务机关处理追偿事件，一般采取书面审查的方式。被追偿人对于追偿有异议的，可以提出相关证据。① 对于涉及被追偿人重大权益或者被追偿人对损害事实及其因果关系有异议的，被追偿人要求公开进行听证的，赔偿义务机关应当准许。有关听证的程序可以参照《行政处罚法》和《行政许可法》的有关规定。

赔偿义务机关应当就被追偿人是否具有故意或者重大过失负举证责任。这是因为：在追偿程序中，赔偿义务机关是主张者，根据"谁主张，谁举证"的原则，应当由赔偿义务机关承担举证责任；追偿对于赔偿义务机关而言是一种职责，应当承担举证义务；在追偿程序中，赔偿义务机关处于优势地位，被追偿人处于劣势地位，如果由工作人员来举证，将会使这种劣势进一步扩大。

（2）作出决定程序

赔偿义务机关在听取被追偿人的申辩和认定事实的基础上，根据法定的标准确定追偿的金额、缴纳方式、缴纳期限等，并告知工作人员及时履行给付追偿金义务。

为了保证追偿决定的公正性，一般应当采取合议的方式，并且按照少数服从多数的原则作出决定。赔偿义务机关在作出追偿决定以后，应当将决定书送达当事人。同时，还应当将追偿决定的情况告知提出追偿意见的有关机关。

（3）强制执行程序

赔偿义务机关依法作出追偿决定或者达成追偿协议的，相关工作人员应当依法履行相应的给付追偿金的义务。如果相关工作人员不履行的，赔偿义务机关可以依照法律规定予以强制执行或者申请人民法院强制执行。一般而言，强制执行措施主要包括：第一，从被追偿人工资中强制扣除相应追偿金，情节严重的，还可以加处一定的滞纳金；第二，可以

---

① 例如，《民航行政机关行政赔偿办法》第44条规定，有关责任人员对追偿有申辩的权利；《工商行政管理机关行政赔偿办法》第30条规定，有关责任人员对其是否应当承担经济责任有申辩权。

由被追偿人提供保证金、保证人或者抵押物,保证义务的履行。这种强制措施主要针对的是已经失去公职身份的前公务员。

(五) 救济程序

1. 申诉程序。

根据《公务员法》第 90 条的规定,公务员对涉及本人的处理不服的,可以自知道该处理之日起 30 日内向原处理机关申请复核;对复核结果不服的,可以自接到复核决定之日起 15 日内,按照规定向同级公务员主管部门或者作出该人事处理的机关的上一级机关提出申诉;也可以不经复核,自知道该人事处理之日起 30 日内直接提出申诉。对省级以下机关作出的申诉处理决定不服的,可以向作出处理决定的上一级机关提出再申诉。

公务员对处分不服向行政监察机关申诉的,按照《行政监察法》的规定办理。

2. 诉讼程序。

追偿权的行使有无必要进入诉讼程序,学者见解不一。有的主张,由于追偿权的行使对被追偿人的利益有较大影响,故被追偿人可以请求法院保护其权利,以确保追偿制度的公平合理。[①] 有的主张,追偿乃特别权力关系的行为,根据传统的特别权力关系理论,被追偿人只能申请上级机关救济,而不能向法院提起诉讼。从外国的立法例来看,多数国家都允许追偿权人或被追偿人就求偿事项起诉。这是因为被追偿人就追偿事项起诉,与在传统的特别权力下公务员不受司法保障有重大区别。追偿的前提是国家赔偿,国家赔偿事件的处理结果与追偿直接相关。当国家赔偿事件可以完全由司法程序解决时,如果将追偿事件完全排除在司法程序之外,则容易因标准、态度不一而有失公平。当然,这一问题有待于立法机关和司法机关作出解释。

(六) 追惩程序

追惩是指国家有关机关对在行使职权时,因故意或者重大过失行为

[①] 王克稳:《试论行政赔偿制度中的国家追偿权》,载《苏州大学学报》2004 年第 1 期。

导致公民、法人或者其他组织合法权益造成损害的，依法给予纪律处分或者刑事制裁的行为。许多国家建立了国家赔偿、追偿和追惩相并列的制度。例如，瑞士《联邦责任法》第18条规定，损害赔偿责任和刑事法律责任不受纪律惩戒的影响；如果对同一事实在进行纪律调查的同时进行刑事诉讼，则在一般情况下，纪律处罚决定延至刑事诉讼终结之后。我国《国家赔偿法》第16条第2款和第31条第2款的规定，对有故意或者重大过失的责任人员，有关机关应当依法给予行政处分；构成犯罪的，应当依法追究刑事责任。这是我国国家赔偿中的追惩制度。

对于有故意或者重大过失的人员，不仅要对其进行追偿，还要对其进行追惩。我国《国家赔偿法》规定，赔偿义务机关赔偿损失后，"应当"责令有故意或者重大过失的工作人员或者受委托的组织或者个人承担部分或者全部费用，有关机关"应当"依法给予处分；构成犯罪的，"应当"依法追究刑事责任。这说明，对相关责任人员进行追偿、追惩，都是国家机关的法定义务，必须行使。最高人民法院针对人民法院工作人员在追究刑事责任后仍然需要对其进行追偿有专门的批复。[1]

追惩制度主要包括两项内容：一是行政处分。依照《公务员法》第56条的规定，处分分为：警告、记过、记大过、降级、撤职、开除。在

---

[1] 最高人民法院《关于王栋伤害赔偿应如何适用法律问题的批复》（1997年1月31日，[1996]赔他字第3号）。该案的基本案情是：1995年3月8日，海南省三亚市城郊法院派法警王栋传唤彭敏华到法院询问有关情况，走到法院门口，王栋催促彭敏华快走时，踢了彭敏华两脚，导致彭敏华脾脏破裂，伤情鉴定为重伤。王栋后被检察院提起公诉，庭审过程中被害人提起刑事附带民事诉讼，要求赔偿。王栋称，本案属于国家赔偿案件。本案属于刑事附带民事诉讼案件还是国家赔偿案件。主要有两种意见：一种意见认为，本案属于刑事附带民事诉讼案件，符合《刑事诉讼法》的有关规定，应当依照民事赔偿的有关规定办理。另一种意见认为，应当按照《国家赔偿法》的规定予以赔偿。理由是：其一，王栋作为国家机关工作人员违法行使职权，给当事人造成身体伤害的暴力行为发生在执行公务过程中，根据《国家赔偿法》第15条第4项的规定，属于《国家赔偿法》的范围，应当由国家承担赔偿责任。其二，被害人提起刑事附带民事诉讼与国家赔偿并不矛盾。被害人提起刑事附带民事诉讼，是被害人依据《刑事诉讼法》第77条第1款享有的一项基本的诉讼权利，不能因为国家已经承担了赔偿责任，就剥夺了被害人的基本诉讼权利。这两种性质的赔偿并不因为对方的存在而消失，国家承担赔偿责任和公民个人承担民事赔偿责任并不矛盾。最高人民法院认为，王栋作为人民法院工作人员在执行公务时违法使用暴力造成他人身体伤害，依照《国家赔偿法》第15条第（四）项和第24条的规定，由国家承担赔偿责任。作为赔偿义务机关的人民法院在赔偿损失后，应当根据具体情况向王栋追偿赔偿费用。

具体司法实践中可以根据致害行为的过错大小、情节轻重、损害后果等酌情适用上述处分。二是追究刑事责任。对于工作人员在执行职务中存在故意或者重大过失，构成犯罪的，由人民法院依法追究刑事责任，给予刑罚处罚。例如，刑讯逼供的行为可能构成刑讯逼供罪、暴力逼取证人证言罪、故意伤害罪、故意杀人罪等，此外还可能构成贪污罪、受贿罪、徇私舞弊罪和枉法裁判罪等等。追惩制度的设置也从反面印证了，即便已经追究相关工作人员刑事责任的，也不能免除相关工作人员的追偿金给付义务，更不能免除国家的赔偿义务。

第二十一章 赔偿经费的来源和拨付

第一节 赔偿的精神财富和物质财富

赔偿既是一种金钱、物质的救济,更是一种精神、心理的慰藉。建立国家赔偿制度涉及观念问题,而不仅是一个财富是否匮乏的问题。因此,从某种意义上讲,对于一国而言,物质财富毕竟是有限的,国家赔偿的精神财富才是真正取之不尽、用之不竭的。

一、国家赔偿的精神财富

国家赔偿的实质是让所有国民承担或分担少数公民的不幸。赔偿费用表面上由国库支付,但国库之财产最终都取之于民,将国库的财产拨付给少数罹受公权力侵害的公民,就是通过社会公共负担的形式保障每一个社会成员都能得到国家的善待。可见,赔偿经费的来源充分体现了国家赔偿法的精神。

国库财力的虚实,曾在许多国家都成为制约国家赔偿制度发展的一个较重要的因素。但是聪明的统治者,总是善于借民之力以安民,善于予民以财以聚财。如果说在建立国家赔偿制度之初,各个国家对于国库财力还有较多关注的话,现代社会国家赔偿经费对于占国家财政收入而言几乎是微乎其微的。国家拨付一定数额的经费用以救济受害者,既是国家应当承担的法律义务,也是国家应当承担的道义上的责任。当然,一国国库匮乏,本来已是竭泽而渔,国民负担已至极限,显然拿不出多少钱来赔偿受害人。但是,一国财富充盈,也未必肯拿钱赔偿无辜。问题在于使执政者与国民牢固树立公共负担平等的观念，树立人人分担国家管理的风险的观念，只有这样，国家赔偿才有更深厚的基础。

国家赔偿的物质基础即便雄厚，如果没有相应的法治意识、没有相应的制度制约，国家赔偿经费即便充足也无法实现国家赔偿的目的。据报载，某市1995年准备了一笔5000万元的国家赔偿金，专门为行政机关输掉官司使用。该市1998年行政诉讼败诉率为54%，1999年为60%，其中不少涉及行政赔偿，但是没有一家赔偿义务机关动用过5000万元中的一分钱，宁愿从部门经费中支付。[①] 因此，比起国家赔偿的物质财富来，国家赔偿的精神财富更具有根本上的意义。如果一国的物资匮乏，丰厚的精神财富将会为国家的长治久安奠定基础；如果一国的精神匮乏，即便是丰厚的物质财富对于人民而言也如同奢侈品，进而危及对国家的信任和忠诚。

可见，一国的物质财富未必能为国家赔偿提供充足的经费来源，而一国的精神财富却可以为国家赔偿提供取之不尽、用之不竭的源泉。

二、赔偿经费的筹措

国家赔偿经费的来源最能反映国家赔偿的性质。国家赔偿是国家对于因公权力行为遭受损害的受害人的救济。国家是一个抽象的实体，不能直接从事各类公权力活动，实际的侵权责任人只能是各级国家机关及其工作人员。对于这些国家机关及其工作人员的侵权行为导致的损害必须由国家从其预算经费中加以筹措。那么，赔偿经费从何而来？考诸外国立法例，大体有如下几种模式：

（一）全部来源于国家预算

目前绝大部分国家都采取这种制度。如新加坡赔偿金来源于国家的常规预算，国家从总预算中，每年拨给总检察署一部分预算款项（通常为30万元新币）作为赔偿金专项预算。但是在特殊情况下，可以动用政

[①] 杨铃：《为何5000万国家赔偿金分文没动》，载《北京青年报》2000年9月29日。

府预备金予以支付。再比如，根据英国《王权诉讼法》第37条的规定，联合王国以本法为由依靠王国政府的权力或者代表政府作出的开支，应当由议会提供的款项。在联合王国依靠王国政府以通过本法而应支付给政府的款额应当支付给财政部。

（二）部分来源于国会拨出的专款，部分来源于国家机关的活动基金

有的国家采取的是国会拨款和国家机关自有资金相结合的方式。例如，在美国，2500美元以下的赔偿金由联邦行政机关自负或从某项活动基金中支出，或从其他行政经费中支出，但2500—25000美元的赔偿金额由国会拨出专款。

（三）部分来源于财政预算，部分来源于保险

有的国家根据自己的财政体制，在预算之外，还有保险机制保证赔偿经费。在法国，行政赔偿金主要来源于造成损害的行政主体的财政预算，但涉及人体损害，需及时支付医疗费，如当事人已投保，赔偿金则先由社会保险机构负担，然后向行政机关追偿。还有一些国家将国家用于赔偿基金的专项拨款向保险机构投保，当损害事件发生后，国家机关可向保险机构请求赔偿。美国的一些州采取了这种方式。

（四）部分来源于国家的专项拨款，部分来源于地方公共团体自筹

有的国家根据中央和地方的分权关系，设置了不同的国家赔偿专款。在韩国，国家赔偿经费的来源因赔偿义务主体不同而不同，凡以大韩民国为被告之国家赔偿事项，所需经费由中央政府按年编列预算；以地方自治团体为被告之赔偿事件，所需经费由地方自治团体自筹，中央政府并不过问。

（五）国家设立专项基金

这种方式是由国家和具体的国家机关、基金机构相结合，在一定条件下共同支付赔偿费用。在一般情况下赔偿费用造成损害赔偿由各具体国家机关、基金机构自行负担，如果超过一定的数额，则由国家统一负担。例如，在法国，普通法院下设的刑事犯罪受害者赔偿委员会设立了专门的基金会。如因强奸、抢劫、伤害等暴力犯罪造成受害人损害的，

根据刑事犯罪造成的损害、损害程度以及受害人个人经济收入的情况予以赔偿。这种赔偿只有在个人收入难以弥补这种损失的情况下才能获得。赔偿方式是先由基金会补偿,待犯罪者被审判后,基金会再向刑事犯罪人追偿或者追诉。如果刑事犯罪人没有能力赔偿,则由基金会承担。基金会费用来自保险公司向国家缴纳税金的一部分。

从以上几种类型可以知道,无论哪一种类型,国家预算或专项拨款都是赔偿金的主要来源。但是,在确定经费来源的时候,一般要考虑到以下因素:一是国家的结构形式。国家的结构形式是单一制还是联邦制。由于单一制和联邦制的财政体制并不相同,单一制国家的财政体系较为统一,联邦制国家的财政体制则取决于该国宪法对中央和地方政府的分权关系。二是考虑如何增强各个国家机关自我约束机制。国家赔偿经费来源既要注意保证来源的充沛性,即保证相当数额的赔偿经费由预算支付,也要考虑对于国家机关的约束,在预算不足的时候,相关国家机关也要筹措一定的经费。三是考虑到如何尽可能地减少不必要的支出。国家财政预算的经费来源于议会拨款,更深一步是来源于人民的税收,因此,对于国家赔偿预算应当尽可能减少不必要的支出,可以借助基金、保险等多种形式保证国家赔偿经费的充裕。

三、我国有关赔偿经费的来源

(一)《行政诉讼法》规定的赔偿经费来源

1. 赔偿经费的编列。

国家行政机关承担的赔偿费由哪里支出,在《行政诉讼法》的起草过程中存有不同意见。

第一种意见认为,赔偿费用应当单独编列。理由是:当前行政经费十分困难,甚至不能应付正常工作。有的行政机关也没有预算外资金。有的行政机关即使有些包干结余,也不足以支付赔偿费用。因此,赔偿费用应由国家财政单独编列预算,而不能从行政经费中支出。否则,会造成受害人得不到赔偿、国家机关不敢严肃执法的后果。这种意见符合世界各国国家赔偿的通行做法，有利于保障赔偿请求人的合法权益。但是缺点是由国家负担赔偿，违法行使职权的赔偿义务机关反而没有受到相应的监督，因此应当同时建立对相应行政机关进行追偿的机制。

另一种意见认为，赔偿费用应当从国家机关经费中核拨。理由是：个别国家机关违法侵权造成损害，不应由国库拿钱。赔偿费的支出应当与国家机关的经费挂钩，从其预算外资金和经费包干结余中支出，否则，不利于监督国家机关依法行使职权，也不利于加强国家机关的责任感。这种观点实际上体现了"国家主权豁免"的思想，以为世界各国所抛弃。如果由国家机关从其行政经费中核拨，无形之中加大了赔偿请求人的索赔难度，也不利于国家机关工作人员积极履行职务。同时，从预算外资金和经费包干结余中支出，是一种极不规范的做法，可能导致赔偿义务机关与赔偿请求人私下了结赔偿事项，不符合国家赔偿法的精神。

立法者最后采纳了第一种意见，即国家赔偿费用从财政列支。同时规定，各级人民政府可以责令有责任的行政机关支付部分或者全部赔偿费用。但是，各级政府财政如何列支，受制于国家的财政体制。

2. 各级政府赔偿经费的编列。

在如何编列各级政府的赔偿经费的问题上，主要有三种意见：

第一种意见认为，应当由各级政府分别编列。其优点是可以提高各级国家机关对于依法行使职权的自觉性。但是，缺点是地方财政经费与中央财政经费相比，较为有限，特别是在中西部地区差距更大，是否能够编列国家赔偿经费恐有困难。国家赔偿事件发生后，原来确定的经费极可能因为数额有限而增加地方财政的困难。赔偿义务机关如果以此为由减少赔偿金的支付，则使赔偿请求人的权利受到影响。

第二种意见认为，应当由中央财政统一编列。其优点是能够保证国家赔偿经费的充沛。因为赔偿义务机关承担赔偿责任的毕竟是少数，将赔偿经费集中于中央财政，可以保证赔偿义务机关履行赔偿义务的均衡。缺点是由于赔偿经费由中央支出，地方各级国家机关可能因此掉以轻心，反而不利于促进国家机关依法行使职权。

第三种意见认为，设立专项的国家赔偿非营利性的循环基金，以基金所得的孳息偿付国家赔偿金，而后通过求偿程序回收，以便保证国家赔偿费用的保值和增值。这种意见的优点是保证了国家赔偿经费的充足。缺点是不利于对赔偿义务机关的监督。

立法者最后采纳了第一种意见，同时，为了加大对行政机关的追惩力度，规定了对行政机关的责令追偿制度。《行政诉讼法》第 69 条规定："赔偿费用，从各级财政列支。具体办法由国务院规定。"

（二）《国家赔偿法》规定的赔偿经费来源

《国家赔偿法》制定时，这一问题又提了出来。《国家赔偿法》第 37 条规定，赔偿费用列入各级财政预算。赔偿费用预算与支付管理的具体办法由国务院规定。

《国家赔偿法》关于赔偿经费的规定比《行政诉讼法》的有关规定有了长足的进步：第一，没有规定各级人民政府可以责令有责任的行政机关支付部分或者全部赔偿费用，因为这一规定实际上实现不了，因为行政机关的费用完全依赖于国家拨款，向行政机关追偿没有实际意义。[①]第二，《国家赔偿法》正式规定，国家赔偿经费列入预算，而不仅仅是列支，列入各级财政预算，意即赔偿费用不再由各国家机关在其行政经费中列支，也意味着不再从所谓机关"小金库"中开支。《行政诉讼法》仅规定单独列支，只是承认这笔开支是合法的，而实际上没有解决经费来源问题。《国家赔偿法》规定"列入各级财政预算"，才最终解决了经费来源问题。

1995 年 1 月 25 日，国务院发布了《国家赔偿费用管理办法》。该办法第 6 条规定，国家赔偿费用，列入各级财政预算，由各级财政按照财政管理体制分级负担。各级政府应当根据本地区的实际情况，确定一定

[①] 也有的学者认为，《国家赔偿法》并没有改变《行政诉讼法》关于"各级人民政府可以责令有责任的行政机关支付部分或者全部赔偿费用"的规定，《行政诉讼法》的上述条文仍然应当适用。之所以《国家赔偿法》没有继续沿用的主要原因是，《国家赔偿法》规定了刑事赔偿，如果规定法院、检察院在赔偿损失后，各级人民政府再"责令"进行追偿，与我国的政治体制不相吻合。胡康生主编：《〈中华人民共和国国家赔偿法〉释义》，法律出版社 1994 年版，第 76 页。

数额的国家赔偿费用，列入本级财政预算。该规定最终确立了国家赔偿费用的分级管理制度。我国财政实行分级管理，分灶吃饭，从各级财政列支，就是赔偿费用应根据侵权责任的归属分别由各级财政开支。《预算法》第2条规定，国家实行一级政府一级预算，设立中央，省、自治区、直辖市，设区的市、自治州，县、自治县、不设区的市、市辖区，乡、民族乡、镇五级预算。不具备设立预算条件的乡、民族乡、镇，经省、自治区、直辖市政府确定，可以暂不设立预算。具体地说，国务院及所属部门、最高人民法院、最高人民检察院的侵权赔偿费，由中央财政列支；省、市、自治区政府及其所属部门、人民法院、人民检察院的侵权赔偿费，由省、市、自治区财政列支；区、县政府及其所属部门、人民法院、人民检察院的侵权赔偿费，由区、县财政列支；乡政府及其所属部门的侵权赔偿费则由乡财政列支。这一国家赔偿费用分级管理体制是与我国目前的财政体制相统一的。

但是，目前这种财政体制在一定程度上遇到了一些困难和问题。这些问题主要是：第一，分级管理地方财政导致赔偿费用地方化。国家赔偿费用列入各级财政预算的分级管理地方财政，实际上将国家赔偿责任分解为各级地方的财政责任。各级地方财政在本级财政能力范围内承担赔偿责任。如果地方财政确实不足，就可能导致无法分列国家赔偿预算，进而影响请求权人获得国家赔偿。第二，国家赔偿异化为机关赔偿。《国家赔偿法》规定的先由赔偿义务机关从本单位预算经费和留归本单位使用的资金中支付而后再向财政机关核拨的方式，在实践中，可能导致国家机关不愿意赔偿、不愿意申请核拨的情况发生。有的国家机关将本机关支付赔偿视为"露丑"，是对本机关的负面评价，拒绝、拖延履行赔偿义务；有的国家机关在支付赔偿金后，向财政机关核拨不予批准等等；法院赔偿委员会决定赔偿义务机关且已经被执行的案件不在少数，但是财政部门反馈回来的赔偿经费支出却少得可怜，一些地方专门设置的国家赔偿经费长年未被动用；一些地方的财政部门要求赔偿义务机关先处理相关责任人员才能核拨，有的地方甚至成立了由政法委牵头、财政部门参加的审核小组，审核小组批准后，财政部门才予以核拨，但是由于赔偿案件大多是几年前发生的，人员变动较大或者当时是集体决定等原因，查处极为困难，财政核拨困难自然导致受害人获赔困难等等。这些情况的存在实际上是将国家赔偿责任视为了机关赔偿责任，不利于国家赔偿工作的健康发展。

有鉴于此种情况，有学者提出，应当逐步改革现有的多级财政负担制度，建立中央和省级两级财政负担制度。中央国家机关的国家赔偿费用由中央财政负担，省级财政负担本行政区域内的国家赔偿费用的支付。在极特殊的情况下，也可以由中央财政对个别省份例如西藏、新疆、青海等国家赔偿费用予以财政资助。主要考虑的是地方财政中，省级财政最为雄厚，对于国家赔偿费用支付的保障能力最强，不至于使赔偿请求人的请求无法实现。我们认为，国家赔偿费用管理机制应当在符合我国现行财政体制的情况下根据国家赔偿的特点加以完善，各地可以根据国家赔偿中的实际问题，特别是根据全国东西部国家赔偿的差距性、中央赔偿经费和地方赔偿经费的差距性，适当调整国家赔偿费用的管理机制。例如，可以考虑由中央、地方和本级财政共同负担赔偿费用，或者是加大对贫困地区赔偿费用的转移支付等。

（三）国家赔偿经费渠道的完善

必须保证充沛的国家赔偿费用是国家赔偿经费制度完善的重要方面。当前，我国的国家赔偿基本属于国家财政拨款，渠道比较单一。学术界对于保证国家赔偿经费主要有以下几种意见和建议：

一是设立国家赔偿费用基金。有的学者认为，应当在国家财政拨款的基础上，建立专门的中央级、省级和市级国家赔偿费用专项基金，县、乡一级财政不再设立国家赔偿财政经费。[①] 可以考虑在中央财政部门之下设立国家赔偿费用管理办公室。该基金管理办公室属于财政部下的非营利性事业单位法人，在各省市建立相应的办公室，负责国家赔偿费用的

[①] 杨小君：《国家赔偿法律问题研究》，北京大学出版社2005年版，第326页。

基金管理、运作和支付。国家赔偿费用管理办公室还可以接受境内外友好人士、企事业单位、社会团体或者其他组织的捐赠、资助以及罚没收入、保险金等。国家赔偿基金运作产生的基金投资所得红利、股息、债券利息、买卖证券所得、存款利息均纳入国家赔偿费用。当发生赔偿事件时，赔偿金从国家赔偿费用基金中核拨。[1] 通过设立国家赔偿费用基金，既保证来源的多元化，也有助于实现国家赔偿费用基金的保值增值。但也有人认为，将赔偿费用基金化虽然有助于保证充实国家赔偿费用，但是，将国家赔偿费用转化为基金，实际上是将国家赔偿费用和整个财政分隔开来，使得国家赔偿费用缺少了国家财政这一后盾，同时也使国家赔偿费用处于市场风险之中。因此，将赔偿费用基金化需要具备一定条件，否则不利于公民合法权益的保护。

二是向保险公司投保。有学者认为，国家赔偿实际上也属于一种风险，因此可以引进分担风险的保险方式，增加国家赔偿费用的来源。可以由国家赔偿费用管理机关作为投保人，各个国家机关作为被保险人，向保险公司投保，通过保险途径来筹集保险费用。在支付时，赔偿请求人凭赔偿决定书直接向国家赔偿费用管理机关申领，再由保险机构将此保险金划入国家赔偿费用。[2] 这种建议实际上是借鉴了美国有些州的做法。但也有人认为，以国家的公权力行为投保，并将公权力行为引起的赔偿事件的处理交由保险公司这样的营利性企业，与我国的政治体制不相符合，对于促进国家机关及其工作人员依法行使职权没有积极作用。

三是罚没收入直接进入基金。[3] 当前，许国国家机关拥有较为广泛的处罚权，例如罚款、没收财物或者非法所得、收缴赃款赃物等，这些罚没收入往往进入各国家机关的小金库，用以弥补办案经费的不足和改善

---

[1] 嵇明权、周雷：《论国家赔偿费用的来源》，载《金陵科技学院学报》（社会科学版）2007年第1期。

[2] 转引自林准、马原主编，梁书文、江必新副主编《国家赔偿问题研究》，人民法院出版社1992年版，第207页。

[3] 同上。

员工福利。根据国家的有关规定，对于罚没收入应当上缴各级财政，罚没收入亦不在国家的年初财政收入之内，因此可以直接由处罚机关上缴国家赔偿费用管理机关。这种建议的思路是由于赔偿义务机关在支付赔偿金时，需要从本单位的财政拨款中预付，国家赔偿费用管理机关由于预算制度的存在也不预支，导致许多赔偿金无法落实。国家机关罚没收入这种预算外收入直接进入国家赔偿费用，有利于赔偿金的支付。这种意见有一定的可取之处，在实践中也有一定的基础。但也有人认为这种建议也存在不足之处：第一，受害人受到赔偿的程度与国家机关适用法律罚款、没收数额联系密切，这样可能因适用法律的宽严或者违法案件的多寡而影响人民权利的实现。第二，不利于国家依法行使职权。国家机关可能为了增加本机关的国家赔偿准备金而滥施罚没措施。[①] 第三，这种做法的前提条件是罚没收入本身无法监督，随着社会主义民主法治的完善，这一问题将逐步得到解决。

我们认为，关于国家赔偿经费的来源可以进一步探讨和试验，目前紧要的问题是如何保障现有的国家赔偿费用能够充分发挥其救济请求权人的作用。当然，对于特殊地方的国家赔偿经费短缺的问题，可以通过建立国家赔偿金补助制度，对于财政困难的地区，上级财政机关按照一定程序拨付专项国家赔偿金补助，专款专用。此外还可以充分发挥各级人大的监督职能，将是否存在国家赔偿费用未列入本级财政预算、财政预算过低以及国家赔偿费用实际支付情况纳入到监督范围。

第二节 赔偿经费的储备和拨付

赔偿经费的储备主要是指特定国家机关对国家赔偿经费的积累和保管。赔偿经费的核拨是指特定国家机关对于国家赔偿经费的核准和拨付。

[①] 林准、马原主编，梁书文、江必新副主编：《国家赔偿问题研究》，人民法院出版社1992年版，第208页。

一、赔偿经费的储备机关

赔偿经费的主要来源是预算拨款。谁来保管这部分预算拨款？国际上大体上有如下几种做法：（一）将预算拨款直接拨给各部。例如，法国每年从国家总预算中，拨给各部一部分预算拨款，由各部统一支付。（二）预算拨款由财政部掌握，求偿者直接从财政部领取。这种方式主要适用于幅员较小的国家。例如，在瑞士，向联邦请求赔偿，须向财政部提出申请。（三）预算经费编列于总检察署。例如，新加坡每年在总检察署的行政经费项下编列新币30万元，由总检察署统一支付。如果经和解成立或者经判决确定政府应当予以赔偿，总检察署行政经费和政府预备金难以拨付或者不足拨付时，由律政部提请国会拨款支付。（四）预算经费分配给各地方检察厅。例如，韩国的中央政府预算所列国家赔偿事件经费，通常分配给各地方检察厅。（五）专项基金由各专门组织或者机构保管。例如，美国有关森林管理行为引起的行政赔偿，赔偿费即由国家专设的森林赔偿基金支付，该基金由专门的组织保管。（六）将专项基金分别拨付给有可能成为赔偿义务主体的机关。

从上述几种情况来看，决定赔偿经费的存储和保管机关时，应考虑以下几个因素：第一，考虑到支取的难易程度。对于幅员较小的国家，由于办理赔偿比较容易，可以直接到中央财政机关去领取赔偿。对于幅员辽阔的国家，由于办理赔偿路途较远，因此一般要到地方财政机关去领取赔偿。第二，考虑到赔偿义务机关的设定。有的国家对于赔偿义务机关的设定采取代表制，例如由财政机关、检察机关等，就由这些国家机关作为赔偿经费的保管机关，方便赔偿案件的处理。第三，考虑到如何节省专项基金。有的国家为了分担国家财政负担，设立专项基金，保证国家赔偿经费的充足。第四，考虑到请求赔偿的程序。为了减少赔偿请求人的程序周折，许多国家在设定赔偿经费管理机关时，明确规定只要给相关赔偿经费管理机关出示相关法律文件就应当支付赔偿。这种经费管理机关一般具有相当的独立性，确保赔偿请求人及时便捷取得赔偿。

二、超预算时的解决办法

赔偿经费预拨之后如果出现缺口，应如何处理，各国一般采用以下几种解决办法：一是设立赔偿保险。如美国不少州设有"赔偿保险"以解决赔偿经费可能出现的缺口。二是动用政府预备金。如新加坡国家赔偿经费常规预算为30万元新币，但在特殊情况下，可动用政府预备金予以支付。三是提请国会拨款支付。如新加坡规定，如常规预算经费及政府预备金不足支付时，由律政部提请国会拨款支付。

可见，如何解决赔偿经费的超预算问题，在很大程度上取决于一个国家的财政体制以及拨款程序。对于我国而言，如果财政预算经费不足的，可以采取以下两种方式：一是动用预备费。各级财政的预备费是为了解决某些临时性急需或者事先难以预料的开支而设置的备用资金。根据《预算法》第32条的规定，各级政府预算应当按照本级政府预算支出额的1%—3%设置预备费，用于当年预算执行中的自然灾害救灾开支及其他难以预见的特殊开支。当国家赔偿费用出现不足时，可以经过一定的批准手续，动用预备费，以保障受害人得到救济。二是追加预算。即在原来核定的赔偿经费总额以外增加支出数额，以便弥补赔偿费用的不足。追加预算的，由财政部门向上级财政部门提出报告，经审核后转报国务院或者同级人民政府批准。[①]

三、国家赔偿经费的支出

（一）赔偿请求人申请支付程序

（1）赔偿请求人向赔偿义务机关申请支付

《国家赔偿法》第37条第2款规定，赔偿请求人凭生效的判决书、复议决定书、赔偿决定书或者调解书，向赔偿义务机关申请支付赔偿金。

---

① 林准、马原主编，梁书文、江必新副主编：《国家赔偿问题研究》，人民法院出版社1992年版，第211页。

修订前的《国家赔偿法》没有上述规定，本次修订增加了相关内容。对于该条文的理解要注意以下几个问题：一是关于生效法律文书。上述法律文书必须是已经生效的法律文书才能申请支付。二是生效法律文书的范围。除了上述生效的判决书、复议决定书、赔偿决定书和调解书以外，生效的赔偿协议亦属于生效法律文书范畴。三是申请的内容不仅仅限于支付赔偿金，也可以是返还财产或者恢复原状。根据《国家赔偿费用管理办法》第 4 条的规定，赔偿义务机关能够通过返还财产或者恢复原状实施国家赔偿的，应当返还财产或者恢复原状。第 5 条规定，国家机关及其工作人员违法行使职权，对公民、法人和其他组织处以罚款、罚金、追缴、没收财产或者违反国家规定征收财物、摊派费用，对其造成损害，需要返还财产的，依照下列规定返还：财产尚未上交财政的，由赔偿义务机关负责返还；财产已经上交财政的，由赔偿义务机关负责向同级财政机关申请返还。也就是说，如果能够通过返还财产、恢复原状的，可以根据财产的具体情况并与赔偿请求人协商返还财产或者恢复原状。在国家赔偿实践中，许多国家机关也是这样掌握的。例如，《海关行政赔偿办法》第 48 条规定，赔偿义务机关向赔偿请求人支付国家赔偿费用或者返还财产，赔偿请求人应当出具合法收据或者其他有效凭证，收据或者其他凭证的副本应当报送国家财政部门备案。四是赔偿义务机关应当主动履行赔偿义务。上述规定并不能冲淡《国家赔偿法》第 2 条第 2 款关于"本法规定的赔偿义务机关，应当依照本法及时履行赔偿义务"的规定。对于赔偿义务机关已经作出决定的，应当主动履行包括支付赔偿金在内的给付义务。例如，《工商行政管理机关行政赔偿实施办法》第 25 条规定，赔偿义务机关执行赔偿处理决定，应当由赔偿义务机关的财务部门在法定期限内按有关规定办理支付手续；返还财产或恢复原状的，由原办案机构负责办理。

（2）赔偿义务机关向有关财政部门提出支付申请

《国家赔偿费用管理办法》第 7 条规定，国家赔偿费用由赔偿义务机关先从本单位预算经费和留归本单位使用的资金中支付，支付后再向同级财政机关申请核拨。这一规定的思路是由赔偿义务机关先行从自有资金中支付而后向财政机关申请核拨。

经过多年的实践，这一规定已经逐渐显示出一定弊端：第一，不符合财政经费核拨的正当程序。任何财政经费都是有项目的，一般包括办公经费、人员工资和专项经费等，在财政机关核拨给国家机关的当年经费中本身没有赔偿经费的项目。这就意味着如果要支付赔偿金，必须挪用已经明确的项目拨款来进行赔偿。这种挪用行为是否违规、违法还存在较大疑问。此外，目前很多地方试行"集中支付"制度，就连工作人员的工资都是从财政直接拨付到工资账户上，国家机关的资金流向受到比较严格的限制，无法从中挪用支付。第二，有的地方预算经费不足，无法先行支付。目前有的地方财政收入很低，有的地方甚至连国家机关工作人员的工资都难以按时发放，就不用说将赔偿费用纳入财政预算，更不用说让国家机关先行支付赔偿金了。就是财政收入比较充足的地方，国家机关的办公经费也是有限的，如果赔偿数额较大，就难以垫付赔偿金。由于不能垫付，就无法启动核拨程序，赔偿金就得不到落实。第三，垫付后财政机关进行核拨审查，国家机关不愿意支付和核拨赔偿金。根据《国家赔偿费用管理办法》第8条的规定，赔偿义务机关申请核拨国家赔偿费用或者申请返还已经上交财政的财产，应当根据具体情况，提供下列相应的有关文件或者文件副本：（一）赔偿请求人请求赔偿的申请书；（二）赔偿义务机关作出的赔偿决定；（三）复议机关的复议决定书；（四）人民法院的判决书、裁定书或者赔偿决定书；（五）赔偿义务机关对有故意或者重大过失的责任者依法实施追偿的意见或者决定；（六）财产已经上交财政的有关凭据；（七）财政机关要求提供的其他文件或者文件副本。可以看出来，财政机关进行的核拨审查是一种实质意义上的审查，而非形式意义上的审查，不仅要求提供相关的法律文书，而且还要对"赔偿义务机关对有故意或者重大过失的责任者依法实施追偿的意见或者决定"这样纯属于行政内部事务进行审查。如果国家机关对其工作人员没有进行处理，财政机关就会拒绝核拨经费。这就导致了赔偿义务机关对于垫付之后能否成功核拨存在很大疑虑，不愿意支付赔偿金。我国台湾地区的学者也认为："国家赔偿系由赔偿义务机关负赔偿之责任，但赔偿经费之预算，则由各级政府编列，如赔偿义务机关与编列预算机关不一，而赔偿金之支付或为回复原状所必需之经费，应由各级政府拨付者，如编列预算之各该政府仍有拨付与否之审核权，将会使国家赔偿法以赔偿义务机关为负责机关之立法意旨无以贯彻，爰规定在此种情形下，编列预算之各级政府应即拨付。不得再予审核是否赔偿或赔偿金之多寡，以免使国家赔偿制度徒成具文。"① 这种严格的审查还可能导致国家机关因考虑赔偿事件可能带来政府的负面评价，影响本部门和本部门领导的形象和政绩，采取私下解决了事，而不愿意向财政机关申请核拨。

正因为赔偿金的支付存在较多制度上和实际操作上的困难，许多国家机关由于没有可以垫付的经费或者垫付后担心难以核拨，因此，拒付赔偿金和私下解决赔偿问题的问题较为普遍。鉴于此种情况，有的学者提出，应当改革现有的赔偿金核拨制度，废除赔偿义务机关先行支付程序，由申请人直接凭有效的赔偿判决书、复议决定书、赔偿决定书或者赔偿协议向国家财政机关申请领取。② 但是，由请求权人直接向财政管理机关直接申请还有一个对其申请的认定问题。因此，由对案件真实性、给付义务真实性比较了解的赔偿义务机关向财政机关提出支付申请比较合适。据此，修订后的《国家赔偿法》第37条第3款规定，赔偿义务机关应当自收到支付赔偿金申请之日起7日内，依照预算管理权限向有关的财政部门提出支付申请。

我们认为，完善赔偿金支付制度要注意以下几个问题：

一是注意准确把握相关司法解释的规定。对于财政部门对核拨赔偿费用的规定，是否适用于人民法院的司法赔偿，实践中争议比较大。主

---

① 吴义雄、施茂林、林崑城、刘清景编著：《国家赔偿法实用》，台北三民书局，第194页。
② 徐勇：《我国国家赔偿费用管理制度的完善》，载《天水行政学院学报》2006年第3期；宋扬、邹玮、邓丹丹：《我国国家赔偿费用支付方式存在的问题及其完善》，载《中国物价》2008年第3期。

要有两种意见。第一种意见认为，政府财政部门无权审核法院作出的赔偿决定。理由是：根据《国家赔偿法》的规定，人民法院赔偿委员会对赔偿案件的审理，行使的是司法裁决权，其作出的赔偿决定是发生法律效力的法律文书，非经法定程序，任何部门无权审核。政府财政部门在国家赔偿程序中，是最终的执行部门，其拨付国家赔偿费用的行为是执行法院赔偿决定的行为。虽然国务院《国家赔偿费用管理办法》第9条规定财政机关对赔偿义务机关国家赔偿费用的核拨申请可以进行审核，但没有规定审核的具体内容，根据上下文条款应理解为对相关形式要件的程序性审核。第10条规定对行政赔偿的赔偿义务机关的申请可以进行实体审核，但对司法赔偿和行政赔偿中是否包括经法院判决的部分也没有明确规定。因此，哈尔滨市财政局对哈中院作出的赔偿决定进行审核无法律依据。第二种意见认为，政府财政部门对法院作出的赔偿决定有审核权，但只限于赔偿金数额计算等技术性问题。理由是，国务院《国家赔偿费用管理办法》第9条赋予了财政机关对赔偿义务机关核拨申请的审核权，虽然没有明确规定审核的具体内容，但从维护赔偿请求人合法权益的角度出发，应有对赔偿金额等技术性问题进行审核的权力。最高人民法院的司法解释认为，国务院《国家赔偿费用管理办法》仅规定了政府财政部门对行政赔偿的赔偿义务机关申请核拨赔偿费用可以进行实体审核，关于司法赔偿没有明确规定政府财政部门对人民法院作出的赔偿决定有审核权。根据《国家赔偿法》第29条和《国家赔偿费用管理办法》第4条、第8条、第9条、第10条和第13条的规定，政府财政部门对人民法院作出赔偿决定后申请核拨赔偿费用的，对赔偿决定中赔偿金数额的计算方式有审核权，但不能对案件的实体进行审核。如果政府财政部门认为人民法院赔偿决定中赔偿方式不当，可以提请赔偿义务机关就赔偿方式重新审查。[①] 根据上述规定，财政部门对于人民法院的赔偿决定没有审核权。

[①] 最高人民法院《关于政府财政部门对人民法院作出的赔偿决定是否有审核权问题的电话答复》(2006年3月17日，[2005]赔他字第4号)。

二是逐步建立健全科学合理的国家赔偿评价机制。由于行使职权导致国家赔偿的原因很多，有的是由于法律规定的因素，有的是执法人员认识水平的原因，有的是由于客观条件的限制等等。目前，赔偿案件稀少、赔偿数额较低的一个重要原因是许多赔偿义务机关将国家赔偿视为劣绩、败绩，不能客观地看待国家赔偿。有些地方将国家赔偿的数量、赔偿数额作为评价其工作的重要指标加以考核，这是非常不科学和不公正的。在建立健全国家赔偿评价机制时必须注意科学公正评价国家赔偿工作，不能简单地以赔偿案件数量和赔偿数额作为考核依据，否则极有可能打击国家机关工作人员的积极性，也不利于国家赔偿制度的健康发展。

三是要注意建立健全国家赔偿费用信息公开制度。国家赔偿费用的管理、支付属于政府信息的范畴，当前存在的花钱买平安、私了的问题与财政信息不公开、不透明有很大关系。国家机关要根据《政府信息公开条例》的规定，对国家赔偿费用的管理、支付等情况定期进行公布，保证国家赔偿费用支出的公开透明，杜绝私下交易、预算外支付等情况。

（二）财政部门支付赔偿金程序

《国家赔偿法》第 37 条第 3 款规定，财政部门应当自收到支付申请之日起 15 日内支付赔偿金。这是关于财政部门支付赔偿金时限的要求。财政部门接到相应的法律文书后，应当直接从国家赔偿准备金的账户内提取法律文书中确定的金额，交与赔偿义务机关，并由赔偿义务机关即时交与请求权人，或者通知银行协助将该项金额划拨至请求权人的账号内。

方式标准编

第二十二章　国家赔偿的方式和标准概述

在国家赔偿法领域，经法定程序认定国家赔偿责任成立后，接下来亟待解决的就是赔偿义务人以何种方式和标准承担国家赔偿责任的问题。我国国家赔偿法将赔偿方式与计算标准规定于第四章之中，不区分国家侵权行为的性质而统一适用。国家赔偿方式以及赔偿标准的确定，直接影响着受害人获得赔偿的方式及范围，与受害人的合法权益能否切实受到保护密切相关。

本章首先对国家赔偿的方式予以概念上的明确和制度上的简要介绍。标准跟随方法，它们因损害后果的性质、程度和种类，国家赔偿义务机关本身的特点和公务效率的需要，赔偿请求人本身的特点、索赔要求和权益保护，以及不同赔偿方式之间的关系等因素而异。[①] 因此，在第二节探讨了国家赔偿标准的含义、功能与选择。最后，对与国家赔偿标准密切相关的国家赔偿的计算问题进行探讨，提出应重视对国家赔偿计算标准法律与事实双重性质的研究。

第一节　国家赔偿的方式概述

国家赔偿方式是国家承担赔偿责任的各种形式。通过厘清国家赔偿方式的含义，分析国家赔偿方式的法律特征，辨析其与民事赔偿方式的关系以及介绍当今世界主要赔偿方式四方面的内容，对国家赔偿方式予

---

① 高家伟：《国家赔偿法》，商务印书馆2004年版，第243页。

以概括的介绍。与此同时，明确本书对一些基础概念和理论观点的选择，为后文深入分析各个具体问题奠定基础。

一、国家赔偿方式的含义

国家赔偿方式，是指国家承担赔偿责任的各种形式。它所要回答的问题是，国家采取何种方法承担损害赔偿责任的问题。[①] 换言之，国家赔偿方式，就是国家机关及其工作人员有国家赔偿法规定的情形，侵犯公民、法人或其他组织合法权益且造成损害时，承担赔偿责任的形式，即国家对自己造成损害的行为以何种责任方式承担法律后果。[②] 国家赔偿法对赔偿方式予以具体规定，意味着对上述侵权行为所持的否定态度，以及对受到侵害的公民、法人和其他组织权益的保护。

在理论上，虽然对"国家赔偿方式"的定义多表述为"国家承担赔偿责任的各种形式"，[③] 但学者们对其含义有着不同的理解。概括而言，有广义与狭义两种理解。广义的理解是指国家承担赔偿责任的所有形式，而狭义的理解仅指金钱赔偿。

我们认为，国家赔偿方式与国家承担侵权责任的方式并不相同。国家承担侵权责任的方式多种多样，通常有：返还财产、停止侵害、恢复名誉（荣誉）、消除影响、赔礼道歉、赔偿损失等。而赔偿方式只是承担责任方式的多种形式之一，不能将承担侵权责任的方式混同于国家赔偿方式。[④] 对"国家赔偿方式"作广义理解，实质上是将"国家赔偿方式"等同于"国家承担侵权责任方式"，是对概念的混淆。

在《国家赔偿法》修订前，"消除影响、恢复名誉、赔礼道歉"三

[①] 江必新：《国家赔偿法原理》，中国人民公安大学出版社1994年版，第188页。
[②] 全国人大常委会法制工作委员会国家法室编著：《中华人民共和国国家赔偿法解读》，中国法制出版社2010年版，第136页。
[③] 刘嗣元、石佑启编著：《国家赔偿法要论》，北京大学出版社2005年版，第87页；高家伟：《国家赔偿法》，商务印书馆2004年版，第243页；马怀德主编：《国家赔偿问题研究》，法律出版社2006年版，第266页。
[④] 江必新：《国家赔偿法原理》，中国人民公安大学出版社1994年版，第188页。

种国家赔偿方式规定于第五章"其他规定"中,为此,学界对这三种赔偿方式的法律性质曾产生了很大争议。学界多数派观点认为其属于精神赔偿方式,与支付赔偿金、返还财产、恢复原状一样,属于我国国家赔偿的赔偿方式,具有同等的法律效力。[①] 其作为精神损害的赔偿方式,既有宪法和法律依据,又符合客观实际需求,尽管由于立法上基于种种考虑将其规定在第五章其他规定之中,但丝毫不影响其作为实体性、强制性规定的法律效力。[②] 有少数学者认为,这仅仅是国家承担侵权责任的附带方式,很难称之为"赔偿"。理由是:"只有具有财产给付性质的责任方式才属于国家赔偿责任的范畴。单纯的精神补救给付只属于国家侵权责任,而不属于侵权赔偿,因此也不属于所谓的精神损害赔偿的范畴。"[③] 在制定《国家赔偿法》时,采纳了后一种观点,原因有二:一是将停止侵害等作为赔偿方式,不符合赔偿的基本含义,如果"停止侵害"即意味着承担了赔偿方式,相对人被损害的权益如何恢复?二是将赔礼道歉等作为赔偿方式,容易使一些机关借此规避法律,受损害者得不到真正赔偿。[④] 上述分歧就是源于对"国家赔偿方式"概念的不同理解,上文已对此进行了分析,在此不再赘述。

修订后的《国家赔偿法》第四章对国家赔偿的"赔偿方式和计算标准"作出了规定,其中第32条和第35条分别规定了给付赔偿金、返还财产、恢复原状、消除影响、恢复名誉、赔礼道歉等六种方式。立法上条文位置的变化实质上反映了对"国家赔偿方式"含义理解的变化,《国家赔偿法》的修订实际上是对"赔偿方式"一词作了广义上的理解,将其解释为"国家承担侵权责任方式",指国家对自己的侵权行为承担侵权责任的方式,包括给付赔偿金、返还财产、恢复原状、消除影响、恢复

[①] 陈春龙:《中国司法赔偿:实务操作与理论探讨》,法律出版社2002年版,第380页。
[②] 同上书,第381页。
[③] 高家伟:《国家赔偿法》,商务印书馆2004年版,第244页。相关观点参见陈春龙《中国司法赔偿:实务操作与理论探讨》,法律出版社2002年版,第381页;薛刚凌主编:《国家赔偿法教程》,第79-80页;马怀德主编:《国家赔偿法学》,中国政法大学出版社2001年版,第253页。
[④] 江必新:《国家赔偿法原理》,中国人民公安大学出版社1994年版,第188页。

名誉、赔礼道歉等多种承担责任的方式，而非限于给付赔偿金一种方式。正是基于这种理解，修订后的《国家赔偿法》将第35条规定的"消除影响、恢复名誉、赔礼道歉"三种赔偿方式置于第四章"国家赔偿的方式与计算标准"之下。但我们认为，更合理的设计是，在将这三种责任方式调整至第四章的同时，将《国家赔偿法》第四章的标题改为"承担责任方式及计算标准"，这样就构建了较为完备的国家侵权的责任方式体系。

二、国家赔偿方式的特征

国家赔偿方式，是指国家机关及其工作人员依据国家赔偿法就其实施的侵权行为应当承担的具体责任形式。国家赔偿方式具有以下法律特征：

（一）国家赔偿方式是落实国家赔偿责任的具体形式

国家赔偿责任是国家赔偿方式的抽象，而国家赔偿方式则是国家赔偿责任的具体表现。当国家赔偿责任构成后，国家就应当承担这种法律后果。此时，如果法律不对承担责任的方式予以规定，"国家赔偿责任"就将流于一个抽象且空洞的概念，无法落到实处。因此，国家赔偿责任必须有具体的国家赔偿方式与其相呼应，国家赔偿方式是落实国家赔偿责任的具体形式。[①]

（二）国家赔偿方式是向法律负责和向受害人负责的结合

我国《宪法》确立了人民主权原则，人民的支持和拥护是国家权力的本源，国家通过其机关所执掌的公权力只是人民赋予权力的结果和实现的具体形式。因此，国家机关及其工作人员行使职权，对人民的权益造成损害的，毫无疑问应当承担相应的责任。因此，国家赔偿责任方式既是国家对其侵权行为承担责任的方式，也是国家应向权益受到侵害的公民、法人和其他组织履行的义务。且其主要方面是向对方当事人负责，

---

① 杨立新：《侵权法论》（第三版），人民法院出版社2005年版，第205页。

保障对方当事人的合法权益。

（三）国家赔偿方式是法定的多元方式

由于国家采取何种赔偿方式，将直接影响到国家与被侵害主体的合法权益，各国均在立法中明确规范了国家赔偿的方式，我国也不例外。这就意味着除了《国家赔偿法》予以明确的六种责任方式外，恢复地位、置换、劳务等赔偿方式均未被法律所认可，排除于国家赔偿方式之外，即赔偿义务机关、赔偿请求人不能选择适用，裁判机关也无权自由裁量予以适用。因此，给付赔偿金等六种责任方式是法定的国家赔偿方式。

纵观各国立法例，国家赔偿一般采用金钱赔偿与恢复原状的方式。而我国结合社会实际与文化传统，在金钱赔偿与恢复原状之外，又规定了返还财产、消除影响、恢复名誉、赔礼道歉等方式，建立了多元的国家赔偿方式体系，能够保证受害人得到与其所受损害相当的赔偿，避免由于赔偿方式单一造成的局限与僵化，使受害人从数量、质量、程度等方面得到全面的补救。

（四）给付赔偿金是国家赔偿的主要方式

如上所述，国家赔偿的方式是多元的，但是金钱赔偿在国家赔偿方式中具有基础性地位。给付赔偿金也称作金钱赔偿，是指将受损害的人的各项损失计算成金额，以金额折抵受损害人的各项损失，通常以本国货币支付，[1] 是国家赔偿最基本的方式。侵权行为一般都会造成受害人的损失，但无论是财产损失、人身伤害、死亡还是精神损害，均可以适用给付赔偿金的方式进行补救。这是由于金钱是物质利益的表现形式之一，作为社会生活中最常用、最普遍的支付方式，具有其他方式不可替代的优势。支付赔偿金在实践中易于操作，便捷高效，不会产生进一步的纠纷，能够及时定纷止争，使当事人尽快脱离诉讼，缩短诉讼时间。在财产损害中，赔偿金能够直接对损失的财产进行弥补；在人身损害中，一方面赔偿金可以填补由于人身损害所导致的相关经济、物质损失，另一

---

[1] 江必新：《国家赔偿法原理》，中国公安大学出版社1994年版，第189页。

方面可以安抚受害人的精神;① 在精神损害赔偿中，精神痛苦虽不能以金钱计算，但赔偿金不是以相当的价值替代特定的损害，而是具有抚慰性质，虽不可能完全消除精神痛苦，但胜于无任何赔偿。赔偿旨在给予一种满足和快意，以减轻死者家属感情上的痛苦，它与商业中的等价交换性质是不同的。② 因此，金钱赔偿是国家赔偿的主要方式。

三、国家赔偿方式与民事赔偿方式的关系

《民法通则》第121条也将国家侵权行为作为一种民事侵权行为作出了规定，这就涉及了国家赔偿和民事赔偿的关系问题，具体到赔偿方式中，即涉及国家赔偿方式与民事赔偿方式的关系问题。

民事赔偿方式分别规定于《民法通则》、《合同法》、《物权法》和《侵权责任法》中。我国民事法律规定了十种民事责任，包括：停止侵害；排除妨害；消除危险；返还财产；恢复原状；修理、重做、更换；赔偿损害；支付违约金；消除影响、恢复名誉；赔礼道歉。其中，赔偿损害是最重要的侵权责任形式。除支付违约金，修理、重做、更换可作为合同责任形式外，其他各种责任形式均适用侵权责任，如消除影响、恢复名誉、赔礼道歉往往适用于侵害人格权的侵权行为;③ 而停止侵害、排除妨害、消除危险和返还财产往往适用于侵害财产权的侵权行为。④

国家赔偿方式与民事赔偿方式有许多相同之处，如金钱赔偿、返还财产、恢复原状等承担责任的方式，既是民事赔偿方式也是国家赔偿方式；又如赔偿损害在国家赔偿方式和民事赔偿方式中都是使用最广泛的责任形式。但这两种赔偿方式亦有所不同。从一些国家的立法例看，国家赔偿方式一般适用于国家机关行使公共职权或因公共营造物造成的损

---

① 陈春龙：《中国司法赔偿：实务操作与理论探讨》，法律出版社2002年版，第371页。
② 杨立新：《精神损害赔偿：以最高人民法院精神损害赔偿司法解释为中心》，人民法院出版社2004年版，第62页。
③ 张会：《侵权责任的承担方式》，载《法学杂志》2009年第4期。
④ 虽然对于"停止侵害、排除妨碍、消除危险和返还财产"四种责任形式的性质属于物权请求权还是侵权责任方式等问题在民法学界存在很大争议，但与本部分内容无关，故此处不予讨论。

害，且方式比较单一；民事赔偿方式一般适用于民事行为所致的损害，且方式比较多样，如修理、重作、更换等方式一般不适用于国家赔偿。[1]此外，在具体责任方式的理解与适用上也不尽相同，如国家赔偿法中的恢复原状与我国民法中的恢复原状不完全相同。作为民事赔偿方式的恢复原状，是指当行为人侵害他人财产，导致他人财产受到损害时，应当对受到损害的财产进行修复，使之恢复到受损害前的形状或性能；而国家赔偿方式中的恢复原状，不仅包括对于损害财产的恢复原状，还包括对其他受侵害的权利恢复原状，例如，恢复受害人所享有的年资待遇等，[2]即国家赔偿中恢复原状的含义广于其在民事赔偿中的含义。

四、国家赔偿方式的一般类型

从各国国家赔偿立法来看，赔偿方式主要为金钱赔偿与恢复原状两种。

（一）金钱赔偿

金钱赔偿，即将受损害的人的各项损失计算成金额，以金额折抵受损害人的各项损失，通常以本国货币支付。金钱赔偿是世界范围内适用最为广泛的赔偿方式，无论是对财产损害，还是对精神损害、人身损害，均可以金钱支付。对于财产损害，首先要将损害折算为金钱，然后给予相应的金钱赔偿，赔偿金能够直接对损失的财产进行弥补；对于精神损害，需要明确的是，这种赔偿并不是将精神损害计算为金钱，而是以给付金钱的方式来抚慰受害人的精神，间接地对精神损害予以补救；对于人身损害，金钱的支付一方面在客观上填补由于受害人人身损害而导致的相关财产利益的损失，同时也是对受害人因人身损害而遭受的精神痛苦或精神利益的减损、丧失的弥补与安慰。纵观各国立法，金钱赔偿均是主要赔偿方式。

---

[1] 江必新：《国家赔偿法原理》，中国人民公安大学出版社1994年版，第188页。
[2] 同上书，第190页。

（二）恢复原状

恢复原状，是指使国家机关违法行为所侵害的相对人的财产或权利恢复到受损害前的形状、性能或状态的赔偿方式。[①] 恢复原状有广义和狭义之分。广义的恢复原状是指恢复权利未被侵害前的状态，即回复原状，如返还财产、恢复名誉、消除影响、赔礼道歉等；狭义的恢复原状仅指将被损坏的财产修复。恢复原状在国家赔偿中的适用限制非常严格。因为恢复原状可能会使国家机关及其工作人员耗费大量的时间和精力，进而影响国家机关正常的管理活动和公务效率。因此，只有在具有恢复原状的可能、必要时才予以适用，并且不能产生违法后果，以及不能影响公务。[②] 纵观世界各国立法例，恢复原状是主要的国家赔偿方式之一，但一般处于辅助的地位，是金钱赔偿的补充。在金钱赔偿无法适用时，如因错判而导致的城市户口被注销，恢复原状发挥着积极的作用。

第二节 国家赔偿的标准概述

国家赔偿的标准，是国家支付受害人赔偿金时适用的标准。由于国家侵权的类型多种多样，侵权造成的损害结果也千差万别，设定一个标准尤为重要。本节首先界定国家赔偿的标准的含义，明确其在我国通常在两个层面的含义上使用，一是国家赔偿的计算标准的含义，二是在与国家赔偿范围相联系的意义上使用。然后介绍了世界范围内通行的三种确定国家赔偿标准的原则。之后，着重评析了我国对国家赔偿标准的选择。

一、国家赔偿标准的含义

国家赔偿的标准，通常在两个层面的含义上使用。第一，是在国家赔偿的计算标准这一意义上使用，是指国家赔偿法所确立的确定赔偿的

[①] 马怀德主编：《国家赔偿法学》，中国政法大学出版社2001年版，第251页。
[②] 房绍坤、毕可志编著：《国家赔偿法学》，北京大学出版社2004年版，第292页。

计算准则，是国家支付受害人赔偿金时适用的标准。① 第二，是在与国家赔偿范围相联系的意义上使用，是指"国家就其侵权行为给公民、法人和其他组织造成损害时，在多大程度上予以赔偿，又称结果意义上的国家赔偿范围"。②国家赔偿标准的两层含义实际上是相互联系的，而非迥然不同的两个概念，在理解时应注意以下两点：

第一，二者具有密切联系，但非属同一范畴。在第一个层面上使用"国家赔偿标准"，得出的是对损害事实的评价；而在第二个层面上使用，得出的是国家应予以赔付的数额。当然，二者都必须以客观损害为基础。

第二，"国家赔偿标准"的两层含义均是与金钱赔偿方式紧密联系的，与"返还原物"、"恢复原状"和"消除影响，恢复名誉，赔礼道歉"等国家赔偿方式无关。③ 换言之，国家赔偿的标准是计算金钱赔偿的标准，只在确定了适用金钱赔偿的国家赔偿方式后，才有讨论国家赔偿标准的空间和意义。

我国《国家赔偿法》采用国家赔偿范围与国家赔偿标准两个概念分别表达国家应承担损害赔偿责任的行为范围与国家对其应承担赔偿责任的行为所造成损害的赔偿责任程度范围。可见，第二种含义层面的"国家赔偿标准"，就是国家对其行为所造成的损害应当承担赔偿责任的程度范围，是最终确定国家应承担的赔偿责任的量的指标所应遵守的准则。④ 我国《国家赔偿法》第四章规定的是"国家赔偿的计算标准"，是在确定了赔偿方式的前提下所应遵守的确定赔偿金额的计算准则。虽然我国国家赔偿法没有明确规定在"结果意义上的国家赔偿范围"这一含义上

---

① 皮纯协、何寿生编著：《比较国家赔偿法》，中国法制出版社1998年版，第172页；陈春龙：《中国司法赔偿：实务操作与理论探讨》，法律出版社2002年版，第382页；马怀德主编：《国家赔偿法学》，中国政法大学出版社2001年版，第254-255页。

② 刘静仑：《比较国家赔偿法》，群众出版社2001年版，第147页；邵正洪、董光成：《刍议国家赔偿范围及其标准》，载江必新主编、最高人民法院赔偿委员会编：《国家赔偿指导》，人民法院出版社2004年版，第259页；马怀德主编：《国家赔偿问题研究》，法律出版社2006年版，第275页。

③ 马怀德主编：《国家赔偿问题研究》，法律出版社2006年版，第275页。

④ 邵正洪、董光成：《刍议国家赔偿范围及其标准》，载江必新主编、最高人民法院赔偿委员会编：《国家赔偿指导》，人民法院出版社2004年版，第259页。

使用"国家赔偿标准",但是国家赔偿的计算标准实际上是第二层含义的国家赔偿标准的体现,直接体现了其价值取向的选择结果。下文还将对这一问题详细论述。

国家赔偿的标准是受害人所受损害能够得以实际补偿的主要前提,没有国家赔偿标准就会产生争论,国家赔偿就难以实现。国家赔偿标准首先与受害人所受损害程度相关,是根据损害程度确定的。与此同时,国家赔偿标准的确定还受到各国国家财政状况的影响,是各国从本国实际作出的法律选择。

二、确定国家赔偿标准的原则[①]

如何确定国家赔偿的标准,是一个极为复杂的问题。受到本国实际状况的影响,各国难以形成统一的标准,一般都是根据其具体情况加以确立。总体来看,各国在赔偿标准上大致奉行三种不同的原则,即惩罚性原则、补偿性原则和抚慰性原则。

(一) 惩罚性原则

主张惩罚性原则的观点认为,赔偿额度标准应当对侵害方具有惩罚性,即除了有弥补受害人损害的功能外,还有惩戒侵权机关的功效。依惩罚性原则确立的惩罚性赔偿标准,除了使国家损害赔偿足以赔偿弥补受害人所蒙受损害的费用以外,还要付出自己侵犯他人合法权益应负责任的惩罚性费用。这实际上就是赔偿义务人所支付的赔偿金等于损失额加上惩罚金。在惩罚性原则下的赔偿额比较高,赔偿金额大于实际损失,对受害人极为有利,多为发达国家的国家赔偿法所采用。在美国法和英国法上,强调侵权损害赔偿的惩罚性,对于恶意侵权行为,可以科以惩罚性赔偿金。

(二) 补偿性原则

补偿性原则,也称弥补性原则,是指赔偿义务机关向受害人支付的

[①] 主要参考皮纯协、何寿生编著《比较国家赔偿法》,中国法制出版社1998年版,第172 – 173页;马怀德主编《国家赔偿问题研究》,法律出版社2006年版,第275 – 276页。

赔偿额以能够弥补受害人所受的实际损害为限，支付赔偿费用达到受害人在受到损害之前的状态。坚持补偿性原则的观点认为，赔偿如果具有惩罚的性质，就会与刑事或行政处罚相混淆。法国学者认为，"所有的法国法学著作都强调对于侵权行为所致损害予以赔偿是必须的，法院的判决的目的就是使受害的原告得到合理赔偿"。[1] 补偿性原则是以补偿受害人的损害为目的，这一原则下的赔偿标准以实际所受损失额为依据。也就是说，遵循补偿性原则，国家赔偿义务机关应当完全赔偿受害人的实际损害，既包括赔偿积极损失，也包括赔偿消极损失；不仅包括赔偿直接损失，也包括赔偿间接损失。

（三）抚慰性原则

主张抚慰性原则的观点认为，国家赔偿不可能对受害人的实际损害作完全充分的救济，并且国家机关本身的性质和特征决定了国家赔偿只适宜作象征性的抚慰，赔偿额只能限制在实际所受损失额的范围之内。虽然国家赔偿尽可能予以赔偿，但不一定要进行完全充分的弥补。这一原则下的国家赔偿标准，最高限额限制在实际所受损害额内，且一般低于这个标准。在财产损害领域，意味着赔偿金额低于实际损失；在非财产领域，意味着赔偿金额低于消除非财产损害所必需的费用。

三、我国国家赔偿标准的选择

（一）《国家赔偿法》制定时赔偿标准的选择

在制定《国家赔偿法》的过程中，对于我国国家赔偿标准的选择产生了很大的争议。有人认为，应当从根治违法侵权行为出发，将国家赔偿的标准定得高一些，确立惩罚性的标准；有人认为，国家赔偿要解决的问题，主要是通过赔偿来规范国家机关的行为，并将其重新纳入正轨，而不是对受害人给予完全充分的补偿，加之初创国家赔偿制度，各方面经验不足，特别是在目前国家机关的执法、司法水平还不是很高的情况

---

[1] ［法］莱尼·达维：《英国法和法国法》，中国政法大学校内用书，第154页。

下，采用惩罚性标准，国家机关可能难以接受，这对国家机关执行职务，逐步提高执法、司法水平不利。因此，国家赔偿制度初创时期，采用抚慰性标准是适当的。而补偿性标准由于目前条件下还存在很多侵权损害的确认、计算、统计上的具体问题，采用此标准也不适宜。还有人认为，国家赔偿应采用补偿性标准，对受害人的实际损害，包括财产损失和精神损害、直接损失和间接损失，都应予以赔偿。①

我国《国家赔偿法》最终确立了抚慰性赔偿标准，即遵循"生存保障"原则。② 对此，全国人大常委会法制工作委员会副主任胡康生在《关于〈中华人民共和国国家赔偿法（草案）〉的说明》中解释称："国家赔偿的标准和方式，是根据以下原则确定的：第一，要使受害人所受到的损失能够得到适当弥补；第二，考虑国家的经济和财力能够负担的状况；第三，便于计算，简便易行。"具体而言，选择抚慰性原则主要是基于国家哲学观、立法目的、经济发展、执法代价以及立法水平等方面的考虑：③

1. 国家哲学观。不同的国家哲学观会对于由国家行为导致公民权利损害的结果的态度产生直接的影响。在许多人的观念中，国家、集体与个人关系就是一种简单的后者服从前者的关系，是整体与个体的关系。国家赔偿的实质是让国家拿钱来赔偿个人，而国家的利益又是高于一切的，那么这种赔偿当然追求越少越好。

2. 立法目的。在制定《国家赔偿法》时，国家赔偿法主要的目的是通过赔偿的方式来规范国家机关及其工作人员的行为，并使之重回正轨，而不是保障受害人的合法权益，对受害人遭受的损失予以全面充分赔偿。

3. 经济发展。1995 年中国的经济发展水平和财政负担能力，虽然与

---

① 刘嗣元、石佑启编著：《国家赔偿法要论》，北京大学出版社 2005 年版，第 95 页。

② 修改前的《国家赔偿法》第 28 条第 6 项体现得尤为明显："吊销许可证和执照、责令停产停业的，赔偿停产停业期间必要的经常性费用开支。"如果采纳的是弥补性赔偿标准，则应当填补受害人的实际损失，除了赔偿停产停业期间的经常性开支外，还应当赔偿正常生产或经营时所得的利润。

③ 参见刘嗣元、石佑启编著《国家赔偿法要论》，北京大学出版社 2005 年版，第 95 页；台运启、杨小君：《关于国家赔偿标准的问题与建议》，载《中国人民公安大学学报》2003 年第 5 期。

以往相比有了很大的提升，但水平仍不高，国家财政的负担能力有限，各级政府承担的发展经济和社会事业的任务繁重。如果采用惩罚性赔偿标准，将加重国家财政以及各级政府财政的负担，削弱政府对发展经济和社会事业的财力支持。

4. 执法代价。国家赔偿是对国家机关履行职务、行使职权过程中侵权行为的赔偿，这种履行职务、行使职权的行为是为了社会公众的利益，这与个人侵权行为有很大不同。当时国家机关及其工作人员的执法、司法整体水平还不高，执法过程中的失误和错误在所难免，所以不能对其责备求全。如果规定的赔偿标准过高，国家机关及其工作人员在能力和心理上都难以接受，导致挫伤国家机关工作人员的工作积极性，产生负面影响，不利于我国国家机关及其工作人员执法、司法水平的提高，也不利于国家职能的发挥，最终不利于保护大多数人的利益。例如，在刑事司法赔偿方面，始终有观点认为人权保障与打击犯罪应当兼顾，不可偏废。究其实质，是认为国家赔偿责任是打击刑事犯罪和违法行为的一种成本或代价，为了更有力地打击犯罪和违法，自然要降低这种代价，所以，国家赔偿标准低于一般的民事赔偿标准。

5. 立法水平。由于我国国家赔偿制度起步较晚，目前采用补偿性赔偿原则确立国家赔偿标准，无论对侵权损害的确认，还是在损害范围、损害程度的统计、计算方面都缺乏成功的经验可供参考，因此无法采用这一原则。①

与抚慰性原则相应，我国国家赔偿标准主要是法定赔偿标准和直接损失赔偿标准。在人身权利方面，实行法定标准，如限制人身自由的，每天按照上一年度职工日平均工资来赔付；在财产权利方面，有直接损失赔偿标准，②也有比直接损失标准还低的法定赔偿标准。③

---

① 张正钊主编：《国家赔偿制度研究》，中国人民大学出版社1996年版，第67-68页。转引自刘嗣元、石佑启《国家赔偿法要论》，第95页。
② 如修改前《国家赔偿法》第28条规定的"对财产权造成其他损害的，按照直接损失给予赔偿"。
③ 应松年、杨小君：《国家赔偿若干理论与实践问题》，载《中国法学》2005年第1期。

(二) 对国家赔偿标准的意见与建议

1995年《国家赔偿法》正式颁布实施之后，对国家赔偿标准的意见不绝于耳，主要围绕国家赔偿标准偏低、赔偿标准单一、国家赔偿标准法定、未采用惩罚性赔偿、直接损失赔偿标准、精神损害不予赔偿等问题。其中，广受诟病的是国家赔偿标准偏低问题。

上述问题产生的根源，在于对抚慰性国家赔偿原则的选择。首先，抚慰性原则意味着对受害人实际损失的不完全救济，直接决定了具体赔偿的低标准和小数额，只可能作象征性的抚慰。其次，抚慰性标准的确立，是法定赔偿标准与直接损失赔偿标准适用的基础与前提，换言之，法定赔偿标准与直接损失赔偿标准的适用是我国选择抚慰性原则的必然结果。而法定赔偿标准的含义是，必须严格依据法律规定对侵犯公民、法人和其他组织权利的赔偿标准和范围进行界定，将法律有无应予赔偿的规定作为决定赔与不赔的依据，任何超出法律规定的赔偿标准和范围的赔偿请求一律不予赔偿。[①] 修订前的《国家赔偿法》没有明确规定精神损害的赔偿，因此社会各界呼吁在国家赔偿范围中吸纳精神损害赔偿。此外，赔偿标准的单一化，使得我国国家赔偿直接排斥了惩罚性赔偿的适用。由于后文将对精神损害赔偿以及直接损失问题详细讨论，此处不再赘述，只对其他意见及建议进行评析。

1. 抚慰性原则的不合理性。

第一，有学者指出，抚慰性原则反映的是陈旧落后的国家哲学观。在封建等级社会，家国一体的政治哲学认为国家不过是家庭或家族的放大，国与民之间自始就不具有平等交涉的权利，更无国家赔偿一说。现代社会，民主思潮兴起，民主政治制度建立，现代公法的产生标志着国家不再如法治化之前那样总是以绝对权力的化身而出现，国家同样要对自己的公权力运行行为的后果负责。然而，实行与民事赔偿标准不同的国家赔偿标准，就是一种不平等或特权，反映出人们在对待国家与人民

[①] 田冰星：《试论侵犯公民人身自由权国家赔偿的法定原则》，载江必新主编、最高人民法院赔偿委员会编：《国家赔偿指导》，人民法院出版社2004年版，第219页。

关系上的封建残余观念，认为国家机关始终是享有特权的高高在上的"官"，不能与"民"一样受法律的约束和承担同样的责任。①

第二，国家赔偿法应当倾向于对公民、法人和其他组织合法权益的保护，兼顾对国家机关及其工作人员行为的规范，而不应当着眼于后者。国家赔偿制度的基本目的和任务就是对国家行为侵害的相对人进行救济，是一种事后救济和保障机制。抚慰性赔偿标准不能从根本上补偿受害人的损失，并且在运作中把一部分责任和风险转嫁给受害人，有违公平原则。

第三，多年的实际情况证明，从全国的财政状况来看，国家赔偿并没有使国家财政不堪重负。② 虽然国家赔偿责任的实现会增加各级财政的负担，对于一些贫困地区而言，财政负担可能更显沉重一些，但是，这所涉及的是探寻如何解决局部财政困难的方法问题，而不是国家无财力承担赔偿责任的问题。

第四，对于执法代价过高的担忧并无必要。如果想要追求执法的低成本，最有效的办法应当是不设立国家赔偿责任，这样就完全没有了这方面的成本。国家赔偿标准的选择存在着成本或代价的问题，但这是民主法治和民主政治的成本。国家拿出一部分钱来支付受害人，弥补受害人的损失，这就是民主制度的必要成本。这种成本换来的是纠纷的减少、人们的安居乐业和社会的稳定，换来的是国家机关违法现象的减少、依法行使职权的张扬，换来的是全社会的公平正义和繁荣昌盛。③ 因此，国

---

① 参见台运启、杨小君《关于国家赔偿标准的问题与建议》，载《中国人民公安大学学报》2003年第5期。

② 我国国家赔偿实践中出现了一个非常出人预料的现象：不管是在经济发达地区还是不发达地区，虽然政府财政拨付有国家赔偿经费，但几乎没有国家机关使用这笔赔偿专用经费，而是赔偿义务机关用自己的经费进行"私了"。参见《法制日报》2001年3月4日。另外，内蒙古财政部门专设了一项国家赔偿金专用基金，数额高达几百万元，自设六年来备受冷落，仅有一家单位申请。深圳市自1995年准备了一笔5000万元的国家赔偿金，专为国家机关打输官司作赔偿之用。而让人大惑不解的是，该市1998年国家机关的败诉率为54%，1999年为60%，其中不少涉及赔偿，但至今没有任何一个国家机关动用过该5000万元国家赔偿金。参见张效琴《国家赔偿中的精神损害赔偿问题探讨》，载《理论导刊》2005年9月刊。

③ 参见台运启、杨小君《关于国家赔偿标准的问题与建议》，载《中国人民公安大学学报》2003年第5期。

家赔偿执法的成本是必要且合理的。

第五，在制定该法时，我国已经初步建立了民事赔偿标准，世界许多国家也都有国家赔偿标准，可以为我国国家赔偿标准的立法提供有益经验。

针对这一问题，理论界及实务界一致建议改变抚慰性原则。但是就采纳补偿性原则还是惩罚性原则，仍存在争议。

2. 国家赔偿标准低于民事赔偿标准。

我国国家赔偿标准偏低，已经是我国理论界和实务界达成的共识。[1]针对这一现状，学者们分别从人身自由损害赔偿标准、身体健康损害赔偿标准、死亡赔偿标准问题、财产损害赔偿标准等方面，详细分析了我国国家赔偿标准如何低、为何低的问题。[2]

有学者针对这一问题，分析了国家赔偿标准与民事赔偿标准的关系，认为国家赔偿标准与民事赔偿标准的关系无外乎三种情形：一是国家赔偿标准高于民事赔偿标准；二是国家赔偿标准等于民事赔偿标准；三是国家赔偿标准低于民事赔偿标准。从实践来看，第一种情形并不存在。目前，第二种情形具有一定的普遍性。如在英国行政法领域，获得行政主体的赔偿可以通过国家赔偿诉讼和普通法的渠道来实现；在大陆法系国家，一般在专门的国家赔偿法中对国家赔偿领域的特殊事项（如侵犯人身自由）规定明确的赔偿标准，而对与民事赔偿相似的国家赔偿事项（如财产损害的赔偿）的赔偿标准往往不作规定，只是笼统地规定适用民法，实际上将国家赔偿标准等于民事赔偿的标准。第三种情形主要存在于一些发展中国家，如我国。[3]

---

[1] 参见台运启、杨小君《关于国家赔偿标准的问题与建议》，载《中国人民公安大学学报》2003年第5期；李杏果：《从赔偿标准看我国〈国家赔偿法〉的完善》，载《福州党校学报》2004年第1期；应松年、杨小君：《国家赔偿若干理论与实践问题》，载《中国法学》2005年第1期；参见詹涛《论我国国家赔偿标准的提高》，载《河海大学学报》（哲学社会科学版）2006年第3期等等。诸多学者均在论文或著作中表达了这一意见，在此不一一列举。

[2] 参见杨小君《国家赔偿法律问题研究》，北京大学出版社2005年版，第144-179页。该问题将在后文分别讨论，此不再赘述。

[3] 马怀德主编：《国家赔偿问题研究》，法律出版社2006年版，第278页。

在《国家赔偿法》的修订过程中，有人建议国家赔偿标准应当回归到民事赔偿标准上来。他们承认国家赔偿与民事侵权赔偿在责任性质、赔偿主体、归责原则、赔偿程序等方面存在一定差别，但认为这些差别并不足以成为二者适用不同的赔偿标准的理由。无论是民事主体之间造成的损害，还是国家机关及其工作人员对民事主体造成的损害，在损害和受害人遭受的损失后果上，二者都没有本质区别，因而不必规定不同的赔偿标准。对有些国家机关特殊的侵权行为，可以另行规定法定赔偿标准。有人建议，对于权利受到侵害的公民，按其收入的两倍或者数倍起赔，限制最高赔偿数额为受害人或者国家上年度职工平均工资的50倍。有人认为，应当按照地区、职业等差异来确定赔偿标准。还有人提出，建议提高赔偿标准，并且在确定数额时考虑被限制人身自由的时间、受害人本人的利益受损状况、所处地区、所从事职业以及社会地位等诸多因素。总之，针对国家赔偿标准，社会各界的一致意见是提高标准，主张国家赔偿的标准不应当比民事赔偿标准更低，应与民事赔偿标准相当。

3. 赔偿标准单一。

赔偿标准单一，是指我国国家赔偿法只确立了抚慰性赔偿标准，一概不采纳补偿性赔偿标准及惩罚性赔偿标准。有学者认为，惩罚性标准、抚慰性标准以及补偿性标准具有不同的功能，在国家赔偿标准体系中根据损害的具体形态，分别适用不同的赔偿原则，确立多元的赔偿标准，能更有效地发挥国家赔偿法的作用，保障公民、法人和其他组织的合法权益。

我们支持这种主张，即考虑到我国是发展中国家，应当确立以补偿性赔偿原则为主的国家赔偿标准，并且对于国家法律严令禁止的职权行为造成的损害，可以考虑适当增加一些惩罚性赔偿，即逐步建立以"补偿性赔偿为主，惩罚性赔偿为辅"的多元赔偿体系。

对于构建多元赔偿标准具体做法，学者们一致认为对于财产损害，惩罚性标准、补偿性标准和慰抚性标准都可以适用。面对我国国家赔偿法改革的呼声和趋势，应当更加重视对财产损害的补偿性赔偿标准和惩罚性赔偿标准，应根据国家侵权机关主观过错程度来选择具体的赔偿标准——对于一般过错或无过错的情形，应适用补偿性标准；对于严重违法或过错的情形，应适用惩罚性标准。①

但是，对于非财产损害即精神损害赔偿，应该如何适用慰抚性标准、惩罚性标准和补偿性标准的问题，还存在许多争议。如有学者认为，可以适用慰抚性标准和惩罚性标准，但是不存在适用补偿性标准的可能性。这是因为，非财产损害赔偿本身不具有填补损害的功能。具体而言，财产损害赔偿中的填补作用，着眼点在于直接或间接恢复原状，例如，对墙壁之漏洞，或直接予以填补，或给付金钱间接由受害人雇人填补。而在非财产遭受损害时，给受害人造成的生理上或心理上的痛苦没有外在的依附客体，也没有衡量尺寸，因此无法通过直接或间接的方法来填补损害。对精神损害的金钱赔偿的本质是借助于金钱的一般等价物性质，"在无法填补损害消除痛苦的情况下，以金钱给付之方法另行创造舒适、方便或乐趣等享受，使被害人因存在条件之调整而掩盖损害事故所引起的痛苦"，② 而非填补损害。

还有学者认为，精神损害赔偿可以适用惩罚性赔偿标准。精神损害不具有直接的财产内容，无法以金钱方式"完全赔偿"，但是精神损害赔偿不同于财产损失赔偿，其目的不是为了填补受害人的财产损失，而是为了补偿、抚慰受害人受到的心灵伤害，同时在一定程度上对加害人予以惩戒，③ 所以一般认为精神损害赔偿兼具补偿性、抚慰性和惩罚性。对精神损害的补偿，是以支付金钱的方式对受害人的精神痛苦予以抚慰。因此，精神损害赔偿金并非罚金，原则上不以惩罚为目的。精神损害赔偿客观上起到了对行为人的惩罚作用和对其他人的警戒作用，其基本功能仍是抚慰、补偿功能，而惩罚功能只是其填补损害功能附带的、兼具

---

① 马怀德主编：《国家赔偿问题研究》，法律出版社2006年版，第277页。
② 郭卫华等著：《中国精神损害赔偿制度研究》，武汉大学出版社2003年版，第148页。转引自马怀德主编《国家赔偿问题研究》，法律出版社2006年版，第277页。
③ 张新宝、李倩：《惩罚性赔偿的立法选择》，载《清华法学》2009年第4期。

的一种功能。所以，惩罚性赔偿制度与精神损害赔偿制度二者在功能上互有交叉，具有一定程度的相互替代性，但侧重点并不相同。

上述不同意见的焦点在于精神损害赔偿的性质及其与惩罚性赔偿的关系问题。对这一问题，各国法学界包括民法学界都存在很大争议，值得进一步研究。

4. 国家赔偿的法定标准过于严苛。

国家赔偿法定原则，意味着必须严格依据法律规定对侵犯公民、法人和其他组织权利的赔偿标准和范围进行界定，只有在法律规定的范围内，国家才承担赔偿责任，法律没有规定或有排除条款的，即使公民受到违法侵害，也不能适用《国家赔偿法》予以赔偿。国家赔偿标准的法定性，是国家赔偿法定原则的应有之义。

我国《宪法》、《民法通则》以及《国家赔偿法》都对国家赔偿责任进行了规定，其中《宪法》第41条规定："由于国家机关和国家工作人员侵犯公民权利而受到损失的人，有依照法律规定取得赔偿的权利。"对这一条文进行文意解释，其中"依照法律规定"取得赔偿的权利，可以解释为不仅是赔偿范围上依照法律规定，还包括赔偿标准或赔偿程序上依照法律规定。对这一条文进行系统解释，其中"依照法律规定"中的"法律"，可以是各方面的法律，比如《民法通则》和《国家赔偿法》。也就是说，依据《宪法》中的这一条文，受害人可以选择依据民法中国家赔偿的标准请求赔偿。但是，《国家赔偿法》只规定了受害人有依照"本法"取得赔偿的权利，即受害人在主张国家赔偿时只能依据"本法"所确定的范围和标准，国家赔偿法的规定是唯一的"法定标准"。这就决定了国家赔偿标准所选择的法定赔偿，完全不同于民事赔偿标准的完全赔偿。[1] 因而，在《国家赔偿法》修订前，民事赔偿标准更高，国家赔偿标准更低。这一状况产生的根源，在于我国为保护国家利益，对国家赔偿采标准极低的抚慰性原则，而非法定赔偿原则。

---

[1] 参见杨小君《国家赔偿法律问题研究》，北京大学出版社2005年版，第132-135页。

采用法定原则确定国家赔偿的范围，是世界上大多数国家的做法，是各国从本国实际出发的法律政策选择。即使在被誉为国家赔偿制度楷模的法国，也采纳了国家赔偿标准法定原则。这是因为，损害的形态是多样的，损害所造成影响的广泛性或深远性也各不相同。首先，不同的损害有量的差别，有轻如鸿毛的损害，也有涉及身家性命的损害；其次，不同的损害可能有质的分野，如精神的和物质的；再次，任何损害都有不同程度的延续性，如鸡生蛋、蛋生鸡。如果不通过法律或判例将可以赔偿的损失限定在一定的范围内，任何一个赔偿都将是一个无底深渊。因此，没有无限制赔偿，而无限制赔偿则意味着无限的不赔偿。[①] 国家赔偿在标准的确定上采取法定原则，其实质就在于对可赔偿损害范围的限定。

但是，对国家赔偿标准法定原则的肯定，并不等于对《国家赔偿法》所确立的标准的肯定。《国家赔偿法》颁行十几年的司法实践证明，该法的法定标准存在较大问题，如对竞合行为产生的受损费用，包括赔偿请求人在诉讼、申诉上访过程中形成的律师代理费、车马费、诉讼及申诉上访材料打印复印费、鉴定费等，一般不予赔偿。[②] 我们认为，对国家赔偿法的赔偿范围、赔偿标准、赔偿项目不宜作原则性规定，以采用列举的方式为宜，即国家赔偿法对赔偿范围、赔偿标准、赔偿项目的规定，应当采取法定原则。而在精神损害赔偿领域，可以适当赋予法官一定的自由裁量权。对于较为严重的冤狱案件，可以精神损害抚慰金的方式解决赔偿额较低的问题，对国家赔偿标准法定予以缓和。此外，在列举赔偿项目时，应增加诉讼、申诉费用的补偿金。并且，随着市场经济的发展，像计划经济时代那样安排冤狱当事人工作的可行性渐减，应增加冤狱再就业培训补偿金。总之，应采取在坚持法定赔偿标准的前提下，不

---

① 参见江必新《国家赔偿法原理》，中国人民公安大学出版社 1994 年版，第 198 页。
② 最高人民检察院刑事赔偿工作办公室就周福林申请国家赔偿一案于 2000 年 1 月 18 日作出的《关于律师诉讼费、交通费、住宿费不属于直接损失的答复》，就李跃利申请国家赔偿一案于 2000 年 12 月 15 日作出的《关于司法鉴定费应否赔偿问题的答复》，就郭新虎申请国家赔偿一案于 2001 年 6 月 5 日作出的《关于精神损失、上访费用等应否赔偿问题的答复》。详见江必新主编、最高人民法院赔偿委员会办公室编：《国家赔偿司法手册》，中国法制出版社 2010 年版，第 485–486 页。

断完善法定标准的做法。

5. 惩罚性赔偿问题。

多数学者认为，正是由于惩罚性赔偿的缺失，才导致出现我国国家赔偿数额偏低的状况，国家赔偿法有必要设立惩罚性赔偿内容，以弥补现行国家赔偿制度的不足和缺陷。①

惩罚性赔偿最初由英国侵权法创设，称为示范性赔偿（exemplary damages），除了包含对加害人进行制裁之意，更多的是强调这种赔偿的社会示范作用，即赔偿的威慑性。与英国法不同，美国法称其为惩罚性赔偿（punitive damages），强调惩罚性，通过给侵权行为人强加更重的经济负担，使其承担超过实际损失以外的赔偿，以制裁不法行为，从而达到维护公共秩序的目的。

在英美法系，英国的惩罚性赔偿，最初起源于1763年Lord Camden法官在Huckle v. Money一案中的判决。②英国早期的惩罚性赔偿适用范围非常狭窄，如Devlin法官认为，在英国惩罚性赔偿仅适用于三类案件，第一类是涉及法定的授权机关；第二类涉及政府机关实施"压制的、专横的和违宪的行为"之情形；第三类涉及被告在实施加害行为之前就计算过利润将会超过其所要支出的补充性赔偿之情形。可见，英国的惩罚性赔偿自建立以来就主要限于政府及法定授权机关滥用权力的行为，也即国家侵权行为。美国是当今世界惩罚性赔偿制度最为完善、影响最为深远的国家。美国的惩罚性赔偿在1784年的Genay v. Norris一案中被最早确认。进入20世纪，惩罚性赔偿制度在美国广泛应用于侵权法、合同

---

① 参见李杏果《从赔偿标准看我国〈国家赔偿法〉的完善》，载《福州党校学报》2004年第1期。

② 在该案中，当时的乔治政府要封闭《北布瑞顿报》报社，为了可以随时逮捕搜查，签发了不记名的逮捕证，并依此逮捕了原告（该报社的一名印刷工人）。虽然在被非法拘禁6个小时里，被告对原告并无虐待，但是陪审团仍然认为应该适用惩罚性赔偿金，判决被告向原告赔偿300英镑。被告上诉辩称原告的工资很少，而且只关押了6个小时，即使赔偿也不过几十英镑。法院认为，原告所受身体伤害虽小，也许不足20英镑，但是执行逮捕的执行官行为是非常粗暴、直接的，是在人民头上滥用权力，侵害人民的人身自由，破坏英王国的自由神圣理念，是无法饶恕的行为，因此驳回上诉。

法、财产法、劳工法以及家庭法等多个领域，同时赔偿金的数额也直线上升。虽然美国对惩罚性赔偿的合宪性以及过高的赔偿数额一直都存在激烈争议，但是惩罚性赔偿在美国法上的地位并未动摇，只不过各州对惩罚性赔偿的性质、范围、金额、条件等的规范有不同程度的差别。《惩罚性赔偿示范法（草案）》以成文法的形式明确了惩罚性赔偿的目标以及赔偿金额。美国对惩罚性赔偿采取了最高额限制。

以德国为代表的大陆法系国家，虽然对惩罚性赔偿一般不予支持，但是德国法院在例外的情况下也会将惩罚性因素加入损害赔偿中，主要体现在：精神损害赔偿、有关知识产权的赔偿、有关雇佣关系中的性别歧视等。在日本，惩罚性赔偿在现行法上并没有得到承认，但在学说上，肯定惩罚性损害赔偿的见解正在增多。作为立法论，被认为在局部领域有导入惩罚性损害赔偿的必要。并且，学者多提倡在非财产损害的赔偿领域引入惩罚性赔偿，加入制裁性功能，以有效地抑制灾害再发生。我国台湾地区关于惩罚性赔偿的规定，主要集中于交易法上的规定，其适用范围扩张至侵害财产权，不限于传统侵害人身权领域。在确定赔偿额时，主要考虑侵权人获利情况，并规定了最高赔偿倍数的限制。并且，主要适用于故意侵权场合。[①]

我国古代侵权行为法采补偿性赔偿的立场，不主张惩罚性赔偿金，这与欧洲侵权行为法的传统一致，而与英美侵权行为法相异。如唐律曾经规定了惩罚性赔偿金，即"盗者倍备（赔）"。《宋刑统》最初继承了唐律这一规定，但是不久就改变了这种做法，不再实行惩罚性的赔偿。[②] 当今惩罚性赔偿的适用范围也非常狭窄，主要规定于消费者保护领域。[③] 2003年3月最高人民法院《关于审理商品房买卖合同纠纷案件适用法律

[①] 对各国惩罚性赔偿的介绍主要参见张新宝、李倩《惩罚性赔偿的立法选择》，载《清华法学》2009年第4期。

[②] 参见杨立新《民法讲义（陆）：侵权法总则》，人民法院出版社2009年版，第35-44页。

[③] 如《消费者权益保护法》第49条规定："经营者提供商品或者服务有欺诈行为的，应当按照消费者的要求增加赔偿其受到的损失，增加赔偿的金额为消费者购买商品的价款或接受服务的费用的一倍。"《合同法》第113条第2款也规定："经营者对消费者提供商品或者服务有欺诈行为的，依照《中华人民共和国消费者权益保护法》的规定承担损害赔偿责任。"

若干问题的解释》出台，确定了在商品房买卖中五种情形下惩罚性赔偿的适用，[①] 推进了惩罚性赔偿的适用。2009年12月通过的《侵权责任法》在第五章产品责任第47条中规定："明知产品存在缺陷仍然生产、销售，造成他人死亡或者健康严重损害的，被侵权人有权请求惩罚性赔偿。"表明我国遵循不主张惩罚性赔偿的历史传统，对其适用范围严格限制，只在个别领域予以慎重适用。

反对在国家赔偿领域适用惩罚性赔偿的理由主要在于：

第一，采用惩罚性赔偿标准，将加重国家财政以及各级政府财政的负担，削弱政府对发展经济和社会事业的财力支持，并且过高的惩罚性赔偿阻碍行政、执法水平的提高。

第二，被侵权人取得巨额赔偿金不具合理性。补偿性赔偿对受害人损失的弥补，是基于这部分利益本来就属于受害人所有，不因侵权行为而发生分离。但在惩罚性赔偿中，受害人将在获得弥补其实际损失的金额之外，得到惩罚性的赔偿金，即获得一部分超出其损害的利益。这部分利益并非因自己的劳动或者交易所取得，不属于受害人所有，可能构成没有伦理基础的不当得利。[②]

第三，惩罚性赔偿的金额难以确定，容易导致该制度被滥用。由于惩罚性赔偿的金额等于损失额加上惩罚金，损失额中关于精神损害部分本就难以确定，而惩罚金因与实际损失没有必然的数额上的联系，导致惩罚性赔偿在适用中难以找到明确的标准，赋予了法官过大的自由裁量权。

---

① 第8条规定："具有下列情形之一，导致商品房买卖合同目的不能实现的，无法取得房屋的买受人可以请求解除合同、返还已付购房款及利息、赔偿损失，并可以请求出卖人承担不超过已付购房款一倍的赔偿责任：（1）商品房买卖合同订立后，出卖人未告知买受人又将该房屋抵押给第三人；（2）商品房买卖合同订立后，出卖人又将该房屋出卖给第三人。"第9条规定："出卖人订立商品房买卖合同时，具有下列情形之一，导致合同无效或者被撤销、解除的，买受人可以请求返还已付购房款及利息、赔偿损失，并可以请求出卖人承担不超过已付购房款一倍的赔偿责任：（1）故意隐瞒没有取得商品房预售许可证明的事实或者提供虚假商品房预售许可证明；（2）故意隐瞒所售房屋已经抵押的事实；（3）故意隐瞒所售房屋已经出卖给第三人或者为拆迁补偿安置房屋的事实。"

② 参见张新宝、李倩《惩罚性赔偿的立法选择》，载《清华法学》2009年第4期。

第四，惩罚性赔偿金的最终承担者是全体公民。在产品侵权领域惩罚性赔偿数额过高，企业会通过提高成本等方式将惩罚转嫁给消费者。同样，在国家赔偿领域，惩罚性赔偿金额过高会加重国家以及地方的财政负担，可能导致全体公民、法人以及其他组织纳税额度的总体增加。这意味着惩罚性赔偿金的成本最终是由社会全体承担。

支持在国家赔偿领域引入惩罚性赔偿的理由主要在于：

第一，表明法律对于严重职务违法行为的否定态度。在国家机关工作人员的职务行为中，有些违法行为所造成的后果非常严重，有些违法行为完全是因为贪赃枉法、营私舞弊或恶意执法所致。对于这些不能容忍的违法或过错行为，不能满足于一般的弥补性赔偿，而应当规定必要的惩罚性赔偿内容，设定惩罚性赔偿的标准，表明法律的态度和使违法者负担更重的赔偿责任。[1]

第二，对加害行为的惩罚与遏制。惩罚性赔偿的目的就在于惩罚和威慑。高额的赔偿数额，一方面能够对加害人予以惩罚，防止该特定被告继续或者重复相同的不当行为；另一方面也是对潜在的其他人予以威吓，以预防此类相同或类似的不法行为再度发生。因此，惩罚性赔偿是能够最有效遏制加害行为的赔偿标准。[2]

第三，从法律的经济分析角度，国家赔偿适用惩罚性标准更有利于国家赔偿制度目标的实现。法律的经济分析，为人们研究一项法律制度存在的必要性和可能性以及具体设计某种法律制度提供了新的论证方法和视角。经济学的基本假设即人都是理性和追求利益最大化的，当决策者可期待利益大于实施该行为的预算成本时，行为者才会采取这一特定行动。经济学的数理分析可以证明国家赔偿制度采用惩罚性标准，更有利于国家赔偿制度目标的实现，表明国家赔偿制度中引入惩罚性赔偿标

---

[1] 参见台运启、杨小君《关于国家赔偿标准的问题与建议》，载《中国人民公安大学学报》2003年第5期。

[2] 参见张新宝、李倩《惩罚性赔偿的立法选择》，载《清华法学》2009年第4期。

准具有必要性。

第四，对我国具有积极的现实意义。提高国家赔偿标准，能够充分保护公民基本权利；高额的赔偿可以减少违法行为的发生，促进公务行为的合法化；采用惩罚性赔偿标准能加强对国家机关的监督，促进我国的法治进程；有利于节约司法资源，维护法律的统一，并最终利于稳定社会，创造良好的社会秩序。[①]

我们认为，对于国家法律严令禁止的职权行为造成的损害，可以考虑适当增加一些惩罚性赔偿，即当国家侵权行为人的主观过错较为严重，尤其是动机恶劣、具有反社会性和道德上的可归责性时，可以适用惩罚性赔偿标准。诚如学者所言，与《消费者权益保护法》和最高人民法院《关于审理商品房买卖合同纠纷案件适用法律若干问题的解释》中双倍赔付的规定相比较而言，国家机关及其工作人员的恶意侵权行为的性质较制假、售假更为恶劣，更应该受到惩罚性赔偿的制裁。[②] 国家法律"严令禁止"的职权行为造成的损害，意味着实施造成损害的国家机关及其工作人员对其注意义务的违反，并证明其主观上的恶性。对此科以惩罚性赔偿，才足以惩戒当事人，并能够威慑其他相关国家机关及其工作人员，使其注意自己的行为，严格依法办事。与此同时，考虑到我国是发展中国家，不宜全面采纳惩罚性赔偿标准，应当确立以补偿性赔偿原则为主的国家赔偿标准，只有国家法律严令禁止的职权行为造成的损害，才可以考虑适当增加一些惩罚性赔偿，即逐步建立以"补偿性赔偿为主，惩罚性赔偿为辅"的多元赔偿体系。

（三）对修订后《国家赔偿法》确立的国家赔偿标准的评析

随着我国民主政治的发展与深化，公民权利意识逐渐增强，公共负

[①] 参见黎锦《国家赔偿惩罚性标准的适用》，中国政法大学 2007 年硕士学位论文，第 16－19 页。

[②] 参见詹涛《论我国国家赔偿标准的提高》，载《河海大学学报》（哲学社会科学版）2006 年第 3 期。

担平等理念渐入人心,①《国家赔偿法》立法的价值取向由倾向于对国家利益的保护转向对公民、法人及其他组织合法权利的保护,其主要目的由通过赔偿的方式引导、规范国家机关及其工作人员的行为转变为关注、保障受害人的合法权益,对受害人遭受的损失予以全面充分赔偿。

1. 修订后的《国家赔偿法》采纳了补偿性赔偿标准,具体表现在以下几方面:

第一,在人身损害赔偿领域,最重大的突破就是将精神损害纳入可赔偿损害范围。在国家侵权行为损害民事主体的人身自由权、生命权、健康权等物质性人格权和精神性人格权时,往往伴随产生愤怒、绝望、屈辱、恐惧等情绪或生理上、心理上的痛苦,即精神损害。可见,精神损害是民事主体在遭受国家侵权时产生的实际损失之一。修订后的《国家赔偿法》认可了精神损害属于受害人的实际损失,应当予以赔偿,但对精神损害的赔偿只作了原则性规定。对此,《全国人民代表大会常务委员会关于修订〈中华人民共和国国家赔偿法〉的决定(草案)》称:"有些常委委员、部门和地方提出,草案明确了有关精神损害赔偿的规定,是对国家赔偿制度的进一步完善,但这一规定还不够具体,有的建议区别不同情况规定具体标准,有的建议规定最高赔偿限额,有的提出应与现行国家赔偿法规定的残疾赔偿金或者死亡赔偿金统筹考虑、合并计算……考虑到国家赔偿案件涉及公民人身自由、生命健康以及财产等权利,案件情况千差万别,非常复杂,对精神损害赔偿的标准,在实践经验不足的情况下,不宜在法律中作出具体规定,可在司法实践中根据案件的具体情况由司法解释予以明确。"

第二,在公民生命健康权的赔偿标准中增加了护理费、残疾生活辅

---

① 最高人民法院副院长江必新 2010 年 2 月 25 日在部分高级法院国家赔偿审判工作座谈会上作了《围绕三项重点工作,实现七个转变,推动国家赔偿审判工作实现新发展》的讲话,指出:"国家赔偿也是实现公共负担平等的平衡机制。国家机关在进行社会管理过程中,给一些民众造成损害的风险是不可避免的。任何一个国家、任何一个执政党都要面临这种风险,这种风险应该由谁埋单?如果让受害人自己埋单,就是让受损害的一个人或者几个人承担本应由所有纳税人共同承担的风险,这是不公平的。要实现公共负担的公平就必须建立一种制度,即国家赔偿制度。国家赔偿就是由社会成员公平负担社会管理的风险,应该从这个理念来认识国家赔偿制度。"

助具费、康复费等因残疾而增加的必要支出和继续治疗所必须的费用的赔偿。一方面，直接增加了人身损害国家赔偿的项目，拓宽了可赔偿损害的范围；另一方面，更为重要的是在这一条文表述中使用了"等"字，采取了一种开放式的立法模式，使公民因国家侵权行为遭受的生命健康权损害得到全面赔偿成为可能。

第三，在财产损害赔偿领域，扩大了赔偿的范围。对于已经拍卖或者变卖的财产，完善了之前一律按照拍卖或者变卖实际金额赔偿的标准，在变卖所得的价款明显低于财产价值时，予以支付相应的赔偿金，以实现对受害人实际财产损害的补偿。① 修订后的《国家赔偿法》规定返还执行的罚款或者罚金、追缴或者没收的金钱，解除冻结的存款或者汇款的，应当支付银行同期利息，② 在利息的赔偿方面接近于民事赔偿的规定。

2. 修订后的《国家赔偿法》未相应提高国家赔偿具体计算标准。

在修法过程中，社会各界普遍呼吁提高国家赔偿计算标准，但受种种因素限制，修正案没有将国家赔偿标准回归到民事赔偿标准上来，没有采纳对于权利受到侵害的公民按其收入的两倍或者数倍赔偿的标准，也没有将地区、职业等差异、限制人身自由的时间、受害人本人的利益受损状况、社会地位等诸多因素纳入确定赔偿数额时的参考因素。修订后的《国家赔偿法》仍然坚持了原有的赔偿标准，即在人身自由赔偿中，按照"国家上年度职工日平均工资计算"；对误工费，按照"国家上年度职工日平均工资计算"，且最高额不超过国家上年度职工日平均工资的五倍；丧葬费和死亡赔偿金依旧是"国家上年度职工年平均工资的二十倍"等。

---

① 修改前的《国家赔偿法》第28条第5项规定："财产已经拍卖的，给付拍卖所得的价款。"
② 修改前的《国家赔偿法》未将利息纳入国家赔偿范围。司法实务中对利息一般不予赔偿，仅对贷款在借贷状态下的贷款利息予以赔偿（参见最高人民法院《关于民事、行政诉讼中司法赔偿若干问题的解释》第12条第3项规定）。在比较法上，对于返还金钱是否应当返还利息的问题，各个国家和地区规定不一。既有规定赔付利息的，如我国台湾地区"冤狱赔偿法"第33条规定："罚金执行的赔偿，应以交罚金相等金额附加利息返还之。"也有规定不赔付利息的，如美国和德国只支付本金，不支付利息。

3. 修订后的《国家赔偿法》没有引入惩罚性赔偿标准，亦未建立多元的赔偿标准体系。

惩罚性赔偿的引入与多元赔偿标准体系的建立是息息相关的，对惩罚性赔偿标准的不予采纳，使得我国依旧适用单一的赔偿标准体系。不过，相对进步的是，《国家赔偿法》单一的赔偿体系由适用抚慰性赔偿原则转变为适用补偿性赔偿原则，这对于更好地保障公民、法人和其他组织的合法权益具有积极意义。

第三节 国家赔偿的计算方法概论

对于国家赔偿的计算，通常是以事实问题或数学计算方法来看待，对其法律上的探讨时常被忽略。实际上，国家赔偿的计算方法既具有事实问题的性质，也具有法律问题的性质。计算方法的事实问题性质，是指计算方法要解决的是计算国家侵权行为所造成的损害事实上的多寡，以及国家赔偿金支付的数额；计算方法法律问题的性质，是指在探讨损害事实时，需要借助法律方法。本节将对计算方法的事实性质与法律性质分别进行简要的探讨。

一、国家赔偿的计算方法与国家赔偿标准的关系[①]

国家赔偿计算方法，也称为国家赔偿数额的计算方法，与国家赔偿标准具有密切联系，二者都仅在给付赔偿金的领域才具有适用的空间。国家赔偿计算方法与国家赔偿标准结合，才能得出最后的国家赔偿数额。一般来说，国家赔偿的计算方法旨在确定客观的损害大小；然后，利用国家赔偿标准与损害金额对比，就可以得出国家应予赔偿的金额。

试举一例，对某一财产损害，经计算，造成的损害是 10000 元。此时，如果适用补偿性标准，则赔偿金额为 10000 元；如果适用慰抚性标

---

① 参见马怀德主编《国家赔偿问题研究》，法律出版社 2006 年版，第 280 页。

准，则赔偿金额少于 10000 元；如果适用惩罚性标准，则赔偿金额多于 10000 元。因此，对于财产损害，国家赔偿的计算方法，更多的是损害的计算方法。

对于非财产损害，如侵犯人身自由，因损害本身不能以金钱来衡量，而国家给予金钱赔偿只是替代措施，此时，国家赔偿的计算方法与其说是损害的计算方法，不如说是损害赔偿数额的计算方法。也就是说，通过计算方法所得到的数额，有时与最终的赔偿金额相一致，有时则未必。

此外，在确定最终的损害赔偿数额时，除了受国家赔偿标准的限制以外，还受过失相抵原则和损益相抵原则的限制。在运用过失相抵原则时，最后赔偿金额的计算公式为：赔偿金额＝受害人损害总额×（1－受害人的过失比率）；在运用损益相抵原则时，最后赔偿金额的计算公式为：赔偿金额＝受害人损害总额－其他途径已获得的赔偿额。

二、国家赔偿的计算方法的法律性质[①]

在法律性质层面，损害赔偿的计算方法包含普通因素与特别因素。普通因素，又称客观因素，是指就某特定损害事故而言，其不存在因受害人而异的因素，换言之，就是普通因素与受害人是何人无关；特别因素，又称主观因素，是指就某特定损害事故而言，因受害人的差异而导致损害范围程度不同的因素，具有受害人主观色彩。与此相应，计算方法有客观计算与主观计算之分。客观计算方法，就是仅仅考虑普通因素的计算方法；主观计算方法，就是分别考虑普通因素与特别因素的计算方法。就同一损害事实，不同的计算方法会导致损害大小的差异，进而影响最终的国家赔偿金金额，这也是探讨这两种计算方法的原因。

以人身损害导致劳动能力减损为例进行说明。对因人身损害而导致的劳动能力减损程度，通常由医生鉴定，并且以国家规定的伤残等级为准。这样确定的抽象等级，并不考虑丧失劳动能力人的所从事的职业等

---

① 参见（台）曾世雄著《损害赔偿法原理》，中国政法大学出版社 2001 年版，第 161－179 页。

因素，这样的计算方法，就是所谓客观的计算方法。反之，如果将丧失劳动能力人的所从事的职业等因素纳入考虑范畴，就是主观的计算方法。在这种情况下分别依两种计算方法得出的损害大小差别极大。比如，对一钟表维修工而言，因人身损害而导致截肢，这样的伤害依照国家规定的伤残等级判定是极其严重的，但是对于其受伤害前所从事的职业而言，并不会产生太大的影响。再以手部模特为例，如果因人身损害而导致手背上留有不可恢复的疤痕，这样的伤害依照国家规定的伤残等级判定是极其轻微的，但是对于其受伤害前所从事的职业而言，则会产生极大的影响，其将无法继续从事手部模特的工作。

依据上述理论可以看出，我国采取的是所谓客观计算方法，即不考虑受害人的职业等差、社会地位等因素，依照统一的法定标准进行计算。在实际操作中，对赔偿标准进行"一刀切"的方式处理，例如，在人身自由赔偿中，统一按照"国家上年度职工日平均工资"计算；对误工费，统一按照"国家上年度职工日平均工资"计算。可见，国家赔偿计算方法的法律性质与我国所确立的国家赔偿标准是协调统一的。

三、国家赔偿的计算方法的事实性质[①]

在国家赔偿的计算方法的事实性质层面，考虑的是对损害的事实计算问题。对此，国家侵权行为和损害类型的多样性决定了国家赔偿计算方法的多样性。

（一）造成物的毁损时损害赔偿的计算方法

国家侵权行为导致受害人所拥有或控制的物发生毁损时，国家应赔偿该物因侵权行为所减少的价值。在计算减少的价值时，比较简单的方法是：

减少的价值 = 物的原有价值 - 物的现有价值

在计算原物的价值时，可以按如下公式进行：

[①] 参见马怀德主编《国家赔偿问题研究》，法律出版社2006年版，第280-295页。

物的原有价值＝原物价格－原物价格×已用时间/可用时间

（二）造成人身自由侵害时损害赔偿的计算方法

首先应明确损害赔偿的计算单位，如明确规定每日的赔偿金额，规定每日的赔偿金额的选择范围，规定每年的最高赔偿金额或规定每日的赔偿金额的选择范围，并规定选择时的考虑因素。

然后明确人身自由被侵害持续的时间。需要注意的是，时间在计算时所采取的单位应与损害赔偿的计算单位相协调，如以明确规定的每日的赔偿金额为计算单位，则时间也应以日为单位。

最后将二者相乘，即可得出最终结果。

（三）造成人身伤害时损害赔偿的计算方法

造成人身伤害时的计算极为复杂，抽象而言，第一步，应当根据受侵害权利的性质以及造成的损害后果，依照法律规定确定其分别规定的赔偿项目；第二步，是依据法定的各个赔偿项目的计算标准[1]或计算方法，[2] 逐项予以计算；最后一步，是将上述赔偿项目的计算结果相加，便可得出最终的结果。

（四）造成精神损害时抚慰金的计算方法

对受害人精神损害抚慰金的计算是我国乃至世界各国理论界与实务界共同的难题，对此问题还将在后文详细论述。我国现行《国家赔偿法》并未明确具体规定造成受害人精神损害时精神损害抚慰金的计算方法。

---

[1] 如计算误工费，即按照法定的计算标准"国家上年度职工日平均工资"乘以误工的时间，即可得出相关结果。

[2] 如死亡赔偿金，法律规定为"国家上年度职工年平均工资的二十倍"，那么在确定国家上年度职工年平均工资的数额后乘以二十，即得出具体数额。

第二十三章　国家赔偿方式及其适用

国家赔偿方式，是指国家承担赔偿责任的各种形式。[①] 其所要回答的问题是，国家采取何种方法承担损害赔偿责任的问题。[②] 国家赔偿方式与国家赔偿责任能否最终落到实处，切实保护受害人权利息息相关。国家赔偿的方式主要包括金钱赔偿、恢复原状、返还财产、消除影响、恢复名誉、赔礼道歉，其中金钱赔偿、恢复原状、返还财产为财产性质责任方式；消除影响、恢复名誉、赔礼道歉为非财产性质责任方式，对其正确适用以对其含义的正确理解为前提。国家赔偿方式的适用体系，回答的是各个国家选择何种责任方式以及各种方式间如何协调适用的问题。各国基于本国情况构建了不同国家赔偿方式的适用体系，我国构建了"以金钱赔偿为主，以返还财产和恢复原状为辅"的国家赔偿方式的适用体系。在这样的适用体系下，需明确各种赔偿方式适用条件以及范围。

第一节　国家赔偿方式的种类

国家赔偿的方式主要包括金钱赔偿、恢复原状、返还财产、消除影响、赔礼道歉、恢复名誉等。其中，金钱赔偿与恢复原状是世界各国普遍适用的最重要的国家赔偿的责任方式，返还财产也是较广泛的适用方式，金钱赔偿、恢复原状与返还财产三种财产性质责任方式间的协调适

[①] 关于"赔偿方式"与"责任方式"的概念界定问题，前章已详细讨论，此不再赘述。本章仍采"赔偿方式"的用语，旨在与法律统一。

[②] 参见江必新《国家赔偿法原理》，中国人民公安大学出版社1994年版，第188页。

用，与各国对恢复原状的概念界定以及责任方式体系的构建有关，三者的界限并不明晰。消除影响、恢复名誉、赔礼道歉三种方式独具我国特色，其性质、地位以及适用问题，在我国学界一直都存有争议。

一、金钱赔偿

金钱赔偿，即将受损害的人的各项损失计算成金额，以金额折抵受损害人的各项损失，通常以本国货币支付。① 金钱，即货币，是物质利益的表现形式，是当今世界适用最广泛的支付方式。金钱赔偿具有赔偿范围广，支付灵活便捷，迅速补偿受害人，及时定纷止争，赔偿义务机关节约成本，不易产生后续纠纷的优点，因而被各国普遍接受，成为世界范围内适用最为广泛的赔偿方式。对于财产损害、人身损害、精神损害，金钱赔偿方式均可适用。

（一）财产损害的金钱赔偿

对于财产损害，首先要将损害折算为金额，然后给予相应的金额赔偿，赔偿金能够直接对损失的财产进行弥补。② 以金钱弥补财产的损害，是以一般等价物的物质表现形式对另一种具体的物质表现形式的弥补，属于同质性的损害赔偿，是不同物质表现形式之间的互相替换。因此，对财产损害通过金钱赔偿的方式予以损害赔偿是理所当然的。各种形式的财产损害都可以用金钱来赔偿。

在对财产损害的金钱赔偿中，有一种情况极具理论讨论价值，即该财产损害就是金钱上的损害时，以金钱赔偿的方式予以损害赔偿，究竟是适用了金钱赔偿的方式，还是适用了恢复原状的责任方式？这一问题的解答是与各国对恢复原状概念的界定以及自身所选择的赔偿方式的适用体系密切相关的。以我国台湾地区为例，其"民法"第 213 条第 2 项规定："因恢复原状而应给付金钱者……"等语观之，则其应解释为回复

---

① 参见江必新《国家赔偿法原理》，中国人民公安大学出版社 1994 年版，第 189 页。
② 同上。

原状者殆无可疑。① 而在我国,《国家赔偿法》第 36 条规定了对财产损害的赔偿方式。其中,财产损害就是金钱上损害的包括:罚款、罚金、追缴的赃款、没收的金钱、冻结的财产。依据该条第 1 项、第 2 项及第 7 项,这种特殊情形在《国家赔偿法》中被规定为一种独立于恢复原状的特殊责任方式,即返还财产。

(二) 人身损害的金钱赔偿

人身是无价的,人身损害亦无法用金钱计算其价值,既不能用金钱计算出受害人受到损害的器官的价格,也无法直接以金钱直接补偿人身损害本身。但是,除了对继续损害的情况停止侵害外,对于人身损害,也只能以财产的方式给予赔偿。这是因为,一方面,以同态复仇的方式补偿人身损害已成为历史,这种野蛮的方式为人类现代文明社会所不容。对于人身损害赔偿的重心转到了金钱赔偿上。另一方面,在人身不受损害的正常情况下,人可以获得一定的财产,履行法定的扶养义务。而一旦发生人身损害,尤其是劳动能力部分或全部丧失时,原本可以得到的收入可能减少或丧失,法定扶养义务无法履行,权利人的权利受到影响,同时,还要为消除病痛、恢复健康或安葬死者支付一定费用。② 这些因人身损害而导致的财产上的损失,应当以金钱赔偿的方式予以补偿,损失多少就应当赔偿多少。此外,人身损害还会使受害人(有时还包括其近亲属)感情因素和精神状态受到影响,对因人身损害引起的精神上的痛苦或者精神利益的减损,也应当予以金钱赔偿,以示慰藉。至此,只起间接作用的金钱赔偿成为对人身损害的主要赔偿方式。因此,金钱赔偿的一部分是由于受害人人身损害而导致的相关财产利益的损失,另一部分是受害人因人身损害而遭受的精神痛苦或精神利益的减损、丧失。

(三) 精神损害的金钱赔偿

与人身损害一样,精神损害也是无法以金钱直接衡量的,对精神损害承担财产责任的实质,是借物质手段达到精神抚慰的目的,就像以物

---

① (台)曾世雄:《损害赔偿法原理》,中国政法大学出版社 2001 年版,第 153 页。
② 参见江必新《国家赔偿法原理》,中国人民公安大学出版社 1994 年版,第 189 页。

质奖励的方式达到精神鼓励和社会表彰的目的一样。① 因此，对精神损害给予金钱赔偿并不是将精神损害计算为金额，而是借助金钱赔偿的方式给予间接的补救。

值得注意的是，并不是所有的精神损害都给予金钱赔偿，只有在以其他方式赔偿后仍有失公平的情况下，才给予金钱赔偿。如在我国，精神损害的救济方式除金钱赔偿外，还包括消除影响、恢复名誉、赔礼道歉，只有在精神损害达到"造成严重后果"时，才给予金钱赔偿。因精神损害而造成财产损失的，应按损失给予金钱赔偿。

金钱赔偿以其实用性和适应性，被各国立法接受，成为世界通行的主要赔偿方式。但是，金钱赔偿也存在一定弊端。一是金钱赔偿只是替代方式，始终不能使受害人的权利状态完全恢复到受损害以前。例如，因错误判决而蒙受牢狱之灾，即使能够获得相当的金钱赔偿，但也无法使受害人处于"损害事故确未曾发生之状态中"。二是金钱赔偿作为最主要的赔偿方式，在一定程度上会贬损正义之形象。正义是一个绝对的价值，"乃有关是与非之事理事项"，是法源之一，更是法的追求与归宿；而金钱代表财富，只是一种事实状态，与"是与非"无关。以金钱来赔偿行为造成的损害，隐含着金钱可以匡复正义，以金钱来解决关乎是非的事项，岂非贬损正义之形象？② 因此，我们认为，金钱赔偿具有不可替代的优势，是国家赔偿的主要方式，但应当重视其他赔偿方式的运用，并且在金钱赔偿中应注意赔偿金额与损害的相当性以及对精神损害赔偿的限制。

二、恢复原状

(一) 恢复原状的各种界定

恢复原状是一个不确定的法律概念。存在最狭义说、狭义说、中义说、广义说、次广义说与最广义说。

---

① 参见江必新《国家赔偿法原理》，中国人民公安大学出版社1994年版，第209页。
② 参见（台）曾世雄《损害赔偿法原理》，中国政法大学出版社2001年版，第151页。

最狭义说，又称为"修复说"，认为恢复原状限于将遭受损害的财产修复到侵害发生前的性能、形状或者状态的方式。这种界定是恢复原状的最初的和最基本的含义，强调恢复原状就是对损坏物的技术性修复，使物的表征恢复到损害发生之前的状态，或通过加害人（或受托修复人）的修复行为，或通过实物赔偿，皆无限制。① 最狭义说是我国民事责任方式中的恢复原状的通说。②

狭义说，又称为"财产恢复说"，认为恢复原状的客体应限于替补同种类、品质、数量的替代物，或者修复受损之特定物，但不包括无效确认、违法撤销、责令履行法定职责和其他行使公权力的行为。③

中义说，又称为"财产性权益恢复说"，认为限于将遭受侵害的财产（特定物和种类物）和财产性权利（如特许和其他具有财产价值的法律地位）恢复到遭受侵害之前的状态。④

广义说，又称为"应有财产权益恢复说"，认为恢复原状的要旨是以积极给付的方式，将财产性权益恢复到法律上的应有状态，即侵害行为如果不发生时财产权益的法律状态，但返还财产、无效确认、违法撤销、责令履行法定职责等积极给付方式以及停止侵害等消极给付方式除外。⑤

次广义说，又称为"其他赔偿方式排除说"，即凡是《国家赔偿法》规定返还财产之外的其他恢复以前权益状态的方式，都属于恢复原状，包括恢复自由等。

最广义说，认为返还原物、恢复名誉、消除影响、恢复权利状态等都是恢复原状的内涵。⑥

---

① 参见杨彪《论恢复原状独立性之否定——兼及我国民事责任体系之重构》，载《法学论坛》2009年第5期。
② 参见王利明《民法总则研究》，中国人民大学出版社2003年版，第298页；王利明、杨立新编著《侵权行为法》，法律出版社1996年版，第104页；梁慧星主编《中国民法典草案建议稿附理由（侵权行为编·继承编）》，法律出版社2004年版，第131页。
③ （台）陈敏：《行政法总论》，新学林出版股份有限公司2003年版，第1114页。
④ 参见马怀德主编《国家赔偿法学》，中国政法大学出版社2001年版，第151页。
⑤ 参见高家伟《国家赔偿法》，商务印书馆2004年版，第251-252页。
⑥ 参见皮纯协、何寿生编著《比较国家赔偿法》，中国法制出版社1998年版，第134-135页。

(二)《国家赔偿法》中的恢复原状

我们认为,应结合《国家赔偿法》的规范以及实践的情况对"恢复原状"作出正确理解。我国《国家赔偿法》第32条规定了金钱赔偿、返还财产以及恢复原状三种国家赔偿责任方式,在第35条规定了消除影响、恢复名誉、赔礼道歉以及对精神损害的金钱赔偿等责任方式。

1. 明确列举消除影响、恢复名誉、赔礼道歉责任方式,表明在《国家赔偿法》中,恢复原状不包括消除影响、恢复名誉、赔礼道歉。消除影响、恢复名誉与赔礼道歉是我国法律上规定的只适用于精神损害的非财产性救济方式,与精神损害金钱赔偿配合使用;并且,这三种责任方式一般只适用于弥补精神性人格权如名誉权、荣誉权受到侵害所造成的损害。

2. 在对物质类财产损害的救济方式中,返还财产是独立于恢复原状的独立责任形态。返还财产,是指国家机关及其工作人员在行使职权过程中侵占他人财产,该财产未灭失时,赔偿义务机关将该项财产返还于所有者的一种保护措施。① 因此,国家赔偿法规定国家机关及其工作人员因行使职权侵占权利人的财产时返还原物及其孳息的情形,不属于恢复原状的责任方式。在救济物质类财产损害时,恢复原状是在最基本的含义上使用,是指将遭受损害的财产恢复到侵害发生前的性能、形状或者状态的方式。

3. 国家赔偿中的恢复原状,除恢复受损害财产的性能、形状、状态外,主要适用于恢复其他一些无形的、非财产性的受到侵害的权利,如受害人所享有的年资待遇、户口、公职及职务等。对于这些损害,最适合的赔偿方式就是恢复权利于受损害前的状态。不少国家都以"恢复原状"作为相应的赔偿方式。②

4. 国家赔偿中的恢复原状是恢复原有状况,而非恢复应有状况。原

---

① 参见金俊银《国家赔偿的方式、标准及效力——国家赔偿法简介(五)》,载《人民司法》1994年第1期。

② 江必新:《国家赔偿法原理》,中国人民公安大学出版社1994年版,第190页。

有状况是指损害事故发生时的状况。回复原有状况的结果，损害事故发生后的权益变动情况均不予以考虑，从而就损害事故发生时点言，虽如有损害事故未曾发生者然，离开该一时点，则仍有损害事故已经发生的感觉。例如，偷窃100元，一个月后返还100元，为恢复原有状况，1个月期间可能孳生的利息，未加考虑。应有状况是指损害事故终结时的状况。所谓终结时，包括诉讼外实际给付时及诉讼上事实审最后言辞辩论时。回复应有状况的结果，损害事故发生后的权益变动状况一并考虑，从而损害事故终结时，有如损害事故未曾发生者然。在上例中，1个月后，返还100元以及孳生利息，就是回复应有之状况。①

我们认为，我国国家赔偿法中的恢复原状不存在这一问题。首先，从上例可以看出，恢复到原有状态还是应有状态，对财产损害，特别是能够产生孳息的财产的损害而言尤为重要。而在我国法上，如前所述，对财产损害的恢复原状是指将遭受损害的财产修复到侵害发生前的性能、形状或者状态的方式，与我国民法中一样，强调的是对财产的物理性技术性修复，其修复的对象不包括能够产生法定孳息的金钱。而且，对金钱的恢复，在我国系属"返还财产"的责任方式，不属于恢复原状的方式。因而，可以说，在财产损害领域，恢复到原有状态与恢复到应有状态的结果是一致的。

此外，我国的恢复原状主要还适用于对国家机关及其工作人员侵害或剥夺受害人所享有的年资待遇、户口、公职及职务等情形的救济。其中，户口是一种登记和法律上的确认，对其恢复至应有状态与原有状态效果是一样的。而对于年资待遇、公职以及职务，其升迁或变化与公民在工作中的表现与成绩有关，其所谓的"应有状态"只是或然的存在，而不具有确定性，因此，对这几项的恢复原状，也是恢复至原有状态较为妥当。

综上所述，我国国家赔偿法上的"恢复原状"，应是指恢复至原有状

---

① 参见（台）曾世雄《损害赔偿法原理》，中国政法大学出版社2001年版，第148－149页。

态，即将受害人所依法享有的而遭到国家机关及其工作人员侵害的财产和权利恢复到未受侵害之前的状态。可见，这与民法中的恢复原状不甚相同，国家赔偿法中的"恢复原状"的内涵和外延都宽于我国民事法律制度中的恢复原状的内涵和外延。

三、返还财产

返还财产，即受害人所合法持有的财产因侵权人的不法侵害行为而脱离受害人控制，侵权人应该返还该财产。国家机关有时可能采取剥夺被管理者某项物品或者其他财产的措施，例如，罚款，没收财产，没收违法工具或者违禁物品，征收征用，如果出现错误，引起相对人的损失，国家应承担赔偿责任。在这种情况下，承担赔偿责任的方式为返还财产，即将相对人缴纳的罚款，被扣押或没收的财产返还给相对人。[1]

返还财产只能适用于物质类财产损害，尤其适用于物品脱离原所有人控制的情况。返还的财产一般是指原物。当原物是特定物时，应返还该特定物，只有当其已经灭失或不能恢复原状的，才适用金钱赔偿的方式替代；当原物是种类物时，应当返还同种类、品质、数量的替代物。较为特殊的是，当原物是特定化的种类物时，可以以同种类、品质、数量的物品赔偿；受害人不同意的，只能给予金钱赔偿，不再采用返还原物的方式。[2]

四、消除影响、恢复名誉

消除影响，是指国家机关承担的在特定范围内消除因侵犯名誉权所产生的各种不良影响，以恢复受害人名誉的赔偿方式。恢复名誉，是指国家因国家侵权行为而侵害了公民的名誉权，在影响所及的范围内将受害人的名誉恢复至未受侵害状态的责任方式。[3] 消除影响与恢复名誉是不

---

[1] 江必新：《国家赔偿法原理》，中国人民公安大学出版社1994年版，第191页。
[2] 参见马怀德主编《国家赔偿法学》，中国政法大学出版社2001年版，第251页。
[3] 参见刘嗣元、石佑启编著《国家赔偿法要论》，北京大学出版社2005年版，第93页。

可分的，是手段与目的的关系，消除影响是手段，而恢复名誉是目的。消除了影响，也就意味着恢复了名誉，而恢复名誉也只有通过消除影响才能达到。①

消除影响、恢复名誉适用于弥补名誉权、荣誉权受到侵害所造成的损害。名誉权是指公民和法人就其自身属性和价值所获得的社会评价，享有的保有和维护的人格权②。在国家赔偿中，国家机关损害公民名誉权的侵权行为与民事侵权中不同，一般不是因为侮辱、诽谤或非法剥夺而造成侵害，而是因为国家机关非法限制公民的人身自由以及非法造成公民人身损害。③ 在人们心中，国家常常是正义的化身，具有很强的公信力和权威性，国家对受害人人身自由以及生命健康权的处分往往会导致外界对受害人品行的怀疑，从而进一步影响其权利的正常行使。而受害人除了需要承受人身自由权的侵害或生命健康权的损害外，还要承受周围民众异样的眼光和非议，甚至于人格方面的否定性评价。普通民事侵权的范围有限，一般局限于特定当事人之间的特定关系；而国家侵权，其影响总是不仅仅止于人身，对于受害人的名誉都会造成一定的不利影响。④

消除影响、恢复名誉，一般应与侵权行为所及的范围相应，在什么范围内造成了影响，就应当在什么范围内消除影响。消除影响、恢复名誉可以采取口头或者书面的方式。

在制定《国家赔偿法》时，未将消除影响、恢复名誉规定为国家赔偿方式，而是规定于"其他规定"中，不属于国家赔偿法实体规定的内容。一方面是由于对"赔偿方式"的概念含义界定不同，另一方面是考虑到将消除影响、恢复名誉作为赔偿方式，容易使一些机关借此规避法

---

① 参见房绍坤、毕可志编著《国家赔偿法学》，北京大学出版社2004年版，第293页。
② 杨立新：《人身权法论》（第三版），人民法院出版社2006年版，第583页。
③ 参见房绍坤、毕可志编著《国家赔偿法学》，北京大学出版社2004年版，第293页。
④ 参见王晨《国家赔偿领域中赔礼道歉制度的检讨与建构———从国家赔偿法、民法、刑法、国际公法"四法"比较的角度谈起》，载《法学杂志》2009年第5期。

律，使受损害者得不到真正的赔偿。① 然而，在该法实施后，消除影响、恢复名誉的责任方式在司法实践中发挥了很好的效果。法院审判实践中，赔偿请求人要求消除影响、恢复名誉、赔礼道歉的情况较为普遍。有的案件中，赔偿请求人不要求赔偿金，只要求赔偿义务机关消除影响、恢复名誉、赔礼道歉。为适应实践需要，《国家赔偿法》修订后，将消除影响、恢复名誉规定于实体章节中，成为国家赔偿方式。②

作为国家赔偿方式的消除影响、恢复名誉，直接针对的是受到损害的人格权本身，受害人的精神创伤因此得到平复，是对弥补人格权本身损害的反射作用。也就是说，只要受到侵害的人为理性人，就能因其人格权本身恢复如初而消除其心头的不快，从而使其精神创伤得到平复。③所以，消除影响、恢复名誉是使受到损害的人格权恢复到原有的状态的直接手段，与以支付金钱间接抚慰受害人精神创伤的精神损害赔偿制度互相配合，对受害人予以全面救济。

五、赔礼道歉

赔礼道歉，是指国家机关向受害人公开承认错误，表示歉意。赔礼道歉可以由加害人向受害人口头表示歉意，也可以书面方式进行。这种赔礼道歉是国家承担侵权责任的一种方式，与一般意义上的道义上的赔礼道歉不同，它具有一定的强制性，依靠国家强制力保障实施。单纯的

---

① 江必新：《国家赔偿法原理》，中国人民公安大学出版社1994年版，第188页。
② 修订前的《国家赔偿法》在第五章"其他规定"中规定了"赔偿义务机关对依法确认有本法第三条第（一）、（二）项、第十五条第（一）、（二）、（三）项规定的情形之一，并造成受害人名誉权、荣誉权损害的，应当在侵权行为影响的范围内，为受害人消除影响，恢复名誉，赔礼道歉"。这样的规定在实践中存在问题：其一，赔偿义务机关为受害人消除影响，恢复名誉，赔礼道歉，这些形式不是作为赔偿责任存在的，只是作为承担侵权责任的形式，其地位和作用不明确；其二，司法实践中，把这些承担责任的形式是作为判决书或决定书的"本院认为"内容来对待的，不作为在判决或决定项下的内容，无法保障其实现；其三，立法没有明确规定它的实现的具体形式，司法解释也没有相关内容的解释，致使这种侵权责任形式在实践中经常成为一种无法保障实现的"宣言"。应松年、杨小君：《国家赔偿若干理论与实践问题》，载《中国法学》2005年第1期。
③ 参见崔建远《债法总则与中国民法典的制定——兼论赔礼道歉、恢复名誉、消除影响的定位》，载《清华大学学报》（哲学社会科学版）2003年第4期。

赔礼道歉不会对受害人的财产状况产生影响，但反映了国家、社会、法律对该赔偿义务机关不法行为的否定态度和强烈谴责。赔礼道歉是对精神损害用精神补救办法解决的有效方式，并且相对于金钱损害赔偿这种以金钱间接抚慰精神痛苦的方式相比，赔礼道歉是对受害人精神损害的直接弥补，是行之有效的方式。这种责任方式的适用，有助于缓解受害人与赔偿义务机关之间的矛盾，促进双方之间的和谐。[①]

目前，基于与消除影响、恢复名誉一样的实践需求，修订后的《国家赔偿法》将赔礼道歉从第五章"其他规定"调整至第四章"赔偿方式与计算标准"中，对于赔礼道歉的规定成为实体性法律规范，能够为法院判决或决定所援引，并可将赔礼道歉作为判决或决定主文项下的内容。修订后，赔礼道歉的适用范围有所扩大，一方面适用的国家机关侵权行为的类型有所扩大，另一方面权利救济的范围由侵害人身权造成名誉权、荣誉权损害的情形扩大到侵害人身权造成精神损害的情形。但需要注意的是，这种赔偿方式仍不能适用于所有的国家赔偿案件。

在《国家赔偿法》修订过程中，有人建议将赔礼道歉适用于所有的国家赔偿案件。理由是：我国素有礼仪之邦之称，但延续数千年的封建等级观念也根深蒂固。这一方面使得在受到国家机关及其工作人员的侵害时，部分受害人缺乏要求国家机关赔礼道歉的意识，例如，有人在错拘被释放后称"没把我判刑关进监狱就感激不尽了，哪还敢申请赔偿"，更遑论要求赔礼道歉。[②] 而实践中有的赔偿义务机关常常拒绝对赔偿请求人赔礼道歉，法律对此缺乏可操作性的规范，法院也无法强制执行。另一方面，同样是受中国传统文化的影响，我国人民乐于接受赔礼道歉，其作用往往是其他方式无法替代的。[③] 国家机关的赔礼道歉，代表着国家

[①] 参见张步洪《国家赔偿法判解与应用》，中国法制出版社 2000 年版，第 237 页；王利明《民法总则研究》，中国人民大学出版社 2005 年版，第 299–300 页。

[②] 参见郭川阳《论国家赔偿之赔礼道歉》，载法律快车网，http：//www.lawtime.cn/info/sunhai/shpclw/2008110543411_ 2. html。

[③] 同上。

权力放下"高高在上"的身段,摒弃"官本位"思想,是对普通民众合法权益的尊重。因此,赔礼道歉更能够使人们获得精神上的弥补与满足,能够有效缓解受害人与赔偿义务机关之间的紧张关系。①

值得注意的是,虽然消除影响、恢复名誉、赔礼道歉三种方式常一起适用,但其性质与功能不同。如前所述,消除影响、恢复名誉,直接针对的是受到损害的人格权本身,受害人的精神创伤因此得到平复,是对弥补人格权本身损害的反射作用;而赔礼道歉只针对受害人因人身权益受损而产生的精神创伤,类似于精神损害赔偿,并不能直接修补受到侵害的人身权本身,只能使受害人不同程度地平复其精神创伤,并体现出对国家侵权行为的否定性评价。②

第二节 国家赔偿方式的适用体系

国家赔偿方式的适用体系,是指对金钱赔偿、恢复原状、返还财产等国家赔偿方式的选择与适用,以及各种国家赔偿方式之间的关系,其所要回答的是各个国家选择何种赔偿方式以及各种方式间如何协调适用的问题。各国基于本国国情以及政策考量,国家赔偿方式的适用体系的规定并不相同。我国建立的是以金钱赔偿为主,以返还财产和恢复原状

---

① 2002年4月,陈永陶、谢春元夫妇经朋友介绍,与峨眉山市远达房产公司签订购房协议,以每平方米4000元的市场价格,购买了该公司开发的一间门市,面积22.35平方米。由于房屋还在修建中,只交纳了2.235万元定金。经人"举报",谢春元夫妇以涉嫌共同受贿被市检察院立案查处。乐山市检察院未依照法定程序查明犯罪事实,即认定在这起房地产交易中陈永陶、谢春元涉嫌共同受贿,随即对其采取了强制措施。后由于毫无事实依据,受害人陈永陶、谢春元无罪释放。由于受害人陈永陶、谢春元在乐山市具有一定知名度,乐山市检察院错误采取强制措施的行为,导致其二人社会评价大幅降低,严重侵害受害人名誉权。受害人陈永陶递交《国家赔偿申请书》,要求检察院公开赔礼道歉。2005年7月27日上午,乐山市人民检察院申告处副处长商明全当众宣读《刑事赔偿决定书》,并由副检察长尉国胜真诚地向受害人陈永陶赔礼道歉。这一案件,是乐山市人民检察院第一次以赔礼道歉的方式向受害人承担国家赔偿责任。检察院领导公开赔礼道歉的责任承担方式,一方面在侵权行为范围内为受害人陈永陶消除了负面影响,恢复其名誉,另一方面使其精神上的痛苦得到平复。参见梅吉雨《乐山检察院:向含冤者赔礼道歉》,载《时代潮》2005年第17期。

② 参见崔建远《债法总则与中国民法典的制定——兼论赔礼道歉、恢复名誉、消除影响的定位》,载《清华大学学报》(哲学社会科学版)2003年第4期。

为辅的国家赔偿方式的适用体系。

一、国家赔偿方式的选择原则

各国都认为国家赔偿方式与民事侵权赔偿方式有所区别：民事侵权的赔偿方式，有恢复原状与金钱赔偿两种主要方式，并且在大陆法系国家，以恢复原状为原则，以金钱赔偿为例外；而国家赔偿的方式则强调金钱赔偿，有些国家如法国、奥地利，甚至排除了恢复原状的适用。究其原因，各国均考虑了金钱赔偿与恢复原状相比，简便易行，快速定纷止争，节约行政资源，有利于国家赔偿的实现；而更深层次的原因在于，国家赔偿在多数情况下不存在恢复原状的可能性，因为国家行为常具有"不可回复性"。[1]

在这样大体统一的框架下，各国国家赔偿方式的适用体系之所以会呈现不同，主要与下列因素有关：

一是国家本位还是个人本位。这指立法者在选择赔偿方式时的立足点。如果主要考虑国家的便利或国家机关的公务效率，就会倾向于选择金钱赔偿的方式；如果考虑受害人的便利，则会倾向于选择回复原状的方式。

二是国家的权力结构或分权观念。例如，法国的行政法院之所以只能判决行政主体负担金钱赔偿义务，原因就在于行政法院不能命令行政机关为一定行为或不为一定行为，不能判决行政机关采取实际执行行为以恢复物质损害的原状。[2]

三是该国法律制度体系。首先，一国的法律制度体系决定了国家赔偿法与其他法律各自的调整范围，进而影响国家赔偿方式的适用体系。以瑞士为例，其之所以将金钱赔偿作为唯一的赔偿方式，而不将消除影响、返还财产、停止侵害等作为赔偿方式加以规定，原因在于该国规定，排除公务员执行职务时的违法状态或纠正公务员对某一问题处理不当的

---

[1] 参见温世阳《评各国国家赔偿制度》，载《比较法研究》1989年第1辑。
[2] 江必新：《国家赔偿法原理》，中国人民公安大学出版社1994年版，第193－194页。

职务行为，不属于国家赔偿法的调整范围，而属于行政复议法或行政诉讼法的调整范围。其次，国家赔偿方式的适用体系还取决于国家赔偿制度与一般民事赔偿制度的关系。如果一个国家的国家赔偿责任制度尚未从民事赔偿责任制度中独立出来，在处理国家赔偿时，就会援用某些承担一般民事责任的方式如消除影响，恢复名誉等。[1]

四是国家赔偿法中有关赔偿标准和范围的规定。国家赔偿方式与国家赔偿的标准、范围密切相关，互相影响。当赔偿的标准较低和范围偏窄时，受害人自然会更倾向于恢复原状，而不愿意接受金钱赔偿。受害人这种选择趋向不可避免地会影响立法者的选择。[2]

二、比较法上的国家赔偿方式的适用体系

大多数国家和地区的国家赔偿法律制度基本上都采用金钱赔偿、恢复原状等赔偿方式，具体如下：

（一）英国

英国国家赔偿制度的实质是王权责任。王权责任包括但并不限于侵权责任，还包括契约责任、返还责任和补偿责任。综观这四种责任，侵权责任与契约责任主要适用民事法律制度，以金钱赔偿为主；返还责任是王权的另一种财产责任，是指行政机关没有正当理由而受领公民的金钱给付，而必须返还财产权益的责任，[3] 属于返还财产的国家赔偿方式；补偿责任也是一种财产责任，从严格意义上说与侵权责任并列，主要适用于对强制剥夺财产权的补偿、对合法侵害行为的补偿以及对强制卖出的补偿，采金钱赔偿方式。[4]

（二）德国

德国1981年《国家赔偿法》第2条、第3条、第4条以及第7条规

---

[1] 参见江必新《国家赔偿法原理》，中国人民公安大学出版社1994年版，第193－194页。
[2] 同上。
[3] 罗干、宇清、尹继红编著：《国家赔偿法实用全书》，中国商业出版社1995年版，第67页。
[4] 同上书，第68－69页。

定了国家赔偿方式为金钱赔偿，同时规定了消除后果的方式。

1. 恢复原状。

该法第 3 条规定，损害如果是属于某一事实状态发生不利于受害人的变更时，公权力机关应当恢复其原状。如果恢复原状不符合目的要求，则应恢复与其同等价值的状态，以消除其损害结果。如果恢复原状不可能或不允许或不合理时，则可免除之。如果现存状态符合对受害人已不能诉请救济的行政处分或其他裁判的，也不得请求恢复原状。因此，德国国家赔偿方式中的消除后果，实质上是恢复原状，是以后果消除为核心的恢复原状。[1]

在德国公法中的恢复原状与私法中的恢复原状不同，对私法中的恢复原状的范围进行了适当的扩展。国家赔偿法中的恢复原状，是指在实践中经行政法院判决予以撤销的、已执行的违法行政处分，处分相对人有权请求消除该行政处分执行后的结果，以恢复未执行该行政处分前的状态。[2] 其国家赔偿法中的恢复原状请求权的范围既是广泛的，又具有严格的限定条件。

2. 金钱赔偿。

《国家赔偿法》第 2 条规定："公权力机关须以金钱赔偿损害。"因此，金钱赔偿也是德国国家赔偿法规定的赔偿方式。该法第 2 条共分 4 项具体规定了构成金钱赔偿的条件以及可免除金钱赔偿的条件。

结合该法第 1 条的规定，如果已经构成国家赔偿责任时，受害人选择金钱赔偿，或公权力机关未选择恢复原状，或恢复原状也不能弥补该损害时，则应以金钱赔偿。[3] 即德国国家赔偿方式的适用体系如下：（1）恢复原状不足以除去损害的，必须采用金钱赔偿的方式；（2）恢复原状现实上不可能、不合法、不合理的，国家没有恢复的义务；（3）受害人对违法状况的发生有责任的，在其分担相当的恢复原状费用时，才可以

---

[1] 参见高家伟《国家赔偿法》，商务印书馆 2004 年版，第 265 页。
[2] 参见刘兆兴《德国国家赔偿法研究》，载《环球法律评论》1996 年第 3 期。
[3] 同上。

请求恢复原状。

（三）法国

法国的行政赔偿方法限于金钱赔偿。民法上的损害赔偿方法有回复原状和金钱赔偿两种方式。而在行政法上，由于法国的行政法院不能命令行政机关为一定的行为或不为一定的行为，只能判决行政主体负担金钱赔偿义务，不能判决行政主体采取实际执行行为以恢复物质损害的原状。但行政法院可以采取间接方法达到恢复原状目的，例如，在判决行政主体赔偿的同时，可以指出如果行政机关自愿恢复某种状态，可以免缴赔偿金，或判决行政主体每天赔偿金额若干，直到损害停止时为止。[1]对于身体上的损害和在性质上不可恢复原状的损害，只能判决金钱赔偿。此外，需要注意的是，法国刑事赔偿方式除了金钱赔偿外，还辅有消除影响、恢复名誉等方式。[2]

（四）美国

美国《联邦侵权赔偿法》对赔偿的形式如金钱赔偿、恢复原状等，没有明文规定。根据其所规定的根本原则，如联邦行政机关按照与私人相同的方式承担赔偿责任，在情形、形式和范围方面与私人侵权完全相同的国家赔偿的基本精神，国家赔偿的具体形式取决于侵权行为地所在的州的侵权法律的内容。美国国家赔偿方式的适用体系，实质上属于可以任意选择的形式。[3]

（五）瑞士

瑞士《联邦责任法》规定，损害赔偿的方法，以金钱赔偿为限。即受害人的合法权益受到不法侵害后，只能要求赔偿义务机关以金钱赔偿的方式对其损害予以赔偿。在瑞士，如果受害人不主张金钱赔偿，而是要求排除公务员执行职务时的违法状态，或者纠正公务员对某一问题处

---

[1] 参见王名扬《法国的行政赔偿责任》，载《法学杂志》1989年第6期；沈开举、王景花《国家赔偿法比较研究》，载《郑州大学学报》（哲学社会科学版）1995年第4期。
[2] 参见江必新《国家赔偿法原理》，中国人民公安大学出版社1994年版，第193页。
[3] 参见高家伟《国家赔偿法》，商务印书馆2004年版，第264－265页；皮纯协、何寿生编著《比较国家赔偿法》，中国法制出版社1998年版，第131页。

理不当的职务行为,则已经超出国家赔偿法的范围,进入行政法的范畴。[1] 所以,瑞士采纳了只适用金钱赔偿的国家赔偿方式体系。

(六) 奥地利

奥地利 1948 年《国家赔偿法》第 1 条第 1 项规定:"……损害之赔偿仅以金钱方法为之。"1989 年修改的《公职责任法》第 1 条第 1 款规定:"……损害只以金钱赔偿。"1969 年《刑事赔偿法》第 1 条也规定赔偿方式仅以金钱赔偿为限。[2] 可见,奥地利国家赔偿方式仅限于金钱赔偿。

(七) 韩国

韩国以金钱赔偿为主要赔偿方式,以修理(恢复原状)及提供必要治疗为补充赔偿方式。韩国《国家赔偿法》第 3 条详细规定了国家赔偿的标准,其中包含了对韩国国家赔偿方式的规定。根据该法第 3 条的内容,在国家机关及其工作人员侵害相对人生命权时,国家或地方公共团体以给付赔偿金的方式赔偿受害人的继承人遗属赔偿金和殡葬费;在造成相对人人身损害时,施以必要治疗或者赔偿治疗费,并赔偿误工赔偿、残疾赔偿金等;在造成财产损害时,国家或地方公共团体或者按照法定标准将财产损害折算成金额,对受害人予以金钱赔偿;或者实施必要的修理,或者赔偿相当的修理费。[3] 韩国国家赔偿方式的适用体系,以金钱赔偿为主要方式;在可以治疗或修理的情况下,提供必要治疗或者修理,属于可以任意选择的形式。

(八) 我国台湾地区[4]

我国台湾地区"国家赔偿法"第 7 条第 2 款规定:"国家负损害赔偿责任者,应以金钱为之。但以回复原状为适当者,得依请求,回复损害

---

[1] 参见尹伊君《刑事赔偿的理论与实务》,群众出版社 2001 年版,第 279 页。
[2] 参见江必新《国家赔偿法原理》,中国人民公安大学出版社 1994 年版,第 191 页。
[3] 参见吴东镐《中韩国家赔偿制度比较研究——从借鉴的视角》,法律出版社 2008 年版,第 244 页。《韩国赔偿法》第 3 条内容。
[4] 参见章志远《海峡两岸行政赔偿立法之比较》,载《政治与法律》1998 年第 5 期;关保英:《海峡两岸行政赔偿制度比较》,载《山东法学》1995 年第 4 期。

发生前原状。"其国家赔偿方式有两种,即金钱赔偿与回复原状。对于二者的适用关系,其理论界和实务部门通说认为台湾实行的是以金钱赔偿为主,以回复原状为辅的赔偿方式适用体系。此外,考虑到赔偿义务机关的工作效率与成本,学者们普遍主张对回复原状方式给予必要的限制。换言之,即恢复原状以"适当"、"请求"为其适用的法定要件。其中,赔偿请求权人的"请求"为实施恢复原状方式的前提条件,赔偿义务机关一般不主动适用回复原状的赔偿方式;而基于"适当"一词解释上的灵活性,赔偿义务机关可以最终决定是否采取回复原状方式。综上,我国台湾地区施行以金钱赔偿为主,以回复原状为辅的赔偿方式适用体系。

三. 国家赔偿方式的适用体系的类型

归纳起来,各国赔偿方式适用体系主要有以下几类:

(一) 赔偿方式仅限于金钱赔偿

赔偿方式仅限于金钱赔偿,即被害人的合法权益受到不法侵害后,赔偿义务机关只采用给付赔偿金的方式对其损害予以赔偿。采用这种模式的国家有美国、瑞士、奥地利、保加利亚等国。

(二) 以金钱赔偿为主要方式,以恢复原状为辅助方式

这种国家赔偿方式的适用体系,是指在一般情况下采取金钱赔偿的方式,但在一定条件下可以或只能或必须采用恢复原状的方式,大多数国家和地区采用了这种方式。[1] 在这一类适用体系中,包含两种不同类型:

1. 以金钱赔偿为原则,以恢复原状为特殊。即只有在符合"恢复原状"法定适用条件时,才有排除金钱赔偿方式适用的可能,表现出对"恢复原状"方式的限制,立足于对行政效率和成本的考量。属于这一类型的国家和地区的国家赔偿法,一是在法定条件设定上不尽相同,如我国台湾地区"国家赔偿法"第七条第2款规定:"国家负损害赔偿责任,

---

[1] 参见江必新《国家赔偿法原理》,中国人民公安大学出版社1994年版,第191页。

应以金钱为之,但以恢复原状为适当者,得依请求,回复损害发生前原状。"可见,其恢复原状以"适当"、"请求"为要件。又如有的规定:"国家负损害赔偿责任,应以金钱为之,但有恢复原状之必要者,应当恢复原状。"可见,其恢复原状以"必要"为要件。总之,法定条件的设定,或取决于请求人的意愿,或取决于具体的被损害对象的性质。二是在采取恢复原状方式的要求上不尽相同,有的规定为"可以",有的规定为"应当",有的规定为"必须"。"可以"、"应当"、"必须"的不同表述,反映出各个国家和地区在选择赔偿方式问题上,赋予特定机关裁量权的大小不同。表述为"可以"的国家的特定机关有较大的自由裁量权;反之,规定为"必须"的国家的特定机关或个人没有多大的选择余地。[1]

2. 规定以恢复原状为优先方式,以金钱赔偿为补充或次要方式。在国家赔偿适用民事赔偿制度的国家里,通常采用上述赔偿方式。这种方式是更多地考虑受害人利益的结果,或者说是以受害人为本位。根据这种制度,国家赔偿在一般情况下,应采用恢复原状的方式,仅在具有法律规定的情形时,才有可能采取金钱赔偿的方式。法定情形设定不尽相同,或以"回复原状不可能"为要件,或以"恢复原状不合法"为要件,或以"恢复原状不合理"为要件,或以"恢复原状不能达到目的"为要件。[2]

(三) 金钱赔偿与恢复原状可以任意选择

金钱赔偿与恢复原状可以任意选择的适用体系,是指在既可以采金钱赔偿方式,又可以采恢复原状方式时,法律未明确规定二者的适用顺序,可以由受害人或者赔偿义务机关自行选择。由受害人选择的国家,是从被侵权人的立场出发,有利于被侵权人;由赔偿义务机关选择的国家,是从赔偿义务机关的利益出发,有利于侵权人。这一类型的典型代表是德国和韩国。

---

[1] 参见江必新《国家赔偿法原理》,中国人民公安大学出版社1994年版,第191页。
[2] 同上书,第192页。

（四）以金钱赔偿和恢复原状为基本方式，以消除影响、恢复名誉等为辅助方式

选择这种适用体系的国家或是因国家赔偿未独立于民事赔偿，因而将"消除影响、恢复名誉"的民事责任方式也适用于国家赔偿；或是虽独立于民事赔偿制度，但仍援用"消除影响、恢复名誉"等民事责任方式。如法国，在刑事赔偿中就规定了以上两种责任方式。[①] 修订后的我国《国家赔偿法》亦属于这一类型。

四、我国国家赔偿方式的适用体系

我国国家赔偿法与多数国家一样，构建了以金钱赔偿为主，以返还财产和恢复原状为辅的适用体系。不同的是，我国国家赔偿法针对侵犯人身权造成的精神损害增加了消除影响、恢复名誉以及赔礼道歉的非财产性赔偿方式，即采用"以财产给付为主，兼顾精神补救"[②] 的赔偿方式体系。

（一）对财产损害的赔偿方式

在我国制定《国家赔偿法》时，对我国赔偿方式的适用体系[③]问题曾有两种不同意见：一是认为国家赔偿应以金钱赔偿为主，以恢复原状为辅。理由是，以恢复原则为原则，行政机关将因此承担许多不必要的工作，不仅浪费人力、物力，不符合经济要求，也影响行政机关正常的管理活动和行政效率。二是认为国家赔偿应以恢复原状为主，金钱赔偿为辅。理由是，国家赔偿应当是对受害人合法权益的全面赔偿，在我国的体制和传统中，恢复原状更能填补受害人所遭受的损失。例如，户口、工作、职务、住房等，这些在中国公民的生活中往往比金钱更重要，因

[①] 参见江必新《国家赔偿法原理》，中国人民公安大学出版社 1994 年版，第 193 页。
[②] 参见高家伟《国家赔偿法》，商务印书馆 2004 年版，第 243 页。
[③] 在制定《国家赔偿法》时，一是未将消除影响、返还财产、恢复名誉纳入国家赔偿方式，二是没有规定精神损害赔偿。因此，当时对国家赔偿方式适用系的讨论，主要是针对财产损害的赔偿方式。

而采用恢复原状的方式更有利于保护受害人。①

我国《国家赔偿法》最后采纳了以金钱赔偿为主的意见,第32条规定:"国家赔偿以支付赔偿金为主要方式。能够返还财产者恢复原状的,予以返还财产或者恢复原状。"② 最高人民法院2000年9月16日法释 [2000] 27号《关于民事、行政诉讼中司法赔偿若干问题的解释》第11条第1款规定:"民事、行政诉讼中司法赔偿的赔偿方式主要为支付赔偿金。包括:支付侵犯人身自由权、生命健康权的赔偿金;财产损坏的,赔偿修复所需费用;财产灭失的,按侵权行为发生时当地市场价格予以赔偿;财产已拍卖的,给付拍卖所得的价款;财产已变卖的,按合法评估机构的估价赔偿;造成其他损害的,赔偿直接损失。"同条第2款规定:"能够返还财产或者恢复原状的,予以返还财产或者恢复原状。包括:解除查封、扣押、冻结;返还财产、恢复原状;退还罚款、罚没财物。"据此,我国对财产损害的国家赔偿是以金钱赔偿为主要方式,以返还财产、恢复原状为补充,即在一般情况下,赔偿应通过支付货币的方式进行,只有在特别情形,即返还财产、恢复原状为适当时,才可以选择返还财产、恢复原状的方式。

我国国家赔偿法对财产损害的赔偿方式采纳以金钱赔偿为主,以返还财产和恢复原状为辅的适用体系,是基于以下考虑:③

1. 保护受害人权益。国家确立赔偿制度的目的在于更有效地保障公民、法人和其他组织的合法权益,使其在受到国家机关的侵害后能得到相应的补救。因此,原则上应当是"同等损害,同等赔偿"。采用以金钱赔偿为主,返还财产、恢复原状为辅的方式,能保证受害人得到与其所受损害相当的充分赔偿,避免由于方式单一造成的局限性,使受害人从

---

① 参见马怀德主编《国家赔偿法学》,中国政法大学出版社2001年版,第248页;陈春龙:《中国司法赔偿:实务操作与理论探讨》,法律出版社2002年版,第370-371页。
② 修订前为第25条,修订后为第32条。
③ 参见马怀德主编《国家赔偿法学》,中国政法大学出版社2001年版,第248-249页;陈春龙《中国司法赔偿:实务操作与理论探讨》,法律出版社2002年版,第371页;刘嗣元、石佑启编著《国家赔偿法要论》,北京大学出版社2005年版,第88-89页;高家伟《国家赔偿法》,商务印书馆2004年版,第246页。

数量、质量、程度、类型上得到真正的救济。

2. 兼顾公务效率。以金钱赔偿为主,其他方式为辅的赔偿方式充分考虑了公务的效率要求。国家机关承担着国家运转的各项职能,为保证公务的正常履行,赔偿方式力求便捷易行,以避免国家机关陷入繁琐的个案纠缠之中而贻误公务。在国家赔偿中,采取金钱赔偿方式,简便易行,赔偿义务机关支付相应赔偿金,受害一方即得到救济,迅速解决纠纷,免去旷日持久的诉讼之累。

因此,采用以金钱赔偿为主,返还财产和恢复原状为辅的赔偿方式,兼顾了受害人损失的弥补和国家机关工作效率的保障,可以在相当程度上将两方面有机结合起来,使二者关系得到妥善处理。

在财产损害领域适用金钱赔偿、返还财产以及恢复原状三种赔偿方式时,还需注意:

一是我国国家赔偿法规定以金钱赔偿方式为主,并不等于要优先适用金钱赔偿的方式。在造成财产损害的情形下,是否适用支付赔偿金的方式,要以能否返还原物或恢复原状为条件。在能够返还财产或恢复原状时,应返还财产或恢复原状。只有在不可能采取返还财产或者恢复原状的情况下,才采取赔偿金的方式。[1]

但在我国国家赔偿法上,返还原物、恢复原状与金钱赔偿的选择适用上时有疑问,比如:当可以适用恢复原状时,赔偿请求人能否请求给付恢复原状所必需的金额以代替实际恢复原状?又或者恢复原状的费用大于毁损物品的总价值时,赔偿请求人能否坚持恢复原状而拒绝金钱赔偿?[2] 又或返还原物时,原物的价值受市场风险的影响,明显低于被侵害时的价值,赔偿请求人能否坚持主张以金钱赔偿替代?产生这些疑问是由于我国国家赔偿法没有明确限定仅在赔偿请求人请求恢复原状的情况下,赔偿义务机关才可适用恢复原状的赔偿方式。换言之,我国返还原

---

[1] 高家伟:《国家赔偿法》,商务印书馆2004年版,第245页。
[2] 参见(台)曾世雄《损害赔偿法原理》,中国政法大学出版社2001年版,第153-154页。

物与恢复原状两种赔偿方式的适用条件是采纯粹的客观判断标准，还是在客观条件满足后以赔偿请求人的主观请求为准，还是在客观条件满足后国家机关享有决定权。所谓采纯粹的客观判断标准，是指完全依照客观标准，即只要返还原物与恢复原状可能时，就必须采用；后两种判断方法中，返还原物与恢复原状的现实可能性是适用这两种赔偿方式的必要条件，但最终决定的权利或属于赔偿请求人或属于国家机关。

由于《国家赔偿法》第32条以及第36条的规定，遵循着以金钱赔偿为主、以返还财产和恢复原状为辅的原则，我们更倾向于采纳最后一种判断标准。但国家机关享有决定权的说法并不是非常准确，这并非指国家机关享有主观的决定权，而是指应当从赔偿义务机关的角度出发，以适用这两种方式是否会利于赔偿义务机关的简便易行和节约时间为标准进行判断。也就是说，只有在返还原物或恢复原状的方式比金钱赔偿更为便捷并不影响公务的情况下，才予以适用。

二是金钱赔偿、返还财产、恢复原状是三种并列的财产给付方式，分别有其适用范围。但是，这并不排除几种赔偿方式竞合并用的可能性。[①] 如依《国家赔偿法》第36条第3项之规定，"应当返还的财产损坏的，能够恢复原状的恢复原状"，这就意味着返还财产、恢复原状两种方式的并用，即先恢复原状，再返还财产。

（二）对精神损害的赔偿方式

此次《国家赔偿法》修订最重要的突破就是将精神损害赔偿明确载入法律，这是对我国国家赔偿制度的突破与完善。根据《国家赔偿法》第35条的规定，精神损害赔偿方式的适用体系，与精神损害的程度密切相关。根据法律规定，适用体系分为两个层次：首先，"致人精神损害的，应当在侵权行为影响的范围内，为受害人消除影响、恢复名誉、赔礼道歉"，也就是说，只要国家机关及其工作人员实施的侵权行为对受害人造成了精神损害，就应当在相应的范围内，适用上述三种国家赔偿方

---

① 参见高家伟《国家赔偿法》，商务印书馆2004年版，第245页。

式承担责任，弥补受害人的精神损害；其次，精神损害只有在达到"造成严重后果"的程度时，才能适用金钱赔偿的方式，取得精神损害抚慰金。

可见，法律对"消除影响、恢复名誉、赔礼道歉"与"精神损害赔偿"间的适用关系做出了规定，即国家赔偿法明确了对精神损害的非财产性赔偿方式与财产性赔偿方式间的适用关系。首先，精神损害的非财产性赔偿方式与财产性赔偿方式适用时存在先后顺序，以精神损害的程度作为判断标准。当精神损害没有达到"造成严重后果"时，不能适用精神损害抚慰金的方式，而只能优先适用消除影响、恢复名誉、赔礼道歉等非财产性质的赔偿方式；其次，两者间存在并用关系，即在"造成严重后果"后，赔偿义务机关在提供金钱给付的同时，还应承担消除影响、恢复名誉、赔礼道歉的责任；最后，这两类赔偿方式间存在折抵关系，即在精神损害赔偿领域，当消除影响、恢复名誉、赔礼道歉能够消除损害的，可以减轻或免除侵权者的金钱赔偿责任。[1]

然而，法律并未对消除影响、恢复名誉、赔礼道歉这三种非财产性质的国家赔偿方式内部的适用关系作出明确规定，值得探讨。我们认为，这三种方式是完全并列的，不存在优先适用的问题，也不存在替代关系。在实践中，有些赔偿义务机关选择在受害人名誉受损的范围内以刊登公告的方式消除影响、恢复名誉，但拒绝向受害人赔礼道歉。针对这种情形，这三种方式应当相互配合，不能因适用了消除影响、恢复名誉的方式而替代赔礼道歉的适用。

第三节　国家赔偿方式的适用

正确适用国家赔偿的方式，对于弥补受害人的损害具有重要意义。在实践中，如何选择适用国家赔偿方式，是正确处理国家赔偿案件，切

---

[1] 参见高家伟《国家赔偿法》，商务印书馆2004年版，第245页。

实弥补受害人损害的重要环节。本节分别分析了金钱赔偿、返还财产、恢复原状、消除影响、恢复名誉以及赔礼道歉等六种责任方式的适用条件、适用范围等。

一、金钱赔偿的适用

《国家赔偿法》第32条规定："国家赔偿以支付赔偿金为主要方式。能够返还财产或者恢复原状的，予以返还财产或者恢复原状。"根据上述规定，金钱赔偿的适用应当以不能返还财产或恢复原状为前提。

（一）金钱赔偿的适用前提

金钱赔偿的适用前提是不能返还财产或恢复原状，主要包括以下几种情况：

1. 侵犯公民人身自由权及生命健康权。对公民人身自由的限制或剥夺是不可逆的侵害，国家机关及其工作人员一旦实施违法限制或剥夺公民人身自由的行为即造成损害。与对人身自由的侵害一样，国家侵权行为对公民的生命健康权的侵害也是不可逆转的。因此，对人身自由权以及生命健康权的损害只能以金钱赔偿的方式予以间接弥补，不存在返还财产或恢复原状的可能性。

2. 侵犯公民、法人或其他组织的财产权，被侵害的财产已经灭失、拍卖等，恢复原状已不可能。返还财产或恢复原状须以原物存在为前提，被侵害的财产已经灭失即意味着该财产在客观上已不存在，返还财产或恢复原状客观不能。与此同时，在行政机关或司法机关取得财产后，可能依照法律规定进行处分，如拍卖等，从而使得财产的所有权合法转移给第三方。这就意味着该财产已与原所有人不存在法律上的关系，此时，返还财产或恢复原状因法律关系的变更而事实上不可能。

3. 侵犯公民、法人或其他组织的财产权，被侵害的财产已经损坏且不能恢复原状或恢复有重大困难。被侵害的财产已经损坏且不能恢复原状是比较明确的一种情形，即该财产在客观事实上已不能修复。所谓"恢复有重大困难"，值得探讨。对于恢复原状与金钱赔偿的适用关系，在我国台湾地区也存在"回复原状显有重大困难"一词，衡诸通说，系指回复原状需时过长或需费过巨或显难得预期结果之情形而言。[1] 在我国国家赔偿中，可参考上述学说，即当返还财产或恢复原状需要时间过长，牵扯公务机关大量精力时；当返还财产或恢复原状需耗费大量金钱，或者修理费大于被毁损物品的总价值时；当返还财产或恢复原状显然难以达到预期结果时，认定为"恢复有重大困难"，进而适用金钱赔偿的方式。

4. 返还财产或恢复原状与法律规范有抵触。

（二）金钱赔偿的适用原则

在适用金钱赔偿的方式时，应当根据案件的具体情况，分别适用以下原则：

1. 国家对于受害人或第三人的过错而产生的损害不予赔偿或减少赔偿总额。[2] 这是与有过失原则在金钱赔偿中的运用，受害人或第三人与侵权的国家机关及其工作人员均对损害结果的发生存在过错，则根据主体的过错大小、原因力大小等因素，分担损害赔偿责任。具体到国家赔偿案件的金钱赔偿中，则表现为对非因自身原因造成的部分损害不予赔偿或者按照责任的承担份额，减少国家赔偿的赔偿总额。

2. 受害人因同一赔偿原因事实所取得的利益，应从赔偿金额中扣除。[3] 我国虽未明确规定是否适用损益相抵原则，但根据我国国家赔偿法总的精神，是应当适用的，但须注意的是，应明确区分"受害人因同一赔偿原因事实所取得的利益"与"受害人因同一赔偿原因事实所取得的补偿"。前者是指受害人因同一赔偿原因事实所取得的积极经济利益，如公务员在非法撤职期间，从事有收入的工作，应从赔偿金中扣除该公务员的收入部分；后者是指受害人因同一赔偿原因事实所取得的经济补偿，

---

[1] （台）曾世雄：《损害赔偿法原理》，中国政法大学出版社2001年版，第154页。通说参见史尚宽先生与王泽鉴先生著作。

[2] 参见江必新《国家赔偿法原理》，中国人民公安大学出版社1994年版，第194页。

[3] 同上。

如非法撤职的公务员获得的补发工资等经济补偿。[①] 我国国家赔偿法中规定，受害人在获得相应补偿后，仍然有权利获得国家赔偿。[②] 有学者指出，由于我国国家赔偿标准较低，赋予受害人同时获得补偿与赔偿的权利，是出于保护受害人利益的考虑，以这样的方式来缓解国家赔偿标准较低带来的现实问题。

3. 有法定赔偿金额的，适用法律规定的金额，而不按实际计算的数额赔偿。[③] 这主要存在于人身损害赔偿中，如《国家赔偿法》第 34 条第

[①] 最高人民法院 [1999] 赔他字第 30 号《关于已被补发工资的赔偿请求人申请国家赔偿，如何适用法律问题的答复》、[1999] 赔他字第 21 号《关于被限制人身自由期间的工资已由单位补发，国家是否还应支付被限制人身自由的赔偿金问题的答复》、[1999] 赔他字第 20 号《关于补发工资后仍需进行国家赔偿的答复》和 [1999] 赔他字第 23 号《关于国家赔偿不应扣除已补发工资的答复》等均表明了这一立场。详见江必新主编、最高人民法院赔偿委员会办公室编《国家赔偿司法手册》，中国法制出版社 2010 年版，第 413、414、434、450 页。

[②] 也有观点认为，我国国家赔偿司法实务并不承认损益相抵原则。例如冯超在监狱服刑期间受伤致残赔偿一案，赔偿请求人冯超以其在服刑期间受监管人员赵海林、陈纯高殴打、体罚、虐待致残为由，申请襄南监狱赔偿一案，赵、陈已经被襄樊高新技术产业开发区人民法院以其构成虐待被监管人员罪，免予刑事处罚。故冯超提出的赔偿请求事项本应属于国家赔偿范围，襄南监狱应属侵权赔偿义务机关。但在司法机关追究赵海林、陈纯高两人刑事责任前，当冯超提出国家赔偿申请时，襄南监狱依照《国家赔偿法》的标准以赵、陈二人名义已与冯超就其残疾赔偿金、护理费、医疗费、交通费、营养费、抚养父母生活费、诉讼费达成 270000 元补偿协议。冯超在与赵海林、陈纯高达成补偿协议并已实际获取首期支付的 150000 元赔偿金后，即书面向襄南监狱撤回国家赔偿申请，并书面承诺"不再提出其他任何请求，永不再议，如违约，退回补偿金"。当赵、陈二人被追究刑事责任后，又通过刑事附带民事诉讼与赔偿请求人再次达成赔偿协议，在原补偿 270000 元的基础上，增加赔偿金额 6000 元，共计赔偿冯超现金 276000 元。经查，此赔偿金额均由襄南监狱财务支出，并按照《国家赔偿法》的追偿规定，向赵海林、陈纯高二人追偿了 50000 元赔偿费用。针对此案，最高人民法院于 2008 年 12 月 25 日作出的 [2008] 赔他字第 7 号《关于赔偿请求人已获补偿金后仍有权申请国家赔偿问题的答复》，答复称："赔偿请求人冯超以其在监狱服刑期间受监管人员殴打、体罚、虐待致残为由，提出国家赔偿的申请，符合《国家赔偿法》第二条、第十五条第（四）项的规定，其依法享有申请国家赔偿的权利。冯超通过与致害民警签订的补偿协议和刑事附带民事诉讼取得的 27.6 万元补偿金，与国家赔偿是有区别的，不能因赔偿请求人已获得补偿而剥夺其享有申请国家赔偿的权利。同意你院第二种处理意见，冯超提出国家赔偿的申请，应进入国家赔偿程序进行审理。"该案例详见江必新主编、最高人民法院赔偿委员会办公室编《国家赔偿司法手册》，中国法制出版社 2010 年版，第 473 - 475 页。

[③] 如郭运森诉官渡分局行政侵权赔偿一案，最高人民法院行政审判庭在 1998 年 3 月 18 日作出的 [1997] 行他字第 31 号《关于因误工减少收入的赔偿金超过国家上年度职工年平均工资 5 倍的，只能按国家上年度职工年平均工资 5 倍计算的答复》中称："国家赔偿法第二十七条第（一）项所规定的因误工减少的收入的赔偿金应按'国家上年度职工日平均工资×实际误工工日'的公式计算，所乘之积超过国家上年度职工年平均工资 5 倍的，亦只能按国家上年度职工年平均工资的 5 倍计算。"江必新主编、最高人民法院赔委员会办公室编：《国家赔偿司法手册》，中国法制出版社 2010 年版，第 170 - 171 页。

1 款第 3 项规定:"造成死亡的,应当支付丧葬费和死亡赔偿金,总额为国家上年度职工平均工资的二十倍。"

二、返还财产的适用

返还财产是一种比较便捷易行的赔偿方式,不仅能使损害直接得到赔偿,在原物是受害人珍爱的有特定纪念意义的物品等特殊情形下,返还财产的方式还可以减少或避免可能发生的精神损害。

(一)返还财产的适用条件

1. 原物存在。原物存在是返还财产的客观前提,如果原物已经毁损或者丢失,返还原物即在客观上不可能实现。

2. 赔偿请求人对返还的财产具有合法财产权。应当返还的财产是因国家侵权行为使得原本属于受害人所有的财产暂时脱离其掌控,因此,赔偿请求人应对要求返还的财产具有合法的财产权,换言之,赔偿请求人是应返还财产的正当权利人。

3. 不得侵害第三人权益。在国家非法没收、扣押受害人财产后,可能对取得的财产进行了相应处分,如拍卖等,第三人有可能合法取得了应当返还的财产的所有权。此时,即不能适用返还财产的赔偿方式,而只能选择给付拍卖价款。返还财产不得违反现行法律,不得损害他人的合法权益,尤其是不得损害善意第三人的所有权。在应返还的财产已经合法转归他人所有时仍适用返还财产的方式,则必然破坏已依法形成的所有权关系,影响安全的社会交易系统的形成。[①]

4. 不影响公务。不影响公务包含两层含义:一是,返还财产比金钱赔偿更为便捷,如果原物已经被运往外地,或其下落需要查找,则可能不如金钱赔偿便捷。对公务机关而言,只有在比金钱赔偿更为便捷的条件下适用,才更节约时间和经济成本,不影响公务的正常进行;二是,如果原物已经适用于公务活动,返还原物会影响公务活动,则不能以返

[①] 参见马怀德主编《国家赔偿问题研究》,法律出版社 2006 年版,第 271 页;高家伟《国家赔偿法》,商务印书馆 2004 年版,第 248 页。

还原物的方式赔偿,而应以金钱赔偿。[1]

(二) 返还财产的适用范围

1. 违法的罚款、没收财产等行政处罚;

2. 违法的罚金、没收、追缴等财产剥夺措施;

3. 违法征收财物、摊派费用;

4. 违法罚金和没收财产,即有关判决经审判监督程序再审撤销,尤其是审判监督程序作出了无罪判决;

5. 违法采取的查封、扣押、冻结财产的措施。

(三) 返还财产的履行[2]

1. 返还财产须与物权法相关制度衔接,动产的返还,需完成交付;不动产的返还,需要房地产机关办理产权回转手续。

2. 与普通民事主体间的返还财产不同,国家赔偿中返还财产会涉及上缴财政财产的返还,如果需要返还的财产已经上缴财政,则由赔偿义务机关向同级财政部门申请返还。

三、恢复原状的适用

(一) 恢复原状的适用条件

根据《国家赔偿法》第 32 条的规定,恢复原状的赔偿方式只能在"能够恢复原状"的情况下适用,须符合以下条件:[3]

1. 原物存在,损害有修复的可能。对物的恢复原状,常与返还财产合并适用,即应当返还的财产损坏,能够恢复原状的,应当恢复原状。因此,以原物存在为前提,并且其须具有修复的可能性,如果恢复原状不可能,则应当折价赔偿。

2. 赔偿义务机关有能力采取恢复原状的措施。恢复原状具有行为的

---

[1] 参见马怀德主编《国家赔偿法学》,中国政法大学出版社 2001 年版,第 251 页;房绍坤、毕可志编著《国家赔偿法学》,北京大学出版社 2004 年版,第 291 页。

[2] 参见高家伟《国家赔偿法》,商务印书馆 2004 年版,第 248 - 249 页。

[3] 参见江必新《国家赔偿法原理》,中国人民公安大学出版社 1994 年版,第 196 页;高家伟《国家赔偿法》,商务印书馆 2004 年版,第 252 - 253 页。

给付性，行为给付，须赔偿义务人之行为协助。① 因此，在适用恢复原状的赔偿方式时，需要赔偿义务机关采取相应措施，并要求赔偿义务机关有能力采取恢复原状的措施。

3. 不妨害公务的执行，不会给公共利益造成不合乎比例的损害。不妨害公务的执行，即不影响公务，不会给公共利益造成不合乎比例的损害，是指恢复原状，尤其是对物的恢复原状，无需耗费大量金钱，或者修理费小于被毁损物品的总价值时，才适用恢复原状的方法；反之，则采纳金钱赔偿的方式对受害人予以救济。

4. 不违反其他法律规定。

（二）恢复原状的适用范围

恢复原状的适用范围比较广泛，大致分为两类，即物的恢复原状与权利的恢复原状。

1. 物的恢复原状。在对物恢复原状时，通常在赔偿义务机关采取措施恢复原状的范围内，与返还财产配合使用，即应当返还的财产损坏，能够恢复原状的应当恢复原状，恢复原状后，再返还财产。物的恢复原状，主要包括对物功能的恢复，即财产的功能或者性能达到应有的状态，但不需要完全一致；对物形状的恢复，即回复财产的原貌；以及对物价值的恢复，即财产的价值恢复到法律上的应有状态。②

2. 权利的恢复原状。除了返还原物等几种相关赔偿方式所适用范围以外的其他权利受到侵害时，可以依法适用恢复权利状态。该项范围与国家赔偿的实践的发达程度有关，就我国目前实践来看，该范围内的恢复权利状态有以下几种情况：

第一，恢复原居住地的户口，对于非法被取消原居住地户口的，应当恢复其原居住地的户口，但受害人自行处分该项权利的除外。

第二，恢复职级。受害人是国家机关工作人员的，如果其职级因国家机关及其工作人员的侵权行为而降低，可以请求恢复其职级。如果受

---

① 参见（台）曾世雄《损害赔偿法原理》，中国政法大学出版社2001年版，第149页。
② 参见高家伟《国家赔偿法》，商务印书馆2004年版，第254页。

害人处分恢复职级的请求权，国家不因此对不恢复职级给予其他补偿。因国家侵权而使受害人丧失某种特定职务的，受害人不得请求恢复原职务，而只能请求恢复原职级。至于其原职务的恢复，应由有关机关按照有关公务员法律法规决定。①

第三，恢复其他具有财产价值的地位。即将赋予受害人在法律上本应当享有的具有财产价值的地位，例如，作为特许经营者的法律地位。②

（三）恢复原状的履行

恢复原状带有行为给付的色彩，恢复原状的实现需要赔偿义务机关的协助，即实施相应的行为。由于赔偿义务人单纯之行为不能强制执行，在诉讼中，恢复原状所具有的功能相对有限，其最终常常转换为金钱赔偿。③如在市场经济越来越发达的今天，再像计划经济时代那样安排冤狱当事人工作的做法已不可能，因此，有观点建议在《国家赔偿法》中增加冤狱再就业补偿金。

此外，在适用恢复原状的赔偿方式时，应当注意与有过失的情况。如果国家机关与受害人对于财产的毁损均有过错，且主要责任在受害人，则不应采取恢复原状的方式；如果主要责任在国家机关，则可以采取恢复原状的方式，但应责令受害人补偿相应费用。④

四、消除影响、恢复名誉的适用

（一）消除影响、恢复名誉的适用条件

1. 适用对象。消除影响、恢复名誉只适用于公民，即自然人。我国国家赔偿法只承认自然人的精神损害并对其加以保护，因此，消除影响、恢复名誉的赔偿方式目前不适用于法人和其他组织的名誉权受到损害的情形。

---

① 参见江必新《国家赔偿法原理》，中国人民公安大学出版社1994年版，第196页。
② 参见高家伟《国家赔偿法》，商务印书馆2004年版，第252页。
③ （台）曾世雄：《损害赔偿法原理》，中国政法大学出版社2001年版，第149页。
④ 江必新：《国家赔偿法原理》，中国人民公安大学出版社1994年版，第196页。

2. 适用前提。消除影响、恢复名誉的适用以国家机关及其工作人员实施了侵害公民人身自由权、生命健康权的行为为前提。受害人的人身自由权、生命健康权受到国家机关及其工作人员违法限制、剥夺或侵害，并因此造成了受害人名誉权的损害时，才适用消除影响、恢复名誉的国家赔偿方式予以救济。

受害人的名誉权是否受到损害，一般以社会对其的评价是否降低为标准，因此，如果侵权行为尚未公开，不为公众知晓，尚未造成不良影响，则不必采用此种赔偿方式。[①]

（二）消除影响、恢复名誉的适用范围

消除影响、恢复名誉适用于因行政侵权或刑事侵权而造成受害人精神损害的情形。依据《国家赔偿法》第35条、第3条和第17条的规定，消除影响、恢复名誉适用于以下情形：

1. 违法拘留、非法拘禁或违法采取限制、剥夺公民人身自由的行政强制措施，并且造成精神损害时；

2. 殴打、虐待或唆使、放纵他人殴打、虐待或者刑讯逼供，造成公民身体伤害或者死亡，并且造成精神损害时；

3. 违法使用武器、警械造成公民身体伤害或者死亡，并且造成精神损害时；

4. 违反刑事诉讼法的规定对公民采取拘留措施的，或依照刑事诉讼法规定的条件和程序对公民采取拘留措施，但是拘留时间超过刑事诉讼法规定的的时限，其后决定撤销案件、不起诉或者判决宣告无罪终止追究刑事责任，并且造成精神损害时；

5. 对公民采取逮捕措施后，决定撤销案件、不起诉或者判决宣告无罪终止追究刑事责任，并且造成精神损害时；

6. 依审判监督程序再审改判无罪，原判刑罚已经执行，并且造成精神损害时；

[①] 参见陈春龙《中国司法赔偿：实务操作与理论探讨》，法律出版社2002年版，第375页。

7. 其他违法行为造成公民身体伤害或者死亡，并且造成精神损害时。

此外，消除影响、恢复名誉只在侵权行为影响的范围内实施，即在多大范围内造成影响，必须在多大范围内消除。例如，对在外地旅游的某人违法拘留，其家人、朋友、同事均不知晓此事，此时，就无需再到受害人平时生活活动的地区去消除影响、恢复名誉，因为国家机关及其工作人员侵权行为的影响并未波及此处。

（三）消除影响、恢复名誉的履行

消除影响、恢复名誉只能通过行为给付的方式实现，需要赔偿义务机关采取相应行为予以协助。当赔偿义务机关怠于或者拒绝履行时，消除影响、恢复名誉的赔偿方式能否强制执行，存在很大争议。有人以消除影响、恢复名誉方式无法强制执行而否认其作为国家赔偿方式的地位。我们认为，消除影响、恢复名誉虽然具有行为给付的性质，无法强制执行，但这并不影响其作为国家赔偿方式的一种，且并不意味着不能保障消除影响、恢复名誉的实现。一是可以在国家赔偿法中规定赔偿义务机关不履行消除影响、恢复名誉的赔偿责任应承担的法律后果，以对其不履行行为科以法律责任的方式，保障赔偿义务机关主动履行消除影响、恢复名誉；二是由于消除影响、恢复名誉一般是通过登报公告等客观方式实现，因此，可以考虑参考民事领域的做法，由审判机关代为实行登报公告等行为，而后由赔偿义务机关承担履行行为产生的相关费用。这样，实际上将需要赔偿义务机关以行为承担的赔偿责任转换为了金钱赔偿。

需要明确的是，不得以消除影响、恢复名誉的方式替代支付赔偿金、返还财产、恢复原状的物质赔偿方式。大多数情况下，在给受害人造成物质损害的同时，会给受害人带来名誉权的损害。因此，物质赔偿方式与精神损害赔偿方式合并使用的情形居多。[①]

[①] 参见陈春龙《中国司法赔偿：实务操作与理论探讨》，法律出版社2002年版，第375页。

五、赔礼道歉的适用

(一) 赔礼道歉的适用条件与适用范围

赔礼道歉的适用条件及适用范围与消除影响、恢复名誉基本一致，在此不再赘述。值得注意的是，消除影响、恢复名誉的赔偿方式只针对受害人名誉权的损害，而赔礼道歉是适用于对所有人身权造成精神损害的责任形式。赔礼道歉是赔偿义务机关对自己错误行为的承认，能够有效缓解受害人与国家机关及其工作人员间的紧张对立关系。

(二) 赔礼道歉的履行

与消除影响、恢复名誉一样，赔礼道歉必须由赔偿义务机关以实施行为的方式履行。除此之外，与消除影响、恢复名誉不同的是，消除影响、恢复名誉是对受害人名誉的客观恢复，而赔礼道歉是实施了侵权行为的国家机关及其工作人员对自身错误的承认，是主观上的道德自省。因此，消除影响、恢复名誉还可以借由对其不履行科以法律责任或转化为金钱赔偿的方式予以实现，而赔礼道歉基于道德的不可强制性，无法适用这些替代方式。因此，赔礼道歉责任方式的实现只能依赖于国家机关及其工作人员依法执行公务理念的培养，进而自主、自愿履行。

在赔偿义务机关赔礼道歉时，一般应由直接实施侵权行为的国家机关工作人员亲自履行，或者由该赔偿义务机关的领导对受害人赔礼道歉，以切实安抚受害人的精神痛苦。与此同时，与消除影响、恢复名誉方式的适用一样，不得以赔礼道歉的方式替代支付赔偿金、返还财产、恢复原状的物质赔偿方式。大多数情况下，合并使用物质赔偿方式与赔礼道歉方式。

第二十四章　可赔偿损害范围的法律界定

基于损害的形态多样性和结果延续性，各国国家赔偿制度均肯定了界定可赔偿损害范围的必要性，以期达到平衡私权主体的合法权益与公务人员的公务行为自由之目的。如何限定可以赔偿的损害范围，是各国国家赔偿法律制度共同面临的问题。各国一般从区分积极损害与消极损害、全额赔偿与限额赔偿以及是否适用过错相抵和损益相抵四个角度，限制可赔偿损害的范围。各国对可赔偿损害范围的限定反映出各国的政策性考虑，是各国根据本国实际作出的法律选择。在我国，"可赔偿损害范围"回答的是哪些损害可以赔偿的问题，是与"赔偿范围"相区别的概念。

第一节　可赔偿损害范围概述

可赔偿损害是经国家赔偿法确认并予以赔偿的损害，是损害事实在法律上的界定。明确可赔偿损害的范围是正确理解和适用国家赔偿法的前提与基础。

一、可赔偿损害范围的概念

在国家赔偿责任的构成中，损害作为救济的基本前提，是构成国家赔偿责任的基础，其具有事实和法律两个属性。事实损害是指国家侵权行为所造成的受害人在人身或财产方面的客观事实上的不利益；法律损害则是指被法律所认可的能够获得赔偿的事实损害，[1]即所谓"可赔偿损

---

[1] 参见杨立新《民法讲义（柒）：侵权法分则》，人民法院出版社2009年版，第101页。

害"。可赔偿损害,是客观存在并且经法律认可,能够由赔偿义务机关予以赔偿的损害。

对可以赔偿损害的范围进行限定的结果,通常称为赔偿范围。然而,在我国国家赔偿法中,赔偿范围是指行为范围,即回答的是国家机关及其工作人员实施了哪些对公民、法人及其他组织的合法权益造成损害的行为,受害人可以据此主张国家赔偿请求的问题。因此,为避免混淆,在此处不采用所谓"赔偿范围"的概念,而使用"可赔偿损害范围"的称谓。如果说国家赔偿责任构成回答的是赔与不赔的问题,而"可赔偿损害"所回答的是赔哪些的问题,或者说,哪些损害可以赔偿的问题。[1]

与国家赔偿法中"可赔偿损害"一样,侵权责任法中有所谓"可救济性损害"概念。在侵权责任法中,立法者依据当时经济社会发展水平,按照"一般条款+列举"的立法模式,对可救济性损害的体系进行科学设计,将亟须加以保护的利益类型通过列举方式固定下来,并以一般条款的高度抽象性保证损害概念的周延性,为将来吸纳新类型的损害提供制度空间。[2] 在我国国家赔偿法中,并未采纳同样的做法,没有明确规定可予以赔偿的损害范围。

二、界定可赔偿损害范围的必要性

探寻可赔偿损害的范围的必要性在于:

第一,基于损害形态的多样性。不同的损害可能存在质的分野,如精神的和物质的;同时,不同的损害也有量的差别,有轻如鸿毛的损害,如违法扣押一台电视,也有涉及身家性命的损害,如在看守所被殴打致死。[3]

第二,世界是普遍联系的,"一个行为可以牵扯起无数后果,事实损

---

[1] 江必新:《国家赔偿法原理》,中国人民公安大学出版社1994年版,第198页。
[2] 杨立新:《民法讲义(柒):侵权法分则》,人民法院出版社2009年版,第101–102页。
[3] 参见江必新《国家赔偿法原理》,中国人民公安大学出版社1994年版,第198页。

害的边界可以蔓延无际"。① 任何损害都有不同程度的延续性，就如鸡生蛋、蛋生鸡一样。如果不通过法律或判例把可以赔偿的损害限定在一定的范围内，即寻找到"法律损害的当止之处"，②任何一个赔偿都将是一个无底深渊。因此，没有无限制的赔偿，而无限制的赔偿则意味着无限的不赔偿。③ 正因为如此，各国法律或判例无一不对可赔偿损害的范围进行限定。

第三，国家赔偿法平衡的是公民、法人或者其他组织的合法权益与国家机关及其工作人员的公务行为自由。为了防止"损害"的概念过于宽泛，避免国家机关及其工作人员承担"过分严苛的责任"，进而导致在国家管理、执行公务活动中畏首畏尾，最终影响公务效率，同时也为了涵摄法律政策的判断，给受害人寻求法律救济以明确的依据，因此，应当引入损害"当止"的标准，即明确可赔偿损害的范围。这一可赔偿损害"当止"的标准是具有政策导向性的限制措施，纵观世界国家赔偿制度，各国都不约而同地对损害作出了限制，并以此作为体现公共目的的政策手段。

三、限定可赔偿损害范围的功能

对国家赔偿法中可赔偿损害进行限定，明确可赔偿损害的范围，具有三方面的功能：④

（一）可以相对减少赔偿额，以减轻国库压力

事实损害是国家侵权行为所造成的受害人在人身或财产方面的客观事实上的损害，其边界难以划定。如果对国家机关及其工作人员的侵权行为所引起的所有事实损害均予以赔偿，则会产生巨额的国家赔偿额，国库将难以负担。可赔偿损害就是对国家侵权行为所导致的事实损害的

---

① 张新宝、张小义：《作为法律技术工具的纯粹经济损失》，《法学杂志》2007年第4期。
② 同上。
③ 参见江必新《国家赔偿法原理》，中国人民公安大学出版社1994年版，第198页。
④ 同上书，第198-199页。

限定，使得只有一部分与国家侵权行为具有密切关联性的事实损害被国家赔偿法所认可，并予以救济。限定可赔偿损害的范围是一门艺术，且不可滥施刀斧。斧滥伐必伤物，绳乱弹则侵直。赔与不赔应当具有可比性，应当与国民所持公平观念相吻合，应当与一国之财力相适应。

(二) 可以扩大可赔偿的行为范围

在赔偿金额不变的情况下，通过对可赔偿损害范围的限定扩大可赔偿的行为范围，也就是说，通过赔偿额的限定扩大赔偿面。

1995年制定《国家赔偿法》时，我国国力并不能全面充分赔偿受害人的所有损害。立法者立足于实际国情，选择了尽可能地扩大可赔偿行为的范围而削减赔偿额的做法。这是由于国家用于国家赔偿的财政支出相对固定，可赔偿损害的范围越广，某一损害行为的受害人因这一行为而获得的损害赔偿数额越多，可赔偿的行为的数量即相应减少。如此设计，可能导致对某一损害行为所造成的损害分文不赔，而对另一损害行为所造成的损害进行高额赔偿，公民将产生不平不公之感，进而影响社会稳定与和谐。当时的立法者本着"家不患贫而患不安，国不患寡而患不均"的理念，采用了限制可赔偿损害范围而扩大赔偿面的做法。

《国家赔偿法》施行十余年后的今天，我国国力已有大幅度的提升，因此，应当在进一步扩大赔偿面的基础上，同时相应扩大可赔偿损害的范围，以期对我国公民、法人及其他组织的合法权益予以更全面的保护。

(三) 可以发挥国家赔偿法的导向功能，反映出国家对各种价值的取向

如前所述，各国损害"当止"的标准，均具有政策导向性，是各国法律政策取向的体现。通过国家赔偿法对可赔偿损害的范围予以限定，一方面明确划定了国家机关及其工作人员公务管理、执行职务的活动范围，引导国家机关及其工作人员在该范围内使用职权，一旦超出法律认可的行为界限，就会导致可赔偿损害的产生；另一方面为赔偿请求人请求国家赔偿明晰了赔偿范围，引导公民法人和其他组织正确主张国家赔偿的权利，发挥国家赔偿法的导向功能。

第二节　限制可赔偿损害范围的若干角度和思路

如何限定可以赔偿的损害范围，是各国国家赔偿法律制度共同面临的问题。各国一般从区分积极损害与消极损害、全额赔偿与限额赔偿以及是否适用过错相抵和损益相抵四个维度，限制可赔偿损害的范围。由于具体国情不同，各国虽然在限制可赔偿损害范围时遵循着相似的思路，但不同国家对相同问题作出了不同的选择。

一、仅赔偿积极损害抑或一并赔偿积极损害和消极损害

所谓积极损害，是指现存财产因损害事实发生而减少的情况，也称为直接损失。侵害财产权益造成的积极损害主要有财产的灭失，财产的功能丧失或者减弱，财产的占有、使用权丧失或者受限制，既得利益的丧失等；[1] 侵害人身权益造成的积极损害主要有因人身损害而导致的医疗费的支出、护理费、生活自助具费、康复费、丧葬费等。

所谓消极损害，是指新财产的取得，因损害事实之发生而受妨害，致不能取得利益的情形，包括所失利益和预期利益，也称为间接损失。[2] 所失利益是指已经确定而具体存在之未来利益，因损害事实发生而不能取得的情形，[3] 也有学者将其称为可得利益[4]；预期利益是指尚未具体也未确定之收益，但依通常情形，或依已定之计划、设备或其他特别情事，可以期待得到之利益，因损害事实而妨害，致不能取得利益的情形。[5] 所失利益与预期利益是以利益取得的可能性为标准对消极损害进行的划分。具体且确定的未来可获得的利益为所失利益，如侵害受害人人身造成残疾，则其不能取得继续劳动所获得的收入，而这一收入在损害事实未发

---

[1] 袁登明：《发达国家赔偿制度》，时事出版社2001年版，第62页。
[2] 参见江必新《国家赔偿法原理》，中国人民公安大学出版社1994年版，第200页。
[3] 同上。
[4] 参见袁登明《发达国家赔偿制度》，时事出版社2001年版，第63页。
[5] 参见江必新《国家赔偿法原理》，中国人民公安大学出版社1994年版，第200页。

生的情况下是确定能够获得的,因此,残疾赔偿金、被扶养人生活费即为所失利益;非法限制受害人人身自由导致受害人无法正常上班并获得相应的劳动报酬,而这一收入在损害事实未发生的情况下是确定能够获得的,误工费即为所失利益;违法罚款导致受害人利息的丧失,金钱的利息即为所失利益。与此相对,通常情形下具有合理的可期待性,但尚未具体也未确定的利益是预期利益,如受害人因被国家机关及其工作人员非法限制其人身自由而未能缔结重要合同,因此丧失巨大的经济利益,此经济利益即为预期利益。如果未发生国家侵权行为,受害人就不会丧失这一缔结合同的机会,因而该合同带来的经济利益具有合理的可期待性;但该合同所能带来的利益尚未明确且有市场风险存在,因此只能构成预期利益。

在国家赔偿领域,仅赔偿积极损害还是既赔偿消极损害又赔偿积极损害,各国的选择不尽相同。从现有资料来看,各国均明确了对积极损害的赔偿,不同之处在于是否赔偿消极损害,以及是否对消极损害的所失利益与预期利益均予以赔偿。因而,各国国家赔偿可赔偿损害的范围大体有以下几种规定:

1. 规定赔偿全部损害。

有些国家的国家赔偿法规定赔偿受害人的全部损害,既赔偿受害人的积极损害,又赔偿受害人的消极损害,其中的消极损害包括所失利益与预期利益。例如,日本《国家赔偿法》第4条的规定,国家赔偿的损害范围依民法典的规定来确定。而依日本《民法典》规定,侵权赔偿的损害范围是依加害行为与损害之间是否有相当因果关系确定,包括积极损害和消极损害。我国台湾地区"国家赔偿法"规定,损害赔偿的范围应适用台湾地区"民法"第216条的规定。该条规定:"损害赔偿,除法律另有规定或契约另有规定外,应以填补债权人所受损害及所失利益为限。"或是"依通常情形,或已订之计划,设备或其他特别情事,可得预期之利益,视为所失利益"。这就是说,国家赔偿的范围,既包括积极损害,也包括消极损害。[1] 韩国《国家赔偿法》第3条规定:"至于对生命、

---

[1] 参见江必新《国家赔偿法原理》,中国人民公安大学出版社1994年版,第201页。

身体的侵害及因财产之灭失、毁损而造成的损害以外的损害,仅限于同不法行为有相当因果关系时才予以赔偿。"① 可见,韩国对国家侵权行为造成的损害的赔偿范围也较宽,包括积极损害与消极损害。即是以该损害与不法行为之间是否具有相当因果关系为判断标准,只要具备相当因果关系就予以赔偿,而不问损害属于积极损害还是消极损害。德国《国家赔偿法》第 2 条第 3 项中具体规定应予赔偿的损害范围,即包括所失的依据事物的通常情形或特别情形,尤其是根据已有设备和措施可预期获得的利益,以及该法第 7 条规定的非财产损害。② 德国国家赔偿的损害范围通常包括积极损害和消极损害。在美国,《联邦侵权赔偿法》规定国家赔偿"不及于判决前之利息或处罚性损失"。又规定在"引起死亡的案件中",国家只对诉讼中提出的死亡者利益负责,而对由此产生的其他利益概不负责,即美国国家赔偿范围原则上不包括可得利益的损失,"国家赔偿往往与比较直接的损失连在一起"。③ 但是,在判例中出现了可赔偿范围扩大的趋势,即对受害人的侵权损害进行赔偿时,政府不仅赔偿受害人的直接损失,在某些情况下还要赔偿其预期利益的损失。④

2. 规定仅赔偿积极损害,消极损害只有在法律有特别规定的情形下才予以赔偿。

如我国国家赔偿法规定,在人身损害赔偿中,原则上既赔偿受害人的积极损害,如医疗费、护理费、残废生活辅助具费、康复费、丧葬费等,还赔偿因受害人人身损害而导致的消极损害,包括误工费、残疾赔偿金、死亡赔偿金以及被扶养人的生活费、抚养费;在财产损害领域,原则上仅限于赔偿积极损害。总而言之,我国国家赔偿法仅对法律有特别规定的消极损害的情形才予以赔偿。

---

① 参见吴东镐《中韩国家赔偿制度比较研究——从借鉴的视角》,法律出版社 2008 年版,第 244 页。
② 参见刘兆兴《德国国家赔偿法研究》,载《外国法译评》1996 年第 3 期。
③ 参见[美]乔治·贝尔蒙《美日国家赔偿制度》,载《行政立法研究参考资料》1989 年第 14 辑。
④ 参见袁登明《发达国家赔偿制度》,时事出版社 2001 年版,第 63 页。

3. 规定仅赔偿积极损害和所失利益。

仅赔偿积极损害和所失利益，对预期利益不予赔偿。例如，法国在判例中，赔偿义务机关应赔偿实际已经发生的损害。[1] 所谓"实际已经发生"，通常被解释为包括将来必然发生的损失，可见其赔偿范围限于积极损害和所失利益，不包括预期利益。根据法国的赔偿制度，在法院判决后，由于起初的原因而使损害继续加重，受害人可以请求行政法院重新确定金额。

4. 规定仅赔偿积极损害，所失利益只有在法律有特别规定的情况下才予以赔偿。

例如，一些国家仅规定赔偿积极损害或直接损失，又规定对于身体受到伤害的，不仅赔偿医疗费，而且赔偿误工工资收入。这其中的误工工资或收入即是所失利益。还有一些国家规定，国家赔偿积极损害外，还要赔偿法定孳息，其中的法定孳息即为所失利益。[2]

二、全额赔偿与限额赔偿

国家对受害人的损害是全额赔偿还是限额赔偿，是在确定受害人损害之后，各国国家赔偿法对可赔偿范围的再次选择。国家赔偿法明确赔偿积极损害与消极损害后，并不意味着受害人就能获得与现实中的损害完全等同的赔偿，因为此时还存在着国家赔偿法是进行全额赔偿还是限额赔偿的问题。可见，与对积极损害与消极损害的选择一样，全额赔偿或者限额赔偿，也是一国根据本国的法律文化传统以及国家财政现状，所作的法律政策上的考量。国家如何进行赔偿，各国也有不同规定：

大多数国家都规定以全额赔偿为原则，但承认某些例外。例如，法国规定以全额赔偿为原则，但判例确认，在法律预先规定有赔偿金额时，不适用实际损失原则。有的国家规定，在财产损害赔偿方面，施行全额赔偿原则，而在人身赔偿领域则实行限额赔偿原则。

---

[1] 参见江必新《国家赔偿法原理》，中国人民公安大学出版社1994年版，第200页。
[2] 同上书，第201页。

实行限额赔偿有三种方式：一是规定最高赔偿金额，即规定一固定限额。如德国《羁押赔偿法》第3条第2款规定，"扶养请求人，应自羁押而丧失抚养权利之日起，予以损害赔偿。被告及扶养请求人损害赔偿之金额，每年不得超过7.5万马克"。德国选择以年为单位对最高赔偿金额进行限定，还有国家选择以日为单位，对赔偿金额进行限定，如我国《国家赔偿法》在第33条规定："侵犯公民人身自由的，每日的赔偿金额按照国家上年度职工日平均工资计算。"二是规定一个赔偿金额的选择范围。如日本《刑事补偿法》第4条第1款和第2款规定，"由于关押或拘禁而给予的补偿，除前条和下一条第2款规定的情况外，应按照日数，以一日1000日元以上7200日元以下的金额的比例交付补偿金……"如我国台湾地区的"冤狱赔偿法"第3条第1款规定，"羁押及徒刑或拘役执行之赔偿，依其羁押或执行之日数，以15元以上25元以下折算一日支付之"，即每日的赔偿金额可以在15—25元之间选择。① 三是在一定范围内实行比例赔偿。例如，韩国规定，受害人因身体受到伤害，致使失去月薪或月实收额或平均工资的收入者，国家应给予其疗养期间该损失额50%的休业赔偿。②

三、是否适用过错相抵

国家承担侵权赔偿责任的基础是其对于损害之发生或扩大有过错，当受害人对损害的发生或扩大也存在过错时，需要考虑过错相抵原则的适用。

过错相抵，是债法的概念，是在损害赔偿之债中，在侵权人与受害人对于损害的发生或扩大均存在过错的情况下确定各自的侵权责任承担的重要原则。正如学者所云："所谓过失相抵，不过为形容之语，其实为就义务者之过失与权利者之过失，两相较量，以定责任之有无及其范围，

---

① 参见陈春龙《中国司法赔偿：实务操作与理论探讨》，法律出版社2002年版，第384页。
② 参见江必新《国家赔偿法原理》，中国人民公安大学出版社1994年版，第201页。

并非两者互相抵消,是以有仅称为被害人之自己过失者。"[1] 侵权法上的与有过失,同样适用过错相抵原则,过错相抵是与有过失的法律后果,而与有过失是侵权法上一种重要的侵权行为形态,在大陆法系称为与有过失,[2] 在英美法系则称之为共同过错,我国民法依苏联民法理论,将其称之为混合过错。侵权行为法上所说的与有过失,是指侵权行为所造成的损害结果的发生或扩大,受害人也有过错,受害人的行为与行为人的行为均具有原因力。[3] 在侵权行为中,如果存在与有过失的情形,则按照过错比较和原因力比较,[4] 将损害赔偿责任分担给双方当事人承担,产生法院得减轻或免除赔偿义务机关应赔偿之金额的效果。过错相抵实行职权主义,只要加害人主张受害人与有过失,并举证证明,法院就可以依职权直接适用过错相抵原则。

关于与有过失制度的作用,主要有四种学说:1. 预防损害说。该说认为,每个人都应当照顾自己,注意自己的财产和人身安全,若人人对自己尽到最大注意,则可以有效地避免一些损害的发生。所以,与有过失制度要求受害人尽到对自己的注意义务。若未尽此种注意义务,将使其应获得的赔偿额减少,因而起到预防损害的效果。2. 公平正义说。该说认为,受害人对损害的发生也有过错,表明受害人已违反了诚实信用原则,在此情况下,若使受害人获得完全赔偿,不符合公平正义的要求。3. 效率说。该说认为,因受害人的过错而减轻其赔偿额,有助于促使受害人采取合理措施,防止损害的产生和扩大,从而有利于提高经济效率。4. 保护加害人说。该说认为,与有过失制度是损害赔偿责任的发展,但与过错责任略有不同。过错责任以保护受害人为基点,重点在于填补受害人的损害,而与有过失系以保护加害人为基点,重点在于减轻加害人

---

[1] 参见(台)史尚宽《债法总论》,台北荣泰印书馆1978年版,第292页。
[2] 现在有统一称为共同过失的趋势,如欧洲侵权行为法小组成果《侵权法的统一:共同过失》中就采纳了"共同过失"的称谓。
[3] 杨立新:《给法官讲侵权法》,人民法院出版社2009年版,第94页。
[4] 法院酌定减免的标准有三说:一是以比较原因力之强弱而定;二是以比较过失程度之轻重而定;三是以原因力的强弱及过失程度轻重并和适用而定。参见(台)曾世雄《损害赔偿法原理》,中国政法大学出版社2001年版,第269页。

所应负的赔偿责任。①

综观上述学说，我们认为公平正义说揭示了与有过失制度的本质。根据受害人的过错而相应减轻加害人的赔偿数额，意味着无论是加害人还是受害人，最终都应对自己的过错行为负责，对他人的过错不负责任，体现了侵权责任法责任自负的精神。过错相抵是基于公平原则以及诚实信用原则，国家之所以承担国家赔偿责任，是因其对于损害之发生或扩大有过错，当受害人对损害的发生或扩大也有过错时，国家当然不应承担全部的赔偿责任。如果受害人能要求国家负完全赔偿责任，等于将基于自己的过错所引发的损害转嫁给赔偿义务机关承担，显然不合理。② 因此，在国家赔偿法领域也应适用过错相抵原则。

(一) 过错相抵的适用范围

过错相抵的适用范围须探讨两个问题：一是什么情况下会考虑受害人的共同过错，是在其造成损害时考虑，还是未能使损害最小化时考虑；③ 二是过错相抵原则是只适用于过错责任原则还是普遍适用于过错责任、过错推定责任以及无过错责任原则。

对于第一个问题，各国有不同的选择。如奥地利《国家赔偿法》规定，受害人故意或者过失不依法律救济途径对损害之发生或扩大加以阻止的，其对此后果应负责任，④ 表明该国国家赔偿制度中的与有过失适用于造成损害以及防止损害扩大两种情形。再如美国，共同过错在原告行为不合理从而扩大了损害范围的案件中也有适用。⑤ 纵观各国立法例，与有过失一般既适用于受害人的行为促成损害发生的情形，也适用于受害

---

① 以上各种观点参见王利明等《民法·侵权行为法》，中国人民大学出版社1993年版，第381－382页。

② 参见（台）曾世雄《损害赔偿法原理》，中国政法大学出版社2001年版，第259页。江必新：《国家赔偿法原理》，中国人民公安大学出版社1994年版，第201页。

③ 此问题为欧洲侵权行为法小组成果《侵权法的统一：共同过失》中提出的一般性问题。[德] U. 马格努斯、[西班牙] M. 马丁-卡尔萨斯主编：《侵权法的统一：共同过失》，叶名怡、陈鑫译，法律出版社2009年版，第3页。

④ 皮纯协、何寿生编著：《比较国家赔偿法》，中国法制出版社1998年版，第110页。

⑤ [德] U. 马格努斯、[西班牙] M. 马丁-卡尔萨斯主编：《侵权法的统一：共同过失》，叶名怡、陈鑫译，法律出版社2009年版，第316页。

人的行为导致已经发生的损害扩大的情形。但是，在不同立法例中，未能使已经发生的损害最小化的情形可能会导致迥异的法律后果：在一些国家，由于补救措施缺失而导致的损害，法律将其排除在损害赔偿之外。以因刑讯逼供而导致受害人身体伤害为例，如果受害人及时就医，不会导致残疾并丧失部分劳动能力的严重后果，此时该国法律将丧失劳动能力部分的损害排除于损害赔偿之外；在包括我国在内的大多数国家，补救措施的缺乏会导致同时就扩大部分的损害在双方当事人之间进行分配，仍以因刑讯逼供而导致受害人身体伤害为例，条件同上，此时的法律后果为受害人因残疾而获得的损害赔偿将被扣减。

对于第二个问题，在我国民事侵权领域曾引起过广泛的讨论，争论的焦点在于与有过失是否适用于无过错责任原则调整的领域。[①] 对此问题，最高人民法院《关于人身损害赔偿案件适用法律若干问题的解释》第2条第2款作出了解释："适用民法通则第106条第3款规定确定赔偿义务人的赔偿责任时，受害人有重大过失的，可以减轻赔偿义务人的赔偿责任。"在我国法上，与有过失的适用范围为：一是过错责任的侵权行为。二是过错推定的侵权行为。即使是推定的过错，如果构成与有过失，也应当进行过错相抵。三是无过错责任的侵权行为。加害人的行为已经构成无过错责任的侵权行为时，须考量受害人过错的程度，即当受害人一方具有重大过失时，应当实行过错相抵；如果受害人只具有一般过失或者轻微过失，则不实行过错相抵。[②]

（二）过错相抵的构成要件

过错相抵的构成须分别从加害人与受害人两方面考虑。首先，加害人的行为须符合国家侵权行为的构成要件，应当承担相应的国家赔偿责任。与此同时，受害人的行为除与损害的产生或扩大具有因果关系外，还须具备以下三个要件：

[①] 学者一致认为，与有过失的适用范围，应当包括过错责任的侵权行为与过错推定的侵权行为，对此没有争议。

[②] 参见杨立新《给法官讲侵权法》，人民法院出版社2009年版，第95-99页。

1. 受害人的行为与损害的发生或扩大之间具有因果关系。① 因果关系的判断是过错相抵能否成立的重要环节，因而，为减轻侵权人的损害赔偿金额，必须证明受害人的过错是促成损害发生的原因之一，即受害人的行为与加害人的行为共同作用，促成了一个损害结果的发生或扩大，或者是受害人的行为作用于已经发生的损害结果上，使其继续扩大。这里应分别考虑损害发生与损害扩大两种情形：对于损害结果的发生，受害人的行为必须是必不可少的共同原因之一，才能构成过错相抵；对于损害结果的扩大，受害人的行为可以是共同原因，也可以是单独原因。这是因为，当把损害扩大后的结果作为一个整体来研究的时候，受害人单独对损害结果扩大的行为，仍然也是共同原因。②

2. 受害人的行为须为不当。所有的法律制度似乎都承认，共同过错的成立要求受害人的行为必须存在某种不当。③ 质言之，过错相抵原则不要求受害人行为的违法性，只要受害人行为存在不当即可构成。所谓不当行为，就是为自己利益或在伦理的观念上为不当，所以阻却违法的行为如正当防卫、紧急避险等适法行为，不构成过错相抵。这种不当行为，既可以是积极的行为，也可以是消极的不作为。消极的不作为构成过错相抵可分为三种情况：一是重大损害未促其注意，二是怠于避免损害，三是怠于减少损害。④ 这三种情况都是受害人的消极行为，都构成过错相抵的要件。

3. 受害人须有过错。受害人有过错，是其为自己的行为负责的基础。如果受害人的行为虽是损害发生或扩大的共同原因，但其主观上无过错，

---

① 参见［德］U. 马格努斯、［西班牙］M. 马丁-卡尔萨斯主编《侵权法的统一：共同过失》，叶名怡、陈鑫译，法律出版社 2009 年版，第 371－372 页；杨立新主编《人身损害赔偿司法解释释义》，人民法院出版社 2004 年版，第 58 页。

② 参见杨立新《给法官讲侵权法》，人民法院出版社 2009 年版，第 99－101 页。

③ ［德］U. 马格努斯、［西班牙］M. 马丁-卡尔萨斯主编：《侵权法的统一：共同过失》，叶名怡、陈鑫译，法律出版社 2009 年版，第 373 页。

④ 三个要件参见杨立新《给法官讲侵权法》，人民法院出版社 2009 年版，第 99－101 页。

仍然不构成过错相抵。①

多数法律制度中，受害人的过错与侵权人的过错具有不同的含义和范围。不能说任何人都对他自己负有注意义务，因而，一个受害人不可能对自己存在疏忽。同样，侵权人的过错和所谓的受害人"过错"必定指涉两个不同的法律实体。在这种意义上，在一些国家，如德国和西班牙，侵权人为了避免对他人造成损害而必须遵守的注意，被认为是一种义务，相反，对于自己事务的必要注意被认为是一种负担，这种负担责任存在的作用是，虽然没有人有权利要求受害人履行一定行为，但是如果受害人对于其自身事务没有尽到必要的注意义务，他需要承担由此造成的不利后果。② 因此，判断受害人过错的标准，是受害人对于自己受害的危险，应当预见或可能预见，即就其行为可生权利侵害或发生损害扩大，必须有预见；或者以善良管理人的注意，应当预见。前者为故意，后者为过失。

值得注意的是，侵权人或受害人的故意对过错相抵的成立与适用具有重要意义。原则上，在双方都有过错的情况下，只有一方行为人为故意时，才排除过错相抵的存在。具体而言，当侵权人实施侵权行为的主观状态为故意时，就需要对全部损害结果负完全责任，而无需考虑受害人的共同过错；当受害人为故意时，受害人的故意排除了过错侵权人的责任，不存在侵权损害赔偿问题。但是，受害人的故意并不总是必然完全排除侵权人的责任，这方面最常见的例子是在被监禁期间自杀的囚犯。③

（三）过错相抵的法律后果

过错相抵原则在各国侵权法体系中的适用产生了不同的法律后果，

---

① 这里涉及在判断过失相抵是否成立以及对损害赔偿额度的影响时，不同立法例对因果关系和受害人过错的态度问题。我国是同等考虑因果关系与受害人过错。

② ［德］U. 马格努斯、［西班牙］M. 马丁-卡尔萨斯主编：《侵权法的统一：共同过失》，叶名怡、陈鑫译，法律出版社2009年版，第373页。

③ 参见［德］U. 马格努斯、［西班牙］M. 马丁-卡尔萨斯主编《侵权法的统一：共同过失》，叶名怡、陈鑫译，法律出版社2009年版，第384页。

在大多数国家起到免除责任或减轻责任的作用，在少数国家只产生减轻责任的效果。

根据法国的国家赔偿制度，在受害人所受损害中，应按照受害人过错的程度，免除或部分免除赔偿义务主体的赔偿金额，对于全由受害人自己的过错而产生的损害，国家不承担赔偿责任。在我国台湾地区，其"国家赔偿法"规定可以适用我国台湾地区"民法"第 217 条规定，即"损害之发生或扩大，被害人与有过失者，法院得减轻赔偿金额，或免除之"。"重大之损害原因，为债务人所不及知，而被害人不预促其注意或怠于避免或减少损害者，为与有过失。"其过错相抵可产生减轻责任或免除责任的后果。而在日本法上，[1] 受害人有过错时对赔偿额可以加以斟酌，但即使受害人有过错，也不能否定赔偿责任。而只要加害人有过错，当判断赔偿责任的有无时不得进行斟酌。[2] 并且当算定赔偿额时，是否予以斟酌是法官的自由。[3] 可见，日本法上的过错相抵原则只产生减轻损害赔偿责任的法律后果。

（四）过错相抵的实行

过错相抵的实行，一般包括两个步骤：一是比较过错；二是比较原因力。比较过错，是指在与有过失中，通过确定并比较加害人和受害人的过错程度，以决定责任的承担和责任的范围。具体方法是将双方当事人的过错程度具体确定为一定的比例，从而确定出责任范围。对损害后果应负主要责任者，其过错比例为 50% 以上至 100% 以下（不含本数）；对损害后果应负同等责任者，其过错比例为 50%；对损害后果应负次要责任者，其过错比例为 50% 以下。通常情况下，原因力是指在构成损害结果的共同原因中，每一个原因行为对于损害结果发生或扩大所发挥的

---

[1] 日本《民法典》第 722 条第 2 款规定了侵权行为的与有过失："受害人有过失时，法院可以斟酌其情节，确定损害赔偿额。"

[2] ［日］大审院 1937 年 5 月 14 日判决，载《大审院民事判例集》第 16 卷，第 618 页。

[3] 参见于敏《日本侵权行为法》，法律出版社 2006 年版，第 425 页。

作用力。① 比较原因力，就是对造成损害的不同原因的原因力进行衡量，确定各自在整个损害中所占的比例。

四、是否适用损益相抵

损益相抵，又称损益同销，是指请求权人就损害之原因事实（其间具有因果关系）受有利益（如免除金钱、劳务之耗费，或受有积极的经济利益），应从所请求损害赔偿金额中扣除后确定赔偿金数额。② 损益相抵原则在罗马法上即已存在，在查士丁尼《法学总论》中，关于"一切善意诉权的诉讼，审判员享有全权根据公平原则决定返还原告之数"的规定，③ 含有损益相抵的内容。德国普通法时代，也承认此原则。④ 在我国古代法律中，损益相抵的适用更为明确。在《唐律》、《宋刑统》、《明会典》和《清律》中，都规定了"偿所减价"制度，是指原物受损之后，以其物的全价扣除所残存价值之差额，作为赔偿数额，适用的范围是牛马等畜产遭受损害的赔偿。⑤

（一）损益相抵的理论依据

适用损益相抵规则的逻辑前提是，受害人因不法行为获得利益，这些利益实际上减少了损害，故其就不能请求这部分损害赔偿。⑥ 遵循着这

---

① 参见杨立新《新类型侵权行为的责任形态及其规则——对〈最高人民法院关于人身损害赔偿案件适用法律若干问题的解释〉有关人身损害赔偿的司法解释的解读》，载中国民商法律网，http://www.civillaw.com.cn/qqf/weizhang.asp?id=23187。
② 江必新：《国家赔偿法原理》，中国人民公安大学出版社1994年版，第201页。
③ [罗马]查士丁尼著：《法学总论》，张企泰译，商务印书馆1989年版，第213页。
④ （台）曾世雄：《损害赔偿法原理》，中国政法大学出版社2001年版，第237页。
⑤ 如《唐律·厩库》"故杀官私马牛"条规定："诸故杀官私马牛者，徒一年半。赃重及杀余畜产，若伤者，计减价，准盗论，各偿所减价；价不减者，笞三十。其误杀伤者，不坐，但偿其减价。"其疏议曰："'减价'，谓畜产值绢10匹，杀讫，唯值2匹，即减8匹价；或伤止值9匹，是减1匹价。杀减8匹偿8匹，伤减1匹偿1匹之类。'价不减者'，谓原值绢10匹，虽有杀伤，评价不减，仍值10匹，止得笞30罪，无所赔偿。"畜产原价为10，杀害损失为10；但畜产杀之所得皮、肉、骨在所有人而言，为所得利益，偿所减价，就是赔偿损失额扣除所受利益后的差额，此正符合损益相抵的基本原理。畜产杀伤之价不减者，如猪食肥而杀之，价不减，损失与利益等同，则"无所赔偿"。参见杨立新《给法官讲侵权法》，人民法院出版社2009年版，第108-111页。
⑥ [德] U. 马格努斯主编：《侵权法的统一：损害与损害赔偿》，谢鸿飞译，法律出版社2009年版，第98页。

一逻辑，存在利益说和禁止得利说两种确立损益相抵原则的理论依据：（1）利益说。该说是指损害即受害人对于损害事故所感受之利害关系，亦即其对于损害事故之利益，而利益之计算，则以受害人二财产状况之差额为准，所谓二财产状况，一则指损害事故如未发生，受害人财产应有之状况，二则指损害事故发生后，受害人财产实有之状况，损害事故发生后，受害人财产究竟剩多少，其计算应将受害人所受损害与所得利益全部计列相抵始可求得。果如此，则如受害人因同一损害原因而受有利益者，该利益亦应列入。德国立法上基于利益说而确认损益相抵原则。（2）禁止得利说。该说是指损害赔偿旨在填补损害，故赔偿应与损害大小相一致，不可少亦不可多。基于此原则，赔偿损害之结果，受害人不得较无损害事故发生时更为优越。准此，凡因一损害原因受损害，并受利益者，则所谓损害，仅存于损害与利益二者间之差额。利益大于或等于损害时，即无损害可言；利益小于损害时，计算损害应扣除利益额。法国和英国基于禁止得利说而确认损益相抵原则。[①] 上述两种学说，主要的区别在于确认损益相抵的理论着眼点不同，利益说着眼于损害导致利益的实际减损，禁止得利说主要着眼于禁止受害人额外得利。[②] 二者相比，禁止得利说体现损害赔偿不能使受害人获得利益这一一般原则，更符合公平原则，因此被多数国家所接受。现代法上，各国通常不在立法中明确规定损益相抵原则，而是在司法实践中评定损害赔偿金时予以考虑，并一般倾向于承认受害人所获利益应从损害中扣除。[③]

（二）损益相抵的判断标准

适用损益相抵原则，存在何种利益可以从损害赔偿中予以扣除，即损益相抵的判断标准的问题。关于损益相抵的判断标准的学说，先后有三种：（1）损益同源说。这一标准由德国国家高等商事法院以判例创立，

[①] （台）曾世雄：《损害赔偿法原理》，中国政法大学出版社2001年版，第237－238页。

[②] 参见杨立新《给法官讲侵权法》，人民法院出版社2009年版，第111页。

[③] ［德］U. 马格努斯主编：《侵权法的统一：损害与损害赔偿》，谢鸿飞译，法律出版社2009年版，第294页。

认为损害与利益之间应相折算,以该二者系同一事故而发生为必要,否则,不得为此折算。(2)相当因果关系说。以相关因果关系说代替损益同源说成为判断标准,一是因为损益同源的观念过窄,但有利益的发生由外界现象而观之虽似由独立事实而引发,损益虽非同源,然而似以其相抵为宜者,不无有之,因而损益相抵的标准有扩充的必要;二是因为在这一时期,相当因果关系理论正值兴旺时期,是法学理论发展的最新成果。何种利益足以影响应填补损害并予以扣除,以损害事故与利益间有无相当因果关系为判断标准,有之则构成,无之则不应予扣减,因为不构成损益相抵。(3)法规意旨说。相当因果关系理论具有明显缺点,无法调整利益的发生与损害事故显无相当因果关系的情形,但就个案而言以准许损益相抵更为符合法律的意旨的情形,以及他方面利益的发生与损害之间虽然具有相当因果关系,但就个案而言以不许损益相抵更为符合法律的意旨的情形。因此,相关因果关系说逐渐被法规意旨说所取代。以法规意旨为判断标准,强调从实际损失中扣除利益必须是合理的、公正的,尤其是这种扣除必须不违反附随利益的给付目的,即加害人不能从受害人获益的事实中获得不合理的利润。因此,社会保障、保险给付以及受害人受伤后雇主连续支付的工资,对加害人的责任最终都没有影响,因为其目的不是为了减轻加害人的责任。[1] 但是,尽管损益相抵不以相当因果关系为绝对标准,然而因果关系作为构成损益相抵构成的必要要件之一,却为判例学说所公认,即须利益与损害于同一之相当原因而发生。[2]

(三)损益相抵的构成要件

在承认损益相抵的国家,其构成要件相当模糊,往往采取个案平衡

---

[1] [德] U. 马格努斯主编:《侵权法的统一:损害与损害赔偿》,谢鸿飞译,法律出版社2009年版,第294—295页。
[2] (台)何孝元:《损害赔偿之研究》,台湾商务印书馆1982年版,第45页。

的处理方式。① 但对各个案件中相同要件的抽取，即对损益相抵构成要件的探寻，有利于理解和操作，并能有效保障这一原则适用的一贯性。

1. 须有损害赔偿责任成立。构成损害赔偿责任，是适用损益相抵原则的前提与基础。损害赔偿责任未成立，亦即缺乏损害赔偿责任的要件，尚未构成损害赔偿责任的，均不具备此要件。② 值得注意的是，损益相抵规则适用于损害赔偿领域，此处对损害赔偿需作广义上理解，因此其适用范围"不独适用于金钱赔偿之金钱利益，对于原状恢复，亦有适用。惟其方法不如金钱之易扣除"。③

2. 须受害人受有利益。受害人获得利益是适用损益相抵的必备事实要件，如果受害人没有因受损害而获得利益，那么在确定损害赔偿范围时也无需适用这一规则。受害人所受利益，包括积极利益与消极利益。积极利益是指受害人现有财产的增加。如财产保险后遭损害的索赔金额，房屋被毁所遗建筑材料的价值等；消极利益是指本应减少的财产未损失，如旧车使用的修理费，耕牛使用的饲养费等。

一般认为，应当扣减的利益，主要包括：（1）物之毁损而发生的新生利益，例如，汽车全毁时，可能存留的仍可使用的零件。（2）实物赔偿新旧相抵的利益，物被毁后，以回复原状的方式赔偿损害时，应以同种类品质数量之物交付赔偿权利人。如果被毁损的物品是已经使用的旧物，不可能以新旧程度完全相当之物赔偿，因此以新物赔偿时，会产生新旧差额，这一差额即为受害人所得利益，应当扣除。（3）原应支出因损害事实之发生而免于支出的费用，如因侵权行为导致人身伤害而住院治疗，住院期间免于支出日常伙食开支。我国台湾地区的做法是将免于支出的部分从损害赔偿中扣除，大陆地区的做法略有不同，不考虑住院

---

① 参见［德］U. 马格努斯主编《侵权法的统一：损害与损害赔偿》，谢鸿飞译，法律出版社 2009 年版，一般问题之各国报告部分。

② 如契约履行中受有利益、特殊的请求返还行为以及请求减少价金行为，具体参见杨立新《给法官讲侵权法》，人民法院出版社 2009 年版，第 112 - 116 页。

③ （台）曾隆兴：《现代损害赔偿法论》，中国政法大学出版社 2001 年版，第 585 页。

伙食费及日常伙食费的差额的赔偿，而是考虑住院治疗予以适当的伙食补助。这两种不同的做法意旨相同。(4) 因损害的发生而获得原无法获得的利益。例如，日本判例认为，因杀害他人使其妻子或子女丧失扶养，然因此同时使其得有法律上的寡妇或孤儿救济金，为所得利益，应予扣除，[①] 另如德国判例认为，赛马时，骑手为求赢得奖金，违反惯例鞭马致死，马匹所有人因马死而受有损害，然因而获得奖金，该项奖金为所得利益，如无损失则不能获得，固应扣除。[②] (5) 将来的赔偿给付改为现在的一次性给付的中间利息。例如，伤害致人死亡或丧失劳动能力的，因受害人死亡、致残前扶养人因而丧失抚养的损害赔偿，当将将来的多年给付改为现在一次性给付的时候，其将来给付的逐年中间利息，应按法定利率予以扣除。[③]

3. 须有构成损害赔偿责任的损害事实与所得利益间的因果关系。随着损益相抵学说的沿革，因果关系成为损益相抵的基础性要求，是其必要条件。综合考察奥地利、比利时、英国、德国、希腊、意大利以及荷兰等国立法例，[④] 在损益相抵中，第一个要求就是利益与损害必须有因果关系。

(四) 国家赔偿法中的损益相抵

根据法国的国家赔偿制度，受害人因损害事实而取得的利益，应从赔偿金额中扣除。比如，公务员在非法撤职期间，从事有收入的工作，应从赔偿额中扣除该公务员的收入部分。美国法上，国家机关及其工作人员实施的侵权行为给原告造成了损害，但也给其带来了某些利益的，原告的赔偿请求中应扣除其所得利益。不过，为了使抵消合理，所得利益必须是国家侵权行为给受害人造成的同一"利益"，另外，若抵消会造

[①] (台) 史尚宽：《债法总论》，荣泰印书馆1978年版，第300页。
[②] 参见 (台) 曾世雄《损害赔偿法原理》，中国政法大学出版社2001年版，第253-255页。
[③] 此种情况应适用霍夫曼计算法扣除之，参见杨立新《侵权损害赔偿》，吉林人民出版社1990年版，第340页。
[④] 参见 [德] U. 马格努斯主编《侵权法的统一：损害与损害赔偿》，谢鸿飞译，法律出版社2009年版，各国国别报告及第294页。

成"不公平"结果,也不能抵消。[①] 其他的一些国家和地区都有类似的制度。有些国家如日本的上述制度虽然没有明确规定于国家赔偿法法典中,但在判例中得到了确认,或是采用了适用民法相关规定的做法。

但是,并不是所有国家都在所有事项上适用损益相抵原则。例如,保加利亚规定,在确定数额时,受害人得到的抚恤金及其他补助必须从损害总额中扣除,但国家保险局对交通运输部门或企业事故的赔偿例外,因为那是根据法律对乘客和运输人员实施强制保险的结果。保加利亚还规定,一个人领取抚恤金和保险费并不影响物质损害的赔偿,因为致害人的责任大小完全是根据致害程度确定的。这样,应付或已付的抚恤金和保险费并不补偿对受害人或其亲属造成损害的赔偿数额。抚恤金和保险费也不影响对精神损害的赔偿,因为保险费和抚恤金所赔偿的仅仅是物质损害,而且保险金只是对保险的数额而言。[②]

在国家赔偿领域适用损益相抵是否具有区别于民事赔偿的特点,值得思考。虽然随着我国民主政治的发展以及公共负担平等理念渐入人心,国家赔偿法的价值取向由对国家利益的保护转为对公民、法人及其他组织合法权益的保护,但是监督国家机关依法行使职权仍是国家赔偿制度的重要价值,在国家赔偿所有事项中完全适用损益相抵,有架空国家赔偿之虞。例如,行政机关错误开除公务员公职,受害人在被开除期间从事有收入的职业,此时,如果受害人的劳动收入等于甚至高于因被违法开除而造成的损害,适用损益相抵原则,受害人将不能再主张国家赔偿。在此情形下若适用损益相抵,违法侵害受害人合法权益的国家行政机关将免于承担赔偿责任,显属不合理。

因此,国家赔偿领域损益相抵的适用条件应严于民事赔偿领域。有学者建议,只有受害人所受利益来源于国家机关及其工作人员时才可适

[①] 参见[德] U. 马格努斯主编《侵权法的统一:损害与损害赔偿》,谢鸿飞译,法律出版社2009年版,第258页。

[②] 江必新:《国家赔偿法原理》,中国人民公安大学出版社1994年版,第201页。

用该原则。例如,根据奥地利《国家赔偿法》第 2 条的规定,受害人已经依据行政诉讼获得赔偿的,不得再申请国家赔偿。

我们支持这一观点,即国家赔偿中适用损益相抵须具备损害赔偿责任成立、受害人受有源于国家机关及其工作人员的利益以及损益之间具有因果关系三个要件。质言之,受害人获得保险金、取得报酬、原雇主继续支付工资、接受第三人的好意支付等利益,均不能减轻国家赔偿机关的责任。这一限缩性条件实际上体现了损益相抵原则以法规意旨为判断标准,即国家赔偿法之意旨在于填补当事人损害的同时,监督公权力的行使,因此,对于非来源于国家机关及其工作人员的利益,尤其是可能使国家赔偿机关逃避其责任时,不适用损益相抵更为合理。

五、能否超出赔偿请求的范围确定赔偿金额

一些国家基于民事诉讼中不告不理的原理,规定赔偿义务机关或赔偿争议裁处机关不得超出赔偿请求人请求的范围确定赔偿金额。例如,在法国的国家赔偿制度中,判决行政主体承担的赔偿金额不得超过受害人的请求。也就是说,法院必须在受害人请求的范围内,而不能在受害人请求的范围之外作出判决。此外,根据法国的判例,法院认为赔偿义务机关所承诺的赔偿金额超过实际损失时,可以减少至相应的金额。然而,在另外一些国家,赔偿金额的确定不一定局限于请求权人请求的范围。赔偿争议裁处机关可以根据受害人所受到的实际损失情况具体确定赔偿金额,而不受请求权人请求范围的限制。[①]

第三节 我国国家赔偿法对可赔偿范围的限定

《国家赔偿法》第四章规定了人身损害、财产损害以及精神损害的可

---

① 江必新:《国家赔偿法原理》,中国人民公安大学出版社 1994 年版,第 202 页。

赔偿范围，是立法机关基于我国现实对可赔偿损害范围的法律界定，体现了我国国家赔偿制度的基本价值取向。具体而言，我国原则上仅赔偿积极损害，在法律有特别规定的情形下才赔偿消极损害。

一、积极损害与消极损害

如前文所述，我国国家赔偿法未采纳积极损害与消极损害称谓，而是使用了直接损失与间接损失的概念，这两组概念相互联系但又有所不同。具体而言，前一组概念的范围要广于后一组概念，换言之，后者是前者在财产领域的具体化。在财产损害领域，两组概念具有相同含义，可以互相替换。我国对所有的积极损害都应予以赔偿，但并不全部赔偿消极损害，[①] 采取了对人身损害与财产损害区别对待的做法。

根据国家赔偿法的规定，在人身损害赔偿领域，积极损害应予以赔偿，包括因治疗损伤支出的费用，如医疗费、护理费、后续治疗费、康复费等；因增加生活上需要支出的费用，如生活自助具费；因安葬丧失生命权的受害人支出的丧葬费。消极损害原则上予以赔偿，包括因误工导致的收入损失，如误工费；因全部或部分丧失劳动能力导致的收入丧失或减少，如残疾赔偿金、被扶养人生活费；或因死亡导致的收入损失，如死亡赔偿金、被扶养人生活费等。

在财产损害赔偿领域，由于财产权益受损结果的多样性，《国家赔偿法》第36条第8项对其进行兜底性规定，表明我国原则上仅赔偿积极损害，即直接损害，对于消极损害一般不予赔偿，例如，吊销许可证、执照，责令停产停业的，只赔偿停产停业期间必要的经常性费用开支，而

[①] 江必新：《国家赔偿法原理》，中国人民公安大学出版社1994年版，第202－203页。

对丧失的营业所得不予赔偿。①

在财产损害赔偿领域,修订后的《国家赔偿法》扩大了直接损失的界定范围。例如,对于已经拍卖或者变卖的财产,在变卖所得的价款明

---

① 以"益民公司诉河南省周口市政府等行政行为违法案"为例,对财产损害中的直接损失进行说明。本案主要涉及周口市天然气城市管网项目的建设经营权问题。周口市政府、市计委于2003年4月至6月就周口市天然气城市管网项目进行招标,最终由亿星公司中标。6月20日,市政府作出周政〔2003〕54号《关于河南亿星实业集团有限公司独家经营周口市规划区域内城市管网燃气工程的通知》,亿星公司遂办理了相关手续、签订合同、购置输气管道等管网设施,开始动工开展管网项目建设。但此前益民公司依据周地建城〔2000〕10号文,已经于2000年便取得了周口市城市管道燃气专营权,并已经铺设了一些燃气管道。亿星公司中标后,益民公司认为,市计委、市政府作出的上述《招标方案》、《中标通知》和54号文违反了法律规定,并侵犯了其依法享有的管道燃气经营权,向河南省高级人民法院提起行政诉讼。根据最高人民法院《关于执行〈中华人民共和国行政诉讼法〉若干问题的解释》第5条的规定,被诉具体行政行为违反了法律规定,且损害了相对人信赖利益,但如果撤销该行政行为,将会给公共利益造成重大损失的,应确认被诉具体行政行为违法,并责令被诉行政机关采取相应的补救措施。在此仅重点关注本案中行政赔偿部分。一审中,原告益民公司主张赔偿由于被诉行政行为引起的被迫停止燃气管道工程建设造成的职工工资、燃气用户退费、施工协议不能正常进行等直接损失。河南省高级人民法院以原告开庭时未提供相应证据为由予以驳回。原告提出的因不能履行与天津东海燃气投资公司签订的5亿元的借款合同而造成的违约损失,因该合同直到现在未到生效时间,应不存在不能履行的损失。对于原告提出的因不能履行与河南三月风公司签订的5亿元的投资协议而造成的违约损失,因在法庭质证时原告提供的协议文本相互矛盾,其真实性不能认定,且关于合资成立新公司的协议并未实施,因此,对原告提出的此项损失不予支持。综上,因原告不能举证、无法认定其存在损失,驳回益民公司的赔偿请求。

益民公司不服河南省高级人民法院上述行政判决,向最高人民法院提出上诉,要求被上诉人承担因其违法行为给益民公司造成的各种直接损失,请求判令被上诉人赔偿其除铺设管道等投资以外的其他直接经济损失3500万元。

最高人民法院经审理认为,益民公司一审期间向法院提交的其与天津东海燃气投资公司签订的建设天然气供气工程合同、与河南三月风公司签订的合资协议等证据,不能证明其所称损失的存在,一审法院根据当时举证情况作出认定并判决驳回益民公司提出的赔偿请求正确。益民公司在二审中向本院提交的2003年6月以后直接经济损失一览表、周口申鑫会计师事务所2004年11月22日出具的审计报告、益民公司与中国水利水电闽江工程局东南分公司建设施工合同及后者的索赔函、益民公司与河南建原燃气工程公司施工合同及后者的工程索赔明细表、益民公司与王学堂租赁场地与厂房合同及后者的催款通知、益民公司与河南协力工程建设集团施工合同书及后者催要工程款的通知、部分已安装供气户和待供气户证明等证据,系于一审判决之后取得,其在一审期间无法向法院提交,故其可以向二审法院提交,但这些证据材料不能用来支持其提出的由市政府和市计委赔偿其除铺设管道等投资以外的其他直接经济损失3500万元的行政赔偿请求。首先,其提供的证据除了租赁场地、厂房协议外,均属铺设管道等投资的范畴,超出了其提出的行政赔偿请求的范围,故这些证据材料与本案不具有关联性。其次,租赁场地、厂房的费用损失系由停工造成,而停工是周口市规划局作出的停工通知导致的后果,与被诉具体行政行为没有因果关系。再次,除审计报告之外的证据材料都是其尚未履行的债务证明,还没有转化为直接损失,不属于上规定的可赔偿范围。据此,益民公司就铺设管道等投资之外的直接经济损失提出的行政赔偿请求不能成立,根据最高人民法院《关于审理行政赔偿案件若干问题的规定》第33条关于"原告的请求没有事实根据或者法律依据的,人民法院应当判决驳回原告的诉讼请求"之规定,应当判决驳回益民公司提出的行政赔偿请求。

显低于财产价值时，支付相应的赔偿金，以实现对受害人实际财产损失的补偿。①

此外，修订后的《国家赔偿法》明确了对利息损失的赔偿，规定返还执行的罚款或者罚金、追缴或者没收的金钱，解除冻结的存款或者汇款的，应当支付银行同期利息。修订前的《国家赔偿法》未将利息纳入国家赔偿范围，司法实务中对利息一般也不予赔偿，仅对贷款在借贷状态下的贷款利息予以赔偿。② 在比较法上，对于返还金钱是否应当返还利息的问题，各个国家和地区规定不一。既有规定赔付利息的，如我国台湾地区"冤狱赔偿法"第33条规定："罚金执行的赔偿，应以已交罚金相等金额附加利息返还之。"也有规定不赔付利息的，如美国和德国只支付本金，不支付利息。

对于利息损失的性质，存在分歧。有观点认为，对利息予以赔偿的做法实际上已将其性质界定为直接损失，从而接近于民事赔偿的规定。而大部分学者认为，《国家赔偿法》的修改是对赔偿范围的逐渐扩展，将利息等间接损失也纳入损害赔偿范围。③ 我们同意后一种观点，利息是具体且确定的未来可获得的利益，即"所失利益"，性质上确属间接损失。对利息进行赔偿是我国《国家赔偿法》逐渐扩展可赔偿损害范围，实现对受害人权益全面赔偿的有益改变，体现该法立法价值取向转为对公民、法人及其他组织合法权利的保护。

综上，我国对积极损害与消极损害的选择，属于原则上仅赔偿积极损害，只有在法律有特别规定的情形下才赔偿消极损害的模式。

二、全额赔偿与限额赔偿

在我国国家赔偿法上，对于人身损害领域，原则上除了直接损失以

---

① 修订前的《国家赔偿法》第28条第5项规定："财产已经拍卖的，给付拍卖所得的价款。"
② 参见最高人民法院《关于民事、行政诉讼中司法赔偿若干问题的解释》第12条第3项规定。
③ 李召亮：《论行政赔偿范围的渐进扩展》，载《政法论丛》2000年第5期。

外，还赔偿一定范围的间接损失；实行限额赔偿原则。对于财产损害领域，原则上只赔偿直接损失，而不赔偿间接损失；实行全额赔偿原则。对于精神损害领域，是全额赔偿还是限额赔偿，学术界与理论界一直存有争议，值得探讨。

（一）人身损害赔偿

实行限额赔偿有三种方式：一是规定最高赔偿金额，即规定一个固定限额；二是规定一个赔偿金额的选择范围；三是，在一定范围内实行比例赔偿。我国采用了第一种方式，以年或日为单位，对最高赔偿金额进行限定。具体表现在：国家侵权行为侵害人身自由的，以日为单位，每一日赔偿限额为国家上年度职工日平均工资；侵犯受害人生命健康造成误工损失，以日为单位，每一日赔偿限额为国家上年度职工日平均工资，并且限定最高赔偿额为国家上年度职工年平均工资的五倍；残疾赔偿金的最高限额以年为单位计算，最高不得超过国家上年度职工年平均工资的二十倍；丧葬费与死亡赔偿金合并计算，总额限制在国家上年度职工年平均工资的二十倍之内。

（二）财产损害赔偿

由于我国原则上只对国家侵权行为造成的直接财产损失予以赔偿，因此适用全面赔偿的原则。现行国家赔偿法律上有明确规定的消极损害仅限于利息，且利息相较于信赖利益等消极损害而言具有相对的确定性，能够明确计算，因此也应一并全面赔偿。

（三）精神损害赔偿

精神损害是受害人因国家侵权行为所导致的精神上、心理上的痛苦。这种精神痛苦是无形损害，其最显著特征就是不像财产损害那样可以相对精确地加以计算。因此，很难明确对受害人精神损害的赔偿究竟是限额赔偿还是全额赔偿。

目前我国司法实践中，实际上是采纳了限额赔偿的做法。由于我国经济、社会和文化发展所固有的地区不平衡性，我国《民法通则》和相关司法解释对精神损害赔偿的具体标准均未作规定，因而一些地方立法机关和高级人民法院对精神损害赔偿数额作出了比较具体的规定。[①] 如广东省《关于〈实施中华人民共和国消费者权益保护法〉的办法》规定，精神损害赔偿最低应为5万元以上；上海市各级法院的统一做法是赔偿额一般不超过5万元；重庆市高级人民法院出台的《关于审理精神损害赔偿案件若干问题的意见》中明确规定各种不法侵害导致精神损害赔偿的标准：公民的姓名权、肖像权、名誉权、荣誉权遭受损害的，精神损害赔偿金额一般不超过1000元；侵权行为恶劣、后果严重的，赔偿金额为1000元至5000元。北京市高级人民法院曾内部规定，名誉权案件的赔偿金数额原则上不得超过5000元；西安市中级人民法院对新闻侵害名誉权的赔偿数额掌握在100元至1000元之间；上海市卢湾区人民法院对肖像权的赔偿数额一般掌握在200元以下；天津市各级法院对肖像权的赔偿数额一般掌握在30元至300元幅度之内，最高一案为700元。浙江省规定精神损害赔偿下限为5000元。[②] 可见，各地目前都采用了限额赔偿的做法，但确定的限额却极不统一，差距悬殊，如同为经济发达地区的上海和广东，前者以5万元为赔偿上限，而后者则以5万元为最低赔偿额。上述做法的优点在于便于操作、简单易行，但缺点也显而易见，即不同地域相差悬殊的赔偿限额会导致同样案情的不同当事人获得相差甚远的赔偿金。例如，重庆的一名4岁儿童因烫伤提出30万元精神赔偿金，最终法院只判赔1.4万元；而吉林一名5岁儿童同样因被烫伤而提出赔偿，却获得了高达20万元的精神损害赔偿金，两案中如此悬殊的精神损害赔偿金有违公平。

综观各地的赔偿限额，可以发现主要存在两种模式，即规定最高限额或规定最低限额。其中，规定最高限额是从实用主义出发，目的是追求司法上的统一和操作上的便利，限制法官的自由裁量，以及防止精神损害赔偿的滥用；[③] 而规定最低限额则主要是为了贯彻"精神损害必须有

[①] 王太平：《驳精神损害赔偿限额论》，载《湖南公安高等专科学校学报》2006年第1期。
[②] 上述数据参见李鉴《精神损害赔偿数额之确定》，中国人民大学硕士学位论文，第11 - 12页。
[③] 王太平：《驳精神损害赔偿限额论》，载《湖南公安高等专科学校学报》2006年第1期。

严重后果才予以赔偿"的立法精神以及减少诉讼、节约司法资源的目的。[1]

针对上述实践中的做法，有学者对精神损害限额赔偿论进行了批判，认为精神损害赔偿的主要功能在于填补受害人因此而受到的损害，使其得到慰抚、调整，以至能进行新生活，所以，最佳原则是"全面赔偿损害"，且应当具体情况具体分析，而不是人为的限制数额进行"一刀切"。[2] 我们同意这种观点，对精神损害也应予以全额赔偿。但这并不意味着支持漫无边际的巨额赔偿金主张，而是应当遵循最高人民法院《关于精神损害赔偿案件适用法律若干问题的解释》的规定，分别考虑侵权人的过错程度，侵害的手段、场合、行为方式等具体情节，侵权行为所造成的后果，侵权人的获利情况，侵权人承担责任的经济能力，受诉法院所在地平均生活水平等因素，本着与受害人精神损害相当的原则，酌定一个既能切实抚慰受害人痛苦，又能制裁加害人行为，也能对社会起到一般警示作用的合理赔偿数额。

三、其他原则对可赔偿损害范围的限制

除了对积极损害与消极损害，全额赔偿和限额赔偿的选择外，对是否适用过错相抵和损益相抵原则，以及法院能否超出请求权人请求的范围确定赔偿金额等问题的回答，也直接影响我国可赔偿损害范围的界定。

是否适用过错相抵原则和损益相抵原则，《国家赔偿法》未作规定，但根据我国国家赔偿法总的精神，是应当适用的。[3] 并且，在实践中适用损益相抵，应当遵循略严于民事损害赔偿的适用条件，以《国家赔偿法》的立法意旨为最终判断标准，对于非来源于国家机关及其工作人员的利益，尤其是可能使国家赔偿机关逃避其责任时，不得适用损益相抵原则。

---

[1] 如《民法通则》第 8 条、《侵权责任法》第 21 条以及《国家赔偿法》第 35 条均明确规定精神损害必须造成严重后果才予以赔偿。
[2] 王太平：《驳精神损害赔偿限额论》，载《湖南公安高等专科学校学报》2006 年第 1 期。
[3] 江必新：《国家赔偿法原理》，中国人民公安大学出版社 1994 年版，第 203 页。

赔偿义务机关或者赔偿争议处理机关能否超出赔偿请求人的请求范围而确定赔偿金额,《国家赔偿法》亦未作规定。但依据我国的诉讼观念以及实事求是的原则,回答应当是肯定的,[1] 即法院可以依职权查明受害人所受实际损失,并依据受损害事实作出超出赔偿请求人请求范围的赔偿判决。这也是对在强大的公权力面前处于弱势地位的公民、法人和其他组织合法权益的保护。

---

[1] 江必新:《国家赔偿法原理》,中国人民公安大学出版社1994年版,第203页。

第二十五章　人身损害赔偿及其标准

在现代社会，人们在继续以金钱赔偿的方式对受害人进行救济的情况下，进行着重新评估人身价值的尝试。修订后的《国家赔偿法》通过增加法定赔偿项目与采取开放式列举模式，基本实现了对人身损害的全面赔偿。我国国家赔偿法构建了与国家侵权行为对受害人造成人身损害的严重程度相应的三层赔偿范围体系，即：人身损害的一般赔偿范围、造成残疾的赔偿范围以及造成死亡的赔偿范围，本章将分别予以讨论。

第一节　人身损害赔偿及其标准概述

基于国家赔偿制度自身的特殊性，我国《国家赔偿法》对人身损害赔偿规定了与民事侵权赔偿的不完全相同的标准。我国国家赔偿法上，人身损害的赔偿范围包括人身损害的一般赔偿范围、造成残疾的赔偿范围以及造成死亡的赔偿范围，并采取客观计算方法来确定人身损害赔偿的金额。

一、人身损害赔偿之价值观

在所有损害赔偿中，人身损害赔偿最为重要。一方面因为任何法都是属人的，都是"把人的关系还给人自身"。[①] 另一方面因为人身损害赔偿所保护的是自然人的生命、健康与身体权，是对人而言最为重要的权

[①] 江必新：《国家赔偿法原理》，中国人民公安大学出版社1994年版，第204页。

益。正如《欧洲侵权法原则》第2：102条所言，"受保护利益的范围取决于利益的性质；价值越高，界定越精确、越明显，其所受保护就越全面。生命、身体和精神的完整性，人的尊严和自由受最全面的保护。"①此外，与财产利益受到侵害相比，侵害人身权益更有切肤之痛。

以金钱赔偿的方式保护人身损害，经历了观念发展的过程。早期人们质疑，人的自由值多少钱？人的生命值多少钱？人的痛苦与情感又值多少钱？进而认为人身损害的具有难以估量性，一些国家遂以此为理由或借口拒绝赔偿人身损害。

最先对人身损害予以赔偿的国家，大都采取了将人身自由财产化（或者说人物化）的方式。例如，限制人身自由，不是指自由本身值多少钱，而是指因失去自由而失去的金钱。这样的理由，使人感到似乎人不是为自由而活，而是为金钱而活的，容易让人产生这是否是人类的一种可悲之处或异化的疑问。但不可否认的是，对人身自由的财产化是人类实现自由价值的一个必要的环节。②此后，对于人身损害赔偿的重心转到了金钱赔偿上。

在现代社会，虽然人们承认人身是无价的，亦认可人身权不可以用金钱衡量等理念，但是在人身损害已经发生的情况下，除停止侵害以外，也只能采用金钱赔偿的方式。这是因为，一方面，以同态复仇的方式补偿人身损害已成为历史，并且这种以眼还眼、以牙还牙的野蛮方式虽然确实实现了人的价值以人的价值来交换，但它并不反映出人类对自身价值的珍视；③另一方面，一旦发生人身损害，必将给受害人带来一系列的财产损失。如因为劳动能力的部分或全部丧失而减少或失去劳动报酬，为消除病痛、恢复健康或安葬死者而支付的费用，无法履行法定的赡养或抚养的义务而给被扶养人造成的损失。也就是说，在人身不受损害的正常情况下，受害人可以不必支出某些费用，并可以获得一定的财产。

---

① 欧洲侵权法小组编著：《欧洲侵权法原则：文本与评注》，于敏、谢鸿飞译，法律出版社2009年版，第59页。
② 江必新：《国家赔偿法原理》，中国人民公安大学出版社1994年版，第204页。
③ 同上。

在这种情况下，由国家以金钱赔偿的方式承担赔偿责任，一方面可以切实填补受害人因不法侵害造成的物质上的损失，另一方面，受害人也可以通过金钱的补偿而获得精神上的安慰。然而，在继续采用财产的方式对人身损害予以赔偿的同时，人类似乎在进行着重新评估人身价值的尝试。比如，遍及于世界各国的"死亡赔偿金"就是超越人身自由财产化这种狭隘眼界而为人身损害寻求新的评估标准的有益探索。[1]

二、人身损害赔偿的权利范围

在一般意义上，人身损害赔偿，是指自然人的生命权、健康权、身体权受到不法侵害，造成致伤、致残、致死的后果以及其他损害，要求侵权人以财产赔偿等方式进行救济和保护的侵权法律制度。生命权与健康权合称为生命健康权，是自然人享有的最基础也是最重要的两项权利。（1）生命权，是以自然人的性命维持和安全利益为内容的人格权。它以自然人的生命安全为客体，以维护人的生命活动延续为基本内容。生命是不可以替代和不可逆转的，是人得以存在的体现，是公民享有权利和承担义务的前提和基础，是自然人的最高人格利益。[2] 侵害生命权，是以自然人的生命丧失为标准的，凡是造成自然人死亡的，就是侵害生命权的侵权行为。（2）健康权，是指自然人以其机体生理机能正常运作和功能完善发挥，以其维护人体生命活动的利益为内容的人格权。它的基本功能就是维护人体机能和功能发挥的完善性。侵害健康权，是侵权行为作用于人体，使人的机体生理机能的正常运作和功能的完善发挥受到了破坏，使受害人的人体生理机能、发育、体质等综合发展状况在原有的水平上下降，不能保持原有的水平。[3] 侵害健康权的结果一般有三种形式：一是导致受害人人身损害，经治疗后痊愈；二是导致受害人人身损害，经治疗后留下残疾；三是造成受害人其他疾患。（3）身体权，是自

---

[1] 江必新：《国家赔偿法原理》，中国人民公安大学出版社1994年版，第205页。
[2] 参见杨立新《人身权法论》（第三版），人民法院出版社2006年版，第388页。
[3] 同上书，第411页。

然人维护其身体组成部分的完整、完全并支配其肢体器官和其他组织的人格权。身体权的基本功能，一方面是对身体组成完整性的维护，另一方面是对自己身体组成部分的支配。侵害身体权，就是侵害身体组成部分的完整性，包括身体组成部分的实质性完整和形式性完整，前者如擅自取得他人身体的组成部分，如剃除人的毛发等没有造成健康权损害后果；后者如没有造成伤害的殴打，擅自搜查身体等。[①]

我国民事侵权领域中，《民法通则》第119条及《侵权责任法》第16条规定了人身损害赔偿制度的基本内容，《消费者权益保护法》、《道路交通安全法》等法律、法规及最高人民法院的司法解释，对我国人身损害赔偿制度进行了补充。上述法律中的"人身损害"，不仅包括对自然人造成的重伤害、轻伤害和轻微伤害，还包括致人死亡以及未造成人身损害的对身体权的侵害。其含义要广于"人身损害"的字面含义，全面涵盖了对自然人生命权、健康权、身体权的损害。也就是说，民事侵权规范中人身损害赔偿的权利范围包括生命权、健康权、身体权。例如，最高人民法院《关于审理人身损害赔偿案件适用法律若干问题的解释》第1条就明确规定："因生命、健康、身体遭受侵害，赔偿权利人起诉请求赔偿义务人赔偿财产损失和精神损害的，人民法院应予受理。"

但在国家赔偿制度中，没有明确将身体权的侵害纳入《国家赔偿法》的保护范围，值得探讨。国家赔偿法中未明确规定对身体权的赔偿，是基于对国家利益的保护以及对公务效率的保障。一方面，侵害身体权的侵权行为侵害的是人体组成的完整性，破坏的是人体实质上和形式上的完整，并且不以人体功能的实际丧失为成立要件，这难免使得国家机关工作人员因执行职务而动辄得咎，有可能使导致国家机关工作人员在执行职务中畏首畏尾。同时，也有可能会使国家机关为诉讼所累。并且，正如国家赔偿法所规定的，用于支付国家赔偿的赔偿金来源于财政，这就涉及了作为纳税人的每个公民的利益。人身损害赔偿范围的确定实际

[①] 参见杨立新《人身权法论》（第三版），人民法院出版社2006年版，第436页。

上是个体利益与公众利益之间的冲突与平衡问题。另一方面，侵害健康权和侵害身体权的侵权行为都以人体作为侵害的对象，如果一个侵权行为既破坏了人体组成的完整性，又破坏了人体功能的完善性，那么应当从重而论，认定为侵害健康权的侵权行为。因此，《国家赔偿法》是依据受害人受损害的程度对可赔偿的人身权利进行了限定，只对造成了人体功能丧失的损害进行赔偿。

三、人身损害赔偿标准的选择

修订前的《国家赔偿法》对于人身损害赔偿计算标准的规定远低于民事赔偿标准，且存在赔偿标准单一、赔偿项目过少等问题，因而广受诟病。[①] 国家赔偿人身损害赔偿计算标准远低于民事赔偿标准，是我国修订前的《国家赔偿法》遵循生存保障原则，采用抚慰性原则的直接体现。[②] 这一原则下的国家赔偿标准，最高赔偿额限制在实际所受损失额内，且一般低于实际损失。在财产损害领域，意味着赔偿金额低于实际损失；在非财产损害领域，意味着赔偿金额低于消除非财产损害所必需的费用。[③] 对此，全国人大常委会法制工作委员会副主任胡康生在《关于〈中华人民共和国国家赔偿法（草案）〉的说明》中解释称："国家赔偿

[①] 修订前的《国家赔偿法》第 27 条对人身损害赔偿的计算标准明确规定："侵犯公民生命健康权的，赔偿金按照下列规定计算：（一）造成身体伤害的，应当支付医疗费，以及赔偿因误工减少的收入。减少的收入每日的赔偿金按照国家上年度职工日平均工资计算，最高额为国家上年度职工年平均工资的五倍。（二）造成部分或者全部丧失劳动能力的，应当支付医疗费，以及残疾赔偿金，残疾赔偿金根据丧失劳动能力的程度确定，部分丧失劳动能力的最高额为国家上年度职工年平均工资的十倍，全部丧失劳动能力的为国家上年度职工年平均工资的二十倍。造成全部丧失劳动能力的，对其扶养的无劳动能力的人，还应当支付生活费。（三）造成死亡的，应当支付死亡赔偿金、丧葬费，总额为国家上年度职工年平均工资的二十倍。对死者生前扶养的无劳动能力的人，还应当支付生活费。前款第（二）、（三）项规定的生活费的发放标准参照当地民政部门有关生活救济的规定办理。被扶养的人是未成年人的，生活费给付至十八周岁止；其他无劳动能力的人，生活费给付至死亡时止。"

[②] 如何确定国家赔偿的标准，是一个极为复杂的问题。对此，各国难以形成统一的标准，一般都是根据本国的情况加以确立。总体来看，各国在赔偿标准上大致奉行三种不同的原则，即惩罚性原则、补偿性原则和抚慰性原则。

[③] 参见皮纯协、何寿生编著《比较国家赔偿法》，中国法制出版社 1998 年版，第 172-173 页；马怀德主编《国家赔偿问题研究》，法律出版社 2006 年版，第 275-276 页。

的标准和方式，是根据以下原则确定的：第一，要使受害人所受到的损失能够得到适当弥补；第二，考虑国家的经济和财力能够负担的状况；第三，便于计算，简便易行。"

国家赔偿法修订前的人身损害赔偿的法定标准过于严苛，修订后基本上能够使受害人因人身被侵害而受到的损害得到全面赔偿。在修订后的《国家赔偿法》中，与国家侵权行为对受害人造成人身损害的严重程度相应，人身损害赔偿的范围为：人身损害的一般赔偿范围、造成残疾的赔偿范围以及造成死亡的赔偿范围。人身损害的一般赔偿范围包括医疗费、护理费以及误工费；造成残疾的赔偿范围除一般赔偿范围中的医疗费、护理费外，还包括残疾生活辅助具费、康复费等因残疾而增加的必要支出和继续治疗所必需的费用，以及残疾赔偿金被扶养人生活费；造成死亡的赔偿范围包括丧葬费、死亡赔偿金以及被扶养人生活费。[①]

可见，修订后的《国家赔偿法》虽沿用了原有的赔偿标准，但增加了护理费、残疾生活辅助具费、康复费等因残疾而增加的必要支出和继续治疗所必需的费用的赔偿。一方面，直接增加了人身损害国家赔偿的项目，拓宽了可赔偿损害的范围；另一方面，更为重要的是在这一条文表述中增添了"等"字，采取了一种开放式的立法模式，从而使公民因国家侵权行为遭受的生命健康权损害得到全面赔偿成为可能。

四、人身损害赔偿的计算方法

在法律性质层面，损害赔偿的计算方法包含普通因素与特别因素。普通因素，又称客观因素，是指就某特定损害事故而言，其不存在因受害人而异的因素，换言之，就是普通因素与受害人是何人无关；特别因素，又称主观因素，是指就某特定损害事故而言，因受害人的差异而导

[①] 对于人身损害赔偿的范围，有人就造成死亡的赔偿范围是否包括一般赔偿范围中的赔偿项目产生疑问。我们的答案是肯定的。例如，受害人在死亡之前，没有经过救治，就不会产生医疗费用。但当公民因刑讯逼供等原因致死，在死亡之前经过了救治，所发生的医疗、救治费用，应由赔偿义务机关承担。

致损害范围程度不同的因素，具有受害人主观色彩。与此相应，计算方法有客观计算与主观计算之分。客观计算方法，是仅考虑普通因素的计算方法；主观计算方法，是分别考虑普通因素与特别因素的计算方法。就同一损害事实，不同的计算方法会导致损害大小的差异，进而影响最终的国家赔偿金数额。

以人身损害导致劳动能力减损为例进行说明。如前所述，对因人身损害而导致的劳动能力减损程度，通常由医生鉴定，并且以国家规定的伤残等级为准。这样确定的抽象等级，并不考虑丧失劳动能力人的所从事的职业等因素，这种计算方法就是客观计算方法。反之，如果将丧失劳动能力人的所从事的职业等因素纳入考虑范畴，就是主观计算方法。在这种情况下分别依两种计算方法得出的损害大小差别极大。如前文所述的例子，手部模特因人身损害而导致手背上留有不可恢复的疤痕，这样的伤害依照国家规定的伤残等级判定是极其轻微的，但是对于其受伤害前所从事的职业而言，则会产生极大的影响，其将无法继续从事手部模特的工作。

我国采取的是客观计算方法，即不考虑受害人的职业等差、社会地位等因素，依照统一的法定标准进行计算。如前所述造成受害人人身伤害时的具体计算极为复杂，抽象而言，第一步，应当根据受侵害权利的性质以及造成的损害后果，依照法律规定，确定其分别规定的赔偿项目；第二步，是依据法定的各个赔偿项目的计算标准或计算方法，逐项予以计算；最后一步，是将上述赔偿项目的计算结果相加，便可得出最终的结果。

第二节　人身自由损害的赔偿标准

侵犯公民人身自由的赔偿，既要完全体现公民人身自由被限定时的社会价值和自我价值，又要考虑限定人身自由期间经济发展水平、物价涨落情况、货币价值等要素，使各要素能有机统一，实现损害赔偿的准确性。① 对于人身自由损害的赔偿，通常适用如下公式：每日赔偿金额×丧失人身自由的天数。每日赔偿金额根据各国的经济状况而有所不同。②

一、人身自由损害赔偿标准的比较法考察③

各国和地区对于人身自由损害，一般采用金钱赔偿方式进行赔偿，通常以受害人被羁押的时间计算赔偿数额，在赔偿标准的选择上大体有三种做法：

（一）确定一个固定数额

由国家赔偿法直接确定一个具体且固定的数额，作出赔偿决定的机关直接予以适用，没有自由裁量的余地。同时，这种规则也意味着不论受害人的具体情况如何，都适用同一赔偿标准。确定一个固定数额的计算标准，其优点在于：对于赔偿义务机关而言，容易确定数额；对于赔偿请求人而言，计算方法简单，容易定纷止争；对于裁决机关而言，能够有效地实现平等对待每一个当事人。这一规则的缺点在于：标准僵化，在计算时完全不考虑个别情况，有跟不上经济发展之虞。

这一模式以德国为典型代表，1971年的联邦德国《刑事追诉措施赔偿法》第7条规定："对于非财产损失，每羁押一日赔偿20马克。"但是，德国法仅就因羁押而导致的非财产损失规定了20马克的固定赔偿数额，也就是纯属羁押人身的最低限度赔偿数额。④ 而对于因羁押而产生的财产损害，联邦德国《刑事追诉措施赔偿法》第7条还规定"赔偿标的物可以是由刑事追诉措施造成的财产损失"。所以，德国法上羁押导致的财产损失适用财产损失的赔偿标准，只有纯粹因羁押导致的非财产损失才适用每天20马克的固定赔偿标准。再如，美国加利福尼亚州《刑法典》规定，错误监禁每日赔偿100美元。

---

① 参见赵玉龙《论国家行政机关侵犯公民人身权的赔偿计算标准》，载《太原师范学院学报》（社会科学版）2005年第2期。
② 江必新：《国家赔偿法原理》，中国人民公安大学出版社1994年版，第205页。
③ 主要参见江必新《国家赔偿法原理》，中国人民公安大学出版社1994年版，第205—206页。
④ 杨小君：《国家赔偿法律问题研究》，北京大学出版社2005年版，第136页。

（二）确定一个可变数额

由国家赔偿法直接确定一个具体但可变的数额，其优点在于：计算简单，易于执行，能够使受害人尽快获得赔偿，易于在法域范围内统一实施，且赔偿标准能够随着社会经济发展而变化。其缺点在于：赔偿标准单一，灵活性不足，不考虑受害人本人的利益受损状况、所处地区、所从事职业以及社会地位等因素进行赔偿。采用这一模式的国家有我国、俄罗斯等国。例如，我国《国家赔偿法》第 33 条规定，"侵犯公民人身自由的，每日的赔偿金额按照国家上年度职工日平均工资计算"。俄罗斯《国家赔偿法》规定，非法限制或剥夺公民自由给公民造成的损害，以被限制剥夺自由期间的工资收入计算赔偿金额，无工资收入的按照国家规定的最低工资额计算。

（三）确定一个选择幅度

确定一个选择幅度，也即规定每日赔偿金额的最高额和最低额，赋予赔偿决定机关和裁判机关有限的自由裁量权，可以根据案情在最低额与最高额之间选择适当的数额。这种规定具有一定灵活性，在一定限度内考量了受害主体的不同，但缺点是可能造成赔偿金额上的不平等，即同时被限制人身自由，有的赔偿得多，有的赔偿得少。日本、韩国和我国台湾地区均采用这种方法。

例如，日本 1982 年法律第 70 号关于刑事补偿的内容规定："由于关押、拘禁、监禁、拘留以及拘押而给予的补偿，应按照日数，以 1 日 1000 日元以上 7200 日元以下金额的比例支付补偿金。"又如，韩国《刑事补偿法》第 4 条第 1 项规定："对于拘禁应支付补偿金，按照其羁押日数，以 1 日 5000 韩元以上总统令所规定的金额以下的比例算出的金额。"该条第 2 项规定："法院在决定前款补偿金额时，须考虑羁押措施的种类，时间的长短，羁押期间所受的财产损失，应得利益损失，所受的精神上的痛苦与身体伤害，有无警察、检察、法院的故意、过失及其他所有情况。"再如，我国台湾地区"冤狱赔偿法"（1991 年修改）第 3 条（赔偿金额之计算方法）规定："羁押及徒刑或拘役执行之赔偿，依其羁押或执行之日数以新台币三千元以上五千元以下折算一日支付之。罚金执行之赔偿，应依已缴罚金加倍金额附加利息返还之。易服劳役执行之赔偿，准用第一项规定支付之。"

与幅度选择相适应，日本国家赔偿法一并规定了选择时的考虑因素。[1] 如日本《刑事补偿法》第 4 条第 1 款和第 2 款规定，"由于关押或拘禁而给予的补偿，除前条和下一条第 2 款规定的情况外，应按照日数，以一日 1000 日元以上 7200 日元以下的金额的比例交付补偿金……法院在决定前款补偿金额时，必须考虑关押的种类、时间的长短、本人在财产上所受到的损失、应得利益的丧失、精神上的痛苦和身体上的损伤以及警察、检察和审判机关有无故意、过失及其他有关情况"。这里所指的"前条"规定：在下列情形下，经法院全面衡量，可以不给予一部或全部的补偿：（一）本人以使侦查或审判陷于错误为目的，而故意作虚伪的供认，或故意制造其他有罪证据以致被认为应该受到起诉、判决前的关押或拘禁和有罪判决的；（二）通过一个审判对并合罪所作的判决，虽有一部分受到无罪判决，但其他部分受到有罪判决的。这里所指的下一条第 2 款规定：应受到补偿的人，出于同一原因，已按照其他法律受到损害赔偿的数额同依照本法应受的补偿金额相等或超过时，不予补偿。如果该损害赔偿的数额比依照本法应受到的补偿金额少时，则应在扣除损害赔偿的数额后，核定补偿金的数额。[2]

二、我国人身自由损害的赔偿标准

我国《国家赔偿法》第 33 条规定："侵犯公民人身自由的，每日赔偿金按照国家上年度职工日平均工资计算。"对于人身自由损害的赔偿标准，《国家赔偿法》修订前后的规定相同，未有调整。我国采取的以"国家上年度职工日平均工资"这样一个可变数额作为计算标准，包含有对经济发展水平、物价涨落情况、货币价值等要素的考量。在实践中，"国

---

[1] 参见杨小君《国家赔偿法律问题研究》，北京大学出版社 2005 年版，第 136 页。
[2] 皮纯协、何寿生编著：《比较国家赔偿法》，中国法制出版社 1998 年版，第 173－177 页。

家上年度职工日平均工资"从1995年的每天23.33元已经发展到2008年的每天111.99元，14年增长了近5倍。根据《国家赔偿法》第3条的规定，行政机关及其工作人员侵犯人身自由的情形有：（1）违法拘留或者违法采取限制公民人身自由的行政强制措施的；（2）非法拘禁或者以其他方法非法剥夺公民人身自由的。根据《国家赔偿法》第17条的规定，司法机关及其工作人员侵犯人身自由的情形有：（1）违反刑事诉讼法的规定对公民采取拘留措施的，或者依照刑事诉讼法规定的条件和程序对公民采取拘留措施，但是拘留时间超过刑事诉讼法规定的时限，其后决定撤销案件、不起诉或者判决宣告无罪终止追究刑事责任的；（2）对公民采取逮捕措施后，决定撤销案件、不起诉或者判决宣告无罪终止追究刑事责任的；（3）依照审判监督程序再审改判无罪，原判刑罚已经执行的。根据上述规定，在具体计算侵犯人身自由的天数时应把握以下原则：一是对完全限制人身自由的强制措施、刑罚期间予以计算，对于不完全限制人身自由的强制措施、刑罚期间不予计算；二是实际羁押一日赔偿一日，注意将实施强制措施或实际羁押当日以及释放当日计算在内。

有观点批评认为，国家赔偿法上人身自由损害的赔偿标准单一偏低，公平性不足，理由主要在于：其一，"职工日平均工资"标准本身存在不公平。公民的人身自由是其个人人格的体现，同时人身自由也是公民获得一定收入、创造社会财富的必要条件。（1）"职工日平均工资"标准没有考虑到因侵犯人身自由权而给受害人造成的实际收入损失。由于各地区的经济水平不同，每个人创造财富和获得收入的能力不同，其所受的损失大小也会有所不同，如一个大企业的总经理与一个贫困的农民的收入差别就是巨大的，这种平均主义的计算标准有失公平。改革开放以来，我国人民群众的收入水平明显改善。人民群众的收入不仅仅是指工资收入，还包括奖金收入、稿费收入、兼职收入等，有的行业，如律师行业，不实行工资制度，而是对所收律师费按比例提成，国家统计部门公布的上年度职工"日平均工资"往往大幅度低于职工的实际收入。仅仅按照全国职工的平均工资水平确定赔偿标准，不考虑实际收入，难以弥补受害人的损失。(2)"职工日平均工资"中工作时间的计算方法与受害人被限制人身自由时间的实际情况不一致,导致赔偿标准偏低。从直观上看,我国职工日平均工时为 8 小时,而受害人每天被限制人身自由的时间为 24 小时,按现行的赔偿标准计算,同样受到人身自由限制的另 16 小时没有得到赔偿。同时,职工工作时间不包括法定节假日,而羁押却不存在"放假",这些例外的时间国家却不予赔偿。其二,类似的案件因请求赔偿的时间、办理的程序、期间不同,赔偿金可能不同。这里的"上年度",为赔偿义务机关、复议机关或者人民法院赔偿委员会作出赔偿决定时的上年度;复议机关或者人民法院赔偿委员会决定维持原赔偿决定的,按作出原赔偿决定时的上年度执行。实践中,执行该规定存在的主要问题是,同一赔偿案件,由于请求赔偿的时间、办理的程序、期间不同,可能会有不同的赔偿金。(1)同一赔偿案件,由于请求赔偿的时间不同,赔偿金不同。根据国家赔偿法的规定,受害人请求国家赔偿的时效为两年,在时效期间内,赔偿请求人可以自由选择不同的时间就某一案件提出赔偿请求。因赔偿请求人提出请求的时间不同,可能获得不同的赔偿金额。(2)同一赔偿案件,由于办理程序、期间不同,赔偿金不同。刑事赔偿案件的办理程序包括赔偿义务机关先行处理程序、上级机关的复议程序和人民法院赔偿委员会作出最终决定的程序。在这些程序当中,复议请求期、复议期、向法院赔偿委员会请求赔偿的期间,以及法院赔偿委员会作出决定的期间,国家赔偿法和有关的司法解释均有明确规定。赔偿案件经过复议程序和人民法院赔偿委员会审理程序后,从提出赔偿请求到最终作出决定的时间可能跨年度,在这种情况下,由于适用的国家上年度职工日(年)平均工资标准不同,赔偿金额也不同。[①] 其三,"职工日平均工资"仅仅与受害人被剥夺人身自由的时间有关,未考虑其他因素。在各种人身自由损害案件中,即便被羁押时间相同,由于被侵害人个体情况不同,被限制和剥夺人身自由的程度范围不

[①] 参见詹涛《论我国国家赔偿范围和标准的完善》,中国政法大学 2005 年硕士学位论文,第 32-33 页;刘芸《论提高我国〈国家赔偿法〉的赔偿标准》,载《温州大学学报》2003 年第 1 期;陈成霞《论我国刑事赔偿的方式和计算标准》,载《中国刑事法杂志》2002 年第 3 期;应松年、杨小君《国家赔偿若干理论与实践问题》,载《中国法学》2005 年第 1 期。

同，以及羁押违法或过错的性质和程度的不同，侵害人身自由所造成的实际损害后果也是不一样的。既未充分考虑丧失人身自由的客观事实，如法律制裁的性质——刑事制裁还是行政制裁，终局性制裁（如有期徒刑等）还是中间性制裁（如刑事拘留等），丧失人身自由的时间长短，执行措施，执行地点等；也未考虑侵权机关所实施的侵权行为的性质、具体侵权情节和过错程度等。①

三、计算人身自由损害赔偿金需要注意的问题

在具体操作中，计算人身自由损害赔偿金需要注意以下问题：

1. 对"国家上年度职工日平均工资"中"上年度"的理解。

算定人身自由损害赔偿金额时，以"国家上年度职工日平均工资"为赔偿标准。其中，对"上年度"的确定，是以侵权行为发生时的上年度还是以作出赔偿决定时的上年度为依据，实践中曾有两种不同的意见。第一种意见认为，应以侵权行为发生时的上年度为准，主要理由是：1. 基于对法条的文义解释；2. 由于数据的统计和计算需要时间，适用本年度的工资水平不利于及时赔偿，而上年度按一般情况与本年度最为接近；3. 相当一部分侵权行为发生后的当年，赔偿义务机关可能确认并作出赔偿决定。4. 如按作出赔偿决定时间的上年度标准赔偿，就有可能跨年度，多支出赔偿金，使国家财产受损失。第二种意见认为，应以作出赔偿决定时的上一年度为准，主要理由是：1. 作出赔偿决定在侵权行为发生之后，往往要跨年度才能作出，而按作出赔偿决定的上年度职工日平均工资计算赔偿更能反映出受害人所受到的损失。2. 法条中规定的上年度并

---

① 这方面值得借鉴的是日本法上的规定，其《刑事补偿法》第4条第2款规定："法院在决定前款补偿金额时，必须考虑关押的种类、时间的长短、本人在财产上所受到的损失和利益、精神上的痛苦和身体上的损失以及警察、检察、审判各机关有无故意及其他有关情况。"该条第4款还规定："法院在决定前款的补偿金额时，除该款但书所说的得到证明的损失额之外，还必须考虑本人的年龄、健康状况、收入能力及其他情况。"

未指行为发生时的上年度。①

针对这一问题,最高人民法院法发［1996］15号《关于人民法院执行〈中华人民共和国国家赔偿法〉几个问题的解释》第6条第1款规定:"赔偿法第26条关于侵犯公民人身自由的,每日的赔偿金按照国家上年度职工日平均工资计算中规定的上年度,应为赔偿义务机关、复议机关或者人民法院赔偿委员会作出赔偿决定时的上年度;复议机关或者人民法院赔偿委员会决定维持原赔偿决定后,按作出原赔偿决定时的上年度执行。"在实践中,应依照最高人民法院的上述司法解释予以掌握。

2. 人身自由损害与误工损失之间的关系。

人身自由损害,是由于国家机关及其工作人员在行使行政权或者司法权的过程中,实施了侵犯公民人身自由行为而产生的非财产损害结果。误工损失是受害人因为受到人身损害,不能参加工作所减少的收入。人身自由的损害赔偿与误工损失的损害赔偿,虽然均以"国家上年度职工日平均工资"为计算标准,但二者本质上是不同性质的损害赔偿。侵害人身自由的损害赔偿,是羁押的非财产损害赔偿。既然是非财产损害赔偿,就不可能像财产损害那样有一个可以衡量的实际数额,所以,以国家上年度职工日平均工资为标准计算,只是一个人为确定的标准,而不是一个实际损失多少就赔偿多少的事实标准。② 而误工损失,是受害人由于人身受到伤害,而事实上不能参加工作所导致的现实的财产损失,是经国家赔偿法特别规定予以赔偿的消极损失。在实践中,有法院对限制人身自由赔偿,不仅按《国家赔偿法》第33条规定,每日的赔偿金按国家上年度职工日平均工资计算,同时还计算因限制人身自由而产生的误工损失。③ 这样双重计算的做法是错误的,究其实质是没有正确理解人身自由损害赔偿与误工损失赔偿的性质与适用条件。因此,在确认人身自由赔偿金时,只能依法主张每日赔偿金并按国家上年度全国职工日平均

---

① 对两种意见的评述主要参见重庆高院行政庭《浅谈国家赔偿金计算标准》,载《行政法学研究》1998年第2期。

② 参见杨小君《国家赔偿法律问题研究》,北京大学出版社2005年版,第145页。

③ 参见重庆高院行政庭《浅谈国家赔偿金计算标准》,载《行政法学研究》1998年第2期。

工资计算，不能将赔偿金额确认为误工损失，更不能双重主张。

第三节　致人伤害的赔偿标准

与国家侵权行为对受害人造成人身损害的严重程度相应，《国家赔偿法》规定的人身损害赔偿的范围分为：人身损害的一般赔偿范围、造成残疾的赔偿范围以及造成死亡的赔偿范围。本节所讨论的人身伤害的赔偿，是指人身损害的一般赔偿与造成残疾的赔偿，也即对健康权的侵害。造成死亡的赔偿范围，将在下一节单独讨论。

一、致人伤害赔偿标准的比较法考察

德国《国家赔偿法》和《民法典》对人身伤害赔偿金采取的是概括规定赔偿实际损失的方法，且没有规定最高限额，而是根据个人的具体情况来确定需要增加的费用和因此而减少的费用等，还在特定情况下对第三人因失去受害人的劳务而造成的损失予以赔偿。

日本《国家赔偿法》第6条规定，"对侵害他人身体造成伤害的，应赔偿必要的疗养费、休业赔偿费及障害赔偿费"。造成残疾的，依照受害人残疾的等级，以受害人当时的月薪或月实收额或平均工资，乘以一定的系数确定。

韩国《国家赔偿法》中赔偿金的具体计算方法，是以受害人受害当时的月薪、月实收入或平均工资等，乘以将来可能就业期间计算所得金额；对于身体伤害产生的直接损害以外的其他损害时，只要有相当因果关系的，亦需赔偿。

我国台湾地区以填补受害人所受损害及所失利益为原则，具体包括丧失或减少劳动能力的费用，以及增加生活上需要的费用（如残疾用具等）。对于丧失劳动能力的损害计算，综合考虑受害人被伤害前身体健康状况、受教育程度、专门技能、社会经验等，以其能力在通常情况下可能获得的收入作为计算标准。例如，其判解认为：身体或健康受侵害，

而减少劳动能力者，其减少及残存劳动能力之价值，不能以现有之收入为准，盖现有收入每因特殊因素之存在而与实际所余劳动能力不能相符，现有收入高者，一旦丧失其职位，未必能自他处获得同一待遇，故所谓减少及残存劳动能力之价值，应以其能力在通常情形下可能取得之收入为标准。① 受害人因身体健康被侵害而丧失劳动能力所受之损害，其金额应就受害人受侵害前之身体健康状态、教育程度、专门技能、社会经验等方面酌定之，不能以一时一地之工作收入为准。②

二、一般人身伤害的赔偿标准

这里的一般人身伤害是指赔偿义务机关及其工作人员的行为造成公民人身伤害但并未出现残疾或者死亡后果，并且公民被伤害后经过一段时间的治疗或休养就可以恢复身体器官机能的状态的损害。③ 原则上赔偿义务机关只需赔偿本条规定的一般赔偿范围内的赔偿项目。《国家赔偿法》第34条第1款规定，造成身体伤害的，应当支付医疗费、护理费，以及赔偿因误工减少的收入。减少的收入每日的赔偿金按照国家上年度职工日平均工资计算，最高额为国家上年度职工年平均工资的五倍。该款即是对一般人身损害赔偿范围的规定。根据该款规定，一般人身损害的赔偿项目主要包括医疗费、护理费及误工费。

（一）医疗费

《国家赔偿法》虽明确规定医疗费为赔偿项目，但就其计算标准则未予明确，可以参照适用最高人民法院《关于贯彻执行〈中华人民共和国民法通则〉若干问题的意见（试行）》第144条④以及最高人民法院《关

---

① 我国台湾地区"最高法院"1972年台上字1987号判例。
② 我国台湾地区"最高法院"1974年台上字1394号判例。
③ 参见赵玉龙《论国家行政机关侵犯公民人身权的赔偿计算标准》，载《太原师范学院学报》（社会科学版）2005年第2期。
④ 该条规定："医药治疗费的赔偿，一般以所在地治疗医院的诊断证明和医药费、住院费的单据为凭。应经医务部门批准而未获批准擅自另找医院治疗的费用，一般不予赔偿；擅自购买与损害无关的药品或者治疗其他疾病的，其费用则不予赔偿。"

于审理人身损害赔偿案件适用法律若干问题的解释》第 19 条①的规定。根据相关规定，医疗费包括医药费和治疗费两部分，赔偿数额一般应当以治疗医院的诊断证明和医药费、住院费的单据为凭，并按照一审法庭辩论终结前实际发生的数额确定。对于医院的选择应以就近为一般原则，以合理治疗为补充原则。医药费的赔偿通常应当按照实际花费赔偿，为防止受害人滥用权利，医药费的支出通常以"必要"作为限制条件。器官功能恢复训练所必要的康复费、适当的整容费以及其他后续治疗费，赔偿权利人可以待实际发生后另行起诉。但根据医疗证明或者鉴定结论确定必然发生的费用，可以与已经发生的医疗费一并予以赔偿。

（二）护理费

护理费是指受害人需要专门人员护理，对此人员应当给付的费用，护理费根据护理人员的收入状况和护理人数、护理期限确定。参考民事法律中的规定，护理费数额是由护理人员的收入状况、护理人数、护理期限这三个要素综合决定的。

1. 护理人员的收入状况。根据最高人民法院《关于审理人身损害赔偿案件适用法律若干问题的解释》的规定，对此要素，应分三种情形区别考虑。第一，护理人员有收入的，按照误工费的规定计算。这里所指的护理人员，是指雇佣或专职护理人员之外的人员，主要是指配偶和亲友。由这些人员进行护理的，如果护理人员有收入，护理费按照误工费的规定计算。第二，护理人员没有收入的，参照当地护工从事同等级别护理的劳务报酬标准计算。对于此种情形，无论受害人是否实际支付给护理人员以报酬，也不管其支付多少，均统一参照当地护工从事同等级别护理的劳务报酬标准计算。第三，受害人雇佣护工的，其计算方法与第二种情形相同。

---

① 该条规定："医疗费根据医疗机构出具的医药费、住院费等收款凭证，结合病历和诊断证明等相关证据确定。赔偿义务人对治疗的必要性和合理性有异议的，应当承担相应的举证责任。医疗费的赔偿数额，按照一审法庭辩论终结前实际发生的数额确定。器官功能恢复训练所必要的康复费、适当的整容费以及其他后续治疗费，赔偿权利人可以待实际发生后另行起诉。但根据医疗证明或者鉴定结论确定必然发生的费用，可以与已经发生的医疗费一并予以赔偿。"

2. 护理人数。护理人数的多少，既关系到对受害人能否适当的照顾，又关系到赔偿义务人赔偿护理费的数额。根据最高人民法院《关于审理人身损害赔偿案件适用法律若干问题的解释》第21条的规定，护理人员原则上为一人；在特定情形下可以多于一人，具体可以参照医疗机构或者鉴定机构的明确意见，确定护理人员人数。

3. 护理期限。由于受害人受害程度的不同，护理期限也不同。一是一般原则，计算到受害人恢复生活自理能力时为止；二是受害人因残疾不能恢复生活自理能力的，根据其年龄、健康状况等因素确定合理的护理期限，但是最长不超过二十年。

4. 护理级别。最高人民法院《关于审理人身损害赔偿案件适用法律若干问题的解释》第21条第4款规定："受害人定残后的护理，应当根据其护理依赖程度并结合配置残疾辅助器具的情况确定护理级别。"护理级别由受害人的护理依赖程度和配置残疾辅助器具情况决定。

护理依赖程度就是指被护理人对护理人在生活上的帮助的依赖程度。依照1996年国家技术监督局颁布的《职工工伤与职业病致残程度鉴定》的规定，护理依赖指伤、病致残者因生活不能自理需依赖他人护理。配置残疾辅助器具的情况，是指致残的受害人在配置残疾辅助器具后，在多大程度上恢复了生活自理的能力。根据最高人民法院《关于审理人身损害赔偿案件适用法律若干问题的解释》第17条的规定，在受害人致残后，赔偿义务人要承担残疾辅助器具费的赔偿责任，因此，当配置了残疾辅助器具后，当时能够不同程度地恢复一定的生活自理能力。其护理依赖程度降低，护理级别也相应较低，护理费相应减少。

护理级别的确定，依照卫生部颁布的《医院工作制度》的规定，应根据病情或残疾等级分为四级，即特别护理、一级护理、二级护理、三级护理。

(三) 误工费

误工费是受害人因为受到人身损害，不能参加工作所减少的收入。本法规定减少收入的日赔偿金标准为国家上年度职工日平均工资，最高额为国家上年度职工年平均工资的五倍。根据最高人民法院《关于人民法院执行〈中华人民共和国国家赔偿法〉几个问题的解释》第6条的规定，"上年度"指的是赔偿义务机关、复议机关或者人民法院赔偿委员会作出赔偿决定时的上年度；复议机关或者人民法院赔偿委员会决定维持原赔偿决定的，按作出原赔偿决定时的上年度执行。需要注意的是，本法规定的误工费的计算标准与一般民事侵权的赔偿标准并不相同，依据最高人民法院《关于审理人身损害赔偿案件适用法律若干问题的解释》第20条规定："受害人有固定收入的，误工费按照实际减少的收入计算。受害人无固定收入的，按照其最近三年的平均收入计算；受害人不能举证证明其最近三年的平均收入状况的，可以参照受诉法院所在地相同或者相近行业上一年度职工的平均工资计算。"由此可见，国家赔偿采取统一的标准，且设置了上限，总体上低于民事赔偿。

三、致人残疾的赔偿标准

根据修订后的《国家赔偿法》第34条第2款规定，"造成部分或者全部丧失劳动能力的，应当支付医疗费、护理费、残疾生活辅助具费、康复费等因残疾而增加的必要支出和继续治疗所必需的费用，以及残疾赔偿金。残疾赔偿金根据丧失劳动能力的程度，按照国家规定的伤残等级确定，最高不超过国家上年度职工年平均工资的二十倍。造成全部丧失劳动能力的，对其扶养的无劳动能力的人，还应当支付生活费"。由此可见，造成残疾的赔偿范围除人身伤害一般赔偿项目外，还包括因残疾而增加的必要支出和继续治疗所必需的费用、残疾赔偿金，在全部丧失劳动能力时，还包括被扶养人生活费。

1. 因残疾而增加的必要支出和后续治疗费。主要包括：

（1）残疾生活辅助具费。所谓残疾生活辅助具费，是指受害人因残疾而造成身体功能全部或部分丧失后需要配置补偿功能的残疾辅助器具的费用。残疾生活辅助具费，按照普通适用器具的合理费用标准计算，应适当考虑日后更换残疾生活辅助器具的费用。

（2）康复费。康复费是受害人因残疾而造成身体功能全部或部分丧失后，为了回复被侵害前的身体功能水平而支出的合理费用。康复费应仅指为使受害人遭受的器官功能重新恢复而进行的训练费用，包括物理疗法、语言疗法以及作业疗法中的功能训练所支付的费用。至于心理治疗、职业疗法所付出的费用不包括在此之内。受害人因人身损害而遭受的心理痛苦需要心理治疗的费用，可以通过请求精神损害赔偿来得到补偿。[①]

（3）其他必要支出和后续治疗费。在规定该项赔偿项目时，《国家赔偿法》采取了开放式的立法模式，通过不完全列举加"等"以增强法律的适应性，使得法官在无明文规定时可据此作出判决。但这种扩张也并非毫无限制，只有"必要"的支出和"必需"的费用才属于赔偿的范围。

2. 残疾赔偿金。残疾赔偿金根据受害人丧失劳动能力程度，依据国家规定的伤残等级确定。残疾赔偿金是受害人残疾后所特有的一个赔偿项目。侵犯公民的健康权，可能会造成公民残疾，丧失部分劳动能力或完全丧失劳动能力。致残意味着受害人部分或全部丧失劳动能力，生活会产生困难，因而需要补偿。[②]

（1）残疾赔偿金的性质

理论界和实务界对残疾赔偿金的性质存有较大争议。在理论上，对于因人身损害导致全部或者部分丧失劳动能力的损害赔偿的理论依据，主要有三种学说：一是所得丧失说。该说又称差额说，认为损害赔偿制度的目的，在于填补受害人实际所受损害，故受害人纵然丧失或减少劳动能力，但如未发生实际损害，或受伤前与受伤后之收入并无差异，自不得请求加害人赔偿。所得丧失说于计算损害赔偿额时，系以受害人受伤前收入与受伤后之收入差额为损害额。二是劳动能力丧失说。该说认为，受害人因身体或健康受损害，以致丧失或减少劳动能力本身即为损害，并不限于实际所得之损失。劳动能力虽不如一般财物之交换价格，但通过雇佣或劳动契约方式，事实上有劳动力之买卖，工资乃其对价。

---

① 参见王利明《人身损害赔偿疑难问题》，中国社会科学出版社2004年版，第580－581页。
② 参见刘嗣元、石佑启编著《国家赔偿法要论》，北京大学出版社2005年版，第99页。

故劳动能力实为一种能力资本,依个人能力,而有一定程度之收益行情,故丧失或减少劳动能力本身即为损害,至于个人实际所得额,不过为评价劳动能力损害程度之资料而已。依此说,则受害人为未成年人、失业者、主妇等,而丧失或减少劳动能力,亦得评定其损害,而请求加害人赔偿。[①] 三是生活来源丧失说。我国以往的立法和司法上采此说。首先,对残废者劳动能力丧失赔偿所依据的,并不是伤害前后劳动收入之间的差额,因而与所得丧失没有密切的关系;其次,确定受害人劳动能力的赔偿,基本上不考虑受害人受害之前的体能、技能、教育状态等劳动能力的构成因素。受害人因残废而丧失全部或部分劳动能力,所造成的损害后果是受害人因此减少或丧失的生活来源,所要赔偿的是受害人因此而减少或丧失的生活费。正因为如此,这种损害赔偿的内容只是生活补助费,且"一般应补足到不低于当地居民基本生活费的标准"。[②]

我国立法和司法对残疾赔偿金性质的认定经历了变化的过程。《民法通则》、《道路交通事故处理办法》、最高人民法院《关于审理触电人身损害赔偿案件若干问题的解释》和《医疗事故处理条例》等法律文件中虽然没有规定残疾赔偿金,但在对残疾赔偿的范围进行规定时,存在"残疾者生活补助费"之赔偿,依其文义,应理解为对受害人因受损害而导致生活资源减少或者丧失的财产损害性质的赔偿。[③] 1994年《消费者权益保护法》是我国最先明确规定残疾赔偿金的法律。而后修改的《产品质量法》对残疾赔偿金作了规定。这两部法律都将残疾赔偿金规定于生活补助费的赔偿内容之外,对此,立法、实务和理论界都倾向于将残疾赔偿金的性质解释为精神损害抚慰金。2001年最高人民法院《关于确定民事侵权精神损害赔偿责任若干问题的解释》第9条明确规定残疾赔偿金性质为精神损害抚慰金。2003年最高人民法院《关于审理人身损害赔偿案件适用法律若干问题的解释》则采继承丧失说,认为残疾赔偿金

[①] (台)曾隆兴:《现代损害赔偿法论》,台北泽华印刷公司1988年版,第196-197页。
[②] 三种学说的介绍主要参见杨立新主编《人身损害赔偿司法解释释义》,人民法院出版社2004年版,第310-315页。
[③] 杨立新主编:《人身损害赔偿司法解释释义》,人民法院出版社2004年版,第307-308页。

性质上为财产损害赔偿，该解释第 25 条规定，"残疾赔偿金根据受害人丧失劳动能力程度或者伤残等级，按照受诉法院所在地上一年度城镇居民人均可支配收入或者农村居民人均纯收入标准，自定残之日起按二十年计算。但六十周岁以上的，年龄每增加一岁减少一年；七十五周岁以上的，按五年计算。""受害人因伤致残但实际收入没有减少，或者伤残等级较轻但造成职业妨害严重影响其劳动就业的，可以对残疾赔偿金作相应调整"。2009 年通过的《侵权责任法》沿袭了最高人民法院《关于审理人身损害赔偿案件适用法律若干问题的解释》的观点与做法，坚持残疾赔偿金的性质为财产损害赔偿。

综观上述立法与司法解释的变化，究其实质，是对残疾赔偿金性质属于精神损害抚慰金还是物质损害赔偿金认识的变化。而对残疾赔偿金性质的认定，将直接决定其是否可以与被扶养人生活费、精神损害抚慰金共同适用的问题。由于这种导致残疾的对人身健康的侵害，对公民的生存往往产生质的影响，对公民的身心有着极大的打击，[1] 因此，是否能同时主张残疾赔偿金与精神损害抚慰金，对受害人意义重大。与此同时，根据上述的不同法律和司法解释的不同规定，我们应该认识到，对于残疾赔偿金的性质，必须将之置于具体的法律文件中来理解。孤立地从"残疾赔偿金"语义出发，是无法判断其性质的。修订前的《国家赔偿法》中残疾赔偿金的性质被解释为精神损害抚慰金，但修订前的《国家赔偿法》并不存在典型意义上的精神损害赔偿。修订后的《国家赔偿法》保留了对残疾赔偿金的规定，并且规定了在受害人完全丧失劳动能力的情形下应支付被扶养人生活费，此外还明文规定了精神损害赔偿。我们认为，修订后的《国家赔偿法》与《侵权责任法》、最高人民法院《关于审理人身损害赔偿案件适用法律若干问题的解释》的立场一致，将残疾赔偿金认定为物质损害赔偿金，赔偿请求人可以同时主张残疾赔偿金、被扶养人生活费以及精神损害抚慰金。

---

[1] 参见赵玉龙《论国家行政机关侵犯公民人身权的赔偿计算标准》，载《太原师范学院学报》（社会科学版）2005 年第 2 期。

(2) 残疾赔偿金的计算

《国家赔偿法》并未明确规定残疾赔偿金的计算方法，仅是规定了考量标准为"丧失劳动能力的程度"，并设置了上限即"最高不超过国家上年度职工年平均工资的二十倍"。公民丧失劳动能力的程度，可由各地劳动能力鉴定委员会鉴定，按照《工伤保险条例》等相关规定，一至四级伤残，为全部丧失劳动能力；五级、六级伤残，为大部分丧失劳动能力；七到十级伤残，为部分丧失劳动能力。[①] 就残疾赔偿金的具体数额，法官在法律规定的限额内拥有自由裁量权。司法实践中，残疾赔偿金数额的判断，不仅应体现出公民受伤害时的价值或公民受害后丧失创造价值的部分，还应当能体现出本国公民的平均寿命、公民受害时的年龄、公民受害后国民经济年增长的速度等要素，并使各相关要素达成有机的统一。

3. 被扶养人生活费。国家侵权行为导致受害人全部丧失劳动能力，不仅直接对受害人本人造成损害，对依靠受害人扶养的无劳动能力的人也会造成损害。依据最高人民法院《关于审理人身损害赔偿案件适用法律若干问题的解释》第28条的规定，被扶养人是指受害人依法应当承担扶养义务的未成年人或者丧失劳动能力又无其他生活来源的成年近亲属。

本条第2款规定被扶养人生活费的支付标准为当地最低生活保障标准。被扶养的人是未成年人的，生活费给付至十八周岁止；其他无劳动能力的人，生活费给付至死亡时止。在具体计算方法上，与最高人民法院《关于审理人身损害赔偿案件适用法律若干问题的解释》第28条的规定相比，本法的规定过于笼统，特别是在被扶养人不是未成年人但无劳动能力的情况下。在这种情况下，被扶养人的死亡时间因人而异且难以确定，不利于赔偿数额的计算。而最高人民法院《关于审理人身损害赔偿案件适用法律若干问题的解释》第28条规定，"被扶养人无劳动能力又无其他生活来源的，计算二十年。但六十周岁以上的，年龄每增加一岁减少一年；七十五周岁以上的，按五年计算"。该规定确定的时间是在

---

① 全国人大常委会法制工作委员会国家法室编著：《中华人民共和国国家赔偿法解读》，中国法制出版社2010年版，第145页。

科学统计的基础上依据中国人平均寿命确定的，能有效简化被扶养费的计算。此外，该条还规定了被扶养人有数个扶养人的情形，即"被扶养人还有其他扶养人的，赔偿义务人只赔偿受害人依法应当负担的部分。被扶养人有数人的，年赔偿总额累计不超过上一年度城镇居民人均消费性支出额或者农村居民人均年生活消费支出额"。在国家赔偿案件中计算被扶养人生活费时，可参考适用这一规定。

需要明确的是，在本条中只列举了因国家侵权行为丧失劳动能力的几种比较典型的费用支出，并采取了"等因残疾而增加的必要支出和继续治疗所必需的费用"的开放性条文表述方式，因此，在实践中并不局限于这些项目，只要是为了治疗和康复支出的必要、合理的费用，都可以纳入赔偿范围。

参考最高人民法院《关于审理人身损害赔偿案件适用法律若干问题的解释》第17条的规定，其他为治疗和康复支出的合理费用还可包括：（1）住宿费，是指受害人确有必要到外地治疗，因客观原因不能住院，受害人本人及其陪护人员实际发生的住宿费用，其中合理部分应予赔偿。（2）住院伙食补助费，是指受害人及其陪护人员在住院期间所支出的伙食费用，可以参照当地国家机关一般工作人员的出差伙食补助标准予以确定。（3）必要的营养费，是指为了受害人的康复有必要食用的营养品的费用，根据受害人伤残情况参照医疗机构的意见确定。但须注意，只有"合理"的费用才能予以赔偿。

第四节 致人死亡的赔偿标准

生命是不可以替代和不可逆转的，是人得以存在的体现，是自然人享有权利和承担义务的前提和基础，是自然人的最高人格利益。[①] 侵害生命权，是以自然人的生命丧失为标准的，凡是造成自然人死亡的，就是

---

① 参见杨立新《人身权法论》（第三版），人民法院出版社2006年版，第388页。

侵害生命权的侵权行为。因国家的侵权行为导致受害人死亡时应由国家承担相应的赔偿责任。在我国，致人死亡的赔偿标准包括丧葬费、死亡赔偿金以及被扶养人的生活费。其中，死亡赔偿金性质的认定又关系到死亡赔偿金与被扶养人生活费、精神损害抚慰金的关系与适用。

一、致人死亡赔偿标准的比较法考察[①]

（一）德国

依德国《国家赔偿法》和德国《民法典》规定，致人死亡的赔偿标准包括三部分：第一部分是丧葬费，受害人死亡后，受害人的亲属需要支出丧葬费，因此丧葬费为侵害生命权造成的财产损失。第二部分是扶养费，死者生前抚养的人由于受害人的死亡而丧失其生活来源，因此因国家侵权行为而致受害人死亡时，国家应当对死者生前负有法定扶养义务的人支付相应的抚养费用。根据德国《民法典》第844条规定："在侵害发生时，死者与第三人处于其据以对第三人依照法律规定负有扶养义务或者可负有扶养义务的关系中，并且因死者被杀害，第三人被剥夺扶养请求权的，赔偿义务人即必须在死者在推测的生存期间会负有扶养义务的限度内，通过支付定期金向第三人给予损害赔偿。即使在侵害发生时第三人已被孕育成胎儿但尚未出生，赔偿义务也发生。"不难看出，德国将尚未出生的胎儿也纳入了死者生前负有法定扶养义务人的范畴内。第三部分是劳务赔偿金。即死者生前依法在家务或者工商业中有对第三人负有提供劳务的义务，当死者不能提供劳务造成第三人的损失时，国家应向第三人承担赔偿责任。

（二）瑞士

根据瑞士《关于联邦及其机构和公务员的责任的瑞士联邦法》第5条的规定，致人死亡的赔偿标准包括五部分：第一部分是丧葬费；第二部分是因抢救治疗而发生的费用；第三部分是因丧失工作能力而造成的

[①] 参见皮纯协、何寿生编著《比较国家赔偿法》，中国法制出版社1998年版，第175-177页；杨小君：《国家赔偿法律问题研究》，北京大学出版社2005年版，第140-142页。

损害;第四部分是赡养费;第五部分是给死者亲属的补偿金。补偿金主要适用于公务员行为存在过错的场合,此时法官可以判决给予死者亲属以适当金额的补偿。瑞士国家赔偿法律制度中有关补偿金的规定与我国的抚慰金制度较为相似,但瑞士法律规定的死亡赔偿标准相对较高,死亡赔偿项目增加了过错损害补偿金和因丧失工作能力造成的损害这两个部分。

(三) 日本

日本《国家赔偿法》第6条规定的死亡赔偿标准包括三部分:第一部分是遗属赔偿金,即生命受害当时的月薪或月实收额之1个月至60个月或平均工资360日至1700日之遗属赔偿。以月薪或实收入来计算,时间上限为5年(60个月),因此赔偿的数额并不高。第二部分是丧葬费,即根据受害人死亡时法律规定的殡葬费标准加以支付。第三部分是抚慰金,即对受害人之直系尊亲属、直系卑亲属及其配偶,要斟酌受害人的社会地位或过失程度及遗属生活状况或前面规定的遗属赔偿金数额等相关因素赔付抚慰金。日本的死亡赔偿标准,虽然在遗属赔偿金上不高,但却通过所谓的遗属抚慰金形式给予了补充,而且具体确定抚慰金数额时还考虑遗属生活状况等情形,实际上起到了补充遗属赔偿金不足的作用。

(四) 韩国

韩国《国家赔偿法》对于死亡赔偿标准的规定与日本非常相似,包括四部分:第一部分是遗属赔偿金,即依死亡时之月薪或每月实收额、平均工资等,乘以将来可能就业期间计算所得金额;第二部分是丧葬费,也是根据受害者死亡时相关法律确定的丧葬费标准;第三部分是其他损失赔偿,也就是对于生命侵害,致直接损失以外的其他损失时,在相当因果关系范围内,赔偿该其他损失;第四部分是精神抚慰金。对于受害人之直系尊亲属、直系卑亲属及其配偶,应当在总统令所定之标准内,参照受害人的社会地位、过失程度、生计状况及损害赔偿额等,赔偿其精神抚慰金。韩国的遗属赔偿金比日本的标准要高,因为其遗属赔偿金的计算方法,与日本不同,其将受害人假若不死亡时,将来可能就业的时间计算在内。

(五) 我国台湾地区

我国台湾地区"冤狱赔偿法"规定,死亡之前的羁押要按照羁押一日赔偿250元至350元标准进行赔偿,并不因为死亡赔偿金而被"吸收";除此之外,已被执行死刑的,其死亡赔偿还有死亡抚慰金,数额在100万元至200万元范围之内。另外,在其民法规定中,对于死亡赔偿的标准还包括三部分:第一部分是殡葬费,包括医疗费和埋葬费。第二部分是扶养费,死者生前对第三人负有法定扶养义务的,赔偿义务人还要赔偿该被扶养人扶养费。该扶养费的计算,是以死者"可推知之生存期"应向被扶养人支付的扶养费为标准的,而且,还应当加上法定利率计算赔偿。对于死者如果生存所应得的利益,通说认为不应赔偿,因为此等利益,除死者外其他人无权请求。第三部分是抚慰赔偿金,所谓不法侵害他人致死的,受害人的父母、子女及配偶,虽非财产上的损害,亦得请求赔偿相当之金额。

二、我国致人死亡的赔偿标准

依据《国家赔偿法》第6条第2款的规定,受害的公民死亡,其继承人和其他有扶养关系的亲属有权要求赔偿。受害人亲属既可以主张被扶养人生活费、丧葬费死亡赔偿金,同时可以请求精神损害赔偿。丧葬费,是受害人近亲属为了安葬受害人所必须支出的费用,是由国家侵权行为直接导致的财产损失。死亡赔偿金,是对受害人亲属进行的赔偿。在实务中,应以死者的享有继承既得权的继承人作为死亡赔偿金的受领人,一般为第一顺序继承人,第一顺序继承人缺位时,为第二顺序继承人。[1] 由于受害人的死亡与受害人丧失劳动能力一样,都会直接导致被扶养人生活费用的丧失,因此,还应支付被扶养人的生活费。

国家赔偿法对丧葬费和死亡赔偿金采用了捆绑式定额费用规定方法,即规定赔偿义务机关支付的死亡赔偿金和丧葬费的总额为国家上年度职

---

[1] 张步洪:《国家赔偿法判解与应用》,中国法制出版社2000年版,第233页。

工年平均工资的 20 倍，而对死亡赔偿金和丧葬费的具体比例则不作规定。这样规定，优点在于方便计算，缺点在于忽略了丧葬费的实际支出。①

(一) 丧葬费

所谓丧葬费，又称殡葬费，指受害人死亡后其亲属或其他人支出的收殓费和埋葬费。在比较法上，丧葬费主要包括两种计算方法：一是实际支出的费用。如在我国台湾地区，殡葬费，就收殓费及埋葬费而言，实务上可请求之项目有棺材费、运尸、运棺及灵柩车费；寿衣费、丧葬用品费、墓碑费、埋葬费、遗像及镜框费、诵经祭典费等。② 惟核给殡葬费金额，应斟酌死者身份、地位及经济情况与实际上有无必要为准，我国台湾地区"最高法院"1962 年台上字第三六七一号判决，以殡葬费所支出之数额未能确切证明，由法院斟酌殡仪馆处理埋葬乙级费用为予赔偿之依据，类似日本法院所采定额赔偿，其优点为免除家属举证困难，且合客观、公平原则。③ 二是定额费用。在规定定额费用时，有的对丧葬费单独进行规定，如根据韩国《国家赔偿法施行令》第 3 条规定，丧葬费以男性平均 100 日工资所得为限。

我国《国家赔偿法》采用了捆绑式的规定方式，即赔偿义务机关支付的死亡赔偿金和丧葬费的总额为国家上年度职工年平均工资的 20 倍，而对死亡赔偿金和丧葬费的具体比例则不作规定。我国按法定标准计算丧葬费，而不是按实际支出赔偿，主要是考虑到定额费用免除了丧葬费支出人的举证责任，计算起来非常简单，且可以防止受害人家属或相关行为人铺张浪费。但相比较而言，它忽略了丧葬费的实际支出情况，存在不合理之处。

(二) 死亡赔偿金

多数国家和地区对死亡赔偿最高金额作出限制。如德国《再审无罪

---

① 最高人民法院《关于审理人身损害赔偿案件适用法律若干问题的解释》第 27 条第 3 款规定："丧葬费按照受诉法院所在地上一年度职工月平均工资标准，以六个月总额计算。"

② 参见我国台湾地区一九五七年台上九四二号，一九七四年台上一三四七号，一九七六年台上二二三一号，一九六五年台上三一九〇号判决。

③ 参见谢易达《论我国台湾地区侵害生命权之损害赔偿》，西南政法大学 2005 年硕士学位论文，第 34 页。

赔偿法》第 2 条规定：受判决人及有扶养请求权人损害赔偿之金额，不得超过 7.5 万马克。如果最高额不足补偿受害人损失，则各种赔偿数字应酌减金额，使其总额不超过最高限额。美国加州法律和威斯康星州法律将最高额限制为 5000 美元，但威斯康星州准许在法定限额不足赔偿时，可以由政府请求议会拨款。法国 1977 年法律也规定了冤狱赔偿的最高限额。我国台湾地区限额为 100 万至 200 万新台币。韩国为死者当时月工资的 50 倍以内。日本为 2000 万日元以内。

我国《国家赔偿法》对死亡赔偿金最高赔偿金额作出了限制，但其是与丧葬费捆绑式规定，二者的总额最高不得超过国家上年度职工年平均工资的 20 倍。我国《国家赔偿法》不考虑死亡者的实际情况，概括规定了赔偿的最高限额，而未对具体的计算方式或标准进行规定。这样的规定，赋予了法官较大的自由裁量权，但存在过于笼统抽象、不易实际操作的缺点。同时，我国《国家赔偿法》统一以"国家上年度职工年平均工资"为计算标准，有效避免了"同命不同价"现象的出现，[①] 但有批评意见认为这样的赔偿标准未考虑死亡者的年龄、健康状况、收入情况及其他能力，不能全面、切实地赔偿受害人近亲属的损失。

（三）被扶养人生活费

我国《国家赔偿法》并未对被扶养人的范围作出明确规定，在认定被扶养人的范围时，可以考虑以下情况：（1）被扶养人不限于受死者生前扶养的卑亲属，只要与死者生前有扶养关系，均可视为被扶养人，而且这里的扶养关系含义广泛，包括我国民法中的赡养、抚养、扶养三种法律关系；（2）被扶养人不限于与死者有法定扶养关系的权利人，换言之，死者生前抚养的人不仅包括依法定扶养关系予以抚养的人，还包括事实上扶养的人；（3）被扶养人应限于死者生前抚养的人，而不包括享

---

① 最高人民法院《关于审理人身损害赔偿案件适用法律若干问题的解释》中死亡赔偿金的计算标准为受诉法院所在地上一年度城镇居民人均可支配收入或者农村居民人均纯收入。需要注意的是，根据该司法解释第 30 条的规定，赔偿权利人举证证明其住所地或者经常居住地城镇居民人均可支配收入或者农村居民人均纯收入高于受诉法院所在地标准的，死亡赔偿金可以按照其住所地或者经常居住地的相关标准计算。

有扶养期待权的人；（4）应当将胎儿也列入被扶养人范围之内，具体的赔偿，从其出生之后给付。①

根据修订后的《国家赔偿法》第 34 条第 2 款的规定，在计算被扶养人生活费时，应以被扶养人所在地最低生活保障标准为计算标准。被扶养人是未成年人的，按期给付到其独立生活时止，一次性给付的，原则上计算到十八周岁，即赔偿期限为十八周岁与受害人死亡时被扶养人年龄的差额。如果被扶养人为尚未出世的婴儿，则其赔偿期限自其出生时起，为 18 年。被扶养人是已成年的丧失劳动能力的人的，原则上给付到其恢复劳动能力或死亡时止。② 给付有一次性给付与分期给付两种，如果

---

① 杨立新主编：《人身损害赔偿司法解释释义》，人民法院出版社 2004 年版，第 332－335 页。

② 对于被扶养人生活费的计算，较为典型的案例有赵英武、姚兰英申请国家赔偿一案。该案基本案情为：受害人赵军于 1995 年 5 月 20 日因涉嫌抢劫被陕西省潼关县公安局刑事拘留，同年 6 月 6 日被逮捕，羁押在潼关县公安局看守所。1996 年 3 月 23 日晚，看守所值班干警高昌年、张学文、王志刚接到赵军、袁江锋、贺同军三人在监室内生火做饭的情况反映，即一同进监室查看，并将火熄灭。赵军等三人均承认自己有违犯监规行为。高昌年等三人遂用皮带抽打赵军等三人，并令未决犯用胶皮管抽打赵军等三人。之后，高昌年将赵军等三人调换了监舍。当晚，赵军自述胸闷，高安排人将赵送往潼关县人民医院治疗，赵军因抢救无效死亡。经法医鉴定，赵军系患冠心病在外力辅助下致急性心肌梗塞而死亡。潼关县人民法院以体罚虐待被监管人罪判处高昌年有期徒刑三年、缓刑四年，判处张学文免于刑事处罚。赵军的父母赵英武、姚兰英于 1998 年 2 月 28 日向潼关县公安局提出赔偿请求：1. 支付赵军死亡赔偿金及安葬费 10 万元。2. 支付姚兰英生活费 100 元/月至死亡时止。因赔偿义务机关在法定期间 2 个月内未予赔偿，复议机关告知不属于复议范围，赵英武、姚兰英于 1998 年 10 月 20 日申请渭南市中级人民法院赔偿委员会作出赔偿决定。该案逐级请示至最高人民法院。

最高人民法院 1999 年 12 月 27 日作出的［1999］赔他字第 17 号答复认为："受害人赵军生前虽患冠心病，但看守所民警对其实施体罚是造成其死亡的直接原因，根据《国家赔偿法》第十五条第（四）项和第二十七条第（三）项的规定，赔偿义务机关潼关县公安局应承担全部赔偿责任。对姚兰英生活费的赔偿，应是在赵英武、姚兰英夫妻双方收入低于当地最低生活标准的差额部分中考虑，差额部分应由姚兰英子女共同负担，受害人赵军按比例负担的生活费，由赔偿义务机关潼关县公安局承担赔偿责任。受害人赵军之妻及其三个未成年子女依法享有赔偿主体资格，在作出赔偿决定前，应告知赵军之妻及三个子女有获得赔偿和未成年人生活费的权利。"

本案主要涉及国家赔偿责任的承担、被扶养人生活费计算标准的选择、生活费的具体计算等问题，这里只对人身损害赔偿的计算问题进行探讨。根据最高人民法院的上述答复，对赔偿请求人生活费的赔偿，应理解为获得赔偿后使其生活水平达到当地最低生活保障标准。因而，潼关县公安局对姚兰英生活费的赔偿，应是在赵英武、姚兰英夫妻双方收入低于当地最低生活标准的差额部分中考虑。由于本案还涉及被扶养人除受害人外有数名扶养人的情形，"差额部分应由姚兰英子女共同负担，受害人赵军按比例负担的生活费，由赔偿义务机关潼关县公安局承担赔偿责任"，这与后来出台的最高人民法院《关于审理人身损害赔偿案件适用法律若干问题的解释》第 28 条关于"被扶养人还有其他扶养人的，赔偿义务人只赔偿受害人依法应当负担的部分"规定的精神是一致的。

适用一次性给付的方式，则需确定一个赔偿期限。我国《国家赔偿法》中没有对此作出规定。可参照民法的规定，被扶养人无劳动能力又无其他生活来源的，计算二十年；但六十周岁以上的，年龄每增加一岁减少一年；七十五周岁以上的，按五年计算。① 并且，超过二十年后，被扶养人仍然属于没有劳动能力和生活来源的，有权利向人民法院起诉要求判令继续给付相关扶养费用五年至十年。超过此期限的，赔偿权利人仍然有权提出有关请求。

三、死亡赔偿金的性质

明确死亡赔偿金性质的关键在于解决死亡赔偿金究竟是对谁的何种损害的赔偿问题。死亡赔偿金性质的认定又关系到死亡赔偿金与被扶养人生活费，以及其与精神损害抚慰金的关系与适用。世界各国法律存在共识，认为死亡赔偿金并不全部是对死者财产损害的赔偿，而是对死者的近亲属的赔偿。但在立法例上有两种，即"扶养丧失说"与"继承丧失说"。②

"扶养丧失说"认为，由于受害人死亡导致其生前依法定扶养义务供给生活费的被扶养人，丧失了生活费的供给来源，受有财产损害，加害人对此损害应当予以赔偿。在这种立法例下，赔偿义务人赔偿的范围，就是被扶养人在受害人生前从其收入中获得的或者有权获得的扶养费的份额。至于因受害人的死亡而导致对受害人的法定继承人从受害人处将来所继承财产减少的损失，不属于赔偿之列。③ 另外，如果受害人没有受

---

① 最高人民法院《关于审理人身损害赔偿案件适用法律若干问题的解释》第28条："被扶养人生活费根据扶养人丧失劳动能力程度，按照受诉法院所在地上一年度城镇居民人均消费性支出和农村居民人均年生活消费支出标准计算。被扶养人为未成年人的，计算至十八周岁；被扶养人无劳动能力又无其他生活来源的，计算二十年。但六十周岁以上的，年龄每增加一岁减少一年；七十五周岁以上的，按五年计算。"

② 参见王利明《中华人民共和国侵权责任法释义》，中国法制出版社2010年版，第81－82页。

③ 王利明：《人身损害赔偿疑难问题——最高法院人身损害赔偿司法解释之评论与展望》，中国社会科学出版社2004年版，第567页。

其供养的被扶养人，不存在损害，赔偿义务人就不承担该项赔偿责任。

"继承丧失说"认为，侵害他人生命致人死亡，不仅生命利益本身受侵害，而且造成受害人余命年岁内的收入"逸失"，使得这些原本可以作为受害人的财产为其法定继承人所继承的未来可以取得收入，因加害人的侵害行为所丧失，对于这种损害应当予以赔偿。实际上，在这种立法例下，赔偿义务人应当赔偿的范围为受害人死亡而丧失的未来可得利益。例如，俄罗斯国家赔偿制度中，造成公民死亡情况下的赔偿金额，包括死者生前所赡养和扶养的人、遗腹子的赡养费、扶养费，一次性补助金，失去赡养、扶养者的精神损害赔偿金。其中的一次性补助金类似于我国的死亡赔偿金，属"继承丧失说"。韩国《国家赔偿法》第3条规定，损害他人生命时，应对受害人之继承人（遗属）赔偿：依生命被害时之月薪，或每月实收额，或平均工资等，乘以将来可能就业期间计算之所得金额，属于典型的采纳"继承丧失说"的国家。

我国法律规定对死亡赔偿金赔偿性质的认定经历了一个变化的过程，但到目前为止仍未产生最终定论。在现行有效的诸多法律中，关于死亡赔偿金性质的认定莫衷一是。例如，《产品质量法》对受害人的死亡赔偿金、被扶养人的生活费均予以赔偿，虽未明确规定精神损害赔偿，但该法第44条中规定的"其他重大损失"可解释为精神损害。因此，依据《产品质量法》三者可以兼得。而《工伤保险条例》规定一次性工亡补助金标准为48个月至60个月的统筹地区上年度职工平均工资，此外还规定了供养亲属抚恤金，但未规定精神损害抚慰金。因此，可以认为工亡补助金也即死亡赔偿金具有精神损害抚慰金的性质，赔偿请求人可同时主张扶养费。最高人民法院《关于审理触电人身损害赔偿案件若干问题的解释》将死亡赔偿金理解为精神损害抚慰金的性质，并同时规定了扶养费的赔偿请求权，二者可以兼得。最高人民法院《关于确定民事侵权精神损害赔偿责任若干问题的解释》规定致人死亡的精神损害抚慰金为死亡赔偿金，即精神损害抚慰金等同于死亡赔偿金。最高人民法院《关于审理人身损害赔偿案件适用法律若干问题的解释》对精神损害抚慰金作出了规定,并明确地将死亡赔偿金认定为对财产损失的实际赔偿,认为其性质上是物质损害赔偿金,不属于精神损害抚慰金,赔偿请求人可以同时主张死亡赔偿金、精神损害抚慰金及扶养费。① 《侵权责任法》未对此问题作出明确规定。在法律条文表述中,其将死亡赔偿金规定于第 16 条,而在第 22 条独立规定精神损害赔偿,这样的分立条文式的规定,应是表明《侵权责任法》沿袭了最高人民法院《关于审理人身损害赔偿案件适用法律若干问题的解释》的立场,将死亡赔偿金认定为物质损害赔偿金,不属于精神损害抚慰金。

死亡赔偿金性质的认定直接决定了其与精神损害抚慰金、被扶养人生活费的适用关系。当死亡赔偿金属于精神损害抚慰金性质时,排斥精神损害赔偿的适用;当死亡赔偿金属于物质损害赔偿金性质时,可以与精神损害赔偿同时适用。而死亡赔偿金与被扶养人生活费的适用关系则取决于对"扶养丧失说"或"继承丧失说"的选择,采纳"继承丧失说"的立法例均不再支付被扶养人的生活费。② 修订前的《国家赔偿法》未规定精神损害赔偿,因此有观点认为该法将死亡赔偿金认定为精神损害抚慰金性质,③ 与被扶养人的生活费并存。修订后的《国家赔偿法》与《侵权责任法》、最高人民法院《关于审理人身损害赔偿案件适用法律若干问题的解释》的立场一致,将死亡赔偿金认定为物质损害赔偿金,赔

---

① 参见张新宝《侵权责任立法研究》,中国人民大学出版社 2009 年版,第 376 页以下。
② 同上书,第 398-399 页。
③ 杨立新:《〈中华人民共和国侵权责任法〉条文释解与司法适用》,人民法院出版社 2010 年版,第 97 页。

偿请求人可以同时主张死亡赔偿金、被扶养人生活费以及精神损害抚慰金。[1]

---

[1] 在《国家赔偿法》修订以前，没有精神损害抚慰金的规定，但有赔偿请求人可以同时主张死亡赔偿金和被扶养人生活费的规定，实践中也是如此适用的。例如冷则敏等三人申请国家赔偿一案。该案基本案情为：2001年4月16日，河北省唐山市路北区人民法院以容留他人卖淫罪判处冷秀霞有期徒刑五年。冷秀霞在服刑期间，因不服管教，于2001年10月23日被河北省承德监狱干警胡秀红、宋昕宇、高伟殴打致死。承德市双桥区法院以故意伤害罪分别判处胡秀红、宋昕宇、高伟有期徒刑十二年、有期徒刑八年、有期徒刑八年，并驳回民事诉讼原告人（冷则敏、陈玉环、王迪）的诉讼请求。对此，承德市中级人民法院予以裁定维持。其后，赔偿请求人冷则敏（冷秀霞之父）、陈玉环（冷秀霞之母）、王迪（冷秀霞之女）向河北省承德监狱提出国家赔偿申请。2005年5月17日，承德监狱决定赔偿冷则敏、陈玉环、王迪168060元，同时驳回其他赔偿申请。赔偿请求人冷则敏等不服，向河北省监狱管理局申请复议。2005年9月15日，河北省监狱管理局作出复议决定，以承德监狱作出的赔偿决定采用的赔偿标准不符合国家赔偿法规定（其标准为承德市2002年职工平均工资）为由撤销承德监狱赔偿决定。2005年12月9日，承德监狱重新作出赔偿决定，决定：1.冷秀霞死亡赔偿金、丧葬费总额为2000年度国家职工平均工资20倍，计赔付197420元；2.给付王迪的抚养费为：承德市城镇居民生活救济标准每月150元，赔偿年限为8年，父亲承担抚养费的一半，计赔付7200元；3.给付陈玉环的赡养费每月150元，总计20年的一半，另一半由陈玉环的二女儿冷妹承担，计赔付18000元；4.驳回赔偿请求人的其他赔偿申请。因河北省监狱管理局复议决定维持承德监狱赔偿决定，赔偿请求人向河北省高级人民法院申请作出赔偿决定。河北省高级人民法院就《国家赔偿法》第27条规定的"上年度"和"无劳动能力"如何理解以及生活费标准如何掌握的问题请示最高人民法院。

最高人民法院2006年12月26日向河北省高级人民法院作出［2006］赔他字第4号答复，认为："1.对国家赔偿法第二十七条规定的'上年度'应与第二十六条规定的上年度作同一理解，即应为赔偿义务机关、复议机关或者人民法院赔偿委员会作出赔偿决定时的上年度。2.国家赔偿法第二十七条'对死者生前扶养的无劳动能力的人，还应当支付生活费'的规定，应当理解为：被扶养人丧失了劳动能力又无其他生活来源，因扶养人死亡导致被扶养人生活无着，由国家按照被扶养人当地生活救济标准对其支付生活费。本案冷则敏有其他生活来源（退休金），其不属于国家赔偿法第二十七条规定的情形。3.关于生活费标准的问题，同意你院请示报告中的第二种意见，即应按照赔偿请求人生活地的标准，同时应参照赔偿法上年度的有关规定，按作出决定时的上年度的当地标准予以支付。"这一答复的精神与修订后的《国家赔偿法》第34条的规定是一致的。

第二十六章 财产损害赔偿及其标准

人无恒产，乃无恒心。财产对于公民来说，是安身立命的基础，具有极其重要的作用。正如亚当·斯密所言，"假如不存在什么财产，或最多也没有超过价值两三天劳动的东西，那么，民主政府也就没有存在的必要"，而且"对财产的保护是法律存在的主要理由"。因此，基于保护个人财产权的重要性而演绎出来一个重要规则是："国家有义务对失去财产的人补偿其损失",[①] 也就是说国家及法律应当对个人财产予以全面且充分的保护。在国家赔偿法上，财产损害赔偿的标准主要有三种，即抚慰性原则、补偿性原则和惩罚性原则。

第一节 财产损害概述

在国家赔偿法上，财产损害作为一种事实现象，是国家机关和国家机关工作人员侵害他人权利和利益的后果，由于侵害权利和利益的表现方式不同，造成损害的后果、程度等也各不相同。

一、财产损害的含义

财产损害，是指侵权行为侵害财产权，使财产权的客体遭到破坏，其使用价值和交换价值的贬损、减少或者完全丧失，或者破坏了财产权人对于财产权客体的支配关系，使财产权人的财产利益受到损失，从而

[①] 格劳修斯语，见《战争与和平法》。转引自江必新《国家赔偿法原理》，中国人民公安大学出版社1994年版，第215页。

导致权利人拥有的财产价值的减少和可得财产利益的丧失。财产损害从其物理形态上分析，是物本身的损害，即物的毁损和被侵占。但财产损害不局限在对物本身的损害，还包括对财产权人的财产权利保护不完备。这是因为，财产权的客体不仅指有形物本身，还包括他物权、占有权、债权、知识产权中的无形财产利益。因此，财产损害中的财产，不仅包括财物或有形物，还包括他物权、债权和知识产权中的财产利益。可见，财产损害的概念是广义上的，其主要法律特征在于：（1）财产损害是侵权行为侵害财产权所造成的客观后果。侵权行为侵害财产权，必然造成财产损害的客观后果。财产损害在国家赔偿法上的作用在于：一方面，财产损害作为一种客观存在形态，是侵害财产权的国家赔偿责任构成要件之一，决定着国家赔偿责任能否成立。另一方面，财产损害范围的大小即客观损失大小，是确定国家赔偿责任范围的衡量尺度。（2）财产损害是指财产价值形态的改变。财产损害不是指财物的物理形态的变化和灭失，而是指财产价值形态的改变。表面上，财产损害在财物的侵占和毁损上，是指财物的物理形态的变化和灭失。但由于财产损害不仅包括物的损失，还包括其他财产利益的损害；且财产损害在法律上表现为权利人财产的价值形态的改变，其财产既包括有形财产，也包括无形财产，既包括积极财产，也包括消极财产。只有以价值的损失作为财产损害的形态，才能准确地计算财产损害和给予赔偿。（3）财产损害的表现形式是价值量的贬损、减少和灭失。财产损害的表现方式，是财产权人价值量的贬损、减少和灭失。贬损，是财产利益遭受贬值、损毁等不利益。减少，是指财产价值量的降低；灭失，则指一定范围内财产价值量的全部失去。财产损害的上述表现形式，总是体现在某项特定的财产或者财产利益上，如某件财产、某项权利中的某种财产利益的贬损、减少和灭失。虽然它们最终表现为受害人财产拥有总量的减少，但原则上只计算特定财产即受到侵害的财产的损害，而不计算受害人拥有的全部财产损失多少。[①]

[①] 参见杨立新《侵权法论》（第三版），人民法院出版社 2005 年版，第 756 – 758 页。

二、财产损害的本质

关于财产损害的本质,主要有两种学说,即利益说和组织说。这两种学说中,影响较大的是利益说。因为利益说是从利益差别角度来确定损害,具有较强的可操作性和实用性。[1]

1. 利益说。该说亦称差额说,适用于整个损害赔偿领域,但实际上针对的是财产损害,因为其维护的只是受害人的财产利益,对于不具有财产价值的法益的侵害并没有考虑在内。根据该说,财产损害是指财产或法益所遭受的不利益状态。1855年德国学者麦蒙森(Momnsen)最早提出了利益说,认为损害就是指受害人对该特定损害事实的利害关系,也就是说,因为某项特定损害事实的发生使其丧失了一定的利益,事实发生后的利益状态与发生前的利益状态的差额,即受害人所遭受的损害。在麦蒙森提出利益说之前,法国法上已经采纳了这一观点。麦蒙森提出利益说后,其学说一直为德国学说和判例所采纳,并对大陆法系的损害赔偿理论产生了重大影响。利益说的主要特点在于:一方面,将损害等同于受害人对此损害的利益关系,即损害等于不利益,意味着将损害转化为可计算的利益。另一方面,利益说认为,衡量损害时,以受害人的财产状况为准确定其差额。麦蒙森的观点为损害赔偿的计算提出了一个客观的标准,即根据事实未发生和事实发生后的财产状况进行比较,进而确定损害数额,如果两种财产状况相比较没有差额,则意味着不存在损害。同时,该说强调以总财产的变动来判定财产损害是否存在和财产损害的大小,至于损害所造成的物的外形的破坏,不能作为计算标准。根据利益说,国家的赔偿义务,应当与因其侵权行为所造成的损害是同等的。[2] 在德国国家赔偿领域,奉行的是利益说,这是因为德国《民法典》以完全赔偿作为损害赔偿的基本原则,完全赔偿原则意味着凡是加

---

[1] 参见王利明《侵权行为法研究》上卷,中国人民大学出版社2004年版,第351-354页。
[2] 参见(台)曾世雄《损害赔偿法原理》,中国政法大学出版社2001年版,第11、120页。

害行为带来的不利益都应当予以赔偿。

2. 组织说。组织说同样适用于整个损害赔偿领域，财产损害赔偿亦适用此说。该说认为，损害包括受害人财产上的积极损失和可得利益的损失，是侵权行为给受害人造成的一种不利益状态，要根据受害人受到法律所保护的利益遭受侵害以后，客观上遭受的损失来确定。1901 年，德国学者奥特曼（Oertmann）最早提出组织说，认为损害是法律主体因其财产的构成成分被剥夺或毁损或其身体受伤害，所受的不利益。[①] 德国学者维尔博格（Wilburg）认为，损害是法律直接保护的物体所遭受的侵害，法律的目的如在于保护其物体不受侵害，则违反该法律而侵害被保护之物体所造成的不利益，才是首要需予填补的损害。对于此种损害，必须以客观的标准来确定，即使根据利益衡量确定其差额，而其差额大于客观的损害，赔偿权利人也可以请求赔偿超过部分的损害。组织说在一定程度上更进一步强调了对损害的完全赔偿原则。组织说强调对损害应作出客观的计算，在一定程度上弥补了差额说的不足。尤其是在实际损害超过了差额的利益时，按照组织说也应当予以赔偿。但组织说的主要弊病在于，计算损害时，由于没有考虑到受害人的主观因素，有时难以给予完全赔偿。

三、财产损害的形式

从国家赔偿法的救济手段的角度，财产损害的形式主要包括三种，即侵占财产、损坏财产和损害其他财产利益。

1. 侵占财产。是以对他人所有的财产的非法占有为特点，使该财产的所有人对该财产丧失占有乃至丧失所有权，如非法扣押他人财产等。侵占财产最典型的表现形态是"位移"，即由所有权人或者合法占有人占用、支配的特定的财物，转而被国家机关及其工作人员在行使公权力过程中占有，物的所在位置发生了变化。也就是说，因国家侵权行为而使

[①] 参见（台）曾世雄《损害赔偿法原理》，中国政法大学出版社 2001 年版，第 124 页。

被侵害的物转移占有。

2. 损坏财产。是以对他人所有的财产进行毁损为特点，使该财产的使用价值和交换价值被破坏，甚至完全丧失，导致原所有权人的财产拥有量减少，甚至丧失。损坏财产的最典型的表现形态，是"质变"，即财物的外在形态和内在质量受到破坏，财物虽仍在所有权人或者合法占有人的控制支配中，但由于财物的"质变"，权利人的财产价值量发生了变化，受到了损失。损坏财产包括对财产的毁灭和损坏。前者是指财物的质的改变，作为原来意义上的财物的使用价值完全丧失。例如，建筑物被强制拆除后，成为砖瓦等建筑材料。后者是指财物的非本质的改变，作为原来意义上的财物并没有发生变化，只是其使用价值降低。区分毁损和灭失的意义在于：财物的毁损，只能进行金钱赔偿，如果财物损坏后还有残存的价值，则可进行价值的折抵。财物的损坏，可以使用恢复原状的方法救济，也可以进行折价赔偿。①

3. 其他财产利益损失。是指除所有权以外的其他财产权受到损害而损失的财产利益。例如，债权、他物权、占有权、知识产权中所包含的财产利益等权利受到侵害以后，所造成的这些财产利益的损失。随着社会主义市场经济的日益发展，这些权利及其体现的财产利益，在经济生活中的地位也越来越重要。国家机关及其工作人员在行使公权力的过程中，造成这些财产利益损失的，也应当列入国家赔偿的范围，从而切实有效保护公民、法人和其他组织的合法权益。

第二节 财产损害赔偿标准

保护财产的价值，往往取决于人们对与其冲突的其他利益的评价如何。同任何权利一样，财产权利也受到一定限制，即与之相关的其他政策的限制。正是这种相关利益评价及政策限制，使得各国财产损害的赔

---

① 参见杨立新《侵权法论》（第三版），人民法院出版社 2005 年版，第 758－759 页。

偿标准显现出许多差异,在财产损害的恢复程度上呈现不同等级。[①] 对于侵犯财产权的赔偿标准,由于多数国家的国家赔偿责任理论源于民事侵权责任理论,且很多国家是将国家赔偿责任作为侵权责任中的一部分在该国民法中一并规定,故多数国家和地区,在对于侵犯财产权的赔偿标准上,基本上沿袭了民事侵权赔偿关于赔偿标准的有关规定。

一、财产损害赔偿标准的比较法考察

对于财产损害的赔偿标准,各国一般不在国家赔偿法或刑事赔偿法中作专门规定,而是适用民法有关财产损害赔偿标准的规定。在国家赔偿法或刑事赔偿法中专门作出规定的,往往是涉及人身自由、生命健康等方面的人身损害。国家赔偿法上的财产损害赔偿标准,准用民法上的财产损害赔偿标准,是各国的通制。如我们在前述章节所探讨的,各国确定国家赔偿的标准主要有三种:一是抚慰性标准,即赔偿数额通常不足以弥补受害人所受之全部损失,只能在其损失额度内予以适当补偿;二是补偿性标准,即赔偿数额通常与受害人所受之损失基本相当,使受害人在受偿后基本恢复至侵权之前的状态;三是惩罚性标准,即赔偿额对于侵权的国家机关来说具有一定惩罚性,在足以弥补受害人所受之损失外还对该侵权机关予以一定数额罚金作为惩戒,以该标准赔偿的数额通常等于损失额与惩罚额的总和。在财产损害赔偿标准上,各国特别是大陆法系国家多采用补偿性原则。

德国的国家赔偿适用民法规定,其《民法典》第249条规定:"损害赔偿义务人必须恢复到假如没有发生引起赔偿义务的情况所会存在的状态。因为伤害人或者损坏物件而需赔偿时,债权人可以请求对此来说为必要的金额,以代替请求恢复原状。"该条规定明确地界定了财产损害的赔偿标准,是恢复原状的赔偿标准,即补偿性质的损害赔偿标准。此外,德国《民法典》第252条还规定了可得利益损害赔偿标准,即"待赔偿

[①] 江必新:《国家赔偿法原理》,中国人民公安大学出版社1994年版,第215页。

的损害也包括所失利益。根据事物的惯常运行或者特殊情况，特别是根据所作的准备和所采取的预防措施，可以极大的可能性期待得到的利益，视为所失利益"。其财产损害赔偿包括财产权益的减损赔偿和可得利益的赔偿。

在法国，"行政主体的赔偿金额是实际发生的全部损失"。法院判决后，由于当初的原因，损害继续加重时，受害人可以请求行政法院重新确定金额。另一方面，受害人因损害的事实所取得的利益，应从赔偿金中扣除。例如，公务员在非法撤职期间，从事有收入的职业，应从赔偿金中扣除其收入部分。行政机关所提出的赔偿金额，法院认为超过实际损失时，可以减少其数额。法律预先规定赔偿金额时，例如，公务员的伤残抚恤金由法律预先规定，受害人只能得到法律规定的金额，不适用实际损失原则。[1]

日本《国家赔偿法》对于财产损害赔偿标准未作规定，其《刑事补偿法》对于侵犯财产权的赔偿标准作了规定。根据该法第4条、第5条规定，其赔偿标准包括四个方面的内容：（1）由于执行罚金或罚款而给予的补偿，应在已经征收的罚金或罚款额上，按照从征收的次日起至决定补偿之日止的日期，加上年息5厘的数额交付补偿金。在劳役场所执行劳役的，按关押或拘禁的赔偿标准执行。（2）由于执行没收而给予的补偿，如果没收物未处理的，应交还原物；没收物已经处理的，应按与该物当时的价格相等的数额交付补偿金。另外，对于征收的追征金，应在数额上按照从征收的次日起至补偿之日止的日期，加上年息5厘的利率所得的数额交付补偿金。（3）应受到补偿的人，出于同一原因，已按照其他法律受到损害赔偿的，如果该损害赔偿金数额相等或超过时，不予补偿。如果该损害赔偿的数额比依照刑事补偿法应受到的补偿金额的数额少时，应在扣除损害赔偿的数额后，核定补偿金的数额。（4）根据其他法律应受到损害赔偿的人，出于同一原因，已经依照刑事补偿法受到补偿的，应在扣除该补偿金的数额后，核定损害赔偿的数额。

---

[1] 王名扬：《法国行政法》，中国政法大学出版社1989年版，第579－581页。

韩国《国家赔偿法》第3条专门规定了财产损害赔偿标准，即：（1）按物品损坏时的价格赔偿；或有为该物品作必要之修理；或者支付修理所需要之费用。（2）因为受害人修理损害物品，致使这段时间收入减少的，当赔偿修理期间损失额，谓之休业赔偿。（3）因物品之灭失、毁坏产生直接损害以外的其他损害的，如果不法行为与该损害有因果关系，国家也应当赔偿。

美国《联邦侵权赔偿法》第2674条明确肯定"美国联邦政府，依据本法关于侵权行为求偿之规定，应于同等方式与限度内，与私人一样地负担民事责任"。国家赔偿法上财产损害赔偿标准与民事侵权法上的规定并无二致。尽管在行政侵权赔偿范围上，美国要比法国等大陆法系国家窄得多，但对于受害人侵权损害的赔偿，政府不仅赔偿受害人的直接损失，对可得利益的损失也予以赔偿。比如，甲乙签订一份合同后不久，甲的营业执照被政府错误吊销致使合同无法履行，甲可以要求政府赔偿其错误吊销营业执照行为给自己造成的所有损失，包括合同正常履行时可得到的利益损失。

二、与财产损害赔偿标准有关的参数

（一）全额赔偿还是限额赔偿

一般来说，凡是赔偿范围限于直接损失或积极损失的国家，一般都规定必须全额赔偿；凡是赔偿范围扩及间接损失或消极损失的国家，一般都规定限额赔偿，限额的范围一般都局限在消极损失范围内。目前在各国国家赔偿实践中，对于直接的财产损失，各国均无例外地给予赔偿，对于间接的财产损失，有的国家给予赔偿，大多数国家给予有条件的有限的赔偿，也有的国家不予赔偿。之所以对间接的财产损害是否赔偿颇具争议，主要原因在于如何确定和计算间接损失程度，特别是不少财产的间接损失极难精确计算。[①] 在国外的实践中，间接损失的赔偿范围标准，大多由法院在具体案件的审理中具体决定，即在不违反法律原则精

[①] 皮纯协、冯军主编：《国家赔偿法释论》（第二版），中国法制出版社2008年版，第224页。

神的前提下，行使自由裁量权对具体的赔偿范围作出决定，从而对间接损失进行适度赔偿。

德国国家赔偿法上的财产损害范围通常包括积极的财产损害和消极的财产损害。积极的财产损害即直接损失；消极的财产损害，亦称所失利益，是指根据事情的通常进程或者根据特殊情况，特别是根据已有设备或设施可能获得的利益损失。法国的国家赔偿制度主要通过权限争议法院和行政法院的判例确立。根据法国判例，如果该财产损害是已经发生、确实存在的，就能得到赔偿。将来的损害，如其发生不可避免，也视为已经发生的现实损害；将来可能发生的不确定的损害，不引起赔偿责任。除非受害人能证明，利益的获得已经确定，或者有充分的理由令人信服可以得到某种利益，这种损害才能成为确定的损害。行政主体的赔偿金额是实际发生的全部损失，在法院判决后，如由于当初的原因，损害继续加重的，受害人可以请求行政法院重新确定金额。日本《国家赔偿法》第4条的规定，国家赔偿的损害范围是依民法典的规定来确定的。日本《民法典》规定，侵权赔偿的损害范围是指与加害行为之间有相当因果关系的损害，包括积极损害和消极损害。韩国对财产损害的赔偿范围较宽，根据《国家赔偿法》第3条的规定，"因物品之灭失、毁损、产生直接损失以外的其他损失的，如不法行为与该损害有因果关系，国家也应赔偿"。[①]在美国，国家赔偿领域的财产损害赔偿与民事侵权赔偿一样，包括直接损失和可得利益损失的赔偿。

在我国国家赔偿领域，对于财产损害赔偿实行的是限额赔偿，但原则上只赔偿直接损失，基本不赔偿间接损失。

（二）是否赔偿法定孳息

法定孳息是依民事法律关系产生的收益。如果行政机关违法罚没款项，除退回款项之外，是否还应赔偿该款项的利息损失？再如，行政机关违法查封出租房屋，除退还查封的房屋之外，是否还应赔偿租金损失？这在不同的国家有着不同的规定。

---

① 丁邦开、钱芳：《将间接损失纳入〈国家赔偿法〉的立法探讨》，载《上海财经大学学报》2004年第1期。

大多数国家和地区都规定应当赔偿法定孳息。法国法上规定，行政主体必须从受害人提出请求赔偿之日起，支付利息。日本《刑事补偿法》第4条第5项规定："由于执行罚金或罚款而给予的补偿，应在已征收的罚金或罚款额上，按照从征收的次日起至决定补偿之日止的日期，加上年息5厘的利率所得的数额交付赔偿金。"同条第6项规定："由于执行没收而给予的补偿，如果没收物尚未处理，应交还原物；没收物已经处理的，应按与该物当时的价格相等的数额交付补偿金。另外，对征收的追征金，应在数额上按照从征收的次日起至决定补偿之日止的日期，加上年息5厘的利率所得的数额交付补偿金。"我国台湾地区规定国家赔偿适用于民法规定，应当赔偿法定孳息，对刑事中的违法罚金、没收财产等，规定返还并附加利息。英国《王权诉讼法》第24条规定："如果高等法院裁决给政府或裁决政府应交付的费用，那么除法院另有规定外，应根据这些费用支付利息。"但也有国家在返还金钱时，是不计利息的。①在我国，修订前的《国家赔偿法》未规定法定孳息的赔偿，最高人民法院2000年9月16日法释〔2000〕27号《关于民事、行政诉讼中司法赔偿若干问题的解释》第12条第3项规定："保全的财产系国家批准的金融机构贷款的，当事人应支付的该贷款借贷状态下的贷款利息。执行上述款项的，贷款本金及当事人应支付的该贷款借贷状态下的贷款利息"，在司法实践中，仅对该司法解释规定的贷款利息按直接损失予以赔偿，对其他法定孳息均不予赔偿。修订后的《国家赔偿法》根据各方的建议进行了改进，在第36条第7项规定，返还执行的罚款或者罚金、追缴或者没收的金钱，解除冻结的存款或者汇款的，应当支付银行同期存款利息。

但是，也有极少数国家规定只返还罚没的款项，而不赔偿利息损失，例如，在德国，公法上的赔偿不付利息。

（三）如何确定财产估值的基准时间

同一财产在不同时期可能有不同的价格，某一财产遭到损失，是按购置该财产时的价格计算损失，还是按损坏该财产时的价格计算，抑或

---

① 参见肖峋《中华人民共和国国家赔偿理论与实用指南》，中国民主法制出版社1994年版，第243页。

是按修复或重购时的价格计算或按照赔偿争议裁处机关裁处该争议时的价格计算？各国的规定不尽相同。① 法国法上，行政法院确定财产估值的基准时间因财产损害和对人身损害而有所不同。对于财产损害，原则上以损害发生当天作为计算损失日期。因为受害人通常应在损害当日或次日立即进行修复或购置。但如果受害人由于技术上的原因、法律上的原因或经济上的原因，不能立即进行购置或修复时，则以修复或购置成为可能之日作为计算损失日期。② 但是，如果根据案件本身情况，财产损害以判决当天作为计算损失日期比较公平时，行政法院将根据公平原则，决定计算损失日期。③ 韩国国家赔偿法也规定财产估价应按被损害时该物品的交换价格。我国国家赔偿法上，根据最高人民法院2000年9月16日法释〔2000〕27号《关于民事、行政诉讼中司法赔偿若干问题的解释》第11条规定，财产灭失的，按侵权行为发生时当地市场价格予以赔偿。

此外，也有极个别国家按购置该财产时的价格计算，还有个别国家按裁决该赔偿争议时的价值计算。

三、我国国家赔偿法上的财产损害赔偿标准

修订前的《国家赔偿法》第28条规定了财产损害赔偿标准，④ 对此，

---

① 江必新：《国家赔偿法原理》，中国人民公安大学出版社1994年版，第216页。
② 在法国法上，身体的损害以法院判决日作为计算损失日期，避免受害人由于货币贬值而受到损失。法院在计算损失时，应考虑判决前所发生的各种情况。但受害人对请求赔偿的延迟有过错时，例如拒绝行政机关提出的合理金额，过分延迟提出请求等，法院以通常应可能请求的日期作为计算损失日期。
③ 参见王名扬《法国行政法》，北京大学出版社2007年版，第579－581页。
④ 修订前的《国家赔偿法》第28条规定："侵犯公民、法人和其他组织的财产权造成损害的，按照下列规定处理：
（一）处罚款、罚金、追缴、没收财产或者违反国家规定征收财物、摊派费用的，返还财产；
（二）查封、扣押、冻结财产的，解除对财产的查封、扣押、冻结，造成财产损坏或者灭失的，依照本条第（三）、（四）项的规定赔偿；
（三）应当返还的财产损坏的，能够恢复原状的恢复原状，不能恢复原状的，按照损害程度给付相应的赔偿金；
（四）应当返还的财产灭失的，给付相应的赔偿金；
（五）财产已经拍卖的，给付拍卖所得的价款；
（六）吊销许可证和执照、责令停产停业的，赔偿停产停业期间必要的经常性费用开支；
（七）对财产权造成其他损害的，按照直接损失给予赔偿。"

各界普遍认为该标准偏低，主要批评在于：（1）低于民事赔偿标准，不足以弥补受害人损失，赔偿请求人对于赔偿的期望远高于决定赔偿的结果。（2）财产已拍卖、变卖的，仅简单规定返还拍卖、变卖款。对于财产原价值清楚的，拍卖、变卖款又大大低于原价值的，仅给付拍卖、变卖款显失公平。（3）被扣押、冻结、追缴的金钱以及被罚没财产，只规定予以返还，未规定法定孳息的赔偿。（4）对财产权造成的其他损失只赔偿直接损失，但直接损失和间接损失的具体划分标准不明。在《国家赔偿法》的修订过程，立法机关吸纳了各方建议，并结合我国国家赔偿制度的特点、国家经济状况、财政负担能力以及此次修改的指导思想等综合因素，在保留原有部分规定的基础上作出了相应的修改，例如，对于金钱类财产，规定了法定孳息的返还；对于变卖金额明显低于实际价值的，规定了相应赔偿金的支付等。修订后的《国家赔偿法》第36条规定："侵犯公民、法人和其他组织的财产权造成损害的，按照下列规定处理：（一）处罚款、罚金、追缴、没收财产或者违法征收、征用财产的，返还财产；（二）查封、扣押、冻结财产的，解除对财产的查封、扣押、冻结，造成财产损坏或者灭失的，依照本条第三项、第四项的规定赔偿；（三）应当返还的财产损坏的，能够恢复原状的恢复原状，不能恢复原状的，按照损害程度给付相应的赔偿金；（四）应当返还的财产灭失的，给付相应的赔偿金；（五）财产已经拍卖或者变卖的，给付拍卖或者变卖所得的价款；变卖的价款明显低于财产价值的，应当支付相应的赔偿金；（六）吊销许可证、执照、责令停产停业的，赔偿停产停业期间必要的经常性费用开支；（七）返还执行的罚款或者罚金、追缴或者没收的金钱，解除冻结的存款或者汇款的，应当支付银行同期存款利息；（八）对财产权造成其他损害的，按照直接损失给予赔偿。"较之修订前，我国《国家赔偿法》对于财产损害赔偿标准的规定有了较大幅度的提升。

归纳而言，我国《国家赔偿法》规定的财产损害赔偿的责任方式主要包括返还财产、恢复原状和金钱赔偿，财产损害赔偿标准因侵犯财产权的责任方式等具体情形不同而有所区别。

（一）返还财产

根据《国家赔偿法》第 36 条的规定，返还财产主要适用于以下情形：处罚款、罚金、追缴、没收财产或者违法征收、征用财产的，返还财产；返还执行的罚款或者罚金、追缴或者没收的金钱，解除冻结的存款或者汇款的，应当支付银行同期存款利息。

对于国家机关及其工作人员侵犯财产权的情形，能够返还财产的，应首先适用返还财产这种责任方式，即侵权机关应将其占有的受害人财产返还给受害人，其适用条件为原物尚存，未造成毁损灭失，同时返还原物更符合受害人的利益且更为便捷。这里的"财产"，既可以是金钱，如非法罚没的款项；也可以是财物，如非法没收的财产或征收征用的财物。[①] 返还财产的优势在于，有时能使受害人通过此种方式直接得以救济和赔偿；有时则因为所侵犯财产对于受害人而言，系有特殊意义、极为珍贵或难以复制之特定物，返还财产更符合受害人的要求。如果应当返还的财产被损坏或灭失的，则应按照《国家赔偿法》第 36 条第 3 项、第 4 项规定的不同情况处理，即按损坏程度给付相应的赔偿金，或针对已灭失的财产给付相应的赔偿金。

《国家赔偿法》第 36 条第 7 项是此次修法增加的赔偿项目，规定返还的财产是金钱时，应当同时支付银行同期存款利息。在比较法上，很多国家和地区在返还金钱时规定应支付相应利息，如英国《王权诉讼法》第 24 条，日本《刑事补偿法》第 4 条第 5 项和第 6 项，我国台湾地区"冤狱赔偿法"第 3 条等均有相应规定。

修订前的《国家赔偿法》未规定返还金钱应支付利息，各界对此存有不同的观点。有观点认为，因罚款、罚金及执行罚金违法而对受害人赔偿的，应于退回等量罚款、罚金及执行罚金的同时，支付法定的利息，国家可规定一个固定的利息率，或根据各年利息率的平均值计算该利

---

① 需要指出的是，对于钱的返还，在严格意义上并非返还而是赔付，返还只能适用于物，且一般是特定物。

息。① 还有观点认为，由于法律未规定返还金钱是否计算利息，给具体执行带来困难，应由最高人民法院以司法解释形式加以规定。在最高人民法院作出规定前，应参照民事赔偿的有关规定。② 此次法律修订，规定返还的财产是金钱时，应当同时支付银行同期存款利息，使得返还财产的赔偿更趋于公平合理。

(二) 恢复原状

恢复原状是指赔偿义务机关对于其侵权行为直接作用的财产停止侵害或进行有效修复，使之尽量恢复至受损前的状态。对于如何理解"恢复原状"的问题，有观点认为，返还原物、恢复名誉、消除影响、恢复权利状态，都是恢复原状的内涵。③ 还有观点认为，恢复原状应分为物的恢复原状和其他权利的恢复原状，前者与民法中规定的恢复原状含义相同，即恢复物至受损前之状态或性能；后者则包括恢复户口、职级等非物质权利。④ 我们认为，根据《国家赔偿法》第 36 条及最高人民法院《关于民事、行政诉讼中司法赔偿若干问题的解释》第 11 条的规定，恢复原状主要表现为对于物质类财产予以恢复的情况，体现在以下两个方面：一是《国家赔偿法》第 36 条第 2 项中规定，查封、扣押、冻结财产的，应解除对财产的查封、扣押、冻结，对相应侵权状态予以解除，目的在于使之恢复至未采取上述措施之前；二是《国家赔偿法》第 36 条第 3 项规定，应当返还的财产损坏的，能够恢复原状的恢复原状，即可以通过对损坏之财产予以有效的修复，使之尽可能恢复至未损害以前的状态。此外，国家赔偿中的恢复原状，还适用于恢复一些无形的、非财产性的受到侵害的权利，如受害人所享有的年资待遇、户口、公职及职务等。

(三) 金钱赔偿

金钱赔偿，亦称支付赔偿金的赔偿，是指在通过计算或评估损害结

---

① 参见马怀德《国家赔偿法的理论与实务》，中国法制出版社 1994 年版，第 255 页。
② 参见刘善春主编《国家赔偿法条文释义与案例分析》，中国政法大学出版社 1995 年版，第 63 页。
③ 参见皮纯协、何寿生编著《比较国家赔偿法》，中国法制出版社 1998 年版，第 134 页。
④ 参见江必新《国家赔偿法原理》，中国人民公安大学出版社 1994 年版，第 196 页。

果后，以货币的形式根据该损害结果对受害人给予适当赔偿之方式，是绝大多数国家和地区最为通行的责任方式，其优势在于操作简便易行、具有较强之适用性等。根据《国家赔偿法》第32条的规定，金钱赔偿是我国财产损害赔偿最主要的责任方式，是在返还原物、恢复原状无法适用或不能完全适用时，对损害予以直接有效救济的责任方式。根据《国家赔偿法》第36条以及最高人民法院《关于民事、行政诉讼中司法赔偿若干问题的解释》的规定，金钱赔偿体现在以下几方面：

1. 财产已损坏或灭失。

《国家赔偿法》第36条第3项规定，应当返还的财产损坏且不能恢复原状的，应按照损害程度给付相应的赔偿金。《国家赔偿法》第36条第4项同时规定，应当返还的财产灭失的，给付相应的赔偿金。损坏或灭失的客体是物而非金钱，[①]且这里的损坏是狭义上的，仅指被侵权之财产遭受了一定的损害，导致部分属性或功能丧失从而影响其利用或降低其价值。灭失则是指被侵权之财产已不复存在。给付相应赔偿金，是指赔偿的数额一般应以该财产的价值计算，价值难以或无法估算的，应按照有关法律规定的标准，有些情况下应请相关具有资质的专业机构或人员，按照有关程序及标准予以评估计算。在学理上，对于估价方法有两种主张：一种认为，应以损失发生当天作为计算损失的日期，因为受害人通常应当在损害当日或次日，立即进行恢复或购置，如果无故延误修复而加重损失，则对加重部分的损失，国家不予赔偿。如果是因受害人在技术、法律或经济上的原因不能立即进行修复或购置的，则以修复或购置成为可能时，作为计算损失日期。另一种观点认为，应当以判决或决定赔偿之日作为计算损失的日期。因为遇有物价上涨等经济波动时，如按损害当时的修复购置费计算赔偿费，对受害人有失公平。

根据最高人民法院《关于民事、行政诉讼中司法赔偿若干问题的解释》第11条的规定，造成财产损坏的，赔偿修复所需的费用；造成财产

[①] 金钱不是损坏或灭失的问题，而是损失或损害的问题。

灭失的，按侵权行为发生时当地市场价格予以赔偿。因此，修复所需的费用以及灭失的财产，按侵权行为发生时当地市场价格予以赔偿；需要估价的，一般也应按侵权行为发生时当地市场价格依法进行估价。① 但如果按侵权行为发生时当地市场价格依法进行估价对受害人显失公平的，可以借鉴法国法上的做法，按判决或决定赔偿之日的当地市场价格进行估价。②

2. 财产已拍卖或变卖。

《国家赔偿法》第 36 条第 5 项规定，财产已经拍卖或者变卖的，给付拍卖或者变卖所得的价款；变卖的价款明显低于财产价值的，应当支付相应的赔偿金。最高人民法院《关于民事、行政诉讼中司法赔偿若干问题的解释》亦规定，财产已拍卖的，给付拍卖所得的价款；财产已变卖的，按合法评估机构的估价赔偿。根据《拍卖法》的规定，拍卖是指以公开竞价的形式，将特定物品或者财产权利转让给最高应价者的买卖方式，拍卖标的应当是委托人所有或者依法可以处分的物品或者财产权利。人民法院在执行程序中，委托拍卖依照《拍卖法》以及最高人民法院《关于人民法院民事执行中拍卖、变卖财产的规定》等处理。根据最高人民法院《关于人民法院民事执行中拍卖、变卖财产的规定》，对查封、扣押、冻结的财产，当事人双方及有关权利人同意变卖的，可以变卖；对于金银及其制品、当地市场有公开交易价格的动产、易腐烂变质的物品、季节性商品、保管困难或者保管费用过高的物品，人民法院可以决定变卖。

赔偿义务机关违法对财产予以没收或者查封、扣押、冻结后，如果对财产已经进行了拍卖或变卖，原财产已经不存在或为他人善意取得，无法返还财产或恢复原状的，则应采取金钱赔偿的方式予以救济。根据《国家赔偿法》第 36 条及最高人民法院《关于民事、行政诉讼中司法赔

---

① 我国《侵权责任法》第 19 条规定："侵害他人财产的，财产损失按照损失发生时的市场价格或者其他方式计算。"比较而言，侵权法上的规定更为灵活，更具操作性，值得借鉴。

② 例如，某人新建房屋被误认为违章建筑而拆除，此外又不允许重新建置的，如遇有建筑材料价格大幅上涨，则应以判决或决定赔偿之日的估价予以赔偿。

偿若干问题的解释》规定，财产已经拍卖的，应给付拍卖所得价款；财产已变卖的，按合法评估机构的估价赔偿；变卖的价款明显低于财产价值的，应当支付相应的赔偿金。

对于财产已经拍卖或者变卖的赔偿标准，修订后的《国家赔偿法》在原来规定仅对拍卖财产给付拍卖所得价款的基础上，作出了改进，新增了变卖财产的赔偿标准，并增加了"变卖的价款明显低于财产价值的，应当支付相应的赔偿金"的规定，对法定标准予以缓和。"支付相应的赔偿金"的规定，在一定程度上可以解决法定赔偿标准与受害人实际损失差距悬殊的问题。[①]

3. 造成停产停业。

《国家赔偿法》第 36 条第 6 项规定：吊销许可证和执照、责令停产停业的，赔偿停产停业期间必要的经常性费用开支。这里的赔偿标准是法定赔偿标准，而非实际损失赔偿标准。行政机关及其工作人员违法吊销许可证和执照、责令停产停业的，或者人民法院违法采取保全措施、错误执行造成被保全、执行法人或者其他组织停产停业的，该侵害行为并非直接指向具体的财产，而通常表现为剥夺和限制了法人或者其他组织的经营能力，造成其停产停业。国家赔偿法对此类损失的赔偿标准，限制在最低限度的直接损失——停产停业期间必要的经常性费用，排除了受害人在停产停业期间的一切可得利益的损失，人为降低了受害人的受偿金额。这种排除可得利益的做法，与大多数国家的规定相反。对于停产停业损失的赔偿标准，学术界曾主张，停产停业属于可得性利益损失，应把受害人为实现可得利益而应付出的劳动和其他代价考虑在内，故在赔偿标准中应考虑受害人停止停业期间所损失的利润。这种主张在利润的具体计算上又分为两种意见：一种意见主张，以受害人上一年度的税后平均利润乘以停业天数计算；另一种意见主张，按上一年完税后

[①] 拍卖价格与受害人的购买价格、财产扣押或没收当时的价值等很可能相差颇大。例如，受害人 1997 年购买的车辆在 1998 年被扣押，2003 年被拍卖，拍卖价格就会明显低于受害人的实际损失。在《国家赔偿法》修订前，赔偿义务机关仅需按拍卖价格予以赔偿，拍卖价格与受害人实际损失之间的差价由无辜的受害人承担，虽于法有据，但显失公平。

平均利润乘以停业天数所得数值减半赔偿，或按权威机构的估价结果减半赔偿。最高额不超过 6 个月的平均利润。[1] 但上述主张未被《国家赔偿法》采纳，该法第 36 条规定的"必要的经常性费用开支"，一般被解释为用以维系企业停产停业期间用于维持其基本运转、运营所需的开支，通常包括职工基本工资、税金、水电费、房屋场地租金、设备保养维护费等。

最高人民法院《关于民事、行政诉讼中司法赔偿若干问题的解释》对"必要的经常性费用开支"作出了解释。该解释第 12 条第 4 项规定，保全、执行造成停产停业的，应赔偿停产停业期间的职工基本工资、税金、水电费等必要的经常性的费用。"职工基本工资"是法人或者其他组织在停产停业期间，为维系该法人或者其他组织生存进行必要管理而应支付的员工基本工资；"税金"是指法人或者其他组织在停产停业期间按规定必须缴纳的各项税费；"水电费"是指为法人或者其他组织为维系停产停业期间设备、生产工具所支出的水、电等基本费用。

4. 造成其他损害。

《国家赔偿法》第 36 条第 8 项规定，对财产权造成其他损害的，按照直接损失给予赔偿。最高人民法院《关于民事、行政诉讼中司法赔偿若干问题的解释》第 12 条规定："国家赔偿法第二十八条第（七）项[2]规定的直接损失包括下列情形：（一）保全、执行过程中造成财物灭失、毁损、霉变、腐烂等损坏的；（二）违法使用保全、执行的财物造成损坏的；（三）保全的财产系国家批准的金融机构贷款的，当事人应支付的该贷款借贷状态下的贷款利息。执行上述款项的，贷款本金及当事人应支付的该贷款借贷状态下的贷款利息；（四）保全、执行造成停产停业的，停产停业期间的职工工资、税金、水电费等必要的经常性费用；（五）法律规定的其他直接损失。"

根据以上规定，我国国家赔偿制度对于造成财产权其他损害时，原

---

[1] 皮纯协、冯军主编：《国家赔偿法释论》（第二版），中国法制出版社 2008 年版，第 224 页。
[2] 该司法解释中所涉及的条文为修订前的《国家赔偿法》规定的条文。

则上只对直接损失予以赔偿。直接损失，也称积极损害，是指已有财产的减少；间接损失，也称消极损害，是指可得利益的丧失。之所以如此限定，主要是基于以下考虑：第一，考虑到我国的经济发展状况及财政负担能力，既要解决一些赔偿的实际问题，又不至于使国家背上太重的包袱；第二，间接损失是实际上尚未取得的利益，即使没有侵权事由的发生，也不排除该利益不能实际取得的风险；第三，间接损失难以界定，从理论和实践上都难以确定适用标准。但是，我们认为，未来我国国家赔偿法的发展趋势是逐步提高财产损害赔偿的标准，扩大财产损害赔偿的范围，逐步将间接损失更多地纳入财产损害赔偿的范畴。这是因为：第一，从各国国家赔偿标准来看，大多有间接损失赔偿的规定。并且，我国民事赔偿领域，立法、司法和理论上一直都承认间接损失的赔偿。赔偿包括间接损失在内的损失，是侵权赔偿法律制度和各国国家赔偿制度的通制。第二，即使是在《国家赔偿法》的规定中，对于人身损害赔偿的范围，不但包括直接损失，同时也包括间接损失，例如，侵害健康权的，要赔偿误工损失，该误工损失属于间接损失的性质。人身损害赔偿与财产损害赔偿的问题上，同事不同理的现象应该改变。第三，赔偿间接损失的作用不仅在于弥补受害人的实际损失，而且对于遏制和预防国家机关及其工作人员职务侵权行为的发生也具有积极意义，这是由损害赔偿的导向和规范功能决定的。

第三节　财产损害赔偿的计算[①]

如前所述，财产损害赔偿的标准与财产损害赔偿的计算，是既有区别又紧密联系的两个问题，在财产损害赔偿标准的探讨中，往往涉及到财产损害赔偿的计算，在此设专节予以阐述。这里主要从直接损失与间接损失的角度来讨论财产损害赔偿的计算，由于我国国家赔偿法的财产

---

① 以下主要参见杨立新《侵权损害赔偿》，法律出版社 2008 年版，第 345－349 页。

损害赔偿原则上限于直接损失，本节对财产损害赔偿特别是间接损失赔偿的计算主要是从学理上加以分析。在国家赔偿法上，按照加害行为与损害之间因果关系的距离，财产损害一般可分为直接损失和间接损失。财产损害赔偿的计算，就是对财产可赔偿的直接损失和间接损失进行计算，进而予以赔偿。

一、直接损失的计算

直接损失，也称积极损害，指现有财产或者利益的减少。赔偿直接损失，即赔偿已经发生的、确定的损失，而不是对权利人应得到的或者能够得到的利益赔偿。《说文解字》称："损，减也。"《说文解字注》称："在手而逸去为失。""损失"的本义是指直接损失，不包括间接损失。之后，随着间接损失与直接损失这一对应概念的出现，"损失"发展成为这组概念的上属概念。

侵害财产权的直接损失，就是指国家侵权行为侵占或损坏公民、法人或者其他组织的财产，致使受害人现有的财产价值量实际减少。在实践中，直接损失是直观、实在的。侵占财产，表现为公民、法人或者其他组织财产的丧失占有，该物的全部价值即为直接损失。损坏财产，表现为被损坏的财产价值的减少和灭失。财产减少的，减少的部分就是直接损失；财产灭失的，该物的全部价值就是直接损失。在侵占财产无法返还和损坏财产无法恢复原状的情况下，就会发生财产的直接损失。即使可以返还原物和恢复原状，但原物的交换价值和使用价值已发生减损的，也会发生财产的直接损失。

对于直接损失的赔偿，适用折价赔偿，即按照财产实际减少的价值进行赔偿。对于侵害财产使原物灭失即原物的价值全部丧失的，以原物的原有价值进行赔偿；对于侵害财产使原物受到损坏，可以返还原物或恢复原状，但原物价值减少的，按照原物实际减少的价值进行赔偿。根据最高人民法院《关于民事、行政诉讼中司法赔偿若干问题的解释》第11条第1款的规定，"财产灭失的，按侵权行为发生时当地市场价格予以赔偿"。灭失的财产，不论是否需要估价，均按侵权行为发生时当地市场价格予以赔偿。

由于对直接损失的赔偿，是按照财产实际减少的价值进行赔偿，在计算损失时需要将折旧率等因素考虑在内。计算直接损失的赔偿范围，首先必须确定原物的价值。原物价值的计算，必须根据原物的原有价格，可以使用时间、已经使用时间等因素综合判断。其公式是：公式中的"原有价值/可用时间"，实际上是财产单位时间的折旧。在实践中，有些财产有固定的折旧率，可以据此计算。有些财产没有固定的折旧率，则可以根据一般的经验法则计算。例如，一台冰箱价值 2700 元，可用时间一般为 10 年，那么，2700/10 = 270 元，年折旧为 270 元。

对"原物价格"的确定，在实践中往往出现由于实物的价格发生变化，其赔偿价格难以确定的问题。大致可分为三种情况酌情处理：（1）原价高，现价低的物品。① 折合现金赔偿应按原价计算，还是按现价计算的问题，我们认为，应按侵权行为发生时的当地市价处理，因为这样即足以填补受害人的全部损失。（2）原价低、现价高的物品。同理，在这种情况下应从现实价格考虑，否则受害人的合法财产权益无法获得切实保护。（3）原价高、现价低的特殊物品。例如，某些贵重首饰等，现价低于原价，且难以求购。对此，出于公平原则的考量，应当在受害人有充分证据证实的情况下，按照其购买价格计算。

在确定原物的价值以后，再根据被侵害财产的原物价值和残存价值之间的差额计算财产的直接损失，其计算公式是：财产直接损失 = 原物价值 - 残存价值 = 赔偿范围。其中，残存价值即新生利益，适用于原物未灭失的情形，即财产被损坏后，作为原物已不存在，但其残存物仍有价值，形成新生利益。例如，房屋被违法拆迁，遗留有砖、瓦等建筑材料，该些建筑材料的价值为残存价值。如果原物全部灭失，并无残存价值，则原物的价值就是直接损失价值。

---

① 这里的现价意指侵权行为发生时的当地市价。

此外，确定直接损失的赔偿数额还可以用下列公式计算。即：设定应赔偿的数额为 S，被损害物的原价为 M，损害以前的质量为 P，被损害以后的质量为 Q，其计算公式为：$S = M \times (P - Q)$。

二、间接损失的计算

间接损失，也称消极损害，是可得利益的减少，即受害时尚不存在，但受害人如果不受侵害，在通常情况下应当或者能够得到的利益的丧失。间接损失的是一种未来的可得利益，在侵害行为实施时，它只具有一种财产取得的可能性，尚不是一种现实的利益。财产损害造成间接损失的情况比较复杂，在理论和实务上都颇具争议，在国家赔偿法上尤甚。我国《民法通则》第117条第3款规定："受害人因此受到其他重大损失的，侵害人应当赔偿损失。""其他重大损失"就包括受害人在一定范围内的未来财产利益的损失，故该条是对间接损失予以赔偿的规则。如前所述，间接损失有三个特征：一是损失的是一种未来的可得利益，在侵害行为实施时，只具有一种财产取得的可能性，还不是一种现实的利益；二是这种丧失的未来利益是具有实际意义的，而不是抽象的或者假设的；三是这种可得利益必须是一定范围的，即损害该财物的直接影响所及的范围，超出这个范围，不能认为是间接损失。间接损失与直接损失的区别主要在于：第一，间接损失不是现有财产的减少，不表现为受害人现实拥有的财产价值量的实际减少，而是受害人应当或者可能得到的财产利益因侵权行为的实施而没有得到。第二，间接损失具有依附性，而直接损失不具有依附性。间接损失与直接损失有直接的关联，即间接损失是依据直接损失的发生而发生。第三，直接损失是直观、现实的财产价值的损失；间接损失虽属客观的损失，但不如直接损失那样直观现实，需根据实际情况进行计算。根据我国修订后的《国家赔偿法》的规定，对间接损失原则上不予赔偿，只有在法律中有明确或特别规定时才予赔偿，如第36条第7项的规定。

计算财产损害间接损失的赔偿范围，同样是要计算间接损失的价值，以间接损失价值的数额，作为对间接损失的赔偿数额。在间接损失价值的计算中，必须注意：第一，财产本身的损害不是间接损失，而是直接损失，不能将财产损害的本身计入间接损失当中；第二，在侵害的财产是生产、经营资料，受害人因财产被侵害而无法进行生产、经营的时候，不能在计算财产损害的间接损失的同时，再计算受害人停产的误工工资，因为这两项损失的性质相同，不能重复计算。

计算间接损失价值的公式是：间接损失价值＝单位时间增殖效益×影响效益发挥的时间。

对于"单位时间增殖效益"的确定，通常有三种方法：（1）收益平均法。即计算出受害人在受害之前一定时间里的单位时间平均收益值。例如，甲经营汽车运输，汽车被损坏后，10 天没能营运。对此，可以用前一个月的总收益除以该月的天数，即得出该汽车一天营运的收益额。在使用这种计算方法时，要注意季节等条件因素对经营的影响，应取同等条件或相似条件的季节作为参照来计算。（2）同类比照法。即确定条件相同或基本相同的同类生产、经营者，以其为对象，计算该人在同等条件下的平均收益值，作为受害人损失的单位时间增殖效益的数额，按此数额确定受害人的单位时间增殖效益。使用这种计算方法要注意同等条件，如同等劳力，同等财产，同等生产、经营因素等。条件越相似，计算就越接近准确。（3）综合法。即将以上两种方法综合使用，使计算的结果更趋于准确。

对于"影响效益发挥的时间"的计算，因财产的损坏和财产的侵占、灭失而不同。财产的一般损坏，其影响效益发挥的时间，是从损坏发生之时到经维修为正常使用之时。财产的侵占、灭失，则从侵害发生之时，到返还、购买的财产正常使用之时。

第二十七章　精神损害赔偿及其标准

修订后的《国家赔偿法》正式确立了精神损害赔偿制度，这是我国国家赔偿制度的重要突破与完善。本章从精神损害赔偿制度的发展概况出发，介绍了国外以及我国相关制度的历史与现状，分析了精神损害赔偿的重要性，指出《国家赔偿法》规定精神损害赔偿的必要性与可行性。在此基础上，通过明确精神损害的含义与判别、厘清精神损害赔偿概念以及探寻精神损害赔偿可赔偿损害的范围，深入分析了精神损害赔偿制度。进而针对我国的立法现状，探讨了精神损害赔偿标准、计算方式等问题，为《国家赔偿法》的具体适用进行了有益尝试。

第一节　精神损害赔偿制度的发展

精神损害赔偿制度滥觞于民法侵权责任制度，经历了漫长的萌芽、形成、完善时期，成为被广泛接受的损害赔偿制度。国家赔偿制度中的精神损害赔偿，是近代以来法治理念发展的产物，在大陆法系国家与英美法系国家遵循着不同的发展轨迹，至第二次世界大战后才逐渐建立起来。同时，我国虽然在精神损害赔偿制度方面起步较晚，但利用后发优势，现已建立了比较完善的精神损害赔偿法律制度。在《国家赔偿法》中引入精神损害赔偿，将我国精神损害赔偿制度又向前推进了一大步。回顾精神损害赔偿制度在民事侵权领域和国家赔偿领域的发展过程，有助于理解、完善我国《国家赔偿法》中的精神损害赔偿。

一、精神损害赔偿制度的发展概况

精神损害赔偿制度最先是从民法的侵权责任制度中发展起来的，经历了古代法的萌芽时期、近代法的形成时期以及现代法的完善时期，[①] 时至今日，已成为民法理论界和实务界被广泛接受的制度。

(一) 国外精神损害赔偿制度的历史发展

关于精神损害适用物质赔偿的立法规定，可以追溯到约公元前 20 世纪的《苏美尔亲属法》，该法第 6 条规定："倘夫告其妻云：'尔非吾妻'，则彼应给银半明那。"这里的"给银半明那"，即为对丈夫告发妻子"尔非吾妻"之名誉毁损的物质赔偿。[②] 精神损害赔偿制度萌芽于罗马法发展的第四个时期即法典编纂时期，[③] 表现为对生命权、健康权、身体权的法律保护从 injuria 中分离出来。[④] 根据查士丁尼《法学阶梯》的规定，有所谓的对于名誉的私犯，即用语言和文书对于他人名誉的侵犯，行为严重时将会被科以相当金额的处罚。

近代精神损害赔偿制度形成于罗马法的基础之上，这就使得人身权的法律保护沿着两条并行的路线发展。一条路线是对精神性人格权的民法保护，另一条路线是对物质性人格权的民法保护。对精神性人格权的民法保护，沿袭了罗马法的侵辱估价之诉的做法，欧洲各国陆续建立对名誉权、自由权的民法保护制度；对物质性人格权的民法保护，在罗马法以后，开始出现赔偿因侵害生命权、健康权、身体权导致的非财产损失的方法，即人身损害的抚慰金赔偿制度。罗马《卡尔威 (Karl v) 刑法典》第 20 条首先规定此制，德国普通法以此为根据，确认抚慰金请求之诉。在法国，自 19 世纪中叶，对此制以判例的方式予以确认。并且在侵

[①] 参见杨立新、朱呈义、薛东方《精神损害赔偿》，人民法院出版社 2004 年版，第 20 - 23 页。

[②] 王启庭：《各国关于精神损害赔偿的法律规定》，载《比较法研究》1989 年第 2 期。

[③] 依照英国历史学家 Gibbon 的分期，罗马法分为习惯法、成文法、成文法发达和法典编制时期，参见周枏、吴文翰、谢邦宇《罗马法》，群众出版社 1983 年版，第 18 - 19 页。

[④] injuria 这一概念的本义是指在生理上或精神上（即对名誉）对人造成的侵害行为。

害生命权的情形中，法国判例对精神上的利益给予了广泛保护，对于因近亲被杀而产生的精神痛苦，也支付抚慰金。美国亦以判例的方式认可了精神上痛苦之损害赔偿请求，如对于幼儿及精神病人受身体侵害的情形。① 瑞士旧《债法》施行以后，准许裁判官得依特别情事，考虑被告的故意或重大过失，使于有形损害之赔偿外，对于原告支付适当金额，以作抚慰金。②

到1900年德国《民法典》出台时，对于公民人格权予以保护的思想已经深深扎根于民法，因此对有关侵犯人格权所引起的非财产损害的赔偿也纳入了立法范畴。德国《民法典》的颁布，标志着精神损害赔偿制度日趋完备。该法典第253条规定："损害为非财产上的损害者，仅以有法律规定的情形为限，始得请求以金钱赔偿。"这种非财产损害判定起来可能因认识不同而有所差别，因此，对其范围采取了严格界定的方式。该法典第847条即规定："不法侵害他人的身体或健康，或侵夺他人自由者，受害人所受侵害虽非财产上的损失，亦得因受损害请赔偿相当的金额"；同时该条还规定认定对妇女犯有违反道德的罪行或不法行为时，该妇女也享有该请求权。

现代法中，除德国《民法典》外，瑞士新《债法》也对精神损害赔偿制度作出了规定，即分为两部分，包括精神利益的损害赔偿制度和精神创伤的抚慰金赔偿制度。其新《债法》第55条规定："由他人之侵权行为，于人格关系上受到严重损害者，纵无财产损害之证明，裁判官亦得判定相当金额之赔偿。"第49条第2款规定："人格关系受到侵害时，对其侵害情节及加害人过失重大者，得请求抚慰金。"

（二）我国精神损害赔偿制度的历史发展

在我国历史上，精神损害赔偿制度首先出现在《大清民律草案》和

---

① 参见杨立新、朱呈义、薛东方《精神损害赔偿》，人民法院出版社2004年版，第22－23页。
② 龙显铭：《私法上人格权之保护》，中华书局1948年版，第55页。

《民国民律草案》之中，及至正式通过民国民法，才建立了完备的制度。[①]中华人民共和国建立以来的很长一段时间，或受当时苏联制度的影响，[②]民法学界的主流观点反对以金钱赔偿的方式救济精神损害，其理由是，人的生命、健康、尊严等精神价值不能用金钱来衡量；而且人的精神损害与财产损害不同，无法进行量化。直至1986年我国《民法通则》颁布，才逐渐确立了以该法第120条为依据的精神损害赔偿制度。《民法通则》第120条规定，公民的姓名权、肖像权、名誉权、荣誉权受到侵害的，有权要求停止侵害、恢复名誉、消除影响、赔礼道歉，并可以要求赔偿损失。但是由于这一条文规定得过于笼统，实践中不易操作，最高人民法院2001年出台了《关于确定民事侵权精神损害赔偿责任若干问题的解释》，该解释的前5条详细列举了可以得到法律救济的精神损害范围，并且明确了精神损害抚慰金的计算和形式。其后，最高人民法院2003年公布了《关于审理人身损害赔偿案件适用法律若干问题的解释》，其中第18条专门对人身损害的精神损害抚慰金予以明确规定，进一步强化了对侵害生命权、健康权、身体权的精神损害抚慰金赔偿。2009年12月26日通过的《侵权责任法》第22条规定："侵害他人人身权益，造成他人严重精神损害的，被侵权人可以请求精神损害赔偿。"上述法律法规成为我国司法实践中对于民事侵权责任精神损害赔偿的主要裁判规则，标志着我国建立起了较为成熟和完善的精神损害赔偿制度。

二、国外国家赔偿法上精神损害赔偿制度的发展

调整平等主体之间社会关系的民法源远流长，民法中的精神损害赔偿制度的建立与完善经历了一个漫长的过程。而国家赔偿制度是近代以来法治理念发展的产物，有关精神损害赔偿制度在第二次世界大战后才逐渐建立起来，实际上是对民法相关制度的引入，是在民事精神损害赔

[①] 参见杨立新、朱呈义、薛东方《精神损害赔偿》，人民法院出版社2004年版，第23-25页。

[②] 王启庭：《各国关于精神损害赔偿的法律规定》，载《比较法研究》1989年第2期。

偿制度的基础上孕育而生的。

（一）大陆法系国家赔偿法上精神损害赔偿制度的发展

从损害的产生来看，精神损害不仅发生在民事领域，公权力活动中也有可能发生精神损害，即因国家侵权行为侵害自然人的人身权，致使其精神活动出现障碍而产生的身体上和精神上的痛苦，[①] 但是国家侵权精神损害与民事侵权精神损害除了在损害的产生上有一定的相似之处，仍存在很大的区别：首先，侵权主体与被侵权主体之间的地位不同。国家侵权行为是发生在行使公权力主体和私权利主体之间，而民事侵权行为的双方是地位平等的。这种主体地位差异导致了这两种行为所适用的法律依据往往不同。其次，侵权精神损害的范围和程度不同。一般而言，造成国家侵权精神损害的为国家公权力主体或者公有公共设施，对公民造成的精神损害往往范围较广、程度也较为严重。[②] 再次，国家侵权精神损害赔偿责任的最后承担者是国家，而民事侵权精神损害赔偿的责任人是普通的公民、法人或者其他组织。与之相应，国家在承担精神损害赔偿的方式和标准上与民事侵权不同。

在大陆法系国家，由于长期以来公、私法区分的传统，这种主体、程度和最终责任承担者上的差异也导致了各国在国家赔偿制度发展初期用不同于传统民法的法律依据来处理案件，对精神损害赔偿的态度并不像民法那样明确，甚至拒绝承担精神损害赔偿责任。因此，精神损害赔偿在大陆法系国家经历了一个由否定到肯定、从"限定主义"到"非限定主义"的转变过程。[③] 国家赔偿制度确立之初，国家赔偿的范围只限于物质损害。20 世纪，在较早制定的瑞士《国家责任法》中，率先对伤害身体、妨害自由和侮辱妇女三种非财产性损害予以金钱赔偿。其中对侮辱妇女给予赔偿的规定已经具备了精神损害赔偿的雏形。第二次世界大战以后，随着国家赔偿立法的快速发展，公民的人身权利越来越受到重

---

① 参见张红《司法赔偿研究》，中国政法大学 2006 年博士学位论文。
② 参见马怀德、张红《论国家侵权精神损害赔偿》，载《天津行政学院学报》2005 年第 1 期。
③ 参见沈超《行政侵权精神损害赔偿之发展》，载《黑龙江省政法管理干部学院报》2004 年第 2 期。

视。其中，因国家侵权给予相对人精神损害赔偿的规定首先在德国出现，这标志着国家赔偿法对精神损害赔偿的肯定。而在精神损害赔偿范围方面，则经历了从"限定主义"到"非限定主义"的发展。在此过程中，对精神损害逐步由有限度的赔偿扩大到全面赔偿。1964年11月24日法国公共工程部长诉LETISSERAND家属案，对于从"限定主义"到"非限定主义"的转变具有里程碑意义。法国最高行政法院在该案判决中认为：尽管缺乏物质损害，儿子死亡给父亲造成的痛苦，也可以作为给予父亲赔偿的充分理由，遂判决侵权人予以赔偿，从而开创判决赔偿死者近亲属感情上的损害的先例，标志着对精神损害开始进行"非限定主义"的全面赔偿。

(二) 英美法系国家赔偿法上精神损害赔偿制度的发展

在英美法系国家，其法律制度发展过程中没有严格的公法和私法的区分，同时普通法上"法律面前，人人平等"的传统根深蒂固，"一切人都受同一法律支配，无论是国家机关的过错还是公民的过错，造成他人损害的，都承担相同的法律责任"。[①] 因此，实践中国家赔偿责任归属于民事责任范畴，适用民事法律的规定，国家与私人在同样的情形下以同样的方式负同等的责任，也即国家赔偿与民事赔偿的原则完全一样，不承认国家赔偿的特殊性。在英美法系国家，精神损害赔偿在民事法律中是民事责任的当然内容之一。英美法系国家也在国家赔偿制度中纳入了精神损害赔偿制度，对被侵害人的精神损害进行赔偿，给予全面保护。

(三) 国外国家赔偿法上精神损害赔偿制度的现状

目前，各国对于精神损害赔偿规定的状况如下：

1981年德国《国家赔偿法》第7条规定，对于损伤身体的完整、健康、自由或者严重损害人格等非财产损害，应予以金钱赔偿。这就明确规定了因国家侵权行为所导致的公民精神损害，应当以金钱的形式予以赔偿。在法国，正如上文所述，行政法院已经逐渐通过判例确立了该国

---

① 参见董保城、湛中乐《国家责任法——兼论大陆地区行政补偿与行政赔偿》，元照出版公司2005年版，第286页。

国家赔偿范围内的精神损害赔偿制度，即行政机关不仅要对某些产生物质后果的精神损害负赔偿责任，而且对那些不产生物质损害但造成巨大精神痛苦或破坏个人尊严以及宗教信仰的损害予以赔偿。[1] 日本《国家赔偿法》对损害的解释包括财产上的损害和精神上的损害，也包括既存财产的减少和应得利益的丧失。其国家补偿的范围不仅包括因人格权受损害所导致的精神损害补偿，而且对于财产损害，"只要给受害者的感情带来特别的侵害，一旦置之不理则违反公平的话，就存在作为法律救济对象的余地"。[2] 韩国在大法院判决2004.9.23，2003da49009中肯定了对精神损害的赔偿，国家承担赔偿责任的损害范围相当宽，包括积极损害，消极损害，财产上的损害，生命、身体、精神上的损害等。[3] 英国《王权诉讼法》第2条规定，中央政府承担赔偿责任的方式与私人一致，除非法律另有规定。美国《联邦侵权赔偿法》规定，美国联邦政府，依据《国家赔偿法》关于侵权行为赔偿之规定，应在与私人同等的方式和限度内承担民事责任。我国台湾地区"国家赔偿法"第5条规定："国家损害赔偿，除依'国家赔偿法'规定外，适用民法规定。"第6条规定："国家之损害赔偿，'国家赔偿法'及'民法'以外之其他法律有特别规定者，适用其他规定。"而我国台湾地区"民法"第18条第2项、第194条、第195条第1项、第977条第2项、第999条第2项、第1056条第2项等均是对精神损害赔偿的规定，因此，我国台湾地区也对精神损害赔偿予以确认与保护。

三、我国国家赔偿法上精神损害赔偿制度的发展

在我国，1954年制定的第一部宪法就明确了有关国家赔偿的内容，该法第99条规定："由于国家机关工作人员侵犯公民权利而受到损失的，

---

[1] 参见钟云萍《我国赔偿法中精神损害赔偿制度建立的必要性——以人权保护为视角》，载《湖南科技学院学报》2006年第10期。

[2] [日] 盐野宏著：《行政法》，杨建顺译，姜明安审校，法律出版社1999年版，第509页。

[3] 参见吴东镐《中韩国家赔偿制度比较研究——从借鉴的视角》，法律出版社2008年版，第116页。

有取得赔偿的权利"。现行的 1982 年《宪法》同样对此进行了规定，体现在第 41 条："由于国家机关和国家机关工作人员侵犯公民权利而受到损失的人，有依照法律取得赔偿的权利。"1995 年施行的《国家赔偿法》成为国家赔偿领域的基本法律。

自 1995 年我国《国家赔偿法》实施以来，有关精神损害赔偿的争论就一直存在。有人认为，修订前的《国家赔偿法》第 30 条规定的名誉权、荣誉权侵害的补救责任和人身侵权赔偿，都属于精神赔偿范畴，只是规定得不系统，稍加改造即可。[1] 但是学界通说对此持否定态度，认为修订前的《国家赔偿法》第 30 条的规定并非典型意义上的精神损害赔偿，[2] 其对于人身侵权的赔偿只是对于因人身侵权所引起的财产上减少的赔偿，而对于消除影响、赔礼道歉和恢复名誉的规定也只是侵害结果的除去而非有赔偿的性质。之所以在立法之初没有把精神损害赔偿纳入国家赔偿范围，主要是受当时"精神损害无法计量说"的影响，即强调精神损害赔偿在评价上的困难以及不可操作性，从而否认精神损害赔偿的可能性。[3] 还有人认为，是因为在当时的社会法律意识背景下，要求立法者观念更加超前，对政府责任追究更加严厉是不现实的，官本位思想在中国社会的影响并非一朝一夕就能改变，这从当初制定《行政诉讼法》时许多政府部门的难以理解就可见一斑。另一方面，《国家赔偿法》制定时国民经济尚处于初步发展阶段，国家财力不足以承担各种损害结果的国家赔偿责任。[4]

在《国家赔偿法》未对精神损害赔偿作出规定的情况下，司法实践对于此类案件当事人所提出的精神损害赔偿金的请求，大多以缺乏法律

---

[1] 参见陈春龙《中国司法赔偿：实务操作与理论探讨》，法律出版社 2002 年版，第 390 - 391 页。
[2] 参见高家伟《国家赔偿法》，商务印书馆 2004 年版，第 166 页。
[3] 参见张红《司法赔偿研究》，中国政法大学 2006 年博士学位论文。
[4] 参见郭鹏《建立中国精神损害国家赔偿制度初探》，载《南宁职业技术学院学报》2003 年第 1 期。

依据为由予以驳回。① 但是，当国家赔偿之光向精神领域辐射之时，总是将精神损害同物质利益的损害或物质生活联系在一起，例如，警察的子弹误伤漂亮小姐的脸蛋，不直接解释为美观赔偿，而解释为对美观的损害影响她的收入；对巨大精神痛苦予以赔偿，理由是"对于生存条件造成紊乱"。侵犯公司或个人的名誉权或荣誉权，之所以给予赔偿是因为这种损害使受害者的营业和收益受到影响。在《国家赔偿法》未规定精神损害赔偿之前，我国司法实践采取了将精神利益同物质利益的损害或物质生活联系在一起，将精神损害换算成物质损害，然后进行赔偿的过渡方式。② 在这种方式之外，还有以双方达成赔偿协议的方式实际支付精神损害赔偿的做法。③ 值得提及的是，在对精神损害赔偿予以驳回、采取过渡方式予以赔偿或以达成赔偿协议的方式予以赔偿的三种做法之外，也有少数法院依据法律基本原则，参照《民法通则》有关规定，对国家侵权作出给予精神损害赔偿金的处理，取得了良好的社会效果，对于完善

---

① 最高人民检察院刑事赔偿工作办公室于 2001 年 6 月 5 日就郭新虎申请国家赔偿一案作出《关于精神损失、上访费用等应否赔偿问题的答复》，认为："精神损失、上访费用不应予以赔偿。"
② 参见江必新《国家赔偿法原理》，中国人民公安大学出版社 1994 年版，第 209 页。
③ 1995 年 1 月 9 日晚，桂阳县四里乡东塘村被盗耕牛一头，失主向桂阳县公安局流峰派出所报案后，流峰派出所于同月 17 日以涉嫌盗窃耕牛将原告蒋先福、刘金文、蒋贤华口头传唤到流峰派出所，并将蒋先福的一部"龙马"小四轮运输车扣押到新田县公安局。在询问过程中，由于三原告否认盗窃行为，流峰派出所干警将三原告戴上了械具，并对刘金文、蒋先福用皮带抽打。蒋先福被迫承认盗窃了耕牛，蒋贤华被限制人身自由时，小便拉在身上。1995 年 1 月 19 日，三原告在被限制自由 30 多小时后释放。同月 20 日，盗窃案告破，盗窃耕牛系桂阳县四里乡上东塘村谭某所为。1995 年 1 月 19 日，经新田县人民法院法医鉴定，蒋先福、刘金文为轻微伤，鉴定医药费分别为 500 元、600 元。蒋贤华在关押期间因年老体弱，又受风寒，经医院诊断为风寒湿之痹。蒋先福、刘金文和蒋贤华分别花去医药费 304.4 元、607.8 元和 1278.44 元。三原告被释放后，申请被告桂阳县公安局赔偿未果，于 1995 年 4 月 19 日向新田县人民法院提起诉讼。新田县人民法院经审理，于 1995 年 7 月 4 日主持双方当事人自愿调解，达成协议：原告蒋先福、刘金文、蒋贤华未犯盗窃行为，被告桂阳县公安局对其限制人身自由和殴打，由被告当面向原告道歉。由被告桂阳县公安局一次性向原告蒋先福、刘金文、蒋贤华赔偿医药费、误工费、精神损害费等共计 3000 元。案例转引自杨小君《国家赔偿法律问题研究》，北京大学出版社 2005 年版，第 151－152 页。

我国国家赔偿制度具有重要的意义。①

但是，有益的尝试并不能改变我国由于法律规定的缺失而导致的司法实践中大量被侵权人的精神损害得不到弥补，合法权益得不到全面保护的局面。这种法律规定的缺失也不能掩盖现实中大量国家侵权案件中精神损害现象的存在，其中最具代表性的案件就是"麻旦旦处女嫖娼案"和"佘祥林杀妻案"。

这些典型案件在全国引发了强烈的反响，要求把精神损害赔偿纳入国家赔偿范围的呼声也越来越高。学者普遍认为，在国家赔偿中建立精神损害赔偿制度是必要的：其一，国家侵权适用精神损害赔偿是现代法治精神的必然要求；其二，精神损害赔偿是保障公民宪法权利的基本内容，建立精神损害赔偿制度是尊重人权、保护公民合法权益的需要，是我国社会转型时期充分保护相对人合法权益的必然要求，符合世界人权保护发展的趋势；其三，建立国家赔偿领域的精神损害赔偿制度能够充分抚慰受害人的精神创伤，并与民事赔偿制度相一致，这是法制统一的需要；其四，在民事、刑事和行政领域分别确立精神损害赔偿制度，是公法和私法效力、位阶平等的必然结果，是法的平等原则的内在要求；其五，国家侵权适用精神损害赔偿是监督国家机关依法行使职权的必然

---

① 赔偿请求人谢静波在得知有人藏有吐鲁番千佛洞壁画的情况后，动员持有人交出壁画，并于1995年2月28日陪同持有人向文物部门交验了文物。吐鲁番市公安局怀疑谢静波倒卖文物，于1995年3月2日对其进行收容审查，后于同年5月3日改为取保候审，于同年6月19日作出撤销取保候审的决定。谢静波被错误收审期间，《吐鲁番报》等新闻媒介以谢静波倒卖文物为内容进行了大量的报道，在社会上造成了极大的影响，以致其原工作单位对谢静波作出停止公职、终止工资关系的处理。1997年9月库车县人事局又作出了对谢静波辞退的决定。其父谢钊会因悲愤交加于1997年1月24日去世，其妻于同年8月1日起诉离婚。谢静波以错误收容审查和取保候审为由先后向赔偿义务机关吐鲁番市公安局和吐鲁番市中级人民法院赔偿委员会申请作出赔偿决定，并提出了赔偿精神损害20000元等项请求。1998年7月20日，吐鲁番市中级人民法院赔偿委员会根据《国家赔偿法》和《民法通则》第120条的规定，认定吐鲁番市公安局应承担国家赔偿责任，决定吐鲁番市公安局为谢静波恢复名誉，消除影响，并向其赔礼道歉；赔偿谢静波误工损失费1681.18元；补偿谢静波车旅费10603.52元；赔偿谢静波精神抚慰费2000元。案例转引自杨小君《国家赔偿法律问题研究》，北京大学出版社2005年版，第152-155页。

类似的案例还有：南京市中级人民法院1995年审理吴兴旺诉江苏省江宁县公安局侵犯人身权纠纷的上诉案，判令该公安局赔偿上诉人精神抚慰金2000元。参见王志民《论国家侵权的精神损害赔偿》，载《政法学刊》2004年第1期。

要求，促使司法机关增强责任感，依法行使职权；其六，国家侵权适用精神损害赔偿是完善《国家赔偿法》的必然要求，精神损害赔偿是完善我国《国家赔偿法》的必不可少的内容之一。①

与此同时，学者也普遍认为在国家赔偿领域建立精神损害赔偿制度是可行的，我国国家侵权适用精神损害赔偿的时机和条件已经基本成熟：首先，在我国民法审判实践中，已经建立了以《民法通则》第120条为基础，以最高人民法院《关于确定民事侵权精神损害赔偿责任若干问题的解释》和《关于审理人身损害赔偿案件适用法律若干问题的解释》为具体审理依据的民事精神损害赔偿法律体系，这为在国家赔偿法领域适用精神损害赔偿奠定了坚实的法制基础。其次，我国社会主义市场经济体制已初步确立，民主法治观念逐渐深入人心，为在国家赔偿法领域适用精神损害赔偿奠定了坚实的思想基础。再次，精神损害赔偿已被许多国家接受。这些国家在审判实践中积累了不少有益的经验，为在国家赔偿法领域适用精神损害赔偿提供了良好的外部环境。

在《国家赔偿法》修订过程中，对于在赔偿范围上纳入精神损害赔偿，学者们提出了诸多建议。有的学者认为，可以借鉴民法中的有关规定，从两方面规定国家侵权精神损害赔偿范围。一方面规定对物质性人格权侵害的赔偿。物质性人格权是自然人对于物质性人格要素的不可转让性支配权，包括生命权、健康权、身体权等。另一方面规定精神性人格权侵害的赔偿。精神性人格权是自然人对其精神性人格要素的不可转让性支配权，包括姓名权、肖像权、名誉权、荣誉权、人身自由权、人格尊严权、隐私权、婚姻自主权等。② 还有学者认为，国家赔偿法中的精神损害赔偿可以从三个方面来界定：一是因人身权受到侵害所造成的精

---

① 参见台运启、杨小君《关于国家赔偿标准的问题与建议》，载《中国人民公安大学学报》2003年第5期；马怀德、张红《论国家侵权精神损害赔偿》，载《天津行政学院学报》2005年第1期；章志远《我国行政赔偿制度完善之构想》，载《贵州省政法干部管理学院学报》2005年第2期；高文英《国家赔偿制度中精神损害赔偿的建立和完善》，载《中国人民公安大学学报》2004年第6期。

② 马怀德、张红：《论国家侵权精神损害赔偿》，载《天津行政学院学报》2005年第1期。

神损害，这部分主要参照最高人民法院《关于确定民事侵权精神损害赔偿责任若干问题的解释》第2条的规定，即因生命权、健康权、身体权、姓名权、肖像权、名誉权、荣誉权、人格尊严权以及人身自由权受侵犯所引起的精神损害。二是因政治权利受到侵害所造成的精神损害的赔偿。三是因受教育权受到侵害所造成的精神损害的赔偿。[1] 还有学者直接针对原有法律条文指出，应将修订前的《国家赔偿法》第30条改造为精神损害赔偿条款，对于具体的赔偿标准则参照民法的有关规定。[2]

修订后的《国家赔偿法》增加了精神损害赔偿的内容，第35条规定："有《国家赔偿法》第三条或者第十七条规定情形之一，致人精神损害的，应当在侵权行为影响的范围内，为受害人消除影响，恢复名誉，赔礼道歉；造成严重后果的，应当支付相应的精神损害抚慰金。"又根据第3条和第17条之规定，国家机关以下行为所造成的精神损害，国家除了要在侵权行为影响范围内消除影响之外，如果给受害人造成了严重的精神损失，国家要承担金钱赔偿的责任。行政机关及其工作人员在行使行政职权时有下列侵犯财产权情形之一的：（一）违法拘留或是违法采取强制公民人身自由的行政强制措施的；（二）非法拘禁或者以其他方式非法剥夺公民人身自由的；（三）以殴打等暴力行为或者唆使他人以殴打等暴力行为造成公民身体伤害或者死亡的；（四）违法使用武器、警械造成公民身体伤害或者死亡的；（五）造成公民身体伤害或者死亡的其他违法行为。行使侦查、检察、审判职权的机关以及看守所、监狱管理机关及其工作人员在行使职权时有下列侵犯人身权情形之一的：（一）违反刑事诉讼法的规定对公民采取拘留措施的，或者依照刑事诉讼法规定的条件和程序对公民采取拘留措施，但是拘留时间超过刑事诉讼法规定的时限，其后决定撤销案件、不起诉或者判决宣告无罪终止追究刑事责任的；（二）对公民采取逮捕措施后，决定撤销案件、不起诉或者判决宣告无罪终止追究刑事责任的；（三）依照审判监督程序再审改判无罪，原判刑罚

---

[1] 王青斌、陶杨：《论国家赔偿中的精神损害赔偿》，载《行政论坛》2003年11月刊。
[2] 参见高家伟《国家赔偿法》，商务印书馆2004年版，第167页。

已经执行的；（四）刑讯逼供或者以殴打、虐待等行为或者唆使、放纵他人以殴打、虐待等行为造成公民身体伤害或者死亡的；（五）违法使用武器、警械造成公民身体伤害或者死亡的。可见，此次《国家赔偿法》的修订，将因人身权受到伤害而引起的精神损害纳入了国家赔偿范围，这一规定必将为我国的人权保护起到重要作用。

第二节　精神损害赔偿概述

在国家赔偿法中引入精神损害赔偿制度，是我国国家赔偿法趋于完善，更好地保护公民合法权益的一个标志。但是，面对纷繁复杂的国家赔偿案件，仅将"精神损害赔偿"规定在法律条文中仍远远不够。且《国家赔偿法》第35条只是原则性地规定了"造成严重后果的，应当支付相应的精神损害抚慰金"，这势必造成法条刚性和现实复杂性之间的紧张。例如，在法律实践中如何判定某种损害属于精神损害的范畴，何种程度为造成了严重后果？该条并没有给实务提供一个可资判断的标准。因此，正确运用《国家赔偿法》中精神损害赔偿条款的首要前提就是要明确精神损害的内容，明确判别受害人是否受有精神损害的标准或方法。在此基础上，再进一步探寻我国《国家赔偿法》所确定的精神损害范围。

一、精神损害

（一）精神损害的含义

对于精神损害这样一个源于民法的法律概念，要准确把握其在国家赔偿制度中的含义，须关注民法学界的认识与理解。

有学者认为，精神损害和非财产上损害基本上是相同概念。精神损害是指生理或心理上之痛苦，它与财产之增加与减少无直接关系，其损害属于心理或生理上的痛苦、疼痛等。精神损害包括三个层次：最广义的、广义的和狭义的。最广义的精神损害包括一切生理上和心理上的痛苦，也包括低层次的不快或不适；广义的是指不涉及财产之增减但是可以感觉到的痛苦；狭义的是指损害赔偿法对于非财产上的损害赔偿另有规定，广义的非财产损害中仅符合损害赔偿要件的部分。[①] 有学者认为，精神损害包括受害人精神痛苦、疼痛或其他严重精神反常情况。[②] 有学者认为，精神损害是指对民事主体精神活动的损害。侵权行为侵害自然人、法人的人身权，造成的自然人生理、心理上的精神活动和自然人、法人维护其精神利益的精神活动的破坏，最终导致精神痛苦和精神利益丧失或减损。精神损害的最终表现形式，就是精神痛苦和精神利益的丧失或减损。对于自然人而言，精神痛苦来源于对其人体的生理侵害或者对其心理的心理损害；而精神利益的丧失或减损，是指自然人维护其人格利益、身份利益的活动受到破坏，因而导致其人格利益、身份利益造成损害。对于法人而言，精神损害不包括精神痛苦，而仅指精神利益丧失。[③]

我们同意最后一种观点，即精神损害是指对民事主体精神活动的损害，并最终表现为精神痛苦或者精神利益的丧失或减损。这是因为，其他对精神损害的界定，都只承认生理上或心理上之痛苦，各观点间的区别只是范围大小的不同。而"生理或心理上的痛苦"，是以被侵害的民事主体具有生物形态为基础的，换言之，就是否定了法人的精神损害。而事实上，法人的精神损害不包括精神痛苦，而仅指精神利益丧失。精神利益包括人格利益和身份利益，是民事主体人格的基本利益所在，否认法人有精神损害，就等于否认法人的人格，其结果必然使法人本身失去了存在的依据。因此，法人没有精神损害这种说法是不准确的。[④] 目前，我国民法规定和司法实践中并没有采纳这一观点，只承认了自然人的精神损害，并对其予以保护。

在探讨《国家赔偿法》中的精神损害概念时，基本上借鉴和采纳了目前我国民法学理论和实务中的做法，认为国家侵权造成的精神损害出

[①] 参见（台）曾世雄《非财产上之损害赔偿》，台北1989年版，第6页。
[②] 参见张新宝《侵权责任法原理》，中国人民大学出版社2005年版，第521页。
[③] 参见杨立新、朱呈义、薛东方《精神损害赔偿》，人民法院出版社2004年版，第9页。
[④] 同上书，第10页。

现在侵犯受害者人格权（包括物质性人格权和精神性人格权）的情形中。① 表现为受害人在权利尤其是人身权遭受侵害之后所产生的愤怒、绝望、屈辱、恐惧等情绪，这些情绪往往直接影响到受害人的日常工作和生活。② 例如，对于损害他人身体健康使人蒙受长期而剧烈之肉体痛苦和精神痛苦者，以不法监禁、恐吓、侮辱、诽谤等侵害行为，致受害人处于严重的恐惧、焦虑、羞辱、悲愤状态乃至精神失常者；致人死亡或重伤，造成死者或伤亡之亲属精神痛苦者，等等。③

（二）精神损害的判别

在明确了精神损害的含义后，紧接着的难题就是如何判别当事人确实受到了精神损害。精神损害无法像财产的减损那样清晰明了，并且很难找到一个绝对的判断标准。但是，正确判别受害人是否受到精神损害是正确适用法律条款、全面保障受害人权益的前提与基础。在我国现行的法律体系中，无论是民法还是国家赔偿法，都没有提出一个具体的、可供操作的判别方法。这就使得在实务中，对于是否实际造成了精神损害的判别，除了依靠举证外，很大程度上依赖于法官的自由裁量。统一判别方法的立法缺失，导致了我国各地法院裁判尺度的不统一。

在实务中，为了尽可能地减小因法官裁量差异而造成的不公平的风险，可从英美判例法上对于精神损害的界定中予以借鉴，即是否构成精神损害可从是否具有以下情形作出判断：（1）痛苦与折磨（pain and suffering），即人身伤亡造成的受害人肉体上的不适、痛苦和情绪上的创伤；（2）精神打击（mental shock），一般指目睹了事故发生或事故受害人的亲属受到的伤害。就此项损害而言，最初的判例常常认定受害人须遭受直接的有形损害，但其后将该规则扩大到包括精神打击所遭受的有形损害的情形，如精神错乱、神经衰弱、痛心疾首等；（3）丧失对生活的享受（loss of amenities or enjoyment of life），即受害人因受侵害使其不能享

---

① 马怀德、张红：《论国家侵权精神损害赔偿》，载《天津行政学院学报》2005年第1期。
② 章志远：《我国行政赔偿制度完善之构想》，载《贵州省政法干部管理学院学报》2005年第2期。
③ 参见江必新《国家赔偿法原理》，中国人民公安大学出版社1994年版，第208-209页。

受生活现实或将来的生活而引起的损失；（4）寿命缩短损失（loss of shortened expectation of life），指受害人因身体伤残致寿命缩短，丧失对未来生命存在之追求所引起的损失；（5）丧亲之痛（distress of loss relative），指受害人死亡而致其亲人失去原有的情爱、照顾、陪伴、安慰和保护等所产生的精神痛苦。[1]

与英美判例法国家采取精神损害类型化的方式相比，我国并没有明确规范判别是否构成精神损害的标准。《国家赔偿法》第 35 条规定："有《国家赔偿法》第三条或者第十七条规定情形之一，致人精神损害的，应当在侵权行为影响的范围内，为受害人消除影响，恢复名誉，赔礼道歉；造成严重后果的，应当支付相应的精神损害抚慰金。"而《国家赔偿法》第 3 条和第 17 条只是从行为的角度，对法律予以支持的精神损害赔偿范围作出了限定，而非对判别受害人是否受到精神损害的标准的规范。对此，可以借鉴上文中的判别方法，即判断受害人是否构成了五种精神损害状况之一，并且是否有证据证明确实出现了上述现象，以判别受害人是否受有精神损害。

二、精神损害赔偿

精神损害赔偿是指受害人因人格利益或身份利益受到损害或者遭受精神痛苦而获得的金钱赔偿。[2] 精神损害赔偿通过给付相当金额，以财产赔偿的方式来抚慰受害人精神上的痛苦。对精神损害承担财产责任的实质，是借物质手段达到精神抚慰的目的，就像以物质奖励的方式达到精神鼓励和社会表彰的目的一样。[3] 精神损害赔偿属于损害赔偿的性质，是在国家侵权行为对受害人精神造成损害时给予的金钱赔偿；也是与"消除影响、恢复名誉、赔礼道歉"并列的国家赔偿的责任方式。

---

[1] 高文英：《国家赔偿制度中精神损害赔偿的建立和完善》，载《中国人民公安大学学报》2004 年第 6 期。

[2] 王胜明主编：《中华人民共和国侵权责任法解读》，中国法制出版社 2010 年版，第 99 页。

[3] 参见江必新《国家赔偿法原理》，中国人民公安大学出版社 1994 年版，第 209 页。

在理论和实务上，除"精神损害赔偿"这一称谓外，还有"精神损害抚慰"的概念。在一般的理解上，精神损害赔偿与精神损害抚慰是同一或者近似的概念，是指对财产权以外的非财产上的损害即精神上的损害，给付相当金额以赔偿受到的损害。但是，从严格意义上说，精神损害赔偿与精神损害抚慰并不是完全相同的概念。从精神损害赔偿的结构上分析，它是由精神利益的损害赔偿和抚慰金赔偿这两个部分构成的。精神利益的损害赔偿，主要是对精神性人格权损害的民事救济手段，保护的对象是民事主体的名誉权、人身自由权、肖像权、姓名权、隐私权、贞操权以及一般人格权等人格权。而抚慰金赔偿是对人身伤害所造成的精神痛苦的赔偿，是对物质性人格权损害造成精神痛苦的民事救济手段，保护的对象是民事主体不受精神创伤的权利。因此，精神损害抚慰就是对侵害民事主体生命权、健康权等物质性人格权而造成精神损害的补偿。当自然人的健康权、生命权受到损害，除应当赔偿其财产上的损害以外，对其本人或亲属造成的精神痛苦和精神创伤，应以一定数额的金钱给予抚慰。[①] 此外，在国家赔偿法领域，还有所谓"慰藉金"概念，是指国家机关工作人员在执行职务中侵犯相对一方人身权或人权给该相对方或其亲属造成生理上、心理上的损害或其他严重精神痛苦，或者造成该相对一方的社会地位或生活、工作条件的恶化，而采用其他责任形式（如赔礼道歉、恢复名誉等）不足以补救时，国家机关应依照法律之规定，以国家的财产向受害人慰抚性给付。[②] 根据上文中对"精神损害赔偿"与"精神损害抚慰"概念内涵的比较，可以得出"慰藉金"实际上就等同于"精神损害赔偿金"的结论。

《国家赔偿法》中采用了"精神损害抚慰金"的概念，并将能够获得赔偿的精神损害限定为因人身自由、生命权以及健康权受到侵害而产生的精神痛苦或精神利益的丧失、减损。

[①] 参见杨立新、朱呈义、薛东方《精神损害赔偿》，人民法院出版社2004年版，第11页。
[②] 参见江必新《国家赔偿法原理》，中国人民公安大学出版社1994年版，第209页。

三、精神损害赔偿的范围

精神损害赔偿的范围，是指受害人受到精神损害后，哪些损害可以得到赔偿。精神损害存在一定的复杂性，对精神损害的界定并不像财产损害、人身损害那样明晰，"必须区分，精神损害在什么情况下仅为一些必须忍受的不舒服感，什么情况下构成伤害而必须给予损害赔偿"。[①] 因此，精神损害赔偿范围难以准确界定，但又至关重要。

（一）确定精神损害赔偿范围的原则

1. 确实弥补受害人精神损害原则。

建立精神损害赔偿制度的根本目的就在于以金钱赔偿的方式弥补受害人精神上的损害，因而，在确定精神损害赔偿范围时应当遵循适当确实弥补受害人精神损害原则。从我国国家赔偿法保障公民、法人和其他组织合法权益的价值取向出发，这一原则意味着精神损害赔偿的范围不能过窄，否则无法发挥国家赔偿法应有的作用。

2. 保护公众利益原则。

与上一原则相对应，确实弥补受害人精神损害赔偿并不意味着可以对精神损害赔偿范围无限制地扩大化，保护公众利益原则是对其范围的限制。正如国家赔偿法所规定的，用于支付国家赔偿的赔偿金来源于财政，这也就涉及到了每个公民作为纳税人的利益。精神损害赔偿范围的确定实际上是个体利益与公众利益之间的冲突与平衡问题。正如对民事医疗侵权问题，有学者认为应当规定限制过度检查，其理由在于医院为了避免陷入侵权诉讼而采取的过度检查实际上会导致大众看病成本的总体增加。同理，对个案精神损害赔偿范围与数额的过分追求所产生的高昂赔偿金，意味着巨大的财政支出，这实质上也是对公众利益的损害。

3. 与受害人损害程度相适应原则。

精神损害赔偿是对受害人所遭受的精神损害进行的赔偿，确定其范

[①] ［德］克雷斯蒂安·冯·巴尔著：《欧洲比较侵权行为法》下卷，焦美华译，张新宝审校，法律出版社 2001 年版，第 84 页。

围时,当然应遵循与受害人损害程度相适应原则。

有观点认为,在判定是否受到精神损害时,可以采取理论上的客观说。客观说认为,精神上之痛苦系受害者机能的自然感性反应,是侵权行为的必然结果,一旦发生了法定的可以造成精神损害的违法行为,精神损害就当然发生了。结合我国《国家赔偿法》第3条和第17条说明之,根据客观说,一旦国家机关及其工作人员实施了该两条所列举的侵权行为,则意味着这些侵权行为在给受害人造成人身损害和财产损失的同时,必然也会给其造成心理上的痛苦和精神上的打击,进而推定发生了精神损害。然后,采取举证责任倒置的方法,让赔偿义务机关承担受害人不构成精神损害的证明责任。但是,客观说忽视了不同民事主体间精神损害的主观差异性,且会对赔偿义务机关科以过重的证明责任。由于精神损害的不确定性,由受害人证明自己受有精神损害本已非常困难,而由侵权行为主体证明不构成精神损害更是难上加难。这样的判定方式,将导致国家机关及其工作人员耗费大量精力,影响国家权力的正常行使。值得注意的是,精神损害判定的客观说,与对精神损害的客观计算方法不是同一概念。

(二)精神损害赔偿范围的限定条件

根据《国家赔偿法》第35条、第3条以及第17条的规定,在国家机关及其工作人员侵犯人身权情形中,我国国家赔偿法以四重条件限定了精神损害赔偿的适用范围。

第一,通过明确造成精神损害的侵权行为来限定精神损害赔偿的适用范围。《国家赔偿法》第3条规定:"行政机关及其工作人员在行使行政职权时有下列侵犯人身权情形之一的,受害人有取得赔偿的权利:(一)违法拘留或者违法采取限制公民人身自由的行政强制措施的;(二)非法拘禁或者以其他方法非法剥夺公民人身自由的;(三)以殴打、虐待等行为或者唆使、放纵他人以殴打、虐待等行为造成公民身体伤害或者死亡的;(四)违法使用武器、警械造成公民身体伤害或者死亡的;(五)造成公民身体伤害或者死亡的其他违法行为。"《国家赔偿法》

第 17 条规定："行使侦查、检察、审判职权的机关以及看守所、监狱管理机关及其工作人员在行使职权时有下列侵犯人身权情形之一的，受害人有取得赔偿的权利：（一）违反刑事诉讼法的规定对公民采取拘留措施的，或者依照刑事诉讼法规定的条件和程序对公民采取拘留措施，但是拘留时间超过刑事诉讼法规定的时限，其后决定撤销案件、不起诉或者判决宣告无罪终止追究刑事责任的；（二）对公民采取逮捕措施后，决定撤销案件、不起诉或者判决宣告无罪终止追究刑事责任的；（三）依照审判监督程序再审改判无罪，原判刑罚已经执行的；（四）刑讯逼供或者以殴打、虐待等行为或者唆使、放纵他人以殴打、虐待等行为造成公民身体伤害或者死亡的；（五）违法使用武器、警械造成公民身体伤害或者死亡的。"只有国家机关及其工作人员实施了上述条文所列举的行为时，才可能会产生精神损害赔偿。

第二，通过明确所保护的权利范围来限定精神损害赔偿的适用范围。产生精神赔偿责任的前提是侵害了公民的人身权利，包括侵犯人身自由权、生命权、健康权、名誉权等。精神损害赔偿针对的仅是国家机关及其工作人员的侵权行为给受害人造成的心理和肉体上的无形痛苦。这种痛苦往往隐藏于受害人自身，具有个体差异性，很难完全外现，也难以用金钱客观衡量。因此，精神损害赔偿具有尤为明显的法定性，在国家赔偿法中更是有明确要求。

第三，通过明确权利主体来限定精神损害赔偿的适用范围。精神损害赔偿中的权利主体仅限于自然人，不包括法人和其他组织。精神损害就是指精神痛苦和肉体痛苦。法人和其他组织没有感知能力，没有所谓的肉体或精神痛苦，自然也就没有精神损害。对此，还可借鉴最高人民法院《关于确定民事侵权精神损害赔偿责任若干问题的解释》第 5 条的规定，即"法人或者其他组织以人格权利遭受侵害为由，向人民法院起诉请求赔偿精神损害的，人民法院不予受理"。

第四，通过要求精神损害达到"造成严重后果"的程度来限定精神损害赔偿的适用范围。法律上区分精神损害的程度，其意义在于确定可予金钱赔偿的精神损害范围。精神损害的程度，是判断受害人能否获得精神损害赔偿以及确定精神损害抚慰金数额时，法官必须斟酌的最重要的因素。比较法的立法例上也是如此，例如，德国司法行政部 1967 年在"损害赔偿规定修正补充草案"中决定修正德国《民法典》第 847 条第 1 项为"人格权受侵害者，关于非财产上损害，得请求以相当的金钱，赔偿其所受的损害；但依第 249 条规定之回复原状为可能而且充分，或对受害人已以金钱以外为补偿者，不适用之；轻微的侵害，不予斟酌。赔偿的金额应依其情况，特别应依侵害及过失的程度决定之"。[①] 在我国法上，要求精神损害达到"造成严重后果"的程度，并非国家赔偿法所独创，民法上已有相关规定，如《侵权责任法》第 22 条和最高人民法院《关于确定民事侵权精神损害赔偿责任若干问题的解释》第 8 条第 2 款的规定。

因此，精神损害的程度，是判断受害人能否获得精神损害赔偿以及确定精神损害抚慰金数额时，法官必须斟酌的最重要的因素。由于精神损害不同于人身损害或财产损害，具有难以用金钱直接计量的性质，在判定精神损害程度时，可以从以下几个方面考虑：（1）一般认为，对维持生理机能所必需的物质性人格权益的侵害类型当中，对生命权的侵害，已"超出了正常生活所能容忍的界限的"程度，必然属于精神损害赔偿的范围。（2）对于身体、健康被侵害会带来肉体的痛苦，是否构成严重精神损害，主要取决于身体、健康被损害的程度。在目前尚无新的针对性规定出台的情形下，仍可考虑借鉴当前司法实践中的主要做法：以达到伤残标准作为构成严重精神损害的主要依据。原则上，只有达到伤残等级标准，才能提起精神损害赔偿。至于没有达到伤残等级标准的精神损害是否构成后果严重，则应视情况而定，从严把握。例如，可以结合受害人受到什么样的损害，是否住院，住院时间长短，是否影响受害人的饮食起居，病历记录等综合决定其遭受的精神损害是否属于"造成严

[①] 自 1981 年德国《国家赔偿法》于 1982 年 10 月 19 日被联邦宪法法院宣告为自始无效后，德国适用民法处理国家赔偿案件。

重后果"的情形。[①]（3）在人身自由权被侵害的情形，鉴于该类人格权益很难外化且存在个体差异性，因此，在确定是否达到严重标准时，应综合考虑侵害人的主观状态、侵害手段、场合、行为方式和受害人的精神状态等具体情节加以判断。例如，在"佘祥林杀妻案"中，对长达11年的牢狱之苦、老母亲因受儿子冤情的刺激而去世、其兄为其申冤被关长达3个月等情节，进行综合考量，即可以认为"造成严重后果"。（4）受害人所受之精神损害能否由其他责任方式弥补。《国家赔偿法》第35条还规定了"消除影响、恢复名誉、赔礼道歉"三种国家赔偿的方式，当受害人所受的精神损害通过这三种非财产性质的责任方式就能弥补与慰藉时，不构成"造成严重后果"。

（三）侵犯财产权造成的精神损害应否纳入国家赔偿范围

现代侵权行为法的一个发展趋势是精神损害赔偿范围的不断扩大，如对侵犯财产权所造成的精神损害予以赔偿。例如，根据日本《民法典》第709条和第710条的规定，侵害他人财产权的情形可以请求精神损害赔偿。在我国，最高人民法院《关于确定民事侵权精神损害赔偿责任若干问题的解释》确定了侵害财产权情形中的精神损害赔偿制度。对于民法理论上予以赔偿的这一损害，学者普遍主张不宜纳入国家赔偿范围，认为在理论上，财产上的损失以及其他合法权利受损会造成受害人精神上的痛苦，但因财产权受到侵害所造成的精神损害不应给予国家赔偿。理由在于：一是在相对人的财产权受到侵害时，其受损的主要是财产权，精神损害并不占据主要地位，且不是所有的相对人在财产权受到损害时都会造成精神损害。二是对于侵犯财产权所造成的精神损害，可以在给予相对人物质损害赔偿的同时一并考量，没有必要由相对人单独请求精神损害赔偿，这也是提高诉讼效率、减少讼累的需要。[②] 此次《国家赔偿法》的修订，也采纳了学界的这种认识，未将侵犯财产权造成的精神损

[①] 最高人民法院民事审判第一庭编著：《最高人民法院人身损害赔偿司法解释的理解与适用》，人民法院出版社2004年版，第273页。

[②] 参见马怀德、张红《论国家侵权精神损害赔偿》，载《天津行政学院学报》2005年第1期；王青斌、陶杨《论国家赔偿中的精神损害赔偿》，载《行政论坛》2003年11月刊。

害纳入国家赔偿范围。

第三节 精神损害赔偿标准

　　凡是损害赔偿都有一个赔偿的标准，并以此来确定赔偿数额的多寡，因此，损害赔偿的标准问题是国家赔偿得以实现的基本前提。修订后的《国家赔偿法》将精神损害纳入可赔偿损害范围，但是只对其进行了原则性规定，针对精神损害赔偿的标准、最高赔偿限额、与现行国家赔偿法规定的残疾赔偿金或者死亡赔偿金的衔接等问题均没有作出具体规定。因此，在司法实践中确定精神损害赔偿标准时，不妨借鉴国外及我国民法中的成熟理论和有益经验。

一、确立精神损害赔偿标准的原则

　　在《国家赔偿法》施行后，精神损害赔偿问题引起广泛讨论。其中，针对精神损害赔偿标准的原则，有观点主张，确立精神损害赔偿标准要遵循三个原则：（1）赔偿为主、抚慰为辅的原则。人的精神虽然不能以金钱来衡量，但可以金钱赔偿的方式来弥补和缓解精神上的痛苦。且有些精神损害的恢复往往也要借助于物质的帮助，如遭受严重打击患精神疾病，需要花费金钱来治疗与恢复。（2）精神损害赔偿数额应逐步提高的原则。我国目前精神损害赔偿数额过低，与当事人的诉讼请求悬殊。为了切实保护受害人的精神利益，不能象征性地给予补偿，应对赔偿数额有所提高，充分考虑能否适当弥补受害人的精神损害。（3）法官自由酌量的原则。在进行精神损害的评价和确定精神损害赔偿数额时，应当赋予法官一定的自由裁量权，这在根本上是由精神损害的不确定性和难以精确计算的特征决定的。[①] 有观点认为，精神损害赔偿标准应适用七个原则，即：（1）适当经济补偿原则；（2）吸收或合并原则；（3）必要又

[①] 吴建依：《论精神损害赔偿》，载《当代法学》2000 年第 2 期。

确当的加处原则；（4）不同法律责任并用原则；（5）个人负责与连带责任原则；（6）公平原则；（7）人民法院对精神损害赔偿数额确定行使裁判原则。还有观点提出三原则说，即综合考虑多种相关因素的原则，适当参照可得利益损失的计算原则，考虑适用判例的原则等。①

反观民事损害赔偿领域，对于确立精神损害赔偿标准的原则，同样存在很大分歧，争议主要在于对抚慰性原则、补偿性原则或惩罚性原则的选择。有观点认为，由于精神损害赔偿本身不具有填补损害的功能，对其可以适用慰抚性标准和惩罚性标准，但不能适用补偿性标准。具体而言，精神损害给受害人造成的是生理上或心理上的痛苦，这些痛苦没有外在的依附客体，也没有衡量尺寸，因此无法通过直接或间接的方法来填补损害。对非财产损害的金钱赔偿的本质是借助于金钱的一般等价物性质，以给付金钱的方式另行创造舒适、方便或乐趣等享受，使被害人因存在条件之调整进而掩盖损害事故所引起的痛苦，但并非对损害的填补。② 有观点则认为精神损害赔偿兼具补偿性、抚慰性以及惩罚性功能，③ 且其首要功能就是补偿损害，当然能适用补偿性赔偿标准。理由是：精神损害赔偿以财产方式作为主要救济手段，其基本功能仍然是填补损害，我国民事立法明文规定精神损害赔偿的方式之一是赔偿损失，故精神损害赔偿仍属于财产赔偿责任。④ 而在我国民事司法实践中，损害赔偿遵循"有损害就有救济"的原则，采取的是完全赔偿的原则，主要采纳的是补偿性赔偿标准，只在消费者保护领域以及产品责任中，有限度地适用惩罚性赔偿标准，精神损害赔偿亦不例外。

根据修订后的《国家赔偿法》，对精神损害赔偿采用的是补偿性原

---

① 胡惠英、李克荣：《精神损害赔偿金的确定依据》，载《河北法学》2001 年第 6 期。
② 参见马怀德《国家赔偿问题研究》，法律出版社 2006 年版，第 277 页。
③ 参见杨立新《民法讲义（陆）：侵权法总则》，人民法院出版社 2009 年版，第 35 - 44 页；张新宝、李倩《惩罚性赔偿的立法选择》，载《清华法学》2009 年第 4 期；王利明《中华人民共和国侵权责任法释义》，中国法制出版社 2010 年版，第 96 - 97 页。
④ 参见杨立新、朱呈义、薛东方《精神损害赔偿》，人民法院出版社 2004 年版，第 14 - 15 页。

则，要达到足以弥补损害、抚慰伤害的程度，不能只进行象征性赔偿。并且，在精神损害领域，国家赔偿法定原则的适用应有所缓和，即应当赋予法官以一定的自由裁量权，[①] 法官在行使这一权利确定赔偿数额的时候，要充分考虑到足以抚慰精神伤害的要求。这是因为：第一，就财产损失而言，赔偿的目的完全着眼于填补损害。确立精神损害赔偿的目的，就是以财产的方式补偿受害人所遭受的精神损害。对受害人精神利益损失和精神痛苦的赔偿，具有明确的填补损害并使该损害得到平复的功能。第二，精神损害是无形损害，绝大多数的精神损害无法用财产的标准精确衡量。但是，借助一些在实践已基本定型的判断精神损害大小的参考因素，通过法官的合理裁量，在客观上可以得出与受害人精神损害程度相当的赔偿数额。

二、计算精神损害赔偿数额的原则

计算精神损害赔偿数额的原则，不仅是研究、制定精神损害赔偿的计算思路和预期的基础，而且是解释和具体操作精神损害赔偿数额标准和方法的参照依据。研究这个问题，既有法学方法论意义，又有实践指导意义。[②]

（一）国外计算精神损害赔偿数额的原则

纵观世界各国对于精神损害赔偿金额的计算方式，主要有以下几种原则：

1. 酌定原则。

这种原则不制定统一的赔偿标准，由法官根据具体案情自由裁定，英美法系法院通常采用这种原则。采纳这种原则的国家法官可以根据具体案情，自由裁量精神损害赔偿金的具体数额，非常自由、灵活。但由于该原则缺乏统一的计算标准，导致对相似案情的精神损害赔偿数额可

---

① 在我国，即使在民事精神损害赔偿领域，法官享有的也并非完全的自由裁量权。这与精神损害赔偿的综合法计算规则有关，将在后文中予以讨论。

② 关今华主编：《精神损害赔偿数额的确定与评算》，人民法院出版社2002年版，第133页。

能相差悬殊。①

有学者提出"相当于满意原则",指出此方法是受德国民法典影响的国家民事立法所采取的一种模糊原则,留给法官很大的自由裁量余地。②我们认为,相当于满意原则与酌定原则具有同样的内涵,只是由于英美法系和大陆法系的差别,而有不同称谓。

2. 限制数额原则。

即制定固定的赔偿金额表,规定各种精神损害的上下限赔偿数额,由法官根据案情进行适当变动。日本国家赔偿实践中采取的就是此种方法。在日本,对于某些方面的人身伤害抚慰金赔偿,制定固定的抚慰金赔偿表格,规定各种精神损害的固定的赔偿数额,法官只需要查表就可以确定应当赔偿的数额。例如,依照1994年实施的《汽车赔偿责任保险的查定纲要》的规定:(1)死亡事故的抚慰金为:受害人是未满18岁少年的情况——1200万日元;受害人是老年人的情况——1100万日元;受害人是上述场合以外的情况——1300万日元。(2)伤害事故的抚慰金为:第1级——1150万日元,第2级——918万日元,第3级——797万日元,第4级——687万日元,第5级——580万日元,第6级——484万日元,第7级——399万日元,第8级——317万日元,第9级——241万日元,第10级——184万日元,第11级——134万日元,第12级——92万日元,第13级——57万日元,第14级——31万日元。③此外,在交通事故造成的人身损害中,也有固定的抚慰金赔偿表格,详细规定住院治疗的每天赔偿多少钱,不住院治疗的每天赔偿多少钱,等等。只要按照表格的固定数额计算即可。近几年英国的部分判例中也有采用了这一方法。

3. 最高限额原则。

对精神损害的赔偿规定最高限额,不允许超过此数额。美国与英国

---

① 参见杨立新、朱呈义、薛东方《精神损害赔偿》,人民法院出版社2004年版,第86页。
② 高文英:《国家赔偿制度中精神损害赔偿的建立和完善》,载《中国人民公安大学学报》2004年第6期。
③ 罗丽:《日本的抚慰金赔偿制度》,载《外国法译评》2000年第1期。

判例普遍采取此种方法。最高限额原则又分为两种类型：一是就某单独项目的精神损害赔偿（如痛苦）规定最高数额，不许超过此限额。1986年美国佛罗里达州立法机关通过一项法律将痛苦的赔偿金额上限规定为45万美元。二是就所有的精神损害赔偿金（又称非经济性损害赔偿金）规定最高限额。如美国在联邦政府1986年里根提案中将身心创伤、精神痛苦、感情不幸以及伴侣权丧失等的判决金额限定在10万美元之内。再如埃塞俄比亚法律规定，精神损害赔偿数额最高不能超过1000埃塞俄比亚元；哥伦比亚法律规定不得超过2000比索。

4. 日标准原则。

这种赔偿原则是确定每日赔偿标准，即确定每日的赔偿标准，总额按日标准计算。如丹麦法院在1968年以前将住院病人的精神损害赔偿金规定为每天15丹麦克朗，给付其他病人的为每天7.5丹麦克朗；1968年以后，这两种精神损害赔偿金的标准，分别增加到25丹麦克朗和10丹麦克朗。

5. 医疗费比例原则。

这一原则是对酌定原则缺陷的弥补，有些国家认识到酌定赔偿原则的缺点，通过确定与有关医疗费的一定比例而使痛苦和遭遇赔偿的数额标准化。这一原则是指精神损害的赔偿额按医疗费的一定比例确定。如在秘鲁，法官对肉体上与精神上的痛苦的赔偿判决额只能在必须支付的医疗费的半数与两倍之间确定。在德国，痛苦和遭遇的赔偿额是通过医疗费用的价值数额估算。

(二) 我国计算精神损害赔偿数额的原则

我国民法学者提出的计算精神损害赔偿数额的原则达数十种之多，如适当限制原则、[1] 适当经济补偿原则、必要又确当的加处原则、不同法律责任并用原则、个人负责与连带责任原则、公平原则、人民法院对于精神损害数额确定行使裁判原则、[2] 综合考虑多种相关因素的原则、适当

---

[1] 杨立新：《侵权损害赔偿》，吉林人民出版社1990年版，第204页。
[2] 关今华：《试论精神损害赔偿数额的确定问题》，载《法学研究》1989年第3期。

参考可得利益损失原则、适用判例原则、① 体现对致害人的惩罚和对受害人的安慰相结合原则、有利于纠纷的解决和维护正常健康人际关系原则、以具体情况确定赔偿数额原则、② 抚慰为主补偿为辅原则和法官自由酌量原则等。③

针对国家赔偿法上计算精神损害数额的原则，学者们提出：恢复原状为主、经济赔偿为辅原则，全部赔偿原则，精神权利物化原则，④ 以慰抚功能为主、适当考虑补偿功能原则，国家主动赔偿与受害人求偿相结合的原则，⑤ 补偿抚慰为主、惩罚为辅原则，有所限制原则，法官自由裁量原则，非财产救济为主、财产补偿为辅原则，⑥ 不同损害不同赔偿原则，最高赔偿限额原则，⑦ 综合考虑、区别对待原则⑧等多种原则。

上述"原则"中，有部分其实是对精神损害赔偿标准的选择，即采纳补偿性标准、惩罚性标准抑或抚慰性标准的选择；有部分是对精神损害的国家赔偿的责任方式的选择；还有部分是对精神损害赔偿金的具体计算规则的确定。除去这些实际上不是原则的"原则"之后，通过比较国外的确定原则，以及吸收我国民事侵权领域精神损害赔偿积累的经验，我们认为，计算精神损害赔偿数额的首要原则仍是法官酌定原则。正如学者所言，对精神损害赔偿的确定，最终还是依赖于法官的感知，包括对受害人精神受损状态的感知以及对加害人主观过错程度的感知等。⑨ 司

---

① 王启庭等：《对精神损害赔偿的探讨》，载《中国法学》1990 年第 6 期。
② 方明：《精神损害赔偿的适用范围及其原则》，载《山东审判》1978 年第 5 期。
③ 王利明主编：《人格权法新论》，吉林人民出版社 1994 年版，第 697 – 699 页。
④ 高文英：《国家赔偿制度中精神损害赔偿的建立和完善》，载《中国人民公安大学学报》2004 年第 6 期。
⑤ 哈丽蓉、那黎：《对国家赔偿法中精神损害赔偿的几点思考》，载《西北第二民族学院学报》2002 年第 2 期。
⑥ 王桂华：《国家赔偿中的精神损害赔偿问题研究》，吉林大学硕士学位论文，第 18 – 26 页。
⑦ 马怀德、张红：《论国家侵权精神损害赔偿》，载《天津行政学院学报》2005 年第 1 期。
⑧ 刘嗣元、池志勇：《论国家赔偿中的精神损害赔偿》，http：//www.civillaw.com.cn/article/default.asp？id =31993。
⑨ 杨立新、杨帆：《最高人民法院〈关于确定民事侵权精神损害赔偿责任若干问题的解释〉释评》，载《法学家》2001 年第 5 期。

法解释中所列因素，也仅是法官在感知的基础上计算精神损害赔偿额时的参考因素，一方面是为法官自由裁量提供一些以资参考的因素，一方面也是对法官自由裁量权的限制，以期弥补酌定原则的不足。与此同时，法官在自由酌量时，应当区别对待被损害对象的特征，如判断是对人身权利的损害还是对人格利益的损害。

在以法官酌定原则为主的同时，还应当采用适当限制原则为辅助原则。这是因为，根据国家的承受能力和国家的社会现状对国家赔偿中的精神损害赔偿数额予以限定是必要的。既不能将赔偿金规定得过低，使精神损害赔偿有名无实，也不能规定得过高，使国家财政难以承受。适当限制精神损害赔偿金的数额，划定相对统一的客观标准，以防止赔偿义务机关或人民法院滥用自由裁量权，维护法律的公正性。[1] 适当限制原则的具体做法可以考虑设定一个确定的比例，比如上年度年平均工资的五倍，以方便实践中的金额计算；[2] 或者考虑由各省、自治区、直辖市根据各自的情况，对国家赔偿案件中精神损害赔偿的最高限额作出规定。[3]

三、精神损害赔偿金的具体计算规则

在确定了精神损害赔偿范围、赔偿标准等问题之后，就涉及了与受害人关系最为密切的一个环节，即精神损害赔偿金额（精神损害抚慰金额）的计算。对于如何计算国家赔偿法中精神损害赔偿金的数额，这是长期困扰理论界的一个难题，《国家赔偿法》同样没有给司法实践提供一个确切的标准，值得研究。

（一）国外计算精神损害赔偿金的具体规则

计算精神损害赔偿金的具体规则，也就是计算精神损害赔偿金所遵

---

[1] 马怀德、张红：《论国家侵权精神损害赔偿》，载《天津行政学院学报》2005 年第 1 期。
[2] 应松年主编：《当代中国行政法》，中国方正出版社 2005 年版，第 1868 页。
[3] 马怀德、张红：《论国家侵权精神损害赔偿》，载《天津行政学院学报》2005 年第 1 期。

循的方法，国外一般采用三种方法：①

1. 概算法。这种方法一般采取一开始就提出精神抚慰金的总额，即"一揽子"提出精神损害赔偿的总数额的方法，不对精神损害的各种情况分门别类，不列出精神损害的各个项目，也不公开计算依据，并且一般不允许对此提出上诉。美国和日本等国采此法。例如，美国一些法院对因人身伤害而导致的精神痛苦的赔偿数额限制了一个特殊损害总数额，然后，将受害人遭到的损害程度以及相关的其他因素，尤其是侵害人的过错程度和受害人的经济状况等酌定因素，作为重要的标准加以考虑，最后确定一个适当的案件赔偿数额。概算法的优点在于计算简便迅速；缺点在于受害人对计算的依据无从了解，且赋予法官或陪审团极大的自由裁量权，容易产生巨额精神损害赔偿金。

2. 分类法。该法是将精神损害按项目进行明确的分类，并按分类逐个计算出各项目的赔偿数额，再相加得出最终的损害赔偿额。英国和法国采此法。比如在法国，法院依案件的种类来确定精神损害程度的等级，通过判例的积累归纳，明确项目的分类，依照不同的项目计算出赔偿的具体数额和总数额。分类法的优点是计算较为精确，缺点是比较繁琐，不易操作。

3. 折中法。该法是先将精神损害所要考虑的项目列出，法官在此基础上综合考虑，提出赔偿金总额，但不对各损害项目的赔偿数额进行说明。德国、瑞士等国采此法。相对而言，折中法优于前两种方法，其借鉴上述两种方法中的合理内容，既给法官灵活运用自由裁量权留有空间，又对这种自由裁量以某种固定标准进行限制，从而避免其他单一计算法在估算赔偿数额时可能出现的畸高或者畸低现象。②

---

① 对国外采用的三种方法的介绍，参见杨立新、朱呈义、薛东方《精神损害赔偿》，人民法院出版社 2004 年版，第 89－91 页；马怀德主编《国家赔偿问题研究》，法律出版社 2006 年版，第 293 页；丁恒越《国家赔偿中的精神损害赔偿问题研究》，华中师范大学硕士学位论文，第 32－33 页。

② 参见关今华主编《精神损害赔偿数额的确定和评算》，人民法院出版社 2002 年版，第 352 页。

（二）我国计算精神损害赔偿金的规则

对于精神损害赔偿金的算定，我国法学界形成了斟酌法、概算法、限定法、参照法、具体标准幅度法、内定法、定量法、中介物转换法等规则。

1. 综合法，亦称斟酌法。该法综合考虑影响精神损害赔偿数额的各种因素来斟酌、确定具体的赔偿数额。根据斟酌考虑因素的多寡，形成了二要素说、三要素说、四要素说、五要素说和六要素说。比如，我国台湾地区采四要素说，即主要考虑双方身份（包括受害人和侵权人的各自身份，也包括二者在身份方面存在的关系）、双方的资历、加害程度（包括侵权人的过错类型、伤害的部位和程度、住院期间长短、后遗症的部位、程度及继续期间、将来的精神不安等）以及其他特殊因素。①

2. 概算法，亦称分档概算法。该法根据案件的具体情况（侵权人的情况、受害人的情况和当地的具体情况），并参照其他标准（包括侵权人的获利数额、受害人在侵权期间可得利益的损失额、受害人的医疗费用和相关判例等），来具体确定精神抚慰金数额。② 这种计算方法不对精神损害的各种情况和项目分门别类，而是分别提出不同档次赔偿数额的范围，然后由法院根据侵权人及受害人的各种因素，以及当地具体情况，在某一限定的范围内来决定赔偿总额。③

3. 其他方法。包括限定法、参照法、具体标准幅度法、内定法、定量法和中介物转换法等方法。限定法是指规定精神抚慰金的下限和上限，在选择范围内确定具体案件的赔偿数额。参照法是指参照受害人和侵权人的收入情况，来确定一个合理的赔偿幅度。具体标准幅度法是指不同类型的案件，适用不同的精神损害赔偿标准。内定法是指司法机关总结审判经验，确定一些具体的赔偿标准，并可以根据实践发展调整这些赔偿标准。定量法，即数学模型法。中介物转换法是指以一年中精神生活

---

① 马怀德主编《国家赔偿问题研究》，法律出版社2006年版，第293页。
② 同上书，第293-294页。
③ 关今华、许文山：《"简单式"和"复杂式"精神损害赔偿数额的评定原则与方法》，载《福建公安高等专科学校学报——社会公共安全研究》2000年第5期。

所需要的平均费用，作为精神损害转换的中介，计算受害人恢复正常的精神生活所需要的物质费用总额。

上述计算方法各有利弊，比对分析后我们倾向于采用综合法，即斟酌法。这是因为：一方面，综合法与其他方法相比，更为科学合理。另一方面，在民事领域，法律和司法解释虽没有对精神损害赔偿金的算定作出明确规定，但最高人民法院《关于确定民事侵权精神损害赔偿责任若干问题的解释》实际采用了综合法。根据司法实务部门的实践，学界普遍认可我国精神损害赔偿金算定的基本办法是综合法。具体做法是由法官按照具体规则，综合各项精神损害的赔偿数额，酌定损害赔偿金总额。[1] 今后的国家赔偿实践不妨对此予以参照。

（三）综合法遵循的具体规则

在国家赔偿法上，比较而言，可供参照的计算精神损害赔偿数额的规则是综合法，其遵循的具体规则如下：[2]

1. 概算规则。对于纯精神利益损害的赔偿和精神痛苦的抚慰金的计算，适用概算规则。适用概算规则，法官应考虑加害人过错程度的轻重、受害人被侵害的精神利益损害后果及所受精神痛苦程度、双方的经济负担能力及经济状况和受害人的资力这四种因素，其中前三种是着重考虑的因素。在计算时，首先按照当地精神损害赔偿金的一般限额，分成低、中、高三个档次，按前三种着重考虑的因素确定适用哪一个档次；然后再按照其他因素，在这一档次的幅度中上下浮动。最后确定具体赔偿数额。办法是，将上列三种着重考虑的因素列为两类情况，一类是提高赔偿的情况，如：损害后果严重，加害人出于故意，加害人生活水平高而受害人生计困难，等等。另一类是降低赔偿的情况，如，侵害结果较轻，加害人出于过失，加害人经济状况不佳而受害人经济状况良好，等等。具备前一类情况的，可以给予较多的赔偿；具备后一类情况的，可以给

---

[1] 杨立新、朱呈义、薛东方：《精神损害赔偿》，人民法院出版社2004年版，第89-91页。

[2] 本部分内容主要参考了杨立新、朱呈义、薛东方：《精神损害赔偿》，人民法院出版社2004年版，第82-85页；胡惠英、李克荣：《精神损害赔偿金的确定依据》，载《河北法学》2001年第6期。

予较少的赔偿；两类情况兼而有之的，可以给予中等水平的赔偿。在确定了三种赔偿幅度中的一种之后，再斟酌当事人的身份、地位、年龄、职业以及案件的其他因素，确定具体的数额。①

2. 比照规则。现行法律法规和司法解释如《道路交通事故处理办法》、《消费者权益保护法》、《国家赔偿法》以及最高人民法院《关于确定民事侵权精神损害赔偿责任若干问题的解释》，对精神损害赔偿金的计算已作出了明确规定，在确定精神损害的国家赔偿时，应当比照上述相关规定计算赔偿数额。②

3. 参照规则。当确定精神利益中财产利益损失的数额时，可以参照其他标准确定赔偿金数额。例如，参照受害人在被侵权期间可得利益的损失数额。实际上，这种损失就是受害人在侵权期间受到的财产不利益。其计算公式是：$W = (P - C) \times (A_1 - A_2)$。其中，W 是损失数额，P 是单位产品或服务的价格，C 是单位产品或服务的成本，A_1 是在侵权期间受害人应销售的产品量或提供的服务量，A_2 是在侵权期间受害人实际的产品销售量或服务量。依此计算出的 W，实际上就是赔偿金数额。

4. 全部赔偿规则。对于因精神损害而造成的财产的直接损失，应当比照侵害财产权的全部赔偿原则，以全部财产损失作为赔偿金数额。所应注意的是，其财产损失应是合理的、必要的费用支出。不合理、不必要的支出，不应计算在内。

在依据上述四项具体规则分别计算出纯精神利益损害、精神痛苦损害、精神利益中间接财产利益损失和直接财产利益损失的具体数额以后，法官可综合评断，确定精神损害赔偿金的总额，并依此作出判决。③

在计算精神损害赔偿金时，还有两个问题值得注意：一是，一个行为侵害数个精神性人格权时，应以所侵害的主要人格权为准，在计算赔偿金时，应将一并侵害的人格权事实作为加重情节，适当提高赔偿金总

---

① 参见胡惠英、李克荣《精神损害赔偿金的确定依据》，载《河北法学》2001 年第 6 期。
② 同上。
③ 同上。

额。二是，单一主体的数个行为侵害一个权利，应作为一个侵权行为计算赔偿金数额。单一主体数个行为侵害数个权利，是数个侵权行为，应分别计算，最后综合确定赔偿金总额。三是，综合评断精神损害赔偿金总额，应以各种损害所应赔偿数额相加的总和为标准，依据案情作适当的调整，但不应与总和数额相差过于悬殊。当一个侵权行为只造成一项利益损害时，则按该项利益损害计算赔偿金数额，并综合评断之。

四、计算国家赔偿精神损害的参考因素

最高人民法院《关于确定民事侵权精神损害赔偿责任若干问题的解释》所列举的六种考量因素反映了民法学界对于精神损害赔偿计算的"评定客观化说"理论，认为评定精神损害赔偿数额的标准必须客观化，这样才能保证受害人切实得到能够抚慰伤害的赔偿。上述司法解释第10条中规定法院在判定精神损害赔偿金时应考虑的因素包括：（1）侵权人的过错程度；（2）侵害的手段、场合、行为方式等具体情节；（3）侵权行为所造成的后果；（4）侵权人的获利情况；（5）侵权人承担责任的经济能力；（6）受诉法院所在地平均生活水平。法院在决定精神损害抚慰金赔偿时，应当根据这些因素酌定赔偿数额。司法解释中规定的这些考虑因素，对于解决绝大多数涉及精神损害赔偿的案件具有重要意义。

一般来说，过错程度是决定因素之一。加害人故意甚或恶意侵害他人的，则应承担较高数额的精神损害赔偿责任；具有重大过错的加害人也应当承担较高数额的精神损害赔偿；反之，加害人仅因为过失尤其是轻微过失侵害他人的，则可能少量赔偿甚至不赔偿精神损害。与过错程度紧密相关的还有惩罚性赔偿问题。在修订《国家赔偿法》过程中，引入惩罚性赔偿的呼声很高，但最终没有被采纳。对此，有观点认为，可以在侵权人故意或者恶意滥用职权时，在精神损害赔偿中算定较高的数额，凸显精神损害赔偿的惩罚、威慑功能，这也是对《国家赔偿法》未规定惩罚性赔偿的弥补。

侵权人具体侵权情节的不同，可以反映出侵权人的主观恶意程度和

社会危害性大小的不同。比如，在"麻旦旦处女嫖娼案"中公安机关的违法行为给受害人的名誉带来严重不利影响，可以反映出侵权机关的过错程度较重。此外，具体情节的不同，给受害人带来的心理痛苦程度不同，从而损害程度也不同。

精神损害赔偿原则上以侵权行为致人损害带来严重后果为前提，在损害后果不严重的情况下，无需精神损害赔偿；损害后果严重，则侵权人的赔偿责任随之加重。而且，我国对精神损害的救济，除了金钱赔偿这一方式外，还有赔礼道歉、消除影响、恢复名誉等责任方式，因此赔偿损失与否并不是用以宣示争讼双方胜败的必要或者唯一手段。考虑到这一点，极低数额的精神赔偿（如有的案件判决 1 元人民币的赔偿），在理论和实践中都是不可取的。过低的赔偿数额既无法补偿受害人所受到的损害，也难以惩戒、教育加害人，更无法警戒社会的其他成员。[1]

在计算精神损害赔偿金额时要考虑侵权人的获利情况，是因为在有些情况下，可能受害人仅遭受了精神损害，没有经济利益的损失，但侵权人却获得了利益。如果不考虑侵权人的获利情况而允许侵权人赔偿后仍然获得利益，显然不合理，无法体现精神损害赔偿对侵权人的惩戒与对受害人的抚慰功能。但是，在国家赔偿中，一般只存在受害人利益的丧失或减损，而不会发生国家机关及其工作人员获利的情形，因此，这一因素无需纳入国家赔偿案件中精神损害赔偿的考量范围。

侵权人承担责任的经济能力因素在民事侵权精神损害赔偿中，发挥着更为重要的作用。在国家赔偿中，赔偿义务机关的赔偿金来源于国家财政，这使得赔偿义务人相对于受害人而言，处于优势地位，一般不存在没有承担精神损害赔偿的经济能力的情况。因此，这一因素也无需纳入国家赔偿案件中精神损害赔偿的考量范围。

最后，还要考虑受诉法院所在地的平均生活水平，这主要是因为精神损害赔偿的补偿和抚慰功能的实现依赖于受害人对金钱的态度，而这

---

[1] 张新宝：《侵权责任法原理》，中国人民大学出版社 2005 年版，第 521 页。

种态度又与当地平均生活水平有关。①

除上述六种因素外，受到普遍关注的还有"受害人的社会地位"。对这一因素，学者有不同意见。支持的理由主要在于：考虑受害人的社会地位等因素，是考虑到了受害主体的差异性，对不同主体确定不同的赔偿金额，使各个受害人能获得切实弥补精神损害的赔偿。反对的理由是：首先，法律法规和司法解释没有将受害人的社会地位等主观因素作为考虑的因素。其次，精神损害赔偿制度所保护的是受害人的人格、精神利益，不同主体的人格应当是平等的，精神利益应当得到平等保护。再次，受害人的社会地位与精神损害程度之间没有关联，并不因为某人的社会地位高，其在受到精神损害时就必然比社会地位低的人精神痛苦强烈一些。最后，人的社会地位高低也缺乏公认的评判标准。② 我们赞成后一种观点。

总之，通过借鉴民法上计算精神损害赔偿金的考量因素，结合国家赔偿的特征，国家赔偿案件中计算精神抚慰金应考量以下因素：1. 侵权机关及工作人员的过错程度。从过错程度上判断，过错越大，则责任越重，相应地给予受害人赔偿更多；反之亦然。根据过错程度来确定侵权机关的赔偿责任，可以督促国家机关采取有效的措施，尽量减少对私权利的侵害。2. 侵害的具体情节，包括侵害的手段、场合、行为方式等。侵害的手段越恶劣、场合越公开、行为方式越粗暴，则对被侵害人造成的精神损害越大。3. 侵害造成的后果。虽然直接判定精神损害的大小有一定的难度，但可以通过侵害造成的其他后果来间接地判定精神损害的大小。4. 侵权机关事后采取弥补措施的有效度。侵权机关事后采取的弥补措施越有效，则受害人受到的精神损害就可能越小，反之就可能越大。这不仅可以在一定的程度上抚慰受害人受伤的心灵，而且有利于督促侵

---

① 俄罗斯《联邦民法典》第1101条规定：精神损害补偿的数额，由法院根据受害人造成身体和精神痛苦的性质决定。当以过错为损害赔偿的依据时，法院还要根据致害人的过错程度确定赔偿数额。在确定精神损害的补偿数额时，应斟酌请求的合理性和公正性。受害人身体和精神同科的性质，由法院根据受害人精神被损害的实际情况以及受害人的个人特点作出评定。

② 张新宝：《侵权责任法原理》，中国人民大学出版社2005年版，第521页。

权机关主动更正自己的错误和积极采取有效的措施来防止危害的进一步扩大。5. 法律、行政法规对残疾赔偿金、死亡赔偿金等有明确规定的，适用法律、行政法规的规定。这也是国家赔偿法定原则的要求所在。

请求权利编

第二十八章 请求权及其行使

第一节 请求权概述

请求权制度是保障公民或者组织实体权益的重要法律机制，国家赔偿必须通过请求权的行使来实现。公民或者组织的请求权本质上是一种请求获得赔偿的程序性的权利。

一、国家赔偿请求权的概念和意义

（一）国家赔偿请求权的概念

请求权，就其字面意思而言，是指提出某种要求或者请求的权利。国家赔偿请求权，即要求国家赔偿损失或者向赔偿义务机关提出赔偿请求的权利。

通过设立权利的方式来处理法律问题，是人类解决纠纷的一大发明；通过设立程序上的权利来保障、实现实体上的特定状态是程序法治的基本方式。要使特定程序或者过程法治化，不赋予行为主体一定的权利或者义务，这一目标几乎无法实现。因此，我们倾向于从程序意义上来理解请求权。

当然，设定请求权的目的，主要是为了使受害人遭受的损害能够得到填补，也是为了公民、法人或者其他组织的实体权益得到实现。但是，不能由此得出结论，请求权是从实体权利衍化而来的，或者认为请求权从属于实体权利。

(二) 国家赔偿请求权的意义

1. 国家赔偿请求权是程序权利。

请求权仅仅是一种程序上的权利,提出请求的人不一定是实体权利的真正拥有者。赋予特定公民或者组织一定的请求权,并非是说,该公民或者组织的人身权或者财产权在事实上已经受到国家机关或者国家机关工作人员的侵犯并受到了实际损害,而只是表明,该公民或者组织有遭受损害的可能性。如果将请求权理解为一种实体权利,那就意味着凡是进入到请求过程中的个人或者组织都将大获全胜或者如愿以偿,那实际上也取消了有关国家机关的认定和判断过程。事实上,进入到请求过程的人有相当一部分人不能得到赔偿,必须等到请求过程完结之后才能见出分晓。提出请求的人,并不一定是真正拥有实体上权利的人,而是为了弄清其是否真正拥有实体上的权利,法律赋予其的一种请求权利。这种权利也可以理解为一种提出请求的资格。可见,法律赋予特定公民或者组织以请求权,并非是指其拥有请求赔偿的实体权利。也就是说,请求权并非派生于实体权利,或者说请求权并非以实体权利的存在为基础,而仅仅是为了保护当事人实体上的合法权益而设置的一种程序性的权利。

2. 国家赔偿请求权是对资格的限定。

设定请求权本身就是一种对资格的限定。如果所有的公民或者组织都可以提出赔偿请求,请求权制度就没有任何意义。因为此时"权利"已经泛化到所有社会成员,有这种权利和没有这种权利没有什么不同。同时,如果对这种权利进行过于严格的限制,就可能使部分拥有真正获得赔偿权利的人无法进入请求过程。法律必须设定一定条件或者资格,将不应当进入请求程序的公民或者组织过滤掉,以减少人力、物力、财力的浪费。法律设定的这些条件还要保证具有极大可能获得国家赔偿的公民或者组织能够留在请求程序当中,赋予其请求权,使其有资格进入请求的大门。从这个意义上讲,请求权的获得仅仅是一张"门票"的取得,而非"胜券"在握。

(三) 狭义上的国家赔偿请求权

国家赔偿请求权因"国家赔偿"的范围不同而有所不同。有的国家规定,请求权人只能通过支付赔偿金的方式予以国家赔偿,对于其他请求权(例如恢复原状、返还财产等)则通过国家赔偿以外的方式予以救济。例如,奥地利的《国家赔偿法》第1条第1项,损害之赔偿仅以金钱的方法为之。在美国,《联邦侵权赔偿法》第1346节规定的赔偿仅限于金钱赔偿,当事人要获得恢复原状、返还财产等补救方法的,必须利用其他法律进行起诉,不能提起政府侵权赔偿。[①] 在我国,国家赔偿是广义上的国家赔偿。即根据《国家赔偿法》第11条的规定,赔偿请求人根据受到的不同损害,可以同时提出数项赔偿请求。我国《国家赔偿法》第25条规定了国家赔偿的方式包括支付赔偿金、返还财产和恢复原状,更广泛意义上的国家赔偿还包括《国家赔偿法》第35条规定的消除影响、恢复名誉和赔礼道歉。为了研究的方便,本书对狭义上的国家赔偿请求权和结果排除请求权、公法上的返还请求权、公法上无因管理所生的请求权作一比较。

1. 狭义上的国家赔偿请求权和结果排除请求权。

结果排除请求权(Folgenbeseitigungsanspruch),又称为恢复原状请求权,是指公民、法人或者其他组织因遭受公权力机关行为侵害时,请求公权力机关排除该违法状态,并且恢复到侵害之前事实状态的请求权。这一概念最早由德国学者 Bachof 提出,其后在学术界和实务界展开大量讨论。一般认为,结果排除请求权是来源于民法上的请求权利。在行政法上,结果排除请求权最早源于由于违法的、被撤销的即时性的行政行为,后来又延伸到行政事实行为领域。狭义上的国家赔偿请求权和结果排除请求权的主要区别在于:

(1) 请求权的具体内容不同

狭义上的国家赔偿请求权以要求金钱赔偿为请求内容。结果排除请

---

① 王名扬:《美国行政法》,中国法制出版社1995年版,第759页。

求权不是损害赔偿请求权或者损害补偿的请求权,而是一种要求恢复原先状态的请求权。受害人依照结果排除请求权只能要求公权力机关排除该不利事实状态而恢复原状,但是不能请求金钱赔偿。

(2) 归责原则不同

狭义上的国家赔偿请求权实行违法原则、结果归责原则或者公务过错原则。狭义上的国家赔偿请求权针对的侵害行为不仅包括了作为形式的行为,也包括不作为形式的行为。结果排除请求权仅仅强调侵害行为的违法性,实行严格的违法原则。需要注意的是,这里的"侵害行为"并不包括不作为,因为在这种情况下不存在需要恢复的状态。

2. 狭义上的国家赔偿请求权和公法上的返还请求权。

公法上的返还请求权(öffentlich-rechtliches Erstattungsanspruch)是指公民、法人或者其他组织请求返还没有法律依据而取得的财产等的请求权。一般认为,返还请求权来源于民法上的不当得利返还请求权。返还请求权可能是关于金钱(例如税费)的给付,也可能是动产、不动产的给付。返还请求权是依法行政原则的必然要求,该原则要求消除不符合法律规定的财产状态。狭义上的国家赔偿请求权和公法上的返还请求权的主要区别在于:

(1) 请求权的具体内容不同

狭义上的国家赔偿请求权的主要内容是要求支付赔偿金。公法上的返还请求权则是要求返还公权力机关没有法律依据而取得财产。返还请求权针对的财产有时也可能是金钱,例如要求公权力机关返还征收的税款,此时的税款并不一定是原物,只要是同等价值的金钱即可。但是,这里的金钱并非赔偿金,而是返还的财产。

(2) 适用的归责原则不同

狭义上的国家赔偿请求权,不同的国家适用不同归责原则。公法上的返还请求权的前提是公权力机关获得财产缺乏合乎法律的理由。

(3) 请求权人的范围不同

一般而言,狭义上的国家赔偿请求权人是公民、法人或者其他组织等受害人的权利。公法上的返还请求权可能存在于受害人与公权力机关之间，也可能存在于公权力主体之间。两者范围不同。

3. 狭义上的国家赔偿请求权和公法上无因管理所生的请求权。

在国家赔偿法学上，公法上无因管理所生的请求权是指公民、法人或者其他组织因其为公权力主体无因管理导致损害或者有关费用赔偿的请求权。典型的如，在火灾蔓延的紧急状况下，公民主动拆除自己房屋避免殃及公共建筑物的行为，因为其拆除行为应当由具备公法上职责的消防人员作出。公法上的无因管理理论来源于民法上的无因管理理论，区别在于管理事务（公或者私）的性质。根据赔偿标的的不同，公法上无因管理所生的请求权包括两种请求权：公权力主体（管理人）对本人的费用赔偿请求权和本人对公权力主体（管理人）的损害赔偿请求权。狭义上的国家赔偿请求权和公法上无因管理所生的请求权的主要区别在于：

（1）请求权的内容不同

狭义上的国家赔偿请求权的主要内容是通过支付赔偿金的方式纠正因违法的公权力行为造成的财产或者人身损害。公法上无因管理所生的请求权的主要内容则是对未受委托处理公权力事项所致损害进行弥补。

（2）归责原则不同

狭义上的国家赔偿请求权强调公权力主体对公民、法人或者其他组织造成的损害，可能因其违法、可能因其故意或者过失等过错，可能因结果致损害等承担赔偿责任。公法上无因管理所生的请求权则是对未受委托处理公权力事务所造成的损害，对于公权力主体是否存在违法与否、是否存在过错等等，均在所不问。

二、国家赔偿请求权的性质

公民、法人或者其他组织请求国家赔偿的权利的性质，主要涉及请求权是一种私法上的权利还是一种公法上的权利。在英美法系国家，由于不区分公法和私法，这个问题不是非常突出。因为在不区分公法和私法的国家，这个问题通常会转化成公民或者组织请求国家赔偿的权利属于民法上的权利还是国家法上的权利。

但是，在区分公法和私法的大陆法系国家，这是一个必须解决的问题。理论问题的提出，往往意味着背后有实际问题必须得到解决。在大陆法系国家，请求权的性质往往涉及实体规则的适用和争讼的管辖以及程序的选择问题。在不区分公法和私法的国家，这个问题的重要性虽然不如区分公法和私法的国家，但是也涉及特定法律原则的适用以及司法体制的分工的问题。

一般而言，如果国家处于私法主体（或者准私法主体）的法律地位，其公务员所为的不法行为造成的损害，国家通常按照民事法律规定承担责任，受害人的请求权也就属于私法上或者民法上的权利。例如，国家机关违反购销合同规定的义务而承担的违约责任。在这一点上，各国基本上采取了较为一致的做法。但是，在划分公法和私法的标准方面，则有一定的不同。如果国家处在公权力机关并实施权力作用而造成损害，被害人依照国家赔偿法请求赔偿，此项损害赔偿的性质如何？在国家赔偿法学上还存在一定争论。主要有三种学说：

（一）私法说

这种观点认为，国家赔偿请求权的性质属于私法权利。理由是：其一，从产生国家赔偿法的思想渊源来看，在很大程度上是由于绝对主权思想动摇、公法观念被削弱、国家放弃公权力主体所拥有的特权地位的结果。其二，从国家赔偿法的实质来看，是使国家与私人一样地承担法律责任，国家损害赔偿与私人损害赔偿在本质上并无不同。其三，在许多国家，国家赔偿的相当一部分内容都适用民法的有关规定。在英国，行政当局，包括王室各大臣，除非成文法明确规定外，并不享受一般民事侵权和违约的豁免权。[1] 其四，许多国家在确立国家赔偿制度之前，有关国家赔偿的内容都规定在民事法律当中。其五，将国家赔偿请求权视为私法上的权利，有利于淡化公法意识，确立平等观念。其六，国家赔偿方式中诸如支付赔偿金、返还原物、恢复原状、赔礼道歉、消除影响

---

[1] ［英］威廉·韦德著：《行政法》，徐炳等译，中国大百科全书出版社1997年版，第443页。

等与民法上的侵权赔偿方式亦无不同。

(二) 公法说

这种观点认为,国家赔偿请求权的性质属于公法权利。理由是:其一,国家赔偿法属于公法性质,其间的请求权自然属于公法性质。有的国家明确规定,对于属于国家赔偿的事项,不得通过民事诉讼程序来进行。例如,奥地利的《国家赔偿法》第 9 条第 5 项规定,被害人因本法第 1 条所称官署之机关执行法律发生侵害请求赔偿,不得依一般民诉程序请求审判。其二,国家机关工作人员执行职务造成损害,一般涉及国家利益或者公共利益而由国家赔偿,涉及公共负担的平等,私法说无法解释这一现象。其三,国家赔偿的内容在很多方面与私法有很大不同,否则就没有制定单独的国家赔偿法的必要。其四,国家赔偿法是直接根据宪法的规定制定的,属于广义上的宪法性文件。

(三) 公法和私法兼容说

这种观点认为,国家赔偿请求权既有私法性质,也有公法性质。理由是:其一,从权利受侵害的角度而言,国家赔偿法中受侵害获得赔偿的权利与民法中受到侵害或者赔偿的权利没有太大区别;但是,从请求权实现的角度,要受到许多公法规则的制约。其二,一些国家或者地区的国家赔偿法规定,对于国家赔偿,除了适用国家赔偿法以外,还适用民法的规定。例如,韩国《国家赔偿法》第 8 条规定,就国家或地方自治团体之损害赔偿责任,除依本法之规定外,依民法之规定,但民法以外的法律,另有规定者,依其规定。我国台湾地区的"国家赔偿法"第 5 条规定,国家损害赔偿,除本法规定外,适用民法规定。

我们认为,国家赔偿请求权的法律性质应当注意以下两个问题:第一,一国的国家赔偿法中的请求权是公法上的权利还是私法上的权利,取决于国家赔偿请求权的实现过程是公法因素占据主导地位还是私法因素占据主导地位。矛盾的主要方面决定矛盾的性质,不可一概而论。第二,国家赔偿请求权不能仅仅从损害权利的性质来进行判断,因为人身权、财产权既受到公法的保护,也受到私法的保护,因此,可以说,这些权利既是公法（如宪法、刑法）上的权利，又是私法上的权利。

第二节　请求权的行使及其保障

请求权是权利的一种，应当受到权利行使的一般规律的制约。同时，国家赔偿请求权又是一项特殊的权利，应当适用特殊的规则。为了实现请求权，国家还必须设置一定的保障机制。

一、请求权的行使

（一）转让请求权的可得性

请求国家赔偿的权利能否转让？对于这一问题，在不同的国家有不同的规定。有的国家的法律明文规定，请求权不能转让，例如，日本、韩国。规定请求权不能转让的国家，主要包括两种情形：一种是由于历史的局限将国家赔偿视为一种特殊的"恩惠"认为赔偿受领人只能是受害人。另一种是由于对请求权人范围理解不同所致，例如，有的国家认为保险人是请求权的受转让人，有的国家则认为保险人亦属于请求权人，不存在转让的问题。

还有一些国家虽然没有就请求权能否转让作直接规定，但是通过对赔偿请求权人的限定实际上对该问题作了间接回答。一般来说，只有在受害人死亡的情况下，其继承人或者一定范围内的亲属拥有请求权。法人或者其他组织也只能在法人或者其他组织终止时，承继其权利或者义务的组织享有请求权。这种明确的列举方式实际上排斥了其他公民或者组织请求赔偿的可能性。也就是说，在受害公民尚未死亡，受害法人或者其他组织尚未终止的情况下，请求权的转让是无效的，因为转让后也无法依照法律规定行使这一"权利"。

所以，回答这一问题要注意两个前提：第一个前提是，要对"赔偿请求权人"作一界定。我们认为，赔偿请求权人包括了受害人和承继受害人权利的亲属、法人或者其他组织和承继其权利的法人或者组织。请求权人是请求权的拥有者，这种请求权一般具有高度的人身性，法律一般限制其随意转让，例如，用尚未实现的赔偿请求权冲抵债务等。第二个前提是，要对"转让"作一限定。例如，受害的公民死亡，承继其权利的亲属有权要求赔偿。一般情况下，这种情形不能视为"转让"的情形，因为后者的权利已经为法律所肯定。但是，从另一方面来讲，如果一国仅仅规定了受害人的请求权，完全没有考虑受害人死亡后其权利的移转，显然也是有失公平的。

在我国，《国家赔偿法》第6条明确规定了赔偿请求权人的范围，但并未对国家赔偿请求权能否转让作出规定。从该法规定的赔偿请求权人的范围来看，国家赔偿请求权是不能转让的。

（二）国家赔偿请求权的放弃

国家请求权能否放弃，各国的国家赔偿法通常不作特别规定。有的国家规定赔偿程序适用民事诉讼法的规定，即是说，原则上受害人或者其他请求人有权依照民事诉讼法上关于撤诉的规定放弃国家赔偿请求权。

我国《国家赔偿法》对请求权能否放弃未作出规定。我们认为，请求权人可以放弃该项权利。理由是：其一，从理论上讲，权利人对于有义务性质的权利不能放弃，对于纯粹的权利，权利人有处分权，因此请求权人可以放弃该项请求权。对自己拥有的请求权有申请或者不申请的自由；有行使或者不行使的自由；有现在行使或者将来行使的自由；有自己行使或者委托他人行使的自由；有行使过程中放弃，放弃后在时效之内再行使的自由。[①] 其二，请求权的放弃在通常情况下，不仅不影响公共利益和他人利益，而且对国家有利。这是由于国家赔偿是一种带有慰抚性质的赔偿，这种赔偿的基础就在于代表公共利益的公权力机关对私人权益造成了侵害，国家应当填补个人不应当承受的损失，而非申请赔偿对国家利益、社会公共利益造成损害。国家赔偿请求权的放弃通过撤回自己赔偿请求的方式实现。撤回请求权又可分为申请撤回和视为撤回。

[①] 罗超：《谈增设国家赔偿请求权撤回制度的一点立法思考》，载《法学杂志》2001年第3期。

前者是指主动撤回，后者是一种拟制的撤回，一般是指请求权人在特定情形下，赔偿义务机关推定其撤回申请。这里的"特定情形"包括两种情形：一是赔偿请求权人提供申请材料不全，赔偿义务机关要求其及时补充，请求权人无正当理由不予补充或者超过补充材料时限的。二是国家赔偿请求权人经赔偿义务机关的合法传唤，无正当理由拒不接受或者配合调查的。国家赔偿请求权人申请撤回或者按照撤回申请处理后，又依照法律规定向有管辖权的机关提出赔偿申请的，应当受理其申请。

我国《行政诉讼法》第 51 条规定了撤诉制度，可以参照适用。但是，在行政诉讼中，是否允许撤诉，还要经过人民法院的准许，这个制度设计是由法院对行政机关的司法监督的客观诉讼性质决定的。国家赔偿本质上是一种具有主观诉讼特点的赔偿诉讼，请求权人如有申请的即可允许撤回，不必在进行审查之后才允许其撤回。我国台湾地区的《冤狱赔偿法》第 9 条规定，赔偿之声请，得于决定前撤回。声请经撤回者，不得再声请。是为当例。

（三）国家请求权的合并行使

国家赔偿请求权能否合并行使的问题，受权利救济"经济原则"、"效率原则"的支配。这一问题主要涉及以下几个方面的讨论：国家赔偿请求权能否与违法性确认请求权一并行使；若干项国家赔偿请求权能否一并行使；同一赔偿请求权涉及数个机关时，能否同时向数个机关一并提起。

国外的国家赔偿法很少涉及这方面的专门内容，只有一些零星的规定。例如，美国《侵权赔偿请求协议规则》第 2 条第 2 款中就共同赔偿义务机关的指定调查（数机关涉及损害赔偿请求事件时，被请求机关应当与其他机关协议以指定一机关对该项请求进行调查，并决定其请求是否正当）和请求人的指明义务（请求人就同一事件向数机关提起损害赔偿请求时，应当于每次提起时，指明其他被请求的机关）。在司法实践中，处理上述问题主要考虑两个方面的因素：一是各项请求权是否都是有效的。二是合并行使还是分开行使更有利于权利救济的经济原则。我国《国家赔偿法》对上述问题作了原则性的规定，主要体现在第9条第2款、第10条和第11条三个条文中。

1. 国家赔偿请求权与违法性确认请求权一并行使。

《国家赔偿法》第9条第2款规定，赔偿请求人要求赔偿应当先向赔偿义务机关提出，也可以在申请行政复议和提起行政诉讼时一并提出。本条内容包括了两个内容：一是赔偿义务机关先行赔偿。二是赔偿请求人可以在申请行政复议和提起行政诉讼时一并提起。也就是赔偿请求人在申请复议和提起行政诉讼请求确认侵权事实时一并提出赔偿请求，由行政复议机关或者人民法院在确认侵权事实后，一并就侵权赔偿请求作出处理。

2. 同一赔偿请求权涉及数个机关时可以同时向数个机关一并提起。

《国家赔偿法》第10条规定，赔偿请求人可以向共同赔偿义务机关中的任何一个赔偿义务机关要求赔偿，该赔偿义务机关应当先予赔偿。

共同赔偿义务机关是指两个以上的机关共同对某一赔偿请求人负有赔偿义务。评断共同赔偿义务机关的标准主要包括：其一，作出主体的共同性，例如，两个以上行政机关联合执法侵害公民的合法权益的，该若干行政机关是共同义务机关。其二，行为结果的共同性。有的国家没有明确何种情形下属于共同赔偿义务机关，但是规定了判断共同赔偿义务机关的方式。例如，德国《国家赔偿法》第10条第3款规定，多数赔偿义务人相互之间的关系，可以根据情况特别是根据违反义务的严重程度和共同造成损害的责任大小予以确定。

我国采取的是多元制赔偿义务机关制，而非统一由一个国家机关代表国家履行赔偿义务，而且义务机关原则上是实施侵权行为的机关。这样，当某一损害是由机关的共同行为造成的，或者几个国家机关违法，职权行为均是损害结果发生的原因时，就会存在同一损害事件中存在几个赔偿义务机关的状况。此时，共同赔偿义务机关是否都有赔偿义务？回答是肯定的。大多数国家认为此时共同赔偿义务机关承担"共同债务"。例如，德国《国家赔偿法》第10条第1款规定，多数公权力机关应当对损害负责时，每一个公权力机关均应当对共同损害负责。该多数公权力机关作为共同债务人对受害人负责。

在这种情况下，为了防止几个赔偿义务机关互相推诿赔偿责任，我国《国家赔偿法》特别强调赔偿请求权人可以向共同赔偿义务机关中的任何一个赔偿义务机关要求赔偿，而该赔偿义务机关应先予赔偿。值得注意的是，作为共同赔偿义务机关之一的赔偿义务机关在先予赔偿时，是仅就自己应负责任部分进行赔偿，还是就全部损害进行赔偿，赔偿之后再向其他赔偿义务机关追偿呢？我们倾向后一种意见。因为如果共同赔偿义务机关之间的责任大小一时难以划分清楚，先予赔偿的机关如果避重就轻，就可能使赔偿请求人难以得到赔偿或者难以得到全部赔偿。

如果加害行为除了公权力机关之外，还存在不能归类为共同赔偿义务机关的第三人的，例如，行政机关和不具有行政职权的组织共同侵害公民的合法权益，此时，该不具有行政职权的组织不能作为共同赔偿义务机关，如何处理？我们认为，可以参照有关共同赔偿义务机关的规定处理。德国《国家赔偿法》第 10 条亦规定，公权力机关以外的第三人也承担赔偿义务时，准用本条第 1 款（即共同债务人）的规定。

3. 若干项国家赔偿请求权可以一并行使。

《国家赔偿法》第 11 条规定，赔偿请求人根据受到的不同损害，可以同时提出数项赔偿请求。公权力机关及其工作人员在处理特定事务时，可能会因不同的侵权行为造成公民、法人或者其他组织不同的损害。此时，请求权人可以对不同的损害后果根据《国家赔偿法》第四章的规定，同时提出数项赔偿请求。

这里的"数项赔偿要求"类似于诉讼中诉的合并，之所以规定"可以同时提出"，旨在简化程序，收迅速便捷之效。如果只允许当事人一次提出一项赔偿要求，同一行为所造成的损害或许一年半载都处理不完。但是，这并非是说，赔偿请求人可以将与自己有关的所有赔偿请求都同时提出，最关键的是看能否收迅速便捷之效。如果几个赔偿请求之间毫无关联，甚至赔偿义务机关都不相同，在这种情况下提出数项赔偿请求不仅不能达到便捷的目的,而且会增加难度,拖延时间,使本来可以早日了结的赔偿要求得不到及时处理。考虑到上述情况,本条使用的是"可以"一词,也就是说,数项赔偿请求的提出在很大程度上取决于赔偿请求人的意愿。

但是,赔偿请求人在提出数项赔偿请求时,应当考虑本条的宗旨,在不能达到便捷的目的时,应当分别提出。一般来说,在下列情况下,可以提出数项赔偿请求:(1)不同的损害是由于同一致害行为造成的。例如,由于公安机关的不作为致使公民的身体遭受损伤,同时财产遭受灭失等。(2)不同的损害是由于几个相关联的行为(通常是一个行为的合法性取决或决定其他行为的合法性,或者一个行为是另一个行为的原因或结果,或者几个行为互为条件)造成的。例如,规划行政机关的批准行为违法,导致国土资源行政机关错误作出许可行为,导致行政相对人权益受损的,请求人可以提出数项赔偿请求。再比如,德国《国家赔偿法》第10条规定,多数公权力机关应对义务损害负责时,每一公权力机关均应对共同损害负责。该多数机关作为共同债务人对受害人负责。当然,也有的国家认为,如果两个以上的公权力机关的致害行为之间存在因果关系的,亦可适用追偿程序而无需同时提出。例如,德国《国家赔偿法》第11条规定,如应由一公权力机关负责的义务损害行为是由于另一公权力机关的违法行为所产生,在法律无其他规定时,受到请求的公权力机关可对该另一公权力机关实施追偿。(3)不同的损害是由同一机关数个致害行为造成的。例如,某公民被乡政府非法拘禁,在拘禁期间被殴打,造成身体伤害,手表亦被扣押。此时,受害人可以同时提出以下赔偿请求:因被非法拘禁人身自由被侵害的赔偿金;因被殴打侵犯生命健康权造成的医疗费用和误工减少的收入;因手表被扣押未予发还要求返还财产。这里所说的"不同损害",可以是人身权的损害或者财产权的损害,也可以是数个财产权或者数个人身权的损害。

值得提及的是,即使符合同时提出数项请求的条件,如果因为某些特殊原因而不能达到便捷的目的,赔偿请求人也应该分别提出。

二、请求权的保障

任何一种权利的行使，如果不采取一定的保障其实现的措施，对于权利人而言，就没有多大意义。如何保障请求权的实现，是一个比较复杂的系统工程，只有形成系统的请求权保障体系，国家赔偿请求权才能真正实现。

（一）请求权的经济保障

应当说，国家赔偿法的整个程序部分都是为了保障国家赔偿请求权的实现而设置的。世界各国的国家赔偿法一般都非常注重从经济方面提供保障。例如，奥地利《刑事赔偿法》第4条第2款规定，本联邦法律所规定的赔偿给付不缴纳任何由联邦法律规定的税负。此外，该法第10条规定，联邦与被害人之间就本联邦法律所规定的赔偿请求达成和解不缴纳任何手续费和诉讼费（Stempoiund Rechtsg ebuhr）。我国也不例外。

我国关于请求权的经济保障主要体现在《国家赔偿法》第41条的规定。该条规定："赔偿请求人要求国家赔偿的，赔偿义务机关、复议机关和人民法院不得向赔偿请求人收取任何费用。对赔偿请求人取得的赔偿金不予以征税。"之所以作上述规定，主要是由于：其一，国家赔偿与诉讼不同。在民事诉讼和行政诉讼中，诉讼首先是公民或者组织一方发起的，要求国家司法机关予以公力救济，因此必须负担一定的诉讼费用。但公民或者组织请求国家赔偿是由于其合法权益受到国家机关及其工作人员违法行使职权而造成的损害引起的，并非公民或者组织因为私人之事烦扰国家，而是公权力机关的行为造成了对公民或者组织的侵扰。其二，请求人请求赔偿是以确认违法为前提的，既然致害行为已经被确认，赔偿义务机关就应当给予赔偿，因此滥诉的可能性已经大大减少。其三，国家为了切实保护公民、法人和其他组织的合法权益不受损害，纠正公权力机关违法行使职权的行为，应当鼓励受害人依法保护自己的权利，而不应当通过收费等方式限制请求人的诉权。其四，在国家赔偿法律关系中，赔偿请求人从国家取得的赔偿金，是受公权力机关违法行使职权造成损害的受害人所受损害的填补，而不是取得的新的收入。国家对这种损害承担责任而支付赔偿金后，理所当然地不应征税。《个人所得税法》没有将赔偿金纳入到免征范围，主要是由于赔偿金并非一种"所得"财产，无需作出专门规定，而非立法上的遗漏。

值得注意的是，这一规定是否适用于确认之诉（即要求确认致害行为违法的诉讼）？我们认为不能适用，但是申请刑事再审的除外。

（二）请求权的特别保障

为了更加充分地保障公民或者组织的请求权，各国在立法中明文规定了国家对于国家赔偿请求权的特别保障。特别保障主要是为了使公民或者组织的请求权能够真正得到实现，因为这种请求权通常带有很强的人身性。从世界范围来看，请求权的特别保障主要有以下几种方式：

1. 禁止请求权的让与。

如前所述，请求权人身性质很强，这种请求权不宜让渡、转让，否则可能使真正的请求权人的权益得不到保障。因此，一些国家对请求权的让与作了禁止性的规定。例如，日本的《国家赔偿法》第7条规定了"让与之禁止"条款。该条规定，受国家赔偿的权利，不得让与和扣押。日本的《刑事补偿法》第22条规定，补偿的请求权不得转让和扣押。付给补偿的请求权亦同。德国的《刑事追诉措施赔偿法》第13条规定，在申请的裁决正式生效前，申请权不得转让。韩国的《国家赔偿法》第4条规定了"让与之禁止"条款。该条规定，因生命、身体之侵害而获得国家赔偿的权利，不得让与或者扣留。我国台湾地区的"冤狱赔偿法"第18条规定，赔偿请求权及赔偿支付请求权均不得让与。

2. 禁止请求权扣押或者保全。

由于赔偿请求权具有很强的人身性，因此不能作为保全措施或者保全的标的。奥地利的《刑事赔偿法》第4条第1项规定："赔偿请求不得作为扣押或者保全措施，除非是为了支付法定赡养费或者是为了赔偿根据法律应当由被害人承担的赡养费用（民法典第1042条）。除禁止作为扣押和保全措施外，由各种转让、指令、抵押或者任何其他法律行为引起的被害人的义务和使用权在被害人生前均无法律效力。"前述日本和韩国的《国家赔偿法》中亦有不得扣留请求权的规定。

3. 检察长可以提起特别程序。

在有的国家，如果受害人向检察机关提出请求的，检察机关亦可以就此向有关机关提出赔偿请求。例如，捷克斯洛伐克《关于国家机关的决定或不当公务行为造成损害的责任的法律》第30条对过渡时期保护受害人权利作出了特别规定：其一，对于本法生效后在民事诉讼、刑事诉讼或者国家公证处程序中发布的决定，在受害人提出请求并由总检察长确认违法的情况下，总检察长有义务以该决定违反法律为由提出抗议。其二，省检察长在法律规定的情形下也应当履行这一职责。

第二十九章 请求权人

请求权人是提起国家赔偿的一方当事人,是国家赔偿程序的启动者。没有请求权人,也就没有国家赔偿程序的存在。因此,研究国家赔偿请求权人具有十分重要的意义。

第一节 请求权人概述

一、请求权人的概念和意义

(一) 请求权人的概念

在国家赔偿制度中,请求权人(petitioner)是一个比较重要的概念。请求权人按字面意思来讲,意即有权请求国家赔偿的人。所谓请求权人,是指因国家机关和国家机关工作人员行使职权的行为侵犯其合法权益,以自己名义向国家提出赔偿请求的公民、法人或者其他组织。这一概念包括以下几点含义:

1. 请求权人必须是与公权力主体相对的公民、法人或者其他组织。

请求权人必须是与公权力主体相对的一方当事人,这是其在国家赔偿中的身份特点。这是国家赔偿的一个重要特点,一定程度上反映了国家对双方地位悬殊的一方当事人而产生的损害的一种补救。如果公权力主体在行使公权力行为过程中与其他公权力主体之间产生纠纷和损害的,不属于国家赔偿问题。例如,公权力机关之间因公权力事项产生的无因管理、不当得利行为等等。至于公民、法人或者其他组织如何判断,可以参照行政诉讼法上的"公民、法人或者其他组织"标准。这里的"公民、法人或者其他组织",不仅指本国的"公民、法人或者其他组织",在本国法律有规定的情况下,还包括外国的、无国籍的"公民、法人或者其他组织"。一般情况下,这里的"公民、法人或者其他组织"是指直接的受害人,有的时候也指间接受害人。

2. 请求权人是权利受到公权力机关行使职权行为侵害的人。

"行使职权行为"是指公权力机关的行为必须与行使职权相关联,如果公权力机关的行为与行使职权无关(例如从事私法行为),则当事人不具备请求权。行使职权的行为可能是法律行为,也可能是事实行为。例如,公民可以对公安机关违法拘留的行政法律行为造成的损害请求赔偿,公民也可以对公安机关工作人员殴打自己的事实行为请求赔偿。

受到侵害则是指当事人的合法权益受到了损害。这里损害必须具备"三性":第一,现实性。即客观性,损害必须是已经发生的并且客观存在的,不能是臆测的、推定的、假想的损害。第二,相对性。即损害必须是针对特定的公民、法人或者其他组织,如果损害是针对一般公众的,则不具备此处的"相对性"。第三,因果性。即当事人受到的损害是由公权力行为引起的。这里的因果关系并非必然因果关系,而是相当因果关系。当事人只要指出损害是由公权力行为造成即可,至于是否真正存在因果关系,有待于国家赔偿义务机关或者人民法院确认。

3. 请求权人须是以自己名义请求国家赔偿的人。

国家赔偿是请求国家救济己身的机制,请求权须以自己名义请求赔偿,如果以他人名义请求赔偿的,不是国家赔偿请求权人,而是法定或者委托代理人。即便经由代理人提出,亦须以本人名义提出。例如,根据美国《联邦侵权赔偿协议规则》的规定,经由法定代理人或者法定代表人提出损害赔偿请求的,应以本人名义为之,经代理人或者法定代表人签名,以表明代理性质及资格,并应附具证明代理人、执行人管理人、父母、监护人或其他代表人资格,有权提出损害赔偿请求的证明。根据《民法通则》和有关法律的规定,赔偿请求权人为无民事行为能力人或者限制民事行为能力人的，由其法定代理人或指定代理人代为要求赔偿。①

(二) 设定请求权人概念的意义

1. 请求权人的概念具有更大的概括性、包容性、准确性和确定性。

之所以要设定这一概念，主要原因是"请求权人"的概念相对而言具有更大的概括性、包容性、准确性和确定性。例如，请求权人比受害人、原告、申请人、请求人更有概括性。相比较"受害人"的概念，受害人可以申请国家赔偿，固当无疑，但是在特定情况下受害人以外的其他人也可以提出国家赔偿。也就是说可以请求国家赔偿的人不限于"受害人"，例如，在受害人已经死亡的情况下，其遗属可以请求国家赔偿，而遗属并非直接受害人。"原告"只表示请求权人在诉讼阶段的称谓。因此，受害人的概念稍嫌狭窄。相比较"原告"概念，原告一般是指诉讼程序中提起诉讼的一方当事人。但是，在国家赔偿程序中，许多国家没有将其设置为诉讼程序。我国的行政赔偿程序实行先行处理程序，这种程序并非诉讼程序，将其称为"原告"并不准确。当然，在行政赔偿诉讼中将其称为原告并无不当。考诸于域外，一些国家的国家赔偿制度也未采用"原告"的提法。例如，美国联邦侵权赔偿法没有规定诉讼法上的起诉资格，有权要求赔偿的人该法称为请求人。② 比较"申请人"的概念，"申请人"只表示请求权人在诉前程序中的称谓，而"请求权人"则既可以在诉前程序中使用，也可以在诉讼程序中使用。相比较"当事人"的概念，不仅指请求国家赔偿的一方，而且指被请求的一方。可见，在国家赔偿制度中，另行设定请求权人这个概念非常必要。

2. 设定请求权人具有减少无关争讼、减轻国家负担的作用。

从各国设定请求权人这一概念的实质意义而言，设定请求权人的概念旨在合理限制可以请求国家赔偿的人员的范围，而把那些在特定社会或者国度看来不应当请求国家赔偿的人排除在请求权人的范围之外，以

---

① 此外，《海关行政赔偿办法》(2003年3月24日海关总署令第101号) 第11条和《民航行政机关行政赔偿办法》(2006年1月12日国家民航总局) 第9条也作了类似规定。

② 王名扬：《美国行政法》，中国法制出版社1995年版，第755页。

便减少无谓的争讼，减轻国家的行政和司法成本。例如，根据瑞士《联邦与公务员法》的规定，请求权人在对公务员进行起诉时，应由裁判所以外的机关审查是否允许起诉。如果控告的是联邦议会选任的高级官员，则应当由联邦议会开会决定。如果联邦议会决定不允许起诉，受害人可以对联邦提出控告，而联邦可以援用公务员的抗辩。如果起诉的是联邦其他机关选任的公务员，则由参议院决定应否对其起诉。在其起诉要求未被允许时，受害人仍可对侵害其的公务员进行控告，但是必须向参议院提供相当的诉讼费用进行担保。这些做法的目的在于减少无关的争讼，而不是禁止对公务员起诉。[1]

二、规定请求权人的模式

在各国的国家赔偿立法中，对于哪些人可以作为请求权人，规定的形式不尽一致。主要有以下几种模式：

（一）未规定请求权人而直接援用有关民事法律规范

由于法系之间存在的差异，英美法系国家一般不倾向于区分公法和私法，相应的，对于公法救济和司法救济亦并不作严格的区分。大多数的英美法系国家对于国家赔偿请求权人的规定直接适用民事法律规范。例如，美国《联邦侵权赔偿法》第2674条规定，美国联邦政府，依据本法关于侵权行为的规定，应当在同等方式和限度内与私人一样负民事责任。再比如，新加坡并无国家赔偿法，1965年2月25日颁布的《政府诉讼法》第二章详细规定了国民对政府提起民事诉讼，请求各种补偿和赔偿的情形，该法第5条规定赔偿："与私法上被代理人对于其代理人因故意或过失之侵权行为所应负之赔偿责任同。"此外，日本1947年的《国家赔偿法》没有对请求权人作出明确规定，而是规定，有关国家或公共团体的损害赔偿责任，除本法有规定的外，适用民法和其他法令的规定。即在国家赔偿法没有规定的情况下将国家赔偿视同民事赔偿，国家赔偿

---

[1] 林准、马原主编《外国国家赔偿制度》，人民法院出版社1992年版，第163－164页。

请求权人也就视同为一般民事赔偿请求侵权人。此外，一些大陆法系国家的国家赔偿也适用民事法律的规定。例如，意大利是根据《民法典》第 2043 条由国家承担赔偿责任、比利时的国家赔偿责任由民法来规范、荷兰则根据其《民法典》第 1403 条来审理国家赔偿案件。

（二）在规定本国人作为请求权人的同时对外国人作为请求权人的情形作出规定

一些国家为了保护本国公民的合法权益，仅仅规定了本国人作为请求权人的情形。有的国家在规定本国公民可以作为请求权人的同时，规定外国人亦可以作为请求权人。例如，韩国《国家赔偿法》第 7 条规定，本法于外国人为被害人者，以有相互保证者为限，适用之。日本《国家赔偿法》第 6 条规定，本法，于外国人为被害人时，以有相互保证者为限，适用之。委内瑞拉《宪法》（1961 年 1 月 23 日）第 47 条规定："委内瑞拉国民和外国人可以就当局执行职务中的违法侵权造成的损害、损失或者剥夺，向共和国、州或者自治区要求赔偿。除此之外，不得提出。"

（三）对请求权人的范围作全面规定

对请求权人的范围作出全面规定的主要是大陆法系国家，特别是制定了专门的国家赔偿法律的国家。例如，德国《国家赔偿法》、《再审无罪判决赔偿法》（1898 年 5 月 20 日）、《羁押赔偿法》（1904 年 7 月 14 日）、奥地利《国家赔偿法》、韩国《国家赔偿法》、日本《国家赔偿法》和《刑事补偿法》、原捷克斯洛伐克《关于国家机关的决定或者不当公务行为造成损害的责任的法律》（1969 年 6 月 5 日）的相关规定。当然，有的英美法系国家也就国家赔偿请求权人的范围在专门的法律中予以规定。例如，英国《王权诉讼法》、美国《联邦侵权赔偿法》、《侵权赔偿协议规则》等。

（四）在基本法律中不加以规定，而在特定的法律规范中加以规定

有的国家规定，如果特定的、专门的或者从属性的法律对请求权人进行了规定，则排除基本法律的适用。例如，根据德国《国家赔偿法》

第16条的规定,如果在下列有关法规中未专门规定请求权时,可以依本法行使请求权:1. 关于联邦邮政机关的责任的法规;2. 联邦公证法中有关渎职的责任的法规;3. 由于雇员、官员、法官、士兵、服刑人、儿童、中小学生、受刑者、大学生以及与公权力机关有类似关系的人产生法律关系、关于限制公权力机关的责任的法规;4. 强制执行法,包括行政执行法以及包括登记法和土地登记法的非讼事件的有关法规;5. 关于依据税务法在税务案件中限制责任的法规。根据上述规定,如果单行的、专门的法律规范有了规定,则不适用国家赔偿法。

(五)在基本法律中不加以规定,而通过具体判决加以确认

有的在法律中不加以规定,而通过一些判决加以具体确认。例如,在英国,对于精神遭受损害的受害人能够获得国家赔偿,是由 Phelps v Hillingdon LBC 案确定的。本案中,3 名受害人由于存在严重的教育困难,地方当局将其交由一名教育心理专家诊治,该心理教育专家认为受害人并不存在教育困难。后其中 1 名受害人出现杜氏肌营养不良(Duchenne muscular dystrophy),并且导致了其教育无进展,被剥夺了社会的联系,造成了临床上的精神不振的精神损害。例如,在法国,有的法律规范中仅对请求权人的一般形态(如受害人)作出规定,对于特殊情况下的请求权人未作规定,但在实务中予以承认。在这方面的例子诸如,对于输血后艾滋病毒受到感染的,受害人是否属于请求权人,法国的《民法典》和《刑事诉讼法典》并不明确,而是通过 1991 年 12 月 31 日法律予以明确。该法律明确了因输血和使用血液衍生制品而感染的艾滋病毒受害人的请求权。

第二节 请求权人的范围

就请求权人的实际范围来说,尽管大同小异,但确有范围大小不同的区别,以下几个部分将对这些差异进行探索。

一、受害人的范围

受害人有权取得赔偿，既是一条古老的法律原则，也是一项国际通行的法则。世界各国一般认为，在国家赔偿法上可以请求赔偿的人，原则上应当是受害者本人。由于各个国家在国家赔偿法中使用的概念系统不同，关于受害人的概念的内涵和外延也不尽相同。一般而言，凡是延用民事赔偿概念系统的国家，通常不在法律上使用"请求权人"这一概念，而使用"受害人"（injured person）来替代"请求权人"（petitioner）的概念，但是对"受害人"这一概念进行扩大解释，即在术语不变的情况下扩大其内涵。例如，在英国，受害人的概念最初是指法律上受到损害的人，后来，法院发现这样狭窄的理解可能影响到当事人的起诉权，开始逐步放宽对"受害人"的理解，目前的倾向是将"受害人"理解为任何受到真正损害的人以及任何合理地要求提起诉讼的人。[①]

对于受害人的概念，有时会发生竞合现象。例如，未成年儿童由于公权力机关的行为造成身体伤残的，受害人是未成年儿童还是其遭受精神重创的父母？一对夫妇由于公立医院的失误造成残疾的，受害人是残疾婴儿还是残疾婴儿的父母？法国行政法上有一个极为重要的判例——梅尔（Melle）案，就一个堕胎失败的孩子本身的出生是否构成了应当赔偿的损害。孩子母亲因公立医院的失误导致堕胎失败并且生产造成的痛苦以受害人的身份要求国家赔偿。最高行政法院1982年7月2日就此作出的判决认为："她所怀的孩子活了下来，仅凭这一点，对其母亲不构成法律上应当赔偿的损害。"当然，如果孩子出生时有残疾，处理方式则完全相反——国家承担赔偿责任。最高行政法院认为，在这种情况下，如果致畸儿童的父母因孩子出生造成的全部损害可以获得赔偿，遭受残疾之苦的孩子则并非"受害人"。法院的政府专员认为："我们不认为一个孩子会为父母把自己生成这样而悲叹抱怨……如果肯定与此相反的东西，

[①] ［英］威廉·韦德著：《行政法》，徐炳等译，中国大百科全书出版社1997年版，第432－445页。

那就是认为有些生命不值得活着。"（最高行政法院1997年2月24日尼斯案判决）。但是最高行政法院没有采纳这一观点，最高行政法院在2000年11月17日佩吕谢（Perruche）的判决中认为："一个残疾儿童可以因其残疾和行动受到限制而要求获得损害赔偿。"即肯定了致畸儿童亦有受害人的身份。法国议会决定介入此事，2002年3月4日法律中规定："谁也不得利用自己的出生一事寻求损害赔偿。"但是，如果因为医疗失误而导致带着残疾出生的人，该失误行为是直接原因的，残疾孩子可以作为受害人要求赔偿。父母只有在妊娠期间明确的医疗失误而未发现残疾出生的，国家须对其父母负责。即此时，父母是该行为的"受害人"。从此以后，对于孩子造成终身残疾的赔偿，父母不再具有"受害人"的身份。同样的案件也出现在澳大利亚，在2003年6月16日，澳大利亚高等法院就Cattanach v. Melchior案件中采取了与法国完全相反的做法。

  在许多国家，为了体现对受害人的保护，将受害人区别为直接受害人和间接受害人。例如，德国《国家赔偿法》将受害人划分为直接受害人和间接受害人两类。德国的《国家赔偿法》对于直接受害人没有作出明确的界定，但是对"间接受害人"作出了较为详尽的规定。该法第9条规定，间接受害人包括：①对于受害者的埋葬费应当赔偿给依照法定义务负担该费用的人。②死者在受害时，依法对第三人负有抚养义务，或者可能对第三人负担抚养义务，第三人因死亡而丧失受扶养的权利时，第三人的损失应依照死者在可能的生存期中扶养第三人的义务，通过定期金得到赔偿。造成损害时，第三人为胎儿的，赔偿义务也存在。即该第三人可以称为国家赔偿请求权人，即便其在受害人死亡时尚为胎儿，他出生后也享有请求权。③因死亡、身体的完整或者健康受损害以及被剥夺自由，受害人对第三人未尽其依法在家务上或者职业上应当负担的义务而造成的损失，以定期金赔偿。④对第三人的请求权准用第2条第4款和第8条第2款至第4款的规定。

  我国宪法第41条规定，由于国家机关和国家工作人员侵犯公民权利而受到损失的人，有依照法律规定取得赔偿的权利。我国《国家赔偿法》

第 6 条第 1 款规定，受害的公民、法人和其他组织有权要求赔偿。给予受害人以国家赔偿的权利，一方面有利于保障公民、法人或者其他组织的合法权益，使得其因公权力机关及其工作人员的职权行为而遭受损害的法律关系得到恢复，另一方面也暗含了对于违法行为、侵权行为的谴责和否定，有利于抑制公权力机关及其工作人员滥用职权，有利于促进其依法行使职权和进一步改进工作。因此，对于受害人的请求权人法律地位必须予以明确。

需要注意的是，对于间接受害人是否纳入到请求权人的范围还存在争论。有的学者提出，"间接受害人"不具备要求国家赔偿的权利。例如，工商行政管理机关违法吊销某商店的经营执照，而与该商店订立供货合同的单位未能履行合同，使供货方受到损失，供货方受到的损害与工商行政机关违法行使职权的行为有关联，但不是因果关系，国家对供货方的损失不负赔偿责任。该损失应当按照合同纠纷处理。[1] 还有的学者认为，在上述"间接受害人"的情形中，通常只有直接受害人才享有赔偿请求权，但只有在受害人死亡等特别情况下，间接受害人也可以成为请求权人。[2] 我们认为，前述情形并非属于"间接受害人"的情形，因公权力机关的行为导致普通的民事债权债务关系受到影响的，受到影响的民事法律关系的另一方当事人应当通过民事诉讼途径加以解决。司法实践中，间接受害人一般是指在受害人死亡后依法确定的请求权人。

二、受害人死亡时的请求权人的范围

（一）国际上的几种做法

在受害人死亡的情况下，请求权人的范围如何确定？从世界范围来看，主要有以下几种：

---

[1] 胡康生主编，全国人大常委会法制工作委员会民法室编著：《〈中华人民共和国国家赔偿法〉释义》，法律出版社 1994 年版，第 25 页。

[2] 林准、马原主编《国家赔偿问题研究》，人民法院出版社 1992 年版，第 213－214 页。

1. 限定在继承人或者遗属的范围。

大多数国家的国家赔偿法律规定,受害人死亡的,请求权人限定在继承人或者遗属的范围。例如,苏联《关于调查机关、侦查机关、检察院和法院的不法行为给公民造成损害的赔偿程序条例》第4条规定,在公民死亡的情况下,本条例第2条第1、3、4、5款所规定的损害赔偿请求权,按照规定的程序转为死者的继承人享有,而第2款规定的损害赔偿请求权,则转归依靠退休金为其主要生活来源的死者家庭成员所享有。罗马尼亚《刑事诉讼法》第505条规定,赔偿损失的诉讼可依照第504条规定由享有权利的人提起,如果本人死亡,可由其家属提起。日本《国家赔偿法》第6条规定,在有害于他人生命时,对于被害人的继承人应当给予一定数额的赔偿,对于被害人的直系尊亲属、直系卑亲属及配偶,斟酌被害人的社会地位或者过失程度以及遗属生活状况或者遗属赔偿数额等,应当赔偿抚慰金。1950年的日本《刑事补偿法》第2条也规定,可以提出补偿请求的人,如果因死亡而未提出请求的,可由其继承人提出补偿的请求。韩国的规定与日本类似。韩国《国家赔偿法》第3条第4款规定,对于被害人的直系尊亲属、直系卑亲属以及配偶,斟酌被害人的社会地位或者过失程度以及遗族生活状况或遗族赔偿额等,应当赔偿慰抚金。我国台湾地区"冤狱赔偿法"第7条规定,受害人死亡或受死刑之执行者,法定继承人得声请赔偿。有的国家仅仅规定了受害人的亲属的请求权人。例如,法国《刑事诉讼法》第446条第2款规定,若司法错误所造成的被害人已经死亡的,则要求损害赔偿的权利在同等情况下属于配偶、尊亲属和卑亲属。远房亲属,只有在证明有罪判决对自己产生实际的物质损害时才能行使赔偿请求权。

2. 扩大到受害人的遗产执行人、管理人及可以主张权利的人。

有的国家规定,受害人死亡的,不仅继承人或者亲属可以作为请求权人,在特定的情况下,其他人(如遗产执行人、管理人、保险人)亦可作为请求权人。例如,美国《联邦侵权赔偿请求协议规则》第3条确立了下列两种情形下可以主张请求权:①死者的遗产执行人、管理人或者依照各州的法律规定可以主张权利的人；②全部的损害经由保险人赔偿后，保险人可以代位取得请求人的损害赔偿请求权；部分损害经由保险人赔偿后，请求人与保险人可以分别或共同就其利益提出损害赔偿请求。值得注意的是，美国的保险人作为请求权人的制度经历了一个不断发展的过程。美国在南北战争期间，常有作为保险标的的货物被南方军队毁损。南北战争之后，美国通过立法对货物所有人进行补偿。同时也规定任何代表保险人或者为保险人利益而提出的赔偿请求，均不允许。19世纪初，南卡罗来纳州最高法院仍然在判决中认为即便被保险人对政府有赔偿请求权，保险人对被保险人理赔之后，并不能对政府代位求偿。法律规定，被保险人对于政府的赔偿请求权，并非为保险人利益而存在。直到美国联邦侵权赔偿法才明确规定，政府工作人员在执行公务因过失致人损害时，应当承担与私人一样的责任，对被害人予以赔偿。后来，美国联邦最高法院在 Aetna Ccsualty v. Surety Co 一案中确认，保险人对于被保险人赔偿后取得的代位权，既然属于依法取得，亦可根据联邦侵权赔偿法的规定行使请求权。

3. 扩大到依照法定义务给付丧葬费的人、受害人依法应尽或者可能尽抚养义务的人以及依法在家务上或者职业上应当承担义务的人。

有的国家规定，受害人死亡的，不仅继承人或者亲属可以作为请求权人，依法给付丧葬费的人等特定人亦可作为请求权人。如前所述，德国《国家赔偿法》第9条规定了"间接受害人"。此外，德国《刑事追诉措施赔偿法》第11条规定，除有权享受国库赔偿的人以外，那些依法受（被告）赡养的人也有权要求赔偿。因刑事追诉而使其失去赡养费的，可以要求赔偿。再比如，捷克斯洛伐克《关于国家机关的决定或不当公务行为造成损害的责任的法律》第2条规定：①如果死刑已经执行，受死者抚养或者死者有扶养义务的人可以请求赔偿扶养费；②负担丧葬费用的人有权请求赔偿其损失。

4. 限定为给付丧葬费的人、因其死亡而丧失赡养的人以及为受害人支付死亡前抢救费用的人。

有的国家规定，受害人死亡的，请求权由给付丧葬费的人、因其死亡而丧失赡养的人以及为受害人支付死亡前抢救费用的人行使。例如，瑞士《联邦及其机构成员和公务责任法》第5条规定："如果人死亡，应当赔偿由此产生的费用，特别是丧葬费用。如果不是立即死亡，则尤其必须赔偿试图治疗的费用和因丧失工作能力而造成的损害。如果因其死亡而导致他人丧失赡养人，则还必须给予此项损害赔偿。"该法第6条还规定，在造成人员死亡或者身体伤害的情况下，如果公务员有过错，法官在考虑到这种特殊情形时，可判决给予被害人或者死亡的亲属适当金额的金钱作为抚慰金；在人身关系受到伤害时，有权请求损害赔偿，并且出于伤害特别严重和公务员有过错之理由，也有权请求给予抚慰金。这就是说，即便受害人没有死亡的情况下，其亲属亦可以公务员存在过错为由，提起国家赔偿请求。

（二）我国《国家赔偿法》规定的受害人死亡时的请求权人的范围

我国《国家赔偿法》第6条第2款规定，受害的公民死亡，其继承人和其他有扶养关系的亲属有权要求赔偿。可见，我国《国家赔偿法》规定的受害人死亡时的请求权人主要包括：继承人和其他有扶养关系的亲属。

1. 受害人的继承人。

（1）受害人的继承人的范围

受害人的继承人作为间接的受害人，有权获得国家赔偿，是一项国际惯例。受害的公民死亡，将给受害公民的继承人和其他亲属在心理上和生活上带来极大的伤害。受害人享有的国家赔偿请求权，并不因受害人的死亡而灭失，这种因侵权产生的债，受害人的继承人基于其继承权，有权获得国家赔偿。

按照《继承法》的规定，继承人是指公民死亡后依法取得遗产的人。继承人分为广义上的继承人和狭义上的继承人，或者分为程序意义上的继承人和实体意义上的继承人。前者是指依照法律规定或者遗嘱的指定接受被继承人遗产的公民，此时公民获得遗产的资格属于权利能力的范畴。这种权利并非实体意义上的权利，而仅仅是继承开始前为继承人确立的法律的拟制地位。后者是指继承开始后,实际取得遗产的公民。《国家赔偿法》上规定的"继承人"是广义上的继承人,是一种程序上的继承人,是一种拟制的继承人,此时,继承人的权利仅仅是一种获得赔偿的期待权利,只有在国家赔偿程序结束后这种期待权才能转变成为现实的继承权。

根据我国的法律和司法解释的规定,总体而言,继承人包括法定继承人和遗嘱继承人。此外,代位继承和转继承是两种比较特别的继承现象。其中,代位继承仅仅是法定继承中的现象,转继承则是法定继承、遗嘱继承和遗赠三种情况下都可能出现的情况。以下分述之。

①法定继承人

法定继承人是指根据《继承法》的规定直接取得继承资格的人。法定继承人是一种法律拟制的继承人。即如果被继承人没有订立遗嘱时,法律根据被继承人和继承人之间的近亲属关系,推定被继承人生前愿意将其财产由全体继承人按照血缘关系的相近程度和婚姻关系的状况进行继承。法定继承人又称为无遗嘱继承人。我国《继承法》实行"继承人法定主义"原则,除了法律规定的继承人以外,其他任何亲属和非亲属都不能对死者的遗产享有继承权。

根据我国《继承法》第27条的规定,有下列情况之一的,遗产中的有关部分按照法定继承办理,适用法定继承:遗嘱继承人放弃继承或者受遗赠人放弃遗赠;遗嘱继承人丧失继承权;遗嘱继承人、受遗赠人先于遗赠人死亡;遗嘱无效部分所涉及的遗产;遗嘱未处分的财产;没有遗嘱和遗赠扶养协议。

根据《继承法》第10条和第12条的规定,继承人包括被继承人的下列近亲属:

a. 配偶。按照《婚姻法》的规定,结婚的夫妻双方,互为配偶。在婚姻存续期间,双方互为遗产继承人。一方死亡时,另一方即可行使继承权,取得对方的遗产。如果没有办理结婚登记手续而非法姘居的男女,一方不得以配偶的身份继承另一方的遗产。夫妻一方死亡前已经离婚的前妻或者前夫，因婚姻关系已不存在，不能称作继承法上的配偶。

b. 子女。子女与父母有着最近的血缘或者亲缘关系，相互之间有着最密切的身份关系和财产关系。根据《继承法》第10条的规定，子女包括婚生子女、非婚生子女、养子女和有抚养关系的继子女。最高人民法院一些批复中明确了子女的国家赔偿请求权。[①] 此外，胎儿虽然不是法律上的权利主体，不享有继承权，但是从胎儿出生后的利益出发，遗产分割时，应当保留胎儿的继承份额。应当为胎儿保留的遗产份额没有保留的，应从继承人所继承的遗产中扣回。

c. 父母。父母是子女最为亲近的尊亲属，对子女遗产享有继承权。此处的"父母"包括生父母、养父母和有抚养关系的继父母。继父母继承了继子女的遗产的，不影响其对生子女遗产的继承权。养父母对解除收养关系的原养子女，没有遗产继承权。

d. 兄弟姐妹。兄弟姐妹是最亲近的旁系血亲，相互之间身份关系极为密切，依法互为遗产继承人。根据《继承法》第10条的规定，互有遗产继承权的兄弟姐妹，包括同父母的兄弟姐妹、同父异母或者同母异父的兄弟姐妹、养兄弟姐妹、有扶养关系的继兄弟姐妹。养兄弟姐妹之间的相互继承权，因收养关系的解除而消灭。

e. 祖父母、外祖父母。祖父母、外祖父母和孙子女、外孙子女为直系血亲关系，相互之间也有较为密切的身份关系和财产关系。因此，祖父母和外祖父母是孙子女和外孙子女的遗产继承人。但是，值得注意的是，孙子女和外孙子女能否作为祖父母和外祖父母的遗产继承人，法律和司法解释均无相应的规定。

f. 对公、婆或者岳父母尽了主要赡养义务的丧偶儿媳或者丧偶女婿。"尽了主要赡养义务"是指对被继承人生前的生活提供了主要的经济来源或者在生活上给予了主要的劳务照顾，并非一般意义上的照料和帮助。

[①] 例如，最高人民法院《关于杨忠举、杨明学、杨小米等人申请国家赔偿一案的答复函》（[2006] 赔他字第5号）；最高人民法院《关于海拉尔市公安局不服呼伦贝尔盟中级人民法院赔偿委员会决定申诉一案的批复》（1999年5月20日，[1998] 赔他字第7号）等。

②遗嘱继承人

遗嘱继承人是指根据遗嘱确定的继承人。遗嘱则是指被继承人生前在法律允许的范围内按照法定方式对其死后遗产所作的处分，并于死后发生效力的法律行为。根据我国《继承法》第16条第2款的规定，公民可以立遗嘱将个人财产指定由法定继承人的一个或者数人继承。如果将个人财产在死后给予法定继承人以外的人，属于遗赠，即《继承法》第16条第3款规定的"公民可以立遗嘱将个人财产赠给国家、集体或者法定继承人以外的人"。可见，在我国，遗嘱继承实际上属于法定继承，因为事实上继承人都是法定的。遗嘱继承人仅仅是将被继承人用遗嘱在法定继承人范围内指定特定的某个、某些人或者全部的法定继承人。不能理解为有些继承人是法定的，有些继承人是被继承人用遗嘱另外指定的。

在遗嘱继承中，遗嘱人不得取消缺乏劳动能力又没有生活来源的继承人的继承权；遗嘱人必须为胎儿保留必要的继承份额；遗嘱的内容不得违反社会公德和公共利益。

③代位继承人

代位继承人是依据代位继承确定的继承人。根据《继承法》第11条的规定代位继承是指有继承权的子女先于其父母死亡并有晚辈直系血亲的，其父母死后遗产按照法定继承方式继承时，先亡子女的晚辈直系血亲替代其继承地位，取得其应当继承的相应遗产份额。这里的"晚辈直系血亲"不受辈分的限制，也就是说，被继承人的孙子女、外孙子女甚至曾孙子女、外曾孙子女均属于晚辈直系血亲。代位继承发生在法定继承之中，遗嘱继承不得发生代位继承，遗嘱继承人先于被继承人死亡的，遗嘱不得执行，按照法定继承办理。

④转继承人

转继承是指被继承人死亡后，遗产分割前，未放弃继承权的继承人也死亡的，其应得遗产份额转由他的继承人继承。转继承实际上是就同一部分遗产，发生了连续两次的继承关系，有时也称为连续继承。转继承有一个明确的关于时间的限制，即须被继承人死后，遗产分割前继承人死亡。如果遗产已经分割由继承人受领后，继承人死亡的，属于一般的继承，不发生转继承。如果遗产分割前，继承人放弃继承的，在其死亡后不发生转继承。

当有权要求国家赔偿的受害的公民死亡的，其继承人有权作为赔偿请求权人提出赔偿请求。如果按照《继承法》的规定，丧失了继承权的，则同样丧失了国家赔偿请求权。例如，根据《继承法》第7条的规定，继承人有下列行为之一的，丧失继承权：故意杀害被继承人的；为争夺遗产而杀害其他继承人的；遗弃被继承人的，或者虐待被继承人情节严重的；伪造、篡改或者销毁遗嘱，情节严重的。这里规定的"继承人"是指符合上述条件的已经丧失继承权的"继承人"，并非《国家赔偿法》上规定的"继承人"，后者是指有继承权的"继承人"。

(2) 继承人行使国家赔偿请求权的顺序

在继承人行使国家赔偿请求权时，是否有顺序的限制？答案是肯定的。为了避免遗产过于分散而对被继承人最亲近的近亲属造成不公平，减少和避免继承纠纷，法律一般确立了国家赔偿请求权的顺序。一些国家或者地区的国家赔偿制度明确了这一原则。例如，我国台湾地区"冤狱赔偿法"第7条规定，受害人死亡或受死刑之执行者，法定继承人得声请赔偿。我国台湾地区"司法院行政院办理冤狱赔偿案件应注意事项"第7条规定，本法第7条所称"法定继承人"，指民法第1138条所定遗产继承人而言，此种有声请权人，固不得违反死亡者本人明示之意思，即顺序在后之继承人，亦不得与在前之继承人明示之意思相反，至是否违反死亡者本人或顺序在前继承人明示之意思。可命声请人释明或依职权调查之。可见，为了保障血缘和姻亲关系较近的继承人的利益，顺序在前的继承人应当优先行使国家赔偿请求权。

据此，参与《国家赔偿法》立法的学者认为，行使国家赔偿请求权的继承人顺序，依照继承法规定的顺序进行。[①] 按照《继承法》第10条

[①] 胡康生主编，全国人大常委会法制工作委员会民法室编著：《〈中华人民共和国国家赔偿法〉释义》，法律出版社1994年版，第25页。

的规定，我国法定继承分为两个顺序：第一顺序的继承人有配偶、子女和父母；第二顺序的继承人有兄弟姐妹、祖父母、外祖父母。《继承法》第12条规定，丧偶儿媳对公婆，丧偶女婿对岳父、岳母，尽了主要赡养义务的，作为第一顺序继承人。继承开始后，第一顺序继承人继承，第二顺序继承人不得继承；没有第一顺序继承人继承的，由第二顺序继承人继承。这就是说，行使国家赔偿请求权时，应当首先由第一顺序的继承人行使，第二顺序继承人不得行使；没有第一顺序继承人行使的，由第二顺序继承人行使。

但是，处于同一顺位并不意味着绝对平等，而是要根据案件的具体情况进行综合权衡。例如，要考虑继承人和被继承人之间的居住、赡养、抚养等情况。最高人民法院认为，处于同一顺位的继承人都有请求国家赔偿的权利，但是不能平均分割："根据《国家赔偿法》第6条第2款的规定，石晓丽等5位赔偿请求人都享有申请国家赔偿的权利，各自都应获得一部分赔偿金。赔偿金不应按份额平均分割，考虑到受害人崔洪福及其妻已与父母分家，子女尚小等因素，在作出赔偿决定时，应适当照顾未成年人的利益，并应就赔偿请求人各自获得的赔偿金额直接作出决定。"①

如果继承人处于同一顺位的，如何行使请求权？继承人处于同一顺位，意味着继承人的继承权平等。在行使请求权时，一般包括以下三个规则：第一，如果同顺位继承人有数人的，其中一人如果提出赔偿请求的，视为所有的同顺位的继承人提出赔偿请求。这是因为，一人提出赔偿请求并不意味着其他同顺位的继承人放弃了赔偿请求，而仅仅意味着启动了国家赔偿程序。例如，日本《刑事补偿法》第10条第1款规定，可以提出补偿请求的同顺位继承人有数人时，其中一人提出的补偿请求，视为是为了全体成员提出的请求。第二，如果同顺位的继承人没有参加到赔偿程序中来，有关机关应当通知其他没有提出赔偿请求的继承人进

---

① 最高人民法院《关于如何处理石晓丽等五人请求赔偿一案的批复》（1996年10月28日，法赔复［1996］2号）。

入到赔偿程序中。如果同顺位的继承人未参加到赔偿程序中来,并不意味着其放弃了赔偿请求。考虑到避免出现纠纷,赔偿义务机关有义务通知没有参加到赔偿程序的同顺位的继承人。例如,日本《刑事补偿法》第 11 条规定,法院在接受由继承人提出补偿请求的情况下,如果知道有其他顺位的继承人时,应尽快将已有补偿请求的意旨通知该同顺位的继承人。第三,如果数个同顺位的继承人中,部分继承人接受、变更或者撤销国家赔偿请求的,应当经得其他同顺位继承人的同意。正因为国家赔偿请求权的整体性、不可分割性,所以,部分请求权人的行为不能代表全体请求权人。如果涉及接受、变更或者撤销国家赔偿请求的,应当经得其他同顺位继承人的同意。

司法实践中,需要注意以下几个问题:

一是,如果配偶违背夫妻忠诚义务的,是否仍然享有国家赔偿请求权?有两种意见:一种意见认为,配偶违背夫妻忠诚义务的,侵害了被继承人的利益,应当认定其丧失了赔偿请求权。另一种意见认为,配偶即便违反了忠诚义务,也应当具有赔偿请求权。理由是,根据《国家赔偿法》第 6 条第 2 款的规定,受害的公民死亡的,其继承人和其他有扶养关系的亲属有权要求赔偿。从这个规定来看,并没有要排除违背夫妻义务一方配偶请求权的意思。最高人民法院采纳了最后一种意见[①]。

二是,如果受害人在生前明确表示不愿请求国家赔偿的,其近亲属是否能够申请赔偿?有的学者认为,继承人所为的国家赔偿请求不能违反死亡者本人明示的意思,因此,如果受害人在生前明确表示不愿意请求赔偿的,其继承人也不能申请赔偿。[②] 我们认为,受害人生前可以放弃专属于其自身的国家赔偿请求,对于公权力机关行为造成受害人近亲属的财产损失(例如近亲属由此支付的医疗费用)、精神损失的,受害人亦无权放弃该赔偿请求权,其近亲属仍得享有该请求权。

[①] 最高人民法院《关于赵英武、姚兰英申请潼关县公安局刑事赔偿案的批复》(1999 年 12 月 27 日,[1999] 赔他字第 17 号)。

[②] 刘俊良:《国家赔偿与冤狱赔偿》,书泉出版社 1996 年版,第 164 - 165 页。

三是，继承人中其中一人提起国家赔偿申请的，该申请是否及于其他继承人？《国家赔偿法》并未禁止数个国家赔偿请求权人中可以由部分请求权人提出申请。部分继承人提出国家赔偿申请时，及于全体继承人。继承人也可以明确表示放弃该赔偿请求权。任何一个继承人均可单独提出国家赔偿申请，但是，赔偿义务机关支付的赔偿金、返还的原物、恢复原状的财产等，均作为全体继承人的赔偿标的共同享有。

（3）"近亲属"的范围

值得注意的是，对于受害公民死亡的，《行政诉讼法》和《国家赔偿法》作了不同的规定。《行政诉讼法》第24条第2款规定："有权提起诉讼的公民死亡的，其近亲属可以提起诉讼。"而《国家赔偿法》第6条第2款规定："受害公民死亡，其继承人和其他有扶养关系的亲属有权要求赔偿。"此外，司法解释也作了不同的规定。最高人民法院《关于审理行政赔偿案件若干问题的规定》第15条规定："受害的公民死亡，其继承人和其他有抚养关系的亲属以及死者生前抚养的无劳动能力的人有权提起行政赔偿诉讼。""近亲属"、"继承人和其他有扶养关系的亲属"、"继承人和其他有扶养关系的亲属以及死者生前抚养的无劳动能力的人"三个概念显然并不完全一致。有的学者认为，行政诉讼和行政赔偿诉讼是两种不同性质的诉讼，行政诉讼所要解决的是行政行为是否合法的问题，这个行为对近亲属可能产生不利影响，而且从强化执法监督的角度赋予所有近亲属起诉权是必要的；而行政赔偿诉讼所要解决的是是否对赔偿请求权人承担赔偿责任的问题，因此仅由前一顺序的继承人继承其请求权。[①] 这种理解并不准确。其实，上述规定仅仅由于近亲属的概念范围理解不同所致。

这种不一致的规定意味着可能出现以下情况：有权提起行政诉讼的人不一定有权请求行政赔偿，因为"近亲属"并不一定是"继承人和其他有扶养关系的亲属"（有的近亲属可能丧失了继承人资格）；有权提起

---

① 郑刚、倪建新：《行政赔偿诉讼中几个问题的探讨》，载《法律适用》1994年第1期。

行政赔偿诉讼的人不一定有权提起行政诉讼，因为"继承人和其他有抚养关系的亲属以及死者生前抚养的无劳动能力的人"不一定都是"近亲属"。那么，如何协调两者的关系呢？我们认为，可以通过修订《国家赔偿法》的方式予以解决。因为，对于"近亲属"的范围，《若干解释》第11条规定："《行政诉讼法》第二十四条规定的'近亲属'，包括配偶、父母、子女、兄弟姐妹、祖父母、外祖父母、孙子女、外孙子女和其他具有扶养、赡养关系的亲属。"也就是说，《行政诉讼法》的规定涵盖的范围最为广泛和准确。据此，建议《国家赔偿法》第6条第2款修订为："受害公民死亡，其近亲属有权要求赔偿。"

在实践中，公民在死亡前已经请求赔偿和在死亡前没有请求赔偿的，在具体操作方式上有无不同？这个问题实际上涉及近亲属是否具有独立的赔偿请求权的问题。如果公民在死亡前，就已经提出国家赔偿请求的，近亲属应当向赔偿义务机关或者人民法院提出继续要求赔偿的请求，参加到已经进行的国家赔偿程序中去；当然，如果公民死亡后，近亲属也可以提出国家赔偿请求。无论在何种情形下，近亲属提出国家赔偿请求的，其请求权并非源自于公民的授权，而是具有法定的独立的权利，当然，这个权利的行使也要受到"公民"已经死亡这一条件的约束。

受害人死亡的，其近亲属行使的国家赔偿请求权的性质是属于受害人的权利还是近亲属的权利，即近亲属是否受害人的"权利继受人"的问题。我们认为，对于财产性的赔偿，应当区分公权力行为对于受害人本人的财产侵害和公权力行为间接造成受害人的近亲属的财产损害两种。对于前者而言，公权力行为造成受害人本人的生产、生活用品等财产损失的，该损失本应当对受害人本人赔偿，但是，由于受害人的死亡，主张该财产损失的权利移转到受害人的近亲属，此时，近亲属主张的权利属于受害人本人移转的权利。正因为该权利来源于受害人，如果受害人生前已经放弃赔偿请求权的，其权利也相应消灭，不能由其近亲属再行主张。对于后者而言，公权力行为造成受害人本人以外的、属于受害人近亲属财产权利的，该财产损失实际上是由于公权力行为造成了受害人近亲属的财产损失。例如，由于公权力机关工作人员的殴打行为造成受害人伤亡，而受害人近亲属支付了医疗费用的，此时，对于该医疗费用的支出，真正拥有主张权利的是受害人的近亲属，近亲属可以主张属于自己本身的国家赔偿请求权。正因为该赔偿请求权是独立于受害人的赔偿请求权，因此近亲属的该赔偿请求权并不因受害人的放弃而消灭。

（4）精神赔偿请求权的专属问题

对于精神赔偿请求权是否专属于受害者本人，学术界还有不同的意见。有的学者认为，精神赔偿请求权是与自然人的人身不可分离的一种权利，是自然人人身权受到侵害时的一种补救性权利，具有专属性，只能由自然人本人行使，不能让与或者继承。所以，一般情况下，原权利人一旦死亡，其所享有的精神损害赔偿请求权一并消灭。但是，在两种情况下例外：赔偿义务人已经以书面方式承诺给予金钱赔偿；原赔偿权利人已经向法院起诉。[①] 我们认为，这种观点源自于最高人民法院《关于审理人身损害赔偿案件适用法律若干问题的解释》第18条的规定。[②] 但是，从上述规定来看，并无将精神赔偿请求权限定于受害人之意。"不得让与与继承"是指赔偿请求权不得让与或者继承，但是并非继承人无权行使赔偿请求权之意。根据最高人民法院《关于确定民事侵权精神损害赔偿责任若干问题的解释》第3条的规定，自然人死亡后，其近亲属因侵权行为遭受精神痛苦，向人民法院起诉请求赔偿精神损害的，人民法院应当依法予以受理。可见，精神损害请求权中的精神损害并非仅仅指受害人遭受的精神损害，在特定情形下，还包括受害人的近亲属遭受的精神损害。当然，这里的精神损害仅仅是指自然人的精神损害，法人或者其他组织以人格权利遭受侵害为由，向赔偿义务机关请求赔偿精神损

---

① 应松年、杨小军主编：《国家赔偿制度的完善》，国家行政学院出版社2008年版，第220页。
② 最高人民法院《关于审理人身损害赔偿案件适用法律若干问题的解释》第18条规定："受害人或者死者近亲属遭受精神损害，赔偿权利人向人民法院请求赔偿精神损害抚慰金的，适用最高人民法院《关于确定民事侵权精神损害赔偿责任若干问题的解释》予以确定。精神损害抚慰金的请求权，不得让与或者继承。但赔偿义务人已经以书面方式承诺给予金钱赔偿，或者赔偿权利人已经向人民法院起诉的除外。"

害的，赔偿义务机关将不予受理。

2. 受害人负有扶养义务的人。

根据《国家赔偿法》第6条第2款的规定，受害的公民死亡的，其他有扶养关系的亲属有权要求赔偿。"其他有扶养关系的亲属"包括两个条件：一是必须是亲属。这就排除了亲属以外的有抚养关系的人的国家赔偿请求权。亲属的外延要大于近亲属的外延。亲属是指因婚姻、血缘和收养而形成的人与人之间的关系。亲属有远近之分，包括近亲属和远亲属，远亲属如，叔、伯、舅、姨等。二是受害人与亲属之间必须存在抚养关系。参与《国家赔偿法》立法的学者认为，受害人负有法定扶养义务的人之所以作为请求权人的原因是：①根据《继承法》的规定，"对继承人以外的依靠被继承人抚养的缺乏劳动能力又没有生活来源的人，或者继承人以外的对被继承人扶养较多的人，可以分给他们适当的遗产"。②考虑到国家给予赔偿主要是对受害人造成经济损失的弥补，这种赔偿请求权与其他单纯的继承遗产不同，它不仅仅是财产上的权利，应当由与受害人关系较密切的亲属行使。出于以上理由，仅限于与受害人有扶养关系的亲属有权请求国家赔偿[①]。这样，"其他有扶养关系的亲属"就包括了两种情形：一是对继承人以外的依靠受害人抚养的缺乏劳动能力又没有生活来源的亲属。二是继承人以外的对受害人扶养较多的亲属。

值得注意的是，上述规定将国家赔偿请求权人的范围限定在"亲属"，不利于准确确定国家赔偿请求权人。如果国家赔偿请求权必须由关系较为密切的亲属行使，那么与受害人具有抚养义务的非亲属的权益如何保护？显然，这一规定还需要进一步完善。我们认为，只要是受害人负有抚养义务的人均具有国家赔偿请求权。理由是：其一，受害人负有抚养义务的人通常与受害人之间存在较为密切的人身关系，在亲密程度上还可能高于一般的亲属；受害人死亡的，被扶养人可能因此在心理上遭受打击、生活费用上更为拮据，对这部分人员进行赔偿更符合国家赔

[①] 胡康生主编，全国人大常委会法制工作委员会民法室编著：《〈中华人民共和国国家赔偿法〉释义》，法律出版社1994年版，第25页。

偿的意旨。其二，我国《国家赔偿法》第 34 条第 1 款第（三）项规定，造成死亡的，应当支付死亡赔偿金、丧葬费，总额为国家上年度职工年平均工资的二十倍。对死者生前扶养的无劳动能力的人，还应当支付生活费。此处的"死者生前扶养的无劳动能力的人"显然不一定是受害人的亲属。其三，一些国家和地区对于亲属以外的有抚养义务的人的请求权人法律地位进行了规定。例如，我国台湾地区的"国家赔偿法"规定，受害人负有法定扶养义务的人可以作为请求权人。根据台湾地区"民法"第 192 条的规定，被害人对于第三人负有法定抚养义务者，加害人对于该第三人亦应负损害赔偿责任。

"受害人负有扶养义务的人"，包括两种情形：法定的扶养关系和约定的扶养关系。"法定的扶养关系"一般基于法律规定（例如，夫妻、直系血亲之间的相互扶养的关系），并且和近亲属的关系存在较大重合。值得注意的是，这里强调的扶养关系中，是否具有国家赔偿请求权或者是否能够得到关于基于扶养关系的赔偿，主要看受害人扶养的对象是否能够维持生活和具有谋生能力。如果被扶养人能够维持生活、具有谋生能力，被扶养人最终将无法获得基于抚养关系的国家赔偿。[1]"约定的扶养关系"则一般通过订立遗赠扶养协议，由遗赠人和继承人以外的约定扶养人订立由抚养人承担遗赠人生养死葬义务并享有取得遗赠人遗产权利。在这种关系中，遗赠扶养协议的法律效力甚至强于继承，对于这类受害人负有扶养关系的人亦得允许其请求赔偿。

3. 为受害人支付丧葬费的人。

受害人在遭受公权力机关行为的侵害而死亡后，其丧葬费属于赔偿金的范围。根据我国《民法通则》第 119 条规定，侵害公民身体造成伤害的，应当赔偿医疗费、因误工减少的收入、残废者生活补助费等费用；造成死亡的，并应当支付丧葬费、死者生前扶养的人必要的生活费等费用。《国家赔偿法》第 34 条规定第 1 款第（三）项规定："造成死亡的，

---

[1] 刘俊良：《国家赔偿与冤狱赔偿》，书泉出版社 1996 年版，第 133-134 页。

应当支付死亡赔偿金、丧葬费，总额为国家上年度职工年平均工资的二十倍。对死者生前扶养的无劳动能力的人，还应当支付生活费。"对于"丧葬费"的承担，有的国家规定受害人的近亲属先行支付，有的国家规定可以依照法律规定申请国家先予支付。我国没有国家赔偿金的先行支付制度，因此，应当适时确立为受害人支付丧葬费的人的请求权人地位。值得一提的是，有些国家（例如瑞士）还规定，对于支付了抢救费用的人，也具有请求权人地位。例如，医院为了抢救受害者而付出的医疗费用，该医疗费用受害人的近亲属并未缴纳，也不会在国家赔偿程序中为医院提出赔偿申请，此时，只有医院才是真正的国家赔偿请求权人。

此外，在学术界也有人主张参照美国的做法，把遗嘱执行人也列为国家赔偿请求权人。[①] 遗嘱执行人是指执行遗嘱所列内容将遗嘱付诸实施的人。遗嘱执行人可能是遗嘱指定执行人（一般为遗嘱人指定继承人以外的人担任遗嘱执行人），可能是非遗嘱指定执行人（一般为遗嘱人未设定遗嘱执行人，继承发生时由法定继承人协商推举一人或数人担任遗嘱执行人），还可能是单位执行人（如果被指定的遗嘱执行人拒绝执行或者由于某种原因不能执行遗嘱时，可以由遗嘱人生前所在单位或者继承开始地点的基层组织作为遗嘱执行人）。遗嘱执行人的主要职能是辅助完成遗嘱的设立、保管、保密；收集保管遗嘱人的财产资料和信息；将遗嘱人的遗产清理登记并造册，保管各类遗产，依遗嘱的指定对遗产进行分割；发生纠纷时可作为诉讼当事人参与诉讼等。除特别情况外，遗嘱执行人主要作为执行遗嘱的人存在，并非作为受害人的权利义务的承受者存在，因此，我们认为不宜将遗嘱执行人纳入到国家赔偿请求权人的范围。

4. 特殊情形下的债权人。

如果第三人对于受害人具有劳务给付请求权，也就是说，被害人基于法律对于第三人负有给付劳务的义务时，被害人死亡的，该第三人是

[①] 杨湛湖：《〈国家赔偿法〉立法之我见》，载《法律科学》1994年第1期。

否具有请求权？例如，甲公民委托乙公民为其装修房屋，乙公民在装修房屋期间被公权力机关限制人身自由并被殴毙，此时装修工程尚未完工。甲公民有无要求国家赔偿的请求权？实际上，这个问题涉及债权人是否具有请求权人资格，学术界争论比较大。

一种意见认为，债权人不应当具有国家赔偿请求权。理由是：第一，国家对公民的赔偿只限于国家对该公民的损害赔偿，并不是对民事债权债务关系的补救。但依照《国家赔偿法》的规定，如果受害人取得了国家赔偿费用，相应地，债权人的利益也可得到补救。如果受害的公民得到了赔偿，那么，债权人的利益也会得到相应的保障。如果该公民死亡，法律规定继承人可以行使赔偿请求权，但因此而得到的赔偿费用是遗产而不是继承人的财产，这笔遗产还要根据《继承法》进行分割后才能归继承人所有。在继承时，依照《继承法》第33条的规定，应当清偿被继承人的债务，债权人的利益因此也会得到相应的保障。第二，对于受害的法人或者其他组织的债权人，他们无需借助赔偿请求权的转移来实现债权，法律对于他们的债权已经提供了保障的手段。如果该法人或者组织终止，而且有权利承受人，那么无论赔偿请求权是否转移，依照《民法通则》第44条的规定，终止企业的"权利和义务由变更后的法人享有和承担"，债权人有权向变更后的法人请求清偿债务。如果该法人破产或者被撤销，那么，无论该企业在清算期间是否行使赔偿请求权，债权人均可在清算期间行使债权。[①]

另两种意见认为，债权人应当具有国家赔偿请求权。理由是：其一，债权不能实现的直接原因在于公权力行为。由于公权力机关的行为导致受害人死亡的，债权人的损失并非由于债务人（受害人）故意或者过失不履行债务，而是由于公权力行为直接导致了债权的不能实现。其二，如果严格按照债务的相对性原理，要求债权人只能向受害人要求赔偿。受害人的近亲属即便获得赔偿金，该赔偿金的计算是按照"国家上年度

---

① 肖峋：《中华人民共和国国家赔偿法的理论与实用指南》，中国民主法制出版社1994年版，第193-194页。

职工年平均工资的二十倍"来计算的，这个金额是一定的。而债权人的债权的金额则不一定能够从赔偿金中提取。因为赔偿义务机关在进行赔偿的时候，并没有将受害人未履行债务的情况考虑进去，也就没有将相应的金钱赋予受害人的近亲属等请求权人。债权人很难从赔偿金中提取到债权。其三，根据民法原理，如果债务人怠于行使或者难以行使已经到期的合法债权的，并对债权人的合法权益造成损害的，债权人即可向人民法院请求以自己名义代位行使债务人的债权。这一规则已经为我国《合同法》第 73 条所规定。公权力行为造成债务不能履行的，该受害人拥有要求国家赔偿的"债权"，受害人已经不能追偿这部分国家债务，债权人得代位行使赔偿请求权。其四，有的国家承认普通债权人的赔偿请求权。例如，在德国，根据《国家赔偿法》第 9 条的规定，侵害致人于死，侵害身体或者健康，以及剥夺自由之情形，如果受害人基于法律对第三人的家事或者营业负有给付劳务的，对该第三人应当支付定期金，以赔偿其所损失的劳务。

我们认为，国家赔偿在某种意义上是一种侵权之债，即国家对于受害人承担的国家侵权之债。这种"债"仅仅是侵权主体比较特殊，并无本质上的区别。根据司法解释的规定，能否作为国家赔偿的请求权人，最主要的标准在于是否与行政赔偿案件处理结果有法律上的利害关系[①]。因此，在一定条件下应当允许债权人作为国家赔偿请求权人。这里的"一定条件"主要是：第一，债权人的损失是由于公权力机关的行为直接导致的。如果债权人的损失并非由公权力机关直接导致，而是由于公权力机关的行为间接导致的，没有国家赔偿请求权。例如，如果债权人的损失属于商业风险的，该部分损失不应当通过国家赔偿获得赔偿。第二，该债权通过民事途径或者其他途径已经无法实现。如果公权力机关的行为导致了债务人的死亡，但是债权人的债权仍然可以通过民事或者其他途径获得救济的话，该债权人不能作为国家赔偿请求权人。例如，债务

---

① 最高人民法院《关于审理行政赔偿案件若干问题的规定》第 14 条规定，与行政赔偿案件处理结果有法律上的利害关系的其他公民、法人或者其他组织有权作为第三人参加行政赔偿诉讼。

人生前存有的财产完全可以保障债权人的债权实现的情形。第三,从受害人的近亲属或者其他国家赔偿请求权人分取债权可能导致上述主体生活严重不便的情况下,亦不享有国家赔偿请求权。我国《国家赔偿法》规定的赔偿金数额相对较低,带有一定的慰抚性质,如果债权人从赔偿金中分取,可能给受害人的近亲属等关系较为密切的请求权人造成心理上或者生活上的严重损害。

5. 特殊情形下的保险人。

因公权力行为造成受害人死亡的,经保险公司依照保险合同的约定理赔之后,该保险人是否具有国家赔偿请求权,在理论和实务上争论比较大。主要有两种观点:

一种观点认为,保险人可以作为国家赔偿请求权人。理由是:

其一,民法规定的赔偿概念和赔偿手段是国家赔偿法的渊源。在国家承担的侵权责任中使用"赔偿"二字不能不说它是渊源于民法;在确定国家承担责任的方式时,引进也是民法上"赔偿"等概念和金钱赔偿、恢复原状的赔偿手段。[①] 这就说明,国家赔偿法和民法之间存在相当多的共同之处,在国家赔偿法没有明确规定的时候,可以参照民法的规定。这也正是许多国家和地区的做法(例如美国、我国台湾地区)。

其二,保险的目的在于填补被保险人的损害,转移其财产损失的风险,并且还可以减免被保险人因保险事故所因其的各种请求赔偿程序带来的不便和风险。但是,并非被保险人只要有保险人支付保险金,施害人就可以因此免责,并将所有保险事故损失一概由保险人承担。保险人当然可以行使代位求偿权。保险法上关于保险人可以代位行使赔偿请求权的规定(除禁止扣押或者让与的权利外),同样适用于国家赔偿。

其三,国家赔偿并非由于公权力作用而作出的给付行为,而是受害人向国家请求填补损害的权利,除了专属于受害人人格权的精神抚慰金请求权以外,并非不能让与。国家承担赔偿责任如果因受害人是否投保

[①] 肖峋:《中华人民共和国国家赔偿法的理论与实用指南》,中国民主法制出版社1994年版,第37-38页。

而有所不同，明显不公平，且无法实现国家赔偿的目的。

其四，如果保险人不能代位被保险人向国家请求赔偿，则国家因受害人投保而免除赔偿责任，这样就会使真正的赔偿责任主体免责，不符合赔偿损害基本原理。假如必须由受害人亲自向国家请求赔偿，则受害人可能获得双重利益，或者在获得双重利益后又向保险人转付保险金，这无疑与保险法规定的填补损害，便捷被保险人的目的相悖。①

其五，保险人对于财产损失和特定情形下的人身伤害具有代位求偿权。对于财产损失而言，根据《保险法》第 60 条的规定："因第三者对保险标的的损害而造成保险事故的，保险人自向被保险人赔偿保险金之日起，在赔偿金额范围内代位行使被保险人对第三者请求赔偿的权利。"保险人对于已经支付的保险金，有向致害者追偿的权利。对于人身伤害而言，虽然《保险法》第 46 条规定，被保险人因第三者的行为而发生死亡、伤残或者疾病等保险事故的，保险人向被保险人或者受益人给付保险金后，不享有向第三者追偿的权利。但是，《保险法》第 44 条规定："以被保险人死亡为给付保险金条件的合同，自合同成立或者合同效力恢复之日起二年内，被保险人自杀的，保险人不承担给付保险金的责任，但被保险人自杀时为无民事行为能力人的除外。"也就是说，被保险人自杀时为无民事行为能力人，保险人仍需给付保险金。如果"自杀"这一损害是由公权力机关行为直接导致的，保险人应当具有追偿权，即国家赔偿请求权，不受《保险法》第 46 条的限制。

另一种观点认为，保险人不能作为国家赔偿请求权人。理由是：

其一，国家赔偿法属于公法上的救济，民法上关于侵权赔偿的原理不能适用。保险法并非为国家赔偿法的补充法，无代位请求的法源。因此，《保险法》上关于"第三者"致害的规定没有法律上类推适用的可能性，不能适用于国家赔偿。②

---

① 黄健章：《论国家赔偿请求权得否作为保险代位之标的——兼评"最高法院"2003 年台上字第二一三号判决》，载《台湾法学》第 105 期（2008 年 4 月）。
② 刘俊良：《国家赔偿与冤狱赔偿》，书泉出版社 1996 年版，第 155 - 156 页。

其二，根据《保险法》的有关规定，保险人在特定情形下不享有向第三者追偿的权利。例如，根据《保险法》第46条的规定，被保险人因第三者的行为而发生死亡、伤残或者疾病等保险事故的，保险人向被保险人或者受益人给付保险金后，不享有向第三者追偿的权利，但被保险人或者受益人仍有权向第三者请求赔偿。

其三，受害者的损失已经由保险合同予以保障，应当免除国家的责任。保险人一旦对被保险人赔付，被保险人的损害就已经不复存在，保险人就不能进行代位求偿。此时，赔偿义务机关在受理赔偿申请时，可以先向受害人及其他请求权人询问有无保险合同，如果有保险合同，可以由保险人承担保险责任，国家则不必承担赔偿责任。

其四，保险人可以通过民事诉讼途径对公务员进行代位求偿。在被保险人的权益的损害是由公务员在执行职务行为时故意导致的，保险人在对被保险人进行赔偿后，可以依据民法和民事诉讼法的规定，对该公务员进行代位求偿。因为在这种情形下，公务员才是真正的侵权行为人，应当由其承担最终的责任。

其五，国家赔偿的公平负担原则决定了社会公众承担受害者的损失。国家的财政是由社会成员以缴税方式实现的，也就是说，国家赔偿是社会公众的赔偿。在保险事故发生之后，受害人（即被保险人）固然可以请求国家赔偿或者请求保险人理赔。但是在保险人理赔之后，不得代位被保险人向国家请求损害赔偿，否则无异于使无辜的全体纳税义务人代替买取被保险人承担损失的危险。保险人对于投保人而言，系扮演保证人和保险人的双重角色，在收受保费之后承担并转嫁被保险人因保险事故发生造成的损失，而国家赔偿则是以全国税收对受害人所为的赔偿。在国家和保险人之间，被保险人的损失由保险人为终局的承担，相对比较符合保险的功能和国家赔偿法的性质。[①]

我们基本赞同第一种意见，理由再补充三点：

---

① 施文森：《保险人对国家之代位赔偿》，载《法令月刊》第54卷第7期。

其一，《国家赔偿法》的免除责任的范围并未包括"保险人理赔"情形。根据《国家赔偿法》第5条的规定，属于下列情形之一的，国家不承担赔偿责任：行政机关工作人员与行使职权无关的个人行为；因公民、法人和其他组织自己的行为致使损害发生的；法律规定的其他情形。根据《国家赔偿法》第19条的规定，属于下列情形之一的，国家不承担赔偿责任：因公民自己故意作虚伪供述，或者伪造其他有罪证据被羁押或者被判处刑罚的；依照刑法第17条、第18条规定不负刑事责任的人被羁押的；依照刑事诉讼法第15条和第142条第2款规定不追究刑事责任的人被羁押的；行使国家侦查、检察、审判、监狱管理职权的机关的工作人员与行使职权无关的个人行为；因公民自伤、自残等故意行为致使损害发生的；法律规定的其他情形。在明确列举的排除事项中，并无因保险人理赔就免除国家赔偿责任的规定，在兜底的"法律规定的其他情形"中，亦无相应的规定。

其二，如果因保险人偿付保险金而免除国家责任，势必纵容公权力机关的侵权行为。因公权力机关的行为而导致损害的，应当按照"侵权者必须赔偿"的原则进行处理。如果由保险人承担因公权力行为导致的损害，不仅违背上述原则，而且使保险人受到不应当承受的损失，同时也纵容了公权力机关的侵权行为，不利于监督公权力机关依法行使职权。

其三，《国家赔偿法》和《保险法》对于保险金和赔偿金的计算方式并不相同。以人身损害为例，对于《国家赔偿法》而言，造成死亡的，应当支付死亡赔偿金、丧葬费，总额为国家上年度职工年平均工资的20倍。而对于人身损害的保险金额，则是可以通过保险合同进行约定。一般认为，我国《国家赔偿法》规定的赔偿金额和赔偿标准较低，有的情况下远远低于保险合同约定的保险金额。如果保险人已经偿付受害人的损失的情况下，可能在向国家代位求偿时出现不能完全取得已经偿付的保险金的情况。

其四，根据最高人民法院《关于审理行政赔偿案件若干问题的规定》第14条的规定，与行政赔偿案件处理结果有法律上的利害关系的其他公民、法人或者其他组织有权作为第三人参加行政赔偿诉讼。这就是说，能否作为国家赔偿的请求权人，最主要的标准在于是否与行政赔偿案件处理结果有法律上的利害关系。显然，保险人，特别是已经偿付保险金的保险人与国家赔偿案件处理结果有法律上的利害关系，得为国家赔偿请求权人。

值得注意的是，如果受害人在得到保险人的赔付后，向国家赔偿义务机关提出赔偿申请的，保险人是否还有赔偿请求权？我们认为，保险人仍然具有赔偿请求权。理由是，国家赔偿应当适用损益相抵的原则，对于已经取得的保险费应当从赔偿金额中扣除。[1] 保险人向公权力机关行使的是追偿权，也是赔偿请求权的一种。如果国家赔偿金高于保险金的，赔偿义务机关可以决定将保险金的数额给保险人，而将差额支付给受害人。如果计算出的国家赔偿金低于保险金的，国家赔偿金应当按照保险金的数额进行计算。否则，就会产生保险金在偿付受害人之后，国家赔偿金和保险金之间的差额由保险人这个非侵权主体承担责任。此时，受害人因此获得的差额并非不当得利，而是除去国家赔偿的数额外，应当由保险公司承担的数额。之所以先由国家承担应当承担的部分，主要是由于国家赔偿法规定的赔偿属于法定的赔偿，保险法上的赔偿属于约定的赔偿，法定的赔偿优先于约定的赔偿。[2]

三、法人或者其他组织

（一）法人

根据我国《民法通则》第36条的规定，法人是指具有民事权利能力和民事行为能力，依法独立享有民事权利和承担民事义务的组织。根据《民法通则》的规定，法人应当具备以下条件：依法成立；有必要的财产或者经费；有自己的名称、组织机构和场所；能够独立承担民事责任。

---

[1] 江必新：《国家赔偿法原理》，中国人民公安大学出版社1994年版，第231页。
[2] 谭文勇：《国家赔偿适用保险代位求偿之探讨》，载《重庆交通学院学报》（社科版），第3卷第3期（2005年9月）。

按照法人成立的基础，法人可以分为社团法人和财团法人，前者是指以人为集合成立的法人；后者是以捐助财产为成立基础的法人。按照事业目的有无营利性，法人可以分为营利法人、公益法人和中间法人。营利法人是指以营利为目的的法人（例如公司）；公益法人是指以公益事业为目的的法人（例如红十字会等）；中间法人是指既不宜归入营利法人，又难以归入财团法人的法人（例如工会、商会等）。我国《民法通则》将法人分为企业法人和非企业法人，非企业法人又可以分为机关法人、事业单位法人和社会团体法人。机关法人、事业单位法人和社会团体法人一般不以营利为目的，其法人资格的获得也无需经过工商行政管理机关的核准登记。法人从成立时起到终止时止，具有权利能力。法人的合法权益受到国家法律保护，如果其合法权益受到公权力机关的侵害时，可以依法请求国家赔偿。

(二) 其他组织

其他组织并非学术上的规范概念，主要来自于实定法的规定。其他组织是指依法成立有一定的组织机构和财产，但是又不具备法人资格的社会组织。根据《民诉意见》第40条的规定："《民事诉讼法》第四十九条规定的其他组织是指合法成立、有一定的组织机构和财产，但又不具备法人资格的组织，包括：（1）依法登记领取营业执照的私营独资企业、合伙组织；（2）依法登记领取营业执照的合伙型联营企业；（3）依法登记领取我国营业执照的中外合作经营企业、外资企业；（4）经民政部门核准登记领取社会团体登记证的社会团体；（5）法人依法设立并领取营业执照的分支机构；（6）中国人民银行、各专业银行设在各地的分支机构；（7）中国人民保险公司设在各地的分支机构；（8）经核准登记领取营业执照的乡镇、街道、村办企业；（9）符合本条规定条件的其他组织。"其他组织既非法人，亦非公民。在国外，一般将其他组织称为非法人团体。在我国的《著作权法》中将其称为非法人单位。其他组织是我国改革开放的产物，也是法律规定的民事和行政法律关系的主体。为了保护其他组织和与其他组织进行民事交易的法律主体的合法权益，我国《国家赔偿法》赋予了其国家赔偿请求权人的资格。

四、法人或者其他组织终止后请求权人的范围

法人或者其他组织终止的原因主要包括三种情形：第一种情形是法人或者组织消灭。包括：依法被有关国家机关取缔撤销、经批准自行解散、因法定事由的出现而依法破产。第二种情形是法人或者其他组织合并。第三种情形是法人或者其他组织的分立。参与国家赔偿法立法的学者认为，法人或者其他组织终止有许多情况，例如依法被取缔、破产、解散、合并、分立等。法人或者其他组织被取缔、破产的，不发生权利义务的转移问题。因此，《国家赔偿法》第6条第3款规定的"终止"是指其经合并或者分立后权利义务转移给其他法人、组织的情形。合并或者分立后的法人或者其他组织承受已经终止的法人或者其他组织的权利，应当包括国家赔偿请求权。[①] 我们认为，上述观点并不完全正确，对于"终止"的情形理解稍嫌狭窄。从大的方面来讲，法人或者其他组织"终止"的原因包括变更（包括分立或者合并）和消灭。以下分别阐述：

（一）法人或者其他组织变更情形下的请求权人

法人或者其他组织的变更是指法人或者其他组织的合并、分立、组织变更和登记设立法人或者其他组织登记事项的变更。这是广义上的法人或者其他组织的变更。狭义上的法人或者其他组织的变更仅指法人或者其他组织的合并和分立。

1. 合并。

合并是指两个以上的法人或者其他组织，无需经过清算等财产处理程序，而归并为一个法人或者其他组织的行为。合并包括了新设式合并和吸收式合并。前者是指两个以上的主体归并为一个新的主体，而原有的主体均告消灭的方式；后者是指一个以上的主体归并于其他主体，归并后只有一个主体存续，被归并主体均告消灭的方式。合并后的主要效

[①] 胡康生主编，全国人大常委会法制工作委员会民法室编著《〈中华人民共和国国家赔偿法〉释义》，法律出版社1994年版，第25-26页。

力是导致权利义务的概括承受。即因合并而消灭的法人或者其他组织，其权利义务均由合并后新设的或者存续的法人或者其他组织概括承受。

2. 分立。

分立是指一个法人或者其他组织分裂设立为两个以上的法人或者其他组织的行为。分立包括了创设式分立和存续式分立。前者是指解散原法人或者组织而分立成为两个以上的法人或者其他组织；后者是指原法人或者其他组织存续，但其原有分支机构或者新分裂出若干部分，设立为一个以上的新法人或者新组织。分立的主要效力是，因创设式分立而消灭的法人或者其他组织，其权利义务由分立后的法人或者其他组织概括承受；而存续式分立，其权利义务关系则依照分立合同的约定或者章程的规定予以确定。

在上述两种法人或者其他组织"变更"的情况下，合并或者分立后的法人或者其他组织有权要求赔偿。

（二）法人或者其他组织消灭情形下的请求权人

法人或者其他组织消灭，是指法人或者其他组织的法律人格消失。法人或者其他组织的消灭一般经历解散——清算——消灭的过程。根据《民法通则》第45条的规定，企业法人由于下列原因而终止：（一）依法被撤销；（二）解散；（三）依法宣告破产；（四）其他原因。考诸《民法通则》第40条的规定，法人终止，应当进行清算，停止清算范围以外的活动。从上述两个条文的逻辑关系来看，法人或者其他组织被撤销或者自行解散，并不发生"终止"的法律效果，而是导致清算，只有当清算完结之后，法人或者其他组织才告终止。

1. 撤销。

撤销是指因法定事由的出现而被有关主管机关取消其经营或者活动许可。撤销包括对法人的撤销和对其他组织的撤销。对于法人的撤销，包括了对企业法人的撤销和对社会团体法人的撤销。前者例如，根据《企业法人登记管理条例》第30条、第33条的规定，企业法人有特定违法情形的，登记主管机关可以根据情况分别给予警告、罚款、没收非法所得、停业整顿、扣缴、吊销《企业法人营业执照》的处罚。企业法人被吊销《企业法人营业执照》，登记主管机关应当收缴其公章，并将注销登记情况告知其开户银行，其债权债务由主管部门或者清算组织负责清理。对于社会团体法人的撤销，例如，《社会团体登记管理条例》第32条规定，社会团体在申请登记时弄虚作假，骗取登记的，或者自取得《社会团体法人登记证书》之日起1年未开展活动的，由登记管理机关予以撤销登记。对于其他组织的撤销，许多法律也作了规定。比如《合伙企业法》第93条规定，违反本法规定，提交虚假文件或者采取其他欺骗手段，取得合伙企业登记的，由企业登记机关责令改正，处以5000元以上50000元以下的罚款；情节严重的，撤销企业登记，并处以50000元以上200000元以下的罚款。

在被撤销的情形下，是否存在赔偿请求权的转移问题？有的学者认为，法人或者其他组织被主管行政机关决定撤销的情况下不发生赔偿请求权的转移问题。理由是：如果该企业没有异议，依照《民法通则》第47条的规定，应当由清算组织进行清算，在清算期间仍旧可以行使赔偿请求权，在清算程序终结后，一般说来，应当注销该企业，因此也不产生赔偿请求权转移的问题。如果该企业认为主管机关的撤销决定是侵犯了他的法定经营自主权，可以依照《行政诉讼法》第11条第1款第（三）项的规定提起行政诉讼，同时也提起行政赔偿诉讼，或者在行政诉讼中胜诉后，另行提起赔偿诉讼。① 这就是说，撤销意味着法律人格彻底消灭，并不可能出现继受人的情形。既然主管机关因其违反相关法律法规而撤销其登记，意味着主管机关也不会允许继受人获得法律资格。即便法人或者其他组织对于撤销行为提起行政诉讼，由于诉讼不停止行政行为的执行，法人或者其他组织在主管机关作出撤销行为的同时，亦无法律人格存在。正如有的学者所言："许可撤销之意思表示，因达于法人

---

① 肖峋：《中华人民共和国国家赔偿法的理论与实用指南》，中国民主法制出版社1994年版，第193页。

时而生解散之效果"。"设立登记经撤销者,亦生解散之效果。"①

2. 解散。

解散是指法人或者其他组织因章程或者法律规定的其本身不能继续存在的事由出现而停止经营等行为并开始财产整理的活动。解散是一个比较规范的学术用语,其意义更为接近《国家赔偿法》规定的"终止"。例如,《合伙企业法》第85条规定,合伙企业有下列情形之一的,应当解散:合伙期限届满,合伙人决定不再经营;合伙协议约定的解散事由出现;全体合伙人决定解散;合伙人已不具备法定人数满30天;合伙协议约定的合伙目的已经实现或者无法实现;依法被吊销营业执照、责令关闭或者被撤销;法律、行政法规规定的其他原因。该条中规定的"被撤销"实际上就是前述之"撤销"情形。实际上,解散可以分为意定解散、法定解散和命令解散。意定解散是指基于法人的意思或者设立人的意思而解散,一般是由于出现章程规定的不能再存续的事由;法定解散是指基于法律规定的原因而解散,一般是由于法人所经营的事业已经成就或者不能成就、人数不足、与他人合并、分立、破产等原因;命令解散是指根据国家主管行政机关或者法院的裁判而解散,一般是工商行政机关吊销执照、取缔等等。可见,解散是一个既包含了撤销、破产等情形,同时又包含了合并、分立等变更情形的一个比较大的概念。

法人解散后,如果进入清算程序的,成立清算法人。清算法人和解散前法人之间的关系,我国法律尚无明确规定。我们认为,清算法人是解散前法人的权利能力的一种有条件的延续。清算法人和解散前法人属于同一法律人格,但是因社员人数不足法定人数而法定解散时,其权利能力仍然可以拟制存在。清算事务处理完毕后,凡纳入登记管理的法人,即应申请法人注销登记。

3. 破产。

所谓破产,是指当债务人的全部资产无法清偿到期债务时,债权人

---

① 史尚宽:《民法总论》,中国政法大学出版社2000年版,第190页。

通过一定程序将债务人的全部资产供其平均受偿，从而使债务人免除不能清偿的其他债务。并由法院宣告破产解散。进入破产程序后，债权人和债务人之间可以达成破产和解协议。如果法人因不能清偿到期债务，被依法宣告破产的，由人民法院依照有关法律的规定，组织股东、有关机关及有关专业人员成立清算组，对公司进行破产清算。

有的学者认为，法人或者其他组织破产，不发生赔偿请求权转移的问题。理由是，在企业被宣告破产但破产程序尚未终结时，破产企业作为企业仍然存在，依照《破产法》，它仍然有权就已发生的权利取得财产。破产企业如果曾受到国家机关和国家机关工作人员违法行为的侵害，在此期间依旧享有诉权，有权要求国家赔偿。破产企业如果不行使这一权利，在破产程序终结后，依照《破产法》（注：原《破产法》）第39条的规定，该企业应当注销，而不是合并或者兼并，因此也没有承受其权利的法人，发生不了赔偿请求权转移的问题。[①] 值得注意的是，这里的"破产"是指破产程序终结的破产，如果破产程序没有终结，例如正在进行重组的，并非此处的"破产"。根据《破产法》第121条的规定，管理人应当自破产程序终结之日起10日内，持人民法院终结破产程序的裁定，向破产人的原登记机关办理注销登记。法人或者组织注销后，法律人格消灭。尽管破产人的保证人和其他连带债务人，在破产程序终结后，对债权人依照破产清算程序未受清偿的债权，依法继续承担清偿责任，但是，保证人和其他连带债务人并非权利承受人，无权请求国家赔偿。

此外，在司法实践中，需要注意的还有两个问题：

一是，法人或者其他组织终止的，权利继受人并不局限于法人或者其他组织。根据《国家赔偿法》第6条第2款的规定，受害的法人或者其他组织终止，承受其权利的法人或者其他组织有权要求赔偿。这实际上是将法人或者其他组织的继受人的范围局限于"法人或者其他组织"，没有包括公民。在大多数情况下，法人或者其他组织终止时，权利义务

[①] 肖峋：《中华人民共和国国家赔偿法的理论与实用指南》，中国民主法制出版社1994年版，第193页。

继受人亦为法人或者其他组织，但是在个别情况下，权利义务继受人可能为作为自然人的公民。例如，公权力机关违法扣押了合伙企业的车辆，该车辆为某合伙人的出资，后该合伙企业解散，在清算时应当将甲合伙人的出资退还，则该合伙人具有了赔偿请求权人的身份。[①] 我们认为，现行《国家赔偿法》可以参照《若干解释》第 52 条第 2 款第（二）项和第 90 条关于"权利承受人"的规定，将"承受其权利的法人或者其他组织"修订为"权利承受人"。《国家赔偿法》第 6 条第 3 款就此作了修订。

二是，根据最高人民法院《关于审理行政赔偿案件若干问题的规定》第 16 条的规定，企业法人或者其他组织被行政机关撤销、变更、兼并、注销，认为经营自主权受到侵害，依法提起行政赔偿诉讼，原企业法人或其他组织或者对其享有权利的法人或其他组织均具有原告资格。这就是说，即便企业法人或者其他组织已经被撤销、合并、分立的，如果认为其经营自主权受到行政机关非法侵害，原企业法人或者其他组织、享有权利的法人或者其他组织均享有同等的行政赔偿诉讼原告资格。这里的被撤销、注销的企业法人或者其他组织虽然法律人格已经消灭，但是诉讼主体资格仍然拟制存在。有的学者认为，根据上述司法解释的规定，那种认为只有在法人或者其他组织合并或者分立的情况下才存在"权利继受人"的观点是站不住脚的，因为国家之所以规定国家赔偿请求权人的继受取得，并不在于维护已经终止的法人或者其他组织的权益，而是为了维护继受者的利益。也就是说，只要存在对终止的法人或者其他组织享有权利的人，都应考虑保障他们的利益，而不应当狭隘地将"承受其权利"仅仅理解为合并或者分立过程中才存在。司法解释的上述规定已经明确了"承受其权利"不仅仅局限于合并或者分立中，也存在于法人或者其他组织被取缔、撤销、破产自行解散过程中，继受取得国家赔偿请求权人资格也包括对终止法人或者其他组织享有权利的所有人。[②] 我

[①] 应松年、杨小军主编：《国家赔偿制度的完善》，国家行政学院出版社 2008 年版，第 220－221 页。

[②] 蔡乐渭：《国家赔偿请求人论》，载马怀德主编：《国家赔偿问题研究》，法律出版社 2006 年版，第 183 页。

们认为，司法解释的上述规定主要是针对行政赔偿诉讼的，是否可以适用于全部的国家赔偿程序，还有进一步探讨的必要。

五、公务员与国家赔偿

本部分主要探讨公务员是否能够请求国家赔偿的问题，这里首先要涉及两个问题：公务员的概念和范围、作为特别权力关系主体的人。

（一）公务员的概念、范围和法律地位

按照《公务员法》第 2 条的规定，公务员是指依法履行公职、纳入国家行政编制、由国家财政负担工资福利的工作人员。我国的公务员不仅包括纳入到行政机关序列的公务员，而且还包括各级党委、人民代表大会、人民法院、人民检察院、事业单位、国有企业的纳入正式编制的工作人员。按照《公务员法》规定的公务员范围，对下列几类人员宜作以下具体落实：一是法官、检察官纳入公务员范围的同时，根据其职务特点，公务员法规定另行设置法官、检察官职务，与法官法、检察官法相衔接；二是民主党派机关工作人员与共产党机关工作人员一样纳入公务员的范围；三是人民团体、群众团体的工作人员，鉴于其性质虽不同于国家机关工作人员，但管理上历来属于干部范畴，公务员法仍按现行做法，规定对其参照公务员法进行管理。[①] 此外，根据《公务员法》第 106 条的规定，法律、法规授权的具有公共事务管理职能的事业单位中除工勤人员以外的工作人员，经批准参照本法进行管理。可见，我国的公务员的概念、范围非常广泛，并非仅指行政机关系统的工作人员。我国《公务员法》规定的"国家公务员"实际上与"国家公职人员"的概念相当。

一般来说，如果考虑到监督公职人员在行使职权过程中可能出现的渎职、腐败行为，一般倾向于扩大"公职人员"的适用范围。例如，《联合国反腐败公约》第 2 条规定："公职人员"系指：1. 无论是经任命还

[①] 参见人事部部长张柏林 2004 年 12 月 25 日在第十届全国人民代表大会常务委员会第十三次会议上《关于〈中华人民共和国公务员法（草案）〉的说明》。

是经选举而在缔约国中担任立法、行政、行政管理或者司法职务的任何人员，无论长期或者临时，计酬或者不计酬，也无论该人的资历如何；2. 照缔约国本国法律的定义和在该缔约国相关法律领域中的适用情况，履行公共职能，包括为公共机构或者公营企业履行公共职能或提供公共服务的任何其他人员；3. 缔约国本国法律中界定为"公职人员"的任何其他人员。此外，再比如《刑法》第93条规定，"国家工作人员"包括4种人员：（1）在国家机关中从事公务的人员；（2）在国有单位和人民团体中从事公务的人员；（3）受国家机关或国有单位委派到非国有单位中从事公务的人员；（4）其他依照法律从事公务的人员。如果考虑到对国家机关公职人员的监督和制约和科学分类管理，一般会限制"国家公务员"的范围，以便减少国家财政负担。

国家公务员具有双重身份。一方面，国家公务员是国家机关的工作人员，应当受到《公务员法》的约束，接受国家的特别选任，担负公法上无定量的勤务，与国家构成特别权力关系；另一方面，公务员是为国家服务的公民，当然具有公民的法律身份。[①] 正是因为公务员具有的双重身份，比起一般的公民来说，具有其特殊性。例如，根据《公务员法》第12条第2款第（五）项的规定，公务员有"忠于职守，勤勉尽责，服从和执行上级依法作出的决定和命令"的义务。《公务员法》第53条规定，公务员必须遵守纪律，不得"拒绝执行上级依法作出的决定和命令"。可见，公务员和一般的公民相比，要承担更多的义务，这里所指的并非一般的权利义务关系，而是基于国家公职人员应当维护国家的安全、荣誉和利益、忠于职守、勤勉尽责的法定职责。如果公务员作为普通公民在日常生活中受到公权力机关行为的侵害的，可以提起国家赔偿自不待言。但是，如果公权力机关对作为特别权力关系主体的公务员的权利造成损害的，国家公务员能否提起国家赔偿，在理论和实践上均存在较大争议。

---

① 王和雄：《国家赔偿法请求权人之研究》，载《法令月刊》第35卷第7期。

(二) 作为特别权力关系主体的人能够请求国家赔偿的特殊情形

按照我国《国家赔偿法》第2条的规定，国家机关和国家机关工作人员违法行使职权侵犯公民、法人和其他组织的合法权益造成损害的，受害人有依照本法取得国家赔偿的权利。第6条第1款规定，受害的公民、法人或者其他组织有权要求赔偿。问题在于，这里的"公民"是否包括国家公务员？即国家公务员的权益受到国家机关和国家机关工作人员的侵害的，能否请求国家赔偿。

国家机关和国家公务员的关系，德国学者的研究较为深入，一般将其放在特别权力关系研究。德国的特别权力关系理论是现今世界上研究特别服从关系最深入的理论。该理论可以追溯到19世纪拉班德、奥托·梅耶的行政法学理论。其理论的核心是一般的公权力关系仅仅包含公民的一般性的法律上的权利义务，而特别权力关系则涉及国家和特定的公民之间特殊的关系。"特定公民"通过强制或者自愿的方式进入特定的行政领域（例如学校、监狱、其他公共设施、公务员管理关系、兵役关系等），这些关系均赋予了内部性而排除一般法律的调整。这些关系大致可以分为公法上的勤务关系（例如国家机关和公务员的关系）、公法上的公产法律关系（例如学校和学生、监狱和罪犯等的关系）、公法上的特别监督关系（例如国家对私营企业的监管关系）和社团关系（例如社团和成员之间的关系等）。在第二次世界大战以前，国家机关对于属于特别权力关系主体的人具有绝对的命令、惩戒等概括性的、不受法律制约的特别权力，不适用一般的公法原则的支配。因此，对于特别权力关系主体的权利受到侵害的，不得按照法律途径加以解决。第二次世界大战以后，德国宪法第19条第4款规定，人民的权利受到公权力侵害的，均可向法院请求救济。但是，对于特别权力关系主体的人受到侵害的，是否能够请求赔偿，争论很大。1972年3月14日，德国联邦宪法法院的判决首次确认了基本权利同样适用于监狱和犯人之间的刑罚执行关系，只有在特别法律规定的条件下才能予以限制。

当然，对于特别权力关系主体能否提起国家赔偿，已经不存在异议，但是，对于特别权力关系适用的范围，德国学术界存在肯定说和折中说两种观点。[①] 肯定说认为，公法上的一般原理原则，应当完全适用于特别权力关系。理由是，在特别权力关系范围内的行为，都可以在与一般权力关系的行为相同的条件下受到保护，而无其他限制。即，凡是一般人民的权利受到公权力的损害时所能得到的救济，公务员也可以得到。折中说认为，公法原则只能适用于特别权力关系中的部分行为，即对于特别权力关系内的特别行为才允许公务员请求救济，其他部分则依照传统的理论。有的学者将特别权力关系分为基本关系和经营关系两种，对于基本关系内的行为（例如公务员的任命、免职、退休、转任、派遣、停止，学校的入学许可、毕业分配、学位授予、退学、开除、留级等涉及个人法律地位的关系），可以适用公法上的一般原理原则，可以请求国家赔偿；对于属于经营关系的内部管理行为（例如学校对学生、国家机关对公务员的日常管理、纪律约束等），不得请求国家赔偿。在德国，折中说为通说。

在日本，尚有主张特别权力关系主体不能请求国家赔偿的主张，因此有否定说、肯定说和折中说三种观点。折中说为通说，其内容与德国学者相类。只不过是将基本关系和经营关系换成外部关系和内部关系来进行讨论。即对于公务员的惩戒和其他不利处分、议员的除名、学生的退学、公立医院的退院处分等丧失其身份、公产的利用等，可以请求国家赔偿。

在我国，最早关于国家机关和公务员之间法律关系的讨论来源于行政诉讼法上"行政机关对行政机关工作人员的奖惩、任免等决定"排除式规定，一般放在"内部行为"中讨论。由于内部行为仅仅涉及行政机关与行政机关工作人员的讨论，内容较为单一，已经有一部分学者开始采用特别权力关系的理论架构来探讨国家机关和公务员之间的关系。一般观点认为，并非所有的特别权力关系主体均不能提出国家赔偿申请，

[①] 这两种观点，王和雄在其所著的《国家赔偿法请求权人之研究》有较为详细的阐述，此处从略。

同时也并非所有涉及特别权力关系的主体均可以提出国家赔偿申请。从这个意义上讲，我国学者大多持折中法观点。

但是，有关法律对于公务员的救济仍然限于内部救济途径。根据《公务员法》第90条的规定，公务员对涉及本人的人事处理不服的，可以自知道该人事处理之日起30日内向原处理机关申请复核；对复核结果不服的，可以自接到复核决定之日起15日内，按照规定向同级公务员主管部门或者作出该人事处理的机关的上一级机关提出申诉；也可以不经复核，自知道该人事处理之日起30日内直接提出申诉。可见，如果公务员对于涉及本人的人事处理不服的，只能通过复核、申诉的方式解决，排除了通过诉讼和国家赔偿的法律途径。

我们认为，在一定范围内应当允许国家公务员请求国家赔偿。理由是：第一，国家公务员的双重身份决定了其既是国家机关工作人员同时也是一国的公民，应当受到宪法和法律的保障。我国《宪法》第41条规定，由于国家机关和国家工作人员侵犯公民权利而受到损失的人，有依照法律规定取得赔偿的权利。《民法通则》第12条规定，国家机关或者国家机关工作人员在执行职务，侵犯公民、法人的合法权益造成损害的，应当承担民事责任。《行政诉讼法》第67条规定："公民、法人或者其他组织的合法权益受到行政机关或者行政机关工作人员作出的具体行政行为侵犯造成损害的，有权请求赔偿。公民、法人或者其他组织单独就损害赔偿提出请求，应当先由行政机关解决。对行政机关的处理不服，可以向人民法院提起诉讼。"依照上述规定，公务员虽然不能就奖惩、任免等决定提起行政诉讼，但是可以就其所受损害向法院提起损害赔偿之诉。这种赔偿之诉只能单独提起，不能在提起行政诉讼的同时附带提起。单独提起赔偿之诉的，应当先由行政机关解决，即由公务员依照法律规定的行政程序请求行政机关予以赔偿。对行政机关的决定不服，可以诉请法院救济。[①] 第二，我国国家机关和国家公务员之间并非完全服从的关

[①] 林准、马原主编，梁书文、江必新副主编：《国家赔偿问题研究》，人民法院出版社1992年版，第221页。

系。涉及公务员管理的法律中，对于公务员仅仅是规定了一般的服从义务，但是在特定情况下允许公务员提出质疑。例如，《公务员法》第54条规定："公务员执行公务时，认为上级的决定或者命令有错误的，可以向上级提出改正或者撤销该决定或者命令的意见；上级不改变该决定或者命令，或者要求立即执行的，公务员应当执行该决定或者命令，执行的后果由上级负责，公务员不承担责任；但是，公务员执行明显违法的决定或者命令的，应当依法承担相应的责任。"既然公务员可以提出质疑，即是将公务员作为一个独立的法律人格来看待。并且，如果公务员对于哪些行为属于"明显违法的决定或者命令"与上级不一致的情况下，造成损害的，公务员还要承担无端的责任。既然公务员并非完全顺从的关系，其合法的权益应当受到法律的保护。第三，国家公务员在特定情形下可能受到国家机关的侵害。国家机关针对国家公务员的行为，可能导致对其基本权利的损害。这种基本权利可能是公民作为其生存权、劳动权的必要保障。例如，国家机关如果将公务员开除的，不仅导致其失去了为国家服务的机会，就业的机会，同时也可能导致其失去生活的来源。考虑到行政内部救济程序的种种不足，应当允许国家公务员申请国家赔偿。当然，这种国家赔偿的请求权应当限定在一定范围，即国家公务员只有在处于一般公民或者类似公民地位时才得允许。例如，国家机关的开除处分可能使国家公务员丧失公务员身份而转变为一般公民、国家机关的不予录用决定可能使公务员丧失为国家服务的机会等等。第四，域外对于公务员的国家赔偿请求权也有相应的制度。例如，美国《联邦职员法》规定，联邦职员在执行职务时受到损害，可以根据《联邦职员法》要求赔偿。假定一个邮局职员在执行职务时，邮车和另一辆军车相撞受伤，该职员可以依照《联邦职员法》的规定，请求国家赔偿。[1]

值得注意的是，我国《公务员法》上规定的公务员范围十分广泛，在涉及公务员能否申请国家赔偿的问题上，还要考虑公务员和其所服务

---

[1] 王名扬：《美国行政法》，中国法制出版社1995年版，第755页。

的机关的性质。例如，对于民主党派机关、事业单位而言，其并无对外行使职权的职能，其公务员能否申请国家赔偿还有进一步研究的余地。此外，特别权力关系还可能涉及学校和教师、学生之间的特别权力关系、自治组织和组织成员之间的特别权力关系、监狱、看守所与犯人、被羁押人之间的特别权力关系、政党与党员之间的特别权力关系等等，考虑到篇幅的限制，在此不作展开讨论。但是，总体上有一个原则应当把握，不能因为这些特别权力关系主体身份的特殊性，而忽视或者取消其作为普通公民的基本权利的救济。只要公权力机关基于国家公权力的身份对其造成了损害的，都应当允许申请国家赔偿，这也是社会主义法治国家的应有之义。

六、代理人

（一）代理人的概念

代理人是指根据国家赔偿法的规定或者当事人的授权，以当事人的名义在代理权限内，维护当事人合法权益，代理当事人进行活动的人。在国家赔偿程序中，无国家赔偿行为能力的人不能参加，即便有国家赔偿行为能力的人也可能由于种种原因不能参加国家赔偿活动或者不能有效地参加国家赔偿需要提供法律帮助。

国家赔偿法上的代理制度，一方面，为具有国家赔偿权利能力但是欠缺行为能力的当事人提供了法律上的帮助，使其能够有效地行使权利；也为有行为能力但是在法律知识方面存在欠缺的当事人提供了法律上的帮助，使其能够更好地维护自己的合法权益。另一方面，也有助于国家赔偿义务机关依法正确、及时地处理国家赔偿案件，及时解决当事人的纠纷。

（二）代理人的法律特征

一般来说，代理人具有以下几个特征：

其一，代理人目的的利他性。即代理人是为了维护被代理人的合法权益而进行国家赔偿活动。代理人参加国家赔偿的目的在于维护被代理人的合法权益，只有被代理人即当事人才是权利的享有者和义务的承担者。代理人参加国家赔偿活动只是代替当事人参加，本人并不承担由此产生的后果。对于同一个案件，代理人只能代理一方当事人。这是因为当事人之间的利害关系往往是对立和反向的，代理人只能为一方当事人的利益，不能同时代理。

其二，代理人名义的非己性。代理人并非国家赔偿活动的当事人，并不享有权利和承担义务，因此代理人不能以自己名义参加国家赔偿活动。代理人实施的一切活动，必须以被代理人的名义进行，而非以自己的名义进行，并对被代理人发生法律上的效果。

其三，代理人授权的有限性。一般情况下，代理人的权利必须在法律规定或者当事人授权的范围内进行。由于代理人的行为是以被代理人的名义进行且对被代理人发生法律效力，因此，代理人的行为必须具有代理权限。代理权限是代理人进行代理行为的主要依据。代理权限有的是源于法律的规定，有的是源于被代理人的授权。只有在法律规定或者被代理人授权的范围内的行为才能对被代理人产生法律效力。

其四，代理人后果的他属性。由于代理人并非是在参加"自己"的国家赔偿活动，而是在法律规定和被代理人授权的范围内帮助被代理人进行国家赔偿活动。因此，其代理产生的法律后果应当直接由被代理人承担。当然，如果代理人超出代理权限的，该法律后果不及于被代理人。

根据我国有关法律的规定，代理人分为法定代理人、指定代理人和委托代理人。由于指定代理人通常是指对于法定代理人推诿代理责任的，由有关机关指定其中一人代理活动，属于法定代理人的一种特殊情形。以下就法定代理人和委托代理人作一阐述。

（三）法定代理人

法定代理人，是指根据法律的规定，代替无进行国家赔偿能力的公民进行国家赔偿活动的人。这种代理是根据法律规定直接产生的，它不以任何人的意志，包括被代理人的意志为转移，因此称为法定代理。

法定代理人具有以下特征：

一是代理权的产生和代理权限的范围必须是基于法律的明确规定。法定代理权的产生并不基于当事人的意思表示，亦非基于代理人的意思表示，而是通过法律加以规定。无国家赔偿活动能力的公民不能独立地为请求国家赔偿的行为，亦不具有对代理权限表达个人独立意志的能力。法律设置法定代理制度，就是为了保护无请求国家赔偿能力人的合法权益。

二是法定代理人所代理的被代理人，是没有请求国家赔偿行为能力的自然人。无请求国家赔偿行为能力的自然人主要是参照《民法通则》中规定的无民事行为能力和限制民事行为能力人。主要是无行为能力或者限制行为能力的未成年人或者精神病人。

三是法定代理不仅是一种权利，而且是一种义务。在国家赔偿中，法定代理人只适用于代理未成年人、精神病人等无请求国家赔偿行为能力的请求权人进行国家赔偿活动，而不适用于法人、其他组织。在国家赔偿中，法定代理人一般都是对被代理人负有保护和监督责任的监护人，法定代理人和被代理人之间存在着亲权或者监护关系。法律要求这些与被代理人具有特殊关系的人担任法定代理人，不但赋予其代理权利，而且要求其承担代理的义务。这种义务不仅是法定代理人对于被代理人的义务，也是法定代理人按照法律规定履行的义务。

根据有关法律规定，无行为能力的人、限制行为能力的人，其监护人是其法定代理人。可见，法定代理人也就是监护人的范围。

根据《民法通则》第16条的规定，未成年人的父母是未成年人的监护人。未成年人的父母已经死亡或者没有监护能力的，由下列人员中有监护能力的人担任监护人：（一）祖父母、外祖父母；（二）兄、姐；（三）关系密切的其他亲属、朋友愿意承担监护责任，经未成年人的父、母的所在单位或者未成年人住所地的居民委员会、村民委员会同意的。对担任监护人有争议的，由未成年人的父、母的所在单位或者未成年人住所地的居民委员会、村民委员会在近亲属中指定。对指定不服提起诉讼的，由人民法院裁决。没有第一款、第二款规定的监护人的，由未成年人的父、母的所在单位或者未成年人住所地的居民委员会、村民委员会或者民政部门担任监护人。根据《民法通则》第 17 条的规定，无民事行为能力或者限制民事行为能力的精神病人，由下列人员担任监护人：（一）配偶；（二）父母；（三）成年子女；（四）其他近亲属；（五）关系密切的其他亲属、朋友愿意承担监护责任，经精神病人的所在单位或者住所地的居民委员会、村民委员会同意的。对担任监护人有争议的，由精神病人的所在单位或者住所地的居民委员会、村民委员会在近亲属中指定。对指定不服提起诉讼的，由人民法院裁决。没有第一款规定的监护人的，由精神病人的所在单位或者住所地的居民委员会、村民委员会或者民政部门担任监护人。

国家赔偿义务机关在指定代理人时，可以参照上述《民法通则》的规定进行。值得注意的是，上述监护人均得作为无请求国家赔偿能力人的法定代理人代为诉讼。但是，如果公民在国家赔偿程序开始前没有确定监护人的，可以由上述有监护权的人协商确定，如果相互协商无果或者争夺法定代理权的，可以由国家赔偿义务机关指定其中一人代为诉讼。

所谓"指定代理"，是指在无请求国家赔偿行为能力人没有法定代理人，或者虽有法定代理人但不能行使代理权时，为了保护无请求国家赔偿能力的当事人的合法权益，保证国家赔偿程序顺利进行，而由赔偿义务机关依法指定代理人的代理制度。指定代理既不同于基于法律规定的亲权或监护关系而产生的法定代理，也不同于基于委托关系而产生的委托代理。指定代理的代理权的产生，是基于特定情况下人民法院的指定，它是法定代理的必要补充。

但是，法定代理人的行为虽然被视为被代理人的行为，但是毕竟不是被代理人的行为，最终承担法律后果的仍然是被代理人。法定代理人如果死亡或者因故不能行使诉讼代理权的，赔偿义务机关应当中止国家赔偿程序而非终结国家赔偿程序；反之，如果被代理人死亡的，人民法院须终结国家赔偿程序。

在国家赔偿过程中，法定代理人的权限可能由于特定情况的出现而消灭。主要有两种情形：一是由于被代理人的原因导致的法定代理权限的消灭。被代理人由于其生理、年龄或者精神状态方面的不健全而有设置法定代理制度的必要。如果在国家赔偿过程中，被代理人的生理、年龄或者精神状态发生转变而具有相应的行为能力的，由于该被代理人是其合法权益的最佳维护人，法律允许其参加国家赔偿活动。这些情形主要包括：被代理人在国家赔偿进行过程中从未成年转变为成年；被代理人由患精神病状态恢复到正常的精神状态等等。二是由于法定代理人的原因而导致的法定代理权限的消灭。法定代理人的原因主要包括两种情形：①法定代理人在国家赔偿过程中死亡或者丧失请求国家赔偿行为能力。法定代理人只有自身具有请求国家赔偿能力才能代理参加诉讼，如果死亡或丧失请求国家赔偿行为能力将不再满足上述条件。②法定代理人失去对于被代理人的亲权或者监护权。法定代理是基于亲权或者监护权的代理。如果法定代理人有违亲权或者监护权设立的初衷，则将使被代理人置于极为不利的地位。例如，法定代理人由于不履行监护职责或者侵害被代理人的合法权益被撤销监护人资格的，其法定代理权亦随之消灭。此外，如果被代理人是基于收养关系发生的，在诉讼过程中，收养关系被合法解除的，该法定代理权限亦随之消灭。

（四）委托代理人

委托代理，是指基于被代理人的委托授权而发生的代理，委托代理人是受当事人或法定代理人的委托而进行国家赔偿活动的人。委托代理是为当事人提供方便维护其合法权益的一种代理制度，也是在国家赔偿中普遍采用的代理制度。与法定代理不同，在委托代理中，被代理人并非由于无请求国家赔偿行为能力而是由于缺乏法律知识、诉讼经验希望获得他人的法律帮助。

当事人、法定代理人，可以委托 1 至 2 人代为诉讼。律师、社会团体、公民的近亲属或者所在单位推荐的人，以及经国家赔偿义务机关许可的其他公民，可以受委托为代理人。

委托代理的主要特点是：第一，代理权的产生是基于当事人、法定代理人或者法定代表人的授权。委托代理权来自于被代理人的委托行为。

如果当事人有请求国家行为能力，当事人可以亲自委托；如果当事人没有请求国家赔偿行为能力，由其法定代理人进行委托。法人或者其他组织作为当事人的，应当由法人的法定代表人或者其他组织的主要负责人进行委托。第二，被代理人既可以是公民即自然人，也可以是法人、组织。与法定代理中的被代理人不同，被代理人不仅仅包括自然人，而且还包括法人或者其他组织。第三，委托代理人的范围较为广泛。委托代理人的范围不仅仅局限于具有亲权或者监护权的人，还包括被代理人认可的律师、单位推荐的人以及经赔偿义务机关许可的其他公民。

根据有关法律的规定，下列人员得作为委托代理人：（一）律师。律师是取得律师职业执照的专职或者兼职律师。律师比较熟悉国家法律，同时具有较为丰富的国家赔偿申请经验。由律师代理国家赔偿可以更好地保护当事人的合法权益，也更有利于保障国家赔偿活动的顺利进行。（二）社会团体。社会团体是指对于当事人负有保护责任的特定团体。例如，消费者协会、妇联、工会等。一般而言，社会团体担任代理人的，由该团体的主要负责人担任委托代理人。（三）提起国家赔偿的公民的近亲属。近亲属与当事人关系密切，对于案件情况比较了解同时得到当事人的信任，能够对当事人的合法权益给予充分的关注和保护。（四）所在单位推荐的人。一般而言，当事人的所在单位对于当事人的情况比较熟悉，同时对于其可能受到的侵害或者不利影响比较关心。因此，当事人所在单位推荐的人可以作为代理人。（五）其他公民。这是指除了上述人员之外，对于赔偿义务机关认可的其他公民，亦得作为委托代理人。

委托代理人的代理权限来自于当事人的授权，应当受到当事人授权的约束，当事人只能在当事人的授权范围内代理当事人进行国家赔偿活动。委托代理人在代理权限范围内为一定行为或者接受一定行为，视为当事人的行为，对当事人发生法律效力。委托代理人具有何种委托代理权限，应当以授权委托书的内容为准。例如，根据日本的《行政不服审查法》的规定，代理人的资格及特别委托，必须以书面形式证明；代理人丧失资格时，被代理人应以书面形式呈报。

根据委托代理权限范围的不同，委托代理可以分为一般委托代理和特别委托代理。一般委托代理是指代理人只能代理被代理人为一般的诉讼行为，不能处分诉讼权利和实体权利。特别委托代理是指，代理人不仅可以为被代理人代为一般诉讼行为，并可以根据被代理人的特别授权，代为承认赔偿请求、变更赔偿请求、放弃赔偿请求、领取赔偿金、受领恢复原状或者进行和解。在日本，根据《行政不服审查法》的规定，每个代理人可以为该请求的一切行为，但是，只有在受到特别委托时，才能撤回赔偿请求。我国台湾地区"国家赔偿法实施细则"第8条规定，委托代理人就其委任之事件，有为一切协议行为之权，但抛弃损害赔偿请求权、撤回损害赔偿请求权、领取赔偿金、受领原状之恢复或连任代理人，非受特别委任，不得为之。

根据有关法律规定，侨居在国外的中华人民共和国公民从国外寄交或者托交的授权委托书，必须经中华人民共和国驻该国的使领馆证明；没有使领馆的，由与中华人民共和国有外交关系的第三国驻该国的使领馆证明；再转由中华人民共和国驻该第三国使领馆证明，或者由当地的爱国华侨团体证明。

委托代理权成立之后，委托人可以改变原来授予的代理权限范围，包括扩大或者缩小原来的代理权限范围。委托代理权被授予之后，除非有特定原因，该委托代理权并不消灭，即代理权不因本人死亡、破产或行为能力丧失而消灭。但是，在下列情形下，委托代理权消灭：①国家赔偿程序终结。国家赔偿程序终结意味着国家赔偿已经完全结束，委托代理的任务已经完成，诉讼代理权即告消灭。②委托代理人死亡或者丧失请求国家赔偿行为能力。③委托代理人解除委托或者代理人辞去代理。这是由于在这种情况下委托人和代理人之间的代理关系不复存在，委托代理权因失去基础而消灭。

第三节　外国人请求权人

如果外国组织或者个人受到本国公权力机关行为的侵害的，能否提起国家赔偿，争议并不大。以国家赔偿的原理而论，无论是本国人还是外国人，在受到公权力机关侵害时，应当具有同样的寻求救济的机会。同时，由于有的国家还没有国家赔偿制度或者对外国人的请求权予以限制，导致了相关国家采取了对等的措施。这并非一个理论问题而是一个政策选择的问题，各国根据各国的具体情况予以规定。正如有的学者所称的，对于外国人作为请求权人的规定，政治意义远远大于法律意义。①

一、关于外国人的赔偿请求权问题

外国人作为赔偿请求权人，一般受到两个原则的支配：

1. 平等原则。

平等原则是指不论外国人的国籍国是否有法律、条约或者惯例的规定，也不论该外国对本国是否有对特定的权利保护的规定，凡是涉及国家赔偿法规定的请求权的事项，无论外国人还是本国人，均可以作为国家赔偿请求权人一体适用。也就是说，不论本国人还是外国人，无论该国法律是否对本国公民赋予了国家赔偿请求权，均可以依照本国的法律请求国家赔偿。

现今世界上，采取这一规定方式的只有美国。根据美国《联邦侵权赔偿法》的规定，任何人，不论是自然人还是法人，不论其有无国籍，有无外交承认，由于政府职员执行职务的作为或者不作为有疏忽和过错引起了财产的损失、人身的伤害或者死亡，只要其案件在《联邦侵权赔偿法》规定的范围以内，都可以作为请求政府赔偿的请求权人。美国联邦第四上诉法院更指出，联邦侵权赔偿法既无任何规定足以拒绝对外国保险人给予代位求偿所涉及的基本正义，外国保险人以代位权人的身份依该法诉请联邦政府赔偿，自无不予准许之理。② 可见，美国对于外国人

---

① 虞舜：《国家赔偿法析论》，载《法令月刊》，第31卷第10期。
② 参见 United State v South Caushina State Highway Dept 一案。另可参见施文森《保险人对国家之代位赔偿》，载《法令月刊》第54卷第7期；王和雄：《国家赔偿法请求权人之研究》，载《法令月刊》第35卷第7期；王和雄：《国家赔偿法之比较》，载《法律评论》第50卷第1期。

的保护最为宽泛，比较符合平等保护的法律原则。此外，委内瑞拉宪法（1961年1月23日）第47条规定："委内瑞拉国民和外国人可以就当局执行职务中的违法侵权造成的损害、损失或者剥夺，向共和国、州或者自治区要求赔偿。除此之外，不得提出。"该条似乎也是贯彻平等原则的规定。

2. 相互保证原则。

相互保证原则是指外国人是否可以为国家赔偿请求权人，以该外国人的本国法是否对其所在国人在该国予以法律保护而定。如果外国人在甲国申请国家赔偿，甲国要看该外国人的本国法是否对甲国公民的国家赔偿请求权予以限制，如果外国对甲国人进行限制的或者外国没有国家赔偿制度的，甲国对该外国人的国家赔偿请求也予以限制或者不准许其申请国家赔偿。这主要是基于国际法上的主权平等和互惠原则而作出的规定。在实行相互保证主义的国家，在具体的立法例上也有一定的不同。主要有四种方式：

一是仅仅规定相互保证主义而没有规定其他条件。例如，日本《国家赔偿法》第6条规定，本法于外国人为被害人时，以有相互保证者为限，适用之。韩国《国家赔偿法》第7条规定，本法于外国人为被害人者，以有相互保证者为限，适用之。德国《官吏国家责任法》第7条规定，外国国民仅在下述情形下享有本法所规定的赔偿请求权，即根据联邦法律公报上刊登的德国首相的公告对等原则，已由该外国的立法或已通过国家条约得到保证。

二是以互惠条约存在为条件。例如，奥地利《国家赔偿法》第7条规定，外国人以其本国与我国有互惠条约者为限，得行使本法之请求权。再比如，德国《羁押赔偿法》第12条规定，本法之规定，得适用于外侨，但以根据联邦政府公报所公布之本国法律或者按照国际公约之规定，享有互惠待遇者为限。

三是以外国是否给予相对价值的损害赔偿为条件。例如，德国《国家赔偿法》第35条第1款规定，联邦政府可制定法令确立对等原则，如果德意志联邦共和国或者德国人就相应地损害根据外国法律得不到同等的损害赔偿时，该外国和其在本国适用地区内设有住所或者居所的国民，不享有本法请求权。外国法人、公司、民事或者商事社团与外国国民同；对于法人等事实上的地址，或在章程有规定时，章程中的地址与住所或居所同。

四是以外国是否予以保护和限制本国人权利为条件。例如我国《国家赔偿法》第40条的规定。

二、我国《国家赔偿法》关于外国人和外国组织的请求权的规定

我国《国家赔偿法》第40条规定："外国人、外国企业和组织在中华人民共和国领域内要求中华人民共和国国家赔偿的，适用本法。外国人、外国企业和组织的所属国对中华人民共和国公民、法人和其他组织要求该国国家赔偿的权利不予保护或者限制的，中华人民共和国与该外国人、外国企业和组织的所属国实行对等原则。"这一规定中，第一款规定回答外国人或者外国组织请求赔偿是否可以适用本法的问题；第二款规定对等原则，是对第一款的限定。其中包括了两个方面的内容：

（一）平等原则

外国人是指居住在一国境内，但不具有该国国籍的人，包括具有外国国籍的人和无国籍的人。有的学者认为，我国的《国家赔偿法》对于无国籍人的赔偿请求权保障问题没有予以规范。[1] 这其实是一种误解，在国际法学上，外国人的概念相当于"非本国人"，其中包括了无国籍人。外国企业或者组织是指具有外国国籍的企业或者组织，包括外国法人组织和非法人组织。本条第一款的规定包括两层意思：

第一，原则上，外国人和外国组织权利受到同等保护。我国《宪法》第32条规定："中华人民共和国保护在中国境内的外国人的合法权利和利益，在中国境内的外国人必须遵守中华人民共和国的法律。"保护外国

---

[1] 廖原：《论我国国家赔偿请求权的完善》，载《武汉冶金管理干部学院学报》第17卷第4期（2007年12月）。

人和外国组织在我国的合法权益,是一项国际义务,同时也是保护中国人和组织在外国的合法权益的必要条件之一。因此,外国人、外国组织的合法权益如受到中国国家机关及其工作人员在行使职权时的侵害并造成损失的,可以按照本法的规定(包括实体规定和程序规定)请求国家赔偿,而不能因其不具有中国国籍而拒之门外。本法的这一规定体现了我国社会主义法制的平等原则,表现了对不同国籍的当事人,都一视同仁、一律平等。[1]

第二,外国人或者外国组织请求国家赔偿,只能依照我国的法律规定请求赔偿,而不能按照外国人或者外国组织的国籍所在地的法律或者任何第三国的法律请求赔偿,不能因为某些国家赔偿数额高而要求适用某国规定进行赔偿。如果允许这样,实际上就是承认治外法权和早已废弃的臭名昭著的"领事裁判权",也是对于国家主权原则的侵犯。

(二)对等原则

对等是指在两者之间,一方给予对方,对方予以回报的关系中,给予的内容和回报的内容处于平衡状态。[2] 我国赋予外国人或者外国组织的赔偿请求权,并不是无条件的或者绝对的。这个条件就是,外国人或者外国组织的所属国对中华人民共和国公民、法人或者其他组织要求该国国家赔偿的权利给予同样保护或者没有设定限定限制条件。如果所属国对中华人民共和国公民、法人或者其他组织要求该国国家赔偿的权利不予保护或者加以限制,我国也不应保护或者加以限制。这是对等原则的要求。对等原则是国际关系中的一项基本原则,也是对外处理国际事务的一项基本外交政策。在《国家赔偿法》中规定对等原则,是国家主权原则的具体体现。在国家赔偿领域实行对等原则,一方面是为了维护我国的国家主权,另一方面也是为了保护我国公民、法人或者其他组织在外国的权益。

---

[1] 胡康生主编,全国人大常委会法制工作委员会民法室编著《〈中华人民共和国国家赔偿法〉释义》,法律出版社1994年版,第85-86页。

[2] 同上书,第86页。

三、外国人请求国家赔偿的条件

外国人请求赔偿的条件主要是:

(一)须为外国人

如前所述,外国人是本国人的对称,在概念上是指非本国的人。在外延上,外国人包括外国国籍的人,无国籍的人、双重国籍的人,此外,外国人不仅包括外国自然人,也包括外国的法人或者组织。关于外国人,主要讨论以下两个问题:

1. 无国籍人是否具有国家赔偿请求权。

对于无国籍人而言,是否具有国家赔偿请求权存在争议。主要存在三种意见:第一种意见认为,应当按照国际私法的适用规则决定是否有国家赔偿请求权,即根据国际私法规则,先确定无国籍人适用哪国的法律,再根据特定的法律决定是否赋予国家赔偿请求权。国际私法上,确定无国籍人的本国法的一般做法是:如该无国籍人有住所则以其住所地国为其本国法,无住所则以其居所为其本国法。例如,根据《民通意见》第181条的规定,无国籍人的民事行为能力,一般适用其定居国法律;如未定居的,适用其住所地国法律。再比如,我国台湾地区的《涉外民事法律适用法》第27条规定,依本法应适用当事人本国法,而当事人无国籍时,依其住所地法,住所不明时,依其居所地法。论者主张按照国际私法的原则确定无国籍人的本国法后,再根据本国法的规定确定是否赋予其请求权。[①] 第二种意见认为,无国籍人因为其没有本国,更无法查明本国的法律规定,因此不能赋予其国家赔偿请求权。第三种意见认为,由于无国籍人并没有本国,无法根据其本国法律判明是否有相互保证的规定,因此,为了保障其在居住国的权益,应当赋予其与本国公民相同的国家赔偿请求权,否则将成为没有法律保护的人。

我们认为,国家赔偿法的主要目的在于慰抚当事人由于公权力机关

[①] 陈智立:《论国家赔偿法适用外国人之规定》,载《财税研究》(台刊)第13卷第4期。

的行为而导致的损害。无国籍人实际上并无国籍，因此不能适用相互保证的规定而排除其国家赔偿救济权。国际私法上关于无国籍人的本国法的确定，主要是解决涉外民事行为如何适用的问题，而非解决国家赔偿请求权的问题。倘若依照国际私法确定的"本国"对适用法律的国家的公民采取限制性规定的，必然导致该无国籍人无辜遭受剥夺国家赔偿请求权，这不符合人道主义原则和保护人权的宗旨。

2. 双重或者多重国籍的人如何确定其国家赔偿请求权。

双重或者多重国籍的人因其国籍可能涉及两个以上，该本国法也涉及多个。如果多个本国法之间，对于相互保证的规定并不相同的，如何确定其国家赔偿请求权。例如，某多重国籍人的本国法涉及甲国法、乙国法和丙国法，如果甲国没有关于国家赔偿的法律，乙国对外国人行使国家赔偿请求权作出限制、丙国国家赔偿法上有相互保证的规定，此时，三个国家对相互保证的规定并不相同，其中丙国的规定对于保障其合法权益更为有利，应当认为某多重国籍人的本国法为丙国法。我国《民通意见》第182条虽然规定："有双重或多重国籍的外国人，以其有住所或者与其有最密切联系的国家的法律为其本国法。"但是，该规定仅仅适用于涉外民事法律关系，不能适用于国家赔偿法律关系。

（二）须该外国人的本国法有相互保证的规定

该外国人的本国法须有相互保证的规定，其国家赔偿请求权才得适用。但是，各国的相互保证的规定并不一致，对于何谓"不予保护"、何谓"限制"情形的理解亦不相同，从而产生了一系列的争议。主要有以下几个问题要讨论：

1. 国家赔偿的原则不同时，如何适用？

"国家赔偿的原则不同"主要包括两种情形：第一种情形是外国法关于国家赔偿的原则较我国为宽，例如，某国的国家赔偿的原则是过错责任原则，较我国的违法归责原则为宽；第二种情形是外国法关于国家赔偿的原则较我国为窄，例如某国的国家赔偿的原则为只有特别法律规定才能赔偿等。此时，如果外国法规定的较我国为窄，在该国对我国限制或者不予保护的范围内,对该外国人不承担赔偿责任;如果外国法规定的国家赔偿的原则较我国为宽的,对该外国人适用我国的规定。如果对该外国人实行比我国公民较宽的赔偿,将导致我国公民和外国人在我国法律面前的不平等。不过,此时,由于我国的归责原则更为严格,一般也会导致该外国对我国公民采取限制性的赔偿。

2. 国家赔偿的方式、标准不同时,如何适用?

有的国家的国家赔偿制度在国家赔偿方式、标准上适用民事赔偿的规定。例如,美国《联邦侵权赔偿法》第2674条规定:"美国联邦政府,依据本法关于侵权行为求偿的规定,应在同等方式和限度内,与私人一样承担民事责任,但是其责任不及于判决前的利息或者惩罚性的赔偿金。"而根据我国的《国家赔偿法》的规定,国家赔偿按照人身权、财产权确定不同标准的金额。国家赔偿的金额往往小于民事赔偿。此时,如果外国法的国家赔偿方式和标准较我国为宽时,外国人和我国公民一样按照国家赔偿法的规定予以赔偿;如果外国法的国家赔偿方式和标准较我国为窄时,意味着该国也将对我国公民采取限制性的保护或者拒绝保护,此时,在该国限制我国公民国家赔偿权利保护范围内对该外国人予以保护。

3. 国家赔偿的赔偿程序不同时,如何适用?

各国对于国家赔偿的程序有着不同的规定,例如有的国家规定协议先行程序,有的国家规定直接向法院起诉要求赔偿。我国《国家赔偿法》对于赔偿程序作了明确的规定。一般来说,国家赔偿的程序并不会必然导致本国公民在外国的实体权益受到限制。因此,对于国家赔偿的程序,无论本国人和外国人,均适用我国《国家赔偿法》上规定的程序。

4. 有无相互保证的判断基准不同时,如何适用?

有没有关于相互保证的规定,应当以何时作为判断基准,各国规定均有不同。有的国家规定,赔偿决定以作出公权力行为时为基准时,有的国家规定,赔偿决定以请求国家赔偿时为基准时等。考虑到对于请求权人的保护,一般来说,应当以请求损害赔偿作为判断相互保证的基准时。

5. 相互保证的举证责任不同时，如何适用？

对于相互保证的举证责任，各国规定均存在一定程度的差异。有的国家认为相互保证的举证责任应当由原告承担。例如，根据日本的判例，国家赔偿法上关于对外国人以相互保证为条件，赋予同法上的请求权，亦即把通条解为是外国人同法上权利根据的规定，并无不当。因此，相互保证存在之主张本身，应认为构成请求权的原因。据此，有的学者认为，相互保证是否存在，是外国人损害赔偿请求权发生的原因，必须由原告来承担。有的国家认为相互保证的举证责任应当由被告来承担。理由是，由原告承担相互保证的举证责任，未免负担太重，且该外国人可能由于出国日久，对于本国法律和居住国法律均了解不多，由其承担举证责任，有可能不利于其合法权益的保护。我们认为，我国的公权力机关没有义务了解外国法律中有关相互保证的规定，这一规定并非赔偿义务机关要适用的法律规范，因此，对于这一争议事实，属于事实问题，应当由原告来承担举证责任。

第三十章 时效制度

第一节 时效制度概述

一、时效的概念和要素

(一) 时效的概念

时效制度（praescriptio；prescription）最早起源于罗马法。时效制度始于《十二铜表法》的规定，该法为了补救罗马法中财产转让过于繁琐的缺陷，创设了取得时效（sucapio）制度。在罗马法上，时效制度最早用来解决民事纠纷。民事诉讼最初是没有期限的，只有在裁判官诉讼中才受到时间的限制。一般是一个用益年。随着裁判官管辖权的发展，民事诉讼出现了无期限诉讼（actionsperpetuate）和时效诉讼（lemporales）。后一种诉讼主要是以市民法为基础的扩用诉讼和拟制诉讼，此时，如果有人提起对物之诉，被告已经占有土地数年之久，且该占有是正当的情况下（不存在胁迫、欺骗等情形），被告可以采用"长期占有时效抗辩"或"长期取得时效"（exceptio 或者 praescriptio longae possessionis 或 longi temporis）反驳原告的请求。到公元5世纪，特奥多西乌斯二世和霍诺里乌斯帝规定，不在法定期限内起诉的，则失去诉讼救济，但是并不丧失权利。消灭时效完成后，诉权即消灭。可见，罗马法中的时效制度，属于程序法的组成部分，是诉讼消灭的原因之一。当然，时效制度也与罗马法上其他制度，如人格权制度、占有制度和裁判官制度紧密相关。例如，罗马法上的一年诉讼时效与裁判官的任期相一致，从而是某一任期的裁判官审理的案件能够在其任期内解决，这也是其规定1年诉讼时效的主要原因。

近代以来，由于出现了实体法和程序法的并立，时效制度逐步成为了实体法和程序法，特别是有关占有时效（取得时效）和诉讼时效（消灭时效）的重要内容。现代社会，时效制度已经逐步丧失了其最初产生时的土壤，而必须以现行的法律制度为背景来重新认识。一般的观点认为，占有时效不能包括所有的取得时效，诉讼时效也不能包括所有的消灭时效。

国家赔偿法上的时效制度，是指一定事实状态经过一定的法定期间，发生一定法律效果的制度。所谓"一定的事实状态"，在取得时效中，主要是指对方不履行义务或者不主张权利等情形而言，在消灭时效中，主要是指权利不行使等情形而言；所谓"发生一定的法律效果"，通常是指权利义务发生变化，例如获得特定权利或者特定权利消灭等。

（二）时效的要素

可见，时效制度是由三个要素所组成：

一是一定事实状态的存续。对于请求权人而言，一定事实状态的存续是指请求权尚未取得或者尚未消灭这一事实状态的存续。例如，某请求权需要经过特定程序才能获得，如果此特定程序尚未经过，该请求权还仅仅是一种可能，在满足特定的条件下（例如一定期间的经过）才能取得请求权。这种尚未取得请求权的状态即为一定事实状态的存续。对于与请求权人相对的一方而言，一定事实状态的存续则是指相对方怠于履行义务或者不主张相应的权利。

二是一定时间的流逝。一定时间的流逝是指一定期间的经过。这就意味着时效的取得或者灭失并非即时取得，而必须满足一定时间的持续这一条件。例如，请求权的取得时效一般以一定时间的流逝推定特定公权力机关拒绝而取得请求权；请求权的消灭时效一般以请求权人怠于行使自己的权利经过一段时间的流逝后请求权消灭。

三是一定的法律后果的产生。一定的法律后果是指请求权的获得或者消灭。在请求权时效取得的情形下，法律后果是当事人取得了特定的请求权；在请求权消灭的情形下，法律后果是当事人特定的请求权消灭，当事人不能再行依据请求权提出请求。

二、时效的分类

时效的最基本分类是取得时效和消灭时效。有一种观点认为，取得时效是物权取得的方法，而消灭时效是请求权消灭的原因。[①] 这种观点实际上还是将取得时效等同于占有时效，将消灭时效等同于诉讼时效。这种观点的一个重大的理论缺陷是将取得时效归于实体问题，而将诉讼时效归于程序问题，既然两者并非同一个层次，也就没有并列讨论的前提。我们认为，对于时效而言，不论是取得时效还是消灭时效，均有实体问题和程序问题的存在。无论是在实体法上还是在程序法（包括诉讼法）上均有讨论时效的必要。

（一）取得时效

取得时效是指一定的事实状态经过一定期间的持续而取得某种权利。例如，我国《国家赔偿法》第 13 条第 1 款规定："赔偿义务机关应当自收到申请之日起两个月内，作出是否赔偿的决定。"第 14 条第 1 款规定："赔偿义务机关在规定期限内未作出是否赔偿的决定，赔偿请求人可以自期限届满之日起三个月内，向人民法院提起诉讼。"这就是说，如果赔偿义务机关逾期不予赔偿（一定时间的经过），赔偿请求人即可获得向人民法院提起诉讼的请求权（法律后果）。再比如瑞士《关于联邦及其机构成员和公务员的责任的瑞士联邦法》第 20 条规定，如果联邦驳回请求，或者被害人在 3 个月内没有得到答复，被害人可以在其后 6 个月内因请求权丧失而提起诉讼。即被害人在 3 个月内没有得到答复（一定时间的经过），可以在其后 6 个月内因请求权丧失而提起诉讼（法律后果）。

（二）消灭时效

消灭时效是指一定事实状态经过一定的期间而是权利主体丧失某种

[①] 柳经纬：《关于时效制度的若干理论问题》，载《比较法研究》2004 年第 5 期。

权利的制度。例如，我国《国家赔偿法》第 39 条规定："赔偿请求人请求国家赔偿的时效为两年，自国家机关及其工作人员行使职权时的行为被依法确认为违法之日起计算，但被羁押期间不计算在内。"请求权在国家机关及其工作人员行使职权时的行为被依法确认为违法之日起 2 年内没有提出申请（一定期间的经过），赔偿请求权即归于消灭（一定法律后果）。再比如，德国《刑事追诉措施赔偿法》第 10 条第 1 款规定，国库赔偿义务被正式确认后 6 个月内，权利人向参与一审调查的检察官申请赔偿权。如果由于权利人自己的过错延误期限的，即丧失权利。此时，国库赔偿义务被正式确认后 6 个月内权利人没有申请赔偿（一定期间的经过），则丧失国家赔偿的请求权（一定法律后果）。

三、时效的客体

（一）请求权作为时效的客体

在国家赔偿法上，时效的客体一般研究请求权。不论取得时效还是消灭时效，其针对的客体均是请求权。所谓请求权，是指通过特定程序要求他人为一定行为或者不为一定行为的权利。请求权是以权利的作用为划分标准的，与之对应的权利是支配权、抗辩权和形成权，后三者均不是时效所针对的客体。

对于支配权而言，支配权主要是物权、人格权、身份权，其本身不受时效的限制。物权权利人占有、支配自己物的权利，无论时间长短，无碍于社会和他人利益，故无适用时效的必要。但是，如果自己所有的物被非法占有或者损坏，则权利人所享有的返还财产、恢复原状以及因此不能返还产生的损害赔偿权，应当适用时效制度。原因在于此类要求返还的财产极容易为非法占有人以出卖、拍卖等方式转让给第三人，为了维护财产关系的稳定，得适用时效的规定。人格权和身份权在性质上属于支配权，是公民作为法律主体存在的基础，丧失或者部分丧失这部分权利，法律主体就不复存在或者人格尊严受到非法侵害。对于人的价值予以保护是现代法治社会的根本宗旨，对于人身权的保护自然不应当适用时效的规定。

对于抗辩权而言，抗辩权是指权利人用以对抗他人请求权的权利。例如先履行抗辩权、同时履行抗辩权、不安抗辩权等。此种权利以对方请求权的存在为前提。在对方请求权存在的期间，抗辩权不因时效而消灭，如果对方的请求权已经超过时效的，该请求权不复存在，该抗辩权亦无适用时效的必要。

对于形成权而言，形成权是指权利人得以自己单方的意思表示干预他人的法律关系。撤销权是最典型的形成权。为了促使形成权尽快行使，我国《民法通则》规定了一定期间不行使权利就不复存在的期间，即除斥期间（不变期间）。除斥期间与时效亦不相同，形成权不适用时效的规定。

请求权包括了诉权，即诉权仅仅是请求权的一种。把诉权作为时效的客体也不妥当。理由是：第一，诉权是诉讼时效的客体，而诉讼时效只是时效制度的一种；第二，请求权不仅包括诉权，还包括请求赔偿义务机关赔偿的权利、请求确认公权力行为违法等诸多权利，诉权的概念不能涵盖上述内容。从这个意义上讲，请求权作为时效的客体能够涵盖绝大多数的情况。

（二）请求权不能作为时效客体的情形

但是，并非所有的请求权都能够成为请求权的客体，有个别的请求权，根据其性质和考虑时效制度的功能，不应当适用时效制度。主要包括以下几种情形：

1. 基于物权产生的停止侵害请求权、排除妨害请求权、消除危险请求权。

如前所述，我国的国家赔偿请求权是一种广义上的请求权，包括了结果排除请求权、公法上的返还请求权、公法上无因管理所生的请求权等请求权。例如，我国《国家赔偿法》上规定的恢复原状属于结果排除请求权、返还财产属于公法上的返还请求权等。由此可知，我国《国家赔偿法》上对于上述请求权是予以保护的。对于恢复原状的请求权是否适用时效的规定，大多数国家或者地区都持肯定态度。例如，德国《国家赔偿法》第13条第1款对恢复原状的请求权的时效作了规定。我国台湾地区"国家赔偿法"第7条规定："国家负损害赔偿者，应以金钱为之。但以恢复原状为适当者，得依请求，恢复损害发生前原状。"其后，又在该法第8条规定了包括上述两项请求权的时效。一般来说，结果排除请求权还包括了停止侵害请求权、排除妨害请求权、消除危险请求权等请求权，那么，对于这些请求权是否也适用时效的规定呢？

基于物权产生的停止侵害请求权、排除妨害请求权、消除危险请求权有两个特点：一是侵害行为往往具有持续性。例如，公民要求行政机关拆除在房屋旁边的违章建筑，尽管该妨碍已经年深日久，对方妨碍已经多年，行政机关亦不得以该房屋已经存在多年，公民的请求已经超过时效为由不予理睬。因为妨害行为一直处于持续状态，公民可以在任何时间请求排除妨害。再比如，行政机关在附近建设一座核辐射的建筑物，公民得在任何时间要求消除此危险，行政机关亦不得以超过请求权时效的理由予以拒绝。二是由于侵害行为的发生具有持续性。因此，即便适用时效也难以确定时效的起算点。

此外，从这三项请求权的性质来看，也无适用时效的必要。首先，停止侵害请求权不适用时效规定。按照时效的计算方式，在发生持续性的侵害行为时，时效的期间并非从行为开始之时进行计算，而应当从侵权行为终了或者行为结果发生之时开始计算，此时，如果侵害行为正在进行，停止侵害请求权自然存在；如果侵害行为已经停止的，则没有请求停止侵害的必要。其次，排除妨害请求权和消除危险请求权，只要对物权构成的妨害或者危险继续存在，物权权利人请求加以排除或者消除都不会过时，如果危险或者妨害已经消除，自然也不会发生排除妨害请求权或者排除危险请求权。

2. 基于侵害人身权产生的停止侵害权、消除危险请求权、消除影响请求权。

此类请求权一般不包括财产内容，对于连续性的侵害行为，公民得在任何时间请求救济，否则，如果以时效限制，则意味着认可侵害人身权的行为经过一段时间之后便转为合法或者无法通过国家赔偿予以救济。因此，这类请求权亦不适用时效的规定。

对于基于亲属关系产生的请求权，争论比较大。这类请求权主要是涉及亲属关系。按照时效理论的一般观点，对于亲属关系的确认请求权不适用时效制度。但是，对于亲属关系的确认并非国家赔偿请求权的内容。行政机关如果对亲属关系作出确认的，可以依照行政复议和行政诉讼途径解决；法院如果对亲属关系作出裁判的，依照《国家赔偿法》的规定，民事裁判的"错判"不属于国家赔偿的范围。因此，对于基于亲属关系产生的请求权，一般来说，并不涉及国家赔偿的时效。但是，如果基于亲属关系产生的抚养费请求权、赡养费请求权等，有的学者认为，这类请求权因为具有持续性且涉及社会善良风俗，也不应当适用时效的规定。在国外，对于涉及财产的身份权请求权，一般适用时效制度。[①] 我们认为，这类请求权属于涉及财产损失的侵权之债的请求权，应当按照《国家赔偿法》的规定适用时效制度。

我国《国家赔偿法》并没有按照当事人的请求权对时效制度进行设计。在许多国家，当事人的请求权不同，其是否适用时效以及适用时效的长短均有所不同。例如，德国《国家赔偿法》第13条规定了请求权的消灭："1. 第2、3条和第9条所指的请求权，从受害人知悉损害并且知悉因其行为引起请求权的官署和机构起3年后消灭，不论是否知悉，该请求权从损害行为发生时起30年后消灭。第3条第1款第2句（回复原状）情形中对因状态改变所致损害的知悉，可代之以对使状态违法的情况的知悉。第5条第1款规定的期限，在法院裁判被撤销时开始，对积欠的定期金的请求权在定期金到期后4年消灭。2. 民法典第203条、第205条、206条第1款第1句和第2款、第207条第1句、第208条、第209条第1款和第2款的第3项至第5项，第211条、第212条、第215

---

① 程啸、陈林：《论诉讼时效客体》，载《法律科学》2000年第1期。

条至第 219 条的规定准用于本法。"上述内容是德国《国家赔偿法》针对要求支付赔偿金和要求恢复原状的请求所作的时效规定。如果受害人针对其他请求权的，则类推适用《民法典》的有关时效的规定。

在与国家赔偿请求权相对应的赔偿方式方面，我国《国家赔偿法》实行的是以给付赔偿金为主，其他赔偿方式为辅的赔偿制度。但是，并没有根据当事人的请求权的种类设定不同的赔偿方式和时效，我国的国家赔偿请求权是一个笼统的、概括的概念。在将来修订《国家赔偿法》时，可以将请求金钱赔偿和恢复原状设定一个时效，其他请求权可以不适用或者另行参照适用《民法通则》规定的时效，以便更加充分地保护国家赔偿请求权人的合法权益。

四、时效的效力

时效的效力是指时效完成后在法律上产生的后果。时效的效力直接反映着时效的社会价值功能和法律特性，界定着法律通过时效制度对请求权进行赋予或者限制的程度和范围。

（一）关于时效效力的几种主张

从狭义上讲，效力的含义是指某种法律事实的发生对于权利义务关系的影响。从广义上讲，效力的含义是指法律上的约束力。时效制度是一种强行法性质的规定，不能由当事人合意排除，其法律约束力自然存在。因此，时效效力主要明确时效时点来临时，将对权利义务产生何种影响。一般认为有以下三种类型：

1. 实体权利取得或者消灭主义。

实体权利取得或者消灭主义的观点为德国学者温德雪德（Windcheid）首倡。根据时效分为取得时效和消灭时效，有的观点认为，时效的效力可以分别为实体权利取得主义和实体权利消灭主义。该种观点认为，时效的经过可能导致实体权利的取得或者消灭。以消灭时效为例，时效届满，国家赔偿的侵权之债就随之消灭，基于其上的请求权也同时消灭。即时效的效力直接消灭实体权利，权利人无权再接受国家赔偿义务机关履行的义务，如果权利人在时效期间届满之后再接受赔偿义务机关的义务的，将构成不当得利。例如，日本的时效效力依照民法的规定，日本的《国家赔偿法》第4条规定，国家或公共团体之损害赔偿责任，除前三条之规定外，依民法之规定。而日本《民法典》第67条规定：债权因10年间不行使而消灭，债权或所有权以外的财产权，因20年间不行使而消灭。

2. 请求权取得或者消灭主义。

请求权取得或者消灭主义的观点为德国学者萨维尼（Savigny）首倡。该种观点认为，时效届满仅产生取得请求权或者消灭请求权的效果，实体权利并不消灭。依照请求权的性质，可以分为提起请求权的权利和满足请求权的权利。例如，提起请求权的权利在诉讼中体现为起诉权，满足请求权的权利体现为胜诉权。请求权消灭主义在诉讼中表现为"胜诉权"，有的学者认为，胜诉权是与起诉权相对应的一个概念。在权利人起诉后，义务人可能行使拒绝履行的抗辩权而导致权利人败诉，但是义务人可能抛弃的是小利益，不行使时效已经届满的抗辩权而导致权利人胜诉。[1] 例如，法国《民法典》第262条规定，一切物权或者债权的诉权，均经30年的时效而消灭，援用此时效者无需提出权利证书，他人亦不得对其提出恶意的抗辩。在行政诉讼中，时效届满的，丧失的也是起诉权。[2]

3. 抗辩权消灭或者取得主义。

抗辩权消灭或者取得主义的观点为德国学者欧特曼（Oertmann）首倡。该种观点认为，时效届满产生抗辩权消灭或者取得抗辩权的效果。以抗辩权取得为例，时效届满，国家赔偿义务本身虽然没有消灭，请求权也没有消灭，但是此时请求权人取得了拒绝履行国家赔偿义务，可以以时效届满为由，拒绝履行国家赔偿义务。但是，如果国家赔偿义务机关自动履行的，视为抛弃其抗辩权，该履行应当为有效。最典型的是德

---

[1] 刘贵祥：《诉讼时效若干理论与实务问题研究》，载《法律适用》2004年第2期。
[2] ［法］让·里韦罗、让·瓦利纳著：《法国行政法》，商务印书馆2008年版，第836－837页。

国的《民法典》第222条规定的，消灭时效完成后，义务人有拒绝给付的权利。此处的"拒绝给付的权利"即为抗辩权取得的表现。

在上述三种观点中，实体权利取得或者消灭主义的优点在于能够及时明确实体权利和时效利益的归属，但其缺陷也比较明显，对于诸如请求权等程序性的权利解释力不足，没有回答请求权的归属问题。抗辩权消灭或者取得主义，实际上是从实体权利的方面来论证实体权利的取得或者消灭，即抗辩权取得的情形下，实体权利也相应消灭。正因为如此，实体权利取得或者消灭主义、抗辩权消灭或者取得主义均不能解释在程序性权利情形下，请求权取得或者消灭的问题。

学术界还有一种观点认为，应当根据国家赔偿的不同程序界定其不同的效力：如果国家赔偿系根据《国家赔偿法》进行国家赔偿，应当参照民法规定采抗辩权主义；如果法律规定时效消灭则请求权消灭的，应当采请求权消灭主义；如果其他法律没有规定时效的效力，但规定适用《国家赔偿法》的，应当采《国家赔偿法》上的抗辩权主义；如果国家赔偿请求权系依据其他法律规定，而其他法律没有规定时效的效力，且没有规定适用《国家赔偿法》的，按照《行政程序法》中关于请求权消灭主义处理。[①] 这种观点是基于我国台湾地区"国家赔偿法"采抗辩权主义所作出的判断，并且根据法律的不同规定作出具体分析，可作借鉴。

（二）国家赔偿的时效效力——请求权消灭

综上，我们认为，时效效力应当采请求权消灭或者取得主义。理由是：

以消灭时效为例，无论何种立法例，时效届满的后果主要体现为，在一般情况下，如果时效期间届满的，当赔偿请求人请求赔偿义务人履行时，赔偿义务人得以时效届满为由拒绝履行赔偿义务；如果赔偿义务人抛弃时效利益履行赔偿义务的，该项履行仍然有效，赔偿义务人并不能以不当得利为由主张返还。例如，我国《国家赔偿法》第39条规定："赔偿请求人请求国家赔偿的时效为两年，自国家机关及其工作人员行使

---

① 林锡尧：《国家赔偿法之分析与检讨》（下），载《台湾法学》总第77期（2005年12月）。

职权时的行为被依法确认为违法之日起计算，但被羁押期间不计算在内。"此时，由于2年的时效经过，赔偿请求权人的请求权消灭。如果时效已过，虽然请求权消灭了，但是如果赔偿义务机关抛弃此时效利益，履行对请求权人赔偿义务的，赔偿请求人获得的赔偿，并不能视为不当得利。也就是说，赔偿请求权人的实体权利仍然得到保护，没有因时效经过而灭失，灭失的仅仅是请求权。

在取得时效的情况下，请求人获得的也仅仅是请求权，而非实体权利。例如，在请求权取得的情形下，如果期限届满，请求权人将获得请求权。我国《国家赔偿法》第14条第1款规定："赔偿义务机关在规定期限内未作出是否赔偿的决定，赔偿请求人可以自期限届满之日起三个月内，向人民法院提起诉讼。"此时，由于赔偿义务机关不予赔偿，期间经过后，赔偿请求权人获得向人民法院起诉的请求权。

可见，时效的适用仅仅是在请求人行使请求权之时，如果请求人不请求的，自然也没有适用时效的必要。因此，时效总是针对请求权的或者时效的客体应当是请求权，而非实体权利。时效的适用不仅仅是在诉讼程序中，还可能是非诉讼的国家赔偿程序中，因此将时效的效力局限在胜诉权的观念也是不全面的。实际上，请求权的概念也正是温德雪德在对罗马法诉权制度进行研究之后创立的，用以区别诉权，只不过他指的请求权是指实体法上的主张权利。

值得注意的是，这里的请求权的取得或者消灭是指提起请求权的权利，而非满足请求权的权利。提起请求权是一种程序上的权利，在诉讼程序中经常体现为起诉权；满足请求权的权利则是一种实体上的权利，在诉讼中经常体现为胜诉权。在诉讼时效理论中，对于诉讼时效的效力，有人主张胜诉权消灭主义。实际上，时效届满，如果胜诉权已经消灭的情况下，当事人亦不会提起一个名存实亡的、毫无意义的起诉行为。从本质意义上讲，胜诉并非是一种权利，而仅仅是当事人期望获得的诉讼后果。如果诉讼时效届满消灭的是胜诉权，权利人因享有胜诉权那么一起诉就应当胜诉，这不仅不符合诉讼的一般理论，也不符合诉讼实践。

五、时效的功能

时效,顾名思义,是指时间的效力,或者说是时间流逝或者持续的效力。法律对时效作出规定的目的是稳定社会秩序,督促权利人及时行使自己的权利,以及便利赔偿义务机关和人民法院对国家赔偿案件的处理,其根本目的在于及时调整当事人的权利义务关系,维护和保障社会稳定。[①] 时效的功能主要体现在以下几个方面:

(一)有利于督促人们尽快行使权利和履行义务,维护法律关系稳定

建立时效制度以便督促人们尽快行使权利、履行义务是人类的一项重要发明。它利用人类趋利避害的本能,通过设定对权利或者义务主体有利或者不利的法律后果,鞭策、敦促权利或者义务主体尽快行使权利和履行义务。对于消灭时效而言,法律并不保护权利上的睡眠者。在国家赔偿中,请求权人应当及时向赔偿义务机关提出赔偿申请,如果不及时提出申请,时效期间经过后,国家赔偿义务机关得以免除其赔偿义务或者取得相应的抗辩权。在这种情形下,赔偿义务机关由于时效的经过获得时效利益,赔偿请求人则由于不及时行使请求权,从而失去通过国家赔偿程序获得救济的权利。在消灭时效的情形下,时效制度使请求权人产生心理压力,从而促使其积极行使权利;在取得时效的情形下,时效制度则促使公权力机关及时履行相关义务,否则,公权力机关由于不履行赔偿义务,可能导致请求人获得通过诉讼等程序解决国家赔偿纠纷的请求权。

(二)有利于提高公权力机关的工作效率,推动法治进程

时效制度给人类创造的价值是无法估量的。可以说,时效制度是推动历史车轮飞转的加速器。一个没有时效制度的国家一定是一个没有办事效率的国家。遗憾的是,在我国许多法律、法规中,一些公权力机关害怕束缚自己的手脚,在许多环节上,不愿意设置时效制度,致使办事

[①] 胡康生主编,全国人大常委会法制工作委员会民法室编著《〈中华人民共和国国家赔偿法〉释义》,法律出版社 1994 年版,第 83 页。

效率十分低下，群众反映强烈，极大地影响了办事效率。在国家赔偿的时效制度中，取得时效制度对于监督和促进公权力机关公正执法和提高其工作效率有着积极的意义。例如，《国家赔偿法》第25条规定，复议机关应当自收到申请之日起2个月内作出决定。赔偿请求人不服复议决定的，可以在收到复议决定之日起30日内向复议机关所在地的同级人民法院赔偿委员会申请作出赔偿决定；复议机关逾期不作决定的，赔偿请求人可以自期间届满之日起30日内向复议机关所在地的同级人民法院赔偿委员会申请作出赔偿决定。此时，如果复议机关在法定期限内不作决定的，赔偿请求人将取得向同级人民法院赔偿委员会申请作出赔偿决定。这就使复议机关由于其办事低效而失去了将纠纷解决在赔偿义务机关处理阶段的机会。

（三）有利于促进法律关系尽快稳定，维护社会稳定

时效制度又是一种重要的稳定装置。在日益复杂的社会中，一种法律关系的变动，将会引起一系列法律关系的变动。如果某一种法律关系具有变动的可能性，应当使其尽可能地先行变动。时间越长，所牵涉的面就会越大，以至于牵一发动全身。时效制度具有使法律关系及早趋于稳定的功能。另一方面，无论是取得时效还是消灭时效，都存在两种对立的社会关系和法律秩序，这两种社会关系同时也存在相互对立的、相互冲突的利益。时效制度就是在这两种对立的秩序和相互冲突的利益中作出选择。一般来说，时效制度将保护由于时效经过而形成的新秩序。在国家赔偿领域，请求权人不行使赔偿请求权的事实状态长期存在，法律将推定其漠视或者放弃自己的权益，此时，已经形成了相对稳定的社会秩序，法律自然有保护新秩序的必要。

（四）有利于证据的收集和判断，及时解决纠纷

时效制度还具有一种消化纷争、减少冲突的功能。时效制度使人们尽快将争议表面化，及早暴露矛盾，以便在解决纷争的条件存在以及有关证据尚未灭失的情况下，将争议及时解决在复杂化之前。特别是对于一些年代久远的案件，常常因为证据材料的缺失而难以查明事实，此时

时效可以起到替代相应证据的作用，对于时效已经届满的案件，一律确认其请求权消灭或者取得，一则可以避免赔偿当事人举证的困难，同时也可方便法院对于国家赔偿纠纷的处理。

综上，在国家赔偿法中设立时效制度，是各个国家和地区的通例。通过时效制度，可以增强权利人对于权利的自我保护意识，促使赔偿请求人及时行使权利；通过这种制度，可以敦促赔偿义务机关自觉履行赔偿义务，以保障赔偿请求人权利得以实现；通过这种制度，可以使国家赔偿争议及早暴露，从而有利于双方当事人收集提供证据，也有利于处理国家赔偿争议的机关在查清事实的基础上作出正确的裁判，避免因天长日久证据毁损灭失而增加解决争议的难度；通过这种制度，可以尽快地消除赔偿请求人与赔偿义务机关的纷争，使"官"民关系尽快地处于协调状态，使法律关系尽快地趋于稳定，从而促进整个社会的稳定和谐。

第二节　消灭时效

我国《国家赔偿法》上的消灭时效包括：请求时效、申请救济时效和追诉时效，以下分别进行阐述。

一、请求时效的概念和意义

请求时效（limitation of claim），又称请求权时效，可以从两个角度进行定义：一是指请求权人行使请求权期间。根据请求时效制度，如果请求权人在法定期间内不请求赔偿，即丧失依照法定程序获得赔偿的权利。二是指向赔偿义务机关请求赔偿的法定期间及其请求或者不请求的法律后果。但是，如果法律规定不以向赔偿义务机关先行请求为前置条件，则请求时效指向特定的国家赔偿争议处理机关提出争讼请求的法定期间及相应的法律后果。

如果赔偿请求人在法定期间内不依法行使请求权，其法律效果如何？学术界还存在不同的观点。在我们看来，有三点应当注意：

第一，请求权人在法定期间内未向赔偿义务机关或者其他有权机关请求赔偿的，即于期间届满之时丧失请求赔偿的权利。也就是说，请求权人提出赔偿请求对赔偿义务机关没有约束力，请求权人也不能要求其他有权机关强制赔偿义务机关履行赔偿义务。赔偿义务机关此时取得赔偿义务的时效经过的抗辩权，对于此抗辩权，赔偿义务机关可以行使，也可以抛弃。例如，英国《刑事伤害赔偿方案》第4条第2款规定，只有在伤害事件发生的3年之内提出赔偿申请，它才能被接受。但委员会在特殊事件中放弃这一要求的除外。

第二，赔偿请求人在法定期间不行使赔偿请求权，所丧失的是程序上的权利，而非实体上的权利。赔偿请求人的实体权利仍然存在，法律只是拟制其失去了请求有关机关予以赔偿的权利。

第三，赔偿请求人因超过法定期限而丧失请求权以后，赔偿义务机关自动履行赔偿义务的，不得以请求人超过法定期限未提出请求为抗辩理由而要求返还。这说明，请求人的请求权虽然已经消灭，不能通过法定程序主张赔偿权利，但是其本身实体权利并未由于时效经过而灭失。

二、设定请求时效的原理和方法

请求时效制度，是国家赔偿法中主要的或者基本的时效制度，就各国的规定而言，既有共同的方面，也有其相异之处，兹分述如下：

(一) 各个国家和地区关于请求时效制度的共同之处

1. 请求时效一般较民事赔偿为短。

各国关于国家赔偿的请求时效的规定，在以下几个方面具有相同之处：除适用民事赔偿制度的国家外，采用特殊赔偿体制的国家所规定的国家赔偿请求时效，一般都比民事赔偿请求时效为短。例如，根据德国原《民法典》第195条的规定，德国的普通消灭时效为30年。[①] 而根据德国的《国家赔偿法》第13条规定了请求权的一般消灭时效为3年。根

---

① 2002年德国《债权现代化法》在消灭时效上进行了重大改革，将普通消灭时效期间由30年改为3年。

据德国《刑事追诉措施赔偿法》第 10 条的规定，国库赔偿义务被正式确认后 6 个月内，权利人向参与一审调查的检察官申请赔偿权。该法第 12 条规定，向赔偿义务被正式确认后 1 年没有按照第 10 条第 1 款的规定提出申请的，即丧失赔偿申请权。之所以如此，原因在于：第一，相对于民事赔偿来说，国家赔偿更需要请求权人尽快行使权利，以便使公权力法律关系得以处于稳定状态中；第二，基于国家赔偿大多经过了确认等法定程序，请求权人一般知悉，更有理由及时行使权利；第三，国家赔偿更需要及时纠正错误，以免造成更多的不良或者消极影响。

2. 一般期间和特殊期间相结合。

为公平起见，各国在设定时效制度时，大体上都设定若干种期间，而非仅仅设置一种期间。通常都会在设定一个普通或者一般期间之后，另作特殊规定，以便适应某些特殊情况。例如，在法国，一般的对行政赔偿诉讼时效为作出行政行为之后的 2 个月，对于公共工程的损害赔偿诉讼不受一般行政诉讼时效的限制，从理论上讲，受害人可以在 30 年内的任何时候提起公共工程损害赔偿之诉，但是当事人对于国家的侵权之债的时效期间为 4 年，所以公共工程损害赔偿之诉，如果赔偿义务人是国家的，诉讼只能在 4 年内提起。① 再比如，奥地利《关于联邦、州、区、乡镇和其他公法团体和机构在执行法律中造成损害的赔偿责任的联邦法律》第 6 条规定赔偿请求权的时效是自被害人知道损害之日后 3 年，但是决不能少于违法决定或者命令生效之后 1 年。如果被害人不知道损害或者损害是由于一系列的犯罪行为而产生，赔偿请求权的时效为损害发生后 10 年。

3. 时效一般以受害人知悉为起算点。

各国在设定时效制度时，一般都把受害人是否知道损害发生作为一个重要的考虑因素，并且一般都对不知道损害发生的情况作出特殊规定。通常是规定此种特殊情况，不适用一般时效规定，但是不得超过另一个

---

① 王名扬：《法国行政法》，中国政法大学出版社 1988 年版，第 448 页。

较长的法定期间。比如，奥地利《国家赔偿法》第 6 条规定赔偿请求权，自损害的情形为被害人知悉起 3 年，知道违法决定或者处分后 1 年，损害情形为被害人所不知或者损害的发生是犯罪结果的，自损害发生后 10 年时效消灭。这是因为受害人行使请求权必须以知道损害发生为前提，不知道损害事实发生，当事人自然不会行使请求权。

(二) 各个国家和地区关于请求时效的不同之处

各个国家和地区因其设置国家赔偿请求程序的不同，请求时效包含的内容也很不相同。各个国家和地区的请求时效制度在以下几个方面存在不同之处：

1. 关于请求权开始计算的起点。

请求权开始计算的起点主要有以下几种规定：

(1) 规定从侵权行为发生之日起计算。例如，英国《刑事伤害赔偿方案》第 4 条第 2 款规定，只有在伤害行为发生的 3 年之内提出赔偿申请，它才能被接受。在法国，国家赔偿请求权，亦从损害发生之日起，即侵权行为发生之日起计算。[①]

(2) 规定从损害结果发生之日起计算。例如，德国《国家赔偿法》第 13 条规定，第 2、3 条和第 9 条所指的请求权，从受害人知悉损害并且知悉因其行为引起请求权的官署和机构起 3 年后消灭。值得注意的是，这是一个一般性的规定，另外还有一个最长的时效，即不论是否知悉，该请求权从损害行为发生时起 30 年后消灭。

(3) 规定从被害人知悉侵权行为发生时起算。例如，奥地利《国家赔偿法》第 6 条规定，本法第 1 条的请求权，自损害的情形为被害人知悉起 3 年，知道违法决定或者处分后 1 年。

(4) 规定从被害人知悉损害结果发生时起计算。例如，奥地利《关于联邦、州、区、乡镇和其他公法团体和机构在执行法律中造成损害的赔偿责任的联邦法律》（一般简称为《公职责任法》）第 6 条规定，根据

[①] 王名扬：《法国行政法》，中国政法大学出版社 1988 年版，第 734 页。

第 1 条第 1 款的赔偿请求权的时效是自被害人知道损害之日后 3 年，但是决不能少于违法决定或者命令生效之后 1 年。

（5）根据不同情况规定两个以上的起点。例如，瑞士《关于联邦及其机构成员和公务员的责任的瑞士联邦法》第 20 条规定，如果被害人从知悉损害之时起 1 年内没有提出损害赔偿请求权或给予补偿的请求，联邦的责任（第 3 条和以下各条）消灭；无论如何，从公务员的损害行为发生之日起 10 年以后，因不行使而消灭。再比如，我国台湾地区的"国家赔偿法"第 8 条规定，赔偿请求权，自请求权人知有损害时起，因 2 年间不行使而消灭；自损害发生时起，逾 5 年者亦同。第 2 条第 3 项、第 3 条第 2 项及第 4 条第 2 项之求偿权，自支付赔偿金或回复原状之日起，因 2 年间不行使而消灭。

（6）规定一个普通的起点，再规定一个特殊的起点。例如，有的国家在规定了普通的起点外，还作出如果致害行为是一个官方决定、判决或者裁决，则请求权从该决定、判决或者裁决合法送达之日起计算的特殊规定。例如，罗马尼亚《刑事诉讼法》第 505 条第 2 款规定，诉讼可以在宣布免于追诉判决或者签发免予追究刑事处分的命令之日起的 1 年内提出。再比如，前民主德国《国家责任法》第 4 条规定，1. 要求损害赔偿的期限是 1 年。2. 期限是从受害人收到通知之日起计算。通知内容包括损害情况和损害是由国家机关或者行政机构的职员或者代表造成的事实。

2. 关于请求权的存续期间。

各国对于请求权存续期间的规定极不统一，大体上根据不同情况的请求时效，分别具体情况具体规定请求权的存续期间。请求时效最长期间为 30 年，例如，德国《国家赔偿法》第 13 条规定，第 2、3 条和第 9 条所指的请求权，从受害人知悉损害并且知悉因其行为引起请求权的官署和机构起 3 年后消灭，不论是否知悉，该请求权从损害行为发生时起 30 年后消灭。请求时效最短的为 6 个月。例如，美国《联邦侵权赔偿法》第 2401 条（b）项规定，除非于求偿权发生后 2 年内对于有关联邦行政机关以书面提出赔偿请求，或于前述行政机关以挂号或存证方式，就前述请求邮寄终局之拒绝通知之日起 6 个月内提起诉讼，对于美国联邦政府之侵权行为之诉，即归于消灭。

3. 关于特殊情形的设定。

特殊情形的设定因各国的国家赔偿范围、各国法律制度所关注的重点以及在赔偿问题最易出现问题的不同而有所不同。一般来说，特殊情形的设定，或考虑侵权行为的性质或者严重程度；或考虑受害人的知晓情况；或考虑受害原因或者领域等等。

有的国家针对案件数量较多的侵权行为的赔偿作了特殊规定。例如，由于公共工程损害的范围非常广，且公权力机关在建设公共工程中有许多特权，而且公共工程产生了不少危险后果，因此，法国对公共工程损害赔偿的诉讼时效作了特殊规定。例如，法国的公共工程损害赔偿之诉的时效为 30 年，即受害人在 30 年内任何时候都可以提起公共工程损害赔偿之诉，如果赔偿义务人是国家的，时效为 4 年。①

有的国家根据受害人知晓损害的程度，对时效作了特殊的规定。例如，奥地利《国家赔偿法》规定，对于官署的一般侵权行为的赔偿请求时效，为被害人知悉该决议或处分之时起 1 年，损害情形被害人不知或者损害结果由犯罪行为造成的，10 年后消灭时效。

有的国家从维护请求权人的角度，时效一般向后延展。例如，南斯拉夫《刑事诉讼法》第 542 条第 1 款规定，要求赔偿损失的权利在对被告人宣告无罪或者驳回起诉的第一审判决发生法律效力之日起，或者终止诉讼的，第一审裁定发生法律效力之日起 3 年之后失去时效，如果上级法院在处理上诉时作过决定的，则该期限自收到上级法院决定之日起计算。

有的国家针对不同的权利作了不同的时效。例如，英国《时限法》规定，人身损害赔偿请求权的时效期间为 3 年，财产损害赔偿请求权时

---

① 王名扬：《法国行政法》，中国政法大学出版社 1988 年版，第 448 页。

效期间为6年，对国家公务员所为错误行为损害赔偿请求权的时效期间为1年，对其他地方政府自治团体赔偿请求权的时效期间为6个月。

有的国家采取刑法追诉、公务员惩戒时效等特殊时效优先的时效制度。例如，瑞士《关于联邦及其机构成员和公务员的责任的瑞士联邦法》第22条规定：1. 刑法追诉时效依照刑法规定确定；2. 公务员纪律惩戒责任的时效依照专门的纪律规定确定，但最长时间为发现违反纪律后1年；无论如何，为最后一次违背公职义务后3年。第23条规定：1. 联邦因公务员违背公职义务而对其所产生的损害赔偿请求权，时效为从主管提出该项请求的机构或者机关得知损害1年；无论如何，从该公务员为该损害行为之日起5年后，时效消灭；2. 如果损害赔偿请求系因犯罪行为而产生，而刑法对该项罪行规定了更长的时效期限，则刑法规定的时效适用于上述请求。

4. 关于请求时效和诉讼时效的关系。

所谓诉讼时效是指权利人在法定期间内不行使权利即丧失请求法院依法保护其合法权益的法律制度。请求时效和诉讼时效都属于消灭时效，但是，两者并不相同。在请求权中，包括请求复议、请求仲裁、请求确认违法、提起诉讼等等。可以说，诉讼时效是请求时效的一种，因为提起诉讼的权利属于请求权的一种。有一种观点认为，《国家赔偿法》规定的请求时效与民事诉讼和行政诉讼时效不同，而请求国家赔偿的时效却不只是对赔偿请求人求助于司法程序要求国家赔偿的时效规定，在大多数时间是对赔偿请求人向赔偿义务机关要求国家赔偿的时效规定。[①] 这也说明诉讼时效只是请求时效的一种。但是，值得注意的是，上述观点中有关"行政诉讼时效"的观点不正确，我国《行政诉讼法》没有规定行政诉讼时效，仅仅规定了起诉期限。

在一些国家，请求时效和诉讼时效没有多大区别，而在另外一些国家，请求时效并不等于诉讼时效。其主要原因是，一些国家的国家赔偿

---

① 胡康生主编，全国人大常委会法制工作委员会民法室编著《〈中华人民共和国国家赔偿法〉释义》，法律出版社1994年版，第83页。

制度中设置有诉前程序，而另外一些国家则没有设置诉前程序。在设置诉前程序的国家，非诉讼时效（一般的请求时效）和诉讼时效分别计算。例如，捷克斯洛伐克《关于国家机关的决定或者不当公务行为造成损害的责任的法律》第22条第3款规定，如果由中央机关对赔偿请求进行初步审理是必要程序，而且从提交初步审理申请到初步审理终结不超过6个月，这段时间则不包括在期限之内。在没有设置诉前程序的国家，请求时效通常就是诉讼时效，但通常设置时效中断制度。例如，奥地利《刑事赔偿法》第5条规定，赔偿请求时效为3年，时效从根据第6条所作出的决议生效之日起开始计算；时效因根据第7条所提出的申请在该条规定的期限内中断或者如果该申请在此期限内得到答复，则中断至该答复送达被害人并在第9条的情形，中断至答复或者已经认可的赔偿支付的延长期满。在没有诉前程序的国家，请求权人通常应先向赔偿义务机关提出请求，只有当其请求得不到满足时才产生具体的诉讼权利或者起诉权，因而诉讼时效往往从赔偿义务机关或者争讼处理机关作出决定并送达请求人之后开始。

值得注意的是，有的国家还设有义务告知时效制度。例如，法国有关法律规定，如果受害人不了解诉讼时效的，在一定情况下，公权力机关有义务告知，否则由公权力机关承担时效上的责任。比如，德国《刑事追诉措施赔偿法》第10条第1款规定，国库赔偿义务被正式确认后6个月内，权利人向参与一审调查的检察官申请赔偿权。如果由于权利人自己的过错延误期限的，即丧失权利。检察官有义务向权利人说明其权利和时效，时效从检察官告知之日起计算。这种规定，对于保护受害人及时行使赔偿请求权，具有十分重要的意义。

三、我国《国家赔偿法》关于请求时效的规定

（一）我国的国家赔偿请求时效

我国《国家赔偿法》第39条规定："赔偿请求人请求国家赔偿的时效为两年，自其知道或者应当知道国家机关及其工作人员行使职权时的

行为侵犯其人身权、财产权之日起计算，但被羁押等限制人身自由期间不计算在内。在申请行政复议或者提起行政诉讼时一并提出赔偿请求的，适用行政复议法、行政诉讼法有关时效的规定。赔偿请求人在赔偿请求时效的最后六个月内，因不可抗力或者其他障碍不能行使请求权的，时效中止。从中止时效的原因消除之日起，赔偿请求时效期间继续计算。"在理解本条时，应当注意以下几个问题：

1. 请求赔偿的期间原则上为2年。

这就是说，在一般情况下，赔偿请求人应当在2年内提出。之所以确定为2年的时效，主要理由是：其一，根据我国的实际情况，2年的时效期间对赔偿请求人向赔偿义务机关提出赔偿要求是适当的，既不会造成权利长期不行使的状态，也不会使赔偿请求人来不及提出赔偿请求。[①]其二，如果时间过长，则会使国家机关因赔偿问题长期受到牵制，从而影响国家机关的工作。[②]其三，这一规定也是为了和我国《民法通则》的规定相适应。我国《民法通则》第135条规定，向人民法院请求保护民事权利的诉讼时效期间为2年，法律另有规定的除外。这一规定是关于一般（普通）时效的规定。

我国《国家赔偿法》规定了2年的普通请求时效，适用于行政赔偿、刑事赔偿以及非刑事的司法赔偿。对于刑事赔偿和非刑事的司法赔偿的请求时效，大多数国家采取了不同于行政赔偿的时效。有的国家规定自判决宣告无罪或者不起诉决定确定后60天或者90天内提出赔偿请求；有的国家规定自判决或者应当知道无罪判决之后3个月或者半年以内提出赔偿请求。考虑到我国地域辽阔以及刑事强制措施、刑事处罚的具体情况，应当另行确定一个较行政赔偿为长的时效（例如3年）。当然，即便是刑事赔偿的时效也可以考虑具体刑事强制措施、刑事处罚的具体情况分别予以确定。一般而言，对于拘留、逮捕等强制措施、一审、二审

[①] 胡康生主编，全国人大常委会法制工作委员会民法室编著《〈中华人民共和国国家赔偿法〉释义》，法律出版社1994年版，第83页。

[②] 房绍坤、丁乐超、苗生明：《国家赔偿法原理与实务》，北京大学出版社1998年版，第286页。

判决宣告无罪的，请求时效可以短一些；依照再审程序改判无罪的，请求时效可以相对长一点。因为前者并未涉及刑罚的执行，后者一般都已交付执行，极有可能是异地执行，可以规定得相对长一点。这个问题还可以继续研究。

一般来说，对于时效的起算是从请求权人知道或者应当知道权利被侵害时计算。例如，我国《民法通则》第137条规定，诉讼时效期间从知道或者应当知道权利被侵害时起计算。再比如，司法解释对于行政诉讼起诉期限的规定也有类似的规定。例如，《若干解释》第41条规定，行政机关作出具体行政行为时，未告知公民、法人或者其他组织诉权或者起诉期限的，起诉期限从公民、法人或者其他组织知道或者应当知道诉权或者起诉期限之日起计算，但从知道或者应当知道具体行政行为内容之日起最长不得超过2年。第42条规定，公民、法人或者其他组织不知道行政机关作出的具体行政行为内容的，其起诉期限从知道或者应当知道该具体行政行为内容之日起计算。在制定《国家赔偿法》时，也有人提出应当按照受害人知道或者应当知道损害发生时起算，但是这种意见没有被立法者所采纳。

修订前的《国家赔偿法》最后规定的起算点是从国家机关及其工作人员行使职权的行为被依法确认为违法之日起计算。这个规定不同于我国《民法通则》或者我国《行政诉讼法》规定的起诉期限起算标准的规定。根据《国家赔偿法》第39条关于"行使职权的行为被依法确认为违法之日"的规定，应当可见，期间的开始之日，既不是受害人知道或者应当知道之日，也不是侵权行为的发生之日或者损害结果形成之日，而是致害行为违法性质被确认之日。这个规定是借鉴其他国家的规定。例如，捷克斯洛伐克《关于国家机关的决定或者不当公务行为造成损害的责任的法律》第22条规定，受害人自知道损害之日起3年后即不得提起本法规定的损害赔偿请求。如果决定的撤销是提起赔偿请求的先决条件，期限则从通知或者执行撤销错误决定之日起算。根据修订前的《国家赔偿法》，公权力行为"被依法确认违法之日"主要包括以下情形：

(1) 在行政赔偿中，通常表现为行政复议决定生效或者人民法院有关行政判决生效之日。一般来说，有下列生效法律文书或证明材料的，应当视为被请求赔偿的行政机关及其工作人员行使行政职权的行为已被依法确认违法：赔偿义务机关对本行政机关及其工作人员行使行政职权的行为认定为违法的文书；赔偿义务机关以本行政机关及其工作人员行使行政职权的行为违法为由决定予以撤销、变更的文书；复议机关确认原具体行政行为违法或者以原具体行政行为违法为由予以撤销、变更的复议决定书；上级行政机关确认原具体行政行为违法或者以原具体行政行为违法为由予以撤销、变更的其他法律文书；人民法院确认原具体行政行为违法或者以原具体行政行为违法为由予以撤销、变更的行政判决书、裁定书等。

(2) 在刑事赔偿中，"被依法确认违法之日"一般是再审判决或者有关机关决定生效之日。一般来说，有下列文书的，应当视为"被依法确认违法"的情形：人民检察院撤销拘留决定书；人民检察院撤销逮捕决定书；人民检察院撤销案件决定书；不起诉决定书；人民检察院予以纠正的复查决定书；公安机关撤销案件后予以释放的证明书；人民法院宣告无罪已经发生法律效力的刑事判决书、裁定书；对检察机关工作人员在行使职权中刑讯逼供或者以殴打等暴力行为，或者唆使他人以殴打等暴力行为造成公民身体伤害、死亡，作出处理决定的文书；对违法使用武器、警械造成公民身体伤害、死亡，作出处理决定的文书。

(3) 在非刑事的司法赔偿中，人民法院的确认违法裁定可以视为被依法确认违法。主要包括以下情形：人民法院决定逮捕的犯罪嫌疑人没有犯罪事实或者事实不清、证据不足，释放后，未依法撤销逮捕决定的；查封、扣押、冻结、追缴与刑事案件无关的合法财产，并造成损害的；违反法律规定对没有实施妨害诉讼行为的人、被执行人、协助执行人等，采取或者重复采取拘传、拘留、罚款等强制措施，且未依法撤销的；司法拘留超过法律规定或者决定书确定的期限的；超过法定金额实施司法罚款的；违反法律规定采取或者解除保全措施，给确认申请人造成损害的；超标的查封、扣押、冻结、变卖或者执行确认申请人可分割的财产，给申请人造成损害的；违反法律规定，重复查封、扣押、冻结确认申请人财产，给申请人造成损害的；对查封、扣押的财物故意不履行监管职责，发生灭失或者其他严重后果，给确认申请人造成损害的；对已经发现的被执行人的财产，故意拖延执行或者不执行，导致被执行的财产流失，给确认申请人造成损害的；对应当恢复执行的案件不予恢复执行，导致被执行的财产流失，给确认申请人造成损害的；没有法律依据将案件执行款物执行给其他当事人或者案外人，给确认申请人造成损害的；违法查封、扣押、执行案外人财产，给案外人造成损害的；对依法应当拍卖的财产未拍卖，强行将财产变卖或者以物抵债，给确认申请人造成损害的；违反法律规定的其他情形。

确认致害行为是否违法的生效法律文书必须送达赔偿请求人，请求赔偿的期间才能开始计算。例如，捷克斯洛伐克《关于国家机关的决定或者不当公务行为造成损害的责任的法律》第22条对此进行了规定。值得注意的是，有许多国家的赔偿法规定，如果相关公权力机关作出特定的法律文书的，应当直接交由国库履行给付赔偿金的义务，而非由赔偿请求权人再行申请。例如，德国的《羁押赔偿法》第4条规定，法院在作出无罪判决并且宣告后，应当同时作出特别裁定，饬知国库履行给付损害赔偿金的义务。

在修订《国家赔偿法》的过程中，对于《国家赔偿法》关于时效起算点的规定，大多数学者认为应当予以修订。理由是：其一，该规定从立法技术上讲，未能涵盖所有的请求国家赔偿的程序。对于行政赔偿而言，行政赔偿可以分为单独提起赔偿之诉和附带提起赔偿之诉。根据最高人民法院《关于审理行政赔偿案件若干问题的规定》第23条的规定，公民、法人或者其他组织在提起行政诉讼的同时一并提出行政赔偿请求的，其起诉期限按照行政诉讼起诉期限的规定执行。可见，《国家赔偿法》规定的请求时效仅仅适用于行政赔偿中的单独之诉、刑事赔偿和非刑事司法赔偿，不能全部覆盖所有的国家赔偿程序。并且，在行政机关未确认行政行为违法但是请求权人超过起诉期间的，受害人就丧失了请求赔偿的权利。[1] 其二，确认违法之日起算的时效没有相关制度的配合。一般的观点认为，国家赔偿的程序都是以"确认"开始，将确认和确认后的赔偿分开，简化了国家赔偿程序，并使有关赔偿请求人易于把握请求时效的起始时间。但是，我国法律和司法解释对于如何确认行政行为或者司法行为尚未有一个比较明确的规定。目前，有关人民法院作为赔偿义务机关的确认程序相对完善，但是其他机关作为赔偿义务机关的确认程序仍然不够完善。此外，由于时效计算是建立在申请确认程序基础之上的，法律对于申请确认程序并未作出规定，致使请求人长时间不申请确认，赔偿义务机关也有理由长时间不作出确认。其三，确认违法之日的起算方式不符合国际上关于国家赔偿时效的惯例。大多数国家或者地区的国家赔偿时效一般和民事损害赔偿时效相类似，并不对确认程序和赔偿程序进行严格分离。[2] 其四，由于《国家赔偿法》规定的不同赔偿程序，我国司法解释对于起算点的规定也不统一。例如，附带式的行政赔偿的起算方式是以请求权人知道或者应当知道为基准的。此外《最高人民法院关于审理人民法院国家赔偿确认案件若干问题的规定（试行）》第3条规定："确认申请人申请确权应当在司法行为发生或者知道、应当知道司法行为发生之日2年内提出。"

我们赞同上述意见，同时我们认为要与确认程序的修订结合起来进行。对于因人身受伤害而发生的国家赔偿请求权，如果伤情明显的，可以从受伤害之日起算；伤害因不明显未能及时发现的，自伤势确诊之日起算。对于其他的因公权力行为而发生的国家赔偿请求权，其时效期间可以从受害人知道或者应当知道其损害和侵权公权力机关时起算。对于后者而言，具体情况主要包括三种：其一，如果损害的发生与请求权人知道受损害的时间相一致的，请求时效即开始计算；其二，在正常情况

---

[1] 林莉红：《行政赔偿时效的适用》，载《律师世界》1998年第10期。
[2] 吴志红、刘洋林：《国家赔偿请求时效规定不足的分析》，载《江苏警官学院学报》第20卷第3期（2005年5月）。

下请求权人应当知道受损害时，不论其是否知道，请求时效即开始计算；其三，损害事实发生后，请求权人因某些正当理由没有立即知道权利受损害，而是在之后的某个时间知道受损害，时效应当从实际知道时起算。这里的"知道"不仅是知道损害事实的发生，而且还知道受损害的行为出自于公权力机关。这里的"损害"只需要知道哪种损害即可，不必知道损害的具体数额和程度等。"应当知道"包括两层含义：一是存在足以使请求权人知道的条件和可能性；二是之所以不知道完全是由于请求权人的过错造成的。如果不知道损害这一结果的发生，除因请求权人的过错外，还因侵权公权力机关或者第三人的过错，则不能适用"应当知道损害"的规定，时效的计算应当从实际知道损害之日为起算点。①

值得注意的是，《国家赔偿法》对于时效期间的开始日没有作出规定。我们认为，可以借鉴《民法通则》的规定予以处理。根据《民法通则》第154条规定，民法规定按照日、月、年计算期间的，开始的当天不算入，从下一天开始计算。期间的最后一天是星期日或者其他法定休假日的，以休假日的次日为期间的最后一天。期间的最后一天的截止时间为二十四点。有业务时间的，到停止业务活动的时间截止。对于国家赔偿而言，赔偿请求时效的开始日为行使职权的行为被依法确认为违法之日的次日。例如，12月12日是确认之日，则12月13日是时效开始日。赔偿请求时效的届满日截止于最后一天的24时，有业务时间的，到停止业务活动的时间截止。期间的最后一天是星期日或者其他法定休假日的，亦参照《民法通则》的规定。

2. 法定排除期间。

《国家赔偿法》第39条规定，被羁押期间不计算2年的时效内。这是因为，有的赔偿请求人在法院判决其无罪之后，由于有关机关拒不放人，仍然没有人身自由。虽然致害行为的违法性质已被确认，但受害人因在羁押之中无法行使请求权，考虑到此种特殊情况的存在，该条第1

---

① 林准、马原主编，梁书文、江必新副主编：《中国现实国家赔偿制度》，人民法院出版社1992年版，第239－240页。

款特别规定了"被羁押等限制人身自由期间不计算在内"的法定排除期间。此时，时效期间等于从其恢复人身自由得以行使其权利之日起计算，从而保护受害人的合法权益。例如，受害人应当从2009年2月1日被释放，但是，有关机关还没有将受害人释放。直到3月1日，受害人才被释放。受害人被关押的1个月不能算在2年的时效内，而应当扣除这1个月，时效到2011年3月2日届满。如果在2011年3月2日之前，受害人又被羁押的，其羁押的期间应当从中扣除，也就意味着时效相应顺延。

这里的"羁押"既包括执行剥夺人身自由的刑罚措施，也包括剥夺人身自由的行政和司法措施。在一定程度上，如果公权力机关的限制人身自由的行为导致请求权人认为案件仍然处于处理过程中而未及时提起赔偿请求的，亦可适用"被羁押的期间"的规定。

在司法实践中，检察机关以事实不清、证据不足、不符合起诉条件为由，作出不起诉决定，公安机关予以释放，但是仍然对当事人采取了取保候审措施。请求权人申请赔偿时，已经超过了2年。那么，请求赔偿时效应当自不起诉决定作出并被释放之日起计算，还是应当自公安机关作出解除取保候审决定之日起计算？也就是说，请求权人的申请是否已经超过请求时效。主要有两种意见：

一种意见认为，已经超过请求时效，应当不予赔偿。理由是：根据最高人民法院《人民法院赔偿委员会审理赔偿案件程序的暂行规定》第3条第（一）项、最高人民检察院《人民检察院刑事赔偿工作暂行规定》第7条第（四）项的规定，检察院作出的不起诉决定，应当视为对请求权人请求赔偿的侵权事实的依法确认。《国家赔偿法》第39条规定："赔偿请求人请求国家赔偿的时效为两年，自其知道或者应当知道国家机关及其工作人员行使职权时的行为侵犯其人身权、财产权之日起计算，但被羁押等限制人身自由期间不计算在内。在申请行政复议或者提起行政诉讼时一并提出赔偿请求的，适用行政复议法、行政诉讼法有关时效的规定。赔偿请求人在赔偿请求时效的最后六个月内，因不可抗力或者其他障碍不能行使请求权的，时效中止。从中止时效的原因消除之日起，赔偿请求时效期间继续计算。"检察院作出不起诉决定，同年公安机关对请求权人予以释放，赔偿请求权人请求国家赔偿的时效应当为释放后的2年。解除取保候审时，其时效并不在赔偿请求时效的最后6个月内，不适用时效中止的规定。即便请求权人在赔偿请求时效的最后6个月内，也不存在不可抗力或者其他障碍不能行使请求权的情形，不适用关于时效中止的规定。因其已经过了请求国家赔偿的时效，不应当获得国家赔偿。另一种意见认为，取保候审限制了赔偿请求权人申请国家赔偿的权利，没有超过请求时效，应当予以赔偿。理由是：虽然检察院对请求权人作出了不起诉决定，但公安机关仍然对其变更强制措施为取保候审，直至取保候审期满才解除取保候审，并作出撤销案件决定书，该刑事强制措施虽然仅仅是限制了请求权人的自由，没有剥夺请求权人的自由，但是实际上限制了请求权人申请国家赔偿的权利。赔偿请求权人申请国家赔偿，不存在已经超过法定的请求国家赔偿的时效，其享有获得国家赔偿的权利。

最高人民法院支持了第二种意见。即，根据《国家赔偿法》第39条："赔偿请求人请求国家赔偿的时效为两年，自知道或者应当知道国家机关及其工作人员行使职权的行为侵犯其人身权财产权之日起计算，但被羁押等限制人身自由期间不计算在内"的规定，赔偿请求人在取保候审期间人身自由受到一定的限制，因被取保候审也会认为公安机关对此刑事案件没有结案，刑事案件处于不确定的状态。因此，请求权人被取保候审这段时间不应计算在申请国家赔偿的时效期间内，其申请国家赔偿的时效应自解除取保候审之日起计算。[①]

3. 时效中止。

时效中止是指请求人由于法定情形出现而无法行使请求权，依照法律规定将请求人无法行使请求权的时间不计算在时效期间内的情况。时

[①] 最高人民法院《关于检察机关作出不起诉决定后公安机关变更强制措施为取保候审并释放赔偿请求人，请求赔偿时效应自释放之日起计算，还是应自公安机关解除取保候审之日起计算的复函》(2008年8月13日，[2008] 赔他字第4号)。

效中止，其已经经过的期间仍然有效，待阻碍时效进行的法定障碍消除后，时效继续进行。时效中止的功能是导致请求权人不能行使权利的法定障碍经过的期间排除于时效期间之外，避免由于非请求权人自身原因而导致时效期间缩短。根据《国家赔偿法》第39条第2款的规定，请求国家赔偿的时效中止条件是：

（1）发生了因不可抗力或者其他障碍不能行使请求权的情况。这里的"不可抗力"是指不能预见、不能避免并不能克服的客观情况。例如，自然灾害、战争、瘟疫等。"其他障碍"是指足以阻碍请求人行使请求权的困难局面。例如，法定代理人没有确定、法定代理人丧失行为能力等。此外，有的国家还规定，在特定情形下也可以导致时效中止。例如，德国《国家赔偿法》第13条第3款规定，公权力机关与受害人就给付损害赔偿协商未达成协议时，在一方或者另一方拒绝继续协商之前，时效中止。捷克斯洛伐克《关于国家机关的决定或者不当公务行为造成损害的责任的法律》第22条第3款规定，如果由中央机关对赔偿请求进行初步审理是必要程序，而且从提交初步审理申请到初步审理终结不超过6个月，这段时间则不包括在期限之内。这个规定实际上也是时效中止的内容。

（2）障碍发生或者持续在赔偿请求时效的最后6个月。法律之所以规定"6个月"，是因为根据我国的通信和交通状况、国家机关的设置状况，6个月的时效期间足够权利人行使自己的权利，而且，在时效期间的任何时期均可发生时效中止也与建立时效制度的目的不相符合。[①] 即，之所以要有这个限定，主要是因为如果障碍发生或者结束在时效最后6个月之前，请求人仍然有充裕的时间请求赔偿。如果发生或者持续在最后6个月内甚至发生或者持续到请求时效的最后几天，如等到障碍消除，期间早已结束。

时效因障碍的出现而中止，也应因障碍的消除而恢复。因此，我国

[①] 胡康生主编，全国人大常委会法制工作委员会民法室编著《〈中华人民共和国国家赔偿法〉释义》，法律出版社1994年版，第85页。

《国家赔偿法》第 39 条第 2 款规定，从中止时效的原因消除之日起，赔偿请求时效期间继续计算。如果法定事由消除之后，时效期间不足 6 个月的，如何继续计算时效？我们认为，可以借鉴德国的作法，在最后 6 个月经过的时效期间，不论中止多长，一俟中止事由发生，即认定其不生时效的效力，从而将中止后的期间补足 6 个月。

通说认为，时效中止适用于一般时效，而不适用于长期时效。现行《国家赔偿法》没有规定长期时效，这个问题可以暂时不讨论。

（二）几个有待研究的问题

1. 时效中断。

所谓时效中断，是指因非权利人怠于行使请求权的事实，使已经经过的时效期间失去效力，而需重新计算时效期间的制度。在请求时效中，如果请求权人怠于行使请求权，可能导致请求权消灭；如果请求权人积极行使请求权、公权力机关在此期间作出新的行为的，可能导致已经过的时效归于无效。

我国《国家赔偿法》没有规定时效中断制度。其他国家一般在国家赔偿制度中设立了时效中断制度。例如，瑞士《关于联邦及其机构成员和公务员的责任的瑞士联邦法》第 2 条第 3 款规定，在因同一事实进行刑事诉讼期间，或在纪律程序中对于上诉尚未作出决定的期间，时效中断。奥地利《刑事赔偿法》第 5 条规定：1. 赔偿请求时效为 3 年。时效从根据第 6 条所作出的决议生效之日起开始计算；2. 时效因根据第 7 条所提出的申请在该条规定的期限内中断或者如果该申请在此期限内得到答复，则中断至该答复送达被害人并在第 9 条的情形，中断至答复或者已经认可的赔偿支付的延长期满。奥地利《关于联邦、州、区、乡镇和其他公法团体和机构在执行法律中造成损害的赔偿责任的联邦法律》第 6 条规定，时效因根据第 8 条提出的申请而在该条规定的期限内中断或者如果申请在上述期限内得到答复，中断至该答复送达被害人为止。前民主德国《国家责任法》第 4 条第 3 款规定，要求损害赔偿的申请可以使期限中断。关于期限的延续、耽搁或者中断，按照《民法典》的一般规定办理。可见，外国的国家赔偿时效中断制度或是基于需要等待其他程序的需要，或者由于协商程序的存在。我国之所以没有规定时效中断制度，主要是由于我国请求时效是从公权力机关作出确认违法决定之日起算的，没有考虑可能由于请求权人、赔偿义务机关的行为导致时效中断的情况。我们认为，在下列情况下可以考虑适用时效中断：

一是请求权人向赔偿义务机关提出赔偿请求。在这种情况下，请求权人已经向赔偿义务机关要求履行赔偿义务，其要求赔偿义务机关履行义务，其不行使请求权的状态已然消除，请求时效中断。

二是请求权人向人民法院起诉。这种情况主要是请求权人向人民法院提起行政附带赔偿诉讼。起诉的行为已经表明请求权人要求赔偿义务机关履行赔偿义务的愿望极为强烈，因此，起诉之日即为时效中断之日。值得注意的是，如果请求权人向法院起诉后又撤诉或者人民法院按照撤诉处理的，表明权利人否定了权利的行使，放弃了请求法院依法对实体权利予以保护的请求，并不产生请求时效中断的效果。此外，如果起诉后裁定不予受理或者裁定驳回起诉的，亦不引起请求时效的中断，原因就在于裁定不予受理或者驳回起诉的，等同于请求权人没有起诉，不发生请求时效中断的后果。但是，如果请求权人向无管辖权的法院起诉，被人民法院通知不予受理并被告知向有管辖权的法院起诉的，请求时效应当以向无管辖权法院起诉而发生中断。理由在于请求权人虽然选择法院错误，但是为了防止请求权人因向有管辖权的法院起诉时请求时效已经届满而使权利得不到保护，应当认为时效中断。

三是赔偿义务机关主动表示同意履行义务。即在请求权人提出赔偿请求之前，赔偿义务机关以口头或者书面形式、明示或者默示承认请求权人的权利受到损害并且承诺予以赔偿。同意履行义务必须针对请求权人或者其代理人为之，如果针对第三人为同意，不发生同意的法律效果，亦不导致时效中断。赔偿义务机关的同意履行义务虽然是一种观念通知，但是是发生意思表示的效力。该同意履行的表示一经发出即不可撤回。赔偿义务机关一经作出同意履行义务的表示，赔偿请求人将会极度信赖，因此，赔偿义务机关的同意履行义务的表示具有绝对中断时效的效力。

请求时效的中断的时点一般从请求权人向赔偿义务机关提出请求、向人民法院起诉、赔偿义务机关主动表示同意履行义务之日中断。对于请求权人向赔偿义务机关提出请求、向人民法院起诉的，从赔偿义务机关作出决定、法院作出裁判之日起重新计算。因为如果在赔偿义务机关处理期间、法院进行诉讼期间，如果时效还在继续的，显然不符合请求时效中断的意旨。赔偿义务机关主动表示同意履行义务的，以作出履行义务的决定、协议时效时重新计算。

2. 请求时效的延长。

请求时效的延长是指由于特殊情况的出现，赔偿义务机关或者法院对已经完成的请求时效期间给予适当的延展。《国家赔偿法》对于请求时效的延长没有作出规定。请求时效的延长和中断、中止不同，它只是适用于请求时效期间已经完成的情形，正因为如此，时效的延长应当严格掌握。只有在请求权人由于非因自身的原因的障碍导致在法定请求时效内不能行使请求权的情况下才能延长。非因自身的原因的障碍可能是不可抗力，也可能是其他请求权人不能控制的正当事由（例如法定代理人死亡等）。从这一点来看，请求时效的延长和中止的事由有一定的类似之处，但是中止时效的行为发生在时效进行过程中，但是延长时效发生在时效期间届满之后。请求时效的延长不仅可以适用于普通请求时效，也可以适用于特殊请求时效。请求时效的延长是为了保障当事人的权益，在时效中止、中断之外保留的救济空间。

3. 请求时效利益的抛弃。

请求时效利益是指在请求时效期满后，享受时效利益的主体（赔偿义务机关）不以时效届满为抗辩，此为时效利益的抛弃。例如，赔偿义务机关在2年的请求时效届满之后，主动履行赔偿义务的，即为请求时效利益的抛弃。请求时效届满后，赔偿义务机关抛弃时效利益，主动处分自己的权利，一般情况下无害于社会公共利益，大陆法系国家一般均承认其效力。该时效利益的抛弃属于单方意思表示，且明知请求时效已经届满，抛弃的方式既可以是明示的，也可以是默示的。但是，请求时效利益的抛弃不能预先抛弃。因为时效是基于维持社会秩序公益设置的，属于强行法，如果允许时效利益预先抛弃，时效制度难免落空。再则，时效完成之前，请求时效利益并未产生，尚无抛弃的标的。

我国《国家赔偿法》上没有规定请求时效利益的抛弃，但是我国《民法通则》第138条规定："超过诉讼时效期间，当事人自愿履行的，不受诉讼时效限制。"这一规定同样可以适用于国家赔偿领域。但是，这里的"自愿履行"仍然比较模糊，即对于是否需要实际履行存在争议。我们认为，请求时效届满后，赔偿义务机关以口头或者书面的方式承认赔偿义务的存在，虽然没有实际履行，只要其未反悔，即可视为"自愿履行"。如果以实际履行为标准，赔偿义务机关在请求时效届满后作出赔偿决定，而后又反悔的，不属于时效利益的抛弃，其时效抗辩就会成立。如果赔偿义务机关作出赔偿决定后，即便未实际履行，也应当属于时效利益的抛弃，其应当履行赔偿决定中确定的义务，而不能以时效已过抗辩。如果赔偿义务机关以实际履行的方式抛弃时效利益的，请求权人的受领行为并不构成不当得利；对于没有履行的部分，除非赔偿义务机关自动履行或者承诺履行，否则，赔偿义务机关有拒绝履行的抗辩权。

4. 赔偿义务机关和法院能否主动适用请求时效。

古罗马时代时效制度的一项基本原则是，时效只能由当事人主张而不能由法院主动援用。大多数国家都不允许法院主动适用请求时效。例如，日本《民法典》第145条规定，时效非当事人援用，法院不得依之而为裁判。法国《民法典》第2223条规定，法官不得自动援用时效。只有在苏俄民法典第82条规定，不论当事人申请与否，法院均应适用诉讼时效。我国《民法通则》和《国家赔偿法》均未对法院能否主动适用请求时效作出规定。

法院不能主动适用请求时效的原因在于，请求时效期满后，义务方是否同意履行已经过时效的债务，是否行使时效已过的抗辩权，应当由自己作出处分，法院应当保持中立。如果法院主动审查时效，等于法院代替债务人行使时效抗辩权，违背了法院应当坚持法律面前一律平等的基本原则。在国家赔偿中，法院在作为居中的裁决者时，特别是在行政赔偿诉讼或者在申请人民法院赔偿委员会作出赔偿决定时，法院应当保持中立，不能主动适用请求时效。

如果赔偿义务机关是其本身的，赔偿义务机关并未处在中立者的地位，可以主动适用请求时效，即请求权人申请时，赔偿义务机关可以时效已经届满行使抗辩权。例如，最高人民检察院《刑事赔偿工作规定》第16条规定："同时符合下列条件的刑事赔偿申请，应当立案：……（五）符合国家赔偿法第三十二条规定的请求赔偿时效。……"第18条第2款第（五）项规定，对赔偿请求已过法定时效的，告知赔偿请求人已经丧失请求赔偿权。《司法行政机关行政赔偿刑事赔偿办法》第11条第2款第（五）项规定受理赔偿应当查明赔偿请求是否已过时效。即，如果赔偿义务机关认为已经超过请求时效的，即直接以时效抗辩，不予赔偿。那么，赔偿义务机关的复议机关是行政机关或者检察院的上一级机关的，是否可以主动适用请求时效呢？即如果赔偿义务机关逾期不予赔偿或者赔偿请求人对赔偿数额有异议，赔偿请求人可以向赔偿义务机关的上一级机关申请复议，此时赔偿义务机关处在中立者的地位，不应当主动适用请求时效进行抗辩。

5. 请求时效与排斥期间。

除斥期间，又称为预定期间、不变期间，是指法律预定某种权利于存续期间届满当然消灭的期间。除斥期间是一个学术上的概念，而非实定法上的用语。在我国民法上，例如，撤销权、变更权等等均为除斥期间的规定。除斥期间和请求时效虽然都是由于一定期间的经过不行使权利而发生权利消灭的效果，但是，两者之间也存在本质上的区别。主要是：

第一，两者价值定位不同。除斥期间的价值定位于维持原事实状态，其限定的是否定原事实状态权利的存续期间；而请求时效的价值定位于维护新形成的事实状态，限定的是新事实状态前的权利存续期间。

第二，两者客体不同。除斥期间针对的客体是实体权利，除斥期间经过的，实体权利消灭，该实体权利多为形成权。请求时效针对的是请求权利，请求时效经过的，请求权消灭。

第三，两者期间的延展度不同。除斥期间是不变期间，期间经过不能延长。请求时效则是可变期间，期间可因中止、中断或者延长而得到延展。

第四，两者的起算点不同。除斥期间一般从权利成立时起算。请求时效一般自知道或者应当知道权利被损害时起算。

6. 普通请求时效和特别请求时效。

在制定《国家赔偿法》时，有学者建议，借鉴国外和我国台湾地区的立法，参考《民法通则》的规定，可以将时效确定为从知道损害发生之日起 2 年，最长从损害发生之日起 5 年。这样的规定既有利于公民、法人或者其他组织的合法权益，又有利于提高工作效率，时间太短，不利于保护；时间太长，会造成取证困难，牵扯公权力机关的大量的人力、物力。① 但是，我国《国家赔偿法》只是规定了 2 年的普通请求时效，而未规定特殊请求时效。

一般请求时效的规定，主要是为了促使请求权人及时行使请求权；特别请求时效的规定，主要是为了避免案件长期久拖不决。我国《国家赔偿法》仅仅规定了 2 年的普通请求时效，也就是在被依法确认违法之日起 2 年内请求赔偿。但是，在特殊情况下上述时效的规定可能造成导致公权力机关背负沉重的包袱。例如，如果请求权人未行使请求权而赔偿义务机关又未发现违法的，赔偿义务机关就无法确认公权力行为违法，时效也就无从起算。国家对于请求权人的请求权不能是无期限的，但是公权力行为始终没有获得违法的确认，亦即不能开始计算时效，则对请求权的保护看起来是 2 年，实际上是没有期限的。请求权人在 2 年之后再行申请赔偿的，案件证据可能已经灭失，赔偿义务机关无法确认公权力行为是否违法，反而影响效率，也不利于平息纠纷。因此，有必要在

---

① 林准、马原主编，梁书文、江必新副主编《中国现实国家赔偿制度》，人民法院出版社 1992 年版，第 64 页。

普通请求时效之外，另行规定时间较长的特别请求时效。

为了解决上述问题，许多国家和地区的国家赔偿制度在规定普通请求时效的同时，还规定了特殊的请求时效。例如，德国国家赔偿的普通请求时效是 3 年，特别请求时效是 30 年；奥地利国家赔偿的普通请求时效是 3 年，特别请求时效是 10 年；我国台湾地区的普通请求时效是 2 年，特别请求时效是 5 年。我国也有学者建议将特别请求时效定为 6 年。其原因主要是：其一，有确认期限的规定，可以促使赔偿义务机关及时确认行为是否违法；其二，促使请求权人及时行使权利，防止请求权人长期或者无限期不行使权利；其三，基于我国的经济文化发展水平的状况，同时也参考其他国家和地区的长期时效的立法状况。[①]

我们认为，特别请求时效可以确定为 5 年。理由是：其一，借鉴我国《民法通则》的有关规定。我国《民法通则》第 137 条规定，长期诉讼时效是 20 年，自权利被侵害之日起计算。该长期时效适用于不知道或者不应当知道其权利受侵害的特殊主体。但是，一般而言，国家赔偿法上的时效较民法上的时效为短。因此，可以确定 20 年以下的请求时效作为特别请求时效。第二，借鉴我国台湾地区"国家赔偿法"上关于 5 年的特别请求时效的规定。第三，借鉴我国《若干解释》第 42 条的规定，即"公民、法人或者其他组织不知道行政机关作出的具体行政行为内容的，其起诉期限从知道或者应当知道该具体行政行为内容之日起计算。对涉及不动产的具体行政行为从作出之日起超过 20 年、其他具体行政行为从作出之日起超过 5 年提起诉讼的，人民法院不予受理"。对于不涉及不动产的行政行为的起诉期限为 5 年，此期限可以借鉴为我国国家赔偿特别时效。

四、申请救济时效

申请救济时效是消灭时效的一种。国家赔偿法中的申请救济时效是

[①] 刘云、刘光敏、蔡碧茂：《我国赔偿法应规定长期时效期间》，载《现代法学》1996 年第 5 期。

有关赔偿请求人在法定期间内不行使申请救济而丧失该权利的制度。设定此种时效制度的目的在于督促请求权人尽快行使申请救济的权利，使赔偿义务机关与赔偿请求人之间的关系尽快趋于稳定。

我国《国家赔偿法》中的申请救济时效可以分为三种情况：

（一）提起行政赔偿诉讼的时效

根据《国家赔偿法》第14条的规定，赔偿义务机关在规定期限内未作出是否赔偿的决定，赔偿请求人可以自期限届满之日起三个月内，向人民法院提起诉讼。赔偿请求人对赔偿的方式、项目、数额有异议的，或者赔偿义务机关作出不予赔偿决定的，赔偿请求人可以自赔偿义务机关作出赔偿或者不予赔偿决定之日起三个月内，向人民法院提起诉讼。也就是说，赔偿请求人如果在赔偿义务机关收到赔偿申请之日起2个月届满后的3个月（法定期间），不向人民法院提起行政赔偿诉讼（事实状态），赔偿请求人即丧失提起行政诉讼的权利（法律后果）。

（二）申请复议的时效

根据《国家赔偿法》第24条的规定，赔偿义务机关在规定期限内未作出是否赔偿的决定，赔偿请求人可以自期限届满之日起30日内向赔偿义务机关的上一级机关申请复议。赔偿请求人对赔偿的方式、项目、数额有异议的，或者赔偿义务机关作出不予赔偿决定的，赔偿请求人可以自赔偿义务机关作出赔偿或者不予赔偿决定之日起30日内，向赔偿义务机关的上一级机关申请复议。也就是说，刑事或者其他司法赔偿请求人如果在赔偿义务机关收到申请之日起2个月后的30日内（法定期间），不向上一级机关申请复议（事实状态），即丧失申请复议的权利（法律后果）。

（三）申请赔偿委员会作出赔偿决定的时效

根据《国家赔偿法》第25条的规定，复议机关应当自收到申请之日起2个月内作出决定。赔偿请求人不服复议决定的，可以在收到复议决定之日起30日内向复议机关所在地的同级人民法院赔偿委员会申请作出赔偿决定；复议机关逾期不作决定的，赔偿请求人可以自期限届满之日起30日内向复议机关所在地的同级人民法院赔偿委员会申请作出赔偿决定。也就是说，如果刑事或者其他司法赔偿的请求人在收到复议决定之日起30日内或者在复议机关逾期不作决定时，复议机关收到申请之日起2个月后的30日内（法定期间），不向复议机关所在地的同级人民法院赔偿委员会申请作出赔偿决定（事实状态），即丧失申请赔偿委员会作出赔偿决定的权利（法律后果）。

值得注意的是，我国《国家赔偿法》在规定申请救济的时效时，没有规定适用于特殊情况的特殊时效，是否意味着我国《国家赔偿法》在确定申请救济时效时，完全拒绝考虑特殊情况呢？例如，可能出现的不可抗力等情况呢？我们认为，不能作这样的理解。根据该法第32条的规定，在具体确定申请救济的时效时，应当考虑这些特殊情况，或者适用除斥期间的规定，或者采用时效中止制度。

五、追偿时效

追偿时效，是指国家赔偿义务机关在履行赔偿义务后，在法律规定的期限内，不向有故意或者重大过失以及法律规定的其他违法情形的工作人员追索赔偿金的全部或者部分，即丧失追偿权的制度。一些国家或者地区在设定追偿权时，同时设定有追偿时效制度，以便及早稳定赔偿义务机关及其所属工作人员之间的关系。例如，奥地利《国家赔偿法》第6条第2款规定，求偿的消灭时效为自向受害人承诺赔偿请求或者判决确定起6个月。瑞士《联邦责任法》第21条规定，联邦对公务员的追偿请求，时效为从认定或者法院确定联邦的损害赔偿义务之日起1年；无论如何，从公务员为该损害行为之日起10年之后，时效消失。我国台湾地区"国家赔偿法"第8条规定，公共权力机关行使求偿权，应当自支付赔偿费或者回复原状之日起，超过2年时间不行使即消灭。

可见，追偿时效也属于消灭时效的一种。我国《国家赔偿法》没有规定追偿时效。但是从司法实务的角度而言，以明确规定追偿时效为宜。实行追偿可以分期进行，也应当考虑致害工作人员的过错程度和经济状况，但是不能迟迟不开始追偿。因此，我们认为，追偿时效不应当超过2年。具体应当由国务院和最高人民法院分别加以规定。

第三节 取得时效

国家赔偿法上的取得时效是请求权人获得请求权的重要制度设计。本节将就国家赔偿法上的取得时效作一阐述。

一、取得时效制度的内涵和意义

（一）取得时效制度的内涵

取得（usucapio）是被合法化且在法定期限内连续地占有对所有权实现取得的方式。① 民法上的"取得"是依照取得所有权的意思，公开、和平、持续地占有他人之物达到法律规定的期间从而取得物的所有权。取得人依照这种方式取得所有权而必须占有他人之物的法定期间，即为取得时效。如前所述，传统意义上的取得时效，主要是针对物权的占有，因而将取得时效直接等同于占有时效，而将争讼时效局限于消灭时效，有人甚至将争讼时效等同于消灭时效。

当人类充分认识到时效制度的价值之后，时效的内涵和外延被进一步发掘和扩充。特别是当时效制度被运用于国家法或者其他法的领域时，取得时效便具有了全新的意义。取得时效不仅可以取得物权，而且还可以取得其他一些权利，其中包括程序上的权利。国家赔偿法中的取得时效也是取得程序上权利的时效制度。

国家赔偿法上的取得时效，主要是指赔偿义务机关在法定期间内不履行赔偿义务或者特定机关不履行裁决权，而使赔偿请求人获得特定请求救济权利的情况。

---

① ［意］彼得罗·彭梵得著：《罗马法教科书》，黄风译，中国政法大学出版社1996年版，第217页。

（二）取得时效的意义

在国家赔偿法中规定取得时效，具有十分重要的意义。

第一，它可以督促赔偿义务机关尽快履行赔偿义务，防止赔偿义务机关以不作为的方式逃避法律责任。国家赔偿法上的取得时效是由于公权力机关漠视时效义务而被法律赋予请求权人的拟制的权利。如果赔偿义务机关拒绝履行赔偿义务或者采取推拖等方式怠于履行赔偿义务的，请求权人就获得向赔偿义务机关以外的其他公权力机关提交国家赔偿争议的权利，这极有可能使国家赔偿义务承担较大的经济和政治成本。因此，取得时效制度有利于防止赔偿义务机关的不作为。

第二，它可以促使赔偿争议处理机关在法定期间内及时处理赔偿争议，避免久拖不结。如果赔偿义务机关在法定期间不能及时处理国家赔偿争议，可能使今后的赔偿争议解决的难度加大。国家赔偿争议时间越长，有关证据的取得就越困难，今后取证将花费大量的人力、物力，实际上是由于怠于履行赔偿义务人为地造成了赔偿争议难以解决的困难。取得时效实际上是为赔偿义务机关划定了一条在本机关解决国家赔偿争议的期限。

第三，它可以监督国家机关提高工作效率，防止官僚主义。取得时效制度是一个监督国家机关的制度，如果不在法定期限内履行赔偿义务的，则该争议将交由第三者来居中解决，这有助于防止国家机关的官僚主义。

二、设定取得时效制度的基本方式

从国外的一些立法例来看，设定取得时效制度的基本方式是：

首先，为赔偿义务机关设定履行赔偿责任的义务，或者为特定裁决机关设定裁处国家赔偿争议的义务。例如，我国台湾地区的"国家赔偿法"第9条规定，公务员执行职务行使公权力时，因故意或过失侵害人民自由或权利者，以该公务员所属的机关为赔偿义务机关；公有公共设施因设置或管理有欠缺，致人民生命、身体或财产受损害的，以该公共设施之设置或者管理机关为赔偿义务机关;如果赔偿义务机关经裁撤或者改组的,以承受其业务的机关为赔偿义务机关;如果没有承受业务的机关的,以其上级机关为赔偿义务机关。依照上述规则不能确定或者赔偿义务机关有争议的,可以请求上级机关确定,其上级机关自被请求之日起超过 20 天不能确定的,得径以该上级机关为赔偿义务机关。

其次,为上述机关另行上述义务设定一定的法定期间。例如,韩国的《国家赔偿法》第 9 条规定,依本法之损害赔偿诉讼,须经赔偿审议会为赔偿金之支付或驳回之决定后,始得提起。但自赔偿金支付申请之日起,经过 3 个月而未决定时,不在此限。这就是说,如果审议会 3 个月未作决定的,则直接取得损害赔偿诉讼权利,无需继续等待审议会的赔偿决定。

最后,为不履行义务设定一定的法律效果,即赋予赔偿请求人以一种请求救济的权利。例如,我国台湾地区"国家赔偿法"第 11 条的规定,赔偿义务机关拒绝赔偿,或自提出请求之日起超过 30 日不开始协议,或者自开始协议之日起超过 60 日协议不成立时,请求权人得提起损害赔偿之诉。这就是说,如果赔偿义务机关不作为的,经过一定的法定期间后,请求权人即获得提起损害赔偿之诉的起诉权。再比如,《关于联邦及其机构成员和公务员的责任的瑞士联邦法》第 10 条第 2 款规定,如果主管的公职机构对于其请求在提出后的 3 个月没有提出意见或者提出否定意见的,针对联邦的国家赔偿请求可以向联邦法院起诉。

三、我国国家赔偿制度中的取得时效制度

我国《国家赔偿法》关于取得时效的规定,主要包括以下内容:

(一) 提起赔偿诉讼权的取得

《国家赔偿法》第 14 条规定:"赔偿义务机关在规定期限内未作出是否赔偿的决定,赔偿请求人可以自期限届满之日起三个月内,向人民法院提起诉讼。赔偿请求人对赔偿的方式、项目、数额有异议的,或者赔偿义务机关作出不予赔偿决定的,赔偿请求人可以自赔偿义务机关作出

赔偿或者不予赔偿决定之日起三个月内，向人民法院提起诉讼。"其中的事实状态为赔偿义务机关不履行赔偿义务；法定期间为2个月；法律后果为提起赔偿诉讼权的取得。

（二）申请复议权的取得

《国家赔偿法》第24条规定："赔偿义务机关在规定期限内未作出是否赔偿的决定，赔偿请求人可以自期限届满之日起三十日内向赔偿义务机关的上一级机关申请复议。赔偿请求人对赔偿的方式、项目、数额有异议的，或者赔偿义务机关作出不予赔偿决定的，赔偿请求人可以自赔偿义务机关作出赔偿或者不予赔偿决定之日起三十日内，向赔偿义务机关的上一级机关申请复议。赔偿义务机关是人民法院的，赔偿请求人可以依照本条规定向其上一级人民法院赔偿委员会申请作出赔偿决定。"其中的事实状态为刑事或者其他司法赔偿义务机关不履行赔偿义务；法定期间为2个月；法律后果为申请复议权的取得。

（三）申请赔偿委员会酌处赔偿决定权的取得

《国家赔偿法》第25条规定："复议机关应当自收到申请之日起两个月内作出决定。赔偿请求人不服复议决定的，可以在收到复议决定之日起三十日内向复议机关所在地的同级人民法院赔偿委员会申请作出赔偿决定；复议机关逾期不作决定的，赔偿请求人可以自期限届满之日起三十日内向复议机关所在地的同级人民法院赔偿委员会申请作出赔偿决定。"其中的事实状态为复议机关逾期不作出决定；法定期间为2个月；法律后果为申请赔偿委员会作出赔偿决定权的取得。

值得注意的是，如果复议机关立案后，没有在法定期限内对赔偿请求权人作出答复的，赔偿请求权人在超过了30日（且未超过2年）向同级人民法院赔偿委员会申请作出决定，人民法院是否应当受理？一种意见认为，人民法院应当决定不予受理。理由是，请求权人虽然依法应当取得国家赔偿，但是赔偿请求权人在向复议机关提出复议申请后，复议机关逾期未作决定，赔偿请求人没有在法律规定的30日期限内向赔偿委员会提出申请，已经丧失了赔偿委员会对其的保护权。《国家赔偿法》第

39条关于2年的期限应当理解为赔偿请求人向赔偿义务机关提出赔偿申请的期限是2年。《国家赔偿法》第22条第2款规定赔偿请求人要求赔偿应当先向赔偿义务机关提出。如果法院赔偿委员会不顾法定时效决定由赔偿义务机关赔偿，如果赔偿义务机关提出异议，法院将没有直接的法律依据支持。另一种观点认为，人民法院应当决定受理。理由是：其一，虽然请求权人未依照《国家赔偿法》第25条的规定向复议机关所在地同级人民法院赔偿委员会提出赔偿申请，但是，并未超过《国家赔偿法》第39条规定的2年时效。其二，按照《国家赔偿法》的规定，复议机关应当在两个月内作出决定而未作出，而且没有告知申请人，过错在复议机关，请求权人有取得国家赔偿的权利。其三，要正确理解《国家赔偿法》第25条的规定。《国家赔偿法》第25条是赔偿程序对复议期限的规定，是国家赔偿法为了使赔偿请求人及时得到赔偿对赔偿程序的规定，是赋予赔偿请求人、赔偿义务机关、复议机关、赔偿委员会在审理赔偿案件的各个阶段程序的期限。作为复议机关在立案后未作答复是造成请求权人未在法定期限内申请人民法院赔偿委员会作出赔偿决定的直接原因，赔偿请求人不能因此丧失申请国家赔偿的权利。请求权人向复议机关所在地的同级人民法院赔偿委员会申请作出赔偿决定的期限应当从赔偿请求人知道复议机关不作答复的时间起算。《国家赔偿法》第25条规定的"赔偿请求人可以自届满之日起三十日内向复议机关所在地的同级人民法院赔偿委员会申请作出赔偿决定"，是指复议机关没有作出决定或者答复的情况下，请求权人可以在法律规定的期限届满起30日内有向人民法院赔偿委员会申请赔偿的权利。不能理解为赔偿请求人在复议机关没有答复的情况下，赔偿请求人逾期向同级人民法院赔偿委员会申请赔偿，就丧失了国家赔偿的权利。其四，正确理解国家赔偿时效制度。《国家赔偿法》规定赔偿请求人请求国家赔偿的时效为2年。《国家赔偿法》规定的时效制度，是为了保护赔偿请求人的请求权能够得到实现作出的规定，其目的是为了保障公民、法人或者其他组织的合法权益，请求权人没有在规定的期限内申请同级人民法院赔偿委员会作出赔偿决定，并不等于丧失了取得申请国家赔偿的请求权，也不因此失去获得国家赔偿的权利。

最高人民法院支持了后一种观点。最高人民法院认为，《国家赔偿法》第 25 条的规定，是法律赋予当事人的一种选择权，体现方便当事人和有利于及时赔偿的原则，而不是对当事人设定的义务或者对当事人权利的一种限制。复议机关受理案件后，逾期不作决定，也未告知赔偿请求人逾期可以向复议机关所在地的同级人民法院赔偿委员会申请作出赔偿决定的诉权，造成赔偿请求人与其申请赔偿的过错在复议机关，不能因为复议机关的过错而剥夺赔偿请求人的诉权。根据《国家赔偿法》第 39 条的规定，赔偿请求人请求国家赔偿的时效为 2 年，赔偿请求人逾期后在法定时效 2 年内向人民法院赔偿委员会申请作出决定的，人民法院赔偿委员会应当受理。[①]

[①] 最高人民法院《关于贾德群等赔偿请求人申请辽中县人民检察院错误逮捕赔偿一案如何适用国家赔偿法第二十二条及第二十三条的批复》（2001 年 9 月 4 日，[2001] 赔他字第 8 号）。

赔偿程序编

第三十一章 前置程序

本章拟就前置程序作一阐述，主要介绍申请赔偿程序、协商程序和决定程序三个程序。

第一节 前置程序概述

一、前置程序的概念

（一）前置程序的概念即设置前置程序的原因

所谓前置程序，又称为诉前程序，是指赔偿请求权人在请求国家赔偿时，采取的非诉讼的方式解决国家赔偿纠纷的方式、步骤、顺序和时限的总称。即，前置程序主要是指国家赔偿争议在进入复议、诉讼之前，均要经办自行协商或者决定的程序。设置前置程序是大多数国家和地区的作法。例如，在法国、美国、奥地利、韩国和我国的台湾地区，请求权人在提起赔偿诉讼之前，都要经过一个前置程序。例如法国是行政决定前置程序，韩国是赔偿审议会前置程序，台湾地区是协议前置程序，美国是行政处理前置程序。

（二）设置前置程序的主要原因

之所以要设置前置程序，主要有以下几个原因：

一是设置前置程序有利于尽快确立国家赔偿法律关系。赔偿义务机关履行赔偿义务应当自侵权行为开始并且有了损害后果时开始，而非在法院立案之后开始。处理前置程序的设置，主要是为了尽快确立国家赔偿法律关系，以便赔偿义务机关尽快履行国家赔偿义务。

二是设立前置程序有便捷、高效、低廉的特点。与诉讼程序相比，前置程序要更加简单、快捷，节省时间和费用，同时也有利于赔偿请求人尽快得到赔偿，避免讼累。域外许多国家的国家赔偿实践也表明，前置程序具有一定优越性。例如，在美国有大约80%至90%的国家赔偿案件都是在行政机关内部解决的。在德国，国家赔偿案件也是大多数通过行政机关解决，申请法院作出赔偿决定的较少。例如，汉堡州司法部每年受理的国家赔偿案件200件左右，约170件由司法部和当事人协商解决，起诉到法院的仅有30件左右。①

三是设置前置程序有利于发挥赔偿义务机关的优势。如果赔偿义务机关在前置程序就赔偿问题作出决定，请求权人认可的，就无需再由人民法院来进行处理了。赔偿义务机关既有行使公权力的权力，也有行使公权力的义务。因此，当公权力的行使出现瑕疵给他人造成损害的，亦应当允许其采取补救措施。法律规定赔偿义务机关的自行纠错，既体现了赔偿义务机关纠错能力的信心，也是为了调动其工作的积极性。

四是有利于突出争执点。在前置程序中，如果处理未果的，由于双方的争执焦点都已经比较明确，也有利于在下一个程序中迅速处理案件。正如有的学者所称的："请求先行主义……旨在便利人民并尊重赔偿义务机关，使其有机会先行处理，以免涉讼，诉讼程序因此简化，讼源得以疏减。"②

二、各国前置程序的形式

各国在设置请求国家赔偿的程序时，一般都设有诉前请求程序，而不是直接进入诉讼过程。这种诉前请求程序一般可以分为以下五种形式：

（一）赔偿义务机关决定式

所谓赔偿义务机关决定式，是指请求权人要求国家赔偿必须先向赔偿义务机关提出请求，由赔偿义务机关作出决定后，对决定不服的才可

---

① 汤鸿沛、张玉娟：《德国、法国与中国国家赔偿制度之比较》，载《人民司法》2005年第2期。
② 张孝昭：《国家赔偿法之研究（四）》，载《检验月刊》（台刊），第242期。

以向法院起诉。

例如，在法国，提起赔偿诉讼要遵循赔偿义务机关先作出关于赔偿金决定为前提的规则，请求权人对赔偿义务机关的上述决定，不论是言明的决定还是没有言明的决定，如果不服的才能提起赔偿诉讼。

根据奥地利《国家赔偿法》第8条的规定，受害人在提起赔偿诉讼之前，应当先以书面的方式向有赔偿责任的国家机关或者公共团体请求赔偿。书面请求送达3个月后，赔偿义务机关不予答复或者对赔偿义务全部或者部分拒绝的，受害人才能提起国家赔偿诉讼。依据国家赔偿法实施细则，依照国家赔偿法的规定的书面请求赔偿，应以书面形式送达官署的主管。请求书应说明违法情形和损害赔偿的理由，并且说明确定请求的数额，并且应当说明侵权人的职务。如果有足以证明的其他文书的，应当附呈原本或者节录本。

（二）平等协商式

所谓平等协商式，是指受害人行使赔偿请求权必须首先向赔偿义务机关提出，并在平等的基础上进行协商，如果协议不成的，才能向法院提出赔偿诉讼。

例如，我国台湾地区"国家赔偿法"第10条规定："依本法请求损害赔偿时，应先以书面向赔偿义务机关请求之。赔偿义务机关对于前项请求，应即与请求权人协议。协议成立时，应作成协议书，该项协议书得为执行名义。"第11条第1款规定："赔偿义务机关拒绝赔偿，或自提出请求之日起过三十日不开始协议，或自开始协议过六十日协议不成立时，请求权人得提起损害赔偿之诉。但已依行政诉讼法规定，附带请求损害赔偿者，就同一原因事实，不得更行起诉。"这种诉前程序实际上就是后文所述的协商程序。

（三）特定机关初审式

特定机关初审式，是指请求权人在向司法机关提出赔偿诉讼之前应先向特定机关提出，由特定机关进行初审，否则不得提起赔偿诉讼。

例如，根据捷克斯洛伐克《赔偿责任法》的规定，在赔偿诉讼开始之前，请求权人必须向司法部和财政部等特定部门提出请求，由司法部和财政部等特定部门进行初审。只有当请求权人的请求得不到满足时，请求权人才能向法院提起赔偿诉讼。初审的目的在于通过"友好的方式"在法庭之外解决争端。不当职务行为争议不需要由行政机关进行初审，因为这类行政侵权行为产生的问题并未有效地在行政程序中得到解决。

再比如，根据瑞士《联邦责任法》的规定，被害人因公务员执行职务时的违法行为造成损害，请求联邦进行赔偿时，须先向财政部申请，由财政部进行审查。如果财政部认为可以受理其申请，同意其赔偿请求，则当事人无需提起赔偿请求。如果财政部驳回其请求或者超过3个月未作出决定，被害人可以向联邦法院提起诉讼，要求赔偿损失。

（四）协商、和解、批准结合式

所谓协商、和解、批准结合式，是指请求权人在提起赔偿诉讼之前，应先向赔偿义务机关进行协商，谋求和解，在特定范围内的协商和解内容，应当获得特定机关或者行政首长的批准才能发生效力。

例如，美国法典第2675条的规定："诉合众国的，因政府雇员在其职务或者雇用范围内活动时的疏忽或者错误的作为与不作为引起的财产破坏和损失或者人身的伤害或者死亡而提起的金钱赔偿请求，只有首先向适当的联邦机关提起并被该机关以书面形式最终拒绝，该拒绝以证明或者挂号邮件送达时，法院才予以受理。有关机关在申请提出后6个月内未作出最终处理，则之后申请人选择的任何时间都可以被视为在本条意义上的对申请的拒绝。"有关机关在收到请求权人的申请后，行政首长应当指定工作人员，依据有关法规对请求权人的赔偿请求予以考虑、核计，并与相对人进行协商、和解或者予以裁决。协商、和解应当达成协议书或者和解书，双方签字后即发生法律效力。对赔偿义务机关的裁决，如果请求权人表示接受，亦发生法律效力。但是如果赔偿额超过25000美元，应当事先获得司法部长或者其授权者的批准，协议书或者和解书方能发生法律效力。行政机关与相对人达成的协议或者行政机关作出的裁决，如果采用欺诈的手法，则协议或者裁决无效。有效的协议达成后，给予赔偿则程序自动结束。协议未达成或者相对人对行政机关所作的赔偿裁决不服的，相对人自行政机关拒绝赔偿之日或者裁决书送达日起6个月，向行政机关所在地或者侵权行为发生地法院提起诉讼。

（五）审议式

所谓审议式，是指请求权人请求国家赔偿，应先向国家赔偿审议组织进行审议，请求权人对审议决定不服的，才可以向法院提起国家赔偿诉讼。例如，根据韩国《国家赔偿法》第9条规定了先行主义原则，即，依本法之损害赔偿诉讼，非经赔偿审议会为赔偿金支付的决定后不得提起，但自赔偿决定申请之日起，经过2个月时，得不经其决定可以提起诉讼。根据该法第10条的规定，审议会包括本部审议会和特别审议会。前者设置于法务部，为全国最高国家赔偿事件审议机关，负责对国家或者自治团体赔偿决定的审议，下设地区审议会，分设于汉城特别市以及各地，管辖各地的赔偿审议事件；后者设置于国防部，下设地区审议会，置于各军种部队中，管辖军人或者军属加害他人的赔偿事件的审议事项。所有的审议会均受法务部长的指挥。审议会在受理国家赔偿请求时，应当查明是否合乎赔偿要件、损害实际情况以及损害等级，然后根据查明的情况作出应否赔偿以及赔偿数额的认定。如地区审议会决定支付的赔偿金超过规定的基准时，应当报请本部审议会或者特别审议会承认。对于申请赔偿总额超过300万元或者赔偿责任成立与否以及其他重要事项，应当在决定赔偿前，向法务部长报告。审议会决定的赔偿数额在法令规定的范围内的，如经请求人同意，即可支付。审议会认为有紧急事由时，得依被害人或者遗族的申请，预先支付一定金额作为疗养费或者殡葬费。审议会的赔偿决定，如果申请人同意或者地方自治团体支付给赔偿金时，视为依民事诉讼法的规定成立审判上的和解，与调解书具有同等效力。如果赔偿义务机关不予履行，申请人有权根据赔偿决定书正本，请求地方法院签发执行令，采取强制执行措施。

第二节　申请赔偿程序

我国《国家赔偿法》对于赔偿程序的规定，包括两种程序：主动赔偿程序和申请赔偿程序。主动赔偿程序是指赔偿义务机关对于存在违法侵权行为的应当主动给予赔偿。《国家赔偿法》第9条第1款规定，赔偿义务机关有本法第三条、第四条规定情形之一的，应当给予赔偿。本款规定的"赔偿义务机关有本法第三条、第四条规定情形之一的"是指赔偿义务机关对于第3条侵犯人身权和第4条侵犯财产权等违法侵权行为的，应当本着对人民负责的态度，主动给予赔偿。行政赔偿义务机关主动给予赔偿的前提是行政行为违法并且给公民、法人或者其他组织的合法权益造成了损害。行政机关可以自己主动给予赔偿，也可以由上级机关责成赔偿义务机关主动履行赔偿义务。

行政赔偿义务机关主动履行赔偿义务的，应当按照主动赔偿的程序进行。《国家赔偿法》只是原则性地规定了主动赔偿，但是对主动赔偿程序没有规定。[①] 在目前行政机关有关行政赔偿的规章中，也没有关于主动赔偿的规定。正因为如此，学术界有很多学者认为这一程序是一个死亡的、不存在的程序。我们认为，主动赔偿程序有利于赔偿争议的及时解决，《国家赔偿法》应当对主动赔偿作出比较详细的规定。行政赔偿义务机关主动赔偿的，应当将行政赔偿的原因、对于损害范围的认定、赔偿方式、赔偿数额、赔偿金发放时间和发放地点等提前5日通知受害人及其利害关系人。如果受害人对损害范围、赔偿方式和赔偿数额提出异议的，行政赔偿义务机关可以就上述内容与受害人进行协商。协商成立的，应当制作行政赔偿协议书，并由双方签章确认。达成赔偿协议后，赔偿请求人以同一事实和理由再次请求赔偿的，不予受理。协商不成立的，赔偿义务机关应当作出行政赔偿决定书。如果受害人拒绝接受主动赔偿

[①] 吴家林：《对我国国家赔偿的几点认识》，载《宁德师专学报》（哲学社会科学版）1996年第1期。

的，可以提起行政复议或者行政诉讼。

《国家赔偿法》对于主动赔偿程序规定的是行政赔偿义务机关"应当"主动赔偿。这里的"应当"是一种义务性、强制性的规定，行政赔偿义务机关有义务主动赔偿。但是，行政赔偿义务机关如果不履行此"义务"的，却没有规定相应的罚则或者其他法律后果。这主要是由于，追究行政赔偿义务机关未主动履行赔偿义务的难度很大。行政赔偿义务机关可以找出很多理由对其不履行赔偿义务进行抗辩。因此，行政赔偿义务机关在何种情形下应当主动赔偿，有必要作进一步的完善。我们认为，今后《国家赔偿法》在修订时应当完善对主动赔偿程序的规定。

相对而言，《国家赔偿法》对于申请程序作了明确和详细的规定。根据我国《国家赔偿法》和赔偿种类的不同，一般将赔偿申请程序分为行政赔偿申请程序、刑事司法赔偿申请程序和非刑事赔偿司法申请程序。以下分述之。

一、行政赔偿申请程序

（一）当事人

行政赔偿申请程序包括两个当事人：行政赔偿请求人和行政赔偿义务机关。行政赔偿请求人是指其合法权益受到行政机关及其工作人员侵害的公民、法人或者其他组织。有关赔偿请求人的阐述，可以参见本书"请求权利编"的相关内容。行政赔偿义务机关是指因其违法行使职权的行为，而被公民、法人或者其他组织要求赔偿损失的国家行政机关及其法律法规授权的组织。有关行政赔偿义务机关的阐述，可以参见本书"责任归属编"的相关内容。

（二）选择程序

根据《国家赔偿法》第9条第2款的规定，赔偿请求人要求赔偿应当先向赔偿义务机关提出，也可以在申请行政复议和提起行政诉讼时一并提出。这就是说，赔偿请求人可以有两种途径寻求行政赔偿，并且，这两种途径是可选择的。

1. 单独提起行政赔偿请求。

(1) 单独提起行政赔偿的前提

根据《国家赔偿法》的规定，单独提起行政赔偿请求，是指赔偿请求人的请求仅仅限于赔偿问题。如果对于行政行为的合法性存在质疑，也就是行政行为的合法性仍然存在不确定性时，赔偿请求人向赔偿义务机关请求赔偿的时机尚未成熟。当然，如果赔偿请求人请求赔偿义务机关赔偿，赔偿义务机关自己承认行政行为违法的，可以认为申请赔偿的时机已经成熟。通常来说，对于行政行为合法性的判断，需要通过行政复议或者行政诉讼程序才能确定。只有行政机关的行政行为的违法性已经得到有权机关确认或者赔偿义务机关自己承认的情况下，申请赔偿的时机才成熟。也就是说，单独提起行政赔偿的前提是行政行为的合法性已经不存在争议。

(2) 单独提起行政赔偿的情形

根据《国家赔偿法》的规定，只有在行政行为违法并造成损害的情况下才能给予行政赔偿。在下列情形下，可以认为行政行为的违法性已经得到确认：

第一，作出侵权行为的行政机关承认自己作出的行政行为违法。承认是指赔偿请求人向赔偿义务机关申请时，赔偿义务机关认为自己的行为确实存在违法情形。赔偿请求人可以请求赔偿义务机关赔偿。

第二，作出侵权行为的行政机关对自己作出的行政行为认定违法。这是指赔偿义务机关对于自己作出行政行为主动认定违法。此时，赔偿请求人可以请求赔偿义务机关赔偿。

第三，作出侵权行为的行政机关以自己作出的行政行为违法为由决定予以撤销或者变更。行政机关如果以自己作出行政行为违法为由撤销或者变更的，行政行为的违法性已经得到确认。

第四，行使行政职权的行为为行政终局裁决机关确定为违法。行政终局裁决机关如果对行政行为的合法性确定为违法的，赔偿请求人申请赔偿义务机关赔偿的情形。此时，赔偿请求人可以请求赔偿义务机关赔偿。

第五，复议机关确认原行政行为违法或者以原行政行为违法为由予以撤销、变更。根据《行政复议法》第29条的规定，申请人在申请行政复议时没有提出行政赔偿请求的，行政复议机关在依法决定撤销或者变更罚款，撤销违法集资、没收财物、征收财物、摊派费用以及对财产的查封、扣押、冻结等具体行政行为时，应当同时责令被申请人返还财产，解除对财产的查封、扣押、冻结措施，或者赔偿相应的价款。但是，复议机关根据《行政复议法》的规定对原行政行为确认违法、撤销、变更后，如果受害人在申请复议时并未提出赔偿请求，复议机关也未对行政赔偿问题作出裁决的情况下，在复议决定生效后受害人又要求赔偿的，亦得申请赔偿。

第六，上级行政机关确认原行政行为违法或者以原行政行为违法为由予以撤销、变更。例如，根据《地方各级人民代表大会和地方各级人民政府组织法》第59条第2款的规定，县级以上的地方各级人民政府行使下列职权：……（三）改变或者撤销所属各工作部门的不适当的命令、指示和下级人民政府的不适当的决定、命令，上级行政机关有权确认下级行政机关行为违法或者撤销、变更下级行政机关的违法行为。

第七，人民法院确认原行政行为违法或者以原行政行为违法为由判决撤销、变更。《行政诉讼法》没有对人民法院是否可依职权判决赔偿作出规定。根据《若干解释》第58条的规定，被诉行政行为违法，但撤销该行政行为将会给国家利益或者公共利益造成重大损失的，人民法院应当作出确认被诉行政行为违法的判决，并责令被诉行政机关采取相应的补救措施；造成损害的，依法判决承担赔偿责任。我们认为，为了彻底解决行政纠纷，人民法院对于违法行政行为造成受害人合法权益损害的，可以依职权判决赔偿。但是，如果人民法院仅就行政行为合法性作出裁判，没有就赔偿问题作出判决的，可以行政裁判为依据，向赔偿义务机关申请赔偿。

需要注意的有三个问题：一是，这里的行政行为违法性得到确认并非是指存在一个单独的确认程序，而是只要行政机关存在上述情形，且赔偿请求人能够提供相应法律文书或者赔偿义务机关自己承认的情况下，即可申请赔偿。二是，这里的"行政行为"不仅包括行政法律行为，而且也包括行政事实行为。即对于暴力殴打、行政指导等行为亦得申请赔偿。三是，这里的"行政行为"是否包括抽象行政行为？我们认为，《行政诉讼法》将抽象行政行为排除在行政诉讼受案范围之外，尽管《国家赔偿法》、《行政复议法》并未将抽象行政行为排除在外，从理论上讲，应当允许其申请行政赔偿。但目前尚有诸多问题需要研究和解决，故目前以暂不受理为宜。此处的"行政行为"并不包括国家行为，当然，如果国家行为作出主体主动对受害人予以赔偿的不在此限。

（3）单独提起行政赔偿的程序

单独提起行政赔偿的程序，是一种世界各国通行的行政先行程序。例如，美国《联邦侵权赔偿法》第2675条规定："因联邦政府人员，于其行使职权之范围内，因过失不法行为或不行为，致他人生命、身体或财产发生损害，除已经向该行政机关提出请求，并经其为终局之处分外，不得对美国联邦政府提出金钱赔偿之民事诉讼。"瑞士、奥地利、捷克斯洛伐克、我国台湾地区均有类似规定。我国《国家赔偿法》规定的单独提起行政赔偿，应当先向赔偿义务机关提出，由该行政赔偿义务机关依法进行处理，或者经过双方当事人就有关赔偿的范围和金额等事项进行自愿协商，从而解决行政赔偿争议的程序。确立行政先行程序，主要目的在于方便受害人便利地取得行政赔偿救济。受害人可以利用简单、快捷、低廉的行政程序及时取得救济，同时大大减少了复议和诉讼，减轻了复议机关和人民法院的案件负担。

先行赔偿程序也同样适用于共同赔偿。如果两个以上行政机关共同行使行政职权时侵犯公民、法人和其他组织的合法权益造成损害的，共同行使行政职权的行政机关为共同赔偿义务机关。赔偿请求人可以向共同赔偿义务机关中的任何一个赔偿义务机关要求赔偿，该赔偿义务机关应当先予赔偿，不能无故推拖。

赔偿请求人选择先向赔偿义务机关提出申请后，如果赔偿义务机关在规定的期限内未作出是否赔偿的决定，赔偿请求人可以自期限届满之日起 3 个月内，向人民法院提起诉讼；赔偿请求人对赔偿的方式、项目、数额有异议的，或者赔偿义务机关作出不予赔偿决定的，赔偿请求人可以自赔偿义务机关作出赔偿或者不予赔偿决定之日起 3 个月内，向人民法院提起诉讼。

2. 一并提出赔偿请求。

赔偿请求人也可以在申请行政复议和提起行政诉讼时一并提出。即，赔偿请求人在申请复议或者提起行政诉讼时，要求确认被诉行政行为违法或者要求撤销、变更被诉行政行为时，可以一并提出赔偿请求。

之所以可以一并提出赔偿请求，主要是在行政复议或者行政诉讼程序中，主要解决的是行政行为的合法性的问题。行政行为合法性问题解决了，是否赔偿也就显而易见了。赔偿请求实际上附着于对行政行为质疑这一诉讼请求之上，这两个诉讼请求具有一定的因果关系，且性质相同，存在内在的同一性。主要表现在：请求赔偿的损害事实是该行使职权的行为造成的；该行使职权的行为违法。请求赔偿的损害事实如果不是行使职权的行为造成的，就不可能一并提出赔偿请求；如果行使职权的行为不是违法行为而是合法行为，亦不能提出赔偿请求。因此，这种方式可以称为"一并式"或者"连带式"。

对于一并提出赔偿请求程序中，要注意以下两个问题：

一是如果赔偿请求人在申请行政复议和提起行政诉讼后，能否再行向赔偿义务机关提出赔偿申请？有一种观点认为，受害人在经过行政复议或者行政诉讼程序后，对行政复议或者行政诉讼程序有关赔偿问题不服，又向赔偿义务机关申请赔偿的，是受害人的一项权利。赔偿义务机关对于行政复议机关、人民法院有关赔偿问题的决定或者判决，不能自行免除或者减少，赔偿义务机关主动增加赔偿数额或者赔偿方式的除外。我们认为，上述观点不正确。在上述情况下，赔偿请求人不能再向赔偿义务机关提出申请。理由是：第一，赔偿请求人在申请行政复议和提起行政诉讼之后，将产生程序系属的法律后果，即赔偿请求人的请求将获得在程序中的羁束力，非经法定事由，不得再行向其他行政机关或者其他国家机关提出申请。第二，从实际的运作来看，赔偿请求人在申请行政复议或者提起行政诉讼后，如果再向赔偿义务机关提出申请的，可能产生程序冲突的问题。例如，赔偿请求人在提起行政诉讼后，法院可能已经对行政行为的合法性和赔偿请求人的诉讼请求进行了审查。如果赔偿请求人又向赔偿义务机关提出申请的，赔偿义务机关作出的赔偿决定可能和法院作出的裁判不一致。第三，赔偿请求人在申请行政复议和提起行政诉讼后，复议机关对被申请的行政行为的合法性和适当性要进行审查，并且作出复议决定，法院对被诉行政行为的合法性进行审查，并作出相应裁判。这种审查不仅要对行政行为进行审查，还要对赔偿请求进行审查，是一种全面的审查，对于赔偿请求人的保护也比较全面。第四，如果行政赔偿义务机关确有赔偿意愿的，也不会等到赔偿请求人不服法院裁判情况下，在行政赔偿程序中增加赔偿数额。

　　二是如何理解"应当先向赔偿义务机关提出"？这里立法机关采用了"应当"的措辞，同时又规定"也可以在申请行政复议和提起行政诉讼时一并提出"，采用的是"可以"。从立法技术上讲，凡是"应当"的，是义务性的、强制性的，而凡是"可以"的，是权利性的、可选择性的。在一个条文中同时出现这两个意义完全不同的术语，如果不是立法上的瑕疵，则必然是另具其他意义。我们认为，这里的"应当"是具有倡导意义的术语，也就是说，法律倡导赔偿请求人"应当"先向赔偿义务机关提出申请，但是，如果赔偿请求人选择了后一程序的，法律也不会科以其不利后果。在司法实践中，有的赔偿义务机关利用"应当"的规定，在程序上给赔偿请求人设置障碍。例如，由于修订前的《国家赔偿法》没有关于赔偿义务机关应当出具收到申请书面凭证的规定，在赔偿义务机关不出具相关凭证的情况下，申请人难以知道赔偿义务机关收到申请的时间，赔偿义务机关2个月处理时间的起算点难以确定。有的赔偿义务机关利用法律上的这一漏洞对许多赔偿申请既不立案也不给一个明确答复，申请人在 2 个月期满后向上级机关申请复议或者向人民法院起诉，被有关机关以赔偿义务机关还未先行处理为由拒之门外。《国家赔偿法》修订之后，由于明确了赔偿义务机关出具书面凭证的义务和赔偿义务机关在法定期限内未作出是否赔偿决定可以在期限届满之日起 3 个月内向人民法院起诉的规定，这种情况可能会有较大改观。但是，如果赔偿义务机关在收到申请后不出具相关凭证的，上述问题仍然存在。问题的关键在于要把"应当"程序理解为倡导性的程序，而非必经程序。当然，如果立法上对"应当"的措辞修订为"有权"，赔偿请求人可以选择请求行政机关赔偿或者向人民法院提起诉讼，这个问题就迎刃而解了。

极少数的学者提出，为了保证国家赔偿程序的统一，应当将国家赔偿先行处理程序统一规定为必经程序，取消选择程序。理由是：选择程序增加了当事人的讼累，加重了人民法院的负担，也不利于及时保护赔偿请求人的合法权益，也不利于赔偿义务机关发现和纠正自己的错误，及时调整和修正自己的执法行为，从根本上使自己的价值受到影响。[1] 我们认为，《行政诉讼法》规定的行政赔偿程序的选择程序已经证明对于保障当事人的合法权益起到了良好的作用，没有修改的必要。如果仅仅为了使其和刑事赔偿程序相统一而将其修改为先行处理的单一程序，似乎理由还不够充分。

（三）申请提交程序

1. 单一申请和合并申请。

《国家赔偿法》第 11 条规定，赔偿请求人根据受到的不同损害，可以同时提出数项赔偿请求。这是关于单一申请和合并申请的规定。所谓单一申请是指赔偿请求人就其单一损害提出的单项赔偿申请。例如，公民被行政机关违法给予罚款的，可以就其金钱损失请求赔偿。大多数的赔偿案件是单一申请。

合并申请是指赔偿请求人就其多项损害提出的多项赔偿申请。合并

---

[1] 袁瑞玲：《论国家赔偿制度中的先行处理程序》，载《人民司法》2004 年第 6 期。

申请必须具备以下三个条件：

一是数项赔偿请求须有数个不同的损害结果。例如，公民具有特定纪念意义的物品被行政机关违法损坏的，公民既有财产上的损失（物品损坏）又有精神上的损失（特定纪念意义的物品被损坏），可以要求返还财产、恢复原状、给付赔偿金和精神损害赔偿等。

二是数个损害结果都是由赔偿义务机关及其工作人员行使职权的行为造成的。即损害结果与行使职权行为之间存在因果关系。如果其中某个特定的损害结果是由某个特定的赔偿义务机关造成的，对此特定的损害结果就不能同时要求赔偿。此外，在赔偿义务机关中，多个损害结果中某一损害结果并非共同赔偿义务机关的任何一个机关造成的，该损害结果的赔偿请求不能向共同赔偿义务机关提出，而应当另行提出申请。

三是合并申请是一项权利，而非强制性义务。《国家赔偿法》规定的合并申请是"可以"提出数项赔偿请求，而非"应当"提出数项赔偿请求，其目的主要在于简化赔偿程序，以收快捷之效。如果其中某项赔偿长期不能获得处理而影响到其他赔偿处理，或者数项赔偿同时处理更为不利的，应当分别提出申请，分别处理。

赔偿申请的内容和赔偿请求、赔偿请求权的种类有关，有关内容可以参见本书"请求权利编"。

2. 赔偿申请书。

请求国家赔偿是一个比较复杂的法律程序，既关系到赔偿请求人的合法权益，也关系到国家的利益，因此，必须要按照法定的程序慎重为之。对于赔偿请求人而言，请求赔偿的意思表示属于要式法律行为，内容全面的申请书对于准确反映其申请具有重要意义，也使赔偿义务机关能够便捷的审查；对于赔偿义务机关而言，无论其作出赔偿决定还是不予赔偿的决定，都必须基于赔偿申请书，认真全面地考虑赔偿请求人的要求、根据和理由。对于申请书中反映出来的重点、疑点，还可以利用其他方式充分听取赔偿请求人的意见。可见，赔偿申请书在国家赔偿程序中具有重要意义。《国家赔偿法》第 12 条规定了赔偿申请书的载明事项。主要包括以下三项内容：

（1）受害人的基本情况

受害人是自然人的，应当载明受害人的姓名、性别、年龄、工作单位和住所。申请书要求载明以上事项，一则为了便于赔偿义务机关核实受害人；二则为了便于赔偿义务机关通知和联系受害人。如果受害人已经死亡的，根据《国家赔偿法》第6条第2款的规定，其继承人和其他抚养关系的亲属要求赔偿的，申请书在载明受害人基本情况的基础上，还应当载明该权利继受人的姓名、性别、年龄、工作单位和住所。

受害人是法人或者其他组织的，应当载明其名称、住所和法定代表人或者主要负责人的姓名、职务。法人和其他组织的名称应当是正式名称的全称。住所是指其常设机关所在地或者营业中心所在地。法人和其他组织有多个办事机构的，根据《民法通则》第39条的规定，以它的主要办事机构所在地为住所。法人或者其他组织载明上述事实的目的和受害人是自然人载明事项的目的是一致的。如果法人或者其他组织终止的，受害的法人或者其他组织的权利承受人，还须注明其已经承受已经终止的法人或者其他组织权利的事实。

我国台湾地区的"国家赔偿法施行细则"第17条也对请求权人的姓名、性别、年龄、机关、职业、住所或居所、法人或其他团体的名称、主事务所或主营业所、代理人的姓名、性别、年龄、籍贯、职业、住所或居所作了类似规定。韩国的《国家赔偿法施行令》（1975年9月8日第7805号总统令修正）也要求申请书中须载明申请人的姓名、籍贯、住址、出生年月日及职业等内容，申请书中还需要附具户籍副本一份。

当然，申请书中还应当载明赔偿义务机关的基本情况。《国家赔偿法》没有规定这一内容。但从实践来看，申请书中必须载明赔偿义务机关的基本情况，以便赔偿义务机关的受理和审查。

（2）具体的要求、事实根据和理由

"具体的要求"是指赔偿请求人要求的赔偿方式、赔偿数额等问题。赔偿方式是指《国家赔偿法》第四章规定赔偿的方式。例如，遭受财产损害的，可以要求返还财产、恢复原状或者支付赔偿金；侵犯公民生命健康权的，可以要求支付赔偿金；致人精神损害的，可以要求消除影响、恢复名誉、赔礼道歉或者支付精神损害抚慰金。当然，要求必须是具体的，这主要是针对赔偿金而言的，例如赔偿金和精神损害抚慰金的数额一定要确定。这一要求为世界各国通例。例如，《奥地利联邦政府关于根据公职责任法对联邦提出赔偿请求的法令》（1949年2月1日）第1条第2款规定，在书面要求中应当陈述根据被害人的意见因此提出赔偿请求的违法行为，并且应当详细标明请求赔偿的数额。对于赔偿金之外的赔偿方式，只要载明就满足了"具体"的要求。赔偿请求人还可以根据受到的不同伤害，同时提出数项赔偿请求，申请书中应当对每一项请求详细列明。在数个机关应当承担连带赔偿责任时，请求人如仅对赔偿义务机关中的一部分机关请求全部或者部分赔偿，应当写明自己向其他赔偿义务机关请求赔偿的金额或者请求恢复原状、返还财产的内容。"具体的要求"主要来源于标的表明理论。这一理论主要有三个要求：一是要求请求人的请求必须明确而具体，以便赔偿义务机关确定要审查的标的。二是要求赔偿义务机关应当在请求人请求的范围内进行审查，不应当缩小审查的范围，也不应当随意扩大审查的范围。三是赔偿义务机关不应当对一个还没有出现的、不能确定的赔偿请求进行审查。

"事实根据"是指针对具体的赔偿请求提出相应的证据证明其所遭受损害的情况。当然，这里的"事实根据"主要包括案件事实、证据事实和法律根据。对于案件事实而言，是指损害行为发生的时间、地点、起因以及事情经过。例如，行政机关非法拘留公民的经过。这一经过可以在申请书中进行叙述。对于证据事实而言，就是要载明证据的名称和待证事实。例如，赔偿请求人要求赔偿治疗和护理费用的，应当提供医院的诊断证明、医疗费收据、生活自助具单据、病假证明书等；对损害财产的，应当提交修复费用的收据、购置同类财物的发票等；因死亡而要求赔偿的，应当提交受害人死亡证明书或者其他载明死亡原因、时间、地点等情况的证明书，受害人死亡时的职业、工资收入情况、生前扶养人的姓名、年龄，受害人须扶养的未成年人的年龄、性别及其与受害人的关系、因死亡而开支的丧葬费用收据等等。对于证据事实仅需载明即可，而非将证据采取粘贴等方式固定在申请书上。法律根据是指侵权行为发生的事实以及获得赔偿的根据。例如，对于行政机关侵犯公民人身权的，应当载明按照《国家赔偿法》第3条的规定赔偿。

"理由"是指对其所受损害状况和根据损害状况提出的赔偿请求应当加以说明。这里的"理由"主要是要说明赔偿要求和事实根据之间的关系。例如，行政机关违法对财产采取查封、扣押、冻结等行政强制措施的，请求给付赔偿金的，可以说明财产被采取查封、扣押和冻结等措施后的贬值、灭失等情况，根据有关证据说明请求人要求赔偿的具体数额和总额等等。

（3）申请的年、月、日

载明请求人递交申请书的时间，对于赔偿义务机关限期赔偿和赔偿请求人及时行使复议、诉讼等权利是非常必要的。对于赔偿义务机关而言，根据《国家赔偿法》第13条的规定，赔偿义务机关应当在收到申请之日起两个月内，作出是否赔偿的决定。对于赔偿请求人而言，赔偿义务机关在规定期限内未作出是否赔偿的决定，赔偿请求人可以自期限届满之日起3个月内，向人民法院提起诉讼。

3. 代书申请、口头申请和代理申请。

（1）代书申请、口头申请

在许多国家和地区，赔偿申请只能是书面申请，而不能口头申请，如果仅以口头表示的，不发生请求的效力。例如，奥地利《国家赔偿法》第8条第1款规定，被害人应当先向有赔偿责任之官署以书面请求赔偿。我国台湾地区的"国家赔偿法"第11条规定："依本法请求损害赔偿时，应先以书面向赔偿义务机关请求之。"《国家赔偿法》第12条第2款规定，赔偿请求人书写申请书确有困难的，可以委托他人代书；也可以口头申请，由赔偿义务机关记入笔录。这一条主要是考虑到我国各地经济发展很不平衡，一些经济欠发达地区还有文盲、半文盲存在，为了保障赔偿请求权人的合法权益，避免由于文化程度等原因导致无法申请赔偿，允许其委托他人代书或者口头申请，并由赔偿义务机关记入笔录。

这里的"书写申请书确有困难"，是指在客观上确实无法书写或者书写难以准确表达其意思。包括文化程度缺陷和身体残障确实无法书写的情况。当然，这个条件并不严格，赔偿义务机关亦不必对其进行审查。也就是说，采用书面申请，还是代书申请、口头申请，基本上由赔偿请求人来决定。但是，申请赔偿的行为是一项法律行为，赔偿请求人应当尽可能地采用书面形式，以便能够完整、客观、准确地表达自己的意思。

对于赔偿义务机关而言，工作人员在将赔偿请求人的申请记入笔录时，应当准确地反映请求人的意见和要求，如实地记录事实根据和理由。在记入笔录后，还应当原原本本地向口头申请人宣读笔录的内容，以便确保笔录的准确性。如有错误，赔偿请求人可以要求进行修改，经修改无误的，应当签字或者盖章确认。

（2）代理申请

《国家赔偿法》没有关于代理申请的内容，仅有代书申请的内容。但是，根据国家赔偿法原理和司法实践中的做法，允许赔偿请求人的代理人以赔偿请求人的名义提出申请。有关代理的内容，可以参见本书"请求权利编"。

4. 权利承受人的身份证明。

《国家赔偿法》第12条第3款规定，赔偿请求人不是受害人本人的，应当说明与受害人的关系，并提供相应证明。这一款内容主要包括以下内容：

所谓的"赔偿请求人不是受害人本人的"，主要包括两种情形：对于自然人而言，赔偿请求人一般来说应当是受害人本人。但是，根据《国家赔偿法》的规定，赔偿请求人包括受害人本人和受害人死亡后的继承人、其他有扶养关系的亲属。可见，"赔偿请求人不是受害人本人"是指后一种情况，继承人和其他有扶养关系的亲属。当然，是否仅仅限于以上范围，还有讨论的必要。有关"不是受害人本人"的范围，可以参见本书有关"请求权利编"的部分。相对应的,对于法人或者其他组织而言,赔偿请求人不是受害人本人的情形主要是指受害的法人或者其他组织终止后,其权利承受人可以提出赔偿申请。值得注意的是,这里的"赔偿请求人不是受害人本人"是否仅仅指"本人"死亡或者终止情形,还有进一步研究的必要。

赔偿请求人如果不是受害人本人的,要承担两个义务:一是说明与受害人的关系。这一义务是借鉴我国台湾地区"冤狱赔偿法"第10条第1款"继承人为声请时应释明其与死亡人之关系及有无同一顺序继承人"的规定。非受害人本人的赔偿请求人应当说明与受害人之间的亲属关系或者权利义务的承继关系。二是提供相应的证明。这一规定借鉴了《最高人民法院关于审理行政赔偿案件若干问题的规定》第25条的规定,即受害的公民死亡,其继承人和有抚养关系的人提起行政赔偿诉讼,应当提供该公民死亡的证明及赔偿请求人与死亡公民之间的关系证明。

5. 申请收讫。

《国家赔偿法》第12条第4款规定:"赔偿请求人当面递交申请书的,赔偿义务机关应当当场出具加盖行政机关专用印章并注明收讫日期的书面凭证。"这一规定也是为了明确办事程序和方式而增加的可操作性的内容。[①] 这一规定主要包括两个方面的内容:

一是,对于赔偿请求人而言,应当尽量当面递交申请书。司法实践中,赔偿请求人递交申请书主要通过两种方式:当面递交和邮寄递交。当面递交的申请书,不仅包括受害人自己书写的申请书,也包括委托他人代书的申请书,还包括赔偿义务机关记入笔录的申请材料等。这些申请书由于当面递交,现场感很强,要求赔偿义务机关必须当场出具相关凭证,以便证明赔偿请求人已经交付申请书。但是,如果赔偿请求人采用邮寄递交申请的,如何处理?《国家赔偿法》没有作出具体的规定。对于邮寄送达的材料,一般有交邮主义和到达主义。前者以申请材料交付

[①] 李适时:《关于〈中华人民共和国国家赔偿法〉修正案(草案)的说明——2008年10月23日在第十一届全国人民代表大会常务委员会第五次会议上》。

邮政机关并以邮政机关邮戳作为申请时间；后者以申请材料到达赔偿义务机关作为申请时间。由于后者还是由赔偿义务机关确定申请时间，所以我们建议在邮寄递交的情况下，应当采取交邮主义。《国家赔偿法》之所以没有规定邮寄递交的方式，并非不允许邮寄递交，而是为了避免赔偿义务机关以邮寄时间迟延为由拖延作出赔偿决定。因此，对于赔偿请求人而言，为了保护自己的赔偿请求权，应当尽可能地当面递交申请书。

二是，对于赔偿义务机关而言，赔偿义务机关应当出具收讫凭证。《国家赔偿法》修订之前，由于法律对于赔偿义务机关如何收取赔偿请求人的申请书没有作出规定，同时对于作出赔偿决定的"自收到申请之日起两个月"没有具体的限制，实际上出现了对于"收到申请之日"由赔偿义务机关自己确定的情况。而赔偿义务机关往往对于赔偿请求人的申请置之不理，导致赔偿请求人多次反复提交申请仍然不能获得赔偿。为了解决这一问题，《国家赔偿法》对赔偿义务机关的出具收讫书面凭证作了规定。这里的"应当"是指赔偿义务机关必须出具相关收讫凭证。"当场"是指没有时间间隔地现场发给书面凭证。"本行政机关专用印章"是指行政机关作为赔偿义务机关的专门印章，如果没有专门印章的，可以行政机关对外行文的印章代替。

6. 一次性告知补正内容。

《国家赔偿法》第12条第4款规定："申请材料不齐全的，赔偿义务机关应当当场或者在五日内一次性告知赔偿请求人需要补正的全部内容。"由于修订前的《国家赔偿法》没有关于告知补正的规定，在实践中产生了一些问题。对于申请材料不齐全的，赔偿义务机关在多长时间内告知赔偿请求人补正，没有具体的规定。在赔偿请求人提出赔偿申请后，有的赔偿义务机关为了拖延时间或者逃避赔偿，不一次性告知赔偿请求人应当补正的材料，造成了赔偿请求人往返多次仍然没有结果。为了解决这一问题，《国家赔偿法》增加了上述内容。本款规定主要借鉴了《行政许可法》第32条第2款的规定，即申请材料存在可以当场更正的错误的，应当允许申请人当场更正；申请材料不齐全或者不符合法定形式的，应当当场或者在 5 日内一次性告知申请人需要补正的全部内容，逾期不告知的，自收到申请材料之日起即为受理。

对于申请材料不齐全的，为了保障赔偿请求人的合法权益，也为了便于赔偿义务机关进行审查，赔偿义务机关应当告知赔偿请求人补正。一般情况下，由于申请材料是否齐全，赔偿义务机关比较容易分辨，应当当场告知赔偿请求人补正；如果申请材料可以当场补正的，应当允许当场补正；如果缺少申请材料较多，应当一次性告知补正的全部内容；赔偿义务机关应当在 5 日内一次性告知补正内容。

（四）先予赔偿（连带赔偿）程序

《国家赔偿法》第 10 条规定，赔偿请求人可以向共同赔偿义务机关中的任何一个赔偿义务机关要求赔偿，该赔偿义务机关应当先予赔偿。这是关于先予赔偿（连带赔偿）的规定。所谓先予赔偿是指赔偿请求人向共同赔偿义务机关中的其中一个赔偿义务机关申请赔偿后，该赔偿义务机关应当首先进行赔偿。共同赔偿义务机关对于赔偿请求人的损害都有履行赔偿的义务。如果赔偿请求人向每一个赔偿义务机关分别提起赔偿申请才能得到赔偿的话，将会给赔偿请求人带来许多不便。特别是，如果赔偿义务机关以此为由，互相推诿应当履行的国家赔偿义务，可能导致赔偿请求人迟迟得不到赔偿或者永远得不到赔偿。为了避免赔偿义务机关之间相互推诿，也为了赔偿请求人能够便捷地申请赔偿，《国家赔偿法》规定赔偿请求人可以向任何一个赔偿义务机关要求赔偿。至于该赔偿义务机关先予赔偿后，共同赔偿义务机关之间的义务和责任应当如何划分，可以由共同赔偿义务机关协商或者经由上级行政机关决定。当然，共同赔偿义务机关中的任何一个机关在先予赔偿之后，应当及时通知其他赔偿义务机关，以免重复赔偿。

在司法实践中应当注意以下两个问题：一是，这里的"任何一个"应当作扩大解释，可以理解为任何几个。比如，三个共同赔偿义务机关中的两个，亦可以适用"任何一个"的规定。先予赔偿的一个或者几个赔偿义务机关赔偿后，其义务划分、责任的承担属于事后处理的问题，本条规定主要是为了保障赔偿请求人的赔偿请求权。二是，先予赔偿应当是足额的、全部的赔偿。之所以规定先予赔偿，主要是为了防止共同赔偿义务机关相互推诿，如果先予赔偿不能足额、全部赔偿，而只是部分赔偿，就无法避免先予赔偿的赔偿义务机关推诿责任。况且，在赔偿义务责任的分担没有最后确定之前，如果该赔偿义务机关仅仅部分赔偿，在赔偿责任最后确定后，赔偿责任应当加重的，可能难以追加该赔偿义务机关的相应责任。

二、刑事赔偿申请程序

（一）刑事赔偿确认程序

1. 各个国家和地区的类似制度。

刑事赔偿在世界各个国家和地区的称谓、内容均有所不同。例如，日本称为刑事补偿、德国称为再审无罪和羁押赔偿、我国台湾地区则称为冤狱赔偿。但是，几乎所有的国家和地区均没有设置单独的确认程序。以下仅就类似确认程序或者承担确认职能的程序作一简单介绍。主要有以下三种模式：

第一，法院内部专门机构模式。这种模式的代表是法国和日本。在法国，刑事赔偿由最高法院内部的"补偿委员会"负责，补偿委员会由具有庭长或者上诉法院法官级别的3名最高法院法官组成。这3名法官均由最高法院办公室指派，同时还指派3名候补委员。受害人的补偿申请，应当在不予起诉、免予起诉或者无罪裁判确定之时起6个月内向该委员会提出。补偿委员会对该请求进行审理和评议，申请人可以亲自陈述自己的请求，有关赔偿的诉讼程序由行政法院的政令予以规定。在审理结束后，由补偿委员会作出不附理由的决定，申请人对于这个决定不得提起任何性质的上诉。在日本，补偿请求人本人或者他的代理人应当在无罪判决确定之日起3年内向作出无罪判决的法院提出刑事补偿请求。法院收到请求后，应当作形式审查，以决定是否受理。如果补偿请求的提出符合条件的，法院应当听取检察官和请求人的意见后，作出给予补偿或者驳回请求的裁定，裁定的副本应当送达检察官和请求人。如果法院作出驳回请求的裁定而请求人不服的，可以提出即时抗告。但是作出该裁定的法院是高等法院时，请求人可以向该高等法院提出异议。对抗告和异议所作的裁定，如果有《刑事诉讼法》第405条规定的事由时，可以向最高法院提出特别抗告。在法院作出最终生效的裁定后，请求人可以向作出补偿裁定的法院提出付款请求。

第二，法院外部专门机构模式。这种模式是在法院系统外部设立专门机构解决，典型的如美国和我国台湾地区。美国是联邦国家，联邦和各州在刑事赔偿程序上有一些差别。美国联邦普通法院系统的刑事赔偿案件，均由联邦赔偿法院审理，而不由普通法院审理。根据美国《对于人民受联邦法院错误判决之救济法》第2节的规定，受害人向赔偿法院请求赔偿必须提供法院判决、赦免书或者赦免证明（赦免誊本），上述文件中必须详细载明：①请求人被指控的行为并未发生，或者②其所被指控之行为，虽在美国境内发生，但并不足以构成犯罪，或者③其从未有故意或者因其主动的不正当行为或者过失行为但是却被拘捕或者判罪。州一级普通法院的刑事赔偿程序，由各州的法律规定。例如，根据《威斯康星州法令诠释》第285.05条的规定，刑事赔偿案件由"救济无辜判罪委员会"审理，该委员会由州长和州的公共福利部主任组成。凡于1913年5月10日以后被判侵害州的罪行，经已执行徒刑，而请求人认为确系无辜的，或者有人曾被赦免，而其赦免理由为无辜的，如其拘禁期间因而缩短时，各该请求人得依此为错误监禁为理由，向委员会请求赔偿。根据《加利福尼亚州法典诠释》的规定，刑事赔偿案件由州主计局审理，赔偿请求必须在下次立法会议报告该案召开前4个月内提出，主计局审查后向下次立法会议报告该案之事实和决定。根据《北达科他州——犯罪与处罚》的规定，刑事赔偿案件由州"错误拘禁救济局"审理，该局由州长和行政局各委员组成。各专门机构在审理中采用评议方式，受害人对作出的决定不服得上诉于特定法院请求复核，例如，北达科他州负责上诉审的专门法院为巴兰郡地方法院。纽约州亦由赔偿法院审理刑事赔偿案件。在我国台湾地区，由司法院冤狱覆议委员会作为冤狱赔偿的最终决定机关。根据"冤狱赔偿法"第 4 条的规定，刑事赔偿由原处分或者判决无罪机关管辖，但依再审或者非常上诉程序判决无罪确定之前，曾受羁押或者刑罚执行的，由所属法院管辖。对于法院的决定书，最高法院检察署和赔偿申请人不服的，均可声请覆议，由设立于司法院冤狱覆议委员会作出最终决定。值得注意的是，冤狱覆议委员会并非完全独立于法院，其委员由司法院院长指派最高法院院长及推事若干人兼任，并以最高法院院长为主席。

第三，民事诉讼程序模式。这种模式由普通法院按照民事诉讼程序解决刑事赔偿问题。典型的是德国、苏联、南斯拉夫、罗马尼亚、捷克等。德国的《刑事追诉措施赔偿法》第 1 条第 1 项规定，对于因一项刑事法庭判决遭受损失者如其判决在再审程序的刑事诉讼中被撤销或者被减轻，或者在能使该判决有效的其他刑事诉讼中被撤销或者被减轻时，由国库予以赔偿。如果没有作判决而处以矫正或者保安处分（Massregel der Besserung und Sioherung）或者一项附随结果（Nebenfolge）时，适用相应的判决结果，也由国库予以赔偿。这就是说，赔偿以当事人被错判的事实依照再审或者其他刑事诉讼程序确认为前提。该法第 2 条规定了国家对错判以外的其他刑事追诉措施也必须赔偿。该法第 3 条、第 4 条规定，对于检察官依据裁量中止刑事诉讼程序的，只要是公平合理的，亦得赔偿。只要符合公平合理情形，可以对法院没有判刑、刑事追诉措施的结果大于刑事法庭判决结果两种刑事追诉措施进行赔偿。如果刑事法院根据法律认定该行为只属于扰乱社会治安范围的，法院的决定仍然属于赔偿的范围。这就是说，在刑事诉讼程序被法院或者检察院依照裁量终止的情况下，刑事追诉措施的违法性就得到了确认；同时，在公平合理的情况下，法院没有判刑或者刑事追诉措施的结果甚至大于刑事法庭判决的结果的，也是对刑事追诉措施违法性的确认（视为确认）。但是，德国的《刑事追诉措施赔偿法》并未规定独立的确认程序。赔偿义务直接由刑事审判的终审或者再审法院作出无罪或者轻罪判决的同时通过裁决确定。如果在审判程序中未能对赔偿义务作出判决，法院也可以在庭外听取当事人意见后作出判决。裁决必须写明被判赔偿的刑事追诉措施的方式和时间。对确定赔偿义务的裁决，即使在终审判决不能上诉的情况下，也可以根据刑事诉讼法的有关规定提起即时抗告予以救济。对于检察官终止刑事追诉程序的，由检察官所在地的初级法院对赔偿义务作出裁决。但是，如果检察官撤回公诉而终止刑事追诉程序或者总检察官、设在州高等法院的检察官终止了由高等法院作为一审管辖的刑事诉讼的，由有管辖权的法院代替初级法院管辖。被告人可以根据刑事诉讼法的规定，对法院的裁决提起即时抗告。如果受害人申请提出公诉，可以在申请公诉的同时提出一份要求法院对赔偿义务作出判决的申请，否则法院不对赔偿义务作出裁决。国家赔偿义务被正式确认后6个月内，权利人向参与一审调查的检察官申请赔偿权并由州司法行政长官对申请作出决定。不服前述裁决的，请求人可以按照普通司法程序，自裁决书送达之日起3个月内向地方（邦）法院民庭提出抗告。南斯拉夫等国的刑事赔偿程序类似德国，即经过法定专门机构先行处理未达成协议的，请求人得按照民事诉讼程序向法院提出损害赔偿之诉。如南斯拉夫《刑事诉讼法典》第542条第2款规定，在向法院提出要求赔偿损失的告诉之前，被害人应向共和国或自治省法令所规定的机关提出自己的要求，如果涉及的是军事法院的决定时，则向联邦国防部提出。对上诉机关的决定不服才根据民事诉讼程序向有管辖权的法院提出赔偿损失的告诉。罗马尼亚《刑事诉讼法》第506条规定，为了获得赔偿，享有权利的人可向本人居住地所属的县法院提出要求传唤国家的代表参与民事审判。

考诸各个国家和地区刑事赔偿程序的规定，类似刑事赔偿确认程序的制度有以下几个特点：一是各个国家和地区均未设置单独的确认程序。各个国家和地区的刑事赔偿尽管范围有所不同，但均以错拘、错判等违法的刑事追诉措施被确认为不当为前提条件。值得注意的是，确认并非以一个单独的程序存在，而是附着于特定的诉讼程序。在这些特定的诉讼程序中，如果足以认定刑事司法行为的违法性，则在相应的法律文书中直接确定赔偿义务，无需请求人持相应的法律文书另行请求确认，如果在相应法律文书中没有确定赔偿义务的，亦可另行作出判决（例如德国）。可见，确认行为已经融合于作出相应裁判的行为之中。相应的裁判文书就是执行名义，具有执行力，无需申请确认。二是处理刑事赔偿争议的最终处理机关的独立性较强。无论是德国的普通法院的民庭、法国最高法院的补偿委员会、台湾地区的司法院冤狱覆议委员会、美国的赔偿法院，基本上是由法院作为最终处理机关，这些法院为解决"自己当自己法官"的问题，一般独立于作为赔偿义务机关的法院，中立性较强。

2. 修订前的《国家赔偿法》规定的刑事赔偿确认程序。

修订前的《国家赔偿法》第20条第1款规定，赔偿义务机关对依法确认有本法第十五条、第十六条规定的情形之一的，应当给予赔偿。修订前的《国家赔偿法》第15条和第16条是关于刑事司法赔偿的范围。这里的"赔偿义务机关"是指刑事司法赔偿义务机关，即是指该机关以及其工作人员违法行使刑事司法职权或者造成一定后果侵犯公民、法人或者其他组织合法权益造成损害的机关。这里的"应当给予赔偿"是指应当本着对人民负责的原则，主动给予赔偿。这一规定主要是基于国家赔偿法确立的是违法原则，只有公权力行为被确认为违法的情况下才谈得上赔偿。

参与过《国家赔偿法》制定的学者认为，刑事赔偿确认程序不是单一的，而是多元的，主要有以下四种确认途径：第一种是赔偿义务机关自己确认。即由作出侵权决定的机关本着有错必纠的原则，自己确认。第二种是上级机关确认。即由赔偿义务机关的上级机关予以确认，必要时，也可以由上级机关指令赔偿义务机关自己确认。第三种是再审确认。对于已经发生法律效力的判决，依照审判监督程序的规定，经过再审程序予以确认。第四种是刑事诉讼程序确认。对于国家机关工作人员有刑讯逼供、以殴打等暴力行为或者唆使他人以殴打等暴力行为造成公民身体伤害或者死亡的、有违法使用武器、警械造成公民伤害或者死亡的以及在行使职权中有其他违法乱纪行为造成公民、法人或者其他组织损害的，上述情形可以通过刑事诉讼程序所确认。由此可见，在《国家赔偿法》制定之初，对于确认程序可以概括为以下两个观点：第一，确认程序可以分为赔偿义务机关的主动确认和赔偿请求人请求确认。第二，确认的主体是多元的，可以是赔偿义务机关自身、可以是赔偿义务机关的上级机关，还可以是再审法院等。

但是，在确定刑事赔偿申请程序时，遇到了一个在行政赔偿申请程序中没有的问题。根据《行政诉讼法》和《行政复议法》的规定，公民、法人或者其他组织在提起行政诉讼或者行政复议时，可以一并提出行政赔偿请求。这个问题我们在前文已经有所阐述。但是，在刑事赔偿申请程序中，却确定了赔偿请求人只能就刑事赔偿请求单独请求赔偿，而不能一并提出刑事赔偿请求，也就是说，确认程序和赔偿程序是两个相互分离的、独立的程序。这是为什么呢？一般认为，主要基于以下两个原因：

（1）行政赔偿申请程序中，一并提起并无权力架构上的障碍

对于行政复议程序而言，上级行政机关对于下级行政机关本身就具有监督和领导的职能。根据《地方各级人民代表大会和地方各级人民政府组织法》第59条的规定，县级以上各级人民政府有权改变或者撤销所属各工作部门的不适当的命令、指示和下级人民政府的不适当的决定、命令。根据《行政复议法》的规定，行政复议机关可以作出撤销、变更、确认违法、限期履行、责令重作等行政复议决定。在行政复议中，赔偿请求人一并提出行政赔偿请求的，没有体制和法律上的障碍。对于行政诉讼而言，人民法院对被诉行政行为的作出机关具有法定的监督职能。人民法院经过合法性审查，如果认为被诉行政行为存在违法、无效、显失公正的，可以作出撤销、变更、限期履行、责令重作、确认违法或者无效等判决。行政复议机关和人民法院在经过审查后认为被审查的行政行为确实存在违法情形并造成损害的，可以一并作出处理，这样既节约了国家机关的成本，也提高了行政效率。并且在行政复议和行政诉讼中，被申请人和被告与赔偿义务机关是基本一致的，在对被申请人和被告的

行为进行合法性审查后，其合法性一经确定，是否赔偿就顺理成章了。

(2) 在刑事赔偿申请程序中，一并提起可能存在体制和程序上的冲突

第一，宪法上关于公安机关、检察机关和人民法院之间的关系决定了不能一并提起刑事赔偿。根据《宪法》第135条的规定，人民法院、人民检察院和公安机关办理刑事案件，应当分工负责，互相配合，互相制约，以保证准确有效地执行法律。"分工负责"是指在刑事案件中，公安机关承担侦查、拘留、执行逮捕和预审职能，检察机关承担对公安机关侦查案件批准逮捕、对国家机关工作人员犯罪进行侦查和提起公诉的职能；人民法院承担对公诉案件的审判；"互相配合"主要是指三机关之间应当注意工作上的配合、不能互相推诿和扯皮；"互相制约"是指公安机关侦查的案件需要逮捕的，应当报检察机关批准；检察机关应当审查公安机关移送起诉的案件；检察机关作为法律监督机关对审判中违反诉讼程序的，有权向法院提出纠正意见；检察机关认为裁判有错误的，可以向上一级人民法院提出抗诉。宪法上规定的三机关之间的关系，主要是为了相互监督和制约。例如，对于错误逮捕的，可以由法院判决无罪予以确认、错判的也可以由检察机关抗诉通过审判监督程序予以确认。但是，三机关之间的相互制约是通过法律的明确规定实现的，即相互之间的制约是有界限、有限度的，有的行为并不能通过相互制约来予以确认。例如，检察机关可以因撤销案件、取保候审等原因释放犯罪嫌疑人。检察机关在作出释放决定后，赔偿请求人请求赔偿检察机关不予赔偿时，如果规定可以向人民法院"一并提起"的话，人民法院就必须对检察机关的决定进行审查。检察机关就会提出人民法院无权对其决定进行审查，或者检察机关依据其法律监督机关的法律地位又行使法律监督职能，这在程序上存在冲突，也无法实现。

第二，现有的刑事诉讼程序职能比较单纯，无法解决刑事赔偿问题。修订前的《国家赔偿法》规定的错误拘留、错误逮捕、错误判决、刑讯逼供等暴力行为、违法使用武器警械等行为均是通过刑事诉讼程序确定的。例如，通过审判监督程序可以确认判决错误，但是，引起审判监督

程序却是法定的，可以是通过当事人及其亲属的申诉、法院自己发现或者检察院抗诉。如果当事人及其亲属提出的申诉，则不一定引起审判监督程序，只能说可能引起审判监督程序。如果《国家赔偿法》规定，当事人可以一并提起刑事赔偿，就意味着法院在受理后必须首先认定原判决是否有错误，就意味着审判监督程序必然启动。

第三，一并提起程序与现行刑事诉讼程序存在工作顺序上的冲突。一并提起的方式的前提是被申请的机关能够一并解决公权力行为的合法性和是否赔偿的问题。但是，在刑事诉讼中，公权力行为的合法性问题主要是划清罪与非罪。例如，对于司法工作人员是否作出刑讯逼供的行为，必须经过立案、侦查和提起公诉等程序。这些程序对于保障案件质量非常必要。如果骤然规定赔偿请求人可以一并提起刑事赔偿，就意味着不经过立案、侦查和公诉程序而直接进入了刑事诉讼程序。

基于以上考虑，我国《国家赔偿法》确立的是确认侵权行为的刑事诉讼程序和刑事赔偿程序严格分离的程序。也就是说，赔偿请求人只有在公权力行为被确认为违法之后才能单独提起刑事赔偿。基于同样的考虑，非刑事的司法赔偿也采取了单独提起刑事赔偿的程序。也就是说，修订前的《国家赔偿法》确立了确认程序和赔偿程序是两个不同的独立程序。这一程序和行政赔偿程序大相径庭。

之后，最高人民法院和最高人民检察院的司法解释都对确认程序作了规定。例如，《人民检察院刑事赔偿工作规定》用一章共计8条的内容对确认程序作了规定。该规定第6条对确认程序的定位和概念作了一个界定："人民检察院对于请求赔偿的违法侵权情形，应当依法确认，未经确认有违法侵权情形的赔偿申请不应进入赔偿程序。本规定所称确认，是指依法认定赔偿请求人提出的赔偿请求是否属于国家赔偿法第十五条第（一）、（二）、（四）、（五）项、第十六条第（一）项规定情形的程序。"最高人民法院《关于人民法院赔偿委员会审理赔偿案件程序的暂行规定》第2条规定："赔偿请求人依法向赔偿委员会申请作出赔偿决定的被侵权事项，应当先经过依法确认。"最高人民法院《关于人民法院执行

〈中华人民共和国国家赔偿法〉几个问题的解释》第3条规定："公民、法人和其他组织申请人民法院依照赔偿法规定予以赔偿的案件，应当经过依法确认。未经依法确认的，赔偿请求人应当要求有关人民法院予以确认。"最高人民法院《关于审理人民法院国家赔偿确认案件若干问题的规定（试行）》第1条规定："公民、法人或者其他组织认为人民法院及其工作人员的职务行为侵犯其合法权益提起国家赔偿请求的，除本规定第五条规定的情形外，应当依法先行申请确认。"在这一司法解释中，对于判决宣告无罪并以发生法律效力等六种已经获得相应判决、裁定、决定的，当事人无需申请确认，可以直接根据该判决、裁定、决定提出国家赔偿申请。这是和检察机关的确认程序的一个显著的不同。

但是，在修订《国家赔偿法》的过程中，对于确认程序是否应当作为一个单独的程序，产生了激烈的争论。

第一种意见认为，总体而言，确认程序并非一个独立的程序。理由是：其一，现有的确认程序作为一个独立的程序是对修订前的《国家赔偿法》的误解。修订前的《国家赔偿法》并未将确认视为一个单独的程序，所谓"确认"应当是在刑事诉讼中自动完成的结果，如对公民人身自由权利的限制，公安机关的释放证明、撤案决定、检察机关的不起诉决定书、人民法院作出的无罪判决等，就是对错误实施拘留或者逮捕行为的确认。只要当事人持有上述法律文书，就可以直接要求赔偿义务机关赔偿，而不必另行确认。至于对涉案财产的查封、扣押、冻结，可以设置专门的确认程序，审查是否存在违法。其二，单独的确认程序违背《刑事诉讼法》的规定。根据《刑事诉讼法》的规定，侦查、检察、审判机关在刑事诉讼中对犯罪嫌疑人作出撤销案件、不起诉决定书、宣告无罪的判决书，意味着刑事诉讼已经终结。在刑事诉讼已经终结的情况下再行确认，实际上是在刑事诉讼之外又设立一个单独的程序，这种程序的设立没有法律依据。并且，在刑事诉讼已经终结，撤销案件、不起诉或者宣告无罪的结果发生法律效力之后，该犯罪嫌疑人在法律上就是已经被确定无罪且在法律上已经洗清犯罪嫌疑之后，再设立一个单独的确认程序认定原案件的犯罪嫌疑人"有证据证明有犯罪事实或有证据证明有犯罪重大嫌疑",并确认逮捕是正确的,显然是与《刑事诉讼法》的规定相悖。其三,单独的确认程序可能导致国家赔偿名存实亡。当前,公权力机关应当确认而不确认,已经成为实施《国家赔偿法》的最大问题。如果再行增加其确认权,尤其是对人民法院已经宣告无罪判决再作确认,就可能导致刑事赔偿名存实亡。因此,从利弊上权衡,即便个别人可能实际上实施了犯罪,因疑罪而获得赔偿,但是与可能使众多冤屈人不能获得赔偿的后果相比,仍然是利大于弊。其四,依照单独的确认程序作出的决定层级较低,不能对抗在刑事诉讼程序中作出的法律文书。确认程序并非一种诉讼程序,也并非一种能够保障公民知情权、辩护权和申诉权的法定程序,而只是赔偿义务机关单方面作出决定程序而已。根据这种程序作出的决定,缺乏法律效力,不能对抗依照刑事诉讼程序作出的撤销案件决定、不起诉决定和宣告无罪判决等。其五,存在弥补机制,国家权益不会因错误赔偿受到损害。在对赔偿请求人予以赔偿之后,如果侦查机关经过侦查,确定赔偿请求人确有犯罪行为,可以通过执行回转程序,强制追回已经取得的赔偿金,国家的权益并不会因为错误赔偿受到损害。其六,我国有的法律规范中规定了申请确认和赔偿的合一程序。例如,司法部《司法行政机关行政赔偿、刑事赔偿办法》第10条、第11条、第13条和第17条的规定,赔偿义务机关在受理赔偿请求人赔偿申请后,由承办部门审核确认应否由本机关负赔偿责任,对赔偿请求人的申请不予确认的,赔偿请求人有权向上一级司法行政机关提出申诉。这里的确认程序是在受理赔偿申请之后予以启动,而非申请赔偿的前置程序。[①]

第二种意见认为,确认程序是一个独立的程序。理由是:第一,确认程序是否是一个独立的程序,应当结合归责原则来认定。如果国家赔偿法采用的是结果归责原则,就可以理解为刑事诉讼程序中自动完成的

---

① 张兴国:《浅析国家赔偿程序中的确认制度》,载《江苏公安专科学校学报》1998年第1期。

程序；如果国家赔偿法采用的是违法或者多元的归责原则，则确认程序就是一道独立的程序。而根据一般的理解，我国的《国家赔偿法》实施的是违法归责原则，既然承担国家赔偿责任要以违法为前提，就应当对行为的违法性进行确认。第二，确认程序符合我国的司法体制和权力分配。根据《刑事诉讼法》的规定，公安机关、检察机关有权分别决定拘留、逮捕措施，人民法院不能对拘留、逮捕的合法性进行审查。基于国家赔偿的归责原则和司法体制，建议对确认程序单列为独立程序，并且明确确认主体、标准、期限和救济程序等等。

第三种意见认为，确认程序应当采取自动确认和单独确认相结合的方式。确认程序对于受害人而言，在程序上是一种负担，应当尽可能地予以简化；同时，从我国目前的司法体制来看，取消确认程序还比较困难。因此，可以采取在保留原有程序的基础上进行适当的改造，即采取自动确认和单独确认相结合的机制。一是对于限制人身自由的违法的确认，由在刑事诉讼中形成的有关法律文书来确认。受害人只要持有法定的法律文书，即可直接申请国家赔偿。当然，对作为确认依据的法律文书应当作出全面的、明确的列举。二是对于其他未能在刑事诉讼中完成确认的行为，设立单独的确认程序，并且对相应的确认主体、程序和标准作出补充规定。

我们认为，确认程序应当根据公权力行为的不同性质来理解。对存在特定法律文书的情形，例如，赔偿请求人如果持有撤销拘留决定书、撤销逮捕决定书、撤销案件决定书、不起诉决定书、撤销案件后的释放证明书、宣告无罪的刑事裁判、对实施暴力行为作出处理决定的法律文书等，无需设立一个单独的确认程序，其赔偿义务可以在刑事诉讼程序中予以确定。对于某些能够还原到诉讼程序中的情形，例如，《刑事诉讼法》对于被错误逮捕的人应当发给撤销原逮捕行为的书面决定或者释放证明，但是《刑事诉讼法》并未规定释放证明的内容，尤其是应当说明释放的原因。司法实践中，有的释放证明语焉不详，有的连释放证明也不给。在这种情况下，应当设立一个相对独立的确认程序，这个确认程序可以还原到刑事诉讼程序中解决。此外，也有的违法侵权情形无法还原到原来的诉讼程序或者没有经历过诉讼程序的，应当有一个相对独立的确认程序。例如，违法查封、扣押、冻结案外人的财产，由于案外人不是案件当事人，无法进入到诉讼程序中主张权利等。

3. 学术界和实务界对于确认程序的广泛质疑。

（1）确认程序的主要缺陷

《国家赔偿法》和相应的司法解释中规定的确认程序，由于涉及是否违法的评价，因而成为一个关键的程序。有的学者甚至认为，由于赔偿决定程序仅仅是赔偿数额的简单计算，确认程序事实上已经成为司法赔偿程序的核心。[1] 确认程序在司法实践中也被抬高到不适当的地位，其制度设计和实际功能也受到了学术界和实务界的广泛质疑。确认程序，特别是刑事赔偿中的确认程序直接导致了进入法院的刑事赔偿案件逐年减少。据统计，2004 年人民法院共受理刑事赔偿案件 3298 件，决定赔偿为 932 件；2005 年受理 3056 件，决定赔偿 941 件；2006 年受理 2333 件，决定赔偿 782 件。另据统计，2005 年和 2006 年两年全国法院一审、二审、再审判决等生效判决宣告无罪的人数为 3875 人次，此外，在司法实践中还有公安机关对没有犯罪事实的人决定撤销案件、检察机关对没有犯罪事实的人决定不予批捕、不予起诉等情况发生，这些违法侵权情形引发赔偿的案件应当远远超过人民法院宣告无罪的案件数量。但是，在 2 年当中，人民法院实际决定赔偿的所有刑事赔偿案件仅为 1330 件。这些严峻的情势，不能不说与确认程序有着直接的关系。对于确认程序的质疑，或者说确认程序的缺陷，主要集中在以下几个方面：

第一，确认程序作为前置程序、必经程序增加了请求人申请赔偿的难度。根据修订前的《国家赔偿法》的规定，赔偿请求人申请刑事赔偿必须先行取得赔偿义务机关确认其公权力行为违法的法律文书，如果不取得这些法律文书，就连启动刑事赔偿程序的机会也没有。从修订前的

---

[1] 黄冠：《论我国司法赔偿确认程序之完善》，载《广西财政高等专科学校学报》第 17 卷第 6 期（2004 年 12 月）。

《国家赔偿法》第 20 条第 3 款关于"赔偿请求人要求确认有本法第十五条、第十六条规定情形之一的,被要求的机关不予确认的,赔偿请求人有权申诉"的规定来看,未经被要求确认的机关依法确认的,赔偿请求人只就未予确认的事宜进行申诉,不得申请赔偿,即使申请也不能获得赔偿,也就是说,确认程序是赔偿请求人获得赔偿的一个前置和必经程序。此外,一些司法解释也规定了确认程序的前置程序和必经程序的定位。例如,最高人民法院赔偿委员会《关于赔偿义务机关未经确认所作的赔偿决定应予撤销的批复》(2001 年 9 月 20 日,[2001] 确他字第 11 号)和最高人民法院赔偿委员会《关于违法侵权未经确认人民法院赔偿委员会作出的赔偿决定应当撤销的批复》(1999 年 5 月 20 日,[1998] 赔他字第 7 号)。不经过确认这一前置程序,或者赔偿义务机关不予确认或者确认为不违法,赔偿请求人就无法获得国家赔偿,从而使得确认程序成为制约《国家赔偿法》实施的主要瓶颈。

第二,确认程序违背了"自己不能为自己法官"的法律原则。最有效的监督是来自外部的、中立的监督,最无效的监督是来自内部的、自身的监督。假设国家赔偿义务机关都是道德高尚、勇于自省、勇于纠错的,就无需设置任何监督机制了。而修订前的《国家赔偿法》设置就是这样一种内部的监督机制。有的学者认为,(内部监督机制)无异于说明,在悔过认错上要靠赔偿义务机关的觉悟和良知行事,将严肃的法律问题纳入到感情化的认知范畴。[①] 确认申请人请求赔偿义务机关能够自我觉悟、自我纠错、主动赔偿,但是赔偿义务机关往往出于部门利益、本单位利益、政绩考核等考虑,对确认申请不予受理、逾期不予确认,即便受理了也以各种借口逾期不予确认、拒绝确认、驳回申请。修订前的《国家赔偿法》将确认权力交给了赔偿义务机关(绝大多数的情况下),确认申请人提出申请,是在巨大的心理压力下提出的,也实非其真心所愿,正如有的学者所称的,这实际上是限制申请人的合法权利,几乎是

[①] 邵建:《论国家赔偿的确认》,载《法律适用》2000 年第 8 期。

在"与虎谋皮"。可见,这种要求国家机关自己否认自己的自我监督模式严重违背了自然公正原则、严重违背了回避原则,并不利于当事人的权利保障,必须加以改进。

第三,确认程序和确认标准过于疏陋。确认程序没有对确认主体、确认标准、确认期限予以明确。确认主体不明,就无法追究其法律责任;确认期限不明,就可能导致效率低下、怠政惰政;确认标准不明,就可能导致政出多门,人为制造矛盾。例如,有的学者认为,根据修订前的《国家赔偿法》第 20 条"赔偿义务机关应当自收到申请之日起两个月内依照本法第四章的规定给予赔偿,逾期不予赔偿或者赔偿请求人对赔偿数额有异议的,赔偿请求人可以自期间届满之日起三十日内向上一级机关申请复议"的规定,认为确认机关包括了复议机关。[①] 这个理解虽然不正确,但也从反面说明了关于确认主体的问题仍然是一个悬而未决的问题。确认主体非常混乱,有的学者甚至认为,党的纪律检查机关如果对司法人员作出处分的,亦得作为确认机关。[②] 此外,从表面上看,法律规定赔偿委员会为刑事赔偿的最终裁决者,意在制约赔偿义务机关滥用权力,但是根据最高人民法院《关于人民法院赔偿委员会审理赔偿案件程序的暂行规定》第 2 条的规定,赔偿委员会不受理要求确认的申诉案件,赔偿委员会并不享有对公权力行为违法的确认权。这一程序设置实际上反映了重追诉犯罪、轻人权保障的刑事理念,最终导致了刑事赔偿程序丧失公正性和合理性。[③] 再例如,在人身权被侵害的情况下,如果属于证据不足不起诉的,是适用违法归责原则还是结果归责原则?如果属于违法归责原则的,这里的"法"是指违反刑事诉讼法还是违反刑事诉讼法以及其他法律规范?再比如,《国家赔偿法》对于确认期限没有作出规定,即便一些机关制定的规则也有一些期限上的漏洞。例如,根据《人民检察院刑事赔偿工作规定》第 10 条的规定,对于要求确认有《国家赔

---

① 殷锦昌:《国家赔偿确认程序初探》,载《人民司法》1996 年第 2 期。
② 肖峋:《中华人民共和国国家赔偿法的理论与实用指南》,中国民主法制出版社 1994 年版,第 227 页。
③ 吴辉:《刑事赔偿程序的反思与构想》,载《广西民族学院》(哲学社会科学版)2006 年 6 月。

偿法》第 15 条特定情形之一的，应由刑事赔偿工作办公室按照人民检察院内部的业务分工，将相关材料转交有关部门，有关部门应在 2 个月内提出违法侵权情形是否存在的书面意见，移送刑事赔偿工作办公室。刑事赔偿工作办公室审查并报检察长或者检察委员会决定后，制作《人民检察院刑事确认书》，送达赔偿请求人。但是，刑事赔偿工作办公室何时将材料送交有关部门、《人民检察院刑事确认书》应当在多长时间送达请求人也未规定。此外，确认的救济途径单一、确认的形式不统一等问题也比较突出。

确认程序的上述缺陷和不足，反映了《国家赔偿法》在制定之初存在不完善的一面，应当对其进行重新定位和设计。

(2) 确认程序的存废问题

在修订《国家赔偿法》时，鉴于确认程序的种种缺陷，确认程序的存废问题被再次提出来，主要有以下几种观点：

第一种观点是完全取消确认程序，确立赔偿之诉，法院对于赔偿义务机关是否违法有最终的司法审查权力。赔偿之诉就是要建立一整套解决刑事赔偿问题的、真正意义上的诉讼程序，而非目前《国家赔偿法》规定的软弱无力的决定程序。要将赔偿请求人和赔偿义务机关转化为刑事赔偿之诉的原被告，以便体现公平、公正、公开。目前，争议最大的是关于检察机关能否作为刑事赔偿诉讼的被告问题。检察机关完全可以作为刑事赔偿之诉的被告。理由是：其一，检察机关的职权由法律规定产生，不能随意去除。其二，在不同的法律关系中，检察机关的地位不同。在刑事赔偿之诉中，其法律地位是被告。其三，在国家赔偿这一法律关系中，检察机关的法律身份是赔偿义务机关，而非法律监督机关，其负有国家赔偿的义务。其四，成为刑事赔偿之诉的被告，并不影响其监督诉讼活动。就某一具体案件而言，只是某一个检察院作为诉讼的被告，这对于整个检察系统，对于检察机关行使法律赋予的监督职权不会产生任何影响。其五，行政赔偿诉讼中的赔偿义务机关——行政机关可以成为行政赔偿诉讼的被告，而刑事赔偿中的赔偿义务机关却不能成为被告，这种法律适用上的不统一显然有悖于《宪法》第 5 条规定的"任何组织或者个人都不得有超越宪法和法律的特权"的规定。① 在刑事赔偿诉讼过程中，对于证据问题，考虑到赔偿义务机关取证能力较强，特别是在特定情形下受害人根本无法取得证据，应当实行举证责任倒置原则。公安机关、检察机关应当对犯罪嫌疑人羁押期间的人身状况、财产状况作出详细的登记和记录，赔偿请求人提出赔偿申请的，赔偿义务机关对于犯罪嫌疑人在羁押期间受伤、致残、死亡和财产在勘验、检查、鉴定、查封、扣押、冻结期间毁损的，负有举证责任。对于这一处理的方式，有些法院的同志表示不赞成，认为这类案件数量较多，法院管不过来，也可能管不好。另一方面，在没有相应的配套制度之前，让赔偿义务机关作详细的记录、登记并且举证难度很大，压力还是会转移到法院，法院也缺乏必要的手段，认定过程也将非常困难。还有的学者主张应当按照民事诉讼途径解决赔偿纠纷。这样既实现了向民事法律领域传统归责原则的回归，有利于提高中立性和保障赔偿请求人的合法权益，又不涉及检察机关和公安机关对司法行为违法行为确认的难题。②

第二种观点是确认职权转由上级机关确认。理由是：第一，司法解释中有相应的规定。近来，最高人民法院司法解释规定的确认申请人对人民法院受理确认申请后超过审理期限未作出裁决的可以在期满后 30 日内向上一级人民法院提出书面申诉的程序，以及最高人民检察院推行的检察机关作出不予确认决定，需要报请上一级检察机关批准的内部监督程序等，对于解决赔偿义务机关拒绝确认的问题有一定的裨益③。第二，法院确认存在一定难度。如果让赔偿义务机关自行确认确实存在顾及脸

---

① 苏戈：《国家赔偿法刑事赔偿程序的几点思考》，载《人民司法》2002 年第 9 期；徐黎明：《论刑事赔偿的前置程序——确认》，载《经济与社会发展》第 1 卷第 8 期（2003 年 8 月）。

② 蔡金荣、胡小双：《司法赔偿中确认程序之检讨及前瞻》，载《江南社会学院学报》第 8 卷第 3 期（2006 年第 9 期）。

③ 例如，《关于人民检察院办理刑事赔偿确认案件拟作不予确认决定报上一级人民检察院批准的规定》（2005 年 10 月 24 日最高人民检察院第 10 届检察委员会第 41 次会议通过）第 2 条规定，地方各级人民检察院和专门人民检察院办理本院为赔偿义务机关的刑事赔偿确认案件，对赔偿请求人要求确认的全部或者部分违法侵权事项，拟作不予确认决定的，应当报请上一级人民检察院批准。

面和拒绝纠错的问题，但是让法院去确认，法院既没有相应的能力也不愿意去确认。第三，考虑到多数的案件发生在基层，上一级机关的水平和能力较基层为高。所以，可以在《国家赔偿法》中规定，由赔偿义务机关的上一级机关进行确认，法院赔偿委员会仍然只是受理赔偿义务机关确认违法但是决定不予赔偿或者对赔偿数额有争议的案件。例如，最高人民法院《关于审理人民法院国家赔偿确认案件若干问题的规定（试行）》第2条第2款规定，申请确认由作出司法行为的人民法院受理，但申请确认基层人民法院司法行为违法的案件，由中级人民法院受理。其他公权力机关的确认程序也可以仿照法院的确认程序。最高人民法院的这一规定对于解决确认难问题已经产生了积极影响。但是，有的学者提出，这种观点有一个假设的前提是上一级机关能够对下级赔偿义务机关的违法的公权力行为进行客观的、公正的确认。实际上由于上下级机关之间存在的利害关系、领导关系，其客观公正性无疑是值得怀疑的，同时对于法院赔偿委员会受理的案件范围又失之过窄。

第三种观点是保留确认程序但是应当区别对待。由于刑事赔偿实行多元归责原则，对于侵犯人身自由的实行结果归责，对于侵犯生命健康权和财产权的实行违法归责。因此，对于侵犯人身自由的，可以将持有以下文书的法律文书视为已经确认，即持有撤销案件决定书、不批准逮捕决定书、不起诉决定书、宣告无罪判决书等法律文书的赔偿请求人，可以直接向赔偿义务机关提出赔偿申请。对于侵犯生命健康权或者财产权的，仍然应当保留由赔偿义务机关自行确认的规定，对于确认的受理、期限以及不予确认后赔偿请求人的申诉程序予以完善。

第四种观点是保留和简化确认程序，将确认程序和协商程序结合起来。所谓简化确认程序就是对于具有特定法律文书的，以确认论，无需进入确认程序；除此之外，必须通过专门的确认程序，根据受害人的申请由侵权行为机关对相关行为进行审查后作出确认。之所以将确认程序和协商程序相结合，主要是由于协商为程序主体提供了充分表达意愿的空间和机会，双方可以通过平等的对话和沟通，自愿协商，权衡利弊，最后达成共识，体现了互相理解和尊重的精神，有利于平复受害人的心理，消除侵权机关和受害人之间的误解和敌意，促进社会和谐。双方就赔偿方式和赔偿数额达成一致后，赔偿请求人可直接凭协议书申领赔偿金，有利于确保受害人获得及时的赔偿，也有利于及时纠正国家机关和工作人员的不当行为，防止损害再次发生。一旦达成协议，赔偿争议则不用再提交到法院，也减轻了法院的负担，节约了司法资源。①

第五种观点是保留确认程序，但是应当由专门机构来进行。这种观点认为，为了更好地维护国家利益和公民合法权益，应当建立一个常设的国家赔偿鉴定机构，由精通法律的专家学者、具有丰富司法实践经验的司法工作人员以及人大代表等组成，依照有关法律，对国家赔偿进行专门鉴定。这样既能避免司法机关对司法赔偿鉴定有庇护之嫌，又能使老百姓对鉴定结论增加信任度。国家赔偿法鉴定结论可以作为进入实体赔偿的"通行证"。②

最后，各方意见比较一致的是，应当对赔偿程序进行适当简化，取消确认程序，便于受害人申请国家赔偿，同时应当体现公平正义原则。这也成为此次修法的主流意见。主要内容包括：

第一，公安机关、检察机关和人民法院在决定撤销案件、不起诉或者作出无罪判决的同时，应当主动向受害人给予国家赔偿。在这种情况下，根据相关法律义书对受害人进行赔偿，是相关公权力机关的法定义务，无需经过受害人申请才能赔偿。当然，如果相关公权力机关应当赔偿而未赔偿的，受害人具有当然的申请权利，并且可以要求追究不履行赔偿义务的法律责任。为了督促该公权力机关依法履行法定职责，负有监督职能的上级机关或者人民法院赔偿委员会，在可以作出赔偿决定的同时，对相关公权力机关和责任人员作出处理决定。有的学者还提出，《国家赔偿法》坚持"不申请不赔偿"的原则，被动色彩比较强烈，承

---

① 陈光中、赵琳琳：《国家刑事赔偿制度改革若干问题探讨》，载《中国社会科学》2008 年第 2 期。

② 罗莉：《浅析国家赔偿的"两难"》，载《行政与法》2003 年第 4 期。

担刑事赔偿责任是刑事赔偿义务机关的一项法定义务,如果侵权行为的违法性已经明确,应当主动承担赔偿责任。因此,应当将《国家赔偿法》规定的依申请赔偿修订为主动赔偿。[①] 我们认为,从理论上看,刑事赔偿程序可以分为主动赔偿和依申请赔偿两种,从法律规定来看,现行《国家赔偿法》已经规定了主动赔偿和依申请赔偿两种程序。主动赔偿的规定诸如《国家赔偿法》第2条第2款规定的"本法规定的赔偿义务机关,应当依照本法及时履行赔偿义务"。第22条第1款规定:"赔偿义务机关有本法第十七条、第十八条规定的情形之一的,应当给予赔偿。"前一款的内容规定了赔偿义务机关履行赔偿的法定义务,是一个原则性的规定;后一款的规定则是关于主动赔偿的较为具体的规定,只要赔偿义务机关存在前述法定情形的即应当主动予以赔偿。这些法定情形可以由赔偿义务机关自行在相应的法律文书中认定,例如在无罪判决、撤销拘留、逮捕决定等法律文书中,可以直接就赔偿问题予以明确,不待赔偿请求人申请就应当主动履行赔偿义务。因为既然是违法的公权力,鲜有对当事人权益不造成损害的情形,在违法事由、违法后果已然明确的情况下,还要让遭受苦楚的请求人再行申请,在修订前的《国家赔偿法》规定下还要对其进行确认审查,显然既不符合效率原则,也不符合人道主义原则。从这个意义上讲,第22条第1款的规定是一个对于赔偿义务机关主动赔偿义务的规定,第2条第2款规定的"赔偿请求人要求赔偿,应当先向赔偿义务机关提出"是一个补充性的规定。即如果赔偿义务机关不主动赔偿的情况下,可以申请赔偿义务机关要求赔偿。因此,将《国家赔偿法》中的刑事赔偿程序一概修订为主动赔偿程序,不仅没有必要,而且可能导致赔偿请求人申请无门的状况更加严重。

第二,对于存疑不起诉的案件,仍然存在两种相互对立的意见。一种意见认为,应当由赔偿请求人向赔偿义务机关提出赔偿申请,由赔偿义务机关决定是否赔偿。另一种意见认为,应当按照刑事诉讼中疑罪从

[①] 蒋冰晶:《我国国家赔偿确认程序的探析》,载《政法学刊》第24卷第6期(2007年12月)。

无的原则直接予以赔偿。赔偿请求人对赔偿决定有异议的，可以向人民法院赔偿委员会提出赔偿申请。这个问题可以参见本书"赔偿范围编"的论述。

第三，对于其他案件，赔偿请求人认为生命健康权和财产权受到侵害的，一般情况下应当先向赔偿义务机关提出赔偿请求。对于侵犯公民生命健康权而言，如果公权力机关实施了《国家赔偿法》第17条（四）、（五）项规定的刑讯逼供等暴力行为、违法使用武器警械等侵犯公民人身权行为的，如果相关责任人已经被追究刑事责任的，可以该刑事裁判作为依据主张国家赔偿；如果上述行为尚不能达到用刑法追究的程度，还应当由赔偿义务机关予以确认。但是，这种确认程序不是单独的程序，而是作出赔偿决定程序中的附属程序，也就是说，确认和作出是否赔偿的决定同时进行。对于侵犯财产权而言，按照《国家赔偿法》第18条的规定，主要包括三种情形：第一种情形是依照审判监督程序再审改判无罪，原判罚金、没收财产已经执行的。在这种情况下，改判无罪的判决通常没有涉及已经执行的罚金和没收财产，无法仅仅依据无罪判决主张赔偿权利，应当先向赔偿义务机关提出请求。第二种情形是违法对财产采取查封、扣押、冻结、追缴等措施。主要包括：①查封、扣押、冻结、追缴与刑事案件无关的合法财产；②超标查封、扣押、冻结受害人可分割的财产；③违反法律规定，重复查封、扣押、冻结财产；④对查封、扣押的财物故意不履行监管职责，发生灭失或者其他严重后果；⑤违法查封、扣押、冻结案外人财产；⑥被决定撤销、不起诉或者宣告无罪的刑事案件，其中已经被查封、扣押和冻结的涉案财产在刑事案件生效的法律文书中未作结论；⑦犯罪嫌疑人或者被告人已经被终止刑事追诉并被释放，但是已被查封、扣押和冻结的涉案财产处于不确定状态；⑧有的公权力机关对赃款赃物没有按照法律规定随案移送，并且在法院判决生效前对查封、扣押和冻结的财产作出处置，造成判决确定的数额与实际查封、扣押、冻结的数额不符等等。第三种情形是如果法院对涉案财产作出是否犯罪所得、违法所得的判决的，是对涉案财产性质的决定，赔偿义务机关不能再次进行审查。有一种观点认为，人民法院对涉案财产作出判决后，赔偿义务机关仍然有审查权、处分建议权和返还权。我们认为，赔偿义务机关在诉前对涉案财产具有审查权、处分建议权和返还权，人民法院判决生效后，赔偿义务机关就不再享有这三种权力。赔偿义务机关既不能将其起诉前的权力延伸到人民法院判决生效之后，用这种起诉前的权力来审查人民法院已经生效的判决，更不能用这种权力对抗人民法院生效的判决。如果检察机关认为人民法院判决确有错误的，可以通过抗诉来予以监督，不能以所谓享有"三权"再对人民法院的生效判决进行审查和确认。

第四，如果赔偿义务机关在法定期限内不能与赔偿请求人达成赔偿协议的或者双方达成协议但赔偿请求人对赔偿数额有异议的，赔偿请求人可以向人民法院赔偿委员会提出赔偿请求。这个问题我们在本书后文中将会详细阐述。

立法机关已经意识到确认程序带来的严重弊端："国家赔偿法规定，赔偿请求人要求刑事赔偿，应当先向赔偿义务机关提出，由赔偿义务机关进行确认。一些人大代表、地方和部门提出，实践中，有的赔偿义务机关以各种理由不确认或对确认申请拖延不办，申请人向其上一级机关申诉又往往行不通，建议明确规定，对赔偿义务机关不予赔偿的，赔偿请求人有权向人民法院赔偿委员会申请赔偿。"据此，立法机关修改主要内容之一即是"畅通赔偿请求渠道"，并就此进行了修改。① 据此，修订后的《国家赔偿法》取消了关于确认程序的规定。值得注意的是，取消确认程序是指取消了作为单独程序的确认程序。实际上在作出赔偿决定时，赔偿义务机关仍然要进行确认行为，例如，确认公权力行为的合法性、公权力行为是否存在、公权力行为是否已经造成了损害等，只有在上述事实已经查明的情况下，才能作出赔偿决定，确认蕴涵于作出赔偿决定的程序当中。

---

① 李适时：《关于〈中华人民共和国国家赔偿法修正案（草案）〉的说明——2008年10月23日在第十一届全国人民代表大会常务委员会第五次会议上》。

4. 确认程序之后的宣示性救济程序及其评价。

修订前的《国家赔偿法》第 20 条第 2 款规定，赔偿请求人要求确认有本法第 15 条、第 16 条规定情形之一的，被要求的机关不予确认的，赔偿请求人有权申诉。这是关于刑事赔偿的申诉程序的基本规定。

参与修订前的《国家赔偿法》立法的学者认为，赔偿请求人向哪儿提出申诉以及如何提出申诉，可以参考以下确认侵权事实的途径：1. 由作出侵权决定的机关本着有错必纠的原则，自己确认；2. 由上级机关予以确认或者指令作出侵权决定的下级机关确认；3. 对已经发生法律效力的判决，依照审判监督程序的规定，经过再审确认；4. 经刑事诉讼程序确认国家机关工作人员有刑讯逼供、以殴打等暴力行为或者唆使他人以殴打等暴力行为造成公民身体伤害或死亡情形的，有违法使用武器、警械造成公民身体伤害或死亡情形的，以及在行使职权中有其他违法乱纪行为造成公民、法人和其他组织损害的。[①] 这就是说，申诉的途径可以是赔偿义务机关自己、赔偿义务机关的上级机关、再审法院、就暴力行为和违法使用武器警械行为作出判决的法院等。有的学者对于"申诉"机关范围的理解是，申诉机关可以是上述赔偿义务机关，还可以向该司法机关所在地的县、市、省、自治区、直辖市的人民代表大会以至全国人民代表大会和他们的常务委员会申诉。如果申诉有理，总是会得到一个正确处理的。[②] 有的学者认为，申诉机关还可以是对公权力行为具有监督职能的其他机关（监察机关、人大、党的纪律检查机关等），对于赔偿义务机关及其上一级机关均不确认该行使职权行为违法性的，可以由赔偿义务机关的同级或者上一级监察机关、检察机关负责对该公权力行为是否违法进行查办，或者由赔偿义务机关的同级或者上一级人大作出监督议案进行督办。该观点还乐观地认为，权力机关的监督是权威最大、力

---

① 胡康生主编，全国人大常委会法制工作委员会民法室编著《〈中华人民共和国国家赔偿法〉释义》，法律出版社 1994 年版，第 58 页。
② 肖峋：《中华人民共和国国家赔偿法的理论与实用指南》，中国民主法制出版社 1994 年版，第 227 页。

度最强的监督,当事人可以获得认真、令人信服的答复。[①] 这些观点在立法之初看起来非常完美,《国家赔偿法》实施十五年来,申诉制度作为对确认程序的救济机制,其缺陷和不足不断地暴露出来。主要是:

一是不利于当事人寻求救济。修订前的《国家赔偿法》规定,对于刑事赔偿确认的救济途径只是一种方式——申诉,并且仅仅限于被要求的机关"不予确认"的情况下,赔偿请求人才能申诉。如果赔偿义务机关作出确认不违法的决定,则当事人连申诉的权利都没有。这样的规定也在"诱导"赔偿义务机关作出确认不违法的决定,这样的话,其决定将成为一个终局决定。此外,如前所述,向何种机关申诉、如何申诉以及确认不违法时,确认申请人如何获得救济等均未作出规定。一些赔偿义务机关认为确认程序以申诉为终局,因为法律对于申诉之后通过何种法律途径救济亦未明确。此外,如果赔偿义务机关作出了其行为并未违法的确认决定,则确认申请人甚至连"申诉"这样一个可有可无的权利也没有。而在司法实践中,由于对于申诉机关、申诉程序、申诉机关的责任等均没有规定,导致许多申诉案件石沉大海、不予理睬、无限期拖延等等,从而导致当事人救济无门。此外,申诉机制在大多数情况下属于内部监督的范畴,是自上而下的制约,仍然无法避免自我纠错的缺省,确认程序以申诉作为终局,这与司法最终解决的趋势并不相符。

二是给上级机关或者其他专门机关增加了负担,导致公共资源的浪费。由于对于申诉机关没有作出明确的规定,确认申请人在无法获得确认后,向各级各类机关申诉,而接受申诉的机关又往往认为不属于自己的职责范围,造成了确认申请人反复申诉,不仅申诉人的申诉没有获得解决,而且还浪费了宝贵的公共资源。

其实,申诉之所以表现为"疲软"、"失效",主要是因为申诉本不是一个专门的、具有严格法定程序的制度,经常形成受害人多年申诉、

[①] 周裕良:《从法院赔偿委员会的角度看国家赔偿中的确认程序》,载《法律适用》1997年第9期。

反复上访的状态，增加了社会不稳定因素①。申诉是任何一个不服公权力行为的公民、法人或者其他组织都可能提出的，也就是说，无论法律是否规定申诉制度，当事人都可以提出申诉。这实际上也是宪法规定的权利。修订前的《国家赔偿法》无论是否规定"赔偿请求人有权申诉"，赔偿请求人都有权申诉。况且，修订前的《国家赔偿法》并没有规定在不服公权力机关的任何确认行为都可以申诉，而是局限在"被要求的机关不予确认的"的情形，这就意味着对于其他行为，赔偿请求人连申诉的权利都没有。因为，何种情形下可以行使申诉这种宪法权利，修订前的《国家赔偿法》进行了肯定式列举，不在列举范围内的还不能行使"申诉"的"权利"。基于此，有的学者提出，对于确认不服的，不必硬性规定必须申诉，而应当通过诉讼解决。②

但是，有的学者提出反对意见，认为不宜通过诉讼方式来解决确认程序中存在的问题。理由是，采用诉讼方式存在权力体制上的障碍。修订前的《国家赔偿法》对于刑事赔偿确认程序没有设置完善的救济程序，并非立法者忽略有效的监督机制的存在，而是在我国的权力体系下，构建一种诉讼方式来解决确认问题有相当大的困难。在刑事赔偿确认程序中，我们不可能用行政诉讼一并解决赔偿问题的方式解决刑事司法活动中出现的问题。根据我国的权力分配状况，刑事司法行为属于司法权的范畴，并为刑事诉讼法所明确授予，对其监督只能按照刑事诉讼法的规定，由其自身或者检察机关进行。因此，草率地在《国家赔偿法》中补充规定"也可以向法院起诉"是一种不负责任的做法，也与我国宪法体系的构造相违背。③

我们认为，申诉的权利无需规定，即便规定了"被要求的机关不予

---

① 应松年、杨小君：《国家赔偿若干理论与实践问题》，载《中国法学》2005年第1期。
② 邵建：《论国家赔偿的确认》，载《法律适用》2000年第8期；杨小军：《国家赔偿法律问题研究》，北京大学出版社2005年版，第205页；付卓婧：《索赔缘何如此之难——浅析国家赔偿法中刑事赔偿程序设计上的缺陷》，载《甘肃政法成人教育学院学报》2005年第2期（2005年6月）。
③ 霍振宇：《论刑事赔偿程序中的确认制度》，载《人民司法》2001年第8期。

确认的，赔偿请求人有权申诉"，赔偿请求人对其他涉及确认的公权力行为不服提出申诉的，也不能认为是违反《国家赔偿法》。因为根据《宪法》第41条的规定，对于任何国家机关和国家工作人员的违法失职行为，有向有关国家机关提出申诉的权利，对于公民的申诉、控告或者检举，有关国家机关必须查清事实，负责处理。任何人不得压制和打击报复。这个制度既不是一个有效的制度，也不是一个公平的制度，而且还是一个多余的程序，因此，应当取消将申诉作为唯一的救济机制的法律规定。[1]《国家赔偿法》在修订之后，取消了这一规定。取消之后，并不意味着赔偿请求人不再享有申诉的权利，而只是无需规定而已。当然，申诉制度作为一项救济机制还应当进一步进行完善，特别是对申诉机关的范围、申诉机关处理申诉的时间、具体程序作进一步的规定，这些制度可以通过修订司法解释和相关法律规范来实现。

（二）刑事赔偿义务机关先行处理程序

修订前的《国家赔偿法》第20条第3款规定，赔偿请求人要求赔偿，应当先向赔偿义务机关提出。修订后的《国家赔偿法》对此未作变动。之所以规定先向赔偿义务机关，即由赔偿义务机关先行处理，主要是考虑到以下几点理由：一是刑事赔偿纠纷由侵权机关先行处理，侵权机关提供了一个自己改正错误的机会，有利于改善和维护司法机关的形象；二是侵权机关了解案情，熟悉业务，适用先行处理程序简便迅速，能够节省受害人和侵权机关的时间、人力和物力，也使受害人的损失尽快得到弥补；三是先行处理程序能够疏减讼源，减少法院的压力；四是先行处理程序为受害人和侵权机关提供了一个平等对话和友好协商的平台，有助于消除对立情绪，避免矛盾激化，也有利于社会安定团结。

在刑事赔偿中确立赔偿义务机关先行处理程序是世界各个国家和地区比较通行的做法。例如，奥地利的《国家赔偿法》第7条规定了受害人先向赔偿义务机关申请，如果申请未果的，可以提起赔偿诉讼。即被

---

[1] 应松年、杨小君：《国家赔偿若干理论与实践问题》，载《中国法学》2005年第1期。

害人应当首先以书面申请请求联邦认可其所提出的赔偿给付请求。该项申请呈交财务代理人。如果被害人在提出申请后 6 个月未得到财务代理人关于收到申请的声明,或者在此期间赔偿被全部或者部分拒绝,则被害人可以对联邦提起诉讼,以主张该项赔偿请求。我国台湾地区"冤狱赔偿法"第 4 条规定,由原处分或判决无罪机关管辖,但依第 1 条第 2 项规定请求赔偿者,由所属地方法院管辖。日本《刑事补偿法》第 6 条的规定,补偿的请求,应向作出无罪判决的法院提出。

但是,修订前的《国家赔偿法》规定的刑事赔偿确认程序成为刑事赔偿先行处理程序的重要组成部分,其单独的确认程序则在全世界独一无二。由于《国家赔偿法》对于先行处理程序规定非常模糊,在司法实践中又存在该程序阻碍受害人权利救济的实际情况,有的学者提出,应当将赔偿义务机关先行处理程序修订为选择程序。其主要理由是:第一,现有规定的期限的法律意义不明确。《国家赔偿法》规定了赔偿义务机关 2 个月的先行处理期间。但是,赔偿义务机关为了逃避赔偿责任,在收到申请人的申请后不给申请人任何通知、任何手续,申请人难以知道赔偿义务机关收到申请和期限起算点。这样赔偿义务机关如果逾期不作出决定时,请求人不仅说不清楚 2 个月的先行处理期限是否已经届满,也无法向上级机关申请复议或者向人民法院起诉或者向赔偿委员会提出申请。即便提出申请了,复议机关或者赔偿委员会也难以确定 2 个月的先行处理期间是否届满。第二,由于《国家赔偿法》没有规定审查时间是否包括在 2 个月期限之内,赔偿义务机关收到申请后怠于审查,不予审查的情况较多。赔偿义务机关对于"收到申请之日"有"自由裁量权",结果导致赔偿请求人在 2 个月期限届满之后向上级机关申请复议或者向人民法院起诉或者向人民法院赔偿委员会申请作出决定时,常常因赔偿义务机关没有先行处理而被挡在赔偿程序之外。第三,先行处理程序往往会损害国家利益,违背立法者的初衷。立法者之所以规定先行处理程序,主要是考虑到有利于促进赔偿义务机关的工作,但是司法实践中,赔偿义务机关先行处理往往采取平息事态、久拖不办或者恫吓恐吓的方式换取当事人让步，随意性较大。因此，有的学者建议先行处理程序可以保留，但是不必规定为必经程序，只能作为选择程序，即当事人可以向赔偿义务机关申请赔偿，也可以直接向上级机关申请作出赔偿决定，也可以直接向人民法院提起诉讼或者向人民法院赔偿委员会申请作出赔偿决定。[①]

《国家赔偿法》修订时，对于赔偿义务机关仍然确定先行处理程序为必经程序。除了前文所述的理由之外，还有以下几点理由补充：一是先行处理程序作为必经程序是世界各国尤其是法治发达国家的做法。这也说明，越是法治发达，受害人通过赔偿义务机关获得救济的可能性就越大。目前先行处理程序存在的问题可以随着社会主义法治进程，越来越获得圆满的解决。二是在目前受害人对于赔偿义务机关普遍存在不信任、对立情绪较为严重的情况下，如果将先行处理必经程序取消，实行选择程序的话，就意味着取消了赔偿义务机关的先行处理程序。

（三）行政赔偿中有关共同赔偿的规定不再继续适用

修订前的《国家赔偿法》第 20 条第 4 款规定，赔偿程序适用本法第 10 条、第 11 条、第 12 条的规定。修订后的《国家赔偿法》第 22 条第 3 款规定，赔偿请求人提出赔偿请求，适用本法第 11 条、第 12 条的规定。也就是说，第 10 条关于共同赔偿义务机关的规定不再适用。这主要是由于，为了保障赔偿请求人的赔偿权利，修订后的《国家赔偿法》第 19 条第 4 款取消了关于刑事司法赔偿中关于共同赔偿义务机关的规定。

（四）合并申请和刑事赔偿请求的提交程序

修订前的《国家赔偿法》第 20 条第 4 款规定，赔偿程序适用本法第 10 条、第 11 条、第 12 条的规定。修订后的《国家赔偿法》第 22 条第 3 款修订为："赔偿请求人提出赔偿请求，适用本法第十一条、第十二条的规定。"本法第 11 条规定的合并申请的规定，第 12 条规定的则是申请书载明的事项。对于合并申请的程序可以参见本书前文内容。这里主要介

[①] 徐静村主编：《国家赔偿法实施程序研究》，法律出版社 2000 年版，第 187 – 188 页。

绍一下申请提交的程序。

1. 刑事赔偿请求。

根据《国家赔偿法》的规定，刑事赔偿义务机关是行使国家侦查、检察、审判、监狱管理职权的机关，包括公安机关、安全机关、军队保卫部门、人民检察院、人民法院、看守所和监狱管理机关。

赔偿请求人提出的刑事赔偿请求应当具备以下条件：一是刑事司法赔偿请求人必须是合法权益受到上述刑事司法机关及其工作人员违法行使职权行为的侵害造成损害的公民、法人或者其他组织。赔偿请求人提起刑事赔偿请求，应当以具有法定的司法损害事实，即刑事司法机关实施的拘留、逮捕、错判以及其他行使职权的行为造成了损害事实为前提。二是刑事赔偿义务机关必须适格。三是赔偿请求申请书符合法律规定的要求。四是刑事赔偿请求应当在法律规定的请求时效内提出。

2. 刑事赔偿请求的提交。

由于请求刑事赔偿属于要式法律行为，大多数国家和地区对于刑事赔偿请求的提交，应当以书面形式进行。例如，在美国，联邦普通法院系统的刑事赔偿案件，均由联邦赔偿法院审理。受害人向赔偿法院请求赔偿必须提出赦免书或者赦免证明书，上述文件必须详载：①请求人被指控的行为并未发生，或者②其所指控的行为虽然在美国境内发生，但是并不足以构成犯罪，或者③其从未有故意或者因其主动的不当行为或者过失行为，但确被拘捕或者判罪。上述文件还须载明该请求人在法院已经没有其他救济途径，并说明法院行使管辖权的时间业已超过。再比如，根据德国《1898年再审无罪判决赔偿法》的规定，赔偿请求人应当在载有国家机关赔偿义务的裁定送达后3个月向检察机关呈交书面申请，检察机关将该书面申请送呈原判决法院辖区所属的地方法院。

一般来说，赔偿请求人提出刑事赔偿申请，应当递交刑事赔偿申请书。仅以口头表示请求赔偿意思表示不能满足这一要件。如果赔偿请求人书写申请书确有困难的，可以允许口头申请。但是，口头申请的内容必须通过法定的文件固定下来。即，口头提出申请的，应问明有关情况并制作笔录，由赔偿请求人签名或者盖章。赔偿义务机关收到赔偿申请后，应当填写《刑事赔偿申请登记表》。①

3. 刑事司法赔偿案件的审查和受理。

对于符合上述要求的刑事司法赔偿请求，赔偿义务机关应当及时受理。符合法定的受理条件一般包括以下内容：

第一，赔偿请求权人应当具备法律规定的主体资格。例如，最高人民法院《关于刑事赔偿和非刑事司法赔偿案件立案工作的暂行规定（试行）》第6条第1款第（一）项规定的"赔偿请求权人应当具备法律规定的主体资格"。再比如，《人民检察院刑事赔偿工作规定》第16条第1款第（四）项规定的"赔偿请求人具备国家赔偿法第六条规定的条件。"《司法机关行政赔偿、刑事赔偿办法》第11条第1款第（三）项也有类似规定。

第二，赔偿义务机关适格。例如，最高人民法院《关于刑事赔偿和非刑事司法赔偿案件立案工作的暂行规定（试行）》第6条第1款第（二）项规定的"本院是赔偿义务机关"。再比如，《人民检察院刑事赔偿工作规定》第16条第1款第（二）项规定的"检察机关为赔偿义务机关"和第（三）项规定的"本院负有赔偿义务"。《司法机关行政赔偿、刑事赔偿办法》第11条第1款第（四）项也有类似规定。

第三，有具体的赔偿请求事项和事实根据。例如，最高人民法院《关于刑事赔偿和非刑事司法赔偿案件立案工作的暂行规定（试行）》第6条第1款第（三）项规定的"有具体的赔偿请求事项和事实根据"。

第四，有相应的法律文书或者其他证明材料。例如，最高人民法院《关于刑事赔偿和非刑事司法赔偿案件立案工作的暂行规定（试行）》第6条第1款第（四）项规定的"有依法确认的法律文书或者其他证明材

---

① 《人民检察院刑事赔偿工作规定》（2000年1月6日最高人民检察院第九届检察委员会第73次会议通过）第15条；司法部《司法机关行政赔偿、刑事赔偿办法》（1995年9月8日）第10条规定："请求赔偿应由请求人填写《行政（刑事）赔偿申请登记表》。特殊情况不能以书面方式提出的，可以口头方式提出，由受理机关承办人员代为填写并制作笔录，当事人签名。"该《刑事赔偿申请登记表》可以由赔偿请求人，也可以由赔偿义务机关承办人代为填写。

料"。《人民检察院刑事赔偿工作规定》第 16 条第 1 款第（一）项规定的"请求赔偿的违法侵权情形已经依法确认"和第（六）项规定的"请求赔偿的材料齐备"。值得注意的是，《国家赔偿法》取消确认程序后，有关提供确认法律文书的条件相应废止。《司法机关行政赔偿、刑事赔偿办法》第 11 条第 1 款第（六）项规定"请求赔偿的有关材料是否齐全"。

第五，符合法定的请求期间，因不可抗力或者其他障碍未能在法定期间内行使请求权或者赔偿义务机关决定延长期间的除外。例如，最高人民法院《关于刑事赔偿和非刑事司法赔偿案件立案工作的暂行规定（试行）》第 6 条第 1 款第（五）项规定的"符合法定的请求期间，因不可抗力或者其他障碍未能在法定期间内行使请求权或者赔偿义务机关决定延长期间的除外"，《人民检察院刑事赔偿工作规定》第 16 条第 1 款第（五）项规定的"符合国家赔偿法第三十二条规定的请求赔偿时效"。《司法机关行政赔偿、刑事赔偿办法》第 11 条第 1 款第（五）项规定"赔偿请求是否已过时效"。

对符合立案条件的赔偿申请，赔偿义务机关应当在收到赔偿申请之日起 7 日内决定是否立案或者不予受理[①]。对于决定立案的，应当制作《刑事赔偿立案决定书》，并通知赔偿请求人。审查立案时，如果发现缺少有关证明材料的，应当通知赔偿请求人予以补充。收到赔偿申请的时间，从有关证明材料补充齐全后起算。[②] 决定立案的，应当编立案号，填写立案登记表，向赔偿请求人发出受理案件通知书。[③] 同时，立案机构应当在 2 日内将案件移送相关部门，并办理移交手续，注明移交日期。经审查决定立案的登记日期为立案日期。[④]

[①] 最高人民法院《关于刑事赔偿和非刑事司法赔偿案件立案工作的暂行规定（试行）》第 10 条；《人民检察院刑事赔偿工作规定》第 17 条。
[②] 最高人民法院《关于刑事赔偿和非刑事司法赔偿案件立案工作的暂行规定（试行）》第 11 条。
[③] 最高人民法院《关于刑事赔偿和非刑事司法赔偿案件立案工作的暂行规定（试行）》第 12 条。
[④] 最高人民法院《关于刑事赔偿和非刑事司法赔偿案件立案工作的暂行规定（试行）》第 13 条。司法部《司法行政机关行政赔偿刑事赔偿办法》第 12 条规定："对已立案的赔偿案件，由案件受理机构分送有关业务部门，业务部门应指定与该案无直接利害关系的人员办理。特殊情况下，也可由案件受理机构直接办理。"

对不符合立案条件的赔偿申请，应分别下列不同情况予以处理：对于不属于赔偿义务机关赔偿的，告知赔偿请求人向负有赔偿义务的机关提出[1]；对于不负有赔偿义务但是属于该赔偿义务机关同一系统的，告知赔偿请求人向赔偿义务机关提出，或者移送赔偿义务机关，并通知赔偿请求人[2]；赔偿请求人不具备《国家赔偿法》第6条规定条件的，告知赔偿请求人[3]；对赔偿请求已过法定时效的，告知赔偿请求人已经丧失请求赔偿权[4]；对材料不齐备的，也可以告知赔偿请求人补充有关材料[5]。对经审查不符合立案条件的，应当制作不予受理案件通知书。[6]

三、民事、行政诉讼中司法赔偿申请程序

民事、行政诉讼中司法赔偿程序主要规定在最高人民法院《关于民事、行政诉讼中司法赔偿若干问题的解释》（2000年9月14日最高人民法院审判委员会第1130次会议通过）和最高人民法院《关于刑事赔偿和非刑事司法赔偿案件立案工作的暂行规定（试行）》（2000年1月11日，法发〔2000〕2号）中。这里的"民事、行政诉讼中司法赔偿程序"和"非刑事司法赔偿程序"的含义一致，只不过称谓有所不同。

（一）非刑事司法赔偿申请的提交

对于非刑事司法赔偿的要件应当符合赔偿请求权人适格、赔偿义务机关适格、非刑事赔偿申请书符合法定要求和在时效内提出，有关内容

---

[1] 《人民检察院刑事赔偿工作规定》第18条第1款第（二）项。
[2] 《人民检察院刑事赔偿工作规定》第18条第1款第（三）项。
[3] 《人民检察院刑事赔偿工作规定》第18条第1款第（四）项。
[4] 《人民检察院刑事赔偿工作规定》第18条第1款第（五）项。
[5] 《人民检察院刑事赔偿工作规定》第18条第1款第（六）项。最高人民法院《关于刑事赔偿和非刑事司法赔偿案件立案工作的暂行规定（试行）》第11条规定，审查立案时，发现缺少有关证明材料的，应当通知赔偿请求人予以补充，不宜以此为理由不予立案。显然，最高人民法院的司法解释更为科学和合理。
[6] 最高人民法院《关于刑事赔偿和非刑事司法赔偿案件立案工作的暂行规定（试行）》第14条。《人民检察院刑事赔偿工作规定》第18条第2款规定，对上列事项（不符合立案条件的赔偿申请），均应在收到赔偿申请之日起7日内填写《人民检察院审查刑事赔偿申请通知书》，送达赔偿请求人。

可以参照申请刑事赔偿的要求。

(二) 非刑事司法赔偿申请的立案审查

根据有关司法解释的规定，人民法院、人民法院赔偿委员会对赔偿请求人提出的赔偿申请依法进行审查，符合立案条件的应当立案。本级人民法院作为赔偿义务机关的赔偿案件的立案工作由该法院的立案机构负责。本级人民法院作为非刑事赔偿义务机关的赔偿案件的立案范围主要是：人民法院违法对财产采取查封、扣押、冻结、追缴等措施造成损害的；依照审判监督程序再审改判无罪，原判罚金、没收财产已经执行的；人民法院在民事诉讼、行政诉讼过程中，违法采取对妨害诉讼的强制措施、保全措施或者对判决、裁定及其他生效法律文书执行错误，造成损害的。

人民法院收到当事人的赔偿申请后，应当依法进行审查，符合下列条件的，应予立案：赔偿请求人应当具备法律规定的主体资格；本院是赔偿义务机关；有具体的赔偿请求事项和事实根据；有相关的法律文书或者其他证明材料；符合法定的请求期间，因不可抗力或者其他障碍未能在法定期间行使请求权或者人民法院决定延长期间的除外。

依法应当由人民法院赔偿委员会作出决定的非刑事司法赔偿案件的立案工作由赔偿委员会办公室负责。人民法院赔偿委员会受理的赔偿案件的立案范围主要是：人民法院撤销原错误司法拘留、罚款决定的；人民法院撤销原错误拘传的；人民法院撤销原错误财产保全裁定的；人民法院错误执行判决、裁定及其他生效法律文书，已依法纠正的；上一级人民法院经复议，撤销下级人民法院原错误的强制措施、保全措施、执行裁定、决定的等。

人民法院赔偿委员会收到赔偿申请后，应当依法进行审查，符合下列条件的，应予立案：赔偿请求人具备法律规定的主体资格；赔偿义务机关是行使审判职权的机关；有具体的赔偿请求事项和事实根据；有相关法律文书或者其他证明材料；符合法定的请求期间，因不可抗力或者其他障碍未能在法定期间行使请求权或者人民法院赔偿委员会决定延长期间的除外；赔偿义务机关是人民法院的，作出赔偿决定后，赔偿请求人不服的，或者人民法院逾期未作赔偿决定的；符合国家赔偿法及有关司法解释对国家赔偿法溯及力的规定。

人民法院、人民法院赔偿委员会从收到赔偿申请之日起，应当在7日内决定立案或者不予受理。审查立案时，发现缺少有关证明材料的，应当通知赔偿请求人予以补充。收到赔偿申请的时间，从有关证明材料补充齐全后起算。决定立案的，应当编立案号，填写立案登记表，向赔偿请求人发出受理案件通知书。人民法院决定立案的，立案机构应当在2日内将案件移送相关部门，并办理移交手续，注明移交日期。经审查决定立案的登记日期为立案日期。对经审查不符合立案条件的，应当制作不予受理案件通知书。上级人民法院赔偿委员会对下级人民法院、下级人民法院赔偿委员会的赔偿案件立案工作进行监督和指导。对经审查不应由人民法院或者人民法院赔偿委员会受理的，应当告知赔偿请求人向有关机关申请赔偿。

第三节 协商程序

一、协商程序概述

（一）协商程序的概念

《国家赔偿法》第13条规定，赔偿义务机关作出赔偿决定，应当充分听取赔偿请求人的意见，并可以与赔偿请求人就赔偿方式、赔偿项目和赔偿数额依照本法第四章的规定进行协商。《国家赔偿法》第23条第1款作了同样的规定。这就是说，赔偿请求人在请求赔偿时，可以通过协商程序解决纠纷。修订前的《国家赔偿法》没有明确协商程序，但是，在《国家赔偿法》制定之初，协商程序是作为赔偿程序的重要程序加以规定的。《国家赔偿法（草案）》曾经规定，赔偿请求人应当首先向赔偿义务机关申请赔偿，赔偿义务机关应当在2个月内与请求人达成赔偿协议。赔偿义务机关也可以径行与有权请求赔偿的人在2个月内协商达成赔偿协议。草案规定首先向赔偿义务机关申请赔偿，是为了简化程序，方便受害人，有利于及时得到赔偿。同时，草案也规定了赔偿义务机关作出行为的方式是"通知"而非"决定"。[①]《国家赔偿法》颁布时，没有明确协商程序，仅仅规定赔偿义务机关应当在自收到申请之日起两个月内依照本法的规定给予赔偿，也就是说，也没有明确规定赔偿义务机关的"决定程序"，受害人只能被动接受或者拒绝此决定。[②] 修订后的《国家赔偿法》重新恢复了协商程序并作了较为具体明确的规定。

所谓协商程序（procedure of consultation）是指当事人之间就赔偿方式、赔偿项目和赔偿数额平等自愿商议，互相谅解，一方或者双方让步，达成协议以解决纠纷的活动。协商可以在不同情况下进行，不同情况下的协商种类也不相同。根据时间或者顺序的不同，可以将协商分为诉讼中的协商和诉讼外的协商。诉讼中的协商是指当事人在诉讼中相互商议，达成协议，解决双方争执的活动。这种协商不论诉讼的程序进行到何种程度，只要在法院作出裁判前，当事人都可以进行，可以就整个诉讼标的达成协议，也可以就诉讼中的个别问题达成协议。这种协商就其性质而言，是当事人在诉讼进行中所实施的一种诉讼法律行为，经法院审查批准后具有法律效力，结束诉讼程序的全部或者一部。诉讼外的协商是当事人进行的一种民事法律行为，也是当事人依法处分自己实体权利的表现。协商成立后，当事人所争执的权利即归于确定，所抛弃的权利随即消失。协商一经成立，当事人不得任意反悔。

国家赔偿法上的协商，是指赔偿义务机关与赔偿请求人在平等的基础上，就其国家赔偿争议互相谅解，一方或者双方互相让步达成协议的活动，它是解决赔偿争议的一种方式。由于国家赔偿法上的协商是在诉讼前进行的，因此属于诉讼外的协商。协商的目的在于通过当事人商议

[①] 胡康生：《关于〈中华人民共和国国家赔偿法（草案）〉的说明——在1993年10月22日在第八届全国人民代表大会常务委员会第四次会议上》。

[②] 伍劲松：《海峡两岸行政赔偿程序比较》，载《广东行政学院学报》第14卷第1期（2002年2月）。

的方式解决损害赔偿争议，从而保护受害人的合法权益。这种协商是赔偿请求人的申请行为和赔偿义务机关主张协商行为、赔偿请求人的申请协商行为和赔偿义务机关同意协商、作出决定或任何或者拒绝赔偿行为的总合。

一般来说，在发生国家赔偿争议之后，赔偿请求人往往需要先向有关赔偿义务机关提出申请，求得协商解决或者通过赔偿决定解决，不能协商或者经过协商达不成协议的，才可以向法院起诉。因此，可以说，协商程序是国家赔偿诉讼程序的前提和基础，国家赔偿诉讼程序则是协商程序的继续和保障。

（二）协商程序的法律意义

协商程序是赔偿义务机关解决国家赔偿争议的一种重要方式。协商程序可以将赔偿义务机关的审查和赔偿请求人的主张密切地结合起来，充分发挥两个方面的积极性。实践证明，协商程序具有极为重要的法律意义：

第一，协商程序有利于国家赔偿纠纷的迅速彻底解决和协议的自动履行。协商程序是在当事人自愿协商、互相谅解、自觉让步并且达成协议的基础上，解决争议的。对于经过协商程序的，由于双方对于协商内容都能够接受，一般来说当事人也能够自动履行，这样就使得纠纷能够得到迅速彻底的解决。

第二，协商程序有利于社会和谐稳定。国家赔偿争议如果不能及时、正确地获得解决，就可能使赔偿请求人和赔偿义务机关之间的国家赔偿纠纷激化，加之如果当地干群关系紧张的话，国家赔偿纠纷将严重影响社会的和谐稳定。通过平等的自愿协商，能够促使当事人消除隔阂，增进赔偿请求人和赔偿义务机关之间的相互谅解，进而减少社会不稳定因素，推动社会和谐。

第三，协商程序有利于减轻人民法院的负担。协商程序作为一种先行解决国家赔偿争议的制度，具有过滤器的功能。先由有关机关和赔偿请求人协商解决赔偿请求，如果双方同意解决纠纷并达成解决方案，就可以减少赔偿诉讼，节约司法成本，同时也简化了赔偿救济程序。

第四，协商程序有利于减少国家赔偿争议。协商程序也是一个彰显法律公正的过程，是一个法制教育的过程。合法的、平等的、人性化的协商程序能够使赔偿请求人了解国家赔偿制度的真正目的和准确含义，从而避免赔偿请求人漫天要价，也进一步宣传了国家赔偿制度，有利于减少潜在的国家赔偿争议。

二、各个国家和地区关于协商程序的具体形式

（一）选择性协商程序

选择性协商程序是指赔偿请求人既可以向有关机关提出赔偿请求，也可以直接向法院提出国家赔偿诉讼。在英国，英王政府和有责任能力的成年私人一样承担侵权行为引起的法律责任。赔偿请求人就英王政府的侵权行为向普通法院提起赔偿诉讼是其当然权利，不能要求赔偿请求人先行向英王政府或者其他部会申请赔偿。当然，赔偿请求人可以选择向有关侵权机关申请国家赔偿，也可以选择向普通法院提起赔偿诉讼。无论是在上述何种程序中，都有协商程序的存在，赔偿请求人都具有选择的权利。类似的规定还存在于印度、新加坡等英美法系国家。此外，前德意志民主共和国《国家责任法》（1969年5月12日通过）既规定了行政机关等公权力机关的赔偿决定程序，同时还规定"政府机关或者行政机关所负损害赔偿责任，如同民事诉讼中的当事人一样，按照《民法典》的规定办理"。赔偿请求人在选择民事诉讼途径的同时，实际上也选择了民事诉讼中通行的协商程序。捷克斯洛伐克在1969年规定司法救济和政府机关的初步审理（预审）同时存在，有权进行初审的机构是司法部和财政部，审理的用意在于以"友好的方式"对纠纷进行司法外的解决。[1] 还有的学者认为，在《国家赔偿法》制定之前，我国实行的也是选择性的协商程序[2]。当然，这不无讨论的余地。

---

[1] 林准、马原主编：《外国国家赔偿制度》，人民法院出版社1992年版，第44-45页。
[2] 林准、马原主编：《国家赔偿问题研究》，人民法院出版社1992年版，第271-272页。

(二) 决定协商合一程序

我国台湾地区没有赔偿决定程序,仅仅规定了协商程序这一诉前程序,也可以理解为采取了决定程序和协商程序合一程序。其"国家赔偿法"第 10 条规定,依本法请求损害赔偿时,应先以书面向赔偿义务机关请求之。赔偿义务机关对于前项请求,应即与请求权人协议。协议成立时,应作成协议书,该项协议书得为执行名义。

(三) 直接起诉程序

直接起诉是指赔偿请求人无需同有关机关进行协商,而直接向法院提起损害赔偿诉讼的程序。德国、南斯拉夫等国家实行此种程序。例如,德国 1910 年《国家责任法》第 3 条第 1 款的规定:"依法律而对国家之请求,得不问诉讼标的物的价额,俱以地方法院为专属管辖。"1981 年《国家赔偿法》规定:"1. 根据本法第 2 条、第 9 条以及第 14 条第 3 款的金钱赔偿争议,由普通法院受理;2. 依据第 3 条的消除后果争议,由各专门法院管辖,各专门法院应当对国家责任赖以建立的公权力的合法性作出裁判。因行使司法权力引起的争议,由该行使司法权力的法院的上级法院或建立该法院的法院受理。"可见,德国的赔偿诉讼并不以协商程序作为前置程序。

(四) 协商前置程序

协商前置程序是指请求权人须先向有关机关请求协商赔偿,只有在协商不成的情况下才能向法院提出赔偿诉讼。采取这种前置程序的有奥地利、瑞士、韩国、美国等国家。协商前置程序包括四种模式:

1. 由有赔偿责任的机关负责协商。例如,根据奥地利《国家赔偿法》第 8 条的规定:"被害人应先向有赔偿责任之官署以书面请求赔偿。书面送达官署 3 个月后,未经官署确认,或在此期间内对赔偿义务全部或者部分拒绝者,被害人得以官署为被告提起民事诉讼。"该法第 12 条还规定:"1. 国家损害赔偿之诉以公务员惩戒程序之结果为断者,法院得于审判期日开始前依职权,或依声请中止诉讼程序,至惩戒结果确定后,继续审判。"

2. 由原决定机关或者其上级机关负责协商。例如，美国《联邦侵权赔偿法》第2675条（a）规定："除非请求赔偿权人先向有关之联邦行政机关提出赔偿请求，而其赔偿义务人为该行政机关，以书面及存证信函或者挂号函件的方式，作终局之拒，不得对美国政府即与联邦政府人员执行职务之范围内，由于过失、不法行为所导致之财政损毁身体伤害死亡，而提起民事上金钱赔偿之诉。"在美国，协商机关为侵权行政机关的首长或者其指定人；如果超过25000美元的，须事先由司法部长或者指定的人批准。

3. 由原决定机关和专门机关负责协商。例如，在瑞士，凡是公法上的请求，应向原决定机关请求救济；如果被请求的机关是联邦政府的，则向财政部提出协商请求。经过3个月未作决定或者予以消极驳回，可以向联邦行政法院提出赔偿诉讼。但是，如果被请求的机关为各州政府本身时，即使属于公法上有关财产法的诉讼，仍将其作为民事案件，由一般的民事法院管辖。瑞士《联邦责任法执行法令》规定："根据责任法对联邦提出的损害赔偿请求和抚慰金请求，应当以书面形式，说明理由并至少以双份提交联邦财政部和海关部。"

4. 由特定的专门机关负责协商。例如韩国《国家赔偿法》规定的审议会制度即是。该国《国家赔偿法》以半数以上的条文对审议会的组织系统和审议程序作了较为详细的规定，该法的实施细则更是规定了与审议会相关的事项。韩国的《国家赔偿法》及其实施细则就被害人的生命、身体以及重要财产的损害情形和赔偿标准作了较为详细的规定。审议会受理赔偿请求后，只要查明是否符合赔偿要件、损害的情形和等级，即可对应否赔偿以及赔偿数额进行确定。如果决定赔偿的数额超过规定的标准时，则应当报请本部或者特别审议会承认。对于申请赔偿总额超过300万元或者赔偿责任成立与否及其他有重要关系的事项，在决定赔偿前，还须向法务部长官报告，审议会决定的赔偿金额如经赔偿请求人同意即可支付，否则可以诉请法院作出判决。审议会的决定具有确定力和执行力。此外，审议会认为有紧急事由时，还可以根据被害人或者其近亲属的申请，预先支付一定金额的疗养费和丧葬费。可见，韩国的负责协商的机关，既非原决定机关，也非上级机关，而是有自己的特色。①

三、协商的启动程序

（一）依职权启动协商

修订前的《国家赔偿法》第 13 条规定，赔偿义务机关应当自收到申请之日起 2 个月内依照本法第四章的有关规定给予赔偿。这个规定实际上是关于国家赔偿决定程序的规定。即，赔偿义务机关对赔偿请求人的申请采取决定形式处理，一般不与赔偿请求人进行协商或者讨论，受害人只能被动接受或者拒绝此决定。此外，《行政诉讼法》第 67 条第 2 款规定："公民、法人或者其他组织单独就损害赔偿提出请求，应当先由行政机关解决。对行政机关的处理不服，可以向人民法院提起诉讼。"这里虽然没有明确"决定"为解决方式，但其内容已经实际排除了正式协商形式，在实践中多采用了半协商半决定的形式。②《国家赔偿法》修订过程中，增加了关于协商的内容。《国家赔偿法》第 13 条规定，赔偿义务机关作出赔偿决定，应当充分听取赔偿请求人的意见，并可以与赔偿请求人就赔偿方式、赔偿项目和赔偿数额依照本法第四章的规定进行协商。这一规定主要包括以下三个内容：

1. 协商程序是赔偿决定程序的重要组成部分。

赔偿请求人提出赔偿申请后，赔偿义务机关既可以直接作出赔偿决定，也可以在与赔偿请求人就赔偿方式、赔偿项目和赔偿数额进行协商之后作出赔偿决定。赔偿请求人向赔偿义务机关申请作出赔偿决定，其时，赔偿请求权人的损失已经造成，不仅可能是人身和财产上的损失，还可能是精神上的损失。此时，赔偿请求人对赔偿义务机关给付赔偿期待很大，赔偿义务机关的任何懈怠、推拖行为极容易引起赔偿请求人的误解，进而导致情绪对立和抵触，不利于国家赔偿纠纷的顺利解决。那

---

① 林准、马原主编：《国家赔偿问题研究》，人民法院出版社 1992 年版，第 271－272 页。
② 马怀德：《行政机关赔偿协议程序》，载《法律适用》1994 年第 2 期。

么，协商程序与赔偿决定程序的关系如何呢？根据《国家赔偿法》的规定，赔偿义务机关在作出赔偿决定时，"应当"充分听取赔偿请求人的意见，并"可以"与赔偿请求人就赔偿方式、赔偿项目和赔偿数额依照本法第四章的规定进行协商。这里的"应当"表明赔偿义务机关有听取赔偿请求人意见的义务，这里的"可以"表明赔偿义务机关可以选择是否与赔偿请求人进行协商。事实上，采取协商程序更有利于降低双方的对立情绪，更利于使赔偿请求人有公平对待的感受，从而有利于纠纷的和平解决。因此，协商程序应当成为赔偿决定程序的重要一环或者成为赔偿决定程序的必经程序。值得注意的是，协商程序也可以是一个独立的国家赔偿解决程序，具有相对的独立性。这种相对的独立性主要体现在赔偿请求人和赔偿义务机关在经过协商之后，可能最终作出一个经过双方合意、体现双方意志的赔偿决定，也可以作出一个体现双方意志的赔偿协议。对于前者，我们将在"决定程序"中详细阐述。本节将把"协商程序"作为一个相对独立的程序来进行阐述。

2. 赔偿义务机关是协商机关。

与其他国家和地区的作法不一样，我国《国家赔偿法》规定的协商机关就是赔偿义务机关本身。这主要是由于：第一，协商的双方必须具有法律上的利害关系。法律上的利害关系表现为一方当事人承担一定的义务，另一方当事人享有一定的权利。如果没有法律上的利害关系实际上就是两个无关的主体，亦不可能进行协商。权利的让与和义务的承担必须由具备法律上利害关系的赔偿义务机关为一定的意思表示，其他机关包括赔偿义务机关的上级机关都不能作出上述意思表示。第二，协商的前提必须是具有处分权。具有处分权意味着法律主体能够让与自己的权利，也能够承担相应的权利。只有具备这种处分权才能进行协商，否则协商还有何种意义？赔偿义务机关就是要承担自己的义务，这种义务是自身的义务，不是其他机关的，也不是上级机关的，只有自己才能够充当协商一方的当事人。第三，由赔偿义务机关作为协商机关有利于国家赔偿争议的及时迅速及时解决。协商就是通过协调、和解等手段处理纠纷的过程，如果由赔偿义务机关之外的其他机关来进行协调，双方之间就不会具有当事人之间的相互信任感和直接性，从而影响国家赔偿纠纷的解决。

3. 赔偿义务机关应当充分听取赔偿请求人的意见。

无论赔偿义务机关采取决定赔偿方式还是协议赔偿的方式，都应当充分听取赔偿请求人的意见。听取意见目的在于了解赔偿请求人的赔偿请求和赔偿义务机关实施职权行为的情况，赔偿义务机关应当认真听取赔偿请求人对于损害事实的陈述、对于致害行为的阐述、对于请求赔偿事项的意见以及对于适用法律的理解等。一般而言，一个公正和健全的程序应当包括通知和评论程序。通知程序是指赔偿义务机关应当书面通知赔偿请求人在特定时间、特定地点解决国家赔偿争议。《国家赔偿法》虽然没有规定通知程序，但是，"充分听取赔偿请求人的意见"的要求如果仅仅凭赔偿请求人的申请书是远远不够的。因此，也可以说，"充分听取赔偿请求人的意见"实际上包括了通知程序。"评论程序"则是指赔偿义务机关和赔偿请求人就国家赔偿纠纷进行举证、质证、辩论等。例如，我国台湾地区"国家赔偿法施行细则"第16条规定："赔偿义务机关应以书面通知为侵害行为之所属公务员或受委托行使公权力之团体、个人，或公有公共设施因设置管理有欠缺，致人民生命、身体或财产受损害，而就损害原因有应负责之人，于协议期日到场陈述意见。"为了查明专业知识方面的事实，"国家赔偿法施行细则"第22条第1款规定，赔偿义务机关于协议时，得按事件之性质，洽请具有专门知识经验之人陈述意见，并支给旅费及出席费。此外，赔偿义务机关在特定情形下还可以请求检察机关提供法律意见。即按照上述"细则"第22条第2款的规定，请求赔偿之金额或回复原状之费用，在同一事件达一定之金额时，该管地方法院检察署应赔偿义务机关之请，得指派检察官提供法律上之意见。

4. 协商的内容主要包括赔偿方式、赔偿项目和赔偿数额。

所谓赔偿方式是指支付赔偿金、支付精神损害抚慰金、返还财产、恢复原状等方式。广义上的赔偿方式还包括消除影响、恢复名誉、赔礼道歉等责任方式。赔偿项目是指国家赔偿所针对受损客体。例如，侵犯公民生命健康权（包括身体伤害、造成部分或者全部丧失劳动能力、造成死亡、侵犯公民精神健康等）、侵犯公民财产权（包括处罚款、罚金、追缴、没收财产或者违法征收征用财产、查封、扣押、冻结财产、应当返还的财产灭失、损坏的、财产已经拍卖或者变卖、吊销许可证照、责令停产停业、返还罚款罚金，解除冻结存款汇款的银行同期存款利息等）。赔偿数额主要是指赔偿金的数额。《国家赔偿法》第33条规定了对侵犯公民人身自由的计算方法、第34条规定了对侵犯公民生命健康权的赔偿金计算方式。《国家赔偿法》还在多处规定了"支付相应的赔偿金"，这里的"相应的赔偿金"意味着赔偿金可以根据案件的具体情况进行具体判断，也可以由赔偿义务机关和赔偿请求人共同协商的赔偿金数额。

（二）依申请启动协商

《国家赔偿法》没有就依申请启动协商程序作出规定，这是否意味着赔偿请求人不能申请启动赔偿程序呢？我们认为不是。启动协商程序是为了使赔偿请求人的赔偿请求尽快得到解决，而非相反。从这个意义上讲，赔偿请求人提出协商请求的，正是《国家赔偿法》倡导的，同时也是赔偿义务机关所希望的。赔偿请求人也有权提出协商请求。根据《国家赔偿法》第13条的规定，"赔偿义务机关作出赔偿决定，应当充分听取赔偿请求人的意见"。这里的"听取赔偿请求人的意见"不仅包括听取赔偿请求人的赔偿请求，也包括了听取赔偿请求人是否愿意进行协商的内容。如果赔偿请求人要求协商的，赔偿义务机关应当进行协商。

四、协商的申请程序

如前所述，协商程序一般情况下属于赔偿义务机关的主动性的、建议性的程序，在特殊情况下也得允许赔偿请求人申请进行协商。

大多数国家均规定协商赔偿申请书必须符合法定的条件。例如，美国的《联邦侵权赔偿法请求协议规则》（The Rule of Ask Consultation to the Federal Tort Claim Act）规定，联邦机关在接到请求人、其代理人或者法定代理人附有因事件所致生命、身体或财产损害而请求一定数量赔偿内容并符合《联邦侵权赔偿法》所规定的书面要求的文件时，视为当事人已提出赔偿请求。再比如，奥地利的《国家赔偿法施行细则》（1949年2月1日颁布施行）第1条规定，各邦、县市、乡镇及其他公法上团体及社会保险机构于该官署的官员执行法令故意或者过失违法侵害他人之财产或人格权时，依国家赔偿法第8条的规定请求赔偿，应以书面送达于官署的财务主管。请求书应当说明违法情形和损害赔偿的理由，并且载明请求数额。此外还应当说明侵权人的职务，如有足以证明之其他文书时，应当附呈原本或者节本。

根据《国家赔偿法》第12条的规定，申请书应当载明如下内容：受害人的姓名、性别、年龄、工作单位和住所，法人或者其他组织的名称、住所和法定代表人或者主要负责人的姓名、职务；具体的要求、事实根据和理由；申请的年、月、日。如果有代理人的，应当载明代理人的姓名、性别、年龄、工作单位和住所。有关内容可以参照"行政赔偿申请程序"一节。

五、协商的进行程序

（一）通知程序

1. 通知请求权人。

赔偿义务机关在作出决定前，如果需要与赔偿请求人进行协商的，应当采取适当的方式通知请求权人。赔偿义务机关准备第一次协商的通知，应当最迟于协商期日前5日送达请求权人。赔偿义务机关的通知所载明的第一次协商期日作为协商开始的期日。

2. 通知共同赔偿义务机关。

对于同一赔偿事件，若干机关均应当承担赔偿责任时，被请求的赔偿义务机关，应当以书面通知未被请求的赔偿义务机关参加协商。一般来说，若干赔偿义务机关均应当承担赔偿责任时，也应当由其中一个赔偿义务机关进行协商。例如，美国《联邦侵权赔偿请求协议规则》第2

条规定，数个机关涉及损害赔偿请求事件时，被请求机关应当与其他机关协议以指定一机关对该项请求进行调查，并决定其请求是否正当。请求人就同一事件向数个机关提起损害赔偿请求时，应当于每次提起时，指明其他被请求的机关。再比如，我国台湾地区"国家赔偿法实施细则"第15条第1款规定，同一赔偿事件，数个机关均应负损害赔偿责任时，被请求之赔偿义务机关，应以书面通知未被请求之赔偿义务机关参加协议。

3. 通知其他相关人员和移送有赔偿义务的机关。

赔偿义务机关应当书面通知为特定侵权行为的公务人员或者受委托的组织、人员，以及对公有公共设施负有设置或者管理职责的组织、个人，于协商期日到场陈述意见。

如果在此过程中，赔偿义务机关如果能够确定真正的赔偿义务机关，应当将该项请求移送适当的机关，并且告知赔偿请求人。如果不能移送的，赔偿义务机关应当将请求退回请求人。这也是美国《联邦侵权赔偿法请求协议规则》的规定，可资借鉴。

（二）协商期日与处所

1. 协商期日的指定。

赔偿请求人、赔偿义务机关和相关人员会同进行协商行为的时间，即为协商期日。赔偿义务机关在接到赔偿请求人请求赔偿的书面申请时，应当指定进行协商的期日。期日的指定，除赔偿请求人同意或者其他特殊情况外，不得指定法定的节假日为协商期日。但是，如果经赔偿请求人同意或者不得已的情形（例如不指定该期日可能导致协议迟滞而使赔偿请求人受有损害）的，也可以在上述期日进行协商。

2. 期日的通知和送达。

赔偿义务机关指定期日后，应当制作通知书，向赔偿请求人及有关人员送达，以便使其知晓协商期日，届时到场协商或者陈述意见。第一次协商的通知，应当在协商期日之前的一定期间内送达，以便使赔偿请求人有足够的时间做好协商准备。

3. 期日的变更。

为了保证协商程序的顺利进行和体现协商的诚意，期日指定后不宜轻易变更。除非确有正当事由（例如自然灾害和其他非因自身原因导致阻碍的事由），预计协商当事人不能按照原定期日到场，赔偿义务机关可以依申请或者依职权变更原期日。

4. 协商的处所。

协商是由赔偿义务机关与赔偿请求人或其代理人进行的。协商的处所，一般应当在赔偿义务机关机构所在地进行，如果赔偿义务机关认为在其他场所进行协商更为适当的，也可以在其他处所进行。

（三）协商的委托代理和法定代理

1. 代理人。

为了更有效地维护自己的合法权益，赔偿请求人可以委托他人作为代理人与赔偿义务机关进行协商。同一赔偿纠纷中有两个或者两个以上的请求人的，可以委托其中一人或者数人作为代理人与赔偿义务机关进行协商。代理人应当在达成协议之时，出示由委托人签名或者盖章的授权委托书。法定代理人应当在达成协议之时，出示具有法定代理权的证明。

2. 委托代理人的权限。

委托代理人必须受授权范围的限制，在委托的权限范围内代为法律行为。委托代理人在代理的权限范围内，有作出一切协议行为的权利。委托代理人的行为视为赔偿请求人的行为，并对其发生法律效力。委托代理分为一般委托代理和特殊委托代理。在一般委托代理的情况下，代理人可以为被代理人代为一般行为；在特殊委托代理的情况下，代理人不仅可以为一般代理行为，还可以就抛弃损害赔偿请求权、撤回损害赔偿请求、领取损害赔偿金、受领恢复原状或者选任代理人。如果被代理人对代理人的代理权限有限制的，应当在授权委托书中明确载明。

委托代理人为两人以上的，均可以单独代理请求权人。委托代理人所作的陈述，如果赔偿请求人当场撤销或者更正的，其法律效力消灭。

委托代理人在接受当事人委托后，一般不宜转托他人代为协商。如果确因特定原因不能代理的，在事先征得被代理人的同意或者事先没有征得被代理人同意，但是事后被代理人追认的，可以认为有效。

3. 委托代理的变更和解除。

委托代理权不因被代理人死亡、破产、丧失行为能力或者法定代理权发生变更而消灭。委托代理权的变更主要是权限内容的变更，包括两种情况：一是在原来的一般授权的基础上增加某些特别的授权；二是部分撤回原来的某些特别的授权。

委托代理只有在被代理人到场陈述或者以书面形式通知赔偿义务机关后才能发生解除的法律效力。一般而言，委托代理因下列原因而消灭：一是协商程序已经终结；二是委托代理人死亡或者丧失为一定法律行为的能力；三是委托人解除委托或者代理人辞去代理。

4. 代理权的补正。

如果赔偿义务机关认为代理人有欠缺并且可以补正的，应当确定7日以上的期间通知其补正。在补正之前，可以准许其暂时为一定的协商行为，逾期不补正的，协商后达成的协议不发生法律效力。

（四）协商的进行和协商的记录

1. 协商的进行。

协商的前提条件是基本事实清楚，只有在查明案件事实的基础上才能进行有的放矢的协商。在案件事实基本清楚的前提下，赔偿义务机关可以根据法律的相关规定，提出协商内容等具体建议。（1）对于生命健康权受到侵犯而申请赔偿的，分别有以下情形：①因死亡而要求赔偿的，赔偿义务机关可以要求赔偿请求人提供如下证据或者材料：死亡证明文书的正本或者其他载明死亡原因、事件和年龄的证明；死亡者的职业、年龄、住址、经济收入等基本情况；继承人和其他有抚养关系的亲属的姓名、住址、出生年月日、与死者的关系、婚姻状况、死者生前扶养人的姓名等基本情况；受死者扶养为多人的，各人受到扶养的份额等基本情况；死者死亡前的身体状况和精神状况；因死亡而发生的医疗费用、丧葬费用的账单、收据或者其他票据；对于因死亡前遭受疼痛、精神痛苦的，应当载明遭受疼痛、精神痛苦经历的时间、诊疗费用，必要时还应当提供医院或者其他医疗机构为治疗死者从受伤到死亡过程的医疗报告等等。②对于因身体受到伤害而要求赔偿的，赔偿义务机关可以要求赔偿请求人提供如下证据或者材料：医院或者其他医疗机构关于身体受伤害的书面诊断报告；医院或者其他医疗机构开具的医疗费用的账单、收据或者其他票据；身体尚未恢复或者需要继续治疗的，对于预计费用的说明；工作单位出具的因身体伤害而导致的工作时间的损失；自谋职业者应当提供实际收入损失的书面材料等等。（2）对于公民人身自由受到侵犯而提出申请的，赔偿义务机关可以要求赔偿请求人提供公民人身自由受到侵犯的拘留或者其他法律文书、拘留或者被剥夺、限制人身自由实际时间的其他证据、因公民人身自由受到侵犯而使受害人及其近亲属受到严重后果的精神损害的证据等。（3）对于财产受到损害而申请赔偿的，赔偿义务机关可以要求赔偿请求人提供下列证据或者材料：财产所有权的证明（例如房屋所有权证、土地使用权证、动产购买发票等）；各项财物请求款项的详细说明；必要的修复费用；财物购置日期、价格、修复费用以及折旧后财物价值的说明等等。

　　赔偿义务机关与赔偿请求人在进行协商时，应当在平等、自愿、公正、合法的基础上，依照事实和证据，商定赔偿的范围、方法和数额，以求得达成一致的协议。赔偿请求人不应当认为协商是赔偿义务机关自认理亏，也不能借协商漫天要价；赔偿义务机关不应当因为赔偿请求人由于不熟悉法律等原因提出个别过分请求而中止协商，也不能无故拖延。赔偿义务机关应当在协商程序中采取积极主动的态度，主动提出各种可以替代的方案。对于侵权行为与损害发生的后果，如果能够恢复原状的，应当根据赔偿请求人的请求恢复受害人损害发生前的原状；不能恢复原状的，应当及时给付适当的赔偿金。

　　因此，赔偿义务机关在收到赔偿请求人请求损害赔偿的申请书后，开始协商前或者协商过程中，应当就与协商有关的事项，例如，请求赔偿的事实和理由、应否赔偿或者赔偿金额、应否恢复原状或者如何恢复、对恢复请求人合法权益受到损害的原因经过、结果和损害程度等事项，了解全部真相，收集调查证据，以便作为协商的基础，以免不应当赔偿而予以赔偿，或者应当予以赔偿但是赔偿范围、方法不当等情况的发生。在协商过程中，由于赔偿请求人对于法律的理解可能存在偏差，一时不能达成共识的，赔偿义务机关应当允许赔偿请求人有思考的过程，不要操之过急和急于求成。

如果案件需要的，赔偿义务机关还可以邀请有关单位和群众协助做好协商工作。有关单位既可以是赔偿请求人所在的单位，也可以是与赔偿请求人有其他关系的单位。有关群众则可以是赔偿请求人所信任的亲戚、朋友、邻居、同事等等。如果案件涉及专业知识的，可以请具有专门知识经验的人陈述意见，并且支付期旅费和酌支研究费。

2. 协商记录。

为了便于查阅和分清责任，在协商进行时，双方当事人的发言或者陈述、所用的证据材料、有关人员的意见和协商结果，都应当如实详细记载。赔偿义务机关应当指派专门工作人员，做好协商记录。

一般而言，协商记录应当记明以下内容：（1）协商的处所及日期；（2）在场的赔偿请求人或者代理人、赔偿义务机关的法定代表人或者代理人；（3）协商事件的案号和案由；（4）赔偿请求人请求损害赔偿的金额或者恢复原状的内容以及请求的事实和理由；（5）赔偿义务机关的意见；（6）参加协议人的意见（特别是对利害关系人的意见要允许其充分表达，记录也应当最为详细）；（7）协商结果。双方当事人和记录人都应当在协商笔录上签名或者盖章。

六、协议的达成和协议未达成

（一）协议达成与协议书的制作

赔偿请求人和赔偿义务机关就损害赔偿的方法、内容和范围等内容协商一致，并在法定的金额限度内达成协议的，即为协商成立。协商成立的,即表示赔偿义务机关愿意承担赔偿责任,赔偿请求人愿意以协议确定其赔偿范围、赔偿方式和赔偿金额,双方可以采取书面协议的方式确定权利义务关系。

在协商过程中,赔偿义务机关在多大的金额内可以与赔偿请求人达成协议,各国根据不同的国情、赔偿义务机关的性质、职权大小等情况,规定有所不同。对于超额赔偿的决定权,一般由赔偿义务机关的直接上级机关行使。按照美国《联邦侵权赔偿法》的规定,提议的协议、和解或者决定的金额超过2500美元的,须经被请求机关的法务人员审核后,才能由该机关首长或者其指定的人员进行调解、裁定、协议或者和解。对超过25000美元的裁决、妥协和和解,应当事先获得司法部长或者其指定人的书面批准方为有效。有下列情形之一的,被请求机关应当与司法部协商后,对该项请求进行裁定、协议或者和解:涉及新判例或者法律上的新观点的;涉及或者可能涉及政策问题的;联邦政府有权或者可能有权要求第三人赔偿或者分担损失,而被请求机关无法对该第三人进行协议的;对某一特定请求进行协议,实质上将影响到另一赔偿额超过25000美元的请求处理的。依照本规定应当得到司法部许可或者应当与司法部协商,或者应当请求司法部表示意见的,联邦机关应当以书面载明下列事项并向司法部民事司副司长提出:损害赔偿请求的事实和原因的简要说明;有关请求赔偿部分的复印件;该机关的建议或者意见说明。韩国《国家赔偿法》规定,对于赔偿金支付标准未列入的损害赔偿,须由本部审议会或者特别审议会并经所属长官的承认,才可作出赔偿决定。我国台湾地区"国家赔偿法实施细则"第2条第3款规定,前项一定之金额(请求赔偿之金额或回复原状之费用)由"法务部"拟定,报请"行政院"核定之。我国《国家赔偿法》对于赔偿义务机关在何种范围享有自由处分的权利没有作规定。

赔偿义务机关与赔偿请求人经协商达成协议时,应当制作协议书。协议书主要包括以下内容:

首部应当记明赔偿义务机关的全称、案件编号和当事人及其代理人的基本情况。赔偿请求人和代理人的基本情况应当分别排列。例如，赔偿请求人的姓名、性别、年龄、工作单位、家庭住址，赔偿请求人是法人或者其他组织的，应当写明名称、所在地和法定代表人的姓名、职务等；代理人的姓名、性别、年龄、职业、住址等；赔偿义务机关的名称及所在地。

内容是协议书的核心部分。协议书的内容主要应当记明当事人的赔偿请求、事实根据和协商结果。事实根据是双方当事人争议的法律关系发生、变更或者消灭的事实和证据。协商结果是指双方当事人达成的协议事项，即双方当事人在哪些问题上达成了何种内容的协议。例如，损害赔偿金额或者恢复原状的内容、协议生效的日期。

尾部是协议书的结尾部分。尾部应当包括协商和签订协议的日期。此外，还应当由赔偿请求人或者代理人和赔偿义务机关的法定代表人或者代理人签名或者盖章，并且加盖赔偿义务机关的公章。

（二）协议的效力

经过协商成立的协议，由于其属于双方当事人的合意行为，具有法律效力，也具有执行力。如果赔偿义务机关不按期履行赔偿协议的，赔偿请求人是否可以申请人民法院强制执行？主要有两种意见：

一种意见认为，赔偿请求人不能直接向人民法院申请强制执行。理由是：第一，《国家赔偿法》和《行政诉讼法》对此没有作出规定。《国家赔偿法》虽然规定了赔偿请求人可以先行向赔偿义务机关提出赔偿请求和解决赔偿问题，赔偿请求人和赔偿义务机关通过和解达成协议解决赔偿问题，但是没有规定赔偿义务机关拒不履行赔偿义务时可以直接申请法院强制执行。而《行政诉讼法》只是规定了行政相对人既不向复议机关申请复议，也不向人民法院提起诉讼，行政机关在特定期间内可以申请人民法院强制执行其具体行政行为，也未规定赔偿请求人可以直接申请人民法院强制执行。第二，赔偿义务机关拒绝履行的情况可能非常复杂，不宜赋予赔偿协议的强制执行效力。这些情况有的是发现协议违反法律规定，有的是赔偿义务机关申请财政部门支付赔偿金而财政部门没有答复，有的是赔偿义务机关可能由于不可抗力等原因无法履行赔偿协议。因此，赔偿请求人可以有两种途径选择：一是，在有关法律规定没有明确之前，赔偿请求人可以就此向赔偿义务机关的上一级机关反映或者向有监督权的人大、监察、纪检等部门反映，以促使赔偿义务机关履行其义务。二是，赔偿请求人可以先向赔偿义务机关提出申请，要求赔偿义务机关履行已经合法生效的赔偿协议，如果赔偿义务机关拒绝履行或者不予答复的，可以比照《国家赔偿法》第 13 条的规定，依法向人民法院提起诉讼，要求人民法院判令赔偿义务机关在一定期限内履行赔偿义务。①

另一种意见认为，赔偿请求人可以直接向人民法院申请强制执行。理由是：第一，经过双方合意的协议，负有义务的一方必须履行义务，如果一方当事人不履行协议规定的义务的，另一方当事人可以违反合同义务追究其法律责任。第二，赔偿义务机关和赔偿请求人达成的赔偿协议与法院的调解书具有同等效力，既可以成为赔偿义务机关履行赔偿义务的依据，又可以成为赔偿请求人申请法院强制执行的依据。鉴于人民法院强制赔偿义务机关执行协议存在一定的难度，可以通过由赔偿请求人向人民法院提起国家赔偿诉讼来解决。②

我们同意第二种意见。理由再补充以下两点：第一，根据有关法律和司法解释的规定，赔偿协议具有执行力。根据有关司法解释的规定，人民法院的调解书、已经生效的行政处罚决定、行政处理决定和法律规定由人民法院执行的其他法律文书可以作为执行名义。③ 对于行政赔偿义务机关而言，该协议书属于行政赔偿决定的变体，在该协议生效之后，得为执行名义；对于刑事赔偿、行政民事诉讼中司法赔偿中的赔偿协议，亦可作为法律规定由人民法院执行的其他法律文书对待。第二，域外也

---

① 皮宗泰：《行政赔偿义务机关的赔偿决定或协议》，载《行政法学研究》1996 年第 1 期。
② 马怀德：《行政机关赔偿协议程序》，载《法律适用》1994 年第 2 期。
③ 最高人民法院《关于人民法院执行工作若干问题的规定（试行）》（法释［1998］15 号，1998 年 6 月 11 日最高人民法院审判委员会第 992 次会议通过，1998 年 7 月 8 日公布，自 1998 年 7 月 18 日起施行）第 2 条的规定。

有类似制度可以借鉴。有的国家直接规定了赔偿协议的法律效力。例如，美国《联邦侵权赔偿法》第 2672 条规定："除非前项之行政调解系以欺诈方式达成，行政机关所为的妥协、和解、裁决或决定，在本法关于对美国联邦政府基于侵权行为而提起的民事诉讼的规定限制下，对联邦政府全体官员均有终局的效力。""请求权人接受前述的裁决、和解或妥协，对于请求权人应产生终局的约束力，并对美国联邦政府及其人员因其行为或不行为所生的赔偿请求构成完全之免除。"对于协商程序和决定程序合一的国家或者地区，赔偿义务机关逾期不开始协议或者自开始协议之日起逾期协议不成立的，通常可以提起诉讼。例如，我国台湾地区"国家赔偿法"第 11 条规定："赔偿义务机关拒绝赔偿，或自提出请求之日起逾三十日不开始协议，或自开始协议之日起逾六十日协议不成立时，请求权人得提起损害赔偿之诉。但以依行政诉讼法规定，附带请求损害赔偿者，就同一原因事实，不得更行起诉。"

（三）协议与赔偿决定

对于赔偿请求人和赔偿义务机关达成协议之后，是否还需要制作赔偿决定书以及是否还要交代诉权？主要有以下三种意见：

第一种意见认为，可以不制作赔偿决定书。理由是，根据《民事诉讼法》的规定，双方在平等自愿、坚持法定赔偿原则基础上达成赔偿协议，由双方在该协议书上签名或者盖章后，即具有法律效力，故不需要另行制作赔偿决定书。

第二种意见认为，需要制作赔偿决定书，但不需交代诉权。理由是，其一，双方在达成赔偿协议后，需要制作法律文书来确认。目前，最高人民法院规定的赔偿法律文书中并无赔偿协议书或者赔偿调解书的格式，只有赔偿决定书的格式，故应制作赔偿决定书。但是，在赔偿决定书中不再交代诉权。因为赔偿决定书送达之后就应当发生法律效力，如果仍交代诉权，那么达成的赔偿协议就失去了意义。其二，赔偿请求人就赔偿的事项、数额、方式与赔偿义务机关达成共识，就意味着达成共识替代了诉权。法院制作的赔偿决定书一经送达赔偿请求人之后即发生法律效力，不存在赔偿请求人再行使诉权的问题。"法院国家赔偿案件样式10"规定的赔偿决定书要求交代诉权的前提是赔偿义务机关与赔偿请求人没有就赔偿内容等进行协商，而是赔偿义务机关单方作出赔偿决定。为了保障赔偿请求人的权益，法律规定了其诉权。而在赔偿协议中，赔偿义务机关已经充分尊重了其意愿，如果赔偿请求人不满意的，完全可以不签订赔偿协议。

第三种意见认为，应当制作赔偿决定书，且需交代诉权。理由是，达成赔偿协议后，仍需制作赔偿决定书来确认，根据最高人民法院下发的"法院国家赔偿案件样式10"的规定，赔偿决定书必须交代诉权。如果不交代诉权，等于剥夺了赔偿请求人向上级法院赔偿委员会申请作出赔偿决定的权利。

最高人民法院最后采纳了第三种意见，即"赔偿义务机关违法行使职权，造成的损害事实存在，但损害的程度一时难以查清时，赔偿义务机关与赔偿请求人可就损害程度进行协商，协商达成协议后，经审查符合《国家赔偿法》规定的，应当予以确认。赔偿义务机关仍需制作赔偿决定书，并且在赔偿决定书中向赔偿请求人交代诉权"。[①] 我们认为，《国家赔偿法》修订之后，已经明确了赔偿义务机关和赔偿请求人可以进行协商，当然可以签订协议。协议是规范的法律文书，也具有法律的约束力。此协议的效力和赔偿决定的效力是一样的。当然，如果赔偿请求人要求制作赔偿决定的，也可根据协议内容制作赔偿决定，在赔偿决定中应当交代赔偿请求人的诉权。

（四）协议未达成

1. 协议未达成的情形。

协议未达成是指赔偿义务机关和赔偿请求人由于在赔偿范围、赔偿方式等方面未达成一致意见。协议未达成的情形主要是：1. 赔偿请求人请求赔偿的金额或者恢复原状的费用过于庞大，赔偿义务机关认为已经

[①] 最高人民法院《关于人民法院作为赔偿义务机关与赔偿请求人就赔偿事项达成协议是否应制作赔偿决定书及是否需要交代诉权问题的批复》（2002年7月18日，[2001]赔他字第12号）。

超过其实际损害范围；2. 赔偿请求人向赔偿义务机关提出书面请求赔偿，自提出之日起超过一定的法定期间；3. 自开始协商之日起超过一定的法定期间，协议未达成。

2. 协议未达成的证明书。

对于自开始协商之日起，超过一定法定期间协商不成立的，赔偿请求人可以要求赔偿义务机关发给协商不成立或者协议未达成的证明书，以便申请行政复议、提起行政赔偿诉讼或者申请法院赔偿委员会作出赔偿决定。经过协商未达成协议的，应当及时作出赔偿决定。

（五）协议结果的告知

如前所述，对于同一赔偿事件，两个以上赔偿义务机关均应负损害赔偿责任的，被请求的赔偿义务机关应当以书面形式告知未被请求的赔偿义务机关参加协商。如果未被请求的赔偿义务机关没有参加协商程序的，应当将协商结果告知。例如，我国台湾地区"国家赔偿法实施细则"第15条第2款规定，未被请求之赔偿义务机关未参加协议者，被请求之赔偿义务机关，应将协议结果通知之，以为处理之依据。告知的目的主要在于让未被请求的机关了解赔偿事件的进展，以便确定自身应当承担的损害赔偿责任。

（六）协议的送达

赔偿请求人和赔偿义务机关在达成协议之后，赔偿义务机关应当当场宣读协议书内容，并由到场双方签名盖章，并在不迟延的合理时间内将该协议送达相关当事人。除非有法定事由，赔偿义务机关不得要求赔偿请求人再次签订赔偿协议，更不得在再次签订协议时对原协议进行不利于请求人权益的变更，对此类变更后的协议，赔偿请求人有权拒绝。

七、费用免除

对于收取费用的国家，如果赔偿义务机关和赔偿请求人达成协议的，可以减免相关费用。例如，根据奥地利《刑事赔偿法》第10条的规定，联邦与被害人之间就本联邦法律所规定的赔偿请求达成和解不缴纳任何手续费和诉讼费。我国《国家赔偿法》规定了免费原则，即赔偿请求人要求国家赔偿的，赔偿义务机关、复议机关和人民法院不得向赔偿请求人收取任何费用。对于达成协议的，当然更不应当收取费用。

第四节　决定程序

一、我国《国家赔偿法》规定的决定程序

（一）审查机关

我国《国家赔偿法》第9条规定，赔偿义务机关有本法第3条、第4条规定情形之一的，应当给予赔偿。赔偿请求人要求赔偿应当先向赔偿义务机关提出，也可以在申请行政复议和提起行政诉讼时一并提出。第22条规定，赔偿义务机关有本法第17条、第18条规定情形之一的，应当给予赔偿。赔偿请求人要求赔偿，应当先向赔偿义务机关提出。这是关于赔偿审查机关的规定。

这两条规定有以下两个重要问题需要明确：一是本条的内容规定的是赔偿义务机关主动赔偿和依申请赔偿两种方式，该条的第1款规定的是主动赔偿问题，第2款则规定的是依申请赔偿的问题。二是在这两种赔偿方式中，并非都由赔偿义务机关来决定是否赔偿。赔偿义务机关对于有本法第17条、第18条规定情形之一的，"应当"给予赔偿。也就是说，赔偿是赔偿义务机关的义务。如果赔偿请求人要求赔偿，应当先向赔偿义务机关提出。根据《国家赔偿法》第23条的规定，赔偿义务机关应当自收到申请之日起2个月内，作出是否赔偿的决定。这就是说，只有在赔偿请求人申请的情况下，赔偿义务机关才作出是否赔偿的决定。对于相关法律程序已经证明赔偿义务机关具有相应的违法行为或者侵权行为的情况下，赔偿义务机关无权进行审查，更无权进行确认，而"应当"主动赔偿。例如，对于行政复议决定、行政判决已经确定行政行为违法、无效，且行政相对人合法权益因此受到损害的，行政赔偿义务机关应当及时履行赔偿义务。再比如，对于撤销拘留、逮捕等决定书、撤

销案件后予以释放的证明书、对暴力行为、违法使用武器警械行为的处理决定书等，无需经审查和确认，直接进入赔偿程序。当然，正如前文所述，为了便于赔偿义务机关及时赔偿，有关机关在作出上述法律文书时，应当同时明确赔偿义务机关的赔偿义务。如果该法律文书是法院作出的，赔偿义务机关是其他机关的，赔偿请求人如果对法律文书确定的赔偿方式和数额不服的，应当向法院提出申诉；如果该法律文书是赔偿义务机关自己作出的，赔偿请求人对法律文书确定的赔偿方式和赔偿数额不服的，可以参照依申请赔偿的程序向赔偿义务机关提出申请。

之所以目前有的赔偿义务机关拒绝赔偿、拖延赔偿、拒绝答复，主要原因就在于我国的赔偿责任主体和赔偿程序设置的不合理。赔偿义务机关如果作为赔偿决定的审查机关，就难免出现有的赔偿机关认为赔偿就是自认其错、自认其罪、自追其咎。因此，对于国家赔偿的审查机关一般应当由独立的审查机构来承担。例如，在捷克斯洛伐克，审查机关一般是中央有关机关或者司法部。该国《关于国家机关的决定或不当公务行为造成损害的责任的法律》第9条规定："对于因违法决定造成损害而提出的赔偿请求，必须由主管中央机关进行初步审理。对于在民事程序、刑事程序、国家公证处程序或地方人民法院程序中作出的决定所提出的赔偿请求，其主管中央机关是作出第一次决定的机关所在地的共和国司法部。对于军事法院作出的刑事判决提出的赔偿请求，其主管中央机关是对军事法院有管理责任的机关。其他的情况包括：①如果有关事项涉及捷克斯洛伐克社会主义共和国的管辖权，其主管机关是对作出违法决定的国家机关有管辖权的联邦中央机关。②如果有关事项涉及捷克或者斯洛伐克社会主义共和国的管辖权，其主管机关是对作出违法决定的国家机关有管辖权的该共和国的中央机关。如果没有前述中央机关，其主管机关为司法部。这一规定同时也适用于社会组织所设机构作出违法决定的情况。"再比如，在英国，有关行政赔偿和司法赔偿适用不同的程序。有关行政赔偿一般按照1947年的《王权诉讼法》的规定施行，

《王权诉讼法》第 2 条第 5 款中明确排除了英王对于司法职务的实施不承担赔偿责任。为了弥补这一缺憾，1964 年 6 月 24 日英国国会两院公布了《刑事伤害赔偿条例》（The Act of Compensation to Criminal Harm）。该条例明确规定设立英国刑事伤害赔偿委员会。刑事伤害赔偿委员会由英国国务大臣和大法官商议之后，或者在必要时通英国检察总长商议之后进行任命。可以被任命为刑事伤害赔偿委员会的人员主要包括：在英格兰和威尔士执业的大律师、在英格兰执业的律师、在英格兰、威尔士、苏格兰执业的诉状律师、虽然不是律师但是正在英格兰、威尔士、苏格兰法院任职的人员。委员会设主席一名，其他成员若干名，其首次任期为 5 年。当国务大臣认为适当时，也可以不受 5 年任期的限制。主席和其他成员在年龄超过 72 岁或者虽然没有超过 72 岁但是其资格已经终止，均不得在委员会中任职。国务大臣如果认为上述超过 72 岁的人或者已经从法律职务中退休的人延长任期有利于本条例的利益的，亦可以不受前述限制。如果国务大臣认为某个委员能力缺乏或者行为不端的，也可以以此为由终止其任职。① 此外，有的国家的审查机关是作出裁判法院之外的法院。例如，根据德国《再审无罪判决赔偿法》第 5 条的规定，法院作出责成国库履行给付义务的裁定之后，为了避免请求权的损失，赔偿请求人应当在裁定送达后 3 个月内向检察机关呈递请求书状。检察机关应当将该请求书状送呈原作出裁定法院辖区所属的地方法院，并由地方司法行政最高机关裁决，并作出裁决书。可见，上述国家的审查机制并非为了追究某一特定机关的责任，而是为了使赔偿请求人的合法权益得到及时保护，无论是行政赔偿、刑事赔偿还是非刑事的司法赔偿，最后承担法律责任的是国家，而非具体承担职责的公权力机关。因此，大可不

---

① 但是，英国的刑事赔偿与我们的理解的"刑事赔偿"仍然存在一定差距。英国《刑事伤害赔偿条例》主要是任何在英国的人由于受到刑事暴力犯罪的侵害，有权从国家获得赔偿。这种暴力行为可能是纯粹的暴力犯罪（例如纵火、投毒），也可能是协助国家公权力机关导致暴力行为的侵害（对违法人员或者嫌犯进行拘押或试图拘押时受到伤害、制止犯罪时受到暴力伤害、向警察提供帮助时遭受伤害等）。可见，这种赔偿并非是对司法机关行使公权力行为造成损害的赔偿，具有相当的局限性。

必认为国家赔偿就是国家机关赔偿,就是自贬形象、自损权威。

根据《国家赔偿法》的规定,国家赔偿的审查机关是赔偿义务机关。如果赔偿请求人提出赔偿请求的,应当先向赔偿义务机关提出。例如,前民主德国《国家责任法》第 5 条也规定,损害赔偿的要求,要向造成损害的职员或代表所属的政府机关或者行政机关提出。若损害赔偿的要求是向另一个政府机关或者行政机关提出的,该机关必须及时将此项要求转送负责的政府机关或者行政机关并应当通知请求人。赔偿义务机关应当对其赔偿请求进行审查之后决定是否赔偿。此外,赔偿请求人向共同赔偿义务机关要求赔偿的,最先收到赔偿申请的赔偿义务机关为赔偿案件的审查机关。

(二) 审查内容

《国家赔偿法》修订之前,参加过《国家赔偿法》制定的学者认为,赔偿义务机关应当作如下审查:"赔偿义务机关收到赔偿请求人的赔偿申请书或口头申请后,应当查明造成受害人损害的该机关及其工作人员违法行使职权时的侵权事实是否已经得到确认。对侵权事实尚未得到确认的,应当告知赔偿请求人先向有关机关提出申诉,包括向赔偿义务机关提出申诉。在侵权事实得到确认后再向赔偿义务机关要求赔偿。对侵权事实已经得到确认的,应当先依据本法第三十二条的规定,查明赔偿请求人提出赔偿请求的时间是否已经超过 2 年的赔偿请求时效,有无时效中止情况。然后根据赔偿请求人提交的损害证明和具体的赔偿请求进行核实,其中主要是对公民因生命健康权受到侵害产生的经济损失和公民、法人和其他组织财产权受到侵害产生的经济损失进行核实。核实清楚后,依据本法第四章规定的赔偿方式和计算标准给予赔偿。"可见,在《国家赔偿法》修订之前,赔偿义务机关对赔偿请求人的申请要进行如下几个方面的审查:是否先行确认的事实;是否申诉的事实;是否存在超过时效或者时效中止的情况;证据和请求的事实;赔偿方式和赔偿标准的核实。《国家赔偿法》修订之后,取消了作为必经程序的确认程序和申诉程序,因此上述两个内容的审查已经取消。结合司法实践,我们认为,赔偿义务机关一般审查以下几个方面的内容：

1. 是否存在超过时效或者时效中止的情况。

主要包括以下三个方面：一是审查赔偿请求人是否自知道或者应当知道国家机关及其工作人员行使职权时的行为侵犯其人身权、财产权之日起2年（被羁押等限制人身自由的除外）之后才提出赔偿申请的。二是审查赔偿请求人申请行政复议或者提起行政诉讼时一并提出赔偿请求的，是否超过《行政复议法》和《行政诉讼法》规定的时效。值得注意的是，《行政复议法》和《行政诉讼法》上并未规定时效制度，而是规定了复议期限和起诉期限制度。有关期限的内容可以参照适用。此外，还需注意行政诉讼法的司法解释和《行政复议法实施条例》中有关期限的规定。三是审查赔偿请求人是否在赔偿请求时效的最后6个月内，因不可抗力或者其他障碍不能行使请求权，也就是说，审查是否存在时效中止的情况。

2. 赔偿请求人提供的证据。

根据赔偿程序和阶段的不同，赔偿义务机关审查赔偿请求人提供证据的强度亦有所不同。对于其他公权力机关已经通过相应的法律文书确定了赔偿义务机关的赔偿义务的，赔偿请求人不服，申请作出赔偿决定并提供有关法律文书证据的，赔偿义务机关应当及时履行赔偿义务。特别是对于人民法院已经在相应的判决、裁定或者决定中明确赔偿义务机关的赔偿义务的，赔偿义务机关无权对人民法院的判决、裁定或者决定予以审查，而应当及时履行赔偿义务。这一原则亦是国际惯例。例如，瑞士《联邦责任法》第12条规定："在责任程序中，不得对正式生效的命令、裁定和判决的合法性进行审查。"对于其他公权力机关和赔偿义务机关均未对赔偿问题作出法律文书，赔偿请求人向赔偿义务机关提出申请的，赔偿义务机关应当对赔偿请求人提供的证据进行审查。例如，赔偿请求人提供的公民死亡的证明及赔偿请求人与死亡公民之间的关系证明；原法人或者其他组织终止的证明，以及承受其权利的证明；赔偿请求人提供的有关公权力行为、公权力行为造成的损害的证据等。

3. 赔偿请求的事实。

赔偿义务机关应当就赔偿请求人提出何种赔偿请求、赔偿方式、赔偿数额等问题进行审查。根据赔偿请求人提供的证据和其提出的赔偿请求，赔偿义务机关可以据此确定损害是否为赔偿义务机关及其工作人员违法行使职权造成、侵权的起止时间和造成损害的程度等等。有关审查内容可以参照本书协商程序的介绍。

4. 是否经过协商已经协商的基本情况。

前已述及，协商程序是赔偿决定程序的重要组成部分，协商程序应当成为赔偿决定程序的重要一环或者成为赔偿决定程序的必经程序。在作出赔偿决定前，赔偿义务机关可以和赔偿请求人就赔偿方式、赔偿项目和赔偿数额进行协商。如果双方已经通过协商达成一致意见的，可以签订赔偿协议，也可以根据协商的情况，将有关内容载入赔偿决定之中。

（三）审查方式

赔偿义务机关审查可以采取书面审查的方式。例如，根据《人民检察院刑事赔偿工作规定》，对已立案的刑事赔偿案件，应当全面审查案件材料，必要时可调取有关的案卷材料。对刑事赔偿案件审查后，认为证明材料不足的，可以要求赔偿请求人或者有关部门补充证明材料，并对材料进行审核。

同时，也可以根据审理案件的需要，通知赔偿请求人、赔偿义务机关的有关人员或者相关证人提供有关情况、案件材料、证明材料。如果赔偿请求人提出要求的，赔偿义务机关认为有必要时，也可以向有关组织和人员调查情况，听取赔偿请求人、第三人的意见。[①] 再比如，韩国《国家赔偿法施行令》第 18 条规定，受理赔偿金支付申请的审议会委员长，或被指名接受申请的人，可以为作出赔偿决定进行必要的调查，并可以向有关机关调查事实或者要求其提供必要的调查资料，还可以向加害公务员（包括军人、军属）所属机关（包括军队）首长，调查有关赔

[①] 《民航行政机关行政赔偿办法》（中国民用航空总局令第 157 号，2005 年 12 月 23 日）第 21 条。

偿原因的事实并应当获得该首长的确认。在作前项调查时，可以向与该案件有关机关或者依照其他法令调查该案件的公务员或者其机关首长请求必要的协助，该公务员和行政机关首长，如无正当理由，不得拒绝或者拖延答复。

有的国家机关审查赔偿案件还实行合议制和回避制度。即审理赔偿案件实行合议制，参照审理行政复议案件实行合议制的有关规定执行。合议人员与赔偿案件有利害关系或者有其他关系可能影响案件公正处理的，应当回避。有前款所述情形的，合议人员应当申请回避，赔偿请求人、第三人及其代理人也有权申请合议人员回避。赔偿义务机关合议人员的回避由赔偿义务机关承办部门的负责人决定，赔偿义务机关承办部门负责人的回避由赔偿义务机关负责人决定。①

二、赔偿案件的审查意见

赔偿义务机关应当指派专门对赔偿请求人的申请进行审查，并草拟赔偿案件的审查意见。这个审查意见是对赔偿案件的初步结论。例如在英国，刑事赔偿委员会在收到申请后，授权委员会的特定成员或者一个其他工作人员代表委员会作出最初决定。最初决定只有在履行相应的审核批准程序后才能对外发生法律效力。

经审查，赔偿案件事实清楚、证据确实、充分的，应当写出赔偿案件审查意见，并附有关案卷和证明材料。赔偿案件审查意见应当包括以下内容：（一）案件的由来；（二）赔偿请求人的基本情况，赔偿义务机关的名称及其法定代表人；（三）赔偿请求人申请事项及理由；（四）申请的赔偿案件是否经过协商以及协商的情况；（五）承办人审查认定的事实及依据；（六）处理意见和理由。

---

① 《民航行政机关行政赔偿办法》（中国民用航空总局令第157号，2005年12月23日）第22条、第23条。

三、赔偿决定的审核批准程序

赔偿义务机关在就赔偿案件拟出审查意见之后，还要履行相应的审核批准程序。审核批准程序是一个内部的程序，主要是为了保障赔偿决定的客观公正。例如，在英国的刑事赔偿程序中，当刑事赔偿委员会的特定成员或者一个其他工作人员作出初步决定后，还有一系列的程序保障赔偿决定的公正性。一是复议程序。即刑事赔偿委员会授权的特定成员或者其他工作人员如果认为其作出的最初决定可能存在依据材料不真实或者决定本身可能是错误的，其均有权向赔偿委员会提出复议，由赔偿委员会作出复议决定。二是听证程序。即赔偿请求人如果对最初决定或者复议决定不服的，有权申请一次口头听证。口头听证应当在收到最初决定或者复议决定之日起3个月内提出。听证并非赔偿请求人的当然权利，如果刑事伤害赔偿委员会不同意其申请的，则委员会的决定是最终决定。三是最终决定程序。如果委员会同意启动听证程序，请求人和委员会均能够传唤、询问和质问证人。委员会有权考虑任何传闻证据、观念证据和书面证据。经过听证后，委员会作出的决定是最终决定，不得上诉，也不受内阁的审查。根据前民主德国《国家责任法》第5条的规定，一般情况下应当由政府机关或者行政机关的领导人就赔偿理由和数额作出决定，如果属于上级领导权限的，应当及时上报上级领导处理。

在我国，鉴于赔偿处理决定是一个先行处理决定程序，在一般情况下，能够起到疏减诉源、简化救济和保障权利的作用，但是对于影响比较大的案件，一些赔偿义务机关为了平息事态，避免受到上级机关批评，影响其政绩考核或者有关领导出于其个人政治前途的考虑，往往会作出无原则的让步，给予申请人高于法律规定数额的赔偿，以便了却事端；而对于一般的案件，则可能久拖不办，或者进行刁难以便拖延时间逼迫申请人让步，申请人为了尽快获赔，少受一些奔波之苦，往往被迫接受低于法律规定数额的赔偿。从这个意义上讲，赔偿义务机关的先行处理程序有一定的随意性。为了减少这种随意性和可能的不公正性，必须对赔偿决定设置一定的审核批准程序。例如，根据《人民检察院刑事赔偿工作规定》第 2 条的规定，对审查终结的刑事赔偿案件，应制作刑事赔偿案件审查报告，提出是否予以赔偿、赔偿的方式和赔偿数额等具体处理意见，经部门负责人审核后，报检察长决定。重大、疑难案件，由检察长提交检察委员会讨论决定。再比如，根据《司法行政机关行政赔偿刑事赔偿办法》第 12 条、第 13 条的规定，承办部门应在 1 个月内对赔偿请求提出予以赔偿或不予赔偿的意见，连同有关材料报送法制工作部门审核。法制工作部门对承办部门的意见应在十日内进行审核，并报本机关负责人批准。

此外，为了加强对赔偿义务机关赔偿决定的监督，有的国家机关还实行了备案审查制度。例如，《交通行政赔偿案件备案审查制度》（1996 年 9 月 25 日）规定，交通行政赔偿案件实行报备制度。交通行政管理部门作出的行政赔偿案件和人民法院判决其作出的行政赔偿案件，应在交通行政管理部门作出行政赔偿决定或者人民法院判决其作出行政赔偿的次日起 15 日内向上一级交通行政管理部门报备。上一级交通行政管理部门对审查中发现的问题应按下列规定处理：对下级交通行政管理部门作出的行政赔偿决定中不属于国家赔偿法中确定的行政赔偿范围、赔偿方式和计算标准不合理、赔偿费用支出不符合规定等问题，责令下级限期更正；认为人民法院作出的行政赔偿判决不合法，上级交通行政管理部门应督促下级交通行政管理部门向人民法院提起申诉；下级交通行政管理部门作出行政赔偿后未及时追究有故意或重大过失的工作人员经济和行政责任的，上级交通行政管理部门应督促下级交通行政管理部门追究有关人员的行政和经济责任。可见，备案审查制度是一种事后的监督，并非此处的审核批准程序。

四、作出赔偿决定的程序要求

根据《国家赔偿法》第 13 条和第 23 条第 1、2、3 款的规定，赔偿决定应当符合如下要求：

（一）赔偿义务机关赔偿决定的时限

《国家赔偿法》第 13 条第 1 款、第 23 条第 1 款规定，赔偿义务机关应当自收到申请之日起 2 个月内，作出是否赔偿的决定。这里有两个问题需要注意：一是关于作出是否赔偿决定的起算点为"自收到申请之日"。根据《国家赔偿法》第 12 条第 4 款的规定，赔偿请求人当面递交申请书的，赔偿义务机关应当当场出具加盖赔偿义务机关专用印章并注明收讫日期的书面凭证，收讫日期即为"收到申请之日"；申请材料不齐全的，赔偿义务机关应当当场或者在 5 日内一次性告知赔偿请求人需要补正的全部内容，收到补正材料之日为"收到申请之日"。此外，如果赔偿请求人采取邮寄方式申请的，以邮件寄出之日为"收到申请之日"，材料不齐全的除外。"自收到申请之日"不等同于"自受理赔偿申请之日"，例如，《人民检察院刑事赔偿工作规定》第 24 条规定，办理刑事赔偿案件的人民检察院应当自受理赔偿申请之日起 2 个月内作出决定。这一规定与《国家赔偿法》的规定相抵触。二是"2 个月"为不变期间，没有中止、延长等情况。

但有下列情形之一的，期间中止，从中止期间的原因消除之日起，赔偿义务机关作出决定的期间继续计算：（一）赔偿请求人死亡，需要等待其继承人或其他有扶养关系的亲属以及死者生前扶养的无劳动能力的人表明是否参加赔偿案件处理的。例如，日本《刑事补偿法》第 18 条规定，提出补偿请求的人在请求程序中死亡或丧失继承人的身份而且无其他请求人时，请求的程序即行中断。（二）作为赔偿请求人的法人或者其他组织终止，需要等待其权利承受人的确定以及其权利承受人表明是否参加赔偿案件处理的。（三）赔偿请求人丧失行为能力，尚未确定其法定代理人或指定代理人的。（四）赔偿请求人因不可抗拒的事由，不能参加赔偿案件处理的。（五）需要依据司法机关，其他行政机关、组织的决定或者结论作出决定的。（六）其他应当中止的情形。

（二）赔偿决定书的作出和送达

《国家赔偿法》第 13 条第 2 款、第 23 条第 2 款规定，赔偿义务机关决定赔偿的，应当制作赔偿决定书，并自作出决定之日起10日内送达赔偿请求人。

审查国家赔偿案件，对于请求赔偿的违法侵权事项事实清楚，应当予以赔偿的，依法作出给予赔偿的决定。作出赔偿决定的，应当阐明赔偿的理由。在刑事赔偿的情形下，还应当对刑事诉讼程序中相应的法律文书及其内容予以重述。例如，我国台湾地区"司法院行政院办理冤狱赔偿案件应当注意事项"第10条规定，如对于羁押或刑之执行，同时提起声请时，于决定书内应分别宣示其主文。其因刑法第46条裁判确定前羁押日数，折抵徒刑、拘役或罚金，而请求赔偿者亦同。再比如，根据前民主德国《国家责任法》第5条的规定，作出的决定、作出决定的理由和有效的法律救济方式的意见，必须送达赔偿请求人，如果必要时，相关机关必须当面通知本人并对其进行解释。

赔偿义务机关对符合法定赔偿条件，决定予以赔偿的，应当制作《行政赔偿决定书》、《刑事赔偿决定书》和《非刑事司法赔偿决定书》，由机关负责人签署，并加盖机关印章。

如果有共同赔偿义务机关的，办理机关收到赔偿申请后，应当将赔偿申请书副本送达其他赔偿义务机关，经与其他赔偿义务机关取得一致意见后，依法作出赔偿或者不予赔偿决定，并制作决定书。决定赔偿的，同时开具赔偿金额分割单。决定书和赔偿金额分割单应当由共同赔偿义务机关签章确认。共同赔偿义务机关不能取得一致意见的，由共同赔偿义务机关报请它们的共同上级机关作出决定。

在赔偿义务机关受理赔偿申请之后，赔偿决定作出之前，有下列情形之一的，应当终止赔偿案件审理，制作赔偿案件终止决定书，并送达赔偿请求人、第三人：赔偿请求人申请撤回赔偿申请的；发现在受理行政赔偿申请之前赔偿请求人已向行政复议机关申请复议或者已向人民法院提起行政诉讼，并且行政复议机关或人民法院已经依法受理的；有其他应当终止的情形的。

赔偿决定书应当自作出决定之日起10日内送达赔偿请求人。

（三）不予赔偿决定书的通知和说明理由

《国家赔偿法》第13条第3款、第23条第3款规定，赔偿义务机关作出不予赔偿决定的，应当书面通知赔偿请求人，并说明不予赔偿的理由。

对于请求赔偿的侵权事项事实不清或者不符合国家赔偿范围的，赔偿义务机关可以依法作出不予赔偿的决定。主要包括：赔偿义务机关及其工作人员行使行政职权的行为是依法作出，没有违法情形的；赔偿义务机关及其工作人员行使职权的行为虽然违法，但未造成公民、法人或其他组织财产损失或公民人身损害的；违法的行为与公民、法人或其他组织受到的财产损失或公民人身损害没有相当因果关系的；不属于国家赔偿范围。有的国家和地区设置了驳回决定。例如，日本《刑事补偿法》第18条规定，提出补偿请求的人在请求程序中死亡或者丧失继承人身份而且无其他请求人，如果在法定期间内没有提出承继请求程序的申请时，法院裁定驳回其请求。我国台湾地区"司法院行政院办理冤狱赔偿案件应当注意事项"第10条规定，如声请无理由，或逾声请期间，或声请违背法律上之程式经定期命其补正，而逾期不补正者，或原刑事案件经再审判决有罪者，则分别以决定驳回之。

对于不予赔偿的决定书应当书面通知赔偿请求人，同时对于不予赔偿应当说明理由。也就是说，赔偿义务机关负有说明理由的义务。许多国家对此作了规定。例如，英国刑事赔偿决定分为三种：裁定同意赔偿申请；裁定拒绝赔偿申请；裁定减少赔偿申请额。对于后两种决定，英国刑事赔偿委员会必须在决定中说明原因和理由。再比如，美国《联邦侵权赔偿请求协议规则》第9条第1项规定："赔偿损害的终局拒绝，应当以书面作出，并以挂号或者存证函件送达请求人、其律师或者法定代理人。终局拒绝通知书须载明拒绝原因，并应表明请求人如不服联邦机关之处分，可以在上述通知书收到后6个月内向美国地方法院起诉。"赔偿义务机关的说明理由必须通过书面形式，不能采取口头形式。

五、赔偿决定的执行

《国家赔偿法》第 2 条第 2 款规定："本法规定的赔偿义务机关，应当依照本法及时履行赔偿义务。"赔偿决定书载明了赔偿义务机关的赔偿义务，赔偿决定作出之后，赔偿义务机关应当及时履行赔偿义务。这是一个原则性的规定，内容较为笼统，可操作性较差。因此，为了防止赔偿决定沦为一纸空文，有必要增加赔偿决定的执行程序。具体的设置是：

第一，对于应当支付赔偿金的，赔偿请求人凭生效的赔偿决定向赔偿义务机关申请支付赔偿金，赔偿义务机关如果没有向有关财政部门提出支付申请的，赔偿请求人可以凭生效的赔偿决定直接向财政部门提出支付申请。为了防止赔偿请求人在没有向赔偿义务机关申请的情况下直接向财政部门提出支付申请，财政部门必须首先对赔偿请求人是否已经先向赔偿义务机关提出支付申请进行审查。如果不存在上述情形的，有关财政部门应当在 7 日内审查赔偿请求人提供的赔偿决定以及其他证明材料。其他证明材料主要是指能够证明赔偿请求人身份的材料。财政部门应当审查上述材料的真实性、合法性、有效性和完整性。按照《国家赔偿法》第 37 条第 3 款的规定，经审查上述材料真实、合法、有效、齐全的，应当自收到支付申请之日起 15 日内支付赔偿金。对于支付精神损害抚慰金的，也参照上述作法处理。但是，对于财政部门不依法支付赔偿金的如何处理？我们认为，由于此时财政部门和赔偿请求人之间已经形成了实质上的行政法律关系，赔偿请求人可以通过行政复议和行政诉讼解决这一问题。

第二，对于应当恢复原状、返还原物和为受害人消除影响、恢复名誉、赔礼道歉的，如果赔偿义务机关拒绝履行的，赔偿请求人可以向人民法院申请强制执行。赔偿请求人可以参照最高人民法院关于执行工作的有关司法解释申请强制执行。对于赔偿义务机关不是法院的情形，可以由赔偿义务机关所在地的人民法院或者上一级人民法院强制执行；对于赔偿义务机关是法院的，可以由赔偿义务机关的上一级人民法院强制执行。对于需要为受害人消除影响、恢复名誉和赔礼道歉的，受害人可以申请人民法院公告赔偿决定。公告应当刊登于侵权行为有影响的地域的报纸等媒体。

第三十二章　非诉讼救济机制

　　赔偿请求人向赔偿义务机关或者特定机关申请赔偿，如果没有满足自己的要求，一般可以通过特定程序寻求救济。这些特定的救济途径主要包括申诉程序、复议程序和诉讼程序等。这些特定的救济模式主要是：

　　一是穷尽所有行政、司法救济手段后提起国家赔偿诉讼。例如在捷克斯洛伐克，《赔偿责任法》中明确规定，受害人在对非法决定所造成的损害提起赔偿诉讼之前，必须已经求助于所有司法或者行政救济手段。这些救济手段主要包括：1. 民事、刑事、行政、公证以及地方人民法院所审理的案件中的上诉。2. 请求。这属于一种特殊的行政复审，由于没有更高的行政机关，请求由作出决定的原行政机关受理并决定。3. 抗议。它可以是对于法院发布的支付令的上诉，也可以是抗议执行行政决定。4. 陈述不同意见。它是对于司法给付传票的一种救济手段。5. 控告。它是对于刑事程序中由侦查人员、警察、检察官、法院作出的决定的特殊种类的救济手段。这种救济手段在民事或行政程序中不适用。除了这些救济手段外，尤其是在行政程序中，受害人还可以借助许多具体的救济手段。然而，重要的是，受害人只能求助于其中一种救济措施——法律预先规定好的那一种。当然，这种条件也并非绝对，该国《赔偿责任法》第3条特别规定了免除条款，即，如果给受害人带来严重的困难，可以不需要先求助于其他救济手段。例如，贫穷的受害人由于担心会引起大量的支出，不敢提出上诉，这种情况下，可以直接请求国家赔偿。[①]

[①] 转引自周汉华、何峻《外国国家赔偿制度比较》，警官教育出版社1992年版，第269－270页。

二是复议和诉讼相结合的救济机制。美国规定了对于终局拒绝赔偿决定的复审和诉讼救济机制。美国《联邦侵权赔偿请求协议规则》第9条第2项规定："请求人、其代理人或法定代理人可以于起诉前，或依28USC2401（b）规定的6个月届满前，以书面请求被请求机关复审本条第1项规定的终局拒绝。复审请求于期限内提出的，被请求机关应当于该项申请提出后6个月内作出最后决定。被请求人于复审请求提出6个月后始得提起28USC2675（a）之诉讼。被请求机关对复审作出最后决定，适用本条第1项的规定。"在英国的刑事赔偿中，刑事赔偿委员会授权的特定成员或者其他工作人员如果认为其作出的最初决定可能存在依据材料不真实或者决定本身可能是错误的，其均有权向赔偿委员会提出复议，由赔偿委员会作出复议决定。可见，虽然英国的刑事赔偿复议程序并非救济程序，仅仅是刑事赔偿委员会的内部工作程序，但是，该程序对于刑事赔偿决定的准确性和公平性确实有一定的保障作用。

三是申诉机制。例如前民主德国的《国家责任法》第6条规定，赔偿请求人如果对赔偿决定不服的，在作出该项决定后1个月内，可以提出申诉。申诉必须向正在对所做的决定进行辩护的政府机关或者行政机构提出。如果政府机关或者行政机关的领导不能解决此项申诉问题，领导人必须在1周内将此项申诉转交上级政府机关或者行政机关的领导人进行处理。申诉应当从收到申诉之日起1个月内进行处理，该处理决定为最终决定。

四是抗诉机制。例如，捷克斯洛伐克《关于国家机关的决定或不当公务行为造成损害的责任的法律》第30条规定，对于本法生效后在民事诉讼、刑事诉讼或者国家公证处程序中发布的决定，在受害人提出请求并由总检察长确认违法的情况下，总检察长有义务以该决定违反法律为由提出抗议。如果总检察长得出结论认为请求没有理由的，也应当通知赔偿请求人。

当然，从世界范围来看，最主要和最基本的救济方式是提起国家赔偿诉讼，本书将对国家赔偿诉讼进行专章阐述，本章仅就复议程序和申诉程序两种非诉讼的救济机制予以说明。

第一节 复议程序

一、复议的概念和种类

（一）复议的概念

复议，就其字面意思而言，是指对争议进行再一次的审议。在我国的国家赔偿法上，复议是指公民、法人或者其他组织，以国家机关及其工作人员侵犯其合法权益，请求赔偿义务机关给予赔偿，在赔偿义务机关不予赔偿或者达不成协议的情况下，向赔偿义务机关的上一级机关或者法律、法规规定的机关请求作再一次审议，受理申请的上一级机关或者法律、法规规定的机关依照法定程序对赔偿请求人和赔偿义务机关的赔偿争议进行全面审查并作出决定的法律制度。

（二）复议的种类

根据我国《国家赔偿法》的规定，我国国家赔偿制度中的复议制度分为两种类型：

1. 行政赔偿中的复议。

《国家赔偿法》第9条第2款规定，赔偿请求人要求赔偿应当先向赔偿义务机关提出，也可以在申请行政复议和提起行政诉讼时一并提出。这是关于行政赔偿中复议的规定。行政赔偿中的复议，原则上只适用于审查致害行为是否违法的过程中一并提出赔偿请求的场合，而不适用于单独提起赔偿请求场合。

2. 刑事赔偿中的复议。

《国家赔偿法》第24条第1款的规定："赔偿义务机关在规定期限内未作出是否赔偿的决定，赔偿请求人可以自期限届满之日起三十日内向赔偿义务机关的上一级机关申请复议。"该条第2款规定："赔偿请求人对赔偿的方式、项目、数额有异议的，或者赔偿义务机关作出不予赔偿决定的，赔偿请求人可以自赔偿义务机关作出赔偿或者不予赔偿决定之日起三十日内,向赔偿义务机关的上一级机关申请复议。"此外,《国家赔偿法》第 25 条还就复议期限和不服复议决定的救济途径作了规定。值得注意的是,根据《国家赔偿法》第 24 条第 3 款关于"赔偿义务机关是人民法院的,赔偿请求人可以依照本条规定向上一级人民法院赔偿委员会申请作出赔偿决定"的规定,刑事赔偿中的复议只适用于损害行为为侦查、检察、监狱管理机关和看守所等机关行使职权行为的场合,而不适用于致害行为为法院的审判行为的场合。这是因为,如果仍然适用复议程序,赔偿复议机关和上一级人民法院赔偿委员会同属于一个人民法院,势必造成累讼和程序上的重复。

二、复议的主管、管辖和期限

(一)复议的主管

1. 域外复议主管机关的几种模式。

考诸域外法制,有关复议机构的设置主要有三种形式:

(1)原决定机关作为复议机关

这种设置形式是以原决定作出机关作为复议机关。这种模式以美国为代表。根据美国《联邦侵权赔偿法》的规定,联邦机关作出终局赔偿决定后,赔偿请求人可以在收到终局赔偿决定之后 6 个月内向美国地方法院起诉。赔偿请求人及其委托代理人、法定代理人可以在起诉前,依照 28USC2401(b)规定的 6 个月届满前,书面请求被请求机关复议上述终局拒绝决定。复议请求在期限内提出的,被请求机关应当在该项申请请求提出后 6 个月作出最后决定。被请求人于复议请求提出 6 个月后始得提起 28USC2675(a)的诉讼。日本也采取此种模式。该国于 1950 年公布的《刑事补偿法》中规定,如果法院对赔偿请求人提出赔偿请求作出驳回裁定后,赔偿请求人可以提出即时抗告。如果作出该驳回裁定的法院是高等法院时,赔偿请求人可以向该高等法院提出异议。法院对抗告和异议作出的裁定,如果有刑事诉讼法第 405 条规定的事由时,可以向最高法院提出特别抗告。

（2）专门机关作为复议机关

这种模式是设立专门的机关作为复议机关，以我国台湾地区为代表。我国台湾地区的国家赔偿复议制度与此处的复议制度并不相同，复议机关属于司法机关的专门机构。"冤狱赔偿法"第4条规定，由原处分或判决无罪机关管辖，但依第1条第2项规定请求赔偿者，由所属地方法院管辖。赔偿声请人不服前项机关之决定，得声请司法院冤狱赔偿复议委员会复议。1959年8月25日，我国台湾地区司法院公布了"司法院冤狱赔偿复议委员会会议规则"，该规则共有14条。其中第2条规定了冤狱赔偿复议委员会的组织机构。即，"司法院"冤狱赔偿复议委员会以"最高法院"院长及推事8人为委员并以"最高法院"院长为主席，主席因故不能执行职务时以资深委员代理之。委员资历之深浅以指定席次之先后定之。"司法院"冤狱赔偿委员会由9名委员（包括主席）组成。推事兼委员任期为1年，期满后重行指派但得连任。

（3）上一级机关作为复议机关

这种模式是以上一级机关作为复议机关，以韩国为代表。韩国的审议会包括本部审议会、特别审议会和地区审议会三种。本部审议会设置于法务部，为全国最高国家赔偿事件审议机关，下设若干地区审议会（汉城特别市、各道中设置）。本部审议会以法务部次官为委员长，并于法务部所属人员及法官、辩护士、医师中选任6人为委员组成，其中至少有法官、辩护士以及医师各1人。特别审议会设置于国防部，下设地区审议会（各军种中设置），管辖军人或者军属加害他人的赔偿事项。特别审议会以国防部次官为委员长，并于国防部所属人员及军医官、法官、辩护士中选任6人为委员组成，其中至少有法官、辩护士及军医官1人。地区审议会以当地地方检察厅的检察次长或者各军队法务参谋部长（或授官级以上长官）为委员长，并于军队法务官、军医官、法官中，选任委员4人组成，其中至少有军医官和法官各1人。根据韩国《国家赔偿法》第15条第1款的规定，经过地区审议会驳回申请赔偿金支付的申请人，应当于决定正本送达后，在 2 个星期之内经过该审议会，向本部审议会或者特别审议会申请复议。地区审议会收到申请人的复议申请后，应在 1 个星期内，将申请赔偿金支付记录等案卷，检送所属的上级审议会（本部审议会或者特别审议会）。上级审议会接到申请后，应在 4 个星期内作出赔偿复议决定。

2. 我国复议机关的设置。

我国《国家赔偿法》没有对复议程序作出详细规定。我们认为，可以参照《行政复议法》和《行政复议法实施条例》的有关规定执行。事实上，除了检察院需要明确国家赔偿复议机构外，其他行政机关均可利用行政复议机构行使国家赔偿的复议职能。即便是作为刑事赔偿义务机关的公安、监狱管理和看守所的，亦可利用其行使行政赔偿复议职能的有关机关。例如，对监狱、劳动教养管理所所作出的决定不服的，分别由监狱、劳动教养管理所所属的省一级或地区以及司法行政机关负责。[①]

（二）管辖

国家赔偿实行一级复议制。即原则上由赔偿义务机关的上一级机关进行管辖。

1. 行政赔偿的复议管辖。

《国家赔偿法》第 14 条第 2 款规定，赔偿请求人对赔偿的方式、项目、数额有异议的，或者赔偿义务机关作出不予赔偿决定的，赔偿请求人可以自赔偿义务机关作出赔偿决定或者不予赔偿决定之日起 3 个月内，向人民法院提起诉讼。这一规定与《国家赔偿法》修订之前的规定相比，仅仅对赔偿请求人异议的事项进行了补充完善，对于赔偿请求人的救济途径没有任何变化。那么，是不是意味着，《国家赔偿法》没有确定行政赔偿的复议程序呢？回答是否定的。无论是从有关法律法规和实践来看，都明确了行政赔偿的复议程序。根据《行政复议法》第 9 条的规定，公民、法人或者其他组织认为行政行为侵犯其合法权益的，可以自知道该

[①] 《司法行政机关行政赔偿、刑事赔偿办法》（1995 年 9 月 8 日司法部发布）。

行政行为之日起60日内提出行政复议申请。赔偿义务机关作出赔偿决定但是赔偿请求人对赔偿方式、项目、数额等有异议或者赔偿义务机关作出不予赔偿决定的，均属于赔偿请求人对于行政机关的行政行为持有异议，当然可以提起行政复议。此外，根据《行政复议法》第29条"申请人在申请行政复议时可以一并提出行政赔偿请求，行政复议机关对符合国家赔偿法的有关规定应当给予赔偿的，在决定撤销、变更具体行政行为或者确认具体行政行为违法时，应当同时决定被申请人依法给予赔偿。申请人在申请行政复议时没有提出行政赔偿请求的，行政复议机关在依法决定撤销或者变更罚款、撤销违法集资、没收财物、征收财物、摊派费用以及对财产的查封、扣押、冻结等具体行政行为时，应当同时责令被申请人返还财产，解除对财产的查封、扣押、冻结措施，或者赔偿相应的价款"的规定，行政复议机关还可就赔偿问题作出复议决定。可见，赔偿请求人可以依照《行政复议法》的规定提起行政复议。有些规范性文件也对此予以明确。例如，根据《海关行政赔偿办法》第35条第2款规定："赔偿义务机关违反上述规定逾期不作出决定的，赔偿请求人可以自期间届满之日起六十日内向赔偿义务机关的上一级海关申请行政复议，赔偿请求人对不予赔偿的决定或对赔偿数额、赔偿方式等有异议的，可以自收到决定书之日起六十日内向赔偿义务机关的上一级海关申请行政复议；赔偿请求人也可以自期间届满之日或者收到决定书之日起三个月内向人民法院提起诉讼。"但是，《国家赔偿法》没有对此作出规定，在《国家赔偿法》修订过程中，有些人大代表也提出"在行政赔偿程序中缺乏行政复议的程序规定，不便于操作。从制定本法的法律角度上来看还不够完善，应增加行政赔偿程序的行政复议规定"。[①]

在行政赔偿中，按照《行政复议法》的规定，"上一级机关"包括"该部门的本级人民政府"还包括"上一级主管部门"。此外，根据《行政复议法》的规定，复议机关既可能是上一级主管机关（例如《行政复

---

① 周家贵代表的发言，参见《关于赔偿程序——分组审议国家赔偿法修正案草案发言摘登（二）》。

议法》第 12 条规定，对海关、金融、国税、外汇管理等实行垂直领导的行政机关和国家安全机关的具体行政行为不服的，向上一级主管部门申请行政复议），还可能是上一级人民政府，也可能是赔偿义务机关所属的政府，还可能是赔偿义务机关自身（例如，根据《行政复议法》第 14 条的规定，对国务院部门或者省、自治区、直辖市人民政府的具体行政行为不服的，向作出该具体行政行为的国务院部门或者省、自治区、直辖市人民政府申请行政复议）。总之，以行政复议的管辖机关为行政赔偿复议管辖机关。

具体来说，行为由县级以上地方人民政府依法设立的派出机关作出的，由设立该派出机关的人民政府管辖；行为由政府工作部门依法设立的派出机构依照法律、法规或者规章规定，以自己的名义作出的，由设立该派出机构的部门或者该部门的本级地方人民政府管辖；行为由法律、法规授权的组织作出的，由直接管理该组织的地方人民政府、地方人民政府工作部门或者国务院部门管辖；行为由两个或者两个以上行政机关以共同的名义作出的，由其共同上一级行政机关管辖；行为由被撤销的行政机关在撤销前所作出的，由继续行使其职权的行政机关的上一级行政机关管辖；行为由两个以上国务院部门共同作出的，其中任何一个国务院部门有权管辖；行为由经国务院批准实行省以下垂直领导的部门作出的该部门的本级人民政府或者上一级主管部门均有权管辖，省、自治区、直辖市另有规定的，依照省、自治区、直辖市的规定办理；申请人向两个或者两个以上有管辖权的机关申请复议的，由最先收到复议申请书的行政机关管辖。

2. 刑事赔偿的复议管辖。

在刑事赔偿中，"上一级机关"是指上一级的侦查主管机关（公安机关、安全机关、军队侦查保卫机关以及负有侦查职能的检察机关等）、上一级检察机关、上一级监狱管理机关和上一级看守所机关，并非是指上一级人民政府。

（三）期限

1. 行政赔偿的复议期限。

对于行政赔偿而言，根据《国家赔偿法》第 39 条的规定，在申请行政复议或者提起行政诉讼时一并提出赔偿请求的，应当按照《行政复议法》、《行政诉讼法》有关时效的规定。即行政赔偿的复议期限适用《行政复议法》的规定。根据《行政复议法》第9条的规定，公民、法人或者其他组织认为具体行政行为侵犯其合法权益的，可以自知道该具体行政行为之日起60日内提出行政复议申请；但是法律规定的申请期限超过60日的除外。根据《行政复议法实施条例》第15条和第16条的规定，上述行政复议申请期限的计算，依照下列规定办理：当场作出具体行政行为的，自具体行政行为作出之日起计算；载明具体行政行为的法律文书直接送达的，自受送达人签收之日起计算；载明具体行政行为的法律文书邮寄送达的，自受送达人在邮件签收单上签收之日起计算；没有邮件签收单的，自受送达人在送达回执上签名之日起计算；具体行政行为依法通过公告形式告知受送达人的，自公告规定的期限届满之日起计算；行政机关作出具体行政行为时未告知公民、法人或者其他组织，事后补充告知的，自该公民、法人或者其他组织收到行政机关补充告知的通知之日起计算；被申请人能够证明公民、法人或者其他组织知道具体行政行为的，自证据材料证明其知道具体行政行为之日起计算。行政机关作出具体行政行为，依法应当向有关公民、法人或者其他组织送达法律文书而未送达的，视为该公民、法人或者其他组织不知道该具体行政行为。公民、法人或者其他组织依照《行政复议法》第六条第（八）项、第（九）项、第（十）项的规定申请行政机关履行法定职责，行政机关未履行的，行政复议申请期限依照下列规定计算：有履行期限规定的，自履行期限届满之日起计算；没有履行期限规定的，自行政机关收到申请满60日起计算。公民、法人或者其他组织在紧急情况下请求行政机关履行保护人身权、财产权的法定职责，行政机关不履行的，行政复议申请期限不受前款规定的限制。

2. 司法赔偿的复议期限。

对于司法赔偿而言，司法赔偿的复议期限主要包括以下两种：

(1) 普通复议期限

根据《国家赔偿法》的规定，普通复议期限为 30 日。《国家赔偿法》第 24 条第 1 款规定，赔偿义务机关在规定期限内未作出是否赔偿的决定，赔偿请求人可以自期限届满之日起 30 日内向赔偿义务机关的上一级机关申请复议。《国家赔偿法》第 24 条第 2 款规定，赔偿请求人对赔偿的方式、项目、数额有异议的，或者赔偿义务机关作出不予赔偿决定的，赔偿请求人可以自赔偿义务机关作出赔偿决定或者不予赔偿决定之日起 30 日内，向赔偿义务机关的上一级机关申请复议。

(2) 最长复议期限

根据《国家赔偿法》的规定，参照《民法通则》和《若干解释》的规定，赔偿请求人向赔偿义务机关提出赔偿申请，赔偿义务机关逾期未作决定，也未告知赔偿请求人有权向复议机关申请复议，赔偿请求人超过 30 日申请复议，复议机关应当受理。但应在知道或者应当知道侵权之日起 2 年内提出。

三、复议程序的提起

(一) 提起复议程序的情形

赔偿请求人在下列情形下可以提起复议程序：

1. 赔偿请求人提出赔偿申请后，赔偿义务机关拒绝受理。所谓"拒绝受理"是指赔偿义务机关以明示的方式对赔偿请求人的申请予以拒绝。赔偿请求人提出申请后，赔偿义务机关的受理机构应当对是否立案进行初步审查并决定是否立案。对于符合立案条件的赔偿申请，赔偿义务机关应当在收到赔偿申请之日起若干日期内（例如，检察机关作为赔偿义务机关的为 7 日）立案，并且制作《立案决定书》送达赔偿请求人；对于不符合立案条件的赔偿申请，赔偿义务机关应当在收到赔偿申请之日起若干日期内制作《不予立案决定书》送达赔偿请求人。对于不符合立案条件的是否制作《不予立案决定书》，在具体实践中作法有所不同。有的赔偿义务机关制作《不予立案决定书》，例如，根据《海关行政赔偿办法》第 22 条的规定，对不符合该办法规定，有符合法定情形之一的，决定不予受理，制作《行政赔偿申请不予受理决定书》，并送达赔偿请求人；有的赔偿义务机关则不制作《不予立案决定书》，而是制作《审查赔偿申请通知书》，例如根据《人民检察院刑事赔偿工作规定》第 18 条的规定，对于不符合立案条件的赔偿申请，均应当在收到赔偿申请之日起 7 日内填写《人民检察院审查刑事赔偿申请通知书》送达赔偿请求人；有的赔偿义务机关仅仅采用"通知"的方式，既不制作《不予立案决定书》，也不明确"通知"采用书面形式还是口头形式，例如，根据《司法行政机关行政赔偿、刑事赔偿办法》第 16 条的规定，对本机关不负有赔偿义务等不符合立案条件的申请，应当通知赔偿请求人向有赔偿义务的机关提出。我们认为，为了保障赔偿请求人的合法权益，应当进一步明确赔偿义务机关应当出具不予受理的书面决定，不宜采取书面或者口头"通知"的方式。当然，上述情形均属于"拒绝受理"的情形，赔偿请求人得申请复议。

2. 赔偿义务机关受理赔偿请求后，作出不予赔偿的决定。根据《国家赔偿法》的规定，赔偿义务机关应当自收到申请之日起 2 个月内，作出是否赔偿的决定。也就是说，赔偿义务机关作出赔偿决定是一项行政义务，而作出赔偿决定还是不予赔偿决定，则在所不问。根据《国家赔偿法》第 24 条第 1 款的规定，赔偿请求人对赔偿义务机关作出不予赔偿决定，可以自赔偿义务机关作出不予赔偿决定之日起 30 日内，向赔偿义务机关的上一级机关申请复议。赔偿义务机关作出不予赔偿决定，没有满足赔偿请求人的赔偿要求，赔偿请求人对于这一决定可以申请复议。修订前的《国家赔偿法》第 21 条规定，赔偿义务机关逾期不予赔偿或者赔偿请求人对赔偿数额有异议的才能申请复议。这里的"逾期不予赔偿"显然无法包括赔偿义务机关作出不予赔偿决定的情形，《国家赔偿法》对此进行了修订和补充。

3. 赔偿请求人对于赔偿决定中有关赔偿的方式、项目、数额等内容有异议。这一内容是《国家赔偿法》修订的内容之一，修订前的《国家赔偿法》仅仅规定，赔偿请求人对赔偿数额有异议的，赔偿请求人可以向其上一级机关申请复议。在国家赔偿程序中，赔偿请求人和赔偿义务机关所争议的焦点是赔偿方式、赔偿项目和赔偿数额，正因为如此，国家赔偿法规定双方可以就上述事项进行协商。实际上，赔偿请求人不仅仅可能对赔偿金额有异议，还可能对赔偿的方式和项目有异议。赔偿请求人可能除了要求支付赔偿金外，还要求返还财产或者恢复原状，赔偿请求人可能除了要求对侵犯公民生命健康权进行赔偿外，还可能要求对侵犯财产权进行赔偿等等。国家赔偿法对于赔偿请求人的保护不仅仅包括给付赔偿金，还包括正确确定赔偿的项目、采用最有利于保护赔偿请求人合法权益的赔偿方式等。赔偿请求人如果对此有异议的，可以申请复议。

4. 赔偿义务机关在收到赔偿申请后，逾期不予答复。《国家赔偿法》第24条第1款规定，赔偿义务机关在规定期限内未作出是否赔偿的决定，赔偿请求人可以在期限届满之日起30日内向赔偿义务机关的上一级机关申请复议。这里的"在规定期限内未作出是否赔偿的决定"即属于"逾期不予答复"。赔偿义务机关应当在收到申请之日起2个月内作出是否赔偿的决定，如果赔偿义务机关在2个月内没有作出的，属于"逾期"；"未作出是否赔偿的决定"，则是指赔偿义务机关既未作出赔偿决定，也未作出不予赔偿的决定，也就是不对赔偿请求人作出任何答复。对于这种行为，如果不允许赔偿请求人申请复议，无异于纵容赔偿义务机关对赔偿请求人的请求置之不理。对于逾期不予答复的行为，赔偿请求人得申请复议。

5. 赔偿义务机关虽然在法定期限内作出赔偿决定，但是逾期不予履行。《国家赔偿法》对此没有作出规定。根据《国家赔偿法》第2条第2款的规定，本法规定的赔偿义务机关，应当依照本法及时履行赔偿义务。所谓"履行赔偿义务"是指赔偿义务机关应当按照生效的判决书、复议决定书、赔偿决定书或者调解书，向赔偿义务机关申请支付赔偿金。所谓"及时"就是赔偿义务机关应当在法定期限内支付赔偿金或者履行其他赔偿义务。对于支付赔偿金的义务,根据《国家赔偿法》第 37 条第 3 款的规定,赔偿义务机关应当自收到支付赔偿金申请之日起 7 日内,依照预算管理权限向有关的财政部门提出支付申请。财政部门应当自收到支付申请之日起 15 日内支付赔偿金。如果赔偿义务机关在 7 日内没有向有关财政部门提出支付申请或者逾期提出支付申请的,属于逾期不予履行,得申请复议。由于财政部门并非此处的赔偿义务机关,财政部门在收到支付申请 15 日内没有支付赔偿金或者逾期支付的,与赔偿请求人形成单独的行政法律关系,得就此提起行政复议或者行政诉讼。对于其他赔偿义务,例如返还财产或者恢复原状,赔偿义务机关也应当在合理的期间内履行,如果赔偿义务机关在合理期间内不予履行的,赔偿请求人可以在合理期间届满之日起 30 日内,申请复议。这里的"合理期间"可以借鉴《若干解释》第 39 条的规定,确定为 60 日,法律、法规、规章和其他规范性文件对履行职责的期限另有规定的,从其规定。

6. 其他可以提起复议的情形。赔偿请求人对于赔偿义务机关作出的其他行为或者不作为有异议的,亦得申请复议。

(二) 申请复议

赔偿请求人向复议机关提出复议的,应当向复议机关递交申请书。申请人书面申请复议的,可以采取当面递交、邮寄或者传真等方式提出行政复议申请。有条件的复议机关可以接受以电子邮件形式提出的复议申请。复议申请书应当载明的事项可以参照赔偿请求申请书的有关规定,同时应当附具赔偿义务机关的书面决定。复议申请既可以直接向上一级机关提出,也可以由赔偿义务机关转交。

复议机关在接到复议申请书后,应当在 5 日内对赔偿请求人的申请进行审查,并且根据不同情况作出相应的处理:赔偿请求人未经赔偿义务机关先行处理而直接提出复议申请的,复议机关应当告知赔偿请求人向赔偿义务机关提出赔偿请求;赔偿请求人递交的复议申请的机关的上一级机关的,收到复议申请的机关应当告知赔偿请求人向正确的复议机关提出申请;超过法定的复议申请期限的,应当予以驳回;赔偿请求人的复议申请符合受理条件的,应当予以受理。

一般来说,复议申请符合下列规定的,属于"符合受理条件",应当予以受理:有明确的申请人和符合规定的被申请人;申请人与职权行为有法律上的利害关系;有具体的复议请求和理由;在法定申请期限内提出;属于法律规定的复议范围;属于收到复议申请的复议机关的职责范围;其他复议机关尚未受理同一复议申请,人民法院尚未受理同一主体就同一事实提起的诉讼等。

对于复议申请材料不齐全或者表述不清楚的,复议机关可以自收到该复议申请之日起5日内书面通知申请人补正。补正通知应当载明需要补正的事项和合理的补正期限。无正当理由逾期不补正的,视为申请人放弃复议申请。补正申请材料所用时间不计入复议审理期限。

申请人就同一事项向两个或者两个以上有权受理的复议机关申请复议的,由最先收到复议申请的复议机关受理;同时收到复议申请的,由收到复议申请的复议机关在10日内协商确定;协商不成的,由其共同上一级机关在10日内指定受理机关。协商确定或者指定受理机关所用时间不计入复议审理期限。上级机关认为复议机关不予受理复议申请的理由不成立的,可以先行督促其受理;经督促仍不受理的,应当责令其限期受理,必要时也可以直接受理;认为复议申请不符合法定受理条件的,应当告知申请人。

四、复议的方式

(一)书面审查

根据《行政复议法》第22条的规定,行政复议原则上采取书面审查的办法。但是,即便是书面审查,在审理行政复议案件时,亦应当由2名以上行政复议人员参加。

复议机关对审查终结的复议案件,应制作赔偿复议案件的审查报告,提出具体处理意见,经部门负责人审核,并经法定程序作出决定。

(二) 开庭审查

1. 行政赔偿复议中的开庭审查和评议。

(1) 开庭审查

复议机关认为必要时，可以实地调查核实证据；对重大、复杂的案件，申请人提出要求或者复议机关认为必要时，也可以采取听证的方式审理。复议人员向有关组织和人员调查取证时，可以查阅、复制、调取有关文件和资料，向有关人员进行询问。调查取证时，复议人员不得少于2人，并应当向当事人或者有关人员出示证件。被调查单位和人员应当配合复议人员的工作，不得拒绝或者阻挠。需要现场勘验的，现场勘验所用时间不计入复议审理期限。复议机关应当为申请人、第三人查阅有关材料提供必要条件。复议期间涉及专门事项需要鉴定的，当事人可以自行委托鉴定机构进行鉴定，也可以申请复议机关委托鉴定机构进行鉴定。鉴定费用由当事人承担。鉴定所用时间不计入复议审理期限。

(2) 撤回申请

申请人在复议决定作出前自愿撤回复议申请的，经复议机关同意，可以撤回申请。申请人撤回复议申请的，不得再以同一事实和理由提出复议申请。但是，申请人能够证明撤回复议申请违背其真实意思表示的除外。

对于行政复议而言，复议期间被申请人改变原行政行为的，不影响行政复议案件的审理。但是，申请人依法撤回行政复议申请的除外。公民、法人或者其他组织对行政机关行使法律、法规规定的自由裁量权作出的具体行政行为不服申请行政复议，申请人与被申请人在行政复议决定作出前自愿达成和解的，应当向行政复议机构提交书面和解协议；和解内容不损害社会公共利益和他人合法权益的，行政复议机构应当准许。

2. 刑事赔偿复议中的开庭审查。

《国家赔偿法》对刑事赔偿复议中的开庭审查没有规定。《人民检察院刑事赔偿工作规定》第27条规定，复议刑事赔偿案件可调取有关的案卷材料。对事实不清的，可以要求原承办案件的人民检察院补充调查，也可以自行调查。这里的规定主要涉及的是取证的问题，没有明确规定复议的开庭审查。最高人民法院司法解释中也没有关于复议机关开庭审查的规定。我们认为，为了保障公正、公开审理赔偿案件，刑事赔偿复议也可参照行政复议的上述做法。

经过复议之后，必须经过评议的过程。例如，我国台湾地区的"司法院冤狱赔偿委员会会议规则"第8-10条规定了评议程序：评议会开会时必须有委员7人出席；评议时主席和委员应当各自陈述意见，并以资深次序，由资历较浅的委员先行评议；出席委员过半数的意见为评议最终意见。但是，这里的"评议"与我们理解的"评议"不同。我国台湾地区的"评议"是对各委员的审查意见报告书进行的评议。各委员都要对复议声请轮次进行审查，各该委员应当于10天内将审查意见作成报告书送交主席于10日内召开评议会议决定。而我国大陆地区的评议一般是对承办人的审查意见或者开庭审查后的意见进行评议。在经过法定程序之后，作出复议决定。例如，根据《人民检察院刑事赔偿工作规定》第28条的规定，对审查终结的复议案件，应制作刑事赔偿复议案件的审查报告，提出具体处理意见，经部门负责人审核，报检察长或者检察委员会决定。再比如，根据《行政复议法》第28条的规定，行政复议机关负责法制工作的机构应当对被申请人作出的具体行政行为进行审查，提出意见，经行政复议机关的负责人同意或者集体讨论通过后，作出行政复议决定。

五、复议决定和不服复议决定的救济方式

（一）复议决定

1. 作为类的复议决定。

（1）复议决定的类型

①维持决定

在行政赔偿复议中，根据《行政复议法》第28条第2款第（一）项的规定，对于行政行为认定事实清楚，证据确凿，适用依据正确，程序合法，内容适当的，可以作出维持行政赔偿的复议决定。在以司法行政

机关为赔偿义务机关的刑事司法赔偿的复议中，根据《司法行政机关行政赔偿、刑事赔偿办法》第 21 条第 1 款第（一）项的规定，对于原决定事实清楚，适用法律正确的，予以维持。

在以检察机关为赔偿义务机关的刑事司法赔偿的复议中，根据《人民检察院刑事赔偿工作规定》第 29 条第 2 款第（一）项的规定，原决定事实清楚，适用法律正确，赔偿方式、数额适当的，可以作出维持原刑事赔偿决定的复议决定。

②撤销并重作决定

在行政赔偿复议中，根据《行政复议法》第 28 条第 1 款第（三）项的规定，行政行为有下列情形之一的，决定撤销、变更或者确认该具体行政行为违法；决定撤销或者确认该具体行政行为违法的，可以责令被申请人在一定期限内重新作出具体行政行为：主要事实不清、证据不足的；适用依据错误的；违反法定程序的；超越或者滥用职权的；具体行政行为明显不当。被申请人不按照《行政复议法》第 23 条的规定提出书面答复、提交当初作出具体行政行为的证据、依据和其他有关材料的，视为该具体行政行为没有证据、依据，决定撤销该具体行政行为。行政复议机关责令被申请人重新作出具体行政行为的，被申请人不得以同一的事实和理由作出与原具体行政行为相同或者基本相同的具体行政行为。

在以司法行政机关为赔偿义务机关的刑事司法赔偿的复议中，根据《司法行政机关行政赔偿、刑事赔偿办法》第 21 条第 1 款第（二）项的规定，对于原决定认定事实不清楚、适用法律错误，或赔偿方式、赔偿数额不当的，撤销原决定，重新作出决定。

③变更决定

在行政赔偿复议中，根据《行政复议法》21 条第 1 款第（三）项的规定，对于下列情形，复议机关可以作出变更决定：主要事实不清、证据不足的；适用依据错误的；违反法定程序的；超越或者滥用职权的；具体行政行为明显不当的。

在以检察机关为赔偿义务机关的刑事司法赔偿的复议中，根据《人民检察院刑事赔偿工作规定》第 29 条第 2 款第（二）项的规定，原决定认定事实或者适用法律错误的，予以纠正，赔偿方式、数额不当的，可以作出变更原赔偿决定的复议决定。

此外，在行政赔偿复议中，申请人可以一并提出行政赔偿请求，行政复议机关对符合国家赔偿法的有关规定应当给予赔偿的，在决定撤销、变更具体行政行为或者确认具体行政行为违法时，应当同时决定被申请人依法给予赔偿。申请人在申请行政复议时没有提出行政赔偿请求的，行政复议机关在依法决定撤销或者变更罚款，撤销违法集资、没收财物、征收财物、摊派费用以及对财产的查封、扣押、冻结等具体行政行为时，应当同时责令被申请人返还财产，解除对财产的查封、扣押、冻结措施，或者赔偿相应的价款。

（2）复议决定书的主要内容

根据有关法律的规定，复议决定书应当载明以下事项：a. 申请人的姓名、性别、年龄、职业、住址（法人或者其他组织的名称、地址、法定代表人的姓名）；b. 被申请人的名称、地址、法定代表人的姓名、职务；c. 申请人复议的主要请求和理由；d. 复议机关认定的事实和理由以及复议决定的规范依据；e. 复议结论；f. 不服复议决定的救济途径和时效；g. 作出复议决定的具体日期；h. 复议决定书法定代表人的署名，并加盖复议机关的印章。

复议决定作出后，应当制作行政复议决定书或者刑事赔偿复议决定书，直接送达赔偿义务机关和赔偿请求人。直接送达赔偿请求人有困难的，可以委托其所在地的下级机关代为送达。

2. 不作为类的复议决定。

不作为类的复议决定是一种拟制的"决定"，并非事实上的决定。拟制的"决定"主要体现为复议机关逾期不作出决定。针对不作为的复议决定主要是替代决定（给付决定）。例如，在行政赔偿复议中，根据《行政复议法》第 28 条第 1 款第（二）项的规定，被申请人不履行法定职责的，决定其在一定期限内履行。在以检察机关为赔偿义务机关的刑事司法赔偿的复议中，根据《人民检察院刑事赔偿工作规定》第 29 条第 2 款第（三）项的规定，赔偿义务机关逾期未作出决定的，可以依法作出赔偿决定。

此外，复议机关除了作出复议决定之外，还可以按照自愿、合法的原则进行调解。例如，对于行政赔偿而言，在下列两种情形下可以进行调解：公民、法人或者其他组织对行政机关行使法律、法规规定的自由裁量权作出的具体行政行为不服申请行政复议的；当事人之间的行政赔偿或者行政补偿纠纷。在刑事赔偿中，复议机关可以就赔偿方式、赔偿项目和赔偿数额与当事人进行协商。当事人经调解达成协议的，复议机关可以制作复议调解书。调解书应当载明复议请求、事实、理由和调解结果，并加盖复议机关印章。复议调解书经双方当事人签字，即具有法律效力。调解未达成协议或者调解书生效前一方反悔的，复议机关应当及时作出复议决定。

（二）不服复议决定的救济方式

1. 对于作为类的复议决定的救济。

对于不服行政赔偿复议决定的，申请人可以在收到复议决定书之日起 15 日内向人民法院提起诉讼；复议机关逾期不作出决定的，申请人可以在复议期满之日起 15 日内向人民法院提起诉讼，法律另有规定的除外。

对于不服刑事赔偿复议决定的，根据《国家赔偿法》第 25 条的规定，赔偿请求人不服复议决定的，可以在收到复议决定之日起 30 日内向复议机关所在地的同级人民法院赔偿委员会申请作出赔偿决定。也就是说，复议机关作出复议决定，赔偿请求人 30 日内未向人民法院赔偿委员会申请作出赔偿决定的，复议决定即发生法律效力。但是，值得注意的是，复议机关负有告知赔偿请求人向人民法院赔偿委员会申请作出赔偿决定的权利。如果复议机关没有履行上述告知义务的，复议决定并不当然发生法律效力。

2. 对于不作为类的复议决定的救济。

对于不作为类的复议决定的救济，《国家赔偿法》第 25 条规定，复议决定逾期不作决定的，赔偿请求人可以自期限届满之日起30日内向复议机关所在地的同级人民法院赔偿委员会申请作出赔偿决定。

目前，国家赔偿的复议制度对于保障赔偿请求人的合法权益，拓宽赔偿请求人的救济渠道意义极大。但是，不可否认的是，国家赔偿的复议制度存在着形式化严重的缺陷，实践中发挥的功能十分堪忧。例如，在人民法院赔偿委员会审理的案件中，复议机关作出复议决定的比例不高（大约在28%左右），且复议机关决定变更或者撤销赔偿义务机关决定的情况更少。有的学者甚至认为，复议程序表面上看来是给赔偿请求人更多的救济，但是对于赔偿请求人而言则是意味着多了一道获得国家赔偿的障碍，使得国家赔偿的程序更加复杂，因此，复议程序应当取消，如果双方通过协商对赔偿项目、赔偿方式和赔偿数额无法达成一致的，赔偿请求人有权直接诉诸人民法院赔偿委员会。[①] 我们认为，出于保障赔偿请求人合法权益的需要，同时也考虑到与相关法律制度的协调统一，应当保留和完善国家赔偿的复议制度。

第二节 申诉程序

一、申诉程序概述

申诉程序是指赔偿请求人对于已经生效的国家赔偿法律文书不服，而向有关机关反映情况并请求作出处理的程序。这种程序是对已经生效的法律文书进行察看和督促，以保证案件质量而适用的一种程序。一般情况下，国家赔偿法律文书已经发生法律效力，就具有相应的确定力、拘束力和执行力，没有法律根据，非经法定程序，不得撤销或者变更。但是，考虑到相应的法律文书可能存在的错误，有必要对申诉程序作一规定。

---

① 张红：《我国司法赔偿程序的重构》，载《天津行政学院学报》第9卷第3期（2007年8月）；陈光中、赵琳琳：《国家刑事赔偿制度改革若干问题探讨》，载《中国社会科学》2008年第2期。

从世界范围来看，申诉程序也是重要的救济机制之一。例如，有的国家规定了申诉终局程序，即国家赔偿决定程序的救济机制仅仅包含了申诉程序。例如前德意志民主共和国《国家责任法》（1969年5月12日通过）第6条规定了申诉程序："1. 如对要求赔偿的处理决定不服，在发出此项决定或通知请求人之后一个月内，可以提出申诉。2. 申诉必须向正在对所作的决定进行辩论的政府机关或者行政机关提出。如政府机关或者行政机关的领导不能解决此项申诉问题，该领导人必须在一周内将此项申诉转交上级政府机关或行政机构的领导人进行处理。3. 申诉应当从收到申诉书之日起1个月内进行处理。因此适用第5条第3段第3句。对要求的这一决定是最后决定。"再比如，苏联也规定对于赔偿义务机关的决定或者法院的裁判不服的，亦可采取向检察机关或者上级法院申诉的途径加以救济。例如，苏联《关于调查机关、侦查机关、检察院和法院的不法行为给公民造成损害的赔偿程序条例》第11条规定："请求赔偿损失的公民，对于根据本条第1款所作的决定（裁定），有权依照法律规定的程序向检察院或者上级法院提出申诉。"

二、《国家赔偿法》规定的申诉程序

在《国家赔偿法（草案）》中还没有关于申诉的规定。《国家赔偿法》规定的申诉制度与确认程序有着直接的关系。据有关资料显示，在《国家赔偿法》制定过程中，有些委员提出，对应该确认错拘、错捕、错判，而不确认的怎么办应当作出规定。建议在第二十条中增加一款规定："赔偿请求人要求确认有本法第十五条、第十六条规定情形之一的，被要求的机关不予确认的，赔偿请求人有权申诉。"（草案新修改稿第二十条第二款）。① 之后，《国家赔偿法》就确认行为的申诉作了规定。《国家赔偿法》对于申诉程序的规定在修订前后有明显的不同。可以划分为《国

---

① 全国人大法律委员会主任委员薛驹：《关于对外贸易法（草案修改稿）和国家赔偿法（草案修改稿）修改意见的汇报——1994年5月11日在第八届全国人民代表大会常务委员会第七次会议上》。

家赔偿法》修订前的申诉程序和修订后的申诉程序。

(一)《国家赔偿法》修订前的申诉程序

《国家赔偿法》修订前的申诉程序主要是对赔偿义务机关不予确认行为的申诉。例如,修订前的《国家赔偿法》第 20 条第 2 款规定,赔偿请求人要求确认有本法第 15 条、第 16 条规定情形之一的,被要求的机关不予确认的,赔偿请求人有权申诉。根据这一规定,相关司法解释和规章作了更为具体的规定,这些司法解释和规章构成了申诉制度的基本结构。

最高人民法院《关于民事、行政诉讼中司法赔偿若干问题的解释》第 8 条第 4 款规定,申请人对确认裁定或者决定不服或者侵权的人民法院逾期不予确认的,申请人可以向其上一级人民法院申诉。最高人民法院《关于审理人民法院国家赔偿确认案件若干问题的规定(试行)》第 14 条规定,确认申请人对人民法院受理确认申请后,超过审理期限未作出裁决的,可以在期满后 30 日内向上一级人民法院提出书面申诉。上一级人民法院应当在收到确认申诉书之日起 3 个月内指令下级人民法院限期作出裁定或者自行审理。自行审理需要延长期限的,报请本院院长批准可以延期 3 个月。第 17 条规定,确认申请人对人民法院作出的不予确认违法的裁定不服,可以在收到裁定书之日起 30 日内向上一级人民法院提出申诉。上一级人民法院应当在收到确认申诉书之日起 3 个月内作出确认或者不予确认的裁定。需要延长期限的,报请本院院长批准可以延期 3 个月。

最高人民检察院《人民检察院刑事赔偿工作规定》第 13 条第 2 款规定,不服不予确认向上一级人民检察院申诉的,上一级人民检察院可以自行复查,也可以责成下级人民检察院复查。该规定第 14 条规定,对不予确认的申诉,经复查认定有国家赔偿法第 15 条第(一)、(二)、(四)、(五)项、第 16 条第(一)项规定情形之一的,应予确认;原不予确认正确的,予以维持。对上列情形,均应制作《人民检察院刑事确认复查决定书》,送达赔偿请求人。

司法部发布的《司法行政机关行政赔偿刑事赔偿办法》第 17 条规

定，司法行政机关对赔偿请求人的申请不予确认的，赔偿请求人有权向上一级司法行政机关提出申诉。上一级司法行政机关对于下级司法行政机关不予确认的赔偿请求，可以自行确认，也可以责成下级司法行政机关予以确认。

《国家赔偿法》取消了单独的确认程序以后，鉴于申诉制度的诸多缺陷，这一程序也相应删除。

（二）《国家赔偿法》修订后的申诉程序

修订后的《国家赔偿法》第30条第1款规定，赔偿请求人或者赔偿义务机关对赔偿委员会作出的决定，认为确有错误的，可以向上一级人民法院赔偿委员会提出申诉。这一规定应当与《国家赔偿法》第30条第2款、第3款的规定结合起来理解。《国家赔偿法》第30条第2款、第3款规定了人民法院赔偿委员会重新审查并作出决定程序、人民检察院提出意见程序，启动这些程序的主要事由是"发现违反本法规定"，而上述机关发现违反本法规定的主要途径则是国家赔偿当事人请求重新审查并依法作出决定。国家赔偿申诉程序，是我国国家赔偿法制度的重要组成部分，是社会主义司法制度进一步健全和完善的体现，对于纠正已经生效的人民法院赔偿委员会决定，保证案件的审判质量，维护赔偿当事人的合法权益具有重要意义。

值得注意的是，《国家赔偿法》修订之后，申诉程序成为一个法定的救济程序。之所以是法定的救济程序，就在于《国家赔偿法》对当事人申诉的条件、接受申诉的机关都作了明确的规定。这一规定，是借鉴了《民事诉讼法》和《行政诉讼法》关于申请再审的规定。例如，《民事诉讼法》第178条规定，当事人对已经发生法律效力的判决、裁定，认为有错误的，可以向上一级人民法院申请再审，但不停止判决、裁定的执行。《行政诉讼法》第62条规定，当事人对已经发生法律效力的判决、裁定，认为确有错误的，可以向原审人民法院或者上一级人民法院提出申诉，但判决、裁定不停止执行。赔偿案件当事人不服赔偿决定，即可提出申诉，而提出申诉的目的在于由上一级人民法院赔偿委员会重新审查并依法作出处理。可见,这里的"申诉"的真正含义是指,当事人认为人民法院赔偿委员会作出的决定确有错误,申请上一级人民法院赔偿委员会重新审查并作出决定。申诉是《国家赔偿法》赋予国家赔偿当事人一项重要的程序性的权利,对于符合申诉条件的,即可引起重新审查程序的开始。

国家赔偿当事人申诉是《国家赔偿法》修订后的一项新制度,是国家赔偿救济制度的发展与完善。《国家赔偿法》修订前和修订后的申诉制度主要有以下几方面的不同:一是接受申诉的主体不同。修订后当事人申请重新审查,只能向上一级人民法院赔偿委员会申请;修订前当事人申诉,没有规定向何种机关提出申诉。二是申诉主体不同。修订后的申诉主体为国家赔偿当事人,即包括赔偿请求人和赔偿义务机关;修订前的申诉主体为申请确认的赔偿请求人。三是申诉条件不同。修订后的申诉有严格的法定条件,属于法定救济机制;修订前的申诉则没有条件,属于非法定救济机制。四是权利属性不同。修订后的申诉权利属于国家赔偿法明确的救济权利,修订前的申诉权利则属于宪法上的民主权利。

何谓"认为确有错误"?确有错误是指国家赔偿当事人认为人民法院赔偿委员会的决定在认定事实、适用法律、遵守程序方面存在重大瑕疵,足以影响决定公正性的情形。实际上,"认为确有错误"只是国家赔偿当事人的主观判断,并非国家赔偿客观上确有错误。是否确有错误,需要上一级人民法院赔偿委员会通过特定程序进行审查和判断。只有在审查和判断之后,上一级人民法院赔偿委员会认为可能存在违反国家赔偿法规定的,可以立案进行审查。

国家赔偿当事人申请再审的法律效力主要是:一是当事人申请重新审查程序的时效中断。《国家赔偿法》没有对申诉期间作出规定,这是一个不小的缺陷,不利于国家赔偿法律关系的稳定。一般而言,自申请重新审查之次日起,自人民法院赔偿委员会重新审查并作出决定时为中断期间。二是当事人申请重新审查程序期间,原生效决定、协议等不停止执行。申请重新审查是当事人一方的行为,人民法院赔偿委员会是否重新审查并作出决定，尚处于未定状态，不宜停止执行。三是经过人民法院赔偿委员会审查后，认为申请重新审查符合法定条件的，应当予以立案的，可以中止原决定的执行，并及时通知双方当事人。

第三十三章 国家赔偿诉讼程序

第一节 国家赔偿诉讼程序概述

一、国家赔偿诉讼主管的若干模式

国家赔偿诉讼是指国家赔偿当事人通过诉讼途径，在人民法院的主持下解决国家赔偿争议的诉讼制度。请求权人提起国家赔偿诉讼，应当向何种法院提出以及何种类型的法院或者哪一级的法院拥有对国家赔偿诉讼的主管权，从各国的立法例来看，规定不尽相同，但是大体上有以下三种模式：

（一）全部由普通法院主管

在国家赔偿诉讼由普通法院主管的模式中，具体的主管权因各国的国情不同而有所不同。

英国和前殖民地国家的国家赔偿诉讼和民事诉讼无异。但是，英国的赔偿责任需要具备特殊的侵权事由。英国关于英王的赔偿责任和返还责任的诉讼，由高等法院和郡法院主管。各法院的主管范围和诉讼程序适用各自的法院规则，和一般公民间的诉讼规则基本相同。根据普通法规则，英王有选择审判地点的权利。英王作为原告或者被告都可以要求该案由高等法院王座法院分院审理，但是实际上英王很少主张这种权利。新加坡长期以来属于英国殖民地，在国家赔偿诉讼方面与英国类似。该国1965年2月25日颁布的《政府诉讼法》第5条明确规定："政府应就公务员因故意或过失不法侵害他人权利之行为，依本法之规定负损害赔偿责任。其方法及范围，与民法上本人对于其代理人因故意或过失之侵权行为所应负担的赔偿责任相同。"加拿大的国家赔偿诉讼制度由《王权赔偿责任法》确定，国家像一个私人一样承担赔偿责任。如同英国一样，只有在法律有具体规定的情况下，国家才承担赔偿责任。其主管制度可以归纳如下：对于非法律实体的政府机关，这些机关属于《王权赔偿责任法》所规定的范围，由财务法院主管；《王权赔偿责任法》第23条所涉及的国家机关，它们被授权提出诉讼，由财务法院和一般的省裁判所主管；独立于中央政府的、与私人公司地位类似的机关，由民法规范调整，由普通法院主管。

瑞士的国家赔偿诉讼由普通法院主管，并且实行专属主管原则。即，以联邦法院主管为原则，以州法院主管为例外。无论是以联邦为被告还是以州为被告，原则上都应当由联邦法院主管。例如，根据瑞士《联邦与其雇员赔偿责任法》第10条第1款的规定："对于本法规定的联邦的或者针对联邦的请求权的争议，根据1943年12月16日的关于联邦司法组织的联邦法律的第110条等诸条的规定，由联邦法院作为唯一审级的法院判决。"只有在请求权人要求各州赔偿，且赔偿数额不超过8000瑞士法郎的情况下，才由各州法院主管。

美国的国家赔偿诉讼由普通法院主管。美国的国家赔偿诉讼有两个特点：一是凡控告美利坚合众国的案件一律由联邦法院主管；凡是以州政府为被告的案件则由州法院主管；二是联邦法院内部的主管，通常按案件的性质确定专属主管权。例如，凡是合众国指控错误地和非法地估算和征收的任何国内税的返还，被控没有主管权而收取的罚款的返还、被控根据国内税收法超额或者以任何错误方式收缴的任何款项的返还的案件由地区法院和美国上诉法院共同行使初审主管权，各地区法院以及美国运河区地区法院拥有专属主管权。列京群岛法院对为以下各项对合众国提起的民事诉讼请求自1945年1月1日起，按利息自然增长计算的金钱损害赔偿、由政府雇员在他的职务或者工作范围内活动时的疏忽或者错误的行为或者不作为所引起的财产的损失或者破坏，人身的伤害或者死亡。地区法院有1954年《国内税法典》以下各条规定的诉合众国的民事诉讼对初审主管权,对由合众国对不动产的利益提起的不动产财产和利息归属判决的民事诉讼享有初审专属主管权。

比利时虽然采用法国人理解的三权分立理论,但是在国家赔偿制度上,比利时并不适用公法原则,而是适用民法的一般原则。国家赔偿案件也由普通法院主管。机关理论使政府赔偿责任与民法联系在一起:国家通过其机关行为,根据民法的原则,机关的过错直接归于国家。

此外,苏联和东欧国家的国家赔偿案件也由普通法院主管。例如,苏联《对公职人员损害公民权利的违法行为向法院控告的程序法》第1条规定,如果公职人员的行为损害了公民的权利,公民有权向法院提出控告。对公职人员以个人或者其所代表的机关的名义的行为都可以向法院控告。第4条规定,对公职人员的行为,公民可以在按隶属关系向上级公职人员或者机关提出申诉后向法院提出控告,也可以直接向法院提出控告。对公职人员的行为,可向公职人员工作所在地的区(市)人民法院提出控告。捷克斯洛伐克的行政赔偿诉讼制度可见于《关于国家机关的决定或不当公务行为造成损害的责任的法律》第10条的规定:"如果中央机关自受害人提出请求后6个月内不能满足其请求,受害人可以将其请求或请求中未使其满意的部分提交到法院。"南斯拉夫的刑事赔偿诉讼制度可见于该国《刑事诉讼法典》第542条第2款的规定:"在向法院提出要赔偿损失的诉讼前,被害人应当向共和国或者自治省法令所确定的机关提出自己的要求。如果涉及的是军事法院的决定时,则向联邦国防部提出。对上诉机关的决定不服才可以民事诉讼程序向有主管权的法院提出赔偿损失的告诉。"

(二)由普通法院和行政法院分别主管

在普通法院和行政法院分别主管的国家,并非普通法院和行政法院都对所有的国家赔偿诉讼都有主管权,而是根据一定的原则或者规则进行分工后分别行使各自的主管权。这种分工大体上有以下几种模式:

一是法国式。法国行政赔偿诉讼原则上由行政法院主管,但是有关私产管理的赔偿、工商业公务的赔偿、暴力行为和非法侵占私人不动产的赔偿以及法律规定由其主管的其他赔偿诉讼由普通法院主管，行政机关以外的机关为赔偿义务机关的赔偿案件，原则上也由普通法院主管。如普通法院和行政法院之间发生主管权争议，则由权限争议法庭进行裁决。法国的刑事赔偿也有普通法院和行政法院分别主管这种特点。刑事赔偿的申请应当向最高法院内的"补偿委员会"提出。该委员会由具有庭长或者上诉法院审判员级别的3名最高法院法官组成，这些法官每年由最高法院办公室指派，同时还指派3名候补委员。受害人的补偿申请，应当在不予起诉、免予起诉或者无罪判决确定之日起6个月内向该委员会提出。委员会对该请求进行审理评议，申请人可以亲自陈述自己的要求。有关赔偿的诉讼程序由行政法院的政令予以规定。审理结束后，由补偿委员会作出不附理由的判决，申请人对此不得提起任何性质的上诉。法国刑事赔偿也分别由普通法院和行政法院主管。对于法官因贪污、武断行为，敲诈或者拒绝司法公正而发生的不法侵害由普通法院主管；因无罪逮捕或者正常的司法活动中的侵权行为发生的不法侵害，由行政法院主管。

此外，法国在20世纪80年代根据议会通过的法律而成立的。委员会均设在普通法院，由法官任委员会主席，并由相关的人员担任委员会成员，这些委员会是常设机构。这些常设的委员会主要是：1. 刑事犯罪受害者赔偿委员会下设专门的基金会。刑事犯罪受害者赔偿委员会主要是针对因暴力刑事犯罪给受害人造成侵害的，例如，因强奸、抢劫、伤害等暴力犯罪造成受害人损害的，根据刑事犯罪造成的损害、损害程度以及受害人个人经济收入的情况予以赔偿。这种赔偿只有在个人收入难以弥补这种损失的情况下才能获得。赔偿方式是先由基金会补偿，待犯罪者被审判后，基金会再向刑事犯罪人追偿或者追诉。如果刑事犯罪人没有能力赔偿，则由基金会承担。基金会费用来自保险公司向国家缴纳税金的一部分。2. 工伤事故赔偿委员会主要针对职业的危险责任。赔偿委员会对高危职业，如在工作中使用了危险的工具造成损害的，承担无过错责任。这一理念强调事故是在工作中发生的，不是由于工人的过错，也不是服务的单位的过错，委员会可以给受害者赔偿。工伤事故赔偿委员会与保险公司没有关系，赔偿委员会遵循的是无过错原则。保险公司予以赔偿的部分不足以弥补受害人的损失，由工伤事故赔偿委员会补偿。经费是由国家征收保险税的一部分划拨给工伤事故赔偿基金会作为基金。3. 冤屈受害者医疗赔偿委员会是法国2002年3月8日由新的法律规定建立的赔偿委员会，在委员会的框架下同样也设立了基金会。全国划分为4个区，成立了同类的4个委员会，每年国家从税收拨款7000万欧元作为基金会的赔偿。医疗赔偿委员会由医疗受害者代表、医疗代表、公立医院和自由执业的医生代表以及普通法院的法官组成，由普通法院的法官担任赔偿委员会的主席。委员会也是根据无过错原则进行赔偿，但委员会同时还要审查损害后果是否是病人自身原因造成的以及受害人的经济收入等等，以此决定赔偿数额。当事人对赔偿委员会的决定认为有错误的，可以提起民事诉讼。4. 交通事故赔偿委员会与工伤事故赔偿委员会的性质基本相同，遵循的也是无过错责任赔偿原则。其特殊性主要表现在因各种机动车事故造成第三人的损害，在交通事故没有结论或者没有找到肇事者，受害人等待救助或者救护的情况下，可申请先由基金会支付，待交通事故处理后，基金会再向责任人追偿、追诉。如果没有责任人或者责任人没有能力的，则由基金会负责。此外，还有一些委员会，如石棉赔偿委员会、艾滋病赔偿委员会和增长激素赔偿委员会等民间设立的委员会，是非常设的委员会。[①]

二是荷兰式。荷兰的国家赔偿诉讼原则上由普通法院主管，在例外的情况下才由行政法院主管。荷兰法院根据其《民法典》第1403条的规定审理国家赔偿案件。法院不但审查行政行为的合法性，而且在未达到国家要求的标准的案件判决确认违法或者在国家滥用自由裁量权的案件中确认违法。20世纪60年代，荷兰颁布了一系列行政复议和行政诉讼法律，放映出公法影响增大的趋势，行政法院最开始并不决定给付赔偿金

---

① 汤鸿沛、张玉娟：《德国、法国与中国国家赔偿制度之比较》，载《人民司法》2005年第2期。

的问题。自1964年以后，当行政行为被行政法院撤销以后，同一诉讼程序也可以解决赔偿问题。当然，这并不意味着荷兰由普通法院主管的模式发生了根本转变。我国台湾地区亦属于这种类型。我国台湾地区"国家赔偿法"第11条规定："赔偿义务机关拒绝赔偿，或自提出请求之日起逾三十日不开始协议，或自开始协议之日起逾六十日协议不成立时，请求权人得提起损害赔偿之诉。但已依行政诉讼法规定，附带请求损害赔偿者，就同一原因事实，不得更行起诉。"可见，请求权人提出的损害赔偿之诉，属于民事诉讼，由普通法院主管，其审理程序适用民事诉讼法的规定，如果该案件已经系属于行政诉讼，由行政法院主管。我国台湾地区的国家赔偿没有包括刑事赔偿。根据其"冤狱赔偿法"第4条的规定，刑事赔偿由原处分机关或者判决无罪机关主管。但是依照再审或者非常上诉程序判决无罪确定前，曾受羁押或者刑罚执行的，由所属地方法院主管。赔偿请求权人不服前项机关决定，可以声请"司法院"冤狱赔偿复议委员会复议。也就是说，我国台湾地区的刑事赔偿亦由普通法院主管。

三是意大利式。意大利的国家赔偿诉讼原则上由普通法院主管，在特殊领域内由国家委员会的司法部门（实际上的行政法院）主管。根据1889年3月31日的法律和1924年6月6日第1054号皇家命令，国家委员会职能仅仅在于撤销违法的行政行为，如果违法行为仅仅影响个人的法律利益而非个人权利，并不引起国家赔偿责任。这一规定遭到了普遍的批评。许多学者要求国家承担私人一样的赔偿责任。意大利1948年宪法第28条规定："根据刑事法律、民事法律和行政法律，国家和公共事业机关的官员和职员应对侵犯权利行为直接负责。在此种情况下，国家和公共事业机关也应承担民事责任。"该国《民法典》第2043条就此作了规定。这种情况与英美法系国家有一些类似：国家像一个是法人一样承担赔偿责任。意大利不像英美法系国家确立赔偿责任需要有特殊的理由，只要确立赔偿的一般要件即可。也可以这么说，在意大利，所有的国家侵权行为都会引起国家赔偿责任。但是，有一个例外。根据1865年

3月20日第2248号法律第2条至第5条的规定，凡是属于房屋占用、道路管理、建筑物拆除和修建等"物质行为"所引起的国家赔偿案件中，普通法院有权裁决公共权力机关是否违反法律，也有权裁决赔偿金的数额；凡是属于批准、拒绝申请、批准特许权等"法律行为"所引起的国家赔偿案件，由于可能有裁量因素存在，还会涉及行政管理的特殊问题，它们不能由普通法院裁决，必须先由国家委员会的司法部门（实际上是行政法院）裁决违法问题，然后由普通法院根据国家委员会的判决，判决具体的赔偿数额。但是，这种规定仅仅是一个例外的规定。在意大利，国家赔偿责任和私人赔偿责任适用同种规则才是原则。当然，这一问题并不是一个简单的主管权的问题，国家委员会的司法部门并不仅仅根据民法原则来确定国家赔偿，在相当多的情况下要考虑行政管理的特殊规则。

（三）由普通法院和各种专门法院分别主管

这种模式以德国最为典型。根据德国的国家赔偿诉讼中，凡是因公权力机关行使公权力引起的金钱赔偿争议，由普通法院受理，不论争议标的的价值大小，专属于州法院主管。例如，根据《刑事追诉措施赔偿法》第13条第1项的规定，对州司法机关关于赔偿申请的裁决可以提起法律诉讼。此类诉讼无论争议数额大小，一律由州法院民事法庭一审主管。根据德国《官吏国家责任法》第3条的规定，根据本法对德国提出的请求，不论诉讼标的额大小，均由州法院专属主管。在根据本法以起诉或者反诉提出请求的民事诉讼中，《法院组织法施行法》第8条所称最终审级的审理和裁决由联邦最高法院主管。根据《再审无罪判决赔偿法》第4条第1款的规定，国库赔偿给付之义务，由再审法院以特别裁定规定之。凡是消除后果（损害如果系一事实状态发生不利于受害人的变更时，公权力机关应当恢复原状，恢复原状不能达到目的的，恢复具有同等价值的状态以消除不良后果；某一由公权力机关所引起的状态事后违法，而且其后果属于继续性的侵害并不能依其他法规消除的情况）的争议，则由宪法法院、行政法院、劳动法院等专门法院受理，该专门法院应当对国家责任赖以建立的公权力行为的合法性作出裁判。因行使司法权力引起的争议由该行使司法权力的法院的上级法院或者建立该法院的法院受理。

二、我国国家赔偿诉讼的立法和争论

我国的国家赔偿诉讼经历了一个不断发展和推进的过程。早在1954年1月21日,政务院通过了《海港管理暂行条例》。该条例第20条规定:"港务局如无任何法令根据,擅自下令禁止船舶离港,船舶得向港务局要求由于禁止离港所受之直接损失,并得保留对港务局的起诉权。"这一规定主要包含了三个内容:一是颁发禁令必须有法律依据,否则必须承担赔偿责任;二是行政赔偿以直接损失为限;三是当事人可以提起行政诉讼赔偿。1954年宪法第97条规定,由于国家机关工作人员侵犯公民权利而受到损失的人,有取得赔偿的权利。这是宪法第一次将取得行政赔偿确定为公民的基本权利。1982年宪法重述了上述规定,只不过含义上更加丰富。即扩大了侵权人的范围,从原来的"国家机关工作人员"扩大到"国家机关和国家工作人员"。之后,《民法通则》第121条规定,国家机关或者国家机关工作人员在执行职务中,侵犯公民、法人的合法权益造成损害的,应当承担民事责任。这标志着公民可以根据《民法通则》的规定提起行政赔偿诉讼了。1989年制定的《行政诉讼法》第67条正式确立了行政赔偿诉讼制度。有的学者曾主张据此尽快制定《行政损害赔偿法》。[①] 但是,国家赔偿诉讼还仅仅局限在行政赔偿领域,没有涉及刑事赔偿、非刑事司法赔偿等领域。

《国家赔偿法》在制定之初,草案曾经规定了国家赔偿诉讼。赔偿义务机关如果通知不予赔偿、逾期不予通知或者逾期达不成赔偿协议的,草案根据行政赔偿、刑事赔偿的不同情况,分别规定了不同的程序。属于行政赔偿的,可以向人民法院提起诉讼。属于刑事赔偿的,对错误拘

---

① 张辉:《建立我国行政损害赔偿制度的几个问题》,载《法律科学》1990年第1期。

留、错误逮捕、错误判决或者违法对财产采取查封、扣押、冻结、追缴等措施造成损害的，可以向赔偿义务机关的上一级机关申请复议或者向人民法院提起诉讼；对刑讯逼供、违法使用武器、警械、殴打或者以其他暴力行为，造成公民身体伤害的，可以向人民法院提起诉讼。[①] 这就是说，无论是行政赔偿还是刑事赔偿问题，均可以通过诉讼的方式解决。

但是，草案颁布之后，包括国家赔偿诉讼程序在内的几个重大问题引起了许多争论。国家赔偿诉讼程序的建立在很多国家不成为问题，这是因为：一则对于法律纠纷，国外已经建立了比较完善的法院最终解决的制度；二则是在权力构架上，负有公诉职能的检察机关隶属于法院，属于法院职权的一部分，由法院最终解决因检察机关行使公权力行为错误而发生的国家赔偿责任，不会产生权限争议。但是，在我国，国家赔偿诉讼的建立却成为了一个非常不容易处理的问题。这是由于：一则我国还没有完全建立由法院最终解决法律纠纷的制度，许多法律纠纷问题还排除在法院管辖之外；二则是依照我国宪法，人民检察院和人民法院均是向人大负责的机关，如果规定由法院享有终局解决国家赔偿纠纷的权力，就会产生是否符合宪法体制的争议。《国家赔偿法（草案）》公布后，国家赔偿诉讼的规定遭遇了前所未有的阻力，一些公权力机关强烈主张对国家赔偿争议的管辖权，最终导致取消了国家赔偿诉讼制度，而代之以其他形式的终局解决国家赔偿争议的制度。主要有以下四种方案：

第一种方案是通过复议程序终局解决。这种方案是由侦查机关、检察机关、法院和监狱管理机关的上一级机关复议或者第二次复议，复议所作的决定为终局决定，从而排除法院享有的终局裁决权力。有人认为，经过复议甚至第二次复议、第三次复议，最终可能是由最高人民法院、最高人民检察院、公安部、国家安全部、司法部来解决赔偿问题，这么高级别的公权力机关能够解决外界质疑的内部监督是否客观公正的问题。反对意见认为，这种方案实际上仍然是自己作自己案件的法官，欠缺客

[①] 胡康生：《关于〈中华人民共和国国家赔偿法（草案）〉的说明——在1993年10月22日在第八届全国人民代表大会常务委员会第四次会议上》。

观公正性。对于解决纠纷而言，通过复议程序来终局解决国家赔偿争议，与司法最终解决的原则严重背离。例如，调解制度、仲裁制度和行政裁决都是解决纠纷的制度，但是在前三种制度解决不了的情况下，最终应当由司法机关解决。这不是一个关系公权力机关面子的问题，也不是一个争夺管辖权力的问题，而是通过何种程序能够保障公正性、民主性、客观性和权威性的问题。作为一项制度，对于如何解决国家赔偿纠纷，最终应当是法院来终局解决。

第二种方案是通过赔偿裁决委员会终局解决。这种方案是由侦查机关、检察机关、法院和监狱管理机关的代表、专家和律师的代表组成赔偿裁决委员会进行终局裁决。主要理由是这种方案可以集思广益、体现和协调各方意见。反对意见则认为这种方案由于委员会成员隶属于不同机关，难以持续行使职权，往往会出现人员不到场的情况。同时，由于委员会是一个协调机关，可能出现在甲案中照顾了某机关，在乙案中又照顾另一机关。同时，在具体案件中，由于立场不同，可能出现互相扯皮而导致案件无法解决的问题。

第三种方案是由法院通过诉讼程序最终解决。这种方案按照司法最终解决的原则，通过诉讼程序最终解决国家赔偿争议。对于赔偿义务机关是市、县级以下的行政机关或者人民检察院的，由其所在地的基层人民法院受理；赔偿义务机关是省级行政机关或者人民检察院的，由所在地的中级人民法院受理；赔偿义务机关是人民法院的，由其上一级人民法院受理。① 其主要理由是：第一，大多数国家尤其是美国、德国、法国、日本等国家均采取这种办法解决国家赔偿争议，运行良好，效果也很好，且符合司法最终原则。第二，行政赔偿诉讼能够解决行政赔偿的问题，刑事赔偿诉讼也同样能够解决刑事赔偿的问题。特定公权力机关不能作为被告只是特权观念作祟，并不符合现代法治观念。不管是行政赔偿还是司法赔偿，其实质是一种民事权益的赔偿。按照《民法通则》

---

① 杨湛湖：《〈国家赔偿法〉立法之我见》，载《法律科学》1994 年第 4 期。

第 121 条的规定，在民事活动中，不论何种机关，在执行职务中侵犯公民、法人或者其他组织合法权益造成损害的，都应当承担民事责任，都可以作为被告，并未对检察等机关作出特殊规定。既然检察机关可以在民事诉讼中作为民事主体应诉，在侵权赔偿之诉中作被告亦没有什么不合适，这符合社会主义民主政治发展的要求。检察机关不能当被告是传统观念的问题。《行政诉讼法》制定时行政机关能否当被告引起过争议，颁布后，实际上已为人们所接受。在国外，司法机关当被告的并非没有先例。我们要建立有中国特色的社会主义司法制度，在观念和实践上就应当有所突破。① 第三，刑事赔偿问题在刑事诉讼中同样能够得到解决，例如法院在作出无罪判决的同时，完全可以就刑事赔偿问题作出相应判决。第四，刑事赔偿问题即便不能在刑事诉讼程序中解决，还可以借鉴其他国家的做法（例如奥地利），通过提起民事诉讼加以解决。②

第四种方案是由法院的法官组成专门的赔偿委员会决定最终解决。在这种方案中，除了人民法院作为赔偿义务机关的情形以外，在赔偿委员会作出决定前，以复议为必经程序。这种方案的优点是充分发挥了侦查机关、检察机关或者监狱管理机关各自解决自身问题的积极性，同时也符合法院最终解决纠纷的原则。

经过激烈的争论，同时全国人大常委会征求各方意见，最终选择了第四种方案。在国际上通行的国家赔偿诉讼制度最后被具有中国特色的人民法院赔偿委员会制度替代。《国家赔偿法（草案）》第 24 条曾经规定："赔偿义务机关在收到申请书之日起 15 日内不予通知或者在两个月

---

① 陈曾侠、李季、宋太郎：《当前我国国家赔偿立法需要研究的几个问题》，载《政法学刊》1994 年第 3 期。

② 近年来，已有学者主张，应当结合建立行政法院制度同时解决国家赔偿诉讼问题，赋予行政法院对普通法院在民事和刑事诉讼过程中的违法行为予以审查的权力。具体设想是：由普通法院审理刑事司法赔偿中赔偿机关为公安机关、检察机关、监狱管理机关的赔偿案件和非刑事司法赔偿中因行政诉讼过程中错误诉讼保全、错误实施强制措施、错误强制执行，受害人提起的赔偿义务机关为行政法院的赔偿案件；有行政法院审理在民事诉讼和刑事诉讼过程中因错误诉讼保全、错误实施强制措施、错误强制执行，受害人提起的赔偿义务机关为普通法院的赔偿案件。李俊：《论建立司法赔偿诉讼程序——以二元交叉型审理制度为核心》，载《西南师范大学学报》（人文社会科学版）第 32 卷第 5 期（2006 年 9 月）。

内与请求人达不成赔偿协议的,请求人可以在期间届满之日起六个月内向其上一级机关申请复议或者向人民法院提起诉讼。"根据最高人民法院、最高人民检察院和专家的意见,立法机关建议修改为:(一)"赔偿义务机关应当自收到申请书之日起两个月内依照本法第四章的规定给予赔偿;逾期不予赔偿或者赔偿请求人对赔偿数额有异议的,赔偿请求人可以自期间届满之日起三十日内向其上一级机关申请复议。赔偿义务机关是人民法院的,向其上一级人民法院赔偿委员会申请作出赔偿决定"(草案修改稿第二十一条)。(二)"赔偿请求人不服复议决定的,可以在收到复议决定书之日起三十日内向复议机关所在地的同级人民法院赔偿委员会申请作出赔偿决定;复议机关逾期不作决定的,赔偿请求人可以自期间届满之日起三十日内向复议机关所在地的同级人民法院赔偿委员会申请作出赔偿决定"(草案修改稿第二十二条第二款)。(三)人民法院按特别程序作出决定:"中级以上的人民法院设立赔偿委员会,由人民法院3名至7名审判员组成。赔偿委员会作出赔偿决定,实行少数服从多数的原则。赔偿委员会作出的赔偿决定,是发生法律效力的决定,必须执行。"(草案修改稿第二十三条)[①] 由是,人民法院赔偿委员会制度最终建立。

即便是在《国家赔偿法》颁布之初,许多有识之士已经意识到了建立人民法院赔偿委员会制度不过是各方协调后的最终结果,存在天生的缺陷和不足。正如参加过《国家赔偿法》制定工作的肖峋先生所阐述的:"(刑事赔偿)必须是在刑事诉讼程序中确认了司法行为具有国家赔偿法规定的违法情形之后,请求人才能就赔偿问题单独提起。这实在不是因为刑事诉讼程序已经完美无缺了,对于认定司法行为违法,它还有不足之处。比如,当事人对取保候审、免予起诉的决定不服,除了向侦查机关、检察机关申诉以外,并没有有效的监督机制和审理的程序可以适用。如果这些决定确实有错,当事人只有继续鸣冤叫屈并不能请求赔偿。但

[①] 蔡诚:《全国人大法律委员会关于〈中华人民共和国国家赔偿法(草案)〉审议结果的报告——1994年5月5日在第八届全国人民代表大会常务委员会第七次会议上》。

是，在国家赔偿法里，我们又没有可以补救的办法，因为经过各方磋商统一设置的只是人民法院赔偿委员会的决定程序，而它的容量实在太小，功能过于单一。它没有辩论程序，没有二审终审，难以保障双方当事人的诉讼权利，不能解决任何复杂的问题，只能勉强解决赔偿请求人和赔偿义务机关双方在赔偿方式和金额上分歧。虽然如此，我们总算建立了司法赔偿制度。也许，在不久的将来修改刑事诉讼法，或是修改国家赔偿法。未来的修改必然会使我们进一步完善司法赔偿制度。"①

第二节 人民法院赔偿委员会决定程序

一、人民法院赔偿委员会机构和决定程序

（一）人民法院赔偿委员会机构

1. 机构设置和主要职能。

赔偿委员会制度主要是仿照韩国的赔偿审议会设立，是在诉前处理国家赔偿争议的组织。而在法院内部设立赔偿委员会，则是我国《国家赔偿法》的独创，其职能与韩国的赔偿审议会的职能大异其趣。赔偿委员会的基本职能就是受理和处理不服刑事赔偿复议决定和法院为赔偿义务机关的国家赔偿争议。

《国家赔偿法》第29条第1款规定，中级以上的人民法院设立赔偿委员会。为何在中级以上人民法院设立赔偿委员会，基层人民法院不设立赔偿委员会呢？这主要因为：第一，赔偿请求人不服复议决定的，一般都是比较疑难的赔偿事项，复议机关所在地的同级人民法院一般均为地市级以上的人民法院。一般而言，他们的办案质量和办案经验比基层人民法院为强，由中级人民法院赔偿委员会处理这些疑难的赔偿纠纷更为妥当。第二，由复议机关所在地的同级人民法院处理不服复议的赔偿事项，有利于排除可能来自赔偿义务机关所在地的各种干涉，以便使赔

---

① 肖峋：《中华人民共和国国家赔偿法的理论与实用指南》，中国民主法制出版社1994年版，第225页。

偿案件得到公正的审理。① 应当说明的是，有些复议机关所在地的同级人民法院可能并非是地市级人民法院，而是基层人民法院，赔偿请求人应当直接向复议机关所在地的中级人民法院赔偿委员会申请作出赔偿决定。

修订前的《国家赔偿法》实施后，有关赔偿委员会的机构设置逐渐提上日程，最高人民法院多次下发文件要求建立赔偿委员会。1994年12月23日，最高人民法院下发《关于贯彻执行〈中华人民共和国国家赔偿法〉设立赔偿委员会的通知》中要求："依照《国家赔偿法》第二十三条规定，中级以上人民法院设立赔偿委员会。中级人民法院赔偿委员会由3名或5名委员组成，高级人民法院赔偿委员会由5名或7名委员组成。赔偿委员会委员由审判员担任，其组成人员须报上一级人民法院批准。赔偿委员会设主任委员一人，由副院长兼任，亦可设专职主任主持工作，下设办公室，配备2名至5名工作人员。""赔偿委员会依法作出赔偿决定应当制作"赔偿决定书"，署名"×人民法院赔偿委员会"，加盖人民法院院印。"该通知下发后，各中级人民法院陆续建立了赔偿委员会。截止到1997年9月的第二次全国高级人民法院赔偿委员会主任会议时，绝大多数的中级以上的人民法院已经设立赔偿委员会。一般都配备了3名至7名审判员作为赔偿委员会的委员，大多数的法院由副院长兼任赔偿委员会主任，并由相关审判庭的庭长、副庭长兼任赔偿委员会委员。但是，上述通知并未就赔偿委员会办公室是否单独设置作出具体要求。

2002年1月7日，最高人民法院《关于各高、中级人民法院赔偿委员会及其办公室机构设置的通知》（法[2002]3号）中规定："一、各高、中级人民法院应当设立赔偿委员会及其办公室，赔偿委员会主任委员由副院长兼任。二、高、中级人民法院赔偿委员会办公室有条件的应当独立设置。独立设置确有困难的，可以挂靠在行政审判庭，但不合署办公，应当独立开展工作。赔偿委员会办公室的人员编制与行政审判庭分别设定，以保持人员相对稳定。"这次通知下发后，各高院虽均设置了

---

① 胡康生主编，全国人大常委会法制工作委员会民法室编著《〈中华人民共和国国家赔偿法〉释义》，法律出版社1994年版，第63页。

赔偿委员会办公室，但是设置情况有所不同。赔偿委员会办公室单独设置的有 11 个高院，其余的高院均挂靠在行政审判庭，解放军军事法院的赔偿委员会办公室挂靠在第二审判庭。82% 的中级人民法院的赔偿办挂靠在行政审判庭、审判监督庭等，约有 12% 的中院赔偿办单独设置，剩余的 6% 的中院尚未完成机构改革。

赔偿委员会并非是一个临时机构，而是一个固定的机构。根据《国家赔偿法》第 29 条第 1 款的规定，接受赔偿请求人申请的只能是人民法院赔偿委员会。如果人民法院赔偿委员会是一个像合议庭一样的临时组成的组织，它就无法在立案之前接受赔偿请求人的申请。此外，赔偿决定亦须以赔偿委员会的名义作出，也就是说，法律已经赋予赔偿委员会独立作出赔偿决定的主体资格。

根据最高人民法院的司法解释，人民法院受理和审理如下国家赔偿案件：1. 行使侦查、检察，监狱管理职权的机关及其工作人员在行使职权时侵犯公民、法人和其他组织的人身权、财产权，造成损害，经依法确认，应予赔偿，赔偿请求人经依法申请赔偿和申请复议，因对复议决定不服或者复议机关逾期不作决定，在法定期间内向复议机关所在地的同级人民法院赔偿委员会申请作出赔偿决定的；2. 人民法院是赔偿义务机关，赔偿请求人经申请赔偿，因赔偿义务机关逾期不予赔偿或者赔偿请求人对赔偿数额有异议，在法定期间内向赔偿义务机关的上一级人民法院赔偿委员会申请作出赔偿决定的。[①] 这一规定，除了有关确认程序的内容外，仍得适用。

2. 人员配置和工作原则。

（1）人员配置

《国家赔偿法》第 29 条第 1 款规定，赔偿委员会由人民法院三名以上审判员组成。修订前的《国家赔偿法》第 23 条第 1 款规定，赔偿委员会由人民法院三名至七名审判员组成。之所以要设置 3 名以上的审判员，

---

① 最高人民法院《关于〈中华人民共和国国家赔偿法〉溯及力和人民法院赔偿委员会受案范围问题的批复》（1995 年 1 月 29 日，法复 [1995] 1 号）。

主要是因为这些疑难的赔偿案件一般也是影响较大的赔偿纠纷，为了正确处理这些纠纷，除了在级别上保证以外，还规定3名以上审判员组成赔偿委员会。①《国家赔偿法》将3名至7名审判员修订成3名以上审判员，主要是考虑到以下几点：一是自《国家赔偿法》实施以来，人民法院赔偿委员会承担了极为繁重的任务。在司法实践中，有些法院已经无法通过现有的人员调配来完成国家赔偿审判工作。有的法院采取了借调等方式来临时应对。修订前的《国家赔偿法》规定的3名至7名的限制已经不能满足司法实践的需要。第二，在取消确认环节之后，人民法院赔偿委员会的工作量将急速扩大，原有的3名至7名工作人员已经无法适应这种变化，必须补充新的审判人员予以应对。因此，《国家赔偿法》在修订时取消了3名至7名的数额限制，以便于人民法院按照实际工作量确定相应数量的审判人员。

最高人民法院《关于贯彻执行〈中华人民共和国国家赔偿法〉设立赔偿委员会的通知》中规定，赔偿委员会委员由审判员担任，其组成人员须报上一级人民法院批准。这里的"审判员"应当不包括陪审员和助理审判员。赔偿委员会必须报上一级人民法院批准，以便审查把关。赔偿委员会设主任委员一人，由副院长兼任，亦可设专职主任主持工作，下设办公室，配备2名至5名工作人员。赔偿委员会的主任委员由副院长兼任。对于其他委员没有规定。我们认为，其他委员可以是非审委会委员的审判员。主要理由是，根据《人民法院赔偿委员会审理赔偿案件程序的暂行规定》第15条的规定，赔偿委员会认为重大、疑难的案件，必要时由赔偿委员会主任报请院长提交审判委员会讨论决定。审判委员会的决定，赔偿委员会应当执行。在这种情况下，如果赔偿委员会委员是审委会委员，遇有案件重大疑难需要提交审委会讨论时，审委会的决定就形同虚设了。"2名至5名工作人员"可以由专职赔偿委员会委员、审判员、助审员和书记员组成。

---

① 胡康生主编，全国人大常委会法制工作委员会民法室编著《〈中华人民共和国国家赔偿法〉释义》，法律出版社1994年版，第63页。

（2）少数服从多数原则

根据《国家赔偿法》第 29 条第 2 款的规定，赔偿委员会作赔偿决定，实行少数服从多数的原则。此外，《关于贯彻执行〈中华人民共和国国家赔偿法〉设立赔偿委员会的通知》（1994 年 12 月 23 日）中规定："人民法院赔偿委员会依法处理各类赔偿案件，要切实做到严肃执法，秉公办案。赔偿委员会作赔偿决定，实行少数服从多数的原则。赔偿委员会受理的重大疑难案件，院长可以提交审判委员会讨论决定。"少数服从多数原则实际上关于集体负责的原则。赔偿委员会在讨论赔偿案件时，委员应当充分发表意见。少数服从多数的前提是必须能够形成多数，能够形成多数的前提是 3 人以上的单数。如果不能形成一致意见的，则按照多数意见处理。即少数意见服从多数意见，多数意见即为赔偿决定的意见。

这里有一个问题需要讨论，此处的"少数服从多数"原则是如何确立的呢？如前文所述，主要是考虑到赔偿案件比较疑难复杂，需要在组织原则上予以保证。但是，少数服从多数的原则是一个国家机构普遍遵循的原则，在法院审理案件中一般体现为合议制。许多学者提出将"少数服从多数原则"改为"合议制"。理由是：第一，《国家赔偿法》规定了行政赔偿和司法赔偿，在行政赔偿中审理赔偿案件实行的是合议制，在司法赔偿中实行的"少数服从多数原则"。司法赔偿案件从性质上讲和行政赔偿案件都属于国家赔偿案件，应当保持一致性。第二，最高人民法院的司法解释和司法政策均已明确赔偿委员会是一个审判业务部门，人民法院赔偿委员会的工作在性质上也是一项审判工作，应当遵循诉讼的一般原则。第三，在司法实践中，事实上赔偿委员会审理赔偿案件时，一般有多人参与、平等参与、共同决策、审判独立等合议制的特征，只不过没有冠以"合议制"的称呼而已。第四，以合议制审理司法赔偿案件，既有利于提高办案质量，又能提高办案效率。第五，司法赔偿中引入合议制，在理论上和实践上都不存在任何障碍。实行合议制后，可以由赔偿委员会指派合议庭审理司法赔偿案件。对于合议意见一致或者形成多数意见的,可以直接以赔偿委员会的名义签发。当然,也有的学者认为,应当继续保留现有规定。理由是:人民法院赔偿委员会决定程序并非诉讼程序,不能适用诉讼原则。如果改为合议制,还需要制定例如上诉等一系列配套制度,这是一个综合性的系统工程。我们认为,人民法院赔偿委员会的决定程序应当进行接近于诉讼化的改造,有利于国家赔偿案件的公正高效审理,应当将上述原则修订为具有诉讼特征的合议制。

3. 人民法院赔偿委员会制度中存在的主要问题。

(1) 人民法院赔偿委员会定位不明确

目前,《国家赔偿法》对于法院赔偿委员会的定位还不明确。参与《国家赔偿法》制定的学者认为,赔偿委员会是人民法院专门处理刑事申请的组织,它本身不是审判组织,由法律专门授权它对刑事赔偿有最终决定的权力。[①] 赔偿委员会是一级审判组织还是法院内部的一个非审判机构认识不同。有的学者指出,从人民法院赔偿委员会行使的职权来看,它既像复议机关,又像审判机关,但却都不是。它没有复议机关之名,也不是一级法院,而是法院中的一个组织。[②] 此外,赔偿委员会应当在决定程序中享有哪些职权,具体应当履行何种职责,实践中还存在不同认识。其中,最为重要的是,人民法院赔偿委员会对于所诉的公权力行为没有确认的权力,赔偿请求人只有在赔偿义务机关经依法确认行为违法而又不予赔偿或者不予答复的情况下才可以向复议机关所在地的同级人民法院赔偿委员会申请作出赔偿决定,使人民法院赔偿委员会成了一个单纯计算损失金额的审核机构,客观上变成了"计算器"。[③] 其实际效果是导致人民法院赔偿委员会被架空,是否违法、是否赔偿的决定权实际

[①] 胡康生主编,全国人大常委会法制工作委员会民法室编著《〈中华人民共和国国家赔偿法〉释义》,法律出版社1994年版,第63页。

[②] 张志勇:《关于〈国家赔偿法〉的几个问题》,载《行政法学研究》1995年第2期。

[③] 徐群:《建立国家赔偿委员会的构想》,载《北京广播电视大学学报》2005年第1期;陈峰、杨俊:《论我国司法赔偿委员会的若干问题及改革》,载《山西警官高等专科学校学报》第14卷第3期(2006年9月)。

上掌握在赔偿义务机关手中，人民法院赔偿委员会只能根据赔偿委员会的确认结果被动作出赔偿决定，赔偿请求人在赔偿义务机关没有获得的救济，在人民法院赔偿委员会也无法获得救济。以 2005 年、2006 年两年全国法院一审、二审、再审判决（以上均未生效判决）宣告无罪的人数为 3875 人次，实践中还有公安机关对没有犯罪事实的人决定撤销案件、检察机关对没有犯罪事实的人决定不予批捕、不予起诉等情况发生，这些违法侵权情形引发赔偿的案件总数应当远远超过人民法院宣告无罪的案件数量，而两年中人民法院实际决定赔偿的所有的刑事赔偿案件仅为 1330 件，无怪乎人们将国家赔偿法称为"国家不赔法"！

根据《人民法院组织法》的规定，人民法院审理案件的审判组织为合议庭和审判委员会，并未规定赔偿委员会这样一级审判组织。如果说赔偿委员会相当于合议庭，那么赔偿委员会的地位就类似于人民法院的合议庭，则又将赔偿委员会办公室的工作人员的工作空间无限压缩。从《最高人民法院赔偿委员会工作规则》中规定的赔偿委员会办公室的工作内容来看，赔偿委员会办公室工作人员应当具有审判人员身份，要对承办的具体案件负责，如果赔偿委员会办公室出于赔偿委员会的从属地位，案件承办人同时也就丧失了承办案件署名权和案件评议发言权，因而也就谈不上对案件负责，审判人员从事此种性质的工作缺乏法律依据、工作价值和实际意义。[①]

（2）专职工作人员不稳定

从目前的情况来看，法院受理的赔偿案件数量并不多。根据《国家赔偿法》的规定，各中级人民法院都应当设立赔偿委员会。如果不设置专职人员，就会违反《国家赔偿法》的规定，并且案件一旦来了就没有办法办理，也没有人会办；但是，如果设置了赔偿委员会又无事可做，且在法院编制紧张的情况下是一种浪费。有的法院错误理解最高人民法院《关于刑事赔偿和非刑事司法赔偿案件立案工作的暂行规定（试行）》

[①] 王友莉、董巍：《关于国家赔偿审判程序改革的理性思考》，载《人民司法》2004 年第 1 期。

第7条"赔偿委员会决定立案审理的赔偿案件，应指定专人负责办理"中"专人"的规定，仅仅设置一两名工作人员，无法保障案件的质量。

（3）赔偿委员会委员身份不明确

赔偿委员会身份不明确主要表现在两个方面：一是赔偿委员会委员的任命程序仍不明确。虽然《国家赔偿法》规定了中级人民法院设立了赔偿委员会，且由三名以上审判员组成。但是，在《法院组织法》等相关法律中并无配套规定，导致法院的赔偿委员会委员由各法院自行任免，名不正，言不顺。这就导致了经过人大任命审判员，其在诉讼中作出的判决不见得是生效的判决，但是各法院任命的（没有经过人大任命）赔偿委员会委员作出的决定却是生效的决定。二是赔偿办人员的法律地位亦没有明确。在司法实践中，实际办案的并非人民法院赔偿委员会，而是赔偿委员会办公室，而赔偿办的人员严格来说是没有办案资格的。例如，根据最高人民法院《关于刑事赔偿和非刑事司法赔偿案件立案工作的暂行规定（试行）》第7条的规定，依法应当由人民法院赔偿委员会作出决定的案件的立案工作由人民法院赔偿委员会办公室负责。赔偿委员会办公室作为赔偿委员会的办事机构，原则上只是负责办理案件的具体事宜，无权决定是否赔偿；而赔偿委员会有权决定是否赔偿，但是委员们一般又不直接审理赔偿案件，案件实际上是由赔偿办人员作出的。在实际工作中，赔偿办人员办理案件后的上报程序与报送诉讼案件的程序高度雷同。

（4）法院自己作为赔偿义务机关时违背中立原则

根据《国家赔偿法》的规定，赔偿义务机关是人民法院的，赔偿请求人对赔偿义务机关作出的赔偿决定不服或者对赔偿方式、项目和数额有异议的，可以向上一级人民法院赔偿委员会申请作出赔偿决定。上下级法院之间的监督纯属于内部监督，尤其是对于某些刑事案件的处理已经上级法院处理或者下级法院已经向上级法院请示、汇报后作出决定的，上级法院对于经过自己处理的案件无法保证公正处理。

4. 人民法院赔偿委员会制度的完善。

基于当前人民法院赔偿委员会遇到的困难和存在的问题，在本次《国家赔偿法》修订过程中，对于人民法院赔偿委员会制度，许多学者专家提出了一些完善意见，主要是两种意见：

第一种意见认为，应当在人大之下设立国家赔偿委员会。这种意见认为，赔偿委员会不应当设立在人民法院，赔偿委员会应当设立在人大之下，其组成人员由人大常委会聘请检察院、法院、律师以及从事法律教学研究的专家组成，赔偿委员会设国家、省级和地区级三级。对赔偿委员会的决定，赔偿请求人有权向上一级赔偿委员会复议一次，上一级赔偿委员会的复议决定和国家赔偿委员会的赔偿决定为发生法律效力的决定。[①] 理由是：其一，当赔偿义务机关是人民法院时，赔偿请求人只能向人民法院或者人民法院赔偿委员会申请作出赔偿。《国家赔偿法》规定，赔偿委员会作出的赔偿决定是发生法律效力的决定，必须执行。赔偿请求人对于赔偿委员会的决定不服无权上诉或者申请复议，违背了"任何人不能为自己案件的法官"的法律原则。[②] 其二，根据我国宪法和《国家赔偿法》的规定，在检察机关和人民法院的关系上，法律监督权力属于检察机关，设在人民法院内部的赔偿委员会不能审查检察机关的行为。有权监督检察机关的只能是国家权力机关，而不可能是其他机关。其三，国家赔偿委员会是权力机关的一个部门，符合我国的国家性质，更明确地表明国家赔偿的特性，把国家赔偿委员会设在人大，使之直接隶属于各级人民代表大会，使人民对国家赔偿实行更有效的监督。其四，建立国家赔偿委员会符合我国国家机构组织活动原则。根据我国宪法规定的，国家机关实行民主集中制原则，人民法院和人民检察院都由同级权力机关产生，对同级国家权力机关负责，在国家权力机关的权力关系上由设立在权力机关的赔偿委员会对两院进行监督将大大增加其权威性

---

① 也有的观点认为，仅仅设立全国人大之下的国家赔偿委员会，处理最高人民法院作为赔偿义务机关的案件，原有的人民法院赔偿委员会仍然可以继续行使其职能。唐明：《国家赔偿审判论谈》，载《山东审判》第 19 卷总第 151 期（2003 年第 2 期）。

② 林叶德：《设置赔偿委员会之我见》，载《检察实践》2002 年第 4 期。

和有效性。其五，建立国家赔偿委员会有利于我国当前法律监督的完善。充分发挥各级人大的监督作用，赋予其行政赔偿和司法赔偿的确认裁决权，这是行使其监督权的重要方面，对于完善法律监督体系有重要作用。其六，建立国家赔偿委员会有利于《国家赔偿法》的实施。①

第二种意见认为，应当对现有的人民法院赔偿委员会进行适当完善。主要理由是：第一，当前《国家赔偿法》存在的主要问题在于赔偿范围有待完善、个别刑事赔偿义务机关拒不履行赔偿委员会的决定等，并非是人民法院赔偿委员会本身存在何种问题。第二，我国的《国家赔偿法》名曰国家赔偿，实际上是国家机关赔偿，导致在赔偿问题上相关国家机关成为国家赔偿的"法律上的利害关系人"。这种由特定的国家机关承担赔偿责任的做法，短期内还不会改变。即便将来完善，也要和相应的国家责任法律，例如行政诉讼法、行政复议法等法律统一起来。第三，从目前人民法院赔偿委员会实际运行来看，主要是在操作层面上需要规范。例如，应当加大人民法院赔偿委员会的实际权力，特别是要对赔偿义务机关是否承担赔偿责任拥有完整的权力、加大对赔偿决定的执行力度、减少其他机关的非法干预、增加对其他机关不履行赔偿决定的罚则规定等。这些问题是导致当前国家赔偿举步维艰的主要阻力。如果人民法院赔偿委员会在拥有上述权力的情况下导致国家赔偿困难的，说明人民法院赔偿委员会出现了问题；如果人民法院赔偿委员会在没有完整的作出赔偿决定的情况下，由人民法院赔偿委员会承担当前国家赔偿中存在问题的责任，则是不公平的。第四，从世界范围来看，国家赔偿可以分为立法赔偿、行政赔偿和司法赔偿。如果将国家赔偿委员会设置于人大之下，如果将来《国家赔偿法》将立法赔偿纳入进来，那国家赔偿委员会再行设置于何处？第五，从世界范围来看，对于国家赔偿这样的法律问

---

① 张忠诚、王志亮：《关于赔偿委员会设置的思考》，载《云南法学》1995 年第 4 期；时庆本：《关于我国司法赔偿程序和审理机构的几点思考》，载《公安大学学报》1998 年第 4 期；张兴、卢小奇：《在人大常委会设立赔偿委员会之我见》，载《检察实践》2003 年第 1 期；徐群：《建立国家赔偿委员会的构想》，载《北京广播电视大学学报》2005 年第 1 期；宋扬：《论国家赔偿委员会的问题与改革》，载《重庆科技学院学报》2008 年第 2 期。

题最终解决属于司法权的范畴,应当由人民法院处理为宜。人大作为立法机关,如果专门设置部门进行赔偿案件的审理,亦非人大专长。法院具备相应的业务力量和办案经验,熟悉法律,了解案情,与其他国家机关相比更加具有独立性和中立性,由法院来裁决赔偿争议能够较好地实现程序和结果的公正。从其他国家和地区的立法来看,不少也是由法院或者法院内设专门机构来裁决赔偿争议的。例如,法国 2002 年 3 月 8 日根据新的法律规定建立了冤屈受害者医疗赔偿委员会,全国共设 4 个医疗赔偿委员会,由医疗受害者代表、医疗代表、公立医院和自由执业的医生代表以及普通法院的法官组成,由普通法院的法官担任赔偿委员会的主席。[①] 第六,重新设置新的赔偿委员会将涉及成本、人员等方方面面的问题,并非可以一蹴而就,在当前还没有紧迫性。

在本次《国家赔偿法》修订时,主流意见认为,应当保留人民法院赔偿委员会的设置,并且应当对赔偿委员会的工作程序、申诉救济机制、重审机制、法律监督机制予以完善。在工作程序方面,设置了赔偿委员会的举证责任、听证程序、质证程序、审理期限等;在救济机制方面设置了申诉程序、重审机制;在法律监督机制方面设置了检察院的提出意见程序等。

(二) 人民法院赔偿委员会决定程序和其他程序的区别

1. 人民法院赔偿委员会决定程序与赔偿义务机关的决定程序不同。

从本质而言,人民法院赔偿委员会决定程序是一种准诉讼程序,而赔偿义务机关的决定程序主要是一种行政性质的决定程序。两者存在极大的不同:一是作出决定的主体不同。二是作出决定的程序不同。三是作出决定后的法律效果不同。赔偿请求人对赔偿义务机关作出的赔偿决定不服的,可以向人民法院赔偿委员会提出请求;而人民法院赔偿委员会作出决定后,赔偿请求人不能再向赔偿义务机关提出赔偿申请。

[①] 徐黎明:《完善人民法院赔偿委员会立法的探讨》,载《经济与社会发展》2004 年第 1 期;汤鸿沛、张玉娟:《德国、法国与中国国家赔偿制度之比较》,载《人民司法》2005 年第 2 期;陈光中、赵琳琳:《国家刑事赔偿制度改革若干问题探讨》,载《中国社会科学》2008 年第 2 期;付洪林:《国家赔偿法新论》,广东省出版集团、广东人民出版社 2009 年版,第 117 页。

2. 人民法院赔偿委员会决定程序与诉讼程序不同。

从世界范围来看，法院赔偿决定程序是作为特别的诉讼程序存在的，有的国家甚至和普通的诉讼程序完全无异。《国家赔偿法》规定的人民法院赔偿委员会决定程序和普通的诉讼程序的共同点在于都由人民法院处理相关的争议，但是和普通诉讼程序相比，还存在以下不同：一是裁决机构不同。普通诉讼程序以人民法院为主体作出裁判；人民法院赔偿委员会决定程序以人民法院赔偿委员会名义作出赔偿决定。二是当事人的称谓不同。普通诉讼程序当事人包括原告、被告、上诉人和被上诉人等；人民法院赔偿委员会决定程序当事人包括申请人和被申请人。三是普通诉讼程序一般实行开庭审理，书面审理为例外；人民法院赔偿委员会决定程序一般实行书面审理为原则，开庭审理为例外。四是普通诉讼程序一般实行两审终审制度；人民法院赔偿委员会决定程序则实行一审终局制度。

3. 人民法院赔偿委员会决定程序和民事诉讼特别程序不同。

人民法院赔偿委员会决定程序和民事诉讼特别程序存在一定的类似性：两者均非诉讼程序；两者均为一审终审等等。但是，两者存在一些明显的不同：根据《民事诉讼法》的规定，适用特别程序的案件主要包括两类。人民法院赔偿委员会决定程序与这两类程序均不相同。一是非讼案件。包括认定公民无民事行为能力和限制行为能力的宣告失踪、宣告死亡的案件、认定财产无主的案件。这类案件不是有关民事权益争议的案件，亦不存在利害关系相对立的双方当事人。但是，这些案件又与民事纠纷有一定的牵连性，人民法院审理这类案件的目的并不在于要求一方当事人承担某种民事义务或者民事责任，而仅仅在于解决某种权利状态或者法律事实是否存在，从而使特定的法律关系发生、变更或者消灭。在案件的审理过程中，人民法院如果发现本案属于民事权益争议，可以作出终结特定程序的裁定，并告知利害关系人另行起诉。在法理上，这些案件被认为是非讼案件，审理这类案件称为非讼程序。但是，适用国家人民法院赔偿委员会决定程序却并非非讼案件，而是存在实体上的权利义务争议，并且是经过处理程序和复议程序没有获得解决，才进入人民法院赔偿委员会决定程序的。二是选民资格案件。它是指公民对选举委员会公布的选民名单认为有错误，向选举委员会申诉后，不服选举委员会作出的处理决定，依法向人民法院起诉的案件。这类案件主要是对选举委员会的决定不服起诉的，因此不是行政案件，它的内容主要是涉及到政治权利的有无，亦非民事案件，只不过是按照民事诉讼程序特别程序进行解决。人民法院赔偿委员会决定程序虽然针对的案件并非民事案件，也并非行政案件，因为有争议的对方是国家赔偿义务机关，并非民事主体。对于这种特殊案件的审理的人民法院赔偿委员会决定程序是一种不同于普通诉讼程序的特别程序。

二、关于人民法院赔偿委员会的诉讼性质

对于人民法院审理赔偿案件的机构性质问题，在修订《国家赔偿法》时产生了激烈的争论。主要有两种意见：

第一种意见是，赔偿委员会的决定程序应当属于诉讼性质。主要理由是：第一，任何案件进入法院都是一种诉讼。既然有诉讼就有审判，而在法院有权审理案件的只有审判庭。实际上，人民法院赔偿委员会办公室一直是作为审判业务部门来对待的。国家赔偿案件进入到人民法院，人民法院赔偿委员会对赔偿案件进行审查，并可以重新调查，对赔偿义务机关或者复议机关所作的决定具有司法审查权力，这就是"审"；人民法院赔偿委员会可以依据查证的事实作出新的也是最终的决定，这就是"判"。人民法院赔偿委员会的决定是具有法律效力的，必须执行——这就决定了人民法院赔偿委员会的决定相当于生效判决和裁定的法律效力。事实上，即便在民事诉讼程序中，也有一些特别的程序，例如，宣告失踪、选举诉讼等，这些程序都不是典型的民事诉讼程序，但不能说这些程序不是民事诉讼程序。第二，国家赔偿案件的审理早已定位为一项审判业务。既然是审判业务，就应当适用诉讼程序并且由审判庭负责。最高人民法院《关于人民法院赔偿委员会审理赔偿案件程序的暂行规定》

采用了"审理"赔偿案件的提法，最高人民检察院《人民检察院刑事赔偿工作暂行规定》采用的也是"审理"的提法，对于人民法院"审理"国家赔偿案件应当没有异议。最高人民法院每年向全国人民代表大会所作的工作报告也是将国家赔偿工作作为人民法院审判工作的重要组成部分。最高人民法院于1995年第一次全国高级人民法院赔偿委员会主任会议就提出，人民法院的赔偿工作是人民法院审判工作的重要组成部分。在第三次全国高级人民法院赔偿委员会主任会结束时，最高人民法院沈德咏副院长对国家赔偿工作作了如下表述："赔偿决定程序是三大诉讼程序之外的独立的决定程序，是一种特殊的诉讼程序。"第三，所谓的"法官审法官"的问题并不准确。人民法院赔偿委员会的审理程序与人民法院本身作为赔偿义务机关的程序截然不同。后者的程序与行政机关、检察院作为赔偿义务机关时的程序完全相同，但是，人民法院赔偿委员会程序并非是赔偿义务机关本身作出决定、履行赔偿义务的程序，而是依法行使国家审判权的程序，两者迥然不同。① 第四，包括刑事赔偿在内的国家赔偿是一种侵权赔偿，是国家机关行使权利时侵犯了公民权益，所以引起了公民向国家提出经济赔偿的请求。有的国家就是将包括刑事赔偿的国家赔偿放在民事诉讼法中规定的。例如，意大利等国。② 第五，将《国家赔偿法》规定的赔偿委员会决定程序以及有关设立赔偿委员会及其办公室的规定理解为非诉讼程序，弱化了国家赔偿审判工作。由于这样的理解，已经造成了赔偿委员会决定程序的软弱无力。赔偿委员会不审理案件却具有决定权，赔偿办公室人员审理案件却在法律上并无审理的职权，即便是赔偿委员会委员也并非人大任命等一系列的问题，已经对国家赔偿审判工作产生了极为不良的影响。第六，在国家赔偿法一部法律中，既存在适用诉讼程序的行政赔偿诉讼程序，又存在司法赔偿适用的特殊程序，造成了适用程序的混乱。实际上，从《国家赔偿法》的结

---

① 唐明：《国家赔偿审判论谈》，载《山东审判》第19卷总第151期（2003年第2期）。
② 参见陈光中的观点，转引自张安平《定位不清：刑事赔偿的制度障碍》，载《人民检察》2002年第2期。

构来分析，不论是行政赔偿还是刑事赔偿，都是一个实体法规定的诉讼程序，不能分开。① 因此，应当将赔偿委员会的决定程序正式修订为国家赔偿诉讼程序。这种意见是主流的意见。

另一种意见认为，赔偿委员会的决定程序不属于诉讼性质。主要理由是：第一，司法赔偿不同于行政赔偿，因此不适用诉讼程序，而是适用特别的赔偿委员会决定程序。按照诉讼原理，诉讼的特点包括：有争议的事实存在；有明确的原告和被告；有特定的完整的诉讼程序；诉讼参加人除了司法机关、当事人以外还应当包括证人、鉴定人等；应当作出判决或者裁定；当事人可以上诉；检察机关可以抗诉等。《国家赔偿法》没有赋予赔偿请求人对赔偿决定的上诉权。检察机关对赔偿委员会办理赔偿活动也无权进行监督。第二，我国宪法体制决定了赔偿委员会的决定程序不属于诉讼性质。我国法院和检察院都是同级人大产生，对同级人大负责，是"一府两院"的重要组成部分，权力平衡，互不隶属。检察机关享有对法院工作的监督权，如果将赔偿委员会定位于诉讼模式，意味着检察机关在很多情况下要成为被告，这在法理上是一种逻辑上的混乱。有的观点甚至认为，人民法院赔偿委员会拥有的赔偿审查和决定权的规定，"不能不说是推进社会主义法律监督制度健全进程中的一点失误"。② 第三，赔偿委员会的任务单一，一般只解决赔偿问题，不关注行为本身是否错误、是否违法侵权的问题，案件一般已经经过了诉讼，事实清楚，再实行诉讼费时费力，意义不大。第四，国家赔偿经过了一百年的发展，国际上对其一般都不采取诉讼模式，而是采用由赔偿委员会直接作决定的方式，而且很多国家和地区的赔偿委员会都不设在法院，目的就是为了保证决定的公正性。③ 第五，至于目前赔偿委员会及其办公室的设置以及所产生的一系列问题，主要是由于司法解释造成的，并非法律规定所致。如果将现行程序改为诉讼程序可能会导致我国司法体制

---

① 参见信春鹰的观点，转引自张安平《定位不清：刑事赔偿的制度障碍》，载《人民检察》2002年第2期。
② 张忠诚、王志亮：《关于赔偿委员会设置的思考》，载《云南法学》1995年第4期。
③ 赵景川：《"国家赔偿审判"的提法不妥》，载《人民检察》2006年第7期（上）。

的一系列问题,这种修改实现的可能性微乎其微。既然《国家赔偿法》并未明确决定程序适用诉讼程序,自然也无法成立审判庭。《国家赔偿法》应当仍然保留中级以上人民法院成立赔偿委员会的规定。这种意见主要是检察院同志的意见。

我们赞同第一种意见。理由再补充两点:其一,诉讼程序也分为典型的诉讼程序和非典型的诉讼程序。赔偿委员会的决定程序属于非典型的诉讼程序。再比如,《民事诉讼法》规定的特别程序(选民资格、宣告失踪、宣告死亡、认定公民无行为能力和限制行为能力、认定财产无主等)、督促程序、公示催告程序、企业法人破产还债程序甚至《行政诉讼法》规定的非诉行政执行的程序都属于非典型的诉讼程序,都为诉讼法所规范。其二,按照国家权力的划分,国家权力可以分为立法、行政和司法权力。人民法院赔偿委员会决定程序既非行政权力,亦非立法权力,当然属于司法权力,况且该案件也是由人民法院审理和作出决定的,其诉讼性质毋庸置疑。

三、人民法院赔偿委员会决定案件的管辖

人民法院赔偿委员会决定案件的管辖主要包括以下几个内容:

1. 不服复议决定。修订前的《国家赔偿法》第 22 条第 2 款规定:"赔偿请求人不服复议决定的,可以在收到复议决定之日起三十日内向复议机关所在地的同级人民法院赔偿委员会申请作出赔偿决定;复议机关逾期不作决定的,赔偿请求人可以自期间届满之日起三十日内向复议机关所在地的同级人民法院赔偿委员会申请作出赔偿决定"。即,由复议机关所在地的与复议机关同级的人民法院管辖。例如,复议机关是省、自治区和直辖市人民检察院的,由省、自治区、直辖市高级人民法院管辖。《国家赔偿法》对本条基本上没有作修订,只是将"期间"修订为"期限",因为只有期限才能届满。

2. 不服赔偿义务机关为人民法院的赔偿决定。修订前的《国家赔偿法》第 21 条规定:"赔偿义务机关应当自收到申请之日起两个月内依照

本法第四章的规定给予赔偿；逾期不予赔偿或者赔偿请求人对赔偿数额有异议的，赔偿请求人可以自期间届满之日起三十日内向其上一级机关申请复议。赔偿义务机关是人民法院的，赔偿请求人可以依照前款规定向其上一级人民法院赔偿委员会申请作出赔偿决定"。即，赔偿义务机关是人民法院的，由其上一级人民法院管辖。《国家赔偿法》修订后，上述内容合并于《国家赔偿法》第24条第3款之中。

一般而言，人民法院赔偿委员会管辖本法院辖区内的司法赔偿案件，包括赔偿请求人和赔偿义务机关无法达成赔偿协议的案件和赔偿请求人直接向赔偿委员会申请赔偿的案件。如果赔偿请求人有理由认为有管辖权的人民法院赔偿委员会不能公正地审理赔偿案件，可以向上一级人民法院赔偿委员会提出申请，要求该赔偿委员会审理或者指定其他下级人民法院赔偿委员会审理赔偿案件。

学术界还有一种观点认为，目前行政赔偿程序和刑事赔偿、非刑事司法赔偿程序规定不一致，应当将包括行政赔偿诉讼在内的所有赔偿案件都由人民法院赔偿委员会管辖和处理。既然《国家赔偿法》规定中级人民法院以上设立专门负责国家赔偿的赔偿委员会，不如在法律上规定人民法院赔偿委员会统一审理国家赔偿案件。对于行政赔偿诉讼而言，人民法院行政审判庭只对行政行为的合法性进行审判，生效判决确认行政行为违法后，当事人请求赔偿的，告知其向赔偿义务机关请求赔偿，赔偿义务机关不予受理或者逾期不予受理的，方可向人民法院赔偿委员会申请作出赔偿决定。我们认为，建立统一的国家赔偿诉讼程序是今后国家赔偿程序改革的主要方向，目前行政赔偿诉讼程序已经成形并且运行良好，似无在这方面进行修改的必要。姑存此论。

四、人民法院赔偿委员会决定程序的启动和进行

《国家赔偿法》没有对人民法院赔偿委员会决定程序作出详细规定。以下结合《人民法院赔偿委员会审理赔偿案件程序的暂行规定》（法发［1996］14号，1996年5月6日，最高人民法院审判委员会第809次会议

讨论通过）和《最高人民法院赔偿委员会工作规则》（法发［1999］16号，1999年4月26日，最高人民法院赔偿委员会第7次会议通过）加以阐述。

(一) 决定程序的启动

如果赔偿请求权人在经过复议程序后（人民法院为赔偿义务机关的除外），赔偿请求仍然得不到满足，可以向人民法院赔偿委员会申请作出赔偿决定，由此发生赔偿决定程序。这里的"赔偿请求得不到满足"，主要是以下三种情况：一是不服复议机关作出的决定，例如，认为复议机关决定的赔偿金数额太少。在这种情况下，请求权人可以在收到复议决定书之日起30日内向人民法院申请。二是复议机关自收到复议申请书之日起2个月不作出决定。自2个月期间届满之日起30日内，请求权人可以向人民法院赔偿委员会申请赔偿决定。三是赔偿义务机关是人民法院的，如果它在2个月内不作出处理或者请求权人对其作出的处理有异议的，自2个月期间届满之日起30日内，请求权人可以向人民法院赔偿委员会申请赔偿决定。

这里有一个值得讨论的问题，即申请复议程序是否为赔偿请求人向人民法院赔偿委员会申请作出赔偿决定的必经程序（人民法院为赔偿义务机关的除外）？参与过《国家赔偿法》立法的学者认为，申请复议程序是赔偿请求人向人民法院赔偿委员会申请作出赔偿决定前的必经程序，否则，人民法院赔偿委员会不予受理。[①] 有的学者认为上述理解是错误的。根据《行政诉讼法》第37条第2款的规定，只有法律法规规定应先向行政机关申请行政复议，对行政复议不服再提起行政诉讼的情况下，才属于"复议前置"。但是，《国家赔偿法》对于提起复议的条件是"可以"，并无必须经过复议的强制要求。因此，人民法院赔偿委员会不应当将复议程序作为国家赔偿案件的前置程序，赔偿请求人对赔偿义务机关逾期不予赔偿或者对其赔偿决定不服的，既可以申请上一级机关复议，

[①] 胡康生主编，全国人大法制工作委员会民法室编著《〈中华人民共和国国家赔偿法〉释义》，法律出版社1994年版，第60页。

也可以直接向人民法院赔偿委员会申请作出赔偿决定。[①] 我们认为,虽然《国家赔偿法》并未明确要求复议前置,但是,无论是从立法原意而言,还是从保障赔偿请求人的权益出发(经过复议程序存在着救济途径和审级上的差异),复议程序实际上是多了一道救济程序,且无损于公正和效率,司法实践中可以按照有关司法解释的规定执行。

赔偿请求人依法向赔偿委员会申请作出赔偿决定的,应当递交赔偿申请书一式四份。赔偿请求人书写申请书确有困难的,可以口头申请。口头提出申请的,应当记入笔录,并填写《口头申请赔偿登记表》一式四份,由赔偿请求人签名、盖章。

赔偿请求人提出赔偿申请,除符合《国家赔偿法》第6条规定的条件以外,还应当提供以下相关的法律文书和证明材料:(一)有《国家赔偿法》第17条、第18条规定情形的法律文书,包括:人民法院一审宣告无罪并已发生法律效力的刑事判决书、人民法院二审宣告无罪的刑事判决书、人民法院依照审判监督程序再审宣告无罪的刑事判决书、人民检察院起诉决定书或者公安机关释放证明书;(二)有《国家赔偿法》第38条规定情形的法律文书;(三)赔偿义务机关作出的赔偿或者不予赔偿决定书。赔偿义务机关逾期未作出决定的,应当提供相关的证明材料;赔偿义务机关是侦查、检察或者监狱管理机关的,应当提供上一级机关作出的复议决定书。复议机关逾期未作复议决定的,应当提供相关的证明材料;(四)其他相关的法律文书、证明材料。

赔偿委员会收到赔偿申请后,应当在7日内决定是否立案,并及时通知赔偿请求人。缺少有关证明材料的,应当通知赔偿请求人予以补充。收到赔偿申请的时间应当自材料补充齐全后起算。经审查,认为赔偿请求人的赔偿申请依法不属于赔偿委员会受理的,应当告知赔偿请求人向有关机关提出赔偿申请,或者转请有关部门处理,并通知赔偿请求人。赔偿委员会立案的,在依法作出决定之前,赔偿请求人申请撤回赔偿申

[①] 唐明:《国家赔偿审判论谈》,载《山东审判》第19卷总第151期(2003年第2期)。

请的，应当准许。

（二）决定程序的进行

1. 指定专人和回避。

赔偿委员会决定立案审理的赔偿案件，应当指定专人负责办理。这里的"专人"是指作为承办人而言，可以为一人，但是案件应当参照行政诉讼法有关合议制的规定，以便保障案件的公正审理。

人民法院赔偿委员会委员、案件承办人、书记员、鉴定人员、勘验人员与案件存在利害关系，有可能影响公正审理的，应当自行提出回避。赔偿请求人和赔偿义务机关也可以提出回避申请。人民法院对上述人员提出的回避申请，应当在申请提出的3日内，以口头或者书面形式作出决定。书记员、翻译人员、鉴定人员、勘验人员的回避由赔偿委员会委员决定；赔偿委员会委员的回避由赔偿委员会主任决定；赔偿委员会主任的回避由赔偿委员会会议讨论决定。

2. 送达。

赔偿委员会立案后，应当于15日内将赔偿请求人的赔偿申请书副本送达复议机关和赔偿义务机关。

3. 阅卷。

赔偿委员会应当对双方当事人提供的材料进行汇总和研究，归纳争议焦点，拟定调查提纲。

4. 调查。

根据《国家赔偿法》第27条的规定，赔偿委员会必要时，可以向有关单位和人员调查情况、收集证据。赔偿委员会根据审理案件的需要，可以通知赔偿请求人、赔偿义务机关和复议机关的有关人员或者相关证人提供有关情况、案件材料、证明材料，或者到人民法院接受调查。赔偿委员会对赔偿请求人和被请求的赔偿义务机关、复议机关调查取证，应当分别进行。

5. 举证责任。

根据《国家赔偿法》第26条第1款的规定，赔偿委员会处理赔偿请求，赔偿请求人和赔偿义务机关对自己提出的主张，应当提供证据。被羁押人在羁押期间死亡或者丧失行为能力的，赔偿义务机关的行为与被羁押人的死亡或者丧失行为能力是否存在因果关系，赔偿义务机关应当提供证据。

6. 特别情形下的质证和询问。

根据《国家赔偿法》第27条的规定，赔偿请求人与赔偿义务机关对损害事实及因果关系有争议的，赔偿委员会可以听取赔偿请求人和赔偿义务机关的陈述和申辩，并可以进行质证。经过书面阅卷和调查后、如果认为有必要的，可以询问当事人。询问的方式可以是分别询问，也可以是共同询问。

7. 审查报告。

经审查，赔偿案件事实清楚、证据确实、充分的，应当写出赔偿案件审查报告，并附有关案卷和证明材料，报请赔偿委员会主任提交赔偿委员会审理。赔偿案件审查报告应当包括以下内容：（一）案件的由来；（二）赔偿请求人的基本情况，赔偿义务机关、复议机关的名称及其法定代表人；（三）赔偿请求人申请事项及理由；（四）申请的赔偿案件确认情况、赔偿义务机关的决定情况以及复议机关的复议情况；（五）承办人审查认定的事实及依据；（六）处理意见和理由。

8. 拟定初步意见。

在事实基本查清之后，可以拟出初步意见，并且询问当事人是否有异议。

9. 作出决定。

赔偿委员会讨论的案件和其他事项，赔偿委员会办公室应当将有关的文件资料，于1日前发送各委员和有关列席人员。赔偿委员会委员接到会议通过后应当按时出席会议。因故不能出席会议的应于1日前告知赔偿委员会办公室。赔偿委员会会议由主任主持，或者由主任委托副主任主持。赔偿委员会开会应有过半数的委员参加。

赔偿委员会讨论案件，实行少数服从多数的原则。赔偿委员会讨论的案件,必须超过委员会全体委员的半数同意方能通过。赔偿委员会半数以上委员的意见为赔偿委员会的决定意见。少数委员的意见可以保留并记录在卷。赔偿委员会认为重大、疑难的案件,必要时由主持会议的赔偿委员会主任或者副主任报请院长提交审判委员会讨论决定。审判委员会的决定,赔偿委员会应当执行。赔偿委员会的决定,赔偿委员会办公室应当执行,不得擅自改变;如发现有新情况,可以提请赔偿委员会主任或者副主任决定提交赔偿委员会复议。

赔偿委员会审理的案件,应当分别下列情形依法作出决定:(一)赔偿义务机关决定或者复议机关复议决定适用法律正确,赔偿方式、赔偿数额适当的,应当决定予以维持;(二)赔偿义务机关决定、复议机关复议决定适用法律不当的,应当撤销原决定,依法作出决定;赔偿方式、赔偿数额不当的,应当作出变更决定;(三)有《国家赔偿法》第17条、第18条、第38条规定情形之一,赔偿义务机关或者复议机关逾期未作决定的,应当作出赔偿或者不予赔偿的决定;(四)赔偿请求人申请赔偿事项属于《国家赔偿法》第19条规定的国家不承担赔偿责任的情形,或者已超过法定时效的,应当作出不予赔偿的决定。

赔偿委员会审理案件作出的决定,应当制作人民法院赔偿委员会决定书。人民法院赔偿委员会决定书,应当载明以下事项:(一)赔偿请求人的基本情况,赔偿义务机关、复议机关的名称及其法定代表人;(二)赔偿请求人申请事项,赔偿义务机关的决定、复议机关的复议决定情况;(三)赔偿委员会认定的事实及依据;(四)决定的理由与法律依据;(五)决定内容。

人民法院赔偿委员会决定书由赔偿委员会主任审核签发,加盖人民法院院印。有的同志提出,赔偿决定书应当加盖人民法院赔偿委员会公章。我们认为,赔偿决定书应当署名为"××人民法院赔偿委员会",但是应当加盖"××人民法院"印章。

《人民法院赔偿委员会审理赔偿案件程序的暂行规定》第20条规定,赔偿案件应当在3个月内作出是否赔偿的决定。因案件情况复杂,3个月内不能作出决定的，经本院院长批准，可以延长 1 个月；仍不能作出决定需要再延长审理期限的，应当报请上级人民法院批准，再延长的时间最多不得超过 3 个月。修订后的《国家赔偿法》对此予以确定。《国家赔偿法》第 28 条规定："人民法院赔偿委员会应当自收到赔偿申请之日起三个月内作出决定。对于疑难、复杂、重大案件，经本院院长批准，可以延长三个月。"

根据《国家赔偿法》第 29 条第 3 款规定，赔偿委员会决定一经作出，即发生法律效力，必须执行。赔偿请求人可以据此要求赔偿义务机关履行赔偿义务，也可以要求人民法院强制执行。对于赔偿义务机关拒不履行人民法院赔偿委员会决定的，根据国家赔偿的特点并参照行政诉讼法的有关规定，可以采取划拨该机关存款、罚款、提出司法建议、直接要求下级人民法院履行赔偿义务、追究主管人员和直接责任人员的刑事责任等。[①] 即对于赔偿义务机关能够通过返还财产或者恢复原状履行赔偿义务的，应当责令赔偿义务机关返还财产或者恢复原状；对赔偿决定书中确定赔偿义务机关应当返还罚款的，通知银行从该机关账户中划拨；赔偿义务机关不履行赔偿义务的，可以向上一级主管部门提出司法建议，并由其督促赔偿义务机关履行赔偿义务，并将处理情况告知人民法院；拒不履行赔偿义务，情节严重构成犯罪的，依法追究主管人员和直接责任人员的刑事责任。

10. 送达决定

人民法院赔偿委员会决定书应当根据决定事项的具体内容，分别送达赔偿请求人、赔偿义务机关和复议机关。

五、国家赔偿听证程序

（一）引入听证程序的意义

绝大多数的观点认为，修订前的《国家赔偿法》规定的国家赔偿案

[①] 徐明、吕良彪：《完善赔偿委员会立法刍议》，载《江西社会科学》1996 年第 3 期。

件审理的方式对于保障案件的质量不利。特别是赔偿委员会审理赔偿案件不开庭,双方当事人也不见面,亦没有严格的质证、认证过程,不能完全体现程序公正。特别是在处理涉及财产的案件时,有的案件涉案标的额非常大,且双方争议非常大,也没有诉讼程序作保障,赔偿请求人认为法院的审理有失偏颇,缺乏公正性。审理程序的不公开,只是赔偿请求人、赔偿义务机关和复议机关怀疑审理结果的公正性。因此,要让当事人信服赔偿委员会决定的公正性和合理性,就必须使赔偿审判程序具有一定的公开性,给当事人提供一个能够参与审理过程的机会,让双方当事人从审理过程的公开中感受审理结果的公正。[①] 近年来一些地方虽然推出了听证程序,但是没有法律依据作为支撑,有的赔偿义务机关不配合,不出席听证,给案件的审理带来困难。此外,赔偿决定一裁终局的方式,虽然具有简便、快捷的优点,但是也使得赔偿请求人和赔偿义务机关都没有上诉申辩的机会。对于法院赔偿委员会作出的生效决定错误,能否提起监督程序,也缺乏相应的规定。

修订后的《国家赔偿法》第 27 条最后采取了书面审查和开庭审理相结合的方式。该条规定:"赔偿委员会处理赔偿请求,采取书面审查的办法。必要时,可以向有关单位和人员调查情况、收集证据。赔偿请求人与赔偿义务机关对损害事实及因果关系有争议的,赔偿委员会可以听取赔偿请求人和赔偿义务机关的陈述和申辩,并可以进行质证。"这个规定明确了国家赔偿的听证程序。

所谓听证程序是人民法院赔偿委员会采取听证方式审理赔偿案件的程序。引入听证程序具有十分重要的意义:

1. 对于人民法院赔偿委员会而言,听证程序有利于查清案件事实,并且能够增加审理程序的公正性、公开性,从而增强审理机关的透明度和赔偿决定的公信力。正义不仅要得到实现,而且必须以人们看得到的方式实现。在过去,赔偿委员会审理赔偿案件,根据需要可以通知赔偿

---

① 黄任文:《听证程序在审理国家赔偿案件中的应用》,载《经济与社会发展》第 2 卷第 2 期(2004 年 2 月)。

请求人、赔偿义务机关和复议机关的有关人员或者有关证人提供相关证据和材料，或者到人民法院接受调查。但是，赔偿委员会对赔偿请求人和赔偿义务机关以及复议机关都是采取分别调查取证的方式。这样就导致双方当事人无法当面质证，对于哪些事实可以采信，哪些事实不能采信，全凭赔偿委员会的主观判断。在听证程序中，双方当事人可以在赔偿委员会的主持下就损害事实进行举证、质证，赔偿委员会在充分质证基础上再进行认证。这样的程序使赔偿委员会认定证据的过程更为客观公正，有利于查清争议事实。

2. 对于赔偿义务机关而言，听证程序能够促使其依法提供证据，并依法进行辩解，防止申请人漫天要价；听证程序同时将赔偿义务机关的行为置于公众的监督之下，有利于其增强责任感和自觉性。

3. 对于赔偿请求人而言，听证程序有效保障了知情权、申辩权、陈述权，使其有机会表达自己的意见，从而维护自己的合法权益。在听证程序中，必须使当事人对于自己的权利和义务、案件审理的程序和方法心中有数、任何影响当事人权利和义务的决定都必须说明理由。双方当事人能够面对面到庭参加辩论，增加了审理的公开性和透明度。

综上，鉴于之前的国家赔偿决定程序基本上是暗箱操作，缺乏公正性和透明度，听证程序又有较书面审查所不具备的优势，引入国家赔偿听证程序已经成为社会各界的共识。

（二）国家赔偿听证程序的发展过程

人民法院赔偿委员会的听证程序经历了一个不断发展完善的过程。早在1996年，最高人民法院颁布的《人民法院赔偿委员会审理赔偿案件程序的暂行规定》第9条规定，赔偿委员会根据审理案件的需要，可以通知赔偿请求人、赔偿义务机关和复议机关的有关人员或者相关证人提供有关情况、案件材料、证明材料，或者到人民法院接受调查。但是，由于赔偿案件审理仍然是"依法不公开进行"，缺乏质证申辩等程序，不利于解决纠纷。2002年3月，时任最高人民法院院长肖扬在第九届全国人民代表大会第五次会议上所作的《最高人民法院工作报告》中，明确将"实行国家赔偿听证程序,确保受到侵害的公民获得及时司法救济"。同年,在全国高级人民法院赔偿委员会主任会议上确定了国家赔偿审判方式改革的重点是引入听证程序,即人民法院在审理国家赔偿案件时,加大保护赔偿请求人对证据的知情权,负有赔偿义务的赔偿义务机关承担更多的举证责任,听证双方可以质证和申辩等。之后,国家赔偿听证程序在全国推行,取得了积极的法律效果和社会效果。例如,湖北省高级人民法院审理的"吴鹤声国家赔偿案"是在全国范围内首次在国家赔偿审理中采用了听证程序。之后,厦门中院审理的"朱水荣国家赔偿案"、贵阳中院审理的"谭榜林国家赔偿案"以及平顶山中院审理的"孟宪增国家赔偿案"等案件在全国产生了积极的反响,受到了社会各界的广泛赞誉,誉之为一项富有时代意义的阳光工程。

修订后的《国家赔偿法》正式确定了人民法院赔偿委员会可以适用听证程序。该法第27条规定:"赔偿委员会处理赔偿请求,采取书面审查的办法。必要时,可以向有关单位和人员调查情况、收集证据。赔偿请求人与赔偿义务机关对损害事实及因果关系有争议的,赔偿委员会可以听取赔偿请求人和赔偿义务机关的陈述和申辩,并可以进行质证。"这是我国《国家赔偿法》修订后的一个新规定,对司法实践中已经广泛采用的听证程序作了规定。

(三)听证程序的基本原则

1. 公平、公开和公正原则。

除涉及国家秘密、商业秘密和个人隐私外,听证应当公开进行。赔偿请求人和赔偿义务机关可以向人民法院申请不公开听证,人民法院也可以自行决定不公开听证。赔偿委员会组织听证前应当提前通知双方,对认定事实的证据应当向双方出示或者宣读,并公开进行质证和认证等等。

2. 平等原则。

在听证程序中应当坚持法律面前人人平等的原则,既不允许赔偿义务机关利用优势地位对赔偿请求人施加影响,也不允许赔偿请求人过度情绪化，保障听证会在平等和谐的氛围中进行。双方当事人的权利义务应当予以明确和保障，例如，当事人都享有申请听证首席法官和听证法官回避的权利、提供证据的权利、赔偿请求人享有对赔偿义务机关、复议机关认定损害后果事实的证据的知情权、查阅、复制相关证据和材料等等。

3. 有限性原则。

即听证程序应当有一定的适用范围。凡是属于重大、疑难或者争议较大的案件，均应当进行听证。所谓重大、疑难，是指案件涉及的受害人人数较多、社会影响较大、损害后果较为严重、法律适用问题复杂等情况；所谓争议较大是指赔偿请求人和赔偿义务机关对于是否应当赔偿、赔偿方式、赔偿项目和赔偿数额存在较大争议的情况。

4. 调解原则。

在合法、平等、自愿的前提下，听证主持人可以就赔偿方式、赔偿项目和赔偿数额等问题进行调解。调解达成协议的，人民法院赔偿委员会也可以按照双方协议制作赔偿决定书。双方要求不制作赔偿决定书的，应当记入笔录，并由双方签字或者盖章。双方在规定的期限内达不成协议的，应当及时提交赔偿委员会讨论，及时作出赔偿决定。赔偿请求人和赔偿义务机关自愿达成和解协议，赔偿请求人申请撤回赔偿请求的，经人民法院准许，可以撤回其赔偿请求。

（四）听证的基本程序

听证依照以下程序和要求组织：

1. 听证程序的通知由赔偿委员会主任、赔偿办主任决定，并指定听证主持法官和其他听证法官。听证主持法官应当是赔偿委员会委员，其他听证法官可以是赔偿委员会委员，也可以是赔偿委员会办公室审判员或者助理审判员。书记员可以是赔偿委员会办公室的书记员。

2. 人民法院赔偿委员会应当在听证的 7 日前，通知当事人举行听证的时间、地点、参加听证的法官和书记员。听证的地点可以是在人民法院的法庭，也可以是在法院的办公室、会议室、谈话室等处，以便营造一个宽松、易于协商的氛围。当事人认为主持听证法官或者其他听证法官与本案有直接利害关系的，有权申请回避。有的学者还提出，由于赔偿复议机关在人民法院赔偿委员会决定程序中亦可作出撤销、重新作出决定或者变更赔偿的决定，因此，也应当将赔偿复议机关作为当事人通知参加听证程序。[①]

3. 除涉及国家秘密、商业秘密或者个人隐私外，听证公开举行。

4. 当事人可以亲自参加听证，也可以委托1人至2人代理。

5. 书记员应当核对听证当事人是否到场，并宣读听证纪律。听证主持法官宣布听证会开始，宣布听证组成人员、案由、听证的主要内容、告知听证当事人的权利义务、询问是否申请回避等。

6. 赔偿请求人就赔偿义务机关的公权力行为给自己造成的损害、赔偿方式、赔偿请求事项、理由和赔偿数额等进行陈述，并出示相关证据。

7. 赔偿义务机关、复议机关陈述在行使职权过程中是否给赔偿请求人造成损害或者损害的大小、是否承担赔偿责任进行陈述或者答辩，并出示相关证据。

8. 听证法官出示依职权调查收集的证据或者人民法院作为赔偿义务机关所认定的证据，并予以提示或者说明。

9. 听证主持人宣布需要质证的主要问题，并就相关问题进行询问。

10. 听证当事人可以就需要质证的问题进行质证和辩论。对于各方均予认可的证据，可以宣布作为证据予以采用。有关质证和认证的程序可以参照适用最高人民法院《关于行政诉讼证据若干问题的规定》。值得注意的是，最高人民法院《关于人民法院赔偿委员会审理赔偿案件程序的暂行规定》第10条规定，赔偿委员会对赔偿请求人和赔偿义务机关、复议机关调查取证，应当分别进行。这里的"分别进行"是指赔偿委员会在调查取证时的规则，在质证过程中必须进行面对面地质证。

11. 听证当事人就争议问题作最后陈述后，听证法官可以组织听证当

[①] 海蛟：《论国家赔偿法中听证程序的引入》，载《湖北社会科学》2005年第11期。

事人双方在合法自愿的基础上就赔偿具体问题进行协商并可以达成协议。经协商不成的，赔偿委员会在听证后及时依法作出赔偿决定。有的学者认为，人民法院的调解没有法律依据，且没有"刑事赔偿调解书"这样的法律文书，因而不能进行调解（协商）[①]。我们认为，《国家赔偿法》修订之后，这一问题已经解决，为了简化程序和方便赔偿请求人及时得到赔偿，双方可以在人民法院赔偿委员会组织下进行协商并且达成协议。

12. 听证应当制作笔录；笔录应当交当事人审核无误后签字或者盖章。

13. 当事人不承担人民法院赔偿委员会组织听证的费用。

（五）听证程序需要注意的问题

当前，在适用听证程序方面要注意以下两个问题：

一是把握好"必要时"的准确含义。根据《国家赔偿法》第 27 条的规定，赔偿义务机关"必要时"，可以向有关单位和人员调查情况、收集证据；赔偿请求人与赔偿义务机关对损害事实及因果关系有争议的，赔偿委员会可以听取赔偿请求人和赔偿义务机关的陈述和申辩，并可以进行质证。所谓的"必要时"主要包括了两个方面：一方面，在向有关单位和人员调查情况、收集证据时，注意把握适用的范围。人民法院赔偿委员会审理的赔偿案件，在大多数情况下由于经历了刑事诉讼等程序，事实较为清楚，证据较为充分，对于侵害事实（特别是对人身自由权的侵害事实）争议不大。争议较大的往往是财产权和生命健康权的侵害事实。赔偿义务机关和赔偿请求人就财产损害的程度、生命健康损害的程度（轻伤还是重伤、部分丧失劳动能力还是全部丧失劳动能力）等争议较大。在赔偿请求人要求查看赔偿义务机关的证据时，赔偿义务机关往往以各种理由拒绝提供或者出示，造成双方争议激烈。此时，人民法院赔偿委员会有必要向有关单位和人员调查情况、收集证据，以平衡双方的举证能力。另一方面，只有在"赔偿请求人与赔偿义务机关对损害事实及因果关系有争议的"方可进行听证。在司法实践中，有的法院不管

[①] 汤流：《刑事赔偿中的协商程序》，载《法学杂志》1998 年第 2 期。

当事人双方对损害事实和因果关系是否存有异议，一律适用听证程序。这样的做法，一方面给法院增加了无谓的负担，另一方面审判效果也不一定好：赔偿义务机关可能存在抵触情绪，特别是一些赔偿义务机关已经愿意赔偿的，认为听证程序是形式主义，多此一举；赔偿请求人可能因经历过刑事诉讼程序对于听证质证存在恐惧的心理等。因此，必须从两个方面把握好"必要时"的度。在司法实践中，有的高院认为国家赔偿案件如果不经过听证审理，将被视为错案，上级法院一经发现即指令再审。这种做法显然是矫枉过正了。

二是注意防止听证程序避重就轻。"避重就轻"体现在两个方面：一是对于案件避重就轻。有些法院对于推行听证程序主动性不足，往往为了应付上级的工作部署，选择一些案情简单、权利义务关系较为明确的案件来举行听证，而对于侵权事实、因果关系、赔偿方式、赔偿项目、赔偿金额等争议较大、社会影响较大的案件适用书面审查，担心无力组织听证和激化各方情绪。二是对于赔偿义务机关避重就轻。有的法院为了避免影响和其他国家机关关系，对于公安、国家安全、检察机关、监狱管理机关、看守所等机关作为赔偿义务机关的案件一般不适用听证程序，只有对于下级法院作为赔偿义务机关的案件才适用听证程序。这两种情况都是避重就轻的表现，今后应当通过司法解释进一步细化适用听证程序的是案件范围，避免听证程序在实践中变形，保障这一良好制度的顺利运行。

六、人民法院赔偿委员会决定的执行

（一）执行名义

《国家赔偿法》第 23 条第 3 款规定，赔偿委员会作出的赔偿决定，是发生法律效力的决定，必须执行。

所谓"发生法律效力的决定"，是指赔偿委员会的赔偿决定一经作出、宣告、送达，便发生法律效力。发生法律效力主要体现为两个方面：

一是体现为拘束力。人民法院赔偿委员会的赔偿决定中确定的赔偿

法律关系，对于赔偿义务机关和赔偿请求人都具有法律约束力，双方当事人都必须服从赔偿决定，非经审判监督程序，任何单位和个人都无权撤销、变更该决定。赔偿义务机关不得与赔偿请求人重新协商和达成协议，不得拒绝履行赔偿决定；赔偿请求人则不得就同一事实和理由再行申请赔偿。双方当事人都无上诉权。

二是执行力，即《国家赔偿法》规定的"必须执行"。赔偿义务机关必须履行赔偿决定，在其不履行的情况下，人民法院赔偿委员会可以通知其上级机关责令其限期履行，也可以由中级人民法院强制执行。赔偿义务机关是中级人民法院或者高级人民法院的，赔偿请求人可以向其上一级人民法院申请执行，上一级人民法院应当责令其执行。[1] 赔偿决定的执行主要通过两种途径：第一种途径是赔偿义务机关自觉履行赔偿决定所确定的赔偿义务；第二种途径是赔偿义务机关逾期拒不履行赔偿决定所确定的义务的，人民法院赔偿委员会可以采取强制执行措施，实现赔偿决定法律文书所确定的赔偿内容。

（二）执行程序的提起

赔偿决定是执行的基础和前提，强制执行则是实现赔偿决定的重要保证。赔偿义务机关不履行赔偿决定的，赔偿请求人可以申请人民法院执行。在司法实践中，有的赔偿义务机关基于种种理由不予赔偿，如果不赋予人民法院强制执行权，人民法院赔偿委员会的赔偿决定将成为一纸空文，赔偿请求人的合法权益就无法得到维护。《国家赔偿法》对此问题没有作出规定，我们认为，可以参照《民事诉讼法》和《行政诉讼法》的有关规定处理。

执行程序中法律关系主体称为"执行主体"。执行主体主要包括：申请执行人、被申请执行人和作为强制执行主体的人民法院赔偿委员会。申请执行人恒为刑事赔偿请求人，即有权取得刑事赔偿的公民、法人或者其他组织；被申请执行人是赔偿决定法律文书确定的负有赔偿义务的

---

[1] 胡康生主编，全国人大常委会法制工作委员会民法室编著《〈中华人民共和国国家赔偿法〉释义》，法律出版社1994年版，第64页。

行使侦查、检察、审判职权的机关以及看守所、监狱管理机关；强制执行主体则是人民法院赔偿委员会。当然，强制执行主体到底是人民法院赔偿委员会还是人民法院专门执行机构（执行局、执行庭、执行办公室）还可以作进一步的探讨，但这只是人民法院的内部分工问题。如果考虑到"审执分立"的原则，国家赔偿的强制执行可以由执行机构负责；如果考虑到对于赔偿决定的熟悉、国家赔偿大多数是金钱赔偿等因素，国家赔偿的强制执行也可以由人民法院赔偿委员会负责。我们倾向于后者。无论强制执行由哪个部门负责，都应当通过立法或者司法解释予以明确，防止出现推诿或者争抢。

正如前文所述，人民法院赔偿委员会在作出赔偿决定时应当在决定主文中明确赔偿义务机关应当履行的期限。履行期限届满后，赔偿义务机关未履行赔偿义务的，赔偿请求人可以依法申请人民法院强制执行。申请强制执行的期限可以参照《若干解释》的规定。参照《若干解释》第84条的规定，申请执行人是公民的，申请执行生效的赔偿决定书的期限为1年，申请人是法人或者其他组织的为180日。申请执行的期限从法律文书规定的履行期间最后一日起计算；法律文书中没有规定履行期限的，从该法律文书送达当事人之日起计算。逾期申请的，除有正当理由外，人民法院不予受理。

七、人民法院赔偿委员会决定程序中救济程序

根据《国家赔偿法》第30条的规定，对人民法院赔偿委员会决定的救济程序主要有以下三种：

（一）申诉程序

有关内容可以参照本书中有关申诉程序的内容。

（二）重新审查和直接审查程序

《国家赔偿法》第30条第2款规定，赔偿委员会作出的赔偿决定生效后，如发现赔偿决定违反本法规定的，经法院院长决定或者上级人民法院指令，赔偿委员会应当重新审查并依法作出决定，上一级人民法院

赔偿委员会也可以直接审查并作出决定。

在修订《国家赔偿法》时，来自检察院的有关同志提出，对于人民法院赔偿委员会作出的决定，赔偿义务机关要求上一级人民法院赔偿委员会重新作出决定，上一级人民法院赔偿委员会应当重新审理。有反对意见认为，赔偿义务机关如果要求上一级人民法院赔偿委员会重新作出决定，上一级人民法院赔偿委员会就"应当"重新审理有两个弊端：一是对于是否需要重新审查，人民法院赔偿委员会拥有判断的权力。如果赔偿义务机关只要提出要求，上一级人民法院赔偿委员会就被动接受，不仅不利于人民法院赔偿委员会赔偿决定的权威性和稳定性，也不符合人民法院赔偿委员会的法律地位。二是如果赔偿义务机关可以提出要求，出于法律地位平等的需要，对于赔偿请求人也应当赋予同样的权利。否则，就会使本来处于弱势地位的赔偿请求人处于更加不利的地位。

立法机关最后明确了重新审查程序，但是规定重新审查程序的启动权在于本院院长或者上级法院，而非赔偿义务机关。主要理由是：其一，赔偿案件应当体现公正、简便和及时的原则，应当确定重新审查程序。其二，赔偿义务机关启动重新审查程序的法律依据不足，应当由人民法院自行决定。这一规定是借鉴了《民事诉讼法》、《行政诉讼法》等法律中有关再审和提审的规定。例如，《行政诉讼法》第63条规定，人民法院院长对本院已经发生法律效力的判决、裁定，发现违反法律、法规规定认为需要再审的，应当提交审判委员会决定是否再审。上级人民法院对下级人民法院已经发生法律效力的判决、裁定，发现违反法律、法规规定的，有权提审或者指令下级人民法院再审。不同的是，由于诉讼法规定的是诉讼程序，因此规定了再审和提审程序；《国家赔偿法》没有明确人民法院赔偿委员会决定为诉讼程序，因此规定为重新审查程序。

适用重新审查程序要注意以下两个问题：

一是适用重新审查程序的前提是"赔偿决定生效后""发现赔偿决定违反本法规定"。"赔偿决定违反本法规定"主要包括以下情形：有新的证据，足以推翻原赔偿决定的；原赔偿决定认定的基本事实缺乏证据证明的；原赔偿决定认定事实的主要证据是伪造的；原赔偿决定认定事实的主要证据应当质证未经质证的；原赔偿决定适用法律确有错误的；违反法律规定，管辖错误的；人民法院赔偿委员会组成不合法或者依法应当回避的审判人员没有回避的；无行为能力人未经法定代理人代为参加或者应当参加的当事人，因不能归责于本人或者其代理人的事由，未参加决定程序的；违反法律规定，剥夺当事人陈述和申辩权利的；原赔偿决定遗漏或者超出赔偿请求的；据以作出赔偿决定的法律文书被撤销或者变更的；其他违反法定程序可能影响案件正确决定的情形；审判人员在审理该案件时有贪污受贿，徇私舞弊，枉法裁判行为的。

二是在重新审查程序中，一般是由本院院长决定或者上级人民法院指令，赔偿委员会"应当"重新审查并依法作出决定，这里是"本院院长"而非"赔偿委员会主任"，是"上级人民法院"而非"上一级人民法院"，是"上级人民法院"而非"上级人民法院赔偿委员会"。在特殊情况下，上一级人民法院赔偿委员会也可以直接审查并作出决定。

（三）检察机关的提出意见程序

《国家赔偿法》第30条第3款规定："最高人民法院对各级人民法院赔偿委员会作出的决定，上级人民检察院对下级人民检察院赔偿委员会作出的决定，发现违反本法规定的，应当向同级人民法院赔偿委员会提出意见，同级人民法院赔偿委员会应当在两个月内重新审查并依法作出决定。"

在修订《国家赔偿法》时，有的同志提出，对于人民法院赔偿委员会的决定，应当增加检察机关的抗诉权的规定。理由是：其一，人民法院赔偿委员会决定程序属于实质上的诉讼程序，只不过没有采用诉讼程序的提法而已。检察机关对于诉讼程序具有法律监督职能，应当增加检察机关的抗诉权规定[①]。其二，检察机关是法律监督机关，应当在赔偿决定程序中行使抗诉权。反对意见认为，检察机关对人民法院赔偿委员会

[①] 王友莉、董巍：《关于国家赔偿审判程序改革的理性思考》，载《人民司法》2004年第1期。

的赔偿决定没有抗诉权。理由是：其一，检察院只有对诉讼活动行使法律监督的权力。根据目前《国家赔偿法》的规定，人民法院赔偿委员会并非诉讼活动，检察院对于这一活动没有获得法律授权，并不享有这一权力。其二，在检察院作为赔偿义务机关的情形，检察机关的身份是一方当事人，如果检察机关对于赔偿决定不服的，就可以所谓法律监督机关的身份提出抗诉，而赔偿请求人既不享有上诉权，亦不享有申请再审的权利，并不符合法律面前人人平等的宪法原则。其三，检察院在人民法院赔偿委员会决定程序中，作为一方当事人，但同时又能够通过所谓抗诉权影响人民法院赔偿委员会决定的稳定性，实际上使得《国家赔偿法》规定的"赔偿委员会作出的赔偿决定，是发生法律效力的决定，必须执行"的规定流于形式。其四，在人民法院赔偿委员会决定程序中，人民法院赔偿委员会并非不考虑国家利益作出决定，检察院亦无抗诉理由，有的是检察机关滥用抗诉权的可能。

立法机关最后采取了一种折中的方案，即规定检察机关有对人民法院赔偿委员会的监督权力，这种权力是一种"提出意见"的权力，而非抗诉权。但是，这一规定也是借鉴了《民事诉讼法》、《行政诉讼法》关于抗诉的规定。例如，《行政诉讼法》第64条规定："人民检察院对人民法院已经发生法律效力的判决、裁定，发现违反法律、法规规定的，有权按照审判监督程序提出抗诉。"

适用本款规定时，要注意以下两个问题：

一是注意本款适用的前提条件。根据本款规定，提出意见程序适用的前提是"违反本法规定"。主要包括以下情形：原赔偿决定认定的事实主要证据不足；原赔偿决定适用法律、法规确有错误；违反法定程序，可能影响案件正确决定；其他违反法律、法规的情形。

二是在提出意见程序中，同级人民法院赔偿委员会应当在两个月内重新审查并依法作出决定。这里的"应当"是指人民检察院提出意见的，人民法院赔偿委员会有义务重新审查并作出决定。重新审查并作出决定的时间是"两个月",对于是否可以延长决定时间没有作出规定。我们认为,经过检察院提出意见的案件,很多属于疑难、复杂、重大案件,可以参照适用《国家赔偿法》第 28 条第 2 款 "对于疑难、复杂、重大案件,经本院院长批准,可以延长三个月"的规定。

八、关于设立国家赔偿审判庭的问题

目前,越来越多的学者提出,鉴于目前国家赔偿程序中存在的问题,必须建立一套公正、公平和合理的程序。良好的国家赔偿程序不仅有利于保障赔偿请求人合法权益的实现,也有利于国家赔偿法立法意图的实现。特别是建立设在法院内部的国家赔偿审判庭,成为一种比较主流的意见。论者认为,设立国家赔偿审判庭的主要理由是:

第一,设立国家赔偿审判庭是《国家赔偿法》制定时有关处理国家赔偿争议机构的最初方案。在《行政诉讼法》制定之前,有的学者就已经提出,应当比照各级法院设立行政审判庭审理行政案件的方式设立司法赔偿庭。这主要是由于设立专门的特别法院受理司法赔偿之诉难以做到。① 还有的学者认为,对于司法赔偿,应当先行通过复议机关解决,对复议机关决定不服的,向上一级司法机关申请复核;还可以通过附带主管(前一机关按有罪处理,属于错羁错判,后一机关按无罪处理时附带主管前一机关司法赔偿问题;人民法院的生效裁判按有罪处理,人民法院再审无罪时附带主管人民法院错判引起的司法赔偿问题)。如果赔偿请求人通过复议和附带主管途径不能解决时,可以通过立法机关直接领导的国家赔偿法院处理。② 《国家赔偿法》在制定之前,大多数学者认为,对于行政赔偿和刑事赔偿程序借鉴国外的司法经验,均统一适用赔偿诉讼程序。

---

① 廖福海:《关于建立司法赔偿制度的几点法律思考》,载《四川警官高等专科学校学报》1994 年第 1 期。
② 曾友祥:《国家赔偿程序初探》,载《现代法学》1992 年第 4 期。近年来,也有学者主张建立专门的刑事赔偿法院来管辖刑事赔偿案件,例如,钟明曦:《刑事赔偿程序的立法思考》,载《福建公安高等专科学校学报》2004 年第 5 期。

第二，设立国家赔偿审判庭有利于赔偿程序的统一和协调。由于种种原因，《国家赔偿法》对于行政赔偿诉讼作了规定，即赔偿请求人对赔偿的方式、项目、数额有异议的，或者赔偿义务机关作出不予赔偿决定的，赔偿请求人可以自赔偿义务机关作出赔偿或者不予赔偿决定之日起三个月内，向人民法院提起诉讼。刑事赔偿诉讼则因为种种原因没有建立起来。行政赔偿诉讼由于和行政诉讼结合起来，在行政赔偿诉讼中，法院可以撤销行政行为，还可以就行政赔偿作出判决，不存在两个机关行使司法权力的问题，因而也不存在程序和实体上的冲突。但是在刑事赔偿程序中，刑事赔偿一般要经过确认、处理和复议三个程序，但是这三个程序的主体各不相同。修订前的《国家赔偿法》将确认权赋予了赔偿义务机关和复议机关。在刑事诉讼中，是否有罪的认定权和违法的确认权两者具有密切的、不可分割的联系，但是按照修订前的《国家赔偿法》，违法确认权的主体和是否有罪认定权的主体（法院）在许多情况下并不统一。在司法实践中大量存在"一个行为，两种结论"的问题。为了避免刑事赔偿中存在的不统一问题，为了解决国家赔偿诉讼不统一、不协调的问题，有必要建立国家赔偿审判庭。

第三，国家赔偿审判庭的建立有利于法院机构设置的规范化。目前国家赔偿案件已经成为人民法院受理和审理诸多案件中的一类。人民法院内部设置不同种类的审判庭，负责不同类型案件的审判。国家赔偿审判庭审理国家赔偿案件是题中之意。根据《人民法院组织法》第24条的规定，人民法院可以根据审判工作的需要设置相应的审判庭，可见人民法院内部的审判庭的设置并非固定不变，而是可以根据审判工作的需要进行设置。目前国家赔偿委员会的设置组成是一名副院长和若干名不同审判庭副职选任的，缺乏稳定性。并且，现行的做法是办公室设主任一名，可以决定赔偿案件的重要问题，但是赔偿办主任和审判庭庭长相比，其法律地位还值得研究，因为审判庭庭长是个审判职务，还需要经过同级人大常委会审查和任命，而办公室主任则由法院自己任命，其权威性较差。因此，有必要单设国家赔偿审判庭，其庭长由法院报请同级人大常委会审查和任命①。

第四，国家赔偿审判庭的建立有助于解决当事人的实体权利。《国家赔偿法》修订前，人民法院赔偿委员会审理案件是秘密进行的，当事人没有申辩、质证和陈述的机会，这不仅不利于案件的公正处理，可能作出的决定公信力不足。② 当事人的实体争议主要体现在侵权主体的适格性、公权力行为的适法性、是否造成损害、损害与公权力行为之间是否存在必然的因果关系等等。这些争议从构成上与一般的侵权行为并无太大差异，采取决定程序而非真正的诉讼程序，对于实质性解决国家赔偿争议尤为不利。

第五，从人民法院的职能和内部分工来看，也应当设立国家赔偿庭。目前，有关国家赔偿的案件分为行政赔偿案件和非行政赔偿案件。前者属于行政审判庭管辖，后者属于赔偿办管辖。有关国家赔偿确认的权限一段时间以来，根据有关司法解释的规定，归审判监督庭管辖，近来又归赔偿办管辖，没有法律的明确规定。从人员的稳定以及专业人才的积累方面，也极为不利。目前，国家赔偿的审理难度越来越大，不仅涉及专业法律的运用，还涉及相关政策、众多司法解释的准确把握，临时抽调的人员无法胜任这一工作。

2005 年，在《法院组织法》修改过程中，有关是否设立赔偿审判庭的问题再一次被提出来。但是，《法院组织法》修改小组经讨论认为，《法院组织法》第 24 条、第 27 条和第 31 条中仍然规定设立赔偿委员会，不设置赔偿审判庭。主要理由是：第一，《国家赔偿法》尚未修改，《法院组织法》的修改不能突破《国家赔偿法》的规定。《国家赔偿法》第 23 条规定的是设立赔偿委员会，不是设立赔偿审判庭。第二，目前人民法院赔偿委员会数量虽然不断增加，但是到 2004 年每年也只有 3000 件左右，设立审判庭并非迫在眉睫的事情。第三，最高人民法院和大多数法

---

① 罗明举：《贯彻实施国家赔偿法几个问题的探讨》，载《法学评论》1996 年第 1 期。
② 应松年、杨小君：《国家赔偿若干理论与实践问题》，载《中国法学》2005 年第 1 期；黄明慧：《对建立公正国家赔偿程序的思考》，载《科技信息》2007 年第 23 期。

院赔偿案件的确认工作是审判监督庭负责办理。

在《国家赔偿法》修订过程中,有的人大常委会委员提出建议,在法院设立专门的国家赔偿审判机构,比如,国家赔偿审判庭,把国家赔偿案件作为一类法律纠纷案件,通过诉讼程序来审理和判决,并入统一的诉讼程序和审级制度系统之中。现在的修改是必要的,但是还不够,还要做进一步的修改。① 对于是否设立国家赔偿审判庭,由于意见不统一,全国人大最终采取了仍然沿用人民法院赔偿委员会制度的做法。但是,在程序上可以参照《民事诉讼法》的有关规定,在举证责任上,与行政赔偿诉讼相同,即赔偿请求人在赔偿诉讼中对自己的主张承担举证责任,赔偿义务机关对不予赔偿或者减少赔偿数额的抗辩承担举证责任。赔偿请求人被限制人身自由期间或者因限制人身自由发生伤害、死亡,被请求机关不能证明自己无责任的,应当承担赔偿责任。我们相信,在不久的将来,随着司法实践经验的不断丰富,国家赔偿程序的进一步完善,国家赔偿审判机构的完善也将正式提上议事日程。

第三节 行政赔偿诉讼程序

一、行政赔偿诉讼程序概述

(一) 行政赔偿诉讼的概念

行政赔偿诉讼是指人民法院在诉讼参与人的参加下,依照法定程序,解决行政赔偿争议的活动。这一概念主要包括以下内容:

1. 行政赔偿诉讼的中心任务是解决行政赔偿争议。

《行政诉讼法》第 67 条规定:"公民、法人或者其他组织的合法权益受到行政机关或者行政机关工作人员作出的具体行政行为侵犯造成损害的,有权请求赔偿。公民、法人或者其他组织单独就损害赔偿提出请求,应当先由行政机关解决。对行政机关的处理不服,可以向人民法院提起

---

① 《关于赔偿程序——分组审议国家赔偿法修正案草案发言摘登(二)》。

诉讼。"这一规定赋予了行政管理相对人请求行政赔偿的诉权。

行政赔偿争议是作为行政主体的行政机关与行政管理相对人对行政行为是否造成相对人的损害，以及作为行政主体的行政机关是否或怎样承担赔偿责任的争议。这种争议不同于行政行为争议。行政行为争议的内容是行政行为是否正确合法，而行政赔偿争议的内容是是否造成损害，或如何承担赔偿责任。这种争议也不同于民事赔偿争议，民事赔偿争议是平等的法律主体之间的争议，而行政赔偿争议则是管理者与被管理者之间的争议。

2. 行政赔偿诉讼活动的主持者是人民法院。

根据《行政诉讼法》的规定，公民、法人或者其他组织单独就损害赔偿提出请求的，应当先由行政机关解决。这就是说，行政机关也拥有一定限度的行政赔偿争议的处理权。但这种处理权只具有复议或诉愿性质，而不是一种诉讼活动。因为解决行政赔偿争议的主体同时又是赔偿主体或赔偿主体的上级机关。而人民法院是纯粹以第三者的立场来解决行政赔偿争议的，这是诉讼的必备要素。

3. 行政赔偿诉讼依照行政诉讼法规定的特定程序。

人民法院解决民事争议必须依照民事诉讼程序，解决行政行为合法性的争议必须适用行政诉讼程序，解决行政赔偿争议，也应当适用法律特别规定的程序。

（二）行政赔偿诉讼的性质

诉讼的性质取决于它所要解决的争议的性质。而争议的性质通常由争议的主体与争议的内容所决定。行政赔偿争议，就争议的主体来说，它类似于行政行为争议；就争议的内容来说，它类似于民事争议。正是这种两重性产生了学说和制度上的多样性。有的国家适用民事诉讼程序，有的国家适用行政诉讼程序，另一些国家则采用独立的诉讼程序。当然，在采用民事诉讼程序或行政诉讼程序的国家，都有一些例外规定。考虑到我国《民事诉讼法》和《行政诉讼法》的现有格局，我们倾向于将行政赔偿诉讼作为一种特殊的诉讼形式来考虑。

行政赔偿诉讼与行政诉讼都是因具体行政行为引起的诉讼，都是以作为行政主体的行政机关为被告。但行政赔偿诉讼与行政诉讼又有一定的区别：行政诉讼审查的是行政行为的合法性，而行政赔偿诉讼审查的是行政行为是否造成损害后果。行政诉讼的裁判主要针对行政行为的效力，而行政赔偿诉讼的裁判主要解决作为行政主体的行政机关是否对相对人承担财产责任的问题。行政诉讼只能依法裁判，而行政赔偿诉讼具有可调性。行政赔偿诉讼与行政诉讼具有一定的联系：行政赔偿诉讼必须以具体行政行为的违法性已无争议为前提，因此，在具体行政行为的合法性尚未解决之前，如果该具体行政行为是可诉行为，相对人必须先提起行政诉讼，或者提起行政附带行政赔偿诉讼。但是，行政赔偿诉讼并非必然以行政诉讼为前提，行政管理相对人与行政机关对行政行为的违法性已无争议或者法律规定行政机关作终局裁决的案件，无需或不能以行政诉讼为前提。

行政赔偿诉讼与民事诉讼都可以解决损害赔偿问题。但二者又有所不同。民事赔偿诉讼因民事行为而引起，而行政赔偿诉讼因具体行政行为而引起；民事赔偿诉讼的被告是不特定的民事法律关系主体，而行政诉讼的被告是特定的行使行政职权的机关；民事赔偿诉讼由民事违法人自己承担赔偿损失的责任，赔偿费用由自己负担，而行政赔偿诉讼不论是行政机关还是行政机关工作人员作出的具体行政行为，均由行政机关承担责任，且赔偿费用可以列支于国家财政。

二、起诉和受理程序

（一）提起行政赔偿诉讼的方式

根据《行政诉讼法》第67条的规定，受害人请求行政赔偿，可以根据不同的情况，采取以下两种不同的方式：

1. 一并提起的方式。

如果行政管理相对人一方面要求法院撤销或变更具体行政行为，同时又要求行政机关承担赔偿责任，当事人可以同时提起行政诉讼和附带行政赔偿诉讼。对于这两种不同性质的诉讼请求，人民法院应当并案审理。这样做的好处是节省人力、物力和时间，简化程序，方便当事人，方便人民法院办案，避免判决间的矛盾。因为对行政行为合法性的评价与侵权责任的大小和有无，有着内在的关联性，赔偿责任的确定不仅是合法性审查的逻辑结果，而且是行政争议的最终法律解决。

2. 单独提起的方式。

根据《行政诉讼法》第 67 条的规定，受害人可以单独提出行政赔偿请求。单独提出行政赔偿诉讼通常适用于下述情况：

第一，作出具体行政行为的机关与相对人对行政行为的违法性已经无争议，但行政赔偿问题达不成协议。

第二，行政行为已被复议机关撤销或者变更，但复议机关未对行政赔偿问题作出裁决，或者受害人不服复议机关的裁决。

第三，行政行为为终局裁决机关所为，行政行为的合法性已不得争议，受害人对行政赔偿问题仍有异议。

第四，行政行为已为法院的判决确认为违法行为，判决发生法律效力之后，当事人提出了行政赔偿问题。

赔偿请求人单独提出行政赔偿请求，应当先向行政机关提出。未经行政机关解决的，不能诉诸法院。这里的"行政机关"，我们认为首先是给相对人造成损害的行政机关，同时也包括专门处理行政赔偿问题的机关。没有专门处理行政赔偿问题的机关的，我们认为，只要经过了致害机关的处理即应视为已经行政机关解决。

行政机关收到请求人的请求后，应当根据有关法律法规的规定，结合损害的实际情况，提出处理办法，并在合理的时间内给予答复。请求人如果同意行政机关的处理，行政赔偿争议即告解决，不必也不能再到法院提起诉讼，请求人如果不同意行政机关的处理，可以在诉讼时效内就行政赔偿问题提起诉讼，如果行政机关在合理的时间内不予答复，当事人可直接向法院起诉。

单独提起行政赔偿诉讼适用前置程序（即以行政机关先行处理为要

件）主要是基于以下考虑：诉讼的目的在于解决争议，如果请求人不具体明确地向行政机关提出赔偿请求，就无法确定是否存在赔偿争议，可见，前置程序有利赔偿争议的明朗化，特定的前置程序可以使大量行政赔偿争议解决在行政程序之中，从而减少诉讼，减少人力、物力的投入，也可以使受害人尽快得到赔偿，使受害人的损失早日得到补救。

（二）行政赔偿诉讼的受理条件

一般而言，受理提起行政赔偿诉讼必须满足以下条件：

1. 当事人必须适格。

行政赔偿诉讼的原告必须是认为行政行为侵犯其合法权益并造成其损害的公民，法人或者其他组织以及法律规定可以提起行政赔偿诉讼的人（包括已经死亡的、有权提起诉讼的公民的近亲属；已经终止的、有权提起诉讼的法人或其他组织的权利承受人）。行政诉讼的原告不一定能够成为行政赔偿诉讼的原告。例如，如果被诉行政行为没有给起诉人造成损害，起诉人也不认为造成损害，即使行政行为违法，该行政诉讼的原告也不能成为行政赔偿诉讼的原告。同样，行政赔偿诉讼的原告也未必是行政诉讼的原告。

行政赔偿诉讼的被告必须是赔偿义务机关。主要包括：①作出致害行政行为的机关；②作出致害具体行政行为的法律法规授权的组织；③委托他人或者组织从事致害行政行为的机关或组织；④被致害行为的机关撤销后，继续行使其职权的机关或者组织。行政赔偿诉讼的被告通常是行政诉讼的被告，但并非必然是行政诉讼的被告。同样，行政诉讼的被告也不一定是行政赔偿诉讼的被告。

2. 起诉的理由必须是认为行政行为违法侵犯其自己的合法权益并造成了实际损失。

如果不是行政行为造成起诉人的损害，而是行政机关以民事主体的身份从事的其他活动造成起诉人的损害的，起诉人则不能提起行政赔偿诉讼，而只能提起民事赔偿诉讼，如果不是行政行为违法所造成的损害，而是基于行政机关的合法行为（如合法的征用土地行为）造成的损失，损失人对补偿决定不服只能提起行政诉讼，而不能提起行政赔偿诉讼。

与行使职权有关的行为是否违法并造成起诉人的损害，要待案件审理终结，才能得出答案。因此，受损害人只要"认为"行政行为造成其损害，即满足法定起诉理由。起诉理由之所以应成为一个起诉条件，旨在使诉讼特定化，从而成为判断当事人胜诉或者败诉的一个基本依据。

3. 必须有明确、具体的诉讼请求和事实根据。

行政赔偿诉讼中的具体的诉讼请求，应当是对被告的请求赔偿的权利主张，以及对法院相应的裁判要求。原告人的诉讼请求应当包括赔偿的方式，范围与数额。事实根据在这里是形式要件，不一定以真实为条件。当事人提供的事实是否可靠充分，有待于庭审确定，因此，不能以当事人提供的证据材料可能是虚假的而拒绝受理案件。

4. 赔偿请求必须在法律规定的期限内提出。

《行政诉讼法》未对提起赔偿诉讼的诉讼时效作出特别规定。《国家赔偿法》第13条规定，赔偿义务机关应当自收到申请之日起2个月内依照本法第四章的规定给予赔偿；逾期不予赔偿或者赔偿请求人对赔偿数额有异议的，赔偿请求人可以自期间届满之日起3个月内向人民法院提起诉讼。这里的"逾期不予赔偿"包括其经过审查后，认为无赔偿义务、通知赔偿请求人不予赔偿的情况和不予通知的情况，也包括赔偿义务机关拒绝受理的情况。总之，其结果是不予赔偿。这里的"赔偿请求人对赔偿数额有异议"主要是指对具体的赔偿数额有异议，又指对赔偿的方式有异议。例如，被违法扣押的汽车有损害，赔偿义务机关认为损坏不大，经过修理后即可恢复原状；赔偿请求人责任认为汽车被扣押时较新，现已基本报废，即便经过修理也不能恢复原状，要求给付相应的赔偿金。本条规定的给予赔偿请求人3个月的期限向人民法院提起诉讼，实际上也是与《行政诉讼法》第39条的规定相一致。这一规定，有效地保证了赔偿请求人有较为充裕的时间行使赔偿请求权。[1]

---

[1] 胡康生主编，全国人大常委会法制工作委员会民法室编著《〈中华人民共和国国家赔偿法〉释义》，法律出版社1994年版，第35页。

5. 属于人民法院的受案范围和受诉人民法院管辖。

如果致害行政行为属于可受司法审查的行为，那么，由该致害行政行为所引起的赔偿案件则属于人民法院的受案范围。需要研究的是，如果致害行政行为不属于可受司法审查的行为，（如国家行为、由行政机关作终局裁决的行为、抽象行政行为等），我们认为，如果赔偿诉讼不涉及该行政行为的合法性问题（即该行政行为的违法性质已经确定或已无争议），根据《国家赔偿法》所确定的原则，人民法院有职责提供司法救济。

行政赔偿诉讼必须向有管辖权的人民法院提出。行政赔偿诉讼的管辖原则上适用行政诉讼法的有关规定。

三．审理和判决程序

（一）行政赔偿案件的审理

行政赔偿案件如何审理？法律未作系统规定，我们认为，在具体程序上原则上可以适用行政诉讼程序，但以下事项必须例外：

1. 赔偿诉讼可以调解。

《行政诉讼法》第 67 条第 3 款规定："赔偿诉讼可以适用调解。"这就是说，无论是行政机关还是人民法院，在处理赔偿问题的时候，可以运用调解的方式。受害人可以放弃、变更赔偿请求，行政机关可以根据受害人的请求，同当事人协商决定赔偿数额，人民法院可以在双方当事人之间做调解工作，促使他们相互谅解，达成赔偿协议。

人民法院之所以审理赔偿诉讼案件可以适用调解，这是因为赔偿诉讼的原告可以放弃或者处分自己请求赔偿的权利；被告在一定范围内，在一定程度上也有一定的自由裁量余地，原告一方处分自己的权利不会延续违法状态，相反有利于公共利益。同时，以调解方式解决赔偿争议，有利于当事人彻底解决争议，有利于密切"官"民关系，促进安定团结，也有利于人民法院提高办案效率。

值得注意的是，《行政诉讼法》和《国家赔偿法》没有规定人民法院解决赔偿争议必须着重调解，也没有规定调解为必经程序。这主要是因为赔偿诉讼的被告总是行政机关或被授权行使行政职权的组织，双方在行政法律关系中的地位可能影响调解的自愿原则的贯彻，还由于被告一方的处分权总要受一定程度的限制（因为行政机关不能超过实际损失额进行赔偿，否则就是损公肥私）。

由于行政赔偿争议的调解在很大程度上只能在实际损失金额以下进行，因此，人民法院以调解的方式解决行政赔偿争议，必须坚持以下原则：第一，调解必须在查明事实，分清是非的基础上进行；第二，必须坚持双方当事人自愿的原则；第三，必须符合法律、法规的规定，如果法律、法规明确规定的赔偿数额的范围，人民法院应在此范围内进行调解。总之，既不能搞"官官相护"，牺牲受害人的利益，也不能损害国家利益，损公肥私。

2. 举证责任应当合理分配。

由于行政赔偿诉讼所要解决的中心问题不是行政行为的合法性问题，因此，《行政诉讼法》有关举证责任的规定不能适用行政赔偿诉讼。由于行政赔偿诉讼也不同于民事赔偿诉讼，因而也不能机械地将民事诉讼的举证责任原则适用于行政赔偿诉讼。

根据行政赔偿诉讼的特点，我们认为，行政赔偿诉讼的举证责任似可根据以下原则分担：

(1) 有关损害事实的举证，应由原告承担举证责任

例如，财产受损害的，应提供财产受损失具体状况的材料，包括物证、照片、证人证言以及证明财产原价值、修理费用的发货票等证明材料；人身受侵害的，应提供能证明伤情的医院诊断证明书，处方或医疗手册或病历复印件，医药费单据，转院治疗的，应提供医院的转院证明，公安派出所指定医院治疗的，应提供派出所开具的证明，要求赔偿交通费的，应提供车船票，要求赔偿误工工资的，应提供单位已开具的已扣发工资的证明，要求赔偿护理费的，应提供医院批准专事护理的证明，等等。

(2) 有关行政行为的违法性的举证责任，应根据不同情况确定

附带提出行政赔偿诉讼的，原告不承担行政行为违法性的举证责任；单独提起的，原告人应提供当事人承认违法的材料以及有关国家机关确认具体行政行为违法的法律文书。

(3) 有关具体行政行为与损害事实之间的因果关系的举证责任原则应由原告承担

即是说，原告必须提供侵害人在何时何地实施了何种违法行为以及这种违法行为确系造成受害人损害结果的证明材料。但是，在混合原因或共同原因的情况下，应当由行政机关承担举证责任，证明其行政行为与损害事实没有关系。这种举证责任制度是现代法治国家侵权责任法通行的制度。

(二) 行政赔偿案件的判决

行政赔偿案件的裁判不受行政处理的限制，这主要是由于行政诉讼的裁判主要是针对具体行政行为的，因此，《行政诉讼法》有关裁判的规定客观上不能适用于行政赔偿诉讼。

人民法院经过审理，原告的赔偿请求不能成立的，应当判决驳回原告的诉讼请求；如果原告诉讼请求成立，法院应当依法判决被告如数承担赔偿责任。经过行政机关处理过的案件，人民法院的判决不受行政处理的限制。因为行政机关的先行处理只具有调解或者协商性质，人民法院不是将行政机关的赔偿处理决定作为审理客体，而是将行政赔偿争议本身作为审理客体。

人民法院进行裁判的时候，不必再撤销或维持行政机关的行政赔偿决定。因为行政机关的行政赔偿由于请求人的起诉而未能生效。人民法院应当将行政赔偿处理决定视为附条件的法律行为，因请求人起诉而未生效而仍然以当事人之间的赔偿争议作为审理客体。

附 录

中华人民共和国国家赔偿法

(1994年5月12日第八届全国人民代表大会常务委员会第七次会议通过 根据2010年4月29日第十一届全国人民代表大会常务委员会第十四次会议《关于修改〈中华人民共和国国家赔偿法〉的决定》修正)

目 录

第一章 总则
第二章 行政赔偿
第一节 赔偿范围
第二节 赔偿请求人和赔偿义务机关
第三节 赔偿程序
第三章 刑事赔偿
第一节 赔偿范围
第二节 赔偿请求人和赔偿义务机关
第三节 赔偿程序
第四章 赔偿方式和计算标准
第五章 其他规定
第六章 附则

第一章 总则

第一条 为保障公民、法人和其他组织享有依法取得国家赔偿的权利,促进国家机关依法行使职权,根据宪法,制定本法。

第二条 国家机关和国家机关工作人员行使职权,有本法规定的侵犯公民、法人和其他组织合法权益的情形,造成损害的,受害人有依照本法取得国家赔偿的权利。

本法规定的赔偿义务机关,应当依照本法及时履行赔偿义务。

第二章 行政赔偿

第一节 赔偿范围

第三条 行政机关及其工作人员在行使行政职权时有下列侵犯人身权情形之一的,受害人有取得赔偿的权利:

(一)违法拘留或者违法采取限制公民人身自由的行政强制措施的;

(二)非法拘禁或者以其他方法非法剥夺公民人身自由的;

(三)以殴打、虐待等行为或者唆使、放纵他人以殴打、虐待等行为造成公民身体伤害或者死亡的;

(四)违法使用武器、警械造成公民身体伤害或者死亡的;

(五)造成公民身体伤害或者死亡的其他违法行为。

第四条 行政机关及其工作人员在行使行政职权时有下列侵犯财产权情形之一的,受害人有取得赔偿的权利:

(一)违法实施罚款、吊销许可证和执照、责令停产停业、没收财物等行政处罚的;

(二)违法对财产采取查封、扣押、冻结等行政强制措施的;

(三)违法征收、征用财产的;

(四)造成财产损害的其他违法行为。

第五条 属于下列情形之一的,国家不承担赔偿责任:

(一)行政机关工作人员与行使职权无关的个人行为;

(二)因公民、法人和其他组织自己的行为致使损害发生的;

(三)法律规定的其他情形。

第二节 赔偿请求人和赔偿义务机关

第六条 受害的公民、法人和其他组织有权要求赔偿。

受害的公民死亡,其继承人和其他有扶养关系的亲属有权要求赔偿。

受害的法人或者其他组织终止的,其权利承受人有权要求赔偿。

第七条 行政机关及其工作人员行使行政职权侵犯公民、法人和其他组织的合法权益造成损害的,该行政机关为赔偿义务机关。

两个以上行政机关共同行使行政职权时侵犯公民、法人和其他组织的合法权益造成损害的,共同行使行政职权的行政机关为共同赔偿义务机关。

法律、法规授权的组织在行使授予的行政权力时侵犯公民、法人和其他组织的合法权益造成损害的,被授权的组织为赔偿义务机关。

受行政机关委托的组织或者个人在行使受委托的行政权力时侵犯公民、法人和其他组织的合法权益造成损害的,委托的行政机关为赔偿义务机关。

赔偿义务机关被撤销的,继续行使其职权的行政机关为赔偿义务机关;没有继续行使其职权的行政机关的,撤销该赔偿义务机关的行政机关为赔偿义务机关。

第八条 经复议机关复议的,最初造成侵权行为的行政机关为赔偿义务机关,但复议机关的复议决定加重损害的,复议机关对加重的部分履行赔偿义务。

第三节 赔偿程序

第九条 赔偿义务机关有本法第三条、第四条规定情形之一的,应当给予赔偿。

赔偿请求人要求赔偿,应当先向赔偿义务机关提出,也可以在申请行政复议或者提起行政诉讼时一并提出。

第十条 赔偿请求人可以向共同赔偿义务机关中的任何一个赔偿义

务机关要求赔偿,该赔偿义务机关应当先予赔偿。

第十一条 赔偿请求人根据受到的不同损害,可以同时提出数项赔偿要求。

第十二条 要求赔偿应当递交申请书,申请书应当载明下列事项:

(一)受害人的姓名、性别、年龄、工作单位和住所,法人或者其他组织的名称、住所和法定代表人或者主要负责人的姓名、职务;

(二)具体的要求、事实根据和理由;

(三)申请的年、月、日。

赔偿请求人书写申请书确有困难的,可以委托他人代书;也可以口头申请,由赔偿义务机关记入笔录。

赔偿请求人不是受害人本人的,应当说明与受害人的关系,并提供相应证明。

赔偿请求人当面递交申请书的,赔偿义务机关应当当场出具加盖本行政机关专用印章并注明收讫日期的书面凭证。申请材料不齐全的,赔偿义务机关应当当场或者在五日内一次性告知赔偿请求人需要补正的全部内容。

第十三条 赔偿义务机关应当自收到申请之日起两个月内,作出是否赔偿的决定。赔偿义务机关作出赔偿决定,应当充分听取赔偿请求人的意见,并可以与赔偿请求人就赔偿方式、赔偿项目和赔偿数额依照本法第四章的规定进行协商。

赔偿义务机关决定赔偿的,应当制作赔偿决定书,并自作出决定之日起十日内送达赔偿请求人。

赔偿义务机关决定不予赔偿的,应当自作出决定之日起十日内书面通知赔偿请求人,并说明不予赔偿的理由。

第十四条 赔偿义务机关在规定期限内未作出是否赔偿的决定,赔偿请求人可以自期限届满之日起三个月内,向人民法院提起诉讼。

赔偿请求人对赔偿的方式、项目、数额有异议的,或者赔偿义务机关作出不予赔偿决定的,赔偿请求人可以自赔偿义务机关作出赔偿或者不予赔偿决定之日起三个月内，向人民法院提起诉讼。

第十五条 人民法院审理行政赔偿案件，赔偿请求人和赔偿义务机关对自己提出的主张，应当提供证据。

赔偿义务机关采取行政拘留或者限制人身自由的强制措施期间，被限制人身自由的人死亡或者丧失行为能力的，赔偿义务机关的行为与被限制人身自由的人的死亡或者丧失行为能力是否存在因果关系，赔偿义务机关应当提供证据。

第十六条 赔偿义务机关赔偿损失后，应当责令有故意或者重大过失的工作人员或者受委托的组织或者个人承担部分或者全部赔偿费用。

对有故意或者重大过失的责任人员，有关机关应当依法给予处分；构成犯罪的，应当依法追究刑事责任。

第三章 刑事赔偿

第一节 赔偿范围

第十七条 行使侦查、检察、审判职权的机关以及看守所、监狱管理机关及其工作人员在行使职权时有下列侵犯人身权情形之一的，受害人有取得赔偿的权利：

（一）违反刑事诉讼法的规定对公民采取拘留措施的，或者依照刑事诉讼法规定的条件和程序对公民采取拘留措施，但是拘留时间超过刑事诉讼法规定的时限，其后决定撤销案件、不起诉或者判决宣告无罪终止追究刑事责任的；

（二）对公民采取逮捕措施后，决定撤销案件、不起诉或者判决宣告无罪终止追究刑事责任的；

（三）依照审判监督程序再审改判无罪，原判刑罚已经执行的；

（四）刑讯逼供或者以殴打、虐待等行为或者唆使、放纵他人以殴打、虐待等行为造成公民身体伤害或者死亡的；

（五）违法使用武器、警械造成公民身体伤害或者死亡的。

第十八条　行使侦查、检察、审判职权的机关以及看守所、监狱管理机关及其工作人员在行使职权时有下列侵犯财产权情形之一的，受害人有取得赔偿的权利：

（一）违法对财产采取查封、扣押、冻结、追缴等措施的；

（二）依照审判监督程序再审改判无罪，原判罚金、没收财产已经执行的。

第十九条　属于下列情形之一的，国家不承担赔偿责任：

（一）因公民自己故意作虚伪供述，或者伪造其他有罪证据被羁押或者被判处刑罚的；

（二）依照刑法第十七条、第十八条规定不负刑事责任的人被羁押的；

（三）依照刑事诉讼法第十五条、第一百四十二条第二款规定不追究刑事责任的人被羁押的；

（四）行使侦查、检察、审判职权的机关以及看守所、监狱管理机关的工作人员与行使职权无关的个人行为；

（五）因公民自伤、自残等故意行为致使损害发生的；

（六）法律规定的其他情形。

第二节　赔偿请求人和赔偿义务机关

第二十条　赔偿请求人的确定依照本法第六条的规定。

第二十一条　行使侦查、检察、审判职权的机关以及看守所、监狱管理机关及其工作人员在行使职权时侵犯公民、法人和其他组织的合法权益造成损害的，该机关为赔偿义务机关。

对公民采取拘留措施，依照本法的规定应当给予国家赔偿的，作出拘留决定的机关为赔偿义务机关。

对公民采取逮捕措施后决定撤销案件、不起诉或者判决宣告无罪的，作出逮捕决定的机关为赔偿义务机关。

再审改判无罪的，作出原生效判决的人民法院为赔偿义务机关。二审改判无罪,以及二审发回重审后作无罪处理的,作出一审有罪判决的人民法院为赔偿义务机关。

第三节 赔偿程序

第二十二条 赔偿义务机关有本法第十七条、第十八条规定情形之一的,应当给予赔偿。

赔偿请求人要求赔偿,应当先向赔偿义务机关提出。

赔偿请求人提出赔偿请求,适用本法第十一条、第十二条的规定。

第二十三条 赔偿义务机关应当自收到申请之日起两个月内,作出是否赔偿的决定。赔偿义务机关作出赔偿决定,应当充分听取赔偿请求人的意见,并可以与赔偿请求人就赔偿方式、赔偿项目和赔偿数额依照本法第四章的规定进行协商。

赔偿义务机关决定赔偿的,应当制作赔偿决定书,并自作出决定之日起十日内送达赔偿请求人。

赔偿义务机关决定不予赔偿的,应当自作出决定之日起十日内书面通知赔偿请求人,并说明不予赔偿的理由。

第二十四条 赔偿义务机关在规定期限内未作出是否赔偿的决定,赔偿请求人可以自期限届满之日起三十日内向赔偿义务机关的上一级机关申请复议。

赔偿请求人对赔偿的方式、项目、数额有异议的,或者赔偿义务机关作出不予赔偿决定的,赔偿请求人可以自赔偿义务机关作出赔偿或者不予赔偿决定之日起三十日内,向赔偿义务机关的上一级机关申请复议。

赔偿义务机关是人民法院的,赔偿请求人可以依照本条规定向其上一级人民法院赔偿委员会申请作出赔偿决定。

第二十五条 复议机关应当自收到申请之日起两个月内作出决定。

赔偿请求人不服复议决定的,可以在收到复议决定之日起三十日内向复议机关所在地的同级人民法院赔偿委员会申请作出赔偿决定;复议机关逾期不作决定的,赔偿请求人可以自期限届满之日起三十日内向复议机关所在地的同级人民法院赔偿委员会申请作出赔偿决定。

第二十六条 人民法院赔偿委员会处理赔偿请求，赔偿请求人和赔偿义务机关对自己提出的主张，应当提供证据。

被羁押人在羁押期间死亡或者丧失行为能力的，赔偿义务机关的行为与被羁押人的死亡或者丧失行为能力是否存在因果关系，赔偿义务机关应当提供证据。

第二十七条 人民法院赔偿委员会处理赔偿请求，采取书面审查的办法。必要时，可以向有关单位和人员调查情况、收集证据。赔偿请求人与赔偿义务机关对损害事实及因果关系有争议的，赔偿委员会可以听取赔偿请求人和赔偿义务机关的陈述和申辩，并可以进行质证。

第二十八条 人民法院赔偿委员会应当自收到赔偿申请之日起三个月内作出决定；属于疑难、复杂、重大案件的，经本院院长批准，可以延长三个月。

第二十九条 中级以上的人民法院设立赔偿委员会，由人民法院三名以上审判员组成，组成人员的人数应当为单数。

赔偿委员会作赔偿决定，实行少数服从多数的原则。

赔偿委员会作出的赔偿决定，是发生法律效力的决定，必须执行。

第三十条 赔偿请求人或者赔偿义务机关对赔偿委员会作出的决定，认为确有错误的，可以向上一级人民法院赔偿委员会提出申诉。

赔偿委员会作出的赔偿决定生效后，如发现赔偿决定违反本法规定的，经本院院长决定或者上级人民法院指令，赔偿委员会应当在两个月内重新审查并依法作出决定，上一级人民法院赔偿委员会也可以直接审查并作出决定。

最高人民检察院对各级人民法院赔偿委员会作出的决定，上级人民检察院对下级人民法院赔偿委员会作出的决定，发现违反本法规定的，应当向同级人民法院赔偿委员会提出意见，同级人民法院赔偿委员会应当在两个月内重新审查并依法作出决定。

第三十一条　赔偿义务机关赔偿后，应当向有下列情形之一的工作人员追偿部分或者全部赔偿费用：

（一）有本法第十七条第四项、第五项规定情形的；

（二）在处理案件中有贪污受贿，徇私舞弊，枉法裁判行为的。

对有前款规定情形的责任人员，有关机关应当依法给予处分；构成犯罪的，应当依法追究刑事责任。

第四章　赔偿方式和计算标准

第三十二条　国家赔偿以支付赔偿金为主要方式。

能够返还财产或者恢复原状的，予以返还财产或者恢复原状。

第三十三条　侵犯公民人身自由的，每日赔偿金按照国家上年度职工日平均工资计算。

第三十四条　侵犯公民生命健康权的，赔偿金按照下列规定计算：

（一）造成身体伤害的，应当支付医疗费、护理费，以及赔偿因误工减少的收入。减少的收入每日的赔偿金按照国家上年度职工日平均工资计算，最高额为国家上年度职工年平均工资的五倍；

（二）造成部分或者全部丧失劳动能力的，应当支付医疗费、护理费、残疾生活辅助具费、康复费等因残疾而增加的必要支出和继续治疗所必需的费用，以及残疾赔偿金。残疾赔偿金根据丧失劳动能力的程度，按照国家规定的伤残等级确定，最高不超过国家上年度职工年平均工资的二十倍。造成全部丧失劳动能力的，对其扶养的无劳动能力的人，还应当支付生活费；

（三）造成死亡的，应当支付死亡赔偿金、丧葬费，总额为国家上年度职工年平均工资的二十倍。对死者生前扶养的无劳动能力的人，还应当支付生活费。

前款第二项、第三项规定的生活费的发放标准，参照当地最低生活保障标准执行。被扶养的人是未成年人的，生活费给付至十八周岁止；

其他无劳动能力的人，生活费给付至死亡时止。

第三十五条 有本法第三条或者第十七条规定情形之一，致人精神损害的，应当在侵权行为影响的范围内，为受害人消除影响，恢复名誉，赔礼道歉；造成严重后果的，应当支付相应的精神损害抚慰金。

第三十六条 侵犯公民、法人和其他组织的财产权造成损害的，按照下列规定处理：

（一）处罚款、罚金、追缴、没收财产或者违法征收、征用财产的，返还财产；

（二）查封、扣押、冻结财产的，解除对财产的查封、扣押、冻结，造成财产损坏或者灭失的，依照本条第三项、第四项的规定赔偿；

（三）应当返还的财产损坏的，能够恢复原状的恢复原状，不能恢复原状的，按照损害程度给付相应的赔偿金；

（四）应当返还的财产灭失的，给付相应的赔偿金；

（五）财产已经拍卖或者变卖的，给付拍卖或者变卖所得的价款；变卖的价款明显低于财产价值的，应当支付相应的赔偿金；

（六）吊销许可证和执照、责令停产停业的，赔偿停产停业期间必要的经常性费用开支；

（七）返还执行的罚款或者罚金、追缴或者没收的金钱，解除冻结的存款或者汇款的，应当支付银行同期存款利息；

（八）对财产权造成其他损害的，按照直接损失给予赔偿。

第三十七条 赔偿费用列入各级财政预算。

赔偿请求人凭生效的判决书、复议决定书、赔偿决定书或者调解书，向赔偿义务机关申请支付赔偿金。

赔偿义务机关应当自收到支付赔偿金申请之日起七日内，依照预算管理权限向有关的财政部门提出支付申请。财政部门应当自收到支付申请之日起十五日内支付赔偿金。

赔偿费用预算与支付管理的具体办法由国务院规定。

第五章　其他规定

第三十八条　人民法院在民事诉讼、行政诉讼过程中，违法采取对妨害诉讼的强制措施、保全措施或者对判决、裁定及其他生效法律文书执行错误，造成损害的，赔偿请求人要求赔偿的程序，适用本法刑事赔偿程序的规定。

第三十九条　赔偿请求人请求国家赔偿的时效为两年，自其知道或者应当知道国家机关及其工作人员行使职权时的行为侵犯其人身权、财产权之日起计算，但被羁押等限制人身自由期间不计算在内。在申请行政复议或者提起行政诉讼时一并提出赔偿请求的，适用行政复议法、行政诉讼法有关时效的规定。

赔偿请求人在赔偿请求时效的最后六个月内，因不可抗力或者其他障碍不能行使请求权的，时效中止。从中止时效的原因消除之日起，赔偿请求时效期间继续计算。

第四十条　外国人、外国企业和组织在中华人民共和国领域内要求中华人民共和国国家赔偿的，适用本法。

外国人、外国企业和组织的所属国对中华人民共和国公民、法人和其他组织要求该国国家赔偿的权利不予保护或者限制的，中华人民共和国与该外国人、外国企业和组织的所属国实行对等原则。

第六章　附则

第四十一条　赔偿请求人要求国家赔偿的，赔偿义务机关、复议机关和人民法院不得向赔偿请求人收取任何费用。

对赔偿请求人取得的赔偿金不予征税。

第四十二条　本法自1995年1月1日起施行。

《中华人民共和国国家赔偿法》修正前后对照表

(条文中的黑体部分是对原法条文所做的修改或者增加内容)

国家赔偿法（1994.5.12.）	国家赔偿法（2010.4.29.修正）
第一章　总则	第一章　总则
第一条　为保障公民、法人和其他组织享有依法取得国家赔偿的权利，促进国家机关依法行使职权，根据宪法，制定本法。	第一条　为保障公民、法人和其他组织享有依法取得国家赔偿的权利，促进国家机关依法行使职权，根据宪法，制定本法。
第二条　国家机关和国家机关工作人员违法行使职权侵犯公民、法人和其他组织的合法权益造成损害的，受害人有依照本法取得国家赔偿的权利。 　　国家赔偿由本法规定的赔偿义务机关履行赔偿义务。	第二条　国家机关和国家机关工作人员行使职权，**有本法规定的**侵犯公民、法人和其他组织合法权益**的情形**，造成损害的，受害人有依照本法取得国家赔偿的权利。 　　**本法规定的赔偿义务机关，应当依照本法及时履行赔偿义务。**
第二章　行政赔偿	第二章　行政赔偿
第一节　赔偿范围	第一节　赔偿范围
第三条　行政机关及其工作人员在行使行政职权时有下列侵犯人身权情形之一的，受害人有取得赔偿的权利： 　　（一）违法拘留或者违法采取限制公民人身自由的行政强制措施的； 　　（二）非法拘禁或者以其他方法非法剥夺公民人身自由的； 　　（三）以殴打等暴力行为或者唆使他人以殴打等暴力行为造成公民身体伤害或者死亡的；	第三条　行政机关及其工作人员在行使行政职权时有下列侵犯人身权情形之一的，受害人有取得赔偿的权利： 　　（一）违法拘留或者违法采取限制公民人身自由的行政强制措施的； 　　（二）非法拘禁或者以其他方法非法剥夺公民人身自由的； 　　（三）以殴打、**虐待**等行为或者唆使、**放纵**他人以殴打、**虐待**等行为造成公民身体伤害或者死亡的；

续表

国家赔偿法（1994.5.12.）	国家赔偿法（2010.4.29.修正）
（四）违法使用武器、警械造成公民身体伤害或者死亡的； （五）造成公民身体伤害或者死亡的其他违法行为。	（四）违法使用武器、警械造成公民身体伤害或者死亡的； （五）造成公民身体伤害或者死亡的其他违法行为。
第四条　行政机关及其工作人员在行使行政职权时有下列侵犯财产权情形之一的，受害人有取得赔偿的权利： （一）违法实施罚款、吊销许可证和执照、责令停产停业、没收财物等行政处罚的； （二）违法对财产采取查封、扣押、冻结等行政强制措施的； （三）违反国家规定征收财物、摊派费用的； （四）造成财产损害的其他违法行为。	第四条　行政机关及其工作人员在行使行政职权时有下列侵犯财产权情形之一的，受害人有取得赔偿的权利： （一）违法实施罚款、吊销许可证和执照、责令停产停业、没收财物等行政处罚的； （二）违法对财产采取查封、扣押、冻结等行政强制措施的； （三）**违法征收、征用财产的；** （四）造成财产损害的其他违法行为。
第五条　属于下列情形之一的，国家不承担赔偿责任： （一）行政机关工作人员与行使职权无关的个人行为； （二）因公民、法人和其他组织自己的行为致使损害发生的； （三）法律规定的其他情形。	第五条　属于下列情形之一的，国家不承担赔偿责任： （一）行政机关工作人员与行使职权无关的个人行为； （二）因公民、法人和其他组织自己的行为致使损害发生的； （三）法律规定的其他情形。
第二节　赔偿请求人和赔偿义务机关	第二节　赔偿请求人和赔偿义务机关
第六条　受害的公民、法人或者其他组织有权要求赔偿。 受害的公民死亡，其继承人和其他有扶养关系的亲属有权要求赔偿。 受害的法人或者其他组织终止，承受其权利的法人或者其他组织有权要求赔偿。	第六条　受害的公民、法人或者其他组织有权要求赔偿。 受害的公民死亡，其继承人和其他有扶养关系的亲属有权要求赔偿。 受害的法人或者其他组织终止**的，其权利承受人**有权要求赔偿。

续表

国家赔偿法（1994.5.12.）	国家赔偿法（2010.4.29.修正）
第七条 行政机关及其工作人员行使行政职权侵犯公民、法人和其他组织的合法权益造成损害的，该行政机关为赔偿义务机关。 两个以上行政机关共同行使行政职权时侵犯公民、法人和其他组织的合法权益造成损害的，共同行使行政职权的行政机关为共同赔偿义务机关。 法律、法规授权的组织在行使授予的行政权力时侵犯公民、法人和其他组织的合法权益造成损害的，被授权的组织为赔偿义务机关。 受行政机关委托的组织或者个人在行使受委托的行政权力时侵犯公民、法人和其他组织的合法权益造成损害的，委托的行政机关为赔偿义务机关。 赔偿义务机关被撤销的，继续行使其职权的行政机关为赔偿义务机关；没有继续行使其职权的行政机关的，撤销该赔偿义务机关的行政机关为赔偿义务机关。	第七条 行政机关及其工作人员行使行政职权侵犯公民、法人和其他组织的合法权益造成损害的，该行政机关为赔偿义务机关。 两个以上行政机关共同行使行政职权时侵犯公民、法人和其他组织的合法权益造成损害的，共同行使行政职权的行政机关为共同赔偿义务机关。 法律、法规授权的组织在行使授予的行政权力时侵犯公民、法人和其他组织的合法权益造成损害的，被授权的组织为赔偿义务机关。 受行政机关委托的组织或者个人在行使受委托的行政权力时侵犯公民、法人和其他组织的合法权益造成损害的，委托的行政机关为赔偿义务机关。 赔偿义务机关被撤销的，继续行使其职权的行政机关为赔偿义务机关；没有继续行使其职权的行政机关的，撤销该赔偿义务机关的行政机关为赔偿义务机关。
第八条 经复议机关复议的，最初造成侵权行为的行政机关为赔偿义务机关，但复议机关的复议决定加重损害的，复议机关对加重的部分履行赔偿义务。	第八条 经复议机关复议的，最初造成侵权行为的行政机关为赔偿义务机关，但复议机关的复议决定加重损害的，复议机关对加重的部分履行赔偿义务。
第三节 赔偿程序	第三节 赔偿程序
第九条 赔偿义务机关对依法确认有本法第三条、第四条规定的情形之一的，应当给予赔偿。 赔偿请求人要求赔偿应当先向赔偿义务机关提出，也可以在申请行政复议和提起行政诉讼时一并提出。	第九条 **赔偿义务机关有本法第三条、第四条**规定情形之一的，应当给予赔偿。 赔偿请求人要求赔偿应当先向赔偿义务机关提出，也可以在申请行政复议或者提起行政诉讼时一并提出。

续表

国家赔偿法（1994.5.12.）	国家赔偿法（2010.4.29.修正）
第十条　赔偿请求人可以向共同赔偿义务机关中的任何一个赔偿义务机关要求赔偿，该赔偿义务机关应当先予赔偿。	第十条　赔偿请求人可以向共同赔偿义务机关中的任何一个赔偿义务机关要求赔偿，该赔偿义务机关应当先予赔偿。
第十一条　赔偿请求人根据受到的不同损害，可以同时提出数项赔偿要求。	第十一条　赔偿请求人根据受到的不同损害，可以同时提出数项赔偿要求。
第十二条　要求赔偿应当递交申请书，申请书应当载明下列事项： （一）受害人的姓名、性别、年龄、工作单位和住所，法人或者其他组织的名称、住所和法定代表人或者主要负责人的姓名、职务； （二）具体的要求、事实根据和理 （三）申请的年、月、日。赔偿请求人书写申请书确有困难的，可以委托他人代书；也可以口头申请，由赔偿义务机关记入笔录。	第十二条　要求赔偿应当递交申请书，申请书应当载明下列事项： （一）受害人的姓名、性别、年龄、工作单位和住所，法人或者其他组织的名称、住所和法定代表人或者主要负责人的姓名、职务； （二）具体的要求、事实根据和理由； （三）申请的年、月、日。 赔偿请求人书写申请书确有困难的，可以委托他人代书；也可以口头申请，由赔偿义务机关记入笔录。 赔偿请求人不是受害人本人的，应当说明与受害人的关系，并提供相应证明。 赔偿请求人当面递交申请书的，赔偿义务机关应当当场出具加盖本行政机关专用印章并注明收讫日期的书面凭证。申请材料不齐全的，赔偿义务机关应当当场或者在五日内一次性告知赔偿请求人需要补正的全部内容。

续表

国家赔偿法（1994.5.12.）	国家赔偿法（2010.4.29. 修正）
第十三条　赔偿义务机关应当自收到申请之日起两个月内依照本法第四章的规定给予赔偿；逾期不予赔偿或者赔偿请求人对赔偿数额有异议的，赔偿请求人可以自期间届满之日起三个月内向人民法院提起诉讼。	第十三条　赔偿义务机关应当自收到申请之日起两个月内，作出是否赔偿的决定。赔偿义务机关作出赔偿决定，应当充分听取赔偿请求人的意见，并可以与赔偿请求人就赔偿方式、赔偿项目和赔偿数额依照本法第四章的规定进行协商。 　　赔偿义务机关决定赔偿的，应当制作赔偿决定书，并自作出决定之日起十日内送达赔偿请求人。 　　赔偿义务机关决定不予赔偿的，应当自作出决定之日起十日内书面通知赔偿请求人，并说明不予赔偿的理由。
	第十四条　赔偿义务机关在规定期限内未作出是否赔偿的决定，赔偿请求人可以自期限届满之日起三个月内，向人民法院提起诉讼。 　　赔偿请求人对赔偿的方式、项目、数额有异议的，或者赔偿义务机关作出不予赔偿决定的，赔偿请求人可以自赔偿义务机关作出赔偿或者不予赔偿决定之日起三个月内，向人民法院提起诉讼。
	第十五条　人民法院审理行政赔偿案件，赔偿请求人和赔偿义务机关对自己提出的主张，应当提供证据。 　　赔偿义务机关采取行政拘留或者限制人身自由的强制措施期间，被限制人身自由的人死亡或者丧失行为能力的，赔偿义务机关的行为与被限制人身自由的人的死亡或者丧失行为能力是否存在因果关系，赔偿义务机关应当提供证据。

续表

国家赔偿法（1994.5.12.）	国家赔偿法（2010.4.29.修正）
第十四条　赔偿义务机关赔偿损失后，应当责令有故意或者重大过失的工作人员或者受委托的组织或者个人承担部分或者全部赔偿费用。 对有故意或者重大过失的责任人员，有关机关应当依法给予行政处分；构成犯罪的，应当依法追究刑事责任。	第十六条　赔偿义务机关赔偿损失后，应当责令有故意或者重大过失的工作人员或者受委托的组织或者个人承担部分或者全部赔偿费用。 对有故意或者重大过失的责任人员，有关机关应当**依法给予处分**；构成犯罪的，应当依法追究刑事责任。
第三章　刑事赔偿	第三章　刑事赔偿
第一节　赔偿范围	第一节　赔偿范围
第十五条　行使侦查、检察、审判、监狱管理职权的机关及其工作人员在行使职权时有下列侵犯人身权情形之一的，受害人有取得赔偿的权利： （一）对没有犯罪事实或者没有事实证明有犯罪重大嫌疑的人错误拘留的； （二）对没有犯罪事实的人错误逮捕的； （三）依照审判监督程序再审改判无罪，原判刑罚已经执行的； （四）刑讯逼供或者以殴打等暴力行为或者唆使他人以殴打等暴力行为造成公民身体伤害或者死亡的； （五）违法使用武器、警械造成公民身体伤害或者死亡的。	第十七条　行使侦查、检察、审判职权的机关**以及看守所、监狱管理机关**及其工作人员在行使职权时有下列侵犯人身权情形之一的，受害人有取得赔偿的权利： （一）**违反刑事诉讼法的规定对公民采取拘留措施的，或者依照刑事诉讼法规定的条件和程序对公民采取拘留措施，但是拘留时间超过刑事诉讼法规定的时限，其后决定撤销案件、不起诉或者判决宣告无罪终止追究刑事责任的；** （二）**对公民采取逮捕措施后，决定撤销案件、不起诉或者判决宣告无罪终止追究刑事责任的；** （三）依照审判监督程序再审改判无罪，原判刑罚已经执行的； （四）刑讯逼供或者以殴打、**虐待**等行为或者唆使、**放纵**他人以殴打、**虐待**等行为造成公民身体伤害或者死亡的； （五）违法使用武器、警械造成公民身体伤害或者死亡的。

续表

国家赔偿法（1994.5.12.）	国家赔偿法（2010.4.29.修正）
第十六条　行使侦查、检察、审判、监狱管理职权的机关及其工作人员在行使职权时有下列侵犯财产权情形之一的，受害人有取得赔偿的权利： （一）违法对财产采取查封、扣押、冻结、追缴等措施的； （二）依照审判监督程序再审改判无罪，原判罚金、没收财产已经执行的。	第十八条　行使侦查、检察、审判职权的机关**以及看守所、监狱管理机关**及其工作人员在行使职权时有下列侵犯财产权情形之一的，受害人有取得赔偿的权利： （一）违法对财产采取查封、扣押、冻结、追缴等措施的； （二）依照审判监督程序再审改判无罪，原判罚金、没收财产已经执行的。
第十七条　属于下列情形之一的，国家不承担赔偿责任： （一）因公民自己故意作虚伪供述，或者伪造其他有罪证据被羁押或者被判处刑罚的； （二）依照刑法第十四条、第十五条规定不负刑事责任的人被羁押的； （三）依照刑事诉讼法第十一条规定不追究刑事责任的人被羁押的； （四）行使国家侦查、检察、审判、监狱管理职权的机关的工作人员与行使职权无关的个人行为； （五）因公民自伤、自残等故意行为致使损害发生的； （六）法律规定的其他情形。	第十九条　属于下列情形之一的，国家不承担赔偿责任： （一）因公民自己故意作虚伪供述，或者伪造其他有罪证据被羁押或者被判处刑罚的； （二）依照刑法第十七条、第十八条规定不负刑事责任的人被羁押的； （三）依照刑事诉讼法第十五条、**第一百四十二条第二款**规定不追究刑事责任的人被羁押的； （四）行使侦查、检察、审判职权的机关**以及看守所、监狱管理机关**的工作人员与行使职权无关的个人行为； （五）因公民自伤、自残等故意行为致使损害发生的； （六）法律规定的其他情形。
第二节　赔偿请求人和赔偿义务机关	第二节　赔偿请求人和赔偿义务机关
第十八条　赔偿请求人的确定依照本法第六条的规定。	第二十条　赔偿请求人的确定依照本法第六条的规定。

国家赔偿法（1994.5.12.）	国家赔偿法（2010.4.29.修正）
第十九条　行使国家侦查、检察、审判、监狱管理职权的机关及其工作人员在行使职权时侵犯公民、法人和其他组织的合法权益造成损害的，该机关为赔偿义务机关。 　　对没有犯罪事实或者没有事实证明有犯罪重大嫌疑的人错误拘留的，作出拘留决定的机关为赔偿义务机关。 　　对没有犯罪事实的人错误逮捕的，作出逮捕决定的机关为赔偿义务机关。 　　再审改判无罪的，作出原生效判决的人民法院为赔偿义务机关。二审改判无罪的，作出一审判决的人民法院和作出逮捕决定的机关为共同赔偿义务机关。	第二十一条　行使侦查、检察、审判职权的机关**以及看守所、监狱管理机关**及其工作人员在行使职权时侵犯公民、法人和其他组织的合法权益造成损害的，该机关为赔偿义务机关。 　　**对公民采取拘留措施，依照本法的规定应当给予国家赔偿的，作出拘留决定的机关为赔偿义务机关。** 　　**对公民采取逮捕措施后决定撤销案件、不起诉或者判决宣告无罪的**，作出逮捕决定的机关为赔偿义务机关。再审改判无罪的，作出原生效判决的人民法院为赔偿义务机关。二审改判无罪，**以及二审发回重审后作无罪处理的**，作出一审**有罪**判决的人民法院为赔偿义务机关。
第三节　赔偿程序	第三节　赔偿程序
第二十条　赔偿义务机关对依法确认有本法第十五条、第十六条规定的情形之一的，应当给予赔偿。 　　赔偿请求人要求确认有本法第十五条、第十六条规定情形之一的，被要求的机关不予确认的，赔偿请求人有权申诉。 　　赔偿请求人要求赔偿，应当先向赔偿义务机关提出。 　　赔偿程序适用本法第十条、第十一条、第十二条的规定。	第二十二条　赔偿义务机关有本法**第十七条、第十八条**规定情形之一的，应当给予赔偿。 　　赔偿请求人要求赔偿，应当先向赔偿义务机关提出。 　　**赔偿请求人提出赔偿请求，适用本法第十一条、第十二条的规定。**

续表

国家赔偿法（1994.5.12.）	国家赔偿法（2010.4.29.修正）
第二十一条 赔偿义务机关应当自收到申请之日起两个月内依照本法第四章的规定给予赔偿；逾期不予赔偿或者赔偿请求人对赔偿数额有异议的，赔偿请求人可以自期间届满之日起三十日内向其上一级机关申请复议。 赔偿义务机关是人民法院的，赔偿请求人可以依照前款规定向其上一级人民法院赔偿委员会申请作出赔偿决定。	第二十三条 赔偿义务机关应当自收到申请之日起两个月内，作出是否赔偿的决定。赔偿义务机关作出赔偿决定，应当充分听取赔偿请求人的意见，并可以与赔偿请求人就赔偿方式、赔偿项目和赔偿数额依照本法第四章的规定进行协商。 赔偿义务机关决定赔偿的，应当制作赔偿决定书，并自作出决定之日起十日内送达赔偿请求人。 赔偿义务机关决定不予赔偿的，应当自作出决定之日起十日内书面通知赔偿请求人，并说明不予赔偿的理由。 第二十四条 赔偿义务机关在规定期限内未作出是否赔偿的决定，赔偿请求人可以自期限届满之日起三十日内向赔偿义务机关的上一级机关申请复议。 赔偿请求人对赔偿的方式、项目、数额有异议的，或者赔偿义务机关作出不予赔偿决定的，赔偿请求人可以自赔偿义务机关作出赔偿或者不予赔偿决定之日起三十日内，向赔偿义务机关的上一级机关申请复议。 赔偿义务机关是人民法院的，赔偿请求人可以依照本条规定向其上一级人民法院赔偿委员会申请作出赔偿决定。
第二十二条 复议机关应当自收到申请之日起两个月内作出决定。 赔偿请求人不服复议决定的，可以在收到复议决定之日起三十日内向复议机关所在地的同级人民法院赔偿委员会申请作出赔偿决定；复议机关逾期不作决定的，赔偿请求人可以自期间届满之日起三十日内向复议机关所在地的同级人民法院赔偿委员会申请作出赔偿决定。	第二十五条 复议机关应当自收到申请之日起两个月内作出决定。 赔偿请求人不服复议决定的，可以在收到复议决定之日起三十日内向复议机关所在地的同级人民法院赔偿委员会申请作出赔偿决定；复议机关逾期不作决定的，赔偿请求人可以自**期限**届满之日起三十日内向复议机关所在地的同级人民法院赔偿委员会申请作出赔偿决定。

续表

国家赔偿法（1994.5.12.）	国家赔偿法（2010.4.29.修正）
	第二十六条　人民法院赔偿委员会处理赔偿请求，赔偿请求人和赔偿义务机关对自己提出的主张，应当提供证据。 被羁押人在羁押期间死亡或者丧失行为能力的，赔偿义务机关的行为与被羁押人的死亡或者丧失行为能力是否存在因果关系，赔偿义务机关应当提供证据。
	第二十七条　人民法院赔偿委员会处理赔偿请求，采取书面审查的办法。必要时，可以向有关单位和人员调查情况、收集证据。赔偿请求人与赔偿义务机关对损害事实及因果关系有争议的，赔偿委员会可以听取赔偿请求人和赔偿义务机关的陈述和申辩，并可以进行质证。
	第二十八条　人民法院赔偿委员会应当自收到赔偿申请之日起三个月内作出决定；属于疑难、复杂、重大案件的，经本院院长批准，可以延长三个月。

续表

国家赔偿法（1994.5.12.）	国家赔偿法（2010.4.29.修正）
	第二十九条　中级以上的人民法院设立赔偿委员会，由人民法院三名以上审判员组成，**组成人员的人数应当为单数**。 赔偿委员会作赔偿决定，实行少数服从多数的原则。 赔偿委员会作出的赔偿决定，是发生法律效力的决定，必须执行。
第二十三条　中级以上的人民法院设立赔偿委员会，由人民法院三名至七名审判员组成。 赔偿委员会作赔偿决定，实行少数服从多数的原则。 赔偿委员会作出的赔偿决定，是发生法律效力的决定，必须执行。	第三十条　赔偿请求人或者赔偿义务机关对赔偿委员会作出的决定，认为确有错误的，可以向上一级人民法院赔偿委员会提出申诉。 赔偿委员会作出的赔偿决定生效后，如发现赔偿决定违反本法规定的，经本院院长决定或者上级人民法院指令，赔偿委员会应当在两个月内重新审查并依法作出决定，上一级人民法院赔偿委员会也可以直接审查并作出决定。 最高人民检察院对各级人民法院赔偿委员会作出的决定，上级人民检察院对下级人民法院赔偿委员会作出的决定，发现违反本法规定的，应当向同级人民法院赔偿委员会提出意见，同级人民法院赔偿委员会应当在两个月内重新审查并依法作出决定。
第二十四条　赔偿义务机关赔偿损失后，应当向有下列情形之一的工作人员追偿部分或者全部赔偿费用： （一）有本法第十五条第（四）、（五）项规定情形的； （二）在处理案件中有贪污受贿，徇私舞弊，枉法裁判行为的。 对有前款（一）、（二）项规定情形的责任人员，有关机关应当依法给予行政处分；构成犯罪的，应当依法追究刑事责任。	第三十一条　赔偿义务机关赔偿后，应当向有下列情形之一的工作人员追偿部分或者全部赔偿费用： （一）有本法**第十七条第四项、第五**项规定情形的； （二）在处理案件中有贪污受贿，徇私舞弊，枉法裁判行为的。 对有**前款**规定情形的责任人员，有关机关应当**依法给予处分**；构成犯罪的，应当依法追究刑事责任。

续表

国家赔偿法（1994.5.12.）	国家赔偿法（2010.4.29.修正）
第四章　赔偿方式和计算标准	第四章　赔偿方式和计算标准
第二十五条　国家赔偿以支付赔偿金为主要方式。能够返还财产或者恢复原状的，予以返还财产或者恢复原状。	第三十二条　国家赔偿以支付赔偿金为主要方式。 　　能够返还财产或者恢复原状的，予以返还财产或者恢复原状。
第二十六条　侵犯公民人身自由的，每日的赔偿金按照国家上年度职工日平均工资计算。	第三十三条　侵犯公民人身自由的，每日赔偿金按照国家上年度职工日平均工资计算。
第二十七条　侵犯公民生命健康权的，赔偿金按照下列规定计算： 　　（一）造成身体伤害的，应当支付医疗费，以及赔偿因误工减少的收入。减少的收入每日的赔偿金按照国家上年度职工日平均工资计算，最高额为国家上年度职工年平均工资的五倍； 　　（二）造成部分或者全部丧失劳动能力的，应当支付医疗费，以及残疾赔偿金，残疾赔偿金根据丧失劳动能力的程度确定，部分丧失劳动能力的最高额为国家上年度职工年平均工资的十倍，全部丧失劳动能力的为国家上年度职工年平均工资的二十倍。造成全部丧失劳动能力的，对其扶养的无劳动能力的人，还应当支付生活费； 　　（三）造成死亡的，应当支付死亡赔偿金、丧葬费，总额为国家上年度职工年平均工资的二十倍。对死者生前扶养的无劳动能力的人，还应当支付生活费。 　　前款第（二）、（三）项规定的生活费的发放标准参照当地民政部门有关生活救济的规定办理。被扶养的人是未成年人的，生活费给付至十八周岁止；其他无劳动能力的人，生活费给付至死亡时止。	第三十四条　侵犯公民生命健康权的，赔偿金按照下列规定计算： 　　（一）造成身体伤害的，应当支付医疗费、**护理费**，以及赔偿因误工减少的收入。减少的收入每日的赔偿金按照国家上年度职工日平均工资计算，最高额为国家上年度职工年平均工资的五倍； 　　（二）造成部分或者全部丧失劳动能力的，应当支付医疗费、**护理费、残疾生活辅助具费、康复费等因残疾而增加的必要支出和继续治疗所必需的费用**，以及残疾赔偿金。残疾赔偿金根据丧失劳动能力的程度，**按照国家规定的伤残等级确定，最高不超过**国家上年度职工年平均工资的二十倍。造成全部丧失劳动能力的，对其扶养的无劳动能力的人，还应当支付生活费； 　　（三）造成死亡的，应当支付死亡赔偿金、丧葬费，总额为国家上年度职工年平均工资的二十倍。对死者生前扶养的无劳动能力的人，还应当支付生活费。 　　前款**第二项、第三项**规定的生活费的发放标准，参照当地**最低生活保障标准执行**。被扶养的人是未成年人的，生活费给付至十八周岁止；其他无劳动能力的人，生活费给付至死亡时止。

续表

国家赔偿法（1994.5.12.）	国家赔偿法（2010.4.29.修正）
第三十条　赔偿义务机关对依法确认有本法第三条第（一）、（二）项、第十五条第（一）、（二）、（三）项情形之一，并造成受害人名誉权、荣誉权损害的，应当在侵权行为影响的范围内，为受害人消除影响，恢复名誉，赔礼道歉。	第三十五条　有本法第三条或者第十七条规定情形之一，**致人精神损害的**，应当在侵权行为影响的范围内，为受害人消除影响，恢复名誉，赔礼道歉；**造成严重后果的，应当支付相应的精神损害抚慰金**。
第二十八条　侵犯公民、法人和其他组织的财产权造成损害的，按照下列规定处理： （一）处罚款、罚金、追缴、没收财产或者违反国家规定征收财物、摊派费用的，返还财产； （二）查封、扣押、冻结财产的，解除对财产的查封、扣押、冻结，造成财产损坏或者灭失的，依照本条第（三）、（四）项的规定赔偿； （三）应当返还的财产损坏的，能够恢复原状的恢复原状，不能恢复原状的，按照损害程度给付相应的赔偿金； （四）应当返还的财产灭失的，给付相应的赔偿金； （五）财产已经拍卖的，给付拍卖所得的价款； （六）吊销许可证和执照、责令停产停业的，赔偿停产停业期间必要的经常性费用开支； （七）对财产权造成其他损害的，按照直接损失给予赔偿。	第三十六条　侵犯公民、法人和其他组织的财产权造成损害的，按照下列规定处理： （一）处罚款、罚金、追缴、没收财产或者**违法征收、征用财产的**，返还财产； （二）查封、扣押、冻结财产的，解除对财产的查封、扣押、冻结，造成财产损坏或者灭失的，依照本条**第三项、第四项**的规定赔偿； （三）应当返还的财产损坏的，能够恢复原状的恢复原状，不能恢复原状的，按照损害程度给付相应的赔偿金； （四）应当返还的财产灭失的，给付相应的赔偿金； （五）**财产已经拍卖或者变卖的，给付拍卖或者变卖所得的价款；变卖的价款明显低于财产价值的，应当支付相应的赔偿金**； （六）吊销许可证和执照、责令停产停业的，赔偿停产停业期间必要的经常性费用开支； （七）**返还执行的罚款或者罚金、追缴或者没收的金钱，解除冻结的存款或者汇款的，应当支付银行同期存款利息**； （八）对财产权造成其他损害的，按照直接损失给予赔偿。

续表

国家赔偿法（1994.5.12.）	国家赔偿法（2010.4.29.修正）
第二十九条　赔偿费用，列入各级财政预算，具体办法由国务院规定。	第三十七条　赔偿费用列入各级财政预算。 **赔偿请求人凭生效的判决书、复议决定书、赔偿决定书或者调解书，向赔偿义务机关申请支付赔偿金。** **赔偿义务机关应当自收到支付赔偿金申请之日起七日内，依照预算管理权限向有关的财政部门提出支付申请。财政部门应当自收到支付申请之日起十五日内支付赔偿金。** **赔偿费用预算与支付管理的具体办法由国务院规定。**
第五章　其他规定	第五章　其他规定
第三十一条　人民法院在民事诉讼、行政诉讼过程中，违法采取对妨害诉讼的强制措施、保全措施或者对判决、裁定及其他生效法律文书执行错误，造成损害的，赔偿请求人要求赔偿的程序，适用本法刑事赔偿程序的规定。	第三十八条　人民法院在民事诉讼、行政诉讼过程中，违法采取对妨害诉讼的强制措施、保全措施或者对判决、裁定及其他生效法律文书执行错误，造成损害的，赔偿请求人要求赔偿的程序，适用本法刑事赔偿程序的规定。
第三十二条　赔偿请求人请求国家赔偿的时效为两年，自国家机关及其工作人员行使职权时的行为被依法确认为违法之日起计算，但被羁押期间不计算在内。 赔偿请求人在赔偿请求时效的最后六个月内，因不可抗力或者其他障碍不能行使请求权的，时效中止。从中止时效的原因消除之日起，赔偿请求时效期间继续计算。	第三十九条　赔偿请求人请求国家赔偿的时效为两年，自其知道或者应当知道**国家机关及其工作人员行使职权时的行为侵犯其人身权、财产权之日起计算**，但被羁押等限制人身自由期间不计算在内。**在申请行政复议或者提起及行政诉讼时一并提出赔偿请求的，适用行政复议法、行政诉讼法有关时效的规定。** 赔偿请求人在赔偿请求时效的最后六个月内，因不可抗力或者其他障碍不能行使请求权的，时效中止。从中止时效的原因消除之日起，赔偿请求时效期间继续计算。

续表

国家赔偿法（1994.5.12.）	国家赔偿法（2010.4.29.修正）
第三十三条　外国人、外国企业和组织在中华人民共和国领域内要求中华人民共和国国家赔偿的，适用本法。 外国人、外国企业和组织的所属国对中华人民共和国公民、法人和其他组织要求该国国家赔偿的权利不予保护或者限制的，中华人民共和国与该外国人、外国企业和组织的所属国实行对等原则。	第四十条　外国人、外国企业和组织在中华人民共和国领域内要求中华人民共和国国家赔偿的，适用本法。 外国人、外国企业和组织的所属国对中华人民共和国公民、法人和其他组织要求该国国家赔偿的权利不予保护或者限制的，中华人民共和国与该外国人、外国企业和组织的所属国实行对等原则。
第六章　附则	第六章　附则
第三十四条　赔偿请求人要求国家赔偿的，赔偿义务机关、复议机关和人民法院不得向赔偿请求人收取任何费用。 对赔偿请求人取得的赔偿金不予征税。	第四十一条　赔偿请求人要求国家赔偿的，赔偿义务机关、复议机关和人民法院不得向赔偿请求人收取任何费用。 对赔偿请求人取得的赔偿金不予征税。
第三十五条　本法自1995年1月1日起施行。	第四十二条　本法自1995年1月1日起施行。

谨以本书献给《中华人民共和国国家赔偿法》
实施十五周年

国家赔偿法理论与实务

国家赔偿法理论与实务

THEORIES & PRACTICE OF
STATE COMPENSATION LAW

上 卷

江必新 梁凤云 梁清 著

中国社会科学出版社

图书在版编目（CIP）数据

国家赔偿法理论与实务 ／ 江必新、梁凤云、梁清著. —北京：中国社会科学出版社，2010.11

ISBN 978-7-5004-9042-5

Ⅰ. ①国… Ⅱ. ①江…②梁…③梁… Ⅲ. ①国家赔偿法—基本知识—中国 Ⅳ. ①D922.11

中国版本图书馆 CIP 数据核字（2010）第 162681 号

责任编辑　路卫军
责任校对　王兰馨
封面设计　李尘工作室
技术编辑　戴　宽

出版发行	中国社会科学出版社
社　　址	北京鼓楼西大街甲 158 号 邮　编 100720
电　　话	010-84029450（邮购）　010-64031534（总编室）
网　　址	http://www.csspw.cn
经　　销	新华书店
印刷装订	三河市君旺印装厂
版　　次	2010 年 11 月第 1 版　印　次　2010 年 11 月第 1 次印刷
开　　本	710×1000　1/16
印　　张	80
字　　数	1150 千字
定　　价	168.00 元（上下卷）

凡购买中国社会科学出版社图书，如有质量问题请与发行部联系调换
版权所有　侵权必究

序

大约在十六年前的《国家赔偿法》颁布前夕，我写作了《国家赔偿法原理》一书。在这本书中，我尝试用比较法的研究方法对世界主要国家和地区的国家赔偿制度作了一次梳理，并用大量篇幅描述了域外在处理同一赔偿问题时的若干理性选择的认识论基础。我以为，大自然赋予了人类以灵动万千的自由意志的同时，也就赋予了人类以无穷无限的可选择性。因此，所谓的万世不易的原理只能使理想和现实渐行渐远，所谓的绝对正确的观念只能导引人们走入僵化壅滞一途。到今天，这个想法更加强烈。

《国家赔偿法》修订前，我和梁凤云、梁清两位青年学者商议，对《国家赔偿法》实施十五年以来的理论和实践进行一次系统的梳理，并对我们在这方面的观察、思考、著述和司法实践做一次阶段性小结，从而为国家赔偿法学研究和实践提供一本较为系统、全面的参考读物。之后，我们以《国家赔偿法原理》为主要框架，利用参与《国家赔偿法》修订的机会，并结合司法实践，作了较为深入的研究。

在写作过程中，我们注意把握以下几点：尽可能全面地介绍域外相关的立法例和相关制度；尽可能全面地反映国家赔偿立法和司法解释制定过程中的有关背景情况；尽可能全面地展示国家赔偿制度发展的沿革更替；尽可能地发掘国家赔偿司法实践中的重大理论和实践问题；尽可能地运用国家赔偿实例尤其是最高人民法院的司法解释来阐述国家赔偿制度的最新进展；尽可能地反映《国家赔偿法》修订过程中各种观点的交流和碰撞；尽可能地对中国国家赔偿制度和实践中存在的问题和不足提出自己的观点。

任何一项法律制度如果仅仅作为一项"制度"存在，那么它必定是极其虚渺和脆弱的：虚渺的根由在于制度本身缺乏抛却自身考虑的终极归宿，缺乏悲天悯人的道德远瞻；而脆弱来源于每一个具体的案件、每一个微不足道的生命个体在遭遇不幸时的沉重求证。因此，国家赔偿制度的完善必须有仰望星空、放眼世界的道德感念，也必须有脚踏实地、为民请命的司法执著。我国南宋时期的司法官员宋慈在其所著的《洗冤集录》中说，司法官员掌握"死生出入之权舆，幽枉屈伸之机栝"，因此，对于案件必须"审之又审，不敢萌一毫慢易心。若灼然知其为欺，则亟与驳下；或疑信未决，必反复深思，惟恐率然而行，死者虚被渗漉。"诚哉斯言。

当然，限于水平、能力、资料和繁忙的工作，我们的初衷可能还没有完全实现，错漏之处亦不可避免。我们宁愿为读者多提供一些解决问题的思路，而不愿输出某些自以为是的绝对论断。正因如此，我们期待读者以批判的眼光对待它，并欢迎读者以建设性的态度帮助我们不断予以完善。

江必新

二〇一〇年六月二十三日于地坛东门寓所

目 录

基 础 理 论 编

第一章 国家赔偿责任界说 …………………………………… 3

第一节 国家赔偿责任的概念 / 3
一、比较法上国家赔偿责任的不同内涵 / 3
二、我国国家赔偿责任的概念 / 12
三、我国国家赔偿责任的特点 / 17

第二节 国家赔偿责任的性质 / 20
一、国家赔偿责任属于私法责任还是公法责任 / 20
二、国家赔偿责任属于代位责任还是自己责任 / 29

第三节 国家赔偿责任的功能和意义 / 38
一、国家赔偿责任的功能 / 38
二、设立国家赔偿责任的意义 / 48

第二章 国家赔偿责任的历史发展 …………………………… 50

第一节 国家赔偿责任的发展阶段 / 51
一、完全否定阶段 / 51
二、相对肯定阶段 / 54
三、全面肯定阶段 / 55
四、继续发展阶段 / 58

第二节 大陆法系国家赔偿责任的历史发展 / 61
一、法国 / 61

二、德国 / 67
　　三、日本 / 73
第三节　英美法系国家赔偿责任的历史发展 / 79
　　一、英国 / 80
　　二、美国 / 85
第四节　我国国家赔偿责任的历史发展 / 91
　　一、新中国成立前的国家赔偿责任 / 91
　　二、新中国成立后的国家赔偿责任 / 93
　　三、我国台湾地区的国家赔偿制度 / 100

第三章　国家赔偿责任的理论基础……104

第一节　国家赔偿责任的思想渊源 / 104
　　一、国家赔偿责任兴起较晚的原因 / 104
　　二、国家赔偿责任产生的思想渊源 / 105
第二节　国家赔偿责任理论的发展 / 107
　　一、人民主权学说 / 108
　　二、社会协作学说 / 109
　　三、法律拟制说 / 110
　　四、国库理论说 / 112
　　五、公共负担平等说 / 112
　　六、特别牺牲说 / 113
　　七、危险责任说 / 114
第三节　我国国家赔偿的基本原则和基本观念 / 116
　　一、我国国家赔偿法的基本原则 / 116
　　二、我国国家赔偿法的基本观念 / 118

第四章　国家赔偿的类型……120

第一节　立法赔偿 / 120
　　一、国外立法赔偿的理论与实务 / 120
　　二、对于我国应否规定立法赔偿的理论探讨 / 124

第二节 行政赔偿 / 127

一、应否将行政不作为造成的损害纳入行政赔偿的范围 / 127

二、应否将抽象行政行为造成的损害纳入行政赔偿的范围 / 131

三、应否将军事赔偿纳入行政赔偿范围 / 132

第三节 司法赔偿 / 135

一、比较法上的司法赔偿 / 136

二、我国的司法赔偿 / 137

第四节 公有公共设施致害赔偿 / 138

一、比较法上的公有公共设施致害赔偿 / 139

二、应否规定公有公共设施致害赔偿 / 142

第五章 国家补偿责任 ……………………………… 147

第一节 国家补偿责任概述 / 147

一、国家补偿责任的含义 / 147

二、国家补偿责任的特征 / 150

三、国家补偿责任的理论根据 / 153

四、国家补偿责任的类型 / 155

第二节 国家赔偿责任与国家补偿责任的比较 / 159

一、国家赔偿责任和国家补偿责任的区别 / 159

二、我国法上对于国家赔偿责任与国家补偿责任关系的处理 / 163

第六章 国家赔偿规范体系 ……………………………… 165

第一节 国家赔偿法概述 / 165

一、国家赔偿法的概念 / 165

二、国家赔偿法律关系 / 167

第二节 国家赔偿法的规范体系 / 169

一、国家赔偿法的立法体例 / 169

二、国家赔偿法的渊源 / 172

第三节 国家赔偿法的效力 / 179

一、国家赔偿法的对内效力 / 179

二、国家赔偿法的对外效力／182

第四节　国家赔偿法的作用与价值／184

一、国家赔偿法的一般作用／184

二、我国国家赔偿法的价值／186

构 成 要 件 编

第七章　国家赔偿责任构成要件的一般原理……193

第一节　国家赔偿责任构成要件概述／193

一、国家赔偿责任构成要件的概念／193

二、设定国家赔偿责任构成要件的目的／194

第二节　国家赔偿责任构成要件的基本结构／195

一、域外关于国家赔偿责任构成要件的基本结构或者要素的讨论／195

二、域外设定国家侵权赔偿责任构成要件的基本原则／197

三、我国国家赔偿法设定国家赔偿责任构成要件的基本思路／198

四、我国国家赔偿责任的构成要件／199

第八章　赔偿责任主体……204

第一节　赔偿责任主体概述／204

一、赔偿责任主体范围的概念及设定主件范围的意义／204

二、设定主体范围的原理／205

三、赔偿责任主体范围／206

第二节　我国国家赔偿责任主体的范围／214

一、有关设定主体范围的若干不同意见／214

二、我国《国家赔偿法》对主体范围的具体规定／215

第九章　行为范围及其设定……219

第一节　行为范围概述／219

一、设定行为范围的意义／219

二、设定行为范围的原理／220

三、公共权力的内涵与国家的特殊赔偿责任 / 221
　　　四、我国有关国家承担赔偿责任的行为范围的宏观设定 / 224
　第二节　特定的主权性行为与国家赔偿责任 / 226
　　　一、立法职能行为与国家赔偿责任 / 226
　　　二、司法职能行为与国家赔偿责任 / 249
　　　三、特定的行政职能行为与国家赔偿 / 254
　第三节　关于若干特殊领域的国家赔偿责任 / 257
　　　一、公有公共设施的国家赔偿 / 257
　　　二、军事行为 / 281
　　　三、特定的公务行为与国家赔偿责任 / 288
　第三节　职务行为及其认定 / 295
　　　一、域外对"执行职务"内涵的限定 / 295
　　　二、认定执行职务行为的标准 / 300
　　　三、执行职务行为的主要方式 / 306

第十章　因果关系及其认定 ······ 323

　第一节　因果关系概述 / 323
　　　一、哲学意义上的因果关系 / 324
　　　二、法学意义上的因果关系 / 326
　第二节　认定因果关系的一般理论 / 329
　　　一、大陆法系的因果关系理论 / 329
　　　二、英美法系的因果关系理论 / 336
　第三节　国家赔偿法上对因果关系的认定 / 344
　　　一、认定因果关系的一般规则 / 345
　　　二、因果关系的推定 / 350
　　　三、不作为情形中因果关系的认定 / 356

第十一章　可赔偿之损害 ······ 362

　第一节　损害概述 / 362
　　　一、损害的界定 / 362

二、损害事实的结构 / 366
三、多重损害事实 / 369

第二节 可赔偿之损害的法律特征 / 371
一、损害的现实性和确定性 / 371
二、损害的特定性与法定性 / 374
三、损害的可计算性 / 377

第三节 损害的分类 / 380
一、学理上的分类 / 381
二、对人身权益的损害 / 383
三、对财产权益的损害 / 392

赔偿范围编

第十二章 行政赔偿的行为范围 …………………………… 399

第一节 行政赔偿范围的规定模式 / 399
一、行政赔偿范围的规定模式 / 399
二、我国《国家赔偿法》关于行政赔偿范围的规定模式 / 404

第二节 侵犯公民人身权的行政赔偿范围 / 407
一、违法拘留或者违法采取限制人身自由的行政强制措施 / 407
二、非法拘禁或者以其他方法非法剥夺公民人身自由 / 410
三、以殴打、虐待等暴力行为或者唆使、放纵他人以殴打、虐待等暴力行为造成公民身体伤害或者死亡 / 412
四、违法使用武器、警械造成公民身体伤害或者伤亡 / 414
五、造成公民身体伤害或者死亡的其他违法行为 / 416

第三节 侵犯财产权的行政赔偿范围 / 417
一、违法实施罚款、吊销许可证和执照、责令停产停业、没收财物等行政处罚行为 / 417
二、违法对财产采取查封、扣押、冻结等行政强制措施的行为 / 420
三、违法征收、征用财产的行为 / 422
四、造成财产损害的其他违法行为 / 425

第四节 有待研究的若干行政赔偿范围问题 / 426

一、关于规定方式的问题 / 427
二、关于保护权利范围的问题 / 428
三、关于抽象行政行为的赔偿问题 / 430
四、关于自由裁量行为、显失公正（行政裁量严重不当）行为的赔偿问题 / 432

第十三章　刑事赔偿的行为范围 …………………………………… 436

第一节　刑事赔偿行为范围的立法模式 / 436
一、世界各个国家和地区关于刑事赔偿范围的立法模式 / 436
二、我国《国家赔偿法》关于刑事赔偿行为范围的立法模式 / 445

第一节　侵犯公民人身权的刑事赔偿范围 / 446
一、关于羁押赔偿的原则 / 446
二、违反刑事诉讼法的规定对公民采取拘留措施的，或者依照刑事诉讼法规定的条件和程序对公民采取拘留措施，但是拘留时间超过刑事诉讼法规定的时限，其后决定撤销案件、不起诉或者判决宣告无罪终止追究刑事责任 / 448
三、对公民采取逮捕措施后，决定撤销案件、不起诉或者判决宣告无罪终止追究刑事责任的 / 457
四、依照审判监督程序再审改判无罪，原判刑罚已经执行的 / 470
五、暴力行为致伤致死的认定 / 484
六、违法使用武器、警械造成公民身体伤害或者死亡 / 490

第二节　侵犯财产权的刑事赔偿范围 / 492
一、违法对财产采取查封、扣押、冻结、追缴等措施的 / 492
二、依照审判监督程序再审改判无罪，原判罚金、没收财产已经执行的 / 495

第十四章　非刑事司法赔偿的行为范围 …………………………… 498

第一节　有关妨害诉讼强制措施的赔偿 / 498
一、妨害诉讼强制措施的概念和适用范围 / 498
二、违法采取对妨害诉讼的措施的情形 / 501

第二节　有关诉讼保全措施的赔偿 / 503

一、诉讼保全的概念和适用条件 / 503

二、违法采取保全措施的情形 / 507

第三节　有关执行行为的赔偿 / 514

一、执行行为的概念和生效法律文书 / 514

二、执行判决、裁定或者其他生效法律文书错误的具体情形 / 516

三、其他非刑事司法侵权行为 / 522

第十五章　国家免责的行为范围 …………………………… 523

第一节　国家免责行为概述 / 523

一、国外有关国家免责条件的设定 / 523

二、设定免责范围的考虑因素 / 525

第二节　我国行政赔偿中免责范围 / 525

一、行政机关工作人员与行使职权无关的个人行为 / 526

二、公民、法人或者其他组织自己的行为致使损害发生的 / 526

三、法律规定的其他情形 / 528

四、行政赔偿免责范围的完善 / 528

第三节　刑事司法赔偿免责范围 / 529

一、因公民自己故意作虚假供述，或者伪造其他有罪证据被羁押或者被判处刑罚的 / 529

二、依照《刑法》第17条、第18条规定不负刑事责任的人被羁押的 / 532

三、属于《刑事诉讼法》第15条、第142条第2款规定不追究刑事责任的人被羁押的 / 533

四、行使国家侦查、检察、审判职权的机关以及看守所、监狱管理职权的机关的工作人员与行使职权无关的个人行为 / 535

五、公民自伤、自残等故意行为致使损害发生的 / 535

六、法律规定的其他情形 / 536

第四节　非刑事司法赔偿的免责范围 / 552

一、因申请人申请保全有错误造成损害的 / 553

二、因申请人提供的执行标的物有错误造成损害的 / 553

三、人民法院工作人员与行使职权无关的个人行为 / 553

四、属于《民事诉讼法》第214条规定情形的 / 553

五、被保全人、被执行人，或者人民法院依法指定的保管人员违法动用、隐匿、毁损、转移、变卖人民法院已经保全的财产的 / 553

六、因不可抗力造成损害后果的 / 554

七、依法不应由国家承担赔偿责任的其他情形 / 554

归 责 原 则 编

第十六章　归责原则概述 …………………………………… 557

第一节　归责原则的概念 / 557

一、归责的含义 / 557

二、归责原则的含义 / 558

第二节　归责原则的意义 / 560

第十七章　归责原则体系 …………………………………… 564

第一节　侵权法上的归责原则体系 / 565

一、侵权法上归责原则的演变 / 565

二、侵权法上归责原则体系 / 567

第二节　国家赔偿法上的归责原则体系 / 570

一、国外国家赔偿的归责原则体系 / 570

二、我国国家赔偿的归责原则体系 / 573

第十八章　国家赔偿归责原则 ……………………………… 579

第一节　国家赔偿归责原则概述 / 579

一、过错及违法责任原则 / 579

二、无过错责任的适用范围 / 585

三、严格责任与过错推定责任的适用范围 / 586

四、危险责任的适用范围 / 587

五、公平责任的适用范围 / 588

第二节　国家赔偿的一般归责原则：违法责任原则 / 590

一、不同法律制度中违法的概念 / 590

二、不同法律体系中违法与过错的关系 / 594

三、将违法作为独立的归责原则的可行性 / 597

四、我国国家赔偿法中违法概念的界定 / 599

第三节　国家赔偿的特殊归责原则：结果责任和过错责任 / 603

一、结果责任原则 / 603

二、过错责任原则 / 611

责 任 归 属 编

第十九章　国家责任与国家赔偿义务⋯⋯⋯⋯⋯⋯⋯⋯⋯⋯ 625

第一节　国家责任与工作人员个人责任 / 625

一、侵权主体、赔偿责任主体、赔偿义务机关与赔偿审核机关 / 625

二、赔偿责任的若干归属方式 / 628

三、划分国家责任与公务员个人责任的方式 / 629

四、国家为工作人员承担责任的性质 / 631

第二节　国家赔偿义务机关 / 632

一、国家赔偿义务机关的基本类型 / 632

二、国家赔偿义务机关的设定 / 634

三、我国《国家赔偿法》有关赔偿义务机关的具体规定 / 638

第二十章　追偿权原理和具体行使⋯⋯⋯⋯⋯⋯⋯⋯⋯⋯⋯ 665

第一节　追偿权及其设定原理 / 665

一、追偿权的概念 / 665

二、追偿制度的性质与功能 / 666

三、行使追偿权的一般原则 / 670

四、适格被追偿人的设定 / 672

五、限制追偿权的若干方式 / 674

第二节　追偿权的具体行使 / 678

一、追偿条件 / 678

二、追偿金额的确定与缴纳 / 683

三、追究机关工作人员个人赔偿责任的几种模式 / 687

四、追偿程序 / 689

第二十一章 赔偿经费的来源和拨付 ………………………… 704

第一节 赔偿的精神财富和物质财富 / 704

一、国家赔偿的精神财富 / 704

二、赔偿经费的筹措 / 705

三、我国有关赔偿经费的来源 / 707

第二节 赔偿经费的储备和拨付 / 713

一、赔偿经费的储备机关 / 714

二、超预算时的解决办法 / 715

三、国家赔偿经费的支出 / 715

方 式 标 准 编

第二十二章 国家赔偿的方式和标准概述 ………………………… 723

第一节 国家赔偿的方式概述 / 723

一、国家赔偿方式的含义 / 724

二、国家赔偿方式的特征 / 726

三、国家赔偿方式与民事赔偿方式的关系 / 728

四、国家赔偿方式的一般类型 / 729

第二节 国家赔偿的标准概述 / 730

一、国家赔偿标准的含义 / 730

二、确定国家赔偿标准的原则 / 732

三、我国国家赔偿标准的选择 / 733

第三节 国家赔偿的计算方法概论 / 750

一、国家赔偿的计算方法与国家赔偿标准的关系 / 750

二、国家赔偿的计算方法的法律性质 / 751

三、国家赔偿的计算方法的事实性质 / 752

第二十三章　国家赔偿方式及其适用……………………………… 754

第一节　国家赔偿方式的种类 / 754
一、金钱赔偿 / 755
二、恢复原状 / 757
三、返还财产 / 761
四、消除影响、恢复名誉 / 761
五、赔礼道歉 / 763

第二节　国家赔偿方式的适用体系 / 765
一、国家赔偿方式的选择原则 / 766
二、比较法上的国家赔偿方式的适用体系 / 767
三、国家赔偿方式的适用体系的类型 / 771
四、我国国家赔偿方式的适用体系 / 773

第三节　国家赔偿方式的适用 / 777
一、金钱赔偿的适用 / 778
二、返还财产的适用 / 781
三、恢复原状的适用 / 782
四、消除影响、恢复名誉的适用 / 784
五、赔礼道歉的适用 / 787

第二十四章　可赔偿损害范围的法律界定……………………… 788

第一节　可赔偿损害范围概述 / 788
一、可赔偿损害范围的概念 / 788
二、界定可赔偿损害范围的必要性 / 789
三、限定可赔偿损害范围的功能 / 790

第二节　限制可赔偿损害范围的若干角度和思路 / 792
一、仅赔偿积极损害抑或一并赔偿积极损害和消极损害 / 792
二、全额赔偿与限额赔偿 / 795
三、是否适用过错相抵 / 796
四、是否适用损益相抵 / 803
五、能否超出赔偿请求的范围确定赔偿金额 / 809

第三节　我国国家赔偿法对可赔偿范围的限定 / 809
　　一、积极损害与消极损害 / 810
　　二、全额赔偿与限额赔偿 / 812
　　三、其他原则对可赔偿损害范围的限制 / 815

第二十五章　人身损害赔偿及其标准 ····················· 817

第一节　人身损害赔偿及其标准概述 / 817
　　一、人身损害赔偿之价值观 / 817
　　二、人身损害赔偿的权利范围 / 819
　　三、人身损害赔偿标准的选择 / 821
　　四、人身损害赔偿的计算方法 / 822

第二节　人身自由损害的赔偿标准 / 823
　　一、人身自由损害赔偿标准的比较法考察 / 824
　　二、我国人身自由损害的赔偿标准 / 826
　　三、计算人身自由损害赔偿金需要注意的问题 / 829

第三节　致人伤害的赔偿标准 / 831
　　一、致人伤害赔偿标准的比较法考察 / 831
　　二、一般人身伤害的赔偿标准 / 832
　　二、致人残疾的赔偿标准 / 835

第四节　致人死亡的赔偿标准 / 840
　　一、致人死亡赔偿标准的比较法考察 / 841
　　二、我国致人死亡的赔偿标准 / 843
　　三、死亡赔偿金的性质 / 847

第二十六章　财产损害赔偿及其标准 ····················· 851

第一节　财产损害概述 / 851
　　一、财产损害的含义 / 851
　　二、财产损害的本质 / 853
　　三、财产损害的形式 / 854

第二节　财产损害赔偿标准 / 855

一、财产损害赔偿标准的比较法考察 / 856

二、与财产损害赔偿标准有关的参数 / 858

三、我国国家赔偿法上的财产损害赔偿标准 / 861

第三节　财产损害赔偿的计算 / 869

一、直接损失的计算 / 870

二、间接损失的计算 / 872

第二十七章　精神损害赔偿及其标准……874

第一节　精神损害赔偿制度的发展 / 874

一、精神损害赔偿制度的发展概况 / 875

二、国外国家赔偿法上精神损害赔偿制度的发展 / 877

三、我国国家赔偿法上精神损害赔偿制度的发展 / 880

第二节　精神损害赔偿概述 / 886

一、精神损害 / 886

二、精神损害赔偿 / 889

三、精神损害赔偿的范围 / 891

第三节　精神损害赔偿标准 / 896

一、确立精神损害赔偿标准的原则 / 896

二、计算精神损害赔偿数额的原则 / 898

三、精神损害赔偿金的具体计算规则 / 902

四、计算国家赔偿精神损害的参考因素 / 907

请 求 权 利 编

第二十八章　请求权及其行使……913

第一节　请求权概述 / 913

一、国家赔偿请求权的概念和意义 / 913

二、国家赔偿请求权的性质 / 917

第二节　请求权的行使及其保障 / 920

一、请求权的行使 / 920

二、请求权的保障 / 926

第二十九章　请求权人 …………………………………………… 929

第一节　请求权人概述 / 929

一、请求权人的概念和意义 / 929

二、规定请求权人的模式 / 932

第二节　请求权人的范围 / 934

一、受害人的范围 / 935

二、受害人死亡时的请求权人的范围 / 937

三、法人或者其他组织 / 959

四、法人或者其他组织终止后请求权人的范围 / 961

五、公务员与国家赔偿 / 967

六、代理人 / 973

第三节　外国人请求权人 / 979

一、关于外国人的赔偿请求权问题 / 980

二、我国《国家赔偿法》关于外国人和外国组织的请求权的规定 / 982

三、外国人请求国家赔偿的条件 / 984

第三十章　时效制度 …………………………………………… 988

第一节　时效制度概述 / 988

一、时效的概念和要素 / 988

二、时效的分类 / 990

三、时效的客体 / 991

四、时效的效力 / 995

五、时效的功能 / 999

第二节　消灭时效 / 1001

一、请求时效的概念和意义 / 1001

二、设定请求时效的原理和方法 / 1002

三、我国《国家赔偿法》关于请求时效的规定 / 1008

四、申请救济时效 / 1024

五、追偿时效 / 1026

第三节　取得时效 / 1027

一、取得时效制度的内涵和意义 / 1027

二、设定取得时效制度的基本方式 / 1028

三、我国国家赔偿制度中的取得时效制度 / 1029

赔 偿 程 序 编

第三十一章　前置程序 …………………………………… 1035

第一节　前置程序概述 / 1035

一、前置程序的概念 / 1035

二、各国前置程序的形式 / 1036

第二节　申请赔偿程序 / 1040

一、行政赔偿申请程序 / 1041

二、刑事赔偿申请程序 / 1056

三、民事、行政诉讼中司法赔偿申请程序 / 1086

第三节　协商程序 / 1088

一、协商程序概述 / 1088

二、各个国家和地区关于协商程序的具体形式 / 1091

三、协商的启动程序 / 1094

四、协商的申请程序 / 1097

五、协商的进行程序 / 1098

六、协议的达成和协议未达成 / 1103

七、费用免除 / 1109

第四节　决定程序 / 1110

一、我国《国家赔偿法》规定的决定程序 / 1110

二、赔偿案件的审查意见 / 1116

三、赔偿决定的审核批准程序 / 1117

四、作出赔偿决定的程序要求 / 1118

五、赔偿决定的执行 / 1122

第三十二章　非诉讼救济机制 …………………………………… 1124

第一节　复议程序 / 1126

一、复议的概念和种类 / 1126

二、复议的主管、管辖和期限 / 1127

三、复议程序的提起 / 1133

四、复议的方式 / 1137

五、复议决定和不服复议决定的救济方式 / 1139

第二节　申诉程序 / 1143

一、申诉程序概述 / 1143

二、《国家赔偿法》规定的申诉程序 / 1144

第三十三章　国家赔偿诉讼程序 …………………………………… 1149

第一节　国家赔偿诉讼程序概述 / 1149

一、国家赔偿诉讼主管的若干模式 / 1149

二、我国国家赔偿诉讼的立法和争论 / 1156

第二节　人民法院赔偿委员会决定程序 / 1161

一、人民法院赔偿委员会机构和决定程序 / 1161

二、关于人民法院赔偿委员会的诉讼性质 / 1173

三、人民法院赔偿委员会决定案件的管辖 / 1176

四、人民法院赔偿委员会决定程序的启动和进行 / 1177

五、国家赔偿听证程序 / 1183

六、人民法院赔偿委员会决定的执行 / 1190

七、人民法院赔偿委员会决定程序中救济程序 / 1192

八、关于设立国家赔偿审判庭的问题 / 1196

第三节　行政赔偿诉讼程序 / 1199

一、行政赔偿诉讼程序概述 / 1199

二、起诉和受理程序 / 1201

三、审理和判决程序 / 1205

附　录

中华人民共和国国家赔偿法 ………………………………… 1211

《中华人民共和国国家赔偿法》修正前后对照表 ……………… 1222

基础理论编

第一章 国家赔偿责任界说

国家赔偿法,从其字面意义而言,是有关国家承担侵权赔偿责任的法律规范的总和。不言而喻,对国家赔偿责任的研究,就成为我们研究国家赔偿法的逻辑起点。诚如柏拉图在《法律篇》中所言:"如果某人管理所有人类事务可以不承担责任,那么就必然产生傲慢和非正义。"任何主体侵权之后必然要承担责任,国家也不例外。法治的核心之一是保护个人自由权利,对个人自由权利危害最大的是公权力的滥用,因而公权力必须受到法律的约束。一个健全的法治社会,必然要求遵循侵权法上"有侵权必有救济,有损害必有赔偿"的原则,充分发挥国家赔偿制度实现矫正正义和平衡公私利益的功能。

第一节 国家赔偿责任的概念

一、比较法上国家赔偿责任的不同内涵

法律责任是"由于侵犯法定权利或者违反法定义务而引起的、由专门机关认定并归结于法律关系的有责主体的、带有直接强制性的义务,即由于违反第一性法定义务而招致的第二性义务"。[①] 权利和义务是法学的基本范畴。国家赔偿责任作为法律责任的一种,是国家因为违反第一性义务而招致的第二性义务,是由于侵害公民、法人及其他组织的合法权益而应当承担的补救义务。马克思主义认为,法是由国家制定或认可

---

① 张文显:《法哲学范畴研究》,中国政法大学出版社2001年版,第122页。

并保证实施的，反映由特定物质生活条件所决定的统治阶级意志，以权利和义务为内容，以确认、保护和发展统治阶级所期望的社会关系和社会秩序为目的的行为规范体系。① 国家赔偿责任的实质，是对于国家违反法定义务、超越法定权限或滥用法定权力的行为所做出的法律上的否定性评价和谴责，是强制国家做出一定行为或禁止做出一定行为，从而补救受到侵害的合法权益，恢复被破坏的社会关系和社会秩序。

在现今世界，许多国家都制定了国家赔偿法（state compensation law），并在不断地加以发展和完善。国家赔偿责任在各国立法中有不同的称谓，如国家赔偿责任、国家损害赔偿责任、国家责任、政府责任、公务责任等，不同称谓之下的国家赔偿责任的内涵也各有不同。例如，德国1981年《国家赔偿法》第1条规定："如果公权力违反了其相对于他人所负有的公法义务，则其法定主体相对于该他人而对由此产生的损害承担赔偿责任。"② 日本《国家赔偿法》第1条第1项规定："行使国家或者公共团体的公权力的公务员，在其履行职务之际，因故意或者过失违法对他人造成损害的，国家或者公共团体负责赔偿。"该法第2条第1项还规定："因道路、河川及其他公共营造物的设置或者管理存在瑕疵给他人造成损害的，国家或者公共团体负责赔偿。"美国《联邦侵权赔偿法》第1346条（b）项规定："基于本编第一百七十一章的规定，各地方法院、巴拿马运河区、联邦地方法院即维尔京群岛地方法院对于以合众国为被告主张政府受雇人于执行职务范围内因过失或不法作为或不作为致其财产损害或人身上伤亡，基于私人立场应负赔偿责任，而请求金钱赔偿的民事诉讼，有专属管辖权。"奥地利《国家赔偿法》第1条前段规定："联邦、各邦、县市、乡镇、及其他公法上团体及社会保险机构（以下简称官署）于该官署之机关执行法令故意或过失违法侵害他人之财产或人格权时，依民法之规定由官署负赔偿责任。"③ 2005年修订的韩国《国家

---

① 张文显：《法哲学范畴研究》，中国政法大学出版社2001年版，第127页。
② 由于当时的联邦立法者没有在国家赔偿事务方面的立法权，该法于1982年10月19日被联邦宪法法院宣告为自始无效。
③ 该法所称"机关"，是指所有为官署执行法令的自然人（包括司法及行政人员），继续或暂时为特定事件经选任指派或雇佣，与官署间之关系为公法上或私法上者均属之。

赔偿法》第 2 条前段规定："公务员执行职务，因故意或过失违反法令致使他人受损害；或者，依汽车损害赔偿保障法的规定，公务员有损害赔偿责任时，国家或地方自治团体应当依本法赔偿其损害。"

从上述立法例可知，尽管迄今为止尚未形成一个被普遍认可的国家赔偿责任的定义，但各国都会在实践中尝试划定国家赔偿责任的界限，其基本目的是试图用不同的规则，即不同于一般民事赔偿责任的规则来对国家赔偿责任加以调整。因此，国家赔偿责任的概念，在很大程度上取决于这种特殊规则的调整范围。

（一）因主体范围的不同而不同

在个别国家，国家赔偿责任仅指国家机关的侵权赔偿责任，而不包括公共团体侵权而承担的赔偿责任，但这种处理方法在比较法上最为少见。在有的国家，所谓国家赔偿责任专指中央国家机关所承担的侵权赔偿责任，不包括地方国家机关所承担的侵权赔偿责任，但大多数国家都包括中央和地方的国家机关所承担的侵权赔偿责任。

在有的国家，不仅国家机关侵权，所有依赖于国家拨款的组织，甚至一些国际性的组织，其侵权造成的损害所承担的赔偿责任都成为国家赔偿责任。例如，在德国，国家赔偿法上的责任主体，不仅可以指国家和各州及其机构、区镇（Gemeinde）、一定情况下公法上的委托人，而且还可以指国际组织——例如欧共体及其他国际性组织。[①] 在日本，国家或者公共团体的公权力的行使都可产生国家赔偿责任。

在是否为行使公共权力的私人团体或私人以及国家教会的侵权行为承担赔偿责任，是否为行使国家职能的私营企业的侵权行为承担赔偿责任方面，各国情况也不相同。法国、[②] 英国、瑞士法律规定对这些行为负

---

① 参见马怀德主编《完善国家赔偿立法基本问题研究》，北京大学出版社 2008 年版，第 436 页。
② 在法国，在一般情况下，就人员而言，一切在行政主体权力控制下执行公务的人员，都能引起行政主体的赔偿责任。这类人员范围很广，包括公务员、其他公职人员、私法上合同雇佣人员、征用人员、事实上的公务员、自动为行政主体工作的志愿人员。详见王名扬《法国行政法》，北京大学出版社 2007 年版，第 569 页。

责,而美国、加拿大、意大利法律则规定不对此负责。①

(二)因对"侵权"的理解不同而不同

在有的国家,对"侵权"的理解是以加害人(或致害人)的行为的违法性为本位的,即只要加害人的行为违法,即视为侵权。在这些国家,只有国家对违法行为造成的损害所承担的责任才能称为国家赔偿责任,而对合法行为造成的损害所承担的责任则称为国家补偿责任。例如,日本的国家赔偿仅指国家行政赔偿,该国行政法学者南博方就认为"所谓国家赔偿,是指国家或公共团体对因行政法上的违法行为造成的损害赔偿"。②而在另一些国家,"侵权"的概念是以"受害人"为本位的,即只要受害人的权益受到不利处分或者在受害人无过错的情况下权益受损,作为受害人受损原因的行为即是"侵权"行为,即是说,不管致害人的行为是否合法,只要受害人的权益受损,国家因而承担的责任均属于国家赔偿责任。例如,瑞士《联邦责任法》规定的国家赔偿责任,采取的就是无过错责任原则。③在法国的国家赔偿法上,采用无过错责任的范围在西方国家是最为宽泛的。

(三)因对"赔偿"的理解不同而不同

在有的国家,将返还财产排除在赔偿的范围之外,这就是说,只有个人或组织的财产受到毁损灭失时国家所承担的责任才叫侵权赔偿责任。如果财产还存在,并且完好无损,就不是赔偿问题,而是返还问题;国家承担的是返还责任,而不是侵权赔偿责任。而在另外一些国家,返还财产也被视为一种"赔偿方式",因而返还责任也被视为是赔偿责任。

(四)因国家责任法的体系不同而不同

在英国,国家责任被分为四种类型:即侵权行为责任、违反契约的责任、返还责任和补偿责任,可见返还责任和违反契约的责任被排除在侵权行为责任之外。但在有些国家,返还责任和违反契约的责任均被包

---

① 参见周汉华、何峻《外国国家赔偿制度比较》,警官教育出版社1992年版,第22-23页。
② [日]南博方著:《日本行政法》,杨建顺译,中国人民大学出版社1988年版,第100页。
③ 参见林准、马原主编《外国国家赔偿制度》,人民法院出版社1992年版,第174页。

括在侵权行为责任的范围之内。在德国，国家责任被分为一般侵权赔偿责任、合同责任、准剥夺责任以及特别牺牲责任。一般侵权赔偿责任仅指国家因其雇员在执行职务中违反对第三者的法定义务造成损害所承担的赔偿责任。

（五）因是否区分国家赔偿和国家补偿而不同

在日本，现行的制度框架严格区分国家赔偿和国家补偿，国家赔偿问题由《国家赔偿法》调整，国家补偿问题则由《宪法》第29条第3项和各个特别法来调整。其国家赔偿包括国家或者公共团体的公权力行使的国家赔偿，以及公共营造物的设置与管理的国家赔偿；国家补偿的内容散见于各个特别法和判例中。[①] 而法国法上不区分国家赔偿和国家补偿，其国家赔偿的范围极为宽泛，除对范围有限的政府行为不负赔偿责任以外，在其他行政活动中，没有不负赔偿责任的领域。国家不但对有过错的执行公务的行为所产生的损害负赔偿责任，还基于危险责任或公共负担平等而对危险物体所产生的损害、公共工程的损害、社会经济措施的损害等承担无过错的赔偿责任。[②]

（六）因国家责任与工作人员责任的划分体系不同而不同

同一种致害行为，有的国家由工作人员自己负责，或者说由受害人直接向工作人员请求赔偿。而在另一些国家，则规定由国家赔偿，然后由国家向该工作人员追偿。尽管赔偿金最终都是由工作人员承担的，但责任性质是不同的。在工作人员直接负责的情况下，该责任不属于国家赔偿责任而属于个人责任。而在国家先承担赔偿责任然后追偿的情况下，该责任则属于国家赔偿责任的范围。例如，对于政府职员在职务范围内的故意侵权行为，美国《联邦侵权赔偿法》（*Federal Tort Claims Law*）规定国家不负赔偿责任，但在法国，国家对包括故意侵权行为在内的行政职务行为普遍承担责任。

---

① 参见马怀德主编《完善国家赔偿立法基本问题研究》，北京大学出版社2008年版，第479页。
② 参见王名扬《法国行政法》，北京大学出版社2007年版，第565、574–577页。

（七）因"行为范围"的不同而不同

有的国家赔偿责任的范围限定在与行使公共权力有关的行为所造成的损害范围之内。有的国家比较宽泛，凡属于工作人员的"公干"所造成的损害，由国家来承担的责任都被称为国家赔偿责任，都适用与民事赔偿不同的规则体系。[1]

（八）因国家赔偿责任的外延不同而不同

由于国家一方面以主权者身份对内行使包括立法权、行政权、司法权等在内的统治权；另一方面以平等者的身份与其他国家进行政治、经济、军事、文化等方面的国际交往。国家违背国内法产生国内法律责任，须对内进行国家赔偿；国家违背国际法产生国际法律责任，须对外进行国家赔偿。对外的国家赔偿责任主要是国际法研究的对象，包括由于国家的国际不法行为所进行的赔偿和由于国际法不加禁止的行为产生的损害赔偿，前者如入侵国战败后对受害国的战争赔偿，后者如远洋石油运输中造成的海洋环境污染的损害赔偿。对内的国家赔偿责任是国内法研究的对象，一般指国家因行使立法权、行政权和司法权时造成损害所承担的赔偿责任。

需要注意的是，欧盟法（European Union Law）产生了一种不同于前述两种国家赔偿责任的国家赔偿责任。在欧洲，欧盟成员国违反欧共体法律（EC Law）的规定，也可能产生国家赔偿责任，当然其执行需要通过成员国的国内法庭来实施。具体而言，当欧盟成员国违反欧盟法律，并且导致成员国公民遭受损害，则该国应对其违反欧盟法律的行为承担国家赔偿责任，从而让该公民的损害得到填补。这是因为，欧盟法律指令赋予了个体以权利，这些权利尤其体现在雇佣关系及劳资关系方面，并且这些权利是根据欧盟指令的直接法律效力原则（the doctrine of direct effect）来强制实施的，没有按规定实施欧盟指令的国家以及受国家控制

---

[1] 参见江必新《国家赔偿法原理》，中国人民公安大学出版社1994年版，第2－4页。

的公共服务机构（emanations of the state）都得承担损害赔偿责任。①

（九）因国家赔偿责任的性质不同而不同

在有的国家，国家赔偿责任属于私法责任，国家赔偿责任基本上由有关民事侵权赔偿责任的法律规范调整，如英美法系各国、阿根廷、荷兰、比利时、意大利以及斯堪的纳维亚国家（芬兰除外）。在有的国家属于公法责任，国家赔偿责任基本上由公法调整，很少适用私法规定，而且行政法院和普通法院各自都享有管辖权，如瑞士、法国、土耳其、西班牙等国。在另一些国家则属于特别法责任，国家赔偿责任由特别法律予以规定，但普通法院享有管辖权，如联邦德国、日本、奥地利、墨西哥等国。②

（十）因是否要求有过错而不同

对于国家赔偿责任是否要求有过错，在不同的国家有不同的理解，主要分为三类。第一类不要求有过错。例如，在意大利，只要有关组织违反法律规定，就足以确立国家赔偿责任。而根据瑞士联邦法律和法国、比利时以及日本对某些种类的公产管理的赔偿责任的法律，国家赔偿责任可以与过错无关。第二类的国家赔偿责任建立在行政管理错误或不良的基础之上。法国主要采用这种方法，约旦、比利时、巴西、乌拉圭及

---

① 这种国家赔偿责任（state liability）源自意大利工人弗朗科维奇与伯尼发西诉意大利共和国（Francovich and Bonifaci v. Republic of Italy）一案。在该案中，意大利政府由于没有妥善实施欧盟第80/987号指令，依据该指令，当企业雇主破产时，政府应该为此类破产企业所雇佣的工人制定最低补偿方案，而在该案中，原告不仅失业了，而且也没有得到该发给他们的工资。欧洲法院（European Court of Justice）判决认为，意大利政府违反其法定义务，要对违法行为给工人所造成的损失进行赔偿。其理由是：国家没有执行欧盟指令，就得承担国家赔偿责任，但是原告则必须举证欧盟指令授予了其特定权利，并且此种授权措辞是可以进行确认的，此外，成员国没有实施欧盟指令与其所遭受的损害之间还得有因果联系。这个判决后来被总结成了 Francovich 原则，即要让一个成员国承担国家赔偿责任必须具备以下三个条件：（1）有违反欧盟法律的行为；（2）违法行为系欧盟成员国所为；（3）违法行为导致个体受到损害。此外，在这些要素具备的前提下，在诉至欧洲法院之前，原告须先在成员国内国法庭提起损害赔偿之诉。在之后的几起案件中，这类国家赔偿责任成立的条件得到进一步修正，需要具备以下几个条件：（1）被触犯的欧盟法律必须已经授予个体一定权利；（2）触犯欧盟法律的行为必须相当严重；（3）成员国的违法行为与受害者所遭受的损失之间存在直接因果关系。参见［英］卡罗尔·哈洛著《国家责任——以侵权法为中心展开》，涂永前、马佳昌译，北京大学出版社2009年版，第 viii – ix、xi 页。

② 周汉华、何峻：《外国国家赔偿制度比较》，警官教育出版社1992年版，第32页。

美国的加利福尼亚州也是如此。第三类的国家赔偿责任建立在侵权者的个人过错基础之上，如德国、日本、加拿大、美国和英国等国。在实践中，第二类和第三类情形逐渐趋于统一，即国家赔偿责任建立在法律过错（statutory negligence）基础之上，只要能证明损害是过错所造成的即可追究国家的赔偿责任，不必确定具体的侵权者，[①] 这种趋势在美国尤为明显。

通过分析上述国家赔偿责任的不同含义，可以发现各国对国家赔偿责任的界定存有分歧的主要原因在于：

第一，各国学理上对与国家赔偿责任相关的一些概念的界定上存有分歧。国家赔偿责任的定义难以确定，或多或少地与一些相关概念如"侵权行为"、"违法"、"责任"、"义务"等在学理上一直未能形成一致认识有关。例如，对于"侵权行为"这个在侵权法上最为重要的一个概念，无论在立法、司法上，还是在学说上，都没有一个统一的、为人们所能共同接受的准确界定。[②] 这是因为，侵权行为的性质为法律事实中的事实行为，而事实行为仅仅依据法律规定直接发生法律效果，具有客观性以及权利义务效果法定性的特征，这决定了何种行为构成侵权，发生何种法律效果，均需法律规范直接予以规定。当人们界定何为侵权行为之时，就不得不去描述侵权行为的构成要件或者侵权责任的构成要件。[③] 就如法国《民法典》中关于侵权行为的界定，是用"责任"来代替的，并仅以过错、损害和因果关系这三个构成要件来描述。英美法系的侵权法上，更是没有形成对于"侵权行为"的令人满意的定义，同样是通过描述性的表述来完成，凡具备"造成损害"、"法律将提供救济"、"不构成违反合同"的，即为侵权行为。再如，对于"责任"，人们也理解不一。道义责任论者认为，违法者应对自己的出于自由意志作出的违法行为负责，应该受到道义上的责难。社会责任论者认为，违法行为的发生

[①] 参见周汉华、何峻《外国国家赔偿制度比较》，警官教育出版社1992年版，第23-24页。
[②] 参见杨立新《侵权法论》（第三版），人民法院出版社2005年版，第3页。
[③] 参见程啸《侵权行为法总论》，中国人民大学出版社2008年版，第33-34页。

不是由行为者的自由意志所决定的，而是由客观条件决定的，因而只有根据行为人的行为环境和行为的社会危险性来确定有无法律责任。规范责任论者认为，法律责任取决于行为人违法时的故意或者过失以及是否具备合法行为的可期待性。

第二，由于历史传统、法律文化以及现实发展的差异，使得各国国家赔偿责任的范围并不完全一致，因而也不可能形成被普遍认可的国家赔偿责任的定义。例如，有的国家只对国家工作人员造成的损害负责，有的国家还对临时雇用人员甚至自愿帮助人员的侵权行为负责。再如，有的国家要求以国家工作人员的过错为国家赔偿责任的条件，有的国家无此要求；有的国家根据替代责任原则追究国家的侵权赔偿责任，有的国家根据直接责任原则追究国家的侵权赔偿责任，有的国家则二者兼而采之；有的国家以国家承担赔偿责任为主，以公务员的个人责任为辅，有的国家则明确划分二者的范围，互不影响；有的国家以侵权行为发生在国家工作人员履行职务之时为条件，有的国家仅根据职务关系追究国家的侵权赔偿责任。

第三，即使在同一个法域、同一个国家乃至同一个问题上，也很难用一个不变的定义将国家赔偿责任的多样性和灵活性概括进去。例如，国家不但要为过错行为承担责任，也要为无过错行为承担责任；不但要为公共权力行为承担责任，也要为国家的经济行为承担责任，还要为介于这二者之间的非营利性公用事业的行为承担责任；不但要为作为承担责任，也要为不作为承担责任；不但要为行为造成的损害承担责任，也要为公有公共设施造成的损害承担责任。[①] 因而，国家赔偿责任不仅是一个法律问题，同时也是一个政策选择问题，必须根据国家在不同阶段的不同发展状况，由法官在具体案件中灵活运用，协调国家利益与个人权益之间的关系。

[①] 参见周汉华、何峻《外国国家赔偿制度比较》，警官教育出版社1992年版，第2-3页。

二、我国国家赔偿责任的概念

对国家赔偿责任概念的理解有广义和狭义之分，广义的国家赔偿责任包括对内和对外的国家赔偿责任，狭义的国家赔偿责任只指对内的国家赔偿责任。广义说认为，对权力作用和非权力作用所造成的损害均应予以国家赔偿，国家赔偿责任应当包括国际法上的国家赔偿责任、宪法上的国家赔偿责任、民法上的国家赔偿责任和国家赔偿法上的国家赔偿责任中的全部责任或者某几类责任。狭义说认为，非权力作用和私经济作用所造成的损害不应由国家承担赔偿责任。狭义说分为两种情况，一是国家赔偿责任仅指国家行政侵权赔偿责任，冤狱赔偿由特别法另行调整；二是国家仅对因国家机关及其工作人员行使国家公权力的行为造成的损害予以赔偿，包括国家赔偿和国家补偿，但不对因国家机关及其工作人员行使国家私权力的行为造成的损害承担赔偿责任。[①]

我国国家赔偿责任的内涵又是如何呢？在我国，国家赔偿责任，也称国家侵权赔偿责任，简称国家赔偿。它是指国家机关及其工作人员在执行职务、行使国家管理职权的过程中给公民、法人或者其他组织造成损害，由国家承担赔偿，并由该国家机关具体履行的法律责任。我国《宪法》第41条规定："由于国家机关和国家工作人员侵犯公民权利而受到损失的人，有依照法律取得赔偿的权利。"我国2010年修订的《国家赔偿法》第2条第1款规定："国家机关和国家机关工作人员行使职权，有本法规定的侵犯公民、法人和其他组织的合法权益的情形，造成损害的，受害人有依照本法取得国家赔偿的权利。"在我国，国家赔偿责任概念有如下内涵：

第一，国家赔偿责任是由国家作为责任主体。国家赔偿的责任主体是国家，而不是行使公权力的国家工作人员个人，即国家侵权主体与直接责任主体相脱离。在民事侵权赔偿责任中，除了替代责任等责任形态，

[①] 参见皮纯协、何寿生编著《比较国家赔偿法》，中国法制出版社1998年版，第4—6页。

侵权主体与责任主体在通常情况下是一致的，即"谁侵权，谁赔偿"的赔偿形式。而国家赔偿责任奉行的是一种"国家责任，机关赔偿"的特殊模式，这是因为国家是抽象主体，不可能履行具体的赔偿义务，只能由具体的国家机关承担赔偿义务。在国家赔偿责任中，实施侵权行为的通常是国家机关工作人员或其他公务人员，履行赔偿义务的义务主体是国家机关，但是承担赔偿责任的最终主体是国家，赔偿金由国库统一开支。国家机关在其承担赔偿责任后，才能责令有故意或者重大过失的公务员承担赔偿金额的一部分或者全部。

对于国家赔偿责任中责任主体（subject of liability）的划分，当今各国主要有两种模式：（1）国家为国家赔偿责任主体。由于公权力的行使造成损害应由国家承担赔偿责任，因为所有的公权力都产生于统治权或主权，而统治权或主权只由国家享有。例如，罗马尼亚《宪法》规定，由于国家机关违法行为，其权利受侵害人可以依照法律规定请求主管机关宣告此行为无效并要求赔偿。在我国，国家赔偿与公务员个人赔偿的立法区分是清晰的，根据修订后的《国家赔偿法》第2条第2款规定的"本法规定的赔偿义务机关，应当依照本法及时履行赔偿义务"所体现的精神，国家是国家赔偿的唯一责任主体。（2）国家工作人员和国家同为国家赔偿责任主体。在法国，对于因公务员的个人过错与公务过错共同造成损害的情形，最高行政法院通过昂盖特案和劳力蒙尼耶案判决，确认受害人既可起诉有过错的公务员，又可起诉行政机关。[①] 在美国的行政赔偿制度中，国家赔偿责任和职员个人责任是并存的。[②] 1947年的意大利《宪法》第28条规定："根据刑事法律、民事法律及行政法律，国家与公共团体的官员和职工应对侵权行为直接负责。"

---

① 参见欧彬武《宪政视野下国家赔偿主体分析》，载《湘潭师范学院学报》（社会科学版）2007年第5期。

② 但值得注意的是，随着1988年《联邦职责赔偿责任改革和侵权赔偿法》（Federal Employees Liability Reform and Tort Compensation Act）的施行，美国行政赔偿制度开始向基本以国家代位责任为主的立场过渡。参见马怀德主编《完善国家赔偿立法基本问题研究》，北京大学出版社2008年版，第527–541页。

需要注意的是，国家赔偿的责任主体与赔偿义务机关是两个不同的概念。前者是指谁最后承担责任，即费用由谁来实际支付，是国家赔偿责任的实质主体。后者是指以国家的赔偿费用履行赔偿义务的机关，是国家赔偿责任的形式主体。区分这两个概念的意义在于，作为责任主体的国家，以国家名义承担赔偿责任，从国库中支付赔偿金，但不参与承担赔偿义务、参与赔偿程序和进行赔偿诉讼等具体赔偿事务，该事务由特定的赔偿义务机关负责。赔偿义务机关的确定主要是为了方便受害人提起赔偿请求，不至于投诉无门或者增加受害人的求偿困难。赔偿义务机关一般是指实施侵权行为的工作人员所在的机关，如果是公有公共设施致害赔偿，则由负有管理义务者为赔偿义务机关。[①] 在英国，由于受国家豁免传统的影响，国王虽为国家赔偿责任主体，但不作为诉讼被告；根据《王权诉讼法》的规定，国家赔偿诉讼针对政府各部门提起，如果不能确定有关部门，则针对总检察长提起诉讼。

第二，国家赔偿责任的责任形式多元化，包括返还财产、恢复原状、金钱赔偿、赔礼道歉、恢复名誉、消除影响等，但金钱赔偿是最主要的赔偿方式。修订后的《国家赔偿法》第32条规定："国家赔偿以支付赔偿金为主要方式。能够返还财产或者恢复原状的，予以返还财产或者恢复原状。"在国家赔偿的三种主要责任形式即返还财产、恢复原状和金钱赔偿中，金钱赔偿是最主要的赔偿方式，这种模式使国家赔偿区别于私法赔偿，是世界各国国家赔偿制度中的主流选择，这是由国家赔偿发展的历史、公权力的分立和公共利益的需要所决定的。金钱赔偿是各国的主流，并不排除某些情况下存在其他的赔偿补救措施，比如，德国国家赔偿制度中的后果清除请求权就具有恢复损害之前的状态的效力，这相当于私法中恢复原状的救济。[②] 我国台湾地区"国家赔偿法"第7条也规定："国家负损害赔偿责任者，应以金钱为之。但以恢复原状为适当者，得依请求，恢复损害发生前原状。"但是，也有仅以金钱赔偿为国家赔偿

---

① 参见应松年主编《国家赔偿制度研究》，法律出版社1995年版，第6页。
② 参见马怀德主编《完善国家赔偿立法基本问题研究》，北京大学出版社2008年版，第4–5页。

责任形式的立法例，例如，法国行政主体的赔偿责任限于金钱赔偿，美国《联邦侵权赔偿法》第1346节（b）规定国家赔偿的起诉条件限于金钱赔偿，奥地利《国家赔偿法》第1条规定损害仅以金钱之方法为之。

第三，国家赔偿责任是国家责任的一种。国家责任是指国家根据国际法或者国内法对自己的行为应承担的法律后果。国家责任分为国际法上的国家责任和国内法上的国家责任。国际法上的国家责任是指国家违反其国际义务造成损害时应承担的赔偿责任，比较典型的如战败国对战胜国所承担的赔偿责任。国内法上的国家责任是指国家违反其国内法规定的义务造成损害时应承担的赔偿责任，可分为国家立法赔偿责任、国家司法赔偿责任、国家行政赔偿责任与国家民事赔偿责任四种。国家赔偿责任只是国家责任中的一种形式，是国家对国家在行使公权力造成损害时所负的赔偿责任。在我国，国家赔偿责任限于国内法的意义之上，并且仅包括行政赔偿责任、刑事赔偿责任和非刑事司法赔偿责任。

第四，国家赔偿责任产生的原因是国家机关行使公共权力的行为侵权。这一特点应从以下几个方面把握：

首先，实施侵害的主体是国家机关及其工作人员，或者其他行使公共事务管理职能的事业单位或组织及其工作人员。对于国家赔偿责任中的侵权主体（subject of tort），各国大致划分为三类：（1）公务员。例如，法国受行政法院判例影响，以公务员为侵权主体。（2）国家机关。例如，罗马尼亚《宪法》规定，由于国家机关违法行为，其权利受侵害人，可以依照法律规定，请求主管机关宣告此行为无效并要求赔偿。（3）公务员和国家机关。例如，1947年意大利《宪法》第28条规定，"根据刑事法律、民事法律及行政法律，国家与公共团体的官员和职工应对侵权行为直接负责"。

我国法律对国家赔偿责任的侵权主体的规定属于第三类，即侵权主体为国家机关和国家机关工作人员。我国《宪法》第41条第3款规定："由于国家机关和国家工作人员侵犯公民权利而受到损失的人，有依照法律规定取得赔偿的权利。"《国家赔偿法》同样贯彻了《宪法》的这一立场，第 2 条第 2 款规定："国家机关和国家机关工作人员行使职权，有本法规定的侵犯公民、法人和其他组织的合法权益的情形，造成损害的，受害人有依照本法取得国家赔偿的权利。"

从法理而言，国家机关通常应当包括立法机关、行政机关、司法机关和军事机关，《国家赔偿法》没有明确界定国家机关的范围，但其在赔偿范围中仅规定了行政赔偿、刑事赔偿以及非刑事司法赔偿，可见我国国家赔偿法上作为侵权主体的国家机关仅包括行政机关和司法机关，不包括立法机关和军事机关。除国家机关以外，国家还授权一些事业单位或者组织行使一定的管理职权，因此，侵权主体也可能是行使公共事务管理职能的事业单位或者组织。

而国家机关工作人员是指通过法定程序由国家任命的在编人员，与公务员的范畴基本相同。对于公务员，我国《公务员法》第 2 条规定："本法所称公务员，是指依法履行公职、纳入国家行政编制、由国家财政负担工资福利的工作人员。"除国家机关工作人员以外，由于国家还授权一些事业单位或者组织行使一定的管理职权，因此，侵权主体也可能是行使公共事务管理职能的事业单位或者组织的工作人员。这类可以构成侵权主体的非国家机关工作人员也属于《公务员法》的规范对象，该法第 106 条规定："法律、法规授权的具有公共事务管理职能的事业单位中除工勤人员以外的工作人员，经批准参照本法进行管理。"

其次，国家赔偿责任产生的原因是国家机关及其工作人员行使公权力的行为，而不是国家机关实施的民事行为或者其工作人员实施的个人行为。国家赔偿责任的产生基于公权力的行使。公权力是以国家名义表达的、具有法律上优势效力的意志，是为国家的利益即公共利益而进行，具有完全和绝对的作用力。国家机关及其工作人员只是经授权而行使公权力，其造成的损害后果亦应由国家承担。[①] 在民事活动中，国家机关与公民、法人、其他组织等民事主体在民事法律地位上是平等的，双方的

---

① 参见［德］奥托·迈耶著《德国行政法》，刘飞译，商务印书馆 2004 年版，第 112、114、116 页。

权利义务是平等的。例如，国家机关作为合同一方当事人与公民、其他法人或其他组织签订合同后，如果由于国家机关一方的原因使合同不能成立、无效或者违约等，给对方造成损失的，应当承担可预见范围内的损失赔偿责任。国家在民事纠纷中所应承担的赔偿责任在性质上属于私法责任，由民法调整。对于国家机关工作人员实施的与职务无关的个人行为，造成他人损害的，国家也不承担赔偿责任。

再次，国家赔偿责任通常起因于国家机关或公务人员（包括国家机关工作人员和受委托从事公务的人员）的违法或过错行为。所谓"违法"，不仅指违反法律、法规和规章，还包括违反具有法律效力的各种规范性文件和法的基本原则、法的精神。这里的国家赔偿责任区别于国家补偿。从法理上讲"赔偿"不同于"补偿"。具体来说，"赔偿"往往是针对造成损害后果的不法行为如侵权行为而言的，而补偿一般是针对造成损害后果的合法行为，至少是为法律不禁止的行为而言的。二者的主要区别在于行为的法律性质不同，引起国家赔偿的行为具有不法性；引起国家补偿的国家权力行为是合法行为。[①] 国家赔偿与国家补偿的区别在后文还将详细叙述。

三、我国国家赔偿责任的特点

我国国家赔偿法规定的国家赔偿责任，是指国家机关及其工作人员行使职权的行为，侵犯了公民、法人或者其他组织的合法权益，造成损害，而由国家予以赔偿的法律责任。国家赔偿责任具有如下特点：

第一，国家赔偿责任的违法或过错行为以职务行为为依托。国家赔偿责任只能发生在行使国家职权的过程中，没有行使国家职权的行为，就不可能发生国家赔偿责任。国家侵权行为，属于国家机关及其工作人员的违法或过错行为，即机关及其工作人员行使职权行为违法或者具有过错，侵犯公民、法人或者其他组织的合法权益。这一特征使之区别于

[①] 参见江必新《国家赔偿法原理》，中国人民公安大学出版社1994年版，第4-5页。

民事侵权行为，民事侵权行为属于民事违法，其表现形式是直接违法，没有职务行为的依托或陪衬，即行为人实施了民事违法行为，侵害了他人的合法权益，为民事侵权行为。这两种侵权行为，在形式上都是违法、侵权，但两者所违反的法律不同，行为的性质不同。前者主要是违反其他法律、法规规定的义务，侵犯了相对一方的合法权益；后者主要是违反民事法律规范所规定的义务，行为人实施违法行为没有职务行为作为依托。正因为如此，国家机关的侵权行为在其实施侵权时，带有权力支配的性质，而民事行为在其实施侵权时，行为人与受害人的法律地位是平等的，行为人没有支配受害人的权力或权利。国家赔偿费用，列入各级财政的预算，从各级财政列支，而民事赔偿费用直接由致害人承担。

第二，国家赔偿责任主体的特定性。国家赔偿责任的承担者只能是国家，不能是其他人。在国家赔偿责任中，侵权主体与责任主体相分离，侵权主体是国家机关及其工作人员，赔偿主体是国家。当国家机关及其工作人员行使职权造成公民、法人或其他组织的损害时，无论其主观状态如何，不能要求其承担赔偿责任，而应由国家予以赔偿。尽管国家承担赔偿责任并不排除在特定情形下，国家机关工作人员依据特别权力关系（即国家与国家机关工作人员之间的关系）承担责任，即对国家所应承担的责任，这种责任在国家赔偿法中体现为国家追偿权。

第三，国家赔偿责任具有二重性。一方面是对国家机关或者国家机关的工作人员作出的违法行为的法律制裁；另一方面由作出违法行为的机关赔偿公民、法人或者其他组织所受的损失，以达到保护公民、法人或者其他组织合法权益的目的。即是说，国家赔偿责任兼具制裁性和救济性的双重功能。

第四，国家赔偿责任的赔偿范围有限。国家赔偿责任是对国家机关及其工作人员行使职权所造成损害给予的赔偿，属于国家责任的一种形式。出于主权、财力、国家利益等原因，国家赔偿责任不同于民事侵权责任"有侵权必有赔偿"的原则，各国的国家赔偿法都对赔偿范围予以不同程度的限制，国家只对国家机关及其工作人员的部分侵权行为承担赔偿责任，且赔偿范围往往限于直接损失，故国家赔偿的范围窄于一般的民事赔偿。在我国，对国家立法机关、军事机关、司法机关的部分行为，即使造成了损害，国家也不承担赔偿责任。《国家赔偿法》第二章、第三章分别规定了行政赔偿和刑事赔偿的范围，明确了国家不承担赔偿责任的各种情形。再如，公有公共设施损害，法院民事、行政错判造成的损害，行政机关作出的抽象行政行为造成的损害，均不在国家侵权损害赔偿责任的赔偿范围之列。同时，法律、司法解释等通常将国家赔偿范围限于直接损失。例如，修订后的《国家赔偿法》第36条第8项规定："对财产权造成其他损害的，按照直接损失给予赔偿。"最高人民法院2004年10月1日起施行的《关于民事、行政诉讼中司法赔偿若干问题的解释》（法释［2000］27号）第6条规定："人民法院及其工作人员在民事、行政诉讼或者执行过程中，具有本解释第二条至第五条规定情形，造成损害的，应当承担直接损失的赔偿责任。因多种原因造成的损害，只赔偿因违法侵权行为所造成的直接损失。"

第五，国家赔偿责任的赔偿方式和标准均为法定。与民事侵权赔偿不同，国家赔偿责任的方式和标准是法定的，修订后的《国家赔偿法》第四章规定了具体的赔偿方式和标准。根据侵权损害的对象和程度不同有不同的赔偿标准，赔偿数额还有最高限制。对于多数损害，国家并不按受害人的要求和实际损害给予赔偿，而是按照法定的方式和标准，以保障受害人生活和生存的需要为原则，给予适当的赔偿。例如，对于公民人身自由受到的损害，国家根据上年度职工的平均工资给予金钱赔偿，并不考虑受害人的实际工资水平和因此遭受的其他实际损失。对生产经营者的营业损失赔偿，国家只赔偿已经实际发生的必要的经常性开支，而不赔偿生产经营者的实际利益和利润损失。

第六，国家赔偿程序的特殊性。从各国国家赔偿法的规定来看，国家赔偿责任程序的特殊性在于五个方面：一是国家承担赔偿责任实行短期时效制度；二是国家赔偿一般要求"穷尽其他救济手段"；三是国家赔偿诉讼的管辖依各国司法体制和诉讼标的而变化；四是证明责任一般由原告承担，但不必指认具体实施侵权行为的工作人员；五是国家赔偿责任不能强制实现。[①] 我国《国家赔偿法》规定了取得行政赔偿和刑事赔偿的不同程序，受害人可以通过不同途径取得国家赔偿。受害人要求行政赔偿，可以直接向赔偿义务机关提出，也可以在行政复议、行政诉讼中一并提起，还可以单独提起行政赔偿诉讼。受害人通过非诉程序提出司法赔偿请求，即先向司法赔偿义务机关提出，然后再向其上级机关提出，最后才能向人民法院赔偿委员会提出，但不能通过诉讼途径解决。[②] 此外，受害人请求国家赔偿的，赔偿义务机关、复议机关和人民法院不得收取任何费用。而民事侵权纠纷，当事人不能协商调解解决的，统一由法院通过诉讼途径解决，并须承担相应诉讼费用。

第二节　国家赔偿责任的性质

国家赔偿制度是现代国家为了保护公民法人和其他组织的合法权益不受国家机关及其工作人员违法的职务行为的侵犯，维护国家机关依法进行职务活动而安排的一种重要的法律制度。国家机关的不法行为侵害相对一方的合法权益，要负侵权赔偿责任。这种责任的性质如何，大陆法系、普通法系国家的法律规定及理论认识不尽一致。即使同一法系的国家由于各国所处的历史条件不同，政治制度、法律制度、民族文化和意识形态诸因素的影响不同，也没有完全相同的认识。国家赔偿责任的性质通常在两种意义上使用：一是指这种责任属于私法责任还是公法责任；二是指这种责任属于代位责任还是自己责任。

一、国家赔偿责任属于私法责任还是公法责任

公法与私法的划分起源于古罗马法，并直接影响到继受罗马法的大陆法系国家。盖尤斯在《法学阶梯》第一卷就对公法与私法做了划分，

[①] 马怀德：《国家赔偿法的理论与实务》，中国法制出版社1994年版，第9－10页。
[②] 参见马怀德主编《国家赔偿法学》，中国政法大学出版社2001年版，第2－3页。

"法律学习分为两部分,即公法与私法。公法涉及罗马帝国政体,私法则涉及个人利益。"[①] 罗马权威法学家乌尔比安以法律维护的利益为标准,将法律加以区分:涉及个人福利的法为私法,而有关罗马国家稳定的法为公法。与此相对应,现代法律中,法律责任之基本分类是区分为民事责任、刑事责任及行政责任。所谓民事责任是指"违反私法之义务,侵害或损害他人之权利或法益,因之必须承担私法关系之不利益"。[②] 民事责任作为私法责任,与刑事责任、行政责任等公法责任的区别,有学者概括为六个方面:一是法律强制程度不同,刑事、行政责任的强制性程度较强,民事责任的强制性相对较弱;二是责任的功能性质不同,刑事、行政责任具有明显的惩罚性,民事责任具有明显的补偿性;三是确定责任的原则不同,刑事、行政责任一般以罪罚相当为原则,民事责任则以恢复原状和等价赔偿为原则;四是承担责任的方式不同;五是承担责任的财产去向不同;六是责任的构成要件不同等。[③]

就这种意义而言,对于国家赔偿责任性质的认识主要有以下几种:

1. 私法说。英美法系国家多将国家赔偿规定于私法之中,与普通民事侵权一样由侵权法调整。一方面是因为这些国家认为国家与普通公民同样受到法律的约束,在实施侵权行为后同等地承担相应的法律后果;另一方面是这些国家没有公私法二元划分的法律传统,其法律的核心在于救济而不是公私法的划分。[④] 在学理上,大部分民法学者和一些行政法学者赞成这一观点,主张国家赔偿责任的研究应在一般侵权行为的理论中研究其特殊性,不应从公法上的特有理论着眼;国家赔偿法在私法体系中居于民法特别法的地位,以无特别规定者为限,得适用民法的规定。英国学者卡罗尔·哈洛坚持认为:"国家赔偿问题实际上是侵权行为法上

---

① [美]艾伦·沃森著:《民法法系的演变及形成》,李静冰等译,中国政法大学出版社1997年版,第206页。
② (台)曾世雄:《损害赔偿法原理》,中国政法大学出版社2001年版,第3页。
③ 参见郭明瑞等著《民事责任论》,中国社会科学出版社1991年版,第29-30页。
④ 参见[英]威廉·韦德著《行政法》,楚建译,中国大百科全书出版社1997年版,第358页。

的问题，并且他们不可能通过特别的'公共'责任规则来解决。"[1] 日本通说认为国家赔偿法是私法性质的法，即民法侵权行为法的特别法，将国家与私人置于平等的地位。该说理由在于：第一，宪法规定的国家赔偿责任原则，在于排除旧有的国家无责任原则，并放弃国家以公权力主体所拥有的特权地位，而使国家亦与私人负同一责任，此项损害赔偿与私法上的损害赔偿本质上当无不同。[2] 第二，公权力的行使仅是国家机关侵权的原因，并不影响到国家赔偿的性质，国家赔偿责任的重点是对损害赔偿的规范，其与私法上的损害赔偿性质同一，故国家赔偿责任还应当属于私法上的侵权损害赔偿责任。[3] 第三，公务人员违反了公法上的义务导致职务侵权，这并不能决定国家赔偿的性质。所谓公法上的义务，只是对义务来源的一种界定。义务的来源不能决定违反义务的责任的性质，义务的内容（即是保护相对人的私法上的权益还是维护公共利益或公共秩序）才能决定责任的性质。[4] 第四，国家赔偿的诉讼程序适用民事诉讼程序，而非行政诉讼程序，这表明其与行政处分的效果无直接关系，仅止于保护的私益的问题而已。在普通法系和大陆法系的一些国家，国家赔偿责任均属于私法责任。普通法系国家无公法、私法之分，他们认为侵权赔偿责任是由各种违法行为引起的，国家机关与普通公民对侵权行为所造成的损失均应承担民事责任，均将国家赔偿纳入民事诉讼程序。美国的侵权行为法对国家机关的侵权行为和公民的侵权行为原则上是同样对待的。比利时和荷兰属于大陆法系国家，它们的行政诉讼制度和法国不完全一样。比利时的行政法院受理的行政案件，只审查行政行为的合法性问题，行政行为违法，行政法院可以判决撤销。但对其因违法而给行政相对人造成的损害，属于民事赔偿问题，由普通法院管辖，而行

---

[1] ［英］卡罗尔·哈洛著：《国家责任——以侵权法为中心展开》，涂永前、马佳昌译，北京大学出版社2009年版，第156页。
[2] 黄芬：《职务侵权赔偿责任研究》，武汉大学2007年博士学位论文，第38页。
[3] 参见马怀德《国家赔偿法的理论与实务》，中国法制出版社1994年版，第59页；黄芬：《职务侵权赔偿责任研究》，武汉大学2007年博士学位论文，第38页。
[4] 黄芬：《职务侵权赔偿责任研究》，武汉大学2007年博士学位论文，第70页。

政法院不受理。行政法院认定行政行为违法的判决，对普通法院有约束力，普通法院在审理赔偿案件时，对行政行为不得作出与行政法院的认定相反的判决。荷兰的行政法院受理控告行政行为违法的案件，如果原告提出损失赔偿请求，行政法院可以判决。当事人对损害赔偿判决不服，可以向普通法院起诉。认为因行政违法行为造成的赔偿问题，属于民事责任问题，应由普通法院审理，行政法院在审理行政案件的同时，解决侵权赔偿问题，纯系诉讼上的便利，而问题的本质属于民事纠纷，是普通法院行使审判权的对象，应由普通法院作出最终裁判。① 在我国，司法实践中也有少数并用国家赔偿法律和民事法律处理国家赔偿案件的例子，实际上认为国家赔偿责任是民事赔偿责任的一种特殊责任，其性质仍为私法责任。例如，在赵智春等诉漯河市建设委员会城市管理行政侵权赔偿一案中，漯河市源汇区人民法院的判决不但适用了国家赔偿法的规定，还适用了民法中与有过失的规定。②

2. 公法说。公法说以公权力作用与民法上私经济作用的性质不同为出发点，认为国家赔偿法系规定有关公权力致人损害而国家应负赔偿责

---

① 江必新：《国家赔偿法原理》，中国人民公安大学出版社1994年版，第6-7页。
② 该案案情为：原告赵智春、赵程春于1995年9月19日15时左右，驾驶豫L-01715号中巴车，在漯河市火车站广场南北主干道中段候客上人，被被告广场管理人员杨陆军制止并当场处罚20元罚款（空白票据）。罚款中因二原告不服，让杨出示执法证而发生口角。罚款后二原告驾驶车辆南行至主干道南段，被告广场管理人员杨陆军南行至车前，双方再次发生口角并引起撕扯。后广场管理人员将二原告拉到办公室进行殴打。1995年9月23日，原告赵智春因双上肢软组织损伤、脑外伤综合征、上呼吸道感染，住进漯河市第一人民医院，同年10月23日治愈出院。住院期间医疗费2500元，被告主动承担2590元。赵智春、赵程春不服漯河市城市建设委员会对其违法罚款及侵权行为，向漯河市源汇区人民法院提起诉讼。漯河市源汇区人民法院审理认为：原告赵智春、赵程春作为客运个体户，在禁止停车的地方停车上人，违反了经河南省人民政府批准的《漯河市城市客运管理暂行办法》的有关规定，被告对其进行处罚是正确的，但被告机关工作人员在行政管理活动中殴打原告，给原告造成了伤害，应负主要责任。二原告不服从管理，妨碍行政管理人员依法执行公务也有一定的责任。原告的其他请求缺少证据，法院不予支持。根据《中华人民共和国行政诉讼法》第五十四条第一项、第六十七条第一款、第六十八条第一款、第五十三条和《中华人民共和国民法通则》第一百一十九条、第一百三十一条之规定，该院于1995年12月26日作出一审判决：依法维持被告1995年9月19日对原告作出的罚款决定；被告一次性赔偿原告赵智春住院期间的医疗费及误工工资1990.61元，此项赔偿费用从被告已付出2390元扣除，计算后多余部分399.39元由原告付给被告，判决生效后十日内执行。载中国网，http://www.china.com.cn/law/zhuanti/gpzn/2007-06/26/content_ 8443438.htm。

任的法律，而民法系规定私经济作用的法律，二者截然不同。国家赔偿法同样具备公法的六种目标：威慑不法行为；推动强有力的决策；补偿受害者；树立道德规范；使制度具有合理性和合法性；通过整合基本目标从而实现系统效率。① 国家赔偿法与民法之间不构成特别法与普通法的关系，其与民法是各自独立的法律，故国家赔偿责任属于公法责任。法国、德国、日本、我国台湾地区的一些学者持这一观点。法国、瑞士等国的立法上也将国家赔偿责任规定为公法责任，② 例如，法国《刑事诉讼法》中明确规定了刑事赔偿制度，根据该法第150条的规定，刑事赔偿金由国家负担。该说理由在于：第一，国家赔偿法是根据宪法原则制定的，因此，人民依国家赔偿法请求赔偿的权利就是公法上的权利，而不是私法上的赔偿请求权。③ 不少国家在宪法中将国家赔偿责任明确加以肯定。如1949年德意志联邦共和国《根本法》第34条规定："被委任行使公务的人，违反对于第三人的职务时，其责任原则上由其所属的国家或者公共团体负担。因故意或重大过失时，保有请求权。为损害赔偿或者求偿的请求，依普通法院的诉讼程序，不得排除之。"日本《宪法》第17条规定："无论何人，因公务员的侵权行为受损害时，得依法律的规定，向国家或者公共团体请求赔偿。"第二，国家赔偿是公务人员在行使公权力时致害的责任，在此过程中，国家与人民之间是管理与服从的关系，而不是平等主体之间的权利义务关系。国家赔偿责任当系指在一定条件下，不得依据其他法律关系之权利义务，公权力主体应负担之公法上损害赔偿责任。④ 公权力的作用与民法上私经济作用，其性质有显著区

---

① [英] 卡罗尔·哈洛著：《国家责任——以侵权法为中心展开》，涂永前、马佳昌译，北京大学出版社2009年版，第40页。
② 房绍坤、毕可志编著：《国家赔偿法学》，北京大学出版社2004年版，第24-25页。
③ （台）曹竞辉：《国家赔偿法实用》，五南图书出版公司1984年版，第52页。
④ （台）林锡尧：《国家责任体系概述》乙文，载《行政法要义》（第三版），台北元照出版公司2006年版，第573页。转引自林锡尧：《建构完整的"国家赔偿"责任体系——从立法观点探讨"国家赔偿"责任类型》，载胡建淼主编：《国家赔偿的理论与实务》，浙江大学出版社2008年版，第14页。

别。[1] 第三，从责任产生前提看，国家机关职务侵权是公务人员违反职务义务的结果，而民事侵权是违反民事义务的法律后果。民事责任以民事主体违反民事义务为前提，它是民事义务不履行所产生的法律后果。[2] 为实现宪法关于国家赔偿的原则规定，一些国家制定了国家赔偿法，将国家赔偿与民事责任明确予以区别。例如，日本《国家赔偿法》第1条第1项规定："行使国家或者公共团体的公权力的公务员，在其履行职务之际，因故意或者过失违法对他人造成损害的，国家或者公共团体负责赔偿。"该规定与日本《民法》第715条的规定不同，排除了雇用人的免责条款。日本《国家赔偿法》第2条规定："因道路、河川及其他公共营造物的设置或者管理存在瑕疵给他人造成损害的，国家或者公共团体负责赔偿。"该规定也与日本《民法》第717条的规定不同，扩大了占有人赔偿责任的范围，并排除占有人的免责条款。在此种意义上，国家赔偿较民事责任的适用范围宽泛。第四，在不区分公法、私法的英美法系，国家赔偿与私人赔偿仍有较大差别。[3] 例如，根据美国《联邦侵权赔偿法》的规定，政府的侵权赔偿责任和私人在类似情况下的赔偿责任相同，只是承认政府的赔偿责任和私人的赔偿责任原则相同，不能理解为政府的赔偿责任完全没有特点，和私人的赔偿责任在一切方面相同。因为政府的赔偿责任建立在放弃主权豁免原则基础之上，国会在同意政府赔偿时，可以对政府赔偿的诉讼规定国会认为适当的条件，而私人赔偿没有这个特点。政府赔偿诉讼和私人赔偿诉讼的不同还在于：当事人向法院起诉请求政府赔偿时，必须先经过一个行政程序。追诉联邦政府赔偿的诉讼只能由联邦法院受理，而在同样情况下追诉私人时，可能由州法院受理。政府赔偿之诉不适用陪审制度。政府的赔偿责任有很多免责的例外，私

---

[1] [日] 有仓辽吉：《逐条国家赔偿法解说》，载《法律时报》第35卷第9号，第24页。转引自（台）曹竞辉《国家赔偿法实用》，五南图书出版公司1984年版，第34页。
[2] 参见李建华、许中缘、杨代雄《论我国国家机关职务侵权责任的立法模式》，载《当代法学》2005年第6期。
[3] 王名扬：《美国行政法》下，北京大学出版社2007年版，第736页。

人赔偿诉讼中不存在。对于政府不能判决处罚性的赔偿，政府的赔偿只能采取金钱赔偿方式，私人的赔偿可以采取多种方式。政府赔偿之诉中，律师的收费受到限制。

从我国的立法和实务来看，国家赔偿责任属于公法责任。我国《宪法》第41条第3款规定："由于国家机关和国家机关工作人员侵犯公民权利而受损失的人，有依照法律取得赔偿的权利。"该法规定受损害的人有依照法律规定取得赔偿的权利，而对向谁主张赔偿未作规定。1986年的《民法通则》第121条规定："国家机关或者国家机关工作人员在执行职务中，侵犯公民、法人合法权益造成损害的，应当承担民事责任。"但该法所规定的国家赔偿责任的私法性质在几年后发生了转变。1989年的《行政诉讼法》第2条规定："公民、法人或者其他组织认为行政机关和行政机关工作人员的具体行政行为侵犯其合法权益，有权依照本法向人民法院提起诉讼。"该法以专章形式规定了公法性质的行政赔偿制度，在立法上为国家赔偿责任定下了公法性质的基调。1994年的《国家赔偿法》中没有规定适用民法或者一般民事责任的内容，从该法的具体规定来看，此时的国家赔偿责任已具备公法责任的两个标志：一是国家对国家机关或者国家机关工作人员违法的职务行为所造成的损害承担责任，二是赔偿费用由国家财政列支并纳入各级财政的预算。因此，《国家赔偿法》的公布标志着我国的国家赔偿在立法上已正式从民事赔偿责任向国家赔偿责任过渡。司法实务也将国家赔偿责任与民事赔偿责任相区别，国家赔偿通常适用不同于民事赔偿的实体规范和诉讼程序，即适用《国家赔偿法》及其相关司法解释的规定，一般不适用《民法通则》、《民事诉讼法》等民事法律规范的规定。例如，最高人民法院在2002年8月30日作出的《关于行政机关工作人员执行职务致人伤亡构成犯罪的赔偿诉讼程序问题的批复》（法释［2002］28号）中指出："行政机关工作人员在执行职务中致人伤、亡已构成犯罪，受害人或其亲属提起刑事附带民事赔偿诉讼的，人民法院对民事赔偿诉讼请求不予受理。但应当告知其可以依据《中华人民共和国国家赔偿法》的有关规定向人民法院提起行政赔偿诉讼。"又如，在著名的陕西"麻旦旦处女嫖娼案"中，① 受害人提出的赔偿请求中包括了 500 万元的精神损害赔偿，但一、二审法院都是以国家赔偿法为依据，并没有依据民事法律规定支持其精神损害赔偿的请求，这种做法在司法实践中较为典型和普遍。

3. 折中说。由于公法说与私法说争执不休，有些学者另辟蹊径，提出折中说。有的学者提出公私法混合说，认为国家赔偿责任介于公法责任与私法责任之间，国家赔偿责任就其作用结果与主要目的而言，乃在于人民私权的保护，似有私法的性质，但人民权利损害乃在于公权力的行使，又似有公法责任的性质，故解释为私法或者公法性质皆欠妥，应为私法与公法混合性质。有的学者提出社会法说，认为国家赔偿责任究竟是公法责任还是私法责任，应从该责任单纯系市民法原理之规定，或兼含社会性要素及社会政策等规定予以观察。事实上，国家赔偿责任并非纯系市民法原理的表现。考察国家赔偿责任的发生，其实源于近代国家行政权的日益扩大，并对社会介入重大之权力，经常发生滥用情形。于是，国家对其权力滥用所生的损害，谋求公平负担，乃以最后的调解人自居，就该损害予以公平分配。因此，国家赔偿责任其实具有社会性

---

① "麻旦旦处女嫖娼案"的案情及判决情况为：2001 年 1 月 8 日晚 8 时许，19 岁的女孩麻旦旦在其姐的发廊里看电视时，被派出所民警及其司机强行带到派出所后，轮流单独讯问，要求其承认曾有"卖淫"行为。麻一口否认，二人就将麻吊绑在屋外的篮球杆上，猛扇耳光，辱骂麻"卖淫的"。凌晨 4 时许，派出所所长将麻带到办公室，关上门"做思想工作"长达 30 分钟。最后，麻被迫在招供材料上签了字。1 月 9 日晚 7 时许，麻旦旦被送回家。随后，陕西省泾阳县公安局治安管理处向麻旦旦作出了一份治安管理处罚裁决书，裁决行政拘留麻旦旦 15 天，处罚理由为"嫖娼"。接到裁决书后，麻旦旦立即向陕西省咸阳市公安局提请行政复议，并提出赔偿要求。2 月 6 日和 9 日，在咸阳市公安局、泾阳县公安局的分别要求下，麻旦旦先后被带至咸阳 215 医院、咸阳市第二人民医院作了医疗鉴定，"处检"结果为处女。2 月 9 日下午 6 时，泾阳县公安局撤销上述治安管理处罚裁决。2 月 13 日，麻旦旦及其家人以咸阳市公安局为被告，泾阳县公安局为第三人提起行政诉讼，并提出了 500 万元的巨额精神损害赔偿。3 月 20 日，咸阳市秦都区法院开庭审理了此案，判决被告行政处罚裁决、强制传唤、强迫原告作"处女膜完整"医学鉴定、使用器械等行为违法，判令被告在 10 日内支付原告赔偿金 74.66 元，医疗费 1354.34 元，误工费每日 25.67 元（从 1 月 10 日起）；驳回了原告的其他诉讼请求。麻旦旦及其家人不服一审判决，向咸阳市中级人民法院提出上诉。2001 年 12 月，咸阳市中级人民法院作出二审判决，认定泾阳县、咸阳市两级公安机关具体行政行为违法，判决泾阳县公安局支付麻旦旦违法限制其人身自由两天的赔偿金 74.66 元；赔偿麻旦旦医疗费 1671.44 元，交通、住宿费 669.50 元，180 天误工费 6719.40 元（37.33 元/日），共计 9135 元整；驳回麻旦旦的其他诉讼请求。

的倾向，不必拘泥于公法性质或私法性质的区别。[①] 在我国，亦有学者认为，国家赔偿包括诸多方面的问题，涉及国家机关行使职权的各个方面，包括立法、行政、司法等领域，集实体与程序于一体，必然与宪法、行政法、刑法、民法、诉讼法等各种法律发生联系，国家赔偿法律制度是将上述部门法中有关国家赔偿的问题结合在一起，国家赔偿责任的性质必然不是单一的。[②] 从法律的发展来看，随着经济的发展和国家经济职能的增强，公法与私法的划分已经越来越不明显，甚至出现了公法私法化、私法公法化的现象。尽管在大陆法系国家，公法与私法的划分依然存在，但其意义已远不及以前。在我国，民法中包含刑法规范、行政法规范，行政法中包含民法规范的现象也比比皆是。

我们认为，国家赔偿责任属于公法责任，而非私法责任，理由在于：第一，国家赔偿责任的产生基于公权力的行使。任何公权力的存在和行使都以公共利益和公共服务为基础，当公权力因行使不当或不法产生责任时，也必须以此为考虑的基点。国家赔偿的各种学说如人民主权说、危险责任与公平负担说、国家公法人与人人平等说等都是在考虑公权力的这些合法性基础上发展而来的，从不同的侧面强调了国家职权活动的公务性，国家公权力侵犯私权利的不可避免性，以及国家因之承担赔偿责任的必然性。私人侵权基本上缘于私人利益，而公务侵权缘于公务行使，与公共利益具有密切关系，正是基于这一点，决定了国家赔偿与民事赔偿的诸多差异。第二，国家赔偿责任发生的基础法律关系不同于私法责任。私法上的侵权赔偿关系发生在平等的民事主体之间。国家赔偿法律关系发生在国家机关与公民、法人及其他组织之间，一方为国家机关，即行使着行政权力或行使刑事侦查、检察、审判、监狱管理职权，或行使民事、行政审判，强制执行权力的国家机关；另一方为行政相对人或被刑事追诉，民事行政审判中被强制执行的公民、法人或其他社会组织，双方不具有平等关系。第三，国家赔偿责任的功能不同于私法责

[①] （台）曹竞辉：《国家赔偿法实用》，五南图书出版公司 1984 年版，第 53 页。
[②] 房绍坤、毕可志编著：《国家赔偿法学》，北京大学出版社 2004 年版，第 26–28 页。

任。私法责任是民事权利的保障机制，以恢复和救济被损害的民事权利为其目的，其功能在于权利救济。而国家赔偿责任功能具有多重性、复合性，除了权利救济功能之外，还具有以下三种功能：一是制约预防功能，通过国家机关对其职务侵权行为承担责任，对国家机关职务侵权行为起到预防和控制作用；二是平衡公私利益，保护公务活动功能，其关键在于维护公共利益，更深一层的含义是调整公共利益与私人利益的关系；三是标示法治功能，国家赔偿责任是衡量一个国家是否存在法治以及法治程度的重要标准。这三种功能都直接与公共利益相关，显然不同于私法责任所具有的仅与私人利益相关的权利救济功能。第四，在责任承担方式上，国家赔偿责任显然不同于私法责任。除个别国家以外，各国的总体趋势是公法赔偿大多标准法定，并以金钱为主，不管损害是可计算的还是不可计算的。民法所定损害赔偿之方法，以恢复原状为原则，以金钱赔偿为例外，即仅在恢复不能或困难，或赔偿义务人不履行恢复原状之义务时，始得以金钱赔偿其损害，并且当事人享有很大的处分余地。

二、国家赔偿责任属于代位责任还是自己责任

国家赔偿责任的性质究竟为代位责任还是自己责任，既是一个如何理解实定法的问题，又是对如何展开解释论具有实质意义的现实问题。从这种意义上，对国家赔偿责任性质的认识存在不同的观点，主要包括代位责任说、自己责任说、合并责任说、中间责任说、折中说等，争论的焦点主要在于代位责任说与自己责任说之争。

1. 代位责任说。国家代位责任说产生于19世纪末，实际来源于民法上的雇用人责任理论，其认识基础在于，国家本身不能实施违法行为，但如仅由公务人员自行负责，国家置身事外，则难免因为公务人员本身的赔偿能力有限，使受害人难以获得充分的救济。[①] 由有偿付能力的国家负赔偿责任，较足以保障受害人权利。并且，由国家负赔偿责任可避免

---

① 参见（台）郑秋洪《国家赔偿责任之实证研究》，中山大学中山学术研究所2001年硕士学位论文，第25页。

公务人员执行职务时遇事畏缩，得以提高公务效率。① 在德国，代位责任说首先在联邦的《土地登记簿法》中采用，然后逐渐扩展至各州，1910年德国《帝国公务员责任法》就采此理论，该法第 1 条第 1 款规定："国家公务员或其他受委托行使公权力者，因故意或过失违反对第三人的职务上义务时，国家应代其负担德国《民法典》第 839 条规定的责任。"但是，在德国，代位责任说并不是作为理论性结果而采用的学说，而被认为是一方面国家责任否定论和另一方面为提高受害人保护实效性的需要之间妥协的产物。② 日本深受德国代位责任说的影响，其学说与判例均以之为通说。③ 田中二郎先生认为，国家赔偿责任实际上是代位责任，因为从形式上看，国家承担了赔偿责任后，即取得了对实施侵权行为的公务人员的求偿权；从实质上看，国家赔偿责任与民法上的雇用人责任并不相同，因为国家并没有雇用人的免责事由，所以也没有对公务人员的选任监督的责任。④ 日本最高法院 1953 年 11 月 10 日判决认为："国家依日本《国家赔偿法》第 1 条的规定，对受害人负损害赔偿责任，须以公务员违法执行职务加害于他人时，有故意或重大过失为要件。"该判决以故意或过失的有无作为国家赔偿的构成要件，显然倾向于采代位责任说。我国台湾地区的学说和实务多持这一见解，例如，廖义男先生认为，国家虽然对于受害人直接承担赔偿责任，但国家赔偿责任本质上是公务人员个人赔偿责任的替代。⑤ 又如在实务上，我国台湾地区"高等法院"在 1983 年的"上国字第十二号民事判决"中采代位责任说。另外，在美国的立法和判例中也可以看到，代位责任是基础性理论。

我们认为，代位责任说，又称为过失责任说，是指国家赔偿责任应以公务人员的责任为前提，因公务人员有应负责任之行为，国家乃直接代替负责，以利受侵害人求偿，且不因已尽监督注意义务免责，但如无

---

① 参见（台）翁岳生主编《行政法》（第二版），中国法制出版社 2009 年版，第 1617 页。
② ［日］盐野宏著：《行政法》，杨建顺译，姜明安校，法律出版社 1999 年版，第 453 页。
③ 参见（台）曹竞辉《国家赔偿立法与案例研究》，三民书局有限公司 1988 年版，第 30 页。
④ 刘嗣元、石佑启编著：《国家赔偿法要论》，北京大学出版社 2005 年版，第 6 页。
⑤ （台）廖义男：《国家赔偿法》，三民书局有限公司 1996 年版，第 10 页。

公务人员的责任，即无国家赔偿责任。也就是说，公务人员因侵权行为而需负赔偿责任时，国家代为负担赔偿责任。这一学说以公务人员具有故意或过失的侵权行为存在，以及所应负赔偿责任由国家代为赔偿为必要条件。代位责任说主要依据的观点是：由有偿付能力的国家负赔偿责任，较足以保障公民的权利，以及由国家负赔偿责任可免除公务人员执行职务时的顾虑，得以提高行政效率等。在这种学说看来，赔偿责任本来不应由国家承担而应由公务人员承担，只不过由于公务人员的赔偿能力有限等原因，才由其任用人国家来代为赔偿，它与民法中雇用人与被雇用人之间的责任并不相同。这种学说否认国家的直接赔偿责任，尽管最终的或实际的结果是由国家并非公务人员承担赔偿责任。

代位责任说虽促成国家赔偿独立于民事赔偿，主张了国家赔偿的公法性质，但这种转变仍然很不彻底，在实践中难以贯穿始终，在理论上也不无缺陷。在该说中，国家承担代位责任的前提是公务人员应承担赔偿责任。公务人员存在过错，既是国家承担赔偿责任的前提，也是国家向公务人员追偿的理由。然而，公务人员执行职务的行为绝不是个人的行为，而是以国家的名义，代表国家的行为。国家是一个法律上的实体，在从事管理活动中国家是作为一个主体存在的。其公务人员的行为都是受国家的委托，以国家的名义实施的。因此，行为的结果应归于国家，而不能归于个人。例如，征收税款，税款只能收归国库，而绝不能装入收税者个人腰包。同样道理，其行为产生的责任也应归于国家，由国家负担。这种由于国家的恩赐才代公务人员承担赔偿责任的说法难以自圆其说。代位责任说只是在某种情况下才有可取之处：当公务人员被国家追偿时，国家考虑其经济状况和赔偿能力，而代为赔偿。[①] 同时，代位责任说以个人侵权应自负其责为基础，并以过错为国家赔偿责任成立之要件，无法解释在许多国家和地区的国家赔偿制度中逐渐发展出来的无过错情形下的国家赔偿责任，也就不可能推动由其主导的国家赔偿制度吸

---

① 江必新：《国家赔偿法原理》，中国人民公安大学出版社1994年版，第9-10页。

纳无过错责任，不利于实现充分、公平救济受害人的目的。传统的代位责任说要求受害人对公务人员的过错负举证责任，而公务人员是否具有过错，又以其主观上的认识如何为判断标准，这给不了解公务人员行为作出过程的受害人造成了巨大的困难。

2. 自己责任说。自己责任说的理论渊源最早可以追溯至罗马法上的规定，即法人应当对其不当任用或者监督的雇员的侵权行为负责。自20世纪以来，由于代位责任说不能充分救济受害人，在民法上危险责任理论的影响下，逐渐发展出国家赔偿责任的自己责任说，其主要意旨在于将公务活动造成的风险损失由个人承担转而由社会全体人员承担，以实现责任的社会化。在许多大陆法系国家，由于国家被视为法人中的一类，有人提出了国家应对公务员侵权行为负赔偿责任，即使公务员个人过错与履行职务无关。① 由于国家的职能不断扩大，一般认为服务最多的政府才是最好的政府，政府不再仅仅充当"守夜人"的角色，它还要积极地介入经济和社会生活。因此，公务活动的范围日益增加，与此相适应，人民难免因公务人员的不法执行职务而遭受损害，或因公有公共设施的设置或管理欠缺而受损害，这些损害都是公务活动所带来的危险。国家必须对它自身行为所带来的危险承担责任，而与公务人员是否具有过错以及公务人员应否负责没有关系。② 例如，德国1981年的《国家赔偿法》基于法治国家的要求及法人机关的法理，承认公务人员行为即为国家自己之行为，对公务人员不法行为，国家必须自己负责，国家赔偿责任是否成立，不再系于公务人员民事责任是否成立，故其立法原则采取"自己、直接、主要之国家责任"。③ 在法国，国家赔偿责任法理的发展，主要以判例为依据，其公务员之责任被公务机关吸收，但凡存在"公务过失"，即公务之组织或作用有瑕疵而造成损害，即由国家直接负起责任。国家对"公务过失"负责，并非国家真有应受非难之过失存在，而是基

---

① 马怀德：《国家赔偿法的理论与实务》，中国法制出版社1994年版，第13页。
② 参见（台）廖义男《国家赔偿法》，三民书局有限公司1996年版，第10–11页。
③ 该法虽被德国联邦宪法法院宣告违宪而未及施行，但由其可看出德国对国家侵权赔偿责任的取向已由原来代位责任的立场发生了转变。

于危险分担的公平思想,认为国家对公务之组织或作用有瑕疵而造成的损害负有保险责任,国家以社会安全保障者的身份,将损害分配给整个社会来分担。在日本,自己责任说的影响在不断增强,东京法院于1964年6月19日所作判决认为,国家赔偿责任可以理解为不是代替公务员承担代位责任,而是起因于公务员的行为而需要直接承担的自己的责任。[①] 学说上认为,国家授予公务人员执行职务之权限,有被公务人员违法行使之危险,故国家对该危险所生之损害应负责任。[②] 我国台湾地区的"国家赔偿法"也被认为是采此说,学者解释称,国家之所以应负损害赔偿责任,乃因其违法之公权力行为,国家赔偿责任是违法责任。[③] 此外,在俄罗斯、奥地利,国家对于因行政或司法职能而产生的损害,所负的赔偿责任也是自己责任。英国、新西兰等普通法系国家基本上也持自己责任说,并将国家承担的自己责任分为三类,即作为雇用人的责任与义务、作为财产所有人的义务、法律规定的义务,违反这三种义务均视为国家自己的直接责任。[④]

我们认为,自己责任说,又称为国家危险责任说或者无过失责任说,是指公务人员的行为效果归属于国家,国家应承担公务人员行为所带来的危险,不以因公务人员应负责任的行为为限,凡属公务人员所为不法行为,不论其有无故意或过失存在,国家均应直接承担责任。该学说认为,国家授予公务员执行公务的权限,本身就包含着被公务人员违法执行的可能,也就是说权限本身已带来危险,所以国家自己应当负担危险责任,而与公务人员个人是否对该加害行为有无故意或过失以及应否负责无关。日本学者南博方解释称:"国家授予公务员的权限本身,会有两

[①] 参见房绍坤、丁乐超、苗生明《国家赔偿法原理与实务》,北京大学出版社1998年版,第50-51页。

[②] 参见(台)翁岳生主编《行政法》(第二版),中国法制出版社2009年版,第1617页。

[③] 参见林锡尧《建构完整的"国家赔偿"责任体系——从立法观点探讨"国家赔偿"责任类型》,载胡建淼主编:《国家赔偿的理论与实务》,浙江大学出版社2008年版,第40、42-43、45-46页。

[④] 《国际比较法百科全书》第11卷,第4章,第86页。转引自刘静仑著:《比较国家赔偿法》,群众出版社2001年版,第109页。

种结果，即合法行使的可能性和违法行使而导致危害的危险性。国家既然将这种含有违法行使的危险性的权限授予公务员，便应该为此承担赔偿责任。"①关于"国家自己责任"，最初是认为，对于违法的公权力侵害，公权力主体负"发现权力组织之内在危险"之危险责任；现在认为，对于社会内公害等危险的防止，因公权力不作为所生责任，或对于因给付行政造成国民损害，基于国民对公权力行政活动的信赖保护，行政主体应自负其责任。国家赔偿责任正逐步朝自己责任的方向发展，例如，过失客观化、无名化、推定过失、扩大公务员的概念、执行职务采客观说等可见其轨迹。

自己责任说承认公务人员的行为所产生的损害应由国家承担赔偿责任，并解释了国家赔偿责任与公务人员行为之间的关系，有一定的可取之处。但是，该理论有如下缺陷：（1）没有准确、详细地说明国家之所以承担赔偿责任的理由。无论是危险责任说或信赖说，都只是国家应承担赔偿责任的理由之一，但并不足以充分说明国家赔偿责任具有制裁违法及担保依法行政而防止违法之功能。（2）该理论将一切职务侵权行为都视作国家行为，将夹杂公务人员私人动机甚至私人动机起主导作用的职务侵权情形也包括在内，没有考虑到公务人员个人的因素，但国家的赔偿责任不应当完全排除公务人员个人的因素，否则是不公平的，在实践中也会造成公务人员行为不谨慎、不负责任的弊端。② 从理论上而言，自己责任说排斥公务人员个人向受害人负责，无法经受"为何要将披着职务外衣、更多出于私利私欲的侵权行为也解释为国家自己的行为"的理性考问，因此，该理论至少应当加以补充说明。

3. 合并责任说。合并责任说，又称竞合责任说，该说认为，国家赔偿责任的性质不能一概而论，应视公务人员是否具有公务机关的身份而定。③ 公务人员如果是以具有公务机关的身份实施侵权行为的，可视为国

---

① 林锡尧：《建构完整的"国家赔偿"责任体系——从立法观点探讨"国家赔偿"责任类型》，载胡建淼主编：《国家赔偿的理论与实务》，浙江大学出版社2008年版，第43-44页。
② 参见江必新《国家赔偿法原理》，中国人民公安大学出版社1994年版，第10页。
③ 参见姚天冲主编《国家赔偿法律制度专论》，东北大学出版社2005年版，第46-47页。

家自身的侵权行为。在这种情况下，国家所应负担的赔偿责任，属于国家自己的责任。公务人员如果不是以公务机关的身份，而是以受雇人的身份实施侵权行为，则不能视为国家自身的侵权行为，在此种情况下国家所负担的赔偿责任，属于代位责任。这一理论将公务员所从事的行为是否以公务机关的身份为标准进行划分，分别产生自己责任和代位责任。

合并责任说实际上是借鉴了民法上的雇主责任和法人机关责任的观点来解读国家赔偿责任。此说虽不无道理，但并不符合国家赔偿法的特点，也不具有实质意义，因为国家赔偿法的特点在于并不区分公务人员的职务和职位而一概认可国家赔偿。另外，这种区分过于复杂，常引生混淆，也无益于指导国家赔偿责任的构建。

4. 中间责任说。中间责任说认为，公务人员的侵权行为被认定为公务机关的侵权行为时，国家对公务人员的侵权行为所造成的损害承担责任，是自己责任；但是公务人员的侵权行为如果系故意或重大过失所造成，那么该种行为已经失去了国家机关行为的性质，仅为该公务人员个人责任的问题。国家本不应对这种行为所造成的损害承担责任，只是为了保护受害人的权益而承担赔偿责任，这种责任的性质属代位责任。这种学说的根据在于，国家仅就自己机关的侵权行为所造成的损害承担赔偿责任，而对他人的侵权行为所造成的损害，不代负赔偿责任。只是国家赔偿法作出例外规定，国家代替不具有公务机关身份的公务人员就侵权行为所造成的损害承担赔偿责任而已。[①] 此说的重点在于求偿权的行使。

中间责任说将侵权赔偿责任分为国家和公务人员两种责任，原则上公务人员的侵权行为由国家承担赔偿责任，属于国家赔偿责任，但不免除公务人员的赔偿责任，视其行为时的故意或过失情形而定。该说虽比较全面地考虑了国家赔偿责任中所涉及的各种因素，但其所顾虑之国家求偿权有无，被学者批评为没有必要，因为能否行使求偿权，仅为国家

---

① ［日］渡边宗太郎著：《日本行政法要论》（上），有斐阁1956年版，第450页。

与公务人员之间的内部关系，此种考虑本身即存有异议，其认为公务人员的侵权行为如果是基于故意或重大过失，则不能具有作为机关行为之性质，实难理解。①

5. 折中说。折中说认为国家赔偿责任之性质，应依下列情形而定：如公务员执行职务时为侵权行为，致侵害公民之自由、权利，其责任应属于国家或公共团体自己之责任。但从国家赔偿责任要件来观察，须公务人员有"故意或过失"或违法情形始能成立，则该项责任又具有代位责任性质，即此说鉴于公务人员故意过失及求偿权之规定，保留了代位责任说的色彩。对此，学者亦有批评，认为"该说即认为由不法行为史之观察，公务人员不法行为所生之责任应为自己责任，复认为故意过失需就公务人员个人加以衡量，而为代位责任，此说之见解则有晦暗不明之缺点"。

综合上述见解，国家赔偿责任性质究属如何，学说上尚有争议，至其争议之重点，不外代位责任说与自己责任说。两说之不同点在于：第一，公务人员可否直接对受害人负责，系代位责任说和自己责任说的区别之一。自己责任说强调公务人员行使公权力的行为在本质上是国家行为，国家赔偿就是国家自己的责任。因而，在逻辑上就不可能推演出受害人可以向公务人员直接请求赔偿。相反，代位责任说则认为，公务人员的职务侵害行为自当由公务人员个人负责，国家只是代替公务人员承担赔偿责任。所以，按照代位责任说的逻辑，受害人赔偿请求可以直接向国家提出，也可以向公务人员（本质上的侵权责任者）提出。第二，国家赔偿责任的成立是否以公务人员个人赔偿责任的构成为必要，是两种理论的另一区别。代位责任说既然以国家代替公务人员赔偿为基本主张，那么，国家赔偿责任的成立，当然应以公务人员个人赔偿责任的构成为必要；换言之，国家赔偿责任与公务人员个人赔偿责任应该具有同构性。而在自己责任说之下，国家是自负其责，与公务人员个人赔偿责

---

① 参见（台）曹竞辉《国家赔偿立法与案例研究》，三民书局有限公司1988年版，第30页。

任是否构成无关。① 第三，代位责任说认为故意或过失系公务人员违法执行职务之主观认识，因此强调公务人员之故意或者过失，国家赔偿责任应以公务人员的过错为要件。而自己责任说则不强调公务人员之故意或者过失，认为故意或者过失仅为执行公务中之一种瑕疵或危险，国家对此瑕疵或危险应自负其责，所需要证明的是执行公务中的客观过错。如果损害是执行公务的结果，即便公务人员无主观过错，国家也应负赔偿责任。第四，为使公务人员热忱奉公，法律一般会对公务人员的个人赔偿责任加以限制或免除。按照代位责任说，这些限制或免除自然可沿用于国家，使国家赔偿责任也受到限制或免除。在自己责任说之下，则不存在这样的沿用。② 从某种意义上而言，自己责任说便于受害人取得国家赔偿，因受害人不必指认行使公权力的公务人员，也无需证明公务人员行使职务中的过错，只要符合法定的客观过错的标准，如违反法定义务或符合国家决定赔偿的其他法定条件，受害人就可以获得赔偿。

在我国，从修订后的《国家赔偿法》第2条的规定来看，实际上采纳的是自己责任说。在学理上，大多数学者主张国家赔偿责任的性质为自己责任，理由在于：公务人员的职务活动代表国家，以国家的名义实施，后果（既包括合法履行职务的效果，也包括不法履行职务的后果）归属于国家；③ 即使公务人员个人具有故意或过失，国家也应负选举、任用不当之责，监督管理不周之责以及培养教育不善之责。因此，只要受害人的合法权益受到国家机关及其公务人员违法行使职权的侵害，且法律有规定，国家就必须承担赔偿责任，而不论公务人员主观上是否有过错。公务人员并不直接与受害人发生赔偿关系，公务人员的过错程度不影响国家赔偿责任的成立，也不影响国家赔偿责任为"自己责任"的性

---

① 沈岿：《国家赔偿：代位责任还是自己责任》，载《中国法学》2008年第1期。
② 参见（台）廖义男《国家赔偿法》，三民书局有限公司1996年版，第9—11页；（台）董保城、湛中乐：《国家责任法——兼论大陆地区行政补偿与行政赔偿》，元照出版公司2005年版，第42—44页。
③ 高家伟：《国家赔偿法学》，工商出版社2000年版，第12页。

质。① 国家对公务人员的追偿只意味着国家机关为了惩戒有责任的公务人员而使其支付部分或全部赔偿费用，但支付赔偿费用与承担赔偿责任并不能画等号，公务人员并不直接对外承担责任，只对国家机关承担内部责任。

而比较法上一个值得注意的发展趋势是，在当今日本的学说上，随着国家赔偿理论的发展，多数学说认为，无论采代位责任说抑或自己责任说，其结论并无差异。在代位责任之下，公务人员纵无责任能力，亦可追究其长官之监督责任，又虽不能特定加害公务人员，亦得基于过失客观化与组织过失之理论认定有过失，其结果与采自己责任说无异。纵使立法之初系采代位责任，仍得基于现代国家责任之实质依据，来解释法律。② 至于有关国家赔偿后对于公务人员行使求偿权之理论依据，采自己责任者，亦得本于公务人员与国家公法上之勤务关系主张有故意或重大过失之公务人员应负之责任，其结果与采代位责任无异。

第三节　国家赔偿责任的功能和意义

一、国家赔偿责任的功能

损害赔偿责任反映着当时社会经济状态和伦理道德观念，其功能之一在于填补损害，基于公平正义的理念，其主要目的是使受害人的损害能获得实质、完整迅速的填补，将损害转由能够以最低成本避免损害发生的一方承担；其另一功能在于预防损害，激励当事人采取成本最小的措施预防损害的发生，从而实现制度的均衡。③ 作为损害赔偿责任的一种法律责任形式，国家赔偿责任的功能同样具备损害赔偿责任的上述两项基本功能，但也具有与其他损害赔偿责任不同的功能。有学者认为，在

---

① 刘嗣元、石佑启编著：《国家赔偿法要论》，北京大学出版社2005年版，第7页。
② 林锡尧：《建构完整的"国家赔偿"责任体系——从立法观点探讨"国家赔偿"责任类型》，载胡建淼主编：《国家赔偿的理论与实务》，浙江大学出版社2008年版，第45页。
③ 高家伟：《国家赔偿法》，商务印书馆2005年版，第31、32页。

福利国家，从更为公平和资源分配更为平等这层广泛意义上而言，分配正义已经成为一种为大家所接受的集体目标。如果将分配正义比作分蛋糕，那么，重心在于蛋糕和吃蛋糕者，切蛋糕者的行为并不重要。[1] 在这个意义上，得到国家补助的意外事故或刑事损害赔偿并不是基于国家的过失或者法定责任，而是属于分配正义的法律调整。

国家赔偿责任的功能实质上是指实行国家赔偿制度对社会产生的作用和影响。国家赔偿责任功能的发挥，是促使各国建立与发展国家赔偿制度的动因。国家赔偿责任功能的发挥程度，取决于各国社会、政治、经济、文化、风俗、习惯等各种因素的多方面影响，在不同的国家，或同一国家的不同历史发展时期，其表现不尽一致。例如，根据美国学者的总结，美国公共侵权法（public tort law）对国家赔偿责任的确立是不同因素与目标角力的过程与结果。这些因素与目标有：损害的补偿（compensation）、风险的分散化（risk-speading）、保持足够的威慑性（deterrence）、法治（the rule of law）的尊重、保障强有力的决策（the vigorous decisionmaking）、权力分立（separation of powers）的体制以及联邦主义（federalism）的限制等。在这里，损害的补偿、风险的分散化、威慑性的存在、尊重法治等都强有力地要求政府承担损害赔偿责任。公共侵权法的一个基本目标就是对遭受政府官员行为侵害的受害人的损害进行补偿或赔偿。这种赔偿制度试图将受害人作为一个整体，并且将损害的风险公平地分散在广泛的纳税人之间。另外，公共侵权法通过确立国家赔偿责任也可以大大降低政府官员的非法行为的发生，其可以起到足够的威慑作用。可能存在的赔偿责任，就能促使政府职员降低其非法行为。[2] 同时，让政府对其机构在职权范围内的行为负责，也是法治原则的必然要求。如果政府组织不像私人部门一样承担责任，具有豁免侵权责任的资格，就必然导致政府组织发生大量侵权的行为而不负责任的不正

---

[1] 参见［英］卡罗尔·哈洛著《国家责任——以侵权法为中心展开》，涂永前、马佳昌译，北京大学出版社2009年版，第12－13页。
[2] 马怀德主编：《完善国家赔偿立法基本问题研究》，北京大学出版社2008年版，第538－539页。

常现象。如果这样，显然不符合法治平等的精神，其就凌驾于法治之上了。

有学者认为，国家赔偿责任既有受害者救济功能、损害分散功能，还有制裁功能、违法行为制止功能、违法状态排除功能（或者说合法状态复原功能）。① 我们认为，国家赔偿责任的功能从性质上划分，可以分为法律功能和政治功能，具体包括七个方面，即权利救济、制约预防、公务保护、利益调整、风险共担、彰显民主与法治、侨民保护。

1. 权利救济功能。英国行政法学家威廉·韦德（William Wade）声称："权利依赖救济……有效的救济最为重要。"② 保障公民、法人或其他组织的合法权益，是民主宪政制度的重要标志。从私权利与国家权力的相互关系看，保护私权利是国家权力运作的目标和归属。私权利相对于国家权力而言居于更高的地位，这是宪政的价值理念所在。国家赔偿责任完整体现了权利本位的宪政价值，其对私权利的保护作用主要从正反两个方面得以实现：一方面通过国家贯彻实施法律的有组织活动，不断促进社会物质文明与精神文明的发展程度，为公民、法人或其他组织实现其合法权益创造良好的环境与条件；另一方面通过各种手段排除公民、法人或其他组织实现合法权益的障碍，在其合法权益受到损害时及时消除侵害并使之得到相应的恢复或弥补。一般而言，法律规范在两种意义上保障公民、法人或其他组织的合法权益：一是法律的程序规范，主要是事前的制约机制；二是事后的惩戒补救措施，这就是处罚和赔偿制度。③ 国家赔偿责任的精义在于通过从反向保护公民、法人或其他组织的合法权益，即从权利救济的角度贯彻民主宪政制度。

国家赔偿制度是一种向弱者的权益倾斜的分配制度，体现了罗尔斯

---

① 参见［日］宇贺克也著《国家补偿法》，有斐阁1997年版，第4－6页，转引自马怀德主编：《完善国家赔偿立法基本问题研究》，北京大学出版社2008年版，第479页。
② ［英］威廉·韦德著：《行政法》，楚建译，中国大百科全书出版社1997年版，第233页。
③ 参见张正钊主编《国家赔偿制度研究》，中国人民大学出版社1996年版，第6页。

（Rawls）正义理论中的"正义"精神。① 国家赔偿责任的权利救济功能是指当国家机关及其工作人员执行职务的行为侵害公民、法人或其他组织的合法权益时，国家赔偿责任所具有的对公民、法人或其他组织受侵害的合法权益给予恢复或弥补的功能。国家赔偿责任虽不是权利救济的唯一方法和手段，却是权利救济的最后一道屏障。当公民、法人或其他组织的合法权益受到国家公务行为的违法侵害时，不实行国家赔偿，公民、法人或其他组织受到损害的合法权益就不可能得到充分有效的救济。以行政诉讼为例，如果没有国家赔偿制度，受害人只能在诉讼中请求人民法院撤销违法的具体行政行为或请求人民法院责令被告重新作出具体行政行为以及在规定的期限内履行职责，可以此去除行政机关侵害行为法律效果，却不能恢复受害人现实上所受损害之权益，对受害人合法权益的保护是不周延的。而国家赔偿责任则以国家为赔偿义务人，对公务员执行职务行使公权力致人民权利遭受损害的，给予适当的救济。② 国家负损害赔偿责任，可填补受害人所受损害。且国家负赔偿责任较受害人只对无资力的加害公务员个人请求损害赔偿，能获得更深一层之保障。③ 过失客观化以及否定公务员个人责任的理论，就是从国家赔偿责任的这一功能导出的。

法国《人权宣言》开篇即宣示，对人权的无知、健忘和蔑视，乃是公共灾难和政府腐败的唯一根源。国家是一个抽象的实体，它的行为通过政府来实施。政府的职责在于保护和发展人权，当私权利因政府行为而受到损害时，给予赔偿救济是人权观念的应有之义。对于国家机关及

---

① 罗尔斯认为："某些法律和制度，不管它们如何有效率和有条理，只要它们不正义，就必须加以改造和废除。每个人都拥有一种基于正义的不可侵犯性，这种不可侵犯性即使以社会整体利益之名也不能逾越。因此，正义否认为了一些人分享更大利益而剥夺另一些人的自由是正常的，不承认许多人享受的较大利益绰绰有余地补偿强加于少数人的牺牲。所以，在一个正义的社会里，平等的公民自由是确定不疑的，由正义所保障的权利决不受制于政治的交易或社会利益的权衡。允许我们默认一种有错误理论的唯一前提是尚无一种较好的理论，同样，使我们忍受一种不正义只能是需要用它来避免另一种较大的不正义的情况下才有可能。作为人类活动的首要价值，真理和正义是决不妥协的。"见［美］罗尔斯著：《正义论》，何怀宏等译，中国社会科学出版社1988年版，第1页。

② 参见（台）曹竞辉《国家赔偿立法与案例研究》，三民书局有限公司1986年版，第48页。

③ 参见（台）叶百修《国家赔偿法之理论与实务》，元照出版公司2008年版，第46页。

其工作人员违法或过错行使权力、执行职务造成的损害给予救济是国家赔偿责任的基本功能，同时也是国家实行国家赔偿制度的根本目的。国家赔偿责任的其他功能都是从属性的或从权利救济的功能中派生出来的。也正因此，在《国家赔偿法》的修订过程中，有学者建议，我国国家赔偿法应当实现一个立场上的转换，即从对国家违法行为的谴责追究转移到对公民权利的补救。① 故而，评价一个国家的国家赔偿制度的发展水平主要应当观察该国家赔偿责任权利救济功能的大小及其在现实生活中实现的程度，而不宜以国家赔偿责任对国家机关及其工作人员职务违法行为的预防和控制效果，或者以国家赔偿责任对其工作人员从事公务活动的主动性、创造性的保护效果作为主要依据。

2. 制约预防功能。国家赔偿责任发展的一个重要原因是国家权力随着社会、经济和政治的发展不断扩张，在一定程度上造成了国家对社会生活的过度干预和对公民、法人或其他组织合法权益的大量损害。为了保障社会生活的正常运转和公民、法人或其他组织的合法权益，各国普遍采取积极措施进行应对，国家赔偿责任正是在这种背景下迅速发展起来的。制约预防功能是国家赔偿责任的一个重要功能，是指国家赔偿责任所具有的预防和控制国家机关及其工作人员职务违法侵权行为，促进国家机关加强内部监督和国家工作人员加强自律的作用。一个国家对公权力的制约预防程度折射着该国国家权力体系的成熟程度和政治文明的发达程度。

国家赔偿责任对于国家机关及其工作人员的职务违法行为的制约预防功能从两方面实现：一方面，从宏观角度而言，对损害后果给予充分有效的国家赔偿，是制约预防公权力违法侵害公民、法人或其他组织合法权益的有效途径。公民、法人或其他组织自由或权利虽受宪法与法律保障，现实中，公民、法人或其他组织自由或权利受违法国家作用侵害的情形亦不少，故以作为公民、法人或其他组织权利的最后保障手段而

---

① 张红：《司法赔偿研究》，北京大学出版社2007年版，第64页。

言，国家赔偿责任是法治国家不可欠缺的一种责任形式。① 现代国家基于社会情势需要，其公权力范围日益扩大，国家在加强国家机关权力之后，又致力于公权力的控制，对国家机关严加监督，促使其提高警觉，防止滥权，以保证公权力的良性运行。国家赔偿责任担当的正是这样一种功能，通过国家赔偿责任的承担，以期抑制违法的国家公权力的行使。另一方面，从微观角度而言，通过赔偿义务机关对赔偿义务的承担，以及对具有故意或重大过失的国家机关工作人员的追偿，达到预防、控制和减少职务违法侵权活动，促进国家机关及其工作人员依法行使职权的目的。具体而言，可以根据各国家机关受理的国家赔偿案件的数量以及赔偿费总额的多少评价其工作情况，可以通过责令责任人员乃至责任机关承担部分或全部赔偿费用的方法追究责任人员或责任机关的个体责任，可以将执行职务的好坏与国家机关及其工作人员的考核等挂钩，还可以对直接责任人员或负有领导责任的人员给予行政处分，等等。正如德国学者奥托·迈耶（Otto Mayer）所言："国家与其他公法团体是通过雇用公职人员来处理其事务的。如果这些公职人员应为其违法行为而承担个人责任的话，那么这同时意味着相对公权力而对臣民的有效保护。这样就使得公权力由其不可或缺的机构出于可理解的顾虑而自行保持在法律的轨道之中。"② 由于国家赔偿责任的建立健全将有力地促进国家机关内部管理的完善与公务监督的加强，也将大大提高国家工作人员的责任感，促其加强自律，审慎行事，确保公务活动的准确度与合法性。

当然，国家赔偿责任主要是一种救济手段，其制约预防功能的发挥应保有一定限度。如果不分具体情形无条件责令国家机关工作人员以及其他执行国家公务的人员承担全部或部分国家赔偿费用，追究他们的经济责任，将会严重损害国家机关工作人员以及其他公务执行人员执行国家公务的主动性、积极性和创造性，从而严重损害国家机关的工作效率，

---

① 参见（台）叶百修《国家赔偿法之理论与实务》，元照出版公司2008年版，第46页。
② ［德］奥托·迈耶著：《德国行政法》，刘飞译，商务印书馆2002年版，第183页。

甚至有可能使国家机关的运转陷于瘫痪。① 因此，各国均规定国家在对被侵权人履行了损害赔偿责任之后，对造成损害的国家工作人员的追偿以其主观上有故意或重大过失为限。通过这种方法，国家赔偿责任得以在保护人民合法权益，顺应民主政治潮流与维持国家机关活力，增进国家活动效能这两大目标之间实现一种合理的平衡。

3. 公务保障功能。国家为维护社会秩序和公共利益而采取的公务措施，有可能会给公民、法人或其他组织造成损害或者给其行使权利造成障碍。从公民、法人或其他组织的角度而言，其承担着为了维持社会秩序和公共利益而造成的一种风险。因为其可能根本没有实施犯罪行为或者没有实施妨碍诉讼的行为，或者所实施的妨碍诉讼的行为尚未达到应受法律处罚的程度。从国家的角度而言，在许多情况下其实施的强制性措施本身是合法的，符合法律规定的条件和程序，并且这些行为是为维护社会秩序所需。但是，在面对公权力的强制时，令公民、法人或其他组织完全忍受由此带来的痛苦和损害，则是对法治原则的背离。国家不能要求特定的个人为了整个社会的秩序或者公共利益而忍受特别的牺牲或者损害，因此，国家应当对其公务行为给公民造成的损害给予赔偿。② 从国家工作人员的角度而言，其承担着为了维持社会秩序和公共利益依法履行公务的权利和义务，既不能因依法行使职权行为承担个人赔偿责任，也不能因滥用职权或者怠于行使职权不受追究。

无论是公共利益，还是公法秩序，都是为现代公权力提供合法性基础的基点。从宏观的视角来看，国家赔偿总体上是一个公益与私益的平衡问题，是个人和公权力面对损害时，由谁来承担损失的一个风险分配原则，是公权力行为造成损害的补救问题。国家赔偿责任的确立在国家、国家工作人员和受害人之间找到了一个合理的平衡点。为了补偿受害人的损失，防止国家工作人员消极地行使职权，国家对其工作人员在从事职务活动中发生的侵权行为承担赔偿责任；为了防止国家工作人员滥用

---

① 参见皮纯协、何寿生编著《比较国家赔偿法》，中国法制出版社1998年版，第18－19页。
② 参见张红《司法赔偿研究》，北京大学出版社2007年版，第68页。

职权、放任侵权，同时也为了减少国家利益的损失，减轻国有财政负担，在国家工作人员对损害的发生或扩大具有故意或重大过失时，国家机关在赔偿受害人损失后对其享有追偿权。这就在一定程度上发挥了公正与效率的价值整合，实现了国家赔偿责任的公务保障功能。[①] 国家赔偿责任的公务保障功能具体表现在：第一，由于国家赔偿责任的存在，国家公务活动的受害人可以从国家那里得到相应的赔偿，这就消除或缓解了国家与个人之间的矛盾，并能防止公民、法人或其他组织对公务活动产生不满和对立情绪，阻挠公务活动的进行。第二，国家赔偿责任具有保障国家工作人员不因其职务执行行为而受到被侵权人起诉并对损害承担个人赔偿责任的作用。在国家赔偿案件中，具体的侵权人是国家工作人员，但受害人不能以具体的侵权人为被告，而只能以侵权人所在国家机关为被告，具体的侵权人也无需向受害人支付赔偿费用，这是各国国家赔偿制度的通例。其目的在于保障国家工作人员的主动性、积极性和创造性，创造一个不受各种诉争干扰的职务执行环境，从而保证国家公务活动合法、适当和高效进行。第三，国家赔偿责任必然促使国家进一步完善机构设置和工作人员执行公务的各项规章制度。完善的机构与规章制度必然促进、保障公务活动的顺利进行。

4. 调整公私利益功能。现代社会既是高度整体化的社会，任何个人或小集团都不能完全脱离开社会整体去追求单纯的个人利益或小集团利益；现代社会又是民主文明的社会，片面强调社会整体利益而忽视个人利益、局部利益也不利于社会的稳定与和谐发展。诚如学者所言，在某些时候，政府所履行的公共职能与公民的行动自由、人身和财产安全，以及改善他们作为个体或者社会中某些团体的成员所享有的福利是背道而驰的。[②] 国家必须对社会整体、局部及个人之间的利益进行适当的调整，以平衡不同主体的利益，尤其要平衡受害人的私权利与国家的公权

[①] 参见皮纯协、何寿生编著《比较国家赔偿法》，中国法制出版社1998年版，第19－20页。

[②] 参见[英]卡罗尔·哈洛著《国家责任——以侵权法为中心展开》，涂永前、马佳昌译，北京大学出版社2009年版，第14页。

力之间的利益关系。国家赔偿责任实现的正是这样一种调整公私利益的功能。国家机关及其工作人员执行职务是为社会公共利益服务的，但这种执行职务的活动受到工作人员主观因素的制约及各种客观因素的影响，在执行中不可避免地会引起某些公民、法人或其他组织合法权益的损害。甚至有时为了维护公共利益，不得不有意牺牲某些个人利益或局部利益。国家公务活动侵权的可能性不可能排除，国家公务活动的进行在客观上必然产生侵权的风险，通常公务活动的效率越高，侵权的风险越大。然而，国家不能因为国家公务活动有侵犯公民、法人或其他组织合法权益的风险就停止履行国家职能，放弃维护和促进社会公共利益的职责，这样便在国家公务活动的过程中产生了整体利益与局部利益、个人利益的矛盾，需要在整体、局部和个人利益之间予以协调。国家赔偿责任为受到国家侵害的公民、法人或其他组织提供救济，从而实现国家与公民、法人或其他组织之间的公平与正义。如果公民、法人或其他组织为国家和社会公共利益作出了特别的牺牲，国家就应当以适当的标准、方式等给予其合理的救济，并将支出的赔偿费用以税收形式转嫁于社会，由社会成员公平负担这一损失。国家赔偿责任对公私利益的调整和平衡是通过确定赔偿的条件和范围来实现的，并且通过国家赔偿条件和范围的变化去保证国家赔偿对公私利益的调整始终符合一定时期的客观情势。[1] 这也是1873年法国权限争议法庭在布朗戈案件判决中指出的，国家赔偿责任应当根据"平衡国家权力和私人权力的必要性而变化"。[2]

5. 风险共担功能。现代或后现代社会，是一个风险日益增加的社会。执政风险和管理风险无时不在。如果仅让特定的当事人或孤立的个人来承担这种风险，既不可能，也不公平。国家赔偿责任的设立，实际上是构建了一种社会保险机制，将可能的风险通过国家赔偿机制分摊到每个纳税人身上。实际上是通过"公共负担平等"的机制，形成一种风险共

---

[1] 参见张正钊主编《国家赔偿制度研究》，中国人民大学出版社1996年版，第8页；皮纯协、何寿生编著：《比较国家赔偿法》，中国法制出版社1998年版，第20–21页。
[2] 王名扬：《法国行政法》，北京大学出版社2007年版，第564页。

担机制。

6. 彰显民主与贯彻法治功能。民主与法治是现代社会共同追求的目标，它要求国家在政治、经济、文化等领域都必须实现法律面前一律平等和依法办事的原则，不允许任何国家机关、社会组织或公民凌驾于法律之上。正由于现代民主法治国家为保障民权，增进福利，有保证其权力作用不侵害人民权利的责任，国家在专治时期不承担侵权赔偿责任的特权不复存在，国家赔偿责任还具有彰显民主与贯彻法治的功能。诚如韦德所言："法律必须平等地对待政府和公民……法治所需要的是，政府不应当在普通法律上享有不必要的特权和豁免权。"[1] 一个国家是否民主，是否实现法治的重要标示之一就是国家和政府是否和人民一样有守法的义务，是否在违法后要承担相应的法律责任。国家赔偿责任便是国家对人民承担侵权责任的方式和标志。国家赔偿制度的有无与发展程度是衡量一个国家民主和法治状况的重要标尺，一个对人民无需承担侵权赔偿责任的国家绝不可能是民主与法治的国度。因此，国家赔偿责任的确立与发展是民主和法治的必然要求，同时也是民主和法治存在与进步的重要标示。

7. 侨民保护功能。国家赔偿责任还具有保护海外侨民在受到外国政府侵害时能够获得救济的作用。多数国家的国家赔偿法在对外国人适用时采取对等原则或相互保证主义，即本国国家赔偿法是否对外国公民适用取决于该外国公民所属国的国家赔偿法是否对本国公民适用。例如，日本《国家赔偿法》第6条规定："本法，于外国人为受害人时，以有相互保证者为限，适用之。"我国《国家赔偿法》第40条第2款规定："外国人、外国企业和组织的所属国对中华人民共和国公民、法人或其他组织请求该国国家赔偿的权利不予保护或者限制的，中华人民共和国与该外国人、外国企业和组织的所属国实行对等原则。"因此，确立国家赔偿责任对于本国公民在外国获得该国国家赔偿的权利具有重要的意义。

---

[1] [英]威廉·韦德著：《行政法》，楚建译，中国大百科全书出版社1997年版，第27页。

二、设立国家赔偿责任的意义

现代民主法治国家通过国家赔偿责任的设立,一方面对公民、法人或其他组织的损害给予相应的填补;另一方面对国家机关的违法行使职权行为予以惩戒,从而保证国家赔偿责任各项功能的有效实现。[①] 设立国家赔偿责任将不可避免地增加国家财政负担,增加国家机关的工作量,但其带来的生机与活力也不可估量。设立国家赔偿责任的意义主要在于:

第一,只有建立有效的国家赔偿责任,才能使政府成为真正对人民负责的政府。一个政府如果对其侵权行为拒绝负责,那就谈不上对人民负责,更谈不上是一个责任政府。而责任政府是现代文明国家的一个重要标志。

第二,只有建立有效的国家赔偿责任,才有可能真正保证国家机关依法公务。国家赔偿责任是国家机关违法公务的最现实、最富有"责效"的法律后果。而任何法律规范只有在其有明确的法律后果相伴随时,其约束力才得以充分发挥。

第三,只有建立有效的国家赔偿责任,才能有效地强化国家机关自我约束机制,避免或减少各种违法行为、滥用职权、官僚主义以及各种渎职、失职现象,促使国家机关走向法治化道路。任何内部的约束都要以外部的制约和监督为条件,都需要一种预期后果作为潜在的压力或动力,国家赔偿责任正是国家机关及其工作人员得以矫正自己行为的一种预期后果。

第四,只有建立有效的国家赔偿责任,才能使相对一方的权利与国家机关的职权界限明晰起来,才能使国家利益、集体利益与个人利益之间的关系在法治的基础上协调起来,从而避免、减少或消弭种种因侵权而引起的公权力与私权利冲突,使国家得以长治久安。

第五,只有建立有效的国家赔偿责任,政府才能在全国人民面前树

[①] 参见江必新《国家赔偿法原理》,中国人民公安大学出版社1994年版。

立守法、公正、廉洁的形象，才能使政府在更大程度上受到人民的拥护和支持。因为那种"国家为人民行政，人民应该为了国家利益而牺牲个人利益"的观念正日益受到现代政府观念的挑战。

第六，只有建立有效的国家赔偿责任，才能使国家机关及其工作人员摆脱沉重的政治负担和经济负担，从而更有效地进行工作，因为国家赔偿责任制度不仅可以使国家与公民、法人和其他组织之间的侵权赔偿关系规范化以减少无休止的讨价还价，而且可以使赔偿经费的来源纳入法治的轨道，从而在一定程度上解除国家机关及其工作人员的后顾之忧，使其得以大胆负责地工作。

第二章　国家赔偿责任的历史发展

相对于其他法律责任而言，国家赔偿责任在各国创设和完善较晚，其原因主要在于：一是以主权和责任的相互矛盾为基础的主权豁免思想在两大法系的长期存在。在封建统治之下，基于"君权神授"的观念，王权就是主权，"朕即国家"，封建君主从不对其臣民承担赔偿责任。1577年，法国学者布丹发表《国家论》一书，系统地阐述了对后世影响极大的国家主权观念。布丹认为，主权是最高的权力，不受法律限制；最理想的制度是君主制，君主只对上帝负责，而不对国民负责。绝对主权观念导致资产阶级革命胜利以后，君主的豁免改换了一种形式，成为国家豁免。国家作为主权的象征，并不对公民承担赔偿责任。[①] 二是源于法治国原理的观念，认为违法的行为归属于国家是根本不能成立的，即使因作为国家雇员的公务员的违法行为给人民带来损害，也没有由国家本身承担损害赔偿责任的道理。换言之，作为国家本身是不承担责任的，应由公务员个人对受害人承担责任。[②] 国家赔偿责任建立以前，许多国家通行的是国家公务员的个人责任。

国家赔偿责任制度最先产生于西方资本主义国家。法国通过1873年的布朗戈（Blanco）判例最早确立了国家赔偿责任，1919年德国《魏玛宪法》是世界上第一部明文规定国家赔偿制度的宪法。此后，一些资本主义国家陆续在其根本大法中也载写了类似条款，如原联邦德国《基本法》第34条，意大利《宪法》第26条，日本《宪法》第17条等。英美

---

① 参见周汉华、何峻《外国国家赔偿制度比较》，警官教育出版社1992年版，第4-5页。
② [日]盐野宏著：《行政救济法》，杨建顺译，北京大学出版社2008年版，第196-197页。

法系国家在20世纪40年代以后陆续创设了国家赔偿制度,例如,英国1947年《王权诉讼法》和美国1946年《联邦侵权赔偿法》对国家赔偿责任的规定。诚如我国台湾地区"立法院"在"国家赔偿法草案总说明"所述:"现代国家,由于主权免责思想渐趋没落,对于国家赔偿责任之观念,已由否定转向相对肯定,而终于全面肯定。"[1] 国家赔偿责任发展历史呈现的一般性规律是,先由判例确定赔偿责任,再由成文法逐步发展,在成文法的发展中,先由宪法或特别法及一般法中的个别条款调整,再由统一的立法确立,但判例及司法解释仍是成文法的重要补充。国家赔偿特别是冤狱赔偿的立法表现出由特别法向一般法演进的过程,国家赔偿范围也经历了逐渐由窄至宽的拓展过程。

第一节 国家赔偿责任的发展阶段

国家公务员执行职务行使公权力,侵害人民的自由或权利时,国家应负损害赔偿责任,这是现代民主法治国家的职责所在。国家赔偿责任,已为现今各国宪法及国家赔偿法所确认,但其在各国产生和发展呈现出不平衡的状态,有的国家早在19世纪后期就确立了国家赔偿责任,有的国家迟至现今才开始肯定国家赔偿责任,少数国家至今未有国家赔偿责任。这种不平衡的状况并不妨碍我们根据较早建立国家赔偿制度的国家,主要是法国和德国等欧洲大陆法系国家的情况去追溯国家赔偿责任产生和发展的一般过程。在学说和立法例上,国家赔偿责任的产生和发展经历了四个阶段,即完全否定阶段、相对肯定阶段、全面肯定阶段和继续发展阶段。这一历史演变进程,折射出人类社会从愚昧走向文明,从人治走向法治,从集权走向民主,从管理者本位到国民本位的历程。

一、完全否定阶段

19世纪70年代以前,资本主义在经济、政治和思想理论的发展尚不

---

[1] (台)曹竞辉:《国家赔偿法之理论与实务》,新文丰出版公司1981年版,第586页。

成熟，不可能完全冲破封建专制统治的羁绊并彻底消除封建专制思想的影响，故这一阶段是国家赔偿责任的完全否定阶段。① 其法律思想的特点是在公法上采主权免责论，在私法上采过失责任主义。② 各国主张国家有绝对权力，国家与人民之间的关系属于权力服从关系，国家为统治者，行使权力，人民为被统治者，服从权力。作为公权力主体，国家行使公权力的行为与私人间的行为是不同的，国家对于国家机关及其工作人员的侵权行为，都不应承担国家侵权损害赔偿责任。③ 公务员因职权侵权行为侵害了人民权利，由公务员自负其责，受害人按照民事侵权法或普通法的规则向有过错的公务员索赔。

这一阶段否定国家赔偿责任的理由主要在于：④

第一，绝对国家主权论。绝对国家主权论的核心观点是"主权是在公民与臣民之上的最高权力，它不受法律的限制"，认为国家主权是不受限制和至高无上的，国家制定法律，设置法院，是权力赖以存在的基础，人民对国家应当绝对服从，故而绝无国家因其违法侵权行为而赔偿人民所受损害的可能。当时对于国家与公务员的关系，一般认为是属于"处理事务之授权关系（Mandatskontrakt）"，与一般私法上受委托人的地位无异，在授权范围内，公务员所为行为的效力固然直接归属于国家，但因国家享有绝对权力，且因公益而存在，国家委托公务员执行职务时，不可能含有违法委托，故公务员违法执行职务应视为超出委托范围，应为其个人行为，与国家无关，国家无需对其违法行为负责。

第二，国家无过失及不能违法论。过失责任主义基于罗马法"无过失即无赔偿责任"的观念，是 18 世纪民法的三大基本原则之一。过失责任主义是指个人对于自己行为如非出于故意或过失，纵有损害他人，亦

---

① 参见吴庚《行政法之理论与实用》，中国人民大学出版社 2005 年版，第 441 页。
② （台）张孝昭：《国家赔偿法逐条论述》（增订再版），金汤书局有限公司 1987 年版，第 6 页。
③ 马怀德主编：《国家赔偿问题研究》，法律出版社 2006 年版，第 1 页。
④ 参见皮纯协、冯军主编《国家赔偿法释论》（修订版），中国法制出版社 2008 年版，第 25 - 26 页。

不负赔偿责任,至于对他人之不法行为,则绝对不负责任。基于此种思想,没有过失就没有责任。国家系无生命之体,其活动都是通过其官员进行的,因而国家不可能有过失。公务员在执行职务之际,因故意过失而侵害他人权利,这仍然是该公务员个人的行为,并非国家的行为,应当由公务员自负其责,国家不应承担任何责任。[①] 普通法传统上有"国王不能为非(The King can do no wrong)"的法律原则,因为国王代表国家,国王不会犯错,国家无实施侵权行为的可能。及至法人理论提出后,国家被视为具有意思表示与承担责任能力的公法人,解决了国家能否有过错的问题。但此时又出现国家不能违法的论点,认为国家和法律不可能授权公务员违法,违法是公务员的越权行为,应由公务员自负其责。

第三,主权不得受控等的普通法原则。普通法上有一原则是"不得对国王提起诉讼,国王不能在他所设的法院内被诉(No action can be brought against the king personally, for he can not be suited in his court)",按照这一原则,国家不受其所属法院的审判,也不承担任何实体法上的责任。由于"主权在君",控告国家即为控告国王,而按照"国王不能为非"等原则,国家享有绝对的主权豁免。英美法等国家的国家赔偿制度迟至20世纪40年代后期才陆续建立起来,可以说,主要的障碍就是"主权不得受控、国王不得被诉"等根深蒂固的普通法观念。

第四,社会经济发展水平与国家财政能力有限。正如马克思所言:"权利永远不能超出社会的经济结构以及由经济结构所制约的社会的文化发展。"[②] 在一个经济总量小的国家,尽管国家机关的财政能力可能会很强,但那样的国家、社会必定是财富分配方式严重失衡的,通常会表现为专制的统治形式,否则不可能产生有较强财政能力的国家机关。只有在社会经济发展达到较高的水平,国家经由较合理的方式取得财政收入的情况下,个人才可能对国家提出相应的经济请求,而后者也才有可能

---

① (台)刘春堂:《国家赔偿法》,三民书局1982年版,第3页。
② 《马克思恩格斯选集》第三卷,人民出版社1972年版,第12页。

对这些请求予以接受。① 在自由资本主义时期，受社会经济发展水平的限制，资产阶级认为权力越少，规模越小的政府是越好的政府，因而，一方面，国家的财力有限，另一方面，政府侵权的机会不是很多，确立国家赔偿责任的需求不是很突出。

二、相对肯定阶段

19世纪70年代以后至第一次世界大战以前的时期为国家赔偿责任的相对肯定阶段。在20世纪初期，绝对主权思想已经动摇，人权思想逐渐盛行。因国家的职能不断扩张，导致人民权利频频受到国家侵害却无从获得救济，这一不公正现象日渐受到诟病，法国著名学者狄骥曾言："法学上有一个最重要的原则，就是国家也要受法律的限制。"② 在这一阶段，主权在民、社会契约论、天赋人权等观念逐渐深入人心，学说、实务和立法例上逐渐抛弃了国家无责任理论，转而采相对肯定国家赔偿责任的立场，即国家应否负侵权赔偿责任，应根据公务员代表国家执行职务的性质，国家在法律上所处地位而定。③ 相对肯定说意味着，国家在有些领域如冤狱赔偿领域开始承担赔偿责任，此外的很多领域国家仍享有豁免权。④

在这一阶段，各国发展出了不同的理论，以论证国家仅有限地承担赔偿责任。在这些理论中，最具影响力的是法国的国家行为二分说和德国的国库责任说。基于公平正义的观念，国家行为二分说将国家权力区分为权力作用的统治行为与非权力作用的管理行为。权力作用的统治行为包括征兵、课税、征收土地、拆除违章建筑等，当公务员为此行为致人民权利遭受损害时，国家不负赔偿责任。反之，公务员为非权力作用

---

① 马怀德主编：《国家赔偿问题研究》，法律出版社2006年版，第46－47页。
② （台）刘清波：《冤狱赔偿法》，1973年自版，第24页。
③ 参见（台）翁岳生主编《行政法》（第二版）（下册），中国法制出版社2009年版，第1609－1610页。
④ 参见马怀德主编《国家赔偿问题研究》，法律出版社2006年版，第38页；姜明安主编：《行政法与行政诉讼法》（第三版），北京大学出版社、高等教育出版社2007年版，第635页。

的管理行为，侵害人民权利时，国家应当依民法上关于雇用人与受雇人，或者法人与其代表机关等有关规定，由国家替代公务员负损害赔偿责任。这一理论，学者也称之为国家代位责任论或者附有条件的国家有责论。[①] 在实务和立法上，法国、德国和日本都相继确立了国家对非权力作用的赔偿责任。而国库责任说（Fiskustheorie）来源于民法，认为国家具有双重人格，即国家除了是公权力主体外，还是财产权主体，当国家作为财产权主体时就被称为国库。在行使公权力时，国家作为公权力主体不承担责任，而由公务员负责；但在从事私法行为时，国家作为财产权主体应当承担私法上的责任。[②]

需要指出的是，第一次世界大战以前，大陆法系国家中的法、日等国的判例受相对肯定国家赔偿责任学说的影响较深，但并非每个国家的国家赔偿制度都经过了相对肯定阶段，英美法系国家以及一些大陆法系国家是通过国家赔偿立法一次性地确立了国家权力作用的赔偿责任。

三、全面肯定阶段

第一次世界大战后至今的时期是国家赔偿责任的全面肯定阶段，承认国家对公务员违法执行职务的行为应负损害赔偿责任。[③] 在第一次世界大战以后，世界各国的民主政治思想和人权理论发展迅速，在此背景下，学说、实务和立法上开始相继承认国家与人民之间的关系，已非从前的权力服从关系，而是基于社会契约所生的权利义务关系，国家对公务员违法执行职务，不论是公法行为还是私法行为所产生的损害，均应负赔偿责任。在第二次世界大战以后，许多国家都通过立法或者判例的形式全面肯定了国家赔偿责任，国家赔偿制度已经成为各国保障人权、监督国家公权力是否依法行使的重要措施和手段。在全面肯定阶段，国家赔

---

① （台）张孝昭：《国家赔偿法逐条论述》（增订再版），金汤书局有限公司1987年版，第7页。
② 参见（台）郑秋洪《国家赔偿责任之实证研究》，中山大学2001年硕士学位论文，第19页。
③ 江必新：《国家赔偿法原理》，中国人民公安大学出版社1994年版，第14页。

偿责任不仅已被普遍确立，而且其内容也更加广泛和全面。因此，各国国家赔偿责任都普遍地确立了国家对其执行公务的行为不分权力行为与非权力行为都应当承担损害赔偿责任的原则。[①] 另外，各国还逐步缩小国家赔偿责任豁免的范围，扩大国家赔偿的类型。与相对肯定阶段的国家赔偿仅有行政赔偿一种类型相比，此时的国家赔偿范围已大大增加，许多国家的国家赔偿范围不仅覆盖了所有的行政领域，而且扩大到了司法领域，甚至扩大到了立法领域。

这一阶段法学思想的变迁，主要有以下三种理由：[②]

第一，绝对主权思想的动摇。认为国家与人民之间的关系并非权力服从关系，而是法律上的权利义务关系，国家权力应当受法律的限制，因此，国家对于公务员因执行职务侵害人民权利时，亦应负损害赔偿责任。国家仅在法律规定的范围内，有命令强制人民的权力。

第二，无过失责任主义思想的兴起。过失责任主义是由个人主义、自由主义思想衍生而来，不能适应后来情势的发展需要。近代法律多趋向于无过失责任主义即结果责任主义，认为只需对于某一结果的发生具有相当因果关系时，即应负赔偿责任，不必探究公务员个人过失的有无。德国学者奥托·迈耶（Otto Mayer）认为，国家在公法上应负损害赔偿责任的基础，与其在私法上所负的损害赔偿责任以非难为基本论据，以过失为前提的情形迥异；国家既无法中止其公务活动，该活动经由公务员执行致使侵害人民的权利时，因该公务员仅为国家的工具，就该行为产生的损害，应视同国家本身的违法行为所致，故国家应予赔偿，尔后转嫁给全体国民。

第三，社会保险思想的崛起。该思想系由团体主义及干涉主义思想而来。所谓社会保险思想，是指以团体的力量填补个人意外损害的观念。公务员行使公权力执行职务，本为贯彻国家施政，如有故意或过失侵害

---

① 张正钊主编：《国家赔偿制度研究》，中国人民大学出版社1996年版，第13页。
② 以下参见（台）郑秋洪《国家赔偿责任之实证研究》，中山大学2001年硕士学位论文，第20-21页。

人民的自由或权利时，国家应对受害人予以适当的赔偿。

在这一阶段，国家赔偿责任的确立在各国主要通过以下几种途径实现：[①]

第一，在根本法中确立。1919年德国《魏玛宪法》第131条规定："官吏就其所受委托之职务行使公权力，而违反对第三人之职务上义务时，原则上由该官吏所属的国家或公共团体负其责任，但对于官吏有求偿权，上述损害赔偿，得以非常司法手续请求之。"这是世界上首次通过根本大法规定国家的赔偿责任。第二次世界大战后在宪法中确立国家赔偿责任成为各国的通例。

第二，在国家赔偿法中确立。鉴于国家赔偿责任的特殊性，各国纷纷制定专门的国家赔偿法予以规定。如1910年德国《联邦责任法》，1945年美国《联邦侵权赔偿法》，1947年英国《王权诉讼法》，1947年日本《国家赔偿法》，1948年奥地利《国家赔偿法》，1967年韩国《国家赔偿法》，1980年我国台湾地区"国家赔偿法"和1981年德国《国家赔偿法》等。专门的刑事赔偿立法也渐趋普遍，如1950年日本《刑事补偿法》，1959年我国台湾地区"冤狱赔偿法"，1969年奥地利《刑事赔偿法》，1971年联邦德国《刑事追诉措施赔偿法》等。

第三，在民法中确立。国家赔偿责任通常都是在民法确立后，再通过专门的国家赔偿法予以调整。例如我国，先是在1986年《民法通则》第121条规定了国家机关或者国家机关工作人员的侵权赔偿责任，后又通过1994年《国家赔偿法》专门进行规定。

第四，在判例中确立。最具代表性的是法国，法国是以成文法为主的国家，但其国家赔偿责任主要并非通过成文法确立，而是通过权限争议法庭和行政法院的判决，开创了以判例确立国家赔偿责任的先例，并在国家赔偿领域确立了无过错责任原则。

值得一提的是，在国家赔偿责任被全面肯定的时期，相对于民事赔

[①] 以下参见皮纯协、冯军主编《国家赔偿法释论》（修订版），中国法制出版社2008年版，第27-28页。

偿而言，各国仍有不少国家赔偿的禁区，特别是国家赔偿责任一般而言非有法律明示或默示不得存在，而民事赔偿只要是法律无禁止规定便可通过诉讼程序取得。此外，尚有少数国家仍未确立国家赔偿责任。

四、继续发展阶段

国家赔偿责任从来都不是一成不变的，也不是绝对的，其规则根据公务的需要和平衡国家权力与私人权利的必要性而变化。[①] 近年来，各国立法虽均已对国家赔偿责任采取全面肯定的态度，但仍未脱离过失责任主义的桎梏，多坚持公务员的违法、过错或违反对第三人的职务义务为国家赔偿责任的要件之一，与福利国家的理想相去甚远。并且，故意或者过失是一种意识作用，受害人对之举证不易，过分强调过错将有使国家赔偿法成为具文之虞。为此，德国先后创造了公法上的危险责任理论、类似征收侵害理论进行补救，后一理论为联邦法院所创设。类似征收侵害理论是指为了公共利益，公权力行为不法直接侵害个人具有财产价值的权利，而使该个人须忍受特别牺牲，对于因该行为而需忍受特别牺牲的个人所遭受的损失，基于公平分担的思想，国家须负责给予相当的补偿。在这一理论之下，侵害只需与公权力行为具有直接性，可依法律行为和事实行为发生，不以故意为必要；侵害行为包括不作为在内；将公权力的违法认定为特别牺牲。[②] 较之以往的理论，类似征收侵害理论在充分救济受害人权利上有了长足的发展，因而被认为是国家赔偿责任进入新的发展时期的标志。

国家赔偿制度经过了百余年的发展，在立法宗旨、立法体例、立法原则等方面发生了重大变化。从世界范围看，越来越多的国家接受了国家赔偿的观念，并将其作为本国重要的法律制度之一。如今，国家赔偿制度已经成为世界各国保障人权、监督国家公权力是否依法行使的重要

---

① 王名扬：《法国行政法》，中国政法大学出版社 1989 年版，第 690 页。
② 参见（台）翁岳生主编《行政法》（第二版）（下册），中国法制出版社 2009 年版，第 1612－1616 页。

措施和手段，其发展越来越受到各方面的关注和重视。通过对国家赔偿制度产生、发展历史过程的分析，结合当代社会经济发展与民主政治不断进步的潮流，我们认为，在这一阶段，随着社会福利国家思想的影响和人权保障的加强，国家赔偿责任出现的一些新的发展主要表现在以下几个方面：[1]

第一，国家赔偿制度法典化。战后以来的国家侵权责任实践充分证明了这一点。而且，由于认识的提高，将国家侵权责任这个特殊问题单独列出来立法，有利于使国家责任正规化、法律化、严格化。对于国家赔偿制度的法律规定，不同国家、不同历史发展时期，用以确立的法律渊源也不尽相同。有的以国家根本法确立，有的以民法确立，有的以判例确立，有的以专门的国家赔偿法确立。但越来越多的国家开始以专门的国家赔偿法确立国家赔偿制度，使根本法的规定得以具体化或使国家赔偿与民事赔偿区分开来。可以预见，制定专门的国家赔偿法典将成为一种世界性潮流，越来越多的国家将通过专门立法确立国家赔偿制度。

第二，归责原则多元化。在国家赔偿制度的发展过程中，曾出现过各种各样的归责原则，如过错责任原则、无过错责任原则、违法责任原则、违法失职原则、过错加违法原则等。至于采取何种归责原则，各国往往根据本国的情况加以选择。很多国家采过错责任原则，即只有对公务员主观上有故意或者过失的公务行为所造成的损害和公务活动有欠缺而造成的损害，国家才承担损害赔偿责任，而对无过错的公务活动，一般不承担责任。近些年来，有些国家作出了突破，不再强调执行公务的公务员的主观过错，但仍要求公务活动的违法性，国家才承担赔偿责任。有的国家在采用过错原则的同时，对某些具有高度危险而又关系国计民生的重要领域，逐步采用无过错原则作为补充，从单一的过错责任主义逐渐转向兼采无过错责任主义或者结果责任主义。[2] 这是因为，伴随着国

---

[1] 以下参见江必新《国家赔偿法原理》，中国人民公安大学出版社1994年版，第20页；周友军、麻锦亮著：《国家赔偿法教程》，中国人民大学出版社2008年版，第16-17页；皮纯协、冯军主编：《国家赔偿法释论》（修订版），中国法制出版社2008年版，第28-29页。

[2] 参见（台）施茂林《公共设施与国家赔偿责任》，大伟书局1982年版，第15页。

家职能的扩大，个人生存与公权力之间形成了高度密切的关系。为了使人民获得实质的救济，在法律上应采取危险分担的原则，而不必一定考虑公务员有无过错，更没有必要以国家代位责任作为国家赔偿责任的依据。[①] 公法的无过错责任在法国发展尤为迅速。[②] 作为过错责任原则的补充，无过错责任原则初步突破了过错责任理论对进一步拓宽国家赔偿范围的障碍。

第三，赔偿范围扩大化趋势。这主要表现在四个方面：（1）无过错责任，特别是危险责任制度的出现和适用范围的扩大；（2）损害可赔偿范围的扩大。无形损害甚至一些精神损害也可以使国家承担法律责任；（3）"公务员"和"执行职务中行为"解释扩大化；（4）国家追偿的条件限制更加严格，甚至在一定条件下国家应放弃追偿权。与之相应的是，国家赔偿责任豁免的范围逐步缩小。在这方面最为成功的是法国，其国家赔偿责任的范围不仅涵盖了几乎所有的行政领域，还在立法赔偿和司法赔偿方面取得了不小的进展。此外，1981年德国《国家赔偿法》也有限地认可了立法赔偿。

第四，国家与公务员的连带责任转为国家的单独责任。对于公务员的职务侵权行为，从过去按照民法的有关规定由国家与公务员一起对受害人负连带责任转为国家单独向受害人负责。国家仅于一定条件下，对于有故意或重大过失的公务员，有求偿权或追偿权而已。如日本《国家赔偿法》第1条规定："行使国家或者公共团体的公权力的公务员，在其履行职务之际，因故意或者过失违法对他人造成损害的，国家或者公共团体负责赔偿。前项情形，如公务员有故意或者重大过失时，国家或公共团体对该公务员有求偿权。"[③]

第五，过失的内涵不断拓宽。一是过失的范围不断扩张。通过扩大

[①] 参见吴庚《行政法之理论与实用》，中国人民大学出版社2005年版，第442页。
[②] 参见刘嗣元、石佑启编著《国家赔偿法要论》，北京大学出版社2005年版，第27页。
[③] 江必新：《国家赔偿法原理》，中国人民公安大学出版社1994年版，第15页。

对公务员过失的解释，扩大过失的范围，减轻受害人对过失的举证责任，以及在公务过失与个人过失并存时尽量把个人过失解释为公务过失，而不断放宽国家赔偿的条件。二是建立了客观过失的概念。只要公务管理不完善有缺陷，即构成过失，国家应承担赔偿责任，而不必指出侵权人是谁，其主观上是否有过失。这体现了从追究责任的私法思想向公法保障的社团思想转变。由于国家赔偿制度是从成熟的民法侵权赔偿体系内发展而来，最初受民法侵权责任归责要件的影响较深，随着国家赔偿责任的发展，国家赔偿因公权力因素造成损失的特殊性越发凸显，主观过失转化为客观过失，对行为的责难性转移到对结果的补救。

第六，国际化趋势。有三个表现：（1）国家侵权责任制度遍及大多数国家；（2）各国往往规定，在互惠的条件下，外国人也可向本国请求国家侵权损害赔偿；（3）国家侵权责任原理渗入国际法领域。例如，1948年《世界人权公约》第8条宣布："人人于其宪法或法律所赋予之基本权利被侵害时，有权享受国家行政法庭之有效救济。"此外，1972年出现了《空间实体造成损失的国际责任公约》，1979年出现了联合国《关于国家责任的条文草案》等国际法文件。

第二节　大陆法系国家赔偿责任的历史发展

受国家豁免学说的影响，在18世纪以前，大陆法系国家并不承认国家赔偿责任，这一状况持续到法国在1786年《人权宣言》中率先确认了国家责任。19世纪以后，法国、德国和日本等国家的国家赔偿制度开始逐步建立，并在20世纪以来获得较为充分的发展，现在大陆法系国家都在不同程度上放弃了国家豁免学说。法国、德国、日本等少数大陆法系国家甚至在其立法或实务中，确立了有限的立法赔偿责任。

一、法国

法国是西方国家中最早确立国家赔偿责任的国家。法国在1786年

《人权宣言》所揭示的国民主权、公共负担平等以及财产权神圣不可侵犯的原则下，率先确认了国家责任。但是，受国家豁免思想的影响，这种国家责任是有限的，例如，1790 年 8 月的第 16－24 号法律明确禁止普通法院对行政行为进行审查。① 之后，1799 年的法律中规定了行政机关对于因实施公共建筑所致损害予以赔偿的责任。在第二次世界大战以前，法国已根据行政法院的一系列判例，建立了比较完整的国家赔偿制度。② 法国国家责任最早是在 1873 年 2 月 8 日的布朗戈（Blanco）案件③中予以确立的，该案是有条件承认国家赔偿责任的典型案例，最早确立了国家对其非权力作用的赔偿责任。在这个案件中，权限争议法庭确立了三项原则：第一，国家应当为其公务员的过错负责；第二，行政责任应当适用于不同于民法的特殊法律规则；第三，有关行政责任的诉讼属于行政法院管辖。④ 此外，1873 年 7 月 30 日权限争议法庭关于佩尔蒂埃（Pelletier）案件⑤的判决，明确了区分公务员本人过错和公务过错是决定公务

---

① 其中规定："司法功能非常独特，通常应该与行政功能保持分离。普通法庭的法官以任何形式介入行政机构的运作都是一种刑事犯罪，并且，他们也不应该让那些行政人员就其行使行政职能时的情况向法院方面进行汇报。"［英］卡罗尔·哈洛著：《国家责任——以侵权法为中心展开》，涂永前、马佳昌译，北京大学出版社 2009 年版，第 165 页。

② 对此，法国行政法学家弗德尔曾有一个形象的介绍，其声称："如果我们设想立法者大笔一挥，取消全部民法条文，法国将无民法存在；如果他们取消全部刑法条文，法国将无刑法存在；但是如果他们取消全部行政法条文，法国的行政法仍然存在，因为行政法的重要原则不在成文法中，而存在于判例之中。"弗德尔著：《行政法》，1984 年法文版，第 107 页。转引自姜明安主编：《外国行政法教程》，法律出版社 1993 年版，第 5 页。

③ 法国纪龙德省国营烟草公司的工人开着翻斗车作业时将布朗戈的女儿撞伤。布朗戈认为对国营公司工人所犯的过失，国家应按民法的有关规定负赔偿责任，于是他以纪龙德省省长为被告，向普通法院提起诉讼。普通法院受理此案后，被告对管辖权提出异议，认为应由行政法院受理。此案后由权限争议法庭于 1873 年 2 月 8 日作出判决，承认了国家赔偿责任。法院在判决中写道："国家由于其使用人在公务中对私人所造成的损害的责任，不能受民法中对私人相互间关系所规定的原则所支配……这个责任既非普遍性的，也非绝对性的，它有其本身的特殊规则。这些规则根据公务的需要，和平衡国家权力与私人权利的必要性而变化。"参见王名扬《法国行政法》，北京大学出版社 2007 年版，第 563 页。

④ 江必新：《国家赔偿法原理》，中国人民公安大学出版社 1994 年版，第 15 页。

⑤ 原告佩尔蒂埃为某报馆主编，因报纸被扣留，在普通法院中控诉军事司令员、省长和警察长官，请求损害赔偿。行政机关认为此案属于行政诉讼，不由普通法院管辖。而普通法院则认为公务员赔偿责任案件属于自己的管辖范围。后来权限争议法庭判决此案由行政法院管辖，该判决明确区别行政主体的赔偿责任和公务员本人的赔偿责任，被认为是建立现代行政赔偿责任的基础。参见王名扬《法国行政法》，北京大学出版社 2007 年版，第 589 页。

员赔偿责任和行政主体赔偿责任的标准，也是区分普通法院和行政法院管辖权的标准。[①] 进入 20 世纪以后，法国的国家赔偿制度有了进一步的发展，主要体现在以下几个方面：国家赔偿的适用范围由国家机关扩展至地方团体；国家赔偿的对象由行政活动扩展至司法活动和一定范围的立法活动；国家赔偿责任的根据，由以往的过错赔偿责任发展到很多事项上的无过错赔偿责任；[②] 赔偿的范围也有所扩大，从物质损害赔偿发展到精神损害赔偿。与世界其他各国相比，法国的国家赔偿制度最为发达，责任范围最为宽泛，包括行政赔偿、立法赔偿和司法赔偿。

对于行政赔偿，法国在 19 世纪 70 年代以前，实行的是行政不负赔偿责任的制度，这种制度过分忽视人民的利益，同时也不符合行政机关的利益。因为在人民所受到的损害不能得到赔偿的情况下，很难期望行政效率提高。自 19 世纪 70 年代以后，由于划分公务员本人过错和公务过错，区别两种不同的赔偿责任标准，公务员的利益得到保障。后来，由于公务过错和公务员本人过错并存理论发展的结果，行政主体的赔偿责任使人民权益得到充分的保障。但行政主体在履行公务员的赔偿责任以后所受到的损失，对公务员没有直接的损害赔偿请求权，只能代位行使受害人的权利，对公务员保障太多，不符合行政主体的利益。20 世纪 50 年代以后，承认行政主体在上述情况下对公务员有直接的损害赔偿请求

---

① 公务员责任与国家责任并存原则，是法国国家赔偿制度的一个重要特点。这一原则将公务员的过错分为公务过错和个人过错，这两种不同的过错相应地产生不同的责任，即国家责任和公务员责任。这两种过错可以并存，这两种责任亦可以同时存在。属公务员责任的，依法国《民法》由普通法院审理；对行政机关及其他公共团体的诉讼，则由行政法院管辖。

② 法国行政赔偿责任中的无过错责任包括两大方面，即基于危险的无过错责任（适用范围包括行政人员的工伤事故、危险物体所产生的损害、危险行为或危险技术所产生的损害）和基于公共负担平等的无过错责任（适用范围包括公共工程的损害、不执行法院判决的损害和社会经济措施的损害）。在行政法上基于危险的无过错责任原则是 1895 年 6 月 21 日由法国最高行政法院的判例所确定的。法院认为行政机关的工作人员，不论是正式的或非正式的、永久的或临时的，因工作而受伤或死亡时，行政主体不论是否有过错都应负赔偿责任。在该案中，法院判决立营兵工厂对在铁块锻炼作业中因金属碎片损伤左手的劳工承担赔偿责任。在三年后的 1898 年，法国制定了第一部工伤事故法。而基于公共工程损害的无过错责任，是法国最早的和传统的责任基础。它是行政法院在 1799 年雨月 28 日的法律的基础上加以发展而成的无过错责任。参见王名扬《法国行政法》，北京大学出版社 2007 年版，第 575 - 576 页。

权，人民、公务员和行政机关的利益之间实现平衡。① 行政赔偿责任的主要特点是：第一，行政赔偿责任包括行政主体的赔偿责任和公务员的行政赔偿责任两个方面。行政主体的赔偿责任，除法律另有规定外，原则上适用公法上的赔偿规则。公务员的赔偿责任适用私法上的赔偿规则。这种区别公法和私法赔偿规则的适用范围，是法国行政赔偿责任和其他西方国家最大的不同。其他西方国家不论行政主体的赔偿责任和公务员的赔偿责任，都适用私法规则。第二，行政主体赔偿责任的原则由判例产生，适用行政法上的公务过错原则，打破了民事赔偿个人过错的桎梏，赔偿范围超过私法上的过错原则。第三，规定了行政法上的无过错赔偿原则，其范围超过私法上的无过错赔偿，适合行政上的特殊需要。根据法国的判例，在国家赔偿案件中适用无过错责任时，受下列条件的限制：不可抗力；损害的发生系由于受害人的过错所致；政府行为（统治行为）；赔偿以损害造成的直接损失为限。第四，行政赔偿的范围广。发展到20世纪前期大约40年期间以内，法国几乎承担全部行政赔偿责任，只在极稀少情况下例如范围有限的政府行为才不负赔偿责任。国家不负行政赔偿责任的行为，限于法律有明文的规定，以及由最高行政法院判例所确认的事项。

对于立法赔偿，按照法国传统的公法原则，公民由于国家所制定的法律而受到损失，如果法律中规定有赔偿责任，国家按照法律的规定负责，反之，国家不负赔偿责任。到了20世纪初，国家开始对部分立法行为负赔偿责任，即行政合同的当事人因国家法律而受到特别损害时，如果法律没有排除赔偿的规定，行政法院根据统治者行为原则，判决国家对合同的对方当事人负补偿责任。在1938年La Fleurette案件中，最高行政法院根据公共负担平等原则，正式承认国家对行政合同以外的立法行为，即使法律没有规定，也应负赔偿责任。但是立法赔偿以危险责任为特征，适用范围不广，只有在下列条件之下，最高行政法院才在法律没

---

① 参见王名扬《法国行政法》，北京大学出版社2007年版，第597－598、564－565页。

有规定赔偿时，判决国家对制定法律负赔偿责任：第一，法院不能审查议会立法的合法性，必须适用议会所制定的法律。第二，不道德的利益由于制定法律而受到损害，不能得到赔偿。第三，损害必须具有特定性。第四，国家无过错时，损害必须达到相当严重程度，受害人才能由于制定法律而遭受损失请求赔偿。第五，国家为了保护重大利益而制定法律，不负赔偿责任。①

对于司法赔偿，在20世纪50年代以前，法国基于维护判决的既判力和国家主权理论的考虑，除有法律明文规定以外，国家不负司法赔偿责任。1895年《刑事诉讼法》规定的冤狱赔偿责任是国家对司法职能不负责任的例外。被告经高等法院判决无罪后，有权依据该法规定，对原审有罪判决所致损害请求赔偿。随着行政赔偿责任的发展，舆论界对司法职能不负赔偿责任的批评越来越多，20世纪50年代关于这方面的制度开始改变。最高法院1956年11月23日在Giry案件的判决中首先承认国家对司法警察活动负赔偿责任。② 1970年《刑事诉讼法》将司法赔偿的范围由司法警察活动扩展到刑事侦查和追诉活动，即扩展至刑事追诉的全过程。其后，法国又确立了民事、行政审判赔偿责任制度。根据《民事诉讼法》第505条的规定，因法官存在欺诈、渎职、拒绝裁判或其他职务上重大过失而被判有罪者，有权请求国家赔偿。③ 1972年《建立执行法官和关于民事诉讼程序改革法》则进一步扩大了国家对司法职能的赔偿责任，该法第11条规定："国家必须赔偿由于司法公务活动的缺陷而产生的损害。"1978年后，行政法院将该法也适用到行政审判中，国家对

---

① 参见王名扬《法国行政法》，北京大学出版社2007年版，第582–583页。
② 该案事实如下：Giry医生被警察当局征调去检查因煤气中毒而死亡的人。在检查过程中煤气爆炸，Giry受伤，其请求警察负责赔偿。该案为司法警察的赔偿责任，由普通法院管辖。第一审法院和上诉法院都判决国家赔偿。警察当局不服，请求最高法院就法律问题进行复核。最高法院在判决中适用行政法院判决所确定的原则，判决国家应按照和行政警察相同的原则，负赔偿责任。这个判决在法国引起很大反响。首先，因为它在法律没有规定的情况下，承认国家对司法警察活动负赔偿责任。其次，因为它表示法国普通法院也适用行政法院所确立的规则，对两个法院系统的分离构成一个例外。王名扬：《法国行政法》，北京大学出版社2007年版，第585页。
③ 皮纯协、何寿生编著《比较国家赔偿法》，中国法制出版社1998年版，第106页。

行政司法审判的重大过失负赔偿责任，但不影响判决的既判力。[①] 司法赔偿的特点在于：第一，正式承认国家对司法职能的赔偿责任，废除国家对司法职能不负赔偿责任的传统。第二，国家对司法公务活动的缺陷负责，包括对法官本人的过错负责，也对没有本人过错的公务过错负责。第三，国家对公务过错的责任限于重过错和拒绝司法的责任。第四，国家代替法官负责赔偿以后，对后者有求偿权。废除了旧民事诉讼法中规定的控诉法官的特别程序。

综观法国国家赔偿责任的历史发展过程，可以归纳出以下方面的特点：

第一，法国国家赔偿法的渊源以判例法为主。作为成文法国家，法国国家赔偿制度的建立主要是靠权限争议法庭和行政法院的判例完成的。相反，英国、美国等作为普通法国家的国家赔偿制度却是由成文法确立的。

第二，法国国家赔偿的范围十分广泛。国家除对行政职务造成的损害普遍承担赔偿责任外，对司法职务和一定范围内的立法职务造成的损害也承担赔偿责任。国家既对直接的物质损害负赔偿责任，也对间接损失和精神损害负赔偿责任。国家不负赔偿责任的行为极少，以法律有明文规定为限，以及最高行政法院判例所确定的事项，例如，有关政府和议会之间关系的行为，政府履行国际条约的行为。

第三，法国国家赔偿的归责原则主要是公务过错原则。在一般情况下，国家只对过错执行公务行为产生的损害负赔偿责任。这种公务过错与民法上的过错不同，它是指公务活动欠缺正常的标准，表现为公务的实施不良，不执行公务，以及公务的实施迟延。在例外情况下，国家对无过错执行公务行为所产生的损害也承担赔偿责任。公务过错适用于除无过错责任以外的全部行政赔偿责任，无过错责任原则只适用于基于公共负担平等和公权力自身的危险性而成立的国家赔偿责任。

[①] 参见皮纯协、何寿生编著《比较国家赔偿法》，中国法制出版社1998年版，第107页。

第四，公务过错与公务员个人过错并存。公务过错是指公务活动欠缺正常的标准，这种过错来源于公务人员，但是不能归责于公务人员。由于公务过错造成的损害，由国家承担赔偿责任。个人过错是可归责于公务员个人的错误，由公务员以个人的财力来负担赔偿。因公务过错引起的纠纷属于公法关系，由行政法院管辖，诉讼双方是行政主体和受害人。因公务员个人过错给公民造成的损害属于普通的民事侵权，争议由普通法院管辖，适用私法。如果是公务员个人过错给国家行政主体造成损害的，由行政法院管辖，由行政主体诉请公务员赔偿损害。当案件性质发生争议时，由权限争议法庭裁决。①

第五，法国国家赔偿案件原则上由行政法院管辖，适用行政法的原则。除非法律有特别规定，或根据法的一般原则由普通法院管辖的事项外，国家赔偿案件由行政法院管辖。

二、德国

德国虽一向具有国家至上的倾向，但也是最早建立国家赔偿责任的国家之一，并且是第一个在宪法中确定国家赔偿制度的国家。其国家赔偿制度经过了一个从私法到公法不断发展的过程。在19世纪以前，德国学说认为公务员与国家之间属"处理事务之（Mandatskotraktf）授权关系"，与一般私法上受任人地位无异，公务员违法执行职务，仍属其个人行为，不得视为国家行为。在此种思想影响之下，在当时德国的制定法上，尚无应由国家负赔偿责任的法律。1794年普鲁士《普通法》规定，每一个公务员对于故意或过失违反义务的行为承担个人责任。20世纪前后兴起的国库责任说（Fiskustheorie）认为，在行使公权力时，国家作为公权力主体不承担责任，而由公务员负责；但在从事私法行为时，国家作为财产权主体应当承担私法上的责任。受该说影响，1900年施行的德国《民法典》确立了国家私法行为在民法上的赔偿责任，该法第89条规

---

① 参见王名扬《法国行政法》，北京大学出版社2007年版，第592页。

定:"第 31 条之规定,于国库、公法上社团及机关,准用之。"而同法第 31 条则规定:"社团对于理事会理事或其他依章程选任之代理人因执行职务所为应负损害赔偿义务之行为,加害于第三人者,应负责任。"该法第 839 条又规定,公务员因故意或过失给第三人造成损害时,应负赔偿责任;但受害人对公务员因过失加害而提出的赔偿请求,以不能依其他方法得到损害赔偿为限,因受害人的过错而发生的损害,公务员不负赔偿责任。该条不仅确定了公务员赔偿中的过错责任原则,而且明确了过错相抵规则。由于上述《民法》规定不能完全调整因国家赔偿而产生的法律关系,德国联邦政府在《民法实施条例》中把制定国家赔偿责任的权力交给了各州。该实施条例第 77 条规定,各州、地方自治组织或其他公共团体,对公务员执行职务时发生损害的责任,各州得制定法律规定之,该法律的效力不受联邦法律的影响。但上述做法在实践中又出现了法律不统一的现象,使得各州之间关于国家赔偿责任的规定不免冲突,如普鲁士等州规定了代位责任制;黑森、阿尔萨斯、洛林等州则规定了公务员赔偿为主,州或公共团体赔偿为辅的原则;而大多数州则实行因公务员精神失常造成损害由州或公共团体负责赔偿的制度。① 因此,当时德国法上调整行政赔偿和司法赔偿的规范主要是《民法》第 839 条和《基本法》第 34 条,二者构成了一个统一的请求权基础,在此,《民法》第 839 条是规定责任成立的条款(即公务人员的行为构成侵权),而《基本法》第 34 条的作用在于规定责任的转移(即国家应代公务人员承担责任)。②

在第一次世界大战前后,受奥托·迈耶(Otto Mayer)思想的影响,德国 1910 年《官吏责任法》确立了国家对官吏行使统治权行为所产生赔偿的责任,该法第 1 条明确规定,官吏在执行公务时因故意或过失所造成的第三人损害,国家应代为承担《民法》第 839 条的责任。该法第 23 条第 1 项规定"官吏因故意或过失违反职务时,国家或公法人应负赔偿

---

① 参见孙海华《资本主义国家赔偿制度简介》上,载《人民司法》1992 年第 2 期。
② [德]福克斯著:《侵权行为法》,齐晓琨译,法律出版社 2006 年版,第 206 页。

责任，但保留对该官吏进行求偿的权利。国家或公法人对这种求偿权的行使，以官吏有故意或重大过失为限。"1919 年《魏玛宪法》在世界上首次通过根本法确立了国家赔偿责任，该法第 131 条明确规定："官吏就其所受委托之职务行使公权力，而违反对第三人之职务上义务时，原则上由该官吏所属的国家或公共团体负其责任，但对于官吏有求偿权，上述损害赔偿，得以非常司法手续请求之。"这一规定标志着德国对国家豁免学说的否定。第二次世界大战以后，1949 年联邦德国《基本法》继承《魏玛宪法》第 131 条规定意旨，在第 34 条明确规定了国家赔偿责任："任何人在执行公务时，如违反其对于第三人应负的职务上的义务，原则上由其所服务的国家或公法人承担责任，但有故意或重大过失时，国家或公法人对其有求偿权。"至此，德国国家赔偿法制已告完备。为了系统完整地规范国家赔偿，德国于 1981 年在集思广益的基础上完成《国家赔偿法》的立法。该法不久遭德国联邦宪法宣告违宪，但其规定内容新颖，极具参考价值。[①] 此外，德国还有为数众多的国家赔偿特别法规定了公用征收赔偿，公权力主体对劳工、公务员、法官、军人、受刑人、儿童、学生及其他人发生意外事故的赔偿等。

在司法赔偿方面，德国有着较长的历史，其司法赔偿指的是刑事司法侵权损害的赔偿。德国 1898 年《再审无罪判决赔偿法》规定，在再审程序中撤销原判，宣告被告无罪或减轻刑罚，而原判已执行的，被告有权获得赔偿。1904 年制定的《无辜羁押赔偿法》将赔偿的范围由再审程序扩大到整个审判程序。但这两部法律所指的赔偿仅限于"被告羁押后所受财产上损害的补偿"。1971 年制定的《刑事追诉措施赔偿法》取代了前两部法律，规定了国家对刑事司法侵权损害的赔偿责任，进一步扩大了赔偿范围，将国家赔偿的范围由原来的审判程序扩大到包括其他刑事追诉措施在内的整个刑事诉讼程序。其他刑事措施包括：暂时留置、

[①] 参见（台）翁岳生主编《行政法》（第二版），中国法制出版社 2009 年版，第 1608－1611 页；（台）叶百修：《国家赔偿法之理论与实务》，元照出版公司 2008 年版，第 8－13 页；皮纯协、冯军主编：《国家赔偿法释论》（修订版），中国法制出版社 2008 年版，第 31－32 页；江必新：《国家赔偿法原理》，中国人民公安大学出版社 1994 年版，第 15－16 页。

暂时拘留、诉讼保全、没收、扣押、搜查、暂时吊销驾驶执照、暂时禁止从业等。《刑事追诉措施赔偿法》规定："如果当事人已被释放，或者针对他的刑事追诉措施已经终止，或者法院拒绝对他开庭审判，当事人由于受羁押或其他刑事追诉措施而遭受的损失，由国家予以赔偿。"

而对于立法赔偿，德国实务持肯定的态度，对于那些可能直接影响某个确定的个人利益的立法措施或一个重要的立法所造成的损害，国家也应负赔偿责任。[①]

近年来，德国的部分学者如 Forsthoff、Zeidler 及 Henke 等人参酌法国危险责任的法理，创设出公法上危险责任理论，以之作为国家责任的制度基础。该理论主张行政机关因增加行政活动侵犯人民权利范围，以至于增大危险情况时，对于该危险状态变为损害状态所造成的损害，应负责任。但这一学说遭到大多数学者的反对，联邦最高法院也拒绝采用。该院针对自治团体自来水管破裂事件判示："在立法机关无特别之法律根据下，法院无权自行扩张德国责任义务法（Reichshaftpflichtgessetz）之法律要件。危险责任在整体德国之法规上，仅系一种过失责任之例外，必须在具备法律所规定之要件下，始能成立。现阶段，对现行国家责任之漏洞，不宜引进危险责任作为请求权之基础，否则，即系逾越宪法所限定法官权限之界限，而有违宪法保留以及立法机关专属管辖与应负任务之规定。"

为填补国家赔偿责任的不足，基于公共负担平等原则和特别牺牲理论，联邦最高法院依其法官权限先后创设出类似征收侵害、有征收效力侵害和公益牺牲请求权等概念，作为人民向国家请求补偿其损失的依据。1952 年 6 月 10 日的裁判创设了类似征收侵害的概念，确认国家或公务员行使公权力，虽无故意过失，但违法侵害人民一切有财产价值的权利，致其发生特别牺牲时，类推适用《基本法》第 14 条第 3 项征收补偿的法理，国家亦应负补偿责任。嗣后，该院在判决中扩大这一概念，认为纵

[①] 皮纯协、何寿生编著：《比较国家赔偿法》，中国法制出版社 1998 年版；第 116 页。

具有故意过失而违法侵害人民一切有财产价值的权利，致其发生特别牺牲的，亦属类似征收侵害概念的范畴。也就是说，类似征收侵害的范畴既包括无责侵害，也包括有责侵害。对于因合法公权事实行为的行使产生的附带后果，不能适用公用征收和类似征收侵害予以救济，① 对此，联邦最高法院又创设了有征收效力侵害的概念。有征收效力侵害是指因合法行政行为的行使，造成不正常且逾越可得期待界限的非本意附带效果，致财产权发生征收效果侵害。由于公用征收、类似征收侵害和有征收效力侵害的补偿请求权均涉及宪法上财产权保障之法律地位的侵害，其侵害标的均不及生命、身体及自由等其他法益，联邦最高法院在裁判上又创造公益牺牲请求权制度以为救济。该制度最初在接种伤害案件中创设，后扩及公权力合法或违法侵害生命、身体、自由及健康等非财产法益的情形。在上述请求权与国家赔偿请求权发生竞合时，由关系人择一行使。②

从以上发展经过可以总结出德国国家赔偿制度的特点：

第一，德国联邦没有统一的国家赔偿法典，其国家赔偿的规定散见于不同的法律规范、法院裁判以及习惯法之中。③ 目前德国国家赔偿领域的情况是，不存在统一的成文法典，国家赔偿责任的"责任漏洞（Haftungslücken）"主要由法官造法来填补。经过多年的发展，国家赔偿法到现在已经成为由不同的观念和法院裁判所组成的"判例法"。④ 有人明确提出，德国国家赔偿法并无一个完整统一的体系，其主体内容由司法判例所确定。⑤ 也有人认为，国家赔偿法"比其他任何地方都多得多"是由判例所创造和发展起来的。⑥ 而经过多年判例法的发展之后，也只有极少的、零碎的领域被成文法化。

第二，德国国家赔偿的范围较宽。既包括对行政和军事机关公务人

---

① 例如，因道路建设使路边商店营业发生困难；因公家机关净化设施发生恶臭，使邻近财产权发生损害；因垃圾场设置，招引一大群鸟类，致害相邻耕地中的种子等。
② 参见（台）叶百修《国家赔偿法之理论与实务》，元照出版公司2008年版，第17-33页。
③ 汤鸿沛、张玉娟：《德国、法国与中国国家赔偿制度之比较》，载《人民司法》2005年第2期。
④ Ipsen, AllgVerwR, Rn. 1242.
⑤ Rüfner, in Erichsen/Ehlers (Hrsg.), AllgVerwR, § 46 Rn. 1.
⑥ Ossenbühls, Staatshaftungsrecht, S. 3.

员的致害赔偿，也包括对刑事追诉和审判活动造成损害的赔偿，还包括立法赔偿。既对无罪受羁押的人给予赔偿，也对轻罪重判的人给予赔偿。既包括对财产损失的赔偿，也包括对非财产损失的赔偿。

第三，区分公权力主体的公法行为和私法行为，适用不同的责任。德国法受"国库理论"的影响，严格区分公权力主体的公法行为和私法行为，从而分别适用国家赔偿和民事责任。如果在行使公权力的过程中，公务人员因过错违反了其职务上的义务，并侵害了第三人，此时，该公务人员所属的公法人就应当依据《民法》第839条和《基本法》第34条承担国家赔偿责任。① 而在实施私法行为的过程中，公务人员的身份就是雇员或者公权力主体的代表人，从而适用《民法》关于雇主责任和公法人代表人责任的规定（即第831、31、89条）。②

第四，国家赔偿责任以违反了对第三人应负职务上的义务为前提。也就是说，德国采用客观过错原则确定国家赔偿责任。国家赔偿责任的成立是以公务员违反职务上的义务且公务员个人赔偿责任的成立为前提的。③ 职务上的义务是对特定第三人而负担的义务，而不是对不特定的社会公众和国家机构负担的义务。因此，职务上的义务除了满足公共利益以外，还必须附带追求保证个体利益的目的。职务上的义务可能产生于所有法律渊源（法律、行政法规、章程），也可能产生于行政规章和其他行政部门的内部规定。④ 在实践中，违反职务义务的情形主要包括：违反法律规定应该作为和不作为的；违反内部规定的；越权或滥用职权的；怠于提供充分情况的；向公众提供假报告的；应当注意而没有注意的。违背善良风俗和诚信原则也构成违反对第三人应负职务上的义务。⑤

第五，国家赔偿责任在性质上被认为是代位责任。1910年德国《帝

---

① RGZ 155, 257, 266 f; Staudinger/ W. Belling/Eberl-Borges (2002), § 831, Rn. 41.
② Staudinger/ W. Belling/Eberl-Borges (2002), § 831, Rn. 41.
③ （台）董保城：《释字四六九号国赔之省思》，载《万国法律》第106期，第3页。
④ 参见［德］福克斯著《侵权行为法》，齐晓琨译，法律出版社2006年版，第208页。
⑤ ［德］契布尔卡·豪伊尔：《从案例分析看公职责任法》，郑冲译，载《行政法学研究》1993年第1期。

国公务员责任法》就确立了国家赔偿责任是代位责任,[①] 迄今为止,这一立场一直被继续。因此,在德国法上,国家赔偿责任的成立,必须以公务员的行为构成侵权为前提。

第六,赔偿的方式以金钱赔偿为主,以恢复原状为辅。德国主要限于因公务员造成他人财产损害的金钱赔偿,应予赔偿的损害包括可得利益的损失。一般而言,赔偿的计算方法,以赔偿实际损失为原则,既不涉及恢复原状,也不包括所谓的精神损失。但是,德国也规定了受害人的后果清除请求权,赔偿义务机关相应地负有恢复原状的义务,其适用前提是金钱不足以满足公民的请求且恢复原状不会损害其他更重要的利益。

第七,国家有对公务员的求偿权,但该求偿权受一定限制,即国家对于公务员的求偿权以其有无故意或重大过失为限。值得注意的是,近年来,国家对于有严重过失的法官的追偿,被纪律处罚所取代。

第八,国家赔偿案件由普通法院管辖。德国虽有公私法之分,但其国家赔偿制度更接近于普通法国家,不区分国家赔偿与民事赔偿。与法国不同,德国的国家赔偿争议均由普通法院按照民事诉讼程序处理。按照1949年联邦德国《基本法》第34条规定,对涉及国家赔偿的案件,"普通法院的诉讼程序不能排除之",即规定由普通法院管辖。这种管辖的依据是请求人因"财产损失"而享有的诉权。在法律适用上,国家赔偿法如无相反规定,可以适用民法。

第九,法官享有司法豁免权。在德国法上,法官就其审判行为享有司法豁免权。即法官仅在违反职务上义务的行为构成犯罪(如枉法裁判或受贿)时,才承担责任。[②] 这既是为了保障宪法所规定的法官独立性,也是为了杜绝由其他法官通过追究责任的程序对原审判重新进行审查。

三、日本

日本国家赔偿制度的形成,经历了一个曲折的过程。在明治维新时

[①] 参见(台)翁岳生主编《行政法》下册,中国法制出版社2002年版,第1553页。
[②] 参见德国《民法典》第839条第2款第1句。

期，采取中央集权制，国家的一切权力集中于天皇。在该体制下，官吏对天皇负责。因此就官吏违法行为所生的损害，由国家负赔偿责任，是不可能的。法院实务中亦采用主权豁免原则，例如著名的板桥火药厂爆炸事件的判决。在1889年明治宪法时代，日本仍处于国家免责状态，当时的《行政裁判法》第6条明确规定"行政法院不受理要求赔偿的诉讼。"① 当时，国家无责任的原则占有支配地位。该原则以《明治宪法》下的国家权力万能思想为背景，其理论依据在于：追究国家的赔偿责任只限于公务员的行为能代表国家行为时，而公务员只有在国家授权范围内合法行使职权方能代表国家行为，公务员的违法行为是其职务权限外的行为即其个人行为，公务员的个人行为不能由国家承担赔偿责任。由这种理论所引导了公务员执行职务所生损害只能由公务员个人承担赔偿责任。② 从公民的角度而言，其对国家行为造成的损害，负有容忍义务。日本学者美浓部达吉解释称，国家处于优越之支配地位，人民对国家行政行为，除依法提起诉愿或行政诉讼请求救济之外，负有容忍义务，对其具有公权之行为，例如，行使刑罚权、裁判权、警察权、课税权等行为所致损害，不得向国家请求赔偿。③ 公务员违法行使职权，表明超越职务权限，属个人行为。据日本判例，需由公务员个人依据《民法》第709条承担民事责任。

至1916年（大正五年），日本大审院在德岛小学游动圆木腐朽事件的裁判中，判示行政行为可分为权力性与非权力性两种。对于权力性行政行为，大审院不承认国家有赔偿责任，对此项损害，除法律有特别规定以外，亦不适用民法侵权行为的规定；至于非权力作用行政行为，不问是属于营利事业或公共企业，凡是国家或公共团体执行其所经营的业务，如损害于第三人时，国家应依民法规定负其责任。对此，日本学者美浓部达吉亦表赞同。第二次世界大战爆发后，日本在美国的干预下进

---

① ［日］室井力主编：《日本现代行政法》，吴微译，中国政法大学出版社1995年版，第198页。
② 姜明安主编：《外国行政法教程》，法律出版社1993年版，第373页。
③ 皮纯协、何寿生编著：《比较国家赔偿法》，中国法制出版社1998年版，第113页。

行社会改革，推行民主制度。1946年11月3日新《宪法》施行，该《宪法》第17条规定："任何人因公务员之违法行为受有损害时，得依法律对国家或公共团体请求赔偿。"根据该条之规定，并于1947年10月25日以法律第一二五号公布《国家赔偿法》，明确规定国家或公共团体对行使公权力的公务员，于执行职务时，因故意或过失违法加害于他人的，应负赔偿责任。① 至此，日本国家赔偿制度正式确立。国家赔偿法的渊源，除了宪法、民法及单独的国家赔偿法、刑事补偿法外，还包括消防法、文化财产保护法、邮政法、铁路营运法等特别法。关于国家赔偿责任，日本不仅在《宪法》中有明确的规定，而且还制定了专门的《国家赔偿法》，这一点与法国、德国不同。

日本国家赔偿范围并非仅限于行政赔偿，而且还包括了司法赔偿、立法赔偿、军事赔偿及其他国家赔偿。日本《国家赔偿法》并未规定司法赔偿，而是由1950年公布的《刑事补偿法》单独规定，该法在公布后又几经修改。《刑事补偿法》第1条规定了两种情况下国家应承担刑事补偿责任：一是经刑事诉讼法规定的普通程序、再审和非常上告程序，作出宣告被告无罪的判决，但被告已因前一种司法行为而受到拘禁；二是在根据恢复上诉权的规定而提起的上诉、再审和非常上告程序中，作出了宣告被告无罪的判决，但被告已因前一个判决而受拘禁。② 实务亦认为警察错误逮捕、拘留他人，法院故意歪曲事实、曲解法律所造成的损害，受害人有权请求法院救济。关于国家邮政、铁路、国立学校、医院等部门的职务侵权责任纳入国家赔偿范围，则是依日本最高法院判例而逐步确立的。如学校在游览中由于教师过失而使学生受到严重伤害，国家要负赔偿责任；由于邮政、储蓄银行的过失，错误地使假冒者提走款项，国家也要承担赔偿责任。③ 国家应否负立法赔偿责任尚有争议，但在司法审判中，已开始将立法行为的国家赔偿诉讼与违宪诉讼结合起来审理，

---

① 参见（台）翁岳生主编《行政法》（第二版），中国法制出版社2009年版，第1602–1612页。
② 马怀德主编：《国家赔偿法学》，中国政法大学出版社2001年版，第20页。
③ 王名扬主编：《法、美、英、日行政法简明教程》，山西人民出版社1991年版，第292页。

以追究国家赔偿责任。例如，札幌地方裁判所小尊支部（法庭）在 1974 年判决中认为，废除残疾人在家里的投票制度是违宪的，国家应当承担赔偿责任。

日本的国家赔偿制度还具有以下特点：

第一，在立法模式上，实行损失补偿和损害赔偿并行的双轨制。受害人通过其他途径得到补偿的，不予国家赔偿。国家赔偿由《宪法》第 17 条、《国家赔偿法》规定，属于统一立法和单行法结合的模式。国家赔偿包括三类：行使公权力造成的损害赔偿，公有公共设施设置管理上的缺陷造成的损害赔偿，因国家或公共团体私经济作用造成的损害赔偿。其中，公权力造成的损害赔偿和私经济作用造成的损害赔偿采过错责任原则，而公有公共设施赔偿采无过错责任原则。[①] 国家补偿基于结果责任原则，其依据是《宪法》第 29 条第 3 款和单行法，属于分散立法模式，规定的损失补偿包括一般的损失补偿和刑事补偿这两类，前者针对合法侵害行为造成的特别损失，具体包括公用征收、行政特许的废止、结果责任等；后者限于经法院判决无罪而被羁押或者执行死刑的情形，但经法院认定有罪或者受害人作伪证的情形除外。

第二，国家赔偿责任的构成基于国家权力作用与非国家权力作用两种。关于国家权力作用，《国家赔偿法》第 1 条明确规定，行使国家或公共团体权力的公务员，在执行职务时，因故意或过失，损害了他人的合法权益，其所属的国家或公共团体负赔偿责任；公务员如有故意或重大过失，国家或公共团体有求偿权。可以看出，日本的国家赔偿责任基于国家权力作用时，采取过错责任原则。受害人对公务员的故意或过失负举证责任。关于非国家权力作用，按《国家赔偿法》第 2 条、第 4 条的规定，又分为以营利为目的的经济作用和以公益为目的的行政作用。对于前者造成的损害，适用民法规定，国家或公务员负民事责任；对于后者，国家负公法上的赔偿责任。也就是说，基于非国家权力作用而发生

[①] 姜明安主编：《外国行政法教程》，法律出版社 1993 年版，第 374－375 页。

的损害，只有当它是因公益目的的行政行为而发生，才构成国家赔偿责任。

第三，行使公权力导致国家赔偿责任的原因既包括作为，也包括不作为。所谓"公权力的行使"含义较广，甚至"不作为乃至权限的不行使也包括在公权力行使内"。1971年11月30日最高法院的一个判决开创了在日本不作为国家赔偿责任的先河。① 同时，对于"执行公务"的界定采广义说，即著名的外界标准理论。如果行为的程序与官员的义务有联系，或与官员的义务有附带联系，则行为客观上具有公共官员义务范围内的外界特征。这样，即使对于违法行为的官员事实上是以个人身份或个人目的实施的行为，也应由国家承担赔偿责任。②

第四，国家赔偿主体多元化。现代权力发展的一个重要特征表现在国家赔偿法上，就是除国家以外，其他行使公权力的主体也成为国家赔偿的主体。日本《国家赔偿法》第1条明确规定国家赔偿的主体是国家和公共团体。而其他国家则是通过类推适用，或者在国家赔偿法的最后规定其他公共团体也适用本法的形式来体现这一发展趋势。就实践而言，日本的公共团体可以分为地方公共团体、工会、营造物法人等。在操作上，则规定了法务大臣和检察官在国家赔偿诉讼中的地位与职权来应对诉讼。

第五，关于损害赔偿的范围。侵害财产权的，根据《国家赔偿法》第4条的精神，国家赔偿领域的财产损失赔偿范围与民事赔偿领域的财产损失赔偿范围完全一致，既包括直接损失，也包括间接损失。侵害人

---

① 该案的事实是：冈山市在进行市区土地规划时，将原告所有的甲宅基地调整为乙宅基地，由于冈山市没有拆除乙宅基地上他人所有的建筑物而影响了原告的使用、收益。此案经过一审、控诉审和上诉审。最高法院判决为："……冈山市作为施行者，对于所实施的事业负有考虑不给关系人带来不当的利益损害的义务……，由于施行者的过失，没有履行上述义务而给土地所有者带来损害时，对此应负有赔偿责任。"见皮纯协、何寿生编著《比较国家赔偿法》，中国法制出版社1998年版，第105页。

② 日本于1956年11月30日通过判例确定了广义说。该判例案情为：东京铁路警察身着制服来到川崎东站，以借口检查旅客行李为由，将一旅客领至一偏僻处，杀害了该旅客并抢劫了其财物。判决认定该旅客家属有权申请国家行政侵权赔偿，因为对于旅客来说，铁路警察检查行李之行为，客观上属于执行公务之范畴。

身权的，根据《国家赔偿法》第 6 条规定对侵犯健康（造成伤害）的应赔偿以下项目：实行必要的疗养以及与此相当的必要疗养费；休业赔偿费；障害赔偿费。对侵犯生命权（造成死亡）的，应对被害人之继承人赔偿以下项目：遗属赔偿费；殡葬费；慰抚金。在人身权损害赔偿方面，确认了对精神损害的赔偿。

第六，国家赔偿责任被定位为民事责任，适用民事诉讼法。日本《国家赔偿法》第 4 条明确规定，国家或公共团体的损害赔偿责任"依民法之规定"。这实际上确立了国家赔偿责任的民事侵权责任性质，同时也明确了国家赔偿法的民事特别法地位。关于赔偿诉讼的管辖，根据《宪法》第 76 条规定，司法权属最高法院和依法成立的下级法院，不设专门法院。因此，在日本不论是私法案件还是公法案件，一律由普通法院审理。

第七，日本在《宪法》中规定了国家冤狱赔偿制度，这在各国国家赔偿法的发展史上属首创。《宪法》第 40 条规定，判决无罪者，得就对其审判前的羁押或拘留，依法律规定向国家请求补偿。1951 年日本修正《刑事补偿法》，对冤狱赔偿制度进行全面的规定。该法第 1 条规定：（1）依刑事诉讼法规定的一般程序、再审程序或上诉程序，判决无罪者，得就对其审判前的羁押或拘留，向国家请求补偿；（2）依申诉程序、再审程序或特别上诉程序宣告无罪者，得向国家请求补偿因执行判决或拘留改造造成的损失。《宪法》第 40 条规定的冤狱赔偿制度与其第 17 条的国家赔偿，虽同为国家赔偿责任，但对于违法性和过错方面的要求完全不同。第 17 条称为赔偿，而第 40 条称为补偿，前者是基于过错责任原则，后者不一定完全基于公务员的违法行为。

值得一提的是，在一些社会主义国家如苏联、南斯拉夫、捷克斯洛伐克、匈牙利、保加利亚、波兰、罗马尼亚、原民主德国等，也都不同程度地建立了国家赔偿制度。尽管这些国家在 20 世纪 80 年代以后发生了很大的变化，但作为一种历史现象仍值得研究。苏联 1922 年制定了人类历史上第一部社会主义民法典《苏俄民法典》，该法第 407 条规定："国家机关对于所属工作人员由于职务上的不正当行为所造成的损害，……只有在法律规定的情况下，始负责任。"尽管其责任范围极为有限，但这是社会主义国家首次在成文法中规定国家赔偿责任。1964年苏联《民法典》第446条、第447条对国家赔偿作了更为明确、具体的规定。1977年苏联《宪法》第58条又规定了公民有请求国家赔偿的权利，即"苏联公民对于国家机关和社会团体及公职人员在他们执行公务时，因非法行为造成的损失，有要求赔偿的权利"。原民主德国在1968年4月通过的《宪法》中明确规定了国家赔偿，该法第104条规定："由于国家机关工作人员的违法措施，使公民或其个人财产受到损失时，由该工作人员所在的国家机关对此损失承担责任；国家赔偿责任的条件和程序，由法律规定之。"根据宪法规定的原则，原民主德国于1969年通过了《国家赔偿法》，对国家赔偿责任的必要条件、赔偿范围和种类等都作了详细规定。捷克斯洛伐克在《民法》中规定了国家赔偿的内容，该法第426条规定："国家机关或者被授予行使国家职能的机关，对于非法的决定所造成的损害，应当依照专门法规的规定承担责任。"为此，捷克斯洛伐克还在1969年通过了《国家机关的决定和不适当公务行为的损害责任法》，规定了包括行政赔偿和司法赔偿在内的国家赔偿责任。[①]

第三节 英美法系国家赔偿责任的历史发展

以英、美两国为主的英美法系国家深受主权豁免（sovereign immunity）思想的影响，在很长一段历史时期，公民受到政府过失或不法行为侵害时，不能提起以国家为被告的侵权赔偿之诉，其损失无从获得补救。在第二次世界大战以后，英国和美国才陆续确立了国家赔偿责任，但发展至今，相对于大陆法系国家的国家赔偿制度而言，英美法系国家建立国家赔偿制度较晚，没有专门的国家赔偿法，国家赔偿制度不太发达，

[①] 参见姜明安主编《行政法与行政诉讼法》（第三版），北京大学出版社、高等教育出版社2007年版，第638页；房绍坤、毕可志编著：《国家赔偿法学》，北京大学出版社2004年版，第8－9页。

法律规定了很多国家免于承担责任的例外规定，赔偿范围上主要限于行政赔偿。

一、英国

在英国的普通法中没有国家观念，以英王代表国家。主权豁免原则在英国表现为"国王不能为非（The king can do no wrong）"。国王不能为非，自然就没有政府的侵权赔偿责任。英国虽然在 1866 年就确立了一般公共团体（地方政府或依法成立的公益法人）的行政侵权责任，[①] 但在"国王不能为非"这一宪法原则支配下，中央政府在 1948 年以前是不能作为被告的，其对公务员执行职务时的侵权行为，不负赔偿责任。这是因为，中央政府是国王的政府，公务员是国王的仆人，国王本身就是国家的代称，国王不能在自己的法院受到追诉。公务员如在执行职务时侵害了他人利益，受害人只能就公务员的侵权行为控告公务员个人。英国学者迪瑟（Dicey）甚至认为，公务员对其不法行为承担个人责任，伴以国王责任豁免，是法律面前人人平等原则的有力佐证。[②] "国王不能为非"原则显然对公务员个人和受害人都不利。一方面，公务员完全得不到国家的保护；另一方面，并非所有公务员对受害人造成的损害都有充分的赔偿能力，在这种情况下，受害人往往遭到巨大损失却得不到国家的及

[①] 对于地方政府和公法人的过失责任，很早就认为和私人的责任一样，除非法律另有规定才例外。然而在理论上，行政机关如果不是出于故意的侵害行为，对于在权限范围以内的执行职务中的过失行为是否也负赔偿责任？这个问题至 1866 年上议院在默西码头和海港管理局诉吉布斯（Mersey Docks and Harbour Board Trustees v. Gibbs）一案的判决中才完全确定。该案为一商船由于海港职员的疏忽未清理一个码头入口处的泥堆，因而受伤要求赔偿。海港管理局的辩护主张该局为一公法人，为了公共利益经法律授权进行管理，非从事商业活动。当公共权力机构根据法律授权从事某一活动时，只能按照授权法的规定负责。这是对授权法的当然解释，不能对授权法所没有规定的过失负责。上议院的判决认为要求公共机构在行使权力时遵守合理的注意义务，并无理论上的困难。如果授权法中没有特别规定时，按一般的过失负责并不违反授权法的意旨。此后上议院在 1873 年的一个案件中重申了这个观点："现在已经完全确定：行政机关从事议会授权的活动时，如果没有过失，即使产生损害也不能被诉。但是虽然是从议会所授权的活动，如果有过失时可以被诉。" H. 韦德著：《行政法》，1982 年英文版，第 655 页；P. P. 克雷格著：《行政法》，1983 年英文版，第 534 页。转引自王名扬《英国行政法》，北京大学出版社 2007 年版，第 168－169 页。

[②] S. D. Hotop, Principles of Austranlian Administrative Law, p. 464. 转引自皮纯协、何寿生编著：《比较国家赔偿法》，中国法制出版社 1998 年版，第 112 页。

时保护。为了弥补这一不公平现象，在实际上采用两种变通的办法：一是关于契约责任方面的权利请愿制度，由1860年《权利请愿法》加以规定，但这一制度不适用于纯粹的侵害行为，即与非法侵夺财产无关的侵权行为；二是侵权行为责任方面的指定名义上被告办法。

19世纪中叶以后，公务员因职务行为侵害他人权利受到败诉判决时，国家可以代替该公务员负责赔偿。但这种代偿行为是一种恩惠，它由国家单方决定，并非为被害人法定的当然求偿权。1921年，英王任命大法官组成国王诉讼委员会，对国家侵权行为责任进行研究。六年后该委员会提出研究报告。但由于政府内部意见分歧和欧洲形势变化影响，这方面立法工作中止。1932年部长权力委员会的报告中也指出，须弥补法治原则中的这个漏洞，也一直没有实现。但有些成文法中已经允许对中央某些部如运输部，可以提起损害赔偿诉讼和直接追诉它的契约责任。1946年亚当斯诉内勒（Adams v. Naylor）案[①]和1947年罗伊斯特诉卡维（Royster v. Cavey）案，[②] 均以国家无责而败诉，引起舆论哗然。在社会舆论影响下，议会于1947年7月通过了《王权诉讼法》（The Crown Proceeding Act），原则上放弃了国家豁免原则，确立了国家赔偿制度。该法明确规定："任何人于本法施行后，具有控诉王权之请求权。"之前英王在法律上不负责任或只有在英王同意后才负责任的局面自此改变，在理论上，使英国行政上的赔偿责任不论是中央政府、地方政府或公法人的赔偿责任都适用和私人相同的法律原则，使英国的行政法关系更符合英国宪法学家戴西所说的法律平等原则。新的法治观念认为，法律对于政府和公民应该是不偏不倚的。[③] 虽然法律不能就任何事项对于政府和公民作完全相同的规定，但法治要求政府不能享有不必要的特权，不能豁免普通法责任的约束。政府应该承担普通法上雇主对其雇员错误行为的责

[①] 该案是两个小孩儿被地雷炸伤，国防部指定工程师内勒作为被告。但内勒和地雷的布置毫无联系，不愿充当被告。上议院在判决中批评指定被告的办法，原告因此不能取得赔偿。

[②] 该案原告为国营工厂职员，在工作中受伤。按英国法律，国营工厂的雇主为英王。财政部指定名义上的被告不愿充当被告的角色。上诉法院裁定不能受理这个案件。

[③] The law should be even-handed between government and citizen.

任，所有行政机关都应该依法履行法定职责（Duties）和承担违反法定职责的法律责任（Liabilities），就像公民对其违法侵权行为应对被侵权人承担法律责任一样。

《王权诉讼法》共分为六章五十四条。第一至十二条为第一章，规定实体法；第十三至二十三条为第二章，规定管辖权及程序；第二十四至二十七条为第三章，规定判决及执行；第二十八至四十条为第四章，规定适用苏格兰的内容，最后一章则规定范围、起诉、简称及其他。主要内容有：1. 否定"国王不能为非"原则，规定国王对其部属或代理人的侵权行为，应与一般有能力的成年人一样，同负法律责任。即国家对其公务员或行政机关负有代位赔偿责任。2. 公务员指经国王直接或间接任用，领取国家薪俸者。3. 国家责任的限度，以该公务员职务的范围为限。国家对于公务员一般越权行为负责，但对重大明显越权行为，国家不负代位责任。侵权行为以有过错为前提，英国不承认所谓无过失赔偿责任原则。公务员依法活动客观上造成的损失，国家不负赔偿责任。4. 英国的公共团体，如各委员会和地方自治行政机关行使职权造成侵权和损害，负赔偿责任。委任或委托机关在受委托或受委任执行职务时造成侵权损害负赔偿责任。5. 国家赔偿责任的例外，包括不具备该法公务员要件的人员、司法权的行使（包括行政法庭）、立法行为、军事行动引起的损害，国王行使特权及制度法赋予的权限造成的损害，对于专利、商标及著作权之侵害，邮电造成的损害，国王就书面开启、质询、职务执行令、移送令、禁止令、中止令等诉讼上的行为。6. 赔偿责任的诉讼的有效期间，人身损害为二年，财产有关的损害为六年。7. 举证责任，原则上应由原告负担，求偿标的，为金钱赔偿的数额、费用及其利息。法院除了给予申请人以确认宣告外，不得被请求做特定的履行、土地恢复或财产的返还。对于国家败诉案件，不得对国家行政机关作强制执行，而应由国会的有关款项中支付。

英国的国家赔偿包括了部分军事行为致害情形中的国家赔偿。《王权诉讼法》第10条规定了国家三军人员执行勤务时，因不作为或疏忽职守致他人于死亡或伤害的侵权责任。但是，根据该法第 10 条第 1 项的规定，国家对武装部队的作为和不作为致他人死伤的，若有下述情形之一者，不负赔偿责任：（1）军事人员于执行职务中所为之侵害，或非执行职务而在供军事使用的土地、建筑物、船舶、航空器或车辆上所为之侵害。（2）年金部长对受害人所受的损害，依职权或依申请或依国王令状、枢密院令，予以保证时。根据同法第 2 条的规定，国家对军事人员不法行为所造成的损害，如有下列情形的，也不负赔偿责任：（1）侵害行为是前项土地、建筑物、船舶、航空器或车辆的性质上或状态上的当然结果的；或是供军队使用的装备，因性质上或状态上的当然结果的。（2）上述情形经年金部长证明的。之所以规定对军事行为所致损害原则上不予赔偿，其原因正如英国学者韦德（Wade）所指出的，旨在避免受害人获得双重利益。盖以受害人凡以军事行动遭受损害者，通常可领取抚恤金，若再准其经诉讼程序获得损害赔偿，则形成不当得利。[①] 因此，根据《王权诉讼法》的规定，可以赔偿的情形一般都具有两个特点，一是不属于法条中规定的不予赔偿的事项；二是不能得到抚恤金等军事补偿。

　　英国的国家赔偿不包括立法赔偿和司法赔偿。国王依惯例对上下议院立法行为所造成的损害不负赔偿责任。[②] 在英国，司法行为国家赔偿责任的免除，甚至被当作一项原则。《王权诉讼法》第 2 条第 5 款规定，英王对司法职务的实施和司法程序的执行不负赔偿责任。至于法官个人的赔偿责任也很有限，只要法官善意地认为其行为是依职权进行的，即使其行为事实上是在职权范围之外，也有权享受豁免，完全不负赔偿责任。司法职务的赔偿责任的豁免不限于法院的行为，也包括一部分和法院非常类似的行政裁判所的行为在内，例如，土地裁判所、租金裁判所、国民保险裁判所、工业裁判所等都对权限范围内的行为不负赔偿责任。治安法官和警官在执行司法职务时也不负赔偿责任。[③] 另一方面，行政机关

[①] （台）曹竞辉：《国家赔偿法之理论与实务》，新文丰出版公司 1981 年版，第 232 页。
[②] 皮纯协、何寿生编著：《比较国家赔偿法》，中国法制出版社 1998 年版，第 116 页。
[③] 王名扬：《英国行政法》，北京大学出版社 2007 年版，第 189 页。

中类似司法的职务，例如，许可证的审查、视察员的公开调查等，虽然从司法审查的观点看属于司法职务，但从侵权行为赔偿责任的观点看，不能享受司法职务的豁免。

需要注意的是，《王权诉讼法》的适用范围存在一定的限制：第一，只适用于作为政府首脑的英王，不适用于私人资格的英王。英王的私人资格包括英王作为兰开斯特（Lancaser）领地的主人和康沃尔（Cornwall）的领主资格在内。对于英王私人的民事诉讼适用《王权诉讼法》以前的法律：追诉英王的契约责任采取权利请愿方式，英王不负侵权行为责任。英王不能为非的普通法原则仍然存在。第二，英王的公仆行使法律直接授予权力的行为也不适用《王权诉讼法》的规则，而应适用一般的法律责任规则。但《王权诉讼法》有特别规定时例外。第三，《王权诉讼法》只适用于联合王国，不适用于海外领地。第四，《王权诉讼法》第一节关于契约的责任不适用于苏格兰，因为苏格兰一向没有权利请愿制度，公民原来就可以直接追诉英王的契约责任和要求收回财产。①

英国国家赔偿制度的特点主要在于：

第一，不区分公法与私法，不区分公法责任与私法责任。英国的普通法被视为统一的体系，既适用于私人之间的关系，又适用于王国政府和公共机构为一方的关系。如果允许普通法不适用于王国政府和公共机构，就等于背离了废除王室特权和全部公职官员的活动必须遵守法治原则的传统。

第二，它是成文法与判例法的结合。在英国，普通法是由法院发展起来的，因此，它必然成为判例法。但是，在国家赔偿方面，英国不仅存在判例法，而且存在《王权诉讼法》这样的单行成文法。

第三，强调国家赔偿适用民事赔偿的一般规则。在英国法上，国家与私人在同样的情形下以同样的方式负同等的责任，也就是说，按照《王权诉讼法》的规定，除政府享有免责的特别权力外，国家赔偿与民事

---

① 参见王名扬《英国行政法》，北京大学出版社2007年版，第192页。

赔偿完全一样，不承认国家赔偿的特殊性。① 因此，英国的国家赔偿适用侵权法的一般规则，公务人员被认为是雇员，公权力主体被认为是雇主，从而适用雇主责任的一般规则。

第四，国家赔偿范围有限。根据法律规定，国王行使特权造成的损害，国家不承担赔偿责任。《王权诉讼法》规定，该法所规定的英王责任不消除或减少英王根据法律规定或依特权而享有的权力，特别是英王在平时或战时为了保卫国土或者训练和维持有效的军事力量的权力。此外，对国家行使立法权和司法权也不得提起诉讼，自然也不存在赔偿问题。

第五，司法机关及其司法人员享有豁免权。英国的法院、裁判所、治安法官、司法执行官等至今仍享有豁免权。其理论根据是建立在"司法独立"基础上的"司法豁免理论"。该理论认为，法官不同于行政官员，英王不能指挥法官，为了确保法官在骚扰和恫吓的情况下正常履行职责，赋予其豁免权是完全必要的。赋予法官豁免的另外一个理由是，普通法国家刑事审判采用陪审制，是否有罪由陪审团确定，法官不负责定罪。② 因此，《王权诉讼法》明确规定："任何人当履行或准备履行其司法上应负之责任，或与司法上执行程序有关之责任，就其作为或不作为之行为"，不能对王权提起诉讼。

二、美国

美国在国家责任问题上深受英国主权豁免思想的影响，在建国150多年的历史中，美国政府非经自身同意不得被控告侵权并承担赔偿责任。受害人只能以公务员个人为被告，请求私法赔偿。对于大量不能归结为私法行为的公权力行为，受害人即使想提起私法赔偿诉讼，也找不到相应的或最相类似的私法根据，从而不能获得任何救济。③ 美国法院历史上

---

① 周友军、麻锦亮：《国家赔偿法教程》，中国人民大学出版社2008年版，第34页。
② ［日］室井力主编：《日本现代行政法》，吴微译，中国政法大学出版社1995年版，第198－199页。
③ 姜明安主编：《外国行政法教程》，法律出版社1993年版，第317页。

曾基于主权豁免的观念拒绝受理那些要求支付公款或者迫使公共财产权转移的诉讼。1794年《宪法》第11条修正案也豁免了州在联邦法院被美国公民或外国人提起诉讼的可能性。1821年，首席大法官马歇尔（Marshall）在科亨诉弗吉尼亚（Cohens v. Virginia）案件的判决中，宣称美国联邦不能作为被告。此后，美国法院一直适用这一原则。1884年，最高法院在Lang-Ford案中也表示："国王不能为非之原则，在美国并不存在，但是基于国家至高无上之理论，任何人未得国家之同意，不得对国家追诉，因此，公务员不法执行职务所生之损害，受害人不得对国家请求损害赔偿。"该院法官霍尔姆斯（Holmes）对实行主权豁免的理由进行了说明："主权者免于被诉，并非系基于任何形式之概念或陈旧之理论，而系基于逻辑与实质上之理由，即主权者系法律之制定者，而该法律系权利之依据，因而主权者无法律上之权利。"也就是说，主权者是造法者，不会制定法律来反对自己。① 政府过失或不法行为的受害人只能请求国会通过一个私法律案（A Private Bill）来获得救济，即通过国会获得"立法特惠"获取补偿，但这是一个缓慢、繁冗而又不平等的程序过程。这是因为，私法律案是一个只适用于特定人或团体的法律，不是为了公共利益而普遍制定的法律，国会在制定私法律案时也没有一致的规则，或者只考虑一方面的证据，极易产生不公平的现象。同时，大量私法律案的存在也严重干扰了国会的其他立法工作。因此，在国会内外，都存在强烈要求改进政府的赔偿方式的呼吁。正如美国学者詹姆斯（Chester James Antieau）指出的："基于如果使行政官员免予起诉之威胁，能使其更公正、适当地进行管理这种理由，而赋予其豁免不是没有代价的，它很可能导致一些恶意和犯罪的违法者得不到正义的惩处。"美国学者彼得·舒克（Peter Schuck）认为："法律应该威慑的是政府机构的行为，而非个体政府官员的行为，并且对侵权行为承担责任的应该是政府机构。"②

---

① 参见皮纯协、何寿生编著《比较国家赔偿法》，中国法制出版社1998年版，第112–113页。
② ［英］卡罗尔·哈洛著：《国家责任——以侵权法为中心展开》，涂永前、马佳昌译，北京大学出版社2009年版，第40页。

之后，美国国会陆续制定了 1855 年《索赔法院法》（*Court of Claim Act*）、1887 年《塔克法》（*Tucker Act*）以及其他一些特殊的政府侵权赔偿法，但这些法律适用范围很窄，赔偿数额很低。1946 年，美国国会制定了《联邦侵权赔偿法》（*Federal Tort Claims Act*），决定放弃主权豁免原则，第一次规定当事人可以据此以美国政府为被告提起侵权赔偿诉讼。《联邦侵权赔偿法》于 1948 年改为《联邦司法法》，编入《美国法典》第 28 编，后经多次修改，成为确立美国联邦国家赔偿责任的重要法律依据，标志着联邦政府已经放弃了主权豁免原则。[①] 1948 年的《美国法典》第 42 编第 1983 节还规定了州和地方政府官员在执行职务时违背联邦宪法和法律的赔偿责任。1971 年，美国联邦最高法院通过比文思案件（*Bivens v. Six Unknown Federal Narcotics Agents*）确立了一种针对联邦机构职员的普通法上的侵权诉讼类型，即当事人可以对侵犯《宪法》保护的权利直接依据《宪法》本身向联邦机构职员提起赔偿诉讼。[②] 1976 年修改后的《联邦行政程序法》（APA）第 702 条规定，在向联邦地区法院提起的以联邦政府为被告的非金钱诉讼（non-monetary actions）不再适用主权豁免。但时至今日，主权豁免思想在美国的法律制度和学说中依然根深蒂固，美国的国家赔偿法律制度并不发达，主要表现在两个方面：一方面是有很多的免责条款，最主要的是，政府机关的自由裁量行为所招致的损害，不属于政府责任的范围；另外官员在执行职务中故意殴打、非法拘禁、不法逮捕、恶意起诉、滥用诉讼程序的行为所产生的侵权责任，不属于政府责任。另一方面，美国联邦政府不承认国家危险责任，坚持

---

① 此后，美国的一些州政府也陆续放弃主权豁免，到 1975 年为止，约有 12 个州确认了州政府的侵权赔偿责任。见［美］伯纳德·施瓦茨著：《行政法》，徐炳译，群众出版社 1986 年版，第 530 页。

② 该判例确认，受害人只要能够证明以下条件即可以在没有具体法律法规根据的情况下直接根据宪法起诉：1. 其享有某种宪法权利；2. 此种权利被联邦政府官员侵犯；3. 其请求的救济（损害赔偿）是适当的。开始这一判例仅限于适用《宪法》第 4 条修正案确立的公民宪法权利，后来的司法实践又将之扩大到《宪法修正案》第 1 条、第 5 条、第 8 条、第 14 条等其他各条确立的公民宪法权利。见姜明安主编：《外国行政法教程》，法律出版社 1993 年版，第 319 页；参见马怀德主编《完善国家赔偿立法基本问题研究》，北京大学出版社 2008 年版，第 527-528、534、541-542 页。

过错责任。

美国联邦层次的国家侵权赔偿制度主要由《联邦侵权赔偿法》、比文思判例以及《美国法典》第 1983 节组成。其中,《联邦侵权赔偿法》是美国现行政府侵权赔偿普遍适用的中心法律,该法明确了联邦政府对其职员职务行为的金钱赔偿责任,国家对联邦政府人员在执行职务时因过失、不法行为或不行为,致人民财产上之损害或损失,或人身上之伤害或死亡,受害人可以美国政府为被告,请求赔偿。其适用的范围不限于特定的机构,也不限于某一特定类型的受害人,大大克服了私法律案方式的弊端。只要是联邦官员执行职务的过失、不法行为或不行为而产生的损害,几乎都能适用,赔偿数额也不受限制。对于联邦政府的行为,如果私人处在类似的情况下应当赔偿时,政府也应当赔偿。但是,该法第 2680 节规定了 14 种例外情况以排除政府的损害赔偿责任,这些例外情况可以分为三大类:一是政府行使自由裁量权的例外;二是职员故意侵权行为的例外;三是《联邦侵权赔偿法》指出的特定领域中其他法律已经规定补救手段,而不适用《联邦侵权赔偿法》的例外。根据 1966 年修改的《联邦侵权赔偿法》,联邦侵权赔偿的程序有行政程序和司法程序这两个程序,行政程序是司法程序的前置程序。当事人请求赔偿必须先经过行政程序,之后才能诉诸法院,进入司法程序。根据 1988 年修改的《联邦侵权赔偿法》,当事人应以美国为被告,不能以任何政府机关或政府机关的职员为被告。当事人提起联邦侵权赔偿之诉的条件是:存在财产的损坏、丧失,或者人身的损伤或死亡;损害是因过失的或不法行为或不作为引起的;过失的或不法行为者是联邦政府职员;政府职员的行为在职务范围之内。[①]《联邦侵权赔偿法》规定的赔偿属于补偿性赔偿,国家承担实际损失的赔偿责任,不负担名义上的损害赔偿责任(nominal damages),也不承担惩罚性赔偿责任(punitive damages)。

《美国法典》第 1983 条是有关公民权诉讼的规定,该条是在美国内

[①] 参见王名扬《美国行政法》(下),北京大学出版社 2007 年版,第 725—779 页。

战之后写入民权法案的，系针对州违反宪法规定侵犯公民权利的情况所提供的救济。救济方式有三种：禁止令、返还非法没收的财产和损害赔偿金。第1983条分别适用于下列人员时有所不同：政府人员、地方政府、州政府、联邦政府。[①] 第一种情形是针对官员个人的起诉，无论职务高低，包括警官、检察官、法官等均可能被诉，当然他们均享有一定的豁免权。在美国，联邦法官和州法官都对其司法裁决行为享有绝对豁免权，除非法官的行为根本不涉及司法行为。检察官对于其在刑事诉讼程序中代表州或联邦出庭公诉的行为不承担赔偿责任。立法机构的成员对立法行为也享有绝对豁免权，即使立法机构成员投票通过了一个违宪的法律也不会承担金钱赔偿责任。州或联邦政府的官员则仅享有有限的豁免权，当上述主体成为被告时，如果法院判决其承担赔偿责任，他们必须从自己的财产中支付赔偿金。第二种情形是针对地方政府的起诉，要起诉地方政府必须确定被诉行为出于其政策考虑。比如，某市警官对市民进行非法搜查，除非政府有相关政策规定搜查必须有搜查令，否则不能起诉政府。第三种情形是针对州政府的起诉，州政府与联邦政府一样享有豁免权，除非法律另有规定，同时须遵守清晰陈述原则。实践中，引用第1983条起诉的多是针对警方和联邦调查官员在调查过程中的行为。

除行政赔偿外，美国的国家赔偿还包括司法赔偿，主要是指冤狱赔偿。美国的司法赔偿先于行政赔偿出现。由于刑法是各州颁布施行的，各州的司法赔偿立法又先于联邦政府。例如，1913年，加利福尼亚和威斯康星州即颁布了有关司法赔偿的法律。1917年，北达科他州颁布了《犯罪与处罚法律》，明确规定了刑事损害赔偿的原则。[②] 而直到1938年，美国联邦才颁布《对于人民受联邦法院错误判决之救济法》，专门适用于违反联邦法律的司法赔偿案件。[③]

---

① 参见张红《中美国家赔偿法学术研讨会综述》，载《行政法学研究》2005年第4期。
② 张正钊主编：《国家赔偿制度研究》，中国人民大学出版社1996年版，第268–269页。
③ 根据该法的规定，"对于因不公正判决有罪或拘押所受侵害，或被判徒刑已全部或部分执行，因上诉或重新审判而认为对所判之罪不正确或事后认为无辜而获赦免者"，允许其向国家请求赔偿。参见张正钊主编《国家赔偿制度研究》，中国人民大学出版社1996年版，第233页。

如果被告被错误拘留或逮捕，起诉后被宣告无罪，或者被错误定罪量刑，国家应负赔偿责任。但也有例外，例如，佛罗里达州某被告被控毒死了 7 个孩子而被判处徒刑，12 年后，法院发现当时有些证人作了伪证，孩子系被保姆毒死，遂判决该被告无罪并予以释放。由于佛罗里达州的法律没有对错误起诉可以求偿的规定，该被告并不能请求赔偿。

美国的国家赔偿原则上不包括军事赔偿，根据《联邦侵权赔偿法》第 2680 条第 10 项的规定，对战争期间因海陆军及海岸警卫队的作战活动所产生的赔偿请求，国家不予赔偿。但在美国实务中，认为国家对以下两种情形应负赔偿责任：（1）联邦海岸警卫队因过失未尽保管灯塔义务而致货轮航行搁浅受损；（2）空军基地中的交通管制人员因过失未向飞行员发出大雷雨即将来临的警告，致使军用飞机坠毁而伤及第三人。

美国国家赔偿制度的特点主要在于：

第一，联邦和各州分别立法。这是由美国的联邦体制决定的。在联邦制之下，各州均有独立的立法权和法院系统，《联邦侵权赔偿法》只适用于联邦政府，并不适用于各州政府。各州政府承担赔偿责任的依据是各州自行制定的国家赔偿制度。

第二，它是成文法与判例法的结合。美国法系继受英国法而来，保留了英国法的传统，主要是判例法。但随着时代的发展，美国也越来越多地通过立法的方式来规范国家赔偿，从而形成了判例法与成文法并存，甚至以成文法为主的局面。

第三，国家赔偿以公务人员具有主观过错为前提。[①] 在美国，国家赔偿责任原则上都是过错责任，国家只对公务人员"过失的不法行为和不行为"造成的损害承担赔偿责任，国家不承担无过错责任。例如，依据《联邦侵权赔偿法》第 1346 条第 2 款的规定，必须是"疏忽或错误的作为或不作为"侵权，联邦政府才"如处于私人地位"负侵权赔偿责任；若公务人员"已尽相当注意"，则国家免责。

[①] 参见皮纯协、何寿生编著《比较国家赔偿法》，中国法制出版社 1998 年版，第 33 页。

第四，国家赔偿范围较窄，保留有许多免责事项。对于下列侵权行为，美国立法或判例确立了与欧洲国家大体相似的政府侵权赔偿责任：不作为侵权；侵害不动产；造成可得利益的损失；公共设施或高度危险物致害等。① 但国家不负赔偿责任的范围比法国等欧洲大陆国家广得多，例如，不论联邦政府人员执行法律时行为或不行为，只要尽到相当注意，国家就可以不负赔偿责任。对行使自由裁量权的行为，国家也不负赔偿责任。甚至1974年以前的《联邦侵权赔偿法》还规定，国家对"任何因人身加害、殴打、不法监禁、不法逮捕、诬告、程序滥用、书面或口头诽谤、不实表示、欺诈、侵害债权所生之赔偿请求"不负赔偿责任。后因此项规定过于不合理，不得不在1974年删除。如果上述侵权行为是由执法官员所犯，则可诉诸法院提起指控。② 在司法赔偿方面，国家只对错判为有罪并且已被监禁的人负赔偿责任，对因错捕等追诉措施造成的损害，国家不负赔偿责任。因错判遭监禁后能否得到赔偿，还取决于法官是否签发无罪证明，法官对此享有自由裁量权。

第五，国家赔偿责任本质上属于民事侵权责任，由普通法院管辖，司法赔偿案件由索赔法院管辖。《联邦侵权赔偿法》明确地规定："美国联邦政府，依据本法关于侵权行为求偿之规定，应于同等方式与限度内，与私人一样负民事责任。"

第四节　我国国家赔偿责任的历史发展

一、新中国成立前的国家赔偿责任

在封建王朝时期，我国的法律制度中并没有确立国家赔偿责任，实行官吏个人责任模式，官吏有枉法裁判、滥用刑具等违法侵害行为的，追究官吏的个人责任，例如，罢免官职、回乡种田、流放边疆或罚金、

---

① 参见姜明安主编《外国行政法教程》，法律出版社1993年版，第322—323页。
② ［美］欧内斯特·盖尔霍恩、罗纳德·M. 利文著：《行政法和行政程序概要》，黄列译，中国社会科学出版社1996年版，第240页。

出入罪罚赎等。受害人不是权利主体，不予赔偿。在中华民国成立以后，开始有国家赔偿的零星规定。有关国家赔偿的规定最早见于1934年披露之《宪法（草案）》，该法第26条明文规定："凡公务员违法侵害人民之自由或权利者，除依法律惩戒外，应负刑事及民事责任，被害人民就其所受损害，并得依法律向国家请求赔偿。"其后经三度易稿，对于该条文字未作变更。到1936年，经国民党政府正式明令宣布其为"中华民国宪法草案"，即为"五五宪草"，成为旧中国国家赔偿制度奠立始基。同年，上海律师公会建议立法起草国家赔偿法，侧重于无罪羁押赔偿，经刑法委员会起草，成为"无罪羁押法"。后因对日抗战而停顿。此后，"五五宪草"经三次修正，于1946年由伪制宪国民代表大会通过，次年1月1日经国民党政府公布，12月25日施行，该《宪法》第24条仍本"五五宪章"第26条之精神，与其文字表述完全一致，始正式承认国家赔偿制度。但是，该条同时规定了公务员的民事赔偿责任与国家的国家赔偿责任，对于二者之间的责任关系并不明确。1947年，国民党政府全国司法行政检讨会召开于南京，与会人员一致认为国家赔偿法必须制定，以符即将公施行之《中华民国宪法》第24条之规定，但因内战未果。①

除宪法之外，国民党政府的其他法律和法规中亦有对国家赔偿责任的零散规定。根据1914年《行政诉讼条例》第3条的规定，在行政诉讼中"受理要求赔偿的诉讼"。1932年《行政诉讼法》第2条规定，"行政诉讼得附带请求赔偿，前项损害赔偿除适用行政诉讼程序外，准用民法之规定，但第二百一十六条规定之所失利益不在此限。"② 1930年《土地法》第68条规定："因登记错误遗漏或虚伪致受损害者，由该地政府机

---

① 江必新：《国家赔偿法原理》，中国人民公安大学出版社1994年版，第18页。
② 但直至20世纪70年代，继受中华民国法制的我国台湾地区并未将"行政诉讼法"上述规定的精神予以贯彻。台湾学者曹竞辉批评道："40余年来，纵使经行政法院免予受理之案件，并经该院将原决定撤销或变更者，最后仍难获得平反，由国家给予赔偿之机会。此等事实，诚不容等闲视之。"其原因在于"所以行政法院依本章之规定，得附带审理请求损害赔偿之诉，虽为比较进步之法制，但由于行政法院自行政诉讼法颁行至今（注：'今'指1970年），并未曾准许此项附带诉讼，致该法条规定成为具文"。

关负损害赔偿责任。但该地政府机关证明其原因应归责于受害人时，不在此限。"1933年《警械使用条例》第10条规定："警察人员非遇第四条各款情形之一，而使用警刀、枪械或其他经核定之器械者，由该管长官惩戒之。其因而伤人或致死者，除加害之警察人员依刑法处罚外，被害人由该各级政府先给予医药费或抚恤费。但出于故意之行为，各级政府得向行为人求偿。"该条又规定："警察人员依本条例使用警械，因而伤人者或致死者，其医药费或埋葬费由各该级政府承担。"1934年《戒严法》第11条规定："因戒严上不得已时，得破坏人民之不动产。但应酌量补偿之。"1944年《国家总动员法》第28条规定："本法实行后，政府对人民因国家总动员所受之损失，得予以相当之赔偿或救济，并得设置赔偿委员会。"但该法对于赔偿委员会应如何设立，如何召集等均无规定。① 国民党政府还于1937年草拟了《冤狱赔偿法（草案）》，该草案后在1959年由我国台湾地区"立法院"通过施行。

二、新中国成立后的国家赔偿责任

早在新民主主义革命时期，中国共产党和边区政府虽未制定法律对国家赔偿进行规定，但在实践中已对国家赔偿持肯定态度。例如，抗日战争时期颁布的《山东省人权保障条例》第10条规定："凡各级政府公务人员违法侵害人民之自由或权利者，除依法惩办外，应负刑事及民事责任。被害人得就其所受损害依法请求赔偿。"又如，1946年3月1日《陕甘宁边区高等法院示字第一号指示信》提出："因误会而错误羁押，除应宣布无罪立即释放外，并按其生活确实困难情况，由政府予以物质上补助。"这一精神在新中国成立后得到了延续和发展。1949年9月29日通过的《中国人民政治协商会议共同纲领》第19条就规定："人民和人民团体有权向人民监督机关和人民司法机关控告任何国家机关和任何公务人员的违法失职行为。"由于该共同纲领具有临时宪法的性质，该条

---

① 参见肖峋《中华人民共和国国家赔偿法的理论与实用指南》，中国民主法制出版社1994年版，第75－76页。

规定实际上为国家赔偿奠定了宪法基础。1953年中共中央发布《关于处理各级人民法院过去时期所发生的错捕、错判、错杀问题的指示》，提出对于在"土改"、"三反"、"五反"中产生的冤假错案，本着"有错即改"的精神，实事求是地改判和平反，抚恤救济。1954年《宪法》第97条对国家赔偿作了如下原则规定："中华人民共和国公民对于任何违法失职的国家机关工作人员，有向各级国家机关提出书面控告或者口头控告的权利。由于国家机关工作人员侵犯公民权利而受到损失的人，有取得赔偿的权利。"这是新中国首次用宪法的形式确认了国家侵权的事实和受害人取得赔偿的权利。与此同时，新中国的法律、法规和政策也零星地规定了国家赔偿的内容。例如，同年颁布的《海港管理暂行条例》又作了这样的规定："港务局（系交通部设立的港务管理局、分局、办事处的简称）如无任何法律依据，擅自下令让船舶离港，船舶得向港务局要求赔偿由于未离港所受的直接损失，并保留对港务局的起诉权。"1956年司法部制定的《司法部关于冤狱补助费开支问题的答复》、1963年劳动部制定的《劳动部关于被甄别平反人员的补发工资问题》等成为处理冤假错案的具体依据。但是，长期以来，由于受某些错误思想的影响，未能及时制定一部基本法律集中对国家赔偿作出更细致、更具体的规定，在"文化大革命"以前，国家赔偿基本上没有实行过。[①]"文化大革命"以后，鉴于"文化大革命"中发生的侵犯公民民主权利的严重后果，国家制定了一些政策，并相应地采取了一些措施对国家侵害公民权益造成的损害加以补救。比如，历史上因冤、假、错案受到迫害的人，不仅在政治上予以平反纠正，而且有的还为他们恢复工作，补发工资，安排子女就业，或者根据情况发给困难补助费，这实际上就是国家承担了一定的赔偿责任。[②] 新中国前期的国家赔偿制度具有如下特点：（1）执政党的优良传统成为我国国家赔偿法的习惯法渊源；（2）补救性赔偿。以填平受

[①] 江必新：《国家赔偿法原理》，中国人民公安大学出版社1994年版，第18–19页。
[②] 例如，1981年4月，中共中央对《湖南省委关于"文化大革命"中冤假错案补发工资问题的请示报告》的批示中指出："对于'文化大革命'中冤假错案被停发、被扣发的工资，原则上应予补发。"

害人损失为宗旨，采取平反、恢复职务、补发工资、支付医疗费、死亡赔偿金等多种方式；①（3）主要通过各行政部门作出解释和批复的形式对1954年《宪法》第97条规定的精神进行贯彻，对保障受害人的权利起到了一定的规范作用，但比较零散，缺乏统一性。

1982年，我国修改《宪法》，再次重申了国家赔偿的原则，该法第41条第3款规定："由于国家机关和国家机关工作人员侵犯公民权利而受到损失的人有依照法律规定取得赔偿的权利。"与1954年宪法相比，1982年《宪法》在国家赔偿的规定上有所发展：一是规定了国家机关的侵权行为及赔偿责任；二是提出了制定专门法律确认国家赔偿责任的要求。根据宪法的这一规定，《民法通则》第121条规定："国家机关或者国家机关工作人员在执行职务中，侵犯公民、法人的合法权益造成损害的，应当承担民事责任。"这一规定的历史意义在于：第一，由于我国在司法实践上一般不引用宪法判决，《民法通则》的规定使1982年《宪法》的规定从理论走向司法实务，法院可以根据该条规定审理有关国家赔偿的案件；第二，1982年《宪法》规定了国家机关应当承担责任，但是没有明确是由国家对国家机关工作人员的侵权行为承担责任，还是国家与国家机关工作人员共同承担侵权赔偿责任。对此，1988年最高人民法院《关于贯彻执行中华人民共和国民法通则若干问题的意见》进行了明确，该意见第152条规定："国家机关工作人员在执行职务中，给公民、法人的合法权益造成损害的，国家应当承担赔偿责任。"但《民法通则》将国家权力行为的赔偿和国家民事行为的赔偿都纳入了民事法律关系，适用民法调整，而将国家的权力行为侵权赔偿纳入民法调整范围并不符合国家赔偿的一般规律。此外，《土地管理法》、《邮政法》、《海关法》、《治安管理处罚条例》②和《民用航空器适航管理条例》等法律、法规相继

---

① 高家伟：《国家赔偿法》，商务印书馆2005年版，第51－52页。
② 该条例第39条规定："不服公安机关或乡（镇）人民政府裁决的，可以申诉，对上一级公安机关的裁决不服的，可提起诉讼。"该条例第42条规定："公安机关对公民给予的治安管理处罚错误的，应当向受处罚人承认错误，退回罚款及没收的财物，对受处罚人的合法权益造成损害的，应当赔偿损失。"该条例现已被《中华人民共和国治安管理处罚法》废止。

对有关行政赔偿的问题作了规定。但对国家赔偿的范围、方式、标准、程序等缺乏具体规定，使得国家赔偿责任的实现仍存在一定困难。

1989年颁布的《行政诉讼法》从保护公民、法人和其他组织的合法权益、促进行政机关和行政机关工作人员依法行政的目的出发，专门设行政侵权赔偿责任一章，对行政机关承担赔偿责任的要件，赔偿的主体、请求赔偿的程序，甚至对经费的来源等作了概括性的规定。《行政诉讼法》的制定是我国民主与法制建设中的一件大事，对于建立和健全我国行政赔偿制度具有十分重要的意义。该法确立了行政赔偿的基本原则，进一步完善了我国的行政赔偿制度。这些原则主要有：（1）人民法院享有司法监督权，一是有权审查行政机关的具体行政行为的合法性；二是属于可审查的具体行政行为侵权造成损害的，人民法院有权判决行政机关承担赔偿责任；（2）赔偿费用由各级财政列支，由国家承担赔偿责任；（3）国家有权向有责任的行政机关和有故意和重大过失的行政机关工作人员追偿；（4）程序上适用行政诉讼法，但法院可以进行调解。行政诉讼法规定行政侵权赔偿责任的目的是与行政诉讼配套，解决行政诉讼引起的赔偿问题。它对行政赔偿的一般原则作了规定，但仍不完善。这是因为：第一，《行政诉讼法》的规定只限于行政诉讼中可以受理的具体行政行为的侵权赔偿责任，对于抽象行政行为以及其他不可诉行政行为等，受害人不能依据《行政诉讼法》起诉和请求国家赔偿；第二，对于赔偿方式、赔偿金计算没有规定；第三，程序上有一些特殊问题没有规定；第四，对于司法赔偿未作涉及。因此，有必要制定国家赔偿法，对国家赔偿问题专门作出规定，以进一步完善我国的国家赔偿制度。

之后，全国人大常委会法制工作委员会组织有关法律专家组成起草小组，在总结实践经验的基础上，借鉴国外有关国家赔偿的规定，于1990年10月起草了《国家赔偿法（试拟稿）》，印发有关部门、各地方和法律专家征求意见，并进一步调查研究和修改，拟定了《国家赔偿法（草案）》，于1994年1月提交第八届全国人民代表大会常务委员会第五次会议进行初步审议。1994年5月12日，第八届全国人民代表大会常务委员会第七次会议通过，于 1995 年 1 月 1 日起施行。①《国家赔偿法》的通过和实施，标志着我国国家赔偿制度的正式全面建立。②《国家赔偿法》颁布实施后，为了贯彻执行《国家赔偿法》，各国家机关纷纷制定配套法规、规章和司法解释，例如，《国家赔偿费用管理办法》，最高人民法院《关于人民法院执行〈中华人民共和国国家赔偿法〉几个问题的解释》、《人民法院赔偿委员会审理赔偿案件程序的暂行规定》、《关于审理行政赔偿案件若干问题的规定》、《关于民事、行政诉讼中司法赔偿问题的解释》等。在这一阶段，形成了比较完善的国家赔偿制度。自《国家赔偿法》实施以来，全国中级以上人民法院全部设立了赔偿委员会和审理赔偿案件的专门机构，有关赔偿工作全面展开。截至 2005 年 10 月，全国各级人民法院共受理各类国家赔偿案件 21648 件，审结 20394 件，其中决定赔偿 6968 件。全国各级检察机关 10 年共立案办理赔偿案件 7823 件，决定赔偿 3167 件，支付赔偿金 5819.53 万元。国家赔偿法实施以来，公安机关通过行政复议和行政诉讼依法办理了大量国家赔偿案件。这一时期，我国国家赔偿的特点主要在于：（1）国家承担赔偿责任，机关履行赔偿义务。国家赔偿区别于"谁侵权，谁赔偿"的民事赔偿的一个重要特点在于由国家承担法律责任，最终支付赔偿费用，由法律规定的赔偿义务机关履行具体赔偿义务，实施侵权行为的公务员并不直接对受害人承担赔偿责任，履行赔偿义务。（2）赔偿范围有限。国家赔偿是对国家机关及其工作人员行使职权造成的损害给予的赔偿，属于国家责任的一种形式。从赔偿范围来看，它不同于民事赔偿"有侵权必有赔偿"的原则，国家只对国家机关及其工作人员的部分侵权行为承担赔偿责任。因此，国家赔偿窄于民事赔偿，属于有限赔偿责任。例如，根据《国家赔偿法》的规

---

① 江必新：《国家赔偿法原理》，中国人民公安大学出版社 1994 年版，第 19－20 页。
② 我国在制定《国家赔偿法》时，曾考虑采用两种方式：一是在《国家赔偿法》内对已有或尚未制定的特别规范作一交代，以保证法律规范之间的衔接，以便于适用；二是将所有国家赔偿的特殊规定都集中在《国家赔偿法》内，例如，将补偿责任、军事赔偿、司法赔偿等多项特殊赔偿都包含在内。最终出台的《国家赔偿法》则排除了补偿责任、军事赔偿责任及公有公共设施赔偿等内容，简明规定了国家的行政赔偿责任和刑事赔偿责任。

定,对国家立法机关、军事机关、司法机关的部分行为,即使造成了损害,国家也不承担赔偿责任。该法规定的行政赔偿和刑事赔偿的范围,也是有限的。此外,公有公共设施损害,法院作出的民事、经济、行政错判,行政机关作出的抽象行政行为造成的损害,均不在国家赔偿范围之列。(3) 赔偿方式和标准法定化。与民事赔偿有所不同,国家赔偿的方式和标准是法定的。根据我国《国家赔偿法》的规定,国家赔偿以支付赔偿金为主要方式,以返还财产、恢复原状为辅助方式。根据侵权损害的对象和程度不同,又有不同的赔偿标准,赔偿数额还有最高限制。对于多数损害,国家并不按受害人的要求和实际损害给予赔偿,而是按照法定的方式和标准,以保障受害人生活和生产的需要为原则,给予适当赔偿。例如,对于公民人身自由受到的损害,根据上年度职工的平均工资给予金钱赔偿,并不考虑受害人的实际工资水平和因此遭受的其他实际损失。(4) 赔偿程序多元化。在民事侵权纠纷中,当事人不能协商调解解决的,统一由法院通过诉讼途径解决。在国家赔偿中,赔偿程序相对多元和复杂。受害人可以通过多种渠道取得国家赔偿。我国《国家赔偿法》规定了取得行政赔偿和刑事赔偿的多种程序。受害人要求行政赔偿,可以直接向赔偿义务机关提出,也可以在行政复议、行政诉讼中一并提起,还可以单独提起行政赔偿诉讼。受害人提出司法赔偿请求,需先向司法赔偿义务机关提出,再向其上级机关提出,最后才能向人民法院赔偿委员会提出,但不能通过诉讼途径解决。[①]

但是自《国家赔偿法》实施以来,国家赔偿法在实施中也存在一些问题,主要是:赔偿程序的规定比较原则,对赔偿义务机关约束不够,有的机关对应予赔偿的案件拖延不予赔偿,当事人的合法权益难以得到保障;有的地方赔偿经费保障不到位,赔偿金支付机制不尽合理;赔偿项目的规定难以适应变化了的情况。此外,刑事赔偿范围的规定不够明确,实施中存在分歧。这些问题不同程度地阻碍了赔偿请求人及时有效

[①] 参见马怀德主编《国家赔偿问题研究》,法律出版社 2006 年版,第 6—7 页。

地获得国家赔偿。近年来，各有关方面提出对国家赔偿法需要进行必要的修改。截至 2008 年 10 月，全国人大代表共有 2053 人次提出了 61 件修改国家赔偿法的议案和 14 件建议。一些部门、地方和专家学者也从不同角度提出了对国家赔偿法的修改意见和建议。因此，第十届全国人大常委会将修改国家赔偿法列入了五年立法规划。根据立法规划的要求，法制工作委员会从 2005 年底开始着手国家赔偿法的修改工作，于 2008 年起草了《国家赔偿法修正案（草案）》。[①] 2010 年 4 月 29 日，第十一届全国人大常委会第十四次会议通过了修订后的《国家赔偿法》，修订的主要内容主要涉及：第一，畅通了赔偿请求渠道。修订前的《国家赔偿法》规定，赔偿请求人要求刑事赔偿，应当先向赔偿义务机关提出，由赔偿义务机关进行确认。修订后的《国家赔偿法》第 22 条中取消了刑事赔偿的确认程序的规定。第二，完善了赔偿审理程序。修订前的《国家赔偿法》对行政赔偿程序和刑事赔偿程序仅作了原则规定。修订后的《国家赔偿法》明确了国家赔偿程序的期限要求、审理程序及方式，增加了赔偿义务机关、人民法院赔偿委员会处理赔偿请求的程序性规定。第三，确定了双方举证义务。例如，修订后的《国家赔偿法》在行政赔偿程序和刑事赔偿程序中分别规定：赔偿请求人和赔偿义务机关对自己提出的主张，应当提供证据。受害人被羁押期间死亡或者丧失行为能力的，赔偿义务机关对自己的行为与损害结果是否存在因果关系，应当提供证据。第四，明确了精神损害赔偿。修订后的《国家赔偿法》第 35 条明确规定："有本法第三条或者第十七条规定情形之一，致人精神损害的，应当在侵权行为影响的范围内，为受害人消除影响，恢复名誉，赔礼道歉；造成严重后果的，应当支付相应的精神损害抚慰金。"第五，保障了赔偿费用支付。修订后的《国家赔偿法》完善了现行国家赔偿费用的支付方式，第 37 条第 2 款和第 3 款分别规定："赔偿请求人凭生效的判决书、复议决定书、赔偿决定书或者调解书，向赔偿义务机关申请支付赔偿金。""赔偿

[①] 参见全国人大常委会法制工作委员会 2008 年 10 月 28 日在十一届全国人大常委会第五次会议所作的《关于〈中华人民共和国国家赔偿法修正案（草案）〉的说明》。

义务机关应当自收到支付赔偿金申请之日起七日内,依照预算管理权限向有关的财政部门提出支付申请。财政部门应当自收到支付申请之日起十五日内支付赔偿金。"另外,修订后的《国家赔偿法》还对侵犯生命健康权、财产权的赔偿项目作了适当调整和增加。

三、我国台湾地区的国家赔偿制度

发展至今,我国台湾地区的国家赔偿制度已经比较完善。台湾地区最早规定国家赔偿责任的是1946年"宪法",该法第24条规定:"凡公务员违法侵害人民之自由或权利者,除依法律受惩戒外,应负刑事及民事责任。被害人民就其所受损害,并得依法律向国家请求赔偿。"在国家赔偿法尚未制定以前,关于国家赔偿案件,"最高法院"曾一度认为"民法"的规定,属于"宪法"第24条所称的法律,受害人得依据"民法"的规定,向"国家"请求赔偿。[①] 由于当时台湾地区并无国家赔偿的专门法律,为使人民的合法权益受到保护,"最高法院"这一立场将"宪法"

[①] 例如,我国台湾地区"最高法院"民刑庭总会议于1961年3月14日即做出决议称:"国家行政处分因违法侵害私人权利,除执行人的故意过失有依侵权行为的规定,负赔偿责任外,即国家亦有民法第二十八条或一百八十八条之赔偿责任,又此项赔偿责任,被害人可依民事诉讼法独立起诉请求。"台湾地区"最高法院"1961年台上字第四五四号判决称:"查公务员违法侵害人民之自由或权利者,除依法律惩戒外,应负刑事及民事责任,被害人民就其所受损害并得依法律向国家请求赔偿,在宪法第二十四条定有明文。本件上诉人主张其于民国四十六年三月起制造肥皂精发售,此项肥皂精并非化妆品,不得课征货物税,乃被上诉人嘉义县税捐稽征处竟强指为私制、私售应征货物税之货物,送案处罚及通告禁止发售,致被迫停止营业,后经呈奉台湾财政核定该肥皂精委系不在课征货物税之列,通令准予恢复营业,并经监察院对被上诉人之前任处长朱博能、承办职员王锦文等纠举,由公务员惩戒委员会分别予以惩戒在案,故依'民法'第一八四条第一项及第二一六条请求被上诉人赔偿损害新台币二万三千八百一十三元六角九分等情,如果所称被上诉人之处长及其承办职员因执行职务违法侵害上诉人之权利属实,则依上开'宪法'第二十四条之规定,其向代表国家之被上诉人机关请求赔偿,自非无据。至损害之是否实在及其范围,即应予以调查裁判,原判决乃基于行宪以前之判例解释,谓上诉人只得假借行政处分加害之私人求偿,不得对被上诉人请求云云,予上诉人败诉之判决,其见解自有欠洽。上诉论旨声明废弃原判决,不能谓无理由。"台湾地区"最高法院"1968年台上字第七二〇号判决认为:"民法对于法人系采法人实在说,认法人有侵权行为之能力,亦即得为损害赔偿之债之义务人,此观'民法'第二十八条'法人对于其董事或职员因执行职务所加于他人之损害,与该行为人连带负赔偿责任'之规定自明。本件被上诉人(警察机关)既系依法成立之法人,古业儒警员身份与法人职员无异,而枪杀上诉人之子又系当其执行职务之际,依上开法条规定,被上诉人对于上诉人所受损害,能否谓无连带赔偿责任,尚属不无疑义。"

第 24 条所称法律解释为包括民法在内。但是,"最高法院"这一做法引来学者的不少异议。有学者认为,"民法"第 28 条之规定,仅限于国家立于私人地位之时,即国家与私人立于相同之法律地位,同受私法支配之时,而公务员执行职务,侵害他人权利时,始有适用之余地,对于因执行其他职务而引起之侵权行为,殊难适用该条。还有学者认为,国家及其他公法人,对其机关之职务行为,是否应依民法规定负损害赔偿之责,应视其职务行为之性质而定。更有学者认为,"最高法院"的做法导致适用上的困难,除责任构成要件欠缺明确性外,国家与公务员间之内部关系亦无法解决。在强烈批评之下,台湾地区"最高法院"重新检讨其见解,改变其原来所持态度,并在相关决议和判例中转而认定国家机关并非私法人,公务员执行职务的行为系公法上行为,无"民法"第 186 条和第 188 条规定的适用余地。[①] "最高法院"改变其立场后,对于人民遭受国家公权力之不法侵害其权益时,所能主张之救济途径,自然大受影响,虽然其间有若干特殊法律,诸如"警械使用条例"、"冤狱赔偿法"以及"土地法"第 68 条之规定等,人民可据以请求国家赔偿,但该等条文仅能适用于因使用警械而致人死伤、冤狱羁押或因土地登记错误遗漏或虚伪致生损害等特殊案例,而不能普遍地适用于国家行使一般公权力而不法侵害人民权益所生之损害赔偿事件。此外,"行政诉讼法"第 2 条第一项虽有规定:"提起行政诉讼,在诉讼终结前,得附带请求损

[①] 我国台湾地区"最高法院"经 1973 年 10 月 30 日第三次民庭庭推总会议,将前揭 1961 年 3 月 14 日所作决议,列为不再参考。并在 1978 年台上字第一一九六号判决中指出:"公务员因故意违背对于第三人应执行之职务,致第三人之权利受损害者,负赔偿责任,其因过失者,以被害人不能依他项方法受赔偿时为限,负其责任,固为民法第一百八十六条第一项所明定,惟公务员系其任用机关依法任用,所执行之职务,乃为公法上之行为,与其任用机关间,并无私法上一方为他方服劳务,他方给付报酬之雇用关系存在,自无民法第一百八十八条第一项'受雇人因执行职务,不法侵害他人之权利者,由雇用人与行为人连带负损害赔偿责任'规定之适用,而国家机关并非私法人,其所任用之公务员显与法人之董事或职员有别,民法第二十八条规定'法人对于其董事或职员,因执行职务所加于他人之损害,与该行为人连带负赔偿责任',亦无从遽予援用。本件被上诉人为(警员)蔡荣煌于缉捕不良分子时开枪误伤,微论上诉人(台北市'政府')对之犹有依当时情形,蔡荣煌此项行为尚非警械使用条例规定所不许之争执,即揆诸上述说明,蔡荣煌纵有于执行职务时,违背警械使用条例规定,造成被上诉人身体上之伤害,亦无被上诉人依据上开法条请求任用机关之上诉人连带赔偿所受损害之余地。"

害赔偿。"但由于该法规定提起行政诉讼的条件甚为严苛,[①] 并且行政上的事实行为、非行政处分行为等不在行政诉讼法的可诉范围之列,受害人很难据此通过国家赔偿来获得救济。在"最高法院"改变其立场后,台湾地区在1980年2月间完成"国家赔偿法(草案)",并于4月初函送"立法院"审议,经过"立法院"3个月的审议后,完成三读程序,于同年7月2日公布。[②] 自此,台湾地区形成了以1980年公布的"国家赔偿法"为核心,并以"冤狱赔偿法"等十余个法律与之配套而形成的国家赔偿法律制度。

台湾地区国家赔偿法律制度的主要特点如下:

第一,国家赔偿责任的类型主要包括行政赔偿责任、公有公共设施致害的国家赔偿责任和有限的司法赔偿责任。根据"国家赔偿法"的规定,行政赔偿责任是最主要的国家赔偿责任,包括公务员违法行使公权力所生的国家赔偿责任、公务员怠于执行职务的国家赔偿责任和公有公共设施瑕疵所生的国家赔偿责任。对于司法行为造成的损害,根据"国家赔偿法"第13条的规定,检察官或法官因执行其审判或追诉职务时侵害人民自由或权利的,必须就其参与审判或追诉案件,犯职务上之罪,并经判决有罪确定,国家才负赔偿责任。对于立法委员与地方议会议员的立法行为造成的损害,国家一般不承担赔偿责任。

第二,国家赔偿的原因行为包括作为行为和不作为行为。"国家赔偿法"第2条第2款专门指出公务员怠于执行职务的国家赔偿责任,将作为与不作为的国家赔偿责任分别列出,明确了不作为的国家赔偿责任。

---

① 台湾地区学者林纪东指出:"依'行政诉讼法'第1条规定,提起行政诉讼之条件,除须以'因中央或地方官署之违法处分,致损害其权利'为原因外,并须具备'经依诉愿法提起再诉愿,而不服其决定,或提起再诉愿,逾三个月不为决定'之条件,始得提起行政诉讼,附带请求损害赔偿。是提起行政诉讼之条件,亦属请求损害赔偿之条件,不能提起行政诉讼之案件,纵令因行政处分而致权利受损害,亦不能附带请求赔偿。由此可见行政诉讼法关于损害赔偿之规定,表面上虽甚广泛,惟因该法所定提起行政诉讼之条件,相当严格之故,实际上请求损害赔偿之机会,并不甚多,尚不能视为台湾地区关于行政上损害赔偿之一般规定。"见林纪东《中华民国宪法逐条释义》(第一册),1975年再版,第372页。

② 参见(台)廖义男《国家赔偿法》(增订版),三民书局有限公司1996年版,第1—6页。

第三，国家赔偿的方式、范围与民事赔偿一致。根据"国家赔偿法"第 5 条的规定，国家赔偿除依该法规定外，适用民法规定。因此，国家赔偿的方法与民事赔偿一样，以金钱赔偿为主、以恢复原状为辅。国家赔偿的范围既包括积极的实际损失，也包括消极的利益损失；既包括积极损失和消极损失，也包括财产损失、人身损害和精神损害。

第四，协议先行主义。根据"国家赔偿法"第 10 条的规定，请求赔偿"应先以书面向赔偿义务机关请求之"，与赔偿义务机关协议不成时才能提起国家赔偿诉讼。

第五，在冤狱赔偿方面，适用的主要原则是无羁押即无赔偿，对于有羁押是否赔偿，以是否有罪作为区分标准，即对无罪的应当赔偿，但只要受羁押的当事人有犯罪事实，即使法院决定不起诉或作出宣告无罪的判决，国家也不予赔偿。

第三章　国家赔偿责任的理论基础

国家赔偿责任的确立，相对于近代国家其他许多法律责任的确立而言，是极其晚近的事情。国家赔偿责任与民事赔偿责任的一个最大区别就在于侵权主体与赔偿主体的分离，即公务员侵权而由国家或国家机关负责赔偿。能否发生这种分离？为何要实行这种分离？这正是国家赔偿责任理论所必须回答的问题。国家赔偿理论经历了一个由否定到肯定的过程。在这个过程中，交织着两种变化：一是政府从免责到负责；二是公务员从负责到免责。[①] 这些发展变化的思想根源如何？理论基础又在哪里？这是本章要探究的问题。

第一节　国家赔偿责任的思想渊源

一、国家赔偿责任兴起较晚的原因

国家赔偿责任在各国的创设之所以较晚，是因为受国家无责任理论的束缚，该理论认为，行使国家权力的公务员在执行职务时侵害人民权利的，国家不负赔偿责任。国家无责任理论的主张又可以分为以下几种：

第一，绝对国家主权论。该理论认为国家作为主权者，有权创制、废除法律，本身具有最高性，不受任何约束，其上不容有法官存在。"法的专制主义"无法避免，主权者当不受制定法限制而绝对自由。国家主权是不受限制和至高无上的，国家制定法律、设置法院，是权利赖以存

[①] 参见江必新《国家赔偿法原理》，中国人民公安大学出版社1994年版，第21页。

在的基础，人民对国家应当绝对服从，故而绝无国家因其侵权行为而赔偿人民所受损害的可能。

第二，国家无过失及不能违法论。最初的国家无过失论认为，国家是无生命体，其活动都是通过其公务员进行的，故国家不可能有过失。此后出现的国家法人理论认为，国家应被视为具有意思表示与承担责任能力的公法人，从而解决了国家能否有过错的问题。但与此同时又出现了国家不能违法论，认为国家和法律不可能授权公务员违法，违法的是公务员的越权行为，应由公务员自负其责。与国家不能违法论相随的是个人责任论，该理论认为政府的行为应推定为完全合法，违法侵害行为，应认定为个人行为由个人负责。

第三，"国王不能为非"的普通法原则。"国王不能为非（The King can do no wrong）"是一项古老的普通法原则，按照这一原则国王不受其所属法院的审判，也不承担任何实体法上的责任。由于"主权在君"，控告国家即为控告国王，因而按照"国王不能为非"的原则，国家享有绝对的主权豁免。英美法系国家的国家赔偿制度迟至20世纪40年代后期才陆续建立起来，其主要的障碍就是这一根深蒂固的普通法观念。[1]

第四，人民利益论。即国家系为人民利益而存在，当然无侵权之可能。

二、国家赔偿责任产生的思想渊源

国家赔偿责任之所以在当今世界能通行绝大多数国家，有其深刻的思想渊源，主要有以下几个方面：[2]

（一）合法财产不可侵犯的原则

从近代以来，人们对财产的重要性给予很高的评价，财产往往被认为具有起重大作用的价值。人们普遍认为，财产得到了保护，自由、社会秩序以及其他一些基本价值的连续性才能有所保障。英国著名法学家

---

[1] 吴东镐：《中韩国家赔偿制度比较研究——从借鉴的视角》，法律出版社2008年版，第2页。
[2] 江必新：《国家赔偿法原理》，中国人民公安大学出版社1994年版，第23-25页。

布莱克斯顿（Blackstone）在《英国法释义》中写道："最重要的是，法律不允许对私有财产进行哪怕是最微不足道的侵犯，即使为了整个社会的普遍利益，也决不允许。"① 更不用说是公务员过错或违法造成个人财产的损害。

不难想象，在一个将公共利益或国家利益视为绝对价值，而无视个人财产价值，或轻视个人财产价值的国家是难以建立国家赔偿责任制度的。

（二）保护个人自由和财产权利是国家的基本职能之一

国家之所以要为公务员的侵权行为承担赔偿责任，还在于公共权力机关包括国家存在的基本理由就是要保障个人自由和财产权利不受侵犯。如果国家在实施其职能的过程中反而侵犯了个人或组织的合法权益，就违反了国家的宗旨，国家当然应当承担赔偿责任。

（三）社会公共负担平等原则

根据社会公共负担平等原则，人民既然是国家权力的实际享有者，也应当是社会公共负担的承担人。根据平等观念，这种公平负担的承担也应当是平等的。具体到国家赔偿法的赔偿责任来说，当国家机关或公务员在公务活动中，损害了公民的合法权益，给公民造成了一定的损失的时候，在国家赔偿法律制度建立之前，国家不负任何赔偿责任，公民的损失实际上由受害的公民个人承担或加害人承担，这种结果同法律面前一律平等的原则和公平正义的信念是格格不入的。国家既然是公共权力的执行者，是为公共利益活动的，人民共同享有国家活动所带来的优惠和利益，那么，由于国家公务活动致使某些公民个人发生损害时，应由国家代表全体公民共同负担赔偿责任，这就是公共负担平等原则在国家赔偿问题上的体现。这一原则，最早见于《人权宣言》第13条，该条明确规定，个人公共负担平等。在这之后，这一原则逐步成为法治主义的重要原则之一。这种个人公共负担平等的原则，也是国家赔偿法得以

---

① ［英］威廉·布莱克斯通著：《英国法释义》第Ⅰ卷，游云庭、缪苗译，上海人民出版社2006年版，第139-140页。

建立、实施并发展的重要理论基础。

(四) 社会福利与社会保险思想

第二次世界大战以后，一些国家相继提出了"福利国家"的口号，并着重于制定福利国家方案，其主要内容包括社会保险、公共补助、儿童保健、社会福利、社会服务等。其中，社会保险的思想对国家赔偿法制的建立和完善影响较大。社会保险是国家兴办的社会福利之一，此项保险与商业营利性保险根本不同。它是国家依照法律规定，强制实行的社会福利之一。它的着眼之处在于保障和不断提高全体社会成员的物质生活待遇，促进全社会福利水平的提高。其思想基础是，以社会集体之负担，减轻公民个人损害的负担，国家赔偿法律制度建立的目的正同这个宗旨相一致。由于公务员在执行公务过程中的过错行为或者无过错行为，致使公民权利受到损害，就受害人来说，常有"靠一己之薄力，实难以应付"的困局。而由国家承担损害赔偿，恰恰是为了借助于社会的力量，以填补个人不虞之损害，这从指导思想上来说，体现了扩大社会福利，增加社会保险的指导思想，是增强社会保险的一项重要法律制度。

第二节 国家赔偿责任理论的发展

国家赔偿责任脱胎于民事赔偿责任，其创设至今不过一百多年的历史，比其他责任形式的确立都要晚许多。在此之前，受国家绝对主权观念的影响，国家赔偿责任始终未能确立，国家无责任论占据主导地位，这种状况一直持续到19世纪中后期。国家赔偿责任在19世纪中后期确立和发展的一个重要原因就是学者们对确立国家赔偿责任必要性和合理性的不断探索。从国家赔偿的学理探究的过程中，可以认识到，国家赔偿的产生主要有三方面的因素：一是来自于客观现实的需要，国家活动范围增加，给公民社会造成的损害增多，不赔偿难以符合通常的公平观念；二是由于人权保障和国家理论等思想的影响，人权取代了主权，成为法律关注的焦点；三是公法的发展为国家赔偿制度的独立发展提供了基础和空间。①

  国家赔偿制度自身存在着一个不断发展和丰富的过程，国家赔偿本身的内涵是随着一国的现实需要、理论发展而不断变迁的。普通法系国家坚持国家的法人人格，在国家赔偿领域同样适用民事侵权责任法，而大陆法系国家侧重承认国家赔偿法的公法性质，采行公共负担人人平等理论。国家赔偿的理论依据是多种多样的，没有任何一种理论观点可以一统天下，其各有存在的价值，尽管论述问题的角度和出发点不同，但都有力地论证了一个事实：即建立国家赔偿制度是现代社会发展的必然要求。归纳起来，对国家赔偿制度的确立和发展有重大影响的理论和学说主要有以下几种：

一、人民主权学说

  18 世纪以前，尽管也有主权在民的主张，但国家无责任论占据了主流地位，以卢梭、布丹、霍布斯、格劳斯等人为代表的资产阶级思想家均认为主权在君主或者主权在国家，主张主权是绝对的、至高无上的和不受任何限制的，是一切法律和权利的来源，国家、政府和君主不可能承担任何法律责任。18 世纪中期，法国思想家卢梭提出人民主权学说，系统地阐述了关于人民主权的政治思想，对近现代世界各国的政治思潮和政治制度产生了巨大影响。该说认为"主权不能转让给私人，它永远属于人民"，②"国家统治者只是人民的官吏，而不是人民的主人"，③政府"就是在臣民与主权者之间所建立的一个中间体，以便使两者得以互相适应，它负责执行法律并且维持社会的以及政治的自由"。④ 按照卢梭的人民主权学说，主权虽是绝对的，不受法律限制的，但主权归属于人民，国家、政府以及官吏不是主权的领有者，他们必须执行和遵守人民

---

  ① 参见马怀德主编《完善国家赔偿立法基本问题研究》，北京大学出版社 2008 年版，第 33 页。
  ② 参见 [苏] K. A. 莫基切夫主编《政治学说史》，中国社会科学出版社 1979 年版，第 232 页。
  ③ 参见林树德主编《西方近现代政治思想史》，华中师范大学出版社 1992 年版，第 109 页。
  ④ 卢梭：《社会契约论》，商务印书馆 1962 年版，第 66 页。

制定的法律并接受法律的制约，违法者应承担相应的法律责任。卢梭的人民主权学说为国家赔偿责任，特别是行政赔偿责任和司法赔偿责任的建立和发展清除了障碍，奠定了理论上的基础。但该说的缺陷在于并不能解释立法赔偿的必要性和合理性，该说认为议会是人民行使主权的机关，是法律的源泉，其权力是绝对的，不受法律限制的，故国家不可能对立法行为承担赔偿责任。可见，卢梭的人民主权学说在解决国家责任问题上仍有一定的局限性。[①]

二、社会协作学说

由于国家意志是最高的意志，不受其他意志的限制，传统的国家主权理论无法解决国家最高权力也须受法律限制问题。因为，主权是国家的最高权力，主权受法律限制意味着在主权之上有一个更高的权力。因而从19世纪后期起这种理论受到越来越多的抨击并逐渐被新的理论所替代。在这些理论中，有着重要影响的是法国实证主义社会法学家狄骥提出的社会协作学说，该说认为社会协作关系是一切社会赖以存在的客观事实。由于人必须生活于社会中，从此得出一个基本的社会规范，即每一个人的行为不得违反社会协作关系，其应当根据其能力和地位来维持和促进社会协作关系。这个基本规范决定其他一切社会规范。一个人不论其为统治者或被统治者，不论其能力大小如何，从事的职业如何，根据社会协作关系都负有上述两种义务：不违反社会协作关系并促进社会协作关系的发展。基于此，狄骥对传统法学上的主权、权利和法人等基本观念提出了批判，主张以公务观念代替主权观念，认为："统治者的意志就其本身而言没有力量，它的价值和力量只在它组织和实施公务的范围以内。因此，公务的观念代替了主权的观念。国家不再是一个发布命令的主权的权力，它是一群掌握了力量的人，这些力量他们必须用来创

[①] 参见皮纯协、冯军主编《国家赔偿法释论》（修订版），中国法制出版社2008年版，第17页。

设和管理公务,因此,公务观念成为近代公法的基本观念。"①

按照狄骥的社会协作学说,法的规范既不依赖于国家主权,也非来源于统治者的意志,而是产生于社会协作关系这个客观事实。法的规范包括两部分规范:一部分是客观法规范,这种规范不是由立法者制定的,而是客观存在的,它直接产生于社会协作关系;另一部分是实证法规范,这种规范是由立法者和法院制定的。实证法只是客观法的阐明和执行,其效力不是来自于统治者的意志,而是由于其符合客观法的规范,符合组成社会集团的人们的社会协作意识和正义意识。在国家与法的关系上,狄骥指出,国家不是一个与统治者及被统治者不同的人格者;国家的意志是统治者的意志,它不可能作为主权而存在;统治者所掌握的力量只是一种事实的力量,它只有在符合客观法的规范时才受到法的保护。统治者为促进社会协作关系而进行干预的活动,称之为公务,这是统治者行使权力的基础,也是全部公法体系的基础。狄骥的社会协作学说"由于取消了主权观念,建立了客观法的规范,国家受法的限制问题便迎刃而解",②它对法国国家赔偿制度乃至整个公法理论的发展产生了深远的影响。

三、法律拟制说

法律拟制说又称为国家法人说、国家公法人说、国家与私人平等说等。该说认为,国家首先是法人,而后才是个民族政治组织。国家与私人一样,对其不法行为应同样承担责任,公务员超越职权的行为,应同受法律支配而由国家负赔偿之责。如果国家可以不受法律约束,则意味着公务员及一般公民也可以不履行其"服务义务"。国家责任论的理由在于政府各部门的法人化,政府也系法律拟制,并无甚特殊之处。国家既然可以广泛干涉人民生活,对其过失当然应尽赔偿责任之义务。③该说产

---

① 王名扬:《法国行政法》,北京大学出版社2007年版,第602、604页。
② 同上书,第603-604页。
③ 江必新:《国家赔偿法原理》,中国人民公安大学出版社1994年版,第22-23页。

生的前提是民法上的雇用人理论在主权领域的引入，国家对公务员的行为承担赔偿责任主要是基于雇主的雇用责任。该说将国家人格作法律上的拟制，使得原来由公务员承担民事过错责任的状况改变为由国家代替公务员来对受损害的公民承担责任，这种责任在性质上属于代位责任。法律拟制说认为，国家也同一般的民事主体一样，承担因其所雇用的公务员的不法行为所造成损害的赔偿责任。受到国家侵害的个人应该与受到个人侵害的个人得到同样的救济，国家赔偿责任与一般的民事赔偿责任在性质上没有差别。普通法国家多采用这一理论作为国家赔偿制度的基础，例如，英国《王权诉讼法》、美国《侵权赔偿责任法》都是将国家拟制为具有私法人格的主体而承担赔偿责任的。[1]

法律拟制说是国家赔偿制度发展初期的理论，较多地借鉴了民事侵权责任的基本原理，其独特之处是为国家创设了一个法律上的主体资格，使之与法律面前人人平等的法治基本原则相契合。早在19世纪末，资产阶级学者就开始主张用法律面前人人平等的原则调整国家和人民之间的关系。他们认为，国家与人民之间不是一种权力与服从的关系，是一种法律上的权利义务关系。国家不是一种超然于社会之上、享有特权的某种神圣的东西，而是一种为社会公共利益，为人民服务的公法人，它具有权利能力与行为能力，是法律上的权利义务的主体，当其侵害人民权利时应像其他法人组织一样对人民承担责任。[2] 但是，法律拟制说最为致命的缺陷在于，它忽视了国家赔偿责任所具有的不同于民事侵权责任的特殊之处。国家承担责任与一般民事主体承担责任的要件机理是不相同的，需要考虑公共利益、国家财力等公法因素，而这些在民事侵权中并不存在。这也是采用法人拟制说的英国和美国的国家赔偿法并不发达的原因之一。

---

[1] 参见马怀德主编《完善国家赔偿立法基本问题研究》，北京大学出版社2008年版，第28页。
[2] 参见皮纯协、冯军主编《国家赔偿法释论》（修订版），中国法制出版社2008年版，第20页。

四、国库理论说

国库理论说将国家的法律主体身份一分为二,一是作为国库的私法人身份,二是行使国家权力的国家。在第一种情形中,"国家为私法上之人",被当成私法上的特别法人,在侵权赔偿问题上,国家应以与私人全然相对等的地位而存在,因而对其不法行为应同私人一样负赔偿之责任。国库理论说发端于宪政法治尚未形成的德国警察国家时期,当时,法律只在私人领域存在。该说是法治发展过程中独立的司法力量将审判权伸向国家的一种努力的结果,使民事赔偿法律适用于国家成为可能。国家观念把国库财产从邦君主的个人财产、私人钱箱中划分出来。邦君主的国库由受任于此的公务员管理,并且在与臣民的法律争议中作为诉讼当事人出庭参加诉讼。国库被作为法人而设定,置于与邦君主以及其实施公权力的行政机关并列,在所有民事财产法律关系中代表邦君主一方。[①] 国库理论说为国家无责论的破除作了十分重要的铺垫,但其缺陷在于,对一个实体在法律上作法律主体地位的双重划分,不免带来逻辑上的矛盾。

五、公共负担平等说

公共负担平等说由平等原则导出,在国家赔偿制度上的发展始于法国《人权宣言》第 13 条规定的"个人公共负担平等"。这一学说认为,国家公务活动的目的是为了公民的公共利益,人民同等享受公务活动的利益结果,同时应由全体成员平等地分担费用。如果因公务作用致个人遭受损害,实际上是受害人在一般纳税负担以外的额外负担,[②] 这是受害人为了公共利益而作出的牺牲。从平等原则出发,这种额外负担不应该由受害人自己承担,而应当平等地分配于全体社会成员,也就是说,要

---

① 参见马怀德主编《完善国家赔偿立法基本问题研究》,北京大学出版社 2008 年版,第 29 页。
② 刘嗣元、石佑启编著:《国家赔偿法要论》,北京大学出版社 2005 年版,第 17 页。

由国家代表全体纳税人用纳税人的钱来赔偿受害人的损害。该说还认为，国家干预主义盛行，必然产生社会危险。对此，国家应居于保险人地位，对于因公共利益而执行公务所产生的损害，以国家财产予以社会保障，国家为全体公民谋利益；因而损害某人利益，实际上是增加了某人的负担，故应予赔偿。① 在公共负担平等说看来，政府的活动是为了公共利益而实施，因而，应由社会全体成员平等地分担费用。公务活动对公民造成的损害，实际上是受害人在一般纳税负担以外的额外负担，这种负担不应当由受害人个人承担，而应当平等地分配于全体社会成员。其分配方式就是国家以全体纳税人交纳的金钱赔偿受害人蒙受的损失。公共负担平等学说对法国国家赔偿制度的发展影响很大，法国国家赔偿中的无过错责任原则的确立主要以此为基础，该说现有逐渐被其他国家接受的趋势。

但是，公共负担平等说在适用上是有条件的，国家责任之轻重，应依公务种类、性质、场所环境等而有所区别。如果将公共负担平等的原则绝对化，就意味着国家须对国家机关及其工作人员的侵权行为所造成的一切损害负责，这是不切实际的。因此，提出公共负担平等说的学者和法官又提出，人民依赖于国家和社会而生存和发展，故对国家机关及其工作人员的职务侵权行为所造成的损害负有一般容忍义务，只有当公民、组织受到特定而且异常严重的损害（即作出特别牺牲）时，才能要求国家赔偿，并由此衍生出"特别牺牲理论"。

六、特别牺牲说

该说由奥托·迈耶首创，他认为，国家公法上损害赔偿责任与私法上的损害赔偿责任的基础全然不同，既不以责难（Vorwurf）为中心，也不以过失（Verschulden）为前提。国家既然不能中止其频繁活动，而人民受到损害亦为必然，故当然要求人民接受诸种可能的牺牲，而这种牺

---

① 江必新：《国家赔偿法原理》，中国人民公安大学出版社1994年版，第22页。

牲须公平才合乎正义要求。若不公平，则非由国库补偿不可。工作人员的不法行为并非基于国家意志，之所以要国家承担责任，是因为工作人员所造成的损害乃国家行为之后果。① 奥托·迈耶还认为，官吏个人之不法行为，绝非基于国家之意思，但当然由国家承受，盖其乃国家自身之工具用法上之失策而引起的损害，犹如汽车的火花、流弹一样，应视同国家行为。也就是说，无特别区分原因行为之适法性之必要，亦即不重视责任条件，而注重全体负担之国家责任。② 该学说在实践中的运用始于德国国家赔偿制度上对应予补偿的征收和一般财产限制的区分。联邦最高法院根据帝国法院的具体行政行为理论（具体侵害视为征收，而一般限制视为内容限制），创造了特别牺牲理论，并将之运用于国家补偿领域。

特别牺牲说注重从结果和国家行为的本质来分析国家赔偿责任的性质，而不是从表面的适法性出发来追究国家责任，意味着学者们已经逐渐认识到国家赔偿不同于私法赔偿的特性和制度价值。③ 它从国家与公民关系的角度，分析国家行为对公民的不可回避性和某种程度上的不可选择性——主要是就干涉行政而言——来界定国家责任的范围，引入了公法思维的基本思路，为国家赔偿理论和实践的发展极大地拓展了空间。同时，这一理论注重从结果出发来考虑国家责任，为国家赔偿责任和国家补偿责任提供了共同的理论基础。

七、危险责任说

危险责任说属于传统的私法理论，因其"不必争执过失与否之推定"，故又称"结果责任"。危险责任说后被运用到国家赔偿法领域中，是指国家或公共团体因其工作人员行使职权形成特别危险状态，当损害人民权利时，法律上不评价其原因、行为之内容，而由国家负损害赔偿

---

① 江必新：《国家赔偿法原理》，中国人民公安大学出版社1994年版，第22页。
② （台）城仲模：《行政法之基础理论》，三民书局1970年版，第566页。
③ 参见马怀德主编《完善国家赔偿立法基本问题研究》，北京大学出版社2008年版，第30页。

责任。[①] 危险责任说认为，任何人由于某种行为而得到利益时，必须对由于该行为而产生的危险承担责任，不能只得到利益而不承担责任。根据这一学说，行政主体负担无过错责任，是由于行政机关所作出的某些行为或所保管的某些物体具有危险。行政主体行使特权本身也是对公民的一种危险。危险责任指不关涉主观原因行为，而仅把握客观结果损害之国家责任概念，受害人根本无需证明或主张损害行为的确出于过错，另一方面，被请求单位纵或得以证明无过错，亦无摆脱其责任之可能。[②] 换言之，加害行为若已具备国家应负起责任所必要之性质的程度，不管有无过错，即得肯定国家责任之存在。

　　危险责任在民事领域是作为过错责任的例外和补充而存在的，而在公法方面，由于公权力的高度危险性总是存在，故危险责任说在公法领域的发展有着普遍性的意义。危险责任说认为国家并不是高于个人的法律主体，它所掌握的力量必须符合客观法。国家合法存在的基础不在于至高无上的主权，而在于公务的提供。国家提供公务而保有和行使权力对公民个人构成了一种危险，这种危险带来的损害应该由国家来负责。这一学说最早来自于法国国家赔偿判例，并经判例发展和学说提炼而成，成为法国国家赔偿制度走在世界前列的另一项显著成果。作为过错责任的补充和例外，危险责任在法国的适用范围极广。

　　危险责任说是从结果角度来定义国家赔偿责任的，危险责任的提出标志着国家赔偿责任的追究从原因行为的归责性原则向着损害结果填补补救的转变，是社会福利国家的一项重要内容。从世界各国的国家赔偿法制来看，几乎没有国家完全采用过错责任的标准，而是或多或少地承认危险责任标准在国家赔偿法上的适用。

　　[①] 江必新：《国家赔偿法原理》，中国人民公安大学出版社1994年版，第23页。
　　[②] 马怀德主编：《完善国家赔偿立法基本问题研究》，北京大学出版社2008年版，第31－32页。

第三节　我国国家赔偿的基本原则和基本观念

一、我国国家赔偿法的基本原则

法律原则具有主要矛盾揭示、价值取向定位、法律系统化支撑、漏洞弥补、法律解释标准、规范适用效力等多方面的功能。国家赔偿法的基本原则就是指导国家赔偿法的制定，贯穿于国家赔偿法始终的基本精神，它决定着国家赔偿法的基本特征。我国国家赔偿法体现了以下几个基本原则：[①]

一是平衡国家利益与私人利益的原则。利益衡量无所不在，法治是多种利益交汇的一个结合点。法律利益衡量属于法学方法论的范畴，[②] 其目标是利益最大化。法律领域中的利益衡量归根结底是公正和效率这两大法律价值相互之间，以及它们与生产力、文化等经济社会价值之间的协调和平衡。平衡国家利益与私人利益的原则所指的私人包括自然人、法人和非法人的其他组织。我国是人民当家作主的社会主义国家，国家、集体和个人的根本利益是一致的，但是，这并不意味着在现实生活中国家利益不会与私人利益发生冲突。为此，国家必须在维护国家根本利益的同时，尽可能地尊重和保障私人利益，实现二者之间的利益平衡。建立国家赔偿制度便是实现这种平衡的具体方式之一。国家利益与私人利益发生冲突而导致私人利益损害的表现形式不一，有的是国家为了谋求社会利益而不得不牺牲小范围内的群体利益和个人私利造成的，有的则是国家工作人员在履行国家职务过程中违法或过错造成的。之所以将国家工作人员违法或过错行使职权的行为归结为国家利益与私人利益相冲突的一种形式，这是因为该行为是国家工作人员代表国家以国家名义进行活动的，国家如不任用该国家工作人员担任国家职务，自然不会产生

[①] 以下参见皮纯协、冯军《制定我国国家赔偿法若干实体问题探索》，载罗豪才、应松年主编：《行政法学研究丛书3：国家赔偿法研究》，中国政法大学出版社1991年版，第25－28页。

[②] 参见梁慧星著《裁判的方法》，法律出版社2003年版，第186页。

职务侵权损害的后果。

平衡国家利益与私人利益的原则决定我国国家赔偿法表现出如下方面的特征：（1）立法目的的双重性。国家赔偿法不仅要保证私人合法权益在受到国家活动侵害时得到救济，而且要促进和维护国家机关依法行使职权，保障国家机关的正常运转。（2）一定范围内国家责任的豁免，如免除国家立法行为、部分司法行为的赔偿责任等。（3）保障受损害的私人得到合理赔偿。与国外许多国家的国家赔偿制度一样，我国国家赔偿法规定的赔偿方式以金钱赔偿为主，具有简便易行的特点。（4）对于因重大过失或故意违法而致人损害的国家工作人员，通过行使求偿权予以惩戒。求偿的惩戒性使之不同于民法上的连带赔偿关系。

二是及时、合理、有效的原则。此原则是前一原则的延伸。我国国家赔偿法一方面承认国家活动的特殊性，另一方面也对保护私人的合法权益提出了更高的要求。这就是国家赔偿法必须遵循及时、合理、有效的原则。及时，就是要求国家给予受害人国家赔偿的时间要尽量缩短，国家赔偿程序应尽可能简便。合理，就是要求国家赔偿豁免的范围应当确定得合理，不能过宽；国家赔偿的条件不能过苛；损害计算的标准和方法应当合理，原则上应给予受害人充分、足额的赔偿。有效，就是要求申请赔偿的手续费、诉讼费等费用不应过高；国家赔偿费用的来源有可靠的保障；国家赔偿决定能得到有力、充分的执行。

三是量力而行，逐步扩大国家赔偿深度和广度的原则。自新中国成立特别是十一届三中全会以来，我国的社会主义经济、民主和法治取得了长足的发展。改革开放取得的巨大成就，使得我国综合国力大为增强，政府和人民群众的民主和权利意识不断增强。我国相继颁布《宪法》、《民法通则》、《民事诉讼法》、《行政诉讼法》等一大批保护人民合法权益的法律，已基本形成完备的权利保障体系。这为我国国家赔偿法的制定打下了良好的经济、政治和法律基础，但是我们不能忽视制约我国国家赔偿法的现实因素，比如：（1）我国还是一个发展中国家，国家经济实力有限，用于国家赔偿的经费尚不充足。国家赔偿属于公民的一项基本权利，但相对于生存权来说，属于层次较高的发展权的范畴。国家赔偿制度的发展以国家的综合国力为物质基础。只有生存权得到了保障，具备一定经济实力，公民个人才能考虑发展的问题。(2) 我国正处在经济现代化和转型的过程，国家侵权损害现象较其他时期多，问题的解决依赖多方面共同努力。若国家赔偿范围太宽，必然出现大量无法解决的赔偿案件，其结果与协调国家与私人关系的目的适得其反，反而激化了矛盾。(3) 西方国家实行国家赔偿制度已有100多年历史，而我国才刚刚起步，缺乏经验。相对于法国、德国等西方发达国家而言，我国国家赔偿法规定的国家赔偿范围较窄，有待于在国家赔偿法的修改过程中逐步拓宽。

二、我国国家赔偿法的基本观念

我国国家赔偿法体现了以下四个观念：[1]

一是对人民负责的观念。国家的前途在很大程度上依赖于人民对政府的信赖和支持。对人民负责是取得这种信赖和支持的前提。而对其任用并由其管理监督的公务员行使职权造成他人的损害承担赔偿责任是对人民负责的最起码、最基本的要求之一。对人民负责就必须对公务行为所造成的损害负责。如果一个政府或机关对其工作人员造成的损害拒不承担任何责任，这个政府或机关实际上是在摧毁人民对它的信念，将付出比赔偿金额更大的代价。

二是公共负担平等的观念。公共负担平等是现代国家赔偿法的基石。国家工作人员代表国家行使职权一般说来是为了公共利益，这种职权行为造成特定当事人的损害由国家承担赔偿责任，实际上是将这种损害分担于全体国民（因国库的资金取之于民），或者说是由全体国民共同分担个别当事人的不幸。如果让受害人独立承担因行使公共权力带来的不可避免的风险损害是不公平的。基于公共负担平等的观念，如果公民或组

---

[1] 以下详见江必新《国家赔偿法原理》，中国人民公安大学出版社1994年版，第25-26页。

织因为公共利益而蒙受了特别牺牲，该公民或组织就应当得到赔偿或补偿。

三是有错必纠的观念。国家机关承担赔偿责任，通常以致害行为违法或不当为前提。如果害怕承担赔偿责任而坚持错误、文过饰非，甚或陷人以罪使无辜公民或组织告状无门，则不仅与国家赔偿法的宗旨相悖，而且最终会事与愿违。因为，有错不纠，小错势必酿成大错；民瘼不除，哀怨难免转成仇恨。结果不仅不能顾全国家机关的面子，反而危害国家安定团结的大局。事实上，人民不能奢望政府"秋毫无犯"，但要求政府善于知错，又知错必改。有错必纠是有信心、有能力的表现，是光明磊落、励精图治的表现。如果国家机关坚持错误、文过饰非，又怎么教育老百姓做奉公守法的公民呢？

四是依法行使职权的观念。促进国家机关依法行使职权是国家赔偿法的重要宗旨之一。应当说，国家赔偿法的颁布为国家工作人员依法行使职权创造了重要的条件。根据我国国家赔偿法的规定，如果国家工作人员的职权行为造成他人损害，而该工作人员具有一般过错，则完全由国家承担赔偿责任，工作人员个人无需承担赔偿责任，这就是说，行使职权过程中的风险责任由国家承担，这就解除了工作人员的后顾之忧。但是，如果工作人员对损害结果具有故意或重大过失，赔偿义务机关应当向该工作人员追偿部分或全部已经赔偿的费用。可见，国家赔偿法既有支持国家工作人员大胆行使职权的一面，又有增强国家工作人员自我约束机制的一面。国家工作人员既不能因为国家承担赔偿责任而为所欲为，又不至于害怕自己承担赔偿责任而缩手缩脚。总之，国家工作人员不能也不必手足无措，只要恪守"中道"，依法行使职权，就一定会立于不败之地。

第四章　国家赔偿的类型

按照国家权力分工的原理，狭义的行使公权力包括行使立法权、行政权和司法权，而广义上的行使公权力还包括设置和管理公有公共设施。与之相适应，从学理上而言，国家赔偿也可以分为四种类型：立法赔偿、行政赔偿、司法赔偿、公有公共设施致害赔偿。从比较法来看，世界各国的国家赔偿制度大致由立法赔偿、行政赔偿和司法赔偿三个方面的内容构成。大多数国家的国家赔偿主要包括行政赔偿、司法赔偿和公有公共设施致害赔偿，肯定立法赔偿的有法、日、德等少数国家赔偿制度较为发达的国家。[①]

第一节　立法赔偿

立法赔偿（legislative compensation），就是指国家对立法机关及其工作人员行使职权的行为所造成的损害，承担赔偿责任。这里的立法机关行使职权的行为既包括积极立法行为，也包括消极立法不作为。

一、国外立法赔偿的理论与实务

传统理论和大多数国家的立法上反对国家应对立法行为承担国家赔偿责任，认为国家赔偿不应当包括立法赔偿，或者说立法机关的行为不适用国家赔偿。其理由主要有：第一，立法行为具有高度政治性。[②] 具有

[①] 参见廖海《中外国家赔偿制度之比较》，载《法学评论》1996 年第 1 期。
[②] （台）城仲模：《从行政法观点论我国实施"国家赔偿法"之相应整备》，载《中兴法学》第 18 期，第 11 页。

高度政治性的行为是不应当产生国家赔偿责任的，如战争、国防、外交等。按照三权分立原则，立法行为不应当受到司法机关的审查，应当承认立法机关广泛的立法裁量权。第二，受卢梭人民主权学说的影响，认为法律是立法机关的成员按照"多数决"原则形成的，是民意代表机关意志乃至人民意志的体现，是国民行使主权的结果，主权行为不负责任，追究其责任缺乏合理的根据和正当性。此外，立法机关作为一个实行合议制的集合体，在法律违反宪法的情况下，是追究投赞成票的立法机关成员的责任还是追究整个立法机关的责任，均难确定。在目前世界各国的违宪审查制度下，当违宪审查机关认为法律违宪时，只是不适用或者撤销违宪的法律，国家并不对违宪的法律承担赔偿责任。第三，只有特定的损害才能产生赔偿责任，立法行为不符合国家赔偿就特定个人弥补损害的条件。由于法律表现为规范的形态来调整社会关系，并不直接指向特定的社会成员，而是指向不特定的社会成员，立法机关的立法行为虽属行使公权力的行为，但不针对特定的某个人或者某些人，具有保护一般大众利益的目的。[1] 而且，赔偿责任通常由于过错或违法而产生，法律代表合法性，不能有过错和违法。第四，对于立法不作为，在制度层面上很难判断。立法机关拥有立法裁量权，可以根据自己的判断决定制定什么法律以及何时制定什么法律等问题，那么立法机关未制定法律达到何种程度才构成立法不作为，对此极难判断，国家也就难以对立法不作为承担赔偿责任。第五，许多赔偿责任因过错而产生，立法机关行使自由议政之特权，所通过法律不存在过错问题。[2]

但是，受狄骥实证主义社会法学理论的影响，[3] 法国等少数国家赔偿制度较为发达的国家通过判例或者单行法的形式肯定了立法赔偿责任，认为国家的立法职能也会使公民受到损害，立法机关应在一定的范围内

---

[1] Battis, Allgemeines Verwaltungsrecht, 2. Aufl., 1999, s. 365.
[2] 参见王元朋《国家立法赔偿的逻辑》，载《行政法学研究》2008年第2期。
[3] 狄骥指出："法学上有一个重要的原则，便是国家也须受法律的限制，国家主权命令说不足取，不但因其可攻击之点太多，而且也与法学上之最重要原则过于相反。"见（台）曹竞辉著《国家赔偿法之理论与实务》，新文丰出版公司1981年版，第11页。

对其行使职权的行为承担赔偿责任,如法律没有特别的规定,立法赔偿适用行政赔偿的一般原则。法国通过判例肯定了国家的立法赔偿责任,表现在立法行为的赔偿责任与议会中的行政管理行为两个方面,但不包括行政机关制定条例的行为。在法国,国家对立法行为负赔偿责任首先出现在20世纪初的行政合同中。行政合同的当事人因国家法律而受到特别损害时,如果法律没有排除赔偿的规定,行政法院根据统治者行为原则,判决国家对合同的对方当事人负补偿责任。法国最高行政法院于1938年1月14日在La Fleurette案的判决中正式承认国家对行政合同以外的其他行为,即使法律没有规定,也对立法行为负赔偿责任。① 而对于议会中的行政管理行为的赔偿责任,经由1958年11月12日的法令确认,主要由行政法院管辖,适用行政赔偿责任的一般性原则。② 不过,法国判例上适用立法赔偿责任的范围不广,只在下列条件下,最高行政法院才在法律没有规定赔偿时,判决国家对制定法律负赔偿责任:(1)法院不能审查议会立法的合法性,必须适用议会所制定的法律。凡法律明确地或默示地禁止赔偿时,不能判决国家负赔偿责任。(2)不道德的利益由于制定法而受到损害,不能得到赔偿。(3)损害必须具有特定性,只对特定人或少数人发生才能得到赔偿。(4)在国家无过错时,损害必须达到相当严重程度,受害人才能由于制定法律而遭受损失请求赔偿。(5)国家为了保护重大利益而制定的法律,不负赔偿责任。

在日本,国会的立法赔偿已为通说及其判例所认可,对"公权力的行使"的理解采广义说已被最高法院判例确认。③ 最高法院在理论上承认

---

① La Fleurette案的事实为:法国为保护牛奶工业,1934年时制定一部法律,禁止生产奶类食品的代制品。制造奶类食品代制品的La Fleurette公司由于这部法律而不能营业,于1938年向行政法院起诉,请求国家赔偿。最高行政法院认为,La Fleurette公司为1934年法律的主要受害人,该公司所经营的商业为合法企业。国家法律不能为了一部分公民的利益,而牺牲特定人或少数人的利益;且1934年法律中没有禁止国家赔偿的规定,根据公平负担平等的原则,国家应负赔偿责任。最高行政法院据此判决国家负赔偿责任。在1944年1月21日的Caucheteux et Desmont案中,最高行政法院再次重申了这一原则。

② 王名扬:《法国行政法》,北京大学出版社2007年版,第581-584页。

③ 参见[日]盐野宏著《行政法》,杨建顺译,姜明安校,法律出版社1999年版,第457-458页。

立法赔偿，尽管原则上仍认为国会行使立法权的行为是政治责任问题。①从下级法院判例来看，当立法行为有处分的性质时，如果其内容违反宪法，即可成立国家赔偿法上的"违法"。例如，札幌地方法院1981年10月22日判例时报第1021号第25页案例的判决即表明了此立场。② 而本世纪初判决的"麻风预防法违宪国家赔偿案"较为典型地从作为和不作为两方面表明了立法赔偿的制度必要性、合理性和可行性。③ 日本司法实务上还曾经判决国家应承担立法不作为而造成损害的赔偿责任，理由是，宪法明确规定公民具有生存权，而国会长期未制定法律，以明确保障人的基本尊严的生活的最低标准。

在德国，尽管没有国家被判决对因立法变更造成的损害承担赔偿责任的明确案例，④ 但立法上也出现了肯定立法赔偿的倾向。1973年的联邦德国《国家赔偿法（草案）》中肯定了立法赔偿责任，该草案第6条第1项规定："因立法机关之违法行为所生之权利侵害，或基于此项违法行为所生权利之侵害，不适用第3条（金钱赔偿）之规定。但立法机关关于宪法法院确认其行为违法后十八个月内，未有其他立法者，发生第3条之法律效果。"1981年的德国《国家赔偿法》第5条第2款规定："如果义务损害为立法者的违法行为所造成，只在法律有规定并在规定的范围

---

① 曾祥瑞：《日本国家赔偿特别领域要论》，载《行政法学研究》2004年第1期。

② 同上。

③ 该案大体内容如下：1996年3月27日，日本国会通过《废止麻风预防法法案》，废除了《麻风预防法》。但原麻风病患者们认为，由于长期的强制隔离，患者及其家属因《麻风预防法》造成的痛苦，在该法被废除之后仍难以消除，遂根据《国家赔偿法》第1条的规定，分别在熊本地方法院、东京地方法院和冈山地方法院提起以国家为被告的损害赔偿诉讼。2001年5月11日，熊本地方法院作出立法赔偿的判决，指出国家依据《麻风预防法》实施的隔离政策严重侵害了患者的人权，厚生大臣和国会议员懈怠废除《麻风预防法》的不作为行为中具有《国家赔偿法》上的故意和过失。判决分别论证了厚生大臣与国会议员的违法性及其故意和过失。其中，对国会议员的立法作为（《麻风病预防法》制定的违宪性）与不作为（隔离已无必要时并未废止）两个方面的违法性分别做了论证：其立法作为的违法性在于"在判断《麻风预防法》隔离规定的违宪性时作为前提所确认的有关事实，是属于只要国会议员进行调查就可容易知晓的事实……由此可以认定国会议员行为存在过失"，其立法不作为的违法性在于"可以认定最迟自昭和40年（1965年）以后，在国会议员未修改或废除《麻风预防法》隔离规定的立法不作为中存在国家赔偿法上的违法性"，并以此判决国家向受害者承担赔偿责任。参见朱芒《立法、行政的不作为与国家赔偿责任——日本麻风预防法违宪国家赔偿诉讼》，载医学捌号楼网，http://www.med8th.com/humed/2/030501lfx.htm。

④ 参见王元朋《国家立法赔偿的逻辑》，载《行政法学研究》2008年第2期。

内，发生赔偿责任。本法不涉及完全基于立法者行为而发生的行政的或司法的权力违反义务的责任。"第二次世界大战后的德国还通过特别立法对因纳粹政权时期的立法而受到的损害承担国家赔偿责任。

此外，根据《欧洲共同体条约》第 215 条、第 288 条的规定和欧洲法院一系列判例所确定的原则，各成员国必须对其立法机关违反共同体法律所造成的损害承担赔偿责任。[①] 在我国台湾地区的判例上也有关于立法怠惰的国家赔偿责任案件。

二、对于我国应否规定立法赔偿的理论探讨

我国对于立法行为，不论是权力机关的立法行为还是行政机关的立法行为，均采取了国家主权豁免原则，国家一律不承担责任。即使是行政机关制定的具有普遍拘束力的规范性文件，也不存在国家赔偿的问题。在《国家赔偿法》的制定和修订过程中，对于国家赔偿制度中是否应当包括立法赔偿，存在不同的观点：

一是否定说。该说认为，我国的立法机关是人民意志表达的机关，代表人民行使国家权力，不可能侵犯人民的利益，同时，其所从事的是一种具有抽象性、普遍性的活动。[②] 另外，在我国立法机关为权力机关，而法院由权力机关产生并对权力机关负责。法院无权审查立法机关的立法行为，也无权判定立法机关负赔偿责任。[③] 我国 1994 年《国家赔偿法》采否定说，没有规定立法赔偿，其理由是：第一，各级人大是权力机关，不具体行使行政和审判权。第二，全国人民代表大会是最高国家权力机关，全国人民代表大会及其常委会制定的法律是代表全国各族人民意志的，一切国家机关、企事业单位、社会团体和公民个人都必须遵守。第三，地方人民代表大会制定的地方性法规，如果与宪法、行政法规相抵

[①] [德] 哈特穆特·毛雷尔著：《行政法学总论》，高家伟译，法律出版社 2000 年版，第 767－771 页。

[②] 参见刘嗣元、石佑启编著《国家赔偿法要论》，北京大学出版社 2005 年版，第 84 页。

[③] 欧彬武：《宪政视野下国家赔偿主体分析》，载《湘潭师范学院学报》（社会科学版）2007 年第 5 期。

触应当纠正,如果还没有执行,则不发生损害赔偿问题,如果地方政府已经执行了,给公民造成损失,可以通过行政赔偿得到救济。第四,各国多没有对议会规定赔偿。① 而在2010年《国家赔偿法》的修订中,这一立场亦未发生变化。

二是肯定说。该说认为,我国《宪法》第41条第3款和《国家赔偿法》第2条都明确规定了公民有取得国家赔偿的权利,并没有限定取得国家赔偿的范围,在尊重和保障人权已成为一项重要的宪法原则的今天,任何一项制度的构建都应基于人权或公民权利的立场,而不能仅仅从政治国家的角度考虑。② 而且,立法机关应当对侵权行为负赔偿责任,这与"法律面前人人平等"的法律精神是完全吻合的。如果立法机关侵权之后不负任何责任,立法权不正当行使风险增大,诚如柏拉图所言:"如果某人管理所有人类事务可以不承担责任,就必然产生傲慢和非正义。"

我们认为,立法行为虽具有特殊性,但因此将一切立法行为甚至行政主体所制定的规范性文件都排除在国家赔偿范围之外,并不正当,立法赔偿应当成为我国国家赔偿的一种类型。主要理由在于:

第一,从国际和国内的大环境来看,确立立法赔偿制度是顺应历史发展之举。各国的立法趋势表明,人民的权利意识逐渐觉醒,民主运动日益高涨,各国的民主政治制度也历经改革和发展,对公民权利的保护力度加大,立法赔偿如前例所述已经成为发展趋势。从我国内部环境来看,我国民主政治建设不断增强,经济实力大为提升,"义务本位"、"国家本位"等观念正在转变,确立立法赔偿制度的政治、经济和社会前提已经具备。

第二,符合我国宪法根本精神,有助于宪法保障人权目标的实现。《宪法》第24条规定:"国家尊重和保障人权。"而国家赔偿法被称为"对宪法承诺的公民基本权利的兑现法",这意味着国家赔偿法应当贯彻保障人权的宪法精神。立法行为较之其他行使国家公权力的行为,对基

---

① 顾昂然:《国家赔偿法制定情况和主要问题》,载《中国法学》1995年第2期。
② 参见刘嗣元、石佑启编著《国家赔偿法要论》,北京大学出版社2005年版,第84-85页。

本人权的影响更为广泛、深刻，为了维护公民、法人和其他组织的合法权益，理应对立法行为造成的损害予以赔偿。我国《宪法》第42条还规定："由于国家机关和国家工作人员侵犯公民权利而受到损失的人，有依照法律规定取得赔偿的权利。"其并未将国家赔偿局限为行政赔偿和司法赔偿，确立立法赔偿制度与宪法精神相符。

第三，有利于督促立法机关依法行使职权。若允许立法机关违法行使立法权却无需承担国家赔偿责任，不利于对立法机关的监督。只有建立立法赔偿制度，才会促使立法机关始终以人民利益为重，谨慎行使立法权。试举一例以说明：根据2000年《立法法》第8条第5项的规定，对限制人身自由的强制措施和处罚只能通过制定法律的形式予以规定。1982年起施行的《城市流浪乞讨人员收容遣送办法》明显违法，但在《立法法》出台三年后才因2003年"孙志刚收容致死"案被废止。按照现行法律规定，《城市流浪乞讨人员收容遣送办法》的立法机关无需对其三年间怠于废止该法规的行为承担立法赔偿责任，从而受到了学界的质疑。

第四，国家行使公权力造成公民、法人或其他组织合法权益的损害，不一定要通过具体行为才可能发生，还可以通过抽象行为发生。如博登海默所言："法律秩序中的规范与事实这两个方面，互为条件且互相作用。这两个要素缺一不可，否则就不会有什么真正意义上的法律制度。不对人的行为产生影响，那么法律只是一种神话，而非现实。"① 国家可以通过立法行为，限制公民、法人、其他组织为某项行为或剥夺其某种权利，或给予其某项义务负担，从而造成其合法权益的损害。国家立法行为与公民、法人、其他组织的合法权益遭受损害之间可能存在因果关系。既然立法行为会带来合法权益损害的后果，国家就应为此承担损害赔偿责任，否则有失公允。② 值得一提的是，国家赔偿范围的扩大表现之

---

① ［美］E. 博登海默著：《法理学——法律哲学与法律方法》，邓正来译，中国政法大学出版社1999年版，第239页。

② 王瑾：《试论立法赔偿在国家赔偿法中的确立》，载《法制与社会》2007年第4期。

一在于抽象行政行为的国家赔偿被纳入，这与立法赔偿的确立实际上是同向的。

第五，至少应将规章以下的规范性文件纳入国家赔偿范围。一方面是因为《行政复议法》和《立法法》的规定及其实践积累了一定的经验；另一方面是因为规范性文件损害公民、法人和其他组织合法权益的后果比较严重，有必要将这部分行为造成的侵权纳入赔偿范围。当然这个问题也要和《行政诉讼法》的修改中是否将抽象行政行为纳入受案范围相联系。

第二节 行政赔偿

行政赔偿（administrative compensation），是指国家行政机关及其工作人员的公务行为造成公民、法人或其他组织合法权益的损害，由国家承担赔偿责任。[1] 行政机关数量繁多、影响广泛，因此，在现实中，国家赔偿大多表现为行政赔偿。行政赔偿包括国家行政机关以机关的名义实施行为造成的损害和行政机关工作人员以公务员身份所实施的行为所造成的损害。此外，按照国外一些国家的规定，对于因公务机关、公务人员或国有企事业单位执行非权力性公务，即以增进公益和提供服务为目的的公务活动所造成的损害，国家也应依法承担行政赔偿责任。例如，国家邮政、铁路部门的公务，国立学校、医院的活动等所造成的损害，国家应依法承担国家赔偿责任。但我国未将此类行政赔偿列入国家赔偿的范围，受害人得依民法的有关规定请求民事赔偿。

一、应否将行政不作为造成的损害纳入行政赔偿的范围

行政不作为是行政行为的一种特殊形式，是指行政机关依法应该实施某种行为或履行某种法定职责，而行政机关无正当理由却拒绝作为的

---

[1] 参见姜明安主编《行政法与行政诉讼法》，北京大学出版社1999年版，第401页；胡锦光、余凌云主编：《国家赔偿法》，中国人民大学出版社2008年版，第7页。

行政违法行为，其具体表现形式大致有拒绝履行、不予答复、拖延履行等。从比较法来看，凡是建立了国家赔偿制度的国家几乎都将行政不作为行为造成的损害纳入行政赔偿的范围。例如，德国《国家赔偿法》规定，如果公务员应当执行对第三人的义务而没有执行造成损害的，国家必须对此承担责任。德国联邦最高法院依法官权限创设的准征收侵害制度将依法应作为而不作为（即德国行政法上的严重不作为），致使私有财产权发生损失的，列为侵害人民权利的一种行为，可构成准征收侵害。① 美国《联邦侵权赔偿法》第1346条第6款规定："由政府雇员在他的职务或工作范围内活动时的疏忽或错误的作为或不作为所引起财产的破坏或损失，人身的伤害或死亡等，属于美利坚合众国的侵权赔偿范围。"在英国行政法中，行政机关不履行法定义务属于实质越权的一种表现形式，是一种无效的行为；公民为了弥补行政不作为所造成的损害，可以向法院请求赔偿损失。在日本行政法的判例与学说中，对于因行政厅怠慢于权力的行使而没有给国民带来法定的给付与保护，从而使国民蒙受损失，认为行政厅持续不作为是对国民"接受公权力保护的地位或权利"的侵害，可能导致法律向行政厅的授权本身失去意义，因而有必要承认行政厅负有行使该权限的法定义务。这在法院的判例中也有相应的体现。② 我国台湾地区"国家赔偿法"第2条第2款也规定了公务员怠于执行职务，致人民自由或者权利遭受损害的，国家应负损害赔偿责任。

我国修订前的《国家赔偿法》第二章第一节以列举的方式将行政赔偿的范围仅限于违法的行政作为行为，但最高人民法院已经通过司法解释肯定了对部分行政不作为行为的赔偿责任，司法实践中也有相应的案例。2001年7月17日公布的法释〔2001〕23号《关于公安机关不履行法定行政职责是否承担行政赔偿责任问题的批复》明确规定："由于公安机关不履行法定行政职责，致使公民、法人或其他组织的合法权益遭受

---

① 比如，对于强制管制使用的住宅，依法应当废止管制而没有按时废止的，就属于这一类情形。
② 参见张丽娟《另一种视角：国外如何遏制"行政不作为"》，载《中国党政干部论坛》2003年第9期。

损害的，应当承担行政赔偿责任。在确定赔偿的数额时，应当考虑该不履行法定职责的行为在损害发生过程和结果中所起的作用等因素。"发生在2002年的尹琛琰诉河南省卢氏县公安局110报警不作为行政赔偿一案，系公安机关行政不作为引发赔偿的案例，法院经审理判处不作为的公安局承担部分责任，取得了较好的社会效果。①

我们认为，应当将行政不作为造成的损害纳入行政赔偿的范围，主要理由在于：第一，国家赔偿法的宗旨在于制约公权力，保护和救济受害人的合法权益，而将行政不作为所致损害纳入行政赔偿范围更有利于该立法宗旨的实现。从我国国情来看，经济、社会的发展，要求政府从管理型政府向服务型政府回归，但实践中，行政不作为行为大量存在，损害了公民、法人或者其他组织的合法权益。如果对此种怠于履责的行为不给予否定评价和严格追究，不对受害人遭受的损害予以赔偿，就会出现违法的行政不作为得不到有力监督和制约，公民的合法权益得不到有效救济的现象。第二，与行政作为一样，行政不作为也可能造成行政相对人合法权益的损害，这些损害和行为之间的因果关系并不会因为行为的不作为状态而发生改变。如一幢大楼失火，主人向消防机关报警要求及时灭火，消防机关故意拖延，以致酿成严重火灾；接到110报警后，值班人员未及时出警或不出警，造成了人身权或财产权的损失。第三，国家机关及其工作人员依法行使的职权并非简单等同于公民、法人及其他组织依法享有的权利，它既是一种权力也是一种职责，不能随意放弃，

---

① 该案案情为：2002年6月27日凌晨，尹琛琰位于卢氏县城东门外的"工艺礼花渔具门市部"发生盗窃，作案人的撬门声惊动了对面招待所住宿的旅客吴古栾、程发新，他们又叫醒了招待所负责人任春风，当他们确认有人行窃时，即先后两次拨通了卢氏县公安局"110指挥中心"电话，并报告了案情，但卢氏县公安局始终未派警力出警。20多分钟后，作案人将盗窃物品装上摩托车后驶离作案现场。尹琛琰被盗窃的物品为渔具、化妆品等物，价值25000余元。案发后，尹琛琰向卢氏县公安局提交申诉材料，要求尽快破案并赔偿其损失，卢氏县公安局一直不予答复。尹琛琰遂以卢氏县公安局不作为为由，向卢氏县法院起诉。卢氏县法院经审理认为，卢氏县公安局未及时履行查处犯罪活动的职责，使尹琛琰有可能避免的财产损失未能避免，应对盗窃分子犯罪行为造成的财产损失承担相应的赔偿责任，据此，卢氏县法院判决卢氏县公安局赔偿尹琛琰损失的50%，即赔偿12500余元。宣判后，双方未上诉。见《最高人民法院公报》2003年第2期。

一旦违法放弃就是失职，失职者当然应承担相应的责任。[①] 将行政不作为造成的损害纳入行政赔偿的范围，有利于促使行政机关依法履行职责。第四，从国内外的实践来看，一方面，许多国家和地区都规定了行政不作为的赔偿责任，如美国、德国和我国台湾地区等，我国完全可以借鉴；另一方面，我国最高人民法院的司法解释中已经肯定了公安机关行政不作为的赔偿责任，在社会上评价较好，立法应当吸纳实践中的经验。

在我国《国家赔偿法》的修订过程中，理论和实务部门大多主张将行政不作为造成的损害纳入国家赔偿范围。主要理由是：第一，行政不作为具有违法性，因行政不作为造成损害的，国家应当承担赔偿责任，否则对受害人是不公平的；第二，实践中，最高人民法院的批复中已经肯定了公安机关行政不作为的赔偿责任，立法不应该落后于实践；第三，许多国家和地区都规定了行政不作为的赔偿责任，凡是建立了国家赔偿制度的国家几乎都将行政不作为列入国家赔偿范围；第四，国家赔偿法将行政不作为致害赔偿责任予以明确，有利于促使行政机关及其工作人员依法履行职责。还有学者进一步提出，行政不作为致害情形中的因果关系通常比较复杂，在确定赔偿数额时，应综合考虑该不履行法定职责的事实在损害发生过程和结果中所起的作用、是否有直接致害的第三人等因素。在没有直接致害的第三人时，由国家予以赔偿；在存在直接致害的第三人时，由国家承担补充赔偿责任。对于表述方式上，有的建议将行政不作为表述为国家机关及其工作人员"怠于行使职权"，有的建议直接表述为"没有履行法定职责"。

最终，修订后的《国家赔偿法》采纳了各方建议，将部分行政不作为造成的损害纳入了国家赔偿范，在第3条第3项规定"放纵他人以殴打、虐待等行为造成公民身体伤害或者死亡的"情形，属于行政赔偿范围。

[①] 参见黄娟《应调整〈国家赔偿法修正案征求意见稿〉的有关赔偿范围》，载《湖南税务高等专科学校学报》2008年第6期。

二、应否将抽象行政行为造成的损害纳入行政赔偿的范围

行政机关作为行政主体所实施的行为，按照其是否属于特定的对象可以分为具体行政行为和抽象行政行为（如制定规章、条例等，在一些国家称为行政规范行为）。国家对抽象行政行为是否应承担赔偿责任，我国主要有三种观点。第一种观点是，国家对因抽象行政行为所造成的损害不负赔偿责任。目前多数国家仅规定具体行政行为造成损害的赔偿问题，即便少数国家规定抽象行政行为可以进行国家赔偿的，也多加以严格限制。并且，抽象行政行为往往是通过具体行政行为造成损害，只需建立对具体行政行为的国家赔偿即可救济权益。[①] 我国司法实践采此观点，例如，1997年的最高人民法院《关于审理行政赔偿案件若干问题的规定》第6条规定："公民、法人或者其他组织以国防、外交等国家行为或者行政机关制定发布行政法规、规章或者有普遍约束力的决定、命令侵犯其合法权益造成损害为由，向人民法院提起行政诉讼的，人民法院不予受理。"此项规定明确将国家行为和抽象行政行为排除在国家赔偿范围之外。第二种观点认为，抽象行政行为责任豁免应当是有限制的，只要抽象行政行为符合以下条件并造成损害的，就应当赔偿：行为违宪或是违法；造成的损害对象是特定的，而不是普遍的；立法中没有排除赔偿的可能性；损害必须达到严重的程度。[②] 第三种观点认为，对行政立法造成的损害，国家不负赔偿责任；对于其他抽象行政行为造成的损害，只要符合以下条件，国家承担赔偿责任：行为违法；侵犯了相对一方的人身权、财产权并造成损害；国家赔偿法或单行法律、法规规定应给予赔偿。[③]

我们认为，既然国家赔偿法具有规范公权力行使的公法性质，国家就应当对抽象行政行为造成的损害承担赔偿责任。理由是：第一，从法

[①] 林准、马原主编：《中国现实国家赔偿制度》，人民法院出版社1992年版，第51–52页。
[②] 马怀德：《国家赔偿法的理论与实务》，中国法制出版社1994年版，第128页。
[③] 皮纯协、冯军主编：《国家赔偿法释论》（修订版），中国法制出版社2008年版，第105页。

律规定看,虽然《行政诉讼法》规定抽象行政行为不属于行政诉讼的受案范围,但是《国家赔偿法》明确肯定了法院在审理赔偿案件中有权对部分抽象行政行为进行合法性审查,例如,《国家赔偿法》第4条第3项规定的违法征收、征用财产的行为就常表现为其他抽象行政行为;第二,从实务角度看,确立抽象行政行为的国家赔偿有利于保障合法权益和依法行政。在我国,法律法规没有对抽象行政行为的程序、权限等作出严格的规定,容易导致滥用抽象行政行为而侵犯相对人的合法权益,且这种行为也不一定必须通过具体行政行为实施。第三,具体行政行为与抽象行政行为的划分不是绝对的,界限有时很难区分。例如,地方政府为保护本地生产的啤酒,发布公告限制销售外地啤酒,给一些外地啤酒的生产商造成损失,这种行为是抽象行政行为还是具体行政行为,很难判断。抽象行政行为与具体行政行为的分类,原是学术研究上的需要。到目前为止,抽象行政行为和具体行政行为的划分标准在理论和实践上都存在不少问题,将抽象行政行为侵害相对人的合法权益的情形排除在行政赔偿范围之外,不利于对公民、法人或者其他组织的合法权益的保护。

同时,出于国家财力和公共负担平等原则的考虑,也应当对抽象行政行为的行政赔偿予以限制:第一,法院无权确认行政立法行为的违法与否。根据《行政诉讼法》第52条、第53条的规定,法院审理行政案件时,必须依据行政法规,并可参照规章。行政诉讼法实际上只赋予法院一定程度上的法律评价权与适用选择权,凡行政法规明确或默示禁止赔偿时,不能判决国家赔偿。第二,必须是抽象行政行为违法并造成相对人合法权益的损害。第三,损害必须具有特定性,只有特定人或少数人因此受到损害才赔偿。

三、应否将军事赔偿纳入行政赔偿范围

军事赔偿是指国家军事机关及其工作人员行使职权的行为造成公民、法人或其他组织合法权益的损害,由国家承担赔偿责任。不少国家已将军事赔偿规定为国家赔偿的一部分。例如,英国《王权诉讼法》第10条

规定了国家三军人员执行勤务时，因不作为或疏忽职守致他人死亡或伤害的侵权责任。根据美国《联邦侵权赔偿法》第2671条的规定，该法所指联邦行政机关是指美国联邦政府所设置的各种行政单位、军事单位等，政府人员是指美国陆海军成员等。波兰《民法典》第417条规定，国家公务员在任职期间造成损害时，由国库承担责任，该条所称公务员是指政府、行政机关和国家经济组织的雇员，包括选举产生的官员、法官、检察官以及武装部队成员。[①] 在法国，同大多数国家一样，其军事机关隶属于行政系统，要遵循一般的行政原则，但法国的军事赔偿比其他国家更具有广泛性，只要是"法律没有禁止赔偿的事项"，行政法院一般就会根据公共负担平等原则受理案件并进行判决。在韩国，根据其《国家赔偿法》第2条和第10条的规定，虽然排除了已取得灾害赔偿金或抚恤金的军人及军属的国家赔偿请求权，但并不否认国家对军事机关及军事人员的赔偿责任。韩国《国家赔偿法施行令》中还专门规定了特别审议会负责解决军事机关的国家赔偿问题。我国台湾地区在"军事征用法"、"核子损害赔偿法"等特别法中规定了军事赔偿。此外，瑞士、日本、德国等国都在行政法明确军事人员系国家公务员身份的基础上，对军事行动和军事人员的违法侵权赔偿问题作出了规定。[②] 上述国家关于军事赔偿的法律规定虽然在内容和形式上表现出一些差异，但也存在共同之处：一是明确了军事人员的国家公务员身份和军事机关的国家机关性质；二是都将军事赔偿纳入到国家赔偿的统一范畴，辅以一些特别法，建立比较系统的军事赔偿法律制度；三是区分行为合法与否，对军事赔偿的适用范围予以特别限制。

我国在1994年《国家赔偿法》的起草过程中，对于军事赔偿是否列入国家赔偿范围曾存在二种不同意见。第一种意见认为，国家赔偿应当包括军事赔偿。理由是，我国《宪法》第41条规定的国家机关包括军事机关，国家赔偿立法不应将其例外，且事实上也存在着军事机关违法行

[①] 廖海：《中外国家赔偿制度之比较》，载《法学评论》1996年第1期。
[②] 杨芝禄：《我国军事赔偿制度构建研究》，黑龙江大学2007年法律硕士论文，第18-19页。

为。第二种意见主张，将军事机关致害赔偿归入行政赔偿中。第三种意见认为，在我国政治体制中，军事机关不属于行政机关，军事行为与行政行为是两个不同的概念，因此，不应将军事赔偿纳入行政赔偿范畴，而应由军队内部自己制定特别法予以规范。但以上三种意见均未被立法所采纳。① 考虑到"当前主要是军队在演习、训练过程中，公民受到损失，需要采取适当方式予以补偿，但由于这不是因违法行为造成的损害，不宜列入国家赔偿的范围"，② 立法机关将军事赔偿列为国家补偿范围，未纳入国家赔偿范围。我们认为，应将军事赔偿纳入国家赔偿的范围。理由是：第一，我国早在红军时期就有关于军事赔偿的实践做法。"三大纪律八项注意"中规定的"损坏东西要赔"实质上已经体现了军事赔偿理念，这一优良传统在现代法治社会更应当予以继承发扬。③ 第二，国家赔偿法所说的国家机关和国家机关工作人员应该包括军事机关和军事机关工作人员。我国宪法和法律所指的国家机关包括国家权力机关、国家行政机关、国家司法机关和国家军事机关。在上述机关工作的人员均属国家工作人员。军事机关及其工作人员代表国家执行职务过程中产生的损害，国家理应承担赔偿责任。第三，把军事赔偿纳入国家赔偿法符合我国宪法的根本精神。我国《宪法》第41条关于建立国家赔偿制度的规定适用于一切国家机关和国家机关工作人员，军事机关及其工作人员也不能例外。建立军事赔偿法律制度，是遵循和维护宪法尊严，保证宪法原则和精神得到实施的根本要求。国家赔偿法中虽未规定军事赔偿，但其基本原则应当完全适用于军事赔偿。第四，军事机关及其工作人员行使职权造成损害的情形是现实存在的，为了充分保护公民、法人和其他组织的合法权益，应当将军事赔偿置于国家赔偿范围之内。

对于军事赔偿是否属于行政赔偿，我国学理上有不同的看法。一种

---

① 何静：《扩大我国国家赔偿范围的理论思考》，载《行政论坛》2004年第3期。
② 全国人大常委会法制工作委员会民法室编著：《〈中华人民共和国国家赔偿法〉释义》，法律出版社1994年版，第91页。
③ 参见肖凤城《军事赔偿立法刍议》，载罗豪才、应松年主编：《行政法学研究丛书3：国家赔偿法研究》，中国政法大学出版社1991年版，第77页。

观点认为，军事赔偿属于行政赔偿。从比较法的角度来看，军事赔偿一般是置于行政赔偿之中的。从我国的法律规定看，我国《宪法》第41条规定的国家机关包括军事机关，国家赔偿立法不应将其例外，且事实上也存在着军事机关违法行为。另一种观点认为，军事赔偿不属于行政赔偿。因为，在我国宪政体系下，军事机关独立于行政机关，且与行政机关处于平行的地位。[①] 我们认为，应将军事赔偿纳入行政赔偿。我国军事机关在形式上独立于政府机关，但实际上，它与各级政府一样，都是国家意志机关的执行机关，应当属于行政机关的范畴。因此，军事赔偿应当纳入行政赔偿的范围。需要注意的是，应当对军事行为与国防行为加以区分，国防行为造成的损害不一定都属于国家赔偿的范围。所谓国防行为是指国家机关为保卫国家主权、领土完整和安全，防备外来侵略和颠覆，所进行的军事及与军事有关的政治、外交、经济、文化等活动。国防行为包括国防国家行为和一般国防行为，只有国防国家行为（如宣布和进行战争，进行战争动员和准备，宣布和实施戒严等）才享有司法豁免，一般国防行为则不享有这种豁免。我国《行政诉讼法》第12条第1款规定："人民法院不受理国防、外交等国家行为。"该规定中的国防行为应理解为国防国家行为。

第三节 司法赔偿

司法赔偿（judicial compensation），是指国家对国家司法机关及其工作人员行使职权的行为所造成的损害，承担赔偿责任。在不同法系的国家，司法机关的范围有所不同，司法赔偿的范围也有所不同。在英美法系国家，司法机关仅指行使司法权的普通法院；在大陆法系国家，司法机关包括行使司法权的普通法院和行使检察权的检察机关，不包括行使违宪审查权的宪法法院和行使侦查权的机关。也可以说，司法赔偿范围

[①] 刘嗣元、石佑启编著：《国家赔偿法要论》，北京大学出版社2005年版，第86页。

的不同界定取决于对司法权的不同理解。一些国家认为，司法权仅指审判权；而另一些国家则认为，侦查、检察、起诉、审判、执行都是司法权的内容。

一、比较法上的司法赔偿

目前，世界各国的司法赔偿大多都限于冤狱赔偿即刑事赔偿，一般不包括非刑事司法赔偿即民事、经济、行政诉讼赔偿。例如，德国的司法赔偿包括刑事赔偿和刑事补偿。刑事赔偿的依据是德国《基本法》第34条、《民法典》第839条和《欧洲人权公约》第5条第5款，其内容包括违法的刑事追诉措施之命令和违法错误的判决产生的司法赔偿。违法的刑事追诉措施之命令是指刑事追诉措施之命令违反了刑事诉讼法典的规定；违法错误的判决是指法官在判决诉讼事件时故意曲解法律或者受贿，且达到构成刑事犯罪的程度。而刑事补偿的依据是联邦德国《刑事追诉措施赔偿法》，针对形式上合法，但造成损害的刑事追诉措施，补偿的范围包括人身自由权的损失和非财产权的损害。在日本，司法赔偿同样由刑事赔偿和刑事补偿组成，前者受《国家赔偿法》的调整，后者受《刑事补偿法》的调整。根据日本《国家赔偿法》第1条的规定，检察官、法官执行其公权力职务时，因故意或过失违法侵害人民之自由或权利，国家应当承担赔偿责任。日本《刑事补偿法》主要针对刑事诉讼过程中的羁押、拘禁措施，或者已执行的刑罚，要求具有两个要件：一是已经受到羁押、拘押、拘禁或已执行刑罚。二是受到无罪判决。在美国，有关刑事赔偿的法律规定主要体现在《美国法典》第28编第1495条和第2513条的规定。《美国法典》第28编第1495条规定了因不当定罪与监禁而以美国为被告的诉讼管辖权，第2513条规定了错误定罪与监禁的损害赔偿问题。

少数国家司法赔偿的范围比较广泛，既包括刑事赔偿，也包括非刑事司法赔偿。例如，在法国，其刑事赔偿实行全面赔偿原则，包括物质损失和精神损失的赔偿。根据《刑事诉讼法》第149条的规定，获得刑事赔偿的条件为：一是在侦查程序中受到先行羁押的人，如果侦查程序以不予起诉、免予起诉或宣告无罪而终结并最终确定之后，可以请求给予赔偿；二是先行羁押和刑罚执行给当事人造成了损害，且这一损害显然是不正常并极为严重的。除刑事赔偿外，法国还规定了对民事诉讼过程中的错误判决进行赔偿的制度。根据法国《民事诉讼法》第505条的规定，司法官因诈骗、渎职、拒绝裁判或其他职务上的重大过失，而作出错误判决时，受害人可根据民事诉讼法之规定请求国家赔偿。法国《关于执行法官和关于民事诉讼程序改革法》第11条规定："国家必须赔偿由于司法公务活动的缺陷而产生的损害。发生此种责任的前提是存在重过错或拒绝司法的情形。"

不过，目前尚有许多国家没有司法赔偿的法律规定。在英联邦的许多国家里，如澳大利亚、新西兰、加拿大等，因错误判决被执行刑罚或者关押的人只能通过特殊的途径寻求救济，例如，通过议员说服议会通过私法案的方式获得赔偿，或者国家针对个案成立专门的调查委员会（如新西兰、澳大利亚的皇家委员会）来决定赔偿事宜。获得司法赔偿的权利并没有被肯定，司法赔偿仍然被视为一种国家的恩惠。

二、我国的司法赔偿

在我国，司法赔偿包括的范围比较广泛，包括刑事司法赔偿和非刑事司法赔偿。行使审判权的法院、行使法律监督权的检察院、行使侦查权的公安机关及行使监狱管理职权的监狱管理机关等，都可以成为司法赔偿的义务机关。[①]

刑事赔偿是司法赔偿的重要组成部分，是指行使侦查、检察、审判职权的机关以及看守所、监狱管理机关及其工作人员在刑事诉讼活动中行使职权造成损害而进行的赔偿，不仅包括冤狱赔偿，还包括非法运用暴力行为所造成人身权损害的赔偿。按照我国《国家赔偿法》第17条的规定，能够引起刑事赔偿的情形主要有五种：（1）违法拘留；（2）对无

[①] 参见胡锦光、余凌云主编《国家赔偿法》，中国人民大学出版社2008年版，第7页。

罪公民予以逮捕；(3) 对无罪公民予以判刑；(4) 违法使用武器、警械造成公民身体伤害或者死亡；(5) 刑讯逼供或者以殴打、虐待等行为或者唆使、放纵他人殴打、虐待等行为造成公民身体伤害或者死亡。

在我国，非刑事司法赔偿是司法赔偿的组成部分之一，是指人民法院在民事、行政诉讼过程中，违法采取强制措施和保全措施，或者对判决、裁定及其他生效法律文书执行错误，造成损害，由人民法院作为赔偿义务机关承担国家赔偿责任。我国《国家赔偿法》第 38 条规定："人民法院在民事诉讼、行政诉讼过程中，违法采取对妨害诉讼的强制措施、保全措施或者对判决、裁定及其他生效法律文书执行错误，造成损害的，赔偿请求人要求赔偿的程序，适用本法刑事赔偿程序的规定。"可见，我国非刑事司法赔偿责任的范围包括三类情况：一是在民事、行政诉讼过程中，为排除妨害诉讼的行为，违法采取的强制措施；二是在民事、行政诉讼过程中，为保证具有财产内容的判决执行，违法采取的财产保全措施；三是在民事、行政诉讼的执行过程中，错误执行判决、裁定或者其他生效的法律文书。

但是，根据我国《国家赔偿法》的规定，国家对于民事错判不承担赔偿责任。主要理由在于：第一，民事诉讼的特点要求当事人负举证责任。如果当事人举证不能或者举证有误，法院也无从调查收集相关证据时，错判的责任就不在法院，而在当事人。第二，如果发生错判，当事人的损失主要在财产。胜诉方的得来自败诉方的失，得与失皆发生于诉讼的双方。一旦发生错判，经改判后，对当事人间的权利义务重新确认，可以弥补当事人的损失。第三，民事诉讼中对身份权纠纷的判决，往往是由审判人员根据法律赋予的自由裁量权定夺。例如，在离婚案件中，双方当事人是否感情确已破裂，判断标准难以精确，由法官根据具体情况判断。解除婚姻关系的判决作出后，如一方再婚，也无从予以纠正。

第四节　公有公共设施致害赔偿

公有公共设施致害赔偿，是指因公有公共设施的设置不当或者管理缺陷而给公民、法人或者其他组织造成损害,国家对此承担赔偿责任。公有公共设施指由行政机关或其特许的公务法人设置或管理的供公众使用的设施,包括公路、铁路、桥梁、港埠码头、堤防、下水道、车站、机场、自来水厂、煤气供应站等。[①] 公有公共设施致害是指由于公有公共设施在设置(如设计、建造、安装等)或管理(如维护、修缮、保管、巡查等)方面存在瑕疵,缺乏通常应具有的安全性,致使用者(利用者)的人身和财产受到损害。不论是大陆法系国家还是英美法系国家,不论是判例法还是成文法,公有公共设施致害一般都纳入国家赔偿范围。

一、比较法上的公有公共设施致害赔偿

日本、韩国、我国台湾地区等少数国家和地区将公有公共设施致害赔偿在国家赔偿法中予以明确规定。例如,被公认为对公有公共设施致害的救济最有力的日本,早在大正时期(1912—1926)发生的德岛游动圆木事件[②]中即以判例形式确立了国家对公共营造物的设置、管理瑕疵承担赔偿责任。1947 年的日本《国家赔偿法》以成文法形式确立了这种国家赔偿责任,该法第 2 条第 1 项规定:"因道路、河川及其他公共营造物

[①] 公有公共设施与公共营造物、公物、建筑物、公共财产等相近概念的区别,概括而言在于:公共营造物重在人与物的结合体,公共设施重在物之设备,公共营造物是具持续性设施,一时性设施不能为营造物,可为公共设施。公物与公共设施的概念有交叉,直接供公众使用的公用财物等公物属公共设施,其他公物则并非当然的公共设施。

[②] 德岛游动圆木事件为:1916 年,德岛小学游动圆木腐朽,致使学生坠落死亡。日本大审院认为:"小学管理权中所包括的对小学校舍及其他设备的占有权,不属于公法上的权力关系,只是纯私法上的占有权,且这占有权与私人占有地位相同。"并认为该损害系公共营造物之设置及管理上之瑕疵所造成,国家应根据民法第 711 条的规定负赔偿责任。大审院裁判首次判示行政行为可分为权力性与非权力性两种。对于权力性之行政行为,大审院不承认国家有赔偿责任,又此项损害,除法律有特别规定者外,亦不适用民法侵权行为之规定;至于非权力作用之行政行为,不问是属于营利事业或公共企业,凡是国家或公共团体执行其所经营之业务,如损害第三人时,国家应依民法规定负其责任。自此,日本确立了国家对公共营造物致害所应承担的赔偿责任。参见杨建顺《日本行政法通论》,中国法制出版社 1998 年版,第 622 页;林准、马原主编:《外国国家赔偿法制度》,人民法院出版社 1992 年版,第 140 页;张正钊主编:《国家赔偿制度研究》,中国人民大学出版社 1996 年版,第 161 页;(台)翁岳生主编:《行政法》(第二版),中国法制出版社 2009 年版,第 1610 页。

的设置或者管理存在瑕疵给他人造成损害的，国家或者公共团体负责赔偿。"[1] 日本确认公共设施致害国家赔偿责任的依据在于，既然国家或公共团体建设道路、公园、学校等公共设施供广大国民利用，由于设施的瑕疵，利用者以通常的用法加以利用而发生无法预料的损害时，作为该设施的提供者就应承担责任。[2] 韩国《国家赔偿法》第5条第1项规定："因道路、河川及其他公共营造物的设置或管理有瑕疵，致他人发生损害时，国家或地方自治团体应赔偿其损害。"在韩国，公共营造物的设置或管理的瑕疵引起的赔偿责任，不以公务员的故意或过失作为其责任的成立要件，具有无过错责任的性质；其免责事由仅限于不可抗力，责任承担者为国家或地方自治团体。[3] 我国台湾地区"国家赔偿法"第3条第1项规定："公有公共设施因设置或管理有欠缺，致人民生命、身体或财产受损害者，国家应负损害赔偿责任。"该规定采无过错责任原则，只要公有公共设施存在欠缺，不管有关机关有无过错，均要承担责任。在行政院提交"国家赔偿法（草案）"中，曾有"但于防止损害之发生，已善尽其注意者，不在此限"的规定，后来"立法院"在审查该草案时予以删除。[4] 相对于台湾地区"民法"第191条土地上之建筑物或其他工作物致人损害责任系过错推定责任的规定，适用"国家赔偿法"第3条第1项的规定更利于受害人利益的保护。台湾地区"法务部"1986年3月28日法七五律字第三五六七号函释认为，'国家赔偿法'第3条所谓公有，并非专指国家或其他公法人所有，凡公共设施由国家或地方自治团体设置或事实上处于管理状态，即有'国家赔偿法'之适用。[5] 在台湾地区国家赔偿实践中，对公有公共设施因设置或管理有欠缺致害赔偿的解决，反而成了国家赔偿的工作重心。

---

[1] 马怀德主编：《完善国家赔偿立法基本问题研究》，北京大学出版社2008年版，第479、491页。
[2] 张正钊主编：《国家赔偿制度研究》，中国人民大学出版社1996年版，第162页。
[3] 参见吴东镐《中韩国家赔偿制度比较研究——从借鉴的视角》，法律出版社2008年版，第43－44、49－51页。
[4] 章志远：《海峡两岸行政赔偿立法之比较》，载《政治与法律》1998年第5期。
[5] 参见（台）廖义男《国家赔偿法》，三民书局有限公司1996年版，第70－73页。

但是，多数国家没有在国家赔偿法中明文规定公有公共设施致害赔偿，而是通过判例法等将其纳入国家赔偿的范围。例如，在德国，基于公、私法的严格划分，公有公共设施的瑕疵责任仅在其涉及公权力主体履行公法上义务时，才由国家依国家赔偿法负责；对于邮政、铁路等非公法义务，由国家依民法负赔偿责任。在法国，则将国家行为分为权利行为、管理行为及统治行为，对于管理行为中由于执行公务、公共财产管理、国立学校、医院、公路造成的危险责任，判例法上承认国家赔偿责任。①② 1799 年，法国法律规定国家行政部门应对公共建筑工程所致损害承担赔偿责任。在英国，最早的公有公共设施致害赔偿的判例是上议院 1866 年审理的默西码头和海港管理局诉吉布斯一案（Mersey Docks and Harbour Board Trustees v. Gibbs），原告认为海港职员疏忽未清理码头入门处的泥堆，使原告商船受损，要求赔偿；海港管理局的辩护主张该局为一公法人，为了公共利益经法律授权进行管理，非从事商业活动。上议院判决认为，应当要求公共机构在行使权力时遵守合理注意的义务，从而确立了过失责任原则。而 1947 年的《王权诉讼法》也承认中央政府对财产的所有、占有和控制的危险责任。③ 在美国，虽没有明文规定公有公共设施的损害赔偿责任，但在判例法上仍认可受害人对国家供给的设施，因维护不当欠缺安全性而遭受损害的，得请求赔偿。④ 不过，美国对公共

---

① 马怀德：《国家赔偿法的理论与实务》，中国法制出版社 1994 年版，第 25 页。
② 德国 1981 年《国家赔偿法》第 1 条规定了国家赔偿责任，但次年该法被宪法法院宣告无效，现未施行。该条内容为："国家对其因技术性设施的故障所产生的侵权行为，应该负赔偿责任；因违反对街道、土地、领水、违章建筑物的交通安全义务所造成的损害，国家应负赔偿责任。"
③ 参见王名扬《英国行政法》，北京大学出版社 2007 年版，第 168－170 页。
④ 美国实务上国家对公有公共设施致害承担损害赔偿责任的典型判例有：（一）未在灌溉运河上的桥梁上设置护栏，致使受害人掉入水中溺毙；（二）联邦政府为挖掘河道，致河岸上码头下陷，使码头货物毁损；（三）管理人疏忽未在航行水闸上燃灯，致航行者溺毙，兴建公路有瑕疵，致公民权利受损；（四）在交叉水道设置暗椿，事后未及时移去或者警告航行者，造成损失；（五）设置施毒装置用以消灭山猪，而未对往来行人提出警告，致过路行人发生伤亡；（六）邮局楼梯旁未设栏杆，致人摔伤；（七）驾驶军机失去控制，坠落地面撞毁，机身铝片击伤民众；（八）对公路的建筑或维护不当，如无完备的排水系统，路面结冰致车辆滑行倾覆，造成伤亡；（九）国营仓库受寄货物，因管理上有过失，致该物受损害。参见（台）曹竞辉《国家赔偿立法与案例研究》，三民书局 1986 年版，第 141－142 页。

设施的国家赔偿责任,标准不一,限制颇严,赔偿范围有限,实务上常以自由裁量原则排除国家赔偿责任,受害人难得周全之保护。

二、应否规定公有公共设施致害赔偿

在我国,1994 年起草《国家赔偿法》时,立法机关未将公有公共设施致害赔偿纳入国家赔偿的范围,"关于邮电、医院等国有企业、事业单位,桥梁、道路等国有公共设施,因设置、管理欠缺发生的赔偿问题,不属于违法行使职权的问题,不纳入国家赔偿的范围。受害人可以依照民法通则等有关规定,向负责的企业、事业单位请求赔偿。"① 在实务上,公有公共设施致害赔偿的案件大多适用民法规定予以解决,例如,在号称"全国高速公路第一案"的江苏省江宁县东山镇副业公司诉江苏省南京机场高速公路管理处损害赔偿纠纷一案中,法院判令被告对原告使用高速公路发生车祸遭受的损失承担民事责任。②

在修订《国家赔偿法》过程中,对于是否应将公有公共设施致害赔偿纳入国家赔偿的范围,存有分歧。第一种意见是否定说,主要理由是:公有公共设施因设置或管理瑕疵而造成的损害,不属违法行使职权的问题,应由民法予以规范调整;现代社会大量的公共服务进入市场,公有公共设施致害通过民事赔偿的方式解决符合市场经济的要求;我国对公

---

① 全国人大常委会法制工作委员会民法室编著:《〈中华人民共和国国家赔偿法〉释义》,法律出版社 1994 年版,第 92 页。
② 该案的案情为:1997 年 11 月 20 日,原告江宁县东山镇副业公司的驾驶员缴纳公路管理费后,驾车驶入南京机场高速公路。在行驶途中,突然发现前方路面有一过往车辆脱落的卷蛇皮雨布,避让过程中,原告车辆撞上路东护栏,致后排乘坐三人被甩出车外,造成一人死亡,一人重伤,两人轻伤,该车严重损坏。同年 12 月 12 日,南京市公安交警支队将该事故认定为"意外事故"。原告提起民事诉讼,认为其因缴费而与被告南京机场高速公路管理处形成合同关系,被告没有及时清除高速公路上的障碍,未履行提供安全服务的义务,应承担违约赔偿责任。被告辩称,高速公路管理处是具有行政管理职能的事业单位,本案应适用行政诉讼,且事发当日,高速公路管理处巡查道路 7 次,已尽安全维护义务,不应对原告的损失承担责任。一审法院根据《民法通则》对合同责任的规定,于 1999 年 4 月 2 日判决被告赔偿原告损失费 142658.30 元,案件受理费 4360 元由被告负担。二审法院认为,高速公路管理处与原告之间形成民事权利义务关系,不是行政管理关系,原审以高速公路管理处违反合同义务处理该案,并无不当,遂于 1999 年 8 月 24 日作出了驳回上诉,维持原判的判决。载中评网,http://www.china-review.com/laf.asp?id=13896。

有公共设施，如道路、河川、土地等的管理已趋于企业化，因公有公共设施的设置或管理瑕疵而生的损害赔偿属私权范畴，国家不负赔偿责任；[1] 现行国家赔偿法没有规定强制执行程序，不利于受害人权利的实现，而采取民事赔偿的方式，程序上更有保障。第二种意见是肯定说，主要理由是：从我国对公有公共设施的设置与管理情况及发生损害后的实际赔偿情况来看，把公有公共设施因设置或管理有欠缺所造成的损害完全置于国家赔偿之外的做法不尽合理；现代行政领域的一个趋势是，行政机关以外的事业组织承担大量的公共服务职能，这些事业组织具有公益性，其经营管理的公共设施致人损害，应当由国家承担赔偿责任；建立公有公共设施致害的国家赔偿制度可以引导社会公用事业的发展，体现公共负担平等的法律原则，也有利于增加设置者或管理者的责任观念；现行国家赔偿法制定时，政府财政能力有限，没有将公有公共设施致害纳入国家赔偿范围，当时具有合理性，但随着我国财政能力的增强，这一障碍已经不存在，应从保障受害人获得有效救济的角度，将公有公共设施致害纳入国家赔偿的范围。第三种意见是折中说，其中又分为两种。一种折中说认为，公有公共设施致害赔偿，应当区分不同的情况：属于国有企事业单位设置或者经营管理的公有公共设施致害的，由该国有企事业单位承担赔偿责任；属于国家机关设置或者管理的公有公共设施致害，由国家承担赔偿责任；没有特定主管部门的公有公共设施致害，由国家承担赔偿责任，根据该公有公共设施使用者的范围确定相应层级的人民政府作为赔偿义务机关。另一种折中说认为，公有公共设施致害的赔偿问题，无论是由侵权责任法还是由国家赔偿法作出规定，都是可以的，关键是要在法律上予以明确，不能留有空白。2010年修订的《国家赔偿法》最终采纳了否定说，仍未将公有公共设施致害赔偿纳入国家赔偿的范围，在实践中，这部分的损害赔偿由2009年12月26日通过的

---

[1] 马怀德：《行政赔偿的范围》，载《江海学刊》1994年第5期。

《侵权责任法》予以调整。①

我们认为,应将公有公共设施致害赔偿纳入国家赔偿的范围,理由是:

第一,公有公共设施的建设、管理是一种公共服务,具有公益性,应按照公共负担平等的原则,将公有公共设施致害赔偿纳入国家赔偿的范围。我国的公有公共设施,如公路、铁路、桥梁、下水井、消火栓等,绝大多数都属于国家所有,由国家行政机关的有关部门负责设置或管理。即便部分公有公共设施是由个别企事业单位管理,但还是以国家的名义进行,有关事务仍属于国家机关的职务范围内,并不能就此抹杀其公益性。诚如美国学者伯纳德·施瓦茨所言:"政府活动的目的是造福于社会,因此而产生的风险也必须由全社会来承担。"②

第二,公有公共设施的致害大多是由于国家机关工作人员或特许的管理人员怠于履行职责或者不正当履行职务而造成的,应当为国家赔偿所包容。随着现代行政从权力行政转向服务行政(给付行政),行政活动呈现出多样性和复杂性,不仅包括行使权力的行政行为,也包括提供服务的行为和行政事实行为。如果行政机关怠于履行这种义务或未尽合理注意义务,即构成不作为违法,由此造成的损害,国家应承担赔偿责任。国家不仅要对包括滥用公权力在内的违法行使公权力造成的损害负责赔偿,也要对公有公共设施设置、管理未尽到安全注意义务而造成的损害负责赔偿。

第三,公有公共设施致害的最终责任应由所有人即国家承担。对公有公共设施行使管理权的机关法人、企事业单位一般是以公务特许、行政合同或行政委托的方式取得管理权,其所有者并没有改变。设置、管

---

① 例如,《侵权责任法》第89条规定:"在公共道路上堆放、倾倒、遗撒妨碍通行的物品造成他人损害的,有关单位或者个人应当承担侵权责任。"该法第91条还规定:"在公共场所或者道路上挖坑、修缮安装地下设施等,没有设置明显标志和采取安全措施造成他人损害的,施工人应当承担侵权责任。窨井等地下设施造成他人损害,管理人不能证明尽到管理职责的,应当承担侵权责任。"

② [美]伯纳德·施瓦茨著:《行政法》,徐炳译,群众出版社1986年版,第531页。

理者只是被委托者，由国家选任、受国家监督而实施行为，且公有公共设施并不因设置、管理者的性质而改变其自身的性质，故由此产生的赔偿责任不应由设置、管理者承担，公有公共设施的设置、管理者只能作为赔偿义务机关，最终的赔偿责任应由所有者及义务负担者承担。

第四，公有公共设施利用者与设置、管理者之间并非平等主体之间的民事法律关系。行政机关管理的国有公共设施因设置或管理缺陷造成的损害，与一般的民事侵权不同，它是行政机关行使职权过程中造成的损害，应该纳入国家赔偿法的调整范围。例如，我国《公路法》规定了公路管理机构可以由交通主管部门决定行使公路行政管理职责，对出现损坏、污染路面，影响管理畅通的单位和个人有权进行管理，有权检查、制止各种侵占、损坏公路、公路用地、公路附属设施及其他违反公路法的行为。可见，公路管理机构是法律授权的组织，是行使行政管理职责的行政主体，在行使公路管理和养护职责时，与利用者之间形成的只能是行政法律关系，而非民事法律关系。

第五，将公有公共设施致害赔偿纳入国家赔偿范围更有利于充分救济受害人。依照我国现有法律规定，道路、桥梁等公共设施因设置、管理欠缺致人损害的，由受害人依照民法的规定，向负责设置、管理的单位要求赔偿。但是，由于民事赔偿缺乏明确、统一的标准，随意性较大，适用民法规定不利于充分救济受害人。现实中，公有公共设施致害赔偿适用民事赔偿的规定即《民法通则》第126条的规定，[①] 其存在的问题在于：1. 该条规定的赔偿责任适用范围只限于建筑物或者其他设施以及建筑物上的搁置物、悬挂物，较公有公共设施的范围狭窄；2. 该条规定采用的是过错推定责任原则，但如果将公有公共设施致害纳入国家赔偿范围并确立无过错责任或危险责任原则，则被告不能主张无过错而免除赔偿责任；3. 管理机关自行承担责任的弊端在于，由于公有公共设施致害

---

① 该条内容为："建筑物或者其他设施以及建筑物上的搁置物、悬挂物发生倒塌、脱落、坠落造成他人损害的，它的所有人或者管理人应当承担民事责任，但能够证明自己没有过错的除外。"

没有纳入国家赔偿，不能纳入国家预算，往往因经费困难而无力赔付，且易造成不同地区类似案件的赔付标准不一。例如，"彩虹桥"事件中就因为伤亡人员多，当地财力有限，对受害人实际赔偿金额偏低。①

---

① 1994年8月，重庆市綦江县政府决定在綦河上架设一座人行桥，作为连接新旧城区的人行通道。工程于1994年11月开工，1996年2月竣工，同年3月投入使用。工程造价402.24万元。该桥因形若彩虹而被当地人称为彩虹桥。1999年1月4日，使用不到3年的重庆綦江彩虹桥因严重质量问题突然整体垮塌，消失在滔滔江水中，造成40人死亡，14人受伤，直接经济损失628.22万元。2000年底，彩虹桥惨案的死难者赔付工作全部结束，有关的责任人员也受到了法律的制裁。在该案中，綦江县城乡建委负责赔偿的官员认为，由于彩虹桥属于公共设施，其所有权主体是国家，彩虹桥事故的赔偿问题是由于建筑物垮塌致人损害而引起的，属于民事侵权行为法调整的范畴，应根据民法通则的有关规定来处理。綦江县政府最终采用的方案为：除每个死者获得相同的2.2万元精神慰藉费外，死亡补偿费按城镇户口、农村户口分了两个档次，城镇死难者每人4.845万元，农村死难者每人2.2万元，死难儿童分别减半。该不对等赔付方案对占死难者大多数的农民实行低额赔偿，在一定程度上说明了适用民法通则的有关规定来处理公有公共设施致害赔偿的局限性。

第五章　国家补偿责任

在学理上，一个完整的国家行为救济范围应该包括国家赔偿和国家补偿。公法意义上的国家责任主要可以分为国家赔偿责任（Amtshaftung）和国家补偿责任（Entschädigungspflicht）两类。[①] 在国家责任的发展史上，国家补偿责任的存在甚至早于国家赔偿责任，这是因为，曾经成为国家赔偿制度发展障碍的"主权免责"和"违法行为不能归属于国家"这两个重要理念在该领域均不存在。

第一节　国家补偿责任概述

一、国家补偿责任的含义

对于国家补偿责任的概念，学理上的认识并不完全一致。有的将其作为行政补偿责任的上位概念，有的将其等同于行政补偿责任；有的强调侵害行为的合法性，有的不强调侵害行为是否具有合法性；有的强调侵害行为需基于公共利益的需要，有的不强调侵害行为需基于公共利益的需要；有的将补偿范围限于财产损失，有的还包括人身损害。归纳起来，大致有以下不同的定义：

所谓国家的损失补偿责任，是指国家因公共福祉之目的，而侵害人

[①] 私法意义上的国家责任被学者称为国库责任（Fiskalhaftung），即国家依民法的规定而承担的雇主责任或者作为合同主体的赔偿责任。参见（台）廖义男《国家赔偿法》（增订版），三民书局有限公司1996年版，第15页。

民权利，对于人民所受损失的填补义务。①

国家补偿责任是指国家机关及其工作人员在实施合法行为造成损害时，国家依照法律对损害所给予的补偿的义务。②

国家补偿责任是指国家机关及其工作人员在管理国家和社会公共事务的过程中，因合法行使职权给公民、法人或其他组织的合法权益造成了损失，由国家依法给予补偿的义务。③

国家补偿责任是因国家机关和国家机关工作人员的适法行为损害了人民的合法权益，国家依照法律、法规、决定或传统而承担的特殊责任。④

而将行政补偿责任等同于国家补偿责任的学者则将行政补偿定义为：

行政补偿是有别于国家赔偿的一个概念，它是专指对合法、正当行为所造成的损失予以救济的行为或制度。⑤

行政补偿是指国家行政机关在行使职权过程中，依法管理国家事务的行为，使不应承担法律责任的个人或组织，遭受经济上的特别牺牲，国家对其所受损失予以适当补偿。⑥

行政上之损失补偿者，即国家为公共利益之必要，依法行使公权力，致特定人之权益受到牺牲，而对该人所受之损失，加以补偿之谓。⑦

行政上之损失补偿，乃指行政机关基于公益之目的，合法实施公权力，致人民生命、身体或财产遭受损失，而由国家予以适当补偿之制度。⑧

行政上之损失补偿，是指公务员适法之行政行为，致无责任之特定

---

① 参见张梓太、吴卫星《行政补偿理论分析》，载《法学》2003 年第 8 期。
② 参见房绍坤、毕可志编著《国家赔偿法学》，北京大学出版社 2004 年版，第 22 页。
③ 参见胡锦光、余凌云主编《国家赔偿法》，中国人民大学出版社 2008 年版，第 171 页。
④ 肖峋：《中华人民共和国国家赔偿法的理论与实用指南》，中国民主法制出版社 1994 年版，第 262 页。
⑤ 姜明安编著：《行政法与行政诉讼法学》，北京大学出版社 2000 年版，第 469 页。
⑥ 林准、马原主编：《中国现实国家赔偿制度》，人民法院出版社 1992 年版，第 133 页。
⑦ （台）廖义男：《国家赔偿法》（增订版），三民书局有限公司 1996 年版，第 15 页。
⑧ 李建良：《损失补偿》，载（台）翁岳生主编：《行政法》（第二版），中国法制出版社 2009 年版，第 1721 页。

人民受有损失，而由国家或第三人予以补偿。①

基于行政上的合法行为的损失补偿，是指对于合法的公权力的行使所带来的财产上的特别损失，为了从整体上公平负担的角度予以调节而进行的财产性补偿。②

行政补偿，从广义上讲，不仅包括征用行为造成的特别牺牲补偿，还包括私人为公共利益主动实施无因管理而受到特别牺牲的补偿。③

综观上述观点，具有以下共同点：第一，国家补偿责任的设立是出于社会公共利益的考虑；第二，国家补偿责任着眼于损失的补偿，不以过错为要件；第三，国家补偿责任产生的原因是合法的公权力行为，即国家行使法定正当权力的行为；第四，造成了特定人的特别损失。其区别在于：第一，对合法行为的主体认识不一致，有的局限于行政机关及其工作人员，有的泛指国家机关和国家机关的工作人员，甚至还包括社会团体；第二，对原因行为的外延大小认识不一，有的认为限于具体行政行为，有的认为包括抽象行政行为和事实行为；第三，对补偿范围的认识分歧，有的着眼于财产权和人身权，有的强调有形财产的权利；第四，补偿方式不同，有的认为限于金钱补偿，有的认为还包括工作安置、在产业政策上予以补偿等。

我们认为，国家补偿责任是指因国家机关及其工作人员合法行使职权行为或因其他法定的特别事由，致使公民、法人或其他组织的合法权益遭受特别损失的，应由国家承担适当补偿的义务。国家补偿责任可以分为两类，一类是国家机关及其工作人员合法行使职权行为的国家补偿，主要是行政补偿，即行政权合法行使的补偿；另一类是衡平补偿（Billigkeitsausgleich）或社会补偿（soziale Entschädigung），即基于法定的特别事由的补偿，如刑事受害人的国家补偿。国家补偿制度的建立基于这样一种理念，即任何一个民主立法如果要限制个人的权利，就必须考虑

---

① （台）徐怀莹：《行政法原理》，五南图书出版公司1987年版，第76页。
② ［日］盐野宏著：《行政法》，杨建顺译，姜明安校，法律出版社1999年版，第497页。
③ 沈开举主编：《行政补偿法研究》，法律出版社2004年版，第11页。

个人是否也可以由于这种限制而获得适当利益；如果个人不能获得相应的利益，他必须得到补偿。德国行政法基础的重要学者奥特·梅耶（Otto Mayer）曾经指出："个人为共同体不得不承受的不利，必须通过损失补偿转嫁给众人，以使这种不利在国家负担这一组织性的平均化制度中由众人来共同负担。"[1] 德国判例上亦认为："因公益之必要，致个人发生特别牺牲时，纵系适法行使公权力，基于正义与衡平，当然应为损失补偿。"[2] 因此，国家补偿责任的目的在于救济因公共利益等特别事由导致的个人利益的特别牺牲。所谓特别牺牲，是指受害人遭受了超出一般人所应当承担的社会义务。如果公民受到的损害是因国家行为导致的普遍损害，如立法行为、税收行为，则不视为特别牺牲，国家也不承担补偿责任。[3] 原则上，国家补偿仅补偿直接损失，合法权益受损的公民、法人或其他组织不得根据其受损害的权益大小、国家避免的损失大小或者国家获得利益的大小等而请求直接损失以外的补偿。[4] 不过，如果法律特别规定，也可以赔偿间接损失，如土地征收补偿。此外，国家补偿既可以在损害发生之前，也可以在损害发生之后。由于国家补偿责任多涉及合法行为，国家在损害发生前就通过法律形式确定了补偿责任，补偿很可能发生在损害行为实施之前。[5] 例如，土地征收中，征收人一般都是在征收之前就给予补偿金。

二、国家补偿责任的特征

国家补偿责任具有以下几个主要特征：

1. 国家补偿必须涉及公共利益。现代法治国家的立法和实践均承认，只有为了公共利益的需要，国家才可以依法对公民的某些自由和权利加

---

[1] Otto Mayer, Deutsches Verwaltungscrecht, Bd. 2, 3. Aufl., 1924, s. 296. 转引自马怀德主编《完善国家赔偿立法基本问题研究》，北京大学出版社2008年版，第477页。
[2] （台）叶百修：《国家赔偿法之理论与实务》，元照出版公司2008年版，第63页。
[3] 皮纯协、何寿生编著：《比较国家赔偿法》，中国法制出版社1998年版，第75页。
[4] 参见董保城、湛中乐《国家责任法》，元照出版公司2005年版，第241页。
[5] 皮纯协、何寿生编著：《比较国家赔偿法》，中国法制出版社1998年版，第77页。

以限制、剥夺，或者要求公民在必要时为维护公共利益做出特别牺牲；同时通过社会全体负担的方式对公民因此所受到的损失予以弥补，从而实现公共利益和个人利益的平衡。1789年法国《人权宣言》宣称："财产是神圣不可侵犯的权利，除非当合法认定的公共需要显示必要时，且在公共预先补偿的条件下，任何人的财产不得受剥夺。"美国《宪法》第5条修正案规定："凡私有财产，非有正当补偿，不得收为公用。"日本《宪法》第29条第3项规定："私有财产只有在正当补偿之下，方可为公共利益使用。"2004年修正的我国《宪法》第10条第3款规定："国家为了公共利益的需要，可以依照法律规定对公民的私有财产实行征收或者征用，并给予补偿。"我国2003年颁行的《行政许可法》第8条规定了行政机关依法变更或者撤回已经生效的行政许可，给公民、法人或者其他组织造成财产损失的，行政机关应当依法给予补偿。我国2007年颁行的《物权法》第42条、第44条所规定的征收、征用的国家补偿也是以公共利益为基础的。

2. 国家补偿责任的产生前提是国家机关及其工作人员合法行使职权或者存在其他法定的特别事由。国家机关及其工作人员合法行使职权的行为，可以是法律行为（如征收），也可以是事实行为（如埋设地下管线）。[1] 合法行使职权的行为，主要是指合法行使行政权，包括运用命令及强制等手段干预人民自由和权利的行为，以及为了增加社会公共利益和人民的利益而提供给付、服务、救济、照顾等行为。[2] 国家补偿责任还可能因为与公权力的行使无关的其他法定的特别事由而产生，如对见义勇为者的补偿，对刑事受害人的补偿等。

3. 承担国家补偿责任的主体是国家。国家意志是靠国家机关及其工作人员贯彻实施的，国家本身并不直接实施具体行为，国家授予国家机关及其工作人员行使职权，直接表达的是国家的意志，代表的是国家和公共利益。国家机关及其工作人员行使职权产生的结果不外乎两种：合

---

[1] 参见吴庚《行政法之理论与实用》，中国人民大学出版社2005年版，第449页。
[2] 参见郑秋洪《国家赔偿责任之实证研究》，台湾中山大学2001年硕士学位论文，第42页。

法行使的可能性和因违法行使导致损害的危险性。违法执行公务由国家承担的赔偿责任，属于国家的自己责任，那么，因合法执行公务引起的由国家承担的补偿责任，无疑更是属于国家自己责任的范畴。当国家补偿的原因属于法律特别规定的国家衡平责任时，国家直接基于法律的规定承担相应的责任义务，此类补偿的国家自己责任性质自不待言。

4. 国家补偿的范围包括财产、人身等合法权益的损失，这一损失必须是特定人的、可确定的、特别的、法定的损失。国家补偿责任的主要目的在于弥补公民、法人或者其他组织的财产、人身等合法权益的损失，但并非所有损失都能得到补偿。一般认为，损失只有具备以下性质，才能得到补偿。第一，损失必须是无辜者的损失，如果受损害者是因为其违法而受到制裁，则不能视为合法权益受到损害，也不能视为"特别牺牲"。第二，损失必须是特定人的损失，即为一个人或一部分人所特有，而非一般人所共有的损失。如果是一般人所共有的损失（如因国家的立法、税收行为导致的普遍损失），根据公共负担平等原则，不发生损失补偿的问题，因为此时没有人由于公共利益比其他人受到更多的损失。例如，在法国，当一项法律对某个人或团体施加特别的负担，而不影响处于同样情况下的其他人，受害人可以请求补偿。第三，损失必须是现实的、可确定的。将来确定会发生的损失，也应得到补偿，因为它是损失现状的直接且现实的自然延伸，如公民的房屋因公共利益需要被拆迁后，必须在一定时期内承租他人房屋，那么他支付的租金属于不可避免的确定会发生的损失，也应得到补偿。① 第四，损失达到严重的程度或构成特别牺牲。如果受害人的权益遭受的妨碍或限制，属于社会一般人应当承担的社会责任，或者侵害轻微且处于可忍受的范围之内，就不能导致国家补偿责任的产生。② 对于特别牺牲的认定，主要有两种不同的学说：一是形式性基准说，即针对特定人施加的个别侵害属于特别牺牲，而对不特定多数人施加的一般侵害不属于特别牺牲；二是实质性基准说，即侵

---

① 参见杨艳《论国家补偿法》，中国政法大学 2005 年硕士学位论文，第 16－17 页。
② 参见吴庚《行政法之理论与实用》，中国人民大学出版社 2005 年版，第 449－450 页。

害了权利的本质性内容，也即侵害了权利的排他性支配时，属于特别牺牲；没有达到这种程度的侵害，属于忍受限度内的损失。[①] 第五，国家补偿的范围须由法律明确规定。国家补偿的原因主要是合法的公权力行使。公权力的合法行使是社会生活的常态，如果对国家补偿的范围不加限制，将使得国家不堪重负，人民间接遭受损害。因此，国家补偿的范围应当限于法律明定的情形。

三、国家补偿责任的理论根据

国家补偿制度起源于18世纪的开明专制主义，当时君主基于恩惠对人民的财产损失进行补偿。例如，法国远在大革命时期，国家征用私人土地等财产，通常就须支付补偿金。在德国，根据1793年《普鲁士法典》第75条确立了国家承担补偿责任的原则，即为了公共利益需要，个人在必要时应该牺牲其合法权利以成就公共利益，而私人对为公共利益所作出的特别牺牲，有权要求国家给予补偿，国家对此也必须承担补偿责任。国家对因公共利益而特别牺牲权益的人员有补偿责任。继法、德之后，日本、美国、英国等国家也制定了大量有关国家补偿的法律，建立了国家补偿制度。随着现代社会国民主权和人权思想的彰显，绝大多数文明国家都在宪法或宪法性法律中对国家补偿进行了规定，国家合法行为侵犯私人的合法权益须给予补偿已成普遍性的法律规则，诚如拉丁法谚所言："为大家而牺牲者，其损失应由大家分担而补偿之。"尽管在较长的一段时期，不少国家将国家补偿责任作为国家赔偿责任的一部分混合运用，但近现代以来，一些国家和地区，如德国、日本和我国台湾地区，则逐渐倾向于将两者分离别立，单独确立有关国家补偿责任的概念、理论依据、责任性质、实施原则及程序方式并专门立法。[②]

对于国家补偿责任的理论根据，学理上存有不同的解释：

1. 特别牺牲说。此说源于德国。1793年《普鲁士法典》第75条规

---

① 参见杨建顺《日本行政法通论》，中国法制出版社1998年版，第600－601页。
② 参见崔卓兰、施彦《国家补偿理论与法律制度》，载《社会科学战线》1996年第4期。

定了国家承担补偿责任的原则，即为了公共利益，在必要时，个人必须牺牲其权益，同时，社会必须从其设立的公共资金中对个人予以补偿。德国法院在以后的判例中支持并充实了这项原则，使公民求偿的范围从非金钱损害扩大到金钱损害补偿即准征收，从财产损害扩大到生命和健康损害的补偿。19世纪末，德国学者奥托·迈耶（Otto Mayer）提出了特别牺牲理论，主张任何财产权的行使都要受到一定内在的、社会的限制，只有当对财产的征用或限制超出这些内在限制时，才产生补偿问题，"以国家负担的形式，有组织地予以平均化、经由损害补偿而转嫁给国民全体"。即对行使所有权的内在社会限制是所有公民都平等地承受的一定负担，不需要赔偿，但当这种负担成为某个公民的特殊的牺牲时，就必须进行补偿。同理，当个人的生命和健康因公共利益遭受损害时，也应得到补偿。换言之，为了国家和公共利益而牺牲个人利益是必要的，但公众受益的国家行为造成的损害应由公众负担，由个人负担有失公平，故国家应从公众的税收即国库中支付一定的补偿费用，以弥补少数受到侵害的个人。例如，国家推行牛痘疫苗注射是为了防止公众得天花，但对因注射该疫苗而致终身残疾的人必须给予一定的补偿，因为注射疫苗是为了整个社会的利益而对某一个人强加的特别的负担，国家有责任补偿受害者因此遭受的损失。该学说能够解释国家合法行为造成个人人身权、财产权损害的补偿，但对其他国家补偿（如公有公共设施致害赔偿、刑事伤害补偿、暴动等社会现象造成的补偿）的解释并不充分。

2. 公共负担平等说。此说亦源于德国。19世纪30年代以后，日本学者田中二郎将这一学说引进，以此奠定了日本国家补偿和国家赔偿制度的基础。该说主张，国家在任何情况下都应以平等为基础为公民设定义务。当一部分人或个别人因国家行为而承担的义务重于相同情况下的其他人时，国家应设法调整和平衡这种义务不均衡现象。由于国家应当承担补偿责任的行为多属于合法行为或者无过错行为，这些国家行为的受益者是社会全体，社会也应该承担国家行为造成的损害，通过税收由国家对遭受损害的个人或一部分人予以补偿，在全体公民与受害者之间恢复平等。事实上，公共负担平等说与特别牺牲说在理论上是相通的，前者为结果，后者为原因，正因为个别人为社会利益做出了特别牺牲，受益公众才应当公平负担这种损害，通过国库形式支付给特别受害人予以补偿，实现社会公众之间的平等负担。该学说相对圆满地阐释了国家补偿责任的本质属性，既能解释合法行为的补偿，也能解释其他危险行为及特别损害行为的补偿。

3. 结果责任说。此说源于日本，又称为无过失责任说。该说主张，无论原因行为合法或违法，以及行为人有无故意或过失，只要公务活动导致的损害为一般社会观念所不允许，国家就必须承担补充责任，这是基于结果责任的国家补偿，其根据在于国家给私人带来无法回避的危险。该说认为国家补偿责任是为了填补国家赔偿责任的不足，这是因为，国家赔偿责任是以过失主义为基础，对违法有过错的公务造成的损害予以赔偿的制度，但如果造成损害的行为不违法，行为人也没有过错，国家不负赔偿责任，损害人的损失无从弥补。

四、国家补偿责任的类型

（一）大陆法系国家补偿责任类型

大陆法系国家补偿制度以德国为代表，德国国家补偿责任的类型是由法院通过判例逐步确立的。19世纪中叶，德国建立了公用征收制度，《魏玛宪法》将征收的概念扩展至包括对财产权的限制，后来经过联邦法院和宪法法院不断通过判例完善和丰富，国家补偿对象从财产权扩展至人身权等非财产权利，其责任类型也涵盖了财产权补偿责任、非财产权补偿责任、危险补偿责任、无因管理补偿责任和社会补偿责任。其中，财产权补偿责任对象主要包括征收、公平补偿、征收性侵害、准征收性侵害补偿；非财产权补偿责任是指人身权等非财产权利受到特别损害时的牺牲请求权补偿责任；危险补偿责任是指基于危险行为造成损害后果承担的补偿责任；无因管理补偿是指对公民实施了有利于行政机关的无因管理的补偿责任；社会补偿责任是最广义的补偿，包括因防止危险发生的补偿、暴行受害人补偿、社会法典规定的补偿责任等。[①] 法国的补偿责任主要包括对公用征收的补偿；对国有化的补偿；对间接公用征收的补偿及对公用征调的补偿。日本的国家补偿责任主要有以下几方面：对公用收用的补偿；对公用限制的补偿；以及基于结果责任的补偿。

大陆法系国家补偿责任类型有以下几个特点：第一，狭义的国家补偿责任指特别牺牲补偿责任，广义的国家补偿责任还包括衡平补偿责任或者社会补偿责任；第二，狭义的国家补偿责任以损害结果作为划分标准，区分为财产权补偿责任与非财产权补偿责任；第三，财产权与非财产权补偿责任中，又根据是公权力行为本身造成的损害或者公权力行为附随效果造成的损害进行区分。

（二）英美法系国家补偿责任类型

英美法系国家没有统一的国家补偿法或者行政补偿法，是通过单行法对国家补偿予以规定。其中，最重要的国家补偿责任类型是政府强制购买补偿责任，通过单行法的形式专门予以规定（如英国的《强制卖出法》和我国香港的《官地回收条例》），这种补偿责任类型相当于大陆法系国家的公共征收补偿责任。除此之外，其他国家补偿责任类型散见于各个单行法和判例之中。以美国为例，国家补偿责任类型除征收补偿责任以外，还包括老兵、退伍军人补偿责任，刑事犯罪被害人补偿责任，对劳动者、工人的补偿责任，疫苗导致人身损害的补偿责任等，这些补偿责任基本上都属于衡平补偿责任或社会福利补偿责任的内容。

（三）我国国家补偿责任的类型

我国的国家补偿没有专门的立法，相关的规定散见于《物权法》、《土地管理法》、《公路法》、《城市房地产开发法》、《人民警察使用警械和武器条例》等单行法律法规中，其责任类型概括起来主要可分为以下几种：

1. 征收补偿责任。征收补偿责任是古典的国家补偿责任形态，德国

[①] [德]哈特穆特·毛雷尔著：《行政法学总论》，高家伟译，法律出版社2000年版，第662－760页。

最早出现国家补偿责任的立法是关于古典征收补偿责任的规定。它是指基于公共利益的需要而剥夺他人财产权之后，国家给予补偿的责任。征收补偿责任是行政补偿责任的一种。它实际上是强制性的市价交易，目的是避免交易对方漫天要价，从而不能实现社会公共利益。征收制度主要适用于不动产，在不动产征收的情况下，国家补偿的义务比较重。我国《物权法》第42条即是对征收补偿的规定。

2. 征用补偿责任。所谓征用，是指基于公共利益的需要而强制使用人民的财产。[①] 征用必须是因抢险、救灾等紧急需要，而依照法律规定的权限和程序进行。被征用的对象可以是不动产或者动产。被征用的不动产或者动产使用完毕后，应当返还被征用人。单位、个人的不动产或者动产被征用或者征用后毁损、灭失的，国家应当进行补偿。我国《物权法》第44条规定了征用补偿。

3. 权利限制补偿责任。除了征收、征用以外，国家还可能依法对公民的权利进行限制，从而有可能适用国家补偿。国家对私人权利的限制主要有两种情形：一是剥夺财产权本来效用的限制，如我国《民用航空法》第59条的规定；二是为了保存文化遗产、自然景观、历史名胜等，而对特定人的财产权加以与该财产权的本来效用无关的限制，如我国《国务院关于加强和完善文物工作的通知》第2条的规定。[②]

4. 信赖保护补偿责任。主要是指因行政处分的废止而产生的补偿责任。行政处分的废止，是指原来作出合法行政处分的机关，基于公共利益考虑，事后废弃了该行政处分，使其效力归于消灭。如果被废止的行政处分是"授益处分"，则相对人就会遭受损害。此时，基于信赖保护原则，就应当给予相对人补偿。[③] 按照信赖保护原则，人民既然按照已作出的行政处分来安排他的生活或处置他的财产，就不能因为行政处分的废止而遭受不能预见的损害。[④] 如我国《行政许可法》第8条第2款的规定。

---

① 参见（台）翁岳生主编《行政法》下册，中国法制出版社2002年版，第1756页。
② 参见杨建顺《日本行政法通论》，中国法制出版社1998年版，第603－604页。
③ 参见（台）翁岳生主编《行政法》下册，中国法制出版社2002年版，第1761页。
④ 参见董保城、湛中乐《国家责任法》，元照出版公司2005年版，第27页。

5. 衡平补偿责任。又称社会补偿责任，是指国家基于社会国原则，对于人民所遭受的与公权力行使无关的若干损失，主动给予一定的补偿，① 是基于衡平性、政策性或合目的性考虑而进行的补偿，如我国《人口与计划生育法》第 26 条的规定。因为随着社会风险增加，个人基于特定事由所受损失不应再仅仅以个人命运评价，而应由社会共同分摊，如刑事受害人的国家补偿。其目的在于救济个人利益的特别牺牲。

6. 刑事补偿责任。刑事补偿责任完全基于公共负担平等的理念，目的在于最大限度救济无辜公民，尽可能减少追究犯罪的风险由特定公民承受的不公平。对这种刑事补偿责任，不少国家如德国、日本和我国台湾地区是通过专门的立法予以规范的。我国《国家赔偿法》上未明文规定刑事补偿责任，但实际上仍有刑事补偿责任的规定，其规范方式分两种情况：一是主要将这类合法司法行为产生的刑事补偿责任，与其他违法司法行为产生的刑事赔偿责任，共同规定在《国家赔偿法》刑事赔偿的章节中。我国《国家赔偿法》中的无罪羁押赔偿在诸多情况下实为补偿责任。例如，在冤狱赔偿即无罪羁押赔偿的情形中，司法机关及其工作人员的司法行为合法，但给无辜的被羁押人造成损害的，适用结果责任原则，由国家对无辜被羁押人的损害进行补偿。二是将少数合法司法行为产生的刑事补偿责任规定在单行法律法规中。例如，《人民警察使用警械和武器条例》第 15 条规定："人民警察依法使用警械、武器，造成无辜人员伤亡或者财产损失的，由该人民警察所属机关参照《中华人民共和国国家赔偿法》的有关规定给予补偿。"在司法实践中，最高人民法院曾就公安人员合法使用武器致人伤亡作出了由公安机关给予补偿的答复，如 1999 年 5 月 20 日作出的（1998）赔他字第 7 号答复。②

---

① 董保城、湛中乐：《国家责任法》，元照出版公司 2005 年版，第 29 页。
② 该答复系最高人民法院就海拉尔市公安局不服呼伦贝尔盟中级人民法院赔偿委员会赔偿决定申诉一案向内蒙古自治区高级人民法院作出，该答复认为："本案海拉尔市公安局未作出刑事违法侵权的确认，不属于刑事赔偿案件，故呼伦贝尔盟中级人民法院赔偿委员会（1997）呼盟中法委赔字第 1 号决定应予撤销。本案强行冲卡系司机呼博吉所为，故海拉尔市公安局应根据《中华人民共和国人民警察使用武器和警械条例》第十五条的规定，参照《中华人民共和国国家赔偿法》的有关规定对死者赵庆林的继承人和有扶养关系的亲属予以补偿。"详见江必新主编、最高人民法院赔偿委员会办公室编：《国家赔偿司法手册》，中国法制出版社 2010 年版，第 78－80 页。

第二节　国家赔偿责任与国家补偿责任的比较

一、国家赔偿责任和国家补偿责任的区别

国家赔偿责任和国家补偿责任存在一些相同之处：基本上都是对公权力行使造成损害的救济，都要由公权力主体支出一定的费用来弥补损害，都属于国家责任的范畴，在某些学说中有着共同的理论基础（如公平负担说）。不过，二者的区分也是明显的，例如，在日本宪法中虽同时出现"赔偿"与"补偿"两词，但其《国家赔偿法》并不包含国家补偿，国家赔偿问题由《国家赔偿法》来调整，国家补偿问题由《宪法》第 29 条第 3 项和各个特别法来调整，在立法上和理论上对赔偿和补偿有严格区别。国家赔偿责任和国家补偿责任之间存在补充关系，即国家补偿责任"可谓在国家责任之法律体系中，紧跟于公务过失之后，为补充其不周延而形成的第二范畴之国家责任"。这种互补关系说明二者在性质、适用范围、标准、方式等方面存在着许多差别，其中，最为核心的是引起损害的原因不同：国家赔偿责任是由违法行为引起的，国家补偿责任则是由合法行为引起的。因而它们引起的后果也不一样：合法行为引起的是"损失"，而违法行为引起的是"损害"，弥补损失的责任是"补偿"，而弥补损害的责任则是"赔偿"。在国家补偿责任中，"损失"与"补偿"相对应，不具有非难性；在国家赔偿责任中，"损害"与"赔偿"相对应，具有明显的非难性。[①]

[①] 一般认为，合法性是区别国家补偿责任与国家赔偿责任的主要特征，但对此也有不同见解。例如，日本学者山田准次郎认为：从受害人的角度来看，侵害是违法还是合法并不重要，重要的是发生的损害或者损失能否得到填补，没有必要以合法侵害为国家补偿责任的要件。日本学者宇贺也认为：国家赔偿是对过错的责任，国家补偿是对公益上的特别牺牲的责任，不应该将侵害的合法与违法作为二者的区别基准。我国台湾学者古登美、林继东等亦强调公权力作用所生之损失，并不强调侵害行为是否具有合法性，主张：国家补偿是指因公权力的行使，对无责任的特定人造成经济上的特别损失或将造成损失时，国家以补偿其财产损失为目的，所为公法上金钱之给付。参见马怀德主编《完善国家赔偿立法基本问题研究》，北京大学出版社 2008 年版，第 506 - 507 页；（台）叶百修：《国家赔偿法之理论与实务》，元照出版公司 2008 年版，第 63 页。

具体而言，国家赔偿责任和国家补偿责任的区别在于：

第一，责任基础不同。在国家补偿责任中，公权力的行使造成人民权益的损害，但该公权力的行使于法有据，为合法、无过错的行为。这种责任来自国家对一般公民、法人等给予保护、提供服务的义务之中，着重于结果。也就是说，国家补偿责任并不是严格意义上的法律责任，国家对受损失的公民进行补偿，并非出于过错，而是填补损失，恢复公平。而在国家赔偿责任中，国家行使公权力侵害人民权益的行为，或者没有法律的授权依据，或者违反法律的规定，或者滥用权限，或者怠于执行职务应作为而不作为等，该公权力的行使是违法、有过错的。这种责任的主要目的是为了恢复到合法行为所应有的状态，着重于原因。① 例如，甲有建设营业执照，正在施工建设 A、B 两幢房屋，其间 A 栋因城市规划的原因必须拆除。如主管机关拆除 A 栋房屋时，出于过失连同 B 栋房屋一并拆除，则甲因房屋拆除所受损害，就 A 栋而言，可以请求主管机关承担国家补偿责任；但就 B 栋而言，则须请求主管机关承担国家赔偿责任。

第二，归责原则不同。国家补偿责任采取无过错责任原则，这是因为国家补偿责任属于例外责任，未包含谴责和制裁的成分，是对受害人的不幸予以救济，其核心在于国家对特别受害人损失的填补，从而实现受害人与普通公众之间的利益平衡（如对刑事犯罪的受害人予以救济）。② 而国家赔偿责任则采取过错责任、违法责任等多种归责原则，通常国家机关或公务人员必须有过错或者违法才能形成国家赔偿责任，这是因为国家赔偿责任属于一般的法定责任，包含着对公权力主体的非难性，在某种程度上也体现了制裁的性质。

第三，责任发生的阶段不同。国家补偿可以在损害发生之后，也可

---

① 参见（台）廖义男《国家赔偿法》，台湾 1996 年自版，第 16、20 页；崔卓兰、施彦：《国家补偿理论与法律制度》，载《法学研究》1996 年第 4 期。

② 参见皮纯协、何寿生编著《比较国家赔偿法》，中国法制出版社 1998 年版，第 75 页。

以在损害发生之前,具体的补偿时间由法律规定或双方协商决定,[①] 例如,土地征收中,征收人一般都是在征收之前就给予补偿金。而国家赔偿只能是在损害发生之后,贯彻的是"无损害即无赔偿"的原则。

第四,是否产生追偿权不同。在国家补偿责任中,由于国家工作人员所实施的行为是合法行为,没有过错,不产生国家追偿权。[②] 这是因为国家补偿责任是国家为了公共利益不得不采取造成某些人的特殊损失的行为引起的,是国家的直接责任,只能由国家承担。而在国家赔偿责任中,国家对于有故意或重大过失的国家工作人员享有追偿权。国家赔偿责任是由于代表国家行使权力的国家机关或公务人员因故意或过失作出的违法行为造成的,是一种间接的责任,是由国家机关或公务人员的责任转嫁给国家的,故国家在承担赔偿责任以后,应当向有故意或重大过失的国家机关和公务人员追偿。

第五,责任范围不同。诚如日本学者宇贺也指出的,在法治国家,合法侵害中存在着忍受义务,而违法侵害是本来就应该予以消除的。[③] 这决定了国家补偿与国家赔偿在责任范围上有所区别。国家补偿责任以填补损失为目的,一般有最高数额的限制,原则上不包括属于消极损害的所失利益,限于适当补偿,对于诸如财产价值的降低、精神损害等间接损失都不予补偿。并且国家对许多无过错行为造成的损失予以补偿的情况下,很难确定补偿的具体数额,往往对某类情形采用相对固定的补偿标准,而不是在具体案件中计算个人的损失,比如土地征收。[④] 而国家赔偿责任则基于救济、损害分散、制裁、违法行为制止、违法状态排除等多重目的,损害赔偿的范围原则上包括积极损害和消极损害。国家赔偿的责任范围除直接损害外,有时还包括因此产生的间接损害。

第六,责任方式不同。有学者将国家补偿分为经济性补偿和政策性

---

① 参见姚天冲主编《国家赔偿法律制度专论》,东北大学出版社 2005 年版,第 7—8 页;皮纯协、何寿生著:《比较国家赔偿法》,中国法制出版社 1998 年版,第 75—76 页。
② 姚天冲主编:《国家赔偿法律制度专论》,东北大学出版社 2005 年版,第 8 页。
③ 参见马怀德主编《完善国家赔偿立法基本问题研究》,北京大学出版社 2008 年版,第 479 页。
④ 参见吴庚《行政法之理论与实用》,中国人民大学出版社 2005 年版,第 446 页。

补偿，大致对应于直接补偿与间接补偿，经济性补偿是通过一定量的实物或资金给予的补偿，包括资金补偿、经济资源补偿（如土地、果园、林地等）；政策性补偿是指通过国家有关政策而非实物和资金的补偿，一般包括产业政策、投资比例的倾斜、税收减免、安排就业等。国家补偿责任的方式相对灵活多样，各国一般将金钱补偿作为主要方式，辅以其他方式。[①] 在我国，除经济补偿外，还可以是生产、生活和就业等方面的妥善安置。而国家赔偿一般限于直接赔偿，即采取直接填补受害人损害的方式对受害人给予救济，责任的方式通常比较单一，主要是金钱赔偿，例外情况下也可以是返还财产、恢复原状等。[②]

值得注意的是，国家赔偿责任与国家补偿责任的区分在长期的历史中形成，具有实在法制度的合理性。但是，不能将这个区分绝对化，人为造成受害人实现其公法救济请求权的制度障碍。国家赔偿责任和国家补偿责任可以互相弥补对方的缺陷，凡是一方出现缺位或者漏洞，则可以由对方进行弥补。也就是说，在公民合法权益遭受特别损害且不存在免责事由的前提下，国家必须提供公平补救，要么赔偿，要么补偿，不允许存在公平法律救济的真空，以实现公权力机关的权责一致。在具体

[①] 例如，法国原则上采取金钱补偿的方式，在某些情况下也采用其他方式，如对工商业和手工业房屋承租人，可以给予金钱补偿，也可以选择给予同样的房屋给予实物补偿；对生活用房的房客，除了补偿相关费用外，还必须为其安排住房；对于房东，虽然没有安排住房的义务，但有三种补偿方式可供选择：重新安排住房，给予有限得到低房租房屋所有权的待遇，给予优惠的建筑贷款。德国补偿也以金钱补偿为原则，同时兼顾灵活也有其他补偿方式，如在征收不动产时，用调换土地的方式进行补偿。还曾经采用过支付有价证券的方式补偿。英国除金钱救济外还有一种比较特殊的补偿方式，即国家补偿上的强制卖出制度。强制卖出是针对行政机关的强制征收行为而言，是指当公民的不动产因受行政行为的影响而不能合理使用时，可以要求征用单位按正常价格购买该不动产。如某一土地已经被预定作为公路使用，所有者因此不能在市场上出卖该地，或只能在极不利的情况下出卖该地，这时土地所有者即可要求征用机关按正常价格购买该地。日本的行政补偿方式也是多种多样，除了金钱补偿外，也会采取诸如生产、生活、就业方面的安置等政策性补偿。土地征用一般采取金钱补偿，特殊情况下采取实物补偿方式如换地、开造新地，代为建筑、代为迁移等。我国台湾地区的土地补偿除现金补偿外，还会搭发土地债券、搭发实物土地债券，以及公营事业股票等。参见王名扬《法国行政法》，中国政法大学出版社1997年版，第396页；[德] 毛雷尔著：《德国行政法》，高家伟译，法律出版社2000年版，第695页；杨建顺：《日本行政法通论》，中国法制出版社1998年版，第593页；[日] 南博方著：《日本行政法》，中国人民大学出版社1998年版，第97页；（台）翁岳生主编：《行政法》，中国法制出版社2002年版，第1736–1738页。

[②] 参见杨建顺《日本行政法通论》，中国法制出版社1998年版，第593页。

操作上，在特别损害已经成立而又不可能通过损害赔偿途径保护受害人权益的情况下，则依法提供损失补偿的保护。[①] 例如：（1）因侵害行为被确认为合法或者其他原因，受害人诉请损害赔偿的请求被驳回，没有其他补救途径的；（2）侵害行为虽然违法，但因立法漏洞，《国家赔偿法》没有将其纳入赔偿范围，受害人不可能通过损害赔偿途径寻求救济的；（3）损害赔偿不足以弥补受害人的实际损害，不予补偿显失公正的。

二、我国法上对于国家赔偿责任与国家补偿责任关系的处理

在我国《国家赔偿法》的修订过程中，对于如何处理国家赔偿责任与国家补偿责任的关系，存在分歧。一种观点主张将两种责任都纳入国家赔偿法的调整范围。有的学者建议在国家赔偿法中将国家补偿责任单列一章，并对国家补偿的含义、国家补偿的类型、国家补偿的范围、国家补偿的方式、国家补偿的标准及程序等问题作出具体的规定。[②] 有的学者认为，从法律构成角度看，广义的国家赔偿责任法应当包括一部分国家补偿责任，补偿责任是国家责任的一部分，有关补偿的特别法如邮政、军事、土地征用、核能法也均为广义国家赔偿法的一部分，国家赔偿法与这些部门法是种属关系。[③] 有的学者认为，社会主义国家对公民承担的责任应当是全面的，即国家赔偿立法应当有一个总体考虑，不论是国家机关违法行为还是国家机关合法行为造成的损失，国家都应负责填补。我国的国家赔偿法不仅要规定国家赔偿，也应该规定国家补偿。[④] 有的学者认为，应当在国家赔偿法中对国家补偿责任作出原则性的规定。但相反的观点认为，国家赔偿法不能包容国家补偿。有的学者认为，国家补偿与国家赔偿是两种根本不同的制度，国家补偿是合法行使职权造成的，而国家赔偿是违法行使职权造成的，二者在对象、范围、标准、程序等

[①] 参见杨艳《论国家补偿法》，中国政法大学 2005 年硕士学位论文，第 12－13 页。
[②] 参见马怀德主编《国家赔偿问题研究》，法律出版社 2006 年版，第 296－299 页。
[③] 参见马怀德《国家赔偿法的理论与实务》，中国法制出版社 1994 年版，第 76 页。
[④] 参见应松年等《国家赔偿立法探索》，载《中国法学》1991 年第 5 期。

方面都不同，主张制定统一的国家补偿法，对国家补偿的原则、构成要件、当事人、补偿方式、补偿标准、补偿程序等作出统一规定。[①] 在 2010 年 4 月 29 日修订通过的《国家赔偿法》中，最终未对国家补偿责任予以明确规定，而是通过采纳多元化的归责原则的方式，将国外一些属于国家补偿责任的内容规定在国家赔偿法中。

[①] 参见房绍坤、毕可志编著《国家赔偿法学》，北京大学出版社 2004 年版，第 23 页；周友军、麻锦亮：《国家赔偿法教程》，中国人民大学出版社 2008 年版，第 18 页；王锴：《从赔偿与补偿的界限看大陆〈国家赔偿法〉的修改方向》，载国公网，http://www.21gwy.com/lunwen/mf/a/5181/765181.html。

第六章 国家赔偿规范体系

无论有无国家赔偿法，国家的赔偿活动都可能存在。例如，我国在没有颁布《国家赔偿法》以前，对于公、检、法等司法机关的错捕、错判行为造成的损害，自20世纪50年代起国家就承担赔偿责任；在《行政诉讼法》实施以前，对于行政机关的侵权行为，国家在一些情况下也承担赔偿责任。由于国家进行了赔偿活动，因而在国家和实施侵权行为的国家机关和国家工作人员以及受害人之间产生了国家赔偿关系。但是，这种关系没有可以适用的法律加以调整，赔偿活动缺少统一的法律规范，因而会因人、因时、因地而异，而不能使受害人公平受偿，该赔的没赔，该多赔的赔少了，不该赔反而赔的事情也会发生。此外，在请求赔偿的程序上也无法可循，往往是受害人"大闹大赔，小闹小赔，不闹不赔"。因此就需要制定《国家赔偿法》，使国家赔偿活动有法可依，使国家赔偿关系成为依法产生、变更和消灭的国家赔偿法律关系。

第一节 国家赔偿法概述

一、国家赔偿法的概念

国家赔偿法的概念有狭义、广义和最广义之分。狭义的国家赔偿法专指国家赔偿法法典，或以"国家赔偿法"命名的法律，如第八届全国人民代表大会常务委员会第七次会议通过的《国家赔偿法》。广义的国家赔偿法是指有关规定国家承担侵权赔偿责任的法律规范的总和。最广义的国家赔偿法是指有关规定国家赔偿责任及补偿责任的法律规范的总和。

由于本书涉及的国家赔偿规范仅限于《国家赔偿法》，而且，国家赔偿与国家补偿在我国已有区分，故本书采用广义国家赔偿法概念。[①]

从上述定义可以看出应从以下几个方面把握国家赔偿法的内涵：

第一，国家赔偿法以规定国家承担公权力侵权的赔偿责任为基本内容。也就是说，我国国家赔偿法既不规定国家的补偿责任，也不规定国家机关因民事行为而应承担的一般民事责任，而是规定国家的侵权赔偿责任，即国家赔偿法是规定国家对于行使公权力的侵权行为造成的损害后果承担赔偿责任的法律。国家赔偿调整的是职务侵权的救济问题，或者说是公权力主体侵权的赔偿问题。[②] 在大陆法系国家，传统上就坚持公私法的二分，因此，国家对其公法行为和私法行为承担不同的责任。如果公权力主体以私法主体身份实施了致害行为，则属于民法而非国家赔偿法的调整范围。

第二，国家赔偿法规定的是一定范围内的国家侵权赔偿责任，而不是全部侵权赔偿责任，它不包括国家因民事行为侵权而应承担的民事责任。只包括国家机关及其工作人员行使职权侵犯自然人、法人和其他组织的合法权益造成损害而应承担的赔偿责任。

第三，构成国家赔偿法体系的是一系列法律规范的总和。如果某一法律规范涉及国家机关行使公共职权致人损害的赔偿责任，该法律规范就是国家赔偿法的一部分，而不论该法律规范是规定在宪法、民法或诉讼法之中。

第四，国家赔偿法是由基本法和特别法组成的法律整体。在以成文法形式而不是以判例法形式建立国家赔偿制度的国家里，国家赔偿法往往不是由一部法律组成，而是由基本法和若干个特别法组成。对行使公权力的侵权行为，国家赔偿的基本法概括地规定了由国家而不是由其工作人员个人承担赔偿责任，但是，由于国家赔偿涉及国家公权力活动的诸多领域，而每个领域又有各自的特殊性和规则，仅凭基本法不能解决

[①] 江必新：《国家赔偿法原理》，中国人民公安大学出版社1994年版，第27－28页。
[②] 周友军、麻锦亮：《国家赔偿法教程》，中国人民大学出版社2008年版，第27－28页。

国家赔偿活动的所有问题，需要由若干个特别法加以解决。在以成文法形式规定国家赔偿的国家，特别法正在不断增加。例如，美国的国家赔偿法是由《联邦侵权赔偿法》和大约 50 个法律中有关国家赔偿的特别规定组成。

第五，国家赔偿法是实体法和程序法的统一体。国家赔偿法既包括实体法的内容，也包括程序法的内容。国家赔偿法不仅规定了国家赔偿的实体性规范，而且规定了国家赔偿的程序性规范。因此，国家赔偿法与其他部门法的最大区别在于，其不存在专门的"国家赔偿程序法"。此种程序法与实体法相结合的立法体例，使得国家赔偿法具有较强的可操作性。[①]

第六，国家赔偿法是综合性应用行政法和民法调整方法的法律。[②] 国家赔偿法调整的是职务侵权问题，侵害人和受害人之间的地位是不平等的。而在救济领域，国家赔偿法又运用平等原则来规范侵害方和受害方之间的关系。因此，有的国家如法国将其纳入行政法的范畴，而有的国家如日本则将其定位为民法的特别法。

二、国家赔偿法律关系

因国家赔偿活动而发生的国家赔偿法律关系是国家赔偿法调整的对象。国家赔偿法律关系的组成包括主体、客体和内容。

国家赔偿法律关系的主体为四个，即承担赔偿责任的主体国家、赔偿义务机关、受损害的公民、法人或其他组织，以及最终解决国家赔偿争议的权力机关即法院或专门设置的委员会。国家作为承担赔偿责任的主体，并不参与国家赔偿的具体事务，只是以财政经费或国库资金填补受害人的损失。[③] 作为赔偿义务机关，侵权的国家机关或侵权的公务员所

[①] 丁学军：《国家赔偿法：概念·原则·作用》，载《西北大学学报》（哲学社会科学版），1999 年第 1 期。

[②] 高家伟：《国家赔偿法》，商务印书馆 2004 年版，第 75 页。

[③] 在有些国家，它虽然参加赔偿诉讼，但仅仅是形式上的被告，实际出庭的是国家指定的机关如司法部。

在的国家机关应当履行的义务主要有：与受害人协议，如协议不成，受害人起诉时由其充当被告。① 受害的公民、法人或其他组织享有国家赔偿请求权，国家赔偿法律关系的发生往往是受害人行使请求权的结果。作为国家赔偿法律关系的主体，法院或者专门的委员会②对赔偿争议有最终裁决权。

国家赔偿法律关系的客体是指国家机关和公务员行使公权力的行为，在有些国家还包括设置或管理公有公共设施的行为。该行为是否具有侵权性质并造成了损害后果，是受害人与侵权人争议所指向的客体。

国家赔偿法律关系的内容是指主体在实体法上和程序法上的权利义务。国家赔偿法律关系的实体法内容是指，国家、致害人和受害人这三个主体在实体上的权利义务，它解决的是国家赔偿与否和如何赔偿的问题，具体包括受害人在何种情况下享有国家赔偿请求权，国家承担赔偿责任的原则、范围和构成要件，国家赔偿的方式与计算标准，国家机关应当履行的赔偿义务，国家对公务员的追偿权等。国家赔偿法律关系的程序法内容是指，设置的程序以及国家、致害人、受害人和有权最终解决国家赔偿争议的机关这四个主体在程序中的权利义务关系。一般说来，国家赔偿的程序包括行政赔偿程序和司法赔偿程序。对于行政赔偿程序，有关国家的规定虽然不尽相同，但大体上都包括行政程序和诉讼程序，最终解决行政赔偿争议的机关是法院。司法赔偿程序在各国差异较大，例如，对司法赔偿争议享有最终解决权的机关，在德、法、美、日等国为法院，但适用的程序不一样，有的是抗告程序，有的是一般诉讼程序，而在我国台湾地区为专门设置的委员会。国家赔偿法在规定了程序的同时，也规定了上述四个主体在不同程序中的权利义务，包括受害人的赔偿请求权在不同程序中如何行使，致害人在不同程序中的法律地位、权

---

① 有些国家，例如美国，在理论上只承认侵权行为是公务员的而不是国家机关的行为，但在国家赔偿法中仍不得不规定由公务员所在的机关与赔偿请求人进行协议，承担如"考虑、估计、调解、决定、妥协或和解"以至裁决、偿付赔偿金的义务。见《美国法典》第 2672 条。

② 例如，我国台湾地区的"冤狱赔偿法"规定，司法院冤狱赔偿复议委员会为最终裁决机关。

利和义务等。

相对于一般法律关系而言，国家赔偿法律关系的产生具有其特殊性：（1）一般而言，国家赔偿法律关系是在国家侵权行为得到确认后才能产生。确认了国家行为具有侵权性质后，受害人认为自己遭受损失而行使国家赔偿请求权，或者，侵权的国家机关主动向受害人提出承担赔偿责任，国家赔偿法律关系才能产生。这是因为，对侵权行为的认定已有法定程序存在，这有些法定程序的功能就在于发现国家的某种行为是否侵犯了受害人的合法权益。比如，行政侵权行为是通过行政复议、行政诉讼等法定程序认定的，法院审判中的侵权行为是通过审判监督程序或者国家赔偿确认程序认定的。（2）在国家侵权行为并非法律行为而是事实行为等特殊情况下，国家赔偿法律关系的产生是因受害人同时行使两项请求权而产生，一是确认侵权事实存在的请求权，二是国家赔偿的请求权。这些事实行为可能是由于行使公权力（如警察滥用公权力殴打公民）而产生，也可能是由于行使对公有公用事业管理权（如在日本、韩国或我国台湾地区，因某桥梁在管理上有欠缺致使机动车出事故）而产生。如果因为这些行为而请求国家赔偿，可以同时请求确认侵权事实是否存在，国家赔偿法律关系与请求认定侵权事实而同时产生。[①]

第二节 国家赔偿法的规范体系

一、国家赔偿法的立法体例

用什么性质的规范来调整国家赔偿问题，或者说调整国家赔偿的法律规范具有何种性质，不同的国家有着不同的回答。[②]

（一）从法律形式上来看，仅就实体法与程序法的关系而言，大体上有以下几种类型：

[①] 参见肖峋《中华人民共和国国家赔偿法的理论与实用指南》，中国民主法制出版社1994年版，第28—31页。

[②] 以下见江必新《国家赔偿法原理》，中国人民公安大学出版社1994年版，第29—31页。

一是制定程序、实体合一的单行法律。如奥地利1948年《国家赔偿法》，该法共分三章：第一章"损害赔偿责任"规定实体问题；第二章"程序"规定请求国家赔偿的程序；第三章"实施"规定有关该法实施的有关事项。奥地利1948年《公职责任法》、1969年《刑事赔偿法》大体上都是实体程序合一的单行法律。韩国1961年公布的《国家赔偿法》也大体属于这种形式。二是制定有关实体问题的单行法律，程序原则上适用民事诉讼程序。大陆法系国家采用这一模式较多，如日本《国家赔偿法》，该法只有9个条文，仅对有关国家赔偿的实体问题作出规定，而对程序问题未作规定，适用民事诉讼的有关程序。三是制定有关国家赔偿程序问题的单行法律，实体上原则适用民事赔偿的有关规定。英美法系国家采用这一模式较多，如美国1946年《联邦侵权赔偿法》基本上规定的是程序问题。四是不制定特别法律，而通过判例逐步形成实体和程序规则。如法国有关行政主体的赔偿基本上是通过行政法院的判例形成的。

（二）从基本法与特别法的关系来看，仅就有关国家赔偿问题的实体规范而言，大体上有以下几种类型：一是不制定统一的基本法，完全适用有关民事赔偿的法律规范，具体地说，或适用民法有关雇主关系法，或适用民法代理关系法律规范，或在民法中增加有关国家机关或公务员的民事责任的条款。二是在各种单行法律上规定有关国家赔偿责任的条款，如在《海关法》、《土地法》、《劳动法》、《铁路法》、《邮政法》等单行法律中具体规定国家机关或公务员的赔偿责任。三是以《国家赔偿法》和《冤狱赔偿法》或《刑事补偿法》为骨干，同时适用其他特别法的有关规定。就《国家赔偿法》和《冤狱赔偿法》或《刑事补偿法》的关系而言，《国家赔偿法》为基本法，而《冤狱赔偿法》或《刑事补偿法》为特别法。四是制定单行的《国家赔偿法》，但未尽事宜适用民法的有关规定。在这些国家，民法是一般法，而《国家赔偿法》实际上是民法的特别法。

（三）从法律规范的性质和在法律体系中的地位来看，大体上有以下几种类型：一是国家赔偿责任基本上由私法规范调整。如英美法系各国、阿根廷、荷兰及斯堪的纳维亚国家（芬兰除外）。在英美法系国家中，传统上没有公私法的划分，侵权法既适用于个人，也适用于公权力机关。国家机关及其公务员行使公权力造成的侵权属于民事法院管辖。法院在此种情形下的管辖权有两个：审查行政决定并确定其合法性及有效性；要求构成侵权的国家向受害人承担赔偿责任。尽管行为有效性和损害赔偿问题属于同一个民事法院管辖，但通常适用不同的程序，即这两种诉讼请求是分开的。撤销一个非法决定不能自行导致赔偿损失，赔偿问题需要通过另一种程序解决。二是国家赔偿责任基本上由公法调整，很少适用私法规定，而且，行政法院和普通法院各自享有管辖权，如瑞士、法国、土耳其、西班牙等。其基础在于划分公私法的法制传统。在这些国家，侵权法一般被视为是私法的一部分，以审查行政决定的合法性为主要内容的行政法则属于公法。例如，在法国，审查行政决定的权力在行政法院。瑞士《民法》第59条第1款规定，公法人的侵权赔偿责任由公法规定调整。瑞士1958年《联邦与其雇员赔偿责任法》还明确规定，联邦对公务员执行公务，行使公权力的行为承担赔偿责任，其赔偿责任由公法确定，联邦法院以行政法院的身份行使管辖权。三是国家赔偿责任由特别法律予以规定，但普通法院享有管辖权，如联邦德国、日本、奥地利、墨西哥、韩国等。在德国、意大利、比利时等国，行政法院只审查行政决定的合法性，民事法院才能裁决对违反义务的赔偿纠纷，即行政法院撤销行政决定后，受害人再向民事法院另行提起赔偿之诉。[①]

（四）从以判例法还是成文法来规范国家赔偿来看，可以分为两种类型：第一种类型是法典式，主要以成文法来规范国家赔偿，例如，英国、美国、日本和我国等国家。需要注意的是，以习惯法或判例法为主的英美法系国家在国家赔偿领域是以成文法为主。在以成文法为主的国家中，又分三种类型：一是制定专门的单行的《国家赔偿法》，如奥地利、日

---

① 参见马怀德《国家赔偿法的理论与实务》，中国法制出版社1994年版，第59-60页。

本、韩国等；二是在民法中就国家赔偿问题作出特别规定；三是国家赔偿完全适用民法规定。我国在《国家赔偿法》出台以前采用的基本上属于第三种类型。第二种类型是判例式，主要以判例法来规范国家赔偿，例如法国、德国等国。同样值得注意的是，以成文法为主的一些大陆法系国家在国家赔偿领域是以判例为主。

二、国家赔偿法的渊源

法的渊源所回答的问题是：法是从哪些形式的规范中形成的，或者说，哪些形式的规范可以形成法。国家赔偿法的渊源是指国家赔偿法通常产生于哪些规范形式。明确国家赔偿法的渊源，对于人们正确适用国家赔偿法，认识国家赔偿法的法律地位以及明确国家赔偿法与其他法律之间的关系具有重要意义。由于各国国家赔偿法的立法体例不同，各国国家赔偿法的渊源也有不同。例如，法国国家赔偿法以判例为主要渊源，日本、韩国以单独的国家赔偿法为主要渊源。从一些国家的立法例来看，国家赔偿法的渊源通常包括宪法、议会或民意机关制定的法律、行政机关制定的法规、法院的判例、法律解释以及国际条约等。[①]

（一）宪法

绝大多数国家的根本大法都规定了国家赔偿责任，最早见诸宪法的是德国 1919 年《魏玛宪法》，其后各国效法，如英国《人身保护法》第 4、5、9 条，意大利《宪法》第 28 条，南斯拉夫《宪法》第 199 条，苏联《宪法》第 58 条等。宪法的有关国家赔偿的原则性规定，是各国建立国家赔偿制度的基础，是制定单行国家赔偿法的依据。德国 1919 年《魏玛宪法》第 131 条明确规定："官吏就其所受委托之职务行使公权力，而违反对第三人之职务上义务时，原则上由该官吏所属的国家或公共团体负其责任，但对于官吏有求偿权，上述损害赔偿，得以非常司法手续请求之。"意大利《宪法》第 28 条规定了公民取得冤狱赔偿的权利，以及

[①] 江必新：《国家赔偿法原理》，中国人民公安大学出版社 1994 年版，第 28 页。

对国家侵权行为所应承担的民事责任。日本《宪法》第 17 条和第 29 条规定了国家赔偿责任、补偿责任和冤狱赔偿责任。美国《宪法》第 5 条修正案规定了国家承担公用征收补偿责任及国家不得为侵权行为的内容。西班牙《宪法》第 106 条规定了国家的司法赔偿责任。这些宪法的原则性规定成为各国制定单独的国家赔偿法、冤狱赔偿法，及部门法中补偿责任的根本依据。在我国，《宪法》第 41 条规定，由于国家机关和国家工作人员侵犯公民权利而受到损失的人，有依照法律规定取得赔偿的权利。这一规定是我国制定《国家赔偿法》的根本依据。[1]

（二）国家赔偿法典

在国家赔偿法律制度中，国家赔偿法、冤狱赔偿法等专门法典是国家赔偿的基本渊源。自 20 世纪中后期以来，国家赔偿的专门立法渐多，许多国家通过成文法的形式确立了国家赔偿制度。在这些国家中，国家赔偿法的构成存在差异，但基本内容大体相同，都规定了国家赔偿的主体、范围、程序及赔偿计算标准等内容。在我国，1994 年通过的《国家赔偿法》是一部专门规定国家赔偿制度的法律，是我国国家赔偿法律规范的主要组成部分，具体规定了国家赔偿的范围、国家赔偿法律关系主体、赔偿程序、赔偿方式和计算标准等问题。

（三）民法

民法是否为国家赔偿法的渊源，其在国家赔偿法体系中究竟处于何种地位，各国认识不一。有的国家如日本、捷克斯洛伐克主张，国家赔偿法与民法是特别法与一般法的关系，民法典对《国家赔偿法》起辅助作用。这些国家的国家赔偿法规定：除有特别规定外，国家赔偿适用民法。有的国家如英美法系国家认为，国家赔偿法并不是民法的特别法，而是将国家侵权行为适用于普通民事侵权责任的结果，即制定国家赔偿法并不是引进特殊的侵权责任，而是将民事责任的有关原则适用于政府侵权行为，国家赔偿法只是民法的一部分。还有的国家如法国、瑞士等

---

[1] 江必新：《国家赔偿法原理》，中国人民公安大学出版社 1994 年版，第 28 页。

国认为，国家赔偿法是在借鉴某些民法原理基础上发展起来的独立法律部门，与民法没有从属关系，也没有特别法与一般法的关系，只是民法的某些基本原则适用于国家赔偿责任。就如法国权限争议法庭在1873年布朗戈案的判决中所言，国家赔偿责任"不应受到民事法典中为调整私人与私人之间关系所确立的原则支配，这种责任既不是通常的责任，也不是绝对的责任，这种责任有其固有的特殊规定，依公务的需要和调整国家权力与私权利的必要而变化"。①

国家赔偿责任脱胎于民事侵权赔偿责任，在英美法系和大多数大陆法系国家，民法都是国家赔偿法的一个重要渊源。从国家赔偿法产生的历史看，民法起到了相当重要的作用。第一，民法中"平等"、"有侵权必有救济，有损害必有赔偿"等观念是确立国家赔偿责任的主要依据。第二，民法中的侵权赔偿制度特别是民事侵权归责原则、赔偿范围、赔偿标准和方式成为各国国家赔偿立法的参照系。第三，在法律适用上，许多国家的国家赔偿法都规定，在国家赔偿法没有规定的情况下，适用民法的规定。例如，日本《国家赔偿法》第4条规定，国家赔偿责任除国家赔偿法的规定外，适用民法的规定。第四，民法确认和保护的人身权、财产权等民事权利，成为国家赔偿法保护的重要对象。例如，我国在《国家赔偿法》颁布实施前，《民法通则》一直是调整国家赔偿活动的主要法律规范，是受害人取得国家赔偿的重要依据。《民法通则》第121条规定："国家机关或者国家机关工作人员在执行职务中，侵犯公民、法人的合法权益造成损害的，应当承担民事责任。"在《国家赔偿法》实施后，民法仍然是国家赔偿的重要渊源，对国家赔偿法的若干问题的解决仍具有指导作用和借鉴意义。② 特别是在《国家赔偿法》没有规定的情况下，例如，法律主体资格的认定，财产权和人身权含义和种类的分析，期间的计算方法等，都可以参照民法的规定。

---

① 参见皮纯协、何寿生编著《比较国家赔偿法》，中国法制出版社1998年版，第62－63页。
② 参见刘嗣元、石佑启编著《国家赔偿法要论》，北京大学出版社2005年版，第9－10页。

(四) 诉讼法

诉讼法包括刑事诉讼法、民事诉讼法和行政诉讼法，都是国家赔偿法的重要渊源。诉讼法是司法机关行使裁判权的程序依据，是保障公民权益的基本法，是防止司法机关滥用、不当行使司法权，纠正冤案、救济无辜的法律保证。很多国家的《刑事诉讼法》中对冤狱赔偿作了规定，例如，法国《刑事诉讼法》第626条规定："由再审之判决（或受理再审之上诉法院之判决），而发现犯人为无辜者，得经其请求而给予损害赔偿，以补偿其前次裁判所造成的损害。"意大利《刑事诉讼法》第643条第1项规定："在再审中被开释的人，如果未因故意或严重过失而造成司法错误，有权要求根据服刑或收容的时间以及处罚对其个人和家庭所造成的后果获得赔偿。"日本、罗马尼亚、南斯拉夫等国的《刑事诉讼法》也有类似的规定。[①] 值得注意的是，几乎所有规定国家赔偿责任的诉讼法均为刑事诉讼法，且规定的范围均限于冤狱赔偿，主要原因在于：一方面，冤狱是对公民权益影响最为严重的国家侵权行为，往往在刑事侦查、起诉、审判过程中产生，故而纠正错误的司法行为，赔偿受害人损失也应通过刑事诉讼程序完成。从各国刑事诉讼法来看，审判监督程序或再审程序是纠正司法侵权行为的主要程序；另一方面，由于许多国家至今对民事、行政司法侵权行为认识不一，加之各国行政诉讼制度的形式差异很大，很难在民事诉讼法或行政诉讼法中规定明确的司法侵权赔偿责任。

在我国，国家赔偿法与刑事诉讼法、民事诉讼法和行政诉讼法都有着密切的联系。《国家赔偿法》不仅规定了刑事赔偿，还规定了民事诉讼、行政诉讼中法院违法采取妨害诉讼的强制措施、保全措施或者对判决、裁定及其他生效法律文书执行错误，造成损害的国家赔偿责任。特别需要指出的是，我国《行政诉讼法》第9章第67条至第69条明确规定了国家对具体行政行为造成损害的赔偿责任以及行政赔偿程序，是我

---

① 参见刘嗣元、石佑启编著《国家赔偿法要论》，北京大学出版社2005年版，第10页。

国第一部规定国家赔偿责任的诉讼法。《行政复议法》第 29 条规定了有关复议机关主动处理赔偿的问题。

（五）行政法

作为调整行政关系的法律规范，行政法也是国家赔偿法的渊源之一。行政法与国家赔偿法的规定存有部分重合，行政法中的行政赔偿与国家赔偿法中的行政赔偿是同一的，但国家赔偿法中的司法赔偿和立法赔偿等内容与行政法无关。行政法没有一部统一的法典，是分散在法律、法规、规章中的行政法律规范的总和，因而有关国家赔偿的行政法规范都是国家赔偿法的渊源。在我国，《治安管理处罚法》第 117 条规定："公安机关及其人民警察违法行使职权，侵犯公民、法人和其他组织合法权益的，应当赔礼道歉；造成损害的，应当依法承担赔偿责任。"《行政处罚法》第 60 条规定，行政机关违法实施检查措施或执行措施，给公民人身或者财产造成损害、给法人或者其他组织造成损失的，应依法予以赔偿。《行政许可法》第 76 条规定："行政机关违法实施行政许可，给当事人的合法权益造成损害的，应当依照国家赔偿法的规定给予赔偿。"《海关法》、《税收征收管理法》、《森林法》、《草原法》等也从不同的角度不同程度地规定了国家赔偿责任。

一些国家的《国家赔偿法》授权行政机关制定国家赔偿法的细则、办法等，这些规定仍然是国家赔偿法的重要渊源。我国《国家赔偿法》第 37 条第 4 款规定："赔偿费用预算与支付管理的具体办法由国务院规定。"据此，国务院的有关规定即为国家赔偿法的渊源。此外，我国目前有的行政法规中规定了国家赔偿问题，这些规定也是国家赔偿法的渊源。在我国，有的地方法规、自治条例、单行条例，甚至相当一些规章也规定了国家赔偿问题，这些规定也应视为国家赔偿法的渊源。[①]

（六）判例

法院判例对大陆法系和英美法系国家赔偿制度的建立和发展都发挥

---

① 江必新：《国家赔偿法原理》，中国人民公安大学出版社 1994 年版，第 29 页。

了重要作用，是国家赔偿法的重要渊源之一。① 奥托·迈耶称："法律给予了司法找到包含于司法中的规则的巨大的自由。法院的独立性及其决定的牢不可破的法律效力，使得法院在最高法庭领导下实际上将判例作为现行法来适用成为可能。法院强烈的社会地位感也使得法院倾向于坚持这样做，并赋予其法律原则一定的可靠性。"法国是一个成文法国家，但国家侵权的特殊性及立法的滞后性促使其采用判例去解决国家侵权损害赔偿问题，1873 年布朗戈案件的判决，首开现代国家赔偿的先河，标志着法国国家赔偿制度的建立。以判例法为主要渊源的英美法系国家，许多重要的判例成为国家赔偿立法的直接动因。例如，英国 1946 年亚当斯诉内勒一案的判决促成了《王权诉讼法》的诞生。美国米勒诉霍顿案因要求政府官员对未经法律授权的行为自负其责的判决引起争论，最终促成了《联邦侵权赔偿法》的出台。此外，德国、日本、印度等国的判例对其国家赔偿制度的建立和发展也起到重要的作用。我国国家赔偿制度是通过立法建立的，目前尚未建立判例制度，但实施国家赔偿法却离不开法院的判例。一个成功的判例，对适用法律、指导司法实践具有重要的作用，我国最高人民法院所公布的许多案件，实际上都起到了判例的作用。② 因此，我国最高人民法院有关国家赔偿的司法解释也是国家赔偿法的渊源之一。

（七）法律解释

法律解释是指有权机关就法律规范的具体适用所作的解释，也是国家赔偿法的渊源之一。根据全国人民代表大会常务委员会 1981 年通过的《关于加强法律解释工作的决议》，法律解释包括立法解释、司法解释、行政解释和地方解释。在《国家赔偿法》颁布之前，我国的国家赔偿活动主要是靠法律解释进行的。例如，劳动部 1956 年《关于冤狱补助费开支问题的答复》和 1963 年《关于被甄别平反人员的补发工资问题》，中

---

① ［德］奥托·迈耶著：《德国行政法》，刘飞译，商务印书馆 2004 年版，第 96 页。
② 参见刘嗣元、石佑启编著《国家赔偿法要论》，北京大学出版社 2005 年版，第 11 页；江必新著：《国家赔偿法原理》，中国人民公安大学出版社 1994 年版，第 29 页。

共中央组织部、中共中央统战部、最高人民法院、最高人民检察院、公安部、司法部1986年《关于抓紧复查处理政法机关经办的冤假错案的通知》均是有关国家赔偿的解释。《国家赔偿法》颁布实施以后，最高人民法院发布了一系列司法解释，以指导各级人民法院处理国家赔偿案件。最高人民检察院也发布了《人民检察院刑事赔偿工作办法》。① 虽然我国不是判例法国家，但最高人民法院和最高人民检察院的司法解释是各级司法机关办理国家赔偿案件的依据，对于有效适用国家赔偿法，正确处理国家赔偿案件具有重要的意义，实际上也是国家赔偿法的渊源。

（八）国际条约

随着各国人权事业的发展，有关国家赔偿的国际条约也不断地增多。这些条约成为缔约国国家赔偿法的重要渊源之一。国际条约既是国际法上国家赔偿法的渊源，也是国内法上国家赔偿法的渊源。作为国际法上国家赔偿法渊源的主要是《联合国国际法委员会章程》规定的"国家责任条款"（第四部分第59条），该章程第34条明确规定了对国家的国际不法行为造成的损害，采取恢复原状、补偿和抵偿三种方式予以赔偿。作为国内法上国家赔偿法渊源的主要是有关人权保护的国际文件即国际人权法中有关公民权利，尤其是赔偿请求权的规定。例如，联合国大会1948年通过的《世界人权宣言》，1966年通过的《经济、社会、文化权利国际公约》和《公民权利和政治权利国际公约》。其中，《世界人权公约》第8条规定："人人于其宪法或法律所赋予之基本权利被侵害时，有权享受国家行政法庭之有效救济。"《公民权利和政治权利国际公约》第9条第5款规定，任何遭受非法逮捕或者拘禁的受害者，有得到补偿的权利。该公约第14条第6款规定了错误判刑的赔偿责任，以受害人过错为免责条件。

---

① 参见刘嗣元、石佑启编著《国家赔偿法要论》，北京大学出版社2005年版，第12页。

第三节　国家赔偿法的效力

一、国家赔偿法的对内效力

（一）对人的效力

国家赔偿法对人的效力，是指国家赔偿法适用的主体范围，包括权利主体范围和义务主体范围。国家赔偿法作为宪法性法律既具有保护力，又具有约束力，确定了法律关系主体行为的界限，即界限范围内受法律保护，范围之外受法律限制。例如，赔偿义务机关不履行赔偿义务时，权利请求人可以请求司法机关强制执行；权利请求人要求超出国家赔偿的范围和标准时，司法机关对超出的部分不予保护。

我国国家赔偿法适用的权利主体范围包括自然人、法人和其他组织。自然人在法律中称为公民，即具有某一国家国籍的人。国家赔偿法的立法宗旨就是为了保护公民，主要是我国公民的合法权益，在特定的情况下也给予我国领土上的外国人以保护。而法人最先是民事法律关系的主体，具有民事权利能力和民事行为能力，是依法能独立享有民事权利和承担民事义务的组织。国家赔偿法产生后，法人也是国家赔偿法律关系的主体，当法人因公权力的侵害而受损失时，也有要求国家赔偿的权利。至于不具备法人资格的其他组织如企业法人的分支机构，其合法权益同样受到我国国家赔偿法的保护。[①] 对于我国公民、法人和其他组织在国外受到该国公权力主体的侵害，是否适用我国国家赔偿法的问题，被认为是国际法上的问题，我国学者一般认为，应当采用属地原则。

我国国家赔偿法适用的义务主体主要是指一定的国家机关即赔偿义务机关。在国家赔偿中，责任主体包括实质主体和形式主体，国家无疑是国家赔偿责任的实质主体，但在具体的国家赔偿案件中，国家赔偿义务的履行是经由形式主体国家机关来完成的。因此，这里是从形式主体

[①] 参见刘嗣元、石佑启编著《国家赔偿法要论》，北京大学出版社2005年版，第110–111页。

的角度来讨论国家赔偿法适用的义务主体。国家赔偿法首先对国家机关具有约束力，因为国家赔偿是以国家机关和国家机关工作人员违法行为的存在为条件，只有先对违法行为予以限制，才能保护合法权益。有些国家的国家赔偿法规定，除国家机关以外，其他公法人也可成为国家赔偿义务主体，例如，我国台湾地区"国家赔偿法"第14条规定："本法于其他公法人准用之。"

（二）时间效力

国家赔偿法的时间效力，是指国家赔偿法适用的时间范围，即该法律生效和失效的时间以及对其颁布前的事件和行为有无溯及力的问题。[①]我国《国家赔偿法》于1994年5月12日在第八届全国人民代表大会常务委员会第七次会议通过并公布，但公布的时间并非生效的时间，该法自实施之日即1995年1月1日起开始生效。也就是说，在效力的时间范围上确定了1995年1月1日以后的一切国家赔偿案件都适用《国家赔偿法》。

对于我国《国家赔偿法》的溯及力，即该法对于1995年1月1日以前的国家赔偿案件是否具有效力的问题，该法根据"法律不溯及既往"的一般原则，作了否定的回答。最高人民法院在《关于〈中华人民共和国国家赔偿法〉的溯及力和人民法院赔偿委员会受案范围问题的批复》中指出："国家赔偿法不溯及既往。即：国家机关及其工作人员行使职权时侵犯公民、法人和其他组织的合法权益的行为，发生在1994年12月31日以前的，依照以前的有关规定处理。发生在1995年1月1日以后并依法确认的，适用《国家赔偿法》予以赔偿，属于1994年12月31日以前应予赔偿的部分适用当时的规定予以赔偿；当时没有规定的，参照《国家赔偿法》的规定予以赔偿。"

值得一提的是，国家赔偿法的溯及力的问题还涉及这种情形，即国家侵权行为发生在国家赔偿法施行之前，损害结果发生或继续于国家赔

[①] 参见金立琪、彭万林、朱思东《国家赔偿法原理》，中国广播电视出版社1990年版，第176页。

偿法施行之后的，是否具有溯及力。我国台湾地区的实践上对这一问题曾有探究，其法务部所拟"国家赔偿法施行细则草案"第 2 条原规定："本法第二条第二项之侵害行为发生于本法施行前，而损害发生或继续于本法施行后者，请求权人得依本法之规定，请求赔偿。本法第三条第一项之损害，于本法施行前已发生，而于本法施行后仍继续发生者，请求权人得依本法之规定请求赔偿。前二项损害赔偿之范围，以本法施行后所发生者为限。"嗣经"行政院"基于法律不溯及既往原则，将该条修正为："依本法第二条第二项、第三条第一项之规定，请求国家赔偿者，以公务员之不法行为，公有公共设施设置或管理之欠缺及其所生损害均在本法施行后者为限。"对此，我国台湾学者刘春堂评价认为："'行政院'之修正，固不无理由，惟从保护人民权益观点言之，则法务部原拟草案，似较合乎宪法第二十四条规定之立法精神。"[①] 在此问题上，我国《国家赔偿法》同样采法律不溯及既往的原则，亦有学者对国家赔偿法概不溯及既往的规定表示赞同。[②] 但是，我们认为，这似乎难以对该法生效以前的受害人提供充分的实体和程序救济，在某种程度上还是体现了我国《国家赔偿法》限制国家赔偿的精神，[③] 至少可规定在国家侵权行为发生在我国《国家赔偿法》施行之前，损害结果发生或继续于该法施行之后的情形中，《国家赔偿法》具有溯及力。

（三）空间效力

国家赔偿法的空间效力，是指国家赔偿法适用的空间范围，即在哪些领域内具有效力。根据国家主权的有限性原则，任何法律都只能在主权范围内发挥效力，超出主权范围将会对他国主权产生侵权的后果。就我国《国家赔偿法》的空间效力而言，凡在我国陆地、水域及其底土、上空，驻外使领馆和领域外的本国船舶和航空器内发生的国家赔偿案件，

[①] （台）刘春堂：《国家赔偿法》（修订二版），三民书局 2007 年版，第 8 页。
[②] 参见刘嗣元、石佑启主编《国家赔偿法要论》，北京大学出版社 2005 年版，第 116 页。
[③] 参见周友军、麻锦亮《国家赔偿法教程》，中国人民大学出版社 2008 年版，第 49 页。

都适用我国《国家赔偿法》。另外，在我国主权范围内，《国家赔偿法》的适用也受到"一国两制"原则的限制，根据目前已制定并生效的《香港特别行政区基本法》、《澳门特别行政区基本法》，《国家赔偿法》只能在普通行政区域内包括民族区域自治地方实施，不能适用于特别行政区。

二、国家赔偿法的对外效力

国家赔偿法的对外效力，是指国家赔偿法对于外国人（包括无国籍人）的适用问题。认定国家赔偿法的涉外效力以及解决某些涉外案件是主权国家主权范围内的事务，但国家也要参照并吸收某些国际惯例或规则作为解决国家赔偿案件的依据。我国《国家赔偿法》第33条规定："外国人、外国企业和组织在中华人民共和国领域内要求中华人民共和国国家赔偿的，适用本法。外国人、外国企业和组织的所属国对中华人民共和国公民、法人和其他组织要求该国国家赔偿的权利不予保护或者限制的，中华人民共和国与该外国人、外国企业和组织的所属国家实行对等的原则。"该规定在我国国家赔偿法的对外效力方面确立了主权原则和对等原则。所谓主权原则，是指在我国领域内，外国人适用与我国人同样的法律即我国国家赔偿法的原则。外国人、外国企业和组织在我国领域内要求我国赔偿的，只能适用我国的国家赔偿法，不得适用其他国家的法律，这也符合国际惯例的要求。[①] 所谓对等原则，也称为相互保证主义，是指平等的主权者之间对于某一事项或某些事项采取相同态度的原则。[②] 对等原则有利于维护我国广大侨民及出国人员的合法权益，[③] 德国、日本、奥地利、韩国和我国台湾地区等大多数国家和地区都采用这一原则。对等原则具体表现为如下两个方面：第一，权利保护的对等性。外国国家赔偿法不保护我国公民、法人和其他组织的，该国公民、法人和

[①] 刘嗣元、石佑启主编《国家赔偿法要论》，北京大学出版社2005年版，第112页。
[②] 参见薛刚凌主编《国家赔偿法教程》，中国政法大学出版社1997年版，第104页。
[③] 丁学军：《国家赔偿法：概念·原则·作用》，载《西北大学学报》（哲学社会科学版）1999年第1期。

其他组织也不受我国国家赔偿法的保护。假设某国法律规定，外国人一律不得请求国家赔偿，则该国公民在我国也不能请求国家赔偿。第二，权利限制的对等性。外国国家赔偿法限制我国公民、法人和其他组织请求国家赔偿的权利的，该国公民、法人和其他组织在我国请求国家赔偿的权利也受到同等程度和范围的限制。① 假设某国法律规定，我国公民在该国受到司法权的侵犯一律不予以救济，则该国公民在我国请求司法赔偿也不予支持。

需要指出的是，对于无国籍人，即既无我国国籍且无外国国籍的人，因无相互保证的可能性，故宜将其视为本国人而赋予相同的保护。对于双重国籍人，只要其中一个住所所在国或最密切联系国与我国有对等原则，依其该国籍所在国法律、条约或惯例，我国公民得在该国与该国人享受同等权利的，即可对等保护。② 另一个问题是，对于外国人所属国与我国未订有条约，使我国公民得在该国与该国人享受同等权利的，是否应先由该外国人就其本国法律或惯例，已赋予我国公民得在该国与该国人享受同等损害赔偿请求权提出证明后，始得依我国国家赔偿法请求损害赔偿。由于《国家赔偿法》第40条所规定的相互保证系外国人请求损害赔偿的前提条件，若要求该外国人负举证责任，不免过于严苛，故似宜先查明该外国人所属国在处理我国公民请求损害赔偿案件时，是否要求我国公民就此负举证责任而定。③ 如关于该国是否要求我国公民就此负举证责任亦不明时，则依民事诉讼法的规定，应由该外国人就其本国法律或惯例已赋予我国公民得在该国与该国人享受同等权利，负举证责任，法院对此亦可依职权进行调查。

---

① 参见周友军、麻锦亮《国家赔偿法教程》，中国人民大学出版社2008年版，第49-50页。
② 最高人民法院1988年《关于贯彻执行〈中华人民共和国民法通则〉若干问题的意见（试行）》第182条规定："有双重国籍或多重国籍的外国人，以其有住所或者与其有最密切联系的国家的法律为其本国法。"
③ 参见（台）刘春堂《国家赔偿法》（修订二版），三民书局2007年版，第9-10页。

第四节　国家赔偿法的作用与价值[①]

自然法学派的代表人物洛克曾经提出，法治的核心是保护个人自由权利。他认为，对个人自由权利最大的危害是政治权力的滥用，因此，政治权力必须受到法律的约束。这种权利制约思想至今仍深刻地影响着各国的立法活动。我国《国家赔偿法》于1994年5月12日颁布，并于2010年4月29日修订，这是我国人权保护史上的重要事件。该法是具体落实宪法保护公民、法人和其他组织合法权益原则的重要法律，确定了我国国家赔偿责任的构成要件，划定了国家承担赔偿责任的范围，明确了赔偿请求人的资格以及赔偿责任的归属，设定了赔偿请求人请求国家赔偿的程序，规定了国家承担责任的赔偿方式和计算标准。《国家赔偿法》的施行，使公民、法人和其他组织因国家机关及其工作人员侵犯其合法权益而造成的损害得到赔偿，使受害人寻求法律救济有了明确的法律依据。司法实践也证明，《国家赔偿法》的实施，有效地保障了公民的基本人权，在一定程度上弥补了公民因国家侵权行为而遭受的物质损失，规范了国家机关依法履行职务的行为。全面贯彻执行国家赔偿法，对于国家的长治久安、社会的稳定发展、人民的安居乐业，都会产生极为深远的影响。

一、国家赔偿法的一般作用

考察各国国家赔偿实务，就一般情况而论，国家赔偿法具有以下作用：

（一）保障公民权利

当今世界，尊重人权、保障人权、发展人权已成为衡量一个国家文明程度、法治水平的重要标志。各国纷纷在本国的立法中把人权的基本内容予以具体化、明确化，并予以切实的法律保障，而对人权保护最为

[①] 本节内容主要参见江必新《国家赔偿法原理》，中国人民公安大学出版社1994年版，第35-40页。

直接的法律之一便是国家赔偿法。① 公民之自由或权利虽受宪法与法律之保障，现实中，公民自由或权利受违法国家作用侵害的情形亦不少，故以作为公民权利自由的最后保障手段而言，国家赔偿制度是法治国家不可欠缺之要素。② 在法治国家，公民权利如遭受侵害，可以依一般行政救济制度提起诉愿及行政诉讼等获得救济，但是在行政诉讼中，当事人仅能通过请求有权机关撤销或变更违法或不正当的行政行为，确认无效等方法，除去其法律效果，而不能恢复其现实上所受损害的权益。国家赔偿制度则以国家为赔偿义务人，对工作人员执行职务行使权力致公民权利遭受损害者，予以适当之救济。

（二）制裁违法行为

国家机关及其工作人员行使职权的行为就是公务行为，是实现国家职能的具体体现。《国家赔偿法》明确规定，制定国家赔偿法是为了"促进国家机关依法行使职权"。国家赔偿制度具有制裁违法的作用，因国家赔偿责任，以民事上损害赔偿理论为基础，为确保公民权利，由国家出面负起全体工作人员侵权而引发的赔偿责任；但工作人员有故意或重大过失时，国家事后得向该工作人员求偿。

（三）调整公私利益

国家工作人员行使职权所为的活动，原则上是为了实现公益目的。无论受到哪种损害，国家都有义务为受到损害的人提供补偿，以平衡受害人与社会其他成员之间的利害关系。行使职权的活动使个人发生损害，以国家的财产填补其损害，体现了国家所发挥的调整功能。国家可以将支出的赔偿费用以税收形式转嫁于社会，由全体社会成员公平负担这一损失。从这个意义上来说，国家用依租税课征方式而取自公民的财产，填补个人在国家作用下的特别牺牲，不仅可以谋求公用负担之平等，而且能调节公益与私益。

---

① 零庆鸣：《谈刑事存疑案件的国家赔偿》，载《法制与社会》2007年第12期。
② （台）叶百修：《国家赔偿法之理论与实务》，元照出版公司2008年版，第46页。

（四）贯彻法治目的

现代民主法治国家，为保障民权，增进福利，有保证其活动不侵害公民权利的责任。为贯彻此项责任，国家即全面地负担损害赔偿，从而督促工作人员在执行职务时，认真、谨慎、奉公守法，否则，该工作人员对于国家在民事上负担偿还责任，在行政上负惩戒责任，甚至还要负刑事责任。

（五）防止滥用职权

现代国家基于社会情势需要，其行政权范围日益扩大，公务员执行职务之范围亦逐渐恢复，世界各国于加强行政机关权力之后，又致力于行政控制，对所属机关及公务员严加监督，促使提高警觉，防止滥权，以维护民主体制的完整。国家赔偿作为一种"责效"，不仅为受害人提供经济补救，而且意味着对加害人的非难，同时也可以要求故意或重大过失的公务员支付部分国家赔偿费用[1]，从而使国家机关及其工作人员得以小心谨慎，减少滥用职权情况的发生。

二、我国国家赔偿法的价值

（一）制度价值——一个合理的平衡点

就一般意义而言，国家赔偿即国家为其工作人员在行使职权中所造成的损害承担赔偿责任。任何国家要对社会进行有效管理，必须而且只能通过为数众多的工作人员来实施这种管理。然而，由于人类自身的弱点及不完善性（包括智力和德性两个方面），工作人员在行使管理职权的过程中，难免或多或少地会发生侵犯公民、法人或其他组织合法权益的事件——没有一个国家能够保证绝对不发生此类事件，从而使无辜公民受害、或使无错组织遭损。

此类事件发生之后，出路无非有以下几条：一是国家以没有指示命令工作人员侵权（即谓王权不能为非）而推诿其责，工作人员以致害行

---

[1] 应松年主编：《国家赔偿制度研究》，法律出版社1995年版，第45页。

为本来属于"公干"而非私益为由拒绝赔偿，或以工薪微薄而卸其责任，结果是受害人虽受重大损害而索赔无门；二是全部由工作人员自己赔偿（工作人员的侵权行为被认为全部是超越委任权限的行为），结果，工作人员有时即使倾家荡产也难于赔偿受害人的损失，更严重的后果是工作人员在行使职权过程中，如稍遇风险，则因顾忌赔偿责任而不敢越雷池一步；三是全部由国家承担赔偿责任，工作人员是否有重大过错也在所不问，结果是，工作人员因不负任何责任而放任懈怠，国家因巨额赔偿而财用匮乏。以上三种处理办法，第一种方法是全部让受害人蒙受不幸；第二种方法是全部让工作人员担当风险；第三种方法则为国家承受损失。可以说，三种办法均不无弊害。

如何协调国家、工作人员和受害人三者之间的关系？怎样将弊害减少到最低程度？用什么方法来分担这种难以全部避免的不幸？这正是现代国家赔偿制度所要解决的核心问题。

同其他大多数国家一样，我国终于跳出了上述三维关系的死胡同，国家赔偿法在国家、工作人员、受害人三者之间找到了一个合理的平衡点，这就是：为避免单个受害人蒙受不幸，防止工作人员在执行职务时畏首畏尾，国家对工作人员在行使职权过程发生的侵权行为承担赔偿责任；为了预防工作人员在行使职权时无所顾忌，放任侵权，也为了减少国家利益受害，减轻财政负担，在工作人员对损害事实的发生或扩大具有故意或重大过失时，国家机关在赔偿受害人损失后对其工作人员有追偿权，应当责令有故意或重大过失的工作人员或者受委托的组织或个人承担部分及至全部赔偿费用。应当说，这是一个利多弊少或者兴利除弊的明智选择，是一个综合各种价值选择的优良制度。

（二）社会价值——保障与促进相辅相成

我国《国家赔偿法》开宗明义，制定国家赔偿法的宗旨是：保障公民、法人和其他组织享有依法取得国家赔偿的权利，促进国家机关依法行使职权。一个保障，一个促进，集中概括了我国国家赔偿法的精神实质，也充分表达了国家赔偿法的社会价值。

就保障方面而言，从以下规定足见一斑：将有权请求国家赔偿的人从受害人扩大到继承人和其他有扶养关系的亲属，从受害组织扩大到承受已终止组织的权利的法人或其他组织（参见修订后的《国家赔偿法》第6条及第20条）；明确规定工作人员不直接作为赔偿义务主体，而一律由国家机关先行承担赔偿责任（参见修订后的《国家赔偿法》第7条、第21条）；赔偿义务机关即使被撤销，也要由继续行使其职权的机关代为承担赔偿责任，没有继续行使职权的机关，由撤销该机关的机关或政府代为履行赔偿义务（参见修订后的《国家赔偿法》第7条第5款）；根据致害行为的性质和赔偿义务机关的性质分别为赔偿请求人设定了协商、复议、诉讼、申请人民法院赔偿委员会作出决定等多种求偿途径；在致害机关为两个以上的机关情况下，赔偿请求人可以要求其中任何一个给予赔偿（参见修订后的《国家赔偿法》第10条）；尽可能使赔偿方式和标准具体化，以便于操作和当事人提出请求（参见修订后的《国家赔偿法》第4章）；赔偿费用不仅于各级财政单独列支，而且要列入各级财政的预算，以确保赔偿经费（参见修订后的《国家赔偿法》第37条）；在确定请求时效时，将被羁押等限制人身自由期间、或因特定障碍而不能行使请求权的时间排除在外（参见修订后的《国家赔偿法》第39条）；明确规定了赔偿请求人要求国家赔偿的，赔偿义务机关、复议机关和人民法院不得向赔偿请求人收取任何费用，对赔偿请求人取得的赔偿金不予征税；等等。

应当看到，无救济即无权利。只有充分保障公民、法人和其他组织享有依法取得国家赔偿的权利，才能使公民、法人和其他组织的合法权利真正成其为权利。

就促进方面而言，在《国家赔偿法》中也体现得比较充分：在行政赔偿和部分刑事赔偿中采用违法归责原则，以行使职权中的行为违法作为国家承担侵权赔偿责任的必要条件，以鞭策国家机关及其工作人员严格依法办事；原则上以侵权机关作为赔偿义务机关，即谁侵权或谁的工作人员侵权，就应由谁承担赔偿责任（除非该机关已不存在或没有独立主体资格），有利于权力机关及各级人民政府对各行政机关依法行政情况进行考核、监督和评价；对有重大过错的工作人员实行追偿制度，以督促机关工作人员谨慎勤勉、严肃执法；赔偿费用由各级政府列入财政预算，并由国家先行承担赔偿责任，在工作人员仅具有一般过失时不予追偿，即是说，一般风险责任是由国家承担的，以解除国家机关工作人员在执法时的后顾之忧等等。以上规定，对促进国家机关依法行使职权无疑具有重要的作用。

还应当看到，保障公民、法人和其他组织享有依法取得赔偿的权利，本身就是对国家机关行使职权的最有效的促进形式；而国家机关如果能真正依法行使职权，公民、法人和其他组织合法权益的保障程度无疑将会大大提高。

（三）精神价值——用之不竭的财富

国家赔偿法更深刻、更丰富的价值表现在精神价值方面。因为建树一种合理或比较合理的国家赔偿制度，需要一系列观念的更新或突破，需要突破一定的思维模式和冲刷一些思想的积淀。

首先，国家对自己"雇用"的工作人员的职务行为造成损害承担赔偿责任，表明我们的国家是一个对人民负责的国家，表明我们的政府是一个值得信赖的政府，表明我们的国家机关是真正为人民服务的机关。有错必纠的政府才是可信赖的政府；对人民负责的政府才是值得尊重、拥护和支持的政府，而人民对政府的信赖、支持和拥护是一个国家最为强大的精神力量。

其次，国家承担侵权赔偿责任，主动设法恢复受害人被损害的权利，它向世人昭示：中华人民共和国是珍视人权、尊重人权、保护人权的。当一个公民或一个组织向支配、领导他（它）的国家机关请求赔偿甚至对簿公堂时，他（它）是作为一个独立的权利主体而存在的。这表明在合法权益面前，国家并没有简单地套用意志服从关系和隶属关系——公民不再是国家的臣民，而是一个真正的权利主体。

再次，国家赔偿的实质，是国家将依税负课征方式取之于民的财产用于填补个人、法人或其他组织在国家实施管理过程中所造成的特别牺牲，或者说是由社会全体来分担国家工作人员行使职权时所造成的某个个体的不幸。因为赔偿金额最终都取之于民。这就是所谓公共负担平等的原则，之所以公共负担应当平等，是因为国家是公共权力的执行者，是为公共利益而活动的，人民共同享有国家活动所带来的优惠和利益，当然也应当平等分担这种活动所带来的损失，如果仅让工作人员或者受害人承担这种损失是不公平的。

最后，国家赔偿制度所赖于建立的另一思想基础是：以社会集体的负担，减轻个体损害的负担，或者说是借助于社会的力量，以填补个体不虞之损害。这种观念是扩大社会福利、增强社会保险的观念，而正是这种观念孕育着现代"福利国家"的诞生。

基于上述几点，我们完全有理由说，国家赔偿法的发展必将给我国带来巨大的精神财富。

构成要件编

第七章 国家赔偿责任构成要件的一般原理

第一节 国家赔偿责任构成要件概述

国家赔偿责任是国家赔偿法中的核心内容，国家赔偿责任的确定必须满足一定的条件，这种条件主要在国家赔偿责任构成要件当中研究。

一、国家赔偿责任构成要件的概念

国家赔偿责任构成要件，是指国家在什么情况下，具备什么样的条件承担因国家机关或者国家工作人员在执行职务中侵犯公民、法人以及其他组织的权益而造成损害的赔偿责任，简言之，国家赔偿责任构成要件是指国家承担赔偿责任的决定条件。

我国《国家赔偿法》没有哪一个条文明确规定侵权行为必须具备的要件，其他国家和地区的国家赔偿法也是如此。有关国家赔偿责任构成要件是结合司法实践从法条中抽取出来的，并且形成了一个逻辑自足的结构。

国家赔偿责任构成要件以特定的归责原则为指导，并与特定国家的经济发展和民主政治发展相联系，其目的在于限制国家权力和保障公民、法人或者其他组织的合法权益。在具备国家赔偿责任构成要件的情况下，当事人请求国家赔偿的要求将依法得到满足，公权力机关的侵权行为将受到否定性评价，赔偿义务机关不得拒绝履行赔偿义务；在不具备国家赔偿责任构成要件的情况下，当事人请求国家给予赔偿的要求将得不到满足，国家赔偿义务机关有权拒绝赔偿，裁判机关也不得裁判被诉国家机关承担赔偿责任。可见，国家赔偿构成要件是国家赔偿法的核心问题。

二、设定国家赔偿责任构成要件的目的

设定国家赔偿责任构成要件的基本目的有三个：

（一）确定国家赔偿的范围

对于一个国家而言，不可能对于任何公权力行为造成的损害都承担责任，其中一个比较重要的原因是国家财政能力。国家财政承担支付请求权人的赔偿金是一个方面，更重要的是要保障社会公众福祉的实现。正如有的学者指出的："赔偿金赔得太多就会对公共卫生管理机构形成牵制，这样一来，公共卫生管理机构就会减少给予病人的治疗救济资源。赔偿金赔得太多也会对住房管理机构形成牵制，因为这样会使他们减少在居民住房供给以及维修方面的基金。以此类推，这种类型的非法行为很可能还会导致更多受害者出现。"[1] 由于国家的财力有限，不可能对公民、法人或其他组织所受到的全部损害都负责赔偿，即使是国家机关造成的损害，由于财力所限，也只能择要赔偿。或通过逐步扩大赔偿范围的方式，与国家财政实力相适应。此外，限制国家赔偿范围有时还有政治上的考虑。国家赔偿范围还涉及国家赔偿责任主体的问题，是否所有的国家机关及其工作人员的行为都要纳入到国家赔偿的范围，既是一个政治决策问题，也是一个法律理论问题。例如，对于立法行为、军事行为、公有公共设施的设置和管理行为是否要纳入到国家赔偿范围，是一个赔偿范围的问题，也是一个赔偿责任主体的问题。有的国家为了保障司法独立，实行司法豁免原则；有的国家为了保障议会至上，实行立法豁免原则等等，这些都反映了国家赔偿责任的有限性，这种有限性则主要体现在国家赔偿责任的构成要件当中。

（二）保障请求权人的国家赔偿求偿权

对国家赔偿设定构成要件，有利于公民、法人或其他组织维护自己

---

[1] ［英］卡罗尔·哈洛：《国家责任：以侵权法为中心展开》，涂永前、马佳昌译，北京大学出版社2009年版，第137页。

的求偿权利，使他们在法律规定的赔偿要件得到满足时，得以理直气壮地请求赔偿。对于何种行为可以通过国家赔偿程序获得救济，是国家赔偿责任构成要件理论所要着重解决的问题。对于行为要件的研究，可以保障请求权人在特定的行为范围之内向国家请求赔偿。对于损害事实要件的研究，有助于请求权人明确损害的性质、种类。有的国家仅仅对直接损害进行赔偿，有的国家则对间接损害、可预期利益的损失予以赔偿；有的国家仅仅对人身权、财产权的损害进行赔偿，有的国家还对政治权利、劳动权利、平等权利等的损害进行赔偿。对于因果关系要件的研究，有的国家采取的直接因果关系学说，在一定程度上限制了请求权人的求偿权，而更多国家采取的相当因果关系学说，则有利于保障请求权人的合法权益等。

（三）保障赔偿义务机关和人民法院准确认定赔偿责任

国家赔偿责任的构成要件是一个全面性的责任认定机制，缺少任何一个要件都可能无法准确认定国家赔偿责任。例如，赔偿义务机关在认定是否承担赔偿责任时，必须综合考虑构成要件的各个组成部分，缺少任何一个构成要件的准确把握都可能造成赔偿责任的误判。赔偿义务机关认为行为虽然违法，但是涉及的损害涉及人身权、财产权以外的权利而不予赔偿，而经过人民法院审查，该损害涉及请求权人的"合法权益"，不能仅以人身权、财产权的保护为限。国家赔偿责任构成要件有助于赔偿义务机关和人民法院准确认定是否属于国家赔偿责任，同时也有利于保证赔偿义务机关和人民法院在认定国家赔偿责任方面的统一和协调。

第二节　国家赔偿责任构成要件的基本结构

国家赔偿责任构成要件的基本结构涉及构成要件的基本要素以及要素之间相互关系的讨论。

一、域外关于国家赔偿责任构成要件的基本结构或者要素的讨论

从一些国家设定国家赔偿责任构成要件的立法来看，构成要件通常

包含有以下几个要素：

1. 侵权主体。把侵权主体作为国家赔偿责任构成要件的一个因素旨在解决国家对哪些组织和个人的行为造成的损害承担赔偿责任，对哪些组织和个人造成的损害国家不承担赔偿责任。也有的国家不讨论侵权主体，仅仅讨论侵权行为，因为不论侵权主体是谁，只要是侵权行为的都是由国家承担赔偿责任，侵权主体的确定并不重要。

2. 侵权行为的类型。将侵权行为的类型及性质作为国家赔偿责任构成要件的一个因素，旨在解决国家对哪些种类的行为造成的损害承担赔偿责任。这种分类有时是基于国家权力之间的划分，例如，一些国家把立法行为和自由裁量行为排除在国家赔偿范围之外；有时是基于行为的主动性和被动性的划分，例如，极个别国家将行政机关的不作为排除在国家赔偿范围之外；有的是基于行为公私法属性，例如有的国家将国家机关的私法行为，以及行政公共权力以外的执行职务的行为排除在国家赔偿范围之外（适用民事赔偿的有关规定）等等。

3. 侵权行为的性质。侵权行为的性质主要涉及侵权行为是基于侵权行为的客观性还是侵权人员的主观性。有的国家将侵权人员的主观状态作为国家赔偿责任的构成要件的一个因素，旨在解决国家对哪些性质的行为造成的损害承担赔偿责任。例如，大多数国家规定只有当加害人具有故意或过失的情况下，国家才承担赔偿责任。有的国家规定，只有当有关人员违反公法上的义务时，国家才承担赔偿责任。有的国家规定，只有在致害行为具有违法性质时，国家才承担赔偿责任。有的国家则规定，只要致害行为不当就可以请求国家赔偿。有的国家规定致害行为如果是正当防卫紧急避险行为，则国家可以免责等等。这一方面的限定在国家赔偿理论上被称为归责原则。

4. 损害结果。将损害结果作为国家赔偿责任的构成要件的一个因素旨在解决国家对哪些损害结果承担赔偿责任，例如，有的国家规定对人身权、财产权以外的权益的侵害不承担赔偿责任。有的国家规定只对法定权利损害承担赔偿责任，对其他利益的损害不承担赔偿责任，有的国家规定只对直接损失或实际损失承担赔偿责任，对间接损失或可得利益不承担赔偿责任。

5. 侵权行为与损害结果之间的因果关系。将因果关系作为国家赔偿责任构成要件的一个因素，旨在排除国家对不可抗力的意外事件，以及因受害人自己或第三者的过错而造成的损害的赔偿责任。当然，对于因果关系的探讨也涉及因果关系属于条件说、原因说等等诸多学说。

二、域外设定国家侵权赔偿责任构成要件的基本原则

从一些国家的立法例看，设定国家赔偿责任构成要件都遵循了以下原则：

1. 根据国家财力逐步放宽国家赔偿的范围。几乎所有的国家在国家赔偿范围上都有一个由窄到宽的过程，当一个国家的财力薄弱而又不能大幅度地增加税负的时候，都试图通过设定构成要件来缩小赔偿范围。但是，由于国家对某类损害是否承担赔偿责任，直接关系到一国之安定，关系到国民对政府的信赖程度，一般说来，只要财力许可，就要逐步解除一些限制条件，从而放宽国家赔偿的范围。这就是说，一国的经济实力，在很大程度上制约着该国的国家赔偿范围。

2. 注意划清国家赔偿与一般民事赔偿或国家补偿的界限。除极少数国家之外，大多数国家的国家赔偿标准与民事赔偿的标准以及国家补偿的标准是不相同的。于是就产生了区分国家赔偿、民事赔偿或和国家补偿的必要。除极少数国家以外，大多数国家的民事赔偿的标准，比国家赔偿及国家补偿的标准要高，并且大都实行严格责任，这是因为国家赔偿或补偿中的损害往往是由于追求公共利益而造成的。因此，民事赔偿的主要目的在于填补受害人所受损失，而国家赔偿和国家补偿多少带有抚慰的性质。一般说来，因行政公共权力而造成的损害适用国家赔偿标准，其他非公共权力行为造成的损害适用民事赔偿标准，合法行使公共权力的行为造成的损害，适用国家补偿标准。

3. 针对不同领域里的损害设定不同的构成要件。一般说来，当国家

基于一个民事主体的身份而造成他人损害时，通常根据民事赔偿的构成要件来确定其是否应当负责，而当国家作为一个行使公共权力的主体而致他人损害时则根据国家赔偿构成要件来确定其是否应当负责任。然而即使是国家以一个行使公共权力的主体致他人损害时，由于行为的性质不同，构成要件也不完全相同。例如：一些国家的冤狱赔偿或刑事赔偿的构成要件不同于行政赔偿的构成要件；同公共营造物设置或管理不当而致他人损害的责任构成要件不同于其他行使公共职权而致人损害的责任构成要件；因不作为而致人损害的责任构成要件不同于积极作为而致人损害的责任构成要件。

4. 根据一个国家的国情或公平、正义观念切割赔偿范围。由于国家不可能对所有的损害都承担赔偿责任，而只能对某些损害承担赔偿责任，于是就出现了哪些赔偿、哪些暂时不赔的问题。一般说来，这些国家总是根据自己的国情或本国的公平、正义的观念来对赔偿范围进行合理切割，尽可能避免不公平或不平等的情况。一方面尽可能地同类情况同样对待；另一方面尽可能地使各类情况具有可比性，不至于差距过大，使人感到法制不公平。也就是说，尽可能地做到公平合理。

三、我国国家赔偿法设定国家赔偿责任构成要件的基本思路

《行政诉讼法》颁布之后，行政立法研究组紧接着开展了国家赔偿法的立法研究和试拟稿的草拟工作。在立法研究和试拟稿草拟的过程中，小组成员面临最棘手和争论最多的问题是国家侵权责任的构成问题。[①] 我国《国家赔偿法》在设定我国国家赔偿责任构成要件时，所遵循的基本思路是：

1. 赔偿责任主体主要是行政机关、审判机关及检察机关的工作人员，立法机关及军事机关及其工作人员造成的损害原则上不能适用国家赔偿法。这就是说仍然适用《民法通则》的有关规定解决。这与其他一些国

[①] 姜明安：《论国家侵权责任的构成》，载罗豪才、应松年主编：《国家赔偿法研究》，中国政法大学出版社1991年版，第39页。

家的立法例是不同的。概括其他一些国家的立法例，除了立法行为一般豁免赔偿责任以外，所有机关的行使公共权力的行为不法致他人损害，一般都适用国家赔偿法，而不适用民事赔偿的有关规定。对于国防、外交、权力机关的特定行为主体也排除在赔偿责任主体之外，主要原因是对于国家行为（统治行为）不属于国家赔偿范围，其行为主体自然亦不属于赔偿责任主体范围。对于邮政管理机关、医院、公有公共设施主体也适用特殊的规则办理，不再规定在《国家赔偿法》中。

2. 将国家机关和国家机关工作人员的非职权行为所致损害的赔偿，排除在国家赔偿法的适用范围之外。我国《民法通则》第121条规定，国家机关和国家机关工作人员在执行职务中，侵犯公民、法人的合法权益造成损害的，应当承担民事责任。这里的执行职务包括行使职权的行为和非职权行为。根据《国家赔偿法》的规定，凡是合法职权行为造成损害的责任承担，适用某些特别法律、法规的规定或由将来的国家补偿法另作规定；凡是非职权行为造成的损害的责任承担仍然适用民法通则的有关规定。

3. 将刑事赔偿与行政赔偿纳入同一法律加以规范，适用不同的构成要件。从其他国家的立法例来看，通常是把国家赔偿法作为一般侵权责任法的特别法，而将冤狱赔偿又作为国家赔偿法的特别法，并单独加以规定。我国将国家赔偿法和冤狱赔偿合二而一，但分别加以规定，在责任构成要件上作了一些特殊的规定，而且在实质上也适用不同的归责原则。

4. 原则上采用"违法责任原则"，排除主观过错归责原则的适用，我国《国家赔偿法》没有采取主观归责原则，即不是根据国家机关工作人员是否有过错来确定责任的承担，而是根据加害行为是否具有违法性来确定责任的承担，即采用的是客观归责原则。当然，《国家赔偿法》修订之后，已经不再规定所有公权力行为都适用违法归责原则，这一问题后文中还将有进一步阐述。

四、我国国家赔偿责任的构成要件

对于侵权赔偿责任的构成要件，我国民法学界较为普遍的观点是

"四要件说",即损害事实的存在、行为的违法性、违法行为与损害事实之间有因果关系和致害人主观上的过错。在制定《国家赔偿法》过程中,对于国家赔偿责任构成要件是否沿用民事赔偿的构成要件理论,有着不同的观点。第一种观点认为,国家赔偿责任除了要具备一般侵权民事责任的四个要件之外,还应当具备主体为国家机关及其工作人员、行为发生在执行职务过程中两个要件。第二种观点认为,国家赔偿责任的构成要件是:侵权主体须是国家机关和国家机关工作人员、责任主体的行为须是在执行职务、责任主体的行为有违法性质、须是执行职务活动造成他人损害。这种观点没有将民事侵权赔偿责任要件中的"致害人主观上的过错"纳入要件。第三种观点认为,国家赔偿责任除了具备一般侵权责任要件外,还需要具备以下要件:行为主体为国家机关及其工作人员;侵权行为须发生在执行职务过程中;行为须违背对于第三人应当执行职务的义务。第四种观点认为,国家赔偿责任要件包括:造成损害的行为须是国家机关及其工作人员执行职务的行为;造成损害的行为须是违法行为;被害人因国家机关及其工作人员的行为遭受损害和须有法律规定。这四种观点中,主要涉及两个方面的问题:一是国家侵权赔偿是否为民事侵权赔偿的特别侵权?这个问题已经在前文有所阐述。国家侵权赔偿与民事侵权赔偿虽然有相通之处,但是,国家侵权赔偿具有独立性。因此,上述观点中将民法上"致害人主观过错"作为构成要件并不妥当。二是国家赔偿责任构成要件是四要件还是三要件?民法上侵权赔偿责任往往将致害人主观过错作为构成要件之一,行政法学界也有学者主张将"致害人主观过错"纳入到构成要件者。① 国家赔偿法没有确立过错责任原则,因此,民法上四要件中,只有损害事实的存在、行为的违法性、违法行为与损害事实之间有因果关系三个要件可以适用到国家侵权赔偿责任要件中。有学者进而主张国家赔偿责任要件为三要件:国家侵权行为;公民、法人或者其他组织遭受损害的事实;国家侵权行为与损害事

---

① 金立琪、彭万林、朱思东:《国家赔偿法原理》,中国广播电视出版社1990年版,第83页。

实之间的因果关系。[①] 目前，大多数学者主张国家赔偿为四要件：主体为国家机关及其工作人员；违法行为的存在；损害后果；违法行为与损害后果之间存在因果关系。为了阐述方便和与《国家赔偿法》第 2 条规定的"国家机关和国家机关工作人员行使职权，有本法规定的侵犯公民、法人和其他组织合法权益的情形，造成损害的，受害人有依照本法取得国家赔偿的权利"的表述相统一，本书仍然沿用学术界普遍主张的四要件说。这四个要件是：

（一）行为主体要件

对于国家赔偿责任构成的要件，首先应当判定主体的范围，即确定行为主体。行为主体要件是指实施侵权行为能够引起国家承担赔偿责任的机关或者个人。根据《国家赔偿法》第 2 条的规定，侵权行为的主体为国家机关和国家机关工作人员。可见，我国《国家赔偿法》确定的是二元制行为主体结构。这里的"国家机关"是指广义上的"国家机关"，包括国家行政机关、审判机关、检察机关和部分军事机关，还包括法律法规授权的组织。对于立法机关、公有公共设施所有和管理机关是否属于国家机关，学术界还有不同争论。"国家机关工作人员"不仅包括公务员，而且还包括执行职务的工勤人员、聘用人员等；不仅包括执行职务的国家机关工作人员，还包括视为执行职务的公务辅助人员等；不仅包括国家机关工作人员，还包括法律法规授权组织内依法执行职务的有关人员等。

（二）瑕疵行为要件

瑕疵行为要件是国家赔偿责任构成要件的最基本内容。对于行为主体要件而言，只是构建了国家赔偿责任外围的框架，一定的侵权主体的确定并不导致国家承担赔偿责任。从全世界范围来看，主体要件呈现出弱化的倾向，主体要件已经逐步为行为所吸收。一般来说，各个国家和地区都将存在瑕疵的执行职务行为作为国家赔偿责任的行为界限。瑕疵

[①] 姜明安：《论国家侵权责任的构成》，载罗豪才、应松年主编：《国家赔偿法研究》，中国政法大学出版社 1991 年版，第 41 页。

行为主要包括积极执行职务的行为和怠于执行职务的行为。这里的"瑕疵"的确定与各个国家和地区确定的归责原则有关，例如有的国家认为是违反法律规定，有的国家则认为是存在公务过错等。

（三）损害事实要件

损害事实是瑕疵行为的后果，也是国家赔偿责任构成的必要条件。《国家赔偿法》第2条规定的"合法权益造成损害"，即是指的损害事实要件。从损害的分类而言，一般包括对人身权利的损害和对财产权利以及其他合法权利的损害；物质损害和精神损害；直接损害和间接损害等。就损害的特征而言，损害必须具备现实性，即实际上已经发生或者必然会发生的损害，而不是抽象的可能的损害；必须具有合法性，即受到损害的利益必须是合法的利益，非法利益的损害不能发生国家赔偿责任；必须具有特定性，即受到的损害必须是特别的损害，而非针对全体社会成员的一般损害；必须具有非常性，即损害已经超过了公共生活正常负担的损害；必须具有非反射利益性，国家对于非反射利益的损害承担赔偿责任，对于反射利益则不承担赔偿责任。

（四）因果关系要件

各国法律都无一例外地承认因果关系是侵权赔偿责任的构成要件。因果关系要件构成了归责原则的条件和基础。因果关系指的是执行职务的行为与损害事实之间的因果关系，执行职务的行为是原因，损害事实则是后果。因果关系要件的讨论内容主要包括损害事实是不是由于国家机关及其工作人员执行职务的行为造成的，以何种标准来判断二者之间是否存在因果关系。对于因果关系的学说，学术界提出了诸如条件说、原因说、相对因果关系说、相当因果关系说等观点。

以上是构成要件的一个概貌，本书将针对以上内容在后文中进行详细阐述，请参见有关部分。除了上述四个要件以外，还有的学者认为，国家赔偿责任构成要件中还应当包括法律规定的要件。即国家承担赔偿责任的范围、条件和程序都有法律规定，并非国家对任何时候的所有违法执行职务行为都要承担责任。只有法律规定应予赔偿的行为国家才承担赔偿责任,这是国家赔偿区别于民事赔偿的基本特点之一。[①] 同时,本次《国家赔偿法》第 2 条修订增加了"有本法规定的侵犯公民、法人或者其他组织合法权益的情形",只有《国家赔偿法》规定的,受害人有依照本法取得国家赔偿的权利。但是,这是关于国家赔偿范围的规定,其内容已经包含在瑕疵行为要件当中,并非独立的要件。

[①] 应松年、马怀德:《国家赔偿立法探索》,载罗豪才、应松年主编:《国家赔偿法研究》,中国政法大学出版社 1991 年版,第 7 页;马怀德主编:《国家赔偿问题研究》,法律出版社 2006 年版,第 111 页。

第八章 赔偿责任主体

第一节 赔偿责任主体概述

赔偿责任主体涉及承担国家赔偿责任主体的范围以及如何认定国家赔偿责任主体的问题，本节就相关问题专门进行阐述。

一、赔偿责任主体范围的概念及设定主件范围的意义

赔偿责任主体范围是指执行职务的国家机关和国家机关工作人员的范围。对于赔偿责任主体的概念和范围，各国均未作明确的规定，意在根据实际需要灵活地、适当地扩大其适用范围，以便尽可能地扩大请求权人的救济范围。

国家承担侵权赔偿责任的主体范围所要解决的问题是：第一，国家对哪些组织或个人的侵权行为所造成的损害承担赔偿责任。对于执行职务的机关和工作人员的具体含义，各个国家和地区在具体的司法实践中做法不一。对于实行国家机关赔偿的国家来讲，确定赔偿责任主体意味着对赔偿责任主体进行否定性的负面评价，其重要性不言而喻；对于实行国家实质赔偿的国家而言，确定赔偿责任主体仅仅是一个形式上的要求，有的国家甚至拟制一个特定的机关作为赔偿义务机关来承担赔偿义务，最终责任归属于国家，赔偿义务机关及其工作人员的范围确定并不重要。对于我国而言，由于涉及各个公权力机关行使职权、履行义务的质量和效率，带有一定的评价功能，因此厘清公权力机关之间、公权力机关与其工作人员之间责任具有一定的意义。第二，国家对哪些组织或

个人的侵权行为所造成的损害按照不同于一般民事赔偿规则的特殊规则承担赔偿责任。国家赔偿虽然属于侵权赔偿，但不同于民事侵权赔偿，尤其是在赔偿责任主体方面具有特殊性。对于这些特殊的赔偿责任主体适用民法侵权规则，就可能得出不公正的结论，同时也无助于对赔偿责任主体的监督。第三，国家对哪些组织或个人的侵权行为所造成的损害概不负责。有些侵权主体执行的职务并非国家赔偿法规范的事项，因其执行职务的行为造成损害的，不能通过国家赔偿来解决；有些侵权主体并非公权力机关，其侵权行为应当按照民法等法律予以处理；有些侵权主体的工作人员并非出于执行职务的需要，而是出于个人主观恶意的，亦不属于国家赔偿范围，因此造成的损害国家概不负责。

任何侵权行为都是由人实施的。国家就其财力和政策而言，不可能对所有人的侵权行为所造成的损害承担赔偿责任，而只能对它应当负责的人或在当时的社会观念看来必须负责的人的损害行为承担赔偿责任。这是设定国家承担侵权赔偿责任的主体范围的基本动因，也是设定国家承担侵权赔偿责任的主体范围的基本意义所在。

二、设定主体范围的原理

主体范围在国家承担侵权赔偿责任的构成要件中就不同国家来说，并非具有同等地位。一般说来，在君主制国家或身份性较强的国家，或者在国家赔偿责任制度发轫期，主体范围在整个构成要件中占有十分重要的地位。而在另外一些国家，即国家侵权赔偿制度已经发展得较为成熟的国家，主体范围作为侵权责任的构成要件已经显得不那么重要。在这些国家，主体范围已经被行为范围所吸收，国家是否承担侵权赔偿责任，不取决于实施侵权行为的人，而在于侵权行为的性质。但是，就目前来说，主体范围对相当一部分国家来说，仍然具有一定的意义。其意义主要表现在以下几个方面：

（一）一定的主体实施侵权行为国家不承担赔偿责任，工作人员也不承担赔偿责任。例如，国家元首所实施的某些行为、立法机关所实施的行为、司法机关所实施的某些特定的行为。国家元首对外代表国家，其实施的行为具有一定的主权性，根据主权豁免原则，其行为不受法律追究。立法机关代表民意立法，其行为不针对特定个人，亦不承担赔偿责任。司法机关在特定情况下根据现有证据判断案件，如果发生损害的，司法机关免除国家责任；还有的国家认为司法机关是最终裁决者，如果追究赔偿责任就会损害司法独立等等。各个国家根据其政治体制架构对此有不同的规定。

（二）一定主体实施的侵权行为，国家不承担赔偿责任，而由工作人员自己承担赔偿责任，例如，警察的某些个人行为。国家赔偿责任的基础在于对执行职务的行为予以赔偿，如果公权力机关的工作人员基于自身的考虑侵犯他人合法权益的，应当按照"谁侵权谁赔偿"的原则处理。

（三）一定主体实施的侵权行为，国家按特殊规则承担赔偿责任，而不按一般民事赔偿规则承担赔偿责任。如行使公共权力主体所实施的侵权行为，各国通常按特殊规则承担赔偿责任。只有行使职权、执行职务的行为造成的损害，由国家赔偿，实行特殊的赔偿规则；行使职权、执行职务之外的行为造成的损害，按照一般的民事赔偿规则处理。

（四）一定主体实施的侵权行为，国家按一般民事赔偿规则承担赔偿责任，而不按照特殊规则承担赔偿责任。例如，某些从事纯粹私经济活动的组织或营利性组织；邮政企业、公立医院、公立学校如果有特别法律的规定，则适用特殊的法律规定，这种特殊性一般表现为不再适用国家赔偿法规则，而适用民法规则。

三、赔偿责任主体范围

（一）特定机关或组织作为赔偿责任主体

事实上，主体范围所涉及的主体包括两个方面：一是机关或者组织；二是个人。本节先讨论与特定机关或组织有关的问题，下一节讨论与个人有关的问题。

在有关主体范围的制度中，与特定组织有关的基本问题有两个：在实行一元制赔偿责任制度（即公私法合一）的国家中，所要解决的问题主要是：国家对哪些组织或者机关的侵权行为负责，在实行二元制赔偿责任制度（即实行公私法分离制度）的国家中，除了要解决第一个问题之外，还须解决国家对哪些组织或者机关的侵权行为按特殊规则（即公法规则）负责，对哪些组织或者机关的侵权行为按一般规则（即私法规则）负责。

关于第一个问题，总的发展趋势是：免责的主体范围不断缩小，负责的主体范围逐步扩大。但由于各个国家发展的进程不同，主体范围所呈现的差别仍然很大。就机关而言，国家最早对机关侵权行为负责的是行政机关，其次是司法机关，再次是立法机关，最后是国家元首。目前，完全消除豁免的似乎仅有挪威。负责范围已经扩展到立法机关的也仅有乌拉圭、哥伦比亚、法国、德国等。例如，法国1936年在"小花公司"案中，法国行政法院承认国家赔偿责任后，凡是由立法行为直接发生的损害，如果对被害人构成异常而特殊的危险，虽然法律没有明确或者默示国家无赔偿义务，国家仍负赔偿责任。同样，1976年法国对外关系部长诉比尔加诸公案，法国法院亦判决法国对其立法行为负赔偿责任。但即使在这些国家，国家也只是对立法机关的某些行为所造成的损害负责。绝大多数国家负责范围已扩展到司法机关，但国家也只是对一定范围内的行为负责。例如，法国关于司法行为所发生的赔偿责任，均以法官有违背职务或者重大过失的行为为限。例如该国《民事诉讼法》第505条规定："司法官因欺诈、渎职、拒绝裁判或者其他职务上的重大过失，而使被害人受有罪判决，被害人可依有关法律规定请求国家赔偿。"英国国家赔偿不以法官作为国家侵权责任主体，不法监禁、不法逮捕、程序滥用也不适用国家赔偿法。我国台湾地区也以司法人员职务犯罪造成当事人损害为限。

关于第二个问题，凡是采取二元制赔偿责任体制的国家，为了解决公私法各自的适用范围问题，立法机关总是试图将隶属于国家机关的各种组织区分为执行公共职能的组织或者私人性质的组织（私经济组织或非公共职能组织)。一般说来,对执行公共职能的组织所造成的损害,国家按照公法规则或特殊规则承担赔偿责任,对隶属国家的私人性质的组织所造成的损害,国家按照私法规则或一般民事赔偿规则承担赔偿责任。例如,罗马尼亚以国家机关作为侵权责任主体。罗马尼亚宪法规定,由于国家机关的违法行为,其权利受侵害的人,可以依照法律规定的条件,请求主管机关宣告此项行为无效并赔偿损害。捷克斯洛伐克民法典第426条规定,国家机关或者被授予行使国家职能的机关,对于非法的决定所造成的损害,也应当依据专门法规的规定承担责任。该国《关于国家机关的决定或不当公务行为造成损害的责任的法律》第1条规定:"国家机关或者国家组织所设的机关在民事程序、国家公证处程序、行政程序、地方人民法院程序以及在候审羁押或科处刑罚无关的刑事程序中所作的违法决定造成损害的,由国家承担责任。国家还要对社会组织所设机关在执行国家机构委托的公务过程中造成的损害承担责任。"对于这些机关或者组织是否承担国家赔偿责任,均以是否履行公共职能为标准。

但是对公共职能的认定和解释,各国都有自己的解释。最狭义的解释是将公共职能解释为"执行公共权力",而不同的国家对公共权力的解释也不尽相同。一般说来,在采用二元制赔偿责任体制的国家,对于行使公共权力的组织所造成的损害通常适用公法规则或特殊规则赔偿,通常没有多大不同(不同的只是对公共权力的具体解释),对于纯粹营利性质的属于国家的生产经营组织(例如国有企业)所造成的损害,国家通常按照私法或一般民事赔偿规则承担责任,通常也没有多少差别。从全世界范围来看,公共职能已经不仅仅局限于执行公共权力,更包括了提供公共服务,例如提供交通便利、使用公产的便利、利用政府信息的便利、提供医疗卫生、社会保障服务等,公共职能的"权力性"已经式微,"服务性"正在勃兴。

但是,对于介乎国家机关和私人组织两者之间的某些组织,包括提供社会福利、公共服务、公共卫生和公共教育等机构的侵权行为,国家是根据一般民事赔偿规则(即私法),抑或是特殊规则(即公法)承担赔偿责任。在不同的国家却大相径庭：有的适用一般民事赔偿规则；有的适用特殊规则；还有的适用独立于一般民事赔偿规则和特殊规则的特别规则（通常有特别法如原子能赔偿法、铁路法、公共交通法等加以规定）。以公立学校为例：在相当多的国家，公立学校的活动被视为公共职能，尽管这种活动与私立学校的活动没有多大区别。在美国和澳大利亚，学校对侵权不负责任；在原联邦德国、奥地利、瑞士和日本则适用特殊规则。在法国则与私立学校适用相同的民事赔偿规则，即对于国家代替公立学校教员负担由于学生造成损害的赔偿责任，由普通法院适用民事赔偿规则[1]。再以公立医院为例：公立医院的侵权和私立医院的侵权几乎没有什么两样。但仍有相当一部分国家将公立医院的活动视为公共职能。在美国和印度，国立医院享受豁免（英国和意大利曾一度也是如此，但目前地方机构要承担赔偿责任），瑞士对公立医院的侵权适用特殊规则（原联邦德国对精神病院也是如此），而在斯堪的纳维亚国家、日本和联邦德国，通常适用一般民事赔偿规则，在法国，适用公法规则，但以有重大过失为要件。

（二）特定个人作为赔偿责任主体

国家对哪些个人的侵权行为承担赔偿责任，各个国家的表述不尽相同。主要有以下几类：

1. 行使国家或公共团体权力之公务员。

例如，日本国家赔偿法上的公务员是指受国家或公共团体委托，行使公权力的人，包括官吏、公吏在内。1947年5月实施的《日本国宪法》第17条规定："任何因公务员之不法行为，而受损害时，可以依法律规定，向国家或公共团体请求赔偿。"日本《国家赔偿法》第1条第1款规定："行使国家或公共团体公权力之公务员，就其执行职务，因故意或过失不法加害于他人者，国家对此和公共团体应负赔偿责任。"

2. 执行公务的人员。

联邦德国以执行公务的任何人作为侵权赔偿主体，包括公务员及受

---

[1] 王名扬：《法国行政法》，中国政法大学出版社1988年版，第590页。

委托执行公务的人员。在原联邦德国成立之前，有的法律规定，以国家公务员为侵权主体。例如1909年8月1日制定的普鲁士法和1910年5月22日公布的《关于公务员之国家（联邦）责任法》规定，以直接的公务员为侵权主体。所谓直接的公务员是指直接与国家发生勤务关系的公务员。德国《魏玛宪法》第131条规定的国家赔偿责任的侵权主体也是公务员（官吏）。这里的公务员是一个广义的公务员，不论此种委任是公法上的国家行为还是私法上的雇用关系，但不包括自愿参加的公务员。换言之，除正式任命者外，还包括实质意义上执行公务和形式上就任公职的人员（例如执行公务的受雇人、劳工）。1949年5月8日通过的德国基本法第34条规定："任何于执行公务时，如违反其对于第三者应负之职务上义务，原则上由其服务之国家或公共团体负责。"该国《国家赔偿法》第1条第1项规定："公权力机关违反对他人承担的公法义务时，公权力机关应根据本法对他人赔偿就此产生的损害。"第2项规定："技术设施发生事故时，如果公权力机关不是通过个人，而是通过这种设施独立行使公权力，且该事故等同于个人的义务损害行为。该事故视为义务损害行为。"德国行政法院对于执行公务的人员采取放任态度，即认为即使代表国家实施的个人行为没有获得国家的正式任命，国家也应当对其行为负责。例如，行政法院曾在一个案件中，判决国家对于一个被国家承认的私人机构中工作的汽车专家故意错误地开具一个证明车辆适宜于在大陆上行驶的咨询意见承担对第三人的责任。

3. 政府人员。

在美国，侵权责任主体包括行政官员、行政机关的受雇人、陆海军成员以及以官方身份暂时或永久为政府服务之人员。美国《联邦侵权赔偿法》第1346条第（6）项规定："凡联邦政府之任何人员于其职务范围内因过失、不法行为或不作为，致人民财产上之损害……。"第2671条规定："政府人员是指联邦行政机关之官员或者受雇人，美国陆海军之人员以及以官方身份，暂时或者永久地为美国联邦政府服务之人员，至于是否接受领取报酬，在所不问。"除了以上规定之外，在司法实务中还将联邦储蓄保险公司、圣劳伦斯航空开发公司、联邦航空代理处作为联邦行政机关，将退役军人、管理医院之职员、邮政局长等作为公务员，但是对联邦地方法院的法官则不认为是公务员。在古巴，根据古巴宪法第26条的规定，公民的财产由于受到国家官员或代理人利用其职权进行工作的应有的损害和伤害，受损公民有权申诉并得到法律规定的相应修缮或者赔偿。

4. 公务员。

以公务员作为侵权主体的规定较为普遍。在这方面主要包括英国、瑞士、新加坡、韩国、前波兰等国和我国的台湾地区。在英国，公务员是国王直接或者间接任命的受雇人或者代理人。按照英国1947年通过的《工权诉讼法》第2条第1款第1项的规定，公务员所为的侵权行为，国家应当承担侵权赔偿责任。在瑞士，根据《瑞士联邦责任法》第3条的规定："联邦对于公务员执行职务时，不法侵害他人权利者，不问该公务员有无过失，应负赔偿责任。"瑞士国家赔偿法上的"公务员"概念比公务员法上的公务员范围要广一些，是指为联邦服务的人员，其与瑞士联邦的关系，既可以是基于公法上的勤务关系，也可以是基于私法上的委任关系。新加坡亦以公务员作为侵权主体，1965年2月25日公布的《新加坡政府诉讼法》第5条规定："政府应就公务员因故意或过失不法侵害他人权利之行为，依本法之规定负赔偿责任。"韩国《国家赔偿法》第2条规定："公务员执行公务，因故意或过失违反法令加害于他人者，国家或地方自治团体应赔偿其损害。"前波兰民法典第417条规定，国家公务员在任职期间造成损害时，由国库承担责任。本条所称的"公务员"是指政府、行政机关和国家经济组织的雇员，根据这些组织的授权进行活动的也属于公务员之列，包括选举产生的官员、法官、检察官以及武装部队成员。我国台湾地区"国家赔偿法"第2条规定："本法所称公务员者，谓依法令从事于公务之人员。公务员于执行职务行使公权力时，因故意或过失不法侵害人民自由或权利者，国家应负损害赔偿责任。公务员怠于执行职务，致人民自由或权利遭受损害者亦同。前项情形，公务员有故意或重大过失时,赔偿义务机关对之有求偿权。"

(三)国家机关及其工作人员作为赔偿责任主体

1. 国家、公共团体的官员和职员。

例如,1947年通过的《意大利共和国宪法》第28条规定:"根据刑事法律、民事法律及行政法律,国家与公共实体的官员和职员应对侵权行为直接负责;在此种情况下,国家和公共团体应负民事责任。"奥地利以官署或者机关为侵权责任主体。其中官署包括联邦、各邦、县市、乡镇或者其他公法上的团体以及保险机构;这里的"机关"则是指依职权执行公务的人员(即自然人),包括所有执行法律(行政)和适用法律(司法)的自然人。上述人员的范围非常广泛,无论是永久性的还是暂时性的,也不问其是依特定事件而选任、任命或者雇用所产生,也不问其与上述法律主体(官署)之间的关系是公法关系还是私法关系。

2. 行政主体和公务员。

在法国,以行政主体及其公务员作为行政侵权赔偿责任主体。法国在早期,以公务员作为国家侵权主体。法国法律因受行政法院判例的影响,很早就形成了公务员行政赔偿体系,但是,对于公务员的赔偿也有限制。受害人追诉公务员的赔偿责任必须得到最高行政法院的同意。这种限制一直到1870年才取消。后来,法国的行政赔偿责任制度中,对于损害的发生是由公务员本人的过错造成的,由公务员负责赔偿;由行政主体的公务过错引起的,由行政主体负责赔偿,在行政主体和公务员同时有过错时,由二者负连带责任,这是法国现行的行政主体和公务员的行政赔偿制度。[①] 在法国,公务员的范围除了一般意义上的公务员以外,还包括私法上的合同雇用人员、征用人员、事实上的公务员、志愿自动担当行政主体工作人员等。

3. 国家机关或者社会团体以及公职人员。

例如,苏联1977年《宪法》第58条规定,苏联公民对于国家机关

---

① 王名扬:《法国行政法》,中国政法大学出版社1988年版,第712–713页。

和社会团体以及公职人员，在他们执行公务时，因非法行为造成的损失，有要求赔偿的权利。该国《关于国家机关、社会组织和公职人员在执行公务中的不法行为给公民造成损害的赔偿的法令》第1条规定，国家机关、社会组织和公职人员在执行行政管理方面的公务中的不法行为给苏联公民造成损害，如果法律没有另外规定的，根据总纲要（苏联和各加盟共和国民事立法纲要第88条）给予赔偿。《苏联关于对公职人员损害公民权利的违法行为向法院控告的程序法》亦以公职人员为侵权主体。前民主德国《国家责任法》第1条规定，对于政府机关和行政机构的职员和代表，在执行工作中，非法致使一个公民人身或其财产受到损害，由该政府机关或者行政机构负责。南斯拉夫宪法第199条规定，任何人对于在从事国家机关的或负责公众关心的事务组织的公务或者其他活动时，由于从事这一公务或者活动的人或者机关非法的或者错误的行为对其造成的损失，都有权得到赔偿。再比如，保加利亚《宪法》第56条第1项规定，国家对于由于国家机关和负责人的非法指令或者渎职行为而造成的损害负责。第3项规定，公民因公务员渎职违法而遭受损害时，有权依照法律规定的条件取得补偿。前阿尔巴尼亚宪法第50条第2项规定，公民有权根据法律规定的条件向国家和国家职员要求赔偿因国家机关的不合法行为和职员在执行职务期间所造成的损害。

4. 国家或其他公共实体及其主管官员或代理人。

在葡萄牙，以国家和其他公共实体及其主管人员、执行官员或者代理人作为侵权责任主体。根据《葡萄牙共和国宪法》第22条的规定："国家或者其他公共实体及其主管人员、执行官员或者代理人，应对履行职能时的行为或者不利行为所造成的侵犯权利、自由或者妨害他人，承担赔偿责任。"

从上述列举可以看出，如果国家对某一个机关或团体的侵权行为负责，那么就须对该机关或团体所任用的工作人员（公务员、职员等）执行职务中的行为侵权承担赔偿责任。但是，上述不同的表述中也显示出某些差异：第一，国家对机关或团体所委托的工作人员在执行委托的职务中的侵权行为是否承担赔偿责任，各国似乎有不同的回答；第二，国家对机关或团体所临时雇用的工作人员在执行职务中的侵权行为是否承担赔偿责任，各国似乎也有不同的规定。但是，从各国赔偿实务来看，国家对上述人员在执行职务中的侵权行为一般都承担侵权赔偿责任。所不同的是，对于超越委托和雇用范围之越权行为所造成的损害，有的国家采取先由国家赔偿，后向受委托人或受雇人追偿的办法解决；有的国家则规定完全由受委托人或受雇人自己负责。

与此相关联的还有一个问题是：对于协助执行公务的人（包括依法协助和见义勇为的协助），在协助执行公务的过程中造成他人损害，国家是否承担赔偿责任？有的国家概不承认；有的国家只对依法协助的人所造成的损害承担赔偿责任；只有极少数国家对见义勇为的行为所造成的损害负责（如法国等）。

第二节　我国国家赔偿责任主体的范围

一、有关设定主体范围的若干不同意见

在国家赔偿立法过程中，在设定国家承担侵权赔偿责任的主体范围方面，曾提出过几种不同方案：

第一种方案是：国家应当为所有国家机关和公共团体的侵权行为承担赔偿责任。这里的国家机关不仅包括依法行使国家职能的国家权力机关、行政机关、审判机关、检察机关、军事机关，而且包括某些准国家机关，如中国共产党组织以及某些主要社会团体。理由是，这些机关及其工作人员都不同程度地执行着一定的国家职能，并由国家财政提供经费，如果造成他人损害，反正都是国家拿钱赔偿，不如统一按国家赔偿法承担赔偿责任。此外，公共团体包括公立学校、公立医院等事业单位，还有一些社团，其经费都依赖国家财政拨款，如造成他人损失，实际上也只能由国家出钱赔偿，不如纳入国家赔偿法的调整范围，以统一赔偿标准。

第二种方案是：将主体范围限定在国家机关范围内，公共团体的赔偿问题仍按民法通则的规定执行。理由是，在民法通则生效之后，公共团体的侵权赔偿责任问题已经得到解决。根据人大常委会对该法草案的说明，悬而未结或有待于专门法律加以规定的是国家机关的侵权赔偿责任问题。因此主体范围应限定为国家机关为宜。

第三种方案是：主体范围应限定在除立法机关以外的国家机关范围内。理由是：立法机关行使国家的立法权，在我国还没有建立起违宪审查机制，因此，立法行为说不上违法问题，即使它制定的法律有时会使某些人的权益受到损害，但这不是违法问题，最多也只能是补偿问题，因而不宜纳入国家赔偿法的调整范围。

第四种方案是：主体范围应限定在除立法机关和军事机关以外的国家机关范围内。理由是，军事机关所造成的损害，大多数情况下属于补偿问题，应当由特别法加以调整，不宜纳入国家赔偿法的调整范围。

第五种方案是：主体范围不宜完全按国家机关一刀切，而应以职能为标准进行划分，例如，行使侦查权、检察权、审判权的军事机关应纳入国家赔偿法的主体范围，行使其他职能的军事机关则不宜纳入国家赔偿法的调整范围。对司法机关也是如此，只将行使某些职能的司法机关纳入国家赔偿法的调整范围。

最后，我国《国家赔偿法》采用了第五种方案。

二、我国《国家赔偿法》对主体范围的具体规定

我国《国家赔偿法》第2条以及第二章、第三章的有关规定来看，我国《国家赔偿法》中的侵权主体是"国家机关和国家工作人员"。从该法有关赔偿范围的规定来看，《国家赔偿法》中的国家机关，应当包括国家行政机关、审判机关、检察机关和军事机关。这些机关在执行职务过程中，在理论上都有可能侵犯公民、法人的合法权益造成损害，在现实生活中也并不鲜见，因此，都纳入国家赔偿法的调整范围。

（一）国家机关

国家机关在整个国家机器运转中享有一定的权力，代表国家行使国家职权，其主要任务在于实现国家管理。国家机关通常靠预算拨款（国家银行如中国人民银行虽然不属于预算机关，但也有可能成为国家侵权的主体[①]），有独立的活动经费，具有法人资格（机关法人），既可能成为国家侵权的主体，也能够成为国家赔偿的义务主体。

1. 行政机关。行政机关是指行使国家行政管理职权的各级政府及其所属部门或机构。有些组织本身不是行政机关，但法律法规授权或行政机关依法授权行使部分行政管理职权的，也应视为行政机关。例如，会计师协会、律师协会依据《会计法》和《律师法》所享有的针对其会员的特定的行政管理权限。

2. 司法机关。司法机关是指享有刑事拘留权、刑事案件预审权的各级公安机关和安全机关，享有检察权的各级人民检察院和享有审判权的各级人民法院，以及执行刑事拘留、逮捕的看守所、执行刑罚的监狱管理机关等等。

3. 中国共产党的各级组织和机关、社会团体、民主党派等不应作为国家赔偿法中的侵权主体，因为它们不属于国家机关。以党的各级组织和机关为例，《宪法》序言指出："全国各族人民、一切国家机关和武装力量、各政党和各社会团体、各企业组织，都必须以宪法为根本的活动原则，并且负有维护宪法尊严、保证宪法实施的职责"。在这里，国家机关与各政党（当然包括中国共产党）在逻辑上是并列关系不是从属与包容关系。宪法第三章"国家机构"规定了国家权力机关、国家行政机关、国家军事机关、国家审判机关和国家法律监督机关的机构设置，法律职

---

① 例如，在德国，最高法院对于银行业的监督，过去认为目的在于保障银行的健全，以及保障社会大众和国民经济的利益，而非保护被保险人或者存款人的利益。1979年，最高法院在一个判决中修正了这一观点。最高法院认为，国家对金融银行业的监督检查，目的不仅在促进银行业健全发展，而且在于保障存款人利益免于遭受损失。银行金融业和存款人之间存在密切联系，如果每家银行个别存款人都怀疑存放在银行的钱不安全或者银行日后无法偿还，存款人必然不愿意将钱存放在银行，必然引起挤兑，造成金融风暴。对于国家银行的行为如果造成存款人损失的，应当承担国家赔偿责任。

责及法律的地位等，并未将党的机关列入。可见，我国宪法并未将中国共产党这一组织作为或者视为国家机关列入其内。从外国国家赔偿法立法例看，无论是资本主义国家，还是社会主义国家，均未将执政党或在野党列为国家侵权主体。根据党的有关文件规定，党应当保证政权组织充分发挥职能，应当充分尊重而不是包办群众团体以及企事业单位的工作。党的领导是政治领导，即政治原则、政治方向、重大决策的领导和向国家政权机关推荐重要干部。党的机关与国家政权机关的性质不同、职能不同、组织形式和工作方式不同。应当改革党的领导制度，划清党组织和国家政权的职能，理顺党组织与人民代表大会、政府、司法机关、群众团体、企事业单位和其他各种社会组织之间的关系，做到各守其责，并且逐步走向制度化。党委办事机构要少而精，与政府机构重叠对口的部门应当撤销，它现在管理的行政事务应转由政府有关部门管理，因此，不应把党的机关混同为国家机关。值得注意的是，对于党的机关的某些行为，实际上国家是要承担赔偿责任的。一般说来，党的机关只对国家、地区或部门的重大问题作出决定，比如决定方针、路线，决定如何在本地区、本部门贯彻党的方针路线，党的这些活动都不产生国家赔偿问题。如果党的机关对行政事务或司法工作中的具体问题作出决定，执行的并非党的机关，而是行政机关和司法机关，受害人既然有权向行政机关和司法机关求偿，那么国家赔偿责任实际上是存在的。[①] 此外，对于未经授权或者委托自己创造公共职能的，例如居民委员会、村民委员会制定针对居民或者村民的行政处罚权的，国家对因此造成的损害后果不承担赔偿责任，这种责任属于一般的民事侵权或者刑事侵权行为，由侵权组织承担赔偿责任。

(二) 国家机关工作人员

这里的"国家机关工作人员"不仅包括行政机关、审判机关、检察机关中行使国家行政管理职权、审判权或检察权的工作人员，还应当包

[①] 肖峋：《中华人民共和国国家赔偿法的理论与实用指南》，中国民主法制出版社1994年版，第111页；朱艳丽：《我国的国家赔偿责任构成特征研析》，载《政法论坛》1995年第4期。

括某些不在上述机关工作，但根据法律法规的授权或特定机关的委托或临时聘用，行使公共权力的工作人员。例如：行政机关工作人员是指政府各部门行使行政职权的人员。非政府都门的工作人员，但受行政机关临时聘用行使行政职权的人员，如工商行政管理部门聘用的管理市场的临时工作人员，公安部门聘请的维护交通秩序的交通安全员，环境卫生管理部门聘请的环境卫生监督人员等，都应视为行政机关工作人员。但是，在行政、审判、检察机关工作，但没有行使国家职权的人员，例如汽车司机、技术工人、炊事人员等，也不能成为国家赔偿法的致害主体。

对于自愿协助执行公务的人员，应当视为国家机关工作人员。例如，某公民协助警察追赶犯罪嫌疑人时超过避险的程度用砖头将犯罪嫌疑人殴打致死，国家应当承担赔偿责任。

对于假冒国家机关工作人员的，不应当视为国家机关工作人员。对于假冒国家机关工作人员的，有人认为受害人在尽了相当注意的情况下因不辨真假遭受侵害的，国家应当承担赔偿责任。我们认为，假冒人员与国家机关之间不存在任何授权或者委托关系，国家不对其行为承担任何责任。

对于无行为能力或者限制行为能力的工作人员的侵权行为，要看其是否在执行职务过程中，如果其行为处于执行职务过程或者与执行职务具有相当关系的，国家应当承担赔偿责任。否则，国家不承担赔偿责任。

第九章 行为范围及其设定

第一节 行为范围概述

在确定了国家为之承担责任的行为主体的范围之后，还必须确定国家为他们的哪些行为负责。行为范围所要回答问题是：国家对哪些行为所造成的损害承担侵权赔偿责任。

一、设定行为范围的意义

在第八章，我们曾经说过，随着国家赔偿制度的发展，主体范围已经显得越来越不重要，主体范围在许多国家已经被行为范围所吸收。这是因为，根据分权原则，一定的行为只能由一定的机关实施，确定了国家对哪些行为所造成的损害负责，事实上也就确定了对哪些机关的行为所造成的损害负责。还有另外一个原因是，国家不可能对某一个主体的任何一种行为负责，而只是对与国家职权有关的行为负责，就这种意义来说，主体范围的确定并不重要，而行使公共职能或者行为的性质具有决定意义。

设定行为范围在不同国家具有不同的作用。在实行公私法不分或者实行一元制国家赔偿体制的国家里，设定行为范围的作用在于：（1）国家对哪些行为所造成的损害负责；（2）国家对哪些行为所造成的损害免责。因为在这些国家里，侵权主体的公法性质抑或私法性质并不重要，重要的是该主体行为的实际责任归属。在实行公私法分离或实行二元制国家赔偿体制的国家里，设定行为范围的作用除了上述作用外，还有区分按什么规则承担赔偿责任的问题，即国家对哪些行为按照公法规则或特殊规则承担赔偿责任，对哪些行为按照私法规则或一般民事赔偿规则承担赔偿责任。

二、设定行为范围的原理

怎样设定行为范围，不同的国家有不同的方法。如前所述，在国家赔偿责任一元制国家，通常需要解决两个问题：一是通过法律确定国家对哪些行为造成的损害不承担赔偿责任，也就是通过确定免责的范围而确定负责的范围，那是因为毕竟负责面宽免责面窄，从立法技术的角度来说，应用排除法比较便捷。二是通过司法判例确认职务行为与非职务行为的界限，这是因为职务行为与非职务行为的认定带有很大的实践性和经验性，甚至因国家政策的改变而改变，因此，适宜通过司法判例具体加以确认。而在国家赔偿责任二元制国家，除要解决上述问题外，还须解决哪些行为造成的损害由特殊规则（或公法规则）所调整，哪些行为所造成的损害由一般民事赔偿规则（或私法规则）调整。

解决这个问题通常的办法是：根据不同标准对国家职能进行划分，将执行某一类国家职能的行为所造成的损害适用公法规则或特殊规则进行调整，而将执行另一类国家职能的行为所造成的损害适用私法规则或一般民事赔偿规则进行调整。一般说来，对行使公共权力的行为所造成的损害都适用公法规则或特殊规则，而对行使纯粹私经济职能的行为所造成的损害，原则上都适用私法规则或一般民事赔偿规则。对于介乎公共权力和纯粹私经济职能之间的大量公益性行为所造成的损害，各国的处理很不相同：同一行为有的国家适用公法规则或特殊规则进行调整，有的国家则适用私法规则或一般民事规则进行调整，而且很难找出支配这些不同选择的规律性。原因在于，这类公益性行为本身有双重性或者多重性：一方面具有公益目的，另一方面又具有营利性质，适用私法还是公法理由各参其半，因而使这类选择带有了一定的任意性。

可见，要把握各个国家承担侵权赔偿责任的行为范围，必须要把握三个环节：哪些行为国家不承担赔偿责任，哪些行为国家按特殊规则或者公法规则承担赔偿责任，哪些行为国家按私法规则或一般民事赔偿规则承担赔偿责任。

划分各种国家职能的方法各不相同。这种不同，一方面是由于不同的法律概念造成的，另一方面是由于国家责任的扩大造成的。不过在很多国家的法院方面都常常表现出运用一些临时拼凑的经验主义的标准甚至落后的做法等。

在我们看来，对于划分问题有三个基本概念开始居重要地位。第一，决定性的问题是职责属于公法还是属于私法？第二，损害是不是在公权力职能、行政职能行使时造成的？第三，侵权的性质是什么？具体行为是不是属于典型民法行为？该行为是不是由非政府性的侵权人实施的？

在不涉及公权力行使的政府行为方面，前两种标准与第三种是完全不同的。根据前两种，凡是与学校、医院、道路维修、车辆驾驶及官方对物监管有关的活动都产生特殊国家责任，而在第三种情况下只是根据民法的一般规则产生责任。第一种标准的支持者认为在哪一种概念中都会产生有关划分的困难问题，但划分公法和私法是传统性的，而且受欢迎的是支持这种传统而不是另造新词。普通法、瑞典及多数社会主义国家的制度都以第三种标准为基础，它在采用其他做法的法律制度中也有发展。对于交通事故更是如此。的确，国家雇员造成的交通事故与私人造成的交通事故没有什么很大不同，这似乎是很明显的。另一方面，国家雇员所作的错误决定与国家雇用的司机造成的交通事故倒有相当的区别。但是，实质的结论只能是我们是否知道哪种做法对受害者更有利，是适用特别国家责任还是适用普通民法责任。

三、公共权力的内涵与国家的特殊赔偿责任

在国家赔偿法中，公共权力是一个重要的概念。因为相当一部分国家的国家赔偿范围限定在执行公共权力的职务行为的范围之内；而在另外一些国家，曾经长期对执行公共权力的职务行为实行免责原则；还有

一些国家对执行公共权力的职务行为所生损害的赔偿与其他国家机关行为所生损害的赔偿，实行不同的赔偿原则、方法或标准；也有一些国家规定对执行公共权力的职务行为导致损害的赔偿适用国家赔偿法的规定，而对执行非公共权力性质的职务行为所生损害的赔偿适用民法或其他特别法的规定。

由于各个国家的国家赔偿制度的法律结构、国家机关执行公共权力的范围、执行公共权力所生损害的实际情形、使用公共权力概念的角度和作用都不尽相同，因而对公共权力概念的解释也不尽相同，或从宽解释，或从严限定，或折中适用。大体说来，有以下几种不同的解释：

（一）将公共权力解释为国家机关的一切活动

即是说，不论是公法活动，还是私法活动，只要是国家机关所为，均解释为公共权力行为。例如，日本乾昭三等人主张公共权力的范围，不仅包括国家或公共团体在公法上的作用，而且包括国家或公共团体在私法上的经济作用。在实际运用中，持这种解释的国家较少。因为之所以要使用公共权力的概念，皆在将国家责任分类加以规定，如果将所有国家机关的活动都解释为公共权力活动，实际上是公法规则与私法规则的统一，也就是现在英、美等国家的处理办法。

（二）将公共权力解释为除监督性质的管理经济活动以外的职能

在意大利，法院使用"公共管理职能"这一概念来界定公共权力的范围，不论是脑力劳动还是体力劳动，不论管理工作还是文书工作，都可以解释为公共行政管理职能。在匈牙利，公共权力中的行政权力被描述为"国家行政管理性质的活动"。确认一种行为是否具有国家行政管理的性质，不取决于从事这一行为的机关的性质，而是这一行为本身的性质。如果某一行为的目的不在于履行政府机关赋予雇员的职责，而在于满足国家行政组织内部、技术或经济方面的需要，或只具备技术性质（如保持政府机关办公用的建筑物的楼梯、电梯及门前人行道的秩序；因不适当地焚烧房屋而造成损害，或因国家机关的汽车造成损害等），或在于直接满足公民的需要前设立机关或企业为公民提供服务,甚至以委托保管人身份对依法获得物品进行保管,则该行为不具有国家行政管理的性质。在瑞士,如果联邦行为属于"行使公共权力",其赔偿责任根据公法确定,而国家雇员在公共权力范围以外所造成的损害,由国家承担民事赔偿责任。所谓公共权力行为包括事实行为,不作为以及具有公共权力性质的行政处分与调处纠纷的决定等。追求经济目标的经济行为不属于公共权力行为。国家以平等民事主体的资格与私人发生的行为亦不属公共权力行为。在营利的目的与公共福利交织在一起的情况下(如公共供电、供气、公共交通与银行等)通常不被认为是公共权力行为。既不属于经济行为,又不属于公共权力行为(如公共医院的医生的侵权行为、错误的土地登记、牲畜管理、急救或康复中心的救护行为)所产生的损害由国家承担公共权力赔偿责任。在日本,通说认为公共权力是指在国家或公共团体的作用中除去纯私经济作用及营造物之设置与管理作用、其他非权力作用(如社会保险、社会福利、行政指导等保护和保育行政等)以外的部分作用。但是,营造物的设置与管理作用虽不属于公共权力的范围,但仍适用国家赔偿法,有关私经济作用的侵权行为应适用民法上侵权行为法的规定。韩国的规定也大休如此。

(三)将公共权力解释为国家机关基于统治权的优越地位所实施的行为

在瑞典,公共权力(又称公共职能)行为包括法院的判定和行政机关的决定及上述判定和决定的执行,以及警察的作为和不作为等,还包括提供强制军事服务或强制民事服务的人的侵权行为。在奥地利,公共权力的范围被解释为执行和适用一切法令的行为,但不包括司法机关的审判行为和行政机关的私经济行为。日本也有主张此种观点的学者。例如,以参加过《国家赔偿法》起草的东京大学田中二郎为代表的学者认为公权力仅限于源自于国家主权的崇高地位所实施的职能。根据这种观点,公权力行为只包括明治宪法所指的"统治职能",《国家赔偿法》允许对公权力行为请求赔偿的范围只是原来拒绝赔偿的行为,而非统治行为已经根据民法典可以请求赔偿。因此,《国家赔偿法》只适合于统治行为。正如田中二郎指出的那样："基于立法权、刑罚权、警察权、财政权、统制权等国家统治权之优越意思的发动及作用为行使公权力。"[①] 在捷克斯洛伐克，公共权力行为特指三类行为：一是有关拘留、逮捕和处罚（包括刑罚）的决定；二是除前项外的在各种司法和非司法程序中作出的违法决定；三是不当职务行为。这里的"行为"是与前述"决定"相对的，指政府机关在法定权限内从事的不具备决定性质的活动。"决定"是指产生、变更或终止权利或义务，或者确立法律关系或地位的程序活动；而"行为"是指那些虽无以上目的，但产生一定的法律效果的任何事实活动。"不当公务行为"的主要形式是"懈怠"，即应该履行义务而不作为的行为。此外，根据1969年法律，规范行为（普遍的对所有人都有拘束力的公务行为）、内部行为（不为公众创制权利的行政内部行为）、经济职务行为（应该提交经济仲裁机构的行为）、检察官的某些执行职务的行为（对违反法律现象向法院提出的控告、对行政机关的违法行为提出的抗议、对行政机关的违法行为提出的建议、对预审和监狱条件的监督行为）、某些监督行为（行政内部监督）、纪律处分行为等不被认为是国家赔偿责任法中的公共权力行为。[②]

四、我国有关国家承担赔偿责任的行为范围的宏观设定

我国国家赔偿法以及相关法律对有关行为范围的宏观设定，可从以下四个方面进行把握：

（一）国家完全不承担赔偿责任的行为主要有以下几项

一是立法行为，包括权力机关制定法律和地方法规的行为以及行政机关制定行政法规、规章以及发布具有普遍约束力的决定、命令的行为。理由主要是，立法行为不可能是侵权行为，不产生损害后果，国家对立法行为没有赔偿责任可以承担。二是国家行为，包括最高权力机关以及

[①] 转引自莫纪宏《〈日本国家赔偿法〉的几个问题》，载《外国法译评》1996年第1期。
[②] 参见林准、马原主编，梁书文、江必新副主编《外国国家赔偿制度》，人民法院出版社1992年版，第39-40页。

国务院和总理所行使的某些国防、外交行为。这些行为基于主权豁免理论，排除国家赔偿法的适用。三是司法机关的某些判决行为，如民事判决行为和行政判决行为。对于民事审判、行政审判中的错判，经法院改判后，应当按照改变后的判决，由一方当事人向对方履行义务，不宜列入国家赔偿的范围。四是某些刑事追诉行为，如依照刑法第14、15条规定不负刑事责任的人被羁押的；依照刑事诉讼法第11条规定不追究刑事责任的人被羁押的。五是在法定期间内的拘留行为。有关内容参见"赔偿范围编"的有关章节。

（二）根据《国家赔偿法》承担赔偿责任的行为范围

根据国家赔偿法第2条的规定，原则上，凡是国家机关和国家机关工作人员行使职权的行为造成他人损害的（除国家免责的情况外），应根据国家赔偿法承担侵权赔偿责任。这里的"行使职权"，也可以称为"执行职务的行为"，与其他国家的狭义上的"公共权力"概念大体相同。主要包括行政职权，刑事追诉过程中的某些侦查、检察、审判、监狱管理职权、民事行政诉讼过程中的某些强制措施和保全措施以及执行生效法律文书的错误行为等。有关内容参见第十章的有关阐述。

（三）国家根据某些特别法承担赔偿责任的行为范围

目前，某些公益事业管理行为所造成的损害，适用特别法律予以赔偿。如《邮政法》、《铁路法》等都规定了这些企业的赔偿责任，由于这些企业属于国有企业，实际上是国家承担赔偿责任，但在理论和实务中，不认为是国家承担赔偿责任，而认为是企业在承担赔偿责任。

（四）国家根据《民法通则》的规定承担赔偿责任的行为范围

根据《民法通则》第121条的规定："国家机关或国家机关工作人员在执行职务中，侵犯公民、法人的合法权益造成损害的，应当承担民事责任。"《民法通则》是一个概括性的规定，该条的规定并未因《国家赔偿法》的制定而失去效力，也就是说，并不能因为《国家赔偿法》对于特定事项没有规定而排除《民法通则》的适用。因此，可以这样认为，如果国家机关或国家机关工作人员在执行职务中，造成他人损害，不属于法律规定的负责范围，又不能适用国家赔偿法和某些特别法的规定进行赔偿，则应当按照民法通则的规定承担侵权赔偿责任。

第二节 特定的主权性行为与国家赔偿责任

在国家不承担责任的时代，国家的豁免范围很广。而现在，免责的范围在多数国家都减少了，在挪威甚至已经完全消灭，在其他国家也越来越限制在国家直接行使主权职能的特定范围内。现在它集中在国家职能的"上部区域"，在那里很少发生违反法律的情况，而且对损害的赔偿越来越与责任相分离，其做法是根据公平原则或者公共负担平等的原则赔偿损失。兹将一些国家主权性行为与国家赔偿的状况分述如下：

一、立法职能行为与国家赔偿责任

对于行使立法职能行为能否豁免，学术界有很大争议。有的学者认为，立法机关作为国家机关，对其行为，国家负有直接的责任（盘卡特氏）。我国台湾学者认为，国家公权力的行使，没有理由将立法行为除外。特别是对于立法者的消极不作为，属于立法怠惰，应当承担国家赔偿责任。[1] 还有的学者认为，立法行为上的侵权行为，虽然观念上也予以承认，但对于何种情形下才成为侵权行为，则不无疑问。[2] 下文将就立法职能行为的赔偿责任问题作一探讨。

（一）各国对于立法职能行为国家赔偿的理论和制度

1. 法国关于立法职能行为的赔偿责任。

法国对于立法职能行为的赔偿责任是指对议会立法职能的责任而言，不包括行政机关制定条例的行为在内。行政机关制定条例的行为从其性质上讲是一种立法行为，但其是行政机关的行为适用有关行政行为的制

---

[1] 蔡文斌：《关于立法怠惰的国家赔偿责任》，载《行政法学研究》1998年第4期。
[2] 转引自林准、马原主编，梁书文、江必新副主编《国家赔偿问题研究》，人民法院出版社1992年版，第52页。

度，包括行政赔偿在内。一般来说，根据议会行为的不同，法国立法机关的行为的赔偿责任包括制定法律本身的赔偿责任和议会行政管理行为的赔偿责任两个方面。

法国关于立法职能赔偿的传统制度是，如果法律明确规定因国家制定法律受有损失可以赔偿的（例如某些国有化的法律），国家按照法律的规定承担赔偿责任；如果法律没有规定，国家不承担赔偿责任。法国规定，立法上所生的国家赔偿责任，仅以经济性立法致他人发生损害者为限，因其他立法行为发生损害后，不得请求国家赔偿。这个原则的理论基础很多，主要是：一是受卢梭法律学说的影响，认为法律是国民的公意、民族主权的直接表现，对于主权性的行为不承担责任。二是赔偿责任由于过错产生，法律代表合法性，不能有过错。三是法国法院无权审查法律是否符合宪法，亦不能追究法律的责任。四是只有特定的损害才能产生赔偿责任，法律具有普遍性，并不产生特定的损害。

随着国家行政职能赔偿责任的发展，立法职能行为不承担赔偿责任的观念日益受到置疑。一系列新的情况冲击传统的立法职能行为不负责任的理论，主要是：第一，宪法规定了立法机关不得以立法行为损害或者妨害公民权利。例如，法国《人权宣言》第一篇规定："享有立法权的立法机关不得制定任何法律来损害或妨碍……为宪法所保障的那些自然权利和公民权利的行使。"第二，在公法的基本观念上，狄骥的实证主义社会法学理论对于国家的主权学说和不承担责任理论进行了强有力的攻击，在法学界和司法界产生了积极的影响。第三，行政法院的判例抛弃了公共权力行为和事务管理行为的区别，动摇了主权不承担责任理论。第四，危险责任的发展动摇了过错责任的基础。第五，公共负担平等观念的传播，为无过错责任提供了理论根据。舆论界也开始认为，如果法律的规定使得特定人或者少数人受到巨大的损失，国家应当承担赔偿责任。

法国对立法职能承担赔偿责任最初出现在行政合同案件中。行政合同的当事人因国家法律而受到特别损害的，如果法律没有排除赔偿的规定，行政法院根据统治者行为原则，判决国家对合同的对方当事人承担补偿责任。例如，最高行政法院 1906 年就 Compagnia P. L. M 案件作出的判决。

之后，由于行政合同观念的发展，最高行政法院在 1938 年 1 月 14 日针对 Soclete Produits Iaitiers La Feurette（译为"小花公司"）案件的判决中正式承认了国家对行政合同以外的行为，即便法律没有规定，亦得对其立法行为承担赔偿责任。该案的事实是：1934 年，法国为了保护牛奶工业制定了一个禁止生产奶类食品代制品的法律。小花公司是制造奶类食品代制品的企业，由于这个法律导致其不能营业，蒙受了巨大的损失。1938 年，小花公司向行政法院起诉，请求国家赔偿。最高行政法院认为，小花公司是 1934 年法律的主要受害人，该公司所经营的商业为合法企业。无论从法律条文、法律起草过程或者法律产生的整个背景来看，立法者都无意让受害人蒙受非正常的负担。这种负担是因公共权益而产生，理应由大家承担。国家法律不能为了一部分公民的权益而牺牲特定人或者少数人的利益，而且 1934 年法律没有禁止国家赔偿的规定，根据公共负担平等原则，国家应承担赔偿责任。

小花公司案是法国在行政赔偿方面的著名案例。这个案例反映的是行政职能赔偿责任吸收了无过错责任以后，立法职能行为豁免的观念开始动摇。这一案件确立了如下判例规则：一是受到损害的利益必须是正当的。如果小花公司的产品是由卫生质量问题或者企业经营的欺诈行为而被法律禁止生产，国家不承担赔偿责任。立法职务赔偿责任多数发生在国家利用法律手段干预经济活动的情况下。但是，如果国家制定法律是为了保护重大利益，不负赔偿责任。如 1949 年关于限制物价上涨的法律、1960 年关于对外贸易管制的法律等。至于何谓重大利益和一般利益，由最高行政法院根据具体情况进行判断。二是损害必须具有特定性。小花公司是 1934 年法律的主要受害者。当法律制定是为了多数人的利益而牺牲个别人或者少数人的利益时，根据公共负担平等的原则，国家承担赔偿责任。制定法律和行政机关制定规章一样，通常具有普遍的性质，但这并不排除产生特定损害的可能性，尽管这种情况并不多见。三是损害必须达到一定的严重程度。从理论上讲，构成行政法上的赔偿责任都应当是异常的。异常须根据不同情况予以判断。立法职务的赔偿责任是一种基于公共负担平等的无过错责任，与国家公务员公务过错所承担的赔偿责任比较起来，要求损害事实更为严重。最高行政法院1943年有这样一个案例，某公司由于国家颁布工业酒精专卖法收入受到影响，要求国家给予赔偿。最高行政法院认为，工业酒精并非该公司的主要经营项目，其损失不是严重的，于是拒绝了赔偿请求。①

在司法实务中，自1936年小花公司案件法国行政法院承认国家赔偿责任后，凡是由立法行为直接发生的损害，如果对被害人构成了异常而特殊的危险，虽然法律没有明示或者默示国家无补偿义务，国家仍须承担赔偿责任。1944年1月21日的Caucheteux Desmont案，最高行政法院重申了上述原则。1958年11月17日的第58-1100号条例在第8条中提出了国家需要"对一会两院一切机构造成的各种损害承担责任"的原则。20世纪60年代期间，最高行政法院又在两个判决中规定了国家对于立法行为承担赔偿责任。例如1961年12月1日的拉孔贝案判决②。在1976年法国对外关系部长诉比尔加诸公案中，最高行政法院亦判决国家对其立法行为负赔偿责任。1994年2月1日，里昂行政法院在普兰（Plan）案中判决对遭受火烈鸟破坏的水稻种植者予以赔偿，而根据法律规定，火烈鸟受到法律保护，严禁捕杀。2003年7月30日，最高行政法院在关于发展中央大区水产养殖业协会案的判决中，根据1976年7月10日自然环境保护法，同意给予保护动物者予以赔偿。

国家对于立法职能承担赔偿责任，是行政主体责任的一大发展，也是最高行政法院的一个重大贡献。上述判例确立的原则似乎能够很轻松

---

① 舒适：《法国行政赔偿著名案例评介》，载《现代法学》1992年第4期。
② 该案的基本案情是：最高行政法院判决拉孔贝为房屋产权人，要求租户腾房。但是，该判决没有得到执行。租户的儿子正在阿尔及利亚服役。正当拉孔贝为房子奔波时，议会出台法律禁止驱逐在阿尔及利亚服役的租户及其家人。这使得法院判决无法执行，也给拉孔贝造成了严重的负担。

地囊括整个国家赔偿责任制度，但是它从来没有出现这样的情况。[①] 也就是说，对于立法职能承担赔偿责任，适用范围存在一定的限制。只有在下列条件下，最高行政法院才能在法律没有规定赔偿时，判决国家对立法职能行为承担赔偿责任：一是法院不能审查议会制定法律的合法性，且必须适用议会制定的法律。凡是国家明确规定或者默示规定禁止赔偿时，不能判决国家承担赔偿责任。二是不道德的利益由于立法职能行为受到损害的，亦不能得到赔偿，因为这种利益是法律所明确或者默示取缔或者禁止的行为。三是损害必须具有特定性。只有在对特定的人、少数的人发生才能得到赔偿。普遍性的、一般性的损害不违反公共负担平等原则，不能得到赔偿。四是在国家没有过错时，损害必须达到相当严重的程度，受害人才能由于立法职能行为而遭受损失请求赔偿。五是国家为了保护重大利益而制定的法律，不承担赔偿责任。例如保护公共卫生、制止物价上涨的法律，不承担赔偿责任。最高行政法院在判决立法行为承担赔偿责任时，必须根据每个法律的性质予以具体判断。六是立法职能行为的赔偿责任适用于国际条约。国际条约属于政府行为，不受法院管辖，由条约产生的损害一向不承担赔偿责任（例如最高行政法院1963年4月26日的洛朗案判决）。但是，合法批准的国际条约具有法律性质。国家对立法职能行为承担赔偿责任后，行政法院的判例对国际条约的观念开始改变，即认为国家对立法职能行为承担赔偿责任的条件，同样适用于国际条约。例如，最高行政法院1966年3月30日在无线电能源总公司案判决和1976年10月29日的布尔加（Burgat）案判决。当然，根据2003年3月26日的桑迪纳西（Santinacci）案判决，对于国际条约承担国家赔偿责任应当符合以下条件：国际条约已经被正式纳入到法国法律；国际条约或者批准条约的国内法没有将赔偿排除在外；造成的损害必须是特殊的，又是足够严重的。

法国对立法职能行为的赔偿责任，反映了两个相互冲突的原则：一

[①] ［英］卡罗尔·哈洛著：《国家责任：以侵权法为中心展开》，涂永前、马佳昌译，北京大学出版社2009年版，第82页。

是法院不能对法律的合法性进行审查。因此，只有在法律有明确或者默示规定的时候，国家才对立法职能行为予以赔偿。二是公共负担平等原则的发展，促使法官在立法者没有作出任何规定的时候，对由于法律制定而受到特别损失的人采取宽大和同情的态度。目前，国家对于立法职能行为进行赔偿的情况并不多，但是发展的趋势是扩大这种责任。并且这两个原则也正朝着统一方向发展，这个统一起来的方法是：在产生损害的法律没有禁止赔偿的规定时，法院对于特别的而且巨大的损害，根据公共负担平等原则，判决国家赔偿。

在过去，是否承担赔偿责任，主要依据的是主体标准，对于包括议会行政管理行为的议会行为，原则上不承担赔偿责任。但是，从行为标准而言，议会中的行政管理行为和议会的立法行为不同，其性质与行政机关的管理行为并无不同。1958年11月12日的法令对传统做法作了重大改变。这个法令规定，国家必须对议会中的行政管理所产生的一切损害承担赔偿责任，这类案件由行政法院管辖，适用行政赔偿责任的一般性原则。[①]

2. 联邦德国立法行为的赔偿责任。

联邦德国对于立法行为是否承担国家赔偿责任，争论比较大。联邦德国虽然曾经制定了《国家赔偿法》，但是该法律宣布违宪，在司法实践中主要适用民法解决。联邦德国基本法第34条规定："任何人执行交付担任的公务，如果违反对第三人应负的职务时，原则上其责任应当由国家或者其任职机关负责。"该国民法第839条第一项规定："公务员因故意或者过失，违背其对第三人所应尽的职务的，对于该第三人因此所受到的损害承担赔偿责任。"德国最高法院（BGH）在立法行为是否承担国家赔偿责任的问题上持否定态度。以下通过一个案例说明：原告的某14栋房屋建于1949年，1966年该14栋房屋被住宅管制和房租联盟列为旧住宅。1965年12月31日，原告所在市镇违章建筑达到2.7%。原告主

---

① 王名扬：《法国行政法》，中国政法大学出版社1988年版，第738-739页。

张,由于住宅违章情形 1965 年 12 月 31 日少于 3%,被告州应当撤销 1966 年 1 月 7 日对该市镇的住宅管制。理由是:由于受到住宅管制。她不能通过换约或者自由订约的方式提高自己所有的住宅大约 25% 的租金。其住宅也因受制于上述住宅管制和房租联盟不能返还,导致其租金损失,被告州应当就其不予立法的行为赔偿其损失 1182.6 马克。法院驳回了原告要求就立法不作为赔偿的请求。理由是:其一,州立法机关的立法不作为虽然违反住宅管制的联邦法规,但是如果立法机关制定法律本身不意味着违反基本法上的财产权时,该不作为亦并非属于对该法律有关人民的侵害。其二,负有立法职务的人,通常只对一般人民负有责任,并不对特定的个人或者组织负责。

目前,德国的主流观点是,对立法不作为应当承担国家赔偿责任。在司法实务界,大多数的观点认为,由于实体违宪或者程序违宪,致使该项法律被联邦宪法法院宣告无效后,该项法律就自始无效。此时,最高法院对于这种立法的侵权行为,应当适用相关法律予以国家赔偿。① 学术界的大多数观点倾向于对立法不作为予以国家赔偿。学者们大都反对以义务的特定性作为立法不作为免责的理由。例如学者 E. Forst hoff 认为公务员是为全体国民服务的,并不为某党派服务,因此,《营利事业法》第 105d 条的规定明显是通过课予义务方式进行,违反此义务则有过失。Haver kate 认为,持有否定说的学者顾虑到"如果承认立法不作为赔偿,将会导致范围无限制扩大,因而增加国库的负担,且会侵害到议会的表决权"的观点值得商榷。②

德国在 1973 年草拟《国家赔偿法(草案)》时,草案第 6 条确定了一个规则,即如果法律被宣告违宪后的 18 个月没有改正的,应当给予国家赔偿。该条规定:"因立法机关的违法行为所产生的权利侵害,或者基于此项违法行为所产生的权利侵害,不适用第三条的规定。但是立法机

---

① 转引自黄谦恩《国会立法"不作为"的国家赔偿责任与强制执行关系——强制执行法争议问题研究》,载《全国律师》第 2 卷第 4 期,1998 年 4 月。

② 转引自李惠宗《立法行为之国家赔偿责任之研究》,载《法学丛刊》第 139 期。

关于宪法法院确认其行为为违法后 18 个月，没有进行立法的，适用第二条规定的法律效果。"1976 年的《国家赔偿法（研究草案）》对此进行了细化规定。[①] 1978 年的《国家赔偿法（政府草案）》则对此问题未作任何规定，也就排除了立法行为国家赔偿的适用。时至 1981 年 6 月 26 日通过的《国家赔偿法》则并未完全采取否定的观点。该法第 5 条第 2 项规定："因立法者的违法行为而导致违反义务的，仅于法律对其赔偿责任有特别规定，并在其规定的范围内承担责任"这一规定是以对立法行为不赔偿为原则，以特定法律的特别规定为例外。但是，由于《国家赔偿法》在制定程序上没有经过参议院同意，本法经过宪法法院抽象法规审查后，终在 1982 年 10 月 19 日以违反基本法第 70 条的规定为由，宣告该法全部无效。因此，对于立法行为是否赔偿的问题，仍需按照基本法第 34 条和民法第 839 条的规定。历史又回到了原点。

3. 俄罗斯立法行为的赔偿责任。

在俄罗斯，根据俄罗斯联邦宪法的规定，对于行政机关、司法机关和立法机关的非法行为均得获得国家赔偿。该法第 53 条的规定，每个人都有要求国家权力机关或者官员的违法行为（包括不作为）所造成的损失给予赔偿的权利。这里的"国家权力机关"与我国宪法上的"国家权力机关"不同，我国的国家权力机关专指全国人民代表大会，俄罗斯的"国家权力机关"包括国家立法机关、行政机关和司法机关。俄罗斯有关国家赔偿的范围规定在俄罗斯民法典第 16 条和第 1069 条之中：由于国家

---

① 《国家赔偿法（研究草案）》第 6 条规定："受到立法行为违法侵害的人，如果属于因其违反针对受害人所课予的对生活基本权益、身体自由、人格自由、职业自由或者财产权的保护义务的，应当给予金钱赔偿；第二条第二、三项不适用。公权力违法执行如果源于立法行为的，适用第 1 句的规定。但第 1、2 句的法律效果，须该违法已经该管辖法院以具有法律效力的判决予以确定，且立法者于受到裁判通知后 18 个月内不另行制定赔偿办法时，始发生，但该届议会业已到期的，前述期限为 2 年。公权力的违法执行是由命令制定者或者规章颁布者所为的，如果该管辖法院已经确认其违法性，适用第一项第 2 句的规定；如果没有特别的确认程序，请求权得直接有效地请求履行。请求权非有下列情形之一的，不得有效地请求履行：1. 于第一项第 1 句和第二项的情形，受害人应当于该法律、命令、规章生效后一年内，如其受损其后发生的，在损害发生后一年内依第 26 条规定通知。2. 在第一项第 2 句的情形下，须造成损害且基于该违法的立法行为的行政行为或者其他裁决已经撤销的。"

权力机关或者地方自治机关或者机关的公职人员的违法行为（包括不作为），其中包括颁布与法律或者其他法律文件不一致的国家权力机关或者地方自治机关文件而给公民或者法人所造成的损失，应当由俄罗斯联邦、有关的俄罗斯联邦主体或者地方自治组织予以赔偿。其中，立法赔偿包括联邦立法行为的赔偿和地方自治机关立法行为的赔偿。例如，俄罗斯民法典第306条规定：当俄罗斯联邦通过终止所有权的法律时，由于通过该文件给所有人造成的损失，其中包括财产的价值，应当由国家赔偿。

4. 日本立法行为的赔偿责任。

日本立法赔偿责任主要是在战后一系列判例确定的。由于广岛在第二次世界大战中被美国原子弹炸毁，20世纪50年代，有被害人认为国家在事前没有制定《原子弹损害赔偿法》，遂向法院请求赔偿。最后，广岛高等法院判决："虽然立法行为是行使公权力的行为，但是其不作为仅发生政治上的责任，而不发生违反作为义务的问题。"这是日本关于立法不作为的最早判例。这个判例对立法不作为持否定观点，理由主要是立法不作为并非违反法律上对特定第三人应作为的义务，所以立法不作为不具备违法性，只产生政治责任问题。[①] 这是日本法院对立法行为赔偿责任问题的最初态度。

之后，日本法院对于立法不作为，有相当一些判决认为立法不作为应当承担国家赔偿责任。例如，1977年，东京地方法院认为内阁或者国会议员对于修正《国会议员额数法》不予提出法案的不作为属于违法。该案的基本案情是：原告是1976年12月5日众议院议员选举千叶县第四选区的选举权人，主张其选票一票的价值远低于其他选区的选民，例如，与兵库县第五选区相比是1∶3.71，与千叶县第三选区相比是1∶2.58。原告认为其选举平等权受到侵害，主张议员额数分配规定无效，且该次选举前国会议员负有改正并行使提案权的义务，后者迟迟不改正，可以认为其有故意或者重大过失，请求就其精神损害予以国家赔偿。东京地方

[①] 转引自李惠宗《立法行为之国家赔偿责任之研究》，载《法学丛刊》第139期。

法院判决立法行为违法。

1974 年，札幌地方法院认定国会对于在宅投票制度应当全部废止的法律加以修正时，其修正违反宪法第 14 条和第 15 条的规定。该案的基本案情是：日本于 1950 年制定的《公职选举法》明确规定，对于疾病、负伤、妊娠、身体残疾或者产褥而步行显著困难的，得允许其在宅投票。但是，在 1951 年统一地方选举时，这一制度受到滥用，国会因此在 1952 年修正《公职选举法》，废止在宅投票制度。某公民依照《公职选举法》具有投票权，由于清理房屋积雪时不慎从房顶跌落致腰部受伤，步行困难。1953 年参议院选举时，尚能以轮椅代步前往投票，到 1955 年已经无法乘坐轮椅，而改以担架前往投票。自 1968 年至 1972 年间，共计有 8 次公职选举无法前往投票。原告认为，在宅投票制是基于保障投票机会而设置的，国会废止该制度的立法行为，妨害了在宅选举人的投票权，已经违反了宪法第 13 条关于个人尊重及公共福祉的规定、第 14 条关于平等权的规定、第 15 条关于选举权的规定、第 44 条关于选举人资格不得差别待遇的规定、第 47 条关于投票方法须以法律定之的规定、第 93 条关于地方直接选举的规定，上述立法行为已经导致原告前后 8 次无法行使选举权，要求就其遭受的精神损害予以赔偿。本案札幌地方法院判决原告胜诉。札幌地方法院认为，在宅投票制的废止使原告实质投票权变得不可能从而剥夺了其投票权；立法机关应当采取对选举权最小限制的手段立法；国会议员虽属合议制但是以统一意志行动，并不以故意、过失为必要，判决赔偿原告 10 万日元。札幌高等法院和最高法院则驳回了其诉讼请求。札幌高等法院虽然认可立法作为或者不作为的国家赔偿责任，但是同时认为国会并未意识到其违法性，判决驳回原告诉讼请求。最高法院亦主要以立法行为本质上属于政治事务，只对国民全体承担政治责任，并不对个别国民权利承担相对义务为由，判决驳回原告诉讼请求。此判决在日本争议极大，日本坊间有谓此判决基本上封锁了就违宪立法行为请求国家赔偿的可能，亦根本地推翻了下级法院建立的对违宪立法行为请求国家赔偿的理论和实务。

1974年，东京地方法院在新岛炮弹案件中，认定国家在第二次世界大战终结之际，基于联合国军队解除武装将炮弹投弃入海不予回收，属于立法不作为，存在过失的违法。该案基本案情是：第二次世界大战末期，日军战败撤退，将废弃炮弹投弃于京都新岛海岸。1969年6月，4名高中生因好奇捡拾炮弹置于火中因而爆炸，导致一死一伤，被害人的父母因之提起国家赔偿诉讼，主张海上保安厅长官、防卫厅长官违反沉没物处理义务，要求国家赔偿。东京地方法院认为，本事件发生当时，在前滨海岸一带，日本陆军在第二次世界大战终结之际，将装备炮弹投掷入海，该炮弹存在发生人身意外事故的危险性。被告国家就此种大量且具有危险性的炮弹投掷于上述场所，就危险发生的原因，应有防患未然的法律上的作为义务。被告国家因而负有回收该炮弹的法定义务，如果承担该项法定义务的法律不明确的，承担被告国家立法权的国会担当行政权之内阁应当预先指定管理机关，因此，国家负有完全履行该义务的责任。值得注意的是，本判决并未强调义务的特定性，并且明确宣示了立法不作为的违法性，这一判例在日本国家赔偿案例中占有重要地位。

2001年，熊本地方法院在麻风病诉讼中也认定了《麻风预防法》立法不作为的违法。该案的基本案情是：1996年3月27日，日本国会通过了《废止麻风预防法法案》，废除了《麻风预防法》。但是由于长期的强制隔离，患者及其家属因此造成的痛苦，在《麻风预防法》被废除后还依然难以得到消除。原麻风病患者根据《国家赔偿法》第1条的规定，分别在熊本地方法院、东京地方法院和冈山地方法院以国家为被告提起损害赔偿诉讼。2001年5月11日，熊本地方法院作出立法赔偿的判决，指出国家依据《麻风预防法》实施的隔离政策严重侵害了患者的人权，因此认为厚生大臣和国会议员懈怠废除《麻风预防法》的不作为行为中具有《国家赔偿法》上的故意和过失并加以分别论证。其中对国会议员的立法作为（《麻风病预防法》制定的违宪性）与不作为（隔离已无必要时并未废止）两个方面的违法性分别作了论证，以此认定国会议员存有过失。熊本法院判决："可以认定最迟自昭和40年（1965年）以后，在国会议员未修改或废除《麻风预防法》隔离规定的立法不作为中存在国家赔偿法上的违法性","在判断《麻风预防法》隔离规定的违宪性时作为前提所确认的有关事实，是属于只要国会议员进行调查就可容易知晓的事实……由此可以认定国会议员行为存在过失。"以此判断其具备国家赔偿的要件，判决承担国家赔偿责任。①

此外，其他典型的判例还有1978年札幌高等法院认定国会的立法不作为违法、违宪；1980年札幌地方法院认定国会将业已废止的《在宅投票制度》未修正为法律的行为违法；1981年札幌地方法院对于国会未提出《国会议员额数订正修改法案》为违法等等。当然，在一些判例中，日本法院的判决也并不一致。例如，在从军慰安妇提起的诉讼中，山口地方法院在1998年承认了基于立法不作为的赔偿请求；而同样是在从军慰安妇提起的诉讼中，东京高等法院在1999年则驳回了基于立法不作为的赔偿请求。

对于立法行为是否适用国家赔偿的问题，多是与违宪诉讼相结合进行的，及认为立法机关的立法行为或者立法不作为违反宪法，才能要求赔偿。关于违宪诉讼，虽然许多下级法院采取积极的态度作出违宪判决要求国家承担赔偿责任。②但是，最高法院的态度是以适用为前提，同时指出，其制定的违反宪法的法律并不导致国会议员在立法过程中议员行为的违法，"国会议员对于立法，原则上应当仅限于在于全体国民的关系上承担政治性责任，而不承担在与个别国民的权利相对应的关系上的法律义务。国会议员的立法行为，除了属于像立法内容虽违反宪法的规定国会依然立法那样，难以易于设想的例外之外，在《国家赔偿法》第1条第1款规定的适用上，不接受违法的评价。"③

在学术界，对于立法行为是否应当国家赔偿的问题，存在积极说和

---

① 朱芒：《立法、行政的不作为与国家赔偿责任——日本麻风预防法违宪国家赔偿诉讼》，参见 http://china-review.com/laf.asp?id=13802。
② 杨建顺：《日本宪法诉讼理论与实践发展述评》，载《法学家》1995年第5期。
③ 转引自[日]盐野宏著《行政救济法》，杨建顺译，北京大学出版社2008年版，第215-216页。

消极说两种观点。与司法实务界相反,学术界消极说迄今为止一直占据主导地位。以下分述:消极说认为,由于立法行为而造成的不法行为,虽然在理论上可以成立,但是在实际生活中能否成立,令人怀疑。该说认为,由于立法机关可以自己决定什么是法律,其政策裁量的范围很广。因此,对于积极的立法行为很难判断其为不法行为;对于立法不作为行为,更难以判断其为违反宪法上的立法义务。对于有赞成派和反对派之分的合议组织,认定何人的过错以及如何认定过错,都是十分困难的。所以不应当适用《国家赔偿法》。积极说则认为,没有理由从"行使公权力"中排除立法行为。至于赔偿责任的认定,积极说则认为,无需认定合议组织构成人员的过错,只要能认定合议组织——国会本身的过错就足够了;并且,根据1954年的《法务省讼务局国家赔偿法的诸问题》关于"立法权的作用,包括国会或议会的立法、行政法上的立法、法院的规制制定行为"的观点,无论是立法作为还是立法不作为,只要这种立法行为具有一种"处分性质",直接给国民带来损害,则国家就应当承担赔偿责任。①

5. 美国对立法行为的赔偿责任。

在美国,立法人员对其执行职务的行为不受追诉,是普通法的传统,目的在于保护人民的代表不受威胁,完成其公共职责,对于议员的这种保护称为立法特免(legislative immunity)。联邦议员的侵权赔偿责任存在三种不同的情况:

一是议员的绝对的特免。议员对其发言或者辩论条款范围内的行为,享有绝对的特免权利,不得在任何地方追问。实际上,议员的绝对特免的范围不限于立法程序中的发言或者辩论,包括整个立法程序中必要的和正常的行为在内。国会以外的活动,只要是辩论或者取得信息程序所需要的,或者保护正常的立法程序所必要的,也受到特免的保护。

---

① 张正钊主编:《国家赔偿制度研究》,中国人民大学出版社1996年版,第153页;杨建顺著:《日本行政法通论》,中国法制出版社1998年版,第660 – 661页。

二是议员的有限制的特免。立法行为是制定政策的行为，制定普遍的标准以便适用于特定范围内的人群。适用政策的行为则是行政行为，议员在从事行政行为时，不能享有立法行为的保护。此时，议员对其职务范围内的侵权行为，享有有限制的特免保护。议员只有在证明其行为不是处于恶意，不是非常无理的，才能免受追诉。议员在立法职务以外执行其他公共职务，只要是在其职务范围内的行为，都可以享受有限制的特免。1988年以后，联邦议员职务范围内的赔偿责任，除了侵犯公民的宪法权利以外，已经为国家代替。

三是无任何特免。议员个人的行为或者和立法程序毫无关系，或者和立法程序虽有联系，但不是正常立法程序必要的行为，都不能享有任何特免。例如，贿选、贿赂提出或者支持某个议案、运用不正当的影响使议案得以通过等，不受任何特免保护，像其他公民一样，对其侵权行为负责，按照一般的法律处理。

此外，议员以外的立法机关的职员从事立法程序中的活动、最高法院院长制定司法规则（例如律师纪律规则）、区域性计划机构成员和部分委任立法的行政人员的活动，也享有部分的特免。

6. 我国台湾地区立法行为的赔偿责任。

我国台湾地区学者对于立法不作为是否赔偿，认识亦不尽一致。主要有两种意见：

有的学者认为立法行为不能赔偿。理由是：第一，司法审查可以针对行政裁量，但是不能针对立法裁量。立法裁量和行政裁量虽然具有同种性质，但是行政裁量是根据法律或者条例的规定实施的，其行使权限的要件和内容在一定的狭窄范围之内，所以行政裁量大多置于一定的制约之下。反之，立法职能是从安定国民生活与实现福利所需的各种措施中，选定最为紧急的措施，以谋求具体的制度。立法裁量较行政裁量具有广泛性。所以，如果有国民认为福利立法不完备为由要求经由法院发动立法权，追究立法懈怠的责任，是不可想象的事情。立法责任作为政治责任的性质较强，而作为司法审查基准的实体法效果，实际上是极为微弱的。① 第二，立法机关是否立法属于其政治责任范畴。在正常无故意或者过失懈怠立法的情况下，立法机关自然有斟酌权限，因此，立法机关行使立法职能属于行使政治权力，并承担政治责任。追究政治责任与法律责任并不能等同，也不能对立法机关的人民代表或者议员追究故意或者过失的责任。第三，立法机关的代表、立法委员、监察委员，在会议期间所为的言论和表决，对外不承担责任。除了现行犯以外，在会议期间，非经"国民大会"、"立法院"、"监察院"许可，不得逮捕拘禁。这些规定旨在排除司法权和行政权的不当干预，以确保立法机关的自律性，充分发挥立法机关的功能为目的。且立法机关的相关人员有言论免责权，虽然不能作为排除审判权或者作为诉讼障碍的事由，但是却可以作为审查国家赔偿请求适用妥当的事由。② 第四，对立法行为进行赔偿有违三权分立原则。三权分立的原理旨在保障任何一种权力不得大于另一种权力，三种权力互相制衡。立法裁量权限是对司法权限的限制，如果司法机关宣告立法机关的行为违法并承担赔偿责任，这就违背了三权分立原则。

另一种意见认为，对于立法行为应当适用国家赔偿。理由是：第一，立法机关在异常有故意或者过失懈怠立法的情况下，经由行政机关送请立法机关审查通过民生类的法律草案。但是，立法机关不审查，则属于法律责任问题，应当承担国家赔偿责任。因为立法机关已经将国家和人民推至极为危险的地方。面对如此祸患，容忍已经到最后的极限，立法机关的懈怠行为已经直接导致人民生命、财产的直接毁损③。第二，根据自己责任学说，不论立法机关的议员是否存在故意或者过失，须就全体议会行为承担责任。从世界范围来看，现在的国家赔偿责任已经从过错责任转向无过错责任，只要有违宪的立法行为侵害人民权利，就有国家

---

① 林淑萱：《社会安全行政与国家赔偿》，载《社区发展季刊》第 106 期。
② 黄谦恩：《国会立法"不作为"的国家赔偿责任与强制执行关系——强制执行法争议问题研究》，载《全国律师》第 2 卷第 4 期，1998 年 4 月。
③ 转引自黄谦恩《国会立法"不作为"的国家赔偿责任与强制执行关系——强制执行法争议问题研究》，载《全国律师》第 2 卷第 4 期，1998 年 4 月。

赔偿责任的存在。第三，对于议员免责特权，只是为了保障议员个人的人身权利等特权，主要在于免除议员的刑事责任，并非旨在免除国家赔偿责任。第四，三权分立原则目前也正在发展过程中，现代司法审查制度也正在由消极转向积极，立法裁量已经从司法权的界限逐步转向立法权的界限。后一种意见为目前学界的主流意见。

在司法实务中，我国台湾地区对于追究立法行为的赔偿责任，按照作为和不作为的不同情况区别对待。对于立法作为行为违法的，即立法机关制定的法律违宪的，可以适用"国家赔偿法"。按照"国家赔偿法"中所称的"公务员的故意或者过失"的规定，上述行为属于合议制机关的行为，毋庸对构成立法机关的每一位委员的故意或者过失加以追究，应当解释为仅对于国会委员统一的意思行为加以判断。立法机关制定的违宪的法律，法院在审理该国家赔偿案件时，应当从"大法官会议"解释来判断违背宪法，在此之前，法院没有违宪审查权。对于立法不作为行为违法的，法院应当停止诉讼，并声请"大法官会议"解释。立法机关的不作为是立法机关应当制定法律而怠于制定，如果致人民的自由和权利遭受损害的，国家应当承担赔偿责任。法院没有违宪审查权，必须在停止诉讼后由法院声请"大法官会议"解释。

(二) 我国关于立法行为是否应当承担赔偿责任的讨论

1. 制定《国家赔偿法》时关于立法行为是否承担赔偿责任的讨论。

1992年，全国人大为起草《国家赔偿法》征求全国有关部门、地方人大、地方政府和各级法院、法律院校、研究机构的意见时，没有提出应当建立立法赔偿制度的建议。因此，在《国家赔偿法（征求意见稿）》中也没有规定立法赔偿问题。

但是，在学术界一般主张无论何种国家机关侵权造成的损害，都应当承担赔偿责任。这是由于：第一，在法律上，我国宪法、民法通则并未豁免立法机关的侵权责任。我国宪法第41条规定，中华人民共和国公民对于任何国家机关和国家工作人员，有提出批评和建议的权利；对于任何国家机关和国家工作人员的违法失职行为，有向有关国家机关提出申诉、控告或者检举的权利，但是不得捏造或者歪曲事实进行诬告陷害。对于公民的申诉、控告或者检举，有关国家机关必须查清事实，负责处理。任何人不得压制和打击报复。由于国家机关和国家工作人员侵犯公民权利而受到损失的人，有依照法律规定取得赔偿的权利。宪法规定的"国家机关"包括作为权力机关的人民代表大会及其常务委员会，并无例外规定。此外，《民法通则》第 121 条规定，国家机关或者国家机关工作人员在执行职务，侵犯公民、法人的合法权益造成损害的，应当承担民事责任。这里的"国家机关"显然也包括权力机关。第二，在理论上主权免责原则、国王不能为非、国家至高无上（指不受法律约束）的理念，早已被人们所抛弃。法律面前人人平等、公共负担平等的实现已经为人们所普遍接受。① 第三，在法律关系上，国家立法机关与一般公民、法人之间的关系属于权利义务关系，国家主权也应当受到法律限制，而不是统治与被统治的关系。第四，立法行为在特定情形下会给特定公民、法人造成损害：①全国人民代表大会常务委员会作出的不适当的决定被全国人民代表大会改变或者撤销，在改变或者撤销前的贯彻中，有可能给部分公民、法人造成损害。②全国人民代表大会和全国人民代表大会常务委员会就特定问题组织的调查委员会在调查过程中，有可能发生工作人员侵权问题，因采信了虚假的材料，对事实未作出全面、客观的认定，据此作出的相应决议也有可能侵犯特定公民、法人或者其他组织的合法权益。③省、自治区、直辖市国家权力机关制定的同宪法、法律相抵触的地方性法规和决议被全国人民代表大会常务委员会撤销，在撤销前的贯彻中有可能造成侵权损害。②

对规定立法赔偿持反对意见的人认为：第一，人民需要的是法的统一和正确执法，并不需要立法赔偿。第二，这是由国家赔偿法规定的违法归责原则决定的。从狭义上说，立法赔偿是指因全国人大制定法律的

---

① 朱艳丽：《我国的国家赔偿责任构成特征研析》，载《政法论坛》1995 年第 4 期。
② 林准、马原主编，梁书文、江必新副主编：《国家赔偿问题研究》，人民法院出版社 1992 年版，第 53－54 页。

行为违法造成了损害而产生的国家赔偿责任。但是，全国人大是国家的最高权力机关，人民在这里当家作主、制定法律，这从何而来的"违法立法"？又有什么机关可以判决它"违法立法"？第三，是由法律规范的效力等级原理决定的。立法赔偿从广义上讲，是指效力等级低的法同效力高的法相抵触，是因抵触造成了损害而发生的赔偿责任。在我国的法律结构中，依照效力的大小可以排列为若干等级。第一级是宪法，第二级是全国人大制定的法律，第三级是行政法规和地方性法规，之后是规章和其他规范性文件。按照法秩序原理，下一级的法不能与上一级的法相抵触，如果抵触就应当撤销。但是，如果效力等级低的法根本没有实施，那么赔偿什么？如果效力等级低的法已经实施，必须有遭受损害的特定人就实施的行为造成的损害后果向国家请求赔偿。原告只有控告已经实施的具体行为才能获得赔偿，而无需控告抽象的法。[①] 第四，各级人大是权力机关，不具体行使行政权和审判权。第五，全国人大是最高国家权力机关，全国人大及其常委会制定的法律，是代表全国各族人民的意志的，一切国家机关、企事业单位、社会团体和公民都必须遵守。第六，地方人大制定的地方性法规，如果与法律、行政法规抵触，应当纠正，如果还没有执行，不发生损害赔偿的问题，如果地方政府执行了，给公民造成损失，可以通过行政赔偿得到补救。第七，各国大多没有就议会规定赔偿。[②]

在司法实务界，大多数人主张，从长远发展的观点来看，从建立和健全社会主义高度民主和完备法制来看，立法机关应当同其他国家一样，可以成为侵权的主体。但是，在目前的情况下，对立法行为可以实行免责。这是因为：第一，中国的国情。我国长期以来是行政本位，为了充分发挥权力机关的作用，需要强化权力机关的权力，而不是增加制约、限制的因素。第二，立法侵权尚未成为普遍的社会现象。法律一般只能

[①] 肖峋：《中华人民共和国国家赔偿法的理论与实用指南》，中国民主法制出版社1994年版，第123—124页。

[②] 顾昂然：《新中国的诉讼、仲裁和国家赔偿制度》，法律出版社1996年版，第116页。

就不断重复的、普遍的社会现象作出规定，个别的事实即使列举也只能是挂一漏万；法律不可能对大千世界里所发生的任何情况囊括无遗。第三，法律的渐进性、可行性。社会主义高度民主和完备的法制是令人向往的，也是我们不懈努力的奋斗目标，但我们不能指望一蹴而就，一个早上就能达到。立法应当考虑可行性。现在能实行的就写，不能实行的就不写。第四，法律的可操作性。徒法不足以自行。法律需要人去操作，需要司法机关去适用。就目前人民法院在整个国家的地位而言，还不能承担受理立法侵权案件，因为目前法院还没有关于法律是否违宪的审查权。[1] 这一观点实际上是从中国国情出发的观点，在认同立法赔偿的基础上，主张采取循序渐进的方式。

2. 修订《国家赔偿法》时对于立法行为是否赔偿的讨论。

在《国家赔偿法》制定实施以后，对于立法赔偿的问题，仍然是一个争议比较大的问题。有的学者建议在《国家赔偿法》修订时明确立法赔偿。除了设置立法赔偿制度有利于实现人民当家作主、有利于督促国家机关依法行使职权和保障人权等理由外，其他理由是：第一，法律保留原则的必然要求。为了保障立法机关的立法权，各国都确立了"法律保留原则"。根据法律保留原则，立法机关应当根据法律保留事项进行立法。法律保留范围内的事项对于立法机关而言是一项立法义务，义务是不能随便转嫁的。立法的懈怠是一种渎职，是对人民赋予权力的滥用和极端不负责任。正因为如此，许多西方国家在立法中规定了"立法催生条款"或者"日出条款"，要求立法机关限期完成立法事项，防止立法不作为。[2] 第二，有损害必有赔偿原则是法治社会的基本特征和必然要求。全国人民代表大会制定的法律，虽然在理论上代表全国人民的意志，但仍然不能排除有违宪的可能性。如果因违宪而被撤销的，该法律文件在实施期间属于违宪，即属于违法，对公民、法人或者其他组织可能造成

---

[1] 林准、马原主编，梁书文、江必新副主编：《国家赔偿问题研究》，人民法院出版社1992年版，第54-55页。

[2] 朱狄敏：《立法赔偿制度初探》，载《浙江工商大学学报》2005年第6期。

一定损害，并产生国家赔偿责任。① 第三，被撤销的规范性文件具有违法性，应当予以赔偿。根据我国《宪法》第 62 条、第 67 条、第 99 条和第 104 条的规定，全国人民代表大会有权撤销各省、自治区、直辖市的地方国家权力机关制定的与宪法、法律和行政法规相抵触的地方性法规和决议；县级以上地方各级人民代表大会有权改变或者撤销本级人大常委会不适当的决定等。这些被撤销的与宪法、法律、行政法规相抵触的各种法律、法规、决议、决定，如果在其实施期间侵犯了一部分公民、法人或者其他组织的合法权益，造成当事人的损失，就应当承担国家赔偿责任。② 第四，规定立法赔偿并非对立法机关的制约和限制。虽然我们目前需要强化立法机关的权力，但是这个权力有一个前提是必须是正当的权力。立法行为赔偿制度仅仅是一个规范，这不是对立法机关正当行使权力的制约和限制，而是对不正当行使权力的制约和限制，立法机关只有在侵权之后才涉及责任的承担。③ 第五，立法机关也可能因其立法行为对人民权益造成损害。立法机关虽然是民意机关，人民不可能通过立法来损害自己的合法权益，但是，人民通过选举制度组成代议机关行使主权，代表一旦选出就与选民保持相对的独立性，从而其代表民意进行立法的行为极可能与真正的民意相违背。第六，从世界范围来看，相当一些国家已经有了较为成熟的立法赔偿制度和经验，国家赔偿范围扩大也是国际趋势。④

主张《国家赔偿法》确立立法赔偿的学者，对于如何设置立法赔偿制度，也有几种不同的观点：第一种观点认为，对于全国人民代表大会的立法行为不承担国家赔偿，对于全国人民代表大会以下机关的立法行为应当承担国家赔偿。也就是说，对于全国人民代表大会制定的法律，

---

① 鲁敏：《论国家赔偿的范围》，载《武汉工程职业技术学院学报》第 19 卷第 4 期（2007 年 12 月）。
② 刘山、姚天冲、高飞：《国家赔偿范围刍议》，载《东北大学学报（社会科学版）》第 6 卷第 4 期（2004 年 7 月）。
③ 邓小兵：《关于国家赔偿法赔偿范围的几点思考》，载《科学·经济·社会》2000 年第 3 期。
④ 何静：《扩大我国国家赔偿范围的理论思考》，载《行政论坛》总第 62 期（2004 年 3 月）。

国家享有国家赔偿的豁免。对于全国人大常委会以及省、自治区和直辖市的权力机关和下一级权力机关制定的违反宪法和有关法律法规而被撤销的法律法规和决定在具体实施中造成部分或者特定公民、法人或者其他组织合法权益损害的，国家应当承担赔偿责任。① 第二种观点认为，对全国人民代表大会及其常务委员会的立法行为不承担国家赔偿责任。对于全国人民代表大会及其常务委员会制定的法律造成损害进行国家赔偿的时机还不成熟，可行性不大。但是，对于国务院、地方人大等制定的法规、规章，被确认违宪及其有关法律、法规被撤销并且在实施期间确实造成了特定的公民、法人或者其他组织合法权益严重损害的，国家应当承担赔偿责任。② 第三种观点认为，包括全国人民代表大会及其常务委员会在内的所有的立法机关制定法律、法规和规范性文件的行为均须国家赔偿。全国人民代表大会及其常务委员会制定的法律虽然代表全国人民的意志，但不等于一定符合宪法，如果违反宪法的，就应当予以撤销，应当通过完善违宪审查的方式建立健全立法的国家赔偿责任。③ 第四种观点认为，应当借鉴法国的做法，在对立法赔偿范围进行限制的前提下，国家只对法律没有明确排除国家赔偿且对特定人的合法权益造成损害的违法的立法行为承担赔偿责任。④

当然，也有少数的学者认为，不宜在修订《国家赔偿法》时规定立法赔偿。理由主要有：在我国的宪法架构中，人民代表大会居于主导地位，一府两院由人民代表大会选举产生，人民代表大会对司法机关有监督权，而司法机关对人民代表大会没有监督权。⑤ 从我国的国家赔偿立法

---

① 李明发：《我国国家赔偿法讨论综述》，载《安徽大学学报》（哲学社会科学版）1992 年第 4 期；刘山、姚天冲、高飞：《国家赔偿范围刍议》，载《东北大学学报》（社会科学版）第 6 卷第 4 期（2004 年 7 月）。

② 鲁敏：《论国家赔偿的范围》，载《武汉工程职业技术学院学报》第 19 卷第 4 期（2007 年 12 月）。

③ 杨广甫：《试论国家赔偿的赔偿范围》，载《华北水利水电学院学报》（社科版）第 20 卷第 4 期（2004 年 11 月）。

④ 何静：《扩大我国国家赔偿范围的理论思考》，载《行政论坛》总第 62 期（2004 年 3 月）。

⑤ 楚风华：《关于扩大国家赔偿范围的若干思考》，载《甘肃广播电视大学学报》第 11 卷第 3 期（2001 年 9 月）。

经验和国家财力的实际情况出发，我国未将国家立法行为的赔偿责任列入国家赔偿的范围，体现了稳妥、循序渐进的务实态度，是恰当的。[①]

从理论上讲，对于立法赔偿问题，尽管理论上有值得研究之处，但是，从我国《国家赔偿法》的实施情况和整体结构而言，规定立法赔偿仍然有一定的难度。主要是：第一，受违法原则和违宪审查机制的限制。我国的《国家赔偿法》实行违法责任原则。违法的立法行为实际上就是违宪的立法行为。立法违宪主要包括了两种责任方式：立法被违宪审查机构确认危险，从而失去效力，法律规范确定的社会关系消灭；立法机关对违宪法律规范予以纠正的同时，国家对违宪法律规范带来的损害予以国家赔偿。[②] 我国对于何种机构承担对立法行为的合法性审查功能，并无规定，也就是说，对于立法行为无从认定其合法性。从世界范围来看，凡是确立立法行为赔偿制度的国家，一般均实行无过错责任原则，实行违法归责原则的国家，都必须在已经完善违宪审查机制的基础上才能进行。第二，追偿制度的适应性。根据我国的《国家赔偿法》，赔偿义务机关赔偿损失后，应当责令有故意或者重大过失的工作人员承担部分或者全部赔偿费用。也就是说，我国《国家赔偿法》并未确立自己责任原则，还要追究相应的工作人员的责任。而"工作人员"的范围一般是指议员、人大代表等。目前，各个国家和地区都确立了议员免责的特权。例如，日本宪法第51条规定："两议院的议员，在议院内的演说、讨论或者表决，对院外不负责任。"联邦德国基本法第46条规定："议员不得因其在联邦议会或者其任何委员会中的投票或者发言，对其采取法律或者惩戒行为，亦不对联邦议会以外负责。但诽谤罪不在此项。"我国台湾地区的"宪法"第73条规定："'立法委员'在院内所为之言论及表决，对院外不负责任。"我国《宪法》第74条规定，全国人民代表大会代表，非经全国人民代表大会会议主席团许可，在全国人民代表大会闭会期间非经全国人民代表大会常务委员会许可，不受逮捕或者刑事审判。第75条规

[①] 洪文：《国家赔偿范围研究》，载《人民司法》2001年第12期。
[②] 王元朋：《国家立法赔偿的逻辑》，载《行政法学研究》2008年第2期。

定，全国人民代表大会代表在全国人民代表大会各种会议上的发言和表决，不受法律追究。由于议员免责特权制度的存在，如果确立立法行为的赔偿责任，亦无法适用追偿制度。只有在明确国家赔偿责任属于自己责任的情况下才能确立立法赔偿制度。第三，赔偿请求权人和损害的不确定性。由于立法行为本身具有的特性，其造成的损害往往具有普遍性、广泛性，国家不可能对于一切声言的损害都进行赔偿。从世界各国的国家赔偿发展来看，最初的立法赔偿还是要有特定性的损害存在，即只对特定人或者少数人发生的损害才给予赔偿。只是在极为例外的情况下，立法行为造成损害时才产生国家责任。只有在特定个人或特定数人受到影响时，该特定人才获得请求赔偿权。主要是两种责任形式：对违宪法律产生的后果的赔偿责任，特别是在实行某项国家垄断时引起的没收财产（乌拉圭、哥伦比亚）；根据公共负担平等原则对因合宪的立法行为产生的赔偿责任。否则，如果将立法行为针对的对象和造成的损害无限扩大，则可能导致全民诉讼。

当然，就现阶段而言，确立立法行为的赔偿需要满足以下两项条件：

一是违宪审查机构的确立。可以在立法机关设立专门的违宪审查机构甚至赔偿委员会。该特定机构根据人民代表、特定机关或者公民、法人或者其他组织的申请，对被指控违宪的法律进行审查。可以根据《立法法》第90条关于"国务院、中央军事委员会、最高人民法院、最高人民检察院和各省、自治区、直辖市的人民代表大会常务委员会认为行政法规、地方性法规、自治条例和单行条例同宪法或者法律相抵触的，可以向全国人民代表大会常务委员会书面提出进行审查的要求，由常务委员会工作机构分送有关的专门委员会进行审查、提出意见。前款规定以外的其他国家机关和社会团体、企业事业组织以及公民认为行政法规、地方性法规、自治条例和单行条例同宪法或者法律相抵触的，可以向全国人民代表大会常务委员会书面提出进行审查的建议，由常务委员会工作机构进行研究，必要时，送有关的专门委员会进行审查、提出意见"的规定启动，对于已经确定违宪的法律，有权宣布无效，并处理因此产生的赔偿事宜。

二是就立法赔偿实行法定赔偿原则,即只有在立法中明确规定承担赔偿责任的才能予以赔偿。国家可以在立法中明确规定承担赔偿责任,也可以授权法院受理赔偿案件,并只能适用法律,无权审查法律。明确立法行为的赔偿责任取决于要看立法行为针对的事项,对于作为类的立法行为涉及国家组织、基本经济制度等事项的,一般不予立法赔偿;对于涉及特定行业(例如环境保护、国有资产保护等)、特定对象(例如退休人员、工伤人员)等,应当考虑予以国家赔偿;对于不作为类的立法行为,如果属于立法裁量范围内的事项,可以不予国家赔偿。但是,涉嫌违宪的法律一旦经由有权机关予以确定的,则有立法作为的义务。参照《立法法》第91条关于"全国人民代表大会专门委员会在审查中认为行政法规、地方性法规、自治条例和单行条例同宪法或者法律相抵触的,可以向制定机关提出书面审查意见;也可以由法律委员会与有关的专门委员会召开联合审查会议,要求制定机关到会说明情况,再向制定机关提出书面审查意见。制定机关应当在两个月内研究提出是否修改的意见,并向全国人民代表大会法律委员会和有关的专门委员会反馈。全国人民代表大会法律委员会和有关的专门委员会审查认为行政法规、地方性法规、自治条例和单行条例同宪法或者法律相抵触而制定机关不予修改的,可以向委员长会议提出书面审查意见和予以撤销的议案,由委员长会议决定是否提请常务委员会会议审议决定"的规定,在相关立法机关的立法作为义务已经确定的情况下,如果在法定期限内应当修改而未修改的,对特定公民、法人或者其他组织造成损害的,可以考虑国家赔偿。

二、司法职能行为与国家赔偿责任

(一)域外司法职能行为与国家赔偿责任

从世界范围来看,承担司法职能的主要是法院,相当一些国家还包括检察机关。为了维护司法独立公正,绝大多数的国家明文否定或者限制司法的侵权性和法官行为的侵权性。除英国外,绝大多数的国家规定了在司法活动中（特别是在刑事诉讼活动中）非法逮捕和非法判决的情况下的赔偿。对于司法职能行为导致的侵权，各国有以下几种做法：

1. 完全豁免。

在多数普通法国家（英国、美国、加拿大、南非、乌干达）和拉丁美洲国家，对司法行为所致损害国家不负责任。

在英国，国王被视为正义的渊源，法官代表国王主持正义，享有国王特有的豁免权利。法官是英王的公仆，这与行政官员的地位不一样，法官享有独立的执行职务的权力，这是一个重要的宪法原则，1701年的王位继承法中就已经确定。例如，英国《王权诉讼法》第1条第5项明确了司法职能的豁免："任何人当履行或者准备履行其司法上应负之责任，或与司法上执行程序有关的责任，就其作为或者不作为的行为，不得以本条的规定，对君权提起诉讼。"即国王对于执行司法性质的职务或者与司法程序有关的作为或者不作为发生的损害，不承担赔偿责任。在英国，当初只有高级法官才享有豁免的权利，最近已经扩展到全体法官。甚至司法职能行为的赔偿责任的豁免不限于法院的行为，还包括一部分和法院非常类似的行政裁判所的行为在内。例如土地裁判所、租金裁判所、国民保险裁判所、工业裁判所等对权限范围内的行为不负赔偿责任。治安法官和警官在执行司法职务时也不承担赔偿责任。但是，并非类似司法职务的行为都可以获得豁免。对于行政机关执行类似行为，如许可证的审查、视察员的公开调查等，虽然从司法审查的观点来看属于司法职务，但是从侵权行为赔偿责任的观点来看，却不能享受司法职能行为的豁免。[①]

美国深受英国的影响，也对执行司法职能的法官实行豁免。主要理由是为了保障司法独立、判决确定力、司法的高效等。《联邦侵权赔偿法》亦不以法官作为赔偿主体，法官对执行职务的行为享有绝对的豁免，即便法官的行为出于恶意也不能追究法官的民事责任。法官的赔偿责任

---

① 参见王名扬《英国行政法》，中国政法大学出版社1987年版，第245页。

仅仅发生在明显的无管辖权的时候，此时法官的行为已经不是司法行为，而是私人行为。美国对于法官的绝对特免，受保护的对象主要是国家而不是法官，这实际上是国家豁免理论的残余，迟早会被抛弃。

同样，美国的检察官和法官的豁免同时产生，在行使职务范围内也享有绝对的豁免，这是普通法的规则。美国联邦最高法院坚决维护检察官的绝对特免，即使出于恶意的追诉，也不追究检察官的赔偿责任。最高法院认为："限制检察官的绝对特免将对公共利益产生不良影响，可能妨碍检察官强有力的毫无畏惧的执行追诉职务。"[1] 美国法院对于检察官的绝对特免并非通例，少数州和州法院不支持这个原则。除了提起和进行追诉的行为外，检察官其他执行职务的行为并非准司法行为，不享有司法行为的特免。例如检察官的简单执行行为（篡改记录）和人事管理行为均不能享受绝对特免。在特别情况下，检察官没有管辖权的行为、违法剥夺公民宪法权利的行为，明显违反法律规定的行为，均属于个人行为，不受任何特免的保护。

此外，在美国一些执行准司法职务的行政人员，在特定情况下才实行特免保护。一般而言，主持行政机关正式程序裁决的行政法官执行准司法职务享有绝对豁免。行政法官只对无管辖权的行为不受特免的保护。

2. 部分豁免。

在法国的国家赔偿法律制度中，国家只在很小范围内就行使司法职能承担赔偿责任。在本世纪50年代以前，法国对于司法职能除了有法律明确规定以外，不承担赔偿责任，主要理由也是为了维持判决的既判力，承认司法职能的赔偿责任就表示判决是错误的，损害判决的既判力。国家对于司法职能的豁免原则，最初的例外仅仅是1895年6月2日的法律。根据这一法律，法官的赔偿责任只能按照旧民事诉讼法所规定的控诉法官程序（la prise a partie）进行，这是一种极为特别的程序，适用于法官有欺诈行为、受贿行为、严重过错行为的时候。这个程序还是一个特别

---

[1] 王名扬：《美国行政法》，中国法制出版社1995年版，第809页。

的限制。受害人必须取得法官所属上级法院的统一，才能在上级法院中追诉法官的赔偿责任。如果法院判决法官赔偿，由国家代替负责，国家在理论上有向法官求偿的权利。在法国1971年废除该特别程序之前，据称法官被判决赔偿的仅为两次。

法国目前的关于司法职能赔偿责任的一般规则规定在1972年7月5日制定的《建立执行法官和关于民事诉讼程序改革法》。该法废除了取得上级同意这个限制，正式承认了国家对司法职能的赔偿责任，但是国家仅仅对重过错和拒绝司法的公务过错承担赔偿责任，如果法官职权范围内自由心证行为造成的损害，国家不承担赔偿责任。[①] 此外，还要承担以下特别责任：1895年法律所规定的冤狱赔偿责任；1956年吉里案件中确定的司法警察活动的赔偿责任；1970年刑事诉讼法所规定的临时拘留的赔偿责任。

3. 不豁免。

俄罗斯对司法职能行为的赔偿同样适用宪法的规定，即国家机关行使司法职能行为时，与行政机关、立法机关一样承担国家赔偿责任，并无特别的豁免。根据俄罗斯民法典第1070条规定了调查、预审、检察机关以及法院的违法行为致人损害的赔偿责任。首先，因非法判罪、非法追究刑事责任、非法采取羁押或者具结不离境的强制措施、以拘留或者劳动改造的方式非法处以行政处罚而给公民造成损害，用俄罗斯联邦的财产承担赔偿责任。在特定的情形下，无论调查、预审、检察机关和法院的公职人员有无过错，均应由俄罗斯联邦主体或者地方自治组织依照法定程序全部赔偿。调查、预审、检察机关和法院的违法活动给公民和法人造成的损害，如果没有发生前款规定的后果，则依照民法典第1069条规定的根据和方式进行赔偿。对于在审判时所造成的损害，仅在法院生效判决认定审判人员有过错时，才承担赔偿责任。

[①] 卢文蔚：《法国国家赔偿制度》，载《现代法学》1992年第4期。

(二) 我国《国家赔偿法》对于司法职能行为是否应当承担赔偿责任的讨论

在制定《国家赔偿法》时，有人提出对于司法职能行为应当纳入到国家赔偿范围。主要理由是：第一，我国的司法机关范围比较广泛，不仅包括人民法院、人民检察院，而且还包括公安、国家安全、看守所、监狱管理机关等在西方国家归为行政机关的国家机关，如果将司法职能行为排除在国家赔偿范围之外，将使上述机关的致害行为无法获得监督。第二，司法职能行为排除在国家赔偿范围之外是国家主权豁免原则的残余，应当加以摒弃。第三，国外许多国家之所以没有将司法职能行为置于国家赔偿范围之内，主要是类似的行为已经由专门的刑事诉讼法或者其他专门的冤狱赔偿法律加以规定，并非将司法职能行为排除在外。

另外一种观点认为，对于属于冤狱赔偿范围的应当纳入到国家赔偿范围之内，对于民事、行政审判中的错判不纳入到国家赔偿范围。主要理由是：第一，刑事赔偿（冤狱赔偿）是绝大多数国家的做法，但是民事、行政诉讼中赔偿，除了法国以外，均无相应的规定。法国在1873年开始建立国家赔偿制度，到1971年规定了国家对民事审判中的重大过错造成的损害承担赔偿责任。第二，刑事赔偿中造成的损失，基本是由于司法机关的行为造成的。在刑事诉讼中，由公诉人提供证据，法院根据公诉人提供的证据作出错误判决，无论是证据不足还是法院适用法律错误，根本上是由于司法机关工作人员的职权行为而非当事人的行为造成的。而在行政诉讼和民事诉讼中，由于证据不足等原因造成的错误判决，基本上是由于当事人一方的行为造成的。同时，由于民事、行政审判中的错判行为只是对既存法律关系的确认或者变更，即使业已生效的判决是错误的，通过审判监督程序改判后，仍应由原来的当事人承担，人民法院并不是受害人合法权益的直接侵害者，因而一般不宜由国家承担赔偿责任。[①] 第三，对于民事诉讼和行政诉讼中违法主动采取职权行为造成

---

① 李明发、孙昌兴：《我国国家赔偿责任若干问题探究》，载《江淮论坛》1992年第6期。

的损害应当承担国家赔偿责任。例如违法采取妨害诉讼的强制措施、违法采取保全措施、错误执行判决、裁定和其他生效法律文书的，由于这些行为是由司法机关根据收集的证据主动作出的行为，其性质与行政行为无异，应当承担赔偿责任。

立法者最后采纳了后一种观点："对于民事审判、行政审判中的错判，经法院改判后，应当按照改变后的判决，由一方当事人向对方履行义务，不宜列入国家赔偿的范围。国外一般也是这么做的。"[①] 有关民事、行政诉讼中的国家赔偿，可以参见后文的相关内容。

三、特定的行政职能行为与国家赔偿

对于特定的行政职能，目前豁免只是或多或少地存在于因特殊的政府行为造成的侵权中。所谓政府行为，又称为政治行为、统治行为，是涉及国家根本制度的保护和国家主权的运用，并由国家承担法律后果的政治行为。也就是说，国家行为是一种基于国家的主体地位所作出的一种政治性、政策性的行为。它的内容和范围是可以不断变化的。政府行为，须以中央政府的行为为限。政府行为可以由政府首脑或者国家元首实施，也可以由政府的某个部门实施。

各国对于政府行为的内容的理解并不一致。例如，法国的政府行为包括四个方面：①在政府与议会关系中所采取的行为；②政府在国际关系中所采取的行为和政府在战争中所采取的行为；③总统在国家遭到严重威胁时，在和总理、两院议长、宪法委员会主席磋商后根据形势的需要而采取必要的措施；④总统将有关法律草案提交全民复决的决定。[②] 值得注意的是，法国的政府行为中还包括了相当一部分的国内政治行为。英国的政府行为包括：①英国政府在国外对外国人的行为；②英国政府

---

① 胡康生：《关于〈中华人民共和国国家赔偿法（草案）〉的说明——1993 年 10 月 22 日在第八届全国人民代表大会常务委员会第四次会议上》。

② 王名扬：《法国行政法》，中国政法大学出版社 1995 年版，第 214－215 页。

在国内对敌国人民的行为。① 在美国，政府行为主要是外交领域、国家安全事务、战争权力之行使问题和宪法修正案程序问题。② 美国对于政府行为的界定较为宽泛，特别是地方政府。在美国，与"政府"活动相对的不是"行政"活动，而是与财产有关的活动，这就将"行政"领域放进了豁免的范围内。应该指出行政领域的界限在其他国家变得很不确定。的确，在一些情况下，政府行为造成的侵权必须与行使公权力造成的侵权区分开来。然后它们再与行政行为造成的侵权区分开来。政府行为受到豁免主义的保护，而且在美国的很多州豁免范围也较宽。可见，各国虽然对于政府行为范围的理解上有宽窄。但是，对于国防、外交行为以及其他涉及国家重大利益的行为，一般认为属于政府行为范畴。根据我国《行政诉讼法》和司法解释的规定，政府行为的内容一般体现为以下三种情形：

一是国防行为。国防行为是指为保卫国家安全、领土安全和全民族的整体利益而抵御外来侵略、颠覆所进行的活动。例如战争、军事演习、全国总动员或者局部总动员等。国防行为有时涉及国家和个人之间关系的行为。例如，本国为向外宣战或者抗议外国侵略行为而对外国实行经济制裁，所有与该国通商的经济合同都可能由于本国的政策而不能履行，在这种情况下，合同当事人也不得提起行政诉讼。③ 根据《若干解释》的规定，国防行为是指国务院、中央军事委员会、国防部根据宪法和法律的授权，以国家名义实施的有关国防的行为。但是，根据宪法第93条第1款的规定，中华人民共和国中央军事委员会领导全国武装力量。中央军事委员会是独立于国务院领导的行政系统的国家机关，因此其作出的行为本质上并不属于行政行为。因此，在行政诉讼法排除并无必要。但是，司法解释必须将作出政府行为的机关表述完整。国防部设在国务院之下，

---

① 王名扬：《英国行政法》，中国政法大学出版社1987年版，第204页。
② [美] 杰罗姆·巴伦、托马斯·迪恩斯著：《美国宪法概论》，刘瑞祥等译，中国社会科学出版社1995年版，第40页。
③ 胡康生主编：《〈中华人民共和国行政诉讼法〉讲话》，中国民主法制出版社1989年版，第88页。

自当属于国家行政机关无疑。国务院根据国防法第 12 条的规定行使领导和管理国防建设事业的九项职权；中央军事委员会根据国防法第 13 条行使领导全国武装力量的十项权力。此外，司法解释没有就全国总动员或者局部总动员的国防行为作出规定。这是一个疏漏。此外，根据宪法第 67 条的规定，全国人民代表大会常务委员会决定战争状态的宣布、决定全国总动员或者局部动员；根据宪法第 80 条的规定，中华人民共和国主席根据全国人民代表大会的决定和全国人民代表大会常务委员会的决定，宣布战争状态，发布动员令。这也是重要的政府行为。

二是外交行为。外交行为是指为实现国家的对外政策而进行的国家间的交往活动。例如，政府同外国或者国际组织的关系，同外国宣战、媾和、承认外国政府、建交、断交、缔结条约和协定等。根据司法解释的规定，外交行为是国务院或者外交部根据宪法和法律的授权，以国家名义实施的有关外交的行为。例如，国务院根据宪法第 89 条的规定，行使决定驻外全权代表的任免、决定同外国缔结的条约和重要协定的批准和废除的权力。此外，根据宪法和缔结条约程序法的规定，中华人民共和国主席根据全国人民代表大会常务委员会的决定，批准和废除同外国缔结的条约和重要协定。中华人民共和国外交部在国务院领导下管理同外国缔结条约和协定的具体事务。根据宪法第 81 条的规定，中华人民共和国主席代表中华人民共和国，进行国事活动，接受外国使节；根据全国人民代表大会常务委员会的决定，派遣和召回驻外全权代表，批准和废除同外国缔结的条约和重要协定。可见，外交行为的主体也不仅仅是国务院或者外交部，还包括全国人大常委会和国家主席。

三是涉及国家重大利益的重大行为。立法者认为，除了国防和外交行为之外，还有一些涉及国家重大利益的重大行为。例如，根据宪法第 89 条的规定，国务院有权决定依照法律规定决定省、自治区、直辖市的范围内部分地区进入紧急状态的行为，法院也不受理。[1] 根据宪法第 80

---

[1] 胡康生主编：《行政诉讼法释义》，北京师范学院出版社 1989 年版，第 27 页。

条的规定，中华人民共和国主席根据全国人民代表大会的决定和全国人民代表大会常务委员会的决定，宣布进入紧急状态。

上述政府行为因其较为强烈的主权性、政治性而免于赔偿，但是不等于政府行为造成损害的，就无法获得解决了。在司法实践中，这种行为一般涉及的较为政治性的影响，对于具体的公民、法人或者其他组织的影响极小。如果政府行为造成损害的，应当通过补偿途径予以救济。

值得注意的是，少数国家已经完全抛弃了国家主权豁免原则，几乎对所有国家的活动承担责任。例如，在俄罗斯，除了立法赔偿、行政赔偿和司法赔偿之外，国家从事诸如使用交通工具、原子能、爆炸物、从事建筑和其他与建筑有关的活动等对周围环境有高度危险的活动致人损害时，国家也承担赔偿责任。

第三节　关于若干特殊领域的国家赔偿责任

本节拟针对公有公共设施赔偿、军事赔偿、特殊公务行为的国家赔偿责任作一探讨。

一、公有公共设施的国家赔偿

在行政法学上，有所谓行政手段之说。比如，行政行为是行为的手段，行政主体是人的手段，行政公产是物的手段等等。无论何种手段，都是公权力机关实现国家管理的手段。从这个意义上讲，国家赔偿责任，既可能因"人"而生，也可能因"物"而生。对于国家机关和国家工作人员由于行使职权而侵犯公民、法人或者其他组织合法权益造成损害的，国家应当对因"人"产生的损害承担赔偿责任；对于因公有公共设施的设置或者管理的瑕疵造成的损害，国家应当对因"物"产生的损害承担国家赔偿责任。公有公共设施的国家赔偿是指因公有公共设施的设置或者管理的缺陷而产生的国家赔偿责任。

（一）域外关于公有公共设施赔偿的基本情况

1. 法国。

法国没有"公有公共设施"的概念，类似的概念主要是"公产"或者"公共工程"。

法国的公产一般包括公众直接使用的公产和公务用公产。前者是指公众直接利用的公产，例如道路、桥梁和公园等；后者是服务于公务目的的公产，例如博物馆等。这两种公产在很多情况下不易区别。对于由于公产设置或者管理瑕疵导致的损害，主要考虑公产使用者是基于私法上的地位还是公法上的地位。如果是私法上的地位，诉讼由普通法院管辖；如果是公法上的地位，诉讼由行政法院管辖。例如，在法国，高速公路的特许建筑商和使用人之间的关系是一种法律规定的客观地位，而非一种处于私法地位的合同关系。

广义上的公共工程除了包括公共工程活动外，还包括公共工程的结果即公共建筑物。法国的公共工程建筑物的赔偿制度完全是行政法院的产物，法律并未作出专门规定。法国将国家机关的行为划分为权力行为、管理行为和统治行为。在管理行为中，由于执行公务、公共财产管理、国立学校、医院、公路造成的危险责任，判例承认国家赔偿。公共工程的损害是指一切和公共工程以及公共建筑物有联系的损害而言。行政法院的判例不要求这种联系非常密切，无论是永久性的损害还是偶然性的损害，都可称为公共工程的损害。以下情形属于公共工程赔偿范围：事实公共工程而产生的损害；行政主体有实施公共工程的义务而不实施所产生的损害；由于建筑物的存在所产生的损害；公共建筑物缺乏正常维修所产生的损害；公共建筑物的许可所产生的损害。

此外，法国对于人和物的结合体也在类似公共设施的赔偿中研究。法国对于公立医院的医疗行为的国家赔偿责任，经历了一个不断发展变化的过程。第一个阶段是重大过失赔偿阶段。即，在一般情况下适用行政法，但需要有重大过失。1935年，最高行政法院对公立医院医疗行为的赔偿提出了一项规则：只有在临床医疗和外科手术方面的重大过失，才能追究公立医院的赔偿责任；反之，如果是普通医疗和关于公立医院组织和功能方面的一切过失，都属于简单过失（或者轻微过失），不能追究公立医院的赔偿责任。第二个阶段是简单过失赔偿阶段。最高行政法院认为，在特定情况下，简单过失也足以构成国家赔偿责任。例如，1992 年 4 月 10 日的 V. 夫妇案、1997 年 2 月 14 日的尼斯 C. H. R. 案判决、1997 年 6 月 27 日的圭约特夫人案判决、2000 年 1 月 5 日的泰勒案、2003 年 3 月 19 日的卡昂（Caen）案判决。第三阶段是特定公立医疗机构的无过失赔偿阶段。一般来说，对于急救援助机构等特定医疗机构的医疗行为，只有在存在重大过失时才追究责任。最高行政法院近期的一些判例表明，有些案件在医疗机构没有过失的情况下亦可追究责任。例如，1993 年 4 月 9 日的比昂希案判决、1997 年 6 月 20 日的 Theux 案判决、1997 年 11 月 3 日关于施行宗教割礼意外失去知觉的 Joseph-Imbert 案判决、2000 年 10 月 27 日的 Seclin 中心医院案判决。此外，根据 1991 年 12 月 31 日法律规定，国家对因输血和使用血液衍生制品感染艾滋病毒的受害者，承担赔偿责任。对于医疗机构所用医疗器械、物品等失效、无效造成的损失，亦得允许提起国家赔偿请求。

2. 德国。

德国 1981 年《国家赔偿法》草案第 1 条规定，国家对其因技术性设施的故障所产生的侵权行为，应当负赔偿责任；因违反对街道、土地、领水、违章建筑物的交通安全义务所造成的损害，国家应当承担赔偿责任。对于邮政、铁路等非公法义务，由国家依据民法承担赔偿责任。由于《国家赔偿法》因违宪被判失效，德国的公有公共设施赔偿一般按照民法的规定处理。

3. 奥地利。

奥地利《国家赔偿法》第 1 条规定，联邦、各邦、县市、乡镇及其他公法上团体和社会保险机构于该官署之机构执行法令故意或者过失违法侵害他人财产或者人格权时，依照民法的规定由官署承担损害赔偿责任；机构不负损害赔偿责任。这里的"社会保险机构"的含义应当结合该国宪法第 23 条关于"联邦、各邦、区、乡镇及其他公法上团体与公法上的营造物"来理解。也就是说，这里的"社会保险机构"（亦有译为福利营建机构者）实际上是指公法上的营造物，是指依照各种公法的规定组成的社会保险组织，包括人和物的组织体，属于公法上最为重要的营造物，亦属于公共设施的一种。因公共设施设置或者管理瑕疵导致的损害，可以由国家承担赔偿责任。

4. 日本。

日本《国家赔偿法》第 2 条明确规定了公有公共设施的国家赔偿责任。该条规定："基于公共营造物设置管理瑕疵之损害赔偿责任，①因道路、河川或者其他公共营造物之设置或管理有瑕疵，致使他人受损害时，国家或公共团体，对此应负赔偿责任。②前项情形，如就损害之原因，别有应负责之人时，国家或公共团体，对之有求偿权。"

在日本，公共营造物是指道路、河川、飞机场、港湾、桥梁、堤防、水道、下水道、机关办公处所、国立和公立学校、医院等为公共目的使用的有体物，不包括无体财产和人的设施在内。这个范围与日本行政法上固有的"营造物"的概念不尽相同；同时也比日本民法第 117 条规定的"土地工作物"广泛。通说认为，动产应当包括在公共营造物范围之内，故凡供公共使用的汽车、飞机、船舶、手枪、电动枪、割除机、警犬等均属于公共营造物的范围。同时，行政主体所使用的办公处所或者公务员的宿舍等，因供国家或者公共团体本身使用，也包含在公共营造物之内。至于营造物的所有权归属如何则在所不问。对于湖泊、海洋等自然公物是否属于公共营造物，主要是看是否经过了人为加工。例如，高松高等法院在 1973 年 12 月 21 日的判决中认为，自然公物本身不是公共营造物，只要对自然公物附加了人工设施，就属于公共营造物。

所谓瑕疵，是指公共营造物欠缺通常应当具备的性质，也就是说，欠缺本来应该有的安全状态。瑕疵分为设置上的瑕疵和管理上的瑕疵。前者是指设计不周，材料粗劣等不完全的情形；后者是指设置后的维持、修缮或者保管不完全的情形。对于"瑕疵"的判断，主要有三种观点：

一是客观说。客观说认为，公共营造物设置和管理的瑕疵，是指公共营造物的构造、性质等物理状态有缺陷。至于瑕疵发生的原因，是人为还是自然造成的，或者瑕疵对于结果是否唯一原因，在所不问，也不论自然力是近因（例如地震、风雨）或者被害人的行为是近因。二是主观说。主观说认为，负责管理公共营造物的公务员没有履行维护公共营造物所必需的作为或者不作为义务时才产生设置管理的瑕疵。三是折中说。折中说认为瑕疵不仅限于物理上的缺陷，还包括管理者违背其安全管理的义务。日本学术界，通常采客观说，即凡是客观上因营造物的设置或者管理的瑕疵造成的损害，不问设置者是否尽到注意义务，国家或者公共团体均应当承担赔偿责任。但是，遇有不可抗力的情况下，学说和判例均认为国家或者公共团体不承担赔偿责任，理由是这种情况已经超出了常人能力所及范围。①

在日本，明治时代的大部分判例，均对于因河川或者道路工程造成的损害，以其属于权力作用或者公法行为为理由，否定国家赔偿责任。判例中最早确立国家对公共营造物的赔偿责任是"德岛游动原木"事件。大正时期（1912—1926 年），德岛小学游动圆木腐朽，致使学生坠落死亡。日本大审院认为，国家对营造物的占有，纯粹为私法上的占有，其占有与私人的占有处于平等地位，因此应当类推适用民法第 717 条的规定，即该损害系公共营造物之设置和管理的瑕疵所造成，应当承担赔偿责任。这一判例确立了日本对公共营造物的国家赔偿责任。② 该国《国家赔偿法》第 2 条有关公共营造物的规定即是依照该判例发展而成。

5. 韩国。

韩国的《国家赔偿法》受日本影响很大，其《国家赔偿法》渊源于日本昭和二十二年的《国家赔偿法》，相异处较少。该国的《国家赔偿法》第 5 条规定，因道路、河川及其他公共营造物的设置或者管理有瑕

---

① 参见林准、马原主编，梁书文、江必新副主编《外国国家赔偿制度》，人民法院出版社 1992 年版，第 146–147 页。

② 林准、马原主编，梁书文、江必新副主编：《外国国家赔偿制度》，人民法院出版社 1992 年版，第 140 页。

疵，致他人发生损害的，国家或者地方自治团体应当承担赔偿责任。此种情形，致他人生命或者身体受损害时，依第 3 条的标准赔偿。这种责任基本上是一种危险责任。

在韩国，公共营造物是指为实现直接公共目的而提供的有体物及能够管理的自然力。这个范围比日本的公共营造物的概念要大。韩国最高法院在 1995 年 1 月 24 日的判决中称："国家赔偿法第 5 条第 1 款所说的公共营造物是指由国家或地方自治团体提供的，用于特定的公共目的的有体物或物资设备。而所谓的用于特定公共目的之物，不仅包括提供于一般公众自由使用的公共物品，也包括提供于行政主体自己使用的公共物品；不仅包括国家或地方自治团体基于所有权、借贷权及其他权限进行管理的情形，也包括事实上进行管理的情形。"

关于瑕疵，与日本类似，在韩国也有三种观点：第一种观点是主观说。主观说认为，只有在公共营造物的管理主体怠于履行安全义务或者防止事故义务的情形下，才承担国家赔偿责任。理由主要是：法律条文表述为"公共营造物的设置或者管理上的瑕疵"，因此应当将瑕疵理解为公共营造物自身缺乏安全性更为恰当；将瑕疵解释为违反义务，并与规则事由联系，为不法行为的统一解释提供明确的含义；将管理者违反管理义务客观化，能够合理限制国家赔偿法第 5 条的适用范围。这种观点主要认为，国家赔偿责任是否成立应当考虑管理者是否违反了注意义务，难以达到对被害人的充分救济。第二种观点是客观说。客观说认为，瑕疵是指公共营造物本身欠缺应当具备的客观上的安全性，无需考虑管理者有无注意义务等客观因素。这种观点的理由主要是公共营造物的赔偿是一种无过失的赔偿。第三种观点是折中说。折中说认为，对瑕疵的判断，除了要考虑公共营造物本身的物理缺陷外，还应当考虑管理者是否违反了安全管理义务。根据这种学说，即便是发生了公共营造物本身的物理缺陷致人伤害，如果不能认定管理者违反了确保安全义务，仍然不能追究其赔偿责任。这种观点的主要意图是防止国家赔偿责任的过分扩张。[①]

[①] 转引自吴东镐《中韩国家赔偿制度比较研究——从借鉴的视角》，法律出版社 2008 年版，第 44 页。

客观说为韩国学界的通说。韩国的最高法院判例认为，公共营造物的瑕疵是指公共营造物本身缺乏应具备的安全性。即，是否存在瑕疵主要依据公共营造物的安全性。当然，有关财政状况还可以作为衡量安全性程度的参考因素，但是不能作为决定安全性的绝对条件。

6. 英国。

在英国，英国的《王权诉讼法》并未对公有公共设施的国家赔偿作出明确的规定，但是承认中央政府对财产的所有、占有和控制的危险责任。[①] 英王政府依照《王权诉讼法》承担普通法上财产所有人、占有人就该财产对第三人所造成的损害的赔偿责任。例如，英王的建筑物对周围环境或者使用人所造成的损害，以及英王的危险物品致害，英王必须承担侵权责任。早在1866年，上议院在默西码头和海港管理局诉吉布斯（Mersey Docks and Harbour Board Trustees v. Gibbs）一案中就确立了公有公共设施的赔偿责任。该案为吉布斯满载鸟粪的商船由于海港职员的疏忽未清理一个码头入口处的泥堆，因而受伤要求赔偿。海港管理局的辩护主张该局为一公法人，为了公共利益经法律授权进行管理，非从事商业活动。上议院判决认为要求公共机构在行使权力时遵守合理的注意义务。[②] 这一判例也确立了公有公共设施致害过失责任原则。

在司法实务中，类似公有公共设施的案例主要是：对于教育设施致害案件，主要是看学校和教师的教导管理行为是否存在过失，或者通过对学校设施本身安全性进行判断；对于医疗设施造成伤亡的，主要考察医疗行为有无过失；浴场、游乐场所和一般的公共设施，主要看管理是否妥当，是否注意周围环境、使用者年龄与特性、危险是否已经预知、是否经常性发生事故还是偶发性发生事故，如果属于充分注意，属于特殊的无法预知情况的，国家不承担责任。

对于道路交通设备设置上的瑕疵或者过失，国家应当承担赔偿责任。

[①] 王名扬：《英国行政法》，中国政法大学出版社1988年版，第221页。
[②] 转引自王名扬《英国行政法》，中国政法大学出版社1988年版，第219页；胡建淼主编：《外国行政法规与案例评述》，第452页。

对于不作为的行为,例如不修补路面导致损害的,国家不承担责任;对于管理上的不法行为,例如随意堆放砂石,未设置警告标志或者栅栏的,国家应当承担赔偿责任;对于在道路上违法设置障碍物的,国家应当承担赔偿责任。对于港口警戒浮标设置不当、或者领航人员的过失导致船舶受损、机场设施未注意到场地安全和障碍物的清除,致使飞机着陆时发生危险,都应当承担国家赔偿责任。①

按照1961年英国制定的高速公路法,对于公路的瑕疵、过失或者不作为造成的损害,均承担赔偿责任。但是,在司法实践中,法院一般不仅仅依据道路管理者的注意义务来判决其承担赔偿责任。在1996年的Stovin v Wise一案中,受害人认为公路当局应当清除在某一危险路口设置的限制了视野路堤,而公路当局没有这样做,导致了受害人损失。上议院以3:2的比例认为,确立公路当局的注意义务必须满足两个条件:一是从公法角度看,如果不行使该权力没有任何道理;二是立法者通常认为在当局没有正确行使权力时,受害人可以起诉。可是,受害人不满足任何一个条件。上议院还有两名法官则认为,公路当局既然知道危险的存在,就应当对公路的使用者拥有通过行使其权力消除危险的注意义务。② 在2004年的一个案件(Gorringe v Calderdale)中,受害人因道路能见度差和路标不清突然刹车导致所驾驶的汽车驶向另一方导致迎面的大巴撞上并受重伤。上议院认为,虽然为了保护公共利益,公共机关应当采取措施提高道路的安全性,但是这并不等于创设了私法上的义务。相反,在道路交通事故中,道路使用者几乎不可避免地存在过错,因此,受害人无法获得赔偿。③ 可见,英国对于公共设施管理者的"法定义务"采取了较为严格的解释,这导致了极少有人通过起诉道路管理部门获得国家赔偿。

---

① 转引自(台)曹竞辉《国家赔偿立法与案例研究》,三民书局1988年版,第143页。
② 张越编著:《英国行政法》,中国政法大学出版社2004年版,第772页。
③ [英]彼得·莱兰、戈登·安东尼著:《英国行政法教科书》,杨伟东译,北京大学出版社2007年版,第575页。延伸阅读亦可参见[英]威廉·韦德著:《行政法》,徐炳等译,中国大百科全书出版社1997年版,第463–466页。

7. 美国。

美国的国家赔偿责任制度是以过失责任为基础的。从美国联邦司法法第 260 条和众多的免责条款来看，国家是承担因国家供给的设施不当，欠缺安全性的损害赔偿责任的。例如：1. 未在灌溉运河上的桥梁设置护栏，致使被害人掉入水中溺死；2. 联邦政府为浚掘河道，致使河岸上码头下陷，码头上的货物因此受损；3. 管理人疏忽未在航行水闸上燃灯，致使航行者溺毙；4. 在交叉水道上设置暗桩，事后未及时移去或警告航行者，造成损害；5. 设置施毒装置以消灭山狗，而未对来往人群提出警告，致使路人遭受人身损害；6. 兴建公路有瑕疵，致使人民权利受损；7. 邮局进口楼梯未设栏杆，致人摔伤；8. 军用飞机失控在地面撞毁，机身铝片击中被害人；9. 联邦政府将土地租与他人作娱乐场，对该地面仍有控制权，致使游客溺毙；10. 对公路的建筑或者维护不当，如无完备的排水系统，路面结冰致使车辆滑行倾覆，造成伤亡者；11. 对灯塔的电力系统，照明设备未尽灯塔管制义务，未提醒船只注意，致使货轮航行搁浅受损；12. 国营仓库受寄货物，因管理上的过失，致使该货物受损；13. 联邦政府因过失使某机场设施不良，经常发生空难事件，致使居于附近某一居民心脏病加剧等。美国法院对于高速公路、一般道路、桥、步道等类交通设施的缺陷所造成的损害，确认有国家赔偿责任。国家对此类设施的设置、维持、修缮负有合理注意的义务。至于道路上有多少缺陷才承担国家赔偿责任，各州的规定并不一致。绝大多数的法院认为，对于不知道的缺陷，依照周围状况进行判断，如果一般人可以防止竟然没有注意，国家可以免于国家赔偿责任，否则，即便是小缺陷也应当承担国家赔偿责任。[1]

8. 新加坡。

新加坡没有专门的国家赔偿法。依照该国宪法第 21 条的规定，政府得起诉或被诉的规定，该国 1965 年 2 月 25 日颁布的《政府诉讼法》第 7

---

[1] 林准、马原主编，梁书文、江必新副主编：《国家赔偿问题研究》，人民法院出版社 1992 年版，第 112—113 页。

条规定:"(一)纵本法其他法条有相反之规定,除政府有违背契约之情形外,不得以政府或其公务员,于执行公务时之作为或不作为或拒绝作为,对政府提起诉讼。(二)第一项所谓之执行公务,系指下列各款之情形而言:1.铁路、公路、马车路或桥梁等兴建、维护、改良及废弃。2.学校及医院或其他公共建筑之兴建、维护及废弃。3.排水、防洪及新生地等工程之兴建、维护及废弃。4.河流及水道之维护、改道及废弃。(三)本条规定,不妨害因政府执行公务、从事兴建或维护工程所为过失或不法侵害之行为,得提起损害赔偿诉讼。"《政府诉讼法》第7条第(二)项的内容,即是该国公有公共设施国家赔偿责任。

9. 我国台湾地区。

我国台湾地区的"国家赔偿法"第3条第一项规定:"公有之公共设施因设置或管理有欠缺,致人民之生命、身体或财产受损害者,国家应负损害赔偿责任。"我国台湾地区的学者一般认为,"国家"承担公有公共设施赔偿责任,应当具备以下条件:必须是公有公共设施,例如公路、铁路、河川等;必须在设置或者管理上有欠缺;必须有人民的生命、身体或者财产受损害的事实;设置或者管理的欠缺与损害之间存在因果关系。

从各个国家和地区的一般做法来看,对于公有公共设施赔偿,重在对物的设备,并不包括人的设施或者人的机构在内。所为公有公共设施的设置或者管理有欠缺是指公有公共设施的"物"本身有瑕疵而言。对于学校的公有公共设施的管理,仅指学校的建筑物或者其他设备的管理而言,并不包括学校和教师的关系,学校和学生的关系等。在相当多的国家里,公立学校的活动被视为政府活动,尽管这种活动与私立学校很相似。在美国和澳大利亚,学校对侵权不负责任。在联邦德国、奥地利、瑞士和日本则适用特殊国家责任规则;在法国则与私立学校适用相同的民法规则。再比如,对于公立的精神医院,即便没有设置足够的护士看护病人,致使精神病人将其他病人杀死,亦不属于国家赔偿法上的公有公共设施赔偿。实际上,公立医院的侵权和医院的侵权几乎没有什么不同,但仍有相当一部分国家将公立医院的活动当作行使公权力。以前,在美国、印度、英国和意大利，公立医院享受一定程度的豁免。但最近的发展已经出现了积极的变化，至少是地方机构要承担责任。例如，在美国，联邦医院因实施错误的医疗行为，导致患者病情恶化受到损害的，国家承担赔偿责任。爱尔兰政府于2001年对3年前发生的大规模血液污染事件也作出了赔偿决定，政府允诺向因"使用不洁血液制品"而感染肝炎或者艾滋病的患者支付足够的赔偿金。瑞士法律认为公立医院的医疗活动属于"政府活动"，适用特殊国家责任。联邦德国对公立医院的赔偿也适用国家赔偿原则。[①] 而在斯堪的纳维亚、日本等国，一般适用民法普通规则。

即便是在道路维修这样传统的公有公共设施赔偿的研究领域，争论也无所不在。因道路的建设和维修引起的责任问题非常混乱。有些国家认为，这些活动与私人实施的活动相似，甚至认为这些活动是与其他经济性质的活动相似的私人活动。而在另一些国家，这些活动则被当作受公法支配的政府职能。例如，联邦德国法院对道路维修适用私法规则，但又认为清扫道路和铲除道路上的冰雪是公共职能，因为这是由公法规定的。对于这个问题的另一种观点认为，这种活动是国家从事公共服务而不是营利的商业活动。在这个领域中必须要区分两种不同的损害：一是对相邻不动产主造成的损害，一是道路利用者遭受的损害。对第一种损害的赔偿并不考虑过错，甚至不考虑违反法律问题（法国法、联邦德国法中的某些情形），第二种是特别责任的一种形式。权威性的观点是：道路维修是一项政府职能，受国家责任的特殊规则支配。这是法国法的情况。这里的责任在多数情况下是绝对的或严格的，也就是说个人过错

[①] 例如，在1953年2月19日的一个判决中，法院允许给一个由于防治天花注射牛痘疫苗而致终身残疾的妇女予以赔偿。法院根据1794年普鲁士法典第75条和习惯法认为，从公民和国家以及宪法对公民固有的权利保障的关系来看，为了公共利益所采取的行为对个人造成损害的应当由公众来承担，而不应当由个人来承担。在另外一个案件中，原告由于身患梅毒依照法律规定不得不做手术结果导致双腿瘫痪，法院根据上述天花案件认为，为了社会的利益个人作出的牺牲必须由国家给个人以赔偿的方式向整个社会公平地分担此损失。即便原告同意做手术对这一原则也没有影响，因为他是按照法律的要求进行手术的。同样道理，由国家有关当局强制送入精神病院的患者，在治疗期间被其他精神病患者致伤的，该患者有权得到国家赔偿。

并不是必要的。但是，不履行职责的责任有时也被比利时法院否定，其理由是活动中作出决定属于有关国家机构的自由裁量权范围。奥地利适用的是特别规则，但这些规则到底属公法性质还是私法性质仍很含混。瑞士法得出了二元结论：职责由公法规定，责任由私法规定。比利时的情况也与之相似。

总体而言，公有公共设施赔偿作为国家赔偿的一个重要组成部分，已经逐步在各国（地区）确立。无论是大陆法系国家还是英美法系国家，都对这种赔偿和民事赔偿作了明显的区别。在归责原则上，大多数国家和地区都采取了无过失责任原则或者客观归责原则。对于因公有公共设施赔偿的范围也逐步加以扩大，增加其适用机会，免责规定日益减少，这是一个共同的倾向和趋势。

（二）制定《国家赔偿法》时关于公有公共设施赔偿的讨论

行政诉讼法颁布之后，有关公有公共设施赔偿的问题就已经在学界展开了讨论。在制定《国家赔偿法》时，关于道路、河川、桥梁、纪念馆、博物馆、煤电水等国有公共设施因设置或者管理造成的损害，是否属于国家赔偿范围产生了较大争议。最早的提法是"国有公共设施"而非"公有公共设施"，其理由主要是根据我国现行体制，"公有"是一个复合概念，包括国家所有和劳动群众集体所有，对于后者并不属于国家赔偿范畴，应当限制在"国有公共设施"为宜。[①] 有的学者认为，对于国有道路或者其他公共设施因管理瑕疵造成人身权、财产权损害的，应当由受委托管理的国家机关或者公共团体对受害人承担赔偿责任。[②] 亦有学者认为，只有将公有公共设施赔偿纳入到国家赔偿范围，这样才能体现社会主义国家对人民生命、财产的全面保护。监狱公有公共设施致人损害的特殊性，应当采无过失责任原则，即除了不可抗力这一免责事由外，无论国家机关或者其工作人员是否有过错，只要公有公共设施因自身瑕

[①] 温世阳：《国有公共设施致害与国家赔偿》。
[②] 梁慧星：《道路管理瑕疵的赔偿责任》，载《法学研究》1991年第5期。

疵致人损害的，国家应当承担赔偿责任。[1]

有的学者提出反对意见认为，我国的公有公共设施为国家所有，由国家授权的机构管理，但是目前这些管理机构的设置和管理情况比较复杂，特别是一些管理机构成了自主经营、自负盈亏、独立核算的法人，因此，公有公共设施的问题没有纳入到国家赔偿的范围，受害人对由此造成的损害，可以依照《民法通则》的有关规定，向负责管理的企业、事业单位请求赔偿。[2] 最后，立法者最终采纳了后一种观点。也有的学者对此作了进一步的分析，之所以没有规定公有公共设施赔偿主要是因为以下四点理由：

第一，我国在立法和审判中的做法是由公有公共设施的经营管理单位赔偿或者通过保险渠道赔偿，而不是由国家赔偿。对于邮政企业的赔偿，根据《邮政法》第32条的规定，由邮政企业进行赔偿；对于铁路、航空等发生运输事故的，按照《铁路旅客意外伤害强制保险条例》，通过保险渠道解决；医疗事故的赔偿根据《医疗事故处理办法》第18条的规定，由医疗单位向病员或者亲属赔偿；关于道路、桥梁等公有公共设施的赔偿，根据《民法通则》第125条、第126条，由管理这些设施的企事业单位或者机关从自有资金中支付。

第二，国家要集中财力解决权力行为赔偿问题，但是在支付公有公共设施方面所需的巨大的赔偿费用方面，确有困难。我国社会主义经济制度的基础是社会主义公有制，即全民所有制和集体所有制，而铁路、公路、航空、桥梁、医院等公有公共设施绝大部分是由全民所有制的企事业单位管理，如果因此而造成的赔偿全部适用国家赔偿，作为一个发展中的社会主义国家是难以承受的。我国台湾地区1982年至1986年的统

---

[1] 杨明成：《关于行政赔偿的立法建议》，载《现代法学》1993年第2期。
[2] 胡康生主编，全国人大常委会法制工作委员会民法室编著：《〈中华人民共和国国家赔偿法〉释义》，法律出版社1994年版，第9页。另可参见全国人大常委会法制工作委员会副主任胡康生：《关于〈中华人民共和国国家赔偿法（草案）〉的说明——1993年10月22日在第八届全国人民代表大会常务委员会第四次会议上》的介绍："关于邮电、医院等国有企业、事业单位，桥梁、道路等国有公共设施，因设置、管理欠缺发生的赔偿问题，不属违法行使职权的问题，不纳入国家赔偿的范围。受害人可以依照民法通则等有关规定，向负责管理的企业、事业单位请求赔偿。"

计说明，公有公共设施赔偿费用在国家赔偿中的比重较大。其间，公有公共设施赔偿案件为 17 件，占总数的 71%，赔偿金额为 89 万元，是权力行为赔偿费用的 3.5 倍。我国行政赔偿的当务之急是约束行政权力的行使，解决违法行使权力的赔偿问题，不多的钱应当花在刀刃上，不能分散使用。按照台湾地区的比例，我们就难以承受，因为我国内地的设施绝大部分为公有，这种赔偿在总金额中的绝对数和所占比例可能更为巨大。

第三，使用这些公有公共设施的国有企事业单位和国家机关已经逐步具有了赔偿能力。使用这些公共设施的国有企业，依照《全民所有制工业企业转换经营条例》第 2 条的规定，应当逐步成为依法自主经营、自负盈亏、自我发展、自我约束的真正的企业法人。为了能使他们成为独立承担责任的法人，国家已经进行了一系列的改革。如果将企业的盈余归己，损失仍然由国家承担，那就不如不搞市场经济，不实行市场制度，仍旧由国家统收统支，实行计划经济。使用这些公共设施的国有事业单位许多已经成为自主经营自负盈亏的事业单位法人，为了建立真正的法人制度，也应当由他们自己承担责任。管理公共设施的国家机关也在利用这些设施创收，如地方自建桥梁向过往车辆收费，参观人民大会堂也收费，赚钱归自己，赔偿归国家，恐怕也不公平。

第四，这类赔偿纠纷适用民法和特别法解决而不适用国家赔偿法，对受害人有利。因为对生命健康权的损害，国家赔偿有最高额的限制，而适用民法和特别法则无此限制。①

(三) 在修订《国家赔偿法》时有关公有公共设施赔偿的讨论

在《国家赔偿法》制定之前，就有一些公有公共设施致害赔偿的案例。例如，在"王烈凤诉千阳县公路管理段人身损害赔偿"一案中，法院适用《民法通则》的规定进行了处理。本案的基本案情是：1988 年 7 月 15 日下午 6 时许，原告王烈凤之夫马学智下班后骑自行车回家，行至

---

① 肖峋：《中华人民共和国国家赔偿法的理论与实用指南》，中国民主法制出版社 1994 年版，第 131－134 页。

千阳县电力局门前的公路时，突遇大风把公路旁的护路树吹断。马学智躲避不及，被断树砸中头部，当即倒地昏迷，所骑自行车也被砸坏。马学智被同行的雷书学等人送往医院，经抢救无效死亡。法院查明，这段公路及路旁树木属千阳县公路管理段管辖。路旁树木因受黄斑星天牛危害，有虫株率达79%，部分树木枯死已3年之久。经千阳县公路管理段逐级向上请示，陕西省公路局批准，由宝鸡公路管理总段给千阳县公路管理段下达了采伐路旁虫害护路树的文件。由于被告对采伐枯树一事未采取任何积极措施，致使发生上述事故。千阳县人民法院认为：参照交通部《公路养护管理暂行规定》，公路两旁的护路树属公路设施。千阳县公路管理段对这段公路及路旁护路树负有管理及保护的责任，护路树被虫害蛀朽已3年之久，直接威胁着公路上车辆行人的安全。在上级批文决定采伐更新的1年多时间内，千阳县公路管理段不履行自己的职责，导致危害结果发生，是有过错的。依照《中华人民共和国民法通则》第126条关于"建筑物或者其他设施以及建筑物上的搁置物、悬挂物发生倒塌、脱落、坠落造成他人损害的，它的所有人或者管理人应当承担民事责任，但能够证明自己没有过错的除外"的规定，千阳县公路管理段对马学智的死亡提不出自己没有过错的证明，应当承担民事责任。依照《民法通则》第119条的规定判决：被告千阳县公路管理段赔偿原告王烈凤生活费7020元，丧葬费500元。[①] 这个案例公布后，引发了大量的讨论，有相当多的学者认为，国有公共设施赔偿属于行政赔偿的一种，不应当按照《民法通则》关于建筑物危险责任的规定来处理，而应当根据行政诉讼法的规定和国家赔偿法原理来处理。[②] 还有一些学者则认为，此种赔偿属于国家赔偿范畴，但是应当适用民事诉讼程序，而不适用行政诉讼程序。[③]

当然，该案是在《国家赔偿法》之前发生的，适用了《民法通则》

[①] 《最高人民法院公报》1990年第2期。
[②] 杨立新、尹艳：《论国有公共设施设置及管理欠缺致害的行政赔偿责任》，载《中央政法管理干部学院》1994年第1期。
[③] 梁慧星：《道路管理瑕疵的赔偿问题》，载《法学研究》1991年第5期。

的规定。当然，一般的观点认为，在适用《民法通则》第126条解决公有公共设施赔偿问题实在是勉为其难，该条主要存在以下不足：一是该条规定的范围仅仅限于"建筑物或者其他设施以及建筑物上的搁置物、悬挂物"，不能涵盖所有的公有公共设施的实际形态。二是该条规定适用的是特殊的过错责任原则。过错责任原则一方面可能会加重受害人对致害原因的举证责任，另一方面如果设置和管理者证明其已经尽安全维护义务，则可免责，就会导致受害人的损失无法获得救济。

一般的观点认为，公有公共设施赔偿与《民法通则》规定的建筑物责任存在较大的区别，两者不能混为一谈。主要区别是：一是两者的适用对象不同。公有公共设施赔偿的适用对象是公有公共设施。这种设施可能是建筑物、搁置物、悬挂物，还可能是道路、桥梁、河道、码头、堤坝等。只有在公有公共设施的设置或者管理有瑕疵的情况下才能引起国家赔偿责任。民法上的建筑物责任主要包括了三种责任：建筑物发生倒塌、脱落；建筑物上的搁置物、悬挂物发生脱落、坠落；其他设施发生倒塌、脱落。二是两者的责任主体不同。公有公共设施赔偿的责任主体是设置或者管理公有公共设施的国家机关或者其他公共团体。建筑物责任的主体是建筑物及其他设施的所有人或者管理人。三是两者的理论根据不同。公有公共设施赔偿的理论依据是"公共负担人人平等"理论，国家处于公共的目的，设置或者管理公有公共设施，为社会公众提供服务，如果公有公共设施造成损害，国家就应当予以赔偿实现公共负担平等。建筑物赔偿则是根据报偿理论和危险责任理论。前者是指利益享受者负担建筑物所产生的损害；后者是指如果建筑物本身是产生危险的原因，应当由其所有人承担责任。四是两者的归责原则不同。公有公共设施赔偿责任采取无过失责任原则，只要是公有公共设施由于设置或者管理瑕疵造成损害的，公有公共设施所有人或者管理人就应当承担赔偿责任，而不论其有无过错。而根据我国《民法通则》的规定，建筑物责任则是采取过错推定责任原则，根据过错推定原则，如果被告通过举证责任证明其已经尽了相当注意义务的，则可免除赔偿责任。

《国家赔偿法》颁布之后，一个引起较大争议的案件是"綦江彩虹桥"案。该案的主要事实是：1994年8月，重庆市綦江县政府决定在綦江上架设一座人行桥，作为连接新旧城区的人行通道，工程于1996年2月竣工，同年3月投入使用。1999年1月4日，该桥突然整体垮塌，造成40人死亡，14人受伤的严重后果。在有关责任人员被追究刑事责任以后，受害人家属要求綦江县政府承担赔偿责任。綦江县政府认为，彩虹桥事故是由于建筑物质量问题垮塌造成的，属于民事侵权范畴，应当根据《民法通则》的有关规定处理。学术界则认为，该案件属于公有公共设施设置和管理瑕疵造成的损害，应当按照《国家赔偿法》来处理。由于《国家赔偿法》明确排除了公有公共设施赔偿，该案最后没有经过国家赔偿程序，而是由县财政出资对死难者进行了赔偿。

另外一个引起较大争议的案件是南京江宁县东山镇副业公司与南京机场高速公路管理处赔偿纠纷案。该案的基本事实是：1997年9月28日，副业公司驾驶员孙某缴纳公路管理费后驶入南京机场高速公路，途中因避让前方一捆塑料编织布撞上护栏，造成1死3伤，车辆严重损坏。该公司提起民事诉讼，认为其因缴费与高速公路管理处形成了合同关系，被告未履行提供安全服务的义务，应当承担违约赔偿责任。被告辩称，本案应当属于行政诉讼案件，且事发当日，已经巡查道路7次，已经尽到安全维护义务，不应当承担赔偿责任。法院判令被告对原告使用高速公路发生车祸遭受的损失承担民事责任，赔偿原告14万余元。对于这个案件，绝大多数的行政法学者认为是典型的行政诉讼案件。亦有人认为，尽管"南京机场高速公路管理处"是具有行政职能的事业单位，但是南京机场高速公路在建设过程中是以贷款的方式建造的，在其运营过程中，不断地以其所得利润还贷，因此，该管理处和其他国有投资公司并没有什么区别，不应当划入公有公共设施的国家赔偿范围，而应当适用一般的民事责任。[①] 此外，由于通过《民法通则》的规定对原告给予了相当的

[①] 宗延军：《论道路管理瑕疵的赔偿责任》，载《法学》2000年第1期；肖进中：《浅析公共设施致害赔偿的法律适用》，载《和田师范专科学校学报》第26卷第4期（2006年6月）。

救济，坊间亦有人主张两种救济途径由原告进行选择。

之后，司法实践中有关公有公共设施瑕疵致人损害的案件不断增加。例如，田华东酒后跌入天池河案①、褚某落石被砸身死案②、赵某建筑物垃圾致死案③、叶某高速公路坠亡案④等。但是，由于《国家赔偿法》没有规定公有公共设施赔偿，最高人民法院的司法解释将其规定在民事司法解释中。最高人民法院制定的《关于审理人身损害赔偿案件适用法律问题若干问题的解释》（2003年12月26日公布，2004年5月1日施行，法释〔2003〕20号）第16条再次重复了道路管理瑕疵致人损害的，适用《民法通则》第126条的规定，由所有人或者管理人承担赔偿责任。但是这一规定仍然引起了极大的争议，法院不同的审判部门对此规定的理解分歧较大，适用的归责原则也各不相同，判决结果各异，仍然亟待进一步的研究成果。

在《国家赔偿法》修订过程中，这一问题又一次被提了出来。有的学者提出，将公有公共设施赔偿排斥在国家赔偿之外不尽合理。主要理由是：第一，国家赔偿责任的核心要素是公权力行为，凡是属于国家运用公权力的活动，无论是行使公权力本身还是与公权力相关的活动，引起的侵权赔偿责任都应当属于国家赔偿责任。公共设施的设置与管理，

---

① 该案的基本案情是：2001年12月5日，田华东和朋友在湖北省五峰土家族自治县一酒店聚饮，后走到五峰镇民族饭店门前人行道边，靠近一个天池河的护栏缺口，失足坠入天池河，经抢救无效死亡。死者家属已经查明，这个天池河是公有公共设施，由县建设与环境保护局兴建，该护栏年久失修，缺口处的缺损时间约7个月。

② 该案的基本案情是：2002年7月25日，褚某乘车到外地开会，车辆在行驶途中，从公路右侧坡上滑下一块几十公斤的石头，致使坐在前排驾驶副座上的褚某被砸死。死者家属以贵州省高级公路管理局和贵州高速公路开发总公司对公路管理不善，对道路两旁山体上的危石未予清理为由，向法院提起民事诉讼。

③ 该案的基本案情是：2004年5月28日，赵某驾驶摩托车沿国道行驶时，撞在路面上一堆建筑垃圾上致伤，后抢救无效死亡，垃圾倾倒者无法查找。死者家属依照《公路法》的有关规定，以某市公路局为被告提起行政诉讼，要求判令公路局赔偿损失。法院认为，公路局作为公路管理机构，负有对公路进行养护并保证公路处于良好的技术状态，公路局未及时履行其法定职责，应当承担赔偿责任。

④ 2004年1月9日，叶某乘坐刘某驾驶的大货车，由衡枣高速公路出口行驶至常宁连接路段时，坠入2.6米深的路基，造成三人当场死亡、一人受伤和车辆报废的特大交通事故。叶某亲属向法院提起行政诉讼，认为该路段设计未达标，交通标志、安全设施欠缺，行驶过程中存在严重事故隐患，请求湖南省高速公路管理局行政行为违法并予以赔偿。

是国家从公务目的出发，为公众提供的服务，属于国家运用公权力的公共事务活动。公共设施的设置与管理者基于法律授权获得职权。这类活动形成的权利义务关系是行政法律关系，而非民事法律关系，对于公共设施设置或者管理所导致的侵权赔偿应当属于国家赔偿，理应由带有浓厚色彩的国家赔偿法来调整。① 第二，将应当属于国家赔偿的事项归于保险公司并不公平。中国的公有公共设施绝大多数属于国家所有，由行政机关有关部门进行管理，如果对其管理不当造成的损害国家不予赔偿而由保险公司承担显然不公平。即便由保险公司赔偿，由于投保人投保险别或者保险金额等原因，将使受害人得不到充分的赔偿。第三，不利于公有公共设施管理机关或者人员增强其责任心，从而有可能降低公有公共设施的质量，引发更多的公有公共设施致害事件。第四，目前，许多公有公共设施采取了 BOT 的方式，在公有公共设施建成至特许经营权期限届满前，也就是由该私营企业管理期间的瑕疵致害责任不明确。排除国家赔偿之后，受害人亦很难得到相应的赔偿。② 第四，从公共设施致害所反映的政府失职角度来看，政府对公共设施存在设置或者管理上的瑕疵，实际上是违法的行政行为，国家应当承担赔偿责任，而违法责任原则强调以"违法行使职权"作为承担国家赔偿责任的前提条件，并因此将公共设施致害引起的损害赔偿问题排除在国家赔偿范围之外，这无异于为国家逃避对公民的赔偿责任提供了合法的借口。③

还有的学者认为，对于公有公共设施赔偿的承担，主要是看该公共设施是否由国家机关设置或者管理。对于并非由国家机关设置或者管理的公共设施，其致害的赔偿问题，应当由民法或者其他特别法（例如铁路法）予以规范和解决，承担赔偿责任的主体应当是管理公共设施的企

---

① 曾兆：《论公有公共设施致害的国家赔偿》，载《法制与社会》2008 年第 2 期；罗英姿、覃维华：《论公共设施致害的国家赔偿问题》，载《贵州民族学院学报》（哲学社会科学版）2008 年第 3 期。

② 吴广海：《浅论道路管理瑕疵引起交通事故的国家赔偿责任》，载《河北法学》1999 年第 5 期。

③ 刘畅：《公物致害纳入国家赔偿的必要性分析》，载《天府新论》2008 年第 6 期。

事业或者通过保险渠道解决；对于确实由国家机关直接管理的公共设施的致害赔偿，或者因国家机关和工作人员的违法行为造成公共设施设置或者管理欠缺造成的损害，则应当纳入到国家赔偿范围。[1] 这种观点实际上是采取了先考虑设置或者管理主体来选择赔偿方式的做法。还有的学者建议根据公共设施的投资主体来决定采取何种赔偿方式。对于国家投资建设的公共设施致人伤害的，应当按照《国家赔偿法》的规定处理；对于私人投资建设的公共设施，首先要求私人投资者承担民事责任，受害人在获得民事赔偿后，如果不能满足其要求的，还可以提起国家赔偿。[2] 当然，仍然有一些学者坚持公有公共设施赔偿应当纳入到民法当中。有学者认为，对于道路、桥梁、隧道等公共设施的设置和管理，属于非权力的公共行政，管理者与使用者的关系并非行政法律关系，道路管理瑕疵是建筑物致害的一种特殊形式，其性质属于民事侵权责任，而不是国家赔偿责任。对于道路等公共设施致人损害的，受害人完全可以依照《民法通则》的有关规定向所有人或者经营管理该设施的人要求赔偿。[3] 这种观点否认了公有公共设施赔偿相对于民事赔偿的特殊性。

最后，由于各方分歧意见较大，对于公有公共设施赔偿问题没有作出修订。那么，这是不是意味着公有公共设施赔偿不属于国家赔偿的范围呢？我们认为，不能这样理解。对于公有公共设施的设置或者管理实际上属于行政机关或者其他行使公共权力组织的法定职责。如果公共设施的使用者在正常使用时因公共设施设置或者管理上的瑕疵受到损害的，其实也是一种行政不作为的体现，完全可以按照行政不作为诉讼的方式进行救济。当然，这并不是说，对于公有公共设施的赔偿只能通过行政赔偿途径，而不能通过民事赔偿途径。实际上，在《国家赔偿法》没有

---

[1] 骆元卡：《中日国家赔偿范围的比较研究》，载《广西右江民族师专学报》第 18 卷第 2 期（2005 年 4 月）。

[2] 李志文、耿岩：《论公用物公法与私法层面上的双重法律限制》，载《暨南学报》（哲学社会版）2007 年第 6 期。

[3] 王利明主编：《人身损害赔偿问题》，中国社会科学出版社 2004 年版，第 525 – 526、743 页。

明确规定公有公共设施赔偿属于国家赔偿还是民事赔偿的情况下,可以由原告进行选择。之所以由原告进行选择,主要是目前的公有公共设施赔偿适用民事赔偿或者国家赔偿都有各自的优势。如果选择国家赔偿,死亡赔偿金以上年度国家职工年平均工资为标准,赔偿标准并无城乡差别,标准相对较高,但是,原告只能就直接损害请求赔偿;如果选择民事赔偿,原告可以就其直接损害和间接损害请求赔偿,但是其死亡赔偿金按照城镇居民人均可支配收入或者农村居民人均纯收入为标准,标准相对较低;如果选择民事赔偿,因为损害范围包括了直接损害、间接损害甚至预期利益损失,而且没有最高额的限制,最后的赔偿数额可能高于国家赔偿;如果选择民事赔偿,在赔偿义务人不支付赔偿金的情况下,法院可以根据《民事诉讼法》的规定予以强制执行;如果选择国家赔偿,在赔偿义务机关不支付赔偿金或者不履行其他赔偿义务的情况下,法院无法对赔偿义务机关采取强制措施;民事诉讼和国家赔偿的时效亦不相同,前者的一般诉讼时效为1年,后者则为2年。原告可以根据案件的具体情况选择采取何种救济方式,如果选择提起民事诉讼的,国家赔偿请求权归于消灭。

(四) 公有公共设施赔偿的构成要件

我们认为,公有公共设施赔偿的构成要件主要包括以下要件:

1. 公有公共设施的存在。

公有公共设施的存在是公有公共设施赔偿的第一个要件。这里的"公有"并非是指所有权归国家所有或者集体所有,或者说并不看重其所有权的归属,凡是国家、集体和其他社会团体设置或者虽然非其设置但在事实上处于其管理状态的状态,均可称为"公有"。只要是提供公众使用的设施,均可理解为此处的"公有",并不考虑其实际的所有权归属于国家、集体还是私人。所谓"公共设施"是指公共使用的有体物或者物的设备。公共设施的范围非常广泛,例如国家机关的办公场所、公路、铁路、街道、河川、堤防堰坝、桥梁、公共游乐场所等。公有公共设施不仅包括不动产,还包括动产;在特定情况下,不仅包括有体物,还包括无体物。

2. 设置或者管理的瑕疵。

设置瑕疵是指设计不合理、施工不符合标准、施工方法违规、材料不达标、不符合验收品质等造成的瑕疵。设置不仅仅包括初始建造、安置、装设等，而且包括扩建、重建等。对于设置瑕疵不仅要从设置公共设施本身来判断，还应当从公共设施的构造、使用方法、场所环境、利用状况、使用者的一般判断能力和行动能力等进行综合考虑。管理瑕疵是指建造、装设后，未进行妥善保管、或者怠于维护，致使公有公共设施发生瑕疵。

设置瑕疵和管理瑕疵的区别包括两个方面：一是在公共设施的设置者和管理者属于不同的机关时，确认谁为赔偿义务机关，取决于设置瑕疵还是管理瑕疵为致害原因。如果不能确定致害原因是设置瑕疵还是管理瑕疵的情况下，则设置主体和管理主体均为赔偿义务机关。受害人可以对其中之一或者两者请求全部或者部分赔偿。二是有关公共设施的标准发生变化时，对于设置主体而言，如果设置时符合标准，在管理过程中，设置标准发生变化而设置者未行改善的，赔偿责任主体为管理义务机关。

对于设置或者管理的瑕疵，是仅仅包括物本身的瑕疵，还是包括人的瑕疵在内呢？我们以日本的一个案例说明：日本的大阪邮政游泳池由于没有设置足够的服务人员（本来应当设置3人，结果设置1人），致使无法充分地监视游泳者的安全，导致一名7岁儿童溺毙。法院认为游泳池管理有瑕疵理由是服务人员的人数和监视的程度与物的设备相关联，如果发生安全问题，属于公营造物设置或者管理瑕疵。有的学者提出质疑，认为，公立游泳池虽然设置救生员维护游客安全，但是，未设置救生员不能认为设置或者管理有瑕疵，仅能认为游泳池经营主体未尽保护游客安全义务。同样，铁路交叉路口未设置看守人员亦不能认为公营造物设置或者管理有瑕疵。我们认为，对于公有公共设施的管理，既包括对物本身的维护，也包括物在使用过程中的维护。公有公共设施的存在，不仅是为了保证其在不使用时处于安全状态,更重要的是保证其在使用时处于安全状态。因此,对于设置或者管理瑕疵,不能局限于物本身,还包括由于人的原因导致的使用上的瑕疵。

公共设施的设置或者管理上的瑕疵,应当采客观说。即公共设施在设置或者管理上缺乏公共设施应有的性质或者设备,进而缺乏相应的安全性就已经满足,无需考察公共设施设置主体和管理主体是否存在主观过错。确定公共设施瑕疵之有无,应当采取瑕疵推定原则。只要具有下列情形之一的,可以认定为公共设施设置或者管理存在欠缺:设计错误、误差、不完备、不严谨;未严格按图施工,材料粗制滥造、偷工减料、品种质量规格不符;技术不良、方法不当;线路、管线、品质、材料选择不当,填埋管线路面厚度不足、不平;施工管理混乱,器材、工具占用道路,但未设安全警告;安全设施缺乏,标识不清不全;地质勘探不实、不准,位置选择不当;管道漏油、漏气、漏水,管线路深度不足;缺乏修缮,维护不周,不予保护或者保护不当,疏忽保养、检修,年久失修、腐朽损坏;开放水闸、水库不当或事先未警告通知;洪水、大风、暴雨后未及时修剪障碍树木或修剪不彻底等等。[①] 当然,对于是否存在设置或者管理瑕疵,一般可以根据有关规范性文件的规定加以确定。对于没有规范性文件或者规范性文件不清楚的,也可以综合考虑公共设施的构造、用法、场所环境、地理位置、气候条件、利用状况等因素具体加以判断。

3. 其他要件。

主要是存在损害事实、设置或者管理瑕疵与损害事实之间存在因果关系等等。可以参见本书有关章节。

此外,我们认为,今后在修订《国家赔偿法》时还应当增加以下规定:

一是增加关于责任承担规定。对于因公有公共设施的设置或者管理

[①] 林准、马原主编,梁书文、江必新副主编:《国家赔偿问题研究》,人民法院出版社1992年版,第132页。

瑕疵导致损害的，如果设置者和管理者属于同一国家机关，不存在责任分担的问题。如果公有公共设施损害是公有公共设施设置、管理机关和第三人的过错共同造成的，应当由有关国家机关和第三人共同承担责任。如果受害人对于损害的发生也有过错的，可以减轻公有公共设施管理机关的赔偿责任。

二是增加追偿的规定。有关追偿的规定可以区别两种情况：①在公有公共设施管理机关向受害人支付赔偿费用或者承担其他赔偿责任后，应当向存在过错的有关人员行使求偿权。对由于设计、建造或者提供原材料等设置原因造成损害的，应当向对设计者、建造者或者原材料提供者行使追偿权；对由于公有公共设施管理人员故意或者重大过失原因造成损害的，应当向上述人员行使追偿权。②在 BOT 方式下，如果对于设置或者管理瑕疵不明确，或者设置或者管理瑕疵明确但有关企业不予赔偿的，应当由公有公共设施的管理机关先行赔偿，对于确实属于有关企业的责任的，管理机关在赔偿后向有关企业追偿。

三是规定免责事由。一般认为，公有公共设施赔偿免责事由主要有四项：①受害人故意行为。如果受害人故意造成损害发生或者扩大的，其损害后果应当由受害人承担。但是，如果受害者是儿童等无行为能力或者限制行为能力的除外。②视为受害人的故意行为。这类行为在法国称为"可接受风险的例外"。即公有公共设施所有者或者管理者即便其设置或者管理有瑕疵，但是能够证明已经对损害发生已经尽了相当的注意义务。例如，公有公共设施虽然年久失修，但是已经明确树立警示牌，受害人仍然靠近后受有损害的，不承担赔偿责任。实际上，树立警示牌的行为已然证明设施的管理者没有管理上的瑕疵，受害人仍然靠近的行为属于明知存在危险而致损害的情形。③第三人原因。受害人以外的第三人造成的损害，应当由第三人承担赔偿责任。④不可抗力。因客观上不能控制的事由，例如地震、洪水造成的公共设施坍塌致害，国家不承担赔偿责任，这种观点也为绝大多数学者所主张。惟在公有公共设施和不可抗力共同作用情况下致人损害的，仍然承担赔偿责任，但可以减轻相应赔偿责任。

二、军事行为

（一）域外对军事行为的国家赔偿制度

1. 英国的军事赔偿。

在英国，对于军事行为是否能够获得国家赔偿，1947 年的《王权诉讼法》作了否定的回答。1947 年的《王权诉讼法》第 10 条规定，军队成员在执行勤务时，因不作为或者疏忽职守致他人死亡或者伤害的，只要这种死亡或者人身伤害的原因也为当时作为政府武装部队成员的他人承受，则加害的军队成员或者英王不应当承担侵权赔偿责任。即，军队成员在执勤时或者在供军事目的用的陆地、建筑物、舰艇、飞机、车辆等内部为其他成员所伤害或者死亡，或者由于上述建筑物、车辆等设备的状况或者性质而被伤害或者致死的，英王和加害的军队成员都不承担赔偿责任。这种情况适用条件主要是：一是国防部长或者海军司令证明该成员受伤或者致死是在执勤时或者在供军事用途的设备内；二是社会安全保险部大臣证明受害人或者其亲属有权获得抚恤金。[①] 这项免责规定的主要目的是在于避免纳税人由于同一军事意外事件而支付两次赔偿金：一次为受害人或者其亲属领到的抚恤金；另一次为英王或者加害人的赔偿金。这种免责限于和军事任务有关的情况，或者由于军事设施的意外事件所造成的损害。对于在军队以外和军事任务无关的损害，受害人有权请求加害人损害赔偿。此外，受害人的家属只有在符合抚恤金法令的规定时才能取得抚恤金。

1947 年的《王权诉讼法》第 11 条规定，《王权诉讼法》规定的英王责任不消除或者减少英王根据法律规定或者依照特权享有的权力，特别

---

① 1947 年《王权诉讼法》第 10 条第 1 款规定，不承担该赔偿责任需要具备如下条件：一是他人遭受损害时，其正在以军队成员身份执行职务，或者虽然不在执行职务但是为了军事目的在该他人的陆地、建筑物、船舶、飞机或者车辆上发生；二是社会安全保险部大臣提出其所受伤亡的事实是由于该人曾经接收军队颁发伤残或者阵亡的证状、枢密院勋章或者英王勋章的证明。

是英王在平时或者战时为了保卫国土或者训练和维持有效军事力量的权力。战争中的破坏和军事征用如果没有成文法的规定，英王也不负赔偿责任。对军事行为豁免的规定在英国学界存在很大争议。英国学者认为，虽然存在对军人在其服役期间所受的伤害或者死亡的赔偿制度，但是这不足以成为将这种赔偿排除在普通法上的赔偿诉讼之外的理由。基于此，1987年，议会对《王权诉讼法》的上述规定进行了修订，《王权诉讼法》亦修订为《王权诉讼（武装力量）法》。根据修订后的《王权诉讼法》，1947年《王权诉讼法》第10条的规定实际上已经废除，从而使这类诉讼可以纳入到完全诉讼的范围。当然，修订后的《王权诉讼法》同时又赋予了内政大臣在必要时恢复该条款的权力，如果内政大臣认为有必要或者这样做比较有利的，1947年王权诉讼法的上述条款可以重新施行。例如，为了应对即将到来的全国性的危险或者为了应对英国部队在英国以外所采取的战争性质的行为。在内政大臣决定该条重新生效之前，军人或者其家属可以对加害人在履行职务过程中所受的损害及其死亡提起赔偿诉讼。比如，在针对1991年海湾战争中所受伤害提起的赔偿诉讼案件中，内政大臣并未认为已经达到全国性危险的程度，也就是没有恢复1947年《王权诉讼法》第10条的规定。在一个案件中，上诉法院认定，在战争状况下，被起诉的士兵对于受到伤害的士兵没有注意义务，上诉法院按照普通民事诉讼程序受理了该士兵对加害士兵提出的赔偿诉讼。

2. 美国的军事赔偿。

根据美国《联邦侵权赔偿法》第2671节第2段的规定，政府职员包括下列人员：任何联邦机构的官员或者职员；美国军队的成员；代表联邦机构活动的人，不论其对美国的服务是临时的或者是长久的，有报酬的或者是无报酬的。美国军队的成员主要是陆海空三军的军职人员。对于什么人是正式军队的成员很少发生问题，但是和军队有关的组织的成员是否联邦军队成员，有时会发生争议。美国的国民自卫队（national guard）受州长的管辖，由州财政负担，不是正式的军队。但是，如果国民自卫队在进行联邦政府的训练活动时，被认为是联邦政府的成员。哥伦比亚特区的国民自卫队,由于直接受总统的指挥与控制,即使不在进行联邦的训练活动时,其成员也被视为联邦机构的成员。

在司法实务中,一般认为在以下两种情形下,国家应当承担赔偿责任:一是联邦海岸警卫队因过失未尽灯塔义务而致货轮航行搁浅受损;二是空军基地中的交通管制人员因过失未向飞行员发出大雷雨即将来临的警告,致使军用飞机坠毁伤及第三人。

3. 韩国的军事赔偿。

在韩国,由总统行使军事统帅权,而具体的军事事项的处理则是由作为下属的国防部长执掌。军事权属于行政权的一部分。在韩国,军事机构和军人所实施的军事行为在性质上仍属于行政职务行为。根据韩国《国家赔偿法》第2条的规定,原则上只要属于公务员实施的职务行为,该职务行为即使是属于军事行为,只要符合上述规定,就应当由国家承担赔偿责任。韩国大法院1996年2月15日作出一个判例。该案的事实是:某运输兵在驾驶军用大巴执行任务过程中,因过失冲撞前行的军用越野车,导致该越野车又与正在运行中的火车相撞,导致坐在越野车上的人当场死亡。法院判决死者的家属有权请求国家赔偿。

韩国的《国家赔偿法》对于军事赔偿作了一定限制。根据该国《国家赔偿法》第2条第1款但书的规定,军人、军务员或乡土预备军队员于作战、训练或执行其他职务中,或于供军队使用之阵地、营舍、舰艇、船舶、航空器或其他运输机器内所致之战死、殉职或因公受伤,依法令已领灾害补偿金或遗族一次恤金或遗族年金者,不得再依本法或民法之规定,请求损害之赔偿。对于这个规定,韩国大法院曾经作出了其违宪的判决,其主要理由是:"损害赔偿请求权是宪法所保障的基本权利,对该基本权的限制必须以维护公共福利及秩序为前提,并应控制在最小程度,同时不能违背平等原则,而《国家赔偿法》第2条第1款的保留规定却违背了这些原理。"也就是说,尽管《国家赔偿法》作了一定的限制,但因军事行为所造成的损害仍然应当承担国家赔偿责任。[1]

---

[1] 参见吴东镐《中韩国家赔偿制度比较研究——从借鉴的视角》,法律出版社2008年版,第60-61页。

此外，在法国，无论是在战时还是平时，对于军事赔偿适用行政赔偿的有关规定。此外，还有一些特别法律对战时赔偿作了规定，例如1919年4月17日法律对第一次世界大战的损害赔偿作了规定；1946年10月26日法律规定了第二次世界大战的损害赔偿事宜；对于阿尔及利亚战争期间的被遣返回国者，也有整套法律作了规定。在判例中，也有一些军事赔偿，例如法国权限争议法庭就泰帕兹（Thépaz）案件作出的判决。在瑞士，根据《瑞士联邦责任法》的规定，对于军事活动造成的损害，原则上不予赔偿。但是，如果不是在战时，而是在平时军队进行军事演习，造成损害的，则依照军事行动规程第27条和第28条的规定，联邦应当承担赔偿责任。因为对于部队平时的军事演习，在事前就应当预见到演习中可能造成的损害，并且加以预防，使之避免造成损害，或者使损害降至最低限度。而在战时，或者在不可抗力的情况下，往往是不能预防的，或者根本无法避免损害的发生。所以，在这种情况下，国家不承担赔偿责任。在我国台湾地区，也制定有"军事征用法"、"核子损害赔偿法"、"国军军事勤务致人民伤亡损害补偿条例"等特别国家赔偿法。

可见，各个国家和地区对于军事赔偿的规定不尽相同。原则上，对于军事赔偿都采取了和一般国家赔偿不同的处理办法，对于军事赔偿也往往局限在一定范围内。

（二）制定《国家赔偿法》时对于军事行为国家赔偿的讨论

在制定《国家赔偿法》时，有一些学者主张将军事行为纳入到国家赔偿。主要理由是：第一，军队也存在违法行为，例如违反《土地管理法》，越权自行划定了军事禁区，侵占了他人土地。再比如，士兵驾车违反了交通法规造成了伤害等。因为军事机关和军事机关工作人员也属于《宪法》第41条规定的国家机关和国家机关工作人员，国家立法不应当将其例外。第二，《国家赔偿法》之所以没有规定军事赔偿主要是囿于《行政诉讼法》中对国防行为的排除规定。但是，一方面军事行为并不能等同于国防行为；另一方面国家赔偿之诉也不能等同于行政诉讼。不属于行政诉讼受案范围的，未尝不可以进入国家赔偿之诉。在这个问题上，应当争取做到侵权赔偿责任的问题上对国家机关一律平等，不要有侵权而不承担责任的特权机关。① 第三，国家赔偿范围不包括军事赔偿，军事法院也会将军事赔偿置于国家赔偿范围之外。② 第四，根据我国宪法关于国家机构的规定，中央军事委员会是同国务院、最高人民法院、最高人民检察院并列的国家机关，因而在国家赔偿法中，军事赔偿应当是同行政赔偿、司法赔偿并列的独立的组成部分。第五，我国军事赔偿立法的必要性，是由中国人民解放军的性质和我国法制建设的大趋势所决定的。中国人民解放军是人民的军队，"损坏东西要赔"是中国人民解放军一贯的优良传统。和平时期，人民军队在演习、训练等各种活动中造成群众损害时，总是主动给予合理赔偿。但是，长期以来，囿于军事赔偿缺乏法律依据，随意向军队索要赔偿的现象十分严重，有的甚至漫天要价、无理纠缠。因军事活动的需要而征用土地的费用一增再增。由于有的地方领导搞地方保护主义，偏袒一些无理取闹的群众，使得因赔偿问题引起的纠纷很难处理。③ 有的学者则进一步主张，对于军事机关和军事人员违法执行职务造成他人损害的，由于我国军事机关以团为基层单位，应由团以上的军事机关为赔偿义务机关。④

还有部分学者认为，对于军事赔偿不能一概而论，应当根据军事行为的具体情况来判断是否应当承担国家赔偿责任。原则上，军事机关和军事人员在执行职务过程中违法侵害了公民、法人或者其他组织的合法权益，国家应当承担赔偿责任；对军事机关和军事人员的某些无过错行为，如军用飞机因发生意外故障失事而造成的损害，国家应当按照危险责任和公共负担平等原则负担赔偿责任；为战争所造成的损害，一般不

---

① 皮纯协、冯军主编：《国家赔偿法释论》，中国法制出版社1996年版，第66页。
② 转引自肖峋《中华人民共和国国家赔偿法的理论与实用指南》，中国民主法制出版社1994年版，第124－125页。
③ 肖凤城：《军事赔偿立法刍议》，载罗豪才、应松年主编：《国家赔偿法研究》，中国政法大学出版社1991年版，第77－78页。
④ 李明发：《我国国家赔偿法讨论综述》，载《安徽大学学报》（哲学社会科学版）1992年第4期。

能要求国家赔偿。① 此外，还有的学者认为，在我国的政治体制中，军事不属于行政，军事行为与行政行为是两个不同的概念，因此，不应将军事赔偿纳入到行政赔偿范畴，而应由军队内部自己制定特别法予以规范。

《国家赔偿法》最终没有规定军事赔偿。对于没有规定的原因，参与过《国家赔偿法》制定的学者认为，考虑到军队作战是政府行为，政府行为不赔偿是各国的通例；演习、训练又都是合法行为，而国家赔偿法是以执行职务违法为国家承担赔偿责任的原则。因此，《国家赔偿法》不宜规定军事赔偿。军队执行职务造成公民、法人和其他组织人身权、财产权损失的，可以采取适当方式予以补偿。② 也有的学者认为，我国《国家赔偿法》之所以将军事赔偿排除在外的原因有两个：一是我国的军事赔偿并不因为《国家赔偿法》没有规定而不存在。我国的军事赔偿有自己悠久的历史和传统，这是任何一个国家都不能与之相比的。我国《国家赔偿法》对此虽然未作规定，但是依照《民法通则》第121条，军队仍然要承担赔偿责任，但赔偿费用不是由国家财政负担，而是仍然按照过去的做法，由军队以军费和第三产业的收入支出。第二，我国《国家赔偿法》要解决的问题是权力行为违法而引起的国家赔偿责任的问题，但军队的任务在平时主要是练兵习武，并不享有对人民进行管理的职权。军队在演习、训练中致人民伤害，如高射武器打空中靶炸弹未炸掉进了民房，飞机出了故障迫降在农田里毁了庄稼，这些都是危险责任，而不是违法行为的赔偿问题。因此，军事赔偿（应当叫做军事补偿）就难以进入我国《国家赔偿法》，而应当单独立法。至于军队在戒严时期因享

---

① 皮纯协、冯军：《制定我国国家赔偿法若干实体问题探索》，载罗豪才、应松年主编：《国家赔偿法研究》，中国政法大学出版社1991年版，第32页。

② 这是军委法制局的意见，军委法制局认为当前主要是军队在演习、训练过程中，公民受到损失，需要采取适当方式予以补偿。由于这不是因违法行为造成的损害，不宜列入国家赔偿的范围。参见全国人大常委会法制工作委员会副主任胡康生：《关于〈中华人民共和国国家赔偿法（草案）〉的说明——1993年10月22日在第八届全国人民代表大会常务委员会第四次会议上》。还可参见胡康生主编，全国人大常委会法制工作委员会民法室编著：《〈中华人民共和国国家赔偿法〉释义》，法律出版社1994年版，第9页。

有治安管理权并由此产生的违法赔偿责任，可以由戒严法专门规定。①

《国家赔偿法》颁布之后，对于军事赔偿的讨论仍然比较多，大多数学者主张将军事赔偿纳入到国家赔偿。

(三) 修订《国家赔偿法》时对军事赔偿的讨论

在修订《国家赔偿法》过程中，仍有相当多的学者主张应当将军事行为纳入到国家赔偿范围。主要理由是：第一，将军事赔偿纳入到国家赔偿范围符合我国宪法的精神。我国《宪法》第41条规定，由于国家机关和国家机关工作人员侵犯公民权利而受到损失的人，有依照法律规定取得赔偿的权利。宪法规定的"国家机关和国家机关工作人员"显然包括军事机关和军事人员。同时，我国宪法修正案已经宣示国家尊重和保障人权。建立军事赔偿制度，是遵循和维护宪法尊严，保证宪法原则和精神得到实施的根本要求。第二，将军事赔偿纳入到国家赔偿范围符合《国家赔偿法》的规定。我国《国家赔偿法》第2条规定，国家机关和国家机关工作人员违法行使职权侵犯公民、法人和其他组织的合法权益造成损害的，受害人有依照本法取得国家赔偿的权利。这个规定中的"国家机关和国家机关工作人员"的含义也应当包括军事机关和军事人员。第三，军事行为存在违法行使职权并造成损害的情况。凡是国家机关和国家机关工作人员违法行使职权，侵犯公民、法人或者其他组织合法权益造成的损失都应当依法赔偿。军事机关违法行使职权造成损害的行为是现实存在的，并非其一切行为都必然合法。因此，不能以军事机关的主要活动都是合法的为理由，把军事机关置于国家赔偿之外。② 第四，不能因为《行政诉讼法》将国防行为排除在行政诉讼受案范围就取消军事赔偿。国防行为是因其特殊性不纳入国家赔偿范围，是很多国家的做法。

---

① 肖峋：《中华人民共和国国家赔偿法的理论与实用指南》，中国民主法制出版社1994年版，第124页。

② 刘山、姚天冲、高飞：《国家赔偿范围刍议》，载《东北大学学报》(社会科学版) 第6卷第4期 (2004年7月)。

但是其他军事行为却不应当享有国家赔偿豁免权。[1] 可以看到，这些理由没有超出在制定《国家赔偿法》时讨论的范围。

我们认为，对于军事行为造成的损害，应当给予公民、法人或者其他组织请求救济的权利。就目前而言，军事赔偿还不是特别急迫。对于军事赔偿，应当分别三种情况进行处理：一是如果军事机关及其工作人员违法执行职务造成损害的，应当参照《国家赔偿法》的规定予以赔偿。例如，军用车辆违反交通法规致人伤亡、军事训练违规设立靶场致人伤亡、军事爆炸用品管理不善造成他人伤亡等。二是如果对合法的征用行为、军事训练行为、危险牺牲等行为造成损害的，可以按照特定法律规定承担补偿责任。例如，根据《国防动员法》第59条的规定，中国人民解放军现役部队和预备役部队、中国人民武装警察部队、民兵组织进行军事演习、训练，需要征用民用资源或者采取临时性管制措施的，按照国务院、中央军事委员会的有关规定执行。根据《戒严法》第17条的规定，根据执行戒严任务的需要，在非常紧急的情况下，执行戒严任务的人民武装警察、人民解放军的现场指挥员可以直接决定临时征用。实施征用应当开具征用单据。前款规定的临时征用物，在使用完毕或者戒严解除后应当及时归还；因征用造成损坏的，由县级以上人民政府按照国家有关规定给予相应补偿。三是如果以国家名义作出的国防性质的政府行为造成损害的，国家不承担赔偿责任。

三、特定的公务行为与国家赔偿责任

（一）政府监管行为

政府监管行为主要是指公权力机关在对相应的行政事项实施监督管理的行为。政府监管行为既包括了公权力机关的保管行为，也包括了公权力机关的监督行为。对于前者而言，实行政府监管明显是一项公共职能，它与普通的保管是不一样的。印度不承认监管过程中丢失物品会产

---

[1] 鲁敏：《论国家赔偿的范围》，载《武汉工程职业技术学院学报》第19卷第4期（2007年12月）。

生政府责任，而在法国，对于官方的监管行为即使没有过错，国家也要负责。目前，各个国家和地区对于政府监管行为的国家赔偿问题主要集中在后一种情形。在具体的司法实践中，主要体现为药品、食品、卫生、安全生产等监督管理机关怠于管理的国家赔偿责任。目前，我国也有类似的案例。例如，三鹿奶粉事件、山西疫苗事件、各地频发的矿难事件等，对于这类政府监管行为，是否要承担国家赔偿责任是一个值得研究的问题。在日本，对于社会安全行政事项，国家承担赔偿责任。例如对于药品监管机关的赔偿责任，有一系列的重要判例。例如1978年金泽地方法院对北陆SMON一案中，对于奎诺防（Chinoform）药剂的制造、许可或者取消负有监督职责的厚生大臣因医药品质的缺陷，导致服用者受到损害的，国家应当承担因怠于取消许可或者取缔导致损害的国家赔偿责任。厚生大臣不行使制造许可的撤销权，因而构成国家赔偿的原因行为，国家应当承担赔偿责任。对于由于公立医院医生或者药剂师怠于履行注意义务导致听觉障碍的或者输血造成感染梅毒等事项，一般采用民法上的处理方式。1970年以后，由于公害问题越来越严重，维护国民的生命安全已经成为社会安全行政的重要课题，最初发生这类事件时判定相关企业承担赔偿责任。例如，水银中毒、富山疼痛病诉讼、四日市公害诉讼等。目前，日本法院对于公害发生与公权力机关监管之间存在因果关系的解释较为宽松，因公权力机关怠于执行规定权限或者不执行，或者能够阻止发生不阻止的，应当承认其不作为违法，承认国家赔偿的责任。日本学界也有根据行政裁量权的大小来衡量是否承担国家赔偿责任的观点，对于明知危险的紧迫性或者容易得知的情况下，裁量缩减为零，公权力机关不行使监管职能造成损害的，应当承担赔偿责任。[①] 在法国，一般的观点认为，对于政府监管行为应当属于国家赔偿范围。例如，疫苗接种后发生事故造成的损害，最高行政法院过去在一些案例中仅仅承认推定的过失责任，而不承认国家的无过失责任。1964年7月1日的

[①] 田中馆照橘：《社会保障行政与国家赔偿》（自刊），林淑萱译。

法律则规定了附条件的无过失责任，即对于义务性的、在国家正式认可的机构中进行的疫苗接种出现事故的，国家才承担无过失赔偿责任。1975年5月26日的法律则废除了这一条件，只要是疫苗接种事故造成的损害均应当承担国家赔偿责任。根据1991年12月31日法律，法国对于因输血和使用血液衍生制品而感染艾滋病毒的受害人，国家承担"理所当然的赔偿责任"。当然，对于一些非常严重的异常的偶发的医疗事故，法国行政法院采取了不同的处理方式。尤其是对于C型肝炎、克雅氏病、生长激素病等病症，受害人得不到赔偿。2002年3月4日的法律限制性地列举了可予以赔偿的各种情况，但是上述病症不在其中，有关方面的理由却是，这些病症患者多达15万人，要花掉3000亿法郎。当然这是基于财政的考虑，并非此种偶发事故不属于国家赔偿范围。

我们认为，考虑到政府监管行为日益影响到公民、法人或者其他组织的合法权益，对于此类行为在符合一定条件的基础上应当纳入到国家赔偿范围之中。这些条件主要是：第一，公权力机关负有监管责任。例如，卫生监督管理机关承担的卫生防疫职能、药品食品监督管理机关承担的药品食品安全检测职能等。第二，公权力机关处置措施严重失当并且玩忽职守。例如，疫情已经蔓延，卫生监督管理机关不进行通报和采取积极的预防措施；药品食品已经流入市场并且造成严重后果，行政机关仍然进行虚假通报、掩饰真相或者不采取任何措施等等。第三，损害与政府监管行为具有相当因果关系。相当因果关系不是必然的因果关系，不能过度强调因果关系的必然性。只有满足以上三个条件时，才能追究政府监管行为的国家赔偿责任。有关内容本书还将在"赔偿范围编"中继续探讨。

（二）政府的商业行为

如果国家从事商业活动，国家就应与私人一样对其侵权承担责任，这是各国一致的做法。例如，在英国，根据《王权诉讼法》的规定，英王政府承担违反普通法上雇主对受雇人或者代理人的义务。在英国，英王作为权力的象征，中央政府是英王的政府，英王是法律上最大的雇主，必须遵守普通法上的雇主对受雇人的义务。例如，国营工厂与英王政府是雇员与雇主的关系，这种关系受普通法调整。普通法上雇主侵害受雇人的权利，像英王政府的国营工厂未能给职工提供必要的卫生安全条件，因而造成职工伤害的，雇主所应负的责任，同样适用于英王。美国联邦政府的公司可能有些例外。一般说来，国家的企业不管是贸易公司还是其他形式的单位都没什么区别。美国的政府公司除了全资公司以外，还包括只占部分股份的公司在内，但是必须作为行政工具才受联邦侵权赔偿法的支配。由国会设立的公司，如果和行政活动无关，不是政府公司，受一般私法规范。在美国，通过国有化运动，国家的商业职能有所扩大。第一次世界大战以后，美国政府通过设立政府公司或者收买私人公司改制为政府公司，执行政府计划。政府公司在造成他人侵害的情况下，是否可以被诉的问题，传统上可以用 1824 年最高法院的一个判决作为代表。法院认为政府公司不享有政府特权，具有私人性质。在以后的判决中，最高法院的态度是，就诉讼的目的而言，政府公司可以认为是和政府分离的实体，政府公司进入商业活动以后，必须接受任何私人公司同样的负担。近年来，政府与政府公司的界限日益模糊。法院在一些诉讼中认为政府公司是政府的一部分，政府公司可以具有私人公司所没有的特权，当然，也要承担私人公司不具有的赔偿义务。[①] 在前波兰，由于 1956 年法律规定的国家公务员的范围很宽，包括国营工厂的所有雇员，都是国家公务员。但是，该法第 8 条又规定，如果有独立法律资格的国家工业或者其他组织的雇员造成损害，责任应当由这些组织承担。

一般来说，政府从事商业行为，在法律地位上与私人一样处于平等地位。对于政府商业行为造成的损害，应当按照民事诉讼途径解决。但是，如果政府从事的商业行为与公共利益有关，需要具体情况具体分析。对于已经成立专门的公共企事业单位进行管理的，应当按照单行法的规定进行处理。例如邮政、铁路等。对于政府直接从事的商业行为，如果

[①] 王名扬：《美国行政法》，中国法制出版社 1995 年版，第 737－738 页。

属于居于行政主体地位签订的行政合同造成损害的，可以按照国家赔偿程序予以处理；如果属于私人地位或者属于行政合同行为造成合同外当事人损害的，适用民事诉讼法的有关规定处理。

（三）公共服务行为（以邮政为例）

各国在国家赔偿法领域内对公共服务的认识是不一致的，一般来说，公共服务主要包括水力、电力、燃气供应、交通、邮政等。这里要考虑的关键是"公共服务"的性质，至于是否为营利而建立公司并不重要。此外，由特别法来规定的责任也不算少（如邮政、电话、无线电）。以下以邮政为例说明。在法国，邮政企业行使公共服务职能，最早属于行政赔偿范畴。行政责任的规则也适用于从事某些公共服务的政府性企业和团体。例如，法国的邮政服务在最初任何性质的邮件在辗转传递过程中出了差错，根据1796年的法院裁决，邮政部门概不负责。之后，最高行政法院通过若干判决（1981年4月24日针对邮件的杜勃雷判决、1976年5月12日针对电信的波加斯判决）继续坚持这一观点。1984年10月23日法律也再次确认了这一解决办法。1990年7月2日法律规定，法国邮电局一分为二，由法国邮政局和法国电信局两个公法人承担原有职能，并且由普通法院管辖赔偿案件。但是，普通法院不大可能放弃行政法院的做法。在1998年6月30日关于卡巴内诉法国航空公司案中，法国最高法院作出了裁决，即只有邮政部门在未犯任何重大错误的情况下，才执行邮电法典第13条关于豁免的规定。对于邮政企业存在重大过失，仍然要按照民法规则予以赔偿。在英国，根据《王权诉讼法》第9条的规定，英王和邮局对邮政传递的损失不承担赔偿责任。[1] 唯一的例外是对于国内传递的挂号包裹的损失则按照规定的标准赔偿。自1969年以后，英国的邮政已经成为一个独立的公法人，不再是英王的公仆。但是关于邮政免

---

[1] 该条规定了对邮政包裹有关联的责任："1. 君权所雇佣之仆人或者机关的任何人，关于邮政包裹所为之作为或者不作为，或上述雇佣之人，就有关电讯所为之作为或者不作为，不得对君权提起侵权行为之诉"；2. 依照1908年邮政法第13条的规定，关于电报以外已经挂号之内陆邮政包裹的损失或者毁损，而其损失或者毁损系因君权所雇佣的仆人或者机关之人，于履行或者准备履行接收、运输、传递或者其他行为时，因故意、过失或者重大错误所致的，得对君权提起诉讼。"

责的规定仍然存在。电讯传递业务也享受同样的免责规定。在英国，虽然邮政企业是一个独立的公法人，其邮政服务免于赔偿，不论这种赔偿的性质属于民事赔偿还是国家赔偿。美国的邮政服务根据具体的服务事项适用不同的赔偿原则。在美国，由于邮政运输数量极大，在这样大量的业务中，错误很难避免；而且邮件收费低，时间要求迅速，很难要求邮件的投递按一般标准负责。为了避免法院可能陷入大量诉讼的困境，对邮件运输不适用联邦侵权赔偿法，而制定特别的法律。当事人为了避免邮件错误的损失，可以寄挂号邮件或者保险邮件。邮件运输不适用联邦侵权赔偿法的范围，限于邮件的迟延、误投、遗失，不包括和邮件运输无关的一般侵权行为在内，例如邮局的汽车事故仍适用联邦侵权赔偿法。[1]

我国邮政服务属于公共服务的性质，邮政服务由邮政企业来承担。根据我国《邮政法》第2条的规定，国家保障中华人民共和国境内的邮政普遍服务。邮政企业按照国家规定承担提供邮政普遍服务的义务。根据该法第22条的规定，邮政企业与用户之间的关系属于民事法律关系，邮政企业采用其提供的格式条款确定与用户的权利义务的，该格式条款适用《中华人民共和国合同法》关于合同格式条款的规定。该法第45条和第46条的规定，邮政普遍服务业务范围以外的邮件的损失赔偿，适用有关民事法律的规定。邮政企业对平常邮件的损失不承担赔偿责任。但是，邮政企业因故意或者重大过失造成平常邮件损失的除外。由此可见，对于邮政服务的职能，我国是由邮政企业来承担的，邮政企业的地位属于私法人的法律地位，适用民法上的有关规定。其他公共服务例如电力、水、燃气等公共服务也由公用企业来承担，不适用国家赔偿法的有关规定。

（四）国家车辆的交通事故

以前国家车辆造成的损害主要看事故发生时该车辆是不是用于从事

---

[1] 王名扬：《美国行政法》，中国法制出版社1995年版，第785页。

政府活动，至于国家车辆和其他车辆一样能造成事故这里并不考虑，但这种观点最近又有发展。目前，联邦德国仍采用旧的做法。如果车辆的使用和行驶是为官方目的，发生事故时即适用特殊国家责任，同时，也可以根据关于机动车的严格民事责任提出赔偿请求。法国的公务员在执行职务外的过错，如果和执行职务没有关系，不能产生公务过错。传统上，对于不存在公务过错的，则不承担国家赔偿责任。后来，法国又承认了公务执行外的过错。但是也有条件，如果和公务活动有相当密切的关系，也视为公务执行中的过错，进而产生行政主体和赔偿责任和公务员的赔偿责任并存。这一规则是由以下两个判例确定的：第一个判例是，权限争议法庭1935年1月14日对泰帕兹（Thépaz）案件的判决。该案的主要事实是：军车司机遇到紧急状况处置不当，将路边名叫泰帕兹的骑自行车的男子撞伤。普通法院除了依据刑法有关条款给予司机罚金处罚外，还判定司机赔偿受害人7000法郎。这个判决确立的原则是：公务员刑法上的违法行为和赔偿责任中的过错是不同的概念。公务员执行职务的一般疏忽大意，如果给他人造成严重后果，可能会受到刑事处罚；但从赔偿责任的观点来看，这是一个行政者或多或少容易犯的过失，与其职务不可分离，属于行政机关的公务过错。公务员本人过错的标准主要着眼于行为人主观上的故意，而构成刑事违法界限则从主客观结合上考虑，两者范围不能完全等同。[①] 第二个判例是，最高行政法院1949年11月18日Dlle Mineur一案作出的判决。该案的主要事实是：行政机关的汽车司机在任务完成后返程途中，离开正常路线私自回家，在路上撞坏房屋，行政机关和公务员同时对此负有责任。据此，根据行政法院判例发展的趋势，公务员本人的过错除了和公务完全无关，但同时构成了公务过错。但是，对于国家车辆出现的交通事故造成的损害，自1957年12月31日法律颁布实施后转归普通法院审理。对于这类案件管辖权的变化并未影响该案件属于国家赔偿范围这一原则。根据现代的赔偿制度，赔偿

[①] 相关内容可以参见王名扬《法国行政法》，中国政法大学出版社1988年版，第748页；舒适：《法国行政赔偿著名案例评介》，载《现代法学》1992年第4期。

责任延伸至公共道路上的各种交通事故，而且公权力机关的司机本人对受害人不负责任，而由相应的公权力机关来承担赔偿责任（例如法国和美国）。在加拿大，司机本人对轻微过失不负责任，由公权力机关承担赔偿责任，只有在司机本人存在重大过失的情况下，司机本人才承担相应的赔偿责任。在俄罗斯，根据其宪法和民法典的规定，对于国家机关工作人员驾驶交通工具的高度危险行为致人损害时，应当承担国家赔偿责任。在其他多数国家，交通事故的赔偿，不论国家和私人都适用同一规则，由特别法加以调整。

在我国，国家车辆造成交通事故的，主要观察国家车辆是否在执行公务。如果该车辆处于执行公务情形下的，例如警车追赶逃犯过程中致人伤亡的，应当承担国家赔偿责任；如果该车辆并非处于执行公务情形下，例如行政机关的公务车辆被工作人员私自驾驶发生交通事故的，应当由该个人承担赔偿责任。在该公务车辆是属于公用或者私用无法判明的情况下，应当以该公务车辆是否具有执行公务的外在特征来进行判断，例如公务车辆在工作时间造成交通事故的，应当追究其国家赔偿责任。

第三节 职务行为及其认定

职务行为是承担国家赔偿责任的一个重要条件，也是区别于其他赔偿责任的重要方面。国家侵权行为是公权力机关执行职务有关的、须臾不可分离的职务侵权行为。如果职务行为致人损害的，才能承担国家赔偿责任；如果是非职务行为致人损害的，国家不承担赔偿责任。

一、域外对"执行职务"内涵的限定

国家不对公务员的职务范围以外的侵权行为承担赔偿责任，是国家赔偿立法上的通则。"执行职务"的范围相当广泛，不仅包括法律行为，也包括事实行为；不仅包括积极的作为行为，也包括消极的不作为行为等。但是，如何确定"执行职务"的范围，如何在具体案件中确定致害

行为是否是"执行职务"的行为,则是各国所面临的共同难题。主要包括以下几个方面的问题:

(一)在执行职务的范围应以谁的意思为准方面的不同观点和做法

第一种观点认为,执行职务的范围,应以雇用人(公权力机关)的意思为准,受雇人(工作人员)必须执行雇用人所命令委托的事项,凡超出雇用人委托的范围的,均不能认为是执行职务的行为。根据这种观点,即使雇用人事先没有委托,但事中承认或事后追认的,亦可认定为执行职务的行为。英国和美国许多学者持有此种观点。例如,在美国,如果雇用人仅告诉受雇用人执行职务的地点,而未告诉具体前往路线,结果受雇用人在途中发生车祸,这种情况属于执行职务范围;反之,如果雇用人明确告诉受雇用人执行职务的地点和前往路线,而受雇人却另行选择前往路线而致人伤亡,即不属于执行职务范围。

第二种观点认为,执行职务的范围,应以受雇人的意思为准,只要受雇人实施该行为的目的和意图是为了雇用人的利益,则该行为就属于执行职务;如果受雇人为了自己的利益而实施某行为,则该行为就不属于执行职务。这种观点为极少数学者主张。

第三种观点认为,执行职务的范围,应以社会观念为准,凡社会观念认为属于"职务范围"或者受害人有正当理由相信工作人员是在执行职务的,应当认定为执行职务;凡在社会观念上均不能认为是执行职务的,则致害行为就不属于执行职务。

第四种观点认为,执行职务的范围应当以行为的外观为标准,凡是在外观上以执行职务的形式为之者,则不问雇用人或受雇人的意思如何,均可认定为执行职务。我国台湾地区的大多数学者和实务界持此观点。我国台湾地区"最高法院"1953年台上字第1224号判例认为:"民法第一百八十八条第一项所谓受雇人因执行职务不法侵害他人权利,不仅指受雇人执行其受命令,或委托之职务自体,或执行该职务所必要之行为,而不法侵害他人之权利者而言,即受雇人之行为,在客观上足认为与其执行职务有关,而不法侵害他人之权利者,就令其为自己利益所为亦应包括在内。"

第一种观点以雇用人的意思为准，在损害发生后，雇用人往往推脱其责任，在口头委托或者委托事项不明确的情况下，不利于保护受害人的权利。同时，完全以雇用人的意思为准，往往不利于调动受雇人的主观能动性。最重要的是判断公权力机关的主观意思并非易事，公权力机关的意思表示采取何种方式、是事先确认还是事后追认等问题难以在司法程序中予以确定。第二种观点以受雇人的意思为准，在公私利益混杂的情况下则难于认定是否属于执行职务的范围，同时，如果受雇人的意思表示就是公权力机关的意思表示，可能放纵受雇人的行为，从而有可能扩大国家赔偿的责任范围。第三种观点以社会观念为准，但社会观念没有一个统一、确定的尺度，也容易发生认识上的分歧。第四种观点的标准比较确定，并且有利于保障受害人的权益，也为大多数国家和地区所采用。

（二）在执行职务的范围应以主观抑或是客观为标准方面的不同观点和做法

1. 主观说。

该说认为，如果致害人在实施致害行为时明知该行为为非职务性行为，国家则不应承担责任，但是，如果致害人误认为是其行为是在执行职务的范围内，则国家应视情况承担赔偿责任。还有一种主观说，是指执行职务的范围是以雇用人的主观意思为标准，例如英国和美国。

2. 客观说。

该说认为，致害行为是否在执行职务的范围之内应以法律的规定为标准，而不能取决于致害人的主观认识。例如，美国法律关于"执行职务"的活动仅限于"进行不超出职务权限的活动。"再比如捷克斯洛伐克法律把政府侵权行为界定在政府机关管辖权（法定权限）范围内实施的行为，又称为"公务行为"。

此外，如前文所述，还有一种客观说认为执行职务是指在客观上、外形上为一般人认为"职务范围"的，不论该行为者意思如何，均属于执行职务。这是法国、瑞士、日本等国的通说。这种理论又称为"外界标准理论"或者"外表理论"（法语 theorie de Laparence）。如果行为与官员的义务有联系或者与官员的义务有附带联系，客观上就具有执行职务范围的特征。即使有违法行为的官员以个人身份或者个人目的所实施的行为，也要由国家承担赔偿责任。这是民法典追究雇主赔偿责任的标准，目前已经运用于《国家赔偿法》。例如，1956 年的一个案例中，一个身穿制服的警察完全为了个人原因杀死了一名已经逮捕的嫌疑犯，法院采用了外界标准，认为所有警察行为都有执行正常的警察义务的外在特征，应当承担国家赔偿责任。①

3. 折中说。

该说认为，判断某一行为是否属于执行职务的行为，既不能凭行为人的主观认识，也不能仅凭法律的规定，而应当看该行为与法律规定的职责或职权之间是否有内在的联系。在德国，判断公职行为并非依靠单一的标准，而是由几项标准：一是该行为是履行职务中产生的；二是在工作时间；三是以公务身份行使职务。仅仅在表面上、形式上履行义务是不够的，必须与履行义务的目的具有内在的联系。如果某警察在夜里基于个人私怨杀人，虽然在工作时间进行，但却不是执行职务。正如德国的行政法院在判例中阐释的："无论一个人的一个具体行为是否必须被认为是一种行使公职的行为，都是由这个人所从事的行为的特定目的是否应当被认为是一种主权活动所决定的。如果属于一种主权活动，则无论在该行为的目的与造成损害的行为之间是否存在一种紧密的内部的联系和外部的联系，这种活动同样必须被认为属于主权活动的范围。"②

（三）在确定行为与职务的关系方面的不同的看法和做法

在大多数国家，认定某一行为是否执行职务的行为，都要求这种行为与执行职务有关。但什么是"有关"，什么是"无关"，各国的标准也

---

① 周汉华、何峻：《外国国家赔偿制度比较》，警官教育出版社 1992 年版，第 200 页；参见《国际比较法百科全书》第 11 卷第 4 章，第 111 页。

② ［印］M.P. 赛夫著：《德国行政法》，台北五南图书出版公司 1995 年版，第 342、343 页。

不尽相同。

在一些国家，判断某一行为与执行职务是否有关，主要看该行为在客观上是否有助于工作人员所执行的职务的实现：如果有助于职务的实现即为"有关"；如果无助于职务的实现，则为"无关"。

在一些国家，不需要侵权者在他的直接的职能范围内行为。如果授予他的职能使他侵权成为可能，或者有利于他实施侵权行为，就足以构成国家的替代赔偿责任。例如，意大利。

在一些国家，将"有关"解释为既在执行职务的过程中或时间内，同时又须在执行职务的范围内（属于法定职权或职责）。例如，在英国，执行职务也是以雇用人规定的业务范围为限。在某一案件中，被告所管辖的铁路工友，误认为原告没有购票而将其拘留，由于铁路对没有购买车票的旅客，有拘留的习惯，法院认为这种行为属于执行职务；而在另一起案件中，被告的工友误认为原告有盗窃的嫌疑而将其逮捕，这种行为则超出了铁路日常业务范围，法院认为其不属于执行职务。

（四）在执行职务的职能范围方面的不同的规定

在意大利，法院非常广泛地界定国家承担赔偿责任的公共职务的范围。脑力劳动和体力活动，管理工作与文书工作都可以成为执行职务的范围。在瑞士，所谓执行职务，包括事实行为、不作为，具有公权力性质的处分及解决纠纷的决定在内，甚至私法行为也可以成为执行职务的行为。公务员在执行职务时，不论是一人，抑或是数人，只要造成损害，国家都应负赔偿责任。如果公务员将执行的职务委托给他人行使，因而致他人发生损害的，国家对此也应负赔偿责任。在欧共体，执行职务的行为包括事实行为、法律行为、口头声明以及其他任何可以对他人造成损害的事物。在奥地利，根据奥地利宪法第20条的规定，执行职务被解读为执行和适用包括行政和司法在内的一切法令的行为。除了法律行为之外，对于事实行为也属于执行职务行为。奥地利最高法院的判例认为，小学教师对学生的虐待行为、警卫人员违法使用警械等事实行为，均属于执行职务的行为。捷克斯洛伐克的公务行为既包括广义上的行政决定，又包括不具有决定性质的行为，即虽然不以变更、消灭、产生权利义务关系为目的，但是法律仍然赋予其法律效力。在法国，行政法院将行政侵权行为界定在"公务行为"内，即凡是公务人员处在行政机关的地位，行使国家赋予的职权时所作的行为，均视为公务行为，包括不作为和其他过失危险行为。在英国，构成国家责任的行为应当是违反对特定人的法定义务或者雇员对雇主的义务的行为，当然还包括行政机关公务员利用职务侵害他人权利的行为。

二、认定执行职务行为的标准

我国《国家赔偿法》的有关规定可以溯源到《民法通则》的有关规定。以下将讨论有关问题。

（一）国家赔偿法和《民法通则》中的"执行职务"

我国《民法通则》第121条规定，国家机关或者国家机关工作人员在执行职务中，侵犯公民、法人的合法权益造成损害的，应当承担民事责任。该条中所称的"执行职务中"一般是指执行法律规定的公务活动而言，主要包括执行职务的范围和执行职务的程序。

就执行职务的范围而言，是指公权力机关依照法律规定的职责范围。执行职务必须与其职责范围紧密相关，职责范围的大小依照法律规定、上下级之间的权力划分、职务行为的权力和责任等方面的因素来加以确定。值得注意的是，对于超越职权的行为，有的可能属于执行职务的行为，有的则可能不属于执行职务的行为，判断的标准主要是看该行为的目标。如果该行为的目的是为了实现公务目标，就属于执行职务的行为；如果该行为的目的是为了非公务的目标，就不属于执行职务的行为。例如，检察机关在与特定的建筑公司签订的建筑承包合同，该合同属于一般的民事合同，检察机关并非为了实现公诉或者法律监督的目标而签订合同，这种行为不属于执行职务的行为。就执行职务的程序而言，是指公权力机关依照法律规定的应当遵循的法定的或者正当的程序。也就是公权力机关对公民、法人或者其他组织的活动进行管理、行使职权履行国家职能在时间、空间、步骤等方面的要求。执行职务的程序实际上是时间的经过（时间的流逝）与权力空间（公权力之间的分工与制约）的关系。一般情况下，执行职务的范围和执行职务的程序是合二为一的，即执行职务范围内的行为一般是在执行职务的程序之中。但是，在特定的情况下，即便属于执行公务程序中的行为有时并不属于执行职务的行为，例如公安机关在追捕逃犯过程中因个人恩怨将已经失去反抗能力的逃犯击毙的行为就不属于执行职务的行为。

可见，《民法通则》上的"执行职务中"的含义既包括了执行职务本身，还包括执行职务有关联的、不可分离的事项，只要在客观上、外在形式上、外部特征上，依照一般理性人的观念认为是执行职务范围内的行为，均可认定为执行职务的行为。这一观念和认知，与《国家赔偿法》上的观念基本一致。我们认为，属于职务范围的行为主要包括两个内容：一是构成职务行为的基础行为。例如公安机关违法拘留、违法罚款等等。基础行为的特点是其行为本身即是公权力机关实施的职务行为。二是与职务行为有关的关联行为。这类行为虽然不是基础行为，但是与执行职务密切相关。主要包括以下几个类型：①为执行职务而积极采取不法手段。例如，为审讯而采取的刑讯逼供、暴力殴打行为。②利用执行职务之机泄私报复。例如，利用工商机关工作人员身份多次查处与自己有嫌隙的商户。③为执行职务而放任自己的行为。例如为追捕逃犯，在人群聚集处所高速行驶致人伤亡。④在执行职务时间或者地点内实施的行为。例如，公安机关在前往某地执行任务过程中，违章撞伤他人等等。

（二）国家赔偿法上的"执行职务"的标准

根据我国《国家赔偿法》第2条的规定，国家机关和国家机关工作人员行使职权，有本法规定的侵犯公民、法人和其他组织合法权益的情形，造成损害的，受害人有依照本法取得国家赔偿的权利。参与过《国家赔偿法》制定的学者认为："国家仅对国家机关及其工作人员行使职权时的侵权行为负赔偿责任。国家机关及其工作人员与行使职权无关的侵权行为，不发生国家赔偿问题，应当由该机关或者该机关工作人员对损害后果负民事上的赔偿责任或者刑事责任。"① 也就是说，这里的"行使职权"意味着只有当致害行为是与行使职权有关的行为时，国家才能根据《国家赔偿法》的规定承担侵权赔偿责任。那么，如何认定这种相关性呢？主要有以下几个标准：

1. 名义标准。

名义标准是指公权力机关工作人员在实施具体的公权力行为时，必须以公权力机关的名义而确定的标准。名义标准可以通过公务人员身着制服、佩戴标志、出示证件、宣示身份等来进行判断，也可以根据公务人员的特殊职责、实际身份来进行综合判断。例如，根据《行政处罚法》第34条的规定，执法人员当场作出行政处罚决定的，应当向当事人出示执法身份证件，填写预定格式、编有号码的行政处罚决定书。这里的"出示执法身份证件"就是身份表明程序。但是，在特殊的情况下，"身份表明"程序可能违背职务行为实现的目标，可以不表明身份。例如缉毒警察在缉毒之前提前暴露身份，就无法完成拘捕违法人员的执法目标。在这种情况下，缉毒警察虽然没有表明身份，也不能认为其是以个人名义实施抓捕。是否是以公权力机关的名义，也要观察工作人员的实际身份，如果该"工作人员"是假冒的，即便其身着制服、佩戴标志也不能认为其在执行职务，当然也就不能由国家赔偿。

2. 时空标准。

时空标准是指公权力机关工作人员在实施公权力行为时必须在特定的时间和地点的标准。公权力机关的工作人员是否在执行职务，时间和空间是一个重要的标准，一般情况下，公权力机关是在工作时间或者特定的工作环境下实施职务行为。例如，税务机关需在特定工作时间办理相关税务；一定的行政机关须按照特定的行政区域行使行政管理权限等。当然，也不能仅仅以工作时间和工作地点为唯一标准。公权力机关的工作人员在其工作时间和工作地点内实施的侵权行为不一定与其行使职务

---

① 胡康生主编，全国人大常委会法制工作委员会民法室编著：《〈中华人民共和国国家赔偿法〉释义》，法律出版社1994年版，第5页。

有关。例如，某公权力机关工作人员甲见与自己有嫌隙的公民乙路过办公室，故意将其殴伤，不能认为其侵权行为与行使职务有关。反之，公权力机关工作人员于节假日在百货商场偶遇通缉逃犯，在抓捕逃犯时，错将其他人的贵重物品作为逃犯赃物带走，此行为就不能认为与行使职务无关。①

3. 职权标准。

职权标准是指公权力机关的工作人员必须符合相应的法律赋予的权限的标准。职权标准实际上表明的是公权力行为与受损害事实的相关性。例如，某警察发现某公民有盗窃嫌疑，而将其传唤到派出所并将其殴打致死。某警察的行为是以公安机关的名义，并且在特定的时间和地点，是否执行职务呢？有人认为，法律并没有规定警察可以殴打他人，该警察的行为是基于自己主观恶意实施的行为，属于个人行为，不应当属于国家赔偿范围。我们认为，某警察的行为实际上与执行公务具有相当的关联性，其殴打行为是该警察基于其公务员的身份实施的，虽然法律并未授权其可以殴打违法人员，但其殴打行为也是在执行职务，只不过是超越法律权限、错误地执行公务罢了。如果执行公务都是合乎法律规范的，都是在法律授予的权限内，无异于取消了国家赔偿制度。但是，如果该警察在饭店吃饭不付账发生撕扯，该警察持枪致人伤亡的。这一行为与执行职务完全无关，属于个人行为，国家不承担赔偿责任。

判断是否属于执行职务的行为，要根据上述三个标准进行综合判断，而不能仅仅依据一个标准进行判断。下面再举一个最高人民法院的批复进行分析：刘姣鸿系海南某药业公司会计。1998年7月，药业公司法定代表人莫某将该公司转让给韦某。同年7月20日，海口市公安局以莫某和韦某利用药业公司进行合同诈骗，对二人予以立案侦查，后因证据不足，检察院作出不批准逮捕决定，承办人为海口市公安局经侦支队三大队副大队长赵柏军。2000年2月28日，莫某委托刘姣鸿转让该药业公

---

① 姜明安：《论国家侵权责任的构成》，载罗豪才、应松年主编：《国家赔偿法研究》，1991年版，第41页。

司。经周某介绍，刘姣鸿以29.5万元的价格转让给金某。金某又以18万元的价格转让给郑某。之后，周某以公司股东名义借口刘姣鸿非法转让公司导致其无法经营要求退还转让费，刘不同意。同年12月，周某到海口市公安局报案，称刘姣鸿非法转让公司进行诈骗。赵柏军接到报案后，认为材料不齐，要求周某准备相关材料后再决定是否受理。2001年1月3日，周某带着4个人将刘姣鸿带到饭店吃饭。席间发生争执，周某的朋友动手殴打刘姣鸿，刘姣鸿打电话叫朋友到场。周某也给海口市公安局刑侦大队打电话，赵柏军随后带干警赶到。赵柏军向在场人员表示其在办案，要求周某和刘姣鸿等4人到公安局接受调查。赵柏军威胁刘姣鸿退钱，否则当晚就回不去。刘姣鸿表示同意可以退20万元。周某也表示同意。几天后，刘姣鸿将20万元交给周某，周某未将公司证件退还给刘姣鸿。2005年，海口市龙华区法院作出一审判决，认定赵柏军身为公安干警，利用职务之便，对周某的报案未经立案程序，滥用侦查权力，插手经济纠纷，致使他人遭受重大经济损失，其行为已经构成滥用职权罪。鉴于被告人犯罪情节轻微，免予刑事处罚，二审法院判决驳回上诉，维持原判。刘姣鸿以错误追缴为由，要求海口市公安局返还被追缴的20万元。海口市公安局认为不属于国家赔偿法规定的情形，决定不予受理。海南省公安厅亦决定不予受理。刘姣鸿向海南省高院赔偿委员会提出申请。在本案中，公安机关是否应当承担国家赔偿责任？主要有两种意见：

第一种意见认为，公安机关应当给予赔偿。理由是：其一，赵柏军的行为属于职务行为。海口市龙华区法院和海口中院的刑事裁定依法确认了赵柏军的行为属于职务行为。根据《国家赔偿法》第16条第（一）项的规定，赵柏军的行为构成了违法行使职权对财产进行追缴的特征，即违法行使职权对财产采取追缴的措施，致使他人遭受重大经济损失。其二，赵柏军的行为符合《国家赔偿法》规定的违法追缴财产的特征。从赵柏军的身份、追缴财产的地点和实施的行为来看，符合《国家赔偿法》规定的违法追缴财产。赵柏军的身份是经侦支队三大队副大队长，在接到当事人报案后，在现场对当事人表示其在办案，并将有关人员带到公安机关接受调查。刘姣鸿被迫打欠条和交款，均发生在海口市公安局这样的特定地点。其三，海口市公安局应当承担其工作人员违法行为造成损失的赔偿责任。《国家赔偿法》明确规定，行使侦查、检察、审判和监狱管理职权的机关及其工作人员在行使职权时侵犯其财产权的，受害人有取得赔偿的权利。赵柏军身为公安民警，违法行使职权，违法办案，造成他人损失，海口市公安局应当承担赔偿责任。

第二种意见认为，公安机关不应当给予赔偿。理由是：其一，赵柏军的行为不能认定为是行使职权的行为。周某报案后，公安局并未立案。赵柏军让刘姣鸿打欠条和将20万元转给周永革的行为实际上是在处理周永革和刘姣鸿之间的经济纠纷，不能认为是在办理刑事案件过程中的追缴行为。处理民事主体之间的权利义务关系属于人民法院职权范围，这种插手经济纠纷的行为已经超越了公安机关法定职权范围，赵柏军的行为不属于行使职权的行为。其二，《国家赔偿法》第16条第（一）项中"违法对财产采取查封、扣押、冻结、追缴等措施的"规定，由于赵柏军的行为不属于行使职权的行为，刘姣鸿不能以此取得国家赔偿的权利。根据《国家赔偿法》第17条第（四）项和《人民法院赔偿委员会审理赔偿案件程序的暂行规定》第16条第（四）项的规定，不予赔偿。

最高人民法院支持了第一种观点，即赵柏军的身份是公安干警，其利用职务之便，滥用侦查职权，插手经济纠纷，对涉案财产违法采取了追缴的措施，致使他人遭受重大经济损失，构成滥用职权罪。本案从当事人报案，赵柏军带领公安民警出警，追缴财产的地点和过程，均证明赵柏军的行为属于职务行为，符合《国家赔偿法》规定的违法追缴财产的情形，根据《国家赔偿法》第16条第（一）项和第20条第1款的规定，海口市公安局应当承担其工作人员违法行使职权造成损失的赔偿义务。[①] 在这里，从赵柏军的身份、执行职务的时间地点以及与执行职务的

[①] 最高人民法院《关于刘姣鸿申请海口市公安局返还追缴财产赔偿一案的复函》（2008年12月15日，[2008]赔他字第2号）。

相关性综合判断，其行为属于执行职务的行为，其所在的公安机关应当承担相应的赔偿义务。

三、执行职务行为的主要方式

致害行为可以是国家机关或国家机关工作人员积极地执行职务的行为，也可以是行政机关工作人员怠于执行职务的行为，兹分述如下：

（一）积极执行职务的行为

所谓积极执行职务的行为是指公权力机关的工作人员在行使其职务上的权力或者履行其职务上的义务，而与其执行的公务有密切关联的行为。

1. 积极执行职务行为的判断标准。

何为"执行职务"，各国的规定不尽相同，学术界持有不同的看法，法学上有主观说与客观说之别。

主观说认为，认定某一行为是否为执行职务的行为，应当重点考察工作人员主观上的意思，只要其行为的意图、目的是执行职务，就可以认定其为执行职务，缺乏这种意图、目的的，即使外人观察有执行职务之表征，也不能认定执行职务。

客观说认为，认定某一行为是否为执行职务的行为，应当重点考察工作人员的外部特征，如该行为系对执行职务有必要的行为或有助于执行职务的行为，即可认定为执行职务的行为，至于行为人的主观意图或目的在所不问。例如，在日本，对于其《国家赔偿法》第1条规定的"关于其职务之执行"的含义，有广义说和狭义说之分。狭义说认为，执行职务的行为必须与本来的职务行为表里一致，如果本来的职务行为有错误的，必然与其行为发生关系，只能是本来职务行为的半面，该行政主体应当承担责任，而与职务行为无关的私人行为以及相关联职务的行为，均非执行职务的行为。广义说认为，加害行为固然是职务行为本身，即是属于执行职务行为的手段行为，或者与职务内容有密切的关系而附随于职务行为的行为也包括在内。也就是说，只要在客观上具有执行职务的外观就已经满足。日本的学术界和实务界均采广义说。① 此外，德国和我国的台湾地区均采客观说。

主观说和客观说互有长短，都有缺陷。对于主观说而言，对于公务员的行为是否出于执行职务的意思，在司法实务中很难准确把握，也不利于保障受害人的合法权益。从立法宗旨考虑，为了保障公民、法人或者其他组织的合法权益，及时填补其因执行职务行为遭受的损害，我们似应以客观说为宜。但是，客观说也并非尽善尽美。如果仅仅以客观上、外形上判断是否执行职务，实际上就走向了形式主义，也容易无端扩大国家赔偿的范围，也使得执行职务的行为与在执行职务中挟私报复的个人行为无法准确判断。因此，在判断执行职务行为基准上，应当以客观说为基础，并结合对于行为人的主观意思的综合判断。

如前所述，判断一个致害行为是否属于执行职务的行为，首先要看是否以公权力机关的名义行使职权，履行职责的行为。如果损害事实是国家机关工作人员在执行职务以外的行为造成的，就只能构成民事赔偿责任，而不能构成侵权赔偿责任。该行为就成为个人行为、民事侵权行为、行政违法行为或者刑事违法行为。其次，正如前文所述，所谓"执行职务"，既指执行职务过程中，又指执行职务范围内。执行职务过程，是指执行职务时间上的延续性，即从执行职务开始到任务完成；执行职务范围，是指行为必须与行使职权或职责有关，执行职务的范围的大小应根据规定职务关系、职务权力及职务责任等的法律法规来确定，并非所有的执行职务的行为都是行使公权力的行为。最后，要根据行为人与受害人之间的关系、行为人的品质、行为人通常在执行职务过程中的惯常行为等对其主观故意进行判断，从而综合判断其行为是否属于国家赔

---

① 例如，日本最高裁判所1956年11月30日，就某警察纯为一己之私利，穿着制服佯装执勤，盘问被害人并以手枪击毙一案作出判决："不以公务员主观上有行使权限意思之情形危险，即在意图为自己利益之情形，客观上具备执行职务之外形，致生损害于他人时，国家或公共团体应负损害赔偿之责，用能广为维护国民之权益，此即立法之本旨。"采取的也是客观说，并与日本《民法》第44条"因执行职务"的意旨相同。转引自曹竞辉《国家赔偿立法与案例研究》，三民书局1988年版，第71页。

偿法中的"执行职务"。

2. 积极执行职务行为的范围。

积极执行职务的行为不仅包括执行职务本身的行为，还包括与职务本身有牵连关系的行为。主要的表现形式是：

（1）执行职务本身的基础行为

这种行为的性质即是执行职务本身，而非从执行职务行为中衍生出来的行为。例如，行政机关违法进行行政处罚、食品卫生监督机关公布不合格的产品名单致使利害关系人蒙受经济损失、工商行政管理机关吊销营业执照、警察在追捕逃犯时将路边零售小摊撞塌、民政机关取缔未经许可的社会团体等等。这类行为本身就是执行职务，因此造成损害的，国家理应承担赔偿责任。

（2）与执行职务密切关联的行为

这种行为在外部表现形式上，虽然并非执行职务本身，但是却与执行职务本身具有密切的关联性。例如：警察利用讯问违法嫌疑人之机，对其进行殴打、体罚等；税务机关在进行税务执法时，诱使纳税人承认不利事实；卫生监督机关工作人员因在工作场所吸烟，造成部分账簿销毁；消防警察在灭火前后，在途中违章造成交通事故等等。这些行为在客观上、外形上均具有执行公务的特征，应当承担国家赔偿责任。

（3）勤务时间、空间之外的执行职务行为

公权力机关工作人员在特定的时间和空间之外，如果从客观上、外形上可以判断为与执行职务的行为有关，国家应当承担赔偿责任。在时间方面，公权力机关的工作人员应当按照法定的上班时间，不得迟到或者早退。那么，在法定的上班时间之外的行为是否属于执行职务行为呢？不能这样理解。实际上，有关上班时间的规定仅仅是公权力机关的内部管理规范，并非发生对外效力的规范。例如，治安警察在凌晨执行取缔黄赌毒场所的行为，海洋渔政机关在午夜的巡查行为等等。从空间上来说，公权力机关工作人员应当在辖区内执行职务，但是，在特定情形下，即便是在辖区外执行的行为也可能是执行职务的行为。例如，由于山火蔓延，甲地消防警察到乙地执行灭火任务；甲地法院执行机关工作人员到乙地执行生效裁判等。这些行为均具有执行职务的身份和执行职务的外观，对此造成的损害，应当由国家承担赔偿责任。

与此相类似的还有回程行为的问题。一般情况下，公权力机关在执行职务完毕之后，可以认为法律效果已经结束，那么，如果公权力机关在执行职务完毕后，例如警察清查暂住人口、卫生监督机关查缴不达标食品后，回单位途中发生交通事故的，是否属于执行职务的行为？学术界还有不少争论。德国和我国台湾学者一般认为属于执行职务行为，日本学者则认为不属于执行职务行为。我们认为，上述行为实际上从客观上、外形上以及回程对于执行职务的必要性上等方面进行考察，应当属于执行职务的行为。

（4）超越职权的执行职务行为

超越职权是指超越公权力机关本身的权限、法律授权或者允许的范围而言。广义上，超越职权可以泛指任何违法行为，因为任何违法行为都超出法律授权之外。超越职权的行为可以体现为不同公权力机关的职权划分，例如工商机关违法对纳税人办理所谓完税证明等；可以体现为超越法律赋予的职权种类，例如交通警察将违章停车的人员，处以治安拘留，而对于违章停车者只能处以罚款；可以体现为超越法律赋予的职权幅度，例如，卫生监督管理机关具有5000元以下的处罚权，而对相对人处以10000元的罚款；可以体现为超过法定时效，例如，某项行政业务截至8月30日，公权力机关在没有正当延长事由的情况下9月3日给予办理等等。对于这种行为，判断的基准在于公权力机关是否具有一般的职务权限，只要该职务权限为一般常识和社会观念所认同的，应当认定为执行职务的行为。此外，对于受委托人超出委托权限致人损害的，应认定为委托机关的致害行为。[①]

[①] 最高人民法院《关于劳动教养管理所不履行法定职责是否承担行政赔偿责任问题的批复》（2001年7月4日，[1999] 行他字第11号）。该案同时涉及怠于执行职务的问题，可参见文后的有关内容。

（5）滥用职权的执行职务行为

滥用职权是指利用职务所给予的机会、条件，并且以执行职务的方式、手段达到非法的目的。例如，公安派出所人员在扣押违法人员的物品后，不进行登记而中饱私囊；卫生监督机关因对某饭店对其提起行政诉讼一事，经常性对饭店进行检查，顾客均认为该饭店卫生有问题而导致客源减少等等。

不属于执行职务的行为主要包括：

（1）个人行为

如果公权力机关的工作人员完全是为了个人的原因，而非执行职务的原因致人伤害的，属于个人行为。例如，某警察因怀疑其妻与某人有外遇将某人殴伤。这种行为的认定实际上涉及其主观意图的认定，因此在司法实践中表现得比较复杂。例如，警察身着制服将某人殴伤，根据客观说理论，从外形上具备执行职务特征，似应属于执行职务的行为，在处理过程中，双方的证词表明双方是因隙互殴，可以认定为个人行为。对于个人行为还可参见本书的有关阐述。

（2）冒充行为

冒充行为是指非公权力机关工作人员冒充公权力机关所实施的侵权行为。例如，某公民冒充乡镇干部对超生家庭收取"超生费"。

（3）僭称行为

僭称行为是指公权力机关工作人员本身不具有另一公权力机关的一般职务权限，而冒充具有该职务权限所为的侵权行为。例如，乡政府工作人员冒充治安警察对正在聚众赌博的人员进行处罚。这种行为与超越职权的执行职务行为的一个不同之处就在于，僭称行为一般属于明知故犯，并且在客观上、外形上明显不具有执行职务的特征，更不具有执行职务的目的；而超越职权的行为在客观上、外形上具有执行职务的特征，非经特定程序审查才能确定其超越职权，并且具有执行职务的目的，属于执行职务的行为。

（4）私法行为

私法行为是指公权力机关非基于公权力机关的身份而是基于私人的身份所为的侵权行为。例如，公权力机关向商店购买行政用物品；公权力机关违反合同约定义务拒不履行付款义务等等。

对于执行职务行为而言，列举式的方式有其明显的优势，容易为人理解，操作方便等等。但是，其缺陷更为明显，可能使对执行职务行为的理解偏向狭隘。因此，为了保障公民、法人或者其他组织的合法权益，应当对执行职务行为进行一个较为宽泛的概括。我们认为，所谓"执行职务"，应理解为除具有民事行为特征的行为以外的所有公法行为。作这样理解的理由是：第一，从一些国家的立法解释和司法判例来看，曾经有过对行使公权力的行为作狭义解释的情况。但是不久都逐步放宽了对公权力行为的解释，最后，几乎与公法行为外延相同，这是因为，无论是什么行为造成他人损害，都应当给予赔偿。不按照国家赔偿法进行赔偿就应当按照民法进行赔偿。如果将职权行为理解太窄，将会出现两个法都不能适用的空白地带，使受害人求偿无门。第二，在我国现在赔偿制度下，适用民法通则与适用国家赔偿不仅有个管辖权不同的问题，而且还有一个赔偿标准的问题。如果将行使职权的概念解释太窄，将会出现同类损害行为，造成损害，而赔偿额悬殊的情况，人为带来适用法律上的不平等。第三，从我国实际情况来看，适用国家赔偿法比适用民法通则的赔偿额低，在我国目前财力不足的情况下，扩大适用国家赔偿法的范围，比扩大适用民法通则的适用范围更有利于减轻国家财政负担。与职务无关的行为，不属于职务行为。执行职务的过程与执行职务的范围实际上是时间与空间的关系，前者是动态的，后者是静态的。仅仅与执行职务具有时间上的联系的行为，不一定是执行职务的行为。

当然，上述执行职务的行为是指国家赔偿法上的特定的"执行职务行为"的概念。与通常观念中的"执行职务行为"并不相同，后者还包括了合法的执行职务的行为，这类行为如果造成损失的，国家应当予以补偿而非赔偿。国家赔偿法上的执行职务行为是造成损害的、存在瑕疵的行为，这种行为因其损害性、瑕疵性而适用"有损害就有赔偿"的原则。

(二) 怠于执行职务的行为

所谓怠于执行职务，是指公权力机关及其工作人员不行使职务上应予行使职权的消极行为。换言之，它是职务上应予执行而不执行的消极行为。法律上的行为可分为作为和不作为两种形式。怠于行使职权的行为属于不作为的行为。此种不作为行为的认定，以公权力机关有作为义务为前提。公权力机关工作人员依其职务，如果对第三人有作为义务而不作为或迟缓履行的，就属于怠于行使职权，如果因此侵犯第三人合法权益造成损害的，国家应当承担赔偿责任。

1. 公权力机关的作为义务。

公权力机关的作为义务的来源主要包括以下几个方面：

一是法律法规明确规定的行政作为义务。法律法规明确规定的行政作为义务是行政作为义务的主要来源。法律法规明确规定的义务是指法律法规明确规定的并且能够接受司法审查的行政机关的作为义务。这类的规定主要有两种，一种是相对明确和详尽的规定。例如，婚姻法规定婚姻登记机关对当事人符合结婚条件的，应当当场予以登记，发给结婚证。明确式规定一般较为详细地规定了行政作为义务的履行条件以及对于行政不作为的救济途径等。目前，此类案件的数量较多。另外一种是概括式规定。法律对于某类行政事项采取了一揽子式的、相对空泛和抽象的规定。这种类型的行政作为义务在司法实践上非常难以认定，法院缺乏有效的判决方式。例如，某公民对于举报违法行为要求有权行政机关查处，而行政机关认为，法律规定的只是没有具体内容的"查处"，因而对相关人员进行了协调没有处罚，某公民不服此协调行为，认为行政机关不作为即是其例。法院作出的履行判决的内容是要求行政机关查处还是具体如何查处，做法不一。

二是特定行政机关的特定的行政作为义务。特定行政机关的特定义务是指行政机关由其从事某项特定公共义务而依法要求履行的一定作为义务。例如，公安机关有保护人民生命、财产安全的行政作为义务；消防机关有扑灭火灾的行政作为义务等。这些行政作为义务实际上也是由法律法规规定的，但是由于其具有的特殊性而成为独特的行政作为义务来源。这种特殊性表现在：这种行政作为义务通常涉及公民重大的健康权利和财产权利；这种行政作为义务即使没有法律规定亦应当积极行使；履行这种作为义务的行政机关通常具备其他行政机关不具备的专业和人员优势。例如，根据人民警察法的规定，人民警察的任务是维护国家安全，维护社会治安秩序，保护公民的人身安全、人身自由和合法财产，保护公共财产，预防、制止和惩治违法犯罪活动。某公民因举报行为受到人身威胁，要求公安机关提供保护，公安机关以法律没有明确规定、警力不足为由拒绝作出保护措施，结果某公民不幸遇害。本案中，公安机关作为最有能力保护公民生命安全的行政机关，其不作为行为（实质意义上）与某公民的遇害有相当因果关系，应当承担行政赔偿责任。行政机关不能因法律没有明确规定而拒绝履行作为义务。法律明确规定通常是当事人处于合法或者无辜状态（例如公民上下班途中受到匪徒劫持），对于当事人存在违法状态的保护却没有规定，此时要不要保护公民的生命、财产权呢？例如，某人因盗窃高层住宅处于急迫之中、某人扬言自杀而矗立于高层建筑物顶端等。此时，因公安机关本身的特殊行业性质，纵然法律没有规定警察在此种情形下有作为义务，公安机关亦有保护之义务。再如，大陆法系国家中普遍确立了公立医院的行政机关地位，对于生命垂危而医院要求先交钱后治疗，结果导致病人耽误治疗死亡。作为具有特定行政作为义务的公立医院应当承担相应的赔偿责任。

三是行政合同、行政承诺等契约行为产生的行政作为义务。尽管行政合同行为和行政承诺行为的性质仍然没有明确的界定，但是相关的行政案件已经逐步在增多。拒不履行、拖延履行行政合同义务、行政承诺义务已经成为司法实践中难以解决的重大问题。与法律法规规定的行政作为义务不同，行政合同中的行政作为义务通常是在订立行政合同中发生的行政作为义务。当然，这种区别不能过分强调。实际上，我国的行政合同立法大多强调通过单行法律明确授予行政机关签订行政合同权的倾向。① 但是，现代国家一般强调行政合同的合同功能，即除法律对于缔约有特别的限制外，对于符合行政目标且属于公权力范畴的事项，均得允许缔结行政合同。此谓行政合同的容许性②。司法实践中亦有相关的案例出现。行政承诺实际上不是一个学术上的专有名称。在合同法理论中存在要约和承诺两个阶段的过程。但是在行政法学上，行政承诺既可以由相对人的申请产生，也可以由行政机关的单方行为作出。例如，税务机关发布公告对举报偷税漏税行为的公民给予奖励。行政机关的此种行为非常类似民法上的要约邀请，但在行政法上这种行为通常被认为是公民只要有属实的举报行为，行政机关的承诺就应当兑现。否则也属于行政机关的不作为。行政机关的这种义务是基于契约或者合意产生的。值得注意的是，这里的契约性义务并不包括行政机关签订的民事合同。

四是先行行为引起的行政作为义务。所谓先行行为的义务是指行政机关因自己的行为导致产生一定危害结果的危险而负有采取积极措施防止危害结果发生的行政义务。与一般的被诉行政行为的审查标准不一样，对先行行为的审查不在于此行为是否违法，而在于先行行为产生的结果是否超出了合理的范围并且增加了行为之外的危险。先行行为即使合法，也存在防止危险发生的行政义务。例如，行政机关依法拆除违章建筑，使用爆破手段对周围的房屋造成了损害而产生的恢复原状的行政义务；公立医院的医生在救治过程中发现病人情况严重而放弃治疗而产生的继续治疗的义务。也有一部分先行行为是由于违法行为产生的。例如，公安机关违法采取限制人身自由措施后发现违法，将受害人置于离限制人

---

① 例如，根据《城市房地产管理法》，土地使用权的出让可以采取双方协议的方式。再如，《城镇国有土地使用权出让和转让暂行条例》第 11 条授权市、县人民政府管理部门与土地使用者签订土地使用权出让合同。

② 例如，德国《行政程序法》第 54 条规定："公法领域的法律关系可通过合同确立、变更和撤销（公法合同），但法律规定不准许时除外。对利害关系人本应作出行政行为的，行政机关亦可与之签订公法合同以代替行政行为。"

身自由地点几百公里的派出所等。先行行为在行政法学上，尤其是行政诉讼法学上是一个不易理解的概念，主要是由于传统的行政诉讼法学主要研究行政机关的合法性问题，即主要判断行政机关是否在法律法规规定的范围内行事，对于行政机关其他的行政义务如对危险源的监督义务等缺乏关注。由先行行为导致的危险源监督义务主要包括三个方面：一是危险的先行行为产生了对他人的危险，对于此种危险，先行行为人有消除的义务；二是对于公权力管理范围之内的危险源，可产生危险源监督义务的产生；三是行政机关对于受其监督人的行为进行监督的义务。由先行行为导致的危险源监督义务主要是第一种情形。

五是信赖利益引发的行政作为义务。信赖利益是行政法学上的重要概念，主要是指公民基于对行政机关的公益性和作出行为的先定性而产生的合理期待和信赖。信赖利益实际上来源于民法上的诚信原则，诚信原则被目为实现公平正义的最高指导原则。这种诚信是基于民事主体之间的平等关系和意思自治。行政法上的信赖原则是基于一个假定，行政机关是公益的代表。公权力的设置要求将公民对于行政机关的信任置于头等位置。当然，信赖利益本身不是行政义务，而是因信赖利益而产生的给付义务和附随义务。这种附随义务不是双方义务，而是单指行政机关的单方义务。行政诉讼是相对人不服行政机关的行为而提起的，因此，不可能出现行政机关认为相对人的行为违反信赖利益的问题。行政机关与相对人之间发生法律关系后，行政机关即负有作为义务和不作为义务。该义务可以分为给付义务和附随义务。给付义务可以分为主给付义务和从给付义务。附随义务可以分为解释义务（包括解释义务、通知义务、指示义务、建议义务、开导义务、公开义务和警告义务等）、保护义务（包括保守秘密义务、竞业禁止义务、检查义务等）。信赖利益通常是基于行政机关的作为行为而产生的。例如，行政机关核发了行政许可证照，次年年审时，行政机关无故拒绝年审；行政机关已经准许相对人通过竞争方式从事某项独占性活动，后行政机关又准许其他相对人进入该领域，公民要求排除此妨碍，行政机关予以拒绝。行政机关在作出某项行政行为时，与相对人之间已经形成了信赖。行政机关对于公民合法的信赖利益负有作为之义务，例如正常情况下应当予以年审等。

2. 怠于执行职务行为的认定。

（1）怠于执行职务

一般来说，"怠于执行职务"可以分为拒绝履行和不予答复两种形式。从原理上讲，所谓"拒绝履行"是一种明示的作为行为，因此，拒绝履行实际上是一个否定性的公权力行为。但是，这种拒绝履行的"作为"行为又与通常的作为类的行为有着较大的不同。因为从利害关系人的角度而言，拒绝履行的法律效果和不予答复的法律效果几乎没有什么区别，因为利害关系人得到的都是"零"。从这个意义上讲，我们赞同有的学者提出的"拒绝履行"是形式上的作为，实质上的不作为的观点。所谓"不予答复"是一种在形式上和实质上都不作为的情形。在形式上，公权力机关并未对利害关系人作出任何有意思表示的行为；在实质上，公权力机关没有作出任何具有法律约束力的行政行为。一般而言，利害关系人向公权力机关提出申请之后，公权力机关不予答复的情形主要包括：①完全置之不理。即公权力机关对于利害关系人的申请没有任何意思表示或者超过法定期限之后仍然没有答复。②不完全答复。即公权力机关对于利害关系人的部分申请作了答复，部分申请没有答复。③拖延答复。即公权力机关对利害关系人的申请超过法定的期限答复。④推拖答复。即公权力机关以办事人员不在或者正在研究等为借口，对利害关系人的申请不予实质性的答复。⑤无价值的作为。即公权力机关在受理申请或者依法应当主动作为的情形下，虽然在相应的时限内积极作为，但是该作为行为不利于申请人或者对于受保障的公民、法人或者其他组织的合法权益并无积极贡献，属于无价值的作为，这种无价值的作为其实质仍然是不作为。

（2）作为义务保护的利益

国家赔偿法上的有作为义务，须为第三人（受有损害的人）的利益而设，其目的是保障和增进第三人的利益。如果该作为义务旨在增进和保护社会公益，虽然个人因该作为也可得到某种间接利益，不能因国家机关不执行该作为，而认定为怠于行使职权。例如：公证员错证经第三人申请，公证机关就负有撤销义务；法院执行错误经第三人（此处指案外人）申请，法院就负有执行回转义务。这种义务就是专为第三人而设定的义务。国家计划在几年内建成10个大庆，届时未建成，企业（果能建成的放射利益的受益者）不能因此请求国家赔偿；某市计划在一定期限内修建市区防护（风、沙）林，该市居民不能因计划迟迟未实施而诉请赔偿。这里作为义务只在保护或增进社会公益，此种作为义务不能认定是国家赔偿法上的作为义务。个人不能因国家机关的不作为而请求赔偿。作为义务如果既保障社会公益，又保障个人权益，亦可认定系国家赔偿法上的作为义务。例如：夜班女工途中遭受抢劫之际呼求警察救助，警察置若罔闻而不加制止，此种情况下警察当然作为义务而怠于作为，受害女工即可请求国家赔偿。

3. 不作为赔偿制度的完善。

最高人民法院的司法解释已经明确了部分公权力机关对于怠于执行职务的国家赔偿责任。例如，在"刘元林因劳教所不履行法定职责致死"一案中，最高人民法院表明了上述观点。在该案中，刘元林为重庆市西山坪劳教所人员。劳教人员付庆（受戒毒大队整训队管理干部委托担任整训组组长）以刘元林进门未喊报告为由，采取铁水管打、铁鞭子抽、拳打脚踢的方式对刘元林进行不间断地殴打，后因故停止殴打。之后，付庆等人继续殴打刘元林3小时至不能动弹。当晚，管教干部查房发现刘元林表情痛苦，急送医院抢救无效死亡。法医鉴定刘元林属于受暴力打击衰竭而死。对于劳动教养管理所是否承担行政赔偿责任，有关人士存在两种不同意见：一种意见认为，劳教所不存在不作为，因为被告提供的规章制度和值班登记等书面材料证实，劳教所进行了巡逻和不间断的直接管理。即便存在不作为，法律规定只有具体行政行为造成的损害才予以赔偿，没有明确规定对不作为行为造成的损害予以赔偿。另一种意见认为，劳教所存在不作为，应当承担赔偿责任。虽然从表面上被告提供的规章制度和值班登记表上看被告履行了法定职责，但是从舍房放有铁水管、铁鞭子等物品以及饭前点名没有及时发现等情况来看，劳教所存在一定的失职行为，对这种失职行为应当追究责任，包括赔偿责任。最高人民法院支持了第二种意见。即，重庆市西山坪劳动教养管理所未尽监管职责的行为属于不履行法定职责，对刘元林在劳动教养期间被同监室人员殴打致死，应当承担行政赔偿责任。人民法院在确定赔偿的数额时，应当考虑重庆市西山坪劳动教养管理所不履行法定职责的行为在造成刘元林死亡结果发生过程中所起的作用等因素。[①] 最高人民法院在有关怠于执行职务承担国家赔偿责任的另外一个重要的司法解释中重申了这一观点，即由于公安机关不履行法定行政职责，致使公民、法人和其他组织的合法权益遭受损害的，应当承担行政赔偿责任。在确定赔偿的数额时，应当考虑该不履行法定职责的行为在损害发生过程和结果中所起的作用等因素。[②] 该批复为因公安机关不履行法定职责引发的行政赔偿提供了法律依据。[③] 当然，也有的学者对该两个批复中的"考虑因素"的提法提出质疑。该学者认为，上述答复中"考虑因素"实际上体现的是过错责任原则，与《国家赔偿法》规定的"违法原则"并不一致。而且，在这种情况下，如果劳教所等公权力机关巡查次数增多的情况下仍然导致被害人死亡的，公权力机关可以上述考虑减轻或者免除赔偿责任，也就是考虑公权力机关不作为行为在被害人被殴打致死过程和结果中有无过错或者过错大小来承担责任。在司法实践中可能出现由于各方因赔偿数额再起争执，从而导致受害人的损害无法得到及时赔偿。[④] 我们认为，《国家赔偿法》修订之后，归责原则已经从违法原则修订为多元的归

[①] 最高人民法院《关于劳动教养管理所不履行法定职责是否承担行政赔偿责任问题的批复》（2001年7月4日，[1999] 行他字第11号）。

[②] 最高人民法院《关于公安机关不履行法定行政职责是否承担行政赔偿责任问题的批复》（法释 [2001] 23号，2001年6月26日最高人民法院审判委员会第1182次会次通过，自2001年7月22日起施行）。

[③] 孟昭阳、曹作义：《公安机关不履行法定职责行政赔偿问题研究》，载《中国人民公安大学学报》2003年第3期。

[④] 陈小珍：《违法的行政不作为及其国家赔偿》，载《湖南行政学院学报》2003年第3期。

责原则,并且过错原则与违法原则也并非完全排斥,上述的"考虑因素"也仅仅是法院在审理此类案件中的酌定情节而已。

但是,由于最高人民法院的批复只能针对具体的案例,对于劳动教养所、公安机关之外的公权力机关的行为还没有统一的规定。在修订《国家赔偿法》时,一些学者和实务界人士均主张参照最高人民法院司法解释的规定对不作为的赔偿问题作出规定。[①] 主要理由是:第一,不作为赔偿有利于树立诚信政府、责任政府的形象,有利于社会稳定。近年来,由于行政监管不作为导致的矿难事件、奶粉事件、面粉事件等不仅对人民群众的生命权造成了严重损害,也对政府的公信力造成了极大的冲击。如果不树立不作为赔偿,而仅仅通过法外补偿的方式,无助于问题解决,无助于社会的和谐稳定。第二,不作为赔偿有利于促进公权力机关依法行使职权和履行公共义务。不作为赔偿对于促进公权力机关严格依法办事,真正做到有法可依、有法必依、执法必严、违法必究,作用不容忽视。第三,不作为赔偿具有法律和司法解释的依据。不作为造成的损害属于《国家赔偿法》规定的"行使职权侵犯公民、法人和其他组织的合法权益造成损害"。《行政诉讼法》规定的"申请行政机关履行保护人身权、财产权的法定职责"实际上也确立了不作为诉讼和不作为赔偿诉讼。有的学者还就如何完善不作为赔偿提出主张,认为应当将不作为赔偿问题在《国家赔偿法》总则中予以明确;在分则中对不作为赔偿从侵权要件、举证责任分担等方面进行区分;明确不作为赔偿应当坚持"穷尽性原则",即只有在相对人对由此不作为引起的损失在第三人无法求偿的情

[①] 例如,孙运利:《论行政不作为的国家赔偿责任》,载《山东公安专科学校学报》2003年第1期;黄垣:《论不行政作为的国家赔偿责任》,载《黑河学刊》2008年第3期;刘柏平:《论行政不作为违法的国家赔偿责任》,载《浙江公安高等专科学校学报》2002年第4期;曹建章:《行政不作为及其国家赔偿责任》,载《甘肃政法学院学报》总第58期(2001年9月)等。极少数的意见认为,不作为可能是公权力机关在处理特殊事件过程中一种特殊处理方式的选择,法律应当允许公权力机关享有这种选择权。或者即便规定,也应当作严格的限制。

况下才可以向国家请求赔偿。① 最高人民法院在《法院建议稿》中也曾建议将原《国家赔偿法》第 3 条增加一款："行政机关及其工作人员怠于履行职责，侵犯公民、法人和其他组织的合法权益的，受害人有取得国家赔偿的权利"，第 7 条第 1 款修订为"行政机关及其工作人员违法行使职权或怠于履行法定职责侵犯公民、法人和其他组织的合法权益造成损害的，该行政机关为赔偿义务机关。"但是，由于本次修订没有涉及赔偿范围部分，有关内容的完善可能留待下次进行修订或者通过司法解释予以进一步明确。但是，全国人大法工委国家法室副主任武增在就《国家赔偿法》修订问题回答记者提问时说："关于行政机关不作为要纳入国家赔偿法，我们在修改过程中，也听到了这个意见。现在《国家赔偿法》第 3 条关于行政赔偿的范围，没有出现不作为不纳入国家赔偿的范围这个字眼，但是并不是说国家行政机关不作为的行政行为已经构成违法的，不属于赔偿范围。你可以看一下国家赔偿法第 3 条第五项，就是造成公民身体伤害或者死亡的其他违法行为，这里面就可以包括不作为构成违法的情形，可以适用这一条款。为什么在国家赔偿法中没有作出明确规定？主要是考虑到行政不作为在实践中情况非常复杂，首先是要行政机关有作为的义务，并且可以行使职权，这是行政机关作为的一个前提。行政机关不作为有一些限定的条件，在法律中规定比较困难，所以在条文中没有明确表述。对于具体案件，司法实践中如果遇到这种情况，行政机关的不作为已经构成了违法，那么还是要承担赔偿责任的。在国家赔偿法实施过程中，以前我们也看到已经有了这方面的案例。"可见，立法机关对于不作为行为的赔偿责任是认可的。

4. 需要注意的几个问题。

在司法实践中，在认定不作为赔偿时应当注意以下几个问题：

一是不能将是否申请作为不作为成立的必要条件。不作为可以分为

---

① 杜国强：《行政不作为的国家赔偿问题初探》，载《西安石油大学学报》（社会科学版）第 15 卷第 4 期；薛雨：《行政不作为之国家赔偿》，载《天水行政学院学报》2007 年第 1 期（总第 43 期）。

依申请的不作为和依职权的不作为。对于依申请的不作为的赔偿自无异议。值得讨论的是对于依职权的不作为是否亦应以申请为要件。我们认为，将申请作为不作为成立的条件既忽视了不作为的种类划分，同时也忽视了司法实践中大量存在的依职权不作为的致害行为。例如，行政机关具有监管职能而不履行相应职能导致公民遭受损害、警察路遇劫匪抢劫而视而不见、消防机关遇火警而无动于衷等等，此时，公权力机关应当积极作为而不作为造成受害人合法权益遭受损害的，属于不作为赔偿范围。

二是在司法实践中，在法律、法规赋予公权力机关自由裁量权时，怎样认定怠于执行职务？有人认为，对于属于公权力机关自由裁量范围的事项，是否行使该职权（履行该义务）公权力机关有完全自主权，无论是履行还是不履行造成的损害，都不应当赔偿。美国联邦侵权赔偿法第2680节列举的国家不予赔偿的事项中，就包括了行使裁量的情况。美国对行政机关或其职员行使自由裁量权的行为或不作为不负责任，目的在于避免当事人和法院利用损害赔偿之诉，干涉行政机关的职权。日本法院在实施《国家赔偿法》20年之前，也一直认为"公共官员的自由裁量决定只是简单的正确或错误，不涉及违法与否，因此，法院拒绝判定后来证明是不正确或鲁莽的自由裁量决定违法，这些自由裁量决定不会使国家承担赔偿责任"。我们认为，公权力机关行使自由裁量权并非是指公权力机关对于属于其裁量的是否具有完全的裁量权限，而不顾社会公益和公共目的的实现。对于公权力机关的自由裁量行为原则上不产生违法的问题，但是，如果该裁量行为具有显失公正或者极度不合理的情形时，不能排除不作为赔偿。"具有显失公正或者极度不合理的情形"是指：国家工作人员如行使裁量权即可避免有关人员生命、身体或财产的危险或损害，却以自由裁量权为借口不予行使，不采用这一最适当的解救方法，此种不作为就可以认定为"具有显失公正或者极度不合理的情形"。

三是在下列情形下公权力机关可以免除赔偿责任：第一，由于不可抗力致使相应的公法义务无法履行的。例如，由于山洪暴发无法及时赶到出事地点导致损害后果的发生。第二，已经通过其他途径获得相应的赔偿。例如，受害人因遭受他人殴打报警，警察未及时出警，事后受害人已经获得全部的医疗费用。第三，损害后果全部或者部分是由受害人或者第三人的过错造成的。受害人因邻居纵火要求消防机关及时到现场，后消防机关未能及时到现场，导致受害人财产遭受损失，对于由于邻居的纵火行为导致的损害部分，主要应由纵火者承担。

第十章　因果关系及其认定

因果关系所要回答的问题是：损害结果是由谁的行为或物件所造成的。任何损害结果的发生必由一定原因所致。如果某一行为或物件是损害结果发生的原因，或者说引发或导致了损害结果的发生或扩大了损害结果，则行为人或物件所有人就有可能承担损害赔偿责任。反之，如果某一损害结果的发生与某一行为或物件不具有内在联系，或者某一行为或物件不是损害发生的"相当条件"或者"实质要素"，则该行为人或物件所有人就不能对该损害结果承担赔偿责任。[1] 在所有国家赔偿责任构成要件中，因果关系是一个最不可或缺的要件。即是说，所有建立国家赔偿责任制度的国家，不论是适用过错责任归责原则，或是适用违法责任原则，还是适用结果责任原则等，都无一例外地将因果关系作为国家承担赔偿责任的构成要件。这是因为，没有一个国家敢于宣称，国家可以对不是由于它所隶属的机关或机关工作人员的职务行为造成的损害承担责任。但是，因果关系也是国家赔偿责任构成要件中最为复杂的问题。

第一节　因果关系概述

对于因果关系，在哲学上"没有哪一个著名的科学家和哲学家不讨论因果问题，不过不同的见解可能有好几百种……甚至还没有一个人把这个问题说透彻了"，[2] 在法学上"已经有甚多杰出学说作此研究，依然

---

[1] 江必新：《国家赔偿法原理》，中国人民公安大学出版社1994年版，第96页。
[2] 张志林：《因果关系与休谟问题》，湖南教育出版社1998年版，第11页。

不能提出解决问题之一般方法。因果关系可能是一个不解之问题"。① 但是，无论是大陆法系还是英美法系，任何侵权责任的成立必须以因果关系的存在为前提，同时，在侵权责任成立后，因果关系又直接影响到损害赔偿范围的确定，"因果关系是侵权行为及损害赔偿法的核心问题"，② 国家赔偿法上亦是如此。研究因果关系的第一步是区分哲学意义上的因果关系和法学意义上的因果关系，第二步是区分事实上因果关系（causation in fact, factual causation）和法律上因果关系（causation in law, proximate cause）。

一、哲学意义上的因果关系

因果关系最初是一个哲学概念。原因和结果是唯物辩证法的一对基本范畴。这对范畴以及因果关系概念反映的是事物、现象之间的相互联系、相互制约的普遍形式之一。无论是在自然界，还是在人类社会中，处在普遍联系、相互制约中的任何一种现象的出现，都是由某种或某些现象所引起的，而这种或这些现象的出现又会进一步引起另外一种或一些现象的产生。在这里，引起某一现象产生的现象叫原因，而被某些现象所引起的现象叫结果。客观现象之间的这种引起和被引起的关系，就是事物的因果关系。

对于因果关系的研究一直是哲学上的一个重大课题。在很早的古代哲学中就已出现了原因与结果的概念，探求事物的因果关系被哲学家们视为最高目标，试图寻找物质世界普遍存在的事物发展的一般规律。古代的中国哲学和希腊哲学都不乏对因果关系的认识和见解。我国古老的《周易》就认为世界事物的生灭发展均由"爻"和"卦"决定，体现了因果决定论的思想。《墨经》开篇所说的"故，所得而后成也"，③ 指的

---

① （台）曾世雄：《损害赔偿法原理》，中国政法大学出版社 2001 年版，第 112 页。
② （台）王泽鉴：《侵权行为法》（第一册），中国政法大学出版社 2001 年版，第 187 页。
③ 根据《墨经校诠》的解释，"此文所谓故，即因果之因也。凡事有因而后有果，得因而后成果，故曰'故，所得而后成也'"。高亨：《墨经校诠》，科学出版社 1958 年版，第 31 页。

就是一切事物皆先有原因而后有结果的因果关系。我国古代法律上也有因果关系的规定,早在公元前11世纪至公元前841年的西周成、康年间,人们就创造了以时间来推定加害行为与伤害或死亡之间的因果关系的保辜制度,将因果关系的判断标准设定为一定期限的时间,使犯人只对自己的行为负责。[1] 保辜制度在我国历史上影响深远,《汉律》、《晋律》中都有规定,《唐律》中更有详细的规定,其内容为以后各朝代沿袭。[2] 在古希腊哲学史上,亚里士多德的"四因说"因果论代表了古希腊因果思想的最高水平。他将原因分为质料因、形式因、动力因和目的因,并将这四种原因划分为两类:第一类为质料因,是说明事物的最终根据,可谓为内因;第二类为形式因、动力因和目的因,可归为外因,这一划分已经涉及了事物的内因和外因两个方面。[3] 亚里士多德最有价值的因果思想在于其认识到了原因的多样性,并正确分析了内因和外因之间的关系。

近代以来,因果思想的发展主要体现在西方哲学中。各国法学因果关系理论深受近代以来西方哲学中因果关系理论的浸染,特别是深受休谟(Hume)因果关系学说、密尔(Mill)因果关系学说和辩证唯物主义的因果关系学说的影响。休谟认为,因果关系本质上是一种主观的东西或心中的经验关系,而不是事物或对象本身间的客观关系或性质。密尔是法学家们在阐述因果关系时总会提及的为数不多的几个哲学家之一,[4] 侧重于因果关系的逻辑形式,更多地触及了法律视角中的因果关系问题,区分了原因和条件,认为原因包括事件和持续的状态,包括作为和不作为,分析了因果关系的充分条件和必要条件,发展了复合因果关系,为

---

[1] 保辜就是保留其罪名,等待时间的检验,如果在规定的时限内发生结果的,有因果关系,在时限外发生结果的,则没有因果关系。蔡枢衡:《中国刑法史》,广西人民出版社1983年版,第207-208页。

[2]《唐律》规定:"诸保辜者,手足殴伤人,限十日;以他物殴伤人者,二十日;以刃及汤火伤人者,三十日;折、跌肢体及破骨者,五十日。限内死者,各以杀人论。其在限外及虽在限内以他故死者,各依本殴伤法。"

[3]《古希腊哲学》,中国人民大学出版社1989年版,第421-424页。

[4] H. L. A. Hart and Tony Honoré, Causation in the Law, 2nd ed., Oxford University Press, 1985, pp. 20-21.

法学因果关系学说提供了哲学基础。① 在辩证唯物主义的因果关系学说中，因果关系是客观、相互作用、普遍联系和规律性的，并且有严格的时间顺序性。唯物辩证法的因果关系学说主要体现在马克思主义的因果观中，恩格斯继承了黑格尔的辩证法上的因果关系，并加以发展出唯物辩证法的因果关系学说。马克思主义的因果关系学说对我国法学因果关系学说特别是必然因果关系学说影响至深。

二、法学意义上的因果关系

法学上研究因果关系的目的，在于确定法律责任的构成，不是要将其进一步抽象，上升为哲学的概念，而是将哲学上的因果关系具体化，应用于法律责任的特定的个别场合。法学上因果关系的概念，正是这样一种从哲学概念到法学概念的发展结果，是哲学概念在法学原理中的具体应用。国家赔偿责任构成中的因果关系要件，就是国家赔偿法中的因果关系。它指的是国家侵权行为等作为原因，损害事实作为结果，在它们之间存在的前者引起后果，后者被前者所引起的客观联系。

两大法系的学理和实务中大多采用对因果关系进行双重考察的模式，即对因果关系先从事实角度进行考察，再从法律角度进行评判。事实因果关系与法律因果关系的二元划分发端于英美法系并且长盛不衰。大陆法系的因果关系学说纷繁复杂，但在考察方法上实质上也是采二分法的模式（比如相当因果关系说中"条件关系"和"相当性"的划分），就如冯·巴尔教授所考察的，"无论欧洲各国法院的判决如何评价此类表达的优劣，可以且必须（在事实上的或自然科学上的）因果关系和（法律

---

① ［英］布利特、瓦勒著：《刑法教程和案例》（英文版），1978年版，第145页。转引自周佳念《因果关系的限制与扩张——一种检讨侵权归责体系的视角》，中国人民大学2003年博士学位论文，第52页。

上的）可归责性之间加以区分却也成为它们内在的信念"。①

（一）大陆法系学说

大陆法系的因果关系学说在德国发展得最为充分，其他各国受其影响深厚，德国法在因果关系的判断标准上发展出了众多的理论，如必然条件理论、效果理论、条件等同理论、相当因果关系理论、法规目的理论、危险范围理论等，但依德国法通说，在理论的考察方法上可以将侵权法因果关系分为两种：一种是责任成立的因果关系，另一种是责任范围的因果关系。

责任成立的因果关系是指可归责的行为与权利受侵害（或保护他人法律的违反）之间具有因果关系，其要断定的是权利受侵害是否因其原因事实（加害行为）而发生，属于构成要件范畴。比如，乙死亡是否因甲下毒，乙身体受侵害是否因饮用甲公司制造的汽水，乙流产是否因目睹甲撞死其爱犬等。责任范围的因果关系是指权利受侵害与损害之间的因果关系，属于损害赔偿范畴，涉及法律上的价值判断，其要解决的是因权利受侵害而生的损害，何者应归由加害人负赔偿责任的问题。比如，甲驾车撞伤乙，乙支付医药费，住院期间感染传染病，家中财物被盗。在此案中，乙支付医药费，住院期间感染传染病，家中财物被盗等损害与乙身体健康被侵害是否具有因果关系。②

责任成立因果关系的实质是初始损害因果关系，一旦该因果关系成立，则责任构成要件得到满足。责任范围因果关系的主要功能是解决后续损害与先前行为是否具有因果关系，如果存在后续损害，则需对该损害与加害行为间的因果关系再行考察，然后确定该损害是否属于责任范围。③ 若侵害本身就是损害，这种区分不必要也不重要，但在更多的情况

---

① 在冯·巴尔教授看来，违反义务对损害结果的可归责性实际上就是因果关系；他还认为一些欧洲国家的法院甚至将事实上和法律上因果关系的区分超越了实体法的界限而延及至程序法。参见［德］克里斯蒂安·冯·巴尔著：《欧洲比较侵权行为法》［下］，焦美华译，张新宝审校，法律出版社2001年版，第527、555页。

② 参见（台）王泽鉴：《侵权行为法》第一册，中国政法大学出版社2001年版，第189－191页。

③ 张新宝：《侵权责任构成要件研究》，法律出版社2007年版，第305－306页。

下，权利侵害和实际损害是单独的事件，就必须对它们确立因果关系。[1]

（二）英美法系学说

英美法上将因果关系划分为事实因果关系（causation in fact, factual causation）和法律因果关系（causation in law, proximate cause），这种划分不仅在英美法的理论上被广为认同，在判例法的实务中也被广泛适用。事实因果关系主要反映的是一种自然的因果关系（natural causation），法律因果关系主要展现的是一种法律上的或更确切地说是政策上的因果关系（legal policy），所起的作用是限制责任，使行为人在既合乎人情又合乎法理的范围内对自己的行为承担法律责任。事实因果关系要解决的是经验上的问题，法律因果关系要解决的则是观念上的问题。[2] 与大陆法系类似的是，英美法以事实因果关系决定责任的成立，以法律因果关系确定损害赔偿的范围。

事实因果关系主要是从事实角度观察加害人的行为与受害人受到损害之间的客观联系，是要确定所有产生损害结果的原因，即判断一个行为是否属于损害的必要条件，缺乏事实因果关系，就缺乏归责于责任人的依据，所起到的是确认作用。在这一层因果关系的判断中，可以主要适用哲学上因果关系的判断原则。寻求事实因果关系，其过程乃是从已经发生的损害结果出发，逆向探析导致产生该结果的具有原因力之事实。在司法实践上一般通过"若无，则不（but-for）"或"必要条件（sine qua non）"标准，"重要因素（material element）"或"实质因素（substantial factor）"标准去追寻事实因果关系。

法律因果关系是指在确定加害行为与损害结果之间存在事实因果关系的前提下，加害人是否应当承担损害赔偿责任以及承担多大范围的赔偿责任的问题。这实质上是法律对加害行为与加害结果之间的因果关系所作的价值判断，基于法律政策的需要将一部分事实因果关系排除在责任范围之外，即排除无需承担责任的主体或者无需由责任主体承担的损

---

[1] J. Spier, Unification of Tort Law: Causation, Kluwer Law International 2000, p. 64.
[2] Richard A. Epstein, Torts, 中信出版社 2003 年影印版，第 248 页。

害，所起到的是限制作用。"如何决定最近原因或遥远的损害，没有确定的原则可供参照，而是基于案件事实，综合逻辑、常识、正义、政策与判决先例等考量而进行判断。"[1] 也正因如此，法律上原因的判断在美国侵权行为法上被理解为与因果律无关，而系责任负担问题。[2] 英美法学者主要提出了直接结果说（direct consequence theory）、可预见性说（foreseeability theory）和危险性说（risk theory）等作为检验法律因果关系的标准。

第二节　认定因果关系的一般理论[3]

早在古罗马时代，因果关系在侵权责任归责领域中的地位便已确立，近代社会以后法国率先将因果关系作为侵权责任构成要件明确规定在其《民法典》第1382条至第1386条中，新近的《欧洲侵权行为法草案》也将因果关系单列为第四章，分三条加以界定。在19世纪中期以前，社会、经济生活比较简单，在此基础上形成的侵权形式相对单一，这一时期的侵权法因果关系理论一直被过错理论的研究所淹没，并依附于哲学上因果关系理论的研究成果。19世纪中后期，工业革命推动社会文明的迅速发展，现代工业事故和其他事故大量涌现，社会关系包括法律关系日趋复杂化和多样化，"在侵权行为法上最困扰法院与学者的因果关系"[4] 日渐受到理论界和司法实践的关注，各种学说呈现出异彩纷呈的景象。

一、大陆法系的因果关系理论

（一）条件说

认定侵权法因果关系的最古老学说之一是条件说，又称等值说

---

[1] Richard A. Epstein, Cases and Materials on Torts, 7th ed., 中信出版社2003年影印版，第480页。
[2] Richard A. Epstein, Cases and Materials on Torts, 7th ed., 中信出版社2003年影印版，第122-123页。
[3] 本节内容主要参见梁清《论原因力》，中国人民大学2008年博士毕业论文，第52页以下。
[4] See John G. Fleming, The Law of Torts (8th ed.), The Law Book Company Limited, 1992, pp.192-193, "Causation has plagued courts and scholars more than any other topic in the law of torts".

（equavalence theory, equivalenztheorie），它以哲学上的因果关系为基石推断损害的原因，有着哲学因果关系的明显印记，认为凡是引起损害结果发生的条件都是损害结果的法律上的原因，一切条件对结果事实的发生都一样，不必进行主要条件和次要条件的区分，但凡条件都是平等、等价的。此说最初起源于罗马法。现代条件说由奥地利刑法学家格拉塞（Glaser）最早提出，并经德国学者冯·布瑞（Von Buri）在此基础上于19世纪70年代正式创建，后为德国刑法学者李斯特、斯托斯等学者极力倡导，并为侵权法领域的学者和法官所接受。一些国家的民法典如葡萄牙《民法典》采纳了这一学说，该法第563条规定："损害赔偿之债仅仅存在于这种情况，即假使没有侵害行为，受害人就不会遭受损害。"[①]

条件说的主要特征在于认为一切条件都是平等的、等价的，无论该条件是单一的还是复数的，无论该条件是直接的还是间接的，无论该条件是起主要作用还是起次要作用，无论该条件是偶然的还是必然的。任何情形之下，不管是否有受害人本人因素的影响，不管是否有第三人因素的加入，不管是否有自然因素的介入，所发生的事实结果的价值都不受影响，因而所有条件都具有同等的原因力。可见，条件说只注重对事实因果关系的判断，主张"条件有同等价值（任何一个条件都可以做原因）和原因有同等意义（原因不能有大小之别）"，[②] 不区分原因与条件，认为各种可能造成损害的行为等在法律上是等值的，具有相同的原因力。条件说中因果关系的性质是客观性、事实性的，以必然性的判断为基础。

在过错责任的情况下，不区分原因力，并不一定会当然地扩大责任的范围，因为在确定因果关系之后，还要运用过错来检验行为人是否应当承担责任。但在无过错责任中，加害人的过错并不是侵权责任的构成要件，如果运用条件说，认定凡是引起损害结果的条件都具有原因力，

[①] 参见王利明《侵权行为法研究》上卷，中国人民大学出版社2004年版，第400页。
[②] 张绍谦：《刑法因果关系研究》（第二版），中国检察出版社2004年版，第124页。

就会过度扩大责任主体和赔偿的范围。[1] 条件说曾在相当长的一段时间内占据着主流学说的地位，但由于其"所有条件的原因力相等"的主张不当扩大了侵权责任的范围，在损害的分担方面无所作为，所以，就因果关系的存在与否而言，条件说只具有第一阶段即责任成立因果关系判断上的意义，最终还需要结合其他标准进行考虑。与刑法上继续奉行条件说所不同的是，目前大陆法系各国的侵权法理论和实务大多不再坚持单一的条件说，而是通过其他学说对其加以限制和修正，使原因与条件、各原因之间的原因力区别开来，以公正地确定责任和分担损害。

(二) 原因说

为矫正条件说的弊病，19世纪末德国学者库雷尔（Kohler）首创了原因说，即原因、条件区别说。各国学者们根据原因与条件的不同区分标准又对原因说提出了多种主张，包括必要条件说、直接条件说、优胜条件说、最后条件说、最有力条件说、原动力条件说、反则条件说等学说。原因说主张对原因和条件应加以严格区分，仅承认原因与结果之间存在因果关系，不承认条件与结果之间具有因果关系。这种理论的主要内容在于：原因是对结果的发生有重要贡献的条件，而其他条件则对结果的发生只起到背景的作用，无直接贡献，其仅仅为条件，不具有对结果发生的原因力。[2] 例如，哈特和奥诺尔就认为，原因是指一组必然导致结果发生之所有条件中的一项条件，其他条件则为单纯条件。[3] 只是原因条件与结果之间才有因果关系，而单纯条件与结果之间无因果关系。[4] 该学说自创立以来逐步取代条件说，为德国等大陆法系国家的法院接受，在司法实践中至今仍能见到其遗留的影响力。

相对于条件说而言，原因说在因果关系理论的探究上推进了一步，一是区分了损害发生的原因和条件，从而脱离了哲学因果关系理论的束

---

[1] 参见王利明《侵权行为法研究》上卷，中国人民大学出版社2004年版，第404页。
[2] 杨立新：《侵权法论》（第三版），人民法院出版社2005年版，第182页。
[3] 陈聪富：《因果关系与损害赔偿》，北京大学出版社2006年版，第29页。
[4] （台）潘维大：《美国侵权行为法对因果关系之认定》，载《东吴大学法律学报》1991年第7卷第2期，第32页。

缚，将哲学上无限延伸的因果关系链条予以截取，以寻求法律上真正引起损害发生并且应当承担责任的原因；二是区分损害发生的各种原因的原因力，以明确责任主体、确定赔偿范围和分担责任。原因说主张区分原因的原因力，不仅对于确定损害赔偿的范围具有意义，在特殊情况下，对确定责任的承担也有意义。例如，甲、乙争吵，使乙心脏病复发，乙在医院抢救时因医生的过错死亡。甲的行为虽然是损害发生的原因，但对于死亡结果而言，该行为的原因力很弱，因此，甲不应当承担赔偿责任。[①] 由于原因说主要是从事实角度来进行考虑，没有将法规目的、立法意图、法律政策等法律上的价值判断纳入视野，原因说之下的因果关系依旧是属于事实范畴的，与价值判断无涉；同时也存在使原本复杂的因果关系简单化，否认因果关系多样性的缺陷，故该说现已为主流因果关系理论所不采。

（三）相当因果关系说

受到数学上概率学和社会学上统计学的启发，德国心理学家冯·克里斯（von Kries）将可能性概念引入法学领域，于1886年在其著作《概率测算原理：论客观可能性之概念》中率先提出了相当因果关系说（Adäquanztheorie），又称为"充分原因说"（adequacy theory）。该说的含义是，如果损害产生于某一行为，而该行为根据事物的一般发展过程，在客观上提高了损害发生的可能性，那么损害与行为之间就具有相当因果关系。[②] 冯·克里斯认为，某事件只有在符合下述两个条件时，才是损害发生的"相当原因"：第一，它须为损害的不可欠缺的条件（a sine qua non）；第二，它须极大地增加了损害发生的客观可能性。相当因果关系说要求通过考察各种原因，就引发损害后果的可能性区分所有与损害后果有关的原因，如果原因与后果之间完全无可能性，则加害人无赔偿责任。[③]

[①] 参见王利明《侵权行为法研究》上卷，中国人民大学出版社2004年版，第414页。
[②] Werner F. Ebke & Matthew W. Finkin, Introduction to German Law, Kluwer Law International, 1996, p. 206.
[③] 朱岩：《当代德国侵权法上因果关系理论和实务中的主要问题》，载《法学家》2004年第6期。

相当因果关系说分为三种不同的观点，即主观的相当因果关系说、客观的相当因果关系说和折中的相当因果关系说。这些观点都主张，某一事实仅于现实情形发生某种结果，尚不能认为有因果关系，必须在一般情形，依社会的一般观察，亦认为能发生同一结果的时候，才能认为有因果关系。[1] 换言之，相当因果关系即"无此行为，必不生此害；有此行为，通常即足以生此损害，则有因果关系。无此行为，虽必无此损害，有此行为，通常亦不生此中损害者，即无因果关系"。[2] 但是，主观说与折中说以行为当时行为人或一般人所认识的事实为范围，决定因果关系，亦即以行为当时之立场，就主观上认识之可能性，去推求行为与结果之间有无因果关系。而客观说认为因果关系并非取决于行为人当时主观上所认识的可能性，而是以事后的推测立场，综合行为当时所存在的一切客观事实，依据社会经验法则据以判断该行为与结果有无现实之因果关联，而以对于结果的发生具有现实特别危险之可能者为限。[3] 在司法实践上，德国联邦法院于1898年开始采纳相当因果关系说，一战结束后，奥地利、瑞士、葡萄牙、日本等大陆法系国家逐步接受相当因果关系学说，近些年来，我国刑法、侵权法和国家赔偿法上也开始采纳相当因果关系学说。[4] 这一"尽管遭受大量抨击，却仍然是最为人知和适用最广泛的方法"，是迄今为止为大陆法系国家普遍采用的因果关系理论。

相当因果关系说实际上是将因果关系的判断分为两个阶段，先是判断条件上的因果关系是否存在，如果存在，再认定其条件的相当性，同英美法系的事实因果关系与法律因果关系的划分有着异曲同工之妙。在

---

[1] 参见杨立新《侵权法论》（第三版），人民法院出版社2005年版，第183－184页。
[2] （台）王伯琦：《民法债编总论》，台湾正中书局1985年版，第77页。
[3] （台）苏俊雄：《从刑法因果关系学说到新客观归责理论之巡历》，载《当代法学名家论文集——庆祝法学丛刊创刊四十周年》，《法学丛刊》杂志社1996年印行，第526页。
[4] 我国古代实际也有类似于相当因果关系原理的应用，早在公元10世纪的《宋刑统·斗讼》中的"保辜"条疏云："假殴人头伤，风从头疮而入，因风致死之类，仍依杀人论。若不因头疮得风别因他病而死，是为他故，各依本殴伤法，不以杀人论。"但本文认为，现代意义的相当因果关系说为我国法学理论和实务所正式、普遍接受却是近些年的事。参见杨立新《侵权损害赔偿》（第四版），法律出版社2008年版，第119页。

相当因果关系学说中,"只有所谓'相当的'因果关系方才是于法律意义上的一种原因的关联"。[①] 较之条件说和原因说中的因果关系,"相当因果关系不仅是一个技术性的因果关系,更是一种法律政策的工具,乃侵权行为损害赔偿责任归属之法的价值判断"[②]。相当因果关系学说之下的原因力因果关系不仅是一个纯技术性的客观概念,同时也涵括了法律上的价值评判和法官的主观评价,从而发展为一个兼具事实性和法律性、客观性和主观性的二元统一的概念。并且,基于人类经验和认识的可能性标准也被运用于因果关系的判断,即如果某个因素极大地增加了损害发生的可能性,其作为原因的原因力则被予以肯定。

(四)法规目的说

法规目的说(Schtzzweck der Haftungsnorm, Normzweck),又称规范保护目的说,原本是针对契约侵害所发展的理论,现今德国刑法、侵权法学界及实务上均认为于侵权行为因果关系评断上亦适用此学说。[③] 该说于20世纪30年代由德国学者拉贝尔(Ernst Rabel)创立,并经其弟子冯·凯默勒尔(von Cäemmerer)发展,成为目前德国的通说。拉贝尔主张,因侵权行为所生之赔偿责任,应就侵权行为法规的意义与目的进行探究,尤其探讨其旨在保护何种利益。[④] 法规目的说认为,在规范性地评价因果关系和认定成立损害赔偿义务时,归责必须与侵权人所违反的规范的保护范围或者规范目的相吻合。该说的特点在于:第一,归责独立于相当因果关系学说;第二,在某些情况下,基于规范的目的可以将一些完全少见的、非典型的风险事件视为相当因果关系中的原因。[⑤]

德国学者首先承认规范目的说主要适用于德国《民法典》第823条第2款所规定的情况,即行为人是否承担损害赔偿的义务首先取决于相

---

① (台)姚志明:《侵权行为法研究》(一),元照出版公司2002年版,第146页。
② Ennecerus and Lehmann §15 III2; GERMANY: RG 3 March 1922, RGZ 104, 141; RG 3 Nov. 1922, RGZ 106, 14。
③ 参见(台)姚志明《侵权行为法研究(一)》,元照出版公司2002年版,第148页。
④ 参见(台)曾世雄《损害赔偿原理》,中国政法大学出版社2001年版,第113页。
⑤ Larenz, Schuldrecht I, S. 408 ff; Caemmerer DAR 1970, 288; Lange JZ 1976, 200. 转引自朱岩《当代德国侵权法上因果关系理论和实务中的主要问题》,载《法学家》2004年第6期。

关法律是否提供保护、受害人是否属于该法律所保护的范围。在此之后，德国法学界和司法界逐步将此种理论适用到所有损害赔偿请求权中。德国学者普遍承认，该保护范围理论尤其适用于德国《民法典》第823条第2款所规定的违反保护法律所生的侵权行为，即损害赔偿义务取决于所涉及的法律是否保护具体的个人，如果是，则看受害人是否属于被保护的人的范围，此外还需检讨，被侵害的权利和利益是否属于该法律保护的范围。[1]

德国联邦最高法院在1958年判决的一个案件中采纳了法规目的说。在该案中，原告的摩托车在穿过某镇的公路上与对向驶来的被告丈夫驾驶的机动车发生碰撞，原告受伤，两车均撞毁。两名驾驶人均因违反交通规则被刑事追诉。被告丈夫被判定构成过失致人伤害，随后因与交通事故无关的原因死亡。原告也被刑事法院判决支付超速的罚金30马克。在向上一级法院上诉后，原告因证据不足被宣告无罪。于是，原告对被告提起民事诉讼，要求赔偿其因参与刑事诉讼程序而遭受的损失。地方法院认可了原告诉讼请求数额的五分之四，驳回了其他诉讼请求。被告提起上诉，上诉法院驳回了原告的诉讼请求。于是原告向联邦最高法院上诉，联邦最高法院支持了上诉法院的判决。最高法院在判决理由中写道："查找相当因果关系并不能够决定此类纠纷的判决。仅仅从相当因果关系的角度看待这一类问题是目前通常的思维模式，但是它不能总是提供适当的解决方法……在联邦最高法院以前的判决中，很明显，相当因果关系不足以解决限制责任的问题。在寻找其他方法时，von Cäemmerer适当地注意了这样一个问题，即如果赔偿要求是针对某一行为的结果，那么行为结果是否包含在被违反的法律规范的保护范围之内？在责任的产生是由于违反了保护性法律时（《民法典》第823条第2款），这一问题的提出是常见的并且得到了认可……这时的责任前提是损害了保护性法律所要保护的利益，亦即损失源于对某项法益的侵害，而法律规范

---

[1] 朱岩：《当代德国侵权法上因果关系理论和实务中的主要问题》，载《法学家》2004年第6期。

正是为了保护该法益而制定的。但是，如同本案一样，赔偿损失的请求权基础在于《民法典》第 823 条第 1 款时，此种界定的标准同样也应适用。此时，首先应当考虑的是，诉争损害是否处于保护目的范围之内。换言之，所涉损害是否处于法律规范针对的风险范围之内。"据此，联邦最高法院认为，在一起事故中，如果人身和物品遭受损害，《民法典》第 823 条第 1 款的保护目的范围显然包括恢复健康和修复车辆的费用，必要时还包括收入和使用利益丧失的损失。但是刑事诉讼的费用却不包括在内，因为这个范围内，交通事故并没有产生法律所要避免的危险。本案的危险与身体和物品的损害没有关系，而只是因为涉嫌犯罪所导致的结果，这种危险是每个人都可能遇到的。[①]

德国的理论界与实务界一般认为，条件说、相当因果关系说、法规目的说之间并非是排斥关系，而是互补关系，即相当因果关系说在于修正条件说中因果关系过于泛滥无际的缺陷，而法规目的说则是为了纠正相当因果关系亦无法适当限制赔偿义务人责任范围的问题。无论评断责任成立因果关系或是责任范围因果关系，其检验顺序依次为：条件因果关系→相当因果关系→法规保护目的。[②] 法规目的说实质上是对相当因果关系学说在价值判断上的进一步的补充，不仅要求考虑法律的价值，还要求在此基础上进一步考虑立法的目的，也就是说，在立法保护目的之外发生的损害，即使具有相当因果关系也不得给予赔偿。

二、英美法系的因果关系理论

（一）事实因果关系学说

事实上因果关系被认为是事实上因果律的问题，即被告人的加害行为是否实际上对损害的发生具有原因力，判断的重心在于归责。在此阶段，不论损害发生是否还有其他原因，只要被告行为促成损害发生，即

[①] 程啸：《侵权行为法总论》，中国人民大学出版社 2008 年版，第 277－278 页。
[②] Eckert, a. a. O., Rn. 549; Michalski, Jura 1996, 393 (394). 转引自（台）姚志明《侵权行为法研究》（一），元照出版公司 2002 年版，第 153 页。

应认定具有因果关系。其探讨的是被告行为是否实际上构成损害发生的原因，若没有被告的行为，损害是否仍然会发生。[①] 一般而言，英美法系由陪审团来确认事实上的因果关系，即确定所有产生损害结果的原因。凡对于损害结果的发生具有原因力的事实，作为或者不作为等，均被包括在产生损害结果的原因事实内。

1. 必要条件说。

英美法上必要条件说（sine qua non rule）也称"若无，则不"（but-for rule）法则，指的是被告的行为必须是损害结果发生的不可欠缺的条件，才与损害结果之间具有事实上因果关系，也就是说，如果没有被告作为或者不作为的加害行为，损害结果不会发生时，该行为始为损害结果发生的原因；反之，如果没有被告的行为，损害结果同样会发生时，该行为则不是损害结果发生的原因。必要条件说能够有效排除因果关系判断上不相干的因素，例如，在 Barnett v. Chelsea and Kensington Hospital Management Committee 案中，原告的丈夫因呕吐被送往被告医院急救，被告的急诊医生没有及时进行诊断治疗，原告的丈夫继而死亡，但即使被告进行了诊断治疗，原告的丈夫也会死亡，法院认定，被告怠于诊治行为与原告丈夫的死亡之间不具有因果关系，被告无需承担责任。[②] 由于必要条件说对于大多数案件的事实因果关系的判断都能获得符合公平正义的结论，因而广为英美法国家的法院采纳。

对于如何判断被告行为是否为损害结果发生的必要条件，各国的理论和实践根据被告行为是作为还是不作为的区别，主要发展出两种学说，其一为积极作为情形下的剔除说（elimination theory），即假定没有被告之行为，其他条件不变，设想事件的结局是否有变化，若事件仍然发生，则被告的行为不是原告损害结果发生不可欠缺的条件；若事件不发生或者以完全不相同的方式发生，则被告行为是损害结果发生的原因。其二

---

① 参见陈聪富《因果关系与损害赔偿》，北京大学出版社2006年版，第26－27页。
② Barnett v. Chelsea and Kensington Hospital Management Committee, [1969] I. Q. B. 428. See F. H. Lawson & B. S. Markesinis, Tortious Liability for Unintentional Harm in the Common Law and the Civil Law: Vol. I: Text, Cambridge University Press, 1982, p. 108.

为消极不作为情形下的替代说（substitution theory）是指在事实因果关系的判断过程中，设想以一个合法行为替换行为人的加害行为，如果损害结果之发生不受影响，则不具有因果关系；反之，具有因果关系。

2. 实质因素说。

在聚合因果关系、共同因果关系、择一因果关系、假设因果关系等复合因果关系的案件中，必要条件说会推导出各个因素都不具有事实原因力的显失公正的结论。例如，在 Hartley v. Mayoh & Co. 案中，一救火人员在救火前明示事主切断电源，由于事主拉错开关，电线依然带电，致使救火人员触电身亡。但调查显示，死者所触电线为零线，即使未断电源，接触该线本应无危险，之所以发生事故是因为电力公司安装线路时错误地调换了零线与火线的位置。[①] 若依据必要条件说，就会得出事主行为与电力公司行为都不是损害结果发生的原因的荒谬论断。为解决前述情形中责任的合理认定与公平分担，美国学理和实务上转而诉诸实质因素说（substantial factor theory），以弥补必要条件说的不足。

实质因素说最初是由美国法学家史密斯（Smith）为解决法律因果关系提出的，他认为，被告的侵权行为对于损害的发生必须为一项实质因素（substantial factor）。格林（Green）进而主张将该说代替必要说作为事实因果关系的判断基础，将实质因素解释为基于所有其他因素考量，被告行为对于结果的发生居于重要的部分。普罗塞（Prosser）将实质因素说推向流行，主要用于解决累积因果关系的情形，他认为，当两个以上行为人对于同一事件的结果，就其合并整体考察，构成事件不可欠缺的条件，而就个别考察，依据必要条件说，将使所有行为人免责时，个别行为应为事件发生的事实上的原因。[②]

美国法实务上首次适用实质因素说的是 Anderson v. Minneapolis, St. P. &S. S. M. Ry 案，[③] 在该案中，被告的火车引起火苗，与一不知来源

[①] Hartley v. Mayoh & Co., 1Q. B. 383 (1945).

[②] 参见（台）陈聪富《因果关系与损害赔偿》，北京大学出版社 2006 年版，第 64 - 65 页。

[③] Anderson v. Minneapolis, St. P. &S. S. M. Ry, 146 Minn. 430, 179 N. W. 45 (1920).

的火苗混合，烧毁原告财物。法院认为，即使任何一股火苗均足以烧毁原告财物，只要被告引燃的火苗是损害发生的重要原因，被告就应负连带赔偿责任。此后，美国法院将实质因素说应用于累积因果关系和连续发生伤害的案例，并将对损害产生部分影响但不具有实质性促进（material contribution）作用的因素排除在事实原因的范畴之外。[①] 美国《侵权法第二次重述》也将实质因素说作为事实因果关系判断的辅助标准，[②] 该重述第432条规定："（1）除本条第2项规定外，如损害纵无行为人之过失，亦仍将发生者，行为人之过失行为非致损害发生之重要因素。（2）如有两种力量积极运作，其一系行为人之过失而致；另一非行为人之任何不当行为所致。而两种力量中之任一力量均足以致他人受损伤害者，行为人之过失得被认为系致损害发生之实质因素。"[③] 根据该条规定的要求，所谓的实质因素，不但要足以引起损害的发生，还应是积极作用的因素（actively operating forces）。自从《侵权法第二次重述》采纳了实质因素说之后，该理论的流行程度与日俱增，到现在为止美国已经有超过12个州采纳了该理论。[④]

（二）法律因果关系学说

法律因果关系考察的是被告人行为以外的其他因素是否降低或免除被告人的法律责任，其重心在于责任限制，被认为是法律政策问题，主要在于如何限制被告责任才能与公平、符合权宜或与法规范的目的相符。法律政策或目的性的考虑参与因果关系的最终判断。在英美法上，法律因果关系的判断标准主要有直接结果说、可预见说和风险说，直接结果

[①] 在Kingston v. Chicago & Northwest Ry. Co. 案中，法院认为，若被告以外的火苗为森林大火，足以吞噬被告引发的小火时，森林大火构成超越原因，被告无需负责；但本案两股火苗均由人为引起，且被告以外的火苗属于小火，不足以吞噬被告的火苗，则被告行为是造成原告损害的重要因素，二者之间具有因果关系。Kingston v. Chicago & Northwest Ry. Co. , 191 Wis. 610, 211 N. W. 913, 1927.

[②] 美国《侵权法第二次重述》以必要条件说作为事实因果关系的认定基础，以实质因素说为辅助标准，与此同时，实质因素说也被当作法律因果关系的判断标准。

[③] 参见（台）刘兴善《美国法律整编侵权行为法》，台湾司法周刊杂志社1986年版，第349页。

[④] 韩强：《法律因果关系理论学说史评述——道德归责背景下的原因构成理论研究》，华东政法大学2007年博士论文，第51页。

说更多地考虑行为的客观结果，适用于故意侵权行为的判断；可预见说更多地考虑行为人的主观状况，适用于过失侵权行为的判断；风险说则是适用负无过错责任的侵权案件的判断。

1. 直接结果说。

19 世纪中后期，英美法系采用"自然可能的后果"（natrual probable consequence）作为法律原因的判断标准，强调从常识的角度来判断结果的发生是否具有高度可能性。[①] 基于个人主义的正义观和自己责任原则，严格的可预见性理论被理论和实务广为遵循，行为人应对行为实施时或者行为发生作用时可以预见的结果承担责任。20 世纪，为了补偿大生产带来的损害，英格兰法院开始采用直接结果说，认为过失行为人应该为行为的直接后果承担责任，不论该损害的发生是否具有高度可能性，也不论其是否在行为人的预见范围内。

最早主张直接结果说的是美国法学家比尔（Beale），他认为，被告的积极行为必须持续到直接导致结果发生时，仍具有积极的原因力，或被告行为的原因力引发新的积极危险，而由其他原因促使结果发生。[②] 普罗塞将直接结果解释为，基于当时条件直接受被告行为和当时已经存在的原因力的影响所发生的后果，它未受到任何此后发生积极作用的外界力量的影响。[③] 根据直接结果说，只要受害人的损害为加害人行为的直接结果，即在加害人行为与损害之间没有其他独立原因介入，无论加害人是否预期到损害结果的发生，加害人均应负损害赔偿责任。该说包括两层含义：其一，侵权人只就其对损害结果具有直接引发作用的侵害行为承担法律责任；其二，只要是侵权人侵害行为直接导致的损害结果，不论该结果对侵权人而言是否具有可预见性，该侵害行为均成为损害结果发生之法律上原因。其关键在于，直接原因与直接结果并非是指在时间上和空间上最为接近，而是指在两者之间的因果运动中不存在其他会对

[①] See A. M. Honoré, International Encyclopedia of Comparative Law, Vol. 6, Torts, chapter 7, Causation and Remoteness of Damage, 1983, p. 32.

[②] Joseph H. Beale, The Proximate Consequences of an Act, 33 Harv. L. Rev. (1920), p. 658.

[③] Prosser, Handbook of the Law of Torts, West Publishing 1971, p. 251.

之产生影响的人的活动或者自然因素的介入。①

英美法上最早运用直接结果说的判例是 1921 年的 Re Polemis & Furness v. Withy & Co. Ltd. 案，在该案中，被告租用原告的轮船载货，在某次卸货中，因搬动的石油桶漏油，船舱内充满石油气，卸货工人在作业中不慎将一块厚木板坠落船舱，碰撞溅起的火星点燃了船舱中弥漫着的石油气，致使整条船被大火烧毁。法院认为，只要被告具有过失，能够预见到自己的行为具有引发事故的危险性，那么无论实际发生的事故能否为被告所预见，被告都应承担损害赔偿责任，② 即被告的行为一旦被认定为具有引发损害的风险，其责任范围就不仅限于可预见的损害，还应包括因其可归责行为（culpable act）所致的直接结果。直接结果受到两方面的限制：一是损害必须处于行为人行为所致风险的范围内，二是受害人必须是行为人在行为时可以预见到的。③

但直接结果说并没有讨论在被告消极行为引起损害时如何判断直接结果；且在一般案例中，外在原因的介入并没有完全切断被告行为的原因力，因果关系仍然成立。加之，直接结果说的严格适用将对侵权人科以过于沉重的责任，有限制行为自由之虞，因而直接结果说在学理上受到批评。

2. 可预见性说。

可预见性说发迹于法国民法，英国普通法受其影响，并在 Hadley v. Baxendate 一案后，以该说为依归。④ 英美法最初对可预见性标准持狭义的观点，英国法上只将其作为认定侵权人过失的要素，直至本世纪初，在英国法学家古德哈特（Goodhart）和美国法学家弗莱明·詹姆斯（Fleming James）等人的倡导下，逐步拓宽了可预见性之适用范围，最终将其纳入了法律上原因考察的视野内，形成了法律因果关系认定上的可

---

① 范利平：《侵权行为法中的因果关系——理论和实践》，中山大学出版社 2004 年版，第 22 - 23 页。
② Re Polemis & Furness v. Withy & Co. Ltd.，[1921] 3 K. B. 560（C. A.）。
③ 张小义：《侵权责任理论中的因果关系研究》，中国人民大学 2006 年博士论文，第 129 页。
④ 参见（台）曾世雄《损害赔偿法原理》，中国政法大学出版社 2001 年版，第 99 - 100 页。

预见性说。1928 年，美国著名法官卡多佐（Cardozo）在 Palsgraf v. Long Island R. R. Co. 案的判决中开始应用可预见性说的思想解决不可预见的受害人的问题，一旅客在被告的火车开动之际跳上火车，车上列车员将其往车上拉，月台管理员将其往车上推。推拉之时，旅客携带的内含炸药的行李掉落，该行李以报纸包住，体积甚小，从外观上无从知晓其系危险物。该行李内炸药爆炸后，炸碎的月台碎屑击伤原告。卡多佐认为，过失责任并非被告不法行为对任何人需负损害赔偿责任，其仅对可预见发生损害之受害人始属存在；被告工作人员过失行为仅对爆炸行李之旅客存在，对于站在远处之原告并无任何过失，没有任何情形能让人想到一个纸包裹会使整个车站遭难，不能把如此之高的预见作为行为规范，因此，被告对原告的伤害不负赔偿责任。① 1961 年，英国枢密院在 The Magon Mound（No. 1）案中首次将可预见性说明确地应用于实务，在该案中，被告因疏忽将熔炉中的燃油排放到原告码头附近的水域，原告的工人倒掉的熔化金属恰好点燃了码头水面上漂浮的燃油，引发的大火烧毁了整个码头。法院在因果关系认定中指出，通常原油泄漏直接结果应为污染河道，被告泻入河道的大量原油意外起火焚毁码头，火灾对被告而言不具可预见性，据此，被告对火灾损失不负损害赔偿责任。② 自此，可预见性说成为英美侵权法上因果关系认定的权威理论，主要适用于过失侵权案件中法律原因的判断。

可预见性说为法律因果关系的认定建立了这样一个原则：过失侵权人对于其所需要承担侵权责任的损害必须具有可预见性。该说根据结果现象的预见可能性要求侵权人对其可以预见的全部损害承担责任，既是对侵权人法律责任的缩限，也是对其法律责任的扩张。关于可预见性说，英美法学说和实务上讨论最多的以下几个问题达成了共识：（1）关于不可预见之损害范围。对于被告行为所导致的损害结果，应该以合理可预

---

① Palsgraf v. Long Island R. R. Co., 248, N. Y. 339, 162 N. E. 99（1928）. 参见［美］A. L. 考夫曼《卡多佐》，张守东译，法律出版社 2001 年版，第 291 - 292 页。

② The Wagon Mound No. 1,［1961］A. C. 388（PC）. 参见［美］文森特·R. 约翰逊著《美国侵权法》，赵秀文等译，中国人民大学出版社 2004 年版，第 123 页。

见为原则，同时认为，只要危险所引起的损害可预见，即使被告引起之危险甚为微小，即使损害范围大于侵权时可预见之损害，被告仍应负责。对于有受害人特殊体质介入的身体伤害，被告也应负责。（2）关于不可预见之事件发生过程。如果原告所遭受之损害是因为不可预见的事件发生过程而导致，损害结果是在被告加害行为的危险范围内，那么就属于可预见的损害，被告应负赔偿责任。如果危险发生之损害种类可以预见，即使最终损害比预见的严重，被告仍应负责。（3）关于不可预见之受害人。被告过失行为原因力的辐射，仅及于其危险范围内合理预见之受害人，对于不可预见之受害人，以被告不负赔偿责任为原则，[1] 但对于救助者，被告仍负有注意义务及赔偿责任，因为"危险招来救助，痛苦呼唤解困"。[2]

3. 风险性说。

在风险性说中，法律政策对于因果关系的影响表现得更为极致，完整地贯彻了法律对从事高危险行业或持有高危险物件的行为人应当对其引入社会的风险承担法律责任的严正要求。该说认为，从事高危险行业或持有高危险物件而使社会处于可能受损的风险之中，一旦此行业或物件导致损害发生，损害行为的实施者或致害物件的权利人的行为或持有本身即具有对损害结果发生的法律上的原因力，而不问其在损害中所起的实质作用如何。此处所谓的高危险行业或高危险持有物包括对人有致害危险的凶猛动物、机动车驾驶、有危害人身安全可能的工业产品、高度危险作业等一切适用无过错责任的行业或物件。实务中最早采用危险说的是 Ryland v. Fletcher 案，该案的被告在其所有的土地内储藏有毒物质，毒物泄入邻地而给原告造成损害。法院认为，无论此泄漏事故是被告本人过错所致，还是由第三人行为或自然事件所致，被告都应对该损害负责。被告在其土地内储藏有毒物质这一事实是事故发生的根本原因，

---

[1] 参见曹兆兵等《侵权行为法上的因果关系研究报告》，载中国民商法网，http：//www.civillaw.com.cn/weizhang/default.asp？id=8341。

[2] 卡多佐名言："Danger invites rescue. The cry of distress is the summons to relief."参见王泽鉴《侵权行为法》（第一册），中国政法大学出版社2001年版，第210-211页。

其法律上的因果关系应当被肯定。

依据风险性说，因果关系对于责任的成立和损害赔偿范围的确定，很大程度上取决于法律政策的决定。对于如何运用风险性说界定损害的范围，学界主要有两种认识。一种观点认为，风险性说实质上是可预见性说的泛化，其法理基础与之一脉相承。损害事实必须位于侵权人引入社会的风险范围之内，其形式应与该风险的性质相吻合，即此损害应是可预见的，就风险角度而言，并非完全没有发生的可能性。[1] 根据美国《侵权法重述》的规定，所有者需要承担侵权责任的动物损害应当是符合该类动物特殊危险习性，或符合该类动物于野生状态下特殊危险习性可能造成之伤害的损害结果，高危险性行为的原因力仅及于与该行为特殊危险性可能导致危害同类的损害结果。另一种观点认为应当将损害限于风险范围内，至于可否预见在所不问，即只要侵权人给社会带来了受损的风险，而法律对该风险持高度警觉态度，则具有社会风险事件所引起的一切损害均在因果关系所及范围之内，从而以最富经济效益的方式分配社会风险，最大限度地平衡社会利益。[2] 在美国学者格林看来，受害人利益须为法律的保护对象，侵权行为的风险须为法律所欲避免的范畴，在此种情形中，侵权行为即与受害人利益的损害之间具有因果关系，侵权人应当承担损害赔偿责任。[3]

第三节 国家赔偿法上对因果关系的认定

在《国家赔偿法》修订前，我国国家赔偿法上未对因果关系的认定规则作出规定，在司法实践中认定因果关系时，有的根据必然因果关系规则，有的根据直接因果关系规则，有的在实际上运用了相当因果关系

---

[1] See Foster, The Risk Theory and Proximate Cause, (1953) 32 Neb. LR72.

[2] 参见杨丽《侵权法因果关系双层次理论体系的尝试——来自英美法系侵权行为法因果关系研究的启示》，载杨立新主编《侵权司法对策》2005 年第 1、2 辑合辑，人民法院出版社 2005 年版，第 170 – 172 页。

[3] See Leon Green, The Causal Relation Issue in Negligence Lae. (1961) 60 Mich. LR543, p. 547.

的理念，但大多数情况下遵循的是直接因果关系或者必然因果关系的规则。由于直接因果关系规则和必然因果关系规则在某些情形下会不当地限缩国家赔偿范围，我们主张，在尊重国家赔偿法公共负担平等等基本原则的前提下，借鉴侵权法和刑法的普遍做法，根据不同的情况，分别适用直接因果关系规则、相当因果关系规则和推定因果关系规则。

一、认定因果关系的一般规则

侵权责任法中的因果关系的确定，是从已经发生的损害出发，查找损害发生的原因，或者说是寻找导致损害结果出现得"实质因素"。由于客观世界的复杂性，各种社会现象都处于普遍联系和相互制约的活动之中。某一现象出现通常是多种因素相互影响的结果。某一损害结果的出现，可能是某一因素的结果，也可能是多种因素的结果。多因多果、多因一果，因能生果、果复为因、果即是因，如此循环往复以至无穷，从而使致害原因的寻找变得极为复杂。致害原因的寻找之所以变得极为复杂，原因在于并不是所有的"条件"或"要素"都应当或者能够在法律上作为损害的原因来对待，而只能从各种各样的事物联系中，"基于中肯而简单的实际理由（它们多半不是纯粹的逻辑推论），抽出某些环节来"从法律上加以相当评价，以决定引起原因事实的行为人是否应负赔偿责任，从而使责任得到正确的限定。[①]

而确立国家赔偿的因果关系，应区别情况分别遵循以下三个规则：[②]

1. 直接因果关系规则。行为与结果之间具有直接因果关系的，无需再适用其他因果关系理论判断，直接确认其具有因果关系。最常见的是一因一果的因果关系类型，即一个原因行为出现，引起了 个损害结果

[①] 江必新：《国家赔偿法原理》，中国人民公安大学出版社1994年版，第97-98页。
[②] 以下参见杨立新《〈中华人民共和国侵权责任法〉条文释解与司法适用》，人民法院出版社2010年版，第32-34页。

的发生。[①]

2. 相当因果关系规则，亦称适当条件说。该说认为，某一事实仅于现实情形发生某种结果，尚不能认定有因果关系，必须在一般情形，依社会的一般观察，亦认为能发生同一结果，方能认定。相当因果关系说有一个著名的公式是：（1）若无此行为，则不生此损害，若有此行为通常即发生此损害，则为有因果关系。（2）无此行为，必不生此种损害，有此行为通常亦不生此种损害，即为无因果关系。适用此说的关键在于

[①] 例如，在陈小珠申请国家赔偿一案中，就是运用直接因果关系规则，根据直接侵犯赔偿请求人人身权的国家机关为检察机关，直接侵犯赔偿请求人财产权的国家机关为公安机关的事实，决定由两个赔偿义务机关分别承担侵犯人身权和财产权的国家赔偿责任。该案基本案情为：1997年5月21日，西藏自治区公安厅根据深圳蛇口西藏发展有限公司（以下简称蛇口公司）的举报，决定对原湖南省长沙市天湘实业有限公司（以下简称天湘公司）的法定代表人陈小珠涉嫌诈骗一案立案侦查。同月23日，该公安厅扣押了天湘公司的桑塔纳轿车1辆、北京2025吉普车1辆、BP机1部、摩托罗拉手机3部、诺基亚手机1部，现金171313元及办公用具（包括陈小珠私章、身份证、边境通行证及天湘公司财务专用章、银行账号章）。被扣押的上述物品，经西藏自治区公安厅委托湖南省审计师事务所进行清算评估，价值折合84782元，以上物品和现金共计256095元，并于9月10日将除印章外的上述款物交给了蛇口公司。西藏自治区公安厅的办案人员还强行解散了陈小珠的天湘公司、冻结了公司的银行账号，但相关物品目前去向不明。1997年7月28日，西藏自治区公安厅以拉萨市公安局的名义向拉萨市人民检察院提请批准逮捕，但《提请批准逮捕书》中未提到扣押天湘公司款物的情况，同年8月11日拉萨市人民检察院对陈小珠批准逮捕。1997年10月12日西藏自治区公安厅以拉萨市公安局的名义向拉萨市检察院提请起诉，并在《起诉意见书》中对扣押清单所列款物的扣押情况及价值作了简要的概述。拉萨市人民检察院将本案二次退回拉萨市公安局补充侦查后，于1998年7月9日拉萨市人民检察院向拉萨市中级人民法院提起公诉。本案经拉萨市中级人民法院审理，认为陈小珠的行为不构成犯罪，于2000年1月10日宣告陈小珠无罪。赔偿请求人陈小珠被无罪释放后，于2000年4月10日向西藏自治区公安厅申请赔偿，要求赔偿其因扣押财产、解散公司等造成的损失。但该厅未作赔偿与否的决定，公安部亦未根据陈小珠的复议申请作出复议决定。陈小珠还于2001年4月向拉萨市人民检察院提出赔偿请求，要求赔偿其被无罪羁押及扣押财产等损失共计53万余元。拉萨市人民检察院逾期未作赔偿决定，陈小珠遂向西藏自治区人民检察院提出复议申请。西藏自治区人民检察院于2002年7月18日，决定由拉萨市人民检察院赔偿：1. 陈小珠被无罪羁押925天的赔偿金40052.50元；2. 赔偿一审律师代理费及打印、复印等费用小计20040元；3. 赔偿律师差旅费及赔偿请求人返程费小计11799.20元，以上共计71891.70元。对陈小珠提出的赔偿解散公司、扣押财产等损失的请求，未作答复。陈小珠不服，于2002年8月2日向西藏自治区高级人民法院赔偿委员会提出赔偿申请。西藏自治区高级人民法院将本案请示至最高人民法院，最高人民法院2003年2月25日作出［2002］赔他字第9号答复，认为："拉萨市人民检察院赔偿陈小珠被无罪羁押及为诉讼支出的各种费用71891.70元是适当的，同意你院予以维持的意见。检察机关因错误逮捕限制了陈小珠的人身自由，但并未对陈小珠的财产作出任何处置决定。人身自由权和财产权是公民两种不同的权利，人身自由权受到侵害并不必然导致财产权受到侵害。确认陈小珠财产损失的赔偿义务机关，应依据《国家赔偿法》第19条第1款的规定，由实施侵权的机关作为赔偿义务机关。本案中，公安机关实施扣押、处分财产行为，是造成陈小珠部分财产损失的直接原因，出具扣押清单的拉萨市城关区公安分局应当作为本案的赔偿义务机关。"

掌握行为是发生损害事实的适当条件。适当条件是发生该种损害结果的不可或缺条件，它不仅在特定情形下偶然引起损害，而且是一般发生同种结果的有利条件。确定行为与结果之间有无因果关系，要依行为时的一般社会经验和智识水平作为判断标准，认为该行为有引起该损害结果的可能性，而实际上该行为又确实引起了该损害结果，则该行为与该结果之间为有因果关系。在国家赔偿案件中，对于国家机关和第三人或者受害人的原因等多种原因造成损害结果的，往往可以运用相当因果关系规则。①

---

① 例如，潘兰清等申请广东省龙门县公安局国家赔偿一案中运用的实际上就是相当因果关系规则。2002年7月11日，广东省龙门县公安局以涉嫌故意伤害为由将刘伟军刑事拘留，羁押于该县看守所。其间，看守所管教民警怠于行使管教和救助职责，致使刘伟军被姚敏良等九人殴打后抢救无效死亡。事后，参与殴打刘伟军的姚敏良等九人已分别被惠州市中级人民法院判处无期徒刑、有期徒刑，并附带赔偿刘伟军亲属11万余元。龙门县公安局处分当班管教民警的决定书认定，当班管教民警明知监仓内发生了打斗行为，并有其他人犯两次报告该仓发生打斗行为，却置之不理；在知道刘伟军被打致昏迷不醒时，仍不及时采取有效措施进行抢救，故对刘伟军的死亡负有直接责任。为此，刘伟军的亲属潘兰清等五人向龙门县公安局申请国家赔偿。最高人民法院2005年5月18日作出的［2004］赔他字第11号答复称：看守所作为法定的羁押场所，其负有保护被羁押人人身安全的法定职责和义务，由于看守所民警怠于行使法定职责，使犯罪嫌疑人在看守所羁押期间被同仓人犯殴打致伤或者致死的，该犯罪嫌疑人及其家属有申请国家赔偿的权利。在本案中，龙门县公安局负有保护被羁押人刘伟军人身安全的责任，由于该局工作人员的玩忽职守，不履行法定义务，致使刘伟军被同仓人犯殴打致死，龙门县公安局应承担国家赔偿责任。根据相当因果关系规则，依行为时的一般社会经验和智识水平作为判断标准，龙门县公安局看守所工作人员怠于行使管教和救助职责，有引起该损害结果的可能性，而在实际上该行为又确实引起了刘伟军被同仓人犯殴打致死的损害结果，可以认定该玩忽职守行为与刘伟军死亡的结果之间存在因果关系。需要注意的是：本案发生在《国家赔偿法》修订之前，且赔偿义务机关龙门县公安局在处分决定书中已认定其工作人员不作为行为与刘伟军死亡之间的因果关系；若本案发生在修订后的《国家赔偿法》施行之后，且赔偿义务机关未证明因果关系，人民法院在审理过程中应当按照修订后的《国家赔偿法》第26条的规定，适用推定因果关系规则，由赔偿义务机关证明因果关系是否存在。

又如黄彩华申请连平县公安局刑事赔偿一案。在该案中，广东省连平县公安局某派出所所长黄日浩、副指导员黄少文将涉嫌盗窃的韦月新传唤至派出所讯问。黄少文命令韦月新下跪接受讯问，黄日浩问韦月新是否偷过生姜。黄日浩操起自行车锁链抽打韦月新，韦不承认，黄日浩又拿起圆木担杆踩压韦。黄少文认为韦不老实，用乒乓球拍边缘朝韦的头部砍下去，韦顿时血流满面。一天后，韦仍然不承认偷窃事实。派出所遂找来韦月新之妻黄彩华说服。韦承认了偷姜事实。当晚，韦月新用撕成的布条打结吊死在留置室。法医鉴定，韦月新身上损伤均系钝器作用所致的轻微的非致命伤，结论为韦月新生前缢死。韦妻黄彩华向连平县公安局申请国家赔偿。连平县公安局认为，韦月新的死亡原因是自缢，韦因对盗窃事实确有内疚和与其妻感情不和而自缢，遂作出不予赔偿的决定书。对于连平县公安局是否应当承担造成韦月新死亡后果的赔偿责任，有两种观点：一种观点认为，韦月新的死亡原因是自缢，而不是连平县公安局派出所干警直接致死，不应当赔偿。另一种观点认为，连平县公安局应当承担韦月新死亡后果的赔偿责任。理由是：（1）韦月新死亡与派出所对其的超期羁押和刑讯逼供之间有相当因果关系。派出所对其进行传唤后，又超期羁押和刑讯逼供，这些无疑对韦的心理和身体造成了伤害。（2）韦月新自缢在派出所留置室，派出所对其羁押的犯罪嫌疑人未尽妥善看管的义务，对韦的死亡也有一定责任。（3）从目前的案情来看，韦的行为只是轻微的违法行为并未构成犯罪，不至于导致其自缢。（4）公安局应当证明其已经尽到妥善看管的义务，而非指责死者的心理承受能力而推卸自己的责任。

3. 推定因果关系规则，亦称盖然性因果关系说。该说着重于在赔偿请求人与赔偿义务机关之间分配证明因果关系的举证责任，是指在特定的场合，可以适用推定因果关系规则认定因果关系。其目的在于保护弱者，在赔偿请求人处于弱势，无法完全证明因果关系要件的情况下，只要其举证证明到一定的程度，就推定行为与损害之间存在因果关系，再由赔偿义务机关负责举证证明自己的行为与损害后果之间没有因果关系。推定因果关系规则仅适用于法律有规定的情形，如修订后的《国家赔偿法》第 15 条第 2 款和第 26 条第 2 款规定的情形。[①]

在适用上述规则确认因果关系时，应当把握以下一些基本方法:[②]

(1) 既要防止过度归责或扩大责任范围的倾向，又要防止缩小责任范围，使应负责者逃避责任。确定因果关系的实质，是将责任范围限定在一个合理或适度的范围之内。人为地扩大或缩小责任范围都将产生不利后果。因此，如果一种学说或方法有扩大责任范围的倾向，就应设法通过其他原则或方法加以缩小；如果一种学说或方法有缩小责任范围的倾向，就应当通过其他原则或方法加以扩大。这就是说，确认因果关系并不一定要求采取某一种固定的学说，或者认为某一种学说或方法就是绝对正确的。"条条大道通罗马"，人们认识真理的途径是多种多样的。

(2) 各种因果关系学说都有其不完善性。为了弥补各种学说的缺陷，不少学者采用其他标准或借用过错理论加以修补或矫正，使其大体上能自圆其说，或者大抵能够将"应当负责"的行为提炼出来，这正是不同学说适用于同一案件，常常会得出相同结论的原因所在。当然，这并不是说，各种学说都是同质的，或者各种学说全无优劣、利钝之分。而是说，我们在评价或选择适用某一学说时，不能简单化，而应当充分考虑

[①] 修订后的《国家赔偿法》第 15 条第 2 款规定："赔偿义务机关采取行政拘留或者其他限制人身自由的强制措施期间，被限制人身自由的人死亡或者丧失行为能力的，赔偿义务机关的行为与被限制人身自由的人的死亡或者丧失行为能力是否存在因果关系，赔偿义务机关应当提供证据。"第 26 条第 2 款规定："被羁押人在羁押期间死亡或者丧失行为能力的，赔偿义务机关的行为与被羁押人的死亡或者丧失行为能力是否存在因果关系，赔偿义务机关应当提供证据。"

[②] 参见江必新《国家赔偿法原理》，中国人民公安大学出版社 1994 年版，第 100 – 102 页。

某一学说或方法适用的条件以及该学说或方法不断完善的过程，从而避免片面性。

（3）在目前尚未寻找出普遍能够接受或者适用于一切情形的确认因果关系的规则的情况下，可以考虑多元确认办法。所谓多元确认办法，既包括对不同领域和不同情况适用不同学说和方法，也包括在适用某一学说或方式之后，适用某种学说和方法加以矫正。

（4）因果关系确认本身也含有一定的价值选择因素。例如，某公民无辜被执法人员殴伤在送往医院途中，被雷电击毙。谁应对该公民的死伤负责，是国家机关，还是公民自身？执法人员殴伤该公民显属违法，而该公民纯属无辜，是由国家承担赔偿责任，还是让该公民自负其责？如果将该执法人员的殴打行为不看成该公民死亡的一种原因，则国家对该事件不会承担任何责任，因为，如果国家对殴伤负责，然殴伤这一事实由于尚未进入医疗过程而没有造成实际损失（最多是车费），而该公民及其亲属则蒙受了极大的不幸。我们认为，在上述情况上，应该考虑到国家赔偿法的基本宗旨，考虑到公共负担平等等基本原则，而不能孤立地就因果关系谈因果关系。①

（5）国家赔偿法的实质在于用全社会的力量来承担个人的某种不幸。无论是哪种因果关系学说，都是试图在原因和条件之间划一条鸿沟，实际上，这是非常困难的。因为无论是必然还是偶然，直接还是间接，主要还是次要，近因还是远因，内因还是外因，本质联系还是非本质联系，都是相对的，都只能部分地或在某一个侧面揭示客观世界的某种联系。这些分析，对于确定责任大小具有一定的意义，但对于确定责任的有无则会带来一系列的问题，至少会主观地、人为地缩小责任的客观基础，不适当地开脱一些应该负责的行为主体的责任，使受害人的损失在许多

---

① 值得一提的是，在侵权法上亦有相似的例子，如：车夫酒醉误路，在超过正常时间抵达目的地的途中，乘客遭遇雷击死亡。醉酒车夫误路是乘客死亡必不可少的条件，但按照相当因果关系规则，依普通一般之社会经验，尚不足以发生这样的损害，因而醉酒车夫误路与乘客死亡不具有相当性，车夫醉酒行为与乘客遭遇雷击死亡之间没有法律上的因果关系；相反，若车夫酒醉致车颠覆而伤害乘客，车夫酒醉行为与乘客遭遇雷击死亡之间具有法律上的因果关系。

情况下难以得到填补。如果某一意外结果是由于国家工作人员的职务行为引起或者扩大的，国家不承担责任而让受害人自行承担这种不幸，不仅是不公平的，而且与国家赔偿法的基本宗旨相违背。而如果要对这种后果承担责任，就必须填平而不是挖掘条件与原因之间的鸿沟。

二、因果关系的推定

修订前的《国家赔偿法》对国家赔偿案件中赔偿请求人和赔偿义务机关的举证责任，完全未作规定。在以往的实践中，国家赔偿案件多由赔偿请求人承担全部的举证责任，即由赔偿请求人负责举证证明"赔偿主张"（全面举证或主要举证）、"损害事实"（损害结果举证）及"造成损害事实"（因果关系举证）。这对于在收集证据上处于弱势地位的赔偿请求人而言，有失公正。[1] 特别是对于被羁押人在被羁押期间因国家机关的暴力行为、怠于监管行为或者同监羁押人的侵害行为等原因致使身体伤残、死亡或者丧失行为能力等情形，赔偿请求人几乎无法证明国家机关的行为与被羁押人的损害后果之间是否存在因果关系，从而导致这类案件多面临"求偿难"的困境。[2][3] 各界为此呼吁，为保护受害人合法权益不受公权力的违法侵害，在因果关系的举证方面必须充分考虑这种因素，使赔偿请求人和赔偿义务机关处于实质上的平等地位。[4] 在修订《国家赔

---

[1] 参见应松年、杨小君《国家赔偿若干理论与实践问题》，载《中国法学》2005年第1期。

[2] 参见尹建国《从"佘祥林"案反思刑事赔偿制度之缺陷》，载《湖南公安高等专科学校学报》第17卷第4期（2005年8月刊）。

[3] 在佘祥林申请国家赔偿一案中，关于佘祥林是否曾被刑讯逼供的问题一度成为赔偿请求人和赔偿义务机关的争论焦点。据佘祥林诉称，其曾经被连续审讯长达10天11夜，并遭到了残酷的毒打、体罚和刑讯逼供。据湖北省沙洋监狱管理局总医院的医疗诊断书证明，佘祥林眼部视力严重低下，其腰椎和骶椎明显呈现病状。对于佘祥林是否受到刑讯逼供，当地有关部门的负责人回答含糊，一直没有明确答复。而湖北省京山县公安局有关人员表示，不相信会有刑讯逼供的事件发生。参见尹建国《从"佘祥林"案反思刑事赔偿制度之缺陷》，载《湖南公安高等专科学校学报》第17卷第4期（2005年8月刊）。

[4] 参见应松年、杨小君《国家赔偿若干理论与实践问题》，载《中国法学》2005年第1期；孔祥俊《行政诉讼证据规则通释》，载《法律适用》2004年第3期；尹建国：《从"佘祥林"案反思刑事赔偿制度之缺陷》，载《湖南公安高等专科学校学报》第17卷第4期（2005年8月刊）；杨小君：《国家赔偿法律问题研究》，北京大学出版社2005年版，第314-315页。

偿法》的过程中，一些人大代表、地方和部门提出，在一些赔偿案件中，赔偿请求人和赔偿义务机关对于导致损害发生的原因各执一词，如没有关于举证的规定，法院难以认定。特别是受害人被羁押期间死亡的，因赔偿请求人无法举证，这种情况下应当明确由监管机关提供证据。全国人大常委会法制工作委员会经同有关部门沟通研究，在《国家赔偿法修正案（草案）》第15条行政赔偿举证责任和第26条刑事赔偿举证责任中分别规定："赔偿请求人和赔偿义务机关对自己提出的主张，应当提供证据。受害人被羁押期间死亡的，被请求机关对自己的行为与损害结果之间不存在因果关系的主张，应当提供证据。"[1] 对此，有的单位、地方和学者建议将适用推定因果关系规则的范围进而扩大到被羁押期间受害人伤害的情形，以更好地保护赔偿请求人的合法权益。有的地方和单位则提出，受害人被羁押期间造成严重身体伤残或者严重精神疾病的情形，赔偿义务机关应当承担因果关系的举证责任。有的学者建议，应将受害人在羁押期间丧失举证责任能力的情况纳入。根据各方的建议，《国家赔偿法修正案（草案二审稿）》曾经将被请求人承担举证责任的适用范围由受害人死亡的情形进一步扩及"丧失或者部分丧失民事行为能力"的情形。但立法机关经综合考虑，在《国家赔偿法修正案（草案三审稿）》将适用范围改为受害人死亡或者丧失行为能力的情形，这一规定为最终修订通过的《国家赔偿法》采纳。

关于因果关系举证责任的分配，一般而言，应由请求损害赔偿的当事人负举证责任。惟因果关系多涉及科技及证据距离等专业问题，由赔偿请求人负举证责任，有时不符合救济受害人的理念，故合理地减轻举证责任，实有必要。[2] 因果关系的推定，是指在损害发生以后，因果关系难以确定，或者数个行为人都有可能造成损害，不能确定谁是真正的行为人时，法律从公平正义和保护受害人的角度出发，推定行为人的行为

---

[1] 参见全国人大常委会法制工作委员会2008年10月28日在十一届全国人大常委会第五次会议所作的《关于〈中华人民共和国国家赔偿法修正案（草案）〉的说明》
[2] 参见（台）王泽鉴《侵权行为》，北京大学出版社2009年版，第193页。

与损害之间具有因果关系。[①] 从程序法上看,因果关系推定可视为举证责任的转化,免除受害人的因果关系证明责任,由行为人承担因果关系不存在的反证责任,[②] 从而起到了减轻受害人的举证责任,降低因果关系证明标准的作用。因果关系推定首先产生于侵权法上的公害案件,后有逐渐向其他领域扩展的趋向。

大陆法系关于因果关系推定的理论主要有盖然性因果关系说、疫学因果关系说和概率因果关系说,英美法系关于因果关系推定的规则主要有事实自证规则。这四种主要的因果关系推定学说和规则都须具备一个必要前提,即原告对于因果关系的存在进行必要的证明。证明的程度,可以是符合优势证据规则或者表现证据规则要求的事实,也可以是作为疫学统计和概率分析基础的必要事实。没有因果关系存在的必要证明,就不存在因果关系推定的前提。以下对这四种因果关系推定的学说和规则略作分析:[③]

1. 盖然性因果关系说,亦称推定因果关系说。该说是由日本学者德本镇教授针对矿业损害诉讼提出的,在原、被告之间分配证明因果关系的举证责任的学说。在矿业损害诉讼中,加害行为和损害之间的因果关系常不明确,且被侵权人在技术上和经济上证明因果关系的困难较大,德本镇教授提出公害案件应参照德国法的规定,对因果关系的证明程度从确定地证明放宽为盖然地证明。[④] 具体规则是:第一,事实因果关系的举证责任在形式上仍然由原告承担;第二,原告对事实因果关系证明程度只需达到"相当程度的盖然性"即可,而被告必须对"事实因果关系不存在"提出证明,其证明程度必须达到"高度盖然性",否则认定事实因果关系成立;第三,"相当程度的盖然性"是指"超过了'疏于明确'

[①] 王利明:《侵权行为法研究》(上卷),中国人民大学出版社 2004 年版,第 439 页。
[②] 张新宝:《侵权责任构成要件研究》,法律出版社 2007 年版,第 341 页。
[③] 以下参见杨立新《医疗损害责任的因果关系证明及举证责任》,载《法学》2009 年第 1 期;梁清:《论原因力》,中国人民大学 2008 年博士论文,第 85 页,第 124 页以下。
[④] 参见夏芸《医疗事故赔偿法》,法律出版社 2007 年版,第 181 页。

程度，但未达到证明程度的立论"。①

2. 疫学因果关系说。该说借鉴自医学中流行病学的原理，日本和我国台湾地区在公害案件诉讼、药物受害案件诉讼中采取此说。② 当以下四个条件充足时，推定诉讼中请求的某因素与流行病发生之间存在事实因果关系：第一，该因素在某流行病发生的一定期间前就已经存在。第二，由于该因素的作用使该流行病的罹患率显著增高。第三，去除该因素时该流行病的罹患率下降，或者在不存在该因素的人群中该流行病的罹患率非常低，即该因素的作用的程度越高，该病的罹患率就越高。第四，生物学已经对该因素作为该流行病发病原因的发病机制作出了明确的说明。③

3. 概率因果关系说。该说认为，在个别人或者少数人主张受到公害或者药害致病请求损害赔偿的诉讼中，由于不是大量人群集体发病，原告根本无法提出能够证明自己的疾病与公害或者药害的致病因素之间具有"高度盖然性"的科学数据。但是，如果根据疫学因果关系验证的危险相对发生概率方法，能够证明公害或者药害的加害因素与被侵权人的疾病的发生具有一定概率的因果关系，则可以考虑高度盖然性的标准，认定加害因素与被侵权人的疾病发生之间存在事实因果关系，并且在计

---

① ［日］德本镇著：《企业的不法行为责任之研究》，一粒社1974年版，第130页以下，转引自夏芸《医疗损害赔偿法》，法律出版社2007年版，第181页。

② 台北地方法院于1997年就著名的民生别墅辐射屋案作出的1994年国字18号判决显示，法院对于因果关系的认定采用了疫学因果关系的标准，其立场已由严格的确定性向缓和的盖然性转变。在该案中，1984年，位于民生别墅的启元牙科在检验装置X光机时发现，X光机在尚未接通电源之前，屋内即有强辐射，并发现辐射源于墙壁上放射出来的游离辐射。之后，被告"'行政院'原委会"委托他人前往民生别墅进行检测，当时即测出该别墅墙壁中的钢筋有异常辐射线放出，也查出了钢筋的来源，但"原委会"将该事实隐瞒而未加处理。1992年8月15日，此事经《自由时报》披露，民生别墅的住民方得知实情，遂以该辐射造成其多起辐射病变、肿瘤、流产、死胎等事实，未来仍将生活在因辐射致病的恐惧中，以被告怠于执行职务提起国家赔偿之诉。法院认为，应采取台湾医界联盟基金会认定的流行病学因果关系，认定原告的健康确已受损，被告怠于执行职务的行为具有原因力，原告损害与长期辐射暴露之间有因果关系，并判决原告胜诉。值得注意的是，我国台湾地区司法实务上虽曾多次采用疫学因果关系的判断标准，但截至1998年，该标准尚未得到"最高法院"的正式承认。参见（台）冯嘉毅记录整理《民生别墅辐射暴露事件之国家赔偿责任》，载《月旦法学杂志》1998年第3期，第33页。

③ 参见夏芸《医疗事故赔偿法》，法律出版社2007年版，第203－204页。

算损害额时考虑因果关系的概率。①

4. 事实自证（res ipsa loquitur）规则。该规则起源于1863年英国法官泼洛克（Pollock）对 Byrne v. Boadle 案的裁决。在该案中，被告的一桶面粉从其库房的二楼窗口滚落，致使一行人被砸伤，泼洛克认为：虽原告无法直接证明被告如何因过失而导致这桶面粉滚落窗外，但该案事实足以表明被告必定存在某种过失，否则其面粉桶不会无故滚落窗外而砸伤行人。② 美国《侵权法第二次重述》对事实自证规则予以规定，在下列情形下，可以推论原告所受伤害是由被告的过失引起的：（1）该事件是在没有过失的情况下便通常不会发生的一种事件；（2）其他可能的原因，包括原告与第三人的行为，已被证据充分排除；并且（3）所表明的过失是处在被告对原告所负义务的范围之内。该表述代表了美国绝大多数法庭对事实自证规则的一致看法和美国法律界对该规则的主流意见。③ 在美国的医疗损害诉讼实务中，由于因果关系认定困难，法院可以采取事实本身证明规则，基于所产生的损害合理地推定过失与因果关系。

在国家赔偿司法实践中，适用因果关系推定，应当从以下几方面加以注意：④

第一，适用前提是赔偿请求人就事实上的因果关系举证面临障碍。赔偿请求人的举证障碍通常包括两种情况：一是行为人不能确定；二是赔偿请求人只能证明初步的因果关系，不能完全证明行为和结果之间的因果关系。在此情况下赋予法官一定的自由裁量权，由法官根据经验法则推定因果关系的存在。在刑事赔偿案件中，适用因果关系推定的前提是因被羁押人在羁押期间死亡或者丧失行为能力，造成赔偿请求人的举

---

① 参见夏芸《医疗事故赔偿法》，法律出版社2007年版，第208页。
② Byrne v. Boadle, [1863] 2 H. & C. 722, 159 Eng. Rep. 299.
③ 参见许传玺《侵权法事实自证制度研究》，载中国民商法网，http://www.civillaw.com.cn/article/default.asp?id=8076。
④ 以下参见王利明《侵权行为法研究》上卷，中国人民大学出版社2004年版，第439－443页；杨立新：《〈中华人民共和国侵权责任法〉条文释解与司法适用》，人民法院出版社2010年版，第34页。

证障碍。[①]

第二，适用目的是保护受害人。实行因果关系推定，意味着赔偿请求人在因果关系的证明上不必承担过重的举证责任，只需证明因果关系的盖然性，即被羁押人在羁押期间死亡或者丧失行为能力，就由法官进行因果关系的推定。

第三，在适用过程中，由法官根据经验法则进行推定。经验法则中的经验是经常的、一般发生的符合普遍性和通常性的。因果关系推定赋予了法官一定的自由裁量权，但法官在推定时必须在经验法则与被判断的行为事实之间，存有一个可以对照比较的关系。

第四，仅在法定的情形下才能适用因果关系推定。由于因果关系推定在减轻了赔偿请求人负担的同时加重了赔偿义务机关的责任，有必要由法律对此作出明确的规定。我国民法和民事诉讼法上适用因果关系推定均由法律和司法解释明确规定，国家赔偿法上也不例外，仅在《国家赔偿法》第15条和第26条规定的情形下才能适用因果关系推定。

第五，赔偿请求人并非完全不对因果关系承担举证义务。赔偿请求人须就初步的因果关系进行证明，即至少必须证明被羁押人遭受了人身损害，该损害与赔偿义务机关的行为有关。不宜将因果关系的推定误认

[①] 如潘兰清等申请广东省龙门县公安局国家赔偿一案，该案基本案情为：2002年7月11日，广东省龙门县公安局以涉嫌故意伤害为由将刘伟军刑事拘留，羁押于该县看守所。其间，看守所管教民警怠于行使管教和救助职责，致使刘伟军被姚敏良等九人殴打后抢救无效死亡。事后，参与殴打刘伟军的姚敏良等九人已分别被惠州市中级人民法院判处无期徒刑、有期徒刑，并附带赔偿刘伟军亲属11万余元。龙门县公安局处分当班管教民警的决定书认定，当班管教民警明知监仓内发生了打斗行为，并有其他人犯两次报告该仓发生打斗行为，却置之不理；在知道刘伟军被打致昏迷不醒时，仍不及时采取有效措施进行抢救，故对刘伟军的死亡负有直接责任。为此，刘伟军的亲属潘兰清等五人向龙门县公安局申请国家赔偿。在本案中，龙门县公安局负有保护被羁押人刘伟军人身安全的责任，由于该局工作人员的玩忽职守，不履行法定义务，致使刘伟军被同仓人犯殴打致死，龙门县公安局应承担国家赔偿责任。最高人民法院2005年5月18日作出的［2004］赔他字第11号答复称，看守所作为法定的羁押场所，其负有保护被羁押人人身安全的法定职责和义务，由于看守所民警怠于行使法定职责，使犯罪嫌疑人在看守所羁押期间被同仓人犯殴打致伤或者致死的，该犯罪嫌疑人及其家属有申请国家赔偿的权利。我们认为，国家赔偿责任能否成立的关键，取决于由何方负责举证证明赔偿义务机关龙门县公安局的行为与被羁押人刘伟军的死亡之间的因果关系。被羁押人刘伟军在看守所羁押期间已经死亡，不可能予以证明。刘伟军的亲属潘兰清等人作为赔偿请求人，在事实上又不可能完成这一举证责任。在此情况下，理应实行因果关系推定，由距离证据最近的赔偿义务机关承担相应的举证责任，对其司法行为与损害后果之间是否存在因果关系予以证明。

为赔偿请求人不承担任何举证义务。

第六，由于这种因果关系是推定的，还应当在损害事实与赔偿义务机关的行为之间排除其他可能性。当确定这种损害事实没有任何其他原因（包括被羁押人或者第三人的原因）所致的可能时，即可断定赔偿义务机关的行为是损害事实的原因，推定因果关系成立。

三、不作为情形中因果关系的认定

在因果关系中另一个特别的现象，就是不作为情形中的因果关系，侵权法的理论与实务中经常涉及不作为情形中因果关系的认定问题，在国家赔偿法亦不例外。在怠于履行职责等不作为情形中，国家机关及其工作人员根本就没有实施任何积极的行为，但是却有因不作为导致的损害事实的存在和损害结果的发生。这个损害结果不可能是国家机关及其工作人员没有实施行为直接造成的，或者说，直接造成这个损害结果的一定另有原因。这个原因或者是受害人自己的原因，或者是第三人的原因，或者是自然的原因。[①] 对于是否承认不作为行为与损害后果之间的因果关系，无论在侵权法还是在国家赔偿法上，都经历了一个由否认到肯定的过程。我们认为，因果关系是行为与损害结果之间的引起与被引起的客观联系，作为原因的行为既包含了积极的作为，也包含了消极的不作为。

作为与不作为的区分是自罗马法以来对行为的基本分类，作为就是指侵权人有所行为，侵权人在受害人的法益上制造危险，不作为则是指有所不为，侵权人未排除威胁对受害人的危险。精确一点就是：在作为中被主张权利者自己启动了具有法律意义的因果链；而在不作为中则是未中断这一因果链。[②] 从规范学的角度来看，法律所设计的行为规范，无非是禁止性、命令性与授权性的，对授权性规范不产生违法问题，对禁止性规范与命令性规范的违反便是违法；违反禁止性规范就是"不应为

[①] 杨小君：《国家赔偿法律问题研究》，北京大学出版社 2005 年版。

[②] 参见［德］克里斯蒂安·冯·巴尔著《欧洲比较侵权行为法》下，焦美华译，张新宝审校，法律出版社 2001 年版，第 148 页。

而为"，违反命令性规范就是"应为而不为"，前者属于作为，后者属于不作为。[①] 不作为并不是单纯的"无"，而是不履行依法必须履行的法律义务的行为。区分作为与不作为的现实意义在于保障人的行为自由。因作为而侵害他人权利时，得成立侵权行为。至于不作为，原则上并不构成侵权行为。这是因为国家赔偿法的基本目的之一在于，平衡国家利益与私人利益，以及保障公务的正常进行。

在密尔（Mill）之前，人们通常从自然、机械的角度将原因局限于积极的作为，至今一些学者仍持这种看法，认为不作为不是客观存在的行为，在自然界的状态中是"无"，是"空"，而无中不能生有，无作为自然就无结果，不作为不是结果的原因，只是促成结果产生的条件。但是，现今的大多数学者都主张从社会等价性的角度，对不作为行为的原因力予以肯定，主张不作为的行为性应该也只能从社会价值的角度予以考量，不作为并非所谓的"行为"之否定，而是"为"之否定；不作为之否定"为"，如同"作为"之否定"不作为"一样，都是侵犯法律所保护的某种合法权益，所不同的是，否定"为"之不作为违反命令（诫命）规范，否定"不作为"之作为违反禁止规范，但否定的价值在社会关系中的体现具有等价性。从社会意义的角度观察，不作为与作为具有同样的原因力。[②] 可见，因果关系的发生并非在于原因具有积极的力，而在于原因使其所影响的对象发生了区别于其在自然状态下一般发展方向的变化。我们不能仅仅停留在不作为的自然主义的存在性，而应关注其社会存在的意义。不作为并不是单纯的"无"，而是不履行依法必须履行的法律义务的行为，[③] 其在物理学上没有原因力，但在法律上存在原因力。法律上的不作为之所以被归责，不在于其自然属性如何，而在于从社会意义上来说，它带来了受害人的损害结果的发生，而这种损害本来是可以避免的。也正因此，冯·巴尔教授曾经尖锐地批评了那些认为不作为与损害

---

① 参见张明楷《刑法格言的展开》，法律出版社2003年版，第133页。
② 参见刘志伟、周国良编著《刑法因果关系专题整理》，中国人民公安大学出版社2007年版，第54－55页。
③ 参见 L. B. 科尔森主编《朗文法律词典》（第六版），法律出版社2003年版，第288页。

结果之间不具有因果关系的观点。①

不作为可以分为两类，即具有"起果性"的不作为和具有"防果破坏性"的不作为。"起果性"的不作为包含着损害结果发生的主要根据，对损害结果的发生起着根本的决定性的作用，该不作为对结果的原因力，乃对损害结果之起果条件不予防止而任其进行。② 此类不作为又可以分为两种：第一种是不作为直接引起某种自然或生理现象，该现象再直接引起损害结果的发生，如母亲不给婴儿哺乳致使婴儿饿死；第二种是由不作为直接引起另一种行为，再由另一种行为直接引起损害结果的发生。例如，扳道工不扳道，导致火车相撞。"防果破坏性"的不作为发生损害结果的主要根据不是存在于该不作为中，而是存在于其他事物之中，但作为可以破坏这种根据，不作为则可以巩固和增强这种根据。在这种情况下，不作为只是促成而不是决定损害结果的发生，其与损害结果之间大多为或然的因果关系。这类不作为又具体包括使可以避免的损害结果未能避免和使已经出现的损害结果进一步加重两种。③ 不作为行为的特点在于：第一，与引起损害结果发生的作为所存在的范围相比较而言，不作为行为具有不特定性。不作为只是消极地防止结果发生，而属于没有改变现状的举动太多、太广，具有不确定性，由此也决定了不作为行为的不特定性。第二，不作为行为具有依附性。不作为只能与行为人先行行为、他人（包括受害人）行为和自然事件等因素结合才能引起损害结果，不可能单独导致损害结果的发生。例如，在潘兰清等申请广东省龙门县公安局国家赔偿一案中，公安机关怠于监管和救助的不作为行为，是与受害人同监被羁押人的伤害行为结合在一起，才造成了受害人死亡的后果；在黄彩华申请连平县公安局刑事赔偿一案中，公安机关怠于监管的不作为行为是与其在先的暴力行为以及受害人自杀结合在一起，造

---

① 冯·巴尔声称："令人无法理解的是，不作为的原因力经常会被加以区别对待，一些学者甚至指出，不作为根本就不可能成为自然和物理意义上的原因力。"［德］克里斯蒂安·冯·巴尔著：《欧洲比较侵权行为法》下，焦美华译，张新宝审校，法律出版社2001年版，第525页，注15。
② （台）刘清景等编：《刑法总则问题》，宏律出版社1982年版，第224页。
③ 参见侯国云《论不作为犯罪的因果关系》，载《法律科学》2001年第1期。

成了受害人死亡的后果。第三，不作为行为具有隐形性。不作为本身不能单独造成损害结果，其在促成某种损害结果产生过程中所起的作用，在外观上不具有有形性。对不作为行为的判断较之作为行为的认定具有更强的主观性。①

不作为与损害后果之间的因果关系通常以侵权人作为义务的存在为前提，这种义务又源于合同的约定、法律的规定或者公序良俗。负有特定作为义务的人，必须积极地实施一定的行为排除客观上已经出现的危险状态，如果不履行特定的作为义务，客观上就是在帮助这种危险状态变成现实，损害结果因不作为而产生，该不作为与损害结果之间也就产生了因果关系。正如冯·巴尔教授所指出的："如果一个人导致了事件的发生，通常必须承担责任；相反对没有他的作用力而发生在别人身上的事件无需承担责任，除非他和受害人之间有特别的紧密关系，或者他对导致损害发生的危险源负有特别责任。"② 在英国侵权法上，作为义务的产生则基于被告与受害人之间存在特殊关系；在先行为引发了积极作为的义务；有义务控制某人的加害行为，或者有义务控制土地或危险物。③ 在德国法上，学者们通过社会安全义务（verkehrspflichten）理论来界定和扩张不作为侵权。所谓社会安全义务，是作为义务的统称，指开启或持续特定危险的人所应承担的、根据具体情况采取必要的、具期待可能性的防范措施，以保护第三人免受损害的义务。根据社会安全义务理论，负有下列社会活动安全注意义务的行为人如果没有履行该义务，其不作为具有原因力：一是因自己的在先行为具有引发损害的危险而负有防范义务，如挖掘水沟应采取必要措施防范行人跌落；二是开启某种交通或交往而负有防范义务，如举办家庭宴会时应防范枯枝倒塌压伤宾客；三是因从事一定营业或职业而承担防范危险的义务，如宾馆应采取必要措

---

① 参见肖中华《论不作为犯罪因果关系》，载陈兴良主编：《刑事法评论》第3卷，中国政法大学出版社1999年版，第225–232页。

② [德] 克里斯蒂安·冯·巴尔著：《欧洲比较侵权行为法》下，焦美华译，张新宝审校，法律出版社2001年版，第261页。

③ 参见胡雪梅《英国侵权法》，中国政法大学出版社2008年版，第70–72页。

施保证住宿客人及其访客的人身安全。① 对于如何确定作为义务的产生，我国侵权法学者大多主张，作为义务的产生是基于法律规定、合同约定和先前行为。在国家赔偿法上，作为义务的产生同样是国家机关基于法律规定、合同约定和先前行为，进而负有保护公民、法人和其他组织的合法权益免受侵害的职责，负有通过作为行为或实施一定的行为防止和阻止他人侵害公民、法人和其他组织的合法权益的义务，即所谓保护职责所在。这种职责，一方面是对国家所负担的义务，另一方面也是对公民、法人和其他组织所负担的义务。也就是说，国家机关不仅对国家负有一般意义上的保护个体权益和维护社会秩序的职责，而且也对个人负有保护其权益免受侵害的特定义务。② 这种作为义务或职责的产生既可以是法律规范，如法律、法规、规章以及规范性文件规定等直接规定的；也可以是基于国家机关与公民、法人或者其他组织之间的合同约定，如双方签订的行政合同而产生；抑或是国家机关工作人员的在先职务行为产生，例如，由于国家机关的工作人员的在先行为导致某人处于危险境地，该工作人员就负有救助其脱离危险的作为义务，如果因未履行救助义务，造成该人的伤亡等损害后果，就是违反职责，国家应当承担赔偿责任。之所以承认不作为行为与损害后果之间的因果关系，是在于国家机关没有防止、阻止直接侵权行为的发生和没有消除或减轻损害后果的发生、延续，从而造成公民、法人或者其他组织基于法定、约定或先前行为的可期待性利益的损害；而不是国家机关及其工作人员实施了作为的行为侵害了受害人的合法权益，也不是国家机关的行为直接造成了损害后果的发生。这是不作为情形中的因果关系区别于作为情形中的因果关系的地方。

出于适应现代社会发展的需要，不作为不承担侵权责任的规则产生了许多例外，特别是在英美侵权法上，这一规则已经被大大突破，在一些特殊的情形中，不作为与损害后果之间的因果关系获得充分的肯定。

---

① 参见王泽鉴《侵权行为法》第一册，中国政法大学出版社 2001 年版，第 93－96 页。
② 参见杨小君《国家赔偿法律问题研究》，北京大学出版社 2005 年版，第 288 页。

在大陆法系国家，这种因果关系亦得到了立法和司法的肯定。例如，荷兰《民法典》对不作为侵权责任进行了规定。各国法院则认定了下列案件中不作为与损害后果之间的因果关系：监狱对囚犯未予监督的赔偿案、精神病医院未监督其病人的赔偿案、中小学校对学生未予监督的赔偿案等。① 在国家赔偿法上，凡是建立了国家赔偿制度的国家几乎都将作为行为造成的损害纳入赔偿范围。例如，德国联邦最高法院将依法应作为而不作为（即德国行政法上的严重不作为），致使私有财产权发生损失的，列为侵害人民权利的一种行为，可构成准征收侵害。美国《联邦侵权赔偿法》第1346条第6款规定："由政府雇员在他的职务或工作范围内活动时的疏忽或错误的作为或不作为所引起财产的破坏或损失，人身的伤害或死亡等，属于美利坚合众国的侵权赔偿范围。"在英国行政法中，行政机关不履行法定义务属于实质越权的一种表现形式，是一种无效的行为；公民为了弥补行政不作为所造成的损害，可以向法院请求赔偿损失。我国台湾地区"国家赔偿法"第2条第2款规定了公务员怠于执行职务，致人民自由或者权利遭受损害的，国家应负损害赔偿责任。在我国，修订前的《国家赔偿法》未对不作为的国家赔偿责任作出规定，但在司法实践中，最高人民法院对于对不作为造成的损害，持应予国家赔偿的立场。② 在此次《国家赔偿法》的修订过程中，各界纷纷建议将国家机关及其工作人员不作为行为造成的损害纳入国家赔偿的范围，立法机关予以采纳。修订后的《国家赔偿法》第3条和第17条规定了国家机关及其工作人员"放纵他人以殴打、虐待等行为造成公民身体伤害或者死亡的"，应当承担国家赔偿责任。

---

① 参见能进光《侵权行为法上的安全注意义务研究》，法律出版社2007年版，第100—102页。
② 例如，最高人民法院2001年7月17日法释〔2001〕23号《关于公安机关不履行法定行政职责是否承担行政赔偿责任问题的批复》明确规定："由于公安机关不履行法定行政职责，致使公民、法人或其他组织的合法权益遭受损害的，应当承担行政赔偿责任。在确定赔偿的数额时，应当考虑该不履行法定职责的行为在损害发生过程和结果中所起的作用等因素。"又如，最高人民法院2004年10月10日〔2003〕确他字第1号答复称："天津市第一中级人民法院在明知被保全的财产受到不法侵犯时，未依法予以制止，未尽到监管职责，致使被保全的财产流失，当事人遭受重大损失，应当依法确认天津市第一中级人民法院保全措施违法。"详见江必新主编、最高人民法院赔偿委员会办公室编：《国家赔偿司法手册》，中国法制出版社2010年版，第163、92页。

第十一章　可赔偿之损害

　　赔偿是对损害的填补或救济，损害是赔偿的前提，诚如罗马法谚云："无损害即无需赔偿。"确定国家赔偿责任的最主要目的是对受害人进行赔偿，而损害是国家赔偿责任必备的构成要件。任何人只有在因国家机关及其工作人员的职务行为受到实际损害之时才能获得法律上的救济，国家也只有在因国家机关及其工作人员的职务行为致公民、法人或者其他组织损害时，才有可能承担国家赔偿责任。如果国家机关及其工作人员的职务行为并未造成损害，自然不会产生国家赔偿问题。纵观世界多数国家的国家赔偿立法及实务，其所谓的损害与民法上的损害基本相同，包括财产损害和人身损害等。

第一节　损害概述

一、损害的界定

　　对于侵权法上的损害概念，鲜有国家的民法典给予精确定义，至多就如奥地利《民法典》第1293条那样将损害宽泛地定义为："一个人在其财产、权利和人身上遭受的一切不利侵害。"北欧国家则一般在赔偿法中对损害进行类似界定。在法国，实务界基本上将损害从宽界定为任何一种利益损失，无论该利益是否具有财产上或经济上的价值。在英美法上，所谓损害始终是个需要在个案中具体化的概念；如果能在一般意义上使用，也仅指那些"不使人遭受它已经成为义务内容的不利后果"。国家赔偿法上损害的实质内涵多与民事损害共通，比如，日本关于损害的赔偿范围，即国家对哪类损害给予赔偿，依其"国家赔偿法"的规定，对侵犯财产权的损害赔偿范围，完全适用于民法之规定。

一般而言，损害事实是指一定的行为致使权利主体的人身权利、财产权利以及其他利益受到侵害，并造成财产利益和非财产利益的减少或灭失的客观事实。[1] 正如王泽鉴先生指出的，损害"系指权利或利益受侵害时所生之不利益。易言之，损害发生前之状态，与损害发生后之情形，而相比较，受害人所受之不利益，即为损害之所在"。[2] 相对于专指财产损失的狭义损害，这里的损害概念是广义上的，根据《民法通则》第121条、第122条和《国家赔偿法》第2条的规定，我国民法和国家赔偿法均是在广义上使用损害概念。因此，作为一个广义的概念，损害包括损失、侵害和伤害等，即无论是财产上或非财产上的不利益，无论其是现实的抑或未然的不利益，均应属于损害的范畴。换言之，所有为法律所保护的权利和法益所遭受的不利益，均属于损害。而所谓"法益者，乃法律上主体得享有经法律消极承认之特定生活资源"。[3] 由于社会生活的多样性以及复杂性，损害的形态也就多种多样。从时间上看，有已经发生的损害，有将来要发生的损害；从程度上看，有重大损害，有轻微损害；从损害的性质上看，物质损害，有精神损害；从损害的范围看，有普遍性损害，有异常性损害等。正是因为损害形态的复杂多样性，使得不同国家利用损害事实这一责任构成要素，限定或扩张国家赔偿责任的范围成为必要和可能。[4]

也就说，对于某个特定国家而言，并不是所有形态的损害都属于可以赔偿的范围，而仅仅是在国家法律明确规定的损害才由特定的赔偿义务机关承担赔偿责任。从这个意义上说，作为国家赔偿责任构成要件的"损害事实"实质上是"法定损害事实"。也正是由于每个国家有其自身的经济、政治、文化上的独特性，国家赔偿的范围在价值选择上往往呈

---

[1] 杨立新：《侵权损害赔偿案件司法实务》，新时代出版社1993年版，第38页。
[2] （台）王泽鉴：《不当得利》，中国政法大学出版社2002年版，第34页。
[3] （台）曾世雄：《民法总则之现在与未来》，中国政法大学出版社2001年版，第62页。
[4] 江必新：《国家赔偿法原理》，中国人民公安大学出版社1994年版，第131页。

现多样化的态势。但随着社会经济的发展以及伦理道德观念的变迁，各国法律乃至国家赔偿法保护的权益的范围也在不断扩大，从权利的保护发展到法益的保护。在传统上，有关赔偿法律制度，尤其是民事损害赔偿其主要以物权为保护对象，而在现代法制框架下，人身权、知识产权等绝对权不仅要受到保护，还在特定条件下要保护债权等相对权；不仅保护权利，还在一定条件下保护利益。①"基于合法权益的不可侵害性，只要受害的为合法权益，无论其损害程度如何，均具有应补救性，均应称之为损害。"②

在此应该注意，为了准确把握损害的概念，应该对其与损失进行区分。我们认为，从损害概念的内涵和外延上看，损害应当包括损失，③ 这主要是因为：其一，损失仅指财产上或财产性的不利益；损害则既包括财产上的不利益，又包括人身或非财产上的不利益。④ 其二，损失即所谓"在手而逸去为失"，其主要是指经济利益的减损；损害则是指受害人蒙受的一切人身或财产上的不利益。其既包括具体的损失，也包括抽象的损害和名义上的损害。⑤ 其三，对于损失，应用货币计量已遭受实际减损的财产数额；对于损害，因为某些损害难以用货币直接计算，则需要借助于公平观念和社会一般观念，考虑环境、行为的性质行为人主观状态和社会影响等多种因素来确定。

对于损失，按照加害行为与损害之间因果关系的距离，由近及远，大致可以分为直接损失、间接损失和纯粹经济损失。直接损失，也称积极损害，指现有财产或者利益的减少，包括因财产权遭受侵害所支付的费用、物品遭受的毁损、因生命健康权受损导致的积极财产损害、财产权益丧失或财产权益受到限制、附随的损失等。赔偿直接损失，即赔偿

---

① 龙著华：《论侵权法保护的利益》，载《法商研究》2007年第4期。
② 宁金成、田土城：《民法上之损害研究》，载《中国法学》2002年第2期。
③ 在英美法中，损害称为 damage，损失称为 loss。根据《牛津法律辞典》的解释，损害是指"在法律上被认为是可诉的情况下，一个人所遭受的损失和损害"，而损失仅指"经济上的损害"。
④ 王利明：《侵权行为法的归责原则研究》，中国政法大学出版社1992年版，第361—362页。
⑤ 马俊驹、余延满：《民法原论》，法律出版社1998年版，第1028—1029页。

已经发生的、确定的损失，而不是对权利人应得到的或者能够得到的利益赔偿。① 间接损失，也称消极损害，是可得利益的减少，即受害时尚不存在，但受害人如果不受侵害，在通常情况下应当或者能够得到的利益的丧失，包括因侵害财产权造成的利益损失、因侵害生命健康权所造成的各种消极损害、各种机会的损失。② 间接损失的是一种未来的可得利益，在侵害行为实施时，它只具有一种财产取得的可能性，还不是一种现实的利益。③ 损害赔偿法上多将间接损失限定在财产损害的范围，比如《民法通则》第117条第3款规定："受害人因此受到其他重大损失的，侵害人应当赔偿损失。"从学理上看，在现代市场经济条件下，将间接损失严格限定在财产损害的范畴已经过于狭窄。损害赔偿法的基本目的，在于转移或分散社会上的各种损害，但是，"损害之发生与赔偿深受社会组织、经济发展及伦理道德观念的影响……损害赔偿法，在特别程度上，乃是某一特定文化时代中，伦理信念、社会生活与经济关系之产品和沉淀物"。④ 在当今社会人格权越来越具有浓厚的财产价值，名誉权、隐私权、肖像权以及形象权等，尤其是知名人物的上述人格权日益具有更大的商业价值。⑤ 隐私权受到损害后，可能导致公民招聘、晋级、提薪受到影响，甚至导致其社会信誉的降低，从而使其经济利益受到损失，而这

---

① 直接损失与间接损失是我国民法和国家赔偿法领域一对经常被提及但又很难厘清的概念。关于二者的区分标准并未有统一的标准，学说上大致分为两类：一类着眼于损失的引发，认为事故直接引发的损失为直接损失，非直接引发而系其他媒介的介入而引发的损失为间接损失；另一类则着眼于损失的标的，认为损失事故直接损及的标的，其损失为直接损失，反之，则为间接损失。此种区分原为法国法所固有，德国法于损失的组织说兴起后，此种划分始获注目。在我国，对于国家赔偿法上对直接损失的限定，全国人大常委会法制工作委员会民法室在著述中对此曾举例说明：在一侵犯经营自主权的案件中，强迫农民砍掉果树种植其他作物，但因为缺乏其他作物的种植经验，至收益大减。被砍掉的果树是果农的直接损失，而果树如不被砍掉可能收获的果子是可得利益的损失，按照直接损失赔偿，即对砍掉的果树赔偿，而不是对可能的、预计的收获赔偿。因为，果树的损失是已经发生的、真实存在的，而果树有无收获，可能收获多少，以及收获后，能否卖出，都是不确定的，对不确定的损失不予赔偿。参见全国人大常委会法制工作委员会民法室编著：《〈中华人民共和国国家赔偿法〉释义》，法律出版社1994年版，第75页。

② 参见王利明《侵权行为法研究》上卷，中国人民大学出版社2004年版，第362页。

③ 杨立新：《侵权法论》（第三版），人民法院出版社2005年版，第764页。

④ （台）王泽鉴：《民法学说与判例研究》第二册，中国政法大学出版社1997年版，第142页。

⑤ 杨立新：《人身权法论》（第三版），人民法院出版社2006年版，第584页。

种经济损失显然不是直接损失，应属于间接损失的范畴。纯粹经济损失是指受害人因他人的侵权行为遭受了经济上的损害，但该种损害不是由于受害人所遭受的有形的人身损害或有形的财产损害而产生的经济损失，即受害人直接遭受财产上的不利益，而非因人身或物被侵害而发生，例如餐厅、工厂等由于停电、罢工不能营业而受到的损失等。其与间接损失的根本区别在于，间接损失是对受害人自身的权利造成直接损失的基础上造成的损失，而纯粹经济损失非以造成受害人的权利损害为前提，仅为单纯的经济损失。对于直接损害，无论是民事法律还是国家赔偿法，都是将其纳入赔偿范围的；但目前各国对于间接损失以及纯粹经济损失的问题，在民法上的赔偿范围限定并无定论，在国家赔偿法层面上更是争议颇多。比如，日本关于财产损失的国家赔偿范围与民事赔偿范围的规定是完全一致的，它既包括直接损失，也包括间接损失，还包括财产权因遭受不法侵害而产生的精神损失。正如日本《民法典》第709条规定："不论侵害他人之身体、自由、名誉或财产权，依前条规定应负损害赔偿责任者，对于财产以外之损害应负赔偿责任。"这里的"财产以外之损害"即精神损害，并且没有范围限制。对于侵犯人身权的损害赔偿，根据日本《国家赔偿法》第6条规定："对侵害他人身体造成伤害的，应赔偿必要的疗养费、休业赔偿费及障害赔偿费；对侵犯生命权（造成死亡）的，应对被害人之继承人赔偿遗属赔偿费、殡葬费及慰抚金。"可见，日本国家赔偿法对人身侵权的精神损害赔偿是肯定的。而我国国家赔偿法有关可赔偿损害的范围与民事法律存在较大出入。对此，我们将在下文结合《国家赔偿法》的具体规定以及《民法通则》和《侵权责任法》等的规定进行具体分析。

二、损害事实的结构

损害事实是由两个要素构成：一是权利被侵害，二是因权利被侵害而导致的利益受到损害的客观结果。一个损害事实必须完整地具备侵害客体和利益损害这两个要素，缺少其中任何一个要素，都不是损害赔偿法意义上的损害事实。侵害人身权赔偿责任构成的损害事实要件，必须具备人身权受到侵害，导致人格利益和身份利益损害这两个要素。侵害财产权赔偿责任构成的损害事实要件，也必须具备财产权受到损害，导致财产利益受到损失这两个要素。权利侵害和利益损失结合在一起，方可构成国家赔偿责任的损害事实要件。这一客观要件的存在，是国家赔偿法律关系赖以产生的根据。国家赔偿责任只有在侵权行为侵害了权利并且造成相应利益损害的条件下，才能发生。如果仅有侵权行为而无权利侵害和利益损失的损害事实，就不能发生国家赔偿责任。

从理论上讲，国家侵权造成的损害范围比较广泛，因为在国家各项管理活动中，公民、法人或者其他组织的各种权益都有可能受到侵害，权益侵害也会产生不同的损害后果。但各国考虑到财政的承受能力，一般难以对国家侵权造成的所有损害进行赔偿。许多国家用法律明确规定引起国家赔偿责任仅限于一定的损害范围，我国国家赔偿法也是如此。因此，国家赔偿构成要件中的损害仅限于特定的损害。具体而言，特定的损害包括两层含义：一是侵害了特定的权益；二是造成了特定的损害后果。

（一）侵害了特定的权益

在我国国家赔偿法上，不是公民法人或其他组织遭受任何损害国家赔偿责任即为成立，而应以该法律规范所欲保护的目的为准，只有受法律规范特定保护的利益遭受的不法损害，国家才承担赔偿责任。也就是说，受害人虽然受到损害，但其被侵害的权益并非国家赔偿法上保护的特定权益，就不在赔偿范围之列。例如，甲机关在违法执行公务过程中，将乙公民父亲生前送给乙的玉镯损坏，甲机关应当赔偿乙因玉镯损坏而丧失的财产利益（如该玉镯的市场价值），但乙因玉镯损坏而遭受的精神痛苦并非法律所保护的利益，因此，乙的精神痛苦不构成国家赔偿法意义上的损害。我国国家赔偿法所保护的"特定的权益"仅包括特定范围内的权益。就人身权而言，国家赔偿法仅保护人身自由权、健康权和生命权等。就财产权而言，国家赔偿法也仅保护法定范围内的财产权利，如所有权、经营自主权等。在国家赔偿案件中，赔偿请求人要证明其遭受了损害，首先必须证明其合法权益的存在，这是其享有国家赔偿请求权的前提。就人格权而言，如生命权、健康权、人身自由权等人格权益，属于当然权利、绝对权利，只要是人，就享有这些权利，因此，赔偿请求人对于这类合法权益的存在，一般不必提供证据证明。就财产权而言，如财产所有权、与财产权有关的知识产权等财产权益，赔偿请求人可以向赔偿义务机关、复议机关或者人民法院提交被损害的有体物或者登记簿的记载、不动产权属证书、购物发票等权利凭证、权利载体予以证明；如果被侵害的财产权益的客体已经灭失，无法直接证明，则受害人可以通过证人证言等方式加以证明。

（二）造成了特定的损害后果

即使是侵害了上述特定的权益，国家赔偿也并非一定构成，只有特定的损害出现，国家才给予赔偿。从欧洲各国范围来看，作为侵权责任构成要件的"损害"往往指的是特定的损害即"可救济损害"。虽然各国可救济损害的具体范围有所不同，但"权利上所遭受的不利并不必然导致损害"，"权利被侵害既非证明不利后果的必要条件亦非充分条件"。[①] 也就是说，权利侵害或利益侵害的事实并不必然导致可救济损害，因而"权利侵害"不能涵摄"损害"。从各国的情况看，可救济的损害往往是在事实损害的基础上经"提炼"而成的，此时又往往需要综合考察侵害行为本身、损害后果甚至过错等其他要件，具体来说：第一，需要考察侵害行为本身。如与侵害人身的行为不同，对于侵害财产权益的行为，精神损害一般来说就不是可救济的损害。第二，需要考察侵害后果。在损害赔偿法体系构造上，精神损害赔偿往往限于人身权受侵害场合，因财产权受到侵害而产生的非财产损失一般不是可救济的损害，即便有时也许非常明显、严重。第三，需要考察损害的严重程度，在财产损害，此种程度主要表现为数额的大小；即便在精神损害赔偿中，受害

[①] ［德］克雷斯蒂安·冯·巴尔著：《欧洲比较侵权行为法.》（下卷），焦美华译，法律出版社 2001 年版，第 7-10 页。

人仍然负有容忍轻微妨害的义务。① 在我国国家赔偿法上，所谓特定的损害，是指我国国家赔偿法原则上只赔偿所受损害（即现有利益的丧失），而仅在法律另有明确规定的情况下，才赔偿所失利益（可以得到而没有得到的利益）。具体体现在：其一，对于人身物质性损害的赔偿，明确限制了其特定范围（《国家赔偿法》第34条），对因此造成的客观物质性支出，比如医疗费等作为直接损失，明确予以赔偿，对于误工费、残疾赔偿金、死亡赔偿金以及被扶养人生活费等可得利益，作为间接损失，按照一定的客观标准，确立了赔偿责任。其二，对于财产损失，通常赔偿直接损失即所受损害，原则上不包括间接损失即所失利益。其三，基于物质性人格权以及人身自由权等受到侵害后产生精神创伤的客观性，也承认了对精神损害的赔偿。

三、多重损害事实

在侵权法上，多重损害事实理论的适用前提是一个行为所致。多个行为造成数个损害事实，不构成多重损害事实。例如，某医院怀疑本院某职工患有精神病，对其进行强制治疗，又公布了怀疑其患有精神病的材料。这是两个行为造成了两个权利的损害，即侵害人身自由权的行为致人身自由权损害和侵害隐私权的行为致隐私权损害。这是两个侵权行为，当然产生两个侵权损害赔偿请求权。如果不构成多重损害事实，则不用多重损害事实的理论来解决。同样，在国家赔偿法上，一个侵权行为也可以形成数个损害事实，即多重损害事实。多重损害事实中有几个损害事实，就产生几个损害赔偿请求权，如《国家赔偿法》第11条规定："赔偿请求人根据受到的不同损害，可以同时提出数项赔偿要求。"

多重损害事实主要包括三种类型：（1）同一受害主体单一权利的多重损害，比如，公安机关刑讯逼供致人死亡，既造成了死者亲属丧葬费的损失，又造成了死者亲属丧失亲人的痛苦，《国家赔偿法》第35条和

---

① 周友军、麻锦亮：《国家赔偿法教程》，中国人民大学出版社2008年版，第80页。

第 17 条的规定，死者亲属享有丧葬费及医疗等费用的财产损失赔偿请求权，还享有精神损害抚慰金的请求权。该两种赔偿，前者是财产利益损失的赔偿，后者是非财产损害即精神痛苦的慰抚金。（2）同一受害主体多项权利的多重损害，构成复杂的多重损害。当一个行为既侵害物质性人格权又侵害精神性人格权时，其救济方法分别为财产赔偿和精神损害赔偿，在这种情况下，两种损害赔偿请求权并行不悖，其实质就在于侵权行为造成损害的多重性。（3）多个受害主体的权利的多重损害。一个侵权行为造成多个受害主体的权利损害，其中必有一个为直接受害人，另有其他间接受害人。这种多重损害事实，构成特殊的多重损害。例如，受害人的健康权受到侵害，导致劳动能力丧失，致使其直接抚养的子女受到抚养费的损害。这时该受害人为直接受害人，其子女是间接受害人。应该说，这一行为，既造成了直接受害人健康权的损害，又造成了间接受害人身份权上的损害。依照法理，多个受害主体权利的多重损害，这些受害主体均应享有损害赔偿请求权。多重损害产生多个损害赔偿请求权，实质上是由于损害的类型并不能合并和吸收所导致，它们要么是损害本身的差异（比如财产损失和精神损害）、要么损害类型的差异（比如健康权和亲权），或者是损害的受害主体不同（比如损害的主体不同）。同样，在侵害财产权利的场合，也可以造成多重损害的事实。单一主体单一权利的多重损害，如一个侵权行为既造成直接损失，又可能造成间接损失等情形。

多重损害事实产生的多个受害主体"聚合式"的多重请求权，在国家赔偿法中有鲜明体现。比如，对于因为国家机关及其工作人员侵权行为致使他人残疾而丧失劳动能力的情形，《国家赔偿法》第 34 条第 2 项规定："造成部分或者全部丧失劳动能力的，应当支付医疗费、护理费、残疾生活辅助具费、康复费等因残疾而增加的必要支出和继续治疗所必需的费用，以及残疾赔偿金。残疾赔偿金根据丧失劳动能力的程度，按照国家规定的伤残等级确定，最高不超过国家上年度职工年平均工资的二十倍。造成全部丧失劳动能力的，对其扶养的无劳动能力的人，还应当支付生活费。"上述医疗费、护理费、残疾生活辅助具费、康复费及残疾赔偿金与被扶养人的生活费,就既有对同一受害主体单一权利的多重损害的赔偿,又有同一受害主体多项权利的多重损害的赔偿,还有多个受害主体的权利的多重损害的赔偿。在司法实务中,我们应当注意多重损害情形中所体现的是请求权的聚合性,而非竞合性,以充分保护受害人的合法权益,实现国家赔偿法的权利救济功能。

第二节 可赔偿之损害的法律特征

一、损害的现实性和确定性

损害的现实性与确定性,是指损害必须是已经发生的或者已经现实存在的损害。它是相对于想象中的损害或未来可能发生但又不能确定的损害而言的。[①] 各国对此多有相同的认识,但是在实际操作中却又会存在很大的差异。究其原因,这主要是由于损害的现实性与确定性的概念并不绝对要求损害已经发生,或者说并不绝对排斥可能发生的损害。如果某一损害虽然现实尚未发生,但已经具备了某种程度上的现实性和确定性,有些国家或地区规定此时国家赔偿义务机关也要承担赔偿责任。比如,在我国台湾地区,将已经发生的损害称为所受损害,将尚未发生的损害称为所失利益。我国台湾地区"民法"第216条第1款即规定:"损害赔偿,除法律另有规定或契约另有订定之外,应以填补债权人所受损害及所失利益为限。"虽然其"行政诉讼法"第2条所规定的损害赔偿,专指权利受到损害,不包括"所失利益",但台湾地区现行国家赔偿责任是包括所失利益在内的,具体包括"依通常情形可得预期之利益",二是"依已定之计划、设备或其他特别情势可得预期之利益"。前者是已经确定并且具体存在的利益,因为损害的发生而不能获得;后者是尚未具体存在也没有确定的利益,但根据一般情况或根据已经制订的计划等特别

[①] 江必新:《国家赔偿法原理》,中国人民公安大学出版社1994年版,第132页。

情况，可以期待得到的利益，因为损害的发生而不能获得。

在有些国家，将未来发生的损害区分为确定性损害和非确定性损害。所谓确定性损害是指受害人能有充分证据证明利益的获得已经确定，或者将来的损害是可以立即估价的或可以作出评估的损害；非确定性损害是指受害人没有充分证据证明其利益的获得已经确定，或者将来的损害目前无法作出评估的损害。对于前者，国家承担赔偿责任，对于后者，国家不承担赔偿责任。例如，法国最高行政法院1947年3月对法国电力公司案件的判决中指出："如果将来的损害是可以立即估价的，则应当对其进行赔偿。因为它是对于现状的直接现实的延伸。"在另一些国家，将尚未发生的损害区分为高概率损害和低概率损害。高概率损害是指损害发生的可能性大的损害；低概率损害是指损害发生的可能性小的损害。对前者承担赔偿责任，对后者不承担赔偿责任。例如，法国行政法院在审理某一考生被非法剥夺参加录用考试的资格，某公务员被非法取消参加晋升考试的机会，某业主的进口许可证被非法吊销一类案件时，主要考虑这种机缘实现的可能性的大小，或者是该机缘的严肃程度，实际上是根据受损害的概率的大小来决定是否赔偿。还有一些国家，将损害区分为直接损失和间接损失，直接损失是指现有财产的减少或毁损灭失；间接损失是指可得利益的减少或丧失，国家对前者承担赔偿责任，对后者不承担赔偿责任。另外，有些国家将损害区分为积极损失和消极损失，积极损失是指现存财产的减少；消极损失是妨碍现存财产的增加。在有的国家，将消极损失视为不确定损失而不承担责任，而另外一些国家，对消极损失作进一步区分，只是对难以确定的消极损失不予赔偿。由于各国国家赔偿法一般都不对损害现实性与确定性作出具体规定和描述，各国大都用司法判例进行具体界定。这就给这一法律特征留下了足够的发展余地。发展的总趋势是越来越有利于受害人，也就是国家承担赔偿责任的范围越来越宽。[1] 例如，在美国，《联邦侵权赔偿法》本来规定得比较保守，但司法判例却有较大突破：甲乙签订一份合同，甲的营业执

---

[1] 江必新：《国家赔偿法原理》，中国人民公安大学出版社1994年版，第134页。

照被政府错误吊销,致使合同无法履行,在这种情况下,甲不仅可要求政府赔偿因吊销营业执照给其造成的直接损失,而且可要求政府赔偿如合同正常履行可获得的收入。又如,一演员乘车去一剧院演出,途中被警察错误拘留,警察局不仅应按日赔偿其一定的损失,还要赔偿该演员与组织演出单位预订的演出报酬。

我国在制定《国家赔偿法》的过程中,关于国家是否赔偿间接损失的问题曾有数种不同意见:第一种意见认为,国家应当赔偿间接损失,因为国家不对间接损失负责,实际上是将间接损失的负担加在受害人身上。第二种意见认为,"赔偿间接损失,会使国家的财政负担过重,而且,西方国家也有不赔偿间接损失的情况。"[1] 我国的国家赔偿法刚刚起步,而且国力有限,应逐步扩大赔偿范围。因此,主张我国国家赔偿法应以赔偿直接损失为限。第三种意见认为,对间接损失,不能全赔,也不能全不赔。对其中必然可得利益或不可避免的损失应当赔,而对其他间接损失不赔。第四种意见认为,原则上,国家只赔偿直接损失,必须赔偿的间接损失由法律具体加以列举。我国《国家赔偿法》采纳的是第四种意见。[2] 我国的国家赔偿法所坚持的立法原则是"生存权保障"原则,又称"补满填平"原则。[3] 根据我国国家赔偿法的有关规定,对于直接财产损害中的可得利益的损失,国家一般不承担赔偿责任;而对于因人身损害造成的现实可得利益的损害,国家可在一定范围内承担赔偿责任。举例来说,违法致公民身体身体残废,是已经发生的损害,而因致残失去劳动能力,将不能取得劳动收入是一定会发生的损害(即现实可得利益的损害)。在此次《国家赔偿法》修订过程中,不少学者提出要扩大对间接损失的赔偿。考虑到国家财政负担、财政来源等现实国情需要,修订后的《国家赔偿法》第36条在财产损害赔偿问题上延续了以往对直接损失和法定部分间接损失进行赔偿的基本价值定位,但是对财产损害

---

[1] 林准、马原主编:《国家赔偿问题研究》,北京人民法院出版社1992年版,第181页
[2] 江必新:《国家赔偿法原理》,中国人民公安大学出版社1994年版,第135页。
[3] 邱之岫:《国家行政赔偿额度的立法完善》,载《求是学刊》2002年3月刊。

赔偿的范围进行了一定程度的扩展。

二、损害的特定性与法定性

损害的特定性，是指只有在损害的程度和范围以及受害人和受损害客体符合法律的特别规定时，国家才承担赔偿责任。损害的特定性与损害的确定性不同：后者解决损害能否成立的问题，即是说，如不具有确定性，则视为特定法律制度中的"损害"没有发生；前者解决什么程度和范围的损害国家才承担赔偿责任的问题，它是对不同国家有关对不同损害进行选择性赔偿的规定的集中概括。损害必须是特定的损害。所谓特定的损害，即损害只为一个人或少数人，而非一般人所共有。共有的损害是指没有人比其他人受的损失更多。根据公共负担平等的原则，共有的损害不发生国家损害赔偿责任问题。因为共有的损害是一般人享有共同利益必须付出的代价，而且在这种情况下，受损害的主体往往是直接或间接的受益主体。因此，损害必须是具备特殊性质，构成了破坏公共负担平等的损害。此外，损害必须是非反射利益的损害。所谓非反射利益的损害是指因他人人身或财产上的损害或者国家机关的某些决定而涉及自身利益的某些损失。例如，国家对某类产品限制出口，使某个企业蒙受了损失；工商部门对某甲罚款，致使某甲不能如期履行债务等。对于上述反射利益的损害国家不承担赔偿责任。

一个国家要在法律和判例中设定这种"特定性"，通常要使用本国自己的法律语言。而对这些法律语言的运用过程，常常使这些语言本身具有特有的内涵。在法国，在适用无过错赔偿责任时，通常要求损害必须具有特殊性。即是说，损害须为一个人或少数受害人所特有，而并非一般人所共有，损害必须具备特殊性质，构成对公共负担平等原则的破坏。在有些国家，法律或判例要求损害必须具有异常性。所谓异常的损害，是指损害已经超过公务活动对公共生活所带来的正常负担的范围或程度。根据公共负担平等原则，一切享受公共生活利益的人，必须承受某种合理的负担。承受合理负担这种正常的损害，不能认为是必须赔偿的损害。

一些国家为了确定异常性损害的"度",通常根据不同的情况,不同的行政活动以及受害人的不同地位来具体设定(通常是通过判例)达到什么程度的损害才能得到赔偿。例如,对于人体的损害和对于物体的损害、平常时期和非常时期、因行政活动而特别受益的人和一般受益的人都分别确定了一些具体的标准。有的国家根据致害行为的性质来具体确定损害特定性的标准,例如,对于违宪的立法行为(包括行政机关指定规章的行为)所造成的损害,在有些国家设有特别规定,通常是,只有当这种损害比较"重大"时,国家才承担赔偿责任。某些国家规定,只有在侵权行为侵犯了受害人的主观权利的时候,国家才承担赔偿责任,这就是说,在这些国家(如意大利、卢森堡、荷兰和比利时等),只有当受损害的权益属于主观权利的范畴时,才有可能谈得上国家的赔偿责任,否则,如果受损害的权益属于一种客观权利,则国家不承担赔偿责任。在法国,如果一个公民的非金钱权利的损害(如生命、健康、个人自由等)受到国家合法的公权行为的侵害,只有在这种损害具有"特别牺牲"的性质时,国家才承担赔偿责任。根据"特别牺牲"原则,如果为了普遍的公共利益必须牺牲某一个人而不是所有人的权利是必然的情况,那么,公共利益必须用公共利益的综合基金对受害人给予赔偿,而不应当由受害人本人负责。[①]

与损害的特定性特征密不可分的就是受损害利益的受保护性问题,而此必然涉及的就是可赔偿损害的法定性问题。只有当受损害的利益是受法律保护的情况下,国家才承担赔偿责任,违法的利益不发生损害赔偿责任问题,这是各国赔偿实务上的通例。损害事实是侵权主体对该国法律所保护的利益(而不包括非法所得或法律不予保护的法律关系),法律秩序的正常状态的破坏,或者对受法律保护的利益直接侵犯或施加不利影响的后果,损害只能发生于受法律保护的财产。例如,行政机关合法地拆除违章建筑而使兴建违章建筑者受到损失等。但是各国在适用中也有程度上的差别。从受保护的对象来说,有的国家局限于法定权利,

---

① 参见江必新《国家赔偿法原理》,中国人民公安大学出版社1994年版,第136-137页。

有的国家局限于主观权利,有的国家则扩展到法定权利外之正当利益,有的国家(如法国)还扩展到受害者的受法律保护的地位,连"生活遭受磨难"、"生活质量的降低"都在受保护的范围,甚至直接确立了精神损害抚慰金制度。法国对精神损害赔偿的范围更是通过判例延展到了对信仰、名誉、美观的损害,甚至感情损害、精神痛苦都可以得到赔偿。如今,大多数国家在国家赔偿范围的构建上,都实行了精神损害赔偿,并将精神损害纳入了法律救济的范围。[1] 德国国家赔偿法规定,因国家侵权行为所致精神损害,应该实行国家赔偿。日本《国家赔偿法》第4条也规定:"除国家赔偿特殊规定外,国家或公共团体的损害赔偿,依民法规定,包括对精神赔偿。"韩国《国家赔偿法》第3条亦对生命、身体之侵害规定了精神慰问金的赔偿。[2] 此外,韩国《国家赔偿法》还规定:"因生命、身体之侵害及物品之减失、毁损等,致生直接损害以外其他损害时,在不法行为与之有相当因果关系之范围内,得赔偿之。"

另外,损害的特定性问题还涉及受害人的身份和法律地位问题。在有些国家,同样的损害事实因为受害人的身份或法律地位不同而有赔和不赔的不同结果,在这些国家,国家是否承担赔偿责任,不仅取决于受损害利益是否是法律保护的利益,还取决于受害人是否属于特定法律保护的人。在有些国家,对于某些损害是否承担赔偿责任,还取决于受害人是团体还是个人。如受害人是团体,则不予赔偿;如受害人是个人,应予赔偿。[3]

在我国,可赔偿之损害更是具有鲜明的特定性和法定性。依照《国家赔偿法》第3条、第4条、第16条、第17条、第34条、第36条等规定,可赔偿之损害具有明显的法定性要求,这主要体现在如下几个方面:

1. 赔偿范围的法定性。

依照《国家赔偿法》第3条、第4条、第17条和第18条的规定,

---

[1] 刘本文、覃仁琳:《在国家赔偿制度中建立精神损害赔偿之必要性探讨》,载《涪陵师范学院学报》2005年第5期。
[2] 洪文:《国家赔偿范围研究》,载《人民司法》2001年第12期。
[3] 参见江必新《国家赔偿法原理》,中国人民公安大学出版社1994年版,第137–138页。

国家赔偿范围被严格限定国家机关及其工作人员执行职务行为时侵犯人身权造成损害和侵犯财产权造成损失的情形，而不可超出上述规定的行为类型的范围。比如，行政机关及其工作人员在行使行政职权时有下列侵犯人身权情形之一的，受害人有取得赔偿的权利：（1）违法拘留或者违法采取限制公民人身自由的行政强制措施的；（2）非法拘禁或者以其他方法非法剥夺公民人身自由的；（3）以殴打、虐待等行为或者唆使、放纵他人以殴打、虐待等行为造成公民身体伤害或者死亡的；（4）违法使用武器、警械造成公民身体伤害或者死亡的；（5）造成公民身体伤害或者死亡的其他违法行为。

2. 责任方式的法定性。

依照《国家赔偿法》第 32 条、第 35 条的规定，国家赔偿以支付赔偿金为主要方式，能够返还财产或者恢复原状的，予以返还财产或者恢复原状；存在《国家赔偿法》第 3 条或第 17 条规定的情形导致他人精神损害的，应当在侵权行为影响的范围内，为受害人消除影响，恢复名誉，赔礼道歉；造成严重后果的，应当支付相应的精神损害抚慰金。

3. 赔偿内容的法定性。

对于赔偿内容，依照《国家赔偿法》第 34 条、第 35 条、第 36 条的规定，国家赔偿法对国家赔偿的类型做了明确规定，包括人身有形损害、精神损害、财产损害的内容；同时对人身有形损害、财产损害的标准、范围做了明确的限定，鲜明体现了国家赔偿法在赔偿内容上的法定性。

三、损害的可计算性

损害的可计算性，又称损害的可估量性，其基本含义是只有在损害事实可以用金钱进行计算或估量的情况下，国家才承担赔偿责任。损害的这一法律特征，渊源于国家赔偿的金钱赔偿原则。我国《国家赔偿法》第 32 条第 1 款规定："国家赔偿以支付赔偿金为主要方式。"在各国国家赔偿法理论上，设定这一法律特征的最初动因在于限制对非物质性损害的赔偿。随着国家赔偿法理论和实践的发展，现今已有相当多的判例超越了这一限制，越来越多的非物质性损害被认为是具有可计算性，以至于在某些国家已经抛弃了可计算性的概念。但是就世界范围来说，损害的可计算性特征仍然在相当多的国家继续延用，凡是不承认精神赔偿的国家，都继续延用这个概念、使用这一特征来限制国家赔偿的范围。

损害的可计算性特征，最初将国家的赔偿责任局限在人身有形损害及财产损害的范围之内，其后逐渐发展到人身非财产损害领域以及有碍生存的损害领域，最后被适用于精神损害领域，各国在这方面的发展，也大体上循着这个发展轨迹。

（一）关于人格权方面的损害

自罗马法以来，侵权行为责任基本上以对人身的伤害和财产的损失为限。如深受罗马法影响的法国《民法典》第25条规定："对于财产损害以外的损害，只限于法律有特别规定的情形，始得请求以金钱赔偿。"这里的法律规定：一是指在侵害身体健康自由的情况下，受害人可以请求赔偿相当金额；二是指用诈骗、胁迫或滥用从属关系，使犯了违背伦理罪行的妇女应允有婚姻外同居的情形，该妇女有损害赔偿的请求权。德国《民法典》同样规定，除了伤害身体、妨害自由和侮辱妇女三种情形之外，其他"非财产上的损害，不得请求金钱赔偿"。最早突破罗马法上述原则的是瑞士。瑞士《债法》第35条率先规定："由他人之侵权行为，对人格关系上受到严重损害者，纵无财产损害之证明，裁判官亦得判定相当金额之赔偿。"瑞士《民法典》第28条规定："（1）任何人在其人格受到不法侵害时，可诉请排除侵害。（2）诉请损害赔偿或给付一定数额的抚慰金，只有在本法明确规定的情况下，方得允许。"瑞士《债法》和《民法典》之后，一些国家和地区不断效仿，我国台湾地区"民法"第18条规定："人格权受侵害时，得请求法院除去其侵害。前项情形以法律有特别规定者为限，得请求损害赔偿或慰抚金。"在国家赔偿中，非财产损害的特别规定主要是指"民法"第195条第1项，它规定，"不法侵害他人之身体健康、名誉或自由者，被害人虽非财产上之损害，亦得赔偿相当之金额。其名誉被侵害者，并得请求为恢复名誉之适当处分。"这里的适当处分包括由加害人赔礼道歉，或将受害人胜诉判决书见诸报端等措施。

但是，当今世界，仍有一些国家拒绝对人格权方面损害承担赔偿责任。在保加利亚，对非物质性的损害是否赔偿曾经历了一个复杂的发展过程。最高上诉法院在1897年的一个判决中声称："法律所说的是一般的损害，并没有区分物质的或非物质的。另一方面，法律的精神是一致的，因为保护个人的权利是法律的一项基本任务。对于一个人来说，还有什么比他的荣誉和名声更有价值呢？"但是最高上诉法院的刑一庭认为这种损害和损失不应赔偿，认为现行法律所预见到的是对物质性损害的赔偿，而不是对非物质性损害的赔偿。由于最高上诉法院内部存在不同判决，司法部要求它统一，于是，最高上诉法院在1909年的全体会议上作出决定："法律对物质损害和非物质损害没有作任何区分"。至此，非物质损害的赔偿在保加利亚被正式接受下来。

（二）关于物质性人格权的损害

对物质性人格权的损害，有时又被称为"有碍生存方面的损害"，通常包括致死、致残、损容破相、肉体痛苦等方面的损害。对于致死、致残来说，各国一般都给予赔偿，至于损容破相和肉体痛苦，有的国家规定给予赔偿，有的国家规定给予有限赔偿，有的国家仍然以损害难于以金钱计算为由拒绝赔偿。在法国，损容破相达到足够的严重程度才算有碍生存的损害，一个七岁的小女孩容貌被毁被认为是有碍生存；警察追捕逃犯，误伤女演员的脸部，由于演员美观受损必然影响其收入，可以得到美观损害赔偿。在捷克斯洛伐克，根据《民法典》的规定，如果损容破相使"权利人社会价值降低"，也可以得到赔偿，但该项赔偿不超过12000克朗。肉体痛苦在法国也被认为是有碍生存的一种表现形式。行政法院对那些特别剧烈、特别紧促、异乎寻常的疼痛判决予以赔偿。在法国行政法院看来，尽管疼痛无法估价，但痛苦达到一定的严重程度，就会使受害人既定的生活方式发生紊乱，给继续生存形成障碍，比如劳动能力的减弱、抵御能力降低等。捷克斯洛伐克也承认肉体痛苦的赔偿，肉体痛苦常被视为"权利人社会价值降低"的一种表现形式,但此种赔偿不得超过 12000 克朗。①

(三) 关于精神痛苦损害

精神痛苦属于情感领域,更是无法以金钱计算其价值,这正是大多数国家拒绝赔偿的理由。但是这个领域也正在被突破。在法国,普通法院早有判例判决赔偿精神痛苦损害,但行政法院直到 1961 年才判决对亲者死亡的悲痛、情感损害予以赔偿。一位先生因某公务过错不幸失去亲子,行政法院认为亲生骨肉的过早夭折给其带来的悲痛属于可赔偿性的损害,判决赔偿其 1000 法郎。在法国,普通法院甚至对由于饲养宠物的夭折而产生的痛苦,也判决给予赔偿,但行政法院拒绝给予此类情况下的感情痛苦以赔偿。

我国国家赔偿法对于人身物质性损害、财产损害的认定标准有明确的规定;虽然在起初并没有规定对精神损害的赔偿,但现在已经明确将其纳入国家赔偿的范围,体现了立法上的极大进步。

第三节 损害的分类

损害类型的不同,往往会影响到法律对侵权责任和赔偿范围的判断,只要涉及可赔偿性损害,其基本原则是"身体和健康损害被归责于行为人的条件要轻于物损,而物损又轻于纯粹经济损失"。② 在各国法上,损害是判断侵权责任和赔偿范围必须综合考虑的因素,当损害是人身损害时,责任判断标准相对松弛,比如,在我国国家赔偿法上,对于人身损害情形中的间接损失,可以给予赔偿;但如果是财产损害情形中的间接损失,一般不予赔偿。根据不同的标准,损害可以分为财产损害和非财产损害、法定损害与边际型损害、客观损害和主观损害、对受害人自身

---

① 江必新:《国家赔偿法原理》,中国人民公安大学出版社 1994 年版,第 141 页。
② [德] 克里斯蒂安·冯·巴尔:《欧洲比较侵权行为法》下卷,焦美华译,张新宝审校,法律出版社 2001 年版,第 579 - 580 页。

的损害与对第三人的反射性损害,即时性损害和继发性损害。在国家赔偿法上,多从人身损害和财产损害上进行分类讨论。

一、学理上的分类

损害的分类就是将各种损害类型化,从而针对不同的损害提供不同的补救。在学理上,按照不同的标准可以对损害作以下分类:

(一)财产损害和非财产损害

财产损害和非财产损害是各国法律普遍采纳的损害的基本分类,划分的标准是加害行为或准侵权行为所导致的损害是否具有财产内容。财产损害,又称之为有形损害,是指因侵害受害人的财产或人身权利而造成其经济上的损失,一般可用金钱确定。凡是财产上不利的变动都属于财产损害,不仅包括财产的积极损害,即财产的直接减少,也包括财产的消极损害,即应增加的财产未增加。非财产损失,又称之为无形损害,是指受害人所遭受的财产损害以外的损害,包括精神损害、边际损害、法人人格权损害等无法归入财产损害的不利益。一般而言,侵害受害人的财产权益导致财产损害,侵害受害人的人身权利导致非财产损害。这两种损害可以单独发生,也可以相伴而生,如损毁甲的古董,虽主要为财产上的损害,但使甲遭受精神打击,则为非财产损害。[①]划分财产损害和非财产损害的主要意义在于,在大多数国家的国家赔偿法上,对于财产损害,一般按照全面赔偿的原则予以赔偿,而对于非财产损害,通常只限于法律有明确规定时才能加以赔偿。

(二)法定损害与边际型损害

以是否被纳入法律救济的范围为标准,可以将损害划分为法定损害和边际型损害。法定损害是指法律规定可以补救的财产损害和非财产损害。法定损害要解决的问题不仅仅包括哪些损害具有可补救性,而且包括在遭受权利侵害后究竟应当赔偿哪些损害以及赔偿数额的限制等。例

---

① (台)何孝元:《损害赔偿之研究》(第二版),台湾商务印书馆1968年版,第25页。

如，我国《国家赔偿法》第 34 条第 2 款对于受害人因伤致残的损害赔偿范围和最高数额限制进行了明确的规定。边际型损害是指介于财产损害与非财产损害之间，不能明确认定其类型归属的损害。其典型的表现为物的使用利益的损害，如汽车被撞损，车主不能使用的损失；还表现为时间利益的丧失，如受害人受伤住院，因时间浪费而蒙受的不利益。[①] 在侵权法上，关于边际型损害是否赔偿，需要结合具体案件进一步分析，与加害人行为有因果联系的边际型损害，应当尽可能地比照法定损害中的类型，按照财产损害或者非财产损害予以赔偿。但在国家赔偿法上，实行法定赔偿原则，对于边际型损害，一般不予赔偿。

（三）客观损害和主观损害

根据构成因素的不同，可将损害分为客观损害和主观损害。客观损害是指某特定损害事故于一般情形下所造成的损害。衡量客观损害，应只考虑损害的普通因素，将赔偿权利人因其与特别环境相牵连而发生的损害排除，其存在并不因受害人不同而有差异。主观损害则指某特定损害事故发生于赔偿权利人财产上所造成之具体损害。衡量主观损害，应全面考量受害人的特别环境和特殊因素，会往往因受害人不同而有所差异。此分类体例中，在损害算定时相应地有主观计算方法和客观计算方法之分。

（四）对受害人自身的损害与对第三人的反射性损害

以加害行为是直接作用于受害人还是间接作用于与受害人有密切法律关系的第三人，将损害分为对受害人自身的损害与对第三人的反射性损害。在造成他人死亡或身体伤害的情况下必然出现的一个问题就是，责任人仅须对受害人的损失，还是也必须对本身毫发无伤的第三人因直接受害人的遭遇而遭受的损失承担赔偿责任。对第三人的反射性损害可以是财产性的，也可以是非财产性的。对于第三人因直接受害人死亡而遭受的财产损失，其可赔偿性已得到各国国家赔偿法律制度的认可。对

[①] 参见王利明《侵权行为法研究》上卷，中国人民大学出版社 2004 年版，第 365 页。

于非财产性的反射性损害的赔偿，各国国家赔偿法规定不一，但对于第三人因近亲属死亡而遭受的精神损害，许多国家都规定应予以损害赔偿。

（五）即时性损害和继发性损害

以损害后果的发生与加害行为的事实之间的时间关系为标准，可以将损害划分为即时性损害和继发性损害。即时性损害即过去的损害，是指在加害行为进行或完成时就显现出来的损害；而继发性损害即未来的损害，是指需要在加害行为完成之后，经过一段时间才显现出来的损害。继发性损害包括两种：一是建立在未来不确定事实之上的损害，如原告因被告的行为膝盖受伤，该损伤日后有引发关节炎的可能性；二是建立在假设事实之上的未来损害，如假设没有因加害行为而遭受人身伤害，原告有可能在未来获得劳动收入，或者有可能因职务晋升而增加收入等。

二、对人身权益的损害

（一）对人身权益的损害

人身权被分为人格权和身份权。侵害人身权的损害，也可以分为人格利益损害和身份利益损害这两种不同的损害类型。因为这两种利益就是人身两大权利种类的客体。人格利益损害是侵害人格权所造成的损害。由于人格权可以分为物质性人格权和精神性人格权两个类别，因而人格利益损害也分为两种不同的损害。

我们认为，人身利益，是人之所以为人的物质条件，维持生命，维护人体组织完整和人体器官正常机能的物质基础。这种利益的损害，破坏了人体组织和器官的完整性及正常机能，甚至造成生命的丧失，因而在外在形态上往往是有形的。具体而言，这种有形损害集中表现在对生命权、身体权、健康权的损害。

1. 侵害生命权的损害。

侵害生命权的损害具有特殊性，通常包括三个层次：（1）生命丧失。这是确定侵害生命权最基本的损害，是依该事实发生确定侵害生命权责任的基础。无论是故意还是过错，无论是杀人还是伤害致死，无论是作为致人死亡还是不作为致人死亡，只要造成受害人死亡的客观结果，即为侵害生命权。（2）生命丧失导致死者近亲属财产损失。这种损害，包括死者近亲为抢救受害人而支出的费用，也包括死者近亲为安葬而支出的丧葬费。这也是确定侵害生命权的损害赔偿请求范围的依据。（3）死者生前扶养的人的被扶养机会丧失。也就是说在死者生前有直接扶养人的情况下，死者死亡造成了该被抚养人丧失抚养费的来源。

2. 侵害身体权的损害。

法律意义上的身体是指自然人（不是其他动物）的身体，是指自然人的生理组织的整体，即是由头颅、肢体、器官、其他组织以及附属部分（如毛发、指甲）所构成的一个整体。身体权指的是自然人维护其身体完整并能自由支配其身体各个组成部分的权利。身体权的客体是自然人的身体，身体权设定的目的在于保持人的身体的完整性和完全性。

非法搜查他人身体，或以殴打甚至不作为的方式非法侵扰他人身体，比如通过强行剃除他人毛发（包括剪阴阳头），强行剪掉他人指甲，强行抽取他人少量血液、脊髓等体液，向他人身上泼洒污物等，肆意殴打他人身体，医生本应切除病人的小肠，却切除了病人的阑尾，而导致受害人身体乃至精神上受到了一定的损害。需要指出的是，我国国家赔偿法出于保障公务的考虑，未将侵害身体权造成的损害明确纳入可赔偿的范围，仅对同时侵害身体权和健康权造成的损害，按照侵害健康权的情形予以救济。

3. 侵害健康权的损害。

法律上的健康权是指自然人以其身体外部组织的完整和身体内部生理机能的健全，使肌体生理机能正常运作和功能完善发挥，从而维持人体生命活动为内容的人格权。对健康权的损害，表现为受害人受到了一定的损害，轻微的损害法律认为需要受害人予以一定的容忍，加害人并不需要予以赔偿。对健康权的有形损害往往表现为健康受损、健康受损导致财产利益的损失。

（二）侵害人身权益的损害的可赔偿性限定

1. 国家赔偿法对侵害人身权益的损害的可赔偿性限定。

上述损害，在外在赔偿形式上突出表现为自然人为医治伤害、丧葬死者所支出的费用，如医疗费、差旅费等；人体伤害、死亡更有可能造成其他财产上的损失，如伤残误工后的工资损失，护理伤残者的误工损失，丧失劳动能力或死亡所造成其被扶养人的扶养费损失等，这些损害也是有形的损害。人格利益有形损害可以造成财产上的损失这一特点，给其金钱赔偿提供了准确计算的基础，因而人格利益的有形损害是可以计算，并用金钱准确赔偿的。人格利益有形损害虽然是一种非财产损害，但却可以造成财产利益的损失。这种财产利益上的损失，是通过人体伤害、生命丧失的非财产损害引起的，而不是由行为直接造成的财产利益损失。人格利益有形损害的这一特征，既区别于财产权损害，又区别于人格利益的无形损害。

对于人身权益造成的损害，《国家赔偿法》第34条规定："侵犯公民生命健康权的，赔偿金按照下列规定计算：（一）造成身体伤害的，应当支付医疗费、护理费，以及赔偿因误工减少的收入。减少的收入每日的赔偿金按照国家上年度职工日平均工资计算，最高额为国家上年度职工年平均工资的五倍。（二）造成部分或者全部丧失劳动能力的，应当支付医疗费、护理费、残疾生活辅助具费、康复费等因残疾而增加的必要支出和继续治疗所必需的费用，以及残疾赔偿金。残疾赔偿金根据丧失劳动能力的程度，按照国家规定的伤残等级确定，最高不超过国家上年度职工年平均工资的二十倍。造成全部丧失劳动能力的，对其扶养的无劳动能力的人，还应当支付生活费。（三）造成死亡的，应当支付死亡赔偿金、丧葬费，总额为国家上年度职工年平均工资的二十倍。对死者生前扶养的无劳动能力的人，还应当支付生活费。前款第二项、第三项规定的生活费的发放标准，参照当地最低生活保障标准执行。被扶养的人是未成年人的，生活费给付至十八周岁止；其他无劳动能力的人，生活费给付至死亡时止。"

2. 残疾赔偿金所限定之损害。

我国最初民事立法及司法实践对于残疾赔偿范围一直是采"生活来源丧失说"，该说认为，受害人劳动能力丧失与减少，必致其生活来源丧失，因而应当赔偿受害人的生活补助费，使其生活来源能够恢复。赔偿所救济的，既不是劳动能力丧失的本身，亦不是受害人致残前后的收入差距，而是受害人致残前后生活来源的差额。① 正因如此，《民法通则》第 190 条规定了"残疾者生活补助费"。最高人民法院 1988 年 1 月 26 日通过的《关于贯彻执行〈中华人民共和国民法通则〉若干问题的意见（试行）》第 146 条规定："侵害他人身体致使其丧失全部或者部分劳动能力的，赔偿生活补助费一般应补足到不低于当地居民基本生活费的标准。"但《民法通则》和《关于贯彻执行〈中华人民共和国民法通则〉若干问题的意见（试行）》规定的赔偿标准都较低，对保护因伤致残者很不利。随着社会经济的发展，为了更大限度保护受害人，1994 年 1 月 1 日起施行的《消费者权益保护法》第 41 条增加了"残疾赔偿金"一项，但这里的残疾赔偿金解释上被认为是精神损害抚慰金。2001 年 3 月 10 日施行的最高人民法院《关于确定民事侵权精神损害赔偿若干问题的解释》，正式将残疾赔偿金定义为精神损害抚慰金。由于刑事附带民事案件不赔偿精神损害，在涉及刑事的案件中残疾赔偿金得不到支持，仍改变不了残疾赔偿标准过低的情况。2004 年 5 月 1 日起施行的最高人民法院《关于审理人身损害赔偿适用法律案件若干问题的解释》以"劳动能力丧失说"② 为原则，同时吸收"收入丧失说"③ 的合理成分，考虑受害人收入丧失与否的实际情况，作为决定残疾赔偿金的重要参数。

依据"劳动能力丧失说"及"收入丧失说"，残疾赔偿金是对公民健康权受侵害导致其全部或者部分丧失劳动能力的赔偿，是对劳动者未

---

[1] 杨立新：《侵权法论》下册，吉林人民出版社 2001 年版，第 637 页。

[2] 依照该说，受害人因身体或者健康受损害，以至丧失或者减少劳动能力本身即为损害，并不限于实际所得的损失，所以劳动能力丧失即应予赔偿，而不是赔偿收入的差额。参见最高人民法院民事审判第一庭编著《最高人民法院人身损害赔偿司法解释的理解与适用》，法律出版社 2004 年版，第 255 页。

[3] 该说又被称为"所得丧失说"。该说认为，损害赔偿的目的，在于填补受害人实际所后损害，故受害人纵然丧失或者减少劳动能力，但如未发生实际损害，或受伤前后的收入并无差别，则不得请求赔偿。计算时，以受害人受伤前后收入的差额为损害额，以此差额予以赔偿。参见最高第人民法院民事审判第一庭编著《最高人民法院人身损害赔偿司法解释的理解与适用》，法律出版社 2004 年版，第 254 页。

来收入损失赔偿。但是很显然这种未来收入损失是一个抽象的不确定概念。因此，对此种抽象的未来收入损失，应采取定型化的计算方法，理论上应按照平均收入水平计算其未来收入损失。在《侵权责任法》出台之前，我国立法在残疾赔偿金以外还规定须赔偿被扶养人生活费。最高人民法院《关于审理人身损害赔偿适用法律案件若干问题的解释》将平均收入进行分类，即分为城镇居民人均可支配收入（或者农村居民人均纯收入）和城镇居民人均消费性支出（或农村居民人均年生活消费支出）两项指标，分别与残疾赔偿金和被扶养人生活费相对应，即：平均收入＝城镇居民人均可支配收入（或者农村居民人均纯收入）＋城镇居民人均消费性支出（或农村居民人均年生活消费支出）。[①] 这种有关人身伤亡损害赔偿标准的城乡差异在《侵权责任法》中被取消。《侵权责任法》第16条规定："侵害他人造成人身损害的，应当赔偿医疗费、护理费、交通费等为治疗和康复支出的合理费用，以及因误工减少的收入。造成残疾的，还应当赔偿残疾生活辅助具费和残疾赔偿金。造成死亡的，还应当赔偿丧葬费和死亡赔偿金。"由此，《侵权责任法》最终将残疾赔偿金还复其救济损害的客观性的本来面目，即残疾赔偿金是对受害人未来收入损失的赔偿。但应注意，依照《侵权责任法》的规定，在赔偿义务人赔偿了残疾赔偿金的情况下，将不再赔偿被扶养人生活费，因为被扶养人生活费已经包含在残疾赔偿金之中，这实际上完全与"劳动能力丧失说"理论相一致。

在国家赔偿法中，其对残疾赔偿金所针对的损失也是兼采"收入丧失说"和"劳动能力丧失说"，但在具体认定标准上，则有自己独特的一面，依照《国家赔偿法》第34条的规定，残疾赔偿金根据丧失劳动能力的程度，按照国家规定的伤残等级确定，最高不超过国家上年度职工年平均工资的二十倍。对其扶养的无劳动能力的人，还应当支付生活费。赔偿义务机关在赔偿残疾赔偿金后，对于造成受害人全部丧失劳动能力

[①] 陈现杰主编：《〈中华人民共和国侵权责任法〉条文精义和案例解析》，中国法制出版社2010年版，第57页。

的，还要赔偿受害人的被抚养人的生活费。

3. 死亡赔偿金所限定之损害。

自然人因遭受人身损害而死亡，其权利能力消灭，法律主体资格不复存在，这时的被侵权人，实际上是死者的近亲属即间接受害人。对他们而言，因直接受害人死亡所蒙受的有形损失，即为财产损失。对此损失，存在两种学说：

其一为"扶养丧失说"，该说认为，应以被扶养人丧失的生活来源作为计算的依据。依据"扶养丧失说"，受害人死亡后，其生前依法定扶养义务供给生活费的被扶养人因此失去了生活来源，赔偿义务人对此应予赔偿。但赔偿的范围是"被扶养人生活费"，即只对间接受害人的具体的、直接的、积极的财产损失进行赔偿，除被扶养人生活费外，不承认有其他财产损失存在。对于因直接受害人死亡而导致家庭的整体收入减少，因其属于抽象的、间接的、消极的财产损失，而未被纳入"扶养丧失说"的财产损害赔偿范围。[①] 按照《民法通则》第119条的规定，侵害他人身体造成死亡的，"应当支付丧葬费，死者生前扶养的人必要的生活费等费用"，解释上一直认为该项死亡赔偿采纳的是"扶养丧失说"。其二为"继承丧失说"。该说认为，应该以受害人死亡导致的家庭整体减少的收入作为计算依据。按照"继承丧失说"，受害人死亡导致的财产损失，应当以家庭整体收入的减少为标准进行计算。其理由在于，受害人的个人收入并非全部用于个人消费，除其中个人消费部分（通常占全部收入的25%—30%）以外，其余的收入应当用于家庭共同消费或者家庭积累。受害人因人身伤害死亡，家庭可以预期的其未来生存年限中的收入因此丧失，实际是家庭成员在财产上蒙受的消极损失。依据损害赔偿法原理，消极损失同样应当予以赔偿。[②] 人民法院涉外审判实务中，对人身损害赔偿早就有采纳"继承丧失说"的规定，如最高人民法院《关于

[①] 陈现杰：《关于人身损害赔偿司法解释中损害赔偿金计算的几个问题》，载《法律适用》2004年第4期。

[②] 同上。

审理涉外海上人身伤亡案件损害赔偿的具体规定》采取的"继承丧失说"。最高人民法院《关于审理人身损害赔偿适用法律案件若干问题的解释》第17条采"继承丧失说"将死亡赔偿金定性为财产性赔偿。"继承丧失说"有两大特点：一是将间接受害人限定于继承人；二是将间接受害人产生的前提限定于是侵害生命权的事实，不包括侵害健康权。①

"扶养丧失说"和"继承丧失说"在立法上的关系表现为相互排斥，采取继承丧失说的立法例均不再规定被扶养人生活费。②但是由于《民法通则》规定应支付被扶养人生活费，为了更大限度保护被侵权人的利益，最高人民法院《关于审理人身损害赔偿适用法律案件若干问题的解释》在采用"继承丧失说"的基础上，采用变通的方法，将平均收入按城乡二重标准进行划分，进而计算出城乡居民不同的死亡赔偿金和被扶养人生活费标准。这样即体现对受害人收入损失的全部填补，同时也与我国目前的法律规定相协调。但这在《侵权责任法》中又进行了修订，同残疾赔偿金一样，死亡赔偿金是对受害人未来收入损失的赔偿，在支付赔偿金的情况下，不再赔偿被扶养人生活费，同时不再区分城镇居民和农村居民。

在国家赔偿法中，其对死亡赔偿金所针对的损失也采取了"继承丧失说"，但在具体认定标准上，则有自己独特的一面，依照《国家赔偿法》第34条的规定，造成死亡的，应当支付丧葬费和死亡赔偿金，总额为国家上年度职工年平均工资的二十倍。对死者生前扶养的无劳动能力的人，还应当支付生活费。前款第二项、第三项规定的生活费的发放标准，参照当地最低生活保障标准执行。被扶养的人是未成年人的，生活费给付至十八周岁止；其他无劳动能力的人，生活费给付至死亡时止。

4. 治疗和康复等所需费用限定之损害。

《国家赔偿法》第34条规定明确了对人身权造成的误工费、残疾赔偿金、死亡赔偿金的损失的赔偿标准。但是对医疗费的确定、误工费的

---

① 邵世星：《间接受害人制度初探》，载《国家检察官学院学报》2001年11月第9卷第4期。
② 张新宝：《侵权死亡赔偿研究》，载《法学研究》2008年第4期。

具体起算时间、护理费等具体标准没有明确规定。我们认为，损害作为某种行为或事件导致的某种客观存在的不利益，其无论造成损害主体是国家机关及其工作人员还是普通个人，所造成的损害在实质上一样的。基于这种损害在本质上的一致性，本着"有损害就应有救济"的"填平式"考虑，有关民事法律对于人身损害可赔性范围之界定，在不超出国家赔偿法之限定框架下应该具有类推适用之效力。对此，最高人民法院《关于审理人身损害赔偿适用法律案件若干问题的解释》中关于医疗费、误工费、护理费、交通费、住院伙食补助费、营养费等的规定，对于国家赔偿法有关人身损害中直接支出费用的赔偿具有参考借鉴作用。

（三）侵害其他人身权造成损害的可赔性探讨

1. 侵害人身自由权造成的损害。

所谓人身自由也就是身体自由、行动的自由，即身体的行为不受非法的约束或者妨碍；非依法律，不得对公民进行逮捕、拘禁、搜查、审问或者处罚。但即使被依法剥夺自由，被剥夺自由的人也应该获得人道及尊重其固有的人格尊严的待遇。这些行为主要有如下几种类型：非法限制、拘禁、搜查他人身体，或者以其他方法非法剥夺自然人的人身自由，例如强制将无病的人送到精神病院进行治疗；为了索取债务将他人拘禁；强迫他人劳动；利用受害人自身的羞耻、恐惧等观念，妨害其行动；违法逮捕、违法实施刑事拘留；违法拘留或者违法采取限制自然人人身自由的行政强制行为；间接侵害他人自由权，包括故意引诱其他人对受害人进行人身自由的侵害，以及故意散布虚假信息，通过国家机关、公共组织等团体的合法行为完成对受害人自由的侵害，例如，诬告他人使其受到"双规"或合法拘禁的行为。人身自由权的损害表现为受害人的身体自由受到不法干涉，受害人的身体受制于一定的时间或者空间范围。在此情况下，受害人不仅会感到精神痛苦，同时也可能会受到一定的财产损失。

《国家赔偿法》第32条第1款规定："国家赔偿以支付赔偿金为主要方式。"对于人身自由权受到侵犯的有形损失，实质上就是有关误工费的损失，对此，《国家赔偿法》第 33 条规定："侵犯公民人身自由的，每日赔偿金按照国家上年度职工日平均工资计算。"

2. 侵害姓名权、名誉权、隐私权等精神性人格权所造成的损害。

通常而言，侵害精神性人格权所造成的纯粹的人格利益损害，是无形的人格利益损害。精神性人格权的客体，均为无形的人格利益，在客观上没有实在的外在表象，例如：名誉权的客体，是社会不特定公众对其给予的社会评价；隐私权的客体，是与公共利益、群体利益无关且不愿让他人知道的个人信息等。因此，对于这些精神性人格权无形的人格利益造成损害，其损害的形态，也必然是无形的。具体而言，人格利益的无形损害可能表现为三种形态：一是财产利益的损失，包括人格权本身包含的财产利益的损失和为恢复受到侵害的人格而支出的必要费用；二是人格的精神利益的损害，即人格评价的降低、隐私被泄露、人身自由被限制、肖像或名称被非法使用等；三是受害人的精神创伤和精神痛苦。上述有关精神利益的损害以及精神痛苦等，通常属于精神损害赔偿的范畴，我们将在下文对此进行具体探讨。而对上述财产损失，如前所述，具有一定的可赔偿性，《侵权责任法》对此有明确规定，其第 20 条规定："侵害他人人身权益造成财产损失的，按照被侵权人因此受到的损失赔偿；被侵权人的损失难以确定，侵权人因此获得利益的，按照其获得的利益赔偿；侵权人因此获得的利益难以确定，被侵权人和侵权人就赔偿数额协商不一致，向人民法院提起诉讼的，由人民法院根据实际情况确定具体赔偿数额。"但在现行《国家赔偿法》框架下，对侵害此类精神性人格权造成财产损失的可赔偿性仅仅是停留在理论探讨的层面，由于国家赔偿法更具有严格的法定性和限定性，这一财产损失更不属于国家赔偿责任的范围。

3. 对身份利益的损害。

身份利益损害是侵害身份权所造成的损害。对身份利益的损害，通常包含：（1）对亲属关系的损害，例如，侵害配偶权，可以造成夫妻感情的破裂，或者一定程度的伤害，使相互依赖、共同生活的亲情受到破坏以至最终丧失。侵害亲权，则破坏了亲子关系，使父母与未成年子女之间的亲情受到损害。（2）精神痛苦和感情创伤，侵害身份权造成的受害人的精神痛苦和感情创伤。（3）对身份关系衍生的财产利益的损害，如夫妻相互扶养义务，父母对未成年子女的抚育义务，亲属之间的赡养、扶养义务，监护权中的财产管理、用益的权利义务。身份利益的深层损害，就包括扶养权利的减损或丧失，获得物质利益的权利的丧失或减损。例如，侵害他人生命权和侵害他人健康权致残，对于其生前、伤前所扶养的人，就丧失了扶养的请求权，法律规定应当予以损害赔偿。对于上述（1）、（2）两种情形，也是属于精神损害赔偿层面上的问题。而对于最后一种情形，即财产损失，其在国家赔偿法中系通过对受害人因伤残、死亡而导致特定间接受害人的扶养费的赔偿的框架下进行解决的。

三、对财产权益的损害

财产损害，主要包括侵占财产和损坏财产两种情形。这是财产损害的主要形式。侵占财产是行为人将他人所有或合法占有的财产转为由自己非法占有，使原所有人或合法占有人丧失所有权或者丧失占有。损坏财产则是不转移占有，而是破坏所有人或占有人所有或占有之物的价值，使之丧失或者减少。此外，财产损害还包括其他财产利益的损害，主要是指所有权以外的其他财产权利的丧失或者损害。财产损害即为财产损失，包括直接损失和间接损失。作为一种基本分类，损害通常可分为直接损害和间接损害。"着眼于损害之引发，谓损害事故直接引发之损害为直接损害，非直接引发而系因其他媒介因素之介入所引发之损害则为间接损害。"[1] 也就是说，直接损失是受害人现有财产的减少，即加害人不法行为侵害受害人的财产权利，致使受害人现有财产直接受到的损失，如财物被毁损、被侵占而使受害人财富的减少。间接损失是受害人可得利益的丧失，即应当得到的利益因受不法行为的侵害而没有得到。它有

---

[1] 曾世雄：《损害赔偿法原理》，中国政法大学出版社2001年版，第137页。

三个特征：一是损失的是一种未来的可得利益，而不是既得利益。在侵害行为实施时，它只具有财产取得的可能性，还不是现实的财产利益。二是这种丧失的未来利益是具有实际意义的，是必得利益而不是假设利益。三是这种可得利益必须是在一定的范围之内，即侵权行为的直接影响所及的范围，此通常以可预见性规则进行限定。

损害赔偿法的目的在于尽可能恢复到被侵权人未遭受加害行为之前应有的状态，即所谓"填平"。通常而言，损害赔偿的方法，有恢复原状和赔偿损失两种。《国家赔偿法》第32条规定："国家赔偿以支付赔偿金为主要方式。能够返还财产或者恢复原状的，予以返还财产或者恢复原状。"当恢复原状不可能或者恢复原状的费用大于被侵害财产的总价值时，赔偿损失就成为重要的损害赔偿方法。《侵权责任法》第19条规定："侵害他人财产的，财产损失按照损失发生时的市场价格或者其他方式计算。财产损害的认定标准或者说是计算方法，向来有客观计算和主观计算的分别。所谓客观计算，是指参酌一般市场价格等客观因素确定损害赔偿额的方法。所谓主观计算，是指参酌被侵权人的特别情事等主观因素来确定损害赔偿额的方法。"《国家赔偿法》第36条规定："侵犯公民、法人和其他组织的财产权造成损害的，按照下列规定处理：（一）处罚款、罚金、追缴、没收财产或者违法征收、征用财产的，返还财产；（二）查封、扣押、冻结财产的，解除对财产的查封、扣押、冻结，造成财产损坏或者灭失的，依照本条第三项、第四项的规定赔偿；（三）应当返还的财产损坏的，能够恢复原状的恢复原状，不能恢复原状的，按照损害程度给付相应的赔偿金；（四）应当返还的财产灭失的，给付相应的赔偿金；（五）财产已经拍卖或者变卖的，给付拍卖或者变卖所得的价款；变卖的价款明显低于财产价值的，应当支付相应的赔偿金；（六）吊销许可证、执照，责令停产停业的，赔偿停产停业期间必要的经常性费用开支；（七）返还执行的罚款或者罚金、追缴或者没收的金钱，解除冻结的存款或者汇款的，应当支付银行同期的存款利息；（八）对财产权造成其他损害的，按照直接损失给予赔偿。"

对于直接损失的赔偿，《侵权责任法》所提及的"按照损失发生时的市场价格"计算，显然是一种客观计算。这也是最常用的财产损失的计算方法，尤其适用于有体物的损害赔偿计算。《国家赔偿法》对此未作规定，但最高人民法院《关于民事、行政诉论中司法赔偿若干问题的解释》第11条规定的"财产灭失的，按侵权行为发生时当地市场价格予以赔偿"，也是采用了客观计算方法。而对此上述标准进行具体运用时，多是采取差额计算法，其计算公式为：损害＝原物价值－残存价值。由此最为重要的就是要确定原物价值，而此须要三个参数：一是物的价格、二是计算时间、三是计算地点。

（1）物的价格。物的价格有三种标准：一是通常价格，即一般交易上的市场价格，这是一种客观价格。二是特别价格，即依照被侵权人的特别情事而定的价格，例如，张某将其市值6万元的旧车以8万元的价格卖给李某，其特别价格即为8万元。三是感情价格，即依照被侵权人的感情而定的价格，例如，某甲有家传古画一张，市值为1000万元，但其非2000万元不愿转让，该画的特别价格即为2000万元。[①]

（2）计算时间。价格以一定的时间为条件。计算损失时，应以何时的价格为准，大体有两种选择，一是以损失发生时为准，二是以判决或被侵权人请求时为准。如果以损失发生时为准，即使判决或请求时该物的市场价格上涨，被侵权人也不得以价格上涨后的损失要求赔偿。以损失发生时的价格为准，便于损失的确定化。

（3）计算地点。价格也以一定的地点为条件。计算损失时，有侵权行为发生地和结果地（即损失发生地）两种选择。在理论上，因损失原则上是指被侵权人的实际损失，因此以损失发生地的价格为准，才能恰当地反映被侵权人所受损失。例如，如果侵权人在A地对他人即将运输到B地的生猪投毒，致使生猪在运输到B地后死亡，那么应以生猪在目的地B地的市场价格为准。[②]

[①] 参见（台）曾隆兴《详解损害赔偿法》，中国政法大学出版社2004年版，第457页。
[②] 陈现杰主编：《〈中华人民共和国侵权责任法〉条文精义和案例解析》，中国法制出版社2010年版，第65页。

在确定好原物价值后，还要确定被损害财产的残存价值。残存价值一般可以通过鉴定或评估进行确定。当然，如果原物全部灭失而毫无价值，则残存价值为零，此时已经确定的原物价值即为损失数额。除差额法外，财产损失的还可以通过修理费用来计算。有体物所受侵害有毁灭与毁损的区别。若物因侵权行为损坏十分严重，已不存在修理的可能（技术性全部损害），或者虽修理的可能，但是修理费用超出重置价值的（结构性全部损害），实践中可以认为构成毁灭。① 如果物只是遭到毁损，尚有修复的可能，在修复后该物的市场价格几乎不受影响的情况下，损失就体现为修复该物所需的修理费用，此时可以直接以市场上的合理修理费用作为赔偿数额。当然，如果修复后该物的市场价值仍比原来价值有所减少，那么损失则可以用原物价格与修复后价格之差加上修理费用来计算。

对于间接损失的赔偿，由于间接损失主要体现为财产之使用效能的丧失或减损，不少国家如德国、法国和英国都认为属于财产损失，可以计入损失赔偿的范围。不过，对于哪些财产的使用利益被剥夺后权利人可以要求赔偿，理论和实务都尚未有定论，还有待于司法实践予以探索和明确。德国最高法院就此区分了不同的物件，即所谓的"对生活具有核心意义的物"和其他物件，尤其是奢侈消费物。② 《侵权责任法》虽然没有明确财产损失的范围，但是理论和司法实践一直认为，财产损失包括直接损失（现有财产的减少）和间接损失（可得利益的丧失）。在国家赔偿法层面上，依照《国家赔偿法》第 36 条第 6、7、8 项的规定，国家赔偿法对财产损害的赔偿一般以直接损失和法律有明确规定的间接损失为限。

---

① ［德］迪特尔·梅迪库斯著：《德国债法总论》，杜景林、卢谌译，法律出版社 2004 年版，第 463 - 464 页。
② 参见［德］马克西米利安·福克斯著《侵权行为法》，齐晓琨译，法律出版社 2006 年版，第 35 - 39 页。

赔偿范围编

第十二章 行政赔偿的行为范围

第一节 行政赔偿范围的规定模式

行政赔偿行为范围是指国家对哪些行政行为造成的损害予以赔偿，对哪些损害不予赔偿。对于赔偿范围的规定有两种方式：概括式和列举式。

一、行政赔偿范围的规定模式

从世界范围来看，对于行政赔偿范围的规定一般包括两个方面：一是行政赔偿的行为范围，即国家对于哪些行为造成的损害承担赔偿责任，对哪些行为造成的损害不承担赔偿责任。二是行政赔偿的损害范围，即国家对于公权力行为造成的哪些损害承担赔偿责任，这些损害是直接的还是间接的损害，是人身损害还是财产损害，是物质损害还是精神损害，是属于人身权利还是财产权利、精神权利的损害等。大多数国家对于行政赔偿的范围通过立法形式予以明确，主要有以下三种模式：

（一）概括式

概括式是指在国家赔偿法律中设定一个概括式的条款，不作列举式的规定。实行这种立法模式的有日本、奥地利、俄罗斯等国家和我国台湾地区。例如，日本《国家赔偿法》第1条第1款规定："行使国家或者公共团体公权力之公务员，就其执行职务，因故意或者过失不法加害于他人者，国家或者公共团体对此应负赔偿责任。"再比如，奥地利《国家赔偿法》第1条规定："联邦、邦、区、乡镇及其公法上团体及社会保险机构，于其机关执行法令时故意或者过失违法侵害他人之财产权或人格权者，按照民法之规定，由官员承担赔偿责任"。此外，俄罗斯《民法典》第16条、第1069条和第1070条对行政赔偿的范围作了概括式规定。我国台湾地区的"国家赔偿法"第2条规定："公务员于执行职务行使公权力时，因故意或过失不法侵害人民自由或权利者，国家应负损害赔偿责任。公务员怠于执行职务，致人民自由或权利遭受损害者亦同。"第3条规定："公有公共设施因设置或管理有欠缺，致人民生命、身体或财产受损害者，国家应负损害赔偿责任"。

概括式的优点是范围一般比较宽泛、简约、全面，也给国家赔偿执法机关留下了较大的裁量空间。缺点则是由于赔偿范围的不确定性，导致执法机关不容易直观地把握哪些行为属于国家赔偿范围。这种模式一般适用于相应法律制度比较健全的国家。

（二）列举式

列举式是指对于属于行政赔偿范围的事项进行肯定式或者否定式的列举。肯定式的列举是对属于行政赔偿范围的事项逐项加以列举，凡列举的事项都属于行政赔偿的范围；否定式的列举是对于不属于行政赔偿范围的事项进行列举，凡未在列举的事项均属于行政赔偿的范围。法国是典型的列举式。因为它的国家赔偿范围是行政法院通过判例逐步加以确定的。法国的行政赔偿责任按照归责原则分为过错责任和危险责任。根据法国行政法院的判例，危险责任主要适用于以下情形：①因公共职业引起的损害；②因危险物体所产生的损害；③因拒绝执行法院的判例而给他人造成的损害；④因立法行为产生的损害。法院判例中适用精神损害赔偿的情形主要包括：①判例法确认了对某些能够产生物质后果的精神损害的国家赔偿责任；②判例法确认那些虽然不产生物质后果，但能够引起巨大精神痛苦或者破坏个人尊严的宗教信仰的损害等。法国的判例中将如下行政事项排除于行政赔偿范围之外：①邮政公务中发生的损害；②政府行为所造成的损害；① ③行政毗连权造成的损害；④因不可

---

① 这里的"政府行为"类似于我国的"国家行为"，是指带有国家性质的，由政府作出但是不受行政法院管辖的行为，例如签订条约、外交保护、宣战、媾和等。

抗力引起的损害；⑤受害人对损害事实有过错的，可以免除或者部分免除行政机关的赔偿责任，等等。

列举式的优点是具体、明确、易于掌握。但是，其缺点也是明显的：繁琐、难免挂一漏万。

（三）结合式

结合式，又称为混合式，即将概括式和列举式相结合的一种方式。大多数国家都采取了这种方式。实行这种立法模式的典型国家有英国、美国和瑞士等国家。

例如，在英国，《王权诉讼法》第2条首先明确了英王政府同有责任能力的成年私人一样承担侵权行为引起的法律责任。《王权诉讼法》还以列举的方式，规定了英王政府的三种侵权赔偿责任：一是英王政府承担的普通法上的责任。主要包括三种：①由英王政府人员和代理人实施的侵权行为。例外的是受雇人在执行职务时自己不负责的行为，例如，各部官员享有侵权赔偿金额限制的优越权。②违反普通法上雇主对受雇人或代理人的义务。例如，国营工厂与英王政府的关系，英王政府的国营工厂未能为职工提供必要的卫生安全条件因而造成职工伤害的，英王应当承担雇主应当承担的责任。③违反普通法上基于对财产的所有、占有、持有或控制而产生的义务。例如英王政府的建筑物对周围的环境或者使用人所产生的侵害、英王的危险物所产生的侵害。英王按照一般的规则承担责任，包括危险责任。二是英王政府违反制定法义务的责任。《王权诉讼法》第2条第2款规定，国王遵守的制定法义务必须同时对国王政府及其官员和对私人有约束力。例如，1957年的《物主责任法》和1961年的《工厂法》。但是，如果制定法用明确的措辞和必要的暗示对英王违反法定义务的程度限制的，英王不承担赔偿责任。例如，国王财产免予缴纳地方税。三是合同责任。根据《王权诉讼法》第1条的规定，凡是过去可以适用权利请愿的合同案件和根据被废除的法令可以起诉的合同案件，现在都可以以政府的有关部门为被告，如果没有适当的政府部门为被告，可以起诉总检察长。此外，《王权诉讼法》还规定了英王政府赔偿责任的例外。这些例外主要是：①根据《王权诉讼法》第 11 条的规定，该法所规定的英王责任并不取消或者减少英王根据法律规定或者依照特权而享有的权力，特别是英王在平时或者战时为了保卫国家或者训练有效的军事力量的权力。②根据《王权诉讼法》第 10 条的规定，军队成员在执勤时或者在供军事目的用的陆地、建筑物、舰艇、飞机、车辆内为其他成员伤害或者致死时，在符合以下条件的情况下，英王和加害的成员不承担那赔偿责任：国防部长或者海军司令证明该成员受伤或者致死是在执勤时或者在供军事用途的设备内；社会安全保险部大臣证明受害人或者其家属有权取得抚恤金。③根据《王权诉讼法》第 9 条的规定，英王和邮局职员，除了按照规定赔偿国内传递的挂号包裹的损失外，对于邮政传递的损失不负赔偿责任。④根据《王权诉讼法》第 2 条第 5 款的规定，英王对司法职务的实施和司法程序的执行不承担赔偿责任。例如，执行司法职能的行政裁判所、治安法官和警官可以享受豁免权，但是行政机关类似司法职务的，审查许可证、公开调查等不能享受司法职务的豁免。

在美国，根据《联邦侵权赔偿法》的规定，凡联邦政府之任何人员于其职务范围内因过失不法作为或者不作为致相对人财产上的损害或者损失，或人身上的伤害或者死亡，均可以美国政府为被告请求行政侵权赔偿。但是，美国的行政赔偿受到主权豁免观念的影响，保留范围很宽，和其他文明国家相比，较为落后。[①] 在美国的《联邦侵权赔偿法》第 2680 节中，列举了 14 种例外。这些例外可以分为三种类型：一是政府行使自由裁量权的行为或者不作为的例外。例如，行政机关制定政策的行为。二是职员故意侵权行为的例外。例如人身攻击、殴打、非法禁闭、非法逮捕、恶意追诉、诽谤、造谣中伤、虚伪的陈述等等。三是联邦侵权赔偿法指出的特定领域中其他法律已经明确规定了救济手段不适用《联邦侵权赔偿法》的例外。例如，对于邮政运输、租税、关税、扣留货

[①] 王名扬：《美国行政法》，中国法制出版社 1996 年版，第 740 页。

物、海事案件、对敌通商、检疫、财政活动、战争活动、在外国发生的损害、田纳西流域管理机构、巴拿马运河公司、联邦土地银行、合作银行的活动等不适用《联邦侵权赔偿法》的规定。此外，除了该法第2680节的规定外，法院认为还有两种例外：一是《联邦侵权赔偿法》没有提到的某些特定领域，如果法律已经规定有补救手段并且认为是唯一的救济手段时，则不能适用该法。例如，根据《联邦职员赔偿法》，对联邦职员在工作中受到的损害或者死亡，已经规定有补救手段，并且认为这是唯一的救济手段。二是其他法律在《联邦侵权赔偿法》之外，规定某种损害国家不承担赔偿责任。例如，《洪水控制法》规定，政府对洪水造成的损害不负赔偿责任，此时当事人不能根据《联邦侵权赔偿法》追诉国家的赔偿责任。

在瑞士，根据瑞士《联邦责任法》第3条的规定，联邦对于公务员执行职务时，不法侵害他人之权利者，不论该公务员有无过失，均应当承担赔偿责任。同时，根据瑞士《联邦责任法》的规定，在法律规定的特殊情况下，虽然公务员的行为给他人造成了实际损害，国家仍然可以不承担赔偿责任。例如，根据瑞士《铁路法》、《邮政法》和《军事行动规程》等规定，联邦不承担赔偿责任。

综合以上各个国家和地区关于行政赔偿范围的立法模式，大多具有如下特征：一是采取概括肯定式加否定排除式的立法模式是主流。在对行政赔偿范围进行规定时，一般首先采取概括式的规定，对于不予赔偿的范围加以列举排除。二是行政赔偿范围正在逐步呈现扩大的趋势。行政赔偿范围是国家赔偿范围中重要的组成部分，一国的行政赔偿范围直接影响到国家赔偿范围，也就是直接影响到人民合法权益保护的范围。即便是在美国，法官的判例也在逐步扩大行政赔偿的范围。三是行政赔偿的范围不仅包括了对直接损害的赔偿，还包括了间接损害的赔偿，不仅包括了物质损害的赔偿，还包括了精神损害的赔偿等等。例如，在法国，警察正在追捕一名逃犯，警察开枪射出的子弹正好擦破了一名女演员的面部。该女演员可以得到两种赔偿：一是物质损害赔偿；二是精神损害赔偿，也就是美观损害赔偿，因为女演员的美观影响她的收入。① 在美国，一个演员乘车去剧场演出，途中被警察错误拘留，警察局不仅应当按日赔偿其损失，还要赔偿演员与演出单位预订的演出报酬等。

二、我国《国家赔偿法》关于行政赔偿范围的规定模式

我国对于国家赔偿范围采取了法定列举模式，即只有侵犯了《国家赔偿法》规定的权利的，国家才承担责任；对于《国家赔偿法》没有规定的其他权利被侵害的，不能通过国家赔偿的途径解决。这种规定模式与《行政诉讼法》的规定模式如出一辙。

事实上，《国家赔偿法》的规定正是援引《行政诉讼法》的规定而来。《行政诉讼法》第67条第1款规定："公民、法人或者其他组织的合法权益受到行政机关或者行政机关工作人员作出的具体行政行为侵犯造成损害的，有权请求赔偿。"行政赔偿范围是制定《国家赔偿法》时重点研究的重大问题之一。1989年七届全国人大二次会议制定《行政诉讼法》后，为了保证《行政诉讼法》规定的行政赔偿制度的实施，全国人大常委会法制工作委员会即组织有关法律专家组成起草小组，在总结实践经验的基础上，借鉴国外有关国家赔偿的规定，于1992年10月起草了《国家赔偿法（试拟稿）》，印发有关部门、各地方和法律专家征求意见，并进一步调查研究和修改，拟订了《国家赔偿法（草案）》。② 行政赔偿的规定是在《行政诉讼法》的基础上加以完善和发展的，行政赔偿范围和行政诉讼有着密切的联系，但又有其本身的特点。③ 因此，在行政诉讼法规定的基础上，针对目前实际存在的问题，草案适当规定了行政赔偿

---

① 林准、马原主编，梁书文、江必新副主编：《外国国家赔偿制度》，人民法院出版社1992年版，第75页。

② 全国人大常委会法制工作委员会副主任胡康生：《关于〈中华人民共和国国家赔偿法（草案）〉的说明——1993年10月22日在第八届全国人民代表大会常务委员会第四次会议上》。

③ 胡康生主编：《〈中华人民共和国国家赔偿法〉释义》，法律出版社1994年版，第8页。

的范围。①

"目前实际存在的问题"是什么呢？立法者没有进一步的解释，可以通过两法之间的受案范围来进行考察。但是，《国家赔偿法》和《行政诉讼法》关于受案范围的规定确实有所不同。这种不同主要体现在国家赔偿法的赔偿范围在行政诉讼法确定的赔偿范围的基础上作了"适当扩大"，即除了《行政诉讼法》规定的行政机关及其工作人员的具体行政行为侵犯公民、法人或者其他组织的合法权益造成的损害应当赔偿，行政机关工作人员执行职务时殴打或者以其他暴力行为造成公民身体伤害或者死亡的，违法使用武器、警械造成公民身体伤害或者死亡的，国家也应当承担赔偿责任。②

那么，《行政诉讼法》规定的受案范围与《国家赔偿法》规定的行政赔偿范围是一种什么关系呢？根据立法者的表述，行政诉讼受案范围已经为国家赔偿范围完全包括，国家赔偿范围还比行政诉讼受案范围更为宽广一些。两者是一种包容和被包容的关系。但是，在立法技术上，《国家赔偿法》的受案范围从列举人身权和财产权的角度进行规定，《行政诉讼法》的受案范围则从列举行政行为类型而不列举人身权、财产权的实际表现进行规定，事实上，《国家赔偿法》缩小了《行政诉讼法》规定的行政赔偿的范围。例如，《行政诉讼法》规定的不作为（履行法定职责）案件、行政许可案件等在《国家赔偿法》中没有得到反映。

那么，是不是《国家赔偿法》将暴力行为等事实行为纳入行政赔偿范围就比《行政诉讼法》规定的范围更为宽广一些呢？这个问题也值得探讨。《行政诉讼法》也没有将事实行为排除在行政诉讼受案范围，尤其是行政赔偿诉讼的受案范围。《行政诉讼法》第67条规定"合法权益受到行政机关或者行政机关工作人员作出的具体行政行为侵犯造成损害的"，受害人可以请求赔偿，只要合法权益受到损害就可以请求赔偿，并

---

① 全国人大常委会法制工作委员会副主任胡康生：《关于〈中华人民共和国国家赔偿法（草案）〉的说明——1993年10月22日在第八届全国人民代表大会常务委员会第四次会议上》。
② 胡康生主编：《〈中华人民共和国国家赔偿法〉释义》，法律出版社1994年版，第8-9页。

无该行政行为是否违法的限定，可以认为包含了对暴力行为致害的亦可获得国家赔偿。有关《国家赔偿法》行政赔偿范围的进一步完善的问题，我们将在后文中作进一步阐述。本章内容仅就《国家赔偿法》的现行规定作一个比较详细的阐述。

《国家赔偿法》有关行政赔偿的行为范围，分别从侵犯人身权和财产权两个方面加以规定。根据该法第3条的规定，并非公民的任何一种人身权受到行政机关及其工作人员的职权行为的侵犯，都可以依照本法取得国家赔偿，而只是人身自由权、生命健康权受到违法职权行为侵害时才可以依照本法取得国家赔偿。为了使公民更明确地把握赔偿范围，该条作了具体列举规定。虽然有"其他违法行为"这一兜底条款，但是由于没有更为具体的、具有可操作性的解释，实践中难以确定是否属于赔偿范围，导致了大量的行政职权行为无法纳入到赔偿范围之内。

除了人身权的内容以外，《国家赔偿法》还就违法侵犯公民和组织的财产权的行为范围进行了规定。财产权是指具有物质财富的内容，直接与经济利益相联系的民事权利。财产权的主要形态有物权（包括所有权、使用权、地上权、地役权、抵押权、质权、留置权、典权等）、债权和知识产权。物权是指权利人依法对特定的物享有的直接支配和排他的权利，包括所有权、用益物权和担保物权。债权是指按照合同约定或者法律规定，在当事人之间产生的特定权利和义务关系。知识产权是指公民、法人或者其他组织对自己在科技和文学艺术领域创造的智力成果所享有的人身权和财产权的总称。知识产权（包括专利权、发明权、商标权等）也具有财产权内容。继承权虽然以身份上的关系为基础，但我国继承权的内容是继承人在合法范围内无偿取得其死亡近亲属的财产，已单纯指财产上的利益，并不存在身份继承，故应列入财产权范围。根据《国家赔偿法》第4条的规定，凡是行政机关及其工作人员行使行政职权时造成了他人的财产损害，受害人均有权取得赔偿。

此外，《国家赔偿法》还有一个比较严重的缺陷是行政赔偿的范围仍然局限于人身权和财产权，对于公民的受教育权、劳动权、选举权、知情权、言论、出版、集会、结社等政治权利排除在行政赔偿范围之外。对于程序权利也没有相应的规定。这种规定模式不仅不利于约束国家行政机关及其工作人员的执法行为，也不利于全面保护公民、法人或者其他组织的合法权益。因此，采取"肯定概括式"兼"否定排除式"的立法模式已经成为社会各界的共识。为了便于展开阐述，本书仍然按照《国家赔偿法》的体例进行阐述。

第二节 侵犯公民人身权的行政赔偿范围

根据《国家赔偿法》第3条的规定，侵犯公民人身权的行政赔偿范围主要包括以下五个方面的内容：

一、违法拘留或者违法采取限制人身自由的行政强制措施

（一）行政拘留

从法律性质的不同，拘留可以分为行政拘留、刑事拘留和司法拘留三种不同性质的拘留。这里所指的拘留特指行政拘留，是指将特定的人拘禁留置于一定处所限制其人身自由的一种手段。行政拘留主要由公安和安全机关所采取。行政拘留是行政处罚种类中最为严重的一种处罚，必须严格掌握。《行政处罚法》规定，只有法律才能设定行政拘留，并规定行政拘留处罚只有公安和安全机关才能实施，其他行政机关都不能实施。

（二）限制人身自由的行政强制措施

行政强制措施是指行政机关以行政相对人不履行法律、法规所规定的或行政机关设定的使其承担的义务为由而采取强制手段迫使行政相对人履行义务的行为。行政强制措施包括与限制人身自由有关的强制措施和与限制财产有关的强制措施。

这里所指限制人身自由的强制措施主要包括以下几项：

1. 劳动教养。劳动教养是对违反治安管理屡教不改，或犯有轻微违法犯罪行为，尚不够刑罚处罚且又有劳动能力的人所实施的一种强制性

教育改造措施。劳动教养的期限为1年至3年，必要时得延长1年。劳动教养与劳动改造不同：前者是行政强制措施；后者是对剥夺自由的刑事犯罪分子进行监管的一种措施。前者由行政机关（劳动教育管理委员会）批准，由劳教机关执行，后者由法院判决，由监狱或劳改队执行。目前，这一制度正在重新修订过程中，主要的思路是对于有轻微犯罪行为的人实行轻罪处罚，对常习性违法实行保安处分，对吸毒、卖淫嫖娼人员实行行政强制等。

2. 扣留。这是由法定机关将特定人员留置于一定处所以便查清事实或防止嫌疑人逃逸的临时性强制措施。例如《海关法》规定，对走私罪嫌疑人，经关长批准，可以扣留移送司法机关，但扣留不得超过24小时，在特殊情况下，可以延长至48小时。

3. 现场盘查。现场盘查是指公安机关对有违法犯罪嫌疑的人员当场进行盘问或者检查。例如，根据《人民警察法》第9条的规定，为维护社会治安秩序，公安机关的人民警察对有违法犯罪嫌疑的人员，经出示相应证件，可以当场盘问、检查。

4. 留置盘问。这是指公安机关对有违法犯罪嫌疑的人员加以留置并进行盘问的行为。例如，根据《人民警察法》第9条的规定，为维护社会治安秩序，公安机关可以将有违法犯罪嫌疑的人员带至公安机关，经该公安机关批准，对其继续盘问。最高人民法院的司法解释也认为，对于当事人不服公安机关采取的留置措施的，属于人民法院行政诉讼受案范围。[①]

5. 传唤和询问查证。这是指公安机关对违法嫌疑人，限令其在指定时间到指定地点接受讯问的强制措施。例如，根据《治安管理处罚法》第82条的规定，需要传唤违反治安管理行为人接受调查的，经公安机关办案部门负责人批准，使用传唤证传唤。对无正当理由不接受传唤或者逃避传唤的人，可以强制传唤。第83条规定，对违反治安管理行为人，

[①] 最高人民法院行政审判庭：《关于对当事人不服公安机关采取的留置措施提起的诉讼法院能否作为行政案件受理的答复》（1997年10月29日，[1997]法行字第21号）。

公安机关传唤后应当及时询问查证，询问查证的时间不得超过8小时。

6. 人身检查。这是指公安机关对违法嫌疑人的身体进行检查的强制措施。例如，根据《治安管理处罚法》第87条的规定，公安机关对与违反治安管理行为有关的人身可以进行检查。检查妇女的身体，应当由女性工作人员进行。

7. 强制戒毒。是指对吸食、注射毒品成瘾的人员，在一定时间内通过强迫手段对其进行药物治疗、心理治疗和法制教育，使其戒除毒瘾的强制措施。例如，根据全国人大常委会《关于禁毒的决定》，对于吸食、注射毒品成瘾的，公安机关可以予以强制戒除，进行治疗、教育。

8. 强制约束。是指行政机关对某种可能危害社会、他人或者本人安全的行为或者情形的个人的人身自由进行短时间限制，以保障社会和他人及其本人的安全。这类行为主要是针对精神病患者和醉酒者。例如，根据《人民警察法》第14条的规定，公安机关的人民警察对严重危害公共安全或者他人人身安全的精神病人，可以采取保护性约束措施。

9. 强制检疫。主要是指国境卫生检疫机关对可能患有某种恶性传染疾病的嫌疑人或者可能带有某种病原的人进行强制性疾病检疫，确定其是否实际患有恶性疾病或者病原携带者的强制措施。

10. 隔离治疗。是指卫生检疫机构或者国境卫生检疫机关对甲类传染病的人和病原携带者、乙类传染病中的艾滋病人、肺炭疽病人拒绝治疗或者隔离期未满擅自脱离治疗时采取的强制措施。

11. 其他强制措施。限制人身自由的行政强制措施还有为防范球迷闹事对闹事者采取的带离现场措施，对扰乱公共秩序的实行强制遣返，对醉酒人的约束措施等。

值得注意的是，《国家赔偿法》制定之时，行政强制措施还包括了收容审查。1996年3月17日，第八届全国人民代表大会第四次会议通过了《关于修改中华人民共和国刑事诉讼法的决定》，取消了收容审查制度。行政强制措施中已经不再包括这一行政行为。

法律赋予特定行政机关行使限制人身自由的权力，并不等于这些机关可以不讲条件、毫无规则、为所欲为地行使这一权力。限制人身自由是最严厉的行政处罚和行政强制措施，因此必须严格把握：一是严格把握适用对象的行为能力和责任能力。对于不满14周岁的人、不能辨认或者不能控制自己行为的精神病人、由于生理缺陷原因违反治安管理的，免予处罚；又聋又哑的人或者盲人，可以从轻、减轻或者不予处罚。对于由于认知能力缺陷、身体因素、年老等原因，即便依法应当给予行政拘留处罚的，也可以依据矜老育幼的精神，不执行行政拘留处罚：包括已满14周岁不满16周岁的；已满16周岁不满18周岁，初次违反治安管理的；70周岁以上的；怀孕或者哺乳自己不满1周岁婴儿的。违反治安管理行为在6个月内没有被公安机关发现的，不再处罚。二是严格把握适用范围。只有法律才能设定限制人身自由的处罚，其他规范性文件都不得设定限制人身自由的处罚。例如《治安管理处罚法》对适用拘留的各种情形进行了规定，如果没有关于拘留的处罚规定，不能适用拘留。例如，《治安管理处罚法》第57条规定，房屋出租人将房屋出租给无身份证件的人居住的，或者不按规定登记承租人姓名、身份证件种类和号码的，处200元以上500元以下罚款。本条规定中没有设定拘留的处罚权，公安机关不能行使拘留权。三是限制人身自由必须遵循法定程序。例如，根据《治安管理处罚法》第97条的规定，公安机关应当向被处罚人宣告治安管理处罚决定书，并当场交付被处罚人；无法当场向被处罚人宣告的，应当在2日内送达被处罚人。决定给予行政拘留处罚的，应当及时通知被处罚人的家属。有被侵害人的，公安机关应当将决定书副本抄送被侵害人。上述规定中包含了通知程序，行政机关应当严格遵守。

二、非法拘禁或者以其他方法非法剥夺公民人身自由

我国《宪法》第37条规定禁止非法拘禁或以其他方法剥夺或者限制公民的人身自由。剥夺人身自由和限制人身自由有所不同。所谓的剥夺人身自由，是指在一定时间内使公民完全丧失人身自由，如采取捆绑、麻醉、禁闭等方法。被剥夺人身自由的当事人，除不能自主地行动外，

也不能自主地与他人联系。被限制人身自由的当事人可能被允许在一定区域内活动，例如对于某些好逸恶劳的扰乱社会治安的人员，由公安机关实施强制遣返；被剥夺人身自由的当事人的行动则往往被限制在特定处所之内，例如行政机关私设公堂拘禁他人。剥夺人身自由一般是指执行特定刑罚而言，因此，行政机关一般不拥有剥夺他人人身自由的权力。但是，对于行政拘留的性质属于限制人身自由还是剥夺人身自由，学术界还有一定争论。我们认为，拘留虽然在一定期限内剥夺了公民的人身自由，但是这种剥夺是一种有条件的剥夺，本质上属于限制人身自由。这个理解也为《国家赔偿法》第3条第（一）项"限制人身自由"的表述所承认。可见，剥夺人身自由与限制人身自由不同，前者限制人身自由的程度和后果都更为严重。

本项所称的"非法拘禁"是指违反法律的规定，以拘留、扣留、监禁、隔离、关押、绑架等方法，非法剥夺他人人身自由的行为。例如，不经人民检察院批准或人民法院决定，擅自将公民拘捕监禁；拒不执行人民检察院或人民法院的决定，继续对人犯或犯人予以关押等；或者对该释放的人不立即予以释放；或在不具备相应的法律手续的情况下实施、拘留和关押；无权行使限制人身自由的行政机关超越职权、滥用职权非法剥夺公民人身自由的行为。此外，非法拘禁还可以表现为，行政机关虽然具有上述权限但是尚未依法作出上述决定之前，非法扣留、拘禁公民的行为。

掌握非法拘禁，应当把握以下三点：第一，非法拘禁可以适用于行政机关没有限制人身自由权限的情形。根据有关法律规定，在我国行政机关中，只有极少数的行政机关，有权采取限制公民的人身自由的措施。比如公安机关、海关等部门在各自的职权范围内才能行使。如果行政机关不具备限制人身自由的权限而实施了限制人身自由的行为，该非法限制人身自由的行为转化为非法剥夺人身自由的行为，属于非法拘禁。第二，非法拘禁并非适用于行政机关完全没有限制人身自由的权限的情形。行政机关虽然有限制人身自由的权限，但是在法律规定的拘留和行政强制措施之外，超越职权、滥用职权限制人身自由的，该行为亦属于非法拘禁。例如，公安机关虽然有拘留的权力，但是其滥用职权插手经济纠纷对当事人实施人身限制的，构成非法拘禁。第三，"非法拘禁"与"违法拘留"和"违法采取限制公民人身自由的行政强制措施"不同。"违法拘留"是指法律对于拘留已经设置了明确的条件和适用范围，行政机关在执法过程中没有按照法律的规定去实施；"非法拘禁"则是国家根本没有法律赋予行政机关拘禁或者剥夺公民人身自由的权力，而行政机关则采取了自设牢狱、强制禁闭等方式剥夺公民人身自由。这种剥夺是一种完全的剥夺，公民不经过法律程序被迫处于被控制的状态。例如，乡政府为了完成交纳公粮、降低计划生育指标等将村民拘禁等等。

本项规定的"其他方法"，是指除非法拘禁以外，行政机关采取的超出法律、行政法规规定的方式剥夺公民人身自由的行政行为，尤其是指使用殴打、捆绑、手铐脚镣、药物麻醉等强制方法，非法剥夺他人人身自由的情况。

三、以殴打、虐待等暴力行为或者唆使、放纵他人以殴打、虐待等暴力行为造成公民身体伤害或者死亡

本项规定是关于暴力行为致人伤亡的情形。暴力行为是指直接对被害人的身体实施物理性的强制力和破坏力，使其无力反抗或不能反抗的行为，常见的暴力方式有捆绑、殴打、凶器伤害等。结合《国家赔偿法》第2条及本条导语来看，本项所指暴力行为是指非法使用暴力。如果执行公务的人员在执行公务中受到暴力侵害而实施正当防卫则不属于本项所指暴力行为。包括两个方面的内容：

（一）以殴打、虐待等暴力行为造成公民身体伤害或者死亡

殴打是指采取毒打、棍击、鞭打等使用工具击打或者不使用工具以拳打脚踢等方式打击公民身体健康。虐待则是指采取冻饿、罚站、罚跪、动物撕咬、强迫吞食不洁食物、长时间强光照射、夏天火烤、冬天冰冻、不让睡觉等方式损害公民身体健康。殴打、虐待等暴力行为只要已经实

施，就必然造成身体的伤害，只不过伤害的程度有所不同罢了。因此，并非只有造成公民身体伤害或者死亡的暴力行为才属于行政赔偿的范围。行政机关实施暴力行为是行政专横的突出表现，同时也违背了有关国际公约的规定。1988年9月5日七届全国人大常委会第三次会议批准了《禁止酷刑和其他残忍、不人道或者有辱人格的待遇或处罚公约》，根据公约规定，公职人员或者以官方身份行使职权的人员，非因法律制裁，蓄意使公民在肉体上或者精神上遭受剧烈疼痛或者痛苦的行为，都应当受到禁止，受害者享有获得公平和足够赔偿的权利。执法过程中的暴力行为严重损害了政府形象，加大了国家的执政成本，因此必须通过国家赔偿等责任制度坚决防止、杜绝这种恶劣现象。

殴打、虐待等暴力行为必须与"行使职权"有关，否则就不产生国家赔偿责任问题。例如，警察到饭店吃饭后，因支付饭费问题与服务生发生口角，警察对服务生大打出手的行为与行使职权无关，该损失应当由该警察承担赔偿责任。如果警察因跟踪侦查需要在饭店吃饭，因未付饭费就要起身离去，服务生催要时，该警察的殴打行为则是行使职权过程中暴力行为，应当由国家承担赔偿责任。

对于以殴打、虐待等暴力行为造成公民身体伤害或者死亡的，不仅国家要承担相应的责任，还要对相关责任人员进行行政处分或者刑事处罚。例如，《治安管理处罚法》第41条规定，禁止对违反治安管理的人打骂、虐待或者侮辱。违反的给予行政处分；构成犯罪的，依法追究刑事责任。

（二）唆使、放纵他人以殴打、虐待等暴力行为造成公民身体伤害或者死亡

殴打、虐待等暴力行为可以是行政机关工作人员自己实施的，也可以是行政机关工作人员唆使、放纵他人实施的。唆使是指采取劝说、挑拨、威胁、利诱等明示的方式引导他人实施殴打、虐待等暴力行为；放纵是指他人在实施暴力行为时采取默许、视而不见、不予阻止、无动于衷等默示方式引导他人实施殴打、虐待等暴力行为。也可以理解为，唆

使是一种作为行为，放纵则是一种不作为的行为。唆使、放纵的暴力行为有的是为了逼取口供，有的是为了发泄私愤，有的是为了树立权威，无论是何种形式的暴力行为，都应当受到国家赔偿法的负面评价。

在唆使、放纵他人以暴力致伤致死等情况下，国家机关或机关工作人员与被唆使人员对损害结果的发生均有责任，是一种共同致害行为，在处理时，应当区分各自的责任。

本项中的"等"，系不穷尽列举，即凡是以暴力行为致伤致死的都在可赔偿范围之内。

值得注意的是，本项中的"伤害"和"死亡"，是暴力行为所造成的两种结果。一般情况下，这种"伤害"而导致了受害人支付了必要的医疗费用和承受了误工损失；这种"死亡"则导致了医疗救治费用、丧葬费用等的产生。但是，这是暴力行为引发后果的表现，并非国家赔偿责任的承担条件。例如，因暴力行为身体受到伤害的无业公民，因家境贫寒无力支付医药费自愈的，不能认为没有医疗费用和误工损失国家就不予赔偿。

四、违法使用武器、警械造成公民身体伤害或者伤亡

为了制止和打击违法犯罪活动，保护人民群众的合法权益，我国法律赋予了特定国家机关及其工作人员在行使职权过程中使用武器警械的权力。例如，《人民警察法》规定，人民警察行使职权时遇有拒捕、暴乱、袭击、抢夺枪支或者其他暴力行为破坏社会治安，不听制止的紧急情况，在必须使用武器时，可以使用武器。此外，《海关法》也有海关工作人员可以配备、使用武器的规定，海关总署和公安部联合制定了《海关工作人员使用武器和警械的规定》。

根据《人民警察使用警械和武器条例》第3条的规定，所谓武器是指人民警察按照规定装备的枪支、弹药等致命性警用武器；所谓警械是指人民警察按照规定装备的警棍、催泪弹、高压水枪、特种防暴枪、手铐、脚镣、警绳等警用器械。

《人民警察使用警械和武器条例》对于武器和警械的使用规定了极为严格的条件：一是使用主体适格。即只有特定的行政机关的工作人员，即人民警察和其他法律规定的特定人员才有权使用武器和警械。二是使用目的合法。使用武器和警械的目的是必须为了制止违法犯罪行为，如果是为了插手民事纠纷，使用目的就不合法。三是最小侵害原则。一般来说，只要能够通过最小损害达到目的的，应当采取最小损害的方式，只有在前述方式达不到目的的情况下才能使用武器和警械。例如，《人民警察使用警械和武器条例》第4条规定，人民警察使用警械和武器，应当以制止犯罪行为，尽量减少人员伤亡、财产损失为原则。第6条规定，人民警察在使用警械和武器前，应当命令在场无关人员躲避。第7条规定，人民警察依照规定使用警械，应当以制止犯罪行为为限度；当违法犯罪行为得到制止时，应当立即停止使用。四是符合相应的法定情形。根据《人民警察使用警械和武器条例》的规定，人民警察遇有下列情形之一，经警告无效的，可以使用警棍、催泪弹、高压水枪、特种防暴枪等驱逐性、制服性警械：结伙斗殴、殴打他人、寻衅滋事、侮辱妇女或者进行其他流氓活动的；聚众扰乱车站、码头、民用航空站、运动场等公共场所秩序的；非法举行集会、游行、示威的；强行冲越人民警察为履行职责设置的警戒线的；以暴力方法抗拒或者阻碍人民警察依法履行职责的；袭击人民警察的；危害公共安全、社会秩序和公民人身安全的其他行为，需要当场制止的；法律、行政法规规定可以使用警械的其他情形。人民警察依照前款规定使用警械，应当以制止违法犯罪行为为限度；当违法犯罪行为得到制止时，应当立即停止使用。第8条规定，人民警察依法执行下列任务，遇有违法犯罪分子可能脱逃、行凶、自杀、自伤或者有其他危险行为的，可以使用手铐、脚镣、警绳等约束性警械：抓获违法犯罪分子或者犯罪重大嫌疑人的；执行逮捕、拘留、看押、押解、审讯、拘传、强制传唤的；法律、行政法规规定可以使用警械的其他情形。人民警察依照前款规定使用警械，不得故意造成人身伤害。如果违反这些规定造成公民身体伤害或者死亡，赔偿义务机关应当承担赔偿责任。

在司法实践中，违法使用武器和警械情形主要包括：一是无权配备武器、警械的行政机关配备武器、警械并在行使职权中使用的；二是有权配备武器、警械的行政机关工作人员私自佩带武器、警械并且在行使职权中使用的；三是依法配备武器警械的行政机关工作人员违反法律法规的有关规定，在不应当使用武器、警械的情形下使用；四是依法配备武器、警械的行政机关工作人员违反法律法规的有关规定，超过一定限度使用武器、警械的。如果使用武器、警械进行正当防卫超过必要限度，亦属于违法使用武器、警械；如果使用武器、警械进行正当防卫未超过必要限度，则不属于违法使用武器、警械。

五、造成公民身体伤害或者死亡的其他违法行为

本项是一个兜底性的规定，旨在对有关违法致伤致死的未尽事宜进行概括性规定，即是说，不管机关工作人员采用何种方法、何种手段，只要该行为是违法的，且造成公民的伤害和死亡，受害人就有取得国家赔偿的权利。能够造成公民身体伤害或者死亡的其他方法或手段是多种多样的。归纳起来不外乎物理手段、化学手段和生物手段。如机械性窒息、各种机械性损伤、烧、冻、饿、电者，病源性毒物、利用生物及生物属性物质致伤致死等。

对于"其他违法行为"，最高人民法院司法解释作了一个定义性的说明。《关于审理行政赔偿案件若干问题的规定》第1条规定："《国家赔偿法》第3条、第4条规定的其他违法行为，包括具体行政行为和与行政机关及其工作人员行使行政职权有关的，给公民、法人或其他组织造成损害的，违反行政职责的行为。"也就是说，"其他违法行为"不仅包括行政法律行为，还包括行政事实行为，当然主要是指除了《国家赔偿法》上述规定之外的行政法律行为和行政事实行为；不仅包括作为类的违法行为，还包括不作为类的违法行为。

对于"其他违法行为"有时在法律中明确予以规定。例如，根据

《行政许可法》第 76 条的规定，行政机关违法实施行政许可，给当事人的合法权益造成损害的，应当依照国家赔偿法的规定给予赔偿。对于行政许可造成当事人身体伤害或者死亡的，当事人可以根据《行政许可法》的上述规定请求赔偿。之后，最高人民法院就此作出解释。最高人民法院《关于审理行政许可案件若干问题的规定》第 13 条规定，被告在实施行政许可过程中，与他人恶意串通共同违法侵犯原告合法权益的，应当承担连带赔偿责任；被告与他人违法侵犯原告合法权益的，应当根据其违法行为在损害发生过程和结果中所起作用等因素，确定被告的行政赔偿责任；被告已经依照法定程序履行审慎合理的审查职责，因他人行为导致行政许可决定违法的，不承担赔偿责任。这个司法解释进一步规定了行政许可机关的连带赔偿责任、共同赔偿以及因他人行为不承担赔偿责任的情形。对于"其他违法行为"中的不作为赔偿，司法解释也作了细化规定。例如，最高人民法院《关于公安机关不履行法定行政职责是否承担行政赔偿责任问题的批复》中明确规定，由于公安机关不履行法定行政职责，致使公民、法人和其他组织的合法权益遭受损害的，应当承担行政赔偿责任。这个问题在前文中已经有详细阐述。

第三节 侵犯财产权的行政赔偿范围

根据《国家赔偿法》第 4 条的规定，侵犯公民、法人或者其他组织财产权的行政赔偿范围主要包括以下四种情形。

一、违法实施罚款、吊销许可证和执照、责令停产停业、没收财物等行政处罚行为

行政处罚是行政机关对违反行政法律规范但未构成犯罪的公民、法人或其他组织的惩戒性制裁，它是行政管理相对人违反行政法上的义务而承担的一种法律责任。行政处罚不同于刑事处罚，刑事处罚是人民法院对有犯罪行为的人给予的处罚。行政处罚也不同于行政处分，行政处

分是在行政机关内部上级对下级、监察机关、人事部门对违反政纪的公务员依据公务员奖惩条例给予的惩戒。行政处罚有申诫罚（如警告、通报批评、责令具结悔过等）、财产罚（如罚款、没收财产等）、能力罚（如暂扣或者吊销许可证、执照、责令停产停业等）、义务罚（如责令追回已售出的产品等）、人身罚（如拘留、限制出境、驱逐出境等）诸种。

本项所指的行政处罚主要是指直接或间接涉及公民、法人或其他组织财产权的处罚。其中主要是财产罚，财产罚是指使被处罚人承担一定金钱给付或剥夺被处罚人财产或取消被处罚人获取某种资源的资格的处罚。此外还包括能力罚（限制或剥夺违法者特定的行为能力的处罚）、义务罚（责令被处罚人履行一定义务）等。

本项中的"罚款"是指行政机关依法强制行政相对人缴纳一定数量的金钱的一种行政处罚。通过罚款使当事人在经济上蒙受损失，从而达到纠正违法和教育行政相对人的目的。罚款是一种最为广泛的行政处罚种类，也是目前运用较为混乱和泛滥的一种行政处罚。罚款不同于罚金。罚金是刑法上规定的一种附加刑。适用的对象主要是触犯刑法构成犯罪的、情节较为轻微的个人或者组织，适用罚金的机关只能是人民法院。行政处罚中的罚款也不同于妨害诉讼强制措施的罚款，前者是一种行政处罚，后者则是一种司法处罚。罚款应当从违法行为人的合法收入中征收，对不法收入应当予以没收或者追回发还受损害的当事人，这正是罚款和没收的区别。违法罚款主要表现为罚款主体不合法、罚款数额违法以及罚款程序违法等。

本项中的"吊销许可证和执照"是指持证人违反有关法律规定，从事违法活动，行政机关废止其许可证或执照的效力以示惩戒，吊销许可证和执照是一项比较严厉的处罚手段，是行政机关采取前终止公民、法人某项行为能力的重要手段。如果行政机关在采取这种手段时违法，受害人有权请求国家赔偿停止生产经营活动期间必要的经常性费用开支。根据《行政处罚法》的规定，暂扣许可证和执照也属于行政处罚的一种。暂扣是指暂时扣留相应的许可证照，例如，《道路交通安全法》第91条规定，饮酒后驾驶机动车的，处暂扣1个月以上3个月以下机动车驾驶证。暂扣在暂时性上与责令停产停业类似，但是责令停产停业主要针对的是从事生产经营活动的行政相对人，暂扣的范围则更广一些。暂扣通常有一定的期限。值得注意的是，暂扣有时还作为一种行政强制措施存在，例如行政机关对于有违法嫌疑的人员暂扣相关的许可证照，就属于一种行政强制措施。违法吊销许可证和执照主要表现为：吊销许可证照的主体不合法；违反法定条件吊销许可证照；违反法定程序吊销许可证照。

本项中的"责令停产停业"，是指工商行政管理部门或其他法定机关对违反国家法律法规的企事业单位和个体工商业户等作出的停止生产或营业活动的一种处罚。在停产停业期间，收回证照对其存在的问题进行清理整顿，限期改正。如在期限内改正，有权机关应发还证照，准许其继续进行生产经营活动。这与吊销许可证和执照是不同的。如果行政机关违法实施责令停产停业的行政处罚，而且该违法事实造成了相对人的财产损害、受害人有权请求国家赔偿停产停业期间必要的经常性费用开支。停产停业意味着企业、事业单位、个体工商户无法再创造商业价值，对其也是一种经济上的损失，由于责令停产停业将会导致企业等单位的生产经营受到极大影响，因而是一种比较严重的行政处罚，在适用时必须十分慎重。违法责令停产停业主要体现为：实施责令停产停业的主体不合法；违反法定条件实施责令停产停业；违反法定程序实施责令停产停业；违反法定期限实施责令停产停业。

本项中的"没收财物"，是指国家行政机关依法将违法行为人的非法所得、实施违法行为的工具和设施、违禁物品等强制无偿收归国有或封存、销毁的一种处罚，依法没收的财物，如原合法所有人请求发还的，应予以发还或予以赔偿，其余应当分别上缴国库、查封和销毁。值得注意的是，没收违法所得不同于刑罚中的没收财产。后者是刑法中规定的一种附加刑，是对犯罪分子个人所有的财产的一部分或者全部无偿收归国有的刑罚。我国《刑法》第64条规定："犯罪分子违法所得的一切财物，应当予以追缴或者责令退赔；对被害人的合法财产，应当及时返还；违禁品和供犯罪所用的本人财物，应当予以没收。"

本项中的"等"表示不穷尽列举，即凡是违法实施行政处罚造成财产权损害的，不论本项中是否列举，受害人均有权取得国家赔偿。

在司法实践中，对于申诫罚中的警告处罚是否属于行政赔偿的范围存在一定的争议。申诫罚是指行政机关向行政相对人提出警告或者谴责，申明其行为违法并教育行政相对人避免以后重犯的一种处罚方式。申诫罚的主要特点是通过对行政相对人精神或者名誉、信誉、商誉等方面的惩戒，而非对其实体权益的剥夺或者限制。但是，对于其他组织或者法人而言，申诫罚带来的对于其名誉、信誉和商誉的损害，会直接导致其财产权利的损失。《行政处罚法》只规定了警告这一种申诫罚。例如，行政机关以某企业生产伪劣产品而对其处以警告处罚，该警告处罚一经向社会公布，对其造成了远超过一般罚款的损害。可以说，该种行政处罚在很多情况下与财产罚紧密联系，同时影响到其他组织或者法人的声誉和财产，毫无疑问应当属于行政赔偿的范围。

此外，对于行政处罚的附属行政行为造成损害的，也属于行政赔偿范围。例如，根据《行政处罚法》第 60 条的规定，行政机关违法实行检查措施或者执行措施，给公民财产造成损害、给法人或者其他组织造成损失的，应当依法予以赔偿。

二、违法对财产采取查封、扣押、冻结等行政强制措施的行为

所谓行政强制措施是指相对人不履行法律、法规所规定的或行政机关依法强使其承担的义务时，行政机关依其职权采取强制手段迫使行政相对人履行行政法上的义务的行为。本项所列行政强制措施主要是指与限制财产权有关的强制措施。

本项所指的"查封"是对财产所有人的动产或不动产就地封存、贴上封条不许任何机关和个人使用和处分，以防转移、隐匿或者毁损灭失，以待进一步查处的措施。例如，根据《税收征收管理法》第 38 条的规

定，税务机关可以采取查封纳税人的价值相当于应纳税款的商品、货物或者其他财产。查封期内限制所有权人处分其被查封的财产，当事人对被查封的财产不能擅自处理、移动。

本项所指的"扣押"是行政机关强制扣留被执行人的财产、限制被执行人占有和处分其财产的措施。例如，《出境入境边防检查条例》第28条规定，对于携带、载运违禁物品的，边防检查站应当扣留违禁物品。扣押与查封的区别是：查封是对不易移动的财物就地封存；而扣押是将可移动的财产转移，处置于行政机关的控制之下。扣押后，可以由执行机关保管，也可以委托有关单位和个人保管，费用由被执行人负担。如扣押物品如不易长期存放，还可变卖，保留价款。

本项所指的"冻结"是主管行政机关根据法律法规授权禁止违反行政法上的义务的公民、法人或其他组织使用、处分或转移其在银行、信用社等机构的存款或企业的股票有价证券的一种强制措施。例如，根据《税收征收管理法》第38条规定，税务机关可以的税收保全措施还包括书面通知纳税人开户银行或者其他金融机构冻结纳税人的金额相当于应纳税款的存款。

本项中的"等"字表示不穷尽列举，即是说，除了查封、扣押、冻结三种强制措施外，其他强制措施都在本项所列范围之内。主要包括以下几种行政强制措施：

（一）划拨。是指行政机关通知银行或者其他金融机构从行政相对人的存款中强制拨付其拒不缴纳的款项。例如，根据《企业法人登记管理条例》的规定，企业法人对主管机关的处罚逾期不提出申诉又不缴纳罚没款，主管机关可以按照规定通知其开户银行予以划拨。

（二）扣缴、抵缴财产。扣缴是指行政机关通知行政相对人所在单位从其工资收入或者其他收入中扣缴其拒绝缴纳的款项；抵缴是指行政机关对拒不履行金钱给付义务的行政相对人强制征收其财产抵缴的行为。例如，根据《海关法》第37条的规定，进出口货物的纳税义务人超过3个月仍未缴纳的，海关可责令担保人缴纳税款或者将货物变价抵缴；必要时，可以通知银行在担保人或者纳税义务人存款内扣缴。

（三）强制拆除。是指行政机关对违章建筑等强行拆除的强制措施。例如，《城市规划法》第40条规定，在城市规划区内，未取得建设用地规划许可证件或者违反建设工程规划许可证件的规定进行建设，严重影响城市规划的，由县级以上地方人民政府城市规划行政主管部门责令停止建设，限期拆除或者没收违法建筑物、构筑物或者其他设施。

（四）登记保全。是指行政机关在证据可能灭失或者以后难以取得的情况下，对需要保全的物品进行登记造册先予封存固定。例如，《行政处罚法》第37条第2款规定，行政机关在收集证据时，可以采取抽样取证的方法；在证据可能灭失或者以后难以取得的情况下，经行政机关负责人批准，可以先行登记保存，并应当在7日内及时作出处理决定，在此期间，当事人或者有关人员不得销毁或者转移证据。

（五）拍卖、变卖财产。拍卖是指行政机关将依法扣押或者查封、没收的物品交与拍卖人，以公开竞价的方式转让给最高应价者的行为；变卖是指行政机关将依法扣押或者查封、没收的物品交由特定机构出卖或者收购，抵缴相应金钱义务的行为。例如，《行政处罚法》第51条规定，当事人逾期不履行行政处罚决定的，作出行政处罚决定的行政机关可以采取将查封、扣押的财物拍卖或者将冻结的存款划拨抵缴罚款。

此外，对财产的强制措施还有强制销毁、强制收兑、强制结汇、强制拆迁、强制清除、强制破产、强制检查等等。如果行政机关违法实施以上强制措施并造成当事人财产损害，受害人可以依照《国家赔偿法》第28条规定的标准请求国家赔偿。

三、违法征收、征用财产的行为

（一）行政征收

市场经济条件下，政府最经常的行政活动是取得特定财产以便满足公务的需要。行政征收即是政府取得公共财政收入的主要手段，同时也是政府干预和调节经济活动的方式和措施。国家既可以通过征收税费和其他财产的方式增加财政收入，同时还可以根据国家经济社会发展的需要通过加征、减征、缓征、免征、先征后退等方式限制或者鼓励市场经济主体的进入。在国外，行政征收主要包括税收征收、公用征收和准公用征收。税收征收是国家按照税收法律规定无偿收取一定费用的行为；公用征收是指国家为了特定目的的需要，有偿地限制或者剥夺公民财产权的行为；准公用征收是指国家在公用征收之外对公民的财产权限制超过一定限度而具有公用征收的性质和效果时，即构成准征收。例如，美国的司法实务中将准征收分为占有准征收（possessory takings）和管制准征收（regulatory takings）。在我国，行政征收包括行政税收、行政收费和公益征收三种方式。

行政税收是指国家税务行政机关依照税法规定的标准和程序，强制、无偿地向纳税义务人收取一定税款的行政行为。例如，根据《税收征收管理法》的规定，纳税人在限期内已缴纳税款，税务机关未立即解除税收保全措施，使纳税人的合法权益遭受损失的，税务机关应当承担赔偿责任。税务机关滥用职权违法采取税收保全措施、强制执行措施，或者采取税收保全措施、强制执行措施不当，使纳税人、扣缴义务人或者纳税担保人的合法权益遭受损失的，应当依法承担赔偿责任。税务机关、税务人员查封、扣押纳税人个人及其所抚养家属维持生活必需的住房和用品的，责令退还。税务机关违反法律、行政法规的规定，擅自作出有关税收征收的决定不应征收的税款的，除依法撤销擅自作出的决定外，应当退还不应征收而征收的税款。违法税收的行为包括：没有法律依据征收税款、违反法律规定的计税时间、计税地点、计税方式、计税标准等征收税款、违反法律规定采取税收行政处罚、行政强制措施等等。

行政收费是指行政机关依照有关法律规定向特定的公民、法人或者其他组织强行收取一定额度的费用的行政行为。当前，一些行政机关在没有法律依据和法律授权的情况下强行向公民、法人或者其他组织收取各种名目繁多的费用，严重侵害了行政相对人的合法权益。行政收费行为是剥夺公民财产的行为，各国宪法都规定，对于剥夺公民财产的行为，只能由最高立法机关通过制定法律来进行。我国《立法法》规定有关财政、税收方面的基本制度只能制定法律，这就是所谓的"租税法定主义"或者"税收法定主义"原则。这里的"税收"不仅仅包括行政税收而且包括行政收费。在司法实践中，行政收费的领域主要包括建设类收费（例如公路养护费、港口建设费、城市建设费、水运客运附加费、城镇建设费、电力建设费等）、社会保障类收费（例如养老保险基金、医疗基金、待业保险基金、残疾人就业保障金等）、自然资源类收费（例如渔业资源增殖保护费、林业保护管理费、陆生野生动物资源保护管理费等）、价格干预类收费（例如电话初装费、粮食风险基金、原油价格调节基金等）等等。违法的行政收费主要表现在没有行政收费权的行政机关收费、违法摊派费用、超出法律规定的收费范围、标准收费、擅自改变收费办法等等。修订前的《国家赔偿法》采用的"摊派费用"以为行政收费所涵盖。

公益征收是指行政机关依照有关法律，根据公共利益的需要，在给予相应补偿的情况下以强制方式取得公民、法人或者其他组织财产的行政行为。公益征收以补偿为前提条件。例如，根据我国《宪法修正案》第20条的规定，国家为了公共利益的需要，可以依照法律规定对土地实行征收，并给予补偿。第2条规定，国家为了公共利益的需要，可以依照法律规定对公民的私有财产实行征收，并给予补偿。《中外合资经营企业法》第2条第3款规定，国家对合营企业不实行国有化和征收；在特殊情况下，根据社会公共利益的需要，合营企业可以依照法律程序实行征收，并给予相应的补偿。《物权法》第42条规定，为了公共利益的需要，依照法律规定的权限和程序可以征收集体所有的土地和单位、个人的房屋及其他不动产。征收集体所有的土地，应当依法足额支付土地补偿费、安置补助费、地上附着物和青苗的补偿费等费用，安排被征地农民的社会保障费用，保障被征地农民的生活，维护被征地农民的合法权益。征收单位、个人的房屋及其他不动产，应当依法给予拆迁补偿，维护被征收人的合法权益；征收个人住宅的，还应当保障被征收人的居住条件。如果行政机关在没有给予相应补偿的情况下征收或者其他违法征收行为造成公民、法人或者其他组织合法权益受到损害的，应当给予赔偿。

(二) 行政征用

本项所说的"征用"是指行政机关为了公共利益的需要，依照法定程序强制使用公民、法人或者其他组织的财产或者劳务的行政行为。行政征用一般发生在紧急情况下，在一般情况下不能采用。行政征用与行政征收不同，行政征收一般是行政机关取得财产所有权，其法律后果是财产所有权从相对人转归国家；行政征用一般是行政机关取得财产使用权，其法律后果是财产使用权从相对人转归国家。此外，行政征收一般是补偿优先，行政征用则一般是事后补偿。例如，《物权法》第121条规定，因不动产或者动产被征收、征用致使用益物权消灭或者影响用益物权行使的，用益物权人有权依照本法第42条、第44条的规定获得相应补偿。第44条规定，因抢险、救灾等紧急需要，依照法律规定的权限和程序可以征用单位、个人的不动产或者动产。被征用的不动产或者动产使用后，应当返还被征用人。单位、个人的不动产或者动产被征用或者征用后毁损、灭失的，应当给予补偿。再比如，《防洪法》第45条规定，在紧急防汛期，防汛指挥机构根据防汛抗洪的需要，有权在其管辖范围内调用物资、设备、交通运输工具和人力，依照前款规定调用的物资、设备、交通运输工具等，在汛期结束后应当及时归还，造成损害或者无法归还的，按照国务院有关规定给予适当补偿或者作其他处理。

"违法征用"的情形主要包括：行政机关无权征用而征用、行政机关的征用行为并非为了公共利益的需要、行政机关的征用行为并非处于紧急情况下、行政机关的征用范围无正当理由扩大、征用对象错误、征用行为导致财产以外的人身伤害、行政机关的征用行为违反法定程序、行政机关在征用结束后不及时补偿造成权利人更大损失的等等。对于违法征用造成公民、法人或者其他组织损失的，国家应当给予相应的赔偿。

四、造成财产损害的其他违法行为

本项规定是一个兜底性的规定，表明只要行政机关及其工作人员行使行政职权不法造成公民或组织的财产损害，受害人就有权依照本法取得国家赔偿。如前所述，《国家赔偿法》对于行政赔偿范围的规定是在《行政诉讼法》的基础上制定的。也就是说，对于《国家赔偿法》没有明确列举而《行政诉讼法》已经明确规定的行政行为致害的，这些行为主要包括行政机关侵犯经营自主权、申请行政机关履行法定职责的行为等等。

但是，《国家赔偿法》不仅仅局限于行政行为，而是只要是"行使行政职权时"的行为，受害人即有权取得赔偿。还可以理解为，《行政诉讼法》上排除的"行使职权的行为"，如果《国家赔偿法》没有排除的，也可以按照《国家赔偿法》的规定请求赔偿。这些行为主要是：一是行政机关对其工作人员的行政处分行为。如果行政机关对其工作人员违法给予行政处分，造成工作人员财产上（主要是薪酬）的损害的，可以请求行政赔偿或者提起行政赔偿诉讼。例如，某行政机关负责人因个人私怨利用职权将某工作人员开除公职，后经有关机关查明真相后予以纠正恢复了工作。对其在开除公职期间工资的补发未作处理，此时，应当允许工作人员申请国家赔偿。二是行政机关终局裁决行为。终局裁决的行为属于"行使职权的行为"，对于该种行为造成的损害，受害人亦可以根据本项的规定申请行政赔偿。三是关于抽象行政行为。对于抽象行政行为的赔偿可以参见下文的阐述。四是侦查机关没收刑事案件涉案财物的行为。根据《刑事诉讼法》的规定，公安机关对刑事案件的涉案财物无决定没收的职权，公安机关对涉案财物作出没收决定的应当视为具体行政行为，不属于刑事赔偿调整范围，而属于行政赔偿调整范围。[①]

第四节　有待研究的若干行政赔偿范围问题

本节将就《国家赔偿法》有关行政赔偿范围的几个问题进行探讨。

[①] 最高人民法院赔偿委员会：《关于公安机关作出没收决定应视为具体行政行为不属于刑事赔偿调整范围的批复》（2003 年 7 月 18 日，[2002]赔他字第 11 号）。

一、关于规定方式的问题

我国《国家赔偿法》对于行政赔偿的规定方式采取了概括式加列举式的规定方式。所谓的概括式是指，《国家赔偿法》第2条规定的："国家机关和国家机关工作人员行使职权，有本法规定的侵犯公民、法人和其他组织合法权益的情形，造成损害的，受害人有依照本法取得国家赔偿的权利。"这是一条原则性的规定。当然，对于这一条是否属于概括的行政赔偿范围的规定还有不同的意见。《国家赔偿法》第3条至第4条是关于行政赔偿的肯定式列举规定，第5条是否定式排除的规定。

包括行政赔偿在内的国家赔偿范围是《国家赔偿法》的重要组成部分，显示着公民、法人和其他组织能够获得行政赔偿的延展度。目前，我国的《国家赔偿法》规定方式存在以下问题：一是概括式规定过于原则。《国家赔偿法》第2条的规定中，对于何谓"行使职权"、何谓"造成损害"均有不同的解读。在司法实务中，对于赔偿范围鲜有按照本条规定把握。正因为如此，相当多的学者认为该条并非关于赔偿范围的规定，而仅仅是一个原则而已。二是上述概括式规定限定条件较为严格。修订后的《国家赔偿法》对本条进行了修订，特别是增加了"有本法规定的侵犯公民、法人和其他组织合法权益的情形"的条件，明确将赔偿范围限定为"本法规定的情形"，这里的"情形"指的就是国家赔偿法列举的有限范围。这一限定条件进一步缩小了国家赔偿的范围。三是肯定式列举式规定内容较为单薄。无论是行政赔偿范围还是刑事赔偿的范围，均采取了列举式，根据法理上"明示其一则排除其余"规则，容易产生国家赔偿范围极为狭窄的印象。四是保护范围过于单一。现行《国家赔偿法》仅仅对人身权和财产权进行保护，对于其他合法权益没有提供足够的保护。具体内容参见下文。

从长远来看，采取概括式的规定方式更具有灵活性，能够保持适度的弹性，更有利于保障公民、法人和其他组织的合法权益。同时为了弥补概括式规定的缺陷，还应对概括式规定进行限定。肯定式列举无论是在当前还是今后，都不是一种值得称道的立法技术。为了对概括式规定加以适度限制，还可以考虑保留否定式排除的列举规定。

二、关于保护权利范围的问题

（一）关于人身权的范围

人身权分为人格权和身份权。其中，身份权包括了亲属权、亲权和配偶权。而人格权则包括了物质性人格权（生命权、身体权、健康权和劳动能力权）和精神性人格权（姓名权、肖像权、商号权、身体自由权、内心自由权、名誉权、隐私权、贞操权和荣誉权）。纵观《国家赔偿法》第3条规定的"侵犯人身权"仅仅局限在自然人（公民）的生命权、身体权、健康权和劳动能力权。例如，违法拘留、违法采取强制措施针对的是"限制人身自由"、非法拘禁针对的是"剥夺人身自由"、暴力行为、违法使用武器警械行为侵犯的是身体权和健康权。对于姓名权、肖像权、商号权、内心自由权、名誉权、隐私权、贞操权等权利如果遭受侵害如何救济，修订前的《国家赔偿法》没有规定。修订后的《国家赔偿法》第35条规定，有本法第3条规定情形之一，致人精神损害的，应当在侵权范围内，为受害人消除影响，恢复名誉，赔礼道歉。这里的"精神损害"是附着在"生命权"、"身体权"和"健康权"之上的，没有规定其独立的地位。实际上，这些权利既可以与其他人身权利结合在一起，同时也有其独立的法律意义和独立的救济途径。例如，陕西的"处女嫖娼案件"、"军嫂卖淫案件"和"夫妻看黄碟案件"等。并且，上述行为也同时侵犯了亲属权、亲权和配偶权。因此，上述规定就存在着人身权保护不健全的问题，解决的办法就是采取概括式肯定的规定方式，避免列举式规定挂一漏万的缺陷。

此外，对于其他组织和法人的人身权也没有涉及。在司法实践中，行政机关及其工作人员侵犯其他组织或者法人的人格权的，无法依照《国家赔偿法》的规定请求赔偿。例如，某技术监督机关检查某商场经销的商品，并且查封了商场经销的有假冒伪劣嫌疑的商品，该事件被当地媒体作了大量曝光。后来经过鉴定查封和曝光的商品并非假冒伪劣的商品。查封行为是错误的，并且造成了该商场商誉权的损失。对于行政机关的这一行为，该商场可以通过《行政诉讼法》的规定提起行政诉讼，并且根据第 67 条"公民、法人或者其他组织的合法权益受到行政机关或者行政机关工作人员作出的具体行政行为侵犯造成损害的，有权请求赔偿"的规定予以救济，但是却无法根据《国家赔偿法》的规定请求国家赔偿。这一问题可以在今后的《国家赔偿法》修订中予以进一步完善。

（二）关于人身权、财产权以外的合法权益的保护问题

现行的《国家赔偿法》保护的权利范围限定为侵害人身权和财产权，这种有限的范围显然不利于请求权人合法权益的保护。一种意见认为，不应当将劳动权、受教育权和政治权利纳入到赔偿范围。主要理由是：其一，劳动权、受教育权和政治权利受到侵害，其表现也是财产权受到侵害，是计算赔偿时要考虑的因素。其二，《行政诉讼法》没有明确将劳动权、教育权和政治权利纳入到国家赔偿范围。其三，由于受民事权益内容和民事权益赔偿范围的影响，加之国家赔偿制度产生的直接目的主要也在于对当事人民事权益的补救，因此国家赔偿宜以人身权和财产权为限，对人身权和财产权之外的诸如选举权和言论、集会、结社、游行、示威、宗教信仰自由等政治权利、劳动权等权利不予赔偿。① 其四，按照"特殊优于一般"的原则，行政赔偿诉讼的范围应当按照《国家赔偿法》的规定加以确认，对于人身权、财产权以外的权利造成损害的，不能提起国家赔偿。② 另一种意见认为，应当将劳动权、受教育权和政治权利纳入到国家赔偿范围之内。理由主要是：第一，这些权利属于公民、法人或者其他组织的重大的合法权益，世界各国基本上都对这些权利没有限制；第二，《国家赔偿法》实施已经近 15 年，完全能够胜任对上述权利的保护；第三，符合我国加入或者签署的有关国际公约的要求等等。我们认为，我国已经进入全面建设小康社会的新的历史时期，人民群众的

---

① 王周户：《国家赔偿范围析》，载《法律科学》1996 年第 2 期。
② 沈开举：《我国行政诉讼法与国家赔偿法衔接问题初探》，载《行政法学研究》1995 年第 4 期。

法治意识已经发生了翻天覆地的变化，新的权利要求不断涌现，不再局限于狭隘的人身权和财产权，因此对于这些权利要求如果在立法上不能够及时回应，就无法解决司法实践中越来越多的利益诉求，也不利于国家赔偿制度的健康发展。

三、关于抽象行政行为的赔偿问题

所谓抽象行政行为是指行政机关制定和颁布普遍性规范的行为。有一种意见认为，对于抽象行政行为致害造成的损害国家应当赔偿。理由主要是：第一，规范性文件违法损害公民、法人或者其他组织的后果较具体行政行为更为严重。规范性文件往往是具体行政行为的依据，影响范围和程度都较具体行政行为更广更深。第二，《行政复议法》已经明确了对抽象行政行为的附带审查，抽象行政行为已经纳入到了行政复议的受案范围。《行政复议法》第7条规定，公民、法人或者其他组织认为行政机关的具体行政行为所依据的下列规定不合法，在对具体行政行为申请行政复议时，可以一并向行政复议机关提出对该规定的审查申请：国务院部门的规定；县级以上地方各级人民政府及其工作部门的规定；乡、镇人民政府的规定。本条规定确立了在行政复议中对抽象行政行为的附带审查制度。如果在行政复议中，行政相对人提出了对抽象行政行为的审查申请，行政复议机关就此作出行政复议决定。如果行政相对人不服此复议决定向人民法院起诉要求赔偿的，如果人民法院不受理该起诉，将直接违反《行政诉讼法》和《国家赔偿法》的规定。因此，考虑到与《行政复议法》的衔接，《国家赔偿法》应当就抽象行政行为的审查作出相应的完善。第三，具体行政行为和抽象行政行为的划分并非绝对。两种行政行为的划分仅仅是学术上的划分，在司法实践中，两者之间并没有泾渭分明的界限。两者主要的区别在于时间的先后和对象的多寡，并非是在是否违法和是否侵权方面，没有本质的区别[1]。如果仅仅审查具体

---

[1] 应松年、杨小君：《国家赔偿若干理论与实践问题》，载《中国法学》2005年第1期。

行政行为而不能审查抽象行政行为，当某一抽象行政行为严重违法时，法院只能"放马后炮"，而不能防患于未然。结果必然是明知抽象行政行为违法，而法院只能在行政相对人的权利受到现实损害之后，才能实施救济，不利于减少行政违法行为，也不利于减少诉讼程序和提高诉讼效率。第四，抽象行政行为不一定必须通过具体行政行为贯彻和实施，抽象行政行为不一定不直接产生后果。例如，行政机关关于禁行、限行的通告等抽象行政行为一经发布，就对所有社会成员产生直接的法律效力，无需通过具体行政行为的实施和转化。第五，《立法法》、《人民代表大会常务委员会监督法》等对规范性文件的审查作出了相应的规定，《国家赔偿法》的规定应当与之配套。第六，域外许多国家已经将抽象行政行为的赔偿纳入到国家赔偿范围。例如，法国规定国家赔偿责任以经济性立法致他人损害者为限。德国规定，特别严重的立法行为给公民造成的损害超过一般限度，国家负赔偿责任。第七，司法实践已经对抽象行政行为的审查积累了一定的经验。《国家赔偿法》制定之时沿袭了《行政诉讼法》和《行政复议条例》的规定，目前对于抽象行政行为的审查已经逐渐走上了法制正轨。因此，有必要将规章以下的规范性文件造成的侵权纳入到国家赔偿范围。从完善和推进法治和保障请求权人合法权益的角度出发，我们赞同将抽象行政行为应当纳入到国家赔偿范围。

但是，赔偿范围又是一个制度选择问题，需要相应配套制度的健全和完善，目前还不是《国家赔偿法》修订迫切需要解决的问题。主要理由是：第一，规范性文件涉及面较广，情况复杂，赔偿义务机关以及人民法院对于被侵权人的认定存在较大困难。第二，如果将规章以下规范性文件纳入到国家赔偿范围，规范性文件涉及的事项、涉及的利害关系人均与一般的行政行为有所不同，赔偿义务机关或者人民法院目前恐怕难以承受。即便在美国，如果抽象行政行为影响到一群人的利益时，联邦政府不承担赔偿责任。[①] 第三，《行政诉讼法》目前仍然将抽象行政

---

① 张红：《中美国家赔偿法学术研讨会综述》，载《行政法学研究》2005 年第 4 期。

为排除在行政诉讼范围之外，亦没有针对抽象行政行为的行政赔偿诉讼，考虑到两部法律之间的衔接和协调，目前可暂时不规定抽象行政行为的国家赔偿。对于实践中确实存在的规范性文件违法侵犯公民、法人或者其他组织的合法权益的情况，目前可以通过两种途径加以解决：一是加强有关规范性文件的备案审查制度；二是将涉及抽象行政行为侵权的，可以通过实施这一抽象行政行为的具体行政行为的个案来具体加以解决。本次《国家赔偿法》也未对抽象行政行为的国家赔偿作出规定。

四、关于自由裁量行为、显失公正（行政裁量严重不当）行为的赔偿问题

所谓自由裁量行为是指国家行政机关及其工作人员在法律、法规规定的范围内和幅度内作出行政处理的行为。自由裁量行为存在的基本缘由是：法律法规规定的有限性；保证国家行政效率；我国地区差异、行业差异较大等等。对于自由裁量行为是否应当纳入到国家赔偿范围，在制定《国家赔偿法》时，产生了激烈的争论。

当时，对于自由裁量行为排除在国家赔偿范围之外是主流观点。主要理由是：第一，《国家赔偿法》规定的违法原则排除了自由裁量行为的国家赔偿责任。违法是指行政机关及其工作人员违反法律、法规的规定，而行政机关及其工作人员在规定范围内自由裁量、灵活机动地处理问题引起的只是适当与否、合理与否的问题，没有合法与否的问题。因此，如果是以违法、不法、违反法定义务等作为国家赔偿原则组成部分，自由裁量的行为即使被纠正了。使相对人蒙受了损失，也不应当导致国家赔偿责任。第二，法治原则排除了自由裁量行为的国家赔偿责任。国家机关及其工作人员应当依法治国。如果已经依法了还要导致国家赔偿责任，对国家就不公平了。国家的行为就失去了准绳。第三，社会效益原则排除了自由裁量行为的国家赔偿责任。国家机关及其工作人员依法行使自由裁量权作出剥夺或者限制相对人权利的决定时，相对人存在违法或者犯罪事实是作出决定的前提，如果该决定有不当之处，国家还要赔

偿违法人或者罪犯，国家赔偿法就不能发挥它自己应有的功能。第四，行政许可方面存在大量的概括性的自由裁量权。有关行政许可的自由裁量权比较泛滥，这些权利往往处于失控状态。由于这类行为的法律依据很少，既然法院判断其是否违法没有依据，又如何判断其侵权与否和国家是否应当承担赔偿责任。等到有关行政许可的法律健全了，法院就会有法可依了。但在此之前，对于行政机关因立法不完善而享有的自由裁量权所生的损害，国家只能暂时不承担赔偿责任。第五，当前审判经验不足，不宜纳入国家赔偿范围。《国家赔偿法》对于中国是个新生事物，审判经验还不够丰富，应当严格按照法律规定进行国家赔偿活动。法律没有规定的或者一时说不清的，目前不宜引入国家赔偿。如果显失公正的处罚行为是违法行为，国家赔偿的范围就会有迅速扩大的危险。如果把滥用自由裁量权的概念引入国家赔偿，就会制造迷惑。这个问题应当在国家赔偿理论和实践有了深入一步发展的时候再加以解决。①

也有人提出反对意见认为，法律赋予行政机关自由裁量权，是为了使行政机关能够适应复杂多变的情况，审时度势，权衡轻重，更好地贯彻执行法律，并不是让行政机关乱来，如果行政机关行使自由裁量权不当，就违背了法律的目的，因此，行政机关对其行使自由裁量权不当造成的损害应当赔偿。②

我们认为，对于自由裁量行为不当造成的损害是否应当赔偿，不能一概而论。如果对于自由裁量行为致害的行为一概由国家赔偿，将会束缚行政机关的手脚，无法进行行政管理；如果对自由裁量行为致害的行为一律不由国家赔偿，将会放任行政机关滥用自由裁量权。因此，对于自由裁量行为致害行为是否应当由国家赔偿，应当区别情况加以对待。一般情况下，对于自由裁量行为致害的行为，国家无需赔偿，但是，对于显失公正的自由裁量行为（行政裁量严重不当行为或自由裁量权运用不当达到滥用程度的），应当纳入国家赔偿的范围。对于显失公正或自由

---

① 肖峋：《中华人民共和国国家赔偿法的理论与实用指南》，中国民主法制出版社1994年版，第97－102页。
② 胡康生主编：《〈中华人民共和国国家赔偿法〉释义》，法律出版社1994年版，第23页。

裁量权运用不当达到滥用程度的行为致害的是否赔偿的问题,有两种不同意见：

一种意见认为,对于显失公正或自由裁量权运用不当达到滥用程度的行为致害的一律不予赔偿。理由主要是：第一,显失公正或自由裁量权运用不当达到滥用程度的行为不属于合法与不合法的问题,而是属于合理不合理的问题。法律、法规授予的自由裁量权再大也是自由裁量权,行使自由裁量权时国家赔偿责任的排除是国家赔偿法不可动摇的原则。不能因为裁量权限大了,国家就要赔,裁量权限小了,国家就可以不赔。只要是在法律范围内行使权力就是合法的,国家因此不应当承担赔偿责任。我国《国家赔偿法》实行的是违法归责原则,对于合理问题不能通过国家赔偿解决。第二,国家赔偿法的违法原则是指违反法律、法规的具体条款,而不是法的"本意"。显失公正的行为既然是在法律、法规范围内作出的,就是合法行为。如果以是否显失公正为衡量是否违法的标准,就会出现一个新的命题：凡属于不公正的皆为违法。这样,国家不仅要对违法行为的损害后果负赔偿责任,而且也要对不当行为的损害后果负赔偿责任,这就无限地扩大了国家赔偿的范围,远远离开了国家赔偿法的立法目的。

另一种意见认为,对于显失公正或自由裁量权运用不当达到滥用程度的行为致害的应当赔偿。理由是：第一,显失公正或自由裁量权运用不当达到滥用程度的行为虽然在形式上属于合法,但是在实质上明显不合理、不公正,即具有不合法的特征。第二,根据我国《行政诉讼法》第 54 条的规定,行政处罚显失公正的,可以判决变更。变更的内容就是要退出多处罚的罚款部分,即属于"返还部分罚款"的赔偿行为。如果认为显失公正的行政处罚给当事人造成损害的不能获取国家赔偿,则《行政诉讼法》的这一规定就失去了意义。因此,如果具体行政行为被人民法院以显失公正为由依法判决撤销,那么,对显失公正造成损害的部分,行政机关应当承担赔偿责任。① 况且,《行政诉讼法》的该条规定是

---

① 胡康生主编：《〈中华人民共和国国家赔偿法〉释义》,法律出版社 1994 年版,第 24 页。

法律条文，既然显失公正的行政处罚为该法律条文所禁止，自然也是一种违反法律条文的行为，违反法律条文规定的行为当然是违法行为。第三，如果认为显失公正仅仅是行为程度的问题而非实质上不合法的问题，对于裁量幅度较大的行政行为而言，不给予国家赔偿既不合理也不公正。第四，《国家赔偿法》和《行政诉讼法》的目的都是为了保护公民、法人或者其他组织的合法权益，促进行政机关依法行政。《国家赔偿法》的赔偿范围应当比《行政诉讼法》宽泛一些，可不仅仅局限于显失公正的"行政处罚"，而且还要包括显失公正或自由裁量权运用不当达到滥用程度的所有行政行为。对于显失公正或自由裁量权运用不当达到滥用程度的行政行为给当事人造成损害的纳入到行政赔偿范围，亦符合《国家赔偿法》的归责原则。[①] 我们同意后一种意见。

[①] 王连昌：《关于制定我国国家赔偿法的几点陋见》，载罗豪才、应松年主编：《国家赔偿法研究》，中国政法大学出版社1991年版，第52页；金代权：《审理行政赔偿案件的几个问题研究》，载《法律适用》1998年第3期。

第十三章　刑事赔偿的行为范围

第一节　刑事赔偿行为范围的立法模式

一、世界各个国家和地区关于刑事赔偿范围的立法模式

从世界范围来看，对于刑事赔偿范围一般有以下几种立法模式：

（一）专门的刑事赔偿法典模式

专门的刑事赔偿法典模式主要是通过制定专门的刑事赔偿法来确定刑事赔偿的范围。实行这种模式的主要有德国、奥地利和我国的台湾地区。

1. 德国。

在德国，对于刑事赔偿的研究和立法远远早于行政赔偿。早在19世纪初期，德国不少学者如齐斯特丁（Gersteeding）、汉斯（Heninze）和盖伊斯华尼（Geyer Schurfrye）就开始研究冤狱赔偿问题，并直接推动了德国刑事赔偿制度的建立。典型的有1898年制定的《再审无罪判决赔偿法》和1904年制定的《羁押赔偿法》。《再审无罪判决赔偿法》规定的再审无罪判决赔偿系指被判决人无罪而被判有罪、犯轻罪而被判有罪的，并且该判决已被全部或者部分执行时，后经有关法院通过再审程序改判无罪或者轻罪，由国库给予赔偿。该法第1条第1款规定："再审程序中查明受判决人被控之行为，或就其罪刑从重处断之情状，并无罪责，或其犯罪嫌疑已不复存在，经再审法院宣判无罪，或引用刑法减刑之规定，减轻其刑。而原判决刑罚之全部或者部分已经执行者，得请求由国库赔偿其损害。原判决之保安及矫正处分，已经全部或者部分执行或者已经生效后，再审法院查明对于受判决人被控告之行为，系判决错误或其犯

罪嫌疑已不复存在，而将原判决废弃时，受判决人得请求由国库赔偿其损害。对于受判决人依法享有抚养请求权者，并有损害赔偿请求权。"根据该法第 7 条的规定，因被军事法庭审判宣告无罪的被判决人适用该法。但是，该法的刑事赔偿范围还嫌狭窄，仅仅确立了错误判决的赔偿，未规定错误的司法措施的赔偿；仅仅针对财产权的损害，并不针对人身权的损害。之后，德国 1904 年 7 月 14 日颁布实施了《羁押赔偿法》。该法第 1 条第 1 款规定，刑事被告或对刑事被告享有抚养请求权的人，拥有请求国库赔偿其因羁押所受损害的权利：①刑事被告经审判程序，被确认为无犯罪事实而被宣告无罪；②或经法院判决，认为罪嫌不足，免予追诉的。这种情况下所需赔偿的羁押，包括临时留置与逮捕羁押。但是，与犯罪行为无关，因公共安全之必要，予以临时留置的，无损害赔偿请求权。这部法律与《再审无罪判决赔偿法》相比，在赔偿范围上有两处扩大：一是兼再审程序改判赔偿扩大到经过审判程序改判的赔偿，后者兼适用赔偿的审判过程从原再审扩大到初审、上诉审和再审，只要通过审判程序改判无罪或者免予追诉的，该刑事被告均适用羁押赔偿。二是将错判赔偿扩大到错羁赔偿，不仅赔偿错误判决期间的赔偿，而且赔偿错判执行前的羁押赔偿。这两部法律已经为 1971 年 3 月公布联邦德国《刑事追诉措施赔偿法》（后经 1974 年、1987 年和 1988 年修正）废止和替代。

根据该法第 1 条至第 4 条的规定，德国的刑事赔偿范围主要包括四个方面：一是对判决结果的赔偿。对于因一项刑事法院判决遭受损害的人，如果判决在刑事再审程序中被撤销或者被减轻的，或者在能够使该判决有效的其他刑事诉讼中被撤销或者减轻的，由国库予以赔偿。如果没有作判决而处以矫正或者保安处分或者一项附随结果时，适用相应的判决结果，由国库予以赔偿。二是对刑事追诉措施的赔偿。如果当事人已经被释放，或者针对其的刑事诉讼已经终止，或者法院拒绝对他开庭审判，当事人由于受羁押或者其他刑事追诉措施而遭受的损失，由国库予以赔偿。"其他刑事追诉措施"包括：①依据《刑事诉讼法》和《青少年法院法》规定的暂时留置或者监视留置；②依据《刑事诉讼法》第127条第2款规定的暂时拘留；③法官依据《刑事诉讼法》第116条为终止执行逮捕令而采取的措施；④在其他法律没有规定补偿的情况下，依据《刑事诉讼法》第111d条规定所采取的诉讼保全、没收、扣押和搜查；⑤暂时吊销驾驶执照；⑥暂时职业禁止；⑦外国向德国官方机构申请执行的引渡逮捕、临时引渡逮捕、诉讼保全以及搜查。三是依裁量规定终止程序的赔偿。如果法律规定允许法院或者检察官依据裁量终止刑事审判程序的，只要是公平合理的，就可以对刑事追诉措施进行赔偿。四是根据公平合理原则进行的赔偿。主要包括两个方面：①只要符合公平合理情况，可以对以下两种情况的刑事追诉措施：a. 如果法院没有判刑；b. 如果刑事追诉措施的结果大于刑事法庭判决的结果。②如果刑事法院根据法律认定该行为只属于扰乱社会治安范围，法院的决定属于适用赔偿判决。

《刑事追诉措施赔偿法》第5条和第6条规定了免除赔偿的范围。根据《刑事追诉措施赔偿法》第5条规定，有下列情形之一的，国家免除赔偿：①已经折抵刑期的候审拘留，其他剥夺自由措施和暂时吊销驾驶执照的；②因被处于剥夺自由的矫正和保安处分措施而被剥夺自由的，或者只有剥夺自由才能达到上述保安处分目的的；③因最终被处以吊销驾驶执照或者禁止从事业务而被临时吊销驾驶执照或者暂时禁止从事业务的，或者因前提条件已经不存在免除此项命令的；④因被责令没收或者扣押而被没收和扣押的，或者只有通过没收的规定使案件受害人的赔偿请求可能被减免的。该法第6条规定，如果被告有下列行为之一的，则可以全部或者部分拒绝予以赔偿：①被告在关键问题上作伪证或者证词前后矛盾，或者对能够减免罪责的情节缄口不言，并且由此引起刑事追诉处分的，不论被告是否已经就此认错。②因被告处于无犯罪行为能力状况或者因故无法开庭致使不能对犯罪事实进行判决，或者致使终止审判程序的。

《刑事追诉措施赔偿法》是德国刑事赔偿的基本法，在刑事赔偿范围上比起前两部法律更为完整和丰富。主要表现在刑事赔偿范围从无罪判决扩大到轻罪判决、羁押赔偿从应判决造成的羁押扩大到非判决造成的羁押,从而大大拓宽了刑事赔偿的范围。

2. 奥地利。

奥地利 1969 年 7 月 8 日制定通过了专门的《刑事赔偿法》(该法的全称为《关于对刑事法院关押和判决的赔偿的联邦法律》)。该法第 1—3 条就刑事赔偿的范围作了规定。该法第 1 条是一个概括性的规定:"联邦依照以下规定,就因刑事法院关押或判决而产生的财产权的损害,经被害人请求,对其给予金钱赔偿。"第 2 条规定了被害人赔偿请求成立的条件,即刑事赔偿的范围:①对被害人的关押是因为国内法院的违法命令所产生或者因此而延长,或者因其违法的引渡申请所引起;②被害人因为一项在国内应当受到刑事追究的罪行的嫌疑而被国内法院临时管制或审查拘留或根据该法院的申请被引渡拘留,并于其后就该行为被无罪释放或出于其他原因不受追究并且被害人的犯罪嫌疑已经消灭,或者由于另外的原因——如果这些原因在执行关押时就已经存在——而不应受到追究;③被害人经国内法院判决后,经再审的刑事诉讼程序或由于其他原因撤销了原来的生效裁定并被无罪释放,或者出于其他原因不受到追究,或者经重新判决并因此被判处较轻刑罚或者因此撤销了矫正或者保安措施,或者以较轻措施取而代之。该法第 3 条规定了免除刑事赔偿的四种情形:①被害人故意引起导致关押或者判决的嫌疑;②在前述第 2 条的第一项和第二项的情形,如果关押已经折抵刑事处罚的;③在第 2 条第二项和第三项的情形,如果仅只因为被害人在犯罪时系处于无刑事责任能力状态而对其不予追究;④在第 2 条第三项的情形,如果撤销原裁定并代之以一项对被害人较为有利的裁定仅只是因为在此期间法律已经修改。

3. 日本。

日本的《刑事补偿法》第 1 条规定了刑事补偿的范围。该法第 1 条规定,根据《刑事诉讼法》规定的普通程序、再审或者非常上告程序中,受到审判宣告无罪的人，如果在判决前曾经依据《刑事诉讼法》、《少年法》和《经济调查厅法》的规定，受到关押或者拘禁时，可以根据关押或者拘禁的情况，向国家请求补偿。在根据恢复上诉权的规定而提起上诉、再审或者非常上告的程序中，受到审判宣告无罪的人，如果已经按照原判决受到刑罚的执行，或者依据《刑法》第 11 条第 2 款的规定受到拘禁时，可以根据刑罚的执行或者拘押的情况，向国家请求补偿。根据《刑事诉讼法》第 282 条至第 486 条规定的收监票而进行的关押，和根据同法第 81 条第 2 款规定进行的拘禁，以及根据《犯罪者预防更生法》第 41 条和《缓刑者保护法》第 10 条规定的押解票而进行的关押和拘禁，在适用前款规定时，视为刑罚的执行和拘押。

该法第 3 条规定了不予补偿的情形。即在下列情况下，经法院全面衡量，可以不给予一部或者全部的补偿：①本人以使侦查或审判陷于错误为目的，而故意所作的虚伪的供词，或者执照其他有罪证据，导致错误关押、拘禁和有罪判决的；②通过一个审判对并合罪所作的判决，虽然有一部分受到无罪判决，但是其他部分受到有罪判决的。该法第 25 条规定了免诉和公诉不受理时的补偿制度，即受到根据《刑事诉讼法》规定所作的免诉或者公诉不受理判决的人；如果有充分理由认为没有应判决免诉或者公诉不受理的事由，而应当受到无罪判决时，可以根据关押及拘禁的情况，向国家请求补偿，或者根据刑罚的执行或者拘押的情况请求补偿。

4. 我国台湾地区。

我国台湾地区 1959 年制定了"冤狱赔偿法"。我国台湾地区"冤狱赔偿法"第 1 条规定："依刑事诉讼法令受理之案件，具有左列情形之一者，受害人得依本法请求国家赔偿。一、不起诉处分或无罪之判决确定前曾受羁押者。二、依再审或非常上诉程序判决无罪确定前曾受羁押或刑之执行者。不依前项法令之羁押受害人亦得依本法请求国家赔偿。"

此外，还有一些国家就特殊刑事赔偿领域作了专门的立法，亦属于这种模式。例如，美国 1938 年制定了《对于人民受联邦法院错误判决之救济法》，该法第 1495 条规定："凡因犯罪或侵害美国之罪行，而被判刑，并处以徒刑。且经执行该徒刑之全部或者部分者，其后，如因上诉或重新审理或再审，而认定彼对所判之罪不应负责，或事后认定彼为无辜，而获得赦免时……该民在时效已经下列条件规定的范围内，得依法与之规定，在索赔法院，向美国政府请求彼因被判罪或拘禁所遭受的损害赔偿。"美国在刑事赔偿方面的立法乏善可陈。例如，刑事赔偿责任仅仅限于错判，即只对错判为有罪并且已经羁押的赔偿损失。上述条文还有一个注释称："索赔法院和联邦区法院对因错误的逮捕并监禁针对美国的行为没有管辖权。"这就是说，刑事赔偿不及于错误逮捕。此外，根据上述 1495 条索赔的公民，按照 2513 条的规定由法院签发无罪证明。该条的注释载明："对于以对美国犯罪为由被不当定罪并被监禁的索赔请求，根据本条和本篇 1495 条是否签发无罪证明的问题，属于承办法官的自由裁量权。"这实际上将是否签发无罪证明交由法官自由裁断，显然不利于保障受害人的合法权益。

（二）在刑事诉讼法典中单列模式

这种模式是在刑事诉讼法典中就刑事赔偿问题进行专门规定。实行这种模式的国家主要有法国、意大利和前匈牙利等。法国和意大利是在刑事诉讼法典中规定了刑事赔偿。

1. 法国。

法国于 1895 年 6 月 11 日制定了《刑事诉讼法》，该法第 443—446 条确立了冤狱赔偿制度。但是，刑事赔偿的范围仅仅限于受罪刑已经确定并宣告为限。1970 年修订后的《刑事诉讼法》才将刑事赔偿的范围扩大到刑事追诉的全过程。

《刑事诉讼法》第 149 条规定："在诉讼程序中被临时羁押的人，如果在程序结束时不予起诉、免予起诉或者无罪释放的决定已经确定，而且羁押给他造成显然不正常的损害或特别重大的损害，可以给予赔偿。"根据该法第 446 条第 1 款的规定，由再审之判决（或受理再审之上诉法院之判决），而发现犯人为无辜者，得经其请求而给予损害赔偿，以补偿其前次裁判所造成的损害。此种请求权，得于再审诉讼程序之任何阶段中行之。若再审之终局判决（或上诉法院之终局判决）宣告有犯罪之判决者，如有必要则该受犯罪之判决者，应对国家或再审之请求人负偿还诉讼费之责。

此外，法国于1972年7月5日制定的《建立执行法官和关于民事诉讼程序改革法》中确立了国家对司法行为承担赔偿责任的一般规则。该法第11条规定："国家必须赔偿由于司法公务活动的缺陷而产生的损害。"这个责任只在重过错或者拒绝司法时才发生。

2. 意大利。

意大利《刑事诉讼法》第314条规定，下列受不正当刑事关押的人有要求国家赔偿的权利：第一，由于事实不成立而被最终判决释放的人，在行为不构成犯罪或者未被法律规定为犯罪的情况下，有权就自己所遭受的关押获得赔偿；第二，当采用最终判决认定对预防性的羁押的适用或者维持是在不存在法定适用条件的情况下决定的，因任何原因而被释放的人或者在诉讼期间受到预防性羁押的被判刑人，也可以要求国家就其被关押予以赔偿；第三，对于被宣告撤销案件或者不予追诉的人，在前两种情形的相同条件下，也可以要求国家予以赔偿。

当然，对于某些刑事关押措施，国家不予赔偿，主要包括三种情形：①刑事关押是由于被关押人的故意或者严重过失造成的；②在量刑时被加以计算了的预防性羁押的时间或者也可以根据其他名义执行羁押处分的时间；③当法官以判决或撤案决定认为因归罪规范的废除而不再构成犯罪时，对于在非处有关规范之前受到预防性羁押的时间。

3. 前匈牙利。

前匈牙利于1962年制定的《刑事诉讼法》中规定了刑事赔偿的范围。该法第293条规定："如果在采取候审羁押措施后证明被告的行为不构成犯罪或者行为并非为被告所为，那么，因调查机关、检察机关或法院的候审羁押决定而造成的损失应当赔偿。如果被告逃跑，企图逃跑，或者为阻挠对其提起的刑事诉讼而欺骗国家机关，或者提供其他理由致使自己对被怀疑犯罪负有责任的,被告不能请求赔偿损失"。该法第294条规定,如果经过重审或者合法抗辩被告被终审判决无罪或者减刑,因执行原判决而遭受的剥夺自由应给予赔偿。如果被告有下列行为便不能获得赔偿:①在初审案件中故意隐匿重审判决所以考的事实和证据。②案件经一审后不提起上诉。在执行劳动教养的终审判决时,如果在一起新的案件中或者经过合法抗辩,被告被判决无罪或者减轻处罚,那么从被告工资中扣除的部分以及罚金应当返还受害人。

（三）无专门立法模式

这种模式是对于刑事赔偿范围没有通过专门的法律予以规定,而是通过判例或者其他法律中特殊条款予以确定。

英国实施冤狱赔偿的历史比较久远。在1455年就有相关的判例。1676年国会通过的《人身保护法》第4条、第8条和第9条,明确规定了官吏的责任。即,各郡官、典狱官及其他官吏对刑事犯和刑事嫌疑犯违法羁押的,应当对其处以罚金,并将罚金作为赔偿费充给受害人,被害人可以依法到法院追诉侵权人。但是,英国没有专门的刑事赔偿法,冤狱赔偿的救济渠道是请求国会以个别法案形式赔偿被害人。此外,由于受到司法豁免观念的影响,英国《王权诉讼法》也将司法侵权损害加以排除。该法第2条第5项规定:"任何人当履行或者准备履行其司法上应负之责任,或与司法上执行程序有关之责任,就其作为或者不作为行为,不得以本条之规定,对君权提起诉讼。"对于司法官员侵权导致的损害,并非没有救济途径,议会通常通过专案决议拨款赔偿受害人的损失。当然,这种比较随意、缺乏规范的做法一直为人诟病。[①] 值得注意的是,1964年英国制定了《刑事伤害赔偿方案》（*The Act of Compensation to Criminal Harm*）就刑事赔偿范围的五种情形进行了规定:①受到了暴力犯罪（包括纵火或者投毒）的直接侵害;②因对一个犯法者或者嫌疑犯实施拘押或者意图拘押而遭受伤害;③应对一个罪犯的罪行实施预防或

---

① 有关内容请参见肖峋《中华人民共和国国家赔偿法的理论与实用指南》,中国民主法制出版社1994年版,第71页。

者意图预防而遭受伤害；④因向实施前述第二种、第三种行为的任何警察提供帮助而遭受伤害；⑤受到了侵害铁路系统秩序的犯罪的伤害。这里的"刑事赔偿"并非是指国家赔偿法意义上的刑事赔偿，而是指公民由于受到形式暴力行为的侵害，有权从"刑事伤害赔偿委员会"处获得赔偿。准确地讲，这并非是一种刑事赔偿制度，更像是一种社会保险或者社会保障制度。

此外，有的国家仅仅在宪法中规定了刑事赔偿范围，没有专门的刑事赔偿法律，总体上也属于此种模式。例如，列支敦士登公国宪法第32条规定了对经证明被非法或者无罪逮捕，或者无辜被判罪刑的个人的国家赔偿。摩尔多瓦宪法第53条规定了国家的刑事赔偿责任。斯洛文尼亚宪法第30条规定了在刑事案件中被错判的人或者被无根据地剥夺自由的人，有依法要求恢复名誉和赔偿损失的权利等。

（四）统一于国家赔偿法模式

这种模式在国家赔偿法律中就刑事赔偿的内容予以规定。实行这种模式的主要国家包括我国和一些前东欧国家。例如，捷克斯洛伐克《关于国家机关的决定或不当公务行为造成损害的责任的法律》第5条第1项规定，如果不利于当事人的刑事诉讼被终止，或当事人被宣告无罪，被羁押的当事人因候审羁押决定而受到损害的，可以向国家提出赔偿请求。该法第6条第1、2项规定了刑法决定造成损害的两种赔偿情形：①已经全部或者部分执行判决的人如果在以后的诉讼中被宣告无罪或者对其不利的刑事诉讼终止，他便有权请求赔偿；②在以后进行的诉讼中被判处的刑罚比原判刑罚轻且撤销原判决的，被告有权请求赔偿。该法第8条还规定，上述第5、6条规定的赔偿责任不得免除。

通过对不同国家和地区刑事赔偿制度的考察，我们就会发现刑事赔偿制度一般存在以下几个特点：一是刑事赔偿的历史要比行政赔偿更为久远。早在罗马法的观念中，只要存在过错，不论是腐化还是过失，都会被判处向受到其行为伤害的人承担民事责任。[1] 近代以来，对于刑事赔

---

[1] 米勒：《法官的诽谤？——责任范围的确定》，载《司法评论》1980年第8期。

偿的研究和立法也呈现出较为繁荣的趋势。这是因为刑事赔偿是对无辜遭受冤屈者的昭雪，特别是刑事赔偿针对的大多是剥夺人身自由的严重的侵害情形，对于这种无辜受冤的情形不予赔偿或者补偿，则无法体现社会公平和正义。二是无过错原则已经逐步成为各个国家和地区刑事赔偿立法的潮流。刑事赔偿中实行无过错原则意味着只要特定的损害结果出现，即只要在事实上受到羁押或者其他损失的，国家就应当承担刑事赔偿责任，而不探究公权力机关及其工作人员的主观状态，也不审查该公权力行为是否存在违法情形。

二、我国《国家赔偿法》关于刑事赔偿行为范围的立法模式

如前所述，我国刑事赔偿的范围统一规定于《国家赔偿法》中。有关刑事赔偿的行为范围，《国家赔偿法》同样从侵犯人身权和财产权两个方面加以规定。《国家赔偿法》第17条列举了5种侵犯人身权的情形。这5种情形是：违反刑事诉讼法的规定对公民采取拘留措施的，或者依照刑事诉讼法规定的条件和程序对公民采取拘留措施，但是拘留时间超过刑事诉讼法规定的时限，其后决定撤销案件、不起诉或者判决宣告无罪终止追究刑事责任；对公民采取逮捕措施后，决定撤销案件、不起诉或者判决宣告无罪终止追究刑事责任的；依照审判监督程序再审改判无罪，原判刑罚已经执行的；刑讯逼供或者以殴打、虐待等行为或者唆使、放纵他人以殴打、虐待等行为造成公民身体伤害或者死亡的；违法使用武器、警械造成公民身体伤害或者死亡的。但是，并非凡有5种情形之一的行为造成的损害都由国家承担赔偿责任。而只是"在行使职权时"有5种情形之一的行为造成损害，国家才承担赔偿责任。这就是说，只有在致害行为与行使职权具有内在联系或关联性的情况下，国家才对该行为承担赔偿责任。但这并不是说致害行为必须是职权行为。例如一般情况下殴打公民不是职权行为，但如果某一殴打行为发生在行政职权过程中，而且与行使职权有着内在的关联性的，国家就应当对该殴打行为所造成的损害承担赔偿责任。本书在文后将对此进行详细阐述。

值得注意的是，本次《国家赔偿法》修订时增加了"看守所、监狱管理机关"的刑事赔偿责任。"看守所、监狱管理机关"之前有一个"行使侦查职权"的定语。也就是说，看守所和监狱管理机关在特定情形下如果行使侦查权侵犯公民人身权和财产权的，受害人有取得刑事赔偿的权利。从监狱管理机关和看守所承担的法定职责来看，这两个机关主要承担的是行政管理职能，如果在监狱管理、看守所管理过程中侵犯合法权益的，属于行政赔偿，按照《国家赔偿法》规定的行政赔偿处理。例如，对于监狱管理行为，特别是在监狱劳动中致伤、致残所引起的国家赔偿按照行政赔偿处理。① 此外，最高人民法院在司法批复中认为，根据《条例》的规定，看守所是对被依法逮捕的犯罪嫌疑人予以羁押的法定场所，并负有保护被羁押人在羁押期间人身安全的法定职责和义务。看守所履行上述职责的行为，是行政法规赋予的行政职责行为，不是《刑事诉讼法》规定的行使国家侦查职权的司法行为。因此，犯罪嫌疑人在看守所羁押期间患病未得到及时治疗而死亡所引起的国家赔偿，应当按照《国家赔偿法》规定的行政赔偿程序处理。②

第一节 侵犯公民人身权的刑事赔偿范围

本节将就《国家赔偿法》第 17 条规定的侵犯公民人身权的刑事赔偿范围作一探讨。

一、关于羁押赔偿的原则

目前，世界上较多国家和地区在刑事赔偿领域采取了羁押赔偿原则，或者称为结果责任原则。一般来说，违法责任原则侧重于对于公权力行

---

① 最高人民法院行政审判庭：《关于罪犯在监狱劳动中致伤、致残所引起的国家赔偿如何救济问题的答复》（2005 年 3 月 10 日，[2004] 行他字第 15 号）。

② 最高人民法院研究室：《关于犯罪嫌疑人在看守所羁押期间患病未得到及时治疗而死亡所引起的国家赔偿应如何处理问题的答复》（2005 年 5 月 8 日，法研 [2005] 67 号）。

为的合法性评价，对于受害人的救济不够充分，羁押赔偿原则根据损害结果来判断国家赔偿责任，无论该行为是否违法或者是否存在过错。例如，俄罗斯《刑事诉讼法典》第 18 章第 133 条（平反权产生的根据）规定："平反权包括赔偿财产损失、消除精神损害后果和恢复劳动权、领取赡养金的权利、住房权和其他权利。因刑事追究而对公民造成的损害，国家应全额赔偿，而不论调查机关、调查人员、侦查员、检察长和法院是否有过错。"日本《刑事补偿法》第 1 条规定：（1）在《刑事诉讼法》的普通程序、再审程序或者特别上告程序中，获得无罪判决者曾遭受根据《刑事诉讼法》、《少年法》或者《经济调查厅法》而实施的判决前羁押或拘禁，可以因该羁押或拘禁向国家请求补偿。（2）在基于上诉权恢复而进行的上诉、再审或者特别上告程序中，获得无罪判决者受到了原判决已执行的刑罚或者拘押向国家请求补偿。（3）依《刑事诉讼法》第 484 条至第 486 条（包括同法第 505 条准用情形）的收监状而实施的羁押、依同法第 481 条第 2 项（包括同法第 505 条准用情形）的规定而实施的留置以及依《犯罪者预防更生法》第 41 条、《缓期执行者保护观察法》第 10 条的引致状而实施的羁押和留置，在适用前项的规定时视为刑罚的执行或者拘押。我国台湾地区的"冤狱赔偿法"第 1 条规定："依刑事诉讼法令受理之案件，具有下列情形之一者，受害人得依本法请求国家赔偿。一、不起诉处分或无罪之判决确定前，曾受羁押者。二、依再审或非常上诉程序判决无罪确定前，曾受羁押或刑之执行者。不依前项法令之羁押，受害人亦得依本法请求国家赔偿。"可见，我国台湾地区的冤狱赔偿实行的亦是无罪羁押赔偿原则。此外，根据《公民权利和政治权利国际公约》第 9 条第 5 项规定了无罪羁押赔偿原则："任何遭受非法逮捕或者拘禁的受害者，有得到赔偿的权利。"这里的赔偿亦是指无罪羁押赔偿。

我国《国家赔偿法》采用的原则与日本和我国台湾地区所采取的原则相同。以下本书将根据修订后的《国家赔偿法》进行解读。

二、违反刑事诉讼法的规定对公民采取拘留措施的，或者依照刑事诉讼法规定的条件和程序对公民采取拘留措施，但是拘留时间超过刑事诉讼法规定的时限，其后决定撤销案件、不起诉或者判决宣告无罪终止追究刑事责任

本项是关于"错误拘留"的规定。刑事诉讼中的拘留是指公安机关和检察机关在办理直接受理的案件中，对于现行犯或者重大嫌疑分子，在法定的紧急情况下所采取的暂时剥夺其人身自由的强制措施。

在十一届全国人大常委会第十一次会议上，有些常委委员提出，考虑到刑事案件情况复杂，公安机关对拘留的犯罪嫌疑人，特别是流窜、多次、结伙作案的重大嫌疑人，需要一定时间进行侦查甄别，因此，对犯罪嫌疑人依法采取刑事拘留措施后予以释放的，是否应予以国家赔偿，建议慎重研究。关于公安机关采取刑事拘留措施的问题，《刑事诉讼法》第61条规定了明确的条件："公安机关对于现行犯或者重大嫌疑分子，如果有下列情形之一的，可以先行拘留：（一）正在预备犯罪、实行犯罪或者犯罪后即时被发觉的；（二）被害人或者在场亲眼看见的人指认他犯罪的；（三）在身边或者住处发现有犯罪证据的；（四）犯罪后企图自杀、逃跑或者在逃的；（五）有毁灭、伪造证据或者串供可能的；（六）不讲真实姓名、住址，身份不明的；（七）有流窜作案、多次作案、结伙作案重大嫌疑的。""除了公安机关有拘留权以外，人民检察院、安全机关和军队保卫机关也有一定范围的刑事拘留权。"根据《刑事诉讼法》第132条的规定，人民检察院直接受理的案件的犯罪嫌疑人，可以决定拘留的，仅限于《刑事诉讼法》第4项和第5项规定的情形。拘留权是国家机关同犯罪作斗争的重要权力和必要工具，应当予以保留。但是有权机关不能扩大拘留的范围或者滥用拘留权。因此，《国家赔偿法》规定国家对错拘承担赔偿责任。本项可以分解为以下两个方面：

（一）违反刑事诉讼法的规定对公民采取拘留措施

本条规定的"违反刑事诉讼法的规定对公民采取拘留措施"，是指违反刑事诉讼法第61条规定的条件和程序而实施拘留的情况。这一内容贯彻是违法归责原则，修订前的《国家赔偿法》曾经规定为："对没有犯罪事实或者没有事实证明有犯罪重大嫌疑的人错误拘留的"，这种情形主要是指对既无犯罪事实，又无事实证明具有犯罪重大嫌疑的公民实施了刑事拘留的情况。如果有犯罪事实，或者有犯罪重大嫌疑，不论是最终解除嫌疑，还是在拘留后发现了犯罪事实，都不是本项所说的错误拘留。当然，何谓犯罪重大嫌疑，在实践中不易把握，需要逐步总结经验，形成一些先例或者判例。本次《国家赔偿法》就上述规定作了修订。如果国家机关及其工作人员违反刑事诉讼法规定行使职权的，受害人得请求赔偿。

在实体方面，只有严格按照法律规定实施的拘留，才是合法的正当的拘留，不按照刑事诉讼法规定的条件决定的拘留，即属于违法拘留。刑事拘留措施是一个对被拘留人产生重大影响的刑事强制措施，必须在符合相应法律规定的情况下慎重使用。如果国家机关及其工作人员的拘留措施不能满足上述条件的，即属于违法的拘留，应当承担赔偿责任。刑事诉讼法第61条规定的可以先行拘留的情形主要是上述七种情况，这七种情形必须符合上述各项实体要件。

值得注意的是，犯罪行为发生在过去，不可能再现犯罪的发生过程。国家机关及其工作人员为打击犯罪的需要，在存在可能的犯罪行为的情况下，尽可能地收集与犯罪行为有关的证据，通过收集到的证据证明是否发生了犯罪行为。如果收集到的证据能够证明犯罪行为确已发生，并且能够证明是犯罪嫌疑人实施的，则可以在法律上认为存在"犯罪事实"；如果没有证据或者没有足够证据证明上述情形的，即属于法律上的"没有犯罪事实"和"没有事实证明有犯罪重大嫌疑"。当然，这里的犯罪事实是依靠证据支撑的，证据并不能重现犯罪行为或者事情的本来面目。"犯罪事实"必须通过证据事实来证明。在司法实践中，违背《刑事诉讼法》第61条规定的七种情况的情形主要包括：明知被拘留人并非现行犯（正在预备犯罪、实行犯罪或者在犯罪后即时被发觉的；被害人或者在场亲眼看见的人指认他犯罪的；在身边或者住处发现有犯罪证据的；

犯罪后企图自杀、逃跑或者在逃的；有毁灭、伪造证据或者串供可能的；不讲真实姓名、住址，身份不明的）或者重大嫌疑分子（如有流窜作案、多次作案、结伙作案重大嫌疑）而予以拘留；明显不属于上述情形而实施拘留；事后证明被拘留人不存在现行犯或者重大嫌疑的情形；没有证据表明被拘留人存在上述情形；国家机关及其工作人员因其他法律之外的原因实施拘留等等。

在程序上，刑事诉讼法还对拘留的程序作了详细的规定。即公安人员拘留人的时候，必须出示拘留证。拘留后除有碍侦查或者无法通知的情形外，应当把拘留的原因及羁押的处所，在24小时内，通知被拘留人的家属或者他的所在单位，并且应当在拘留后的24小时内进行讯问，在发现不应当拘留的时候，必须立即释放，并发给释放证明。违反拘留程序的行为主要包括：侦查机关在不出示拘留手续的情况下采取拘留措施；在没有有碍侦查或者无法通知的情况下，拘留后未通知被拘留人或者他的所在单位；侦查机关在拘留后24小时以后再行讯问；侦查机关在发现不应当拘留的情况下仍然不予释放等等。

（二）依照刑事诉讼法规定的条件和程序对公民采取拘留措施，但是拘留时间超过刑事诉讼法规定的时限，其后决定撤销案件、不起诉或者判决宣告无罪终止追究刑事责任

这一规定贯彻的是结果归责原则。世界上许多国家对于警察非法拘留的赔偿责任作了规定。例如，日本《宪法》第4条规定："任何人在被拘留或拘禁后，受无罪判决时，得依法律向国家请求赔偿。"该国《刑事补偿法》第1条第1款规定："在根据刑事诉讼法规定的普通程序、再审或上诉程序中被宣判无罪的人，如果在判处前曾根据刑事诉讼法、少年法或经济调查厅的规定，受到关押或拘禁时，可以根据关押和拘禁的情况，向国家请求补偿。"法国《刑事诉讼法》第149条第1款规定："凡在案件审理的过程中着手先行拘留的人而以不予起诉、免予起诉或无罪判决的确定而终结诉讼的，在不影响适用民事诉讼法典第505条和以后条文的前提下，可以给予补偿，但以先行拘留招致不寻常的损害和特别

的损害为限。"该条第 3 款规定："在向当事人通知不起诉、免予处罚或者宣告无罪的决定时，应当告知当事人有权请求赔偿。"南斯拉夫《宪法》第 181 条规定："凡被不公正地判处有刑事罪或无根据地被剥夺自由的人，有恢复名誉和从社会资金中补偿损失的权利以及法律规定的其他权利。"苏联最高苏维埃 1981 年 5 月 18 日的法令中有四种情况受害人可以请求赔偿：被非法判刑；被非法追究刑事责任；被非法适用羁押的强制措施；被非法地处以拘禁或者劳动改造等行政处罚。但是，该法令没有规定对非法拘留造成损害的赔偿问题。苏联的学者批评说："拒绝对非法拘留造成的损害予以赔偿是难以理解的，尽管受害人被关押的时间以法律规定不超过三昼夜，因此希望今后将非法拘留犯罪嫌疑人列为损害赔偿的依据。这样能够进一步加强对苏联公民的名誉、尊严和合法权益的保障。"[①] 可见，对于非法拘留的赔偿问题，各国都采取了一致的态度。

《刑事诉讼法》第 69 条对于拘留的期限进行了规定："公安机关对被拘留的人，认为需要逮捕的，应当在拘留后的三日内，提请人民检察院审查批准。在特殊情况下，提请审查批准的时间可以延长一日至四日。""对于流窜作案、多次作案、结伙作案的重大嫌疑分子，提请审查批准的时间可以延长至三十日。"也就是说，一般情况下，拘留的时间为 3 日，特殊情况下为 7 日，在涉嫌流窜作案、多次作案、结伙作案的情形下，拘留的时间为 37 日。此外，《刑事诉讼法》还对拘留的具体时限作了规定。例如，侦查机关应当在拘留后的 24 小时内进行讯问。

在本次修订《国家赔偿法》过程中，有人认为，错误拘留仅仅是对没有犯罪事实或者没有事实证明有犯罪重大嫌疑的人实施拘留，这个规定仅仅是实体上的要求，不包括程序上的要求。如果侦查机关根据《刑事诉讼法》第 61 条规定的条件拘留犯罪嫌疑人，即便最终排除了犯罪嫌疑或者刑事拘留到期检察院不批准逮捕而依照《刑事诉讼法》第 69 条的

[①] ［苏联］T. H. 莫斯卡尔克娃：《论非法拘留造成的损害赔偿》，肖士诚、慧洁译，载《外国法学研究》1988 年第 2 期。

规定变更强制措施，也不应当认定为错误拘留。该种观点的实质是，认为国家赔偿的事由仅指违反实质要件的错误拘留，而违反程序规定的拘留，最终证据不足或者没有证据证明有犯罪重大嫌疑的不属于错误拘留。这种观点显然是错误的。

我们认为，对于错误拘留的情形应当准确把握。错误拘留包括实体要件和程序要件，对有犯罪事实或者有事实证明有重大犯罪嫌疑的人实行拘留，是拘留的实体要件；拘留程序符合刑事诉讼法的规定，是拘留的法定程序要件。无论是违反实体要件，还是违反程序要件，都属于错误拘留。理由主要是：第一，有人认为的错误拘留仅仅是指对"没有犯罪事实"的人实施的拘留，对于"没有事实证明有重大犯罪嫌疑"的人实施的拘留应当排除在外。这是对修订前的《国家赔偿法》和《刑事诉讼法》的误解。修订前的《国家赔偿法》第15条第（一）项规定，无论是"没有犯罪事实"还是"没有事实证明有犯罪重大嫌疑"的人，均属于错误拘留，得请求国家赔偿。"没有犯罪事实"是指没有犯罪行为；"没有事实证明有重大犯罪嫌疑"是指没有证据证明有重大犯罪嫌疑，也就是经过诉讼程序被确认没有犯罪行为的人错误拘留。后者中的"事实"是客观事实，而"证据"则是能够证明案件真实情况的一切事实。案件事实需要运用经过查证属实的证据，按照一定的证据规则来证明的事实。犯罪嫌疑人有无案件中的犯罪事实需要经过诉讼程序查证属实。

有一个因不符合程序要件而被认定为错误拘留的案件[①]，主要涉及的法律问题是检察机关采取刑事拘留后，因证据不足，决定撤销案件的，是否属于错误拘留？主要有两种意见：第一种意见认为，属于错误拘留，

[①] 该案基本案情是：高其峰原为广西柳城县法院刑庭庭长。柳城县检察院以高其峰涉嫌受贿对其刑事拘留，在刑事拘留16天后，转为取保候审。后柳城县检察院作出撤销案件的决定。高其峰以其被错误拘留为由，向柳城县检察院申请国家赔偿，要求支付赔偿金、恢复工作和职务、赔礼道歉、消除影响。柳城县检察院认为，高其峰虽然否认收受财物，但是有一定证据证实其有涉嫌受贿的行为，依照《国家赔偿法》第17条第（三）项的规定，决定不予赔偿。高其峰不服，向柳城市检察院申请复议。柳城市检察院认为，有证据证明高其峰有收受贿赂的嫌疑，柳城县检察院对其刑事拘留符合《刑事诉讼法》第132条的规定，不属于错误拘留，高其峰的赔偿请求不符合《国家赔偿法》第15条第（一）项的规定，不予赔偿。

应当给予赔偿。理由是：其一，证据不足，决定撤销案件，应当视为对被拘留人的人认定没有犯罪事实。所谓犯罪事实是指构成犯罪的事实，而非没有证据或者证据不足、不能确认被拘留人有罪的事实。其二，检察机关认定高其峰有重大犯罪嫌疑，对其拘留16天后，才决定取保候审，后因证据不足，决定撤销案件，违反《刑事诉讼法》第133条、第134条有关拘留期限的规定。其三，检察机关在撤销案件决定书中载明："证据不足，根据《刑事诉讼法》第130条、第135条规定，决定撤销案件"符合《国家赔偿法》第15条第（一）项的规定，即"对没有犯罪事实或者没有事实证明有犯罪重大嫌疑的人错误拘留的"。其四，检察院的行为已经构成错误拘留。根据《刑事诉讼法》第65条的规定："公安机关对于被拘留的人，应当在拘留后的二十四小时以内进行讯问。在发现不应当拘留的时候，必须立即释放，发给释放证明。对需要逮捕而证据还不充足的，可以取保候审或者监视居住。"本案中，检察院对高其峰刑事拘留16天后才改变强制措施采取取保候审，后又因证据不足作出撤销案件的决定，对高其峰的受贿事实不能认定。检察院的行为符合《国家赔偿法》第15条第（一）项的规定。第二种意见认为不属于错误拘留，依法不应当赔偿。理由是：其一，决定撤销案件，并不能否认刑事拘留的合法性。高其峰涉嫌受贿，有行贿人和在场人的证实。检察机关对高其峰立案侦查，采取刑事拘留措施是依法行使的职权行为。只要具有重大作案嫌疑即可进行刑拘，检察机关决定撤销案件，不是因为没有证据，而是证据不够确实充分。其二，检察机关对高其峰采取刑事拘留后，认为需要继续侦查，已经决定取保候审，并未违反《刑事诉讼法》有关拘留期限的规定。

最高人民法院认为，根据《刑事诉讼法》第133条关于"人民检察院对直接受理的案件中被拘留的人，应当在拘留后的二十四小时以内进行讯问。在发现不应当拘留的时候，必须立即释放，发给释放证明。对需要逮捕而证据还不充足的，可以取保候审或者监视居住"的规定，柳城县检察院对高其峰涉嫌受贿一案刑事拘留16天后，改变强制措施取保候审。又因证据不足，作出撤销该案的决定。柳城县检察院对高其峰的刑事拘留属于错误拘留。国家对高其峰应当承担赔偿责任。① 这一批复对于拘留的时限，严格遵循了《刑事诉讼法》的规定。本次《国家赔偿法》修订，对此问题也进行了明确。

本项中的"拘留时间超过刑事诉讼法规定的时限"如何理解？有人认为，这里的拘留时间超过《刑事诉讼法》规定的时限是指最长时限，即37天的拘留期限。这是不正确的。如果侦查机关在37天以内的拘留都是合法的话，那么对于拘留时限的规定的目的就会完全落空。

所谓时限，包括年、月、日、时，在《刑事诉讼法》和《国家赔偿法》上，都包括了这几种时限。对拘留时间而言，则包括日和时。不论是日还是时，侦查机关都必须遵守。以日为例，拘留的时间一般为3日，特殊情况下为7日，在涉嫌流窜作案、多次作案、结伙作案的情形下，拘留的时间为37日。以时为例，根据《刑事诉讼法》第64条的规定，公安机关拘留人的时候，必须出示拘留证。拘留后，除有碍侦查或者无法通知的情形以外，应当把拘留的原因和羁押的处所，在24小时以内，通知被拘留人的家属或者他的所在单位。根据《刑事诉讼法》第65条的规定，公安机关对于被拘留的人，应当在拘留后的24小时以内进行讯问。在发现不应当拘留的时候，必须立即释放，发给释放证明。对需要逮捕而证据还不充足的，可以取保候审或者监视居住。公安机关在采取拘留措施后，应当尽快进行讯问，讯问的时限限制为24小时以内。根据一般的观念，关押超过24小时以上的视为羁押，关押在24小时以下的不视为羁押。违反小时时限的情形主要是：侦查机关超过24小时后进行讯问；侦查机关超过24小时后不进行讯问；侦查机关在无碍侦查或者能够通知的情况下，在24小时以内未通知被拘留人的家属或者他的所在单位；在24小时以内，侦查机关经过讯问发现不应当拘留的情况下，拒绝发给释放证明，继续拘留的；对于需要逮捕而证据不足的，既不发给释

---

① 最高人民法院：《关于高其峰申请国家赔偿一案的批复》（2001年11月15日，[2001]赔他字第4号）。

放证明，也不取保候审或者监视居住的等等。

此外，还有一个值得注意的问题是"终止追究刑事责任"如何确定？根据《刑事诉讼法》第15条的规定，有下列情形之一的，不追究刑事责任，已经追究的，应当撤销案件，或者不起诉，或者终止审理，或者宣告无罪：（一）情节显著轻微、危害不大，不认为是犯罪的；（二）犯罪已过追诉时效期限的；（三）经特赦令免除刑罚的；（四）依照刑法告诉才处理的犯罪，没有告诉或者撤回告诉的；（五）犯罪嫌疑人、被告人死亡的；（六）其他法律规定免予追究刑事责任的。根据《国家赔偿法》和《刑事诉讼法》的规定，"终止追究刑事责任"包括撤销案件、不起诉和判决宣告无罪。

对于拘留而言，主要包括以下具体情况：一是撤销案件决定。例如，根据《刑事诉讼法》第130条的规定，在侦查过程中，发现不应对犯罪嫌疑人追究刑事责任的，应当撤销案件。二是不起诉决定。根据《刑事诉讼法》第140条第4款的规定，对于补充侦查的案件，人民检察院仍然认为证据不足，不符合起诉条件的，可以作出不起诉的决定。第142条规定，犯罪嫌疑人有本法第十五条规定的情形之一的，人民检察院应当作出不起诉决定。对于犯罪情节轻微，依照刑法规定不需要判处刑罚或者免除刑罚的，人民检察院可以作出不起诉决定。三是宣告无罪判决。例如，根据《刑事诉讼法》第162条的规定，在被告人最后陈述后，审判长宣布休庭，合议庭进行评议，根据已经查明的事实、证据和有关的法律规定，分别作出以下判决：……（二）依据法律认定被告人无罪的，应当作出无罪判决。

除了撤销案件决定书、不起诉决定书和宣告无罪判决之外，在司法实践中，公安机关撤销案件后予以释放的证明书也可以认为属于"终止追究刑事责任"的情形。根据《刑事诉讼法》第65条的规定，公安机关对于被拘留的人，应当在拘留后的24小时以内进行讯问。在发现不应当拘留的时候，必须立即释放，发给释放证明。《人民检察院刑事诉讼规则》第82条规定，对被拘留的犯罪嫌疑人，发现不应当拘留的，应当立即释放。《公安机关办理刑事案件程序规定》第 107 条规定，对于被拘留人，公安机关应当在拘留后 24 小时内进行讯问。发现不应当拘留的，经县级以上公安机关负责人批准，签发《释放通知书》，看守所凭《释放通知书》发给被拘留人《释放证明书》，将其立即释放。一般而言，释放证明书就已经证明该公民不应当被拘留，也就是不应当被追究刑事责任，其适用条件与撤销案件决定适用条件无异，因此，公民亦可以释放证明书请求国家赔偿。

下面我们以一则案例来说明①，主要涉及的法律问题是：公安机关的释放证明书是否属于违法侵权的确认？主要有两种意见：第一种意见认为，公安机关的释放证明书属于违法侵权的确认。理由是：其一，根据最高人民法院《人民法院赔偿委员会审理赔偿案件程序的暂行规定》（法发〔1996〕14号）第 3 条"赔偿请求人提出赔偿申请，除符合赔偿法第六条规定的条件以外，还应当提供以下相关的法律文书和证明材料：（一）经依法确认有赔偿法第十五条、第十六条规定情形的法律文书，包括：人民法院一审宣告无罪并已发生法律效力的刑事判决书、人民法院二审宣告无罪的刑事判决书、人民法院依照审判监督程序再审宣告无罪的刑事判决书、人民检察院起诉决定书或者公安机关释放证明书"的规定，公安机关的释放证明书，是指因证据不足予以释放并发放的释放证明书，因证据不足予以释放的释放证明即是对违法侵权行为的确认，赔偿委员会应当予以立案并且决定赔偿。其二，对孙胜阳的释放证明书中明确了盗窃证据不足的认定，属于对《国家赔偿法》第 15 条第（一）项没有事实证明有犯罪重大嫌疑的人错误拘留的确认。绍兴县公安局应当对错误拘留行为予以赔偿。第二种意见认为，公安机关的释放证明书不属于违法侵权的确认。理由是：其一，公安机关的释放证明书是否可以作为一种违法侵权的确认书，应当以其内容来确定。就孙胜阳的释放证

---

① 该案基本案情是：浙江省绍兴县公安局以孙胜阳涉嫌盗窃对其予以刑事拘留，同年因证据不足予以释放，并发放释放证明书。孙胜阳要求绍兴县公安局予以赔偿。绍兴县公安局认为，孙胜阳要求确认错误拘留和刑讯逼供的行为不符合《国家赔偿法》第 15 条的规定，决定不予确认。

明书而言，不能视为违法侵权的确认书，释放证明书中未表明有违法侵权行为的存在，不应当作为赔偿案件立案。其二，公安机关的拘留行为是合法的。根据《刑事诉讼法》第 61 条的规定，只要被拘留的犯罪嫌疑人在拘留时符合第 61 条的规定，其行为就是合法的，不论以后是否以证据不足或者其他原因释放的，均不影响拘留的合法性。

最高人民法院支持了第一种观点。最高人民法院认为，根据《刑事诉讼法》第 65 条的规定，公安机关对重大犯罪嫌疑人因证据不足，应在 24 小时内予以释放，或者变更强制措施。该案对孙胜阳关押 23 天，因证据不足予以释放，应属违法羁押。公安机关对孙胜阳的释放证明书中明确载明"证据不足予以释放"，该行为符合《国家赔偿法》第 15 条第（一）项规定，即对没有事实证明有犯罪重大嫌疑的人错误拘留。[①] 该批复根据最高人民法院和最高人民检察院的司法解释肯定了释放证明书亦可证明该拘留措施违法，得申请国家赔偿。

三、对公民采取逮捕措施后，决定撤销案件、不起诉或者判决宣告无罪终止追究刑事责任的

本条是关于错误逮捕赔偿的规定。逮捕是有权机关依照《刑事诉讼法》第 60 条的规定依法剥夺人犯的人身自由，将其押解到一定场所羁押起来的行为。逮捕的目的在于防止人犯逃跑、串供、伪造证据、毁灭罪证和继续犯罪，保证侦查、起诉、审判的顺利进行。根据《刑事诉讼法》第 60 条的规定，对有证据证明有犯罪事实，可能判处徒刑以上刑罚的犯罪嫌疑人、被告人，采取取保候审、监视居住等方法，尚不足以防止发生社会危险性，而有逮捕必要的，应即依法逮捕。对于此处的"有证据证明有犯罪事实"，根据最高人民法院、最高人民检察院、公安部、国家安全部、司法部、全国人大法制工作委员会《关于〈中华人民共和国刑事诉讼法〉实施中若干问题的规定》，是指同时具备以下情形：1. 有证

[①] 最高人民法院：《关于孙胜阳申请国家赔偿一案的复函》（1999 年 3 月 10 日，［1998］赔他字第 17 号）。

据证明发生了犯罪事实；2. 有证据证明犯罪事实是犯罪嫌疑人实施的；3. 证明犯罪嫌疑人实施犯罪行为的证据已有查证属实的。犯罪事实可以是犯罪嫌疑人实施的数个犯罪行为中的一个，也可以是数个。

我国《刑事诉讼法》对逮捕程序作了明确规定，逮捕人犯必须经人民检察院批准或人民法院决定，由公安机关执行逮捕，其他任何机关、团体和个人都无权批准或决定逮捕。对各级人民代表大会的代表实行逮捕时，除由检察院或法院批准或决定外，还必须报请同级人民代表大会或常务委员会批准。有权机关在进行逮捕时，应当遵循上述规定，违反上述规定均即为违法。人民检察院因被捕的人无罪决定撤销案件的，对其逮捕的行为应当认定为错捕；被人民法院发生法律效力的判决宣告无罪的，对被告的逮捕应当认定为错捕；对于嫌疑重大的人因无足够的证据而不能定罪的，也只能定为错捕（如果以后发现犯罪证据，则说明先前的逮捕并非错捕，应当追回赔偿的款项）。

对于逮捕赔偿，修订后的《国家赔偿法》采取了结果归责原则，即只要司法机关决定撤销案件、不起诉或者判决宣告无罪终止追究刑事责任，均应当就其逮捕措施承担国家赔偿责任。一般来说，主要包括以下几种情形：根本不存在任何犯罪事实而实施逮捕措施的；仅存在轻微违法行为不构成犯罪而实施逮捕措施的；应当对甲实施逮捕而对乙实施逮捕的；逮捕后经讯问发现并非犯罪嫌疑人或者不应当逮捕，而拒绝释放、延期释放的；逮捕前认为存在犯罪事实，但是逮捕后经过侦查、讯问不构成犯罪的；公安机关错拘，报请批准后检察院没有核实就予以批准的；人民法院判决无罪，但是检察机关仍然不肯释放被羁押人的等等。也就是说，只要是司法机关已经终止追究刑事责任的，均得请求国家赔偿。司法实践中，对于符合逮捕条件，但是因正患严重疾病或者正在怀孕、哺乳婴儿的妇女实施逮捕，因其属于应当逮捕的人犯，不属于"终止追究刑事责任"情形，不发生国家赔偿，但是应当立即转为取保候审或者监视居住。

如果对公民没有采取逮捕措施，检察机关提起公诉后，法院宣告无罪的，如何处理？在这种情况下，公民并未实际遭受羁押，国家不承担赔偿责任。例如，在最高人民法院的一则批复中，最高人民法院认为，辽宁省盖州市人民检察院（涉案公诉机关）虽然对陶玉艳提起公诉，但是未采取逮捕措施，亦未对其人身自由进行限制，根据《国家赔偿法》第 15 条第（一）项、第（二）项，第 19 条第 2 款、第 3 款的规定，盖州市人民检察院不承担国家赔偿责任。① 此处，仍然贯彻的是"实际羁押赔偿原则"。

在终止追究刑事责任的若干种方式中，比较有争议的是"不起诉"中的存疑不起诉是否应当给予国家赔偿的问题。所谓存疑不起诉，是指人民检察院对证据不足，不符合起诉条件的犯罪嫌疑人作出的不起诉的决定。对于存疑不起诉，最高人民法院和最高人民检察院曾经就同一起案件作出两个完全不同的批复。

最高人民法院在《关于黄友谊申请石台县人民检察院错误逮捕赔偿一案的批复》（2003 年 1 月 28 日，[2002] 赔他字第 8 号）中认为，根据《刑事诉讼法》的规定，人民检察院因"事实不清、证据不足"作出的不起诉决定书是人民检察院依照《刑事诉讼法》对该刑事案件审查程序的终结，是对犯罪嫌疑人不能认定有罪作出的决定。从法律意义上讲，对犯罪嫌疑人不能认定有罪的，该犯罪嫌疑人即是无罪。随后，最高人民检察院于 2003 年 4 月 15 日批复则认为，检察院对黄友谊的申请事项依法不予确认，符合《国家赔偿法》。这两个批复争议的焦点问题是对存疑不起诉（证据不足不起诉）决定，是否可以据此请求国家赔偿。对于存疑不起诉，司法实务界和学术界存在两种不同的观点：

---

① 最高人民法院：《关于陶玉艳申请国家赔偿一案的批复》（2000 年 4 月 29 日，[1999] 赔他字第 43 号）。本案的基本案情是：辽宁省盖州市公安局认为陶玉艳有窝赃嫌疑，对其刑事拘留，后提请盖州市检察院批捕，检察院以情节显著轻微不构成犯罪不予批捕，后盖州市公安局释放了陶玉艳，变更为监视居住、取保候审。之后，盖州市公安局提出起诉意见书，盖州市检察院提起公诉。盖州市人民法院经审理认为，陶玉艳窝藏罪事实不清，证据不足，宣告陶玉艳无罪。批复中所引条文为修订前《国家赔偿法》条文——著者注。

1. 存疑不起诉不应当给予国家赔偿。

一种观点认为，对于存疑不起诉的不应当给予国家赔偿。主要理由是：

第一，"证据不足"不能等同于"没有犯罪事实"。所谓证据不足是指有证据证明犯罪嫌疑人有重大犯罪嫌疑，但是经过侦查和补充侦查，全案的证据仍未达到确实充分的程度，不能形成严密的证据锁链。《国家赔偿法》上的错误逮捕是行为人没有犯罪事实，没有犯罪事实是指经过查证，犯罪嫌疑人没有实施犯罪行为，从根本上排除其犯罪嫌疑人的身份，因此，不能将"证据不足"等同于"没有犯罪事实"，证据不足不起诉的，也有可能该犯罪嫌疑人实施了犯罪行为。

第二，逮捕的条件不同于提起公诉的条件。在审查起诉阶段对犯罪嫌疑人作出存疑不起诉的决定，并不必然表示在审查批捕阶段存在错误逮捕的事实。《刑事诉讼法》第60条规定，逮捕的证据条件是"有证据证明有犯罪事实"，即只要有证据证明，犯罪嫌疑人实施了犯罪行为，就可以实施逮捕；《刑事诉讼法》第141条规定的提起供述的条件是"证据确实、充分"。显然，审查批捕阶段和审查起诉阶段对于证据的要求是不完全相同的。因为逮捕作为一种强制措施，通常不是在侦查终结后采取，受到各种因素的限制，在证据方面达不到确实、充分的程度。[①]

第三，存疑不起诉是否应当给予国家赔偿受制于经济发展水平和社会公众的法律认知水平。我国目前还处于社会主义初级阶段，生产力还处于较低水平，对存疑不起诉案件一律予以赔偿会加重国家的财政负担。存疑不起诉虽然在法律上视同无罪，但是在客观上还存在犯罪嫌疑，一旦取得新的证据，还将被重新起诉。在"疑罪从无"司法原则还没有建立的情况下，按照我国民众的"法商"水平，还很难接受一个是否有罪处于"存疑"状态的人获得赔偿，这样的国家赔偿制度势必难以获得人民群众的拥护。

---

① 陈华：《析存疑不起诉的刑事赔偿》，载《上海市政法管理干部学院学报》第15卷第3期（2000年5月）。

第四，存疑不起诉是否应当给予国家赔偿受制于国家宽严相济的刑事司法政策。在现行的案件质量评查体系下，赔偿案件意味着错捕或者错诉。在批捕环节，批捕部门和办案人员为了避免错捕产生的国家赔偿责任，只能在作出逮捕决定时提高批准逮捕的条件，严格限制批捕率。在社会管理体系还不成熟，流动人口管理严重滞后的社会背景下，对某些特殊群体犯罪嫌疑人如果不适用逮捕措施，必将严重影响刑事诉讼的顺利进行和司法机关对刑事犯罪的打击力度，造成该严不严，打击不力。在审查起诉阶段，考虑到作出存疑不起诉决定就意味着要对犯罪嫌疑人进行刑事赔偿，必将驱使公诉部门严格控制不起诉率，而采取其他措施消化此类案件或者抱着侥幸心理勉强起诉，从而导致该宽不宽的现象，不利于宽严相济刑事司法政策的贯彻实施。①

2. 存疑不起诉应当给予国家赔偿。

另一种观点认为，对于存疑不起诉的应当给予国家赔偿。主要理由是：

第一，存疑不起诉说明没有达到逮捕的条件。《刑事诉讼法》规定了依法逮捕的三个条件：有证据证明有犯罪事实，可能被判处徒刑以上刑罚，有逮捕必要。其中，"有证据证明有犯罪事实"是逮捕条件中最基本的条件，错误逮捕大多是由于没有证据或者缺乏证据证明有犯罪事实造成的。刑事诉讼中的"有证据证明有犯罪事实"，首先要有"犯罪事实"，既可以是单一犯罪行为的事实，也可以是整个犯罪行为中任何一个犯罪行为的事实。"有证据证明"中的证据，必须既符合"质"的要求，又符合"量"的要求。只有证据本身具有一定的为证明"有犯罪事实"所具备的质的证明力，并且可以和一定数量的证据相互印证时，才属于"证据证明"有犯罪事实。再证之以《刑事诉讼法》第65条、第133条关于"公安机关和人民检察院对被拘留的人需要逮捕而证据不充足的，可以采取取保候审或者监视居住"的规定，表明在逮捕犯罪嫌疑人时，

---

① 张霖、陈俊涛：《略论存疑案件的国家赔偿问题》，载《法制与社会》2008年第3期（上）。

无论是"质"还是"量"上都要求足够充分。

第二，证据不充分就不能认定犯罪嫌疑人有罪。犯罪嫌疑人没有犯罪事实是指其不具备刑法、刑事诉讼法规定的犯罪事实要件。犯罪事实的认定过程，是侦查机关对已经发生的犯罪事实依据刑法和刑事诉讼法的规定展开侦查、追诉的过程。在侦查过程中采集的证据用来证明犯罪事实的成立，如果没有采集到证据或者采集的证据不充分的，就不能认定犯罪嫌疑人有罪。如果认为没有证据或者采集证据不充分，犯罪嫌疑人仍然存在犯罪的可能，那就意味着所有的社会成员都有可能犯罪，所有的社会成员都可能招致逮捕而不受赔偿。

第三，"证据不足不等于没有犯罪事实"是"疑罪从有"的观点。犯罪嫌疑人又没有犯罪事实只能根据《刑事诉讼法》的要求来认定，只能用一个标准，即法律标准来认定。除了法律标准，没有第二个标准。法律标准是一个客观标准。那种认为"证据不足仍然有犯罪事实存在"的观点是对于事物的主观认识，不能将主观认识作为评断客观事物是否存在的标准，更不能以主观擅断来限制或者剥夺公民的合法权益。证据不足而不起诉，在法律意义上就是没有犯罪事实不起诉。

第四，《国家赔偿法》对于刑事赔偿实行的是无罪羁押原则。这里的"无罪"并非是指在逮捕时没有一点证据，而是证据不充分。在刑事诉讼法意义上，判断有罪的标准必须要事实清楚、证据确凿充分，如果达不到这一标准，就应当是无罪。法律标准认为除了有罪的，都是无罪的，不认为犯罪嫌疑人既有罪又无罪。有罪的概念是一个法律意义上的有罪，必须通过法定程序采集相应的证据充分证明并且依照法定程序确定其有罪，不是通过司法人员凭个别证据作出主观臆断。《国家赔偿法》对错误逮捕没有附加任何条件，而同一条第（五）项规定的"使用武器、警械"却使用了"违法"的条件，这显然不是立法的疏漏。也就是说，对于错误逮捕的，《国家赔偿法》实行的无罪羁押原则，而非违法原则。如果适用违法原则，即如检察机关认为的只要行为不违法，赔偿请求人即便无罪也不能获得赔偿。那么，赔偿请求人被人诬告、被人作伪证、被人作误证、被人作错证的,检察机关只要不违法,即便无罪也不能获得赔偿。这显然是违背《国家赔偿法》的立法原意的。

第五,存疑不起诉的决定书对于逮捕是否错误已经确定。因事实不清、证据不足作出的不起诉决定书,是检察机关依据《刑事诉讼法》第143条的规定对案件作出的刑事诉讼程序的终结决定。该不起诉决定书是检察机关依照刑事诉讼程序对刑事案件作出的裁决,是发生法律效力的法律文书。从法律意义上讲,该存疑不起诉决定书的结果是确定的,即对被逮捕的犯罪嫌疑人指控的罪行不能成立,依照法律规定不能对犯罪嫌疑人定罪量刑。当不起诉的结果发生后,犯罪嫌疑人就应当被免除犯罪嫌疑,享有公民应有的权利,公民不应当背负"可能犯罪"的污点存身于世。

我们倾向于后一种观点,但认为如果因为犯罪嫌疑实施有一定的违法行为或存在一定过错,检察机关可以依法免责。我们认为,存疑不起诉中的证据不足,是指证明犯罪事实的证据不充足。《刑事诉讼法》第141条规定,人民检察院认为犯罪嫌疑人犯罪事实已经查清的,应当作出起诉决定,向人民法院提起公诉。与此相对的是,人民检察院对证明犯罪事实证据不足的,才可以不起诉。可见,证据不足是指证明犯罪事实的证据不足。存疑不起诉中的"证据不足"是一种介乎于"证据确实充分"和"无证据"之间的状态。在证据不足不起诉的案件中,证据不足既包括了质的不足(不确实),也包括了量的不足(不充分)。因此,对于存疑不起诉中的"证据不足"应当包括以下几种情形:在构成犯罪的事实中,有的事实没有确实的证据加以证明;在用以证明犯罪事实的证据中,有的无法查证确认;证据之间、证据与案件事实之间的内在矛盾无法得到合理的排除或者确认;已经查证属实的证据难以得出犯罪事实成立的唯一结论,不能排除其他可能性。

有一种观点值得注意,即法律上的无罪不等于事实上的无罪。[①] 根据

---

① 陈红平、邹志宏:《刑事疑案应否得到国家赔偿》,载《铁道警官高等专科学校学报》第12卷(2002年第4期)。

我国《刑法》和《刑事诉讼法》确立的疑罪从无原则，对于证据不足的、对于是否提起公诉仍然存在较大疑点的案件，在法律意义上就是一种无罪状态，而不是一种待罪状态。所以，上述观点应当改为"法律上的无罪不等于事实上的有罪"。实际上，有罪分为事实上的有罪和法律上的有罪。事实上的有罪很难判定，法院判决有罪才是法律上的有罪。法律上的有罪是运用司法程序收集到的证据证明一个人实施了危害社会的行为及其应当承担的刑事责任，唯一的标志就是法院的有罪判决，只有法院才能决定一个人在法律上有罪。法律上的无罪分为：判决宣告无罪、存疑不起诉无罪、撤销案件无罪。① 世界上对于案件的真相只有一种，真相只能通过证据来揭示；客观真实是我们要达到的目标，法律真实是我们能够达到的目标。对于已经发生的案件，无论证据是否充足，无论司法机关作出何种判断，都是一种法律上的判断，因为我们无法使时光倒流回案件发生当时。国家赔偿法是一种救济冤屈者的制度，而非为了惩罚可能的漏网者的制度。实现法治必须付出一定的代价，不能因为极少数的犯罪分子可能获得赔偿就无视大多数冤屈者的合法权益。与刑事诉讼法规定的疑罪从无一样，存疑不起诉赔偿也存在一定风险，这种风险是法治社会必须承担的代价，是利大于弊的。② 因此，我们只能坚持法治的观点，对于证据不充分的，应当视为无罪，而非有罪。既然是无罪的，就应当给予赔偿，而一旦有充分证据证明其有罪，对已赔偿的可以追回。

还有一种观点认为，对于证据不足不起诉存在主观过错或者过失，且被不起诉人无违法行为的，国家才承担赔偿责任。例如，由于侦查机关、公诉机关没有全面、即使收集证据，因严重不负责任导致证据灭失的等等。对于由于被不起诉人的过错造成的，国家不承担赔偿责任。例如被不起诉人故意作虚伪供述，伪造有罪证据等等造成证据不充分不起诉的等等。我们认为，对于刑事赔偿案件，实行过错原则，不利于查清事实分清责任，因此，不应当实行过错责任原则，而应当实行客观性更

---

① 陈瑞华教授在 2003 年 7 月 15 日最高人民法院国家赔偿刑事赔偿研讨会上的发言。
② 姜明安教授在 2003 年 7 月 15 日最高人民法院国家赔偿刑事赔偿研讨会上的发言。

强、救济性更强的无罪羁押赔偿原则。

对于存疑不起诉的案件，最高人民法院的一贯观点是应当给予国家赔偿。以下以三个司法解释予以说明：

在第一个案例中[①]，最高人民法院认为，因事实不清、证据不足，检察机关决定不起诉或撤销案件的，根据《刑事诉讼法》的规定即不能认定犯罪嫌疑人的犯罪事实，检察机关批准逮捕应视为对没有犯罪事实的人错误逮捕，依照《国家赔偿法》第15条的规定，检察机关应当承担赔偿责任。[②] 这个司法解释是将存疑不起诉的视为"错误逮捕"，是一种法律的拟制。

最高人民法院在另外一个司法解释中再次阐述了这一观点。[③] 那么，对于本案的存疑不起诉是否给予国家赔偿？有两种观点：一种意见认为，对于存疑不起诉的不应当给予国家赔偿。理由是：法律没有明确规定存疑不起诉应当给予赔偿。第二种意见认为，对于存疑不起诉的应当给予国家赔偿。理由是：其一，检察院对逮捕的人，因证据不足，不能认定为犯罪，作存疑不起诉的，《国家赔偿法》并没有规定不予赔偿。其二，因存疑不起诉的实质仍然是不能认定犯罪嫌疑人的犯罪事实，检察机关批准逮捕的行为应当视为对没有犯罪事实的人错误逮捕。依照《国家赔

[①] 该案基本案情是：霍娄中、霍一米、霍如杰与孔某出外购货，孔某因欠别人债务向霍如杰借款2000元还债。后霍如杰当晚要求孔某还2000元，孔某不给。霍氏三人遂采取捆手、堵嘴的方式从其裤兜内掏走2000元，之后四人一并返乡。孔某报案称霍氏三人抢劫。宝鸡市公安局以涉嫌抢劫将霍娄中、霍一米刑事拘留（霍如杰在逃），后转为收容审查，羁押场所未变。后宝鸡市检察院批准逮捕。宝鸡市检察院经审查认为案件事实不清、证据不足，作出不起诉决定书。霍娄中、霍一米向宝鸡市公安局和检察院申请赔偿。

[②] 最高人民法院：《关于霍娄中、霍一米申请宝鸡县人民检察院赔偿案的复函》（1998年11月17日，[1998] 赔他字第10号）。

[③] 该案的案件事实是：甘肃省兰州市检察经侦查后认定，梁钦在任某国有公司总经理期间，采用开空菜单的手段冲减上缴公司承租金计18000元整。兰州市检察院以涉嫌贪污、受贿传讯，后对其采取了刑事拘留、逮捕等措施。兰州市检察院侦查终结后交由城关区人民检察院审查。后上述事实经补充侦查，仍然证据不足，不符合起诉条件。兰州市城关区检察院根据《刑事诉讼法》第140条第4款的规定，决定对被告人不起诉。梁钦之后向兰州市人民检察提出赔偿申请，要求赔偿义务机关就错拘、错捕1073天的行为予以赔偿。兰州市人民检察院作出刑事赔偿决定书认为，梁钦身为国家工作人员，利用职务之便，采取冲减承包租金的手段，侵吞公款，刑事违法行为存在。但是证据尚不充足，城关区人民检察院据此作出不起诉决定是正确的。根据《国家赔偿法》第17条第（六）项的规定，决定不予赔偿。

偿法》第 15 条的规定予以赔偿。其三，司法解释已经明确存疑不起诉的应当给予赔偿。最高人民法院《关于霍娄中、霍一米申请宝鸡县人民检察院赔偿案的复函》对此进行了明确。最高人民法院认为，人民检察院在刑事诉讼过程中，根据《刑事诉讼法》第 140 条第 4 款规定作出的不起诉决定，应视为对案件作出了无罪的决定。检察机关在批捕时即便有部分可以证明有罪的证据，但如果在起诉时仅凭这些证据仍不能证明犯罪嫌疑人有罪，并作出不起诉决定的，在法律上不能认定有罪，应按无罪处理。依照《国家赔偿法》第 15 条规定，同意你院赔偿委员会的意见，兰州市人民检察院应当承担赔偿义务。① 这个司法解释仍然坚持了"法律无罪"的观点。

之后，最高人民法院在第三个请示答复中重申了这一意见。② 本案的法律问题是对于存疑不起诉决定书是否认为违法已经得到确认因而可以取得赔偿。主要有两种对立的观点：

第一种观点认为，存疑不起诉决定书作出之后仍然需要再行确认，不能直接认定为确认文书。理由是：其一，《最高人民检察院刑事赔偿工作规定》（2000 年 12 月 28 日，高检发刑申字［2000］1 号）对此进行了明确。该规定第 7 条第 2 款规定，对人民检察院因证据不足作出撤销案件决定书、不起诉决定书或者人民法院因证据不足作出已经发生法律效力的刑事判决书、裁定书申请赔偿的，人民检察院的逮捕、拘留决定有无违法侵犯人身权情形，应当依法进行确认。第 8 条规定，证据不足的撤销案件、不起诉案件或者判决无罪的案件，应当由人民检察院分别下

---

① 最高人民法院：《关于对梁钦申请兰州市人民检察院赔偿一案请示的批复》（2000 年 3 月 8 日，［1999］赔他字第 31 号）。

② 请示案件的事实是：黄友谊因涉嫌职务侵占罪被安徽省石台县公安局刑事拘留，后石台县人民检察院批准对其逮捕。之后，石台县人民检察院向石台县人民法院提起公诉。在石台县人民法院进行审理过程中，石台县检察院要求撤回起诉，理由是犯罪证据有疑问，犯罪事实可能并非被告人所为。石台县人民法院准许石台县人民检察院撤诉。石台县人民检察院作出不起诉决定书称，本案事实存在疑问，在审查起诉中依照《刑事诉讼法》第 140 条第 2 款的规定，自行补充侦查，仍无法查证，证据不足，不符合起诉条件，根据《刑事诉讼法》第 140 条第 4 款的规定，决定对黄友谊不起诉。黄友谊以错误逮捕为由，向石台县人民检察院提出赔偿申请。

列情形对检察机关作出的逮捕、拘留决定有无侵犯人身权情形依法进行确认：（一）对不能证明有犯罪事实或者不能证明有犯罪重大嫌疑的人错误拘留的，予以确认；（二）对不能证明有犯罪事实的人错误逮捕的，予以确认；（三）对有证据证明有部分犯罪事实的人拘留、逮捕，或者有证据证明有犯罪重大嫌疑的人拘留的，不予确认。其二，证据不足不等于没有犯罪事实。其三，存疑不起诉的案件可能属于《国家赔偿法》第17条第（六）项规定的"法律规定的其他情形"。司法实践中许多检察机关援引此条文。

另一种观点认为，存疑不起诉决定书属于确认文书。理由是：其一，该规定第7条和第8条的规定再行确认的规定违反了《刑事诉讼法》的有关规定。其二，最高人民检察院以往的司法解释曾经认可存疑不起诉决定书的确认文书效力。最高人民检察院《人民检察院刑事赔偿工作暂行规定》（1997年11月18日，高检发控字［1997］10号，已失效）第6条规定：有下列法律文书或证明材料的，应视为请求赔偿的被侵权事项已依法确认：（一）人民检察院撤销拘留决定书、撤销逮捕决定书、撤销案件决定书、不起诉决定书、复查纠正决定书等法律文书，或者公安机关撤销案件予以释放的证明书，人民法院宣告无罪已经发生法律效力的判决、裁定书等法律文书；……其三，最高人民法院司法解释中已经明确存疑不起诉决定书的确认文书效力。《人民法院赔偿委员会审理赔偿案件程序的暂行规定》第3条第（一）项规定，赔偿请求人提出赔偿申请，除符合赔偿法第六条规定的条件以外，还应当提供以下相关的法律文书和证明材料：经依法确认有赔偿法第15条、第16条规定情形的法律文书，包括：人民法院一审宣告无罪并已发生法律效力的刑事判决书、人民法院二审宣告无罪的刑事判决书、人民法院依照审判监督程序再审宣告无罪的刑事判决书、人民检察院不起诉决定书或者公安机关释放证明书。最高人民法院《关于刑事赔偿和非刑事司法赔偿案件立案工作的暂行规定（试行）》第8条规定，人民法院赔偿委员会受理的赔偿案件的立案范围：（一）……（二）因犯罪嫌疑人没有犯罪事实或者事实不清、证据不足，检察机关作出撤销拘留决定、不批准逮捕决定、撤销逮捕决定、撤销案件决定、不起诉决定的；（三）……此外，还有最高人民法院《关于对梁钦申请兰州市人民检察院赔偿一案请示的批复》的规定。其四，存疑不起诉案件适用的是"事实不清、证据不足"，其基本含义是能够认定为犯罪的基本事实不清，认定犯罪嫌疑人有犯罪事实的主要证据不足，而非案件事实清楚的情况下，仅仅是个别案情不清楚，个别细节证据不足。根据《刑事诉讼法》第137条的规定，人民检察院审查案件的时候，必须查明：（一）犯罪事实、情节是否清楚，证据是否确实、充分，犯罪性质和罪名的认定是否正确；（二）有无遗漏罪行和其他应当追究刑事责任的人；（三）是否属于不应追究刑事责任的；（四）有无附带民事诉讼；（五）侦查活动是否合法。《刑事诉讼法》第141条规定，人民检察院认为犯罪嫌疑人的犯罪事实已经查清，证据确实、充分，依法应当追究刑事责任的，应当作出起诉决定，按照审判管辖的规定，向人民法院提起公诉。从以上规定可以看出，只有在掌握确实充分的证据、犯罪事实、情节清楚的情况下才能向人民法院提起公诉。检察机关如果将案件不提起公诉或者将案件撤销或者不起诉，正是由于其并未掌握可以将犯罪嫌疑人行为定性的主要证据，其认定犯罪的基本事实不清。在这种情况下，仍然认为有证据证明犯罪嫌疑人有犯罪事实显然自相矛盾。其五，《刑事诉讼法》的基本原则之一是疑罪从无。这一原则体现了我国在维护和保障人权方面的巨大进步。检察机关根据现有的证据不能确定犯罪嫌疑人犯有被指控的罪行，《刑事诉讼法》对存疑案件的结果规定为撤销案件、不起诉或者宣告无罪。国家没有通过司法程序确认犯罪嫌疑人有罪，其在法律上就是无罪的。这与客观上有罪无罪无关。正因为如此，《国家赔偿法》第15条规定的"没有犯罪事实"是指不具备《刑法》和《刑事诉讼法》规定的犯罪事实要件。当撤销案件、不起诉或者宣告无罪后，犯罪嫌疑人即享有与其他公民一样的权利，这是一个确定的结果，而非一些侦查机关认为的，是对犯罪嫌疑人暂时不定罪处罚的一种待定状态。所谓的"证据不足不等于没有犯罪事实"的说法违背了上述疑罪从无的原则。其六，是否有罪应当由人民法院裁判。《刑事诉讼法》第12条规定，未经人民法院依法判决，对任何人都不得确定有罪。只有人民法院经过法定的司法程序才能确定犯罪嫌疑人是否有罪。法律意义上的"有罪"必须形成充分的证据链条。有罪必须是在犯罪事实清楚、证据确实充分的前提下，依照《刑法》规定定罪并处以刑罚，而非仅凭部分证据作出"部分有罪"的主观臆断。其七，撤销案件的决定书、不起诉决定书和宣告无罪的判决书是依照刑事诉讼程序对案件作出的生效法律文书，本身即为对错误拘留、错误逮捕和错误判决的确认，对于这些文书无需再行确认。如果在作出上述决定文书之后还需要再行确认，那就意味着犯罪嫌疑人在因证据不足被撤销案件、不起诉或者宣告无罪后可以认定其依然"有犯罪事实"，也可以认定其"没有犯罪事实"。这样，检察机关就可以完全无视上述法律文书的权威性，而可以凭办案人员的主观臆断去认定有无犯罪事实，检察机关逮捕是正确的，不起诉是对的，不予赔偿也是对的。其八，错误拘留、错误逮捕和再审改判无罪等强调的是结果归责原则。《国家赔偿法》第15条第（一）、（二）、（三）项规定的是"错误拘留"、"错误逮捕"和"再审改判无罪"。可见在刑事赔偿中，侵犯公民人身权的赔偿范围采取的是结果归责原则，只要是产生了"错误拘留"、"错误逮捕"和"再审改判无罪"的结果，且该结果不属于《国家赔偿法》规定的免责情形，就应当承担赔偿责任，不论司法机关的行为是否违法或者是否存在过错。检察机关之所以坚持再行确认就是没有正确理解上述条文，仍然强调"违法"的过程，而非结果。

最高人民法院认为，根据《刑事诉讼法》的规定，人民检察院因"事实不清、证据不足"作出的不起诉决定书是人民检察院依照《刑事诉讼法》对该刑事案件审查程序的终结，是对犯罪嫌疑人不能认定有罪作出的决定。从法律意义上讲，对犯罪嫌疑人不能认定有罪的，该犯罪嫌疑人即是无罪。人民检察院因"事实不清、证据不足"作出的不起诉决定，应视为是对犯罪嫌疑人作出的认定无罪的决定，同时该不起诉决定即是人民检察院对错误逮捕行为的确认，无需再行确认。[①] 这个司法解释与前两个司法解释不同的是，证据不足不起诉不再"视为无罪"，而是"无罪"。

四、依照审判监督程序再审改判无罪，原判刑罚已经执行的

关于刑事审判行为损害赔偿问题。本规定贯彻的是结果归责原则，根据本条第（三）项的规定：在依照审判监督程序再审改判无罪，原判刑罚已经执行的情况下，受害人有取得赔偿的权利。这是对刑事审判行为造成损害国家承担赔偿责任的限定，即通常所讲的"错判"。广义上的错判案件是指对案件的判决存在事实上的错误。例如，将有罪判成无罪，把轻罪判成重罪，重罪判成轻罪，此罪判成彼罪等等。国家赔偿法上的错判案件是狭义上的，仅指把无罪的判成有罪并予以羁押的案件。

从世界范围来看，对于错判赔偿制度主要有两种立法模式：

一种是将错判案件局限在无罪判有罪的案件，实行这种模式的国家主要有美国、日本和法国等。例如，美国由于受到英国国家豁免理论的影响，直到20世纪初才确定刑事赔偿，刑事赔偿仅限于被判有罪并且已经监禁的人。日本《刑事补偿法》规定只对宣告无罪前被羁押的人给予补偿，在两种情况下国家要承担刑事补偿责任：一是在刑事诉讼法规定的普通程序、再审和非常上告程序中，作出宣告被告人无罪的判决，而被告人正因前一个司法行为受到监禁；而是在根据恢复上诉权的规定而提起的上诉、再审和非常上告程序中作出了宣告被告人无罪的判决，但被告人已因前一个判决而受到监禁。法国在其《刑事诉讼法》中亦确立了无罪赔偿原则。该法第246条第1款规定：由再审之判决（或受理再审之上诉法院之判决），而发现犯人为无辜者，得经其请求而给予损害赔偿，以补偿其前次裁判所造成之损害。同时第626条规定：在使被判刑人无罪的裁判中，可以根据被判刑人在因有罪判决所遭受的损害方面提

[①] 最高人民法院：《关于黄友谊申请石台县人民检察院错误逮捕赔偿一案的批复》（2003年1月28日，[2002]赔他字第8号）。

出的要求，给予赔偿金，如果遭受司法错判的受害人已经死亡，要求损害补偿的权利，在同样的条件下，属于他的配偶及其直系亲属和卑亲属。此外，瑞士等一些国家也确立了无罪羁押赔偿制度。

另一种是不仅规定无罪羁押应当赔偿，而且还对有罪超期羁押也进行赔偿。在这方面，比较典型的是德国、罗马尼亚、捷克、比利时等国。德国早在1898年就颁布了《再审宣告无罪人补偿法》，该法规定如果在再审程序中撤销原判决，宣告被告无罪，或者减轻其刑而原判决之全部或者部分已经执行者，被告有赔偿请求权。1904年的《羁押赔偿法》则将再审程序扩大到审判程序，并规定因公共安全之必要临时留置的，无损害赔偿权。1971年，德国在废除上述法律的基础上，将司法赔偿责任扩大到非财产权损害赔偿，并将刑事赔偿以无罪羁押正式扩大到整个刑事追诉程序，实行无论是否有罪，只要国家改正了前一个司法行为即予赔偿。德国《刑事追诉措施赔偿法》第1条规定："一、对于因一项刑事法庭判决遭受损害者，如其判决在再审程序的刑事诉讼中被取消或者被减轻，或者在能使该判决有效的其他刑事诉讼中被取消或者减轻时，由国库予以赔偿。二、如果没有作出判决而处以矫正或者保安处分或者一项附随结果时，相应适用第一款。"这就是说，原判决或者矫正处分或者保安处分被撤销的，国家承担赔偿责任，而不论撤销的原因是被告无罪还是被告无刑事责任能力。原判决或者矫正处分或者保安处分等被减轻的，国家承担赔偿责任，而不论减轻的原因是轻罪重判还是事后减刑。德国《刑事追诉措施赔偿法》第2条规定："如果当事人已经被释放，或者针对他的刑事诉讼已经终止，或者法院拒绝对他开庭审判，当事人由于受羁押或者其他刑事追诉措施而遭受损失，由国库予以赔偿。"这就是说，只要是针对被告的刑事诉讼并为开始或者终止，而在此之前被告曾经受到羁押的，国家都予以赔偿，而不论终止或者未开始的刑事诉讼的原因是被告本来无罪还是被告有罪但不追究刑事责任。德国的做法是以前的羁押行为被后一个行为改正为标准，并不以有罪或者无罪作为标准，可见，德国的羁押赔偿的范围是比较宽的。再比如，比利时1894年法律规定冤狱赔偿原则内容十分广泛，其原判决撤销重判较轻的罪刑时，被告依法亦得受赔偿。前捷克1969年《关于国家机关的决定或不当公务行为造成损害的责任的法律》第6条第2项规定，在以后进行的诉讼中被判处的刑罚比原来刑罚为轻并且撤销原判决的，被告有权请求赔偿。这些国家实行的都是广义上的错判赔偿制度。此外，《公民权利和政治权利国际公约》第14条第6项也规定了广义上的错判赔偿："在一人按照最后决定已被判定犯刑事罪而其后根据新的或新发现的事实确实表明发生误判，他的定罪被推翻或被赦免的情况下，因为这种定罪而受刑罚的人应依法得到赔偿，除非经证明当时不知道的事实未被及时揭露完全是或部分是由于他自己的缘故。"

在我国古代即有冤案赔偿制度。例如，唐朝《永徽律》"名例篇"记载："若枉入人徒年者，即计庸，折除课役及赎直。"就是说，如果无罪、罪轻或者准许赎罪的人判处徒刑并且已经执行的，即应当补救，补救的方法是，按照律条和疏注的规定，属于无罪或者罪轻而判处徒刑的，"枉徒一年，通折二年课役。若枉三年，通折六年课役。虽不满年，役过五十日亦折除一年。"《明律》则规定，"凡官司决人不如法者，笞四十；因而致死者，杖一百。均征埋葬银一十两。"等等。这些规定虽然不是现代意义上的冤狱赔偿，但确实反映了对于冤狱应当补偿的思想。

新中国《国家赔偿法》起步较晚，对于刑事赔偿基本上采取有限赔偿、法定赔偿的原则，对于无罪羁押赔偿原则，也从狭义上进行理解。这里的"错判"仅指发生法律效力的判决，因为只有发生法律效力的判决，才具有执行力，才能剥夺公民的人身权、财产权。未生效的判决，不具有执行力，任何机关或个人都不能据此剥夺公民的人身权和财产权。根据我国《刑事诉讼法》的规定，对于发生法律效力的判决，当事人可以向人民法院或者人民检察院申诉。当然，申诉可能被驳回，也有可能引起审判监督程序，对案件重新进行审理。如果再审认定原判决确有错误，宣布被告人无罪，这样，不论原判刑罚是部分执行还是全部执行完毕，对于受害人来说，损害都已造成，国家都应承担赔偿责任。但是，被判处刑罚但宣告缓刑，在缓刑期内经审判监督程序宣告无罪，由于原判刑罚并未执行，没有发生侵害人身自由权的事实，因而不产生国家赔偿问题。此外，在制定《国家赔偿法》的过程中，有人认为，在刑事诉讼过程中，对于有重大犯罪嫌疑的行为人超期羁押的，或者羁押期限超过所判刑罚的，应当予以赔偿。考虑到这个问题比较复杂，当时对此作出规定还不够成熟，因此超期羁押的情况没有纳入国家赔偿范围。[1] 当然，这里指的是"重大犯罪嫌疑人"，对于一般犯罪嫌疑人无罪羁押的，适用《国家赔偿法》的有关规定。在司法实践中，应当注意以下几个问题：

（一）轻罪重判的刑事审判行为，国家不承担赔偿责任

轻罪重判是指被告人应当依法被判处较轻的处罚而被判处较重的处罚，而在审判监督程序中改判为较轻的刑罚的案件。对于轻罪重判是否承担国家赔偿责任，有的学者认为，轻罪重判同样是冤狱的一种，如果改判后服刑期尚未超过后判刑期的，当然不存在赔偿问题。但是，如果已经服刑的期限超过后判刑期，则与无罪羁押、超期羁押一样会使被告人遭受重大的人身财产损害，有时，这种损害还相当严重。因此，从救济受害人角度而言，对轻罪重判的给予赔偿是必要的。[2] 亦有的学者也指出，将轻罪重判的案件排除在刑事赔偿范围之外，严重侵犯了被告的人身权利和财产权利，与法律的正义、公平价值相违背，与宪法和《国家赔偿法》的精神相违背，与加强人权保护的国际司法潮流相违背，极易使被告人形成逆反心理出现强烈的反社会情绪进而实施更为严重的犯罪行为等。[3] 从法学原理而言，既然，对于比轻罪重判行为后果还要轻微的行政行为亦得赔偿，对于轻罪重判的刑事审判行为没有理由不予赔偿。

但是，我国目前还不能就轻罪重判予以赔偿。根据立法机关的解释，主要原因是：一是保障国家和社会公共利益。犯罪行为严重地损害了国家利益，例如，破坏社会主义市场经济秩序、危害公共安全、贪污贿赂、

---

[1] 胡康生主编：《〈中华人民共和国国家赔偿法〉释义》，法律出版社 1994 年版，第 42 页。
[2] 马怀德：《国家赔偿法的理论与实务》，中国法制出版社 1994 年版，第 217 页。
[3] 胡常龙：《刑事错判案件司法赔偿中的几个问题》，载《人民司法》2002 年第 1 期。

渎职等犯罪。这些犯罪即使轻罪重判或者经过查明本人没有刑事责任能力已经被羁押，经过纠正后减轻了其刑罚，但是国家还应当继续追究其责任。从保障社会公共利益的角度而言，犯罪人的人权固然应当得到保障，但是更大范围的受害人、社会成员的人权更需要得到保障。例如，对于故意伤害、强奸、非法拘禁、盗窃、诈骗等罪行的人，片面强调保障其人权，受害人可能因此不平，社会也会质疑法院判决的公正性。二是应当保障人民法院的工作积极性。当前，社会治安形势严峻，刑事案件数量呈现爆炸式增长，刑事审判法官面临着极大的工作压力，在这种情况下，必须注意保护司法机关特别是人民法院法官工作的积极性。如果对于轻罪重判的行为都要纳入国家赔偿范围，那就意味着将属于司法裁量权的问题理解为刑事审判质量出现问题，也容易理解为对其工作的否定评价。对于轻罪重判行为，重要的是纠正，而非赔偿。在这个领域，必须要考虑到国家利益和社会公共利益的保护，而非僵化理解羁押赔偿原则。三是根据我国《国家赔偿法》的规定，对于刑事赔偿实行法定赔偿，对于法律没有明确规定的，国家不予赔偿。我国《国家赔偿法》将刑事赔偿的界限限定在"错"上，也即"罪"上，以这一界限为标准，轻罪重判仍然属于有罪，既然被告人有罪，对其采取刑事追诉措施就不能算错，无错当然也就没有赔偿问题。[①] 四是根据我国的《国家赔偿法》，刑事审判行为承担赔偿责任是以无罪羁押赔偿为原则，而不以失当为归责原则。刑事审判行为的赔偿是以"冤判"为归责原则的，即将无罪判成有罪。刑事审判的失当的行为主要是指法院的司法裁量失当。例如，法律规定处5年以上有期徒刑，被告以处8年为适当，法院却判处15年。此外，不以失当为归责原则还意味着刑事审判行为承担赔偿责任也不以一般错判为归责原则。例如，对于没有考虑法定从轻情节，或超出法定刑判处刑罚而导致的一般错判，国家也不赔偿。据此，对于轻罪重判的刑事审判行为，国家不承担赔偿责任。

[①] 胡康生主编：《〈中华人民共和国国家赔偿法〉释义》，法律出版社1994年版，第42页。

以下以一请示案件说明由于数罪并罚中部分罪被改判无罪是否赔偿的问题。[1] 这种情况，是否应当予以赔偿，有两种不同意见：

第一种意见认为，对曲伟不予赔偿。具体理由是：曲伟在原审时被判处强奸和绑架两个罪，其服刑2年零4个月后第一次再审改判无强奸罪，以绑架罪判处10年有期徒刑。虽然第二次再审将绑架罪撤销，以非法拘禁罪改判为3年，但超期羁押是因错判绑架罪而引起的。另外，由绑架罪改为非法拘禁罪完全是基于同一个事实行为，只是在定罪和量刑上作了变动，并非改判为无罪。原《国家赔偿法》第15条第三项规定："依照审判监督程序再审改判无罪，原判刑罚已经执行的。"由此可见，我国宪法规定的是无罪赔偿的原则，只有无罪的人被超期羁押才能得到赔偿，有罪则不应当赔偿。曲伟由绑架罪改为非法拘禁罪最终还是有罪，尽管其被超期羁押3年多时间，但国家依法不承担赔偿责任。鉴于这种意见系原判两罪中的强奸罪经再审被改判为无罪，曲伟此时尚在因非法拘禁罪被判处有期徒刑3年的刑罚执行期内，由于这一罪行被错定为绑架罪判处有期徒刑10年而导致曲伟被超期羁押。所以，对曲伟不予赔偿。

第二种意见认为，对曲伟应当予以赔偿。理由是：曲伟在原审时被以强奸罪和绑架罪，数罪并罚决定执行有期徒刑16年。但是，经过两次再审，均认为原判的强奸罪不能成立，属于无罪而错判。而最后的再审判决只认定曲伟犯有非法拘禁罪，判处有期徒刑3年。按照无罪赔偿原

---

[1] 该案的基本案情是：潘丽杰与曲伟相识数年，1998年2月25日10-11时许，潘丽杰在单位接到曲伟电话后下楼，二人坐一辆出租车来到曲伟住处楼下，又一同上楼进入曲家室内，此后，曲伟同潘丽杰发生三次性行为，上述行为结束后，当潘丽杰要离开时，曲伟向其提出要钱，二人就此进行对话，曲伟用麻绳等捆绑潘丽杰手脚，用绳子将潘丽杰连接在床腿上，用毛巾（手绢）、绳子、密封胶带堵、封潘丽杰嘴。曲伟离开家后，潘丽杰自行解脱，离开曲家，到公安机关报案。经侦查、起诉，吉林市船营区人民法院于1998年11月12日认定赔偿请求人曲伟犯强奸罪、绑架罪，判处有期徒刑16年，剥夺政治权利3年，并处罚金10万元；曲伟上诉，经吉林中院二审裁定，驳回上诉，维持原判；曲伟不服，提出申诉，吉林中院经再审审理，以曲伟不构成强奸罪，犯绑架罪判处有期徒刑10年，剥夺政治权利3年，并处罚金10万元；曲伟仍不服，继续申诉，吉林中院经再审审理，撤销原再审判决，对曲伟改判非法拘禁罪，判处有期徒刑3年；后曲伟刑满释放。之后，曲伟向吉林市中级人民法院要求赔偿被错误羁押1305天人身自由权的赔偿金8万元。对于原判两罪中的强奸罪经再审被改判为无罪。此时，曲伟尚在因非法拘禁罪被判处有期徒刑3年的刑罚执行期内，但是，由于这一罪行被错定为绑架罪判处有期徒刑10年而导致曲伟被超期羁押。

则，曲伟被原审法院判处的强奸罪已经被改判为无罪，因此，对于曲伟除了因非法拘禁罪被判处的有期徒刑3年的刑罚应当执行以外，其余的被关押期间，属于被违法限制人身自由，应当予以国家赔偿。

在这个案件中，被告人的行为是在一个时间、一个空间、针对特定对象完成的，不论是强奸罪，还是非法拘禁罪，还是绑架罪都是基于一个事实予以判定的，对于罪名的确定均是围绕被告人的特定行为进行的，将其罪行减轻已经是国家对他的宽大处理和纠正了，因此谈不上国家赔偿。最高人民法院认为，曲伟经再审由绑架罪改为非法拘禁罪，致使其多服刑3年7个月，此种情形不符合原《国家赔偿法》第15条第（三）项之规定，曲伟的赔偿请求不属于国家赔偿范围。[①] 对于轻罪重判的刑事审判行为并无违反无罪羁押原则，且两罪之间存在密切的关联，对于此种行为国家不予赔偿。最高人民法院在另外一个类似的请示案件中重申了上述观点。最高人民法院认为，本案中并不存在数罪并罚案件再审改判后部分罪名宣告无罪的情形，因此，对刘永丁申请国家赔偿的请求，国家不承担赔偿责任。[②] 这一做法实际上是世界上大多数国家的做法。例

[①] 最高人民法院：《关于轻罪重判不属于国家赔偿范围的答复》（2006年3月30日，[2005]赔他字第7号）。

[②] 最高人民法院：《关于刘永丁申请国家赔偿一案的复函》（2008年12月31日，[2008]赔他字第3号）。本案的基本案情是：1999年4月12日，刘永丁等三人抢走被害人手机和传呼机等物。1999年4月29日，刘永丁撬盗变压器铜线50斤，价值人民币850元。2000年11月17日，刘永丁因涉嫌抢劫，被海南省琼山市公安局刑事拘留。同年12月29日，经琼山市人民检察院批准逮捕，2001年1月15日，由琼山市公安局执行逮捕。2001年8月29日，琼山市人民检察院以涉嫌抢劫、破坏电力设备罪提起公诉。琼山市人民法院以刘永丁犯抢劫罪，判处有期徒刑5年，犯破坏电力设备罪，判处有期徒刑4年，决定执行8年。2004年2月20日，刘永丁向海南省检察院海南分院提出申诉。该院认为刘永丁等人犯破坏电力设备罪有误，于2005年7月6日向海南高院提出抗诉。海南高院指令海南中院再审。2006年12月7日，海南中院裁定维持了对刘永丁抢劫罪判处5年的刑罚，撤销了对刘永丁破坏电力设备罪的定罪量刑，发回琼山区法院重审。2007年3月23日，海南中院再审决定认为，该院上述裁定部分撤销、部分维持，确有错误，决定再审。2007年3月29日，海南中院裁定上述部分维持部分撤销的裁定应予撤销，发回琼山区人民法院重审。2007年4月5日，琼山市检察院认为刘永丁的行为不构成破坏电力设备罪，决定变更起诉。法院、检察院都没有作出宣告无罪或者不起诉决定。2007年6月5日，琼山区人民法院判决认定刘永丁犯抢劫罪，判处有期徒刑5年。刘永丁在监狱服刑期间能够认真改造，遵守监规，确有悔改表现，向海口中院提出减刑1年的司法建议。2004年7月22日被减刑1年，之后2006年10月18日被减刑7个月，减刑后的刑期执行至2007年4月16日。2007年4月16日刘永丁被释放。

如,日本《刑事补偿法》第 3 条规定:"通过一个审判对并和罪所作的判决,虽有一部分受到无罪判决,但其他部分受到有罪判决的,法院可以不给予一部或者全部的补偿。"

当然,如果数罪中其中一罪属于无罪,且两个罪名之间存在独立性,没有任何关联性的,对于其中一罪再审改判无罪的,国家应当承担赔偿责任。以下也以一则请示案件说明。① 对于南平中院是否应当赔偿?有两种不同意见:

一种意见认为,不应当予以赔偿。理由是:其一,本案生效判决是在 1995 年 1 月 1 日作出的,侵权行为发生在《国家赔偿法》实施之前,应当适用《国家赔偿法》作出不予赔偿的决定。其二,郑传振是数罪并罚,再审判决只是撤销了其中的盗窃罪,投机倒把罪仍然成立,故不属于无罪,应当适用《国家赔偿法》第 17 条第(三)项作出不予赔偿决定。

另一种意见认为,应当予以赔偿。理由是:其一,虽然生效判决是在 1995 年 1 月 1 日以前作出的,但是郑传振 1995 年 4 月 24 日因再审才被释放,应当认为侵权行为持续到 1995 年 1 月 1 日以后并经确认,不能适用《国家赔偿法》第 35 条。其二,再审判决仅维持投机倒把罪 1 年的判决,而郑传振实际被关押 54 个月,且到 1995 年 4 月 24 日才释放,应当适用《国家赔偿法》赔偿其 1995 年 1 月 1 日到 4 月 24 日的损失,1995 年 1 月 1 日以前关押的问题,适用当时的规定处理。

在本案中,被告人的两个罪名之间并非存在相当的关联性的一个行为,而是基于两个行为。最高人民法院认为,该院 1995 年 3 月 15 日(1995)闽刑再终字第 5 号刑事判决,维持了对郑传振投机倒把罪判处有期徒刑 1 年的部分,撤销了对郑传振盗窃罪判处有期徒刑 7 年的部分。虽不属于全案宣告无罪,但再审撤销盗窃罪不是因为情节显著轻微,而

---

① 该案基本案情是:1991 年 5 月 14 日,福建省邵武市人民法院判决郑传振盗窃罪 7 年,投机倒把罪 1 年,决定执行有期徒刑 7 年 6 月。郑传振提出上诉,南平中院维持原判。1995 年 3 月 15 日,福建高院再审判决维持对郑传振投机倒把罪 1 年的判决,撤销一二审法院对其盗窃罪判处 7 年的判决。1995 年 4 月 24 日,郑传振被释放。郑传振向南平中院请求刑事赔偿。

是因为事实不清、证据不足，盗窃罪不能成立，不属于原《国家赔偿法》第 17 条规定的国家免责情形。原《国家赔偿法》第 15 条第（三）项的规定：依照审判监督程序再审改判无罪，原判刑罚已经执行的，受害人有取得赔偿的权利。这一规定应理解为是针对具体个罪而言的。郑传振盗窃罪被撤销，其盗窃罪已执行的刑罚，依法有取得国家赔偿的权利。因此，本案属于国家赔偿的范围。①

（二）改判无罪的法律拟制情形之一——侦查机关、公诉机关撤销案件

本项中的"依照审判监督程序再审改判无罪"中的"改判无罪"除了人民法院自身以判决方式改判无罪以外，还包括了"视为改判无罪"的情形。以下以一个请示案件说明。② 对于本案案由的确定问题，主要有以下两种意见：

一种意见认为，本案案由应当为"再审后公诉机关撤回起诉侦查机关撤销案件赔偿"。理由是：本案是梨树县公安局进行侦查后向检察机关提出起诉意见，检察机关根据侦查机关获得的证据对案件事实予以认定并提出公诉，一审法院对崔和平判处刑罚，二审法院予以维持。原刑事判决生效后，崔和平提起申诉，四平中院提起再审并经审理后认为，原案的侦查机关取证程序不合法，以事实不清证据不足为由发回原一审法

---

① 最高人民法院：《关于郑传振申请国家赔偿案请示的批复》（1996 年 8 月 1 日，法赔复〔1996〕1 号）。

② 2002 年 2 月 27 日，崔和平以涉嫌嫖宿幼女被吉林省梨树县公安局刑事拘留，3 月 21 日被批准逮捕。5 月 21 日，梨树县人民检察院以崔和平犯嫖宿幼女罪向梨树县人民法院提起公诉。7 月 5 日，梨树县人民法院以崔和平犯嫖宿幼女罪判处有期徒刑 5 年。崔和平不服，提起上诉，8 月 24 日，四平市中级人民法院裁定驳回上诉，维持原判。判决生效后，崔和平继续申诉。2004 年 4 月 8 日，四平中院以原审认定事实不清、证据不足为由，撤销原判，发回重审。同年 4 月 14 日，四平中院决定对崔和平取保候审，同日释放。2006 年 4 月 11 日，梨树县公安局作出撤销案件的决定。9 月 26 日，梨树县检察院以事实、证据有变化为由，向梨树县法院申请撤回起诉。9 月 27 日，梨树县法院裁定准许公诉机关撤回起诉。2006 年 10 月，崔和平向四平中院提出刑事赔偿申请。四平中院认为，赔偿请求人的人身自由被侵犯，系梨树县人民法院和本院的错误判决所致。该司法侵权行为，业已经公安机关撤销案件决定书予以确认。根据《国家赔偿法》第 19 条第 4 款的规定，再审改判无罪的，作出原生效判决的人民法院为赔偿义务机关。本院对该案经再审判决，但是并未直接宣告无罪，因此，本院不应当为赔偿义务机关。

院重新审判。在梨树县法院重新审理期间，侦查机关未能补充通过合法程序取得的有关证据，最终导致侦查机关和检察机关先后就本案撤销和撤回起诉的结果出现，导致人民法院对本案无法进行审理。人民法院无法审理本案的根源在于侦查机关将本案撤销，赔偿请求人人身自由被侵犯，是侦查机关提供不合法定程序的证据造成的，由此造成对赔偿请求人造成的人身自由权被侵犯的实际损害后果，人民法院不应当作为赔偿义务机关。

另一种意见认为，本案的案由应当确定为"再审改判无罪赔偿"。理由是：其一，依照《国家赔偿法》第 19 条第 4 款："再审改判无罪的，作出原生效判决的人民法院为赔偿义务机关"的规定，赔偿义务机关的确定以最终作出生效侵权决定的机关承担赔偿义务为原则。原刑事案件的一审法院是梨树县法院，二审法院是四平中院。四平中院维持了原一审法院的有罪判决，致使原判决生效，并导致赔偿请求人人身自由受到侵犯。其二，应当正确把握"再审改判无罪"的含义。虽然本案再审后并未改判为无罪。但是，检察机关和公安机关先后撤回起诉和撤销案件，其后果与崔和平被改判无罪的后果完全一致。此时，应当综合《刑事诉讼法》的有关规定以及刑事追诉的全过程予以考虑，即在再审环节只要发生了与再审改判无罪引发相同法律后果（终止刑事追诉并确定公民无罪）的法定事由，就可以适用《国家赔偿法》第 15 条第（三）项和第 19 条第 4 款的规定。因此，本案的赔偿义务机关应当是四平中院。

最高人民法院认为，本案崔和平一审被判有罪，四平市中级人民法院二审裁定维持了一审有罪判决，致使改判决生效并部分执行了刑罚。后四平市中级人民法院启动再审程序，撤销了原一审、二审刑事判决、裁定，将案件发回一审法院重新审判，重审期间公安机关以证据不足为由撤销案件，公安机关撤销案件的行为，发生在人民法院再审期间，人民法院虽然没有直接宣告崔和平无罪，但对崔和平的有罪判决已被撤销，案件也已被撤销，崔和平无罪应视为已被确认。根据《国家赔偿法》第

15 条第（三）项、第 19 条第 4 款的规定，本案案由应为"再审改判无罪赔偿"，赔偿义务机关应当为四平市中级人民法院。① 在本案中，虽然法院没有直接改判无罪，当时由于侦查机关和公诉机关先后已经撤回起诉和撤销案件，本案的实际法律效果与改判无罪结果无异。虽然侦查机关、公诉机关撤销案件的行为也符合《国家赔偿法》第 17 条第（一）、（二）项的规定，但是该案件已经过法院的再审程序，视为法院"依照审判监督程序再审改判无罪"，根据"责任后置"原则，法院应当是赔偿义务机关。

（三）改判无罪的法律拟制情形之二——人民法院准予检察机关撤诉的裁定

这种情形与前一种情形类似。检察机关提起公诉后，人民法院经过一审、二审程序后又进入再审程序。在再审程序中，检察机关申请撤诉，人民法院裁定准予撤诉的，是否可以视为改判无罪。以下以一则请示案件说明。② 那么，人民法院准予撤诉的裁定是否可以视为作出无罪判决？

该案在发回沈河区法院重审期间，检察机关撤诉，所以该案人民法院没有宣告祁向东无罪或者检察机关撤销案件的决定。沈阳中院虽然是作出生效判决的人民法院法院，但并非再审法院。该案进入再审程序审理时，沈河区检察院以该案事实证据发生变化为由撤回起诉，沈河区法院裁定撤诉。根据《国家赔偿法》的规定，违法侵权的法定情形为公安

---

① 最高人民法院：《关于吉林高院请示的崔和平申请刑事赔偿案的答复》（[2007]赔他字第 5 号）。

② 2000 年 12 月 22 日，祁向东因口角将马某打伤。马某经沈阳市伤害法医鉴定所鉴定为轻微伤，经沈阳医学院鉴定为轻微伤。2001 年 8 月 16 日，沈阳市沈河区检察院将祁向东刑事拘留，同年 9 月 10 日被取保候审。2002 年 3 月 12 日，沈河区检察院以祁向东犯故意伤害罪提起公诉。沈河区法院认为，祁向东的行为已经构成故意伤害罪，判处有期徒刑 2 年。祁向东不服，向沈阳中院提出上诉。2002 年 9 月 10 日，沈阳中院裁定驳回上诉，维持原判。祁向东不服，继续申诉。2004 年 5 月 20 日，沈阳中院以原审认定祁向东构成故意伤害罪的事实确有错误，决定对该案进行再审。再审法院撤销原判，发回重审。2004 年 5 月 26 日，在沈河区法院重审期间，沈河区检察院以该案事实、证据发生变化为由撤回起诉。沈河区法院准予撤诉。2004 年 5 月 26 日决定解除对祁向东取保候审的强制措施。祁向东以错误羁押为由向沈阳中院提出国家赔偿申请。

机关、检察机关和人民法院的撤销拘留的决定、撤销案件的决定、检察机关作出的撤销逮捕的决定、不起诉决定或者人民法院发生法律效力的没有犯罪事实和事实不清、证据不足而宣告无罪的判决,或者人民法院再审宣告无罪。根据修订前的《国家赔偿法》,该案并无上述法定的确认情形。如果没有法定的确认情形,人民法院不能审理未经确认的赔偿案件。本案虽然没有法定的确认情形,但是在该案进入再审程序审理期间,沈阳医学院附属中心医院对马某的身体伤害程度进行重新鉴定,鉴定结论为轻微伤。沈河区检察院根据新的鉴定结论,以事实证据发生变化为由,撤回起诉。该案虽然没有法定的确认文书,但是,如果以没有正式的法律文书确认或者以没有其他法定情形不能进入赔偿程序为由不予赔偿,不利于保护赔偿请求人的合法权益。因此,沈阳中院是作出生效判决的法院,应当为该案的赔偿义务机关。据此,最高人民法院认为,沈阳中院再审祁向东构成故意伤害案时认为,该案的主要证据发生变化且证据不足,决定裁定撤销一、二审刑事判决,发回沈河区法院重审。沈河区法院在重审期间,沈河区检察院以该案的事实证据发生变化为由撤回起诉,法院裁定准许撤诉。对法院作出准许撤诉的裁定应视为是对无罪的确认。[①]

(四)依照审判监督程序再审改判无罪承担赔偿责任是一种结果归责原则

在刑事赔偿中,对于依照审判监督程序再审改判无罪的赔偿实行"结果归责"原则,也就是说,无论审判行为是否违法,只要在最终结果上造成了对受害人的侵害后果,都应当承担赔偿责任。特别是在因法律、政策发生变化导致判决无罪的情况下,人民法院的审判行为并无违法情形,但是对受害人造成了侵害,应当承担赔偿责任。以下以一则请示案

[①] 最高人民法院:《关于祁向东申请国家赔偿一案的答复函》(2006年4月3日,[2005]赔他字第6号)。

件说明。① 对于本案中阎俊魁的赔偿请求是否属于国家赔偿的范围，有两种不同意见：

第一种意见认为，全州县人民法院作出刑事判决宣告阎俊魁无罪，阎俊魁依法享有申请国家赔偿的权利，阎俊魁的赔偿请求属于国家赔偿范围，全州县人民法院应承担对阎俊魁判处有期徒刑生效后至再审改判无罪释放时，限制其人身自由的赔偿金。理由是：全州县人民法院依照《刑法》第13条的规定及有关司法解释宣告阎俊魁无罪，根据国家赔偿法第15条第（三）项的规定，阎俊魁有取得国家赔偿的权利；根据最高人民法院《关于人民法院执行〈中华人民共和国国家赔偿法〉几个问题的解释》第1条的规定，对不追究刑事责任的人被羁押，国家不承担赔偿责任。但是对起诉后经人民法院判处拘役、有期徒刑、无期徒刑和死刑并已执行的上列人员，有权依法取得赔偿。判决确定前被羁押的日期依法不予赔偿。因此，阎俊魁在判决生效后至再审改判无罪释放时止，被限制人身自由的122天应取得国家赔偿，即从2001年9月22日起至2002年1月21日止。

第二种意见认为，阎俊魁的赔偿请求不属于国家赔偿范围，全州县人民法院不应当承担国家赔偿责任。理由：根据《国家赔偿法》第2条

---

① 1999年，阎俊魁与他人开办一采石场，并办理了爆破员作业证，通过合法手续先后从全州县化建公司购回硝铵炸药300余公斤、雷管2600发、导火索3900米自用。2000年7月至2001年3月间，阎俊魁从中售给本乡村民雷管130发、导火索50米用于田园化建设。2001年4月25日，全州县公安局根据举报对阎俊魁进行行政拘留，同年5月9日，转刑事拘留，同年6月3日转逮捕。2001年9月11日，全州县人民法院依照《刑法》第125条第一款、最高人民法院《关于审理非法制造、买卖、运输枪支、弹药、爆炸物等刑事案件具体应用法律若干问题的解释》第1条第一款第（六）项的规定，认为阎俊魁违反国家法律规定，私自出售爆炸物品，其行为已构成非法买卖爆炸物罪，判决阎俊魁犯非法买卖爆炸物罪，判处有期徒刑3年。阎俊魁没有上诉。嗣后，阎俊魁向全州县人民法院提出申诉。2001年12月21日，全州县人民法院决定再审，依照《刑法》第13条、最高人民法院《对执行〈关于审理非法制造、买卖、运输枪支、弹药、爆炸物等刑事案件具体应用法律若干问题的解释〉有关问题的通知》第1条的规定，认为阎俊魁虽然违反国家法律规定，非法买卖爆炸物，但其非法出售给同位龙、同柏寿的爆炸物是用于生产、生活所需，且其出售的爆炸物没有给社会造成严重危害，经教育确有悔改表现，可以不作为犯罪处理。2002年1月17日，全州县人民法院判决撤销之前刑事判决，宣告阎俊魁无罪。2002年1月21日阎俊魁获释放。阎俊魁实际被羁押272天，其中判决生效后被羁押122天。

规定，因国家机关及其工作人员违法行使职权侵犯公民、法人和其他组织的合法权益造成损害的，受害人有取得国家赔偿的权利，因此，只有国家机关及其工作人员违法行使职权造成损害，才会产生国家赔偿。全州县人民法院对阎俊魁以非法买卖爆炸物罪定罪量刑，以及再审改判其无罪，都是依据最高人民法院先后颁布施行的有关对涉爆案件处理的司法解释，全州县人民法院之所以有前后两个不同的刑事判决，是因为适用的司法解释规定发生变化所致，不属于违法行使职权行为，也不属于适用法律错误。根据《国家赔偿法》第2条第1款、第17条第（六）项的规定，全州县人民法院因没有违法行使职权应免予承担国家赔偿责任。

最高人民法院认为，全州县人民法院再审判决根据后颁布的相关司法解释的规定，宣告阎俊魁无罪，因原判刑罚已经执行，阎俊魁依法有申请国家赔偿的权利。全州县人民法院虽"没有违法行使职权"，但《国家赔偿法》在刑事赔偿中适用的不是单一的违法归责原则，《国家赔偿法》第15条第（三）项是从经"再审改判无罪，原判刑罚已经执行"这种结果的角度作出规定的，确定错判的赔偿责任的依据，并不是司法机关及其工作人员的行为违法，即只要被刑事追究的人最终被司法机关作无罪处理，国家就应给予赔偿，而并不以司法机关是否存在违反法律规定的行为为条件。① 可见，最高人民法院最终贯彻的仍然是无罪羁押赔偿原则。

值得研究的问题是，《国家赔偿法》修订之后，对于法院实际上实行的是严格的结果归责原则，正如前面几个请示案件中反映的，无论是拘留行为、逮捕行为还是提起公诉行为被撤销的，无论法院是否作出无罪判决，只要法院经历了再审程序，法院一律作为赔偿义务机关承担赔偿责任。这种归责原则是否科学值得研究。一般来说，无罪错判的原因主要是：1. 适用法律错误。2. 证据认定错误。3. 审判人员在审理案件时有贪污受贿、徇私舞弊、枉法裁判等行为。在这几个原因里，对于证据不

---

① 最高人民法院：《关于因情节显著轻微危害不大，不认为是犯罪的人经再审改判无罪且原判刑罚已经执行，如何适用法律问题的答复》（2005年7月13日，[2004]赔他字第14号）。

充分导致错判的情况，其他国家机关也负有责任，但是却由法院来承担赔偿责任。例如，法院根据公诉机关提供的证据作出判决后，公诉机关又以证据不充分为由撤诉的，最后责任由公诉机关承担；在自诉案件中，自诉人提供的虚假证据与证言诬告陷害，被告人不能提出有力的反驳证据或者保持沉默的、双方对鉴定结论都有疑问而法院又不具备专业知识只能进行形式审查等等。因此，目前《国家赔偿法》的规定还存在一些不够完善的地方，我们认为，对于造成错案存在故意或者重大过失的有关机关和人员，应当对其实行追偿。不仅要对在审理案件过程中存在贪污受贿、徇私舞弊、枉法裁判的审判人员进行追偿，也要对存在重大过失的审判人员实施追偿；不但要对审判人员进行追偿，还要对伪造证据、虚假鉴定等人员进行追偿；不但要对法院人员进行追偿，也要对侦查机关、公诉机关追偿等。

五、暴力行为致伤致死的认定

根据本条第（四）项的规定，如有刑讯逼供或者以殴打、虐待等暴力行为或者唆使、放纵他人以殴打、虐待等暴力行为造成公民身体伤害或者死亡的情况，受害人有取得赔偿的权利。本项的核心内容是以暴力行为造成公民身体伤害和死亡，与本法第3条第（三）项内容大体相同。对于暴力行为的概念，请参见本书有关部分的内容。本项规定的"暴力行为"主要包括两个方面：

（一）刑讯逼供

本项强调的是刑讯逼供的行为。刑讯逼供是指在办理案件过程中，司法人员对被告人、犯罪嫌疑人等进行讯问时采用肉刑或变相肉刑以及精神折磨逼取口供的审讯方法。广义上的刑讯逼供还包括了暴力逼取证言的行为。刑讯逼供的概念主要包括以下内容：一是实施刑讯逼供的是司法工作人员，包括公安机关、安全机关、检察机关、审判机关的工作人员；二是刑讯逼供的时间是在办理刑事案件过程中；三是刑讯逼供的手段是使用肉刑或者变相肉刑，例如，各种形式的殴打、捆绑、冻饿等；

事实刑讯逼供的目的是为了逼取口供。

我国《刑事诉讼法》明确规定，严禁刑讯逼供和以威胁、引诱、欺骗及其他非法的方法收集证据。《刑法》第247条也规定，司法工作人员对犯罪嫌疑人、被告人实行刑讯逼供或者使用暴力逼取证言的，处3年以下有期徒刑或者拘役。致人伤残、死亡的，依照本法第234条、第232条的规定定罪从重处罚。《监狱法》第14条规定："监狱的人民警察不得有下列行为：……（三）刑讯逼供或者体罚、虐待罪犯；（四）侮辱罪犯的人格；（五）殴打或者纵容他人殴打罪犯；……"《看守所条例》第4条规定，看守所监管人犯，必须坚持严密警戒看管与教育相结合的方针，坚持依法管理、严格管理、科学管理和文明管理，保障人犯的合法权益。严禁打骂、体罚、虐待人犯。因此，对刑讯逼供致伤致死的，国家应当承担赔偿责任。但是，如果某些工作人员私设公堂，完全为了个人报复，强迫受害人承认于己不利的事实，而且这种行为与行使职权没有任何关系，国家不能承担责任，而应由工作人员个人负责。

（二）殴打、虐待行为和唆使、放纵他人殴打、虐待等行为

有关殴打、虐待行为可以参见本书行政赔偿范围的阐述。

1. 殴打、虐待行为。

对于司法机关及其工作人员实施殴打、虐待行为的造成公民伤亡的，国家应当承担赔偿责任固当无疑。如果实施暴力行为的工作人员被追究刑事责任的，是否免除国家赔偿责任呢？回答是否定的，如果实施暴力的工作人员被追究刑事责任，不影响国家承担赔偿责任。在国家承担赔偿责任后，司法机关可以依据《国家赔偿法》第31条第（一）项的规定，向相关工作人员追偿部分或者全部赔偿费用。由于相关工作人员的被追究刑事责任，如果受害人或者受害人的亲属提起刑事附带民事诉讼的，国家是否还要承担赔偿责任呢？以下以一则请示案件说明。[①] 本案应

[①] 1995年3月8日，海南省三亚市城郊法院派法警王栋传唤彭敏华到法院询问有关情况，走到法院门口时，王栋催促彭敏华快走时，踢了彭敏华两脚，导致彭敏华脾脏破裂，伤情鉴定为重伤。王栋后被检察院提起公诉，庭审过程中被害人提起刑事附带民事诉讼，要求赔偿。王栋称本案属于国家赔偿案件，应当由国家承担赔偿责任。

当按照刑事附带民事诉讼案件处理还是按照国家赔偿案件处理。主要有两种意见：

一种意见认为，本案属于刑事附带民事诉讼案件，符合《刑事诉讼法》的有关规定，应当依照民事赔偿的有关规定办理。

另一种意见认为，应当按照《国家赔偿法》的规定予以赔偿。理由是：其一，王栋作为国家机关工作人员违法行使职权，给当事人造成身体伤害的暴力行为发生在执行公务过程中，根据原《国家赔偿法》第 15 条第（四）项的规定，属于《国家赔偿法》的范围，应当由国家承担赔偿责任。其二，被害人提起刑事附带民事诉讼与国家赔偿并不矛盾。被害人提起刑事附带民事诉讼，是被害人依据《刑事诉讼法》第 77 条第 1 款享有的一项基本的诉讼权利，不能因为国家已经承担了赔偿责任，就剥夺了被害人的基本诉讼权利。这两种性质的赔偿并不因为对方的存在而消失，国家承担赔偿责任和公民个人承担民事赔偿责任并不矛盾。

最高人民法院支持了第二种观点。即国家赔偿案件和刑事附带民事诉讼案件并行不悖。王栋作为人民法院工作人员在执行公务时违法使用暴力造成他人身体伤害，依照原《国家赔偿法》第 15 条第（四）项和第 24 条的规定，由国家承担赔偿责任。作为赔偿义务机关的人民法院在赔偿损失后，应当根据具体情况向王栋追偿赔偿费用。①

2. 唆使、放纵他人殴打、虐待等行为。

值得注意的是，殴打、虐待行为不仅包括司法机关工作人员主动的亲历亲为的行为，还包括唆使、放纵他人以上述方式致人伤亡的行为。以下以一则请示案件予以说明。② 在本案中，佳木斯监狱是否应当承担赔偿义务？主要有三种意见：

---

① 最高人民法院《关于王栋伤害赔偿应如何适用法律问题的批复》（1997 年 1 月 31 日，[1996] 赔他字第 3 号）。

② 邢坤因罪在佳木斯监狱服刑。一日，犯人吕某称丢失香烟，犯人王某、曲某认为是邢坤所打为，将邢坤殴打至昏迷。看守所干警乔万仁闻听后将邢坤叫到管教室，追问丢失香烟事，并对邢坤进行殴打。邢坤否认自己所为，乔万仁命其他犯人将邢坤反绑吊起。乔万仁不顾邢坤苦苦哀求，坐视犯人王某、曲某对邢坤进行毒打。邢坤昏迷后经医院抢救无效死亡。法医鉴定结论为，邢坤生前系钝性外力直接作用于头、胸部，致颅内出血失血性休克死亡。

第一种意见认为，佳木斯监狱不应当承担赔偿责任。理由是：其一，乔万仁经检察机关定为玩忽职守罪，玩忽职守属于过失犯罪，过失犯罪不属于国家赔偿范围，其构成要件并不符合《国家赔偿法》第 15 条第（四）项的规定。其二，单纯乔万仁的行为并不足以将邢坤殴打致死，主要是犯人王某和曲某的殴打行为所致。

第二种意见认为，佳木斯监狱应当承担部分责任。理由是：乔万仁的殴打行为并非邢坤死亡的主要原因，但是，其殴打行为侵犯了邢坤的人身权。国家应当承担部分赔偿责任。可以按照《国家赔偿法》第 15 条第（四）项的规定承担 30% 的赔偿责任。

第三种意见认为，佳木斯监狱应当承担赔偿责任。理由是：其一，根据《国家赔偿法》第 2 条、第 15 条第（四）项的规定，以殴打等暴力行为或者唆使他人以殴打等暴力行为造成公民死亡的，应当承担国家赔偿责任。其二，根据司法解释的规定，对于"造成"应当正确理解。最高人民法院《关于黄彩华申请国家赔偿一案的批复》中明确，"造成"应当理解为只要实施了法律规定的违法侵权行为，并产生了"伤害或者死亡"的后果，就应当适用《国家赔偿法》第 15 条第（四）项的规定。其三，《司法行政机关行政赔偿、刑事赔偿办法》第 5 条第 2 款第（二）项规定，殴打或者唆使、纵容他人殴打服刑人员，造成严重后果的，应当予以刑事赔偿。本案中，乔万仁的行为完全符合此处的"唆使"、"纵容"，监狱应当承担国家赔偿责任。乔万仁作为监狱管理人员，在知道王某、曲某殴打邢坤的情况下，有责任、有义务也有能力制止侵害行为，但是，乔万仁不仅没有制止，而且唆使犯人吊打邢坤，在邢坤求救时无动于衷，是对王某、曲某殴打行为的纵容，加剧了对邢坤的伤害。赔偿义务机关工作人员工作严重不负责任，不履行自己职责，不及时制止和化解矛盾，致使被害人多次被犯人殴打致死，其行为完全符合《国家赔偿法》规定的情形。其四，检察机关认定乔万仁犯玩忽职守罪，但从本案事实来看，乔万仁的行为已经超出了玩忽职守的构成要件，事实上成为了王某、曲某伤害案的共犯。

最高人民法院支持了第三种意见，即佳木斯监狱干警乔万仁在带班过程中对邢坤采取的行为，属于职权行为。乔万仁对王某、曲某殴打邢坤的行为不加制止，且实施殴打行为并王某等人将邢坤吊起来，在邢坤继续遭殴打时采取放任、纵容态度，致使邢坤死亡，这种行为符合《国家赔偿法》第15条、司法部1995年9月8日《司法行政机关行政赔偿、刑事赔偿办法》第5条的规定，佳木斯监狱应当承担赔偿义务。① 对于放纵他人殴打、虐待的行为，原《国家赔偿法》没有规定，本次《国家赔偿法》修订对此问题进行了明确。

（三）不堪忍受刑讯逼供而自杀的国家赔偿责任

"造成公民身体伤害或者死亡"中的"造成"体现的是相当因果关系，体现的是因暴力行为导致的结果。"造成"可以表现为主动的行为，也可以表现为不作为；可以表现为直接的行为，也可以表现为间接的行为。在司法实践中，对于不堪忍受刑讯逼供而自杀的，是否属于"造成公民死亡"，存在较大的争议。以下以一则请示案例为例说明。② 本案中，连平县公安局是否应当承担造成韦月新死亡后果的赔偿责任？有两种观点：一种观点认为，韦月新的死亡原因是自缢，而不是连平县公安局派出所干警直接致死，不应当赔偿。另一种观点认为，连平县公安局应当承担韦月新死亡后果的赔偿责任。理由是：其一，韦月新死亡与派出所对其的超期羁押和刑讯逼供之间有相当因果关系。派出所对其进行传唤后，又超期羁押和刑讯逼供，这些无疑对韦的心理和身体造成了伤害。

---

① 最高人民法院《关于张坤、邢静怡申请国家赔偿一案的批复》（2000年3月6日，[1999]赔他字第27号）。

② 广东省连平县公安局某派出所所长黄日浩、副指导员黄少文将涉嫌盗窃的韦月新传唤至派出所讯问。黄少文命令韦月新下跪接受讯问，黄日浩问韦月新是否偷过生姜。黄日浩操起自行车锁链抽打韦月新，韦不承认，黄日浩又拿起圆木担杆踩压韦。黄少文认为韦不老实，用乒乓球拍边缘朝韦的头部砍下去，韦顿时血流满面。一天后，韦仍然不承认偷窃事实。派出所遂找来韦月新之妻黄彩华说服。韦承认了偷姜事实。当晚，韦月新用撕成的布条打结吊死在留置室。法医鉴定，韦月新身上损伤均系钝器作用所致的轻微的非致命伤，结论为韦月新生前缢死。韦妻黄彩华向连平县公安局申请国家赔偿。连平县公安局认为，韦月新的死亡原因是自缢。公安局称，韦自己对于盗窃事实确有内疚和其妻感情不和，导致其自缢，遂作出不予赔偿的决定书。黄彩华否认夫妻感情不好，并称留置室离地面2.6米，身高1.62米的韦月新不可能完成自缢动作。复议机关逾期未作决定。

其二，韦月新自缢在派出所留置室，派出所对其羁押的犯罪嫌疑人未尽妥善看管的义务，对韦的死亡也有一定责任。其三，从目前的案情来看，韦的行为只是轻微的违法行为并为构成犯罪，不至于导致其自缢。其四，公安局应当证明其已经尽到妥善看管的义务，而非指责死者的心理承受能力而推卸自己的责任。最高人民法院认为，《国家赔偿法》第15条第（四）项以及第27条的规定中使用的是"造成"身体伤害或者死亡的表述方法，这与致人伤害或死亡是有区别的。"造成"应当理解为只要实施了法律规定的违法侵权行为，并产生了"伤害或者死亡"的后果，就应当适用《国家赔偿法》第15条第（四）项的规定。本案应由广东省连平县公安局依照《国家赔偿法》第15条第（四）项、第27条第1款第（三）项之规定，履行对造成韦月新死亡后果的赔偿义务。①也就是说，对于"造成"不能理解为"直接导致"，而应当理解为自杀后果与刑讯逼供有相当因果关系。只要存在违法致害行为并有损害后果的产生，国家就应当承担赔偿责任。

对于本项和第五项"违法使用武器、警械""造成公民身体伤害"如何理解，有两种不同观点：第一种观点认为，只有达到了司法部等部门规定的人体伤害标准的，才予以赔偿。第二种观点认为，只有产生了必要的医治费用或者因伤害误工才予以赔偿。我们认为，第一种观点只有在追究刑事责任时，才有一定的意义；第二种观点要求公民受到伤害后必须产生医治费用和误工费用，这对于无钱医治或者未从事相关工作的公民来说是不公平的。只要是因暴力行为对公民进行殴打、刑讯逼供的，必然造成一定的身体伤害，这种伤害不能依据受害人是否进行出资医治以及是否从事一定工作来判断。

那么，在实际工作中，"造成公民身体伤害"的情况非常复杂：有的是在羁押前没有疾病，因致害行为造成了身体疾病；有的是在羁押前即患有疾病，因致害行为加重了病情；有的是羁押前受害人身体已有疾病

---

① 最高人民法院《关于黄彩华申请国家赔偿一案的批复》（1999年8月25日，[1999]赔他字第2号）。（该司法解释中条文顺序为修订前的《国家赔偿法》的条文顺序。——著者注）

前兆，由于致害行为导致了疾病产生；关押措施违法，但受害人身体状况不同，造成的损害程度亦不相同等等。这些情况导致界定"造成公民身体伤害"十分困难。我们认为，对于受害人因致害行为导致身体伤害的，只要不是自己身体因素引发的，而是由于侵权行为直接或者间接造成的，均属于"造成公民身体伤害"。对于无罪的公民，由于被错误羁押或者暴力行为造成身体或者精神疾病的，国家应当给予赔偿；对于虽然有罪，在羁押或者刑罚执行期间，因监管手段不当或者关押措施有违法行为病造成伤残的，国家也应当给予赔偿。

六、违法使用武器、警械造成公民身体伤害或者死亡

正如前文所述，《人民警察法》和《人民警察使用警械和武器条例》对于人民警察使用武器警械作了比较详细的规定。这些规定既适用于行政赔偿领域，也适用于刑事赔偿领域；既适用于侦查机关的人民警察，也适用于公诉机关和审判机关的人民警察。对于看守所使用武器、警械的主要依据是《看守所条例》。该条例第17条规定，对已被判处死刑、尚未执行的犯人，必须加戴械具。对有事实表明可能行凶、暴动、脱逃、自杀的人犯，经看守所所长批准，可以使用械具。在紧急情况下，可以先行使用，然后报告看守所所长。上述情形消除后，应当予以解除。第18条规定，看守人员和武警遇有下列情形之一，采取其他措施不能制止时，可以按照有关规定开枪射击：（一）人犯越狱或者暴动的；（二）人犯脱逃不听制止，或者在追捕中抗拒逮捕的；（三）劫持人犯的；（四）人犯持有管制刀具或者其他危险物，正在行凶或者破坏的；（五）人犯暴力威胁看守人员、武警的生命安全的。需要开枪射击时，除遇到特别紧迫的情况外，应当先鸣枪警告，人犯有畏服表示，应当立即停止射击。开枪射击后，应当保护现场，并立即报告主管公安机关和人民检察院。对于监狱管理机关使用武器警械的法律依据是《监狱法》。《监狱法》第45条规定，监狱遇到下列情形之一的，可以使用戒具：（一）罪犯有脱逃行为的；（二）罪犯有使用暴力行为的；（三）罪犯正在押解途中的；（四）罪

犯有其他危险行为需要采取防范措施的。前款所列情形消失后，应当停止使用戒具。第46条规定，人民警察和人民武装警察部队的执勤人员遇有下列情形之一，非使用武器不能制止的，按照国家有关规定，可以使用武器：（一）罪犯聚众骚乱、暴乱的；（二）罪犯脱逃或者拒捕的；（三）罪犯持有凶器或者其他危险物，正在行凶或者破坏，危及他人生命、财产安全的；（四）劫夺罪犯的；（五）罪犯抢夺武器的。使用武器的人员，应当按照国家有关规定报告情况。根据修订后的《国家赔偿法》的规定，行使侦查、检察、审判职权的机关以及看守所、监狱管理机关及其工作人员在行使职权时违反上述规定违法使用武器、警械致人伤亡的，受害人有权请求国家赔偿。

最高人民法院就违法使用武器、警械的若干请示作出了批复，这些批复也可以作为界定是否违法使用武器、警械的指导意见。例如，最高人民法院《关于湖南高院请示的黄云霞申请国家赔偿案的批复》（1999年8月27日，[1999]赔他字第4号）和最高人民法院《关于海拉尔市公安局不服呼伦贝尔盟中级人民法院赔偿委员会决定申诉一案的批复》（1999年5月20日，[1998]赔他字第7号）。前者是违法使用武器、警械的批复，后者是合法使用武器警械的批复。[①]

[①] 前一个批复的基本案情是：湖南省张家界市黄光辉偷窃于忠延电视机一台，后武陵源区公安分局将赃物找到并返还失主。黄光辉在逃。于忠延对刑侦队的干警说："我们与黄光辉家是亲戚，电视机已追回，以后的事就算了。"一年半之后，黄光辉在某地段被湘潭县某派出所所长张新强、熊军等人看见。张新强等人遂喊黄光辉站住，黄光辉继续跑。张、熊二人各鸣二枪警告。后连续开枪。熊军至距黄光辉8—13米远时，又朝黄光辉开了一枪，击中黄光辉头部。在村民的要求下，张、熊安排车将黄光辉送至医院抢救，无效死亡。黄光辉之母请求国家赔偿。湘潭市人民检察院作出公安干警违法使用武器的复查意见。后一个批复的基本案情是：1995年10月18日，内蒙古海拉尔市公安局防暴队接到命令，要求将犯罪分子堵截在市区外。17时30分左右，非法运鱼的一辆212吉普车和日本丰田客货车向海拉尔驶来。在经过第一道防线时，民警示意停车，两辆车急速闯关而过。防暴民警认定是犯罪分子，遂鸣枪警告。两车又冲过了第二道防线。防暴警察开枪射击。造成赵庆林死亡。后两车绕道逃遁。后查明，两车均属无准运证非法运输。海拉尔市公安局认为可以给予赵庆林家属补偿。赵庆林家属不服，要求作出刑事赔偿决定1997年10月29日，呼伦贝尔盟中院作出决定认为，赵庆林家属的请求符合刑事赔偿的有关规定，海拉尔防暴队在执行公务时，因确认目标错误，开枪致赵庆林身亡，系违法伤害行为，受害人有权取得国家赔偿。

第二节 侵犯财产权的刑事赔偿范围

修订后的《国家赔偿法》第 18 条对侵犯财产权的行为范围规定了两种情形：一是违法采取强制措施而侵犯他人财产权；二是违法实施涉及财产权的刑事处罚而侵犯他人财产权，以下分述之。

一、违法对财产采取查封、扣押、冻结、追缴等措施的

行使侦查、检察、审判职权的机关以及看守所、监狱管理机关及其工作人员应当依据法律的授权行使查封、扣押、冻结和追缴措施。根据《刑事诉讼法》第 114—118 条的规定，在勘验、搜查中发现的可用以证明犯罪嫌疑人有罪或者无罪的各种物品和文件，应当扣押；与案件无关的物品、文件，不得扣押。侦查人员认为需要扣押犯罪嫌疑人的邮件、电报的时候，经公安机关或者人民检察院批准，即可通知邮电机关将有关的邮件、电报检交扣押。人民检察院、公安机关根据侦查犯罪的需要，可以依照规定查询、冻结犯罪嫌疑人的存款、汇款。对于扣押的物品、文件、邮件、电报或者冻结的存款、汇款，经查明确实与案件无关的，应当在 3 日以内解除扣押、冻结，退还原主或者原邮电机关。根据《刑事诉讼法》第 158 条的规定，人民法院在调查核实证据时，可以进行扣押、冻结等。在刑事附带民事诉讼中，人民法院在必要的时候，也可以采取查封、扣押或者冻结被告人的财产。此外，根据我国《刑事诉讼法》以及中国人民银行、最高人民法院、最高人民检察院、公安部共同发布的《关于查询、冻结、扣划企业事业单位、机关、团体银行存款的通知》（银发［1993］356 号）的规定，人民法院因审理或执行案件，人民检察院、公安机关因查处经济违法犯罪案件，可以在履行相应的程序后通过银行冻结、扣划单位存款。

本条第（一）项所说的"查封、扣押、冻结"与本法第 4 条第（二）项的规定基本含义相同，不同的是后者是行政强制措施，前者则是

刑事强制措施，并且本条第（一）项增加了"追缴"一词，这是由刑事诉讼的特点决定的。所谓追缴，是指对犯罪分子违法所得的赃物和赃款追回和缴获，上缴国库。比如走私犯的非法利润，找不到失主的赃款、赃物，均应依法追缴，上缴国库。1996年的《刑事诉讼法》修订之前，对犯罪的赃物账款的追缴，分别由公安机关、人民检察院、军队保卫部门和人民法院按管辖分工，在刑事诉讼中实施。1996年修订后的《刑事诉讼法》将追缴违法所得上缴国库的职权划归到人民法院行使。从我国《刑法》的规定可以看出，追缴是刑罚措施，是法院在量刑时的权力，应当在刑事案件结案时适用。任何其他机关在案件终结前，都无权将财产追缴、没收。如果司法机关追缴了无罪的公民、法人或者其他组织的财产或者不属于非法所得的财产，或者追缴了与犯罪无关的财产等，则属于刑事赔偿意义上的违法追缴。

本项中的"违法"既包括实体违法也包括程序违法。如果违反程序规定查封、扣押、冻结、追缴的财产属于非法财产的，应当补办手续，但是非法财产不存在对其损害的问题，因而也不存在赔偿的问题。立案之前的查封、扣押、冻结、追缴的，只要有合法的手续，又不违反实体法的，可以视为合法。查封、扣押、冻结、追缴的财产的数量大于应当查封、扣押、冻结和追缴的财产，因此造成的损失应当按照《国家赔偿法》第36条第（二）、（三）、（四）项的规定处理。

应当特别提及的是，本项使用了"等"字，而这里的"等"表示不穷尽列举。即是说，除了在查封、扣押、冻结、追缴这四种措施以外，其他措施如果违法造成他人财产损害，只要致害行为与行使职权具有关联性，国家也应当承担赔偿责任。例如没收犯罪工具，没收违禁品及走私物品等没收行为也在该条第一项的"等"的范围之内。

在这方面，容易出现的违法行为主要有：没有法律授予的查封、扣押、冻结、追缴等刑事强制措施权力而违法行使；违反法律赋予强制措施权的目的而滥用强制措施权；人民法院宣告无罪的，判决中未确定涉案财产为违法财产继续查封、扣押或者冻结的；被告已宣告无罪，有关机关或工作人员仍继续查封、冻结或扣押财产，迟迟不肯解除和发还；人民法院作出有罪判决的，判决既未认定是犯罪所得，也为认定是违法所得财产的部分，继续查封、扣押或者冻结的；查封、冻结、扣押、追缴了案外财产（包括案外人的财产和与案件的侦查无关的财产）；查封、扣押、冻结财产后，违反《刑事诉讼法》规定的"妥善保管或者封存，不得使用或者毁损"的义务而造成他人财产的毁损灭失；违法行使职权查封、扣押、冻结民商事案件财产等等。侦查、检察和审判机关违反法律规定，超越职权或者滥用职权，采取上述措施给当事人造成损失的，国家应当承担赔偿责任。

最高人民法院针对违法扣押案外人财产应当给予国家赔偿作出了批复。最高人民法院认为，河南省洛阳市公安局在赔偿请求人刘建平提出被扣押车辆归其所有的情况下，仍决定并执行扣押楚风牌货车。其行为导致了损害结果的发生。根据《国家赔偿法》第16条第（一）项、第19条第1款及《最高人民法院关于刑事赔偿和非刑事司法赔偿案件案由的暂行规定（试行）》第8条的规定，本案的案由为刑事违法扣押，赔偿义务机关应为洛阳市公安局。[①] 该批复虽然内容主要涉及赔偿义务机关的确定，也包含了对于刑事违法扣押行为应当予以赔偿的内容。

在司法实践中，人民法院对于涉案财产既没有认定是犯罪所得，也没有认定是违法所得的部分，检察机关对这部分财产是否具有审查权、处分建议权和返还权。检察机关的一些同志认为，对这部分财产仍然具有权力。我们认为，在刑事案件提起公诉之前，检察机关对于涉案财产具有审查权、处分建议权和财产返还权，但是人民法院判决发生法律效

[①] 《最高人民法院关于刘建平申请国家赔偿一案的答复函》（2008年2月1日，[2006] 赔他字第7号）。本案的基本案情是：2003年6月5日，河南省洛阳市公安局经侦支队决定对姚某涉嫌诈骗一案立案侦查。同年8月4日，侦查人员将属于刘建平的楚风牌货车扣押。2003年8月26日，公安机关将姚某涉嫌诈骗一案移送洛阳市检察院，刘建平向检察机关递交扣车异议，洛阳市检察院未作处理。后洛阳中院判决姚某的行为构成合同诈骗罪，但是对被扣押的楚风牌货车没有作出处理。2005年6月16日，洛阳市中院作出退还刘建平车辆的决定，对扣押行为违法予以确认。刘建平将车领回后发现车辆严重受损，遂于2005年8月29日向洛阳中院提出国家赔偿。

力之后，人民检察院不再享有这三种权力。根据《刑事诉讼法》的规定，检察机关对于财产的权力具有阶段性，检察院不能将其起诉前的权力在人民法院诉讼程序之后，即判决发生法律效力后来行使。如果用提起公诉前的权力来审查人民法院生效的判决，用以确定人民法院对涉外财产判决的合法性，显然违背《刑事诉讼法》规定的依法行使职权的范围，更不能以此来对抗人民法院的生效判决。如果检察院认为人民法院的判决有错误的，可以提起抗诉，但是不能对人民法院的生效判决进行审查和确认。人民法院认定涉案财产不属于犯罪所得，亦不属于违法所得的，该财产在人民检察院的，检察院应当按照《国家赔偿法》的规定予以返还。

二、依照审判监督程序再审改判无罪，原判罚金、没收财产已经执行的

本项所说的"罚金"，是指法院强制犯罪人在一定期限内缴纳一定数量金钱的刑罚方法。在我国，罚金刑是附加刑的一种。罚金具有以下特征：罚金与没收财产一样，都是人民法院对犯罪分子采取的强制性财产惩罚措施；按照我国刑法罪责自负，反对株连的原则，罚金同没收财产一样，也只能执行犯罪分子个人所有的财产，不能执行犯罪分子家属所有或者后有的财产；罚金的范围只能是强制犯罪分子缴纳个人所有的一定数额的金钱，如果没有钱款、可以对其拥有的合法财产采取查封、扣押、冻结、变卖、拍卖措施，用变卖、拍卖的钱款折抵罚金；罚金的缴纳是在法院的判决生效之后，涉及的是刑罚的执行问题。主要适用于走私等经济犯罪。罚金的数额多少主要根据犯罪情节的轻重，同时考虑犯罪人的经济负担能力。如果被告被依照审判监督程序再审改判无罪，原判罚金没有执行的，不应再执行，已经执行的，应当返还。如不返还，受害人可以依照法定程序请求返还。

本项所说的"没收财产"，是指剥夺犯罪人个人财产，无偿收归国有的一种刑罚方法。我国《刑法》所规定的没收财产，是指没收犯罪者个人所有财产的一部或全部，不包括属于犯罪者家属所有或应有的财产。

所谓犯罪分子个人所有财产，是指属于犯罪分子本人实际所有的财产及与他人共有财产中依法应得的份额。应当严格区分犯罪分子个人所有财产与其家属或者他人财产的界限，只有依法确定为犯罪分子个人所有的财产，才能予没收。至于没收财产是一部还是全部，应考虑以下几个因素：犯罪分子所处主刑的轻重；其家庭的经济状况和其人身危险性大小。所谓家属所有财产，是指纯属家属个人所有的财产，如家属自己穿用的衣物、个人劳动所得财产。家属应有财产，是指家庭共同所有的财产中应当属于家属的那一份财产。对于犯罪分子与他人共有的财产，属于他人所有的部分，也不得没收。没收全部财产的，应当对犯罪分子个人及其扶养的家属保留必需的生活费用。以维持犯罪分子个人和扶养的家属的生活。没收财产也是一种财产刑，但它不同于罚金，是适用于罪行严重的犯罪分子的刑罚方法。这种刑法方法主要适用于那些罪刑严重的危害国家安全犯罪和情节严重的与经济有关的犯罪。对这些犯罪人适用没收财产，一方面是对他们的犯罪行为进行惩罚；另一方面也是从经济上剥夺他们赖以继续进行犯罪活动的物质基础。

我国《刑法》第60条规定："没收财产以前犯罪分子所负的正当债务，需要以没收的财产偿还的，经债权人请求，应当偿还。"根据这一规定，只有同时具备以下三个条件，才能以没收的财产偿还债务：必须是没收财产以前犯罪分子所欠债务，包括所负国家、集体和个人的债务；必须是合法的债务。非法债务，例如赌债、高利贷超出合法利息部分的债务不在此列。在执行没收财产时对查封财产以前犯罪人所负的正当债务，需要以没收的财产偿还时，经债权人请求并查明属实以后，在没收财产的限度内，由人民法院酌情裁定偿还。如果被告被依照审判监督程序再审改判无罪，原判没收财产没有执行的，不再执行；已经执行的，应当如数返还。

《国家赔偿法》规定的刑事赔偿范围没有像行政赔偿范围那样，对赔偿范围还有一个"造成公民身体伤害或者死亡的其他违法行为"、"造成财产损害的其他违法行为"的兜底规定。之所以这样规定，主要是考虑到刑事赔偿的范围的主要依据是《刑法》和《刑事诉讼法》，而我国《刑法》实行的是罪刑法定主义，如果规定得不明确，不仅会弱化《刑法》规定的严肃性，同时也可能在一定程度上束缚司法机关及其工作人员的手脚，因此，有必要对刑事赔偿范围采用较为严格的法定主义。当然，随着社会主义法治进程的不断推进，有关刑事赔偿的范围也将逐步宽松。

第十四章　非刑事司法赔偿的行为范围

《国家赔偿法》首先在条文中规定了行政赔偿和刑事赔偿，但是，人民法院在民事诉讼和行政诉讼的过程中，也可能因违法行为而对公民、法人或者其他组织造成侵害。《国家赔偿法》第38条就非刑事司法赔偿作出了规定，主要包括三类行为。如果这三类行为违法造成损害的，赔偿请求人可以要求国家予以赔偿。之后，最高人民法院就此作出解释。最高人民法院《关于人民法院执行〈中华人民共和国国家赔偿法〉几个问题的解释》第2条规定："依照赔偿法第三十一条的规定，人民法院在民事诉讼、行政诉讼过程中，违法采取对妨害诉讼的强制措施、保全措施或者对判决、裁定及其他生效法律文书执行错误，造成损害，具有以下情形之一的，适用刑事赔偿程序予以赔偿：（一）错误实施司法拘留、罚款的；（二）实施赔偿法第十五条第（四）项、第（五）项规定行为的；（三）实施赔偿法第十六条第（一）项规定行为的。人民法院审理的民事、经济、行政案件发生错判并已执行，依法应当执行回转的，或者当事人申请财产保全、先予执行，申请有错误造成财产损失依法应由申请人赔偿的，国家不承担赔偿责任。"本章将结合司法解释的规定对非刑事司法赔偿的行为范围作一探讨。

第一节　有关妨害诉讼强制措施的赔偿

一、妨害诉讼强制措施的概念和适用范围

对妨害诉讼行为采取的强制措施是指人民法院在案件审理过程中，

为了排除干扰，保证诉讼的顺利进行，对故意妨害诉讼秩序，阻碍司法工作人员执行职务的人所采取的强制性手段。妨害诉讼的行为是指在行政诉讼过程中，诉讼参与人或者其他人员故意实施的扰乱、阻挠、破坏诉讼活动依法正常进行的各种行为。

妨害诉讼的强制措施适用于诉讼活动的全过程，也就是既适用于案件的审判阶段，也适用于案件的执行阶段。例如，根据《执行规定》第100条的规定，被执行人或者其他人如果拒不履行生效法律文书或者妨害执行行为的，人民法院可以依照《民事诉讼法》第102条的规定处理。而《民事诉讼法》第102条则是有关民事诉讼强制措施的规定。在行政诉讼中可以参照《民事诉讼法》的上述规定。

妨害诉讼强制措施适用于当事人以及其他诉讼参与人，甚至包括案外人。无论何人，只要实施了妨害诉讼的行为，人民法院就可以对其采取相应的强制措施。行政诉讼、民事诉讼中的强制措施与刑事诉讼不同。在刑事诉讼中，人民法院的强制措施只适用于刑事诉讼中的被告人或者重大的犯罪嫌疑人。此外，在民事诉讼中可以采取的措施，在行政诉讼中不能采取。例如，在民事诉讼中，对于那些必须到庭又无正当理由拒不到庭的被告可以采取拘传的司法强制措施，在行政诉讼中则不能对被告采取拘传措施。因为被告是一个公法人，并非自然人，并且行政机关也并非必须到庭，如果其无正当理由拒不到庭的，可以缺席判决。

根据我国《民事诉讼法》、《行政诉讼法》以及最高人民法院司法解释的规定，人民法院有权对不同的妨碍诉讼的行为，分别采取强制措施：

对于必须到庭的民事被告，经两次合法传唤，无正当理由拒不到庭的可以拘传。对违反法庭规则的人，可以予以训诫，责令退出法庭或者予以罚款、拘留。对哄闹、冲击法庭，侮辱、诽谤、威胁、殴打审判人员，严重扰乱法庭秩序的人，依法追究刑事责任，情节较轻的，予以罚款、拘留。

对于伪造、毁灭重要证据，妨碍人民法院审理案件的人，以暴力、威胁、贿买方法阻碍证人作证或者指使、贿买、胁迫他人作伪证的人，隐藏、转移、变卖、毁坏已被查封、扣押的财产，或者已被清点并责令其保管的财产，转移已被冻结的财产的人，对司法工作人员、诉讼参加人、证人、翻译人员、鉴定人、勘验人、协助执行的人，进行侮辱、诽谤、诬陷、殴打或者打击报复的人，以暴力威胁或者其他方法阻碍司法工作人员执行职务的人，拒不履行人民法院已经发生法律效力的判决、裁定的人，可以根据情节轻重予以罚款、拘留，构成犯罪的，依法追究刑事责任。

对有义务协助调查、执行的单位拒绝或者妨碍人民法院调查取证，接到人民法院协助执行通知书后，拒不协助查询、冻结或者划拨存款，拒不协助扣留被执行人的收入，办理有关财产权证照转移手续、转交有关票证、证照或者其他财产等拒绝协助执行的单位及其主要负责人、直接责任人员，可处以罚款，还可以向监察机关或者有关机关提出予以纪律处分的司法建议。

妨害诉讼的强制措施主要有以下五种：（一）训诫。所谓训诫是指人民法院对妨害诉讼行为情节轻微的人，采取严厉批评教育并警告其不得再犯的一种司法措施。人民法院通过对相关人员的训诫，指出其行为的违法性以及给诉讼造成的危害后果，促使其自觉遵守诉讼秩序。训诫是最轻的一种强制措施，针对有轻微妨害诉讼行为且能够听从教育及时认错的人。（二）罚款。罚款是指人民法院对有妨害诉讼行为的人，强制其缴纳一定数额的金钱的一种强制措施。罚款主要针对妨害诉讼行为的情节和后果比较严重的人。人民法院可以根据妨害者的具体情节、所造成的危害后果、认错情况以及经济状况来决定罚款数额。（三）拘留。拘留，又称为司法拘留，是指由人民法院对有妨害诉讼行为的人，采取的在一定期限内限制其人身自由的强制措施。根据《民事诉讼法》和《行政诉讼法》的规定，拘留的期限为15日以下。拘留是一种最为严厉的诉讼强制措施，主要针对妨害行为情节恶劣、认错态度不好、有可能继续作出妨害诉讼行为等妨害诉讼行为情节和后果都非常严重的人。因此，在适用本强制措施时，必须十分慎重。只有对极少数有严重妨害诉讼行为的人，经过多次耐心教育仍然坚持不改的，方可实行拘留，以保证诉讼活动的顺利进行。（四）责令具结悔过。责令具结悔过是指人民法院对于妨害行政诉讼行为的人，责令其承认错误，写出悔过书，保证再不重犯的一种司法措施。责令具结悔过也属于一种较为轻微的强制措施，主要针对妨害行政诉讼行为情节和后果均较为轻微的情形。此外，根据《民诉意见》第117条的规定，被拘留的人在拘留期间认错悔改的，可以责令具结悔过，提前解除拘留，作为解除拘留措施的保证和条件。（五）拘传。拘传适用于民事诉讼中对必须到庭的被告经两次传票传唤，无正当理由拒不到庭的情形。

二、违法采取对妨害诉讼的措施的情形

人民法院在民事诉讼和行政诉讼活动中，必须严格依照法律的规定和程序，只有在为了排除妨害、保证诉讼顺利进行的情况下才能采取适当的强制措施。如果人民法院违反法律规定，对非妨害诉讼的行为采取强制措施或者采取强制措施违反法定程序从而造成公民、法人或者其他组织损害的，应当依照《国家赔偿法》的规定承担赔偿责任。

根据最高人民法院《关于人民法院执行〈中华人民共和国国家赔偿法〉几个问题的解释》第2条的规定，人民法院在民事诉讼、行政诉讼过程中，违法采取对妨害诉讼的强制措施，对于错误实施司法拘留、罚款的，造成损害，适用刑事赔偿程序予以赔偿。这一司法解释对于妨害诉讼的强制措施国家赔偿的规定有两个特点：一是妨害诉讼强制措施国家赔偿的范围局限于司法拘留和罚款。这是因为训诫和责令具结悔过都是非常轻微的强制措施，既不涉及其人身权，也不涉及其财产权。对于拘传而言，其针对的对象是"必须到庭的被告"，即一般是负有赡养、抚育、扶养义务和不到庭就无法查清案情的被告，以及给国家、集体或他人造成损害的未成年人的法定代理人。拘传的目的主要是为了保证开庭审理的正常进行，对于这些人采取拘传措施一般也不会对其人身权、财产权造成损害。二是对于司法拘留和罚款，采用了"违法"和"错误"

两个标准。一般认为，非刑事司法赔偿采取了违法归责和过错归责相结合的原则。

之后，最高人民法院的司法解释对此进行了修订和完善。最高人民法院《关于民事、行政诉讼中司法赔偿若干问题的解释》恢复了《国家赔偿法》的提法，即"违法采取对妨害诉讼的强制措施"。根据上述司法解释的规定，"违法采取对妨害诉讼的强制措施"是指下列行为：

1. 对没有实施妨害诉讼行为的人或者没有证据证明实施妨害诉讼的人采取司法拘留、罚款措施的。实施妨害诉讼的行为必须符合以下要件：在诉讼过程中实施；必须是确已实施，而非主观臆测或者准备计划实施的行为；必须是行为人故意实施，过失实施的不构成妨害诉讼的行为。如果行为人没有实施前述妨害诉讼的行为或者不构成妨害诉讼行为而对其罚款、拘留的，属于违法罚款、拘留。如果法院对没有证据证明实施妨害诉讼的人实施拘留或者罚款的，也属于违法罚款、拘留。

2. 超过法律规定期限实施司法拘留的。根据《民事诉讼法》和《行政诉讼法》的规定，拘留的期限为15日以下，对于该期限不允许以任何理由延长。如果人民法院拘留时间超过15天的，属于"超过法律规定期限实施司法拘留"。

3. 对同一妨害诉讼行为重复采取罚款、司法拘留措施的。对于同一妨害诉讼的行为只能给予一次罚款或者拘留，此谓"一事不再罚"。值得注意的是，罚款和拘留可以单独适用，也可以合并适用。对同一妨害诉讼行为的罚款和拘留不得连续适用。但是发生了新的妨害诉讼的行为，人民法院可以予以罚款、拘留。

4. 超过法律规定金额实施罚款的。根据《民事诉讼法》第104条的规定："对个人的罚款金额，为人民币一千元以下。对单位的罚款金额，为人民币一千元以上三万元以下。"行政诉讼参照《民事诉讼法》的上述规定执行。人民法院可以根据妨害者的具体情节、所造成的危害后果、认错情况以及经济状况来决定罚款数额。人民法院根据具体情况作出的罚款决定，只要是在法定的罚款幅度内的，就是合法的罚款决定。只有超过法律规定的金额实施的罚款才属于违法的罚款。

5. 违反法律规定的其他情形。这里的"法律"不仅包括狭义上的法律，也包括司法解释。由于对妨害诉讼的强制措施赔偿实行违法原则，因此，不仅实体违法的要承担赔偿责任，对于程序违法的也要承担赔偿责任。例如，人民法院作出罚款、拘留决定的，必须由合议庭决定，并报人民法院院长批准后方可执行。执行时应当将罚款、拘留决定送达被罚款、拘留人。被罚款、拘留人如果对罚款、拘留决定不服的，可以在接到决定书的次日起 3 日内，采取书面的方式，向作出决定的人民法院提出或者直接向上一级人民法院提出申请复议一次。人民法院采取民事、行政诉讼的强制措施如果违反法律规定的程序性规定的，亦属于违法行为。

第二节　有关诉讼保全措施的赔偿

一、诉讼保全的概念和适用条件

（一）诉讼保全的概念

一般的观点认为，所谓的诉讼保全，是指人民法院在利害关系人起诉前或者当事人起诉后至申请执行期间，为了避免其合法权益遭受损失和保证诉讼裁判的执行，对当事人的财产或者争议的标的物、行为等采取限制其处分的强制措施。这一概念主要包括以下含义：第一，诉讼保全是保障利害关系人合法权益和保证人民法院生效裁判顺利进行而采取的司法强制措施。第二，诉讼保全的申请人是利害关系人，利害关系人包括当事人和当事人以外的利害关系人。第三，诉讼保全的时间既可能是诉讼过程中，还可能是诉讼之前，所谓的"诉讼过程中"是既是指立案之后到审判终结，还包括审判终结之后到执行终结之前的阶段。此外，根据民事诉讼法的规定，利害关系人因情况紧急，不立即申请财产保全将会使其合法权益受到难以弥补的损害的，可以在起诉前向人民法院申请采取财产保全措施。第四，诉讼保全既可能是依申请作出的，还可能是依职权作出的。第五，诉讼保全程序具有暂时性、独立性等特征。诉讼保全的程序是一种暂时性的带有保全性质的程序。之所以称其为具有暂时性特征，主要是该种保全并不是永久的、具有生效裁判效力的司法决定，是人民法院经过初步审查认为存在侵害可能性的情况下作出的，并非终局地确定当事人之间的权利义务关系。所谓独立性是指该种程序往往与一般的诉讼程序存在明显不同，尤其是在审查标准、司法措施等方面具有自身的特征。

狭义上的诉讼保全是指财产保全。一般而言，诉讼保全是保证人民法院作出判决得到顺利执行，使当事人在判决中确认的权利得到实现的一种法律制度。诉讼保全制度是保护利害关系人或者当事人合法权益免受损失的诉讼上的保护性措施的一种，对于维护当事人的合法权益并使其合法权益受到切实保障，防止胜诉判决成为空头支票，强化司法权威等起到了积极的作用。

（二）诉讼保全的分类和适用条件

根据不同的标准，诉讼保全可以分为不同的种类。

1. 财产保全、行为保全和证据保全。

这是根据诉讼所针对的不同诉讼标的作出的分类。所谓财产保全是指人民法院依法对诉讼中出现的特定的紧急情况而采取的限制当事人处分一定财产的司法措施。所谓行为保全是指对一定的行为采取保全的措施。具体而言，是指人民法院在诉讼前或者诉讼中，为了避免损失的发生或者扩大，根据一方当事人或者利害关系人的申请，责令另一方当事人或者侵权人为一定行为或者不为一定行为的临时性的强制措施。我国《民事诉讼法》和《行政诉讼法》均未规定行为保全。所谓证据保全是指在证据可能灭失或者以后难以取得的情况下，人民法院依诉讼参加人的申请或者依职权主动采取的保全措施，例如，对书证进行拍照、复制，对物证进行勘验、绘图、录像或者保管原物等。

那么，对于证据保全是否属于国家赔偿法意义上的财产保全呢？有两种意见：第一种意见认为，证据保全属于国家赔偿法意义上的财产保全。主要理由是：根据保全对象的不同，法律上将保全措施的种类划分为证据保全和财产保全两种。《民事诉讼法》第74条、第92条至第96条分别对证据保全、财产保全作了单独规定，《行政诉讼法》第36条及有关司法解释对此亦有相对应的规定，可见证据保全是人民法院依当事人的申请或依职权采取的一种保全措施，其区别于财产保全措施。原《国家赔偿法》第31条在字面技术处理上采用了"保全措施"而没有使用"财产保全措施"，应包括"证据保全"和"财产保全"两种，而且证据保全措施违法也能直接引起经济损失的后果，给被申请保全人的合法权益造成损害，不纳入到国家赔偿范围是不公平的，有悖国家赔偿的立法宗旨。第二种意见认为，证据保全不属于国家赔偿法意义上的财产保全。主要理由是：虽然《国家赔偿法》第31条在字面上采用了"保全措施"的字样，但最高人民法院《关于民事、行政诉讼中司法赔偿若干问题的解释》第3条规定的"违法采取保全措施"所列五种情形均指财产保全措施，而将证据保全排除在外。而且大多数情况下，申请确认人的损失也是由于人民法院采取财产保全措施才会引起经济损失，因证据保全引起经济损失的情况很少，而且大多也是间接损失，所以证据保全措施违法不应属国家赔偿确认案件的受案范围。最高人民法院支持了第二种意见。最高人民法院认为，我国的国家赔偿法实行法定赔偿主义，国家赔偿范围系由《国家赔偿法》确定。现行《国家赔偿法》及其相关司法解释均未将违法采取证据保全措施纳入国家赔偿范围。故证据保全措施违法不应当属于国家赔偿案件受理范围。[①]

2. 诉前保全、诉讼中保全、执行前保全。

这是根据诉讼过程中不同阶段采取保全措施进行的分类。诉前保全是指，根据《民事诉讼法》第93条规定，利害关系人因情况紧急，不立即申请财产保全将会使其合法权益受到难以弥补的损害的，可以在起诉前向人民法院申请采取的财产保全措施。申请人应当提供担保，不提供

[①] 最高人民法院《关于证据保全措施违法是否属国家赔偿确认案件受理范围的答复》（2006年9月19日，[2006]确他字第3号）。

担保的，驳回申请。诉讼中的保全是指人民法院在案件受理之后执行程序发生之前，为了保证生效裁判的执行，对被申请人的财产或者双方争议的标的物采取限制处分的强制性措施。一般而言，从当事人起诉到生效裁判的执行，往往要经历几个月甚至更长的时间。在此期间，可能由于对方当事人的单方处分行为或者其他原因造成生效裁判无法获得执行。诉讼中的保全是诉讼保全的主要形态。所谓执行前保全是指在行政诉讼生效裁判进入执行程序之前或者裁定准予行政行为执行裁定进入执行之前，经由当事人申请或者人民法院依职权作出保全的强制措施。

（三）诉讼保全措施的种类

财产保全采取查封、扣押、冻结或者法律规定的其他方法。主要包括查封、扣押、冻结等常规保全措施和法定的其他财产保全措施。

一是查封、扣押、冻结措施。所谓查封是人民法院将需要保全的财物清点后，加贴封条，就地封存或者异地封存。该种措施主要适用于不动产或者不宜移动。扣押是人民法院将需要保全的财产转移到另一场所予以扣留，并且在一定期限内不允许被申请人处分。该种措施主要适用于便于移动的较为贵重的财产。人民法院在财产保全中采取查封、扣押财产措施时，应当妥善保管被查封、扣押的财产。当事人，负责保管的有关单位或个人以及人民法院都不得使用该项财产。人民法院对不动产和特定的动产（如车辆、船舶等）进行财产保全，可以采用扣押有关财产权证照并通知有关产权登记部门不予办理该项财产的转移手续的财产保全措施；必要时，也可以查封或扣押该项财产。人民法院对抵押物、留置物可以采取财产保全措施，但抵押权人、留置权人有优先受偿权。冻结是指人民法院依法通知有关银行、信用合作社及其金融机构，不允许被申请人提取或者处分其存款的措施。人民法院冻结财产后，应当立即通知被冻结财产的人。财产已经被查封、冻结的，不得重复查封、冻结。

二是法定的其他财产保全措施。即"法律规定的其他方法"，主要包括变卖财产、保存价款等。《民诉意见》第99条就保存价款和变卖作了相应的规定，即人民法院对季节性商品、鲜活、易腐烂变质以及其他不宜长期保存的物品采取保全措施时，可以责令当事人及时处理，由人民法院保存价款；必要时，人民法院可予以变卖，保存价款。此外，人民法院对于债务人到期应得的收益，可以采取保全措施，限制其支取，通知有关单位协助执行。债务人的财产不能满足保全请求，但对第三人有到期债权的，人民法院可以依债权人的申请裁定该第三人不得对本案债务人清偿。该第三人要求偿付的，由人民法院提存财物或价款。

二、违法采取保全措施的情形

根据最高人民法院《关于民事、行政诉讼中司法赔偿若干问题的解释》第3条的规定，违法采取保全措施，是指人民法院依职权采取的下列行为：

（一）依法不应当采取保全措施而采取保全措施或者依法不应当解除保全措施而解除保全措施的

根据诉讼保全的不同分类，采取保全措施要符合相应的条件。以诉前财产保全为例，申请诉前财产保全的条件是：利害关系人的合法权益可能受到难以弥补的损害（例如，相对人正在转移财产或者财产可能灭失）；情况紧急，不能等到起诉后申请财产保全；申请人需要提供与保全财产相应的担保；人民法院有管辖权。"依法不应当采取保全措施"主要包括两方面：一是客观上不需要采取保全措施而采取。例如，不存在对方当事人转移、隐匿财产的行为，或者不存在诉争财产腐烂、变质等自然灭失的可能。二是不符合申请财产保全的实体或者程序要件而采取财产保全措施。例如，如果申请人不提供相应担保，人民法院采取诉前财产保全措施的，即属于不应当采取保全措施而采取保全措施。

诉讼法上还有反担保的制度。《民事诉讼法》第95条规定，被申请人提供担保的，人民法院应当解除财产保全。即被申请人如果提供反担保的，则人民法院对其采取财产保全已经没有必要，因此，应当裁定解除财产保全。此外，人民法院对于有偿还能力的企业法人，一般不得采取查封、冻结的保全措施。如果已经采取查封、冻结保全措施的，如果该企业法人提供了可供执行的财产担保或者可以采取其他方式保全的，应当及时予以解封、解冻。如果被申请人没有提供相应的担保，人民法院解除财产保全的，属于违法解除财产保全，应当承担国家赔偿责任。

（二）保全案外人财产的，但案外人对案件当事人负有到期债务的情形除外

保全财产一般不能保全属于案外人的财产，除非案外人对案件当事人负有到期债务。如果案外人对于案件当事人并不负有到期债务，人民法院采取保全措施，对于给案外人造成损失的，也应当赔偿损失。最高人民法院《关于当事人申请财产保全错误造成案外人损失应否承担赔偿责任问题的解释》（法释〔2005〕11号）的规定，根据《民法通则》第106条、《民事诉讼法》第96条等法律规定，人民法院采取财产保全错误造成案外人损失的，应当依法承担赔偿责任。

（三）明显超过申请人申请保全数额或者保全范围的

财产保全限于诉讼请求所涉及的范围，或者与本案有关的财物。这里的"限于诉讼请求所涉及的范围"，是指被保全的财物的数额，应当在权利请求所涉及的财物的范围之内，不得超过权利请求本案所涉及的财产的价额。这里的"与本案有关的财物"是指保全的财物是本案所涉及的财物，如被扣押的物品、冻结的存款等，或者虽然不是本案所涉及的财物，但与本案有牵连的财物，如被处以罚款人员在银行中的存款等。"限于诉讼请求所涉及的范围"是指被保全的财物的价额应当与权利请求或者诉讼请求的价额大致相等，既可以等于，也可以稍微大于或者稍微小于权利请求被诉行政行为所涉及的财产的价额。当然，数额应当有法律依据。最高限额为诉讼请求加上诉讼费用、保全费用、执行费用等。正因为法院对于保全数额或者保全范围具有一定的酌处权，因此，只有"明显超过"申请人申请保全数额或者保全范围的情形才属于违法行为。

（四）对查封、扣押的财物不履行监管职责，严重不负责任，造成毁损、灭失的，但依法交由有关单位、个人负责保管的情形除外

根据《民诉意见》第100条的规定，人民法院在财产保全中采取查

封、扣押财产措施时，应当妥善保管被查封、扣押的财产。当事人，负责保管的有关单位或个人以及人民法院都不得使用该项财产。对于查封、扣押的财产，人民法院负有妥善保管的监管职责，如果严重不负责任造成毁损、灭失的，人民法院应当承担赔偿责任。最高人民法院就由于人民法院严重不负责任导致扣押财产损失应当承担赔偿责任作出过若干专门批复。①

如果被查封、扣押的财产依法交由有关单位、个人负责保管的，由有关单位和个人履行监管职责，如果故意或者过失导致扣押财产损失的，应当承担相应的赔偿责任。最高人民法院也就由于有关负责保管的个人的行为导致查封财产受损的，应当由该负责保管的个人承担赔偿责任作出专门的批复。以下以一则案例说明。② 本案所涉及的法律问题是：拉萨中院是否应当就诉前财产保全措施承担赔偿责任？第一种意见认为，拉

---

① 最高人民法院《关于四川省高级人民法院请示的泸州汽车运输总公司、李平贵申请泸州市中级人民法院违法查封赔偿一案的答复》（2002年3月7日，[2001]赔他字第2号）。该案的基本案情是：泸州汽车运输总公司和李平贵签订客车专项合资经营合同。后李平贵将自己80%的股份几经转让给陈祖林。后者与李平贵在经营中意见分歧，要求退伙，未能达成协议。陈祖林向四川省叙永县人民法院起诉，并申请财产保全，要求查封该车。叙永县人民法院认为该车属于合伙财产，未采取保全措施。陈祖林在未撤诉的情况下，就同一纠纷向泸州市中院提起诉讼，并申请财产保全。泸州中院裁定查封了客车。后陈祖林到叙永县法院撤诉，得到准许。汽车查封后，李平贵多次要求解封未果。后泸州中院将该案件移送叙永县法院审理。叙永县法院审理期间，泸州中院函告叙永县法院尽快结案，并视情解封。叙永县法院要求泸州中院出具解封手续，无果。后叙永县法院作出民事判决，泸州汽运公司和李平贵不服，提起上诉，泸州中院作出二审判决后，当事人仍然不服，申请再审。泸州中院再审判决撤销一审判决。案件审理期间，该车辆被查封已近1年半时间，在露天场地日晒雨淋，车辆破损。泸州汽运公司和李平贵以泸州中院违法查封向其申请赔偿。此外，有关司法批复还有最高人民法院《关于人民法院在保全、执行过程中因重大过失造成确认申请人损失的，应予确认违法的答复》（2007年1月23日，[2006]确他字第6号）。

② 该案的基本案情是：西藏图书馆将其围墙内的一处平房租给党兴、唐国君存放汽车配件，将一处场地租给拉萨市城建劳动服务预制构件厂。因构件厂工人做饭引起火灾，造成党兴、唐国君损失22万元的汽车配件。党兴、唐国君向拉萨市中级人民法院申请诉前保全，并提供了相应的担保。拉萨中院作出裁定对构件厂价值20余万元的预制板进行查封，并交由构件厂的负责人金敬土保管。后在案件审理过程中，党兴、唐国君发现金敬土擅自处理被保全的建材，即向拉萨中院反映，请求立即制止其违法行为，但是，拉萨中院没有采取任何措施。法院作出判决之后，构件厂被保全的财产几乎已被变卖一空，金敬土也下落不明，致使构件厂赔偿的部分无法执行。党兴、唐国君以人民法院对其申请的诉前财产保全不当给其造成巨大经济损失为由，向拉萨中院申请国家赔偿。拉萨中院认为，当事人一方（金敬土）在案件审理过程中非法变卖人民法院已经保全的财产，属于个人违法行为，人民法院在保全及审理案件过程中，程序合法，并无违法之处，据此作出不予赔偿决定。

萨中院不应当承担赔偿责任。理由是，其一，拉萨中院的诉前财产保全措施以及将被保全的财产交由金敬土保管的做法均符合法律规定，不存在违法之处。拉萨中院作为诉前财产保全措施的作出主体，依照法律规定实施诉前财产保全措施，并将被保全的财产交由被保全人构件厂的负责人保管，有法律依据。至于金敬土擅自处理被保全的财产，是一种违法行为。拉萨中院在接到党兴、唐国君的反映后对其行为未加制止，属于违法的不作为行为。但是，拉萨中院是否承担赔偿责任，不应当仅仅看其是否有违法行为。其二，从造成损失的因果关系而言，党兴、唐国君的财产损失与金敬土擅自动用、转卖被保全的财产有直接因果关系；拉萨中院没有制止金敬土妨害诉讼的行为，其不作为与申请人财产损失之间只能视为一种间接因果关系。从赔偿责任的构成要件来看，直接因果关系是赔偿责任必不可少的条件之一。其三，从承担责任的后果来看，金敬土实施妨害诉讼的行为之后不知去向，其对自己的违法行为应当自行承担责任，即应当对给党兴、唐国君造成的损失予以赔偿；如果由拉萨中院承担赔偿责任，则会造成法院代替债务人偿还债务的情况，从而使应当承担法律责任的金敬土规避了应当尽的义务。其四，从《国家赔偿法》的立法精神而言，我国《国家赔偿法》遵循的原则是违法原则，即必须有国家机关和工作人员采取了违法的行为才能依据法律赔偿。拉萨中院的行为虽然违法，但是这个"违法"并非《国家赔偿法》规定的违法。因《国家赔偿法》中没有明确规定，不应当将此不作为视为违法行为，因此，拉萨中院不应当承担赔偿责任。第二种意见认为，拉萨中院应当承担赔偿责任。理由是，其一，依照法律规定，任何个人、团体和组织都无权擅自处理人民法院已经被查封、扣押的物品，这是法律强制力的一种体现。在本案中，当事人曾经向拉萨中院反映金敬土的行为，但是作为有权采取和变更强制措施的拉萨中院对金敬土的行为，既不继续采取强制措施，又为变更强制措施保证判决的执行，其行为实际上是对违法者的一种默许，违反了《民事诉讼法》关于财产保全的法律规定。拉萨中院的放任行为是一种违法行为。其二，从因果关系来分析，人民法院采取了财产保全措施，就有责任和义务确保被保全财产的安全。显然，在本案中，被保全的财产灭失是由于人民法院采取强制措施不当或者不采取强制措施所致，应当由人民法院承担责任。其三，依照最高人民法院法经［1991］122 号通知及 123 号复函的精神，也应当由人民法院酌情赔偿。最高人民法院认为，人民法院根据法律规定采取诉前财产保全措施并责令个人保管被查封的财产，均符合法律规定。但财产无法执行的原因不是人民法院实施了违法行为，而是负有保管义务的个人违法动用、变卖了人民法院已经查封的财产。依照《国家赔偿法》的有关规定，本案不属于国家赔偿范围。① 这个司法解释反映的是对于由于负有保管义务的个人违法动用、变卖人民法院已经查封的财产，法院在知悉相关情况下仍然没有及时制止，结果导致损害，人民法院免除赔偿责任。

这个司法解释对于人民法院"不履行监管职责"的解释较为严格，仅仅是指人民法院应当主动履行监管职责的情形；对于"依法交由有关单位、个人负责保管"解释又比较宽松，如果个人行为导致损害的，人民法院则以其行为侵权为由免除国家赔偿责任。实际上，人民法院"不履行监管职责"的情形不仅包括人民法院应当主动履行监管职责而未履行，也包括了人民法院在接到有关举报、得到保全财产损害的后果应当积极处置而未处置的行为。最高人民法院在随后的司法批复中将"不履行监管职责"的情形作了适当扩大。以下也以一则案例说明。② 对于天津

---

① 最高人民法院《关于党兴、唐国君申请国家赔偿案的批复》（1998 年 3 月 11 日，［1997］赔他字第 8 号）。

② 2000 年 12 月 12 日，天津市第一中级人民法院立案受理了天津市金泽置业发展有限公司（以下简称金泽公司）诉天津市加布沃房地产开发有限公司（以下简称加布沃公司）欠款纠纷案。2000 年 12 月 26 日，金泽公司向天津市第一中级人民法院提出对加布沃公司的财产进行保全的申请，并提供了相应的担保。2000 年 12 月 27 日，天津市第一中级人民法院裁定，查封加布沃公司人民币 300 万元或等额内财产。2000 年 12 月 27 日、2001 年 1 月 8 日，在诉讼双方均在场的情况下，天津市第一中级人民法院先后查封加布沃公司名下的华苑小区住宅房屋共计 25 套，并告知加布沃公司对上述被查封的房屋负有保管义务，加布沃公司在查封笔录上签字。2001 年 1 月 3 日、1 月 8 日，天津市第一中级人民法院两次向天津市河北区房管局送达了协助执行通知书，通知书中明确规定，对上述被查封之房不得进行产权登记或买卖、转移、抵押。一审诉讼期间，金泽公司向法院反映，加布沃公司对查封的部分房屋正在卖出，要求予以制止，法院未采取相应措施。后判决生效后，由于被查封的全部房屋被加布沃公司变卖，使得金泽公司的利益无法实现。

一中院保全措施是否违法，有两种不同意见：第一种意见认为，金泽公司提出保全申请并提供相应的担保，天津一中院根据法律的规定采取保全措施并责令加布沃公司保管被查封的财产，均符合法律的规定。根据最高人民法院《关于民事、行政诉讼中司法赔偿若干问题的解释》第3条第（四）项的规定，违法采取保全措施，是指人民法院依职权对查封、扣押的财物不履行监管职责，严重不负责任，造成毁损、灭失的，但依法交由有关单位、个人负责保管的情形除外。因此，天津一中院在得知保管人加布沃公司擅自处分被查封的财产后，虽然未采取措施予以制止，但该不作为行为不是国家赔偿法和相关法律所规定的违法行为，故该不作为行为不应认定违法。第二种意见认为，财产保全是指法院在受理诉讼前或诉讼过程中，根据利害关系人或当事人提出的申请，或者依职权对当事人的财产或争议的标的物作出强制性保护措施，以限制当事人对财产进行处分，人民法院对依法保全的财产可以责令所有人保管，并对保管人负有监管责任，如果保管义务人对保全的财产有转移、转让、隐匿、毁损等妨害民事诉讼行为，人民法院依法必须采取相关的强制措施，保障审判活动的正常进行，并保证将来作出的判决能够得到有效执行。虽然，天津一中院依法对加布沃公司的财产采取保全措施，并责令其承担保管之责，但该院在得知加布沃公司擅自处分被查封的财产后，未采取措施予以制止，其行为违反了监管职责，致使申诉人的利益无法实现，其行为应视为采取保全措施不当并应承担相应的赔偿责任。最高人民法院认为，人民法院在明知被保全的财产受到不法侵犯时，未依法予以制止，未尽到监管职责，致使被保全的财产流失，当事人遭受重大损失，应当依法认定人民法院保全措施违法。① 本批复针对的案件情形与前一批复非常类似，但是结论完全不同，在司法实践中应当按照后一批复的精神予以处理。

此外，如果法院将保全财产交由保全申请人的，属于执行给付，对

---

① 最高人民法院《关于人民法院明知被保全财产受不法侵害，未依法制止，致使当事人遭受重大损失的，应确认违法的答复》（2004年10月10日，[2003]确他字第1号）。

于因此遭受损失的,应当按照"对判决、裁定及其他生效法律文书执行错误"处理。最高人民法院认为,人民法院根据诉讼保全申请人的申请采取诉前保全措施,把扣押的财产交申请人保管,实质上已不是保全措施,而是执行给付,属于错误执行的情形。人民法院应当对造成的直接损失履行赔偿义务。之后,应当向财产保全申请人追偿。[①] 当然,如果法律不允许将保全财产交给保全申请人的,如果由于申请人的行为导致损害的,应当先由人民法院承担赔偿责任,然后再向保全申请人追偿。

(五) 变卖财产未由合法评估机构估价,或者应当拍卖而未依法拍卖,强行将财物变卖给他人的

如前所述,《民诉意见》第 99 条就保存价款和变卖作了相应的规定,即人民法院对季节性商品、鲜活、易腐烂变质以及其他不宜长期保存的物品采取保全措施时,可以责令当事人及时处理,由人民法院保存价款;必要时,人民法院可予以变卖,保存价款。根据《民诉意见》第 281 条的规定,人民法院需要变卖财产的,可以交由有关单位变卖,也可以由人民法院直接变卖。由人民法院直接变卖的,变卖前应当就价格问题征求物价等有关部门的意见,作价应当公平合理。如果人民法院在变卖财产时未经合法评估机构估价,强行将财物卖给他人的,造成损害的,应当承担赔偿责任。参照《人民法院民事执行中拍卖、变卖财产的规定》第 2 条的规定,人民法院对查封、扣押、冻结的财产进行变价处理时,应当首先采取拍卖的方式,但法律、司法解释另有规定的除外。也就是说,一般情况下,如果对于查封、扣押、冻结的财产进行变价处理,应当首选拍卖的方式。如果人民法院没有按照有关拍卖的条件和程序强行将财物变卖给他人,造成损害的,应当承担赔偿责任。

(六) 违反法律规定的其他情形

这是一个兜底性的条款,在司法实践中,主要包括以下几种情形:

[①] 最高人民法院《关于李文森、李明义申请龙沙区法院赔偿案的批复》(2000 年 3 月 9 日,[1998] 赔他字第 10 号)。

（1）超出法定保全措施的种类和法定的期限。超过法律和司法解释规定的查封、扣押、冻结和法律准许的其他方式、法定的期限，属于超出法定保全措施和期限的行为，造成损害的，应当承担赔偿责任。（2）违反法定程序。人民法院在采取诉讼保全措施时，应当遵守《民事诉讼法》、《行政诉讼法》和相关司法解释的规定，如果违反相关程序造成损害的，应当承担赔偿责任。（3）重复查封、冻结。《民事诉讼法》第94条第4款规定，财产已被查封、冻结的，不得重复查封、冻结（但可以轮候查封冻结）。这一规定是为了解决不同地区的法院，为了保护本地区的利益，抢先查封、冻结，重复查封、冻结的现象时有发生。这种现象在社会上造成了很坏的影响，破坏了法制的统一性和严肃性，也影响了人民法院的威信。如果人民法院的重复查封、冻结导致损害发生的，应当承担赔偿责任。

第三节 有关执行行为的赔偿

一、执行行为的概念和生效法律文书

执行判决、裁定或其他生效法律文书的行为简称执行行为。根据最高人民法院《关于人民法院执行工作若干问题的规定（试行）》第2条的规定，生效法律文书包括：（1）人民法院民事、行政判决、裁定、调解书，民事制裁决定、支付令，以及刑事附带民事判决、裁定、调解书；（2）依法应由人民法院执行的行政处罚决定、行政处理决定；（3）我国仲裁机构作出的仲裁裁决和调解书；人民法院依据《仲裁法》有关规定作出的财产保全和证据保全裁定；（4）公证机关依法赋予强制执行效力的关于追偿债款、物品的债权文书；（5）经人民法院裁定承认其效力的外国法院作出的判决、裁定，以及国外仲裁机构作出的仲裁裁决；（6）法律规定由人民法院执行的其他法律文书。

最高人民法院《关于民事、行政诉讼中司法赔偿若干问题的解释》第4条对《国家赔偿法》第38条规定的"对判决、裁定及其他生效法律

文书执行错误"作了一个解释：是指对已经发生法律效力的判决、裁定、民事制裁决定、调解、支付令、仲裁裁决、具有强制执行效力的公证债权文书以及行政处罚、处理决定等执行错误。

在司法实践中，对于人民法院执行行政机关的行政处罚、行政处理决定（非诉行政执行）错误的，由法院还是行政机关承担赔偿责任存在较大争议。有的学者认为，对于行政机关申请人民法院强制执行的案件，如果拘役执行的行政决定违法，由于法院是严格依照该行政决定所确定的范围实施执行行为，因此，由此给被执行人造成损害的，法院不承担赔偿责任，应当由行政机关承担赔偿责任。[①] 有的学者认为，对于人民法院准予执行的非诉行政执行案件发生错误的，应当由人民法院承担司法赔偿责任。理由是，在非诉行政执行案件中，法律赋予了法院对申请执行的行政行为的审查权，法院就应当承担相应的责任。即，如果法院由于自身原因造成审查失误，给被执行人造成损失的，应当承担相应的法律责任，比如恢复原状、赔偿损失或者赔礼道歉等。法院仅享有审查权而不承担责任的状况即使从形式逻辑上看也是矛盾的。[②] 我们认为，这两种观点都过于绝对。执行错误的原因有很多，有的是由于行政机关非诉行政行为本身造成的，有的是由于人民法院执行行为造成的，因此，必须根据具体情况进行具体分析。最高人民法院的司法解释确立了这一做法。例如，最高人民法院《对当事人对人民法院强制执行生效具体行政行为的案件提出申诉人民法院应如何受理和处理的请示的答复》（1995年8月22日，法行〔1995〕12号）中确认："公民、法人和其他组织认为人民法院强制执行生效的具体行政行为违法，侵犯其合法权益，向人民法院提出申诉，人民法院可以作为申诉进行审查。人民法院的全部执行活动合法，而生效具体行政行为违法的，应转送作出具体行政行为的行政机关依法处理，并通知申诉人同该行政机关直接联系；人民法院采

---

① 马新文：《因执行问题引起的国家赔偿与执行回转的区别》，载《河南社会科学》1998年第3期。

② 姜明安主编：《行政法与行政诉讼法》，法律出版社2002年版，第493页；赵峰、杨德兴：《非诉行政执行的悖论研究》，载《行政与法》2003年第7期。

取的强制措施等违法，造成损害的，应依照国家赔偿法的有关规定办理。"可见，对于执行错误的国家赔偿问题应当根据执行错误的基础原因来确定。

二、执行判决、裁定或者其他生效法律文书错误的具体情形

"执行判决、裁定或者其他生效法律文书错误"一般包括以下几种情形：

（一）执行尚未发生法律效力的判决、裁定、民事制裁决定等法律文书的

执行名义，又称为执行根据或者执行文书，是权利人依照法律规定据以申请执行的凭证，也是具有执行权的机关采取措施的根据。执行名义必须是已经生效的法律文书。尚未发生法律效力的判决、裁定、民事制裁决定，或是人民法院正在拟议，或是一审后当事人尚未行使上诉的权利，这些没有发生法律效力的法律文书对于权利义务关系还没有最终确定。如果人民法院执行这样的法律文书，属于没有执行名义的违法执行行为。

（二）违反法律规定先予执行的

法律对于先予执行规定了适用条件和适用范围。《民事诉讼法》第97条规定，人民法院对下列案件，根据当事人的申请，可以裁定先予执行：追索赡养费、扶养费、抚育费、抚恤金、医疗费用的；追索劳动报酬的；因情况紧急需要先予执行的。根据司法解释的规定"紧急情况"，包括：需要立即停止侵害、排除妨碍的；需要立即制止某项行为的；需要立即返还用于购置生产原料、生产工具货款的；追索恢复生产、经营急需的保险理赔费的。《民事诉讼法》第98条规定，人民法院裁定先予执行的，应当符合下列条件：当事人之间权利义务关系明确，不先予执行将严重影响申请人的生活或者生产经营的；被申请人有履行能力。人民法院可以责令申请人提供担保，申请人不提供担保的，驳回申请。申请人败诉的，应当赔偿被申请人因先予执行遭受的财产损失。《民诉意见》第106条规定，民事诉讼法规定的先予执行，人民法院应当在受理

案件后终审判决作出前采取。先予执行限于当事人诉讼请求的范围，并以当事人的生活、生产经营的急需为限。行政诉讼法没有规定先予执行。《若干解释》第48条第2款规定，人民法院审理起诉行政机关没有依法发给抚恤金、社会保险金、最低生活保障费等案件，可以根据原告的申请，依法书面裁定先予执行。《若干解释》第94条规定，在诉讼过程中，被告或者具体行政行为确定的权利人申请人民法院强制执行被诉具体行政行为，人民法院不予执行，但不及时执行可能给国家利益、公共利益或者他人合法权益造成不可弥补的损失的，人民法院可以先予执行。如果人民法院违反上述规定，对当事人权利义务关系不明确、被申请人明显没有履行能力、申请人没有提供担保、超出申请人申请范围实施先予执行，造成损害的，应当承担赔偿责任。

值得注意的是，有的国家和地区还规定了国家赔偿法上的先予执行程序。例如，韩国《国家赔偿法》第13条第2款及其执行令第21条规定，地方审议会认为有紧急必要时，可以根据被害人及其亲属的请求，可以说明理由，向管辖审议会申请疗养费或丧葬费的先行给付。我国台湾地区"国家赔偿法"第11条第2款也规定，请求权人对于医疗费或者丧葬费的支出，可以请求法院先行为假处分先予执行。这里的"先予执行"实际上是国家赔偿法上的先予支付制度，与民事诉讼和行政诉讼中的先予执行并不相同。学术界许多学者呼吁建立国家赔偿先予执行制度。[①] 目前，我国《国家赔偿法》尚未确立先予执行制度。

（三）违法执行案外人财产且无法执行回转的

一般来说，被执行人是生效法律文书确定的期限内未履行义务的义务人，特殊情况下也可以是对案件当事人依法负有到期债务的人。《民事诉讼法》第214条规定，执行完毕后，据以执行的判决、裁定和其他法律文书确有错误，被人民法院撤销的，对已被执行的财产，人民法院应当作出裁定，责令取得财产的人返还；拒不返还的，强制执行。所谓执

[①] 例如，徐记青：《论先予执行程序在国家赔偿程序中的适用》，载《湖北警官学院学报》2005年第3期；王友莉：《从一起国家赔偿案件谈先予执行的适用》，载《人民司法》2000年第7期。

行回转,是指在执行中或执行完毕后,据以执行的法律文书被人民法院或其他有关机关撤销或变更的,原执行机构依照《民事诉讼法》第214条的规定,依当事人申请或依职权,按照新的生效法律文书作出裁定,责令原申请执行人返还已取得的财产及其孳息。执行回转应当满足以下三个条件:一是执行回转的前提是据以执行的根据被依法撤销;二是原执行依据已经执行或者执行完毕;丧失原执行依据的权利人拒不返还已经取得财产。

违法执行案外人的财产实际上属于执行主体错误。即人民法院在执行时,未将判决、裁定或者其他生效法律文书确定的应当履行财产给付义务的人的财产予以执行,而是将不具有履行财产给付义务人的财产错误执行。如果人民法院违法对案外人财产予以执行并且导致无法执行回转的,应当承担赔偿责任。

以下以一则请示案件说明。[①] 本案中,如何把握国家承担赔偿责任与当事人返还财产之间的关系?第一种意见认为,本案属于《民事诉讼法》第214条规定的情形,人民法院应当执行回转,责令取得财产的人返还,返还后仍然造成损失的部分由人民法院负责赔偿。第二种意见认为,鉴于蒲江县中药材公司返还确有困难,由蒲江县法院先行垫付,等待该公司有返还能力时再返还给法院。第三种意见认为,执行错误给当事人造成损失就应当依据《国家赔偿法》第31条的规定承担主要责任并给予赔偿。蒲江法院未予足够审查,错误执行造成案外人财产损失,这与因判决、裁定等生效法律文书错误导致的执行错误是不同的,不能适用执行回转。同时,也不能由人民法院垫付。蒲江法院和彭州法院应当承担的是违法执行造成的宋才永的财产损失的部分。如果由人民法院替中药材

---

① 1995年1月5日,四川省蒲江县法院以民事裁定查封了宋才永租用的仓库。其间,宋才永曾经向蒲江县法院提出执行异议。蒲江县法院未予理睬,并对撕毁封条的宋才永的妻子邓菊兰采取罚款和拘留的强制措施。执行后,蒲江县法院将查封物品予以拍卖。宋才永向蒲江县法院提出赔偿申请。1995年9月21日,蒲江县法院决定驳回宋才永的赔偿申请。1997年4月4日,蒲江县法院裁定认定该院执行错误。1997年9月8日,蒲江县法院作出赔偿决定。宋才永不服,向成都中院申请作出赔偿决定。

公司先行垫付价款的话,就会产生人民法院替代债务人承担债务责任以及人民法院追偿赔偿款的问题。最高人民法院认为,蒲江县人民法院、彭州市人民法院在宋才永提出执行异议以及成都市农工商公司已表示保全财产不属该公司所有的情况下未严格审查,继续保全并执行,属执行主体错误,应当承担执行错误的主要责任。蒲江县中药材公司、彭州市中药材公司申请保全、执行对象错误,对错误执行应承担次要责任。蒲江县中药材公司、彭州市中药材公司与宋才永并无债权债务关系,获得中药材以及变卖的价款缺乏法律依据,应当予以返还。蒲江县人民法院、彭州市人民法院应对错误执行造成的直接损失部分承担国家赔偿责任。[①]本司法解释对于人民法院错误执行案外人财产并且导致无法执行回转,应当承担国家赔偿责任。保全申请人和执行申请人对此错误执行也有过错,应当承担一定的次要责任。

(四) 明显超过申请数额、范围执行且无法执行回转的

明显超过申请数额是指执行行为针对的财产数额明显大于申请执行财产的数额;明显超过范围是指执行行为明显超过申请执行的范围。如果人民法院超过申请执行人申请的执行数额或者超出生效法律文书确定的执行范围采取执行措施,如果能够执行回转的,予以执行回转;无法执行回转的,造成损害的,人民法院应当承担赔偿责任。值得研究的问题是,对于执行数额、执行范围似乎并非依靠申请执行人的主观意志,应当由人民法院根据生效法律文书确定的数额和范围来综合进行判断。这一条款今后还有继续完善的必要。

执行回转和执行行为国家赔偿不同:执行回转是执行程序中的特殊执行,执行行为赔偿则是非刑事司法赔偿;执行回转的目的在于回复受害人的权益,尽可能地对其实施补偿和救助,执行行为赔偿则是通过赔偿弥补过错,不仅仅是对个人的救济;执行回转以返还原物为主,执行行为赔偿则是在考虑国家财政负担的前提下给予合法合理的赔偿。两者

---

① 最高人民法院《关于宋才永申请国家赔偿案的批复》(1998年8月10日,[1998] 赔他字第8号)。

之间关系的结论是：如果能够执行回转的，应当执行回转。据此，最高人民法院《关于人民法院执行〈国家赔偿法〉若干问题的解释》第2条第2款规定："人民法院审理的民事、经济、行政案件发生错判并已执行，依法应当执行回转的，或者当事人申请财产保全、先予执行，申请有错误造成财产损失依法应由申请人赔偿的，国家不承担赔偿责任。"

司法解释对于"无法执行回转"的问题仅限于"违法执行案外人财产"和"明显超过申请数额、范围执行"两种情形。有的学者对此提出异议认为，只要是由于人民法院的判决行为、执行行为导致无法执行回转的侵犯财产权的，都应当予以赔偿。例如，法院将一处房屋判决归甲所有，甲随后将房屋卖于乙，后来法院改判将房屋判与丙。由于乙是善意第三人，无法执行回转，对于房屋损失应当由人民法院赔偿。[1] 我们认为，上述案例体现的是民事错误判决，属于国家免责范围，不应当由法院赔偿。况且，对于民事判决的错判，在相当多的情况下是由于当事人的证据出现问题导致的，如果在这种情况下允许国家赔偿，实际上使得民事错判不赔偿变成了民事错判也要由国家承担赔偿责任。[2]

（五）执行过程中，对查封、扣押的财产不履行监管职责，严重不负责任，造成财物毁损、灭失的

有关"对查封、扣押的财产不履行监管职责，严重不负责任，造成财物毁损、灭失的"的内容可以参见本节第二个问题的阐述。最高人民法院在这方面的司法解释有《关于人民法院在保全、执行过程中因重大过失造成确认申请人损失的，应予确认违法的答复》（2007年1月23日，[2006]确他字第6号）。

（六）执行过程中，变卖财物未由合法评估机构估价，或者应当拍卖而未依法拍卖，强行将财物变卖给他人的

有关内容也可以参见本章第二节的阐述。

---

[1] 杨小君：《国家赔偿法律问题研究》，北京大学出版社2005年版，第57页；王振华：《不能执行回转法院应承担赔偿责任》，载《法学杂志》1995年第6期。

[2] 马新文：《因执行问题引起的国家赔偿与执行回转的区别》，载《河南社会科学》1998年第3期。

（七）违反法律规定的其他情形

这是一个兜底性的规定，只要是人民法院的执行行为违反法律规定，导致公民、法人或者其他组织的合法权益损害的，人民法院均应当承担赔偿责任。例如，对于执行对象错误的，也属于执行错误。以下一则请示案件说明。① 本案中，法院是否应当承担赔偿责任？有以下两种意见：一种意见认为，万秀区法院虽然存在程序违法等错误，但未构成承担国家赔偿要件，不应承担赔偿责任。另一种意见认为，万秀区法院执行对象错误，应当承担赔偿责任。其一，宏通公司所诉的被告是木材厂，李宗文是木材厂的法定代表人。而油船是李宗文个人委托少雄船厂订造的，即便该船属于李宗文所有，本案亦属于执行对象错误。其二，李宗文对于执行错误应当承担主要责任。李宗文对于不属于自己所有的油船，在调解笔录中将其作为木材厂承担债务的保证，对造成执行对象错误应当承担主要责任。其三，少雄船厂为造船投入资金的利息不应当纳入赔偿范围，此种利息并非强制执行行为导致的必然损失，应当视为间接损失。最高人民法院认为，李宗文将尚不属于自己所有的油船壳作为还款保证，导致梧州市万秀区人民法院错误执行并将执行所得为其偿还债务，李宗文应当承担主要责任，应将法院拍卖油船为其还款部分予以偿还；梧州市万秀区人民法院将属于少雄船舶修造厂所有的油船壳作为李宗文的财产予以强制执行，属执行对象错误，应当对李宗文偿还债务之后给少雄船舶修造厂造成的其他直接损失承担赔偿责任。②

---

① 该案基本案情是：少雄船厂与李宗文（藤县永兴实业公司木材加工厂法定代表人）签订造船合同。李宗文涉与宏通公司另一宗民事诉讼，法院调解时，李宗文表示自愿以其在少雄船厂所造的油船作为还款保证。宏通公司向梧州市万秀区法院申请强制执行，万秀区即向少雄船厂发出协助执行通知书，并将油船壳（油船半成品）异地扣押至梧州市某码头。少雄船厂向万秀区法院提出执行异议，认为认定事实错误，请求中止执行。万秀区法院驳回其异议。之后，万秀区法院三次登报公告对油船壳进行公开拍卖。期间，法院委托梧州市物价局对油船进行估价，估价为61.3万元，拍卖后以65万元成交。少雄船厂要求法院赔偿。

② 最高人民法院《关于广西藤县蒙江少雄船舶修造厂申请国家赔偿案的批复》（1998年12月30日，[1998]赔他字第13号）。

三、其他非刑事司法侵权行为

最高人民法院《关于民事、行政诉讼中司法赔偿若干问题的解释》第 5 条规定，人民法院及其工作人员在民事、行政诉讼或者执行过程中，以殴打或者唆使他人以殴打等暴力行为，或者违法使用武器、警械，造成公民身体伤害、死亡的，应当比照原《国家赔偿法》第 15 条第（四）项、第（五）项规定予以赔偿。也就是说，对于人民法院及其工作人员的暴力行为造成公民身体伤害、死亡的，人民法院应当承担赔偿责任。需要注意的有两个问题：一是根据修订后的《国家赔偿法》，这里的"殴打"还应当包括"虐待"行为，"唆使"还应当包括"放纵"行为。二是对于此类侵权行为应当适用结果归责原则。有关内容可以参见本书前一节的相关部分。

第十五章　国家免责的行为范围

第一节　国家免责行为概述

一、国外有关国家免责条件的设定

几乎每一个建立国家赔偿制度的国家，都有国家免责的规定，即规定若干免除国家责任的情形。这是因为，任何一个国家的财力都是有限的，不可能承担无限制的赔偿责任。从一些国家的立法例来看，各国限制赔偿责任的方法和角度不尽相同，因而免责条件的设定也不同。但综合起来，有以下诸种：

（一）致害行为为非职务行为。这一免责条件是各国的通例。意即，将国家机关工作人员的个人行为所产生的损害排除在国家赔偿的范围之外。个人行为所产生的损害应由个人负责，而不由国家承担。例如，根据美国《联邦侵权赔偿法》第2608条（h）项的规定，对于公务员实施的人身加害、诬告、程序滥用、书面或口头诽谤、不实表示、欺诈、侵害侵权等行为，国家不承担赔偿责任。

（二）致害行为为合法行为，但通常无罪羁押除外。除依法征用、征调等应由国家给予补偿以外，国家对工作人员或机关的合法行为所致损害不承担赔偿责任。一些国家将合法行为作为具体确定为"履行法律义务的行为"（例如印度）、"根据法律的授权而实施的行为"（例如苏联）、"根据法定特权而实施的行为"（例如英国）、"根据自由裁量权而实施的行为"（例如美国等）、"正当防卫、紧急避险或法定自助行为"（例如中国台湾地区）等。值得注意的是，各国关于致害行为合法性的标准有宽严之分。从严解释的,认为行为必须是法律明确授权的行为或为履行法律义务的行为;从宽解释的,认为致害行为只要没有违反禁止性规定即可认为合法。对合法性的不同理解,对国家赔偿的实务发生了深刻影响。

(三) 不能归因于公务人员的行为。表面上,相对人所受损害与公务人员的职务行为有一定联系,但本质上公务人员不是真正的致害者或者不能归责于公务人员。绝大多数国家的法律规定,在这种情况下,国家和公务人员均不承担赔偿责任。在这种情况下,从公务人员一方来说,"没有过错"或"已尽相当之注意",或"已满足法律之要求",或"已经尽道义上之义务或责任",或"已尽善良家父之责任",或"已尽到适当注意的要求",或已奉守"有理智的正常人可以遵循的行为准则",或"已做了他应当做的事",或没有"可谴责"或"可非难之处"或"已尽到对他人的特定注意义务",或"已付出相当的意志努力"等等;从致害原因说,或应归责于第三者(因第三者的介入而使损害发生或扩大),或因归责于受害人自身(因受害人的过错而使损害发生或扩大,或怠于通过某种使用法律手段除去其损害;受害人要求同意支持公务人员实施某种致害行为等待),或应归咎于自然或某些客观原因(如不可抗力事件,或非人力所能防范的事件)。

(四) 致害行为属于实施特殊职能。除极少数国家以外,大多数国家规定对实施立法职能所造成的损害不承担赔偿责任,或者将这种责任限定在比较狭小的范围之内。有的国家还规定,国家对执行社会经济政策的行为所造成的损害也不承担赔偿责任。之所以作这种规定,一是制定法律、法规和政策的行为,通常被视为国民的共同意志。不能认为在这种情况下,参与立法和制定政策的人有错;二是这类行为造成的损害范围往往比较宽,涉及的对象比较广泛,国家往往不能承担如此广泛的赔偿责任。

(五) 致害行为为福利性、救济性行为或为公共利益而实施的某些危险行为。有的国家规定,国家对政府组织的检疫行为、免疫行为甚至医疗行为造成的损害不承担赔偿责任;有的国家规定,国家对邮政、铁路等公益性行为造成的损害不承担赔偿责任(或适用特殊的赔偿责任规则）；有的国家规定，法院或有权机关实施司法职能所生损害不承担赔偿责任；有的国家规定，国家机关实施无因管理行为而造成财产损失的，国家不承担赔偿责任；还有的国家规定，政府为实现公共利益而不得不采取的危险行为或执行公共福利职能必然发生的行为造成他人损害，国家不承担赔偿责任。

（六）公务人员在执行职务过程中所实施的行为为明令禁止的行为。一些国家规定，公务人员在执行职务的过程中实施了应受处罚（行政或刑事）的行为（如刑讯逼供），且该行为造成了他人的损害，应由公务人员自己负责，国家不承担赔偿责任。

二、设定免责范围的考虑因素

政府免责范围的大小与政府承担责任的范围的大小具有此消彼长的关系。免责条件的设定直接反映着一个国家赔偿范围的大小。上述六个方面免责条件，是对各个国家乃至不同时期国家所设定的免责条件的理论概括，并不表明每一个国家都设定有如此多的免责条件，也不表明某一个国家有如此多的免责条件。

从各国设定的免责条件看，免责范围的大小与以下一些因素有关：第一，国家的财政经济状况乃至政治状况。这是决定一国免责范围大小的最主要的原因。国家财力雄厚，有能力支付各种赔偿金，免责范围就小，否则免责范围就大。一国的财力最终都取之于民，如果一个国家尽管很富，但统治者因为政治上的原因无法通过征稽税负的方式而增加国家赔偿的基金，也不能不设定较多的免责条件。第二，一国在处理国家赔偿问题上的"主义"和观念。为什么要由国家承担赔偿责任，各个国家乃至于各个国家在不同时期的回答都不尽相同。

第二节 我国行政赔偿中免责范围

行政赔偿中的免责情形由《国家赔偿法》第 5 条加以规定，该条规定在三种情形下，国家不承担赔偿责任。

一、行政机关工作人员与行使职权无关的个人行为

根据《国家赔偿法》第 2 条的规定，只有在损失事实为行政机关及其工作人员的行使行政职权的行为所造成的情况下，国家才有可能承担赔偿责任。这本身就暗含着行政机关工作人员与行使职权无关的个人行为所致损害国家不承担赔偿责任。

判断一个行为是职权行为还是个人行为，不能单纯看该行为是否发生在该工作人员的工作岗位上，也不能单看行为的主观意向，更不能仅仅以该工作人员所属机关的意向为转移，最根本的要看该行为与该工作人员的职责的履行具有必要性或有助于职责的履行，而且致害行为与该工作人员的职务具有内在的联系或在外观上具有履行职务的外形以至于一般人都认为是在行使职权，则应认定为一种职权行为。有关行使职权行为的判断标准请参见本书第九章第三节的有关阐述。如果行政机关及其工作人员的行为不能判断为职权行为，则一般属于个人行为。

个人行为一般包括两种类型：一是与行使行政职权完全没有关系的纯粹的个人行为。例如，教育行政机关的工作人员因邻里纠纷将邻居殴伤、哈尔滨市 6 名警察在下班后到酒吧娱乐因琐事将林某殴毙等。二是在事实上与行使职权行为有一定的牵连但是在法律上不能认为与行使职权有关的个人行为。例如，某工商行政机关在法制宣传活动中为某产品作宣传。对于前一种情形比较容易判断。对于第二种情形要慎重辨别，要根据前文所述的客观性标准根据具体情况予以具体判断，对于不能确定是否个人行为的，应当认定为个人行为。

二、公民、法人或者其他组织自己的行为致使损害发生的

如果某一种损害是因公民、法人或其他组织自己的行为造成的，即是说，损害结果与行政机关及其工作人员的职权行为没有因果关系，国家当然不承担赔偿责任。

但是，某一损害结果与公民、法人或其他组织自己的行为及行政机关及其工作人员的职权行为都有一定的关系，应当首先弄清是自己行为抑或是职权行为与损害结果具有法律上因果关系。如果自己行为和职权行为与损害结果都有法律上的因果关系，应当确定各自责任的大小，国家仅对其应当负责的部分承担赔偿责任。需要注意的是，这个问题实际上涉及混合过错的问题。在司法实践中，有些损害是由行政机关和受害人共同的过错造成的。例如，某公安机关在用警车押送某违法人员，由于警车没有锁好，违法人员跳车，结果导致身受重伤。本案中的致害结果是由于公安机关忽视注意义务和受害人自己的行为共同造成的，如果行政机关根据本项规定不承担一定的赔偿责任，既不合理，也不公正。理由是：第一，我国《民法通则》第13条规定了混合过错的情形，《国家赔偿法》对于行政赔偿的混合过错虽然没有规定，但是可以参照《民法通则》的上述规定。第二，混合过错的情形不符合《国家赔偿法》关于免责行为的规定。既然《国家赔偿法》规定，对于公民、法人或其他组织自己的行为致使损害发生的损害，国家不承担赔偿责任，也就意味着，因公民、法人或者其他组织的"非自己"的行为应当承担赔偿责任。第三，如果不承认行政赔偿中的"混合过错"，就会导致行政机关及其工作人员采取规避责任的手段，抓住对方一点过错不负责任，肆意违法侵害公民、法人和其他组织的合法权益。第四，这里所说的"非自己"行为不是完全意义上的自己行为，那么，当行政赔偿中遇到混合过错的情形时，就应当借鉴民法中混合责任的做法来确定行政机关的违法责任。即按照造成损害结果中各自应当承担责任的主次和大小，来确定行政机关应当承担的赔偿责任。[①] 这就是说，不能认为受害人有一些过错或违法之处，就排除国家全部的赔偿责任，也不能认为只要国家机关及其工作人员有一些违法的地方，就必然由国家对全部损害承担赔偿责任。也就是说，在这种情形下，要考虑公平责任原则的适用。

---

① 金代权：《审理行政赔偿案件的几个问题研究》，载《法律适用》1998年第3期。

对那些表面上与行政机关行使职权有关实际上属于公民、法人或者其他组织自己的行为造成的损害，国家不承担赔偿责任。例如，公民由于对征地补偿不服，一厢情愿地认为行政机关处理不公，愤而自杀的，属于个人行为，国家不能承担赔偿责任。

三、法律规定的其他情形

这里所说的"法律"是指全国人民代表大会及其常务委员会依照立法程序制定的规范性文件，而不包括法规、规章等规范性文件。作这种限定，意味着国家免责情形只能由最高权力机关加以规定，其他任何机关都无权规定。

这里的"法律"不仅指本法的有关规定，例如，本法第33条关于相互保证主义等都全部隐含着某些国家不承担赔偿责任的情形，还指本法实施以前的某些法律的规定，如《行政诉讼法》第12条的否定式排除规定，也指将来的某些单行法律可能作出的排除规定。

四、行政赔偿免责范围的完善

此外，结合司法实践，我们认为，还应当将以下两种情形纳入到行政赔偿免责范围：

一是应当将他人行为致害的情形列入免责范围。在一些行政行为中，经常发生由于他人行为造成行政机关误判进而对受害人的合法权益造成侵害。例如，诈骗分子以欺骗的手段骗取行政机关登记造成受害人损失，行政机关已经尽了审慎的审查义务，如果仍然由国家承担受害人的赔偿责任，显然并不公平。对于行政机关和他人的行为共同引起损害的，行政机关就其违法行为部分承担相应责任。因此，在将来的《国家赔偿法》修订时应当将"他人行为"列为国家免责范围。当然，如果他人实施侵权行为时，相关行政机关负有特定保护职责而怠于履行职责，放任他人侵权行为的，侵害后果不仅与他人的侵权行为存在因果关系，也与相关行政机关怠于履行法定职责存在相当因果关系，行政机关应当在怠于履行职责导致的损害范围内承担赔偿责任。

二是应当将不可抗力造成损害的情形纳入到免责范围。不可抗力是指不能预见、不能克服、不能避免的外在力量，例如，自然灾害、战争等。在法国，司法实务一般认为不可抗力造成的损害，国家不承担赔偿责任。日本、韩国的《国家赔偿法》以及我国台湾地区的"国家赔偿法"规定给予公共营造物的设置或者管理欠缺的无过失责任可以将不可抗力作为免责事由。我们认为，对于不可抗力责任免除也应当纳入到我国行政赔偿免责事由当中。有的学者认为，不应当将不可抗力纳入到免责范围之内，理由是确定国家赔偿责任的根据是行政机关及其工作人员在行使职权过程中实施的行为违法或者存在过错，只要这些职务行为存在违法或者过错并且造成损害的，国家就应当承担赔偿责任。不可抗力的存在并非国家免责的正当理由。[①] 我们认为，这种观点实际上混淆了不可抗力与行政行为违法之间的关联性。对于由于不可抗力造成的损害，国家机关不存在违法行为，无需承担赔偿责任。当然，如果在已经发生不可抗力的情况下，行政机关的违法行为扩大损害，或者在不可抗力尚未发生前，行政机关已经作出违法行为并致损害的，行政机关在其造成的损害范围内承担赔偿责任。

第三节 刑事司法赔偿免责范围

刑事赔偿中的免责情形由《国家赔偿法》第 19 条加以规定，该条共列举了六种情况。

一、因公民自己故意作虚伪供述，或者伪造其他有罪证据被羁押或者被判处刑罚的

对于由于自己的行为造成被羁押的，国家不承担赔偿责任。例如，

[①] 高家伟：《国家赔偿法》，工商出版社 2000 年版，第 182 页。

《公民权利和政治权利国际公约》第 14 条第 6 项也规定："在一人按照最后决定已被判定犯刑事罪而其后根据新的或新发现的事实确实表明发生误判，他的定罪被推翻或被赦免的情况下，因为这种定罪而受刑罚的人应依法得到赔偿，除非经证明当时不知道的事实未被及时揭露完全是或部分是由于他自己的缘故。""故意作虚伪供述"是指公民在没有任何外力因素影响的情况下，主动地、故意地作出虚假的陈述。"故意作虚伪供述"包括两个方面的内容：一是公民主观上存在使侦查或者审判陷于错误的故意。故意由两个因素构成：认识因素和意志因素。认识因素是指明知自己所作的是虚假的陈述，且明知必然或者可能导致自己受到刑事追究。意志因素是指在明知上述内容的情况下，希望或者放任自己必然或者可能受到刑事追究这一后果的发生。因此，受到刑讯逼供的公民由于其意志因素是并不希望或者放任自己必然或者可能受到刑事追究这一后果的发生，因此，即便该公民所作的供述是虚假的，但并非故意为之，不构成此处的"故意"。如果公民完全能够意识到虚假陈述的后果，只是由于法律知识欠缺，主观臆断认为只要认罪态度好就能提前释放而为虚伪供述，使侦查机关或者审判机关陷入错误的，国家免除责任。二是在客观上公民主动向司法机关作出虚伪的有罪供述。该种行为必须是一种主动的，而不是被迫的行为，对于刑讯逼供或者诱供而导致的虚假陈述均非公民的主动行为，不能认定为"公民自己故意"。

本项所说"故意作虚伪供述，或者伪造其他有罪证据"，包括三个构成要件：一是公民的陈述或口供及其提供的其他证据是不真实或者是不客观的；二是公民作这种供述或提供其他伪证的目的不一定是意图陷害他人或隐匿于己不利的证据，而往往是对自己不利的证据而且证据能够证明自己有罪的证据；三是供述人明知所提供的供述是不真实的，并会妨碍司法机关查明案件真相或者会导致对自己不利的后果，而执意或者放任为之。例如，出于种种考虑而代人受罚或代人坐牢、出于某种不正常或不健康的心理或情感甘愿蒙受不应有的处罚等。但是，如果被告有精神疾病或者其他法律上无行为能力人，或者由于认识错误，主观上并无故意陷己于罪而导致无罪羁押或者冤判的,不能免除国家的赔偿责任。

公民提供的伪证必须是"伪造的其他有罪证据"。如果公民提供了伪证,但这些伪证不足以认定该公民犯罪,或者认定该公民有罪实际上是依据其他证据定案的,即是说,该公民提供的伪证与该公民被错误羁押和冤判没有因果关系,则不宜免除国家的赔偿责任。在上述情况下,之所以免除国家赔偿责任,主要是因为在上述情况下,致害原因是伪造证据的公民,而不是工作人员的职务行为,即是说,没有满足国家赔偿的构成要件,国家不承担赔偿责任是理所应当的。

故意作虚假陈述或者伪造其他有罪证据免责的原因是什么呢?有的学者认为,这种情形下由于公民的故意诱导行为导致司法机关错误羁押或者错误判决,司法机关没有过错。这种观点过于简单化。我们认为,在此种情形下,该公民自己故意作虚伪供述固然是重要的原因,但是司法机关负有判断证据真实性的职责而未准确履行也是其中原因之一。根据过失相抵理论,司法机关对此种后果的发生是基于失察的过失心理状态,公民则是故意追求此种结果的发生。从表面上看是司法机关侵犯了其合法权益,而实际上则是他的行为妨害了司法机关的正常活动。法律排除其请求赔偿的权利既反映了该侵害行为亦有其主观原因,也反映了法律对其欺骗行为的惩戒。对于自己被羁押或者误判的后果已经预料并且自愿接受,可以推定其自动放弃了请求国家赔偿的权利。如果国家给予赔偿,就等于承认、纵容公民欺骗司法机关、干扰司法秩序违法行为的正当性。

值得注意的还有一个问题,这里的"虚假陈述"和伪造的其他有罪证据必须是定案证据。如果"虚假陈述"和伪造的其他有罪证据并非定案证据,则导致侦查机关、审判机关陷入错误的并非该陈述和证据,而是由于侦查机关、审判机关自身原因、其他定案证据导致的,国家不能因为公民曾经作出过虚假供述或者提供伪造的有罪证据而免除国家赔偿责任。只有在公民证明自己有罪的虚假陈述和提供伪造的有罪证据和错误逮捕、错误判决之间存在直接的因果关系和对应关系的情况下,足以使错误逮捕或者错误判决发生时，赔偿责任才能免除。

二、依照《刑法》第 17 条、第 18 条规定不负刑事责任的人被羁押的

根据我国《刑法》第 17 条的规定，已满 16 周岁的人犯罪，应当负刑事责任；已满 14 周岁不满 16 周岁的人，犯故意杀人、故意伤害致人重伤或者死亡、强奸、抢劫、贩卖毒品、放火、爆炸、投毒罪的，应当负刑事责任。已满 14 周岁不满 18 周岁的人犯罪，应当从轻或减轻处罚。因不满 16 周岁不处罚的，责令他的家长或者监护人加以管教；在必要的时候，也可以由政府收容教养。第 18 条规定，精神病人在不能辨认或者不能控制自己行为的时候造成危害结果，经法定程序鉴定确认的，不负刑事责任，但是应当责令他的家属或者监护人严加看管和医疗；在必要的时候，由政府强制医疗。间歇性精神病人在精神正常的时候犯罪，应当负刑事责任。尚未完全丧失辨认或者控制自己行为能力的精神病人犯罪的，应当负刑事责任，但是可以从轻或者减轻处罚。醉酒的人犯罪，应当负刑事责任。国外也有类似的立法例，例如德国《刑事追诉措施赔偿法》第 6 条（拒绝补偿）规定：因被告处于无犯罪行为能力状况或因故无法开庭，致使不能对犯罪事实进行判决，或致使终止审判程序的，可以全部或者部分拒绝补偿。

根据上述规定，《刑法》第 17 条、第 18 条规定两种人是有犯罪事实而无刑事责任能力的人：一是不满 16 岁的未成年人；二是精神病人。这两种人实施了危害社会的行为，司法机关因一时难以断定他们是无刑事责任能力人而对他们实行了拘留、逮捕甚至判刑，在查明情况后予以释放的，国家不承担赔偿责任。之所以作这种规定，一是他们本身实施了危害社会的行为；二是这种情况下不追究刑事责任本身是国家的一种"宽恕"政策，反映了我国刑法的人道主义精神，但是并没有包含对这些行为的肯定。

《国家赔偿法》对于上述免责情形没有规定适用阶段。根据最高人民

法院《关于人民法院执行国家赔偿法几个问题的解释》第 1 条的规定，依照《刑法》第 17 条、第 18 条的规定不负刑事责任的人和依照《刑事诉讼法》第 15 条规定不追究刑事责任的人被羁押，国家不承担赔偿责任。但是起诉后经人民法院判处拘役、有期徒刑、无期徒刑和死刑并已执行的上列人员，有权依法取得赔偿。判决确定前被羁押的日期依法不予赔偿。司法解释以法院判决为界限，对于经审理判决前羁押的，国家不承担赔偿责任；对于判处实体刑罚并已经执行的，国家应当承担赔偿责任。

在适用本项规定时，要注意以下三个问题：一是对于无刑事责任能力的人没有犯罪事实，错误羁押的，国家应当承担赔偿责任。二是对于被羁押的无刑事责任能力的人虽然有犯罪事实，但是自其无刑事责任能力被确认后，因拖延释放导致违法羁押的期间，国家仍然应当承担赔偿责任。

三、属于《刑事诉讼法》第 15 条、第 142 条第 2 款规定不追究刑事责任的人被羁押的

我国《刑事诉讼法》第 15 条规定："有下列情形之一的，不追究刑事责任，已经追究的，应当撤销案件，或者不起诉，或者终止审理，或者宣告无罪：（一）情节显著轻微、危害不大，不认为是犯罪的；（二）犯罪已过追诉时效期限的；（三）经特赦令免除刑罚的；（四）依照刑法告诉才处理的犯罪，没有告诉或者撤回告诉的；（五）犯罪嫌疑人、被告人死亡的；（六）其他法律规定免予追究刑事责任的。"《刑事诉讼法》第 142 条第 2 款规定，对于犯罪情节轻微，依照刑法规定不需要判处刑罚或者免除刑罚的，人民检察院可以作出不起诉决定。对于以上六种人如被羁押，国家不承担赔偿责任。以上六种人都是实施了危害社会行为但有某些特殊理由而免于追究刑事责任的人。由于他们对社会造成损害或危害，从过失相抵的角度来说，即使他们受到一些损害，国家机关也不宜赔偿。

有学者认为,《刑事诉讼法》第 15 条第（一）项关于"情节显著轻微,危害不大,不认为是犯罪的"与《刑法》第 13 条规定的犯罪行为的但书,即情节显著轻微,危害不大,属于一般违法行为,不属于犯罪行为,是一致的。《国家赔偿法》第 19 条第（三）项（修订前为第 17 条第（三）项）采取的标准是违法标准,即被逮捕人只能在没有任何违法行为的情况下才给予赔偿,有一般违法行为,尽管不构成犯罪也不赔偿。

在司法实践中,还有一个争议比较大的问题是,本项规定的"不追究刑事责任的人"如果存在违法行为（但不构成犯罪）的能否申请国家赔偿,主要有三种观点：

第一种观点认为,对于犯罪嫌疑人虽然不构成犯罪,但是有违法行为的,国家依法免责。因为这种情况下的违法行为属于"刑事违法行为",该刑事违法行为属于《刑事诉讼法》第 15 条规定的"情节显著轻微,危害不大,不认为是犯罪"的情形,国家依法予以免责。

第二种观点认为,刑事违法行为并非刑事犯罪行为。刑事违法行为具有刑事犯罪的形式特征,但是不具有刑事犯罪的本质特征。《刑事诉讼法》第 15 条规定的"情节显著轻微,危害不大,不认为是犯罪"的规定,是指刑事犯罪行为已经具备犯罪的本质要件,但是由于犯罪情节显著轻微或者危害后果不大不认为是犯罪。显然,《刑事诉讼法》第 15 条规定的情节显著轻微并非是指刑事违法行为。所谓的"刑事违法行为"是指治安案件而言的,这类案件通过治安管理法律来调整,不属于刑法和刑事诉讼法调整的范围。由于治安案件发生的错案,应当通过行政赔偿来救济。在司法实践中,有些司法机关常常将治安案件作为刑事案件来追究,具有刑事案件的形式特征,但其本质上属于行政案件。如果将此类刑事违法行为理解为《国家赔偿法》第 19 条第（三）项的免责规定,实际上就等于将司法实践中存在的滥用刑事司法权力的行为合法化。

第三种观点是一种折中的观点。该种观点认为,基于同一案件、同一事实,仅仅是涉案金额、行为轻重、后果大小而不构成犯罪的,国家应当免责。例如,数额较小的盗窃、轻微伤害、小额的贪污受贿等等。

但是，这种情形不能作泛化理解。也就是说，公民虽然有违法行为，但是不构成犯罪被刑事拘留、逮捕或者作出有罪判决并已经执行的，有取得国家赔偿的权利。对于依照法律规定，需要继续采取行政拘留等限制人身自由措施的，应当将刑事拘留的时间折抵行政拘留的时间。对于超出行政拘留期限的部分，国家应予赔偿。这样，既可以避免有刑事违法行为的人获得国家赔偿，也可以防止侦查机关滥用刑事司法职权。

我们认为，对于刑事违法行为是否承担国家赔偿责任，应当区别以下情形：一是对于符合《刑事诉讼法》第15条规定，情节显著轻微的，根据《国家赔偿法》第19条第（二）项的规定，国家不承担赔偿责任。二是虽然不构成情节显著轻微，但是构成行政处罚的，行政处罚纂江国家不承担赔偿责任。

四、行使国家侦查、检察、审判职权的机关以及看守所、监狱管理职权的机关的工作人员与行使职权无关的个人行为

本项规定与本法第5条第（一）项的规定大体相同。根据本项规定的精神，"与行使职权无关的个人行为"包括：行使国家侦查、检察、审判职权的机关以及看守所、监狱管理职权的机关的工作人员在行使职权过程之外发生的侵权的行为；利用职权之便为个人谋取非法利益而发生的侵权行为；虽发生在行使职权过程中但与行使的职权不相关的侵权行为等。对于这些个人行为，国家都不承担赔偿责任。有关个人行为和职务行为的判断标准等问题，请参见本书的有关论述，此不赘述。

五、公民自伤、自残等故意行为致使损害发生的

本项的"故意行为"泛指一切故意导致损害发生或扩大的行为，即是说，凡损害是由于受害人自己故意造成的，国家不承担赔偿责任。在某些情况下，司法机关实施了合法的或者违法的行为，在尚不能直接造成公民损害时，公民为了扩大事态或者出于其他动机，故意采取自伤或者自残行为而将责任转嫁于司法机关。在司法实践中，有些犯罪嫌疑人、

被告人或者服刑人员为了逃避法律的制裁或者为了获取保外就医、假释等采取各种手段自伤、自残。本项特别强调或列举了"自伤、自残"两种情形，这两种情形是故意造成自己损害的比较典型的方式。对于由于自伤、自残导致损害发生的，系由公民自己的故意行为所致，与国家机关没有直接或者相当因果关系，因此国家不予赔偿。

在司法实践中，要注意以下三个问题：一是对于公民因过失而造成自己的某些损害，或者因机关工作人员或同室人犯逼其自伤自残的，或不堪忍受折磨而自伤自残的，国家不能全部免责，但要注意追究第三者的赔偿责任和注意适用过失相抵原则。二是如果无犯罪事实的人在被羁押期间自伤、自残的，原则上仅对其被限制人身自由予以赔偿，对于其自伤、自残的损害不能由国家赔偿。三是对于司法人员刑讯逼供导致公民自杀身亡的，国家应当承担赔偿责任，适用最高人民法院《关于黄彩华申请国家赔偿一案的批复》（1999年8月25日，［1999］赔他字第2号）的规定①。也就是说，如果刑讯逼供导致公民自杀身亡的，属于造成公民死亡的情形，国家应当承担赔偿责任。

六、法律规定的其他情形

这里应注意的有两点：一是这里所说的法律，是狭义上的法律，即指全国人民代表大会及其常务委员会按照立法程序发布的规范性文件，不包括行政法规、地方性法规及规章；二是法律不仅指《国家赔偿法》颁布以前的法律，也包括《国家赔偿法》颁布以后的法律。在司法实践中，根据《国家赔偿法》、相关法律和司法解释的规定，对于以下几种情形，国家也不承担赔偿责任：

---

① 在该批复中，最高人民法院认为：《国家赔偿法》第15条第（四）项以及第27条的规定中使用的是"造成"身体伤害或者死亡的表述方法，这与致人伤害或死亡是有区别的。"造成"应当理解为只要实施了法律规定的违法侵权行为，并产生了伤害或者死亡的后果，就应当适用《国家赔偿法》第15条第（四）项的规定。本案应由广东省连平县公安局依照《国家赔偿法》第15条第（四）项、第27条第1款第（三）项之规定，履行对造成韦月新死亡后果的赔偿义务。也就是说，如果刑讯逼供导致公民自杀身亡的，属于造成公民死亡的情形，国家应当承担赔偿责任。

（一）正当防卫和紧急避险行为

在司法实务中，有的行为虽然表面上造成了一定的损害，但是该种行为是针对不法行为或者特殊危险的损害，法律一般排除其违法性。在法学理论上，这种情况又称为"违法性阻却"。违法性阻却是指致人损害的行为的违法性被特别法律规定予以豁免的情形，典型的如正当防卫、紧急避险等。

1. 正当防卫。

正当防卫是指为了使国家、公共利益、本人或者他人的人身、财产和其他合法权利免受正在进行的不法侵害，而采取的制止不法侵害的行为。我国《刑法》第20条规定，对于正当防卫，不负刑事责任。正当防卫明显超过必要限度造成重大损害的，应当负刑事责任，但是应当减轻或者免除处罚。一般来说，正当防卫必须同时具备以下五个要件：1. 必须是为了使国家、公共利益、本人或者他人的人身、财产权利和其他权利免受不法侵害而实施的。这种不法侵害可能是针对国家、集体的，也可能是针对自然人的；可能是对本人的，也可能是针对他人的；可能是侵害人身权利，也可能是侵害财产或其他权利。只要是为了保护合法权益免受不法侵害而实施的行为，即符合本要件。2. 必须有不法侵害行为发生。所谓"不法侵害"，指对某种权利或利益的侵害为法律所明文禁止，既包括犯罪行为，也包括其违法的侵害行为。3. 必须是正在进行的不法侵害。正当防卫的目的是为了制止不法侵害，避免危害结果发生，因此，不法侵害必须是正在进行的，而不是尚未开始，或者已实施完毕，或者实施者确已自动停止。否则，就是防卫不适时，应当承担刑事责任。4. 必须是针对不法侵害者本人实行。即正当防卫行为不能对没有实施不法侵害行为的第三者（包括不法侵害者的家属）造成损害。5. 不能明显超过必要限度造成重大损害。正当防卫是有益于社会的合法行为，应受一定限度的制约，即正当防卫应以足以制止不法侵害为限。另一方面，不法侵害往往是突然袭击，防卫人往往没有防备，骤然临之，情况紧急，精神高度紧张。一般在实施防卫行为的当时很难迅速判明不法侵害确实意图的危险程度，也没有条件准确选择一种恰当的防卫方式、工具和强度来进行防卫。因此，只要不是明显超过必要限度造成重大损害的，都应当属于正当防卫。

为了和违法犯罪行为作斗争，有关法律赋予了公民的正当防卫权；为了打击和制止犯罪、维护社会治安、保护公共利益和公民合法权益，有关法律文件赋予了特定的司法机关在执行职务中的正当防卫权。例如，根据最高人民法院、最高人民检察院、公安部、国家安全部、司法部《关于人民警察执行职务中实行正当防卫的具体规定》（1983年8月14日，[1983]公发（研）109号）的规定，遇有下列情形之一，人民警察必须采取正当防卫行为，使正在进行不法侵害行为的人丧失侵害能力或者中止侵害行为：暴力劫持或控制飞机、船舰、火车、电车、汽车等交通工具，危害公共安全时；驾驶交通工具蓄意危害公共安全时；正在实施纵火、爆炸、凶杀、抢劫以及其他严重危害公共安全、人身安全和财产安全的行为时；人民警察保卫的特定对象、目标受到暴力侵袭或者有受到暴力侵袭的紧迫危险时；执行收容、拘留、逮捕、审讯、押解人犯和追捕逃犯，遇有以暴力抗拒、抢夺武器、行凶等非常情况时；聚众劫狱或看守所、拘役所、拘留所、监狱和劳改、劳教场所的被监管人员暴动、行凶、抢夺武器时；人民警察遇到暴力侵袭，或佩带的枪支、警械被抢夺时。遇有下列情形之一时，应当停止防卫行为：不法侵害行为已经结束；不法侵害行为确已自动中止；不法侵害人已经被制服，或者已经丧失侵害能力。

特定国家机关及其工作人员的正当防卫行为之所以免除国家赔偿责任，主要是由于正当防卫行为是对不法侵害的防卫行为，本身并不具有违法性，特定国家机关行使正当防卫保障的公民、法人或者其他组织的合法权益。当然，对于不同的职业的国家机关工作人员，判断正当防卫的标准并不一样。例如，对于公安机关的防卫行为，必须是在具有紧急事态的情形下才能行使；对于税务机关的防卫行为，则只有在侵犯人身权的一般情形下才得行使。当然，正当防卫不能超过必要限度，正当防卫超过必要限度的，应当承担赔偿责任。对于"必要限度"的判断，必须结合行使职权的场所、时间、针对对象、危险情况以及职业义务来综合判断。值得注意的是，这里的正当防卫的实施者是国家机关及其工作人员，而非公民、法人或者其他组织（作为辅助公务者除外）。以下一则案例说明。① 那么，桦南县检察院是否承担国家赔偿责任？

一种观点认为，桦南县检察院不应当承担国家赔偿责任。理由是：桦南县检察院的行为属于《国家赔偿法》第17条第（六）项规定的国家不承担国家赔偿责任的范畴，卢丙元的行为属于正当防卫行为，排除国家赔偿责任。

另一种观点认为，桦南县检察院应当承担国家赔偿责任。理由是：其一，桦南县检察院对于卢丙元的行为是否属于正当防卫认定错误。根据《刑法》第20条第1款"为了使国家、公共利益、本人或者他人的人身、财产和其他权利免受正在进行的不法侵害，而采取的制止不法侵害的行为，对不法侵害人造成损害的，属于正当防卫，不负刑事责任"的规定，卢丙元的行为属于正当防卫行为，并非犯罪行为。检察院在刑事诉讼过程中应当对卢丙元的行为是否具有排除犯罪性行为进行审查，即对其是否具有正当防卫行为的主观条件、起因条件、时间条件、对象条件、限度条件等进行审查，这是刑事诉讼法明确规定和要求的。在卢丙元羁押长达1年的时间后，其行为才被确认为正当防卫，该羁押后果完全是桦南县检察院的错误逮捕造成的。其二，桦南县检察院对卢丙元的逮捕属于"错误逮捕"。我国《国家赔偿法》关于刑事赔偿采取结果归

---

① 该案的基本案情是：黑龙江省桦南县某村村民卢丙元晚上正在看电视，闻听院内鸡叫，遂拿顶门棍到院内查看。发现盗贼正在盗窃其小鸡，卢丙元令其放下小鸡。盗贼不但未放下小鸡反而将卢丙元嘴角打出血。卢丙元用木棍相击，并将小鸡夺下。卢发现盗贼是本村村民刘风金，遂到治保主任家报案，后又到派出所报案。桦南县公安局立案后认为，卢丙元用棍子将刘风金头部打成骨折，已构成重伤。桦南县拘留了卢丙元，并宣布刘风金伤害案告破。后桦南县检察院对卢丙元批准逮捕，并以伤害罪向桦南县人民法院提起公诉。其间，法医鉴定，刘风金头部伤符合一次性外力性打击所致。桦南县检察院根据此鉴定结论，以事实和证据有变化为由向法院申请撤诉。桦南县法院准予撤诉。后桦南县检察院请示佳木斯市检察院，后者认为卢丙元的行为属于正当防卫。桦南县检察院据此释放了卢丙元。此时，卢丙元已被羁押383天。卢丙元向桦南县检察院申请国家赔偿。

责原则，不论行使侦查、检察、审判和监狱管理职权的机关及其工作人员行使职权行为是否违法，只要造成了错误逮捕的后果，就应当承担国家赔偿责任。卢丙元的行为属于正当防卫行为，也就是没有犯罪事实。桦南县检察院对其的逮捕属于对没有犯罪事实的人错误逮捕。桦南县检察院没有及时对卢丙元的行为是否属于正当防卫行为进行审查，从而导致了错误逮捕。检察院对卢丙元的逮捕属于《国家赔偿法》第 15 条第（二）项"对没有犯罪事实的人错误逮捕"。其三，正当防卫不属于《国家赔偿法》第 17 条第（六）项规定的国家不承担赔偿责任的情形。《国家赔偿法》第 17 条第（六）项规定的"法律规定的其他情形"中的"法律"是狭义上的法律，专指全国人大及其常委会立法规定的国家不承担赔偿责任的情形，不应当随意扩大理解。其四，从国家赔偿免责的原理而言，只有公权力机关在正当防卫、紧急避险等违法阻却情形下才得适用，并非指的是赔偿请求人的行为。

最高人民法院认为，《国家赔偿法》第 17 条第（六）项中"法律规定的其他情形"是指法律明确规定国家不承担赔偿责任的情形。因正当防卫行为，在我国《刑法》中规定不负刑事责任，在《民法通则》中规定不承担民事责任，这是对正当防卫权利的保护。桦南县检察院以及佳木斯市检察院以正当防卫属于《国家赔偿法》第 17 条规定的国家不承担赔偿责任的范围，没有法律依据。赔偿请求人卢丙元实施的行为是在其财产受到不法行为人的侵害过程中发生的。卢丙元的行为已被佳木斯市人民检察院确认为正当防卫。桦南县人民检察院对卢丙元的逮捕，是对没有犯罪事实的人实施的错误逮捕。本案属于《国家赔偿法》第 15 条第（二）项规定的"对没有犯罪事实的人错误逮捕"的刑事赔偿范围。批准逮捕的桦南县人民检察院应当作为赔偿义务机关，承担错误逮捕的赔偿义务。[1] 在这个批复中，检察院所主张的"正当防卫行为"排除国家赔偿责任的观点不正确，只有在国家机关及其工作人员实施正当防卫致人

---

[1] 最高人民法院《关于卢丙元申请桦南县人民检察院错误逮捕赔偿一案的批复》（2004 年 2 月 23 日，[2003] 赔他字第 15 号）。

损害的，才排除国家赔偿的适用。

2. 紧急避险。

紧急避险是指为了使国家、公共利益、本人或者他人的人身、财产和其他权利免受正在发生的危险，不得已采取的紧急避险行为。紧急避险超过必要限度造成不应有的伤害的，应当负刑事责任，但是应当减轻或者免除处罚。紧急避险的要件主要包括：1. 必须针对正在发生的紧急危险。如果人的行为构成紧急危险，必须是违法行为。2. 所采取的行为应当是避免危险所必需的。3. 所保全的必须是法律所保护的权利。4. 不可超过必要的限度，就是说，所损害的利益应当小于所保全的利益。紧急避险不负法律责任。

紧急避险是国家机关及其工作人员为了保护较大的合法权益免受现实和紧急的损害，不得以损害第三人相对较小的合法权益的行为。虽然这种致害行为是法律许可的，所以有阻却违法性的效力。但是，对于根据《刑法》的规定，关于避免本人危险的规定，不适用于职务上、业务上负有特定责任的人。在职务上、业务上负有特定责任的人，不得在发生与其特定责任有关的危险时实行紧急避险。例如，消防队员为了自身安全将重要建筑物上的火势引入某公民的住房。因此，对于国家机关及其工作人员的紧急避险行为应当严格限制其适用范围，如果因紧急避险造成他人合法权益损害的，应当给予适当补偿，超过必要限度的，应当承担国家赔偿责任。

（二）取保候审

取保候审，是指在刑事诉讼过程中，由犯罪嫌疑人、被告人或者法律规定的其他有关人员提出申请，经人民法院、人民检察院和公安机关同意后，责令犯罪嫌疑人、被告人提出保证人或者交纳保证金，保证犯罪嫌疑人、被告人不逃避或妨碍侦查、起诉和审判，并随传随到的一种强制方法。根据《刑事诉讼法》第51条的规定，取保候审在一般情况下，适用于可能判处管制、拘役或者独立适用附加刑的犯罪嫌疑人、被告人，或者虽然可能判处有期徒刑以上刑罚，但采取取保候审不致发生社会危险性的犯罪嫌疑人、被告人。另外,《刑事诉讼法》第 60 条、第 65 条、第 69 条、第 74 条和第 75 条以及相关司法解释又对一些特殊情况下的取保候审问题作了规定,这些特殊情况是:应当逮捕,但患有严重疾病的,可以取保候审;应当逮捕,但正在怀孕、哺乳自己不满一周岁的婴儿的妇女,可以取保候审;对拘留的犯罪嫌疑人,证据不符合逮捕条件的,公安机关可以决定取保候审;提请逮捕后,检察机关不批准逮捕,需要复议、复核的,公安机关可以决定取保候审;移送起诉后,检察机关决定不起诉,需要复议、复核的,公安机关可以决定取保候审;犯罪嫌疑人、被告人被羁押的案件,不能在刑事诉讼法规定的侦查期限内、审查起诉期限内、一审和二审期限内办结,对犯罪嫌疑人、被告人可以取保候审;持有有效护照和有效出入境证件,可能出境逃避侦查,但不需要逮捕的,可以取保候审。

根据《刑事诉讼法》第 56 条规定,被取保候审的犯罪嫌疑人、被告人,在取保候审期间,应当遵守以下规定:(1)未经执行机关批准不得离开所居住的市、县。这是对被取保候审人在取保候审期间活动地域的限制。如果有正当理由需要离开,必须经过负责执行的公安机关批准。负责执行的机关在批准被取保候审人离开所居住的市、县前,应当得到决定取保候审机关的同意。(2)在传讯的时候及时到案。取保候审的目的,是为了保证侦查、起诉和审判的顺利进行,作为犯罪嫌疑人、被告人必须做到随传随到。(3)不得以任何形式干扰证人作证。被取保候审的犯罪嫌疑人、被告人,在取保候审期间,不能利用自身仍有的一定自由实施干扰证人作证的行为,诸如对有关证人进行威胁、殴打、报复或者引诱证人作伪证。(4)不得伪造、毁灭证据或者串供。即被取保候审人不得利用未被羁押的便利条件与其他同案人订立攻守同盟,统一口径,隐藏、销毁、伪造与案件有关的证据材料。

对于取保候审错误的,国家是否应当赔偿,主要有两种观点:一种观点认为,取保候审是一种具有持续性的侵犯人身自由权的行为,应当给予赔偿。理由是:第一,取保候审是侵犯人身自由权的延续,是对人身自由的一种限制，人身权一直受到侵犯。第二，取保候审期限较长。取保候审最长可以达到12个月。此外，取保候审时间还可以由于重新计算而超过12个月的最长期限，对于人身权的侵害时间较长。第三，被取保候审的人长期承受社会的否定评价，其名誉权遭受极大损害，其亲属也长期生活在痛苦和惶恐之中。因此，国家有必要予以赔偿。① 另一种观点认为，取保候审是一种不具有持续性的侵犯人身自由权的行为，国家不应当予以赔偿。理由是：其一，《国家赔偿法》第15条第（二）项"对没有犯罪事实的人错误逮捕的"规定，应当理解为赔偿请求人无罪被羁押，人身自由完全受到限制。② 取保候审只是部分受到限制，没有完全限制自由，取保候审是一种强制措施，但不是羁押，国家不承担赔偿责任。其二，目前我国生产力还不够发达，国家财力不足，如果赔偿范围过宽，执行起来困难就会很大。③ 其三，取保候审虽然是一种强制措施，但不是羁押，仅仅是对人身自由的一种限制，不能视为侵犯人身自由行为的延续。因此，不具有持续性，不能适用《国家赔偿法》予以赔偿。

最高人民法院认为，公民在取保候审期间人身自由虽然受到部分限制，但实际上没有被羁押。根据《国家赔偿法》的有关规定，宣告无罪后，取保候审期间国家不承担赔偿责任。④ 可见，最高人民法院采纳的是"实际羁押"原则。我们认为，对于采取取保候审的人作无罪处理后，如果国家要承担责任，未免承受过重，也不利于我们推进"降低逮捕率，扩大取保率"的强制措施改革，因此，不宜将取保候审纳入到刑事赔偿范围。

（三）假释

假释是指被判处有期徒刑或者无期徒刑的犯罪分子，在执行了一定时间的刑罚之后，如果认真遵守监规，接受教育改造，确有悔改表现，

---

① 莫湘益：《浅议刑事赔偿范围的扩张》，载《行政与法》2002年第1期。
② 修订前的《国家赔偿法》。——著者注
③ 曾刚、刘玲佩：《刑事损害赔偿应注意的几个问题》，《法律运用》2001年第4期。
④ 最高人民法院《关于取保候审期间国家不承担赔偿责任问题的批复》（1998年9月2日，[1998]赔他字第3号）。该案的基本案情是：1994年7月20日，四川省检察院雅安检察分院以王健涉嫌受贿将其逮捕，10月26日，对其采取取保候审予以释放。1996年8月16日，雅安检察分院决定撤销案件。9月22日，王健要求雅安检察分院提出国家赔偿。

不致再危害社会的，司法机关将其附条件地予以提前释放的一种刑罚执行制度。假释是使犯罪分子提前回到社会上，因此，必须附加一定的条件：（1）适用假释的对象只能是被判处有期徒刑和无期徒刑的犯罪分子。但是对累犯以及因杀人、爆炸、抢劫、强奸、绑架等暴力性犯罪被判处10年以上有期徒刑、无期徒刑的犯罪分子，不得假释。（2）适用假释的刑期条件。被判处有期徒刑的犯罪分子，执行原判刑期二分之一以上，被判处无期徒刑的犯罪分子，实际执行10年以上，才可以适用假释。适用假释如果有特殊情况，经最高人民法院核准，可以不受上述执行刑期的限制。"特殊情况"，是指国家政治、国防、外交、民族、宗教等方面特殊需要的情况。（3）适用假释的实质条件，犯罪分子在刑罚执行期间，必须认真遵守监规，接受教育改造，确有悔改表现，不致再危害社会。

根据《刑法》第84条和第85条的规定，被宣告假释的犯罪分子，应当遵守下列规定：遵守法律、行政法规，服从监督；按照监督机关的规定报告自己的活动情况；遵守监督机关关于会客的规定；离开所居住的市、县或者迁居，应当报经监督机关批准。被假释的犯罪分子，在假释考验期限内，由公安机关予以监督，如果没有本法第86条规定的情形，假释考验期满，就认为原判刑罚已经执行完毕，并公开予以宣告。

一般而言，在狱中服刑的罪犯都有提前出狱、重新获得自由的强烈愿望。为了鼓励罪犯认真学习、服从监管、遵守制度、认真改造、真诚悔改，刑法规定了假释制度，是罪犯重新融入社会的桥梁。刑罚不仅仅是惩罚罪犯的手段，更重要的是成为教育、改善罪犯的手段。假释有利于刑罚目的的实现，促进社会的稳定，降低监管成本，有利于社会参与罪犯的改造。此外，假释体现了刑罚经济的原则。因为假释具有减少监管的成本、狱政费用。此外，假释减轻了执行机关的压力与负担。正确地适用假释，将符合条件不必继续在监管场所内服刑的罪犯假释，这不仅有利于假释犯的改造，也有利于狱政部门对其他罪犯的改造。

对于假释错误的，国家是否应当赔偿有两种观点：一种观点认为，应当给予赔偿。理由是，根据《刑法》对假释的有关规定，假释是有条件的，仍然限制一定的自由，是原刑期的持续。另一种观点认为，不应当给予赔偿。理由是：假释虽然限制了一定的人身自由，但是并未限制其参加劳动和取得报酬的权利，同时，假释与管制、有期徒刑缓刑、剥夺政治权利等刑罚的部分限制人身自由的情形基本相同。参照最高人民法院《关于人民法院执行〈中华人民共和国国家赔偿法〉几个问题的解释》第4条规定："根据赔偿法第二十六条、第二十七条的规定，人民法院判处管制、有期徒刑缓刑、剥夺政治权利等刑罚的人被依法改判无罪的，国家不承担赔偿责任，但是，赔偿请求人在判决生效前被羁押的，依法有权取得赔偿"的规定，国家不应当给予赔偿。

最高人民法院认为，对被判处有期徒刑、无期徒刑的被告人依法予以假释，属于附条件的提前释放，虽然人身自由受到一定限制，但实际并未羁押。因此，对孙赤兵在假释期间，国家不承担赔偿责任。[①] 可见，最高人民法院仍然采取了实际羁押赔偿的原则。

（四）保外就医

保外就医是监外执行的一种。监外执行是指被判处有期徒刑或者拘役的罪犯，由于出现了法律规定的情况，不适宜在监狱执行刑罚而采取的变更执行方法。一般是两种情况：一是罪犯有严重疾病需要保外就医的；二是怀孕或者正在哺乳自己婴儿的妇女。此外，对于被判处有期徒刑、拘役等刑罚，而生活不能自理，使用监外执行也不致再危害社会的罪犯，也可以适用监外执行。但是对于保外就医以后有可能继续进行犯罪危害社会的，或者会自杀自伤自残的罪犯，不能适用保外就医。保外就医的适用，有非常严格的手续规定：必须由省级人民政府指定的医院开具诊断证明，要依照法律规定的程序审批。保外就医的期间仍然计算到刑期以内。保外就医的条件一旦消除（如疾病经治疗已经痊愈），而刑期未满的罪犯，应当予以收监执行。罪犯保外就医后，由罪犯居住地的

[①] 最高人民法院《关于孙赤兵申请国家赔偿一案的批复》（1998年3月11日，[1997] 赔他字第14号）。本案的基本案情是：孙赤兵因涉嫌受贿于1990年6月11日被拘留，同年6月13日被逮捕。1992年4月21日咸阳中院以孙赤兵犯受贿罪判处有期徒刑5年。1993年11月18日被假释。1996年1月5日，咸阳中院作出判决，宣告孙赤兵无罪。孙赤兵申请国家赔偿。

公安机关执行，对其进行严格的监督管理。人民检察院对于保外就医的实施情况进行法律监督。

对于保外就医错误的，是否应当给予国家赔偿，主要有两种意见。一种意见认为，不属于国家赔偿范围。理由是：其一，刑事赔偿是一种无罪羁押赔偿，只有对无罪的人羁押，才予以赔偿。公民保外就医后，实际上已经获得自由，原判刑罚没有再执行，故不属国家赔偿范围。其二，依照原《国家赔偿法》第15条第（三）项"依照审判监督程序再审改判无罪，原判刑罚已经执行的"和第26条"侵犯公民人身自由的，每日的赔偿金按照国家上年度职工日平均工资计算。"的规定，应当理解为赔偿请求人无罪被羁押，人身自由受到完全限制，国家才承担赔偿责任。其三，参照最高人民法院《关于人民法院执行〈中华人民共和国国家赔偿法〉几个问题的解释》第4条"根据赔偿法第二十六条、第二十七条的规定，人民法院判处管制、有期徒刑缓刑、剥夺政治权利等刑罚的人被依法改判无罪的，国家不承担赔偿责任，但是，赔偿请求人在判决生效前被羁押的，依法有权取得赔偿"的规定，保外就医虽然人身自由受到部分限制，但与管制、有期徒刑缓刑等刑罚所限制的部分人身自由大体相似，应当参照适用。第二种意见认为，属于国家赔偿范围。理由是，服刑人在服刑期间保外就医，是监管部门在刑罚执行过程中对患有疾病的服刑人员采取的一种医疗措施，服刑人在保外就医期间仍然受到监管部门监管，人身自由仍然受到限制，刑期仍然计算，应当视为刑罚（羁押）仍在执行，因此，公民有权获得国家赔偿。

最高人民法院坚持了实际羁押原则，即被判处有期徒刑、无期徒刑的犯罪分子，在刑罚执行中保外就医期间，虽然人身自由受到一定限制，但实际上未被羁押。因此对赔偿请求人朱海在保外就医期间国家不承担赔偿责任。①

---

① 最高人民法院《关于在刑罚执行中保外就医期间是否属于国家赔偿范围的批复》（1998年3月11日，[1997]赔他字第10号）。本案基本案情是：朱海1989年10月10日被广东省高级人民法院以贪污罪判处有期徒刑15年。1990年7月20日，朱海因病保外就医，并向广东高院申诉。1995年2月8日，广东高院再审判决宣告无罪。朱海请求国家赔偿。

（五）因受害人自身行为和司法机关行为共同导致损害

这种损害主要包括两种情况：一是因受害人故意或者过失未曾行使法律上救济手段避免损害，判决生效后，国家不承担赔偿责任。例如，德国民法典第839条规定，如果公民被一审法院错判羁押后误以为该判决已经生效而未上诉，经复查而宣告无罪的，不得就其遭受损害要求国家赔偿。二是对于因特定原因被羁押，虽然对其无罪宣告或者不起诉，国家也不承担赔偿责任。这里的"特定原因"是指酗酒、吸毒、卖淫等使自己处于危险状态，由于这些原因被临时羁押，宣告无罪后又被处以行政处罚的，不得就其受到的羁押请求国家赔偿。例如，德国《羁押赔偿法》第1条规定："本法所称之临时处置与犯罪行为无关，而因公共安全之必要，予以临时留置者，无损害赔偿请求权。"第2条规定："因被告行为之不正当或违反善良风俗，或因酗酒而失其责任能力，曾因其着手准备而启动侦查的，无损害赔偿请求权。"我国台湾地区的"冤狱赔偿法"第2条规定："行为违反公共秩序或善良风俗或应施以保安处分者，受不起诉处分或无罪宣告曾受羁押，不得请求赔偿。"这些规定均可资借鉴。

（六）管制、缓刑和剥夺政治权利

根据我国《国家赔偿法》第17条第（三）项的规定，依照审判监督程序再审改判无罪，原判刑罚已经执行的，受害人有取得赔偿的权利。根据《刑法》的规定，管制、剥夺政治权利都属于刑罚，而有期徒刑缓刑则是有期徒刑的特殊执行方式。

1. 管制。

管制是由人民法院判决，对犯罪分子不予关押，在一定期限内限制其一定自由，交由公安机关管束和监督的一种刑罚方法。管制是我国刑法规定的五种主刑之一，是主刑中最轻的刑罚。管制主要有以下特点：第一，管制适用于罪行较轻，可不予关押的犯罪分子。人民法院根据案件的具体情况，认为犯罪尚不够判处有期徒刑、拘役等剥夺自由的刑罚，但又需要对犯罪分子的人身自由加以限制，给予一定惩罚的，可以判处管制。第二，对被判处管制的犯罪分子不予关押，不剥夺人身自由，只是限制其一定自由。被判处管制的犯罪分子，既可以不离开自己的家庭，也可以不脱离自己的劳动岗位或工作单位，除了必须遵守某些法律的特别规定外，在行动上仍然是自由的。第三，被判处管制的犯罪分子虽然有一定的人身自由，但他的劳动生产、工作和其他活动要受公安机关的管束和社会的监督。第四，管制必须由人民法院依法判处，由公安机关执行，其他任何机关、单位、团体和个人都无权对他人决定或执行管制。非法管制他人是一种犯罪行为。

被判处管制的犯罪分子，应当由人民法院交由公安机关执行，即对管制的执行权，只能由公安机关行使，其他任何机关都没有这个权力。根据公安部的有关规定，执行管制的具体机关应当是县（市）公安局、公安分局及相当于县级的公安机关。公安机关在对犯罪分子执行管制时，应当注意贯彻群众路线，即充分发挥有关单位或基层组织的作用，依靠群众，监督犯罪分子遵守有关规定。对于被判处管制的犯罪分子，管制期满，执行机关应向本人和其所在单位或者居住地的群众宣布解除管制。这样规定有利于防止无限制地延长管制，损害被解除管制人的合法权益，也有利于及时宣传法制，教育群众，保证法律的正确实施。

根据《刑法》的规定，被判处管制的犯罪分子，在执行期间，应当遵守下列规定：1. 遵守法律、行政法规，服从监督。这就要求被判处管制的犯罪分子要自觉地遵守宪法、法律和行政法规；执行机关对其应当实行监督，被判处管制的罪犯必须服从监督。2. 未经执行机关批准，不得行使言论、出版、集会、结社、游行、示威自由的权利。也就是说犯罪分子在被管制期间，未经公安机关批准，不得行使上述权利。这样有利于加强对被判处管制的犯罪分子的监督管理，防止他们以行使自由权利为借口，继续危害社会。3. 按照执行机关规定报告自己的活动情况。这样规定有利于防止被管制的犯罪分子失控。4. 遵守执行机关关于会客的规定。这样规定有利于防止被判处管制的犯罪分子受外界的不良影响、干扰，以致再犯罪。5. 离开所居住的市、县或者迁居，应当报经执行机关批准。

管制是一种最轻的刑罚，对于人身自由有一定限制，但是并未剥夺其人身自由，也可以在工作岗位上继续从事工作。因此，管制虽然对人身自由有一定限制，但公民并未真正羁押，因此，对于判处管制而后依法改判无罪的，国家不予赔偿。

2. 缓刑。

缓刑，是一种执行刑罚的制度，而不是一种刑罚。缓刑是有条件的不执行刑罚。也就是说，对一些特定的犯罪分子，在其具备了法定的条件之后，可以在一定的期间内不予关押暂缓其刑罚的执行。缓刑制度有利于改造罪犯，也有利于社会的稳定。适用缓刑的条件有两个：1. 适用缓刑的对象，必须是被判处拘役、3年以下有期徒刑的特定的犯罪分子。这些人所犯罪行比较轻，如果罪行较重，判处的刑罚在3年以上有期徒刑的，或者是累犯的，都不能适用缓刑。2. 所犯罪行情节较轻并有悔改表现，确实不致再危害社会的。是否可以适用缓刑的关键是看适用缓刑犯罪分子是否具有社会危害性，对于不予关押确实不会危害社会的，才能适用缓刑。如果犯罪分子有可能危害社会，即使是被判处拘役、3年以下有期徒刑，也不能适用缓刑。是否具有社会危害性，应当根据犯罪分子的犯罪情节和悔罪表现以及其他情况综合加以判断，一般来说，犯罪情节较轻，犯罪分子的认罪态度好，有悔罪表现，对其适用缓刑放到社会上再进行危害社会的违法犯罪活动的可能性就小一些。对于被宣告缓刑的犯罪分子，如果被判处附加刑的，附加刑仍须执行。如附加剥夺政治权利，则犯罪分子虽然不在监狱服刑，但仍然要禁止其履行相应的政治权利，而且与缓刑同时执行。

对于符合上述两个条件的犯罪分子，可以对其判处缓刑。适用缓刑的条件必须同时具备，缺一不可。如果根据案件的具体情节和罪犯的表现，不关押不足以教育改造和预防犯罪的，就不能适用缓刑；或者罪犯虽有悔罪表现，但判刑较重，超过3年有期徒刑的，也不能适用缓刑。

缓刑是有条件地不执行刑罚，并且不对其实施羁押，对其人身自由不进行限制或者剥夺,因此,被依法改判无罪的,国家不承担赔偿责任。

3. 剥夺政治权利。

剥夺政治权利是指依法剥夺犯罪分子一定期限参加国家管理和政治活动权利的刑罚方法。剥夺政治权利既可以附加适用,也可以独立适用。法律规定附加适用剥夺政治权利的,一般是较重的犯罪,独立适用剥夺政治权利的,一般都适用于较轻的犯罪。

剥夺政治权利包括剥夺以下四项权利：1. 选举权和被选举权。选举权是指选举法规定的,公民可以参加选举活动,按照本人的自由意志投票选举人民代表等职务的权利,即参加投票选举的权利;被选举权是指根据选举法的规定,公民可以被提名为人民代表等职务的候选人,当选为人民代表等职务的权利。选举权和被选举权是公民的一项基本政治权利,是公民参与国家管理的必要前提和有效途径,被剥夺政治权利的犯罪分子不享有此项权利。2. 言论、出版、集会、结社、游行、示威自由的权利。所谓言论自由,是公民以言语表达意思的自由;出版自由,是指以文字、音响、绘画等形式出版作品,向社会表达思想的自由;结社自由,是指公民为一定宗旨组成某种社会组织的自由;集会自由和游行、示威自由,都是公民表达自己见解和意愿的自由,只是表达的方式不同。这六项自由,是我国宪法规定的公民的基本政治自由,是人民发表意见、参加政治活动和国家管理的自由权利,被依法剥夺政治权利的人不能行使这些自由。3. 担任国家机关职务的权利。国家机关包括国家各级权力机关、行政机关、司法机关以及军事机关。担任国家机关职务,是指在上述国家机关中担任领导、管理以及其他工作职务。也就是说被剥夺政治权利的人,不能担任国家机关工作人员中的任何职务。4. 担任国有公司、企业、事业单位和人民团体领导职务的权利。被剥夺政治权利的人可以在国有公司、企业、事业单位和人民团体中继续工作,但是不能担任领导职务。对犯罪分子判处剥夺政治权利的时候,应当根据犯罪的性质、危害程度以及情节轻重,决定剥夺政治权利的期限,尤其是附加剥夺政治权利的刑期,应与所判处的主刑轻重相适应。

附加适用剥夺政治权利的对象主要有以下两种人：1. 危害国家安全的犯罪分子，即实施了危害国家主权、领土完整和安全，分裂国家，颠覆人民民主专政的政权和社会主义制度等危害国家安全犯罪的人。其犯罪性质决定了对他们除单独适用剥夺政治权利的情况外，不论判处何种刑罚，都必须附加剥夺政治权利。2. 对严重破坏社会秩序的犯罪分子，可以附加剥夺政治权利。严重破坏社会秩序的犯罪类型，包括故意杀人、强奸、放火、爆炸、投毒、抢劫等。但具有很大社会危害性的严重犯罪并不局限于所列这几种犯罪，只要是危害严重的破坏社会秩序的故意犯罪，都可以附加剥夺政治权利。

被剥夺政治权利的犯罪分子，在执行期间应当遵守以下规定：1. 遵守法律、行政法规和公安部门有关监督管理的规定，服从监督。"遵守法律、行政法规"，是指被剥夺政治权利的犯罪分子在执行期间必须遵守国家法律、行政法规，不得有违法行为。同时，根据刑事诉讼法的规定，对于被剥夺政治权利的犯罪，由公安机关执行，因此，被剥夺政治权利的罪犯在执行期间还应遵守公安部有关对剥夺政治权利的罪犯监督管理的规定，自觉服从居住地公安机关及其公安机关委托的罪犯所在单位或者居住地的基层组织的监管、教育。2. 不得行使《刑法》第54条规定的各项权利，即：不得行使选举权和被选举权；不得享有言论、出版、集会、结社、游行、示威自由的权利；不得享有担任国家机关职务的权利；不得享有担任国有公司、企业、事业单位和人民团体领导职务的权利。刑法规定的剥夺政治权利的内容，被剥夺政治权利的罪犯在执行期间当然不能行使。只有在执行期满，罪犯被恢复政治权利以后，才能享有法律赋予公民的政治权利。根据《刑事诉讼法》的规定，对于被判处剥夺政治权利的犯罪分子，由公安机关执行。剥夺政治权利期满，公安机关应通知本人，并向有关群众公开宣布恢复其政治权利。犯罪分子在恢复政治权利以后，就享有法律赋予公民的政治权利。

剥夺政治权利是剥夺公民政治权利的刑罚，由于我国《国家赔偿法》仅规定了对人身权和财产权的赔偿，对于政治权利还没有纳入，因此，对于剥夺政治权利依法改判无罪的，国家不予赔偿。当然，随着我国民主法治进程的发展，对于政治权利的国家赔偿救济也会逐步健全。

综上，我国《国家赔偿法》将上述情形排除在国家赔偿范围之外。有的学者指出，管制、有期徒刑缓刑、剥夺政治权利虽然较轻，毕竟也是一种有罪认定并已处以刑罚，对公民的人身权利和财产权利等均造成侵犯后果，所以，即使判决生效前没有被羁押的，国家也应当予以赔偿。[1] 根据《国家赔偿法》"无罪实际羁押赔偿"原则，出于社会公共利益和国家财政负担的考虑，我国对于没有实际羁押的刑罚、剥夺政治权利的刑罚和特定的刑罚执行方式，没有纳入到国家赔偿范围。据此，最高人民法院《关于人民法院执行〈中华人民共和国国家赔偿法〉几个问题的解释》第4条规定："根据赔偿法第二十六条、第二十七条的规定，人民法院判处管制、有期徒刑缓刑、剥夺政治权利等刑罚的人被依法改判无罪的，国家不承担赔偿责任，但是，赔偿请求人在判决生效前被羁押的，依法有权取得赔偿。"当然，从保障人权的角度而言，这一制度也并不理想。随着社会的进步，人们对于自身的信誉、荣誉、信用更加珍视，无罪的人如果被判处管制、有期徒刑缓刑、剥夺政治权利，反映了国家对其的否定性的、负面的评价，严重影响了被告人的职业声望、社会地位、个人尊严，还可能丧失大量的必要的社会就业机会，对于被告人的身心都造成了极为严重的损害，如果不予法律救济，显然有失公平。当然，这类案件确实与无罪判决的案件存在较大不同，被告人没有收监执行，且人身自由的限制也远较无罪判决案件为轻。因此，在救济途径方面，应当更多地将消除影响、恢复名誉等作为主要的救济手段。

第四节 非刑事司法赔偿的免责范围

根据《国家赔偿法》第17条（修订后19条）、第31条（修订后38

---

[1] 陈光中、赵琳琳：《国家刑事赔偿制度改革若干问题探讨》，载《中国社会科学》2008年第2期。

条）和最高人民法院《关于民事、行政诉讼中司法赔偿若干问题的解释》第7条规定，具有下列情形之一的，国家不承担赔偿责任：

一、因申请人申请保全有错误造成损害的

《民事诉讼法》第96条规定，申请有错误的，申请人应赔偿被申请人因财产保全所遭受的损失。据此，国家不承担相应的赔偿责任。

二、因申请人提供的执行标的物有错误造成损害的

申请人在提出执行申请时，应当明确执行的标的物（生效法律文书指定交付的特定物）以及其了解的被执行人的财产状况，否则人民法院无法准确对标的物实施执行措施。如果申请人提供的执行标的物错误，就会直接导致被执行人财产的损失，对于该损失，申请执行人应当予以赔偿。

三、人民法院工作人员与行使职权无关的个人行为

对于个人行为，请参见本书有关行政赔偿和刑事司法赔偿免责范围部分。

四、属于《民事诉讼法》第214条规定情形的

《民事诉讼法》第214条是关于执行回转的问题。人民法院执行完毕后，据以执行的判决、裁定和其他法律文书确有错误，被人民法院撤销的，对于已经执行的财产，人民法院应当作出裁定责令取得财产的人返还，拒不返还的，强制执行。当然，如果因人民法院的错误导致无法执行回转的，应当承担国家赔偿责任。

五、被保全人、被执行人，或者人民法院依法指定的保管人员违法动用、隐匿、毁损、转移、变卖人民法院已经保全的财产的

上述人员采取前述方式处分人民法院已经保全的财产的，属于"拒

不履行生效法律文书"或者妨害执行的行为，人民法院可以依照《民事诉讼法》第102条的规定予以处理。造成损害的，由相关人员承担损害赔偿责任，情节严重，需要追究刑事责任的，应当将有关材料移交有关机关处理。

六、因不可抗力造成损害后果的

对于不可抗力造成损害后果免责是一项国际通识。有关内容请参见本书有关部分。

七、依法不应由国家承担赔偿责任的其他情形

这是一项兜底条款，如果法律或者司法解释对于国家免责范围有明确规定的，国家不承担赔偿责任。

归责原则编

第十六章 归责原则概述

侵权责任归责原则，是侵权行为法理论的核心。[①] 在国家赔偿法上，归责原则的地位和作用亦是如此。

第一节 归责原则的概念

一、归责的含义

归责（Imputatio, Imputation, Zurechnung），是指行为和物件致他人损害的事实发生后，应依何种根据使行为人和物件所有人或使用人承担侵权责任。[②] 此种根据反映了法律的价值选择，即法律应以行为人的过错还是应以已发生的损害结果为价值判断标准，抑或以违法性等作为价值判断标准，而使行为人承担侵权责任。德国学者拉伦茨认为，归责是指负担责任之结果，对受害人而言，即填补其所受之损害。[③] 道茨奇（Deutsch）认为归责是指，"决定何人，对于某种法律现象，在法律价值判断上应负担其责任而言"。[④] 台湾学者邱聪智认为："在法律规范原理上，使遭受损害之权益，与促使损害发出之原因者结合，将损害因而转嫁由原因者承担之法律价值判断因素，即为归责意义之核心。"[⑤]

国家机关及其工作人员行使公权力的行为侵犯了公民、法人或者其

[①] 杨立新：《侵权法论》（第三版），人民法院出版社2005年版，第116页。
[②] 江必新：《国家赔偿法原理》，中国人民公安大学出版社1994年版，第103页。
[③] （台）王泽鉴：《民法学说与判例研究》（第五册），1987年自版，第272页。
[④] Deutsch, Zurechnung und Haftung im Zivil Recht, S. 33.
[⑤] （台）邱聪智：《庞德民事归责理论之评介》，载《台大法学论丛》第11卷第2期，第277页。

他组织的合法权益并造成损害，国家应当为此承担法律责任，但国家以何种根据来承担责任，即为国家赔偿法上的"归责"问题。而依据何种原则使国家为其侵权行为承担责任，即为"归责原则"。从国家赔偿法的角度来看，归责概念应当包含以下几层含义：①

第一，归责的根本含义是确定责任的归属，即决定国家是否对侵权损害结果负担赔偿责任。这也就是拉伦茨所称的负担行为之结果。归责问题要解决的是，将侵权行为所造成的损害后果归于对此损害后果负有责任的人来承担。没有归责的过程，侵权损害后果就无从填补，受害人则无从获得救济，违法行使公权力的行为亦无从得到制裁。

第二，归责的核心在于决定国家对侵权行为的结果负担责任时应依据何种标准，这种标准是某种特定的法律价值判断因素。确定国家赔偿责任的归属，须有统一的标准和根据，使之合乎公平、正义的原则。国家赔偿责任归属的标准和依据，就是法律所确认的法律价值判断因素。这种法律价值判断因素主要包括三个：过错因素、损害结果以及违法性。侵权行为的归责，就是针对侵权行为的不同情况，分别依据这样不同的法律价值判断因素，来判断国家赔偿的责任是否成立。

第三，归责不同于责任。责任，是指行为违反法律，其行为人所应承担的法律后果。一般而言，归责是判断责任成立与否的过程，责任是归责的结果。如果将侵权行为的损害事实作为起点，将责任作为终点，归责则是连接这两点的过程。侵权行为发生后，责任并非自然发生，必须经由一个确定责任的过程来判断。责任的成立与否，取决于行为人的行为及其后果是否符合责任构成要件，而归责只是为责任是否成立寻求根据，并不以责任的成立为最终目的。②

二、归责原则的含义

（一）归责原则的概念

归责原则，就是确定侵权行为人承担侵权损害赔偿责任的一般准则，

---

① 以下参见杨立新《侵权法论》（第三版），人民法院出版社 2005 年版，第 116 页。
② 王利明：《侵权行为法归责原则研究》，中国政法大学出版社 1992 年版，第 18 页。

它是在损害事实已经发生的情况下,为确定侵权行为人对自己的行为所造成的损害是否需要承担赔偿责任的原则。① 它是确定侵权责任的根据和标准,是贯穿于整个国家法之中,并对各个国家赔偿法规范起着统帅作用的立法指导方针。一定的归责原则直接体现着国家的国家赔偿立法政策,反映着一个国家的价值导向,也集中体现着一国国家赔偿法的规范功能。一定的归责原则决定着国家赔偿的分类,也决定着责任构成要件、举证责任的担负、免责条件、损害赔偿的原则和方法、减轻责任的根据等。

对于如何理解归责原则中的"原则",学者有几种不同的解释:一是将原则解释为"一般准则";② 二是将原则解释为"基本规则";③ 三是将原则解释为"一般性规则";④ 四是将原则解释为"责任的标准",认为与其说过错责任或无过错责任为一般适用的规则,倒不如说它们是确认不同种类侵权行为的责任根据的规则。⑤ 我们认为,可将归责原则中的"原则"界定为"一般准则","准"即标准,指判断责任归属的标准或者是根据;"则"即规则,指一般的规则。

归责原则所要解决的核心问题是责任依据问题,即凭什么要某人负责的问题。某一损害事实发生之后,是以行为人的过错为依据,还是以已发生的损害结果为依据,抑或以行为的违法性为依据来确定侵权责任?存在着很大的选择空间。以行为人过错为依据的称为过错责任原则,以损害结果为依据的(不论行为人有无过错)称为结果责任原则,以行为的违法性为依据的,称为违法责任原则。每一种归责原则都具有其特有的价值和功能。例如,过错责任原则有利于规范人们的行为,有利于惩恶劝善;结果责任原则有利于填补受害人的损失;而违法责任原则有利于规范国家机关行使公权力的行为。可见,选择何种归责原则,实际上

---

① 杨立新:《侵权法论》(第三版),人民法院出版社2005年版,第117页。
② 杨立新:《侵权损害赔偿案件司法实务》,新时代出版社1993年版,第18页。
③ 王利明等著:《民法·侵权行为法》,中国人民大学出版社1993年版,第81页。
④ 潘同龙等著:《侵权行为法》,天津人民出版社1995年版,第49页。
⑤ 张新宝:《中国侵权行为法》,中国社会科学出版社1995年版,第45页。

反映出立法者的价值取向。①

(二) 归责原则与赔偿原则的区别

在确定损害赔偿责任范围时,涉及赔偿原则的概念。无论在侵权法上还是在国家赔偿法上,归责原则与赔偿原则都是两种不同的原则,二者的区别主要在于:②

1. 二者作用不同。归责原则的作用是为了确定侵权行为人应否负赔偿责任的原则,解决的是侵权责任由谁承担的问题。例如,过错责任原则要求有过错的侵权行为人对其行为造成的损失负赔偿责任。而赔偿原则是为了解决侵权行为人侵权责任成立后,应承担的具体赔偿范围大小,解决的是"以何种方式赔"和"赔多少"的问题。例如,适用全部赔偿原则时,是在确定了侵权行为人应当承担赔偿责任后,决定其应当赔偿受害人的全部损失。

2. 二者地位不同。归责原则在侵权行为法和国家赔偿法中处于核心地位,在司法实践中也起着判断行为人应否承担赔偿责任的重要作用。较之归责原则,赔偿原则的地位不那么重要,仅在确定赔偿范围时发挥作用。由于赔偿原则是在确定了赔偿责任的基础上,进一步来确定赔偿范围,故赔偿原则是受归责原则制约和决定的。

3. 二者内容不同。归责原则包括过错责任原则、无过错责任原则和违法原则,而赔偿原则的内容包括全部赔偿原则、金钱赔偿原则、损益相抵原则、过错相抵原则和衡平原则等。

第二节 归责原则的意义

归责原则在国家赔偿法中的地位与该原则在侵权行为法中的地位基

---

① 参见江必新《国家赔偿法原理》,中国人民公安大学出版社1994年版,第103-104页。
② 参见杨立新《侵权法论》(第三版),人民法院出版社2005年版,第120-121页。

本一致。① 国家赔偿归责原则被定位为国家赔偿制度的基石，其直接决定了国家赔偿责任的构成要件、国家赔偿范围、免责事项、国家赔偿的程序、国家赔偿的方法等。马怀德教授认为："国家赔偿中的归责原则是整个赔偿立法的基石，采用哪种原则不仅是由国家政治司法体制决定的，也直接影响赔偿范围、赔偿程序等问题。"② 杨小君教授认为："国家只有在符合归责原则所确定标准的前提下，才会承担因自己行为给他人造成损失的赔偿责任。可见，归责原则在国家赔偿制度中是根本性的制度，它决定着国家是否赔偿和在什么范围内承担赔偿责任，反映国家赔偿的价值取向和赔偿政策。"③ 高家伟教授认为："归责原则是国家赔偿制度结构的晴雨表，是国家赔偿立法基本立场的试金石，是国家赔偿范围的调节器，是法律适用解释的指南针，是国家赔偿法修改和完善的突破口，因而备受学界和实务界的关注。"④ 樊崇义教授认为："归责原则是国家承担赔偿责任的依据和标准，在国家赔偿中，归责原则处于核心地位，它直接体现国家赔偿的立法政策，反映了国家赔偿的价值取向，并且决定着可引起国家赔偿的行为范围，直接影响到国家赔偿的程序。"⑤

尽管有人认为英美法的侵权行为法中不存在侵权行为的一般原则，⑥ 但至少在大陆法系的侵权法和国家赔偿法中，归责原则一直备受关注，其重要意义主要在于：⑦

---

① 归责原则在侵权行为法中的地位被学者定位为"在整个侵权行为中居于核心地位"，其理由是"一定的归责原则决定着侵权行为的分类，也决定着责任构成要件、举证责任的负担、免责条件、损害赔偿的原则和方法、减轻责任的根据等"，因此，"确定合理的归责原则，建立逻辑统一的归责原则体系，实际上是构成整个侵权行为法的内容和体系的关键"。王利明、杨立新编著：《侵权行为法》，法律出版社1998年版，第27页。有的学者认为，"归责，是指以何种根据确认和追究侵权行为人的民事责任，它所解决的是侵权的民事责任之基础问题"。张新宝：《中国侵权行为法》，中国社会科学出版社1998年版，第33页。

② 马怀德：《国家赔偿的理论与实务》，中国法制出版社1994年版，第103页。

③ 杨小君：《国家赔偿的归责原则与归责标准》，载《法学研究》2003年第2期。

④ 高家伟：《国家赔偿法》，商务印书馆2005年版，第98页。

⑤ 樊崇义、胡常龙：《走向理性化的国家赔偿制度——以刑事司法赔偿为视角》，载《政法论坛》2002年第4期。

⑥ 《国际比较法百科全书·侵权行为·为自己行为之责任》，第11页。

⑦ 参见程啸《侵权行为法总论》，中国人民大学出版社2008年版，第104－106页。

第一，协调了多元化的法律价值并逐一加以实现。现代法律的价值是多元化的，包括了公平、正义、自由、效率、秩序等，而秩序、公平与自由被认为是三个最基本的法律价值。[1] 归责原则往往能够有效地协调这些法律基本价值。例如，过错责任原则以过错作为责任是否成立的依据，即国家仅因其国家机关及其工作人员的过错造成损害时才承担责任，这种归责原则一方面考虑了对公务行为和公共秩序的维护，也就是说，如果国家机关及其工作人员尽到了必要的注意义务，就无需承担行为的损害结果；另一方面又考虑了对受害人权益的保护，也就是说，对于国家机关及其工作人员因过错行使公权力造成公民、法人或其他组织损害的，要求国家承担损害赔偿责任，从而同时实现了自由、公平与秩序的价值。通过国家赔偿法中归责原则的确定，将法律的基本价值贯彻具体的法律规范当中，法官运用这些法律规范解决国家赔偿案件的过程就是实现法律基本价值的过程。

第二，国家赔偿法的规范建立在归责原则的基础之上。归责原则既决定了侵权法律规范的体系，又决定了侵权责任的类型。在侵权法上，以过错责任为基本原则是普通侵权行为法，适用过错责任原则的是一般侵权行为，不仅赔偿精神损害，还常常根据责任人主观的恶性程度施加惩罚性赔偿责任；而以无过错责任等非过错责任为归责原则的是侵权特别法，适用非过错责任原则的侵权行为是特殊侵权行为，损害赔偿额往往存在最高额度的限制，对精神损害通常不予赔偿。而在国家赔偿法上，不同赔偿责任适用的归责原则并不相同。一般而言，冤狱赔偿适用无过错责任原则，公有公共设施致害赔偿适用过错推定责任或者无过错责任原则，行政赔偿主要适用违法责任原则或过错责任原则。[2]

---

[1] 参见［美］彼得·斯坦、约翰·香德著《西方社会的法律价值》，王献平译，中国人民公安大学出版社1990年版，第1页。

[2] 例如，在英国，《王权诉讼法》规定行政赔偿适用过错责任原则，而在立法和判例中对冤狱赔偿适用结果责任。在美国，行政赔偿亦采过错责任原则，对冤狱赔偿在判例中采无过错责任原则。在法国，行政侵权的国家赔偿采公务过错责任和公务无过错责任，而冤狱赔偿适用无过错责任原则。在日本，对行使公权力的公务员侵权行为承担国家赔偿责任采过错责任原则，而对公共设施设置、管理的国家赔偿责任和刑事补偿责任均采无过错责任原则，这一立法例亦为我国台湾地区立法所采纳。参见零庆鸣《谈刑事存疑案件的国家赔偿》，载《法制与社会》2007年第12期。

第三，归责原则的不同决定了举证责任和免责事由上的差异。归责原则的多样化表明了在确立责任原则方面的差别，尤其是各种归责原则所要求的责任构成要件以及责任后果之间存在区别，因而对责任的确定而言，适用不同的归责原则将会产生不同的影响。[①] 在举证责任的承担方面，不同的归责原则决定了不同的举证责任内容和分担。例如，采用无过错责任原则，则只要证明损害存在，且系国家机关及其工作人员的职务行为所致即可，这一举证责任主要由受害人承担。而采用过错责任时，受害人还应证明国家机关及其工作人员具有过错。在免责事由上，如果适用过错责任原则时，侵权人可以不可抗力、受害人具有过错来减轻或者免除责任。但在适用无过错责任时，侵权人不得以此为由减轻或者免除责任，有时即便是不可抗力导致的损害，也须承担责任。赔偿的行为范围也就不同。

第四，过错在侵权责任的构成要件当中居于主导的地位。在侵权行为法理论上，损害、因果关系、违法性和过错的存在，都属于侵权责任的成立即损害赔偿请求权发生的要件。在众多的构成要件中，最具重要性的就是过错要件。损害、因果关系和违法性都属于客观要件，判断起来较为容易。而过错基于个体与法律秩序之间的关系，将违法、违法的结果以及违法事由的行为或样态与引发该事由的特定主体相结合，作为价值判断的出发点。这样不仅责任主体是何人能够加以确定，并且从损害到原因发生者之间的全部连锁过程也能一览无余。[②] 正因如此，学者将过错称为法律价值判断的最后界点，或称为损害赔偿法的根本要素。

[①] 王利明：《侵权行为法研究》上，中国人民大学出版社2004年版，第210页。
[②] 参见（台）邱聪智《从侵权行为归责原理之变动论危险责任之构成》，台湾大学1982年博士学位论文，第36页。

第十七章　归责原则体系

在国家赔偿法上，归责原则的体系就是在一国国家赔偿法中由一个或者数个归责原则所组成的具有内在的逻辑联系的系统结构。归责原则体系的确立不仅是一个理论上的问题，而且关涉一国国家赔偿法的体系结构。归责原则系统化的标志在于：各归责原则彼此间是协力合作、相互补充的，各归责原则的确定是合理的，并能指导各类国家赔偿案件的归责，充分实现国家赔偿法的全部规范功能。归责原则体系的建立，不仅是充分发挥单个的归责原则的价值和各归责原则的综合调整作用的前提，而且也是构建国家赔偿法的系统结构、使国家赔偿法规范符合"形式合理化"要求的必备条件。由于归责原则是统帅全部国家赔偿法规范的准则，因而归责原则的系统化也是国家赔偿法系统化的标志，衡量一个国家的国家赔偿法体系是否完整、合理，在很大程度上取决于其合理的归责原则体系是否建立。[1] 在国家赔偿法领域，长期以来占支配地位的是过错责任原则（在有的国家，过错责任原则逐步演化为违法责任原则），但是，在有些国家兼采结果责任原则、危险责任原则、公平责任原则等等，在极个别国家，采用单一的危险责任原则或结果责任原则。关于我国国家赔偿法上的归责原则体系如何，理论界存在一元论、二元论以及多元论等各种观点。我们认为，我国国家赔偿法上的归责原则体系属于多元化的归责体系。

---

[1]　王利明：《侵权行为法研究》上，中国人民大学出版社2004年版，第204-208页。

第一节　侵权法上的归责原则体系

在学理、立法和司法方面，侵权法的发展都在国家赔偿法之前，从侵权行为导致损害赔偿这一角度来看，国家侵权赔偿与民事侵权赔偿并无实质不同。各国国家赔偿的理论和实践均借鉴了侵权法的成果，因此，在研究国家赔偿归责原则之前，有必要对民事侵权赔偿的归责原则加以探讨。根据各国的侵权立法和实践，归责原则的多元化已是侵权法的发展趋势。一般而言，各国侵权法均建立了过错责任原则为主、无过错责任原则等原则为辅的侵权归责原则体系。

长期以来，罗马法所创设的过错责任原则在侵权法中一直占据支配地位。但是，由于社会生活的复杂性，单一的归责原则很难解决日益复杂化的侵权责任问题，于是出现了归责原则的多元化。这种变化的主旋律是从单一的过错责任到兼采过错推定、无过错责任，以减轻受害人的举证责任，使其便于获得损害赔偿，以弥补过错责任的缺陷。归责原则的多样化导致归责原则体系的出现。在同一法律制度中，同时采用多种归责原则，客观上要求立法者必须划定每一归责原则的调整和适用范围，并且各原则所调整的范围相互衔接和协调，从而组成一个具有内在逻辑联系的系统结构，从而体现侵权法的全部规范功能，既使受害人所受的损害及时补救，又使补偿公平合理；既保护受害人的利益，又不给无辜的当事人强加责任；既对致害人予以制裁和教育，又对事故损害予以预防。[1]

一、侵权法上归责原则的演变[2]

19世纪以来，在个人主义思潮和自然法学派的影响下，以道德观念为基础的过错责任原则成为私法的三大原则之一。过错责任原则坚持无

---

[1] 江必新：《国家赔偿法原理》，中国人民公安大学出版社1994年版，第104页。
[2] 以下参见梁清《论原因力》，中国人民大学2008年博士学位论文，第84－86页。

过错即无责任，要求依行为人的主观状态而不是客观行为来确定侵权责任，过错既是侵权责任必备的主观构成要件，也是侵权责任构成的最终要件。但过错责任原则垄断侵权责任领域的局面并不长久，随后出现的过错推定和无过错责任原则很快就打破了这种垄断格局，形成了侵权法上归责原则体系的多元化。

在大陆法系，法国《民法典》确立了过错责任原则和过错推定原则，但在19世纪上半期，以主观过错为核心的过错责任原则一枝独秀，以客观过错为基础的过错推定原则在法国的司法实践中并没有被运用。19世纪后期以来，工业事故和交通事故频繁发生，过错责任原则使得危险活动事故的受害人举证加害方的过错极为不易，法国法院开始采用民法典第1384条规定的过错推定，根据客观损害事实推定加害人的过错。最为著名的案例是最高法院判决的1930年让德尔诉卡勒里·拜尔福戴斯交通事故案，卡勒里·拜尔福戴斯公司司机驾驶的货车颠覆，致使正在过马路的让德尔身受重伤，该公司因不能证明自己无过错而承担赔偿责任。德国《民法典》对雇用人责任、监督人责任和建筑物管理人责任等都采用了过错推定责任。日本民法则大量运用过错推定弥补传统过错责任的不足，将监督人责任、雇用人责任、动物占有人责任和工作物责任等规定为过错推定责任。我国《民法通则》也将物件致人损害等民事责任纳入过错推定的范畴。

在英美法系，与大陆法系过错推定相对应的是20世纪初形成的事实自证（res ipsa loquitur）规则，该规则起源于1863年英国法官泼洛克（Pollock）对Byrne v. Boadle案的裁决。在该案中，被告的一桶面粉从其库房的二楼窗口滚落，致使一行人被砸伤，泼洛克法官认为：虽原告无法直接证明被告如何因过失而导致这桶面粉滚落窗外，但该案事实足以表明被告必定存在某种过失，否则其面粉桶不会无故滚落窗外而砸伤行人。[①] 美国《侵权法第二次重述》对事实自证规则予以规定，在下列情形

[①] Byrne v. Boadle, [1863] 2 H. & C. 722, 159 Eng. Rep. p. 299.

下，可以推论原告所受伤害是由被告的过失引起的：（1）该事件是在没有过失的情况下便通常不会发生的一种事件；（2）其他可能的原因，包括原告与第三人的行为，已被证据充分排除；并且（3）所表明的过失是处在被告对原告所负义务的范围之内。该表述代表了美国绝大多数法庭对事实自证规则的一致看法和美国法律界对该规则的主流意见。[1]

随着19世纪末工业化进程的加快，以客观过错为基础的过错推定责任也不敷使用，为了对不幸损害进行合理的分配，在事故责任等危险活动领域，无过错责任应运而生，只要加害人的行为与损害事实之间有因果关系，无论加害人是否有过错都须承担赔偿责任，这种归责原则被许多学者认为是古代以客观归责为基础的结果责任原则的复活。

对于无过错责任的理论基础，主要有如下几种学说：一是风险说，主张一个为自己利益而自愿经营某项事业的人，应当承担该事业性质所产生的或相关的致损风险；二是公平说，主张一个人应对从其支配下的某物或某项活动（无论是亲手或是假他人之手进行）所致的损害承担责任；三是遏制说，主张让事故原因的控制者承担责任，可以刺激其采取措施来防止事故的发生；四是利益均衡说，主张在发生损害的情况下，应当根据公共政策权衡冲突双方的利益，以达到合理的损失分配。在"机器和事故的时代"，无论采哪种学说，在交通事故、公害事件等特别法领域，损害分担的考量甚于加害人道德上可责难性的探究。

二、侵权法上归责原则体系

受到各国特定社会经济条件、历史习惯和文化传统等因素的影响，在学说和立法上，对于侵权法归责原则的体系存在各种各样的观点，但总的来说，不外乎以下三种代表性的观点：[2]

---

[1] 参见许传玺《侵权法事实自证制度研究》，载中国民商法网，http://www.civillaw.com.cn/article/default.asp?id=8076。

[2] 以下参见王利明《侵权行为法研究》上，中国人民大学出版社2004年版，第204－208页；杨立新：《侵权法论》（第三版），人民法院出版社2005年版，第122－123页。

1. 一元归责原则体系说。这一主张之下又可分为两种截然不同的观点：一是单一的过错归责原则体系，在过错归责原则中包含其他归责原则。法国学者图利耶（Toullier）指出："第1382条规定了过错责任原则，由此，只存在一种责任制度：过错责任。其他人的责任（第1384条）、动物的责任（第1385条）或者建筑物的责任（第1386条）实际上都是因为人的过错的责任。"英国学者温菲尔德（Winfield）在其《侵权法》一书中，将危险归责包含于过失归责之中，以过失理论建立了归责体系。[①]我国亦有学者认为，侵权行为法只有一个归责原则，即过错责任原则；单一的过错责任原则体系，构造主观式的民事责任制度的和谐体系。[②] 在立法例上也有采单一过错责任原则体系的例子，例如，法国《民法典》第1382条和第1384条分别规定了一般的过错责任原则和推定的过错责任原则。二是以危险归责代替过错归责，主张一元归责。例如，德国学者穆勒认为，民事责任应基于行为者形成危险而归责，故意和过失都是对危险的形成，性质上属于"危险责任"的一部分，并无独立的归责原理。

2. 二元归责原则体系说。该说认为，侵权责任应以过失责任和危险责任作为归责原则，或以过失责任和无过失责任作为归责原则。例如，德国学者Eneccerus与Lehmann在其《民法债篇》一书中，列举有三种损害赔偿发生原因，即因故意或过失不履行债务或物上请求权；因故意或过失不法侵害他人法益；行为人对损害之发生并无过失，但基于特殊理由，应负损害赔偿之责。由于"不履行债务或物上请求权"问题不属于侵权法问题，Eneccerus与Lehmann所说的侵权法归责原则，实际上是指过错责任和无过错责任两种。德国学者柯茨（Kôtz）等人则主张应以过错责任和危险责任为归责原则，而危险责任不过是为补充过失责任不足而设定的。[③] 在立法例上，德国民法同样坚持过错责任原则，在德国《民法典》第823条明文规定适用过错责任原则，但是同时承认危险责任

[①] Winfield and Jolowicz, The law of Tort, 12ed London, Sweet a Maxwell, 1984, p. 204.
[②] 张佩霖：《也论侵权损害的归责原则》，《政法论坛》1990年第2期。
[③] H. Kôtz, Haftung fuer besoniclere Gefahr, Acp. 170, 1970, s. 20 – s. 21.

（即无过失责任）。① 在我国，亦有学者认为，"在相当的历史时期内，侵权行为法的归责原则将是二元制，即过失责任原则与无过失责任原则并存"，而公平责任"多半是赔偿标准问题而不是责任依据问题。所以，它能否作为一种独立的归责原则还大有探讨余地"。② 我国《侵权责任法》第6条和第7条也分别规定了过错责任原则和无过错责任原则。

3. 三元归责原则体系说。该说产生较晚，但实际上，在客观过失理论发展起来以后，由于过错概念已分为主观过失和客观过失两种，故过失和危险二元归责原则体系中，已隐含了三元归责原则体系的色彩。对三元归责原则体系说，学者在表述上各不相同。德国学者魏特希德（Wietholter）认为，现代侵权行为法的归责原则应分为三大类：即基于主观意思而归责的"故意责任"、基于客观信赖而归责的"过失责任"和纯粹基于危险而归责的"危险责任"。③ 美国学者庞德则将侵权行为的类型区分为：故意侵害（intentional aggression）、过失行为（negligent action）及持有危险物或从事危险作业者，未能阻止损害的发生所致的损害。进而主张侵权归责体系应为故意归责、过失归责及危险归责三种。④ 在我国，该说之下又可分为几种不同的观点：第一种观点认为，目前在我国民事法律制度中，同时存在着三个归责原则。一般侵权损害适用过错责任原则，特殊侵权损害适用无过失责任原则，无行为能力的人致人损害而监护人不能赔偿的特别案件适用公平责任原则。⑤ 这种观点为多数学者所采纳。第二种观点认为，侵权法归责原则为过错责任原则、过错推定原则和公平责任原则，无过错责任不是一种独立的归责原则。⑥ 第三种观点认为，侵权责任归责原则体系由过错责任原则、过错推定责任原则和无过错责任原则构成，公平责任只是一种侵权责任形态。⑦

---

① 参见（台）王泽鉴《侵权行为法》（第一册），台北三民书局1999年版，第13、17页。
② 米健：《现代侵权行为法归责原则探索》，《法学研究》1985年第5期。
③ Wietholter, Der Rechtfertigungs gruna des Verkehrsrichfigen Verhaltens, 1960. s. 52.
④ R. Pound: An introduction to the philosophy of law, 1922, pp. 177, 169.
⑤ 参见刘淑珍《试论侵权损害的归责原则》，载《法学研究》1984年第4期。
⑥ 王利明：《侵权行为法归责原则研究》，中国政法大学出版社1991年版，第30页。
⑦ 杨立新：《简明类型侵权法讲座》，高等教育出版社2003年版，第95页。

第二节　国家赔偿法上的归责原则体系

世界各国在国家赔偿法中所确立的归责原则体系的差异较大,有代表性的主要有三种:法国、德国、日本等国采用的过错责任原则为主,以无过错责任原则为辅的归责原则体系;英、美等国采用过错责任原则的归责原则体系;以瑞士等国为代表的采用违法责任原则的归责原则体系。在我国《国家赔偿法》修订前,各界对于该法确立的国家赔偿责任归责原则体系的认识存有分歧。在该法修改后,我国明确确立了国家赔偿责任的多元归责原则体系,这一归责原则体系以违法责任原则为主,结果责任原则、过错责任原则等原则为辅。

一、国外国家赔偿的归责原则体系

从立法体例看,多数国家和地区采用行政赔偿和司法赔偿分别立法的做法。[①] 多数国家和地区对于行政赔偿与司法赔偿都适用不同的归责原则。对于司法赔偿中的冤狱赔偿多适用结果责任原则。[②] 对于行政赔偿,主要采用三种归责原则体系:

（一）以过错责任原则为主要归责原则,在特定情况下适用无过错责任原则

采纳这一归责原则体系的主要有法国、德国和日本等国家。过错是

---

① 如日本制定单行的《刑事补偿法》、我国台湾地区制定单行的"冤狱赔偿法"、法国的司法赔偿由《刑事诉讼法》和《建立执行法官和关于民事诉讼程序改革法》规定。美国1946年《联邦侵权赔偿法》适用于政府侵权赔偿,司法赔偿由判例确立了有限的赔偿范围。

② 如联邦德国《刑事追诉措施补偿法》第1条规定:对于因一项刑事法庭判决遭受损失者如其判决在再审程序的刑事诉讼中被取消或减轻,或者在能使该判决有效的其他刑事诉讼中被取消或减轻时,由国家予以补偿。又如日本《刑事补偿法》第1条规定:（1）在根据刑事诉讼法规定的普通程序、再审或者非常上告程序中,受到审判宣告无罪的人,如果在判决前曾依据刑事诉讼法、少年法和经济调查厅法的规定,受到关押或者拘禁时,可以根据关押和拘禁的情况向国家请求补偿。（2）在根据恢复上诉权的规定而提起上诉、再审或者非常上告的程序中,受到审判宣告无罪的人,如果已经按照原判决受到刑罚执行,或者根据刑法第11条第2款的规定受到拘押时,可以根据刑罚的执行或拘押的情况,向国家请求补偿……

对行为人主观心理的考察,损害发生后,侵权责任是否成立依主观上是否存在故意或者过失而定。由于主观心理状态的证明存在相当难度,行政行为往往由数个公务员共同实施完成、行政机关享有行政权等因素进一步加大了受害人获得赔偿的难度。一些国家对过错的判断由主观化标准过渡到客观化标准。过错客观化标准是指以善良管理人社会生活上的注意义务来作为过错判断的依据。[1] 在国家赔偿中,往往根据社会一般行为或者社会一般理性确认公权力主体的"注意义务",[2] 也就是说,以公务员是否尽到合理注意义务为标准来判断过错的构成,并不关注公务员是否预见到损害后果。在德国行政法中,公权力机关的注意义务被进一步区分为"一般的职务义务"和"对特定人的保护义务"。前者是指公务人员针对其所属的行政主体所承担的职务以及行政机关基于行政内部关系承担的义务,后者是针对相对人或者第三人的特定义务,对后者的违反才是承担赔偿责任的必要条件。

在法国,以公务过错责任原则为主要归责原则。公务过错通过行政法院的判例发展而来,以任何公务活动都应当达到某种中等水平为衡量标准,低于中等水平即具有公务过错。公务过错并无一个确定的判断标准,行政法院往往根据公务的难易程度、执行公务的时间(平时、危急时期)、地点、行政机关所具备的人力物力等各种情况,决定在当时情况下行政机关执行公务时应当达到的中等水平,进而判断是否存在过错。法律行为、事实行为、抽象行为和具体行为都能产生公务过错。公务过错的形式多种多样,由行政法院通过判例发展,可以表现为行政活动的组织不良或管理不良,也可以表现为行政人员的疏忽、怠惰、自私,包括公务的实施不良,不执行公务和公务的实施迟延这三种形式。无过错责任适用于特定情形,分为基于危险的无过错责任和基于公共负担平等的无过错责任。前者如卫生当局烧毁有传染源的建筑,涉及邻舍;后者

---

[1] (台)叶百修:《国家赔偿法》,载翁岳生主编:《行政法》下,中国法制出版社2002年版,第1613页。
[2] 朱新力、余军:《国家赔偿归责原则的实证分析》,载《浙江大学学报》(人文社会科学版)2005年第2期。

如企业为了提高效率裁员，劳工视察员为了避免社会骚乱，拒绝同意，企业由此蒙受损失。

在德国，国家承担赔偿责任，以公权力违反公法上义务、官吏的过错（故意或过失）为要件，实行的主要是过错责任原则。相关内容分散在1900年《民法典》第839条、1910年《国家责任法》第1条、1919年《魏玛宪法》第131条、1937年《官吏责任法》第23条、《波恩基本法》第34条、1973年《国家赔偿法（草案）》第1条等规定中。如果官吏没有过错，无论对国家还是对受害人，均不承担任何赔偿责任。在特别情形中，基于公共负担平等原则、特别牺牲理论，1952年6月10日的裁判创设了类似征收侵害的概念，确认国家或公务员行使公权力，虽无故意过失，但违法侵害人民一切有财产价值的权利，致其发生特别牺牲时，国家亦应负赔偿责任。

日本《国家赔偿法》第1条规定了国家赔偿的过错责任原则。过错包括故意和过失。故意是指公务员认识到自己的行为将产生一定的结果，却容忍这种结果的发生。过失是指对一定的事实本来能够认识，但因不注意而未能认识到。对于过错的判断，日本判例中出现了采用客观标准认定过错的倾向，如从违反确保医药品安全义务的事实，直接推定过错。此外，日本在《国家赔偿法》第2条规定了公共营造物领域适用无过错责任原则。

（二）以过错责任原则为归责原则

采用这一归责原则体系的主要有美国、英国等国家。美国《联邦侵权赔偿法》第1346节（b）款规定，"在符合本编第171章的范围内，对由于任何政府职员在执行职务或工作范围以内的过失的或不法的行为或不行为而引起的财产损坏或者丧失、或者人身损伤或死亡的金钱赔偿……"引发国家赔偿的行为有两种：过失的行为或不行为和不法的行为或不行为。过失的构成需要满足两点：其一，机关对于被侵害的利益负有法律上保护的义务，而非道德上义务；其二，机关在对待这一利益时必须遵守一定的注意标准。机关的行为违反了义务和标准，构成过失，应当对由此产生的损害承担赔偿责任。① 不法的行为有广义和狭义之分，广义的不法行为除过失行为外，还包括侵权行为。狭义的不法行为是指过失行为之外的侵权行为。美国国家赔偿法不适用无过错责任原则，国家对无过错的行为不承担赔偿责任。

在英国，国家赔偿责任的构成以故意或过失等条件为前提。公务员所为的裁量行为，如果不存在过错，国家不负赔偿责任；如果存在过错，国家一般应负赔偿责任，除非授予裁量权的法律规定了过错裁量可以免责的条款。英国不承认国家赔偿中的无过错责任。

（三）以违法责任原则为归责原则

采用这一归责原则体系的主要有瑞士、奥地利等国家。瑞士1959年《联邦责任法》第3条规定："联邦对于公务员执行职务时，不法侵害他人权利者，不问该公务员有无过失，应负赔偿责任。"奥地利1948年《国家赔偿法》第1条规定："联邦、各邦、县市、乡镇及其他公法上团体以社会保险机构（官署）于该官署之机关执行法律故意或过失违法侵害他人之财产或人格权时，依民法之规定由该官署负损害赔偿责任。"1989年则取消了"故意或过失"的要求，修改为"在执行法律中因违法行为——不论过错在谁——所造成的财产或人身损害承担赔偿责任"。从这两个国家的规定看，没有如日本那样采用过错客观化的做法来解决主观心理状态认定的困难，而是直接取消对主观状态的考察，采用客观违法的归责原则。

二、我国国家赔偿的归责原则体系

（一）《国家赔偿法》立法过程中的不同主张

在国家赔偿立法过程中讨论我国《国家赔偿法》应采取何种归责原则时，曾提出过以下几种主张：②

第一种主张：国家赔偿法应以过错原则为归责原则。主要理由是：

---

① 王名扬：《美国行政法》下，北京大学出版社1995年版，第760页。
② 以下见江必新《国家赔偿法原理》，中国人民公安大学出版社1994年版，第115-116页。

（1）过错归责原则具有淳化道德风尚、确定行为标准、预防损害发生、协调利益冲突等多方面的功能；（2）我国的司法实践已经确定国家机关及其工作人员承担民事责任应以过错为原则；（3）国家承担赔偿责任是一种替代责任，只有当工作人员有过错时，国家才有义务承担赔偿责任；（4）在目前，我国财力还不雄厚，采用过错责任原则可以更有效地而且更合理地限制国家赔偿责任。

第二种主张：国家赔偿应采用广义的无过错责任原则，或结果责任原则，即无论国家机关及其工作人员主观上是否有故意或过失，国家均应对其造成的损害承担赔偿责任。主要理由是：（1）我国《宪法》第41条第3款规定："由于国家机关和国家工作人员侵犯公民权利而受到损失的人，有依照法律规定取得赔偿的权利。"我国《民法通则》第121条规定："国家机关或者国家机关工作人员在执行职务中，侵犯公民、法人的合法权益造成损害的，应当承担民事责任。"上述规定均无过错或违法等限定，可以理解为结果责任。（2）采取无过错责任原则可以使国家赔偿法具有更大的包容性，即可将国家补偿有关内容纳入其中，以免重新另外制定国家补偿法。（3）可以采取但书或免责规定等方式解决国家责任范围太宽的问题。

第三种主张：国家赔偿应采用过错违法原则。即是说，只有在国家机关及其工作人员既有故意或过失，又违法的情况下，国家才能承担赔偿责任。主要理由是：（1）过错是行为人的主观要件，违法是行为的客观要件，归责原则应体现主客观的统一；（2）奥地利、日本、韩国、中国台湾等国家和地区都采用这种归责原则。

第四种主张：国家赔偿应以违法或明显不当（或显失公正）为归责原则。主要理由是：（1）这种归责原则符合行政诉讼法和我国宪法的精神；（2）可以适当拓宽赔偿范围，以切实保障公民权利得到救济。

第五种主张：国家赔偿应以违法为归责原则，即是说，只要致害行为违法，国家就应当承担赔偿责任。主要理由是：（1）采用这一原则与宪法的规定相一致，也与行政诉讼法的规定相协调；（2）单一归则，简单明了，操作性；（3）能避免过错原则中的主观方面认定困难；（4）避免过错违法原则的双重标准；（5）国外越来越多的国家采用单一的违法归责原则。

第六种主张：国家赔偿应以过错或违法为归责原则。具体地说，在致害行为为决定判决、裁决等法律行为时，适用违法归责原则。在致害行为为事实行为时，采用过错归责原则。主要理由是：（1）我国目前法制尚不健全，一律采用违法原则，可能会使大量受损害的权利得不到赔偿；（2）法律不可能对所有事实行为都设定行为模式，应对这一部分采用过错原则以济其穷；（3）这种原则不属于双重归责，而是不同的原则适用于不同领域。

第七种主张：国家赔偿宜采用多元化归责体系，具体地说，在刑事裁判领域应采用法定结果责任原则；在其他赔偿领域应采用违法归责原则。

（二）《国家赔偿法》所确立的归责原则体系

修订前的《国家赔偿法》在总则第2条第1款规定："国家机关和国家机关工作人员违法行使职权侵犯公民、法人和其他组织的合法权益造成损害的，受害人有依照本法取得国家赔偿的权利。"由于其规定在总则部分，被理解为是对国家赔偿责任归责原则的规定。但是，对这款规定所体现的归责原则的理解存在分歧。少数学者认为该款规定的是无过错责任原则。理由是：违法责任原则只要求"违法行使职权造成损害"，即可成立国家赔偿责任，而不论国家机关及其工作人员是否存在过错，这是正确的，也是符合《国家赔偿法》的规定的，但违法并非确定归责原则的根据。因为确定国家赔偿归责原则的标准只能是行为人的主观状态，不能是行为人的客观行为，因而应以无过错责任原则为国家赔偿的归责原则。[①] 绝大多数学者认为这是对国家赔偿违法责任原则的规定。理由是：在不考察行为人主观状态这一点上，违法责任原则和无过错责任原则是相同的。但违法责任原则要考察行为的性质，进而将之作为是否发

---

① 房绍坤、丁乐超、苗生明：《国家赔偿法原理与实务》，北京大学出版社1998年版，第67页。

生国家赔偿责任的根据，而无过错责任原则并不考察行为的性质，只问行为与损害之间是否存在因果关系，行为的性质并不影响赔偿是否发生。从《国家赔偿法》的规定看，将侵权行为的违法性作为赔偿发生的前提条件，也就是说，侵权行为的性质直接影响了赔偿能否发生，故将违法责任原则理解为我国国家赔偿的归责原则更符合法律的规定。由于归责原则条款规定在总则部分，因此，违法责任原则是统率行政赔偿和司法赔偿的统一归责原则。[1]

对于分则规定中所体现的归责原则，学界和实务界在理解上亦存在分歧。在分则中的一些规定并没有体现违法原则的精神，如第15条第3项对于"依照审判监督程序再审改判无罪，原判刑罚已经执行的"，"受害人有取得赔偿的权利"的规定，这被理解为结果责任原则的体现。又如，对于第15条第1项"对没有犯罪事实或者没有事实证明有犯罪重大嫌疑的人错误拘留的"、"受害人有取得赔偿的权利"的规定和该条第2项"对没有犯罪事实的人错误逮捕的"、"受害人有取得赔偿的权利"的规定，人们在理解上相去甚远，有的认为规定的是结果责任原则，有的认为规定的是违法责任原则。

因而，对于修订前《国家赔偿法》确立的归责原则，学界和实务界有诸种不同观点：第一种观点认为，我国国家赔偿法采用的是违法责任原则。也就是说，只有在致害行为具有违法性的情况下，国家才有可能承担侵权赔偿责任。第二种观点认为，我国国家赔偿法采用的是实质上的过错责任原则，其间的违法应解释为过错。第三种观点认为，无论赔偿义务机关还是直接的侵权行为人，都不应当要求有过错才构成侵权，在国家赔偿责任中，国家才是赔偿责任主体，国家机关及其工作人员均非责任主体，其过错与违法，只是国家承担责任的条件，故国家对国家机关及其工作人员的违法执行职务承担的是无过错责任。[2] 第四种观点认为，我国国家赔偿法采用的是违法责任原则为主而兼采结果责任原则的

---

[1] 马怀德主编：《完善国家赔偿立法基本问题研究》，北京大学出版社2008年版，第76页。
[2] 转引自马怀德主编《国家赔偿问题研究》，法律出版社2006年版，第72页。

二元归责体系。

比较而言，我们倾向于第四种观点，理由有三：第一，从形式上看，《国家赔偿法》第1章第2条在表述国家侵权赔偿责任的构成要件时，明确使用了"违法行使职权"的概念，在行政赔偿第1章第3条、第4条列举侵权情形时，除第3条第3项明显具有违法性而没有加"违法"的限定外，其余各项均加有"违法"限定。但在第3章刑事赔偿中，只有第15条第5项及第16条第1项加有"违法"限定、其他各项均无"违法"限定。第二，从实际内容来看，某些刑事司法行为在司法人员按照法定程序办事的情况下，很难确认具体的违法事实。以先行拘留为例，公安机关对重大犯罪嫌疑分子（如在身边或住处发现有犯罪证据）可以先行拘留。在这种情况下，不能排除被拘留的人可能是无辜的人。根据国家赔偿法的精神，对无辜被拘的人应当予以赔偿，但在这类案件中，公安机关先行拘留的行为不一定是违法的。可见，国家在这种情况下所承担的责任并非违法或过错责任，而是一种风险责任或结果责任。第三，从国外的立法实践来看，通常将刑事赔偿法或冤狱赔偿法作为国家赔偿法的特别法加以规定，不用统一的国家赔偿法加以调整，究其原因，就在于刑事赔偿通常采取有限制的结果责任，而其他国家赔偿则通常采用过错或违法责任原则。[①]

由于修订前的《国家赔偿法》总则规定与分则的规定不一致，容易导致国家赔偿法的归责原则仅是违法责任原则的误读，各界提出了许多修改的建议。有观点认为，国家赔偿责任本质上属于因国家管理活动引起的公平风险责任，风险原则与公平原则才是我国国家赔偿法应当奉行的归责原则，因此，国家赔偿的归责原则理应是以公平原则为基础的多层次原则体系，在公平原则之下，根据不同类别的赔偿事项，分别设计不同的归责原则。[②] 有观点主张，建立多元化的归责原则体系，具体包括

[①] 江必新：《国家赔偿法原理》，中国人民公安大学出版社1994年版，第116-117页。

[②] 钱弘道、马良骥、褚国建、袁勇、高春燕：《在公权力和私权利之间寻找均衡——第九届海峡两岸行政法学学术研讨会、东亚行政法学会第七届国际学术大会热点问题分析》，载《环球法律评论》2007年第1期。

违法责任原则、过错责任原则、结果责任原则以及瑕疵责任原则。① 还有观点指出,在肯定违法责任原则的同时,应当以结果责任原则作为辅助性归责原则。② 在《国家赔偿法》的修订过程中,各方代表也纷纷提出意见,要求在总则中修改明确国家赔偿责任的归责原则,这一建议为立法机关所采纳。修订后的《国家赔偿法》将第2条修改为:"国家机关和国家机关工作人员行使职权,有本法规定的侵犯公民、法人和其他组织合法权益的情形,造成损害的,受害人有依照本法取得国家赔偿的权利。"取消了原条文中的"违法"字样,从而在立法上明确确立了我国国家赔偿责任的多元归责原则体系。根据《国家赔偿法》总则和分则中有关归责原则的规定,我们认为,我国国家赔偿法上采用的是以违法责任原则为主,结果责任原则、过错责任原则等原则为辅的多元归责原则体系。具体将在下文予以分述。

---

① 参见应松年、杨小君《国家赔偿若干理论与实践问题》,载《中国法学》2005年第1期。
② 马怀德主编:《国家赔偿问题研究》,法律出版社2006年版,第22-25页。

第十八章 国家赔偿归责原则

第一节 国家赔偿归责原则概述[①]

国家赔偿责任的归责原则为从法律价值上判断国家应否承担侵权责任提供了最根本的依据和标准,对于确定国家赔偿责任的构成及免责条件、举证责任的负担以及承担责任的程序都具有重大意义。近代国家赔偿制度特别是赔偿责任理论更多的是从民事侵权责任理论借鉴发展而来,一些受民法学说影响较深的国家将民事侵权责任的法律规定直接适用于国家赔偿领域,在确立国家赔偿责任的归责原则时也纷纷援用侵权法上的归责原则,这也是各国国家赔偿制度发展的方向。但出于国家利益和公共利益的考虑,不少国家的国家赔偿法所确立的归责原则又有异于侵权法的归责原则。

一、过错及违法责任原则

过错及违法实际上是指行为人实施加害行为时的某种应受非难的主观状态,此种状态通过行为人所实施的不正当的、违法的行为表现出来。过错及违法责任,不仅指以过错及违法作为归责的构成要件,而且指以过错及违法作为归责的最终要件,同时,也以过错及违法作为行为人责任范围的重要依据。一般认为,过错责任原则为罗马法所创,早在公元前5世纪的《十二铜表法》中,过错程度就成为确定加害人责任的根据。

---

① 以下见江必新《国家赔偿法原理》,中国人民公安大学出版社1994年版,第104-115页。

由于过错责任原则能充分体现法律和社会对行为人所实施的违背法律和道德、侵害社会利益和他人利益的行为的否定评价，具有淳化道德风尚、确定行为标准、预防损害发生、协调利益冲突等多种功能，因而为绝大多数国家所采用。在国家赔偿领域，过错及违法责任原则曾成为普遍的归责原则，时至今日，过错及违法责任原则仍然占据支配地位，兹分述如下：

（一）在国家赔偿责任基本上由有关民事赔偿责任的法律规范所调整的国家，大体沿用民事侵权责任法的过错或违法责任原则

英国1947年《王权诉讼法》中的国家赔偿责任的构成以故意或过失等条件为前提，至于过错的程度，则与责任归属无关。公务员所为的裁量行为，如果不存在过错，国家不负赔偿责任；如果存在过错，国家一般应负赔偿责任，除非授予裁量权的法律规定了过错裁量可以免责的条款。与法国不同，英国不承认什么危险作用所产生的国家无过错责任。

美国在国家责任问题上，起初否认国家的侵权责任。至二十世纪以后，行政部门机关林立，职能日益扩大，人民随时都有受公务人员侵害之虞。于此情势，国家有责论初露端倪，有关国家责任的判例陆续出现，有关的法规也先后出台。1928年的制定法又规定国家会计局总监应基于法律责任和衡平的考虑向国会推介支付国家侵权行为的诉求。1920年至1925年国家责任扩及联邦调查局、邮政总局及政府机关海事侵权行为。1946年颁布了《联邦侵权赔偿法》，1948年修订该法并汇入《联邦司法法》。在美国国家赔偿制度中，凡政府的任何人员在其职务范围内因过失、不法行为或不行为，致人民财产上的损害或损失，人身的伤害或死亡，美国联邦政府与私人一样，负担赔偿责任。这是自1946年以后美国国家赔偿制度的基本原则。该法还规定，公务员执行职务所生损害，如果该公务员已尽相当注意，受害人不得对国家请求损害赔偿。1963年加利福尼亚州制定的《侵权行为法》亦贯彻过错责任原则，不承认无过错责任。总之，美国国家以过错为责任要件之一。至于国家无过错责任，则立法文件上根本没有规定，法律实务上也未依照这一原则进行处理。

加拿大民法虽然对雇主责任适用过错推定原则，但在国家赔偿责任上，必须证明侵权者的过错。

（二）在国家赔偿责任由特别法律予以规定，但普通法院享有管辖权的国家，无一例外地都采用过错或违法责任原则

在奥地利，1867年《国家基本法》第8条第2项规定："任何违法处分或长期拘禁，国家负担对于受害人损害赔偿之责任。"1920年《联邦宪法》第23条规定："职司联邦、邦或乡镇之行政或司法业务者，因执行职务时故意或重大过失之违法行为致损害于他人者，应负赔偿责任。"该条在1929年修改后仍以过错为要件："联邦、邦、区及乡镇以宪法主体而活动时，对于其机关之人员，因故意或重大过失之违法行为，致损害第三人以及该地方团体应享有之权利者，应负赔偿责任。"1948年12月18日公布施行的奥地利《国家赔偿法》第1条第1项规定："联邦、各邦、县市、乡镇及其他公法上团体以社会保险机构（官署）于该官署之机关执行法律故意或过失违法侵害他人之财产或人格权时，依民法之规定由该官署负损害赔偿责任。"1949年施行的《公务员责任法》也有类似规定，亦为过错责任。但是，奥地利在1989年则取消了《国家赔偿法》中"故意或过失"的要求，将第1条的相关内容修改为"在执行法律中因违法行为——不论过错在谁——所造成的财产或人身损害承担赔偿责任"。[①]

在德国，国家承担赔偿责任，以公权力违反公法上义务、官吏的过错（故意或过失）为要件，实行的主要是过错责任原则。德国1900年《民法典》第839条规定了官吏个人负责的原则："官吏因故意或过失，违反对于第三人所应尽之职务者，对于该第三人因此所生之损害，负赔偿义务。"1919年《魏玛宪法》第131条规定："官吏于行使被委任之职务之公权力，违反对于第三人职务上之义务时，原则上由该官吏所属之国家或公共团体负担其责任。"该条最早以基本法形式肯定了国家的直接

[①] 肖峋：《中华人民共和国国家赔偿法的理论与实用指南》，中国民主法制出版社1994年版，第106页。

责任，有学者赞之为"法治国家终极原理"。据此，德国1937年《官吏责任法》第23条规定了官吏因故意或过失违反职务义务时，其任命者国家或其他公法人负一般损害赔偿责任。《波恩基本法》（联邦德国《宪法》）第34条规定："任何人在执行委托给他的公务时，违反对第三者承担的义务，原则上其责任由国家或由他所服务的机关承担。如由于故意或重大过失，得保留求偿权。对于请求损害赔偿或追偿的，不排除由普通法院进行审理。"这一条实际上是《魏玛宪法》第131条规定的延伸。这种职务责任制的特点，在于对官吏（行为人）的责任奉行过错责任主义的法理。1910年《国家责任法》第1条规定："国家官吏于行使被委任之公权力，因故意或过失违反对于第三人之职务义务时，国家应代官吏负民法第八百三十九条之责任。"德国1973年《国家赔偿法（草案）》第1条规定："任何人之权利受公权力之侵害者，公权力主体依本法对受害人负赔偿责任。"第2条第2项规定，如损害显著轻微或由于不可预见之情事所引起之损害，可酌情减轻责任，但"如损害系由于故意或重大过失所生者，不得减轻赔偿义务"。还规定，基于公益所为公有征收或牺牲之损害违法之情形，被害人除依国家赔偿法请求赔偿外，尚可主张补偿请求权，换言之，国家不承担无过错（即公务员行为本身没有违法，但结果造成了侵权损害）损害的赔偿责任，而承担补偿责任。从上述责任的有无、赔偿的范围看德国奉行的是过错责任；从单项条文看，也是如此。如第7条规定的司法上的权利侵害，即"人民之权利因判决或性质相同之裁判遭受侵害者，仅于法官负故意责任时，始适用本法之规定。"1910年《国家责任法》第1条还规定："官吏虽无意识状态，或于不能为自由意识决定之精神障碍状态所致之损害，阻却其责任，国家仍应如同官吏有过失之情形，负赔偿之责，但以公平上看赔偿损害之必要者为限。"可见官吏没有过错，无论对国家还是对受害人，均不承担任何赔偿责任，国家承担赔偿责任，可以认为是一种例外的无过错责任。总之，德国国家赔偿法总体上贯彻的是过错责任原则。

日本国家赔偿法实行的主要是过错责任原则。1947年《国家赔偿法》第 1 条明确规定："行使国家或公共团体公权力之公务员，就其执行职务，因故意或过失，违法损害他人者，应由国家或公共团体负赔偿责任，前项情形，公务员有故意或过失的，国家或公共团体对该公务员有求偿权。"鉴于原告对被告的过错常常难以证明，为求公平以增加原告胜诉的机会，在法学理论及司法实践中均援用举证责任倒置（实为转换）原则。据此，原告只要能够证明被告有可以推断被告系故意或过失的事实，而被告能反证时，即认为被告不负有赔偿责任。但因道路、河川或其他公共营造物设置或管理有瑕疵，致使他人受损害时，国家或公共团体对此应负赔偿责任。这是一种例外的无过错责任。

韩国 1967 年《国家赔偿法》第 2 条第 1 项规定："公务员执行职务，因故意或过失违反法令加损害于他人者，国家或地方自治团体应赔偿其损害。但军人或军属于作战、训练或其他执行职务中所致或于国军目的上使用之阵地、营内、舰艇、船舶、航空器或其他运输之机器内所致之战死、殉职或公伤，依法令之规定已支付灾害补偿金或遗族一次恤金或遗族年金等时，不得再依本法及民法之规定请求损害赔偿。"显然这里是过错责任，尽管有例外的规定。

我国台湾地区于 1980 年 7 月 2 日公布的"国家赔偿法"，以过错作为赔偿责任的构成要件。该法第 2 条规定："公务员于执行职务行使公权力时，因故意或过失不法侵害人民自由或权利者，国家应负损害赔偿责任。公务员怠于执行职务，致人民自由或权利遭受损害者亦同，前项情形，公务员有故意或重大过失的，赔偿义务机关对之有求偿权。"

（三）在国家赔偿责任基本上由公法调整，很少适用私法规定，且行政法院和普通法院都各自享有管辖权的国家，过错或违法责任原则也适用于绝大部分领域

在法国，以公务过错责任原则为主，辅之以无过错责任原则。公务过错是指公务活动欠缺正常的标准。行政主体在公法上通常对有过错的执行公务的行为所产生的损害负赔偿责任。公务过错原则自行政法院就 Pelletier 案作出判例后，成为法国国家赔偿的主要归责原则。公务过错并

无一个确定的标准，通常由该国行政法院根据案件的具体情况判断，大致可以分为三种情形：一是公务的实施不良，如警察追捕疑犯时误伤路人；二是不执行公务，即行政机关有义务采取行为而不作为；三是公务的实施迟延。公务过错具有与个人过错分离以及过错客观化等特点。有学者认为，该归责原则通过为公务行为设定标准将过错客观化，避免了对公务员主观心理态度的考察，更有利于受害人获得赔偿。[①] 与此同时，法国国家赔偿制度中也规定了一些基于特殊危险的无过错责任，主要适用于冤狱赔偿，以及公务的危险、社会的危险（如暴动、骚乱等）、公共工程致害等。

除法国以外，约旦、比利时、巴西、乌拉圭以及美国的加利福尼亚州也采用了公务过错的概念。

（四）在苏联、东欧国家中，虽然表述各不同，但基本上是过错责任原则的变种

苏联1961年《民事法原则》第89条规定：政府机构对其工作人员行为造成的损害应负赔偿责任。除非特别法另有规定。政府机构对其工作人员在公共行政方面的不恰当行为所造成的损害，应按通则（本原则第八十八条）负赔偿责任。政府机构对其工作人员这类行为给组织所造成的损害，按法定制度负赔偿责任。苏俄《民法典》第446条规定：国家机关对其工作人员在履行职务时，由于过错或不适当的公务行为而造成的损害，应当负赔偿责任。

匈牙利的国家赔偿责任以侵害人有罪过并且不能依其他途径获得补救为前提。1959《民法典》第349条第1款规定："对在国家行政权范围内所造成的损害只有在不能以通常法律补救方法使之避免，或该工作人员的有罪或有过失已为刑事诉讼或纪律所认定，才负责任。"1971年修订该法时，取消了公务员负担刑事责任或纪律责任的先决条件。

捷克斯洛伐克《民法典》第426条对职务侵权责任也作了规定，主

---

① 参见马怀德主编《完善国家赔偿立法基本问题研究》，北京大学出版社2008年版，第91－92页。

体限于国家机关或被授予行使国家职能的机关，其要素为：决定非法、造成了损害、有专门法律规定。

应当看到，过错责任也有自身的缺陷，这主要表现在：传统的过错责任原则坚持"无过错则无责任"的规则，要求受害人必须举证，证明加害人具有过错，方能获得赔偿。这种规则常常使无辜的受害人难以获得赔偿，因而显得对受害人极不公平。为了弥补这种缺陷，一些国家发展了无过错责任、过错推定责任和公平责任等适用于某些特殊领域。

二、无过错责任的适用范围

在古罗马法上可以发掘到无过错责任的滥觞。根据盖优士和查士丁尼大帝的《法学总论》记载，四种类型的"准私犯"中，有三种属于无过错责任，即倒泼流质和投掷固体物的责任（de effuses et dejectis）、堆置物或悬挂物件的责任（de positis et suspensis）、船东、旅馆业主和马厩商的责任（receptum nautarum cauponum stabulariarum）。[①] 19 世纪中叶以后，法国最高法院依《民法典》第 1384 条第 1 项后段创设了"无生物责任"，[②] 用于处理未成年人、雇员、动物或建筑物倒塌所致损害责任的案件，在实务上确立了无过错责任。在学理上，无过错责任这个概念是美国学者巴兰庭于 1916 年在《哈佛法律评论》上发表的一篇关于交通事故责任的文章中提出的。从各国关于无过错责任的立法和实践来看，无过错责任是指当损害发生以后，不考虑加害人的过错的一种责任形式，其目的在于补偿受害人所受的损失。无过错责任的基本特征是：因果关系是决定责任的基本条件；是否适用无过错责任取决于法律或判例的特别规定，且往往有法定最高赔偿限额；不考虑加害人的过错。考察绝大多数国家的立法例，无过错责任并没有真正作为与过错责任具有同等地位的一项归责原则对待，主要适用于工业事故、医疗事故、航空器和原子

[①] 参见周枏《罗马法原论》下册，商务印书馆 1994 年版，第 866—869 页。

[②] 法国《民法典》第 1384 条第 1 款："任何人不仅应对因自己的行为造成的损害负赔偿责任，而且对应由其负责之人的行为或由其照管之物造成的损害负赔偿责任。"

能所致损害等领域。

因此，一般说来，国家赔偿是否适用无过错责任，在很大程度上取决于该国的国家赔偿法所调整的范围。一些国家的国家赔偿法仅调整国家机关行使公共权力的行为所致损害的赔偿问题，那么这个国家就原则上不适用无过错责任，而采用过错责任或违法责任，最多也只是部分适用严格责任或危险责任。如果一个国家的国家赔偿法调整所有国家机关作为赔偿被告甚至包括国有企事业单位作为被告的赔偿事项，将会涉及无过错责任的适用。法国、比利时以及日本等国对某些种类的公产管理的赔偿责任可以与过错无关。意大利法院也不坚持过错责任原则，只要有关组织违反了法律的规定，就足以确立国家的赔偿责任。

三、严格责任与过错推定责任的适用范围

严格责任主要是英美法中采用的一个概念。按照普通法学者的解释，严格责任是指当被告造成了对原告的某种明显的损害，应对此损害负责。严格责任主要考虑的是被告的行为与损害之间的因果关系问题。但是，严格责任并不是绝对责任，并非绝对不考虑过错问题。在严格责任下，并非加害人就其行为所生之损害，在任何情况下均应负责，各国立法例多承认加害人得提出特定抗辩或免责事由。严格责任表面上不考虑被告造成损害是出于故意或能否通过合理的注意而避免损害，但允许加害人通过证明损害是由于受害人的过错、第三人的过错和自然原因造成的而减轻或免除其责任。可见，严格责任实际上是介于无过错责任和过错责任之间的一种责任形式。

在英美法中，传统的严格责任包括侵占、侵害、动物责任、极度和异常危险活动责任、妨害等。一般说来，在英美法系中，如果国家机关的行为具有上述行为的性质，国家就应当"同非官方和私人在相同条件下一样，以相同的方式和在相同的范围内承担责任"。在法国等一些大陆法系国家，没有建立严格责任的概念，但采取过错推定的方式。所谓过错推定，是指若原告能证明其所受的损害是由被告所致，而被告不能证

明自己没有过错，法律上就应推定被告有过错，并应负侵权责任。可见，过错推定即从损害事实中推定被告有过错，但允许加害人通过证明损害是由于受害人的过错、第三人的过错和自然原因造成的而减轻或免除其责任，这种过错推定方式，实际上与严格责任有着异曲同工之妙。

一般认为，过错推定理论是由 17 世纪法国法官让·多马（Domat）创立的，继而为法国《民法典》所确认，适用于行为人对其负责的他人的行为或在其管理下的物件所致的损害和责任、动物所有人因动物造成的损害的责任、建筑物所有人因建筑物的保管或建筑不善而造成的损害的责任等领域。此后，又适用于雇工和交通事故等领域。在德国，对雇用人、动物监护人、房屋或地面工作物占有人的责任以及交通事故中汽车占有人的责任等也适用过错推定原则。在日本，在产品责任、医疗事故、交通事故等案件中，法院也采用过错推定原则。

在国家赔偿领域，并不排斥过错推定原则的适用。如果行政官署的行为具有上述行为的性质，通常并不排斥过错推定原则的适用。

四、危险责任的适用范围

危险责任是源于英美法的概念，本世纪以来，逐渐被德国、日本、瑞士等国家所采纳，大致相当于无过错责任的概念。例如，在德国，无过错责任原则也称作"危险责任"（Gefährdungshaftung）。危险责任又称为"极度危险活动责任"或"异常危险活动责任"。危险责任通常指特定企业、特定装置、特定物品之所有人或持有人，在一定条件下，不问其有无过错，对于因企业、装置、物品本身所具危害而生之损害，应负赔偿责任。危险责任不是对不法行为所负的责任。危险责任的根本思想在于不幸损害之合理分配。危险责任的根据通常是：企业物品或装置的所有人或持有人制造了危险来源，因而应承担责任（危险来源说）；所有人或持有人在某种程度上能控制这些危险，因此应负责任（危险控制说），所有人或持有人从中获得了利益，故应承担责任（利益连带责任说）。

从一些国家的立法例看，各国适用危险责任的范围不尽相同，但一般说来，限于火车、汽车、动物、电气、煤气、导管装置或原子设备的占有人等。如果一个占有上述设备的国家的经济管理行为或经营行为所引起的损害也属于国家赔偿法的调整范围，则通常要在这些领域适用危险责任，如英国 1947 年《王权诉讼法》承认中央政府对财产的占有、所有和控制方面的危险责任。在另外一些国家，独立的国家赔偿法仅调整公权力机关行使公权力所致损害的赔偿问题，但对国家所从事或实施的极度危险活动所致损害的赔偿问题通常用特别法加以规定，如核能利用法等。还有一些国家，有关国家赔偿的制度由判例所确定，而且这些国家的国家赔偿制度又没有严格区分国家公权力行为所致损害和非公权力行为所致损害，适用危险责任的范围由具体的判例所决定。在法国，国家赔偿中适用的危险责任较为广泛，主要包括危险物体形成毗邻特别风险、适用危险物（如铺设电力或煤气管道和供水管道等）、治安警察使用武器、采用有危险可能的方法（如假释少年犯、精神病院释放精神病患者等）、由于履行行政义务而置身于危险环境中等。与法国通过司法判例促进法律的扩张性解释进而最终促进民法典修订以接受无过错责任的发展模式不同，德国危险责任的确立从一开始就主要采取制定一系列单行或特别法律的办法，其开端为 1838 年《普鲁士铁路法》规定的铁路事故责任，而最近的重要立法则是 1990 年施行的《商品责任法》及《环境责任法》。在美国，对公共设施是高度危险物致害的赔偿也通常适用危险责任原则，但这种赔偿通常有一个最高限额，并通常由特别法（如《核能利用法》）规定。

五、公平责任的适用范围

公平责任又称衡平责任，是指在致害人和受害人均无过错的情况下，由法官基于公平或衡平的观念，在考虑致害人和受害人双方的财产状况及其他有关情况或法定考虑因素的基础上，责令加害人对受害人的财产损失给予适当补偿。公平责任在性质上仍然是一种法律责任,它以公平观念作为价值标准来确定责任,主要适用于致害人和受害人双方没有过错的情况。

公平责任最初产生于未成年人和精神病人的赔偿案件,其后不断扩及其他一些范围。今天,各国有关公平责任的适用范围的规定不尽相同,甚至大相异趣。例如,在挪威,有人认为公平责任主要应适用于两类情况:第一类情况是由于赔偿的附带来源(如保险)的存在使损害赔偿的目的成为次要考虑的问题;第二类情况是指旨在保护损害赔偿的债务人,使其摆脱过重的经济负担的一种法律恩惠形式。在荷兰,有人认为法官在作出判决时,考虑到受害人在全部赔偿的补救中的利益、损害的可预见性和程度、双方当事人的经济状况、加害人在损害行为中的经济利益以及在损害发生时的法律关系,应适用公平责任时,则可以适用。在德国则有人主张,如果加害人只具有一般过错,则法官可以依据公平考虑而减轻其应负的损害赔偿责任。

在国家赔偿领域,能否适用公平责任,很少有国家在法律中作明文规定,但从国家赔偿实务来看,并非绝对排斥公平责任。大体上有以下几种情况:一是在国家赔偿原则上适用一般民事赔偿规则的国家,如该国民法规定有关事项适用公平原则,则国家赔偿涉及该事项时也适用公平原则。二是在国家赔偿制度基本上由判例确定的国家,则通过判例上有关事项的处理上适用公平原则。三是在制定单独的国家赔偿法且适用与民事赔偿不同制度的国家通过单行法规定一定范围的事项适用公平原则。

就国家赔偿适用公平原则的具体事项而言,各国的规定亦不尽相同,但大体说来,以下一些事项在有的国家往往适用公平原则:一是在公共负担平等原则受破坏时,国家承担公平责任(如法国);二是个人因为公共利益或国家利益而蒙受特殊牺牲或承担特殊负担时,国家承担公平责任(如德国);三是涉及立法活动或国际交往活动造成特定人的特别损害，国家承担公平责任；四是在公职人员采取紧急避险等措施的情况下造成他人损害，国家承担公平责任。

第二节　国家赔偿的一般归责原则：违法责任原则[①]

一、不同法律制度中违法的概念

"违法"作为国家赔偿中的一个法律概念，在不同国家乃至于同一国家的不同时期，都有其不同的内容。为使我们准确地把握"违法"的内涵，现分别将不同法律制度下的"违法"这一概念的内容进行大致描述。

（一）国家赔偿责任基本上由有关民事赔偿责任法律规范调整的国家对违法概念的使用情况

在英国，不存在一个无所不包的赔偿责任构成要件，但违法是绝大多数赔偿责任的要件之一。从1947年颁布的《王权诉讼法》第2条的规定来看，作为归责原则的"违法"被表述为"违反法定义务"。按照普通法惯例，行政机关只要违背法定义务而侵害公民权利，就应负赔偿责任。但19世纪后期以来，法院认为行政机关不履行法定义务不一定都负赔偿责任。因为行政机关违反法定义务是否产生赔偿责任受很多因素的制约。每个案件应当根据法律的具体规定进行具体解释。一般说来，行政机关承担赔偿责任的条件是：行政机关所负的法定义务是针对受害人的，而不是针对公众的；受害人所受的损害是直接由于行政机关违背义务而产生的；对于这种损害的赔偿符合法律明示或默示的旨意。值得特别提及的是，《王权诉讼法》所谓法定义务，不限于成文法所明确规定的义务，包括普通法（习惯法）上应尽的某些义务。

同英国一样，美国不习惯用一个统一的构成要件来确定国家赔偿责任，而是针对不同领域具体地确定赔偿责任构成要件。从该国1946年《联邦侵权赔偿法》的有关规定来看，"违法"的概念通常被分解为"错

[①] 以下见江必新《国家赔偿法原理》，中国人民公安大学出版社1994年版，第118–130页。

误地和非法的估算和征收"、"没有管辖权而收取罚款"、"超额或以任何方式收缴"、"疏忽或错误地作为或不作为"等等。与《联邦侵权赔偿法》同年通过的美国《联邦行政程序法》规定，凡行政机关的行为、裁决、结论具有下列性质，应当宣布其为非法，予以撤销：（1）独断专横、反复无常、滥用自由裁量权或其他不合法的行为；（2）同宪法规定权利、权力、特权与豁免相抵触；（3）超越法律规定的管辖范围、权力和限度，缺少法律规定的权力；（4）没有遵循法律规定的程序；（5）没有可定案证据作依据；（6）没有事实根据。此外，非法拒绝履行或不当错误属于非法的不作为。

在意大利，违法被理解为违反对公共雇员有约束力的任何规定。在巴西和乌拉圭，通常以"违反职务义务"作为归责的重要条件。

（二）国家赔偿责任由特别法律予以规定、但普通法院享有管辖权的国家对违法概念的使用情况

德国1981年6月26日颁布的《国家赔偿法》第1条第1款规定："公权力的机关违反对他人承担的公法义务造成损害，公权力机关应根据本法承担赔偿责任。"显而易见，作为归责基本要件的"违法"被表述为"违反对他人承担的公法义务"。这里的公法义务，包括积极义务和消极义务两个方面。即是说，依法应为一定行为而不为、或者依法不应为某种行为而为都属于违反公法义务。这里的公法，通常被解释为法律原则。除了法律、法令之外还包括司法解释、判例、官方的命令和雇用合同（即服务契约）。同时法律也要求政府官员遵守良好的道德规范、理性和均衡原则以及保密原则，这些法律原则甚至包括一个公民对政府官员的正当期望。此外，滥用或非法行使自由裁量权也属于违反公法义务。可见，公法义务几乎已被解释为道德义务。

奥地利1948年12月18日公布实施的《国家赔偿法》第1条在表述侵权赔偿责任构成要件时，明确使用了"违法"这一概念。从该国对这一概念的实际运用情况来看，所谓违法，是指超越职权、适用法规错误，或不适用法规以及违反公序良俗。裁量不当的行为不认为是违法，但滥

用裁量行为的例外。违法行为在其表现形式上，包括作为与不作为两种。但不作为的违法必须以法律上有作为义务为条件。

日本1947年《国家赔偿法》第1条第1款在表述侵权赔偿责任构成要件时，也使用了"违法"（或译为"不法"）这一概念。但如何确定违法的含义，在日本有三种学说：广义说认为，违法不仅指违反严格意义上的法规，凡行为在客观上欠缺正当性的都是违法。狭义说认为，国家赔偿法上的违法，与民法上的侵害权利同一意义，即违法仅以违反严格意义上的法规或公序良俗者为限。折中说认为，违法不仅指违反严格意义上的法规，凡应遵循一定法律原则而不遵循的事实上的职务行为，亦应认为是违法，这些法律原则包括：尊重人权原则、权力不得滥用原则、诚实信用原则、维护公序良俗原则等。此外，欠缺客观正当性的行为也应视为违法行为，但如果该行为属于行政机关裁量权之范围，不构成违法。在日本，曾以狭义说为多数说，但近年来，折中说渐占优势。

韩国1967年《国家赔偿法》第2条在表述侵权赔偿责任构成要件时也使用了"违反法令"的概念，其"违反法令"的含义与日本大体相同。

我国台湾地区1980年"国家赔偿法"第2条第2项的规定几乎与日本《国家赔偿法》的规定如出一辙，同样使用了"不法"的概念。所谓"不法"，台湾学者认为，不仅指违反法律或命令，而且，只要行为客观上欠缺正当性，违背善良风俗，就构成违法。主要有以下几种形式：（1）公务员执行职务本身违法；（2）执行职务的方法不当；（3）滥用职权；（4）怠于执行职务。

（三）在国家赔偿责任基本上由公法调整，很少适用私法规定的国家对违法概念的使用情况

在这类国家中以法国和瑞士为代表。在法国，违法的概念包容在"公务过错"的概念之中。所谓公务过错，是指公务活动欠缺正常的标准。而正常的标准，通常被解释为某种中等水平。公务过错通常被概括为三大类：一是公务实施不良；二是不执行公务；三是公务实施迟缓。

行政法院判断公务过错，通常根据公务的难易程度，执行公务的时间、地点，行政机关所具备的人力物力等多种情况决定在当时情况下行政机关执行公务时所应当达到的中等水平。瑞士1958年3月14日颁布的《联邦责任法》第3条第1款明确将"违法"作为责任构成的主要条件。在瑞士，违法通常被解释为违反法律秩序。违法的形式既可以是作为，也可以是不作为。违反有关避免执行职务时发生损害的内部业务规定也属于违法的范围。此外，违法的概念还包括滥用自由裁量权。

（四）苏联东欧国家对违法概念的使用情况

1978年10月1日的苏俄《民法典》以"不正当的公务行为"作为国家承担赔偿责任的基本条件。而1981年5月18日苏联最高苏维埃主席团通过的《关于国家机关、社会组织和公职人员在执行公务中的不法行为给公民造成损害的赔偿的法令》又使用了"不法"和"非法"的概念。同日颁布的《关于国家机关、侦查机关、检察院和法院的不法行为给公民造成损害的赔偿程序条例》也使用了"非法"的概念。无论是"不法"，还是"非法"，在司法实践中，都深深打上苏联传统的"不正当公务行为"的烙印，解释得比较宽泛。

捷克斯洛伐克的《国家赔偿责任法》则以三种不同形式规定了"违法"的构成要素：一是在各种程序中所作出的违法决定；二是不当职务行为；三是不合理的拘留和处罚。从立法目的来分析，使用"不当"、"不合理"等概念旨在对违法进行广义的解释，以便将政府机关的所有具有可非难性的行为，不论是违反法律条文还是违反法律义务，不管是破坏社会利益还是违背社会主义生活原则，或者仅仅是无效率或不合理，都归入"不当"或"不合理"。

保加利亚在其国家赔偿制度的发展中，曾先后使用过多种归责原则，与"违法"有关的概念也有广狭之变，"违法"或被解释为"违法命令或渎职行为"或被表达为"不公平、不合法"，甚至被解释为违反道德义务或"不得损害他人"这一特别原则。

波兰在1956年的《国家责任法》中规定了"决定和判决违反法律"

的责任，规定"国家只有在以下情况下才对其决定或判决造成的损害承担责任：决定或判决违反法律，而且这一违法活动引起了刑事诉讼或纪律处分程序，侵权人的过错在刑事判决或纪律处分决定中已有认定，或已有侵害人的上级机关认定。"

从以上描述和列举可以看出：（1）违法这一法律概念在不同国家具有不同的法律内容，甚至在同一国家的不同时期，内容也不尽相同；（2）违法这一概念内涵的宽窄，不仅与一个国家制定国家赔偿法的目的和趋向（是限制还是扩大责任范围）有关，而且与一个国家是采用单一归责原则，还是双重归责原则有关，也与一个国家对过错的定义有关；（3）从总的发展趋势看，违法概念被解释得越来越宽泛，越来越靠近违反正常行为标准或合理行为标准的含义。

二、不同法律体系中违法与过错的关系

古典时期的罗马法不区分违法和过错，二者统一于同一个概念，即injuria。法国法承袭了罗马法的做法，将二者统一于过错（faute），即以过错吸收了违法。德国法儒耶林第一次区分了主观违法与客观违法，即过错和违法，从而使过错内容走向主观化，使过错责任的原则得以牢固树立。在耶林这一理论的影响下，德国《民法典》第823条明确区分了过错与违法。在国家赔偿法上，在所有国家侵权赔偿责任构成要件中间，侵权主体、侵权行为、损害结果，以及行为与结果之间的因果关系，都是比较稳定的因素。而作为归责原则，"过错"、"违法"等构成要件反而显得不太稳定，即是说，有的国家采用过错责任原则，有的国家则采用违法责任原则，有的国家采用"过错"、"违法"双重归责原则，有的国家则既不使用过错责任原则，也不适用违法责任原则，有的国家在某些阶段采用违法责任原则，在另一些阶段则采用过错责任原则。其间的底蕴如何？兹列举分析如下：

（一）以过错为归责原则，但以违法解释过错的概念

在国家赔偿制度形成初期，或者在一个国家的国家赔偿制度的草创

时期，通常沿用该国民法上的过错责任原则，但是，随着国家赔偿制度的不断完善，完全将过错作为独立的归责要件的，在国家赔偿领域已不多见。目前，只有极少数国家或地区使用独立的过错责任原则。

根据《欧共体煤钢共同体条约》，过错是赔偿责任的基本要件。从欧共体法院对过错的解释来看，这里的过错和违法的概念没有多少差别。在欧共体法院看来，从广义来看构成诉讼基础的作为或不作为必须违法，在不作为案件中，过错意味着有义务为而不作为；在主动作为案件中，它意味着行为本身违法或者行为的方式违法。

在保加利亚，一度以过错为唯一归责原则，但是根据该国当时《合同和债务法》第45条第2款的规定，只要违法行为发生，就要推定过错存在，除非被告有相反的证明。

在意大利，一般认为，公共雇员的过错是国家承担赔偿责任的必备条件，但过错通常被解释为"违反了对行政管理有约束力的任何规定"。

（二）单独使用违法责任原则，同时扩大"违法"概念的内涵，以涵盖过错的概念

采取这种模式的国家，或直接使用"违法"的概念；或使用"非法"或"不法"的概念；或使用"违反法定义务"、"违反公法义务"，"违反职责"等概念；或使用"不正当的公务行为"等概念。采用这种归责原则的国家，通常必须扩大解释违法的概念。而对违法概念的极度扩张，基本上与过错责任没有实质性的区别。

正是在这个意义上，我们认为，在有关构成要件的法律条文中不使用过错这个概念，不一定就是采用无过错责任原则。学者认为瑞士采用的是无过错责任原则，或认为该国采用的是结果责任原则，这是一种误解。该国1959年《国家责任法》第3条规定："联邦对于公务员执行职务时，不法侵害他人权利者，不问该公务员有无过失，应负赔偿责任。"显然是以违法作为归责原则的。

（三）将过错概念主观化，将违法或不法虚拟化

在实践运用中，如果对过错从客观方面加以解释，同时，又对"违

法"作扩大解释,实际上,过错及违法两个概念几乎变成同一概念,使双重原则变成没有实际意义的叠床架屋。为了使这两个归责原则各自具有特殊的意义,于是这些国家的法学家或法官得从两个不同方向解决这个问题。一是将过错概念主观化,即把过错解释为行为人的对自己的违法行为及其后果的某种心理状态,以便把"过错"同"违法"区别开来。这种理论根源于德国的耶林,他把"不法"分为主观的不法和客观的不法两种类型。在他看来,占有他人之物的人,如是出于善意,则仅仅处于客观上的不法状态,如果是恶意,则同时存在两种不法。二是将违法或不法虚拟化,或者说淡化"违法"概念。其基本方式是,只要受害人受到了不应当受到的损害,或者说,只要损害受害人的利益没有法律根据,就是违法。

(四)采用"公务过错"的概念,以包括过错和违法两个方面的内容

采用这个模式的主要代表是法国。法国公务过错的概念融合了过错和违法两个归责原则。其基本方式是:一方面采用客观标准来阐释过错内容,过错即是注意的欠缺;另一方面将违法解释成是对义务的违反。嫁接过错和违法概念的新品种即是"对注意标准的违反。"与此同时,应当注意公务过错与违法的区别。这是两个既有联系、又有区别同时又互相独立的两个概念,作用不一样。公务过错的作用在于决定行政主体的赔偿责任,目的在于保护当事人的主观权利;违法行为的作用在于审查行政行为的合法性,目的在于保障法治原则的实现,维护某一特定社会中的公共利益。公务过错制裁是完全管辖之诉中的损害赔偿之诉,违法行为的制裁是撤销之诉的越权之诉。公务过错的范围超过违法行为,行政机关由于笨拙、疏忽、怠惰以及对当事人提供不正确的信息造成的损害,是一种公务过错,可以引起赔偿责任,但不一定都是违法行为。[1]

通过以上描述和分析,我们至少可以得出如下几个结论:(1) 在过错和违法问题上之所以出现不同的归责选择,在很大程度上是因为各国

---

[1] 参见王名扬《法国行政法》下,北京大学出版社 2007 年版,第 706 页。

对过错和违法这两个概念的含义理解不同，或者说关于这两个概念的占支配地位理解或学说不尽相同；（2）不同的法律概念可以表达相同的法律内容，不同的模式可以实现相同的法律秩序和状态，关键在于形成协调的概念系统；（3）可以说，并不存在哪一种模式绝对优越，关键在于立法者或司法机关是否赋予该种模式一种适应能力和更新机制；（4）某一种模式的优劣往往不在于模式自身，而在于该种模式与该模式的具体适用环境的关系。

三、将违法作为独立的归责原则的可行性

近几十年来，在国家赔偿领域，不少国家将违法作为独立的归责原则，例如瑞士、巴西、乌拉圭、捷克斯洛伐克、苏联等，似乎越来越多的国家抛弃了民法中的过错概念，这种趋向的原因主要有以下几个方面：（1）在国家赔偿事件中的不少场合，致害行为表现为一个决定或其他具有法律效力的文件。而这些决定或文件通常是通过内部程序作出来的。这对受害人来说，通常难于知道决定和文件的具体形成过程。不仅很难找到具体的加害人，更难以证明加害人的过错，这种情况，使许多应当得到赔偿的受害人得不到赔偿。过错责任原则的这一弊端，使一些国家采用过错推定制度以济其穷，而另一些国家则怀疑过错责任原则在国家赔偿领域的适用价值。（2）由于国家赔偿发轫于或主要适用于行政领域，而支配行政活动的基本原则是依法行政。以违法为归责原则，正好与行政法制的基本原则相吻合。（3）在一国国家赔偿制度的草创时期，使用违法责任原则可以比使用过错责任原则更有效地限定国家赔偿的范围。因为如果从狭义上理解违法概念的话，真正违反法律的情况并不多见。（4）违法概念在某种意义上可以与过错同质。如果将违法概念作扩大解释，而将过错概念从客观上加以理解，二者在内涵和外延上就没有多少差别了。

在学术界，曾有不少人主张在侵权责任法中用单一的过错责任原则涵盖违法责任原则。主要理由是：（1）过错概念可以包容违法概念；（2）

致害行为复杂多样，不可能采取法定主义；（3）过错概念的内容比违法概念的内容更丰富，过错意味着行为人主观上具有应受非难性，客观行为具有非法性和不适当性，过错是一个主客因素相结合的概念。

在我们看来，上述理由，并不能成为在国家赔偿领域适用违法责任原则的真正障碍。但是，它提示我们，在建立以违法为主要归责原则的归责体系时，应当采取相应的配套措施，形成相应的理论和制度氛围。

第一，采用违法责任原则必须对违法概念作适度扩大理解。尽管职权法定是当今法治国家的一个基本原则，但是，由于国家管理活动的复杂性和变动性，确实不可能对任何具有可指责性或可非难性的行为设定禁止性规范，也不可能对任何情况下工作人员的应为行为设定规范。更何况，我国目前行政法制尚不健全，规范行政行为的行政程序法尚付阙如，如果对违法的概念解释过窄，势必使相当一部分人的合法权益得不到切实救济或填补，从而有失国家赔偿法的本意。

第二，采用违法责任原则，意味着合法行为造成的损害，国家不负责任，或者说可以成为一个抗辩理由。[①] 但是，应当看到，在某些情况下，被害人无辜受害，而加害人的行为却完全合法，例如，对某些重大嫌疑人所采取的逮捕措施。在这种情况下，合法性的要求仅是构成重大嫌疑，而不要求被逮捕者确实是罪犯。然而重大嫌疑就意味着被逮捕人具有不是罪犯的可能性。如果完全采取违法责任原则，就可能使被错捕的人得不到赔偿。因此，采取违法责任原则，必须要辅之以其他责任原则，如危险责任原则或结果责任原则等，建立一个协调的归责体系。或者单独制定国家补偿法，统一对某些合法行为所造成的个人或组织的"特别牺牲"给予补偿。

第三，采用违法责任原则，应在国家赔偿实务中，在国家赔偿法实施的过程中，逐步吸收过错责任原则的某些精华不断丰富违法责任原则的内涵。

[①] 有人认为这是免责理由，我们以为不太准确。在我们看来，免责是根据一般原则应负责任，但具有法定事由而减免责任的情况。

四、我国国家赔偿法中违法概念的界定

关于"违法"这一概念表述，许多国家和地区采用了不同的表述方式，有的称之为"违法"，有的谓之"非法"或者"不法"，有的则用"违反法定义务"、"违反公职义务"、"违反职责"等概念。[1] 在我国，国家赔偿法采用的是以违法责任原则为主要归责原则的多元化归责体系，违法是绝大多数情况下国家承担侵权赔偿责任的必要条件。如何恰当地赋予违法概念的内涵，是贯彻实施国家赔偿法一个必须解决的问题。在我们看来，界定国家赔偿法中的违法概念的内涵，需要注意以下几个问题：

第一，致害行为所侵犯的"法"不能仅仅理解为法律、法规，应当包括所有对特定机关或工作人员具有约束力的规范、规定、命令及法律原则。更有观点认为，对"违法"的认定，不能局限于实在法的规定，自然法、科学规律、人类理性等也都可以作为"违法"认定的依据。[2] 之所以对"违法"概念要适当作扩大解释，主要是基于两个事实：一是我国法制尚不健全，在相当一些领域还无法可依，而且我国正处于社会迅速转型时期，有些法律法规已不能适应形势的发展，因而又形成新的"真空领域"，如果对"法"理解得太窄，将不利于国家赔偿法的贯彻实施。二是造成损害的行为，在相当多的情况下并不是由法律行为而是由事实行为造成的。由于国家管理活动本身的复杂性，国家不可能对所有事实行为预设行为规范，最多也只能设定一些法律原则以便遵循。在比较法上，国外没有一个国家对国家赔偿法中的"违法"概念作狭义解释，相反都不同程度地作了扩张解释，这绝不是偶然的。

值得一提的是，在《国家赔偿法》修订之前15年的实践中，理论上对"违法"的广义解释被误解为狭义的"违法"。理论上主张国家赔偿归责原则是违法责任的学者一般都认为，违法的含义具体包括以下几个

---

[1] 参见姚天冲主编《国家赔偿法律制度专论》，东北大学出版社2005年版，第53页。
[2] 钱弘道、马良骥、褚国建、袁勇、高春燕：《在公权力和私权利之间寻找均衡——第九届海峡两岸行政法学学术研讨会、东亚行政法学会第七届国际学术大会热点问题分析》，载《环球法律评论》2007年第1期。

方面：国家侵权主体的行为违反了法律、法规、规章和其他具有普遍约束力的规范性文件；国家侵权主体的行为虽然没有违反上述文件的明确规定，但违反了法的原则和精神；国家侵权主体没有履行对特定人的职责义务，或违反了对特定人的职责与义务；国家侵权主体在行使自由裁量权时滥用职权或没有尽到合理注意。[①] 对于国家赔偿法中规定的"违法"，在实践中往往被仅仅理解为"国家侵权主体的行为违反了法律、法规、规章和其他具有普遍约束力的规范性文件的明确规定"。这种狭义解释致使大量理应属于国家赔偿的事项排除在国家赔偿的范围之外，比如，违反诚实信用等法律原则的行为，就无法得到国家赔偿。无法以"违法"标准判断的事实行为、抽象行政行为以及带有技术特征的国家职权行为也排除在国家赔偿的疆域之外，[②] 影响了对受害人合法权益的有效救济。

第二，要准确把握"违法"的含义。在大陆法系的理论中，对违法性概念的理解主要有"结果违法"与"行为违法"两种学说。"结果违法"认为，加害行为之所以被法律非难而具有违法性，是因为其造成了侵权的"结果"；而"行为违法"说则认为，如果行为人已尽到社会活动方面的必要注意义务，即使其行为造成侵害他人权益的结果，也不能被认为构成违法。从价值取向上看，结果违法说是以受害人为本位的一种国家责任观，强调的是对受害人损害的补偿，以有无发生损害的事实为根据，是从损害承担的角度来考虑责任问题，体现国家赔偿的弥补功能。而行为违法说强调的是对行为人行为本身的评价，是以行为人为本位的一种国家责任观。它立足于行为本身的适法性，是从行为是否合法来考虑责任问题，体现了国家赔偿的评价与责任追究功能。传统民法的违法性理论主要是指"结果违法"，但在国家赔偿法上，却如台湾学者城

[①] 马怀德主编：《国家赔偿法学》，中国政法大学出版社2001年版，第47页。

[②] 由于实践中存在侧重于对国家机关行为的法律评价的倾向，自然就会用评价行为合法与违法的标准即《行政诉讼法》第54条的规定来理解违法责任原则。但是，《行政诉讼法》第54条规定的违法标准，只是司法审查的标准，是法院在判断行政行为是否应当维持、撤销或变更时适用的标准，并不同于国家机关应否承担国家赔偿责任的标准。例如，司法审查会将行政机关不合程序规定的行为，区分为违反法定程序和程序瑕疵，对前者予以撤销，对后者予以维持。但程序瑕疵并不等于它没有违反法律的规定，更不等于由于这种瑕疵行为给当事人造成的损害，就应当完全不承担国家赔偿责任。

仲模所指出的，"向来，各国有关国家责任之实定法上之规定，及学说或判例的主张，均偏重于原因行为之分析，而忽略结果责任之探讨。"从我国《国家赔偿法》关于赔偿范围的规定来看，我国违法责任原则中的"违法"不属于"结果违法"，而属于"行为违法"的范畴，即国家机关在实施其公务行为时违反了必要的注意义务，如具体行政行为认定事实不清、适用法律法规错误、主体违法、超越职权、违反法定程序等，即可认定行政机关行使职权的行为违法。至于该具体行政行为是否给相对人造成损害不影响违法性的判断。损害事实的存在是国家赔偿责任的构成要件之一，但不是违法的构成因素。并且，国家赔偿制度中对国家机关注意义务的关注已转化为对其公务行为是否违反实证法规范的探究，即相关的实证法规范实际上为国家机关设置了注意义务，对它们的违反可推定为主观过错的存在。① 然而，需要指出的是，制定法意义上的规范，并不能穷尽国家机关应当履行注意义务的所有情形。②

违法行为包括法律行为和事实行为两大类。例如，在行政赔偿领域，包括法律行为和暴力行为等事实行为。在刑事赔偿领域，包括错拘、错捕、错判等法律决定的法律行为，以及刑讯逼供等事实行为。

第三，致害行为如果与自由裁量权的行使有关，应注意区别是否达到滥用职权的程度。国家机关的自由裁量行为原则上不产生违法的问题，因为法律赋予了特定机关以酌处的权力，一般情况下，只存在是否适当，是否合理的问题。但是，如果特定机关或工作人员超越裁量范围或裁量幅度，即构成超越职权，属于违法。此外，如果特定机关及其工作人员违反法律授予该项自由裁量的目的，没有尽到合理注意，不考虑应当考虑的因素，或受不相关因素影响，从而使该裁量行为具有显失公正或极不合理等情况并造成相关人损失的，应当认定为滥用职权，亦属于违法。

第四，致害行为如果是国家机关或国家机关工作人员的消极不作为

---

① 参见朱新力、余军《国家赔偿归责原则的实证分析》，载《浙江大学学报》（人文社会科学版）2005年第2期。
② 钱弘道、马良骥、褚国建、袁勇、高春燕：《在公权力和私权利之间寻找均衡——第九届海峡两岸行政法学学术研讨会、东亚行政法学会第七届国际学术大会热点问题分析》，载《环球法律评论》2007年第1期。

或不当延误，确认是否违法应注意以下几个问题：

1. 确认不作为是否违法应以法定义务的存在为前提。这里的法定义务，应包括对该机关及其工作人员具有约束力所有规范、决定或命令设定的义务。同时，应当注意：如果法律赋予某些机关或工作人员在特定情况下作为或不作为的自由裁量权，或者某一领域没有法律规范加以调整，实际上该领域处于自由裁量状态，如果国家机关及其工作人员在特定情况下不行使一定的管理权或处理权，已表现出该机关或机关工作人员对工作极不负责任，按照社会一般人的标准都觉得不可理解、不可原宥，应当认定这种不作为系自由裁量权的滥用，即违法不作为。

2. 确认不当延误应考虑合理时间的设定。不当延误，通常包括疏忽、怠惰、无故迟缓。国家机关或机关工作人员在法定期限内不履行法定义务（又没有明确拒绝）而造成损害的，认定不当延误违法通常没有多大问题。但如果相关的法律规范对某一活动没有具体规定时限，如何认定不当延误违法通常比较困难。在这种情况下，应为特定公务活动设定一个合理的时间，以便为衡量致害延误行为是否属于滥用自由裁量权提供一个"参照系"。设定合理时间，应当考虑特定公务活动的难易程度、处理这类公务的惯用时间、当时当地的客观环境、是否具有不可抗力等因素的干扰和阻碍等。

第五，在适用违法责任原则的时候，应当注意分析违法内容与损害事实之间的关系。国家机关及其工作人员在行使某一职权的过程中，可能会出现或轻或重、或多或少的违法行为。但违法本身并不一定产生赔偿责任。只有在违法的内容与损害事实具有内在联系的时候，才有可能产生国家赔偿责任。换句话说，违法行为本身必须构成对相关人具体权利的侵犯，或者说，国家机关及其工作人员所违反的法律规范与相关人的已受损害的实体权利有关。

第六，违法责任原则不应当侧重于对国家机关行为的法律评价，而应侧重于对公民、法人或其他组织是否受到损失以及这种损失是否应当由受害人自行承担的考虑，这是国家赔偿法的权利救济与保障的本质的必然要求。国家赔偿制度的本质，是对损失的负担或弥补，而不是对造成损失行为或原因的评价,即应当是国家对因受到公共职权行为侵害的公民、法人或其他组织的合法权益进行救济,不应当把主要关注点置于评价国家机关的职权行为是否合法上。在国家赔偿法15年的实践中,存在着将归责原则定位于对造成损失行为的评价的错误导向,使得一些无辜的受害人得不到应有的弥补或赔偿,缩小了国家赔偿的范围,增加了受害人获得赔偿的难度,在某种程度上使国家赔偿责任蜕变成了评价责任和追究责任。[①]

第三节 国家赔偿的特殊归责原则:结果责任和过错责任

修订后的《国家赔偿法》已经明确采取了多元化归责原则体系的立场,但未对这一体系进行具体规定。我们主张国家赔偿责任的归责原则体系是以违法责任原则为主,结果责任原则、过错责任原则等原则为辅,在上节专门阐述违法责任原则后,在此节中将结果责任原则、过错责任原则等其他辅助归责原则一并进行阐释。

一、结果责任原则

国家赔偿法上的结果责任,相当于侵权法上的无过错责任。由于我国国家赔偿法的理论与实务上通常采用结果责任原则的称谓,在此仍沿用结果责任的概念,但从历史渊源和比较法上进行考察时,则援用无过错责任的表述方式。国家赔偿法结果责任的两大理论基础是危险责任理论和公共负担平等学说。危险责任理论认为,公务活动具有异常的危险性,政府权力扩张,公务活动的危险性随之增大,即使公务员没有过错,也可能导致人民的合法权益受损。在过错责任的框架下,此类危险活动造成受害人的损害无法获得救济,这显然与现代社会的公平正义观不符。危险责任的思想理论基础依通说为社会连带主义思想与公共负担人人平

[①] 以评价和追究责任来定位归责原则,有点类似于有人把一个孩子推下河时,人们不去救助落水的孩子,却站在岸边争论推人的行为是否合法以及推人者应承担何种责任。

等原则，法国学者 Walline 对此阐述认为：在公法领域中，因公共或公益上之必要而引起之损害，多半出于无过错，这等于是因公益之目的，而使特定之个人单独负担损害，此种负担在本质上与租税同性质。租税征收是要求人民按正义而各为公平分配缴纳。同样道理，偶尔使人民遭受牺牲，应视同对公平负担平等原则的破坏，将其损害予以弥补，以重建平等。① 因而，公共负担平等原则就是将公务造成的风险损失转嫁给全体社会成员，实现责任的社会化，其分配方式是国家以全体纳税人缴纳的金钱赔偿受害人的损害。

（一）结果责任原则的历史发展

在人类文明的初始状态，生产不发达、财产关系薄弱，为了解决各氏族及其成员之间的冲突和纠纷，原始社会简单普遍地奉行血族复仇和"以眼还眼，以牙还牙"的同态复仇规则，以野蛮方式履行客观上的因果报应，完全不计较主观过错，奉行有损害就有赔偿的原则，不管是人身损害还是财产损害，哪一方的行为造成了损害，哪一方就得承担赔偿责任，这就是结果责任（亦称为加害责任或者原因责任）的萌芽。进入奴隶社会以后，生产力提高，私有制开始出现，古罗马《十二铜表法》首先确立了结果责任，法律所践行的是"你如果侵害了他人，你须承担赔偿责任"的格言，至于侵害人是否希望造成违法后果，有否意识到自己的加害行为，以及侵害人的精神成熟程度、责任能力等主观问题并不重要，赔偿责任仍然根据损害这种客观上的观念加以确定。在古代法的进一步发展中，结果责任原则慢慢被放弃，罗马法逐渐发展出了过错侵权责任制度的萌芽，② 《阿奎利亚法》第一次确立了过错责任原则，并最终被法国《民法典》所确认。随着19世纪末工业化进程的加快，社会事故丛生，以客观过错为基础的过错推定责任也不敷使用，社会连带理论促

---

① 参见（台）曹竞辉《国家赔偿法之理论与实务》，新文丰出版公司1981年版，第92页。
② 按照耶林的认识，过错观念以及由其确立的主观不法和客观不法之间的对立贯穿了整个罗马法的法律体系：在每一种法律关系当中都对过错观念给予应有的重视，也就是说，在每一种法律关系当中，过错的存在与不存在都会导致法律责任的差异，过错观念是成熟的罗马私法衡量法律责任的一般标准。参见［德］鲁道夫·冯·耶林著《罗马私法中的过错要素》，柯伟才译，中国法制出版社2009年版，第37页。

成社会化思想开始在侵权法领域渗透，以经验主义的行为决定论为基础的"社会责任论"成为损害分担和损失分散的理论基础。为了对不幸损害进行合理的分配，在事故责任等危险活动领域，无过错责任应运而生，只要加害人的行为与损害事实之间有因果关系，无论加害人是否有过错都须承担赔偿责任，这种归责方式被许多学者认为是古代以客观归责为基础的结果责任的复活。就目前发展来看，无过错责任原则并未取代过错责任原则成为占主导地位的归责原则，但其已不仅仅局限于高度危险作业领域，而且还适用于其他领域，有逐渐扩大的趋势，因为"法律发展的趋势是为损害赔偿社会化。"[①] 在西方的国家赔偿制度中，无过错责任原则的适用范围自二战以后出现了扩张的趋势，但仍扮演着一种附属的、补充的角色。

在大陆法系国家，普鲁士王国1838年《铁路企业法》首先确认无过错责任原则，翌年的《矿业法》把这一原则从铁路企业扩大到矿害方面。德国1872年《国家责任法》规定经营矿山、采石场及工厂者，对其所雇用的监督者和工头的过错致劳工损害者，在一定范围内负损害赔偿责任而不管雇主有无过错。德国1884年《劳工伤害赔偿法》规定了工业事故社会保险制度，真正确立了事故责任的无过错责任制度。法国1898年《劳工赔偿法》规定了工业事故的无过错责任，1899年《劳工保险法》、1934年《民用航空法》、1941年《矿业法》及1965年《核子损害赔偿救济法》中都规定了无过错责任。

在英美法系国家，英国1897年《劳工补偿法》规定，在即使存在"共同过失"的情况下，即受害的雇员及其同伴或者第三人对损害的发生有过失，而雇主无过失，雇主仍应对雇员在受雇期间所受的损害承担赔偿责任。在美国，也都先后用特别立法或者判例等方法，确认了这一原则，使之成为一个通行的归责原则。在苏联和东欧国家，苏联的苏俄《民法典》设专条明文确认无过错责任原则，把危险工业称为高度危险业务来源，将无过错责任称为客观责任。南斯拉夫《债法》也确认了这一

---

① ［美］伯纳德·施瓦茨著：《行政法》，徐炳译，群众出版社1986年版，第531－532页。

原则，认为"现代技术文明社会中的生活条件，已经并且要求不以过失作为责任的根据，而要求责任的成立不联系过失来考虑"，"对于危险物体、危险行为所引起的损害，以及在其他由于生活的需要和社会主义的公平而要求受害人予以更大的保护的特殊情况，采取客观责任的概念"，"此外，客观责任还进入了某些其他领域。"

在国外的国家赔偿法上，在行政赔偿中，无过错责任原则主要适用于危险物体、危险行为或危险技术造成的损害、公共工程的损害等。对刑事司法损害行为，各国一般亦适用无过错责任原则，即对于错误羁押和错误判决等刑事追诉措施被改正的冤狱赔偿，从各国的立法来看，一般均采用无过错责任原则。① 如法国1970年《刑事诉讼法》第149条规定："在诉讼程序中被临时拘禁的人，如果在程序结束时不予起诉、免予刑罚或无罪释放的决定已确定，而且羁押给他造成显然不正常的损害或特别重大的损害，可以请求赔偿。"德国1971年《刑事追诉措施赔偿法》第2条第1款规定："如果当事人已被释放，或者针对他的刑事追诉措施已被终止，或者法院拒绝对他开庭审判，当事人由于受羁押或其他刑事追诉措施而遭受的损失，由国库予以赔偿。"根据日本《刑事补偿法》第1条的规定，在根据刑事诉讼法规定的普通程序、再审或非常上告程序中，或根据恢复上诉权的规定而提起上诉、再审或非常上告的程序中受到审判宣告无罪的人，如果在判决前曾受到关押、拘禁或拘押时，可以根据关押、拘禁或拘押的情况，向国家请求补偿。根据美国1938年制定的美国联邦统一的冤狱赔偿法《对于人民受联邦法院错误判决之救济法》的规定，"对于因不公正判决有罪或拘押所受侵害，或被判徒刑已全部或部分执行，因上诉或重新审理而认为对所判之罪不正确或事后认为无辜而获赦免者，允许其向国家请求赔偿。"根据我国台湾地区"冤狱赔偿法"的规定，"不起诉处分或无罪之判决确定前，曾受羁押者依再审或非常

---

① 对于冤狱赔偿所适用的无错过责任原则，台湾学者何孝元曾言："近代各国立法之趋势，正由过失赔偿主义进入无过失赔偿主义。换言之，行为人似无过失，但若其行为损及他人，亦须赔偿。无过失赔偿责任之所以成为各国冤狱赔偿立法之共同趋向者，乃因冤狱赔偿，除为昭雪冤枉外，并负有对于无辜受害人施于救济之重大意义。"

上诉程序判决无罪确定前，曾受羁押或刑之执行者"，可以请求国家赔偿。

而在我国，最早对无过错责任原则进行法律化、条文化的是《民法通则》第106条第3款"无过错，但法律规定应当承担民事责任的，应当承担民事责任"的规定。《侵权责任法》第7条进一步规定了无过错责任原则的内容，即"行为人损害他人民事权益，不论行为人有无过错，法律规定应当承担侵权责任的，依照其规定"。《国家赔偿法》上未直接规定无过错责任原则，但对于无罪被逮捕给予赔偿等规定实际体现了结果责任原则的精神。

(二) 结果责任原则的含义

国家赔偿法上的结果责任原则，是指在法律有特别规定的情况下，以已经发生的损害结果为价值判断标准，由与该损害有因果关系的行为人，不问其有无过错都要承担侵权赔偿责任的归责原则。在侵权法上，与结果责任对应的是无过错责任，德国法上称之为危险责任（Gefährdungshaftung），英美法上称之为严格责任（strict liability），无过错责任在一些国家的称谓存在差异，但含义大同小异，都是以"社会责任论"为根据，基于分配正义的理念，基本思想不在于对不法行为的制裁，而在于对不幸损害的合理分配，[1] 以实现社会性的"利益均衡"。无过错责任原则产生于社会化大生产的背景下，其意义在于加重行为人的责任，使受害人的损害赔偿请求权更容易实现，充分救济受害人的合法权益，体现了侵权法向救济法方向发展的趋势。在侵权法上的无过错责任中，行为人的法定免责事由主要限于受害人的故意、重大过失和不可抗力，并且，从侵权法的发展来看，无过错责任免责事由的规定渐趋于严格。在国家赔偿法上，出于公众利益与个人利益平衡，保障公务的正常履行，以及国家财力的考虑，结果责任的法定免责事由的规定更为严格，各国规定的免责事由也不完全一致，就如1873年法国权限争议法庭在布朗戈案件的判决中所指出的，国家赔偿责任"必须根据国家的发展状况，由法官在具体的案件中灵活运用，协调国家利益与公民权益的关系"。

---

[1] 参见（台）王泽鉴《侵权行为》，北京大学出版社2009年版，第15页。

在国家赔偿法上,对于结果责任原则的含义,可从以下几个方面进行把握:

第一,不以行为人的主观过错为侵权责任的构成要件,行为人不得以其无过错为由而免除责任。需要注意的是,这仅是指不考虑行为人的过错,并非不考虑受害人的过错,在很多情况下,受害人的故意是加害人免除责任的法定事由,这是各国的通行的做法。例如,我国《国家赔偿法》第 19 条规定的国家不承担赔偿责任的情形中就包括了该条第 1 项规定的"因公民自己故意作虚伪供述,或者伪造其他有罪证据被羁押或者被判处刑罚的"和第 5 项规定的"因公民自伤、自残等故意行为致使损害发生的"情形。因此,以往一些学说上"既不考虑加害人的过错,也不考虑受害人的过错"的解释似值得推敲。

第二,结果责任原则是对违法责任原则的补充,二者的责任基础和功能不同。违法责任原则针对的是一般情形中大多数国家侵权行为,以行为的违法性为责任构成要件和责任承担的最终要件,其目的在于实现国家赔偿法的惩罚功能和救济功能,但主要侧重于对于公权力行为的合法性评价,对于受害人的救济不够充分。而结果责任原则针对的是法律有规定的特殊的国家侵权行为,以侵害行为与损害结果之间的因果关系为责任构成要件和责任承担的最终要件,根据损害结果来判断国家赔偿责任,无论该行为是否违法或者是否存在过错,其目的在于合理分配不幸损害,并不具有惩罚功能。[①] 在国家赔偿制度中,分配正义的价值观转化为公共负担平等的法律原则。这一原则将公权力主体公务活动对社会和个人造成的损害视为公共负担,无论导致损害的公权力行为是否基于过错,损害一律由国家代表全体人民共同承担赔偿责任,将国家公务活动所造成的公共负担由全体人民分担,从而实现了"利益均衡"。但若不加限制地适用结果责任原则,会给国家财政造成负担,也会造成国家机关因害怕承担责任而消极怠惰的局面,这决定了结果责任只能处在一个

[①] 诚如学者所云:"国家干涉主义盛行的结果当然发生社会的危险,此时国家应以保险人的地位,对于因大众利益而为公务之际所生的损害,以全体的财产承担责任。"(台)城仲模:《行政法之基础理论》,三民书局 1994 年版,第 665 页。

补充的和辅助的法律地位，因而各国立法一般将结果责任原则的适用控制在较小范围内。

第三，结果责任中的减责、免责事由受到国家赔偿法的严格限制。无过错责任并非绝对责任，在国家赔偿法规定的特定事由之下，国家可以减轻或者免除责任，法定免责事由主要限于受害人的故意等。[①] 例如，奥地利《刑事赔偿法》第3条和日本《刑事补偿法》第3条均明确规定，因受害人故意虚伪供述或者伪造有罪证据导致被羁押或者被判刑的，国家不予以赔偿。国家免责的理由在于：一方面，受害人故意实施了这些行为，对自己被羁押或误判的后果已料到并自愿接受，他就应当承受相应的法律后果。另一方面，受害人的故意行为干扰了司法行为，国家免责相当于是对受害人错误行为的惩罚。[②] 但是，为了实现国家赔偿法救济无辜受害人的功能，国家赔偿法对结果责任中的减责、免责事由进行了严格限制。

第四，结果责任的承担须有法律的明确规定。在结果责任中，由于归责的严格性，以及很多侵害行为是国家管理过程中所不可避免的，结果责任的适用必须以法律的明确规定为依据，以实现国家利益和个体利益之间的平衡，以及公务执行和个人保护之间的平衡。大多数国家的国家赔偿法都明确规定了适用结果责任的类型，法官必须严格依照成文法或者判例法的明确规定进行裁判。这就是说，在国家赔偿法上，只有在"法律规定"的时候，才能适用结果责任原则。其含义是，结果责任原则以损害事实为根据，必须是在有法律规定的情况下适用，没有法律的特别规定不得以损害事实作为国家赔偿责任归责的标准。在我国国家赔偿法上，人们对于法律规定的理解不一致，导致对何种情形中适用何种责任原则的认识存在差异。例如，对于修订前的《国家赔偿法》第15条第1项和第2项关于错拘、错捕的赔偿规定，因对其中的"错误拘留"、"错误逮捕"的理解不同，学界和实务界对这些情形所适用的归责原则的

[①] 国外的国家赔偿法上，对于司法机关在正当防卫、不可抗力或者第三人过错等情形下造成的损害一般不负赔偿责任。我国国家赔偿法对这些免责事由未作明确规定。

[②] 参见尹伊君、陈晓《惩罚与保护的平衡点》，载《中国社会科学》2004年第1期。

认识相差甚远，有的观点认为相关款项规定的是违法责任原则，有的认为规定的是结果责任原则。① 我们认为，从理论上说，对于刑事赔偿中的

---

① 最为典型的案件就是黄友谊因错误逮捕申请国家赔偿一案。该案基本案情是：赔偿请求人黄友谊1993年至1996年任石台县河口乡新棚村木材加工厂出纳员，2000年11月22日因涉嫌职务侵占罪被石台县公安局刑事拘留，同年12月6日被石台县人民检察院批准逮捕。2001年4月17日，石台县人民检察院向石台县人民法院提起公诉，指控黄友谊犯职务侵占罪。案件审理中，石台县人民检察院以犯罪证据有疑问、犯罪事实可能非被告人所为等理由，要求撤回起诉。石台县人民法院裁定予以准许。同年7月5日，石台县人民检察院作出不起诉决定书，认为案件事实存在疑问，在审查起诉中依照《中华人民共和国刑事诉讼法》第一百四十条第二款的规定，自行补充侦查仍无法查清，证据不足，不符合起诉条件，根据《中华人民共和国刑事诉讼法》第一百四十条第四款之规定，决定对黄友谊不起诉。2001年7月9日，黄友谊被释放，共被羁押230天。黄友谊为此向石台县人民检察院申请国家赔偿。石台县人民检察院认为，其作出的批捕决定是正确的，赔偿请求人黄友谊的赔偿请求不属于国家赔偿法规定的刑事赔偿范围，根据《人民检察院刑事赔偿工作规定》第八条第三项之规定，作出不予确认的刑事赔偿确认书。黄友谊不服，向池州市人民检察院申请复议。池州市人民检察院复议认为，石台县人民检察院批准逮捕黄友谊，符合逮捕条件和标准，该行为不属于国家赔偿法规定的刑事赔偿范围，驳回了黄友谊的赔偿请求。黄友谊不服，向池州中院赔委会申请作出赔偿决定。池州中院赔委会认为，石台县人民检察院在刑事侦查中不能认定黄友谊有罪，黄友谊即是无罪，故而对黄友谊作出的批捕决定错误。黄友谊被无罪羁押230天，石台县人民检察院应当承担赔偿责任。安徽省高级人民法院将该案请示至最高人民法院，最高人民法院于2003年1月28日作出［2002］赔他字第8号答复，认为："根据《刑事诉讼法》的规定，人民检察院因'事实不清、证据不足'作出的不起诉决定是人民检察院依照《刑事诉讼法》对该刑事案件审查程序的终结，是对犯罪嫌疑人不能认定有罪作出的决定。从法律意义上讲，对犯罪嫌疑人不能认定有罪的，该犯罪嫌疑人即是无罪。人民检察院因'事实不清、证据不足'作出的不起诉决定，应视为是对犯罪嫌疑人作出的认定无罪的决定，同时该不起诉决定即是人民检察院对错误逮捕行为的确认，无需再行确认。根据《中华人民共和国国家赔偿法》、《最高人民法院关于人民法院赔偿委员会审理赔偿案件程序的暂行规定》以及《最高人民法院关于刑事赔偿和非刑事司法赔偿案件立案工作的暂行规定（试行）》的有关规定，池州市中级人民法院受理赔偿请求人黄友谊申请石台县人民检察院错误逮捕赔偿一案程序合法，池州市中级人民法院［2002］池法委赔字第1号决定认定事实清楚，适用法律正确。"随后，最高人民检察院于2003年4月15日作出的答复则认为，检察院对黄友谊的申请事项依法不予确认，符合《国家赔偿法》。在本案中，三级人民检察院以石台县人民检察院批准逮捕黄友谊，符合刑事诉讼法规定的逮捕条件和标准，均不予确认违法，在归责上适用的是违法责任原则；而三级人民法院则根据无罪羁押适用结果责任原则的精神，认定石台县人民检察院应当承担国家赔偿责任。此外，最高人民法院在霍娄中、霍一米申请宝鸡县人民检察院赔偿案（1998年11月17日［1998］赔他字第10号答复）和梁钦申请兰州市人民检察院赔偿案（2000年3月8日［1999］赔他字第31号答复）的答复中都持这一立场，这与国际上大多数国家的做法也是一致的。在《国家赔偿法》修订后，我们仍赞成这一立场，理由是：结果责任的基础是公平原则和公共负担平等原则，其在刑事领域一个集中的表现就是天平向无辜的弱者倾斜。对于无罪羁押的公民，只要公检法机关作出了法律上无罪的认定就应当给予国家赔偿。在本案中，黄友谊人身权利被限制的损害是客观存在的。但是，就检察机关而言，其按照刑事诉讼法规定的标准和条件逮捕黄友谊，没有违法，也没有过错；就黄友谊而言，在法律上并没有被认定为有罪，表象上的犯罪嫌疑也不能意味着他有过错。在这种双方都没有过错的情况下，强大的公权力应当向弱小的私权利作出退让，国家基于公平原则和公共负担平等原则，应当对黄友谊受侵害的合法权益给予救济，承担国家赔偿责任。

无罪羁押赔偿以及公有公共设施致害赔偿等，应当适用结果责任原则。[1]有观点认为，人民法院在民事诉讼、行政诉讼过程中，对判决、裁定及其他生效法律文书执行错误，造成损害的，也应当适用有条件限制的结果归责标准，即通过执行回转无法挽回当事人损失的或无法完全挽回当事人损失的，才有相应的国家赔偿责任。但是，我们认为，在民事诉讼和行政诉讼过程中，对判决、裁定及其他生效法律文书执行错误，造成损害的，往往侵害的是公民、法人和其他组织的财产权，可以通过执行回转来挽回当事人的损失，只有在人民法院的执行行为违反法律规定，导致公民、法人或者其他组织的合法权益损害的，才应当承担赔偿责任。从最高人民法院《关于民事、行政诉讼中司法赔偿若干问题的解释》第4条对修订的《国家赔偿法》第31条规定的"对判决、裁定及其他生效法律文书执行错误"所作的解释来看，人民法院因判决、裁定及其他生效法律文书执行错误承担国家赔偿责任的归责原则是违法责任原则。[2]

第五，赔偿请求人不负对赔偿义务机关过错和违法性的举证和证明责任，但应当举证证明侵害行为、损害事实和因果关系的存在，这是结果责任不同于违法责任的特征之一。在赔偿请求人完成上述证明责任以后，由赔偿义务机关承担不构成侵权责任或者免责的举证责任，但赔偿义务机关不得以证明自己没有过错或者违法性的方式主张免责或者抗辩，其所要证明的是受害人故意等法定事由的存在。如果赔偿义务机关能够证明损害是由于受害人故意等法定事由所引起的，即免除赔偿责任；如果赔偿义务机关对法定免责事由举证不足或者举证不能，即应承担国家赔偿责任。

二、过错责任原则

罗马时期的《阿奎利亚法》首次在立法上规定了过错责任的内容，

---

[1] 我国《国家赔偿法》未规定公有公共设施致害赔偿，该种损害赔偿由民法统一调整。
[2] 修订的《国家赔偿法》第31条规定的内容在修订过程中未作修改，在修订后的《国家赔偿法》中，其对应条文为第38条。

并通过法学家的学术解释和裁判官的判例加以补充诠释,形成了较为系统和完备的主观归责体系。到了 12 世纪,罗马法学者正式提出了应把过失作为赔偿责任的标准,使过错责任原则真正萌发出来。19 世纪以来,在个人主义思潮和自然法学派的影响下,以道德观念为基础的过错责任原则成为私法的三大原则之一,1804 年的《法国民法典》、1900 年的《德国民法典》、1886 年的《日本民法典》、我国 1986 年的《民法通则》等均采过错责任,英美的判例法也是以此为归责原则。过错责任原则坚持无过错即无责任的精神,要求依行为人的主观意思状态而不是客观行为来确定行为人的侵权责任,过错既是侵权责任必备的主观构成要件,也是侵权责任构成的最终要件,① 正如德国学者耶林(Jhering)那句被反复引用的名言所说的:"使人负损害赔偿的,不是因为有损害,而是因为有过失,其道理就如化学上的原则,使蜡烛燃烧的,不是光,而是氧气一般的浅显明白"。

(一)过错的含义

各国的过错均包括故意和过失,但在主客观的含义上,各国并不完全相同。在德国法上,区分客观不法(即违法)与主观不法(过错),过错主要是指主观意义上的。在法国法上,"过错(faute)"的概念包含了客观不法与主观过错的综合性概念,兼具客观意义和主观意义的色彩。在英美法上,过错主要是从义务的违反即客观过错的角度进行解释的。在我国侵权法上,过错是侵权责任的归责要件,其不限于主观过错,已逐渐往客观过错的意义上扩展,而违法行为只是构成要件,并非归责要件。在我国国家赔偿法上,由于违法行为与过错一样,不仅是构成要件,更是归责要件,因而,将过错的含义限于主观过错,有利于区分违法责任原则和过错责任原则的适用范围。

1. 主观过错与客观过错。

(1)主观过错是指行为人在主观上存在故意或过失,其之所以要承

---

① 参见杨立新、梁清《客观与主观的变奏:原因力与过错-原因力主观化与过错客观化的演变及采纳综合比较说的必然性》,载《河南省政法管理干部学院学报》2009 年第 2 期。

担责任，是因其在主观上能够或可以认识到自己行为的后果，具有主观上的应受非难性。也就是说，过错被界定为行为人主观上应受非难的一种心理状态，并不包括侵权行为人的外部行为。在理性哲学派看来，主观过错决定加害行为，加害人承担侵权责任的依据不是其实施了加害行为，而是行为背后的过错。就如黑格尔所言："行动只有作为意志的过错才能归责于我。"[①] 侵权法上的过错与刑法上的罪过类似，侵权行为人的基本过错形式也被划分为故意和过失，故意是侵权行为人追求或者放任某种对他人损害结果发生的意图，而过失是侵权行为人主观心理状态的欠缺。主观过错说认为，判断行为人是否有过失应当采取主观的标准即考察行为人的心理状态。需要分析行为人对自己行为或后果的理解、判断、控制、认识等方面的状况及能力，从意志的活动过程来确定过错程度，并决定行为人的责任和责任范围。自耶林区分"客观的不法与主观的不法（Objectives and Subjectives Unrecht）"以来，主观过错说在德国、瑞士、意大利、日本和我国台湾地区等大多数大陆法系的民法典中就逐渐占据了主导地位，1968 年之前的法国也一直对其《民法典》第 1382 条和第 1383 条采主观过错说的理解。由于这些国家在国家赔偿理论演进过程中较突出的特点就是对该国民法的依附性极强，其国家赔偿责任以及归责原则也带有较深的传统民事侵权责任的痕迹。在这些国家，国家对公务员不法行为承担责任的理论依据是民法中雇用人对受雇用人或代理人的义务，仅当受雇用人或代理人执行职务行为构成侵权时，国家才承担赔偿责任。而赔偿责任的成立在于规定受雇用人或代理人执行职务时存在过错。该过错与民法过错的含义相同，皆指行为人对其违法行为及其后果具有故意或过失的主观心态。[②] 例如，日本《国家赔偿法》第 1 条第 1 款规定："行使国家或公共团体公权力之公务员，就其执行职务，因故意或过失不法加害于他人时，国家或公共团体对此应负赔偿责任。"我国台湾地区"国家赔偿法"第 2 条第 2 款规定："公务员于执行职务行使

---

① ［德］黑格尔著：《法哲学原理》，范扬、张企泰译，商务印书馆 1961 年版，第 119 页。
② 参见皮纯协、何寿生编著《比较国家赔偿法》，中国法制出版社 1998 年版，第 84 页。

公权力时，因故意或过失不法侵害人民自由或权利者，国家应负损害赔偿责任……"强调了不法侵害须出于公务员的故意或过失。此外，英国1947年《王权诉讼法》中规定的国家赔偿责任即以故意或过错为前提条件。

（2）客观过错是指致害行为本身存在某种缺陷，不符合一定的客观标准。与主观过错注重人的心理状态不同，客观过错侧重于致害行为本身，从行为的客观表现上判断是否有过错。客观过错说的哲学理论基础先后在于实证主义哲学和社会学法哲学，在实证主义哲学看来，违法行为的发生是由客观条件决定而非行为者的自由意志决定的，不应当也没有必要对行为人的道德进行评价；稍后的社会学法哲学派则认为，法律的任务在于调节社会上各种利益的冲突，以满足人们最大利益的需要，在法律所保护的利益中，社会利益应高于个人利益。[1] 因此，客观过错说认为过错是一个社会的概念而非道德评价，否定对行为人的主观过错作出评价的可能性和必要性，主张根据客观外在的行为判断行为人的过错。在大陆法系的客观过错说中，过错是一个客观的、社会的概念，其判断标准在罗马法提出的善良家父标准的基础上进一步予以发展，要么以一个合理人或者善良管理人应当尽到的义务或注意程度为标准，要么以行为人是否违反了法律确定的作为或不作为义务为标准等。对行为人的行为进行评价时，客观过错说依赖一个谨慎的人在特定的环境下应该遵循的行为标准加以确定，而不是依赖于一个人自身的主观能力确定。在民法上，采用客观过错说的典型国家是法国，它于1968年颁行法律，废除了侵权责任能力和主观过错制度，此后，无识别能力的精神病人和未成年人也要根据《民法典》第1382条承担过错责任。英美法的过错概念在19世纪后期才成熟，正值危险活动事故频发之时，客观过错说的影响更为深远。在英美侵权行为法上，过错一直都被界定为一种行为，一种民事义务的违反行为而不是一种主观心理状态，正如罗杰斯（Rogers）所

---

[1] 参见［美］E·博登海默著《法理学——法哲学及其方法》，邓正来译，中国政法大学出版社1999年版，第144、147-148页。

说，过错是行为人对其所承担的法定注意义务的违反。[1] 在当代，作为美国社会法学最主要代表者的庞德（R. Pound）认为，过错与个人主观能力并无密切关系，而是建立在客观标准即社会的一般认识和道德意识之上，属社会性过失。[2] 在英美法系，客观过错的判断主要有理性人的标准、危险性标准和成本与收益标准。[3]

在国家赔偿法上，客观过错以法国的公务过错为最为典型。公务过错主要是以行政机关及公务员从事的公务活动是否达到正常的公务活动标准作为依据。公务过错原则自法国行政法院就 Pelletier 案作出判例后，成为法国国家赔偿归责原则的主导理论，但公务过错并无一个抽象的标准，通常由行政法院根据案件的具体情况判断。公务过错中的"过错"与传统刑法、民法中的过错含义不同，它仅意味着公务的不当履行，因此，公务过错的概念与违法性的概念有较多重合之处，二者有渐同的趋势。但是，二者的区别仍比较明显，主要是构成公务过错的客观方面不仅涵盖了违法行为，也包括了某些合法行为，比如，滥用或明显不当的自由裁量的行为，因而其概念外延比违法性概念要大一些。

2. 故意和过失。过错的基本形态可分为故意和过失，过错的不同形态不仅决定了责任的成立与否，而且在很大程度上确定了责任的范围以

---

[1] See W. V. H. Rogers, Winfield and Jolowicz on Tort, 16th Edition, Sweet & Maxwell, London, 2002, p. 103.

[2] See R. Pound, An Introduction to the Philosophy of Law, Yale University Press, New Haven, 1955, pp. 170, 177 – 179.

[3] 理性人的标准是在 1837 年的 Vaughan v. Menlove 案中确立的，在该案中，原告的农舍与被告的土地相邻，被告在自己的土地上堆放草堆，草堆自燃蔓及原告农舍。法官认为，被告没有采取一个有一般谨慎和普通预见能力的人会采取的预防措施防止火势的发生，具有过错，应当对原告的损害承担赔偿责任。而危险性标准是特瑞（Terry）教授在 1915 年提出的，他指出某种行为要成为一种过失行为，其涉及的危险必须是非常大的、极不合理的。这一标准得到美国司法的遵循，并被《美国侵权法重述》（第二版）第 291 条加以采纳，规定"行为之为合理人认知系牵涉伤害他人之危险，而该危险之重大性超过法律对该行为之功劳或法律所定该行为应以特定方式为之功劳时，该危险系不合理之危险；该行为人有过失。"至于成本与收益理论，则是事故案件中客观过错的判断标准，这一理论起源于 Hand 公式，波斯纳在 Hand 公式的基础上进一步提出了成本与收益分析方法，对过错作了数字式的客观定义，认为若预防事故的成本要小于损害的可能性乘以损害的严重性，即表明行为人有过失，应当承担侵权责任。参见杨立新、梁清《客观与主观的变奏：原因力与过错－原因力主观化与过错客观化的演变及采纳综合比较说的必然性》，载《河南省政法管理干部学院学报》2009年第 2 期。

及责任的减轻或者免除。故意是指行为人预见到自己行为的后果,仍然希望或者放任该后果发生的一种主观心理状态。故意通常被分类为直接故意和间接故意。前者指行为人预见到自己行为的后果,仍然希望该后果发生的情形,后者则指行为人预见到自己行为的后果并放任该后果发生的情形。过失是指行为人对自己的行为的后果应当预见或者能够预见而没有预见(即疏忽大意的过失),或者虽然预见却轻信可以避免该后果发生的心理状态(即轻信的过失)。[1] 按照从重到轻的程度,过失又可以分为重大过失、具体轻过失和抽象轻过失。(1)重大过失是指行为人连最普通人的注意义务都没有尽到,或者说行为人以极不合理的方式未尽到必要的注意。普通人的注意义务是以一般人在通常情况下用轻微的注意即可预见的情形作为客观衡量标准。例如,行为人从屋内向窗外抛砖石,击中行人致伤,这就违反了普通人的注意,具有重大过失。(2)具体轻过失是指行为人欠缺与处理自己事务时相同的注意程度,此类过失应就案件中当事人的主观具体情形加以判断。[2] 所谓自己事务,包括法律上、经济上、身份上一切属于自己利益范围内的事务。与处理自己事务为同一注意,应以行为人平日处理自己事务所用的注意为标准。(3)抽象轻过失的判断标准是善良管理人或者合理人的注意标准,即一个有相当经验的人处于行为人当时的境地会作为或者不作为的,行为人却不作为或者作为了,那么行为人的过失就属于一般过失。这种注意义务,与罗马法上的"善良家父之注意"和德国法上的"交易上必要之注意"相当,都是要以交易上的一般观念,认为具有相当知识经验的人,对于一定事件的所用注意作为标准,进行客观判断。行为人有无尽此注意的知识和经验,以及他向来对于事务所用的注意程度,均不过问,只依其职业斟酌。

(二)过错责任原则的含义

过错责任的基本含义是指,一般侵权行为引起的损害赔偿案件,应

---

[1] 参见王利明《侵权行为法研究》上卷,中国人民大学出版社 2004 年版,第 481 页;张新宝:《侵权责任构成要件研究》,法律出版社 2007 年版,第 438 页。

[2] 参见程啸《侵权行为法总论》,中国人民大学出版社 2008 年版,第 343－344 页。

当由主观上有过错的一方承担赔偿责任。主观上的过错是侵权责任构成的基本要件之一，缺少这一要件，即使加害人的行为造成了损害事实，并且加害人行为与损害结果之间有因果关系，也不承担侵权责任。过错责任的核心是加害人的过错，而非第三人或者受害人的过错，也就是说，过错责任是为自己行为负责的责任，不是为他人的行为负责或为自己管领的物件所致损害负责的责任，因而，行为人只对自己行为的过错负责，而不对第三人或者受害人的过错所致损害承担责任。由于第三人或者受害人的过错而致受害人损害，只要行为人没有过错，行为人就不负责任。我国民法已经将过错责任原则以法律形式固定下来，确认了其法律地位。我国《民法通则》第106条第2款规定："公民、法人由于过错侵害国家的、集体的财产，侵害他人财产、人身的，应当承担民事责任。"《侵权责任法》第6条第1款规定："行为人因过错侵害他人民事权益，应当承担侵权责任。"进一步明确了过错责任原则是侵权责任法中最基本的归责原则，是以过错作为价值判断标准，判断行为人对其造成的损害应否承担侵权责任的归责原则。我国《国家赔偿法》没有直接规定过错责任原则，但从《民法通则》第106条第2款和第121条的规定来看，对于国家机关及其工作人员的职务侵权行为，仍是可以适用过错责任原则的。[①] 过错责任原则的意义在于：第一，确定侵权责任，救济侵权损害。确认行为人就自己的过错行为所致损害应负赔偿责任，属于正义的要求；如果行为非出于过错，行为人已尽注意义务时，在道德上无可非难，应不负侵权责任。将侵权责任归属于有过错的责任主体来承担，这既符合公平正义的民法观念，也能使受害人的损害得到补偿，实现侵权法救济损害，保护当事人合法权益的目的。第二，确定行为主体的行为标准，实现个人自由与社会安全的平衡。过错责任原则以主观过错作为行为人承担侵权责任的价值判断标准，要求行为人尽到对他人的谨慎和注意义务，既能保证已尽注意义务的行为主体免负侵权责任，其自由不受束缚，其

[①] 第121条规定："国家机关或者国家机关工作人员在执行职务中，侵犯公民、法人的合法权益造成损害的，应当承担民事责任。"

才智可充分发挥，又可保证人人尽其注意，以避免对他人造成损害，维护社会安全和正常的秩序。第三，纠正侵权行为，预防损害发生。① 过错责任原则的价值之一，还在于通过惩戒有过错的行为人，指导人的正确行为，以预防侵权行为的发生。

　　过错既是归责的构成要件和最终要件，也是确定行为人责任范围的重要依据。具体而言，过错责任原则的含义可从以下几个方面进行理解：第一，以过错作为侵权责任的构成要件。构成法律上的责任，必须具备法律所规定的一切要件。在过错责任原则所适用的场合，行为人的主观过错是必备要件之一。如果行为人在主观上没有过错，就缺少必备的构成要件，不能构成侵权责任。在考虑行为人是否具有过错时，过错责任原则同样要求考虑受害人对损害发生的过错。如果受害人在主观上对损害结果的发生也有过错，则对责任的承担有一定的影响，要适当减轻行为人的赔偿责任；如果损害完全是由于受害人本身的过错造成的，即受害人对损害的发生具有故意或重大过失，行为人则因没有过错而免责，由受害人自负其责。第二，以过错为侵权责任归责的最终要件。为了贯彻无过错即无责任的精神，过错责任原则以过错作为法律价值判断标准，不仅仅要求将过错作为侵权责任的一般构成要件，而且要求将过错作为侵权责任归责的最终要件，即将行为人的过错作为最后的因素和基本的因素加以考察，只有通过对过错的判断，才能具体确定责任主体。相对于同样作为归责要件的损害事实和因果关系，过错的法律地位更为突出。一方面，行为人的行为与损害结果之间虽无直接因果关系，但行为人有过错，也不排除承担侵权责任的可能性。例如，行为人因自己的过错使第三人实施侵权行为，行为人应对第三人的行为后果承担侵权责任。另一方面，在法律有特别规定的情况下，依法应当承担过错推定责任的当事人，如果能够证明损害完全是由受害人故意或者第三人过错造成的，

---

① 参见杨立新《侵权法论》（第三版），人民法院出版社2005年版，第130－131页。

也可以被免除民事责任。第三，以过错为确定侵权责任范围的依据。[①] 在受害人对损害的发生也有过错的情况下，应该将受害人和行为人的行为作出比较，决定行为人承担责任的范围和受害人应当承担的损失；在共同侵权或者无意思联络共同致害的情况下，应当根据过错程度确定各行为人的责任范围；在某些情形中，行为人可能因故意或者重大过失而加重其侵权责任，也可能因没有过错或者过错轻微而导致其侵权责任的减轻。第四，过错责任的构成要件的举证责任由受害人承担。过错责任的构成要件包括违法行为、损害事实、因果关系和主观过错，缺一不可。对于这四个责任构成要件的举证和证明，按照"谁主张，谁举证"的原则，全部由提出侵权损害赔偿主张的受害人负担，加害人不承担举证责任。

在侵权法上，过错责任原则适用于一般侵权行为，仅在法律有特别规定的情况下，才不适用过错责任原则，即特殊侵权行为不适用过错责任原则。在国家赔偿法上，过错责任原则适用的范围应当与违法归责标准的适用范围基本一致，适用于国家机关的职权行为、相关的事实行为、柔性行为等。特别是当理论上对"违法"的广义解释在实践中被转化为狭义的"违法"，狭义违法归责不能完全包括国家机关及其工作人员有过错时的侵权责任的背景之下，强调过错责任原则的适用，意义更为突出。这是因为，国家机关的违法，说到底都具有过错性质。国家机关是执行国家法律的主体，行使的是公共权力，它的职责要求它应当尽职尽责，必须忠实地贯彻执行法律，实现国家意志。如果国家机关违反法律规定，表明它已经违背了国家的意志，背离了立法所要求的行使公共职权的目的，这本身就是一种过错。国家机关违法侵害公民、法人或者其他组织权益造成损害，这种客观表现出来的违法行为，必然源于主观心理的过错，应当承担国家赔偿责任。有些观点反对将过错责任原则作为国家赔偿的归责原则，是基于这样的认识：一方面，过错是主观标准，难以把

[①] 参见杨立新《侵权法论》（第三版），人民法院出版社 2005 年版，第 129－130 页；王利明：《侵权行为法研究》上，中国人民大学出版社 2004 年版，第 215－216 页。

握；另一方面，如果按照民事赔偿的过错标准来规定，会使国家赔偿归责标准成为违法和过错双重标准，更不利于受害人获得赔偿。但是，这种认识是有局限的，因为，国家机关及其工作人员行使职权的行为并非都是依照法律规定作出的。对于自由裁量权的正当行使问题，事实行为缺乏法律规定的问题，以及行政机关柔性行为的非法律调整内容的问题等，都不是违法责任原则能够解决的。并且，国家机关及其工作人员有可能在法律范围内故意或过失地侵犯公民、法人或者其他组织的合法权益，造成损害。这就需要在违法责任原则之外，增加过错责任原则，通过对国家机关工作人员执法主观因素的要求规范国家机关的行为，同时也有利于受害人获得赔偿。[①] 其实，从比较法上考察，美国、法国、德国、英国、意大利等诸多国家的国家赔偿制度都是实行过错归责标准，比如，英国的判例反复确认，政府行为给他人造成损害的，只有在属于法律授权且不可避免的条件下，才不承担赔偿责任。如果政府有过错，这种损害是可以避免的或者不是必然的，政府就要承担赔偿责任。[②]

在司法实践中，适用过错责任原则应注意区分不同情形中过错程度对侵权责任构成和赔偿责任范围的影响：第一，过错程度对侵权责任构成的影响。在一般情况下，适用过错责任原则，只要行为人有过错，就构成侵权责任。但某些情况下，仅有一般的过错尚不足以构成侵权责任，例如，在侵害姓名权的侵权案件中，故意是侵权责任的构成要件。在某些过失案件中区分重大过失和一般过失，例如，医生在紧急情况下抢救病人，对重大过失所致损害负赔偿责任，但一般过失除外。需要指出的是，这些例外情形应由法律明文规定。第二，过错程度对侵权责任范围的影响。[③] 精神损害赔偿案件中，故意侵权行为人承担的赔偿责任较重，过失侵权行为人承担的赔偿责任较轻；在有过失案件中，将受害人的过错程度与加害人的过错程度进行比较，按照各自的责任比例确定责任，

---

① 参见杨小君《国家赔偿的归责原则与归责标准》，载《法学研究》2003 年第 2 期。
② 参见［英］威廉·韦德著《行政法》，中国大百科全书出版社 1997 年版，第 443 页以下。
③ 参见杨立新《侵权法论》（第三版），人民法院出版社 2005 年版，第 132－134 页。

加害人对受害人的过错造成的损失不承担赔偿责任；在共同侵权案件中，共同加害人对外共同承担连带赔偿责任，对内则根据各自的过错程度等，按责任比例确定各加害人的内部责任份额；在无过错联络共同致害案件中，各加害人承担按份责任，每个加害人的过错程度是确定其责任份额的重要依据；在高度危险责任案件中，受害人故意是法定免责事由。